LAROUSSE

SŁOWNIK
kieszonkowy

POLSKO-
-ANGIELSKI

ANGIELSKO-
-POLSKI

LAROUSSE

For this edition
Niniejsze wydanie współtworzyli

Beata Assaf, Maria Czempka, Maria Derwich, Katarzyna Długosz-Niedbalec,
Iwona Gawryś, Jan Grzenia, Anna Jackowska, Monika Kaczmarek-Klose,
Natalia Łukomska, Janice McNeillie, Marek Pandera,
Bogusław Solecki, Teresa Warzecha,
Sławomir Wójcik, Marek Znidericz

For the previous edition
Poprzednie wydanie współtworzyli

Beata Assaf, Ryszard J. Burek, Benjamin Cope, Katarzyna O'Croinin,
Maria Derwich, Małgorzata Durżyńska, Dena Gurgul,
Joanna Haracz-Lewandowska, Janice McNeillie, Irena Ozga, Elżbieta Polek,
Joanna Ruszczak, Jolanta Scicińska, Piotr Sobotka, Katarzyna Wywiał,
Barbara Zielińska, Marek Znidericz

Prepress
Łamanie

LogoScript sp. z o.o.,
Krzysztof Chodorowski

ISBN 978-2-03-542093-0
Houghton Mifflin Company, Boston

Preface

This dictionary has been designed as a reliable and user-friendly tool for use in all language situations. It provides accurate and up-to-date information on written and spoken Polish and English as they are used today.

With over 40,000 words and phrases and 50,000 translations this dictionary includes many proper names and abbreviations, as well as a selection of the most common terms from computing, business and current affairs.

Carefully constructed entries and a clear page design help you to find the translation that you are looking for fast. Examples (from basic constructions and common phrases to idioms) have been included to help put a word in context and give a clear picture of how it is used.

The Publisher

Przedmowa

N iniejszy słownik został pomyślany jako rzetelne, niezawodne i przyjazne dla użytkownika narzędzie przydatne we wszystkich sytuacjach językowych. Dostarcza dokładnych, najbardziej aktualnych informacji o współcześnie stosowanych w mowie i w piśmie językach polskim i angielskim.

Wśród ponad 40 000 słów i zwrotów oraz 50 000 tłumaczeń słownik zawiera wiele nazw własnych i skrótów, wybór najważniejszych terminów komputerowych i biznesowych, a także związanych z aktualnymi wydarzeniami.

Dopracowana forma haseł i przejrzysty układ stron pomagają szybko odnaleźć potrzebne tłumaczenie. Załączone przykłady (od prostych konstrukcji i popularnych zwrotów po związki frazeologiczne) ułatwiają poprawne użycie słowa i zastosowanie go we właściwym kontekście.

Wydawca

Abbreviations

Skróty

abbreviation	*abbr*	skrót
adjective	*adj*	przymiotnik
adverb	*adv*	przysłówek
anatomy	ANAT	anatomia
automobile	AUT(O)	motoryzacja
auxiliary verb	*aux vb*	czasownik posiłkowy
cinema	CIN	kino
commerce	COMM	handel
comparative	*compar*	stopień wyższy
computing	COMPUT	informatyka
conjunction	*conj*	spójnik
construction	*constr*	konstrukcja
continuous	*cont*	forma ciągła
cooking	CULIN	kulinaria
particle	*cztka*	cząstka wyrazowa
genitive	D	dopełniacz
definite article	*def art*	przedimek określony
economy	ECON/EKON	ekonomia
exclamation	*excl*	wykrzyknik
feminine	*f*	rodzaj żeński
feminine or masculine	*f lub m*	rodzaj żeński lub rodzaj męski
figurative	*fig*	przenośne
finance	FIN	finanse
formal	*fml*	oficjalne
feminine plural	*fpl*	liczba mnoga rodzaju żeńskiego
generally	*gen*	ogólne
grammar	GRAM(M)	gramatyka
impersonal verb	*impers vb*	czasownik nieosobowy
indefinite article	*indef art*	przedimek nieokreślony
informal	*inf*	potoczne
computing	INFORM	informatyka
exclamation	*interj*	wykrzyknik
invariable	*inv*	nieodmienne
ironically	*iron*	ironicznie
cooking	KULIN	kulinaria
law	LAW	prawo
literal	*lit*	dosłowne
masculine	*m*	rodzaj męski
medicine	MED	medycyna
military	MIL	wojskowość
masculine plural	*mpl*	liczba mnoga rodzaju męskiego
music	MUS/MUZ	muzyka
neuter	*n*	rodzaj nijaki
noun	*n*	rzeczownik
plural neuter	*npl*	liczba mnoga rodzaju nijakiego
plural noun	*npl*	rzeczownik w liczbie mnogiej
numeral	*num*	liczebnik
formal	*oficjal*	oficjalne

Abbreviations   # Skróty

oneself	*o.s.*	się/sobie
particle	*part*	partykuła
pejorative	*pej*	pejoratywne
plural	*pl*	liczba mnoga
politics	POL/POLIT	polityka
informal	*pot*	potoczne
past participle	*pp*	imiesłów czasu przeszłego
proper noun	*pr n*	nazwa własna
preposition	*prep*	przyimek
pronoun	*pron*	zaimek
plural pronoun	*pron pl*	zaimek w liczbie mnogiej
figurative	*przen*	przenośne
past tense	*pt*	czas przeszły
registered trademark	®	znak towarowy
radio	RADIO	radio
rail	RAIL	kolejnictwo
religion	RELIG	religia
somebody	*sb*	ktoś
school	SCH	szkoła
Scottish English	Scot	szkocki angielski
abbreviation	*skr*	skrót
sport	SPORT	sport
something	*sthg*	coś
superlative	*superl*	stopień najwyższy
technology	TECH/TECHN	technika
television	TV	telewizja
British English	UK	brytyjski angielski
American English	US	amerykański angielski
intransitive verb	*vi*	czasownik nieprzechodni
intransitive verb inseparable	*vi insep*	czasownik nieprzechodni nierozłączny
intransitive verb separable	*vi sep*	czasownik nieprzechodni rozłączny
imperfective verb	*vimperf*	czasownik niedokonany
impersonal verb	*vimpers*	czasownik nieosobowy
reflexive imperfective verb	*vp imperf*	czasownik zwrotny niedokonany
reflexive impersonal verb	*vp impers*	czasownik zwrotny nieosobowy
reflexive perfective verb	*vp perf*	czasownik zwrotny dokonany
perfective verb	*vperf*	czasownik dokonany
transitive verb	*vt*	czasownik przechodni
transitive verb inseparable	*vt insep*	czasownik przechodni nierozłączny
transitive verb separable	*vt sep*	czasownik przechodni rozłączny
uncountable noun	U	rzeczownik niepoliczalny
vulgar	*vulg/wulg*	wulgarne
cultural equivalent	≃	odpowiednik kulturowy

x
y

Phonetic Transcription

English vowels

pit, big, rid	[ɪ]
pet, tend	[e]
pat, bag, mad	[æ]
run, cut	[ʌ]
pot, log	[ɒ]
put, full	[ʊ]
mother, suppose	[ə]
bean, weed	[iː]
barn, car, laugh	[ɑː]
born, lawn	[ɔː]
loop, loose	[uː]
burn, learn, bird	[ɜː]

English diphthongs

bay, late, great	[eɪ]
buy, light, aisle	[aɪ]
boy, foil	[ɔɪ]
no, road, blow	[əʊ]
now, shout, town	[aʊ]
peer, fierce, idea	[ɪə]
pair, bear, share	[eə]
poor, sure, tour	[ʊə]

Semi-vowels

| you, spaniel | [j] |
| wet, why, twin | [w] |

Consonants

pop, people	[p]
bottle, bib	[b]
train, tip	[t]
dog, did	[d]
come, kitchen	[k]
gag, great	[g]
chain, wretched	[tʃ]
jet, fridge	[dʒ]
fib, physical	[f]
vine, livid	[v]
think, fifth	[θ]
this, with	[ð]
seal, peace	[s]
zip, his	[z]
sheep, machine	[ʃ]

Transkrypcja fonetyczna

Polskie samogłoski

byk, rydz
kret, tlen

rana, dać
pole, koło
kula, but

kino, list
talk, bar

kula, luz
drzewo, beton

Polskie dyftongi

pejzaż, rejs, klej
daj, kraj
soja

Półsamogłoski

jak, daj
łoś, zły, tył

Spółgłoski

pieprz, sopel
buty, Biblia
trawa, kto
dodać, dym
kot, kaczka
głura, noga
czekać, oczy
dżem, drożdże
foka, fizyka
wino, lewy

sowa, pisać
zero, wóz
szałas, mysz

usual, measure	[ʒ]	żuraw, masaż	
how, perhaps	[h]	hak	
metal, comb	[m]	mama, bomba	
night, dinner	[n]	nowy, okno	
little, help	[l]	lot, dalej	
right, carry	[r]	rower, pora	

The symbol ['] indicates that the following syllable carries primary stress and the symbol [,] that the following syllable carries secondary stress.

The symbol [ʳ] in English phonetics indicates that the final "r" is pronounced only when followed by a word beginning with a vowel. Note that it is nearly always pronounced in American English.

Symbol ['] oznacza, że na następującą po nim sylabę pada akcent główny, a po symbolu [,] akcent poboczny.

W angielskiej fonetyce symbol [ʳ] oznacza, że końcowe „r" jest wymawiane tylko, kiedy następuje po nim słowo rozpoczynające się samogłoską. W amerykańskim angielskim wymawiane jest prawie zawsze.

Polish verbs

Most Polish verbs have two forms – one imperfective and one perfective. On the Polish-English side of this dictionary, for the most common verbs, we show the imperfective form of the verb followed by the perfective form in brackets:

robić (*perf* **zrobić**) *vimperf*

On the English-Polish side, we show the two forms of the verb as translations, separated by a forward slash. The imperfective form is followed by the perfective:

peer [pɪəʳ] *vi* przyglądać/ przyjrzeć się

Formy polskich czasowników

W polsko-angielskiej części słownika dla najczęściej używanych polskich czasowników podano zarówno formę niedokonaną, jak i formę dokonaną (w nawiasie):

robić (*perf* **zrobić**) *vimperf*

W części angielsko-polskiej słownika tłumaczenie czasownika angielskiego figuruje zarówno w formie niedokonanej, jak i dokonanej. Formy te są oddzielone ukośnikiem. Najpierw podano formę niedokonaną, następnie – dokonaną:

peer [pɪəʳ] *vi* przyglądać/ przyjrzeć się

POLSKO – ANGIELSKI
POLISH – ENGLISH

A

a [a] *conj* [związek treści] and; [przeciwstawność] but; [uzupełnianie treści] and • **pojechali do Anglii, a nie do Ameryki** they went to England, and not to America. **a!** [a!] *interj* [stany uczuciowe] ah!, oh!

AA [aa] (*skr od* **Anonimowi Alkoholicy**) AA.

abażur [abaʒur] (*D* -**u**) *m* lampshade.

abonament [abɔnamɛnt] (*D* -**u**) *m* subscription • **abonament telewizyjny/radiowy** TV/radio licence.

abonent, ka [abɔnɛnt, ka] *m, f* [czasopisma, gazety] subscriber.

abonować [abɔnɔvatɕɛ] (*perf* **zaabonować** [zaabɔnɔvatɕɛ]) *vimperf* to subscribe • **abonować coś** to subscribe to sthg.

aborcja [abɔrtsja] (*D* **aborcji** [abɔrtsji]) *f* abortion.

absolutny [apsɔlutni] *adj* absolute • **mieć absolutne zaufanie do kogoś** to have absolute faith in sb.

absolwent, ka [apsɔlvɛnt, ka] *m, f* graduate.

absorbować [apsɔrbɔvatɕɛ] *vimperf* [pochłaniać] to absorb • **praca zawodowa bardzo mnie absorbuje** my work is really absorbing.

abstrakcyjny [apstraktsɨjni] *adj* abstract.

abstynent, ka [apstinɛnt, ka] *m, f* teetotaller.

absurd [apsurt] (*D* -**u**) *m* nonsense.

absurdalny [apsurdalni] *adj* absurd.

absynt [apsint] (*D* -**u**) *m* absinthe.

aby [abi] ◇ *conj* [cel] (in order) to, so that; [skutek] to. ◇ *part* [byle] as long as • **aby doczekać do wiosny!** roll on Spring!

aczkolwiek [atʃkɔlv,jɛk] *conj* oficjal although, though.

adaptacja [adaptatsja] (*D* **adaptacji** [adaptatsji]) *f* [gen] adaptation; [budynku] conversion.

adekwatny [adɛkfatni] *adj* adequate.

adidasy [ad,idasi] (*D* **adidasów** [ad,idasuf]) *mpl* trainers.

admin [adm,in] *m* INFORM system administrator.

administracja [adm,inistratsja] (*D* **administracji** [adm,inistratsji]) *f* administration • **administracja osiedlowa** [mieszkania komunalne] housing authority; [mieszkania własnościowe] estate management; **administracja samorządowa** local authority; **wziąć coś w administrację** to take over the management of sthg.

administrator [adm,inistratɔr] *m* administrator.

admirał [adm,iraw] *m* admiral.

adnotacja [adnɔtatsja] (*D* **adnotacji** [adnɔtatsji]) *f* note.

adopcja [adɔptsja] (*D* **adopcji** [adɔptsji]) *f* adoption.

adoptować [adɔptɔvatɕɛ] *vimperf* LUB *vperf* to adopt.

adoptowany [adɔptɔvani] *adj* adopted.

adres [adrɛs] (*D* -**u**) *m* [miejsce zamieszkania] address • **adres zwrotny** return address; **adres zamieszkania/ zameldowania** home address; **adres stały/tymczasowy** permanent/tem-

porary address; **adres internetowy** INFORM internet address.

adresat, ka [adrɛsat, ka] *m, f* [listu, przesyłki] addressee; [filmu] viewer; [powieści] reader.

adresować [adrɛsɔvatɕ] *(perf* **zaadresować** [zaadrɛsɔvatɕ]) *vimperf* [kopertę, list] to address.

Adriatyk [adrjatik] *(D* **-u)** *m* Adriatic.

adwokat [advɔkat] *m* lawyer.

aerobik [aɛrɔˌbik] *(D* **-u)** *m* aerobics.

aerozol [aɛrɔzɔl] *(D* **-u)** *m* aerosol.

afera [afɛra] *(D* **afery** [afɛri]) *f pej* scandal.

aferzysta, aferzystka [afɛʑista, afɛʑistka] *m, f* swindler.

afisz [af̩iʃ] *(D* **-a)** *m* poster.

afiszować się [af̩iʃɔvatɕ ɕɛ] *vp imperf pej* [z poglądami, uczuciami] to flaunt • **afiszować się z czymś** to flaunt sthg.

Afryka [afrika] *(D* **Afryki** [afrik̩i]) *f* Africa.

AGD [ag̩ˌɛˈdɛ] *(skr od* **artykuły gospodarstwa domowego)** *n household electrical goods.*

agencja [agɛntsja] *(D* **agencji** [agɛntsji]) *f* [firma] agency • **agencja reklamowa** advertising agency; **agencja towarzyska** dating agency; **Europejska Agencja Kosmiczna** European Space Agency.

agent, ka [agɛnt, ka] *m, f* : **agent ubezpieczeniowy** insurance agent; **agent nieruchomości** estate agent; **agent wywiadu** secret agent; **agent handlowy** sales representative.

agitator, ka [ag̩itatɔr, ka] *m, f* [polityczny] campaigner.

aglomeracja [aglɔmɛratsja] *(D* **aglomeracji** [aglɔmɛratsji]) *f* [miejska] urban area.

agonia [agɔɲja] *(D* **agonii** [agɔɲji]) *f* death • **leżeć w agonii** to lie dying.

agrafka [agrafka] *(D* **agrafki** [agrafk̩i]) *f* safety pin.

agresja [agrɛsja] *(D* **agresji** [agrɛsji]) *f* aggression.

agresor [agrɛsɔr] *m pej* aggressor.

agrest [agrɛst] *(D* **-u)** *m* gooseberry.

agresywnie [agrɛsivɲɛ] *adv* aggressively.

agresywny [agrɛsivni] *adj* aggressive.

agrobiznes [agrɔbˌiznɛs] *(D* **-u)** *m* agribusiness.

AIDS [ɛjts] *(inv)* *m* LUB *n* AIDS.

ajencja [ajɛntsja] *(D* **ajencji** [ajɛntsji]) *f* franchise • **wziąć coś w ajencję** to obtain a franchise on sthg.

ajerkoniak [ajɛrkɔɲjak] *(D* **-u)** *m* advocaat.

akacja [akatsja] *(D* **akacji** [akatsji]) *f* acacia.

akademia [akadɛmja] *(D* **akademii** [akadɛmji]) *f* [wyższa uczelnia] academy; [uroczystość] *commemorative ceremony, comprising an official and an artistic part* • **Akademia Sztuk Pięknych** Academy of Fine Arts.

akademicki [akadɛmˌitsk̩i] *adj* academic • **młodzież akademicka** students.

akademik [akadɛmˌik] *(D* **-a)** *m* [dom studencki] hall of residence.

akapit [akapˌit] *(D* **-u)** *m* [ustęp] paragraph.

akcent [aktsɛnt] *(D* **-u)** *m* GRAM accent; [charakter] tone.

akcentować [aktsɛntɔvatɕ] *(perf* **zaakcentować** [zaaktsɛntɔvatɕ]) *vimperf* [wymawiać z naciskiem] to stress.

akceptować [aktsɛptɔvatɕ] *(perf* **zaakceptować** [zaaktsɛptɔvatɕ]) *vimperf* to accept • **nie akceptować czegoś** to refuse to accept sthg.

akcesoria [aktsɛsɔrja] *(D* **akcesoriów** [aktsɛsɔrjuf]) *npl* accessories • **akcesoria malarskie** artists' materials.

akcja [aktsja] *(D* **akcji** [aktsji]) *f* [zbiorowe działanie] campaign; EKON share • **akcja wyborcza** election campaign; **akcja charytatywna** charity appeal; **akcja powieści/filmu** the plot of a novel/film; **kupić akcje** to buy shares; **kurs akcji** share index.

akcjonariusz, ka [aktsjɔnarjuʃ, ka] *m, f* shareholder.

akcyjny [aktsijni] *adj* : **spółka akcyjna** joint-stock company; **kapitał akcyjny** share capital.

aklimatyzacja [akl,imatizaţsja] (*D* aklimatyzacji [akl,imatizaţsji]) *f* acclimatization.

aklimatyzować [akl,imatizɔvatç] (*perf* zaaklimatyzować [zaakl,imatizɔvatç]) *vimperf* to acclimatize.

➡ **aklimatyzować się** [akl,imatizɔvatç ɕɛ] (*perf* zaaklimatyzować się [zaakl,imatizɔvatç ɕɛ]) *vp imperf* to acclimatize.

akompaniament [akɔmpaɲjamɛnt] (*D* -u) *m* MUZ accompaniment.

akompaniować [akɔmpaɲjɔvatç] *vimperf* MUZ to accompany • akompaniować na fortepianie to accompany on the piano.

akonto [akɔntɔ] (*D* akonta [akɔnta]) *n* [zaliczka] advance payment • wziąć od szefa akonto to get an advance from the boss.

akord [akɔrt] (*D* -u) *m* MUZ chord; EKON piecework • akord fortepianowy a chord on the piano; praca na akord piecework.

akordeon [akɔrdɛɔn] (*D* -u) *m* accordion.

akr [akr] (*D* -a) *m* acre.

akredytacja [akrɛditaţsja] (*D* akredytacji [akrɛditaţsji]) *f* accreditation.

akredytowany [akrɛditɔvani] *adj* accredited.

aksamit [aksam,it] (*D* -u) *m* velvet • jak aksamit velvety.

akt [akt] (*D* -u) *m* [dokument] certificate; [część sztuki] act; [kobiecy, męski] nude • sztuka w trzech aktach a play in three acts; akt agresji an act of aggression; akt kobiecy female nude; akt notarialny authenticated deed; akt oskarżenia indictment; akt urodzenia birth certificate; Jednolity Akt Europejski Single European Act.

aktor, ka [aktɔr, ka] *m, f* actor (*f* actress).

aktówka [aktufka] (*D* aktówki [aktufk,i]) *f* briefcase.

aktualnie [aktualɲɛ] *adv oficjal* currently.

aktualność [aktualnɔɕtç] (*D* aktualności [aktualnɔɕtçi]) *f* [tematu, utworu] topicality. ➡ **aktualności** [aktualnɔɕtçi] (*D* aktualności [aktualnɔɕtçi]) *fpl* latest news.

aktualny [aktualni] *adj* [na czasie] current; [ważny, obowiązujący] valid.

aktywność [aktivnɔɕtç] (*D* aktywności [aktivnɔɕtçi]) *f* [zawodowa, życiowa] activity.

aktywny [aktivni] *adj* [biorący udział] active.

akumulacja [akumulaţsja] (*D* akumulacji [akumulaţsji]) *f* accumulation.

akumulator [akumulatɔr] (*D* -a) *m* battery • ładować akumulator to charge the battery.

akupunktura [akupuŋktura] (*D* akupunktury [akupuŋkturi]) *f* acupuncture.

akurat [akurat] <> *adv* [dokładnie] exactly; [właśnie] just. <> *interj* : akurat ci uwierzę! there's no way I'll believe you!

akustyczny [akustitʃni] *adj* [dźwiękowy] acoustic.

akwarela [akfarɛla] (*D* akwareli [akfarɛl,i]) *f* watercolour.

akwarium [akfarjum] (*inv w lp*) *n* aquarium.

akwedukt [akfɛdukt] (*D* -u) *m* aqueduct.

akwen [akfɛn] (*D* -u) *m* body of water.

akwizycja [akf,izitsja] (*D* akwizycji [akf,izitsji]) *f* door to door sales.

akwizytor [akf,izitɔr] *m* travelling salesman.

al. (*skr od* aleja) Ave.

alabaster [alabastɛr] (*D* alabastru [alabastru]) *m* alabaster.

alarm [alarm] (*D* -u) *m* [sygnał] alarm • alarm samochodowy car alarm; alarm pożarowy/powodziowy fire/flood alert.

alarmować [alarmɔvatç] (*perf* zaalarmować [zaalarmɔvatç]) *vimperf* [zawiadamiać] to alert; [ostrzegać] to warn.

alarmowy [alarmɔvi] *adj* [ostrzegawczy] warning • system alarmowy warning system; poziom wody prze-

kroczył stan alarmowy the water level rose above danger point.

alarmujący [alarmujɔntsi] *adj* alarming.

Alaska [alaska] (*D* **Alaski** [alask,i]) *f* Alaska.

Albania [albaɲja] (*D* **Albanii** [albaɲji]) *f* Albania.

albinos, ka [alb,inɔs, ka] *m, f* albino.

albo [albɔ] *conj* or • **albo..., albo...** either... or.

album [album] (*D* -u) *m* album • **album do zdjęć** photograph album; **album malarstwa** a book of paintings.

ale [alɛ] <> *conj pot* [przeciwieństwo] but. <> *part* [zdumienie, podziw] what • **ale narozrabiałeś!** what a load of trouble you've caused!

aleja [alɛja] (*D* **alei** [alɛji]) *f* avenue • **aleja wjazdowa** drive; **aleja wysadzana topolami** an avenue lined with poplars.

alejka [alɛjka] (*D* **alejki** [alɛjk,i]) *f* path.

alergia [alɛrgja] (*D* **alergii** [alɛrgji]) *f* allergy • **alergia na truskawki** strawberry allergy; **mieć na coś alergię** to be allergic to sthg.

alergiczny [alɛrg,itʃni] *adj* allergenic.

alfabet [alfabɛt] (*D* -u) *m* alphabet • **alfabet Braille'a** Braille; **alfabet Morse'a** Morse code.

alfabetyczny [alfabɛtitʃni] *adj* alphabetical • **w porządku alfabetycznym** in alphabetical order.

alga [alga] (*D* **algi** [alg,i]) *f* algae.

algebra [algɛbra] (*D* **algebry** [algɛbri]) *f* algebra.

Algieria [alg,ɛrja] (*D* **Algierii** [alg,ɛrji]) *f* Algeria.

alibi [al,ib,i] (*inv*) *n* alibi • **mieć alibi** to have an alibi.

alkohol [alkɔxɔl] (*D* -u) *m* alcohol.

alkoholik, alkoholiczka [alkɔxɔl,ik, alkɔxɔl,itʃka] *m, f* alcoholic.

alkoholowy [alkɔxɔlɔvi] *adj* alcoholic.

aloes [alɔɛs] (*D* -u) *m* aloe vera.

alpejski [alpɛjsk,i] *adj* alpine • **krajo-**

braz alpejski Alpine landscape; **roślinność alpejska** Alpine plants; **narciarstwo alpejskie** downhill skiing.

alpinizm [alp,iɲizm] (*D* -u) *m* mountaineering.

Alpy [alpi] (*D* **Alp** [alp]) *pl* the Alps.

altana [altana] (*D* **altany** [altani]) *f* [ogrodowa] summer house.

alternatywa [altɛrnativa] (*D* **alternatywy** [altɛrnativi]) *f* alternative • **stanąć przed alternatywą: pójść na studia albo rozpocząć pracę** to be faced with a choice of whether to go to university or to start work.

alternatywny [altɛrnativni] *adj* alternative.

aluminiowy [alum,iɲjɔvi] *adj* aluminium.

aluminium [alum,iɲjum] (*inv*) *n* aluminium.

aluzja [aluzja] (*D* **aluzji** [aluzji]) *f* allusion.

Alzacja [alzatsja] (*D* **Alzacji** [alzatsji]) *f* Alsace.

Alzatczyk, Alzatka [alzattʃik, alzatka] *m, f* Alsatian.

amant, ka [amant, ka] *m, f* [wielbiciel] admirer; [aktor] sex symbol.

amator, ka [amatɔr, ka] *m, f* [miłośnik] fan; [niezawodowiec] amateur.

amatorski [amatɔrsk,i] *adj* [niezawodowy] amateur; [niedoskonały] amateurish.

Amazonka [amazɔnka] (*D* **Amazonki** [amazɔnk,i]) *f* Amazon.

ambasada [ambasada] (*D* **ambasady** [ambasadi]) *f* embassy.

ambasador [ambasadɔr] *m* ambassador.

ambicja [amb,itsja] (*D* **ambicji** [amb,itsji]) *f* [duma] pride, [pragnienie] ambition. ➡ **ambicje** [amb,itsjɛ] (*D* **ambicji** [amb,itsji]) *fpl* [pragnienie] ambitions.

ambitny [amb,itni] *adj* ambitious.

ambona [ambɔna] (*D* **ambony** [ambɔni]) *f* [w kościele] pulpit.

ambulans [ambulans] (*D* -u) *m* ambulance.

ambulatorium [ambulatɔrjum] *(inv w lp)* n clinic.

ameba [amɛba] f amoeba.

amen [amɛn] *interj* [w modlitwie] amen.

Ameryka [amɛrika] *(D Ameryki* [amɛrik,i]) f America • **Ameryka Łacińska** Latin America; **Ameryka Południowa** South America; **Ameryka Północna** North America; **Ameryka Środkowa** Central America.

ametyst [amɛtist] *(D -u)* m amethyst.

amfetamina [amfɛtam,ina] *(D amfetaminy* [amfɛtam,ini]) f amphetamine.

amfiteatr [amf,itɛatr] *(D -u)* m amphitheatre.

amnestia [amnɛstja] *(D amnestii* [amnɛstji]) f amnesty.

amnezja [amnɛzja] *(D amnezji* [amnɛzji]) f amnesia.

amoralny [amɔralni] *adj* amoral.

amortyzacja [amɔrtizatsja] *(D amortyzacji* [amɔrtizatsji]) f EKON depreciation; AUTO shock absorption.

amortyzator [amɔrtizatɔr] *(D -a)* m AUTO shock absorber.

amortyzować [amɔrtizɔvatɕ] *vimperf* AUTO : **resory w pełni nie amortyzowały wstrząsów** the suspension didn't cushion all the bumps. ➤ **amortyzować się** [amɔrtizɔvatɕ ɕɛ] *vp imperf* EKON to be amortized • **zakup amortyzuje się w ciągu kilku lat** the purchase is amortized over a period of several years.

amper [ampɛr] *(D -a)* m ampere.

ampułka [ampuwka] *(D ampułki* [ampuwk,i]) f ampoule.

amputacja [amputatsja] *(D amputacji* [amputatsji]) f MED amputation.

Amsterdam [amstɛrdam] *(D -u)* m Amsterdam.

amsterdamczyk, amsterdamka [amstɛrdamtɕik, amstɛrdamka] m, f *inhabitant of Amsterdam.*

amulet [amulɛt] *(D -u)* m amulet.

amunicja [amuɲitsja] *(D amunicji* [amuɲitsji]) f ammunition.

anachroniczny [anaxrɔɲitʃni] *adj* [przestarzały] outdated.

analfabeta, analfabetka [analfabɛta, analfabɛtka] m, f illiterate person • **wtórny analfabeta** ignoramus.

analfabetyzm [analfabɛtizm] *(D -u)* m illiteracy • **wtórny analfabetyzm** ignorance.

analiza [anal,iza] *(D analizy* [anal,izi]) f analysis.

analizować [anal,izɔvatɕ] *(perf zanalizować* [zanal,izɔvatɕ]) *vimperf* to analyse • **analizować coś** to analyse sthg.

analogia [analɔgja] *(D analogii* [analɔgji]) f analogy.

analogicznie [analɔg,itʃɲɛ] *adv* by analogy.

analogiczny [analɔg,itʃni] *adj* analogous.

ananas [ananas] *(D -a)* m pineapple.

anatomia [anatɔmja] *(D anatomii* [anatɔm,ji]) f anatomy.

Andaluzja [andaluzja] *(D Andaluzji* [andaluzji]) f Andalusia.

Andaluzyjczyk, Andaluzyjka [andaluzijtɕik, andaluzijka] m, f *inhabitant of Andalusia.*

andrut [andrut] *(D -a)* m KULIN filled wafer.

Andy [andi] *(D Andów* [anduf]) *pl* the Andes.

anegdota [anɛgdota] *(D anegdoty* [anɛgdɔti]) f [prawdziwa] anecdote; [zmyślona] joke.

aneks [anɛks] *(D -u)* m [załącznik] appendix; [część pomieszczenia] area.

anemia [anɛmja] *(D anemii* [anɛmji]) f anaemia.

anemiczny [anɛm,itʃni] *adj* [o człowieku] anaemic.

angaż [aŋgaʃ] *(D -u)* m [zatrudnienie] employment.

angażować [aŋgaʒɔvatɕ] *(perf zaangażować* [zaaŋgaʒɔvatɕ]) *vimperf* [zatrudniać] to take on; [zajmować] to engage. ➤ **angażować się** [aŋgaʒɔvatɕ ɕɛ] *(perf zaangażować się* [zaaŋgaʒɔvatɕ ɕɛ]) *vp imperf* [uczuciowo] to be committed • **za-**

angażować się w coś to be committed to sthg.

angielski [aŋg,ɛlsk,i] adj English.

angina [aŋg,ina] (D anginy [aŋg,ini]) f strep throat.

Anglia [aŋglja] (D Anglii [aŋglji]) f England.

Anglik, Angielka [aŋgl,ik, aŋg,ɛlka] m, f Englishman (f Englishwoman).

ani [ani] <> conj [z innym przeczeniem] : nie znała żadnego języka obcego: ani angielskiego, ani niemieckiego she didn't know any foreign languages, neither English nor German. <> part [wzmacnia przeczenie] : ani się waż! don't even try!; ani słowa! not a word!

animacja [aɲimatsja] (D animacji [aɲimatsji]) f [filmowa] animation.

animowany [aɲimɔvani] adj [film] animated.

anioł [aɲɔw] m angel • Anioł Stróż guardian angel.

ankieta [aŋk,ɛta] (D ankiety [aŋk,ɛti]) f [formularz] questionnaire; [badanie opinii] opinion poll.

anomalia [anɔmalja] (D anomalii [anɔmalji]) f anomaly.

anonim [anɔɲim] (D -u) m [list] anonymous letter • dostać anonim to receive an anonymous letter.

anonimowość [anɔɲimɔvɔɕtɕ] (D anonimowości [anɔɲimɔvɔɕtɕi]) f anonymity.

anonimowy [anɔɲimɔvi] adj [utwór, list] anonymous.

anoreksja [anɔrɛksja] (D anoreksji [anɔrɛksji]) f anorexia.

anormalny [anɔrmalni] adj abnormal.

Antarktyda [antarktida] (D Antarktydy [antarktidi]) f Antarctica.

Antarktyka [antarktika] (D Antarktyki [antarktik,i]) f Antarctic.

antena [antɛna] (D anteny [antɛni]) f [urządzenie] antenna; [o audycji] : wejść na antenę to be broadcast • antena pokojowa indoor aerial; antena satelitarna satellite dish.

antidotum [ant,idɔtum] (inv w lp) n antidote.

antrakt [antrakt] (D -u) m interval.

antresola [antrɛsɔla] (D antresoli [antrɛsɔl,i]) f mezzanine.

antrykot [antrikɔt] (D -u) m KULIN entrecote.

antybiotyk [antib,jɔtik] (D -u) m antibiotic.

antyczny [antitʃni] adj [epoka] ancient; [meble] antique • antyczna literatura the classics.

antygen [anti'gɛn] (D -u) m antigen.

antyk [antik] (D -u) m [epoka] antiquity; [przedmiot] antique • sklep z antykami antique shop.

antykoncepcja [antikɔntsɛptsja] (D antykoncepcji [antikɔntsɛptsji]) f contraception.

antykoncepcyjny [antikɔntsɛptsijni] adj contraceptive • pigułka antykoncepcyjna contraceptive pill.

antykwariat [antikfarjat] (D -u) m [sklep z książkami] second-hand book shop; [sklep z antykami] antique shop.

antylopa [antilɔpa] f antelope.

antypatia [antipatja] (D antypatii [antipatji]) f dislike.

antypatyczny [antipatitʃni] adj repulsive.

antypoślizgowy [antipɔɕl,izgɔvi] adj non-skid.

antysemita, antysemitka [antisɛm,ita, antisɛm,itka] m, f anti-Semite.

antysemityzm [antisɛm,itizm] (D -u) m anti-Semitism.

antyseptyczny [antisɛptitʃni] adj antiseptic.

anulować [anulɔvatɕ] vimperf LUB vperf to cancel.

anyż [aniʃ] (D -u) m aniseed.

anyżówka [aniʒufka] (D anyżówki [aniʒufk,i]) f aniseed vodka.

aorta [aɔrta] (D aorty [aɔrti]) f MED aorta.

aparat [aparat] (D -u) m [urządzenie] appliance • aparat radiowy radio; aparat fotograficzny camera; aparat telefoniczny phone.

apartament [apartamɛnt] (D -u) m [mieszkanie] flat UK, apartment US • apartament hotelowy suite.

apatia [apatja] (*D* **apatii** [apatji]) *f* apathy.

apatyczny [apatit∫ni] *adj* apathetic.

apel [apɛl] (*D* **-u**) *m* [zbiórka] assembly; [odezwa] appeal • **zwrócić się do kogoś z gorącym apelem** to make a heartfelt appeal to sb.

apelować [apɛlɔvatɕ] *vimperf* to appeal • **apelować o coś** [mobilizować, zachęcać do czegoś] to (make an) appeal for sthg; **apelować do czyjegoś sumienia** to appeal to sb's conscience.

Apeniny [apɛɲini] (*D* **Apeninów** [apɛɲinuf]) *pl* the Apennines.

aperitif [apɛ'r̩it̩if] (*D* **-u**) *m* aperitif.

apetyczny [apɛtit∫ni] *adj* appetising.

apetyt [apɛtit] (*D* **-u**) *m* appetite • **jeść coś z apetytem** to eat sthg with relish.

aplikacja [apl̩ikat̪s̪ja] (*D* **aplikacji** [apl̩ikat̪s̪ji]) *f* [adwokacka] articles; INFORM application.

apolityczny [apɔl̩itit∫ni] *adj* nonpolitical.

aportować [apɔrtɔvatɕ] *vimperf* to retrieve.

apostoł [apɔstɔw] *m* [uczeń Chrystusa] apostle.

aprobata [aprɔbata] (*D* **aprobaty** [aprɔbati]) *f* approval.

aprobować [aprɔbɔvatɕ] *vimperf* LUB *vperf* to approve.

apteczka [aptɛt∫ka] (*D* **apteczki** [aptɛt∫k̩i]) *f* : **apteczka pierwszej pomocy** first-aid kit.

apteka [aptɛka] (*D* **apteki** [aptɛk̩i]) *f* chemist • **apteka całodobowa** all-night chemist.

aptekarz, aptekarka [aptɛka∫, aptɛkarka] *m, f* pharmacist.

ar [ar] (*D* **-a**) *m* are.

Arabia Saudyjska [arabja sawdijska] (*D* **Arabii Saudyjskiej** [arabji sawdijsk̩ej]) *f* Saudi Arabia.

arabski [arapsk̩i] *adj* [kraje, osoba] Arab; [język, kultura] Arabic • **cyfry arabskie** Arabic numerals.

aranżacja [aranʒat̪s̪ja] (*D* **aranżacji** [aranʒat̪s̪ji]) *f* [piosenki] arrangement • **aranżacja wnętrz** interior design.

arbitralny [arb̩itralni] *adj* arbitrary.

arbuz [arbus] (*D* **-a**) *m* watermelon.

archaiczny [arxajit∫ni] *adj* [kultura] archaic; *pej* [pojazd] archaic.

archeologia [arxɛɔlɔɡja] (*D* **archeologii** [arxɛɔlɔɡji]) *f* archaeology.

archeologiczny [arxɛɔlɔɡ̩it∫ni] *adj* archaeological.

archipelag [arx̩ipɛlak] (*D* **-u**) *m* archipelago.

architekt [arx̩itɛkt] *m* architect.

architektura [arx̩itɛktura] (*D* **architektury** [arx̩itɛkturi]) *f* architecture • **architektura wnętrz** interior design.

archiwum [arx̩ivum] (*inv w lp*) *n* archive.

arcybiskup [artɕ̩ib̩iskup] *m* archbishop.

arcydzieło [artɕ̩idʑɛwɔ] (*D* **arcydzieła** [artɕ̩idʑɛwa]) *n* masterpiece.

Ardeny [ardɛni] (*D* **Arden** [ardɛn] LUB **Ardenów** [ardɛnuf]) *pl* the Ardennes.

arena [arɛna] (*D* **areny** [arɛɲi]) *f lit & przen* arena.

areszt [arɛ∫t] (*D* **-u**) *m* [kara] custody; [pomieszczenie] detention cell.

aresztować [arɛ∫tɔvatɕ] *vimperf* LUB *vperf* to arrest.

aresztowanie [arɛ∫tɔvaɲɛ] (*D* **aresztowania** [arɛ∫tɔvaɲa]) *n* arrest.

aresztowany [arɛ∫tɔvani] ◇ *adj* [przestępca] under arrest. ◇ *m* [osoba aresztowana] person under arrest.

Argentyna [arɡɛntina] (*D* **Argentyny** [arɡɛntini]) *f* Argentina.

argument [arɡumɛnt] (*D* **-u**) *m* argument.

argumentować [arɡumɛntɔvatɕ] *vimperf* to argue.

aria [arja] (*D* **arii** [arji]) *f* aria.

arka [arka] (*D* **arki** [ark̩i]) *f* [biblijna] ark • **Arka Przymierza** Ark of the Covenant.

arkada [arkada] (*D* **arkady** [arkadi]) *f* arcade.

arkusz [arku∫] (*D* **-a**) *m* [papieru] sheet.

armaniak [armaɲjak] (D **-u**) m armagnac.

armata [armata] (D **armaty** [armati]) f [współczesna] large calibre gun; [dawna] cannon.

armia [armja] (D **armii** [armji]) f [wojsko] army.

arogancja [arɔɡantsja] (D **arogancji** [arɔɡantsji]) f arrogance.

arogancki [arɔɡantsk,i] adj arrogant.

aromat [arɔmat] (D **-u**) m aroma.

aromatyczny [arɔmatitʃni] adj aromatic.

arras [arras] (D **-u**) m tapestry.

arszenik [arʃɛɲik] (D **-u**) m arsenic.

arteria [artɛrja] (D **arterii** [artɛrji]) f [droga] arterial road.

artretyzm [artrɛtizm] (D **-u**) m arthritis.

artykuł [artikuw] (D **-u**) m article
• **artykuły gospodarstwa domowego** household goods.

artysta, artystka [artista, artistka] m, f artist.

artystyczny [artistitʃni] adj [kierunek, salon] artistic.

arystokracja [aristɔkratsja] (D **arystokracji** [aristɔkratsji]) f aristocracy.

arystokrata, arystokratka [aristɔkrata, aristɔkratka] m, f aristocrat.

as [as] (D **-a**) m [w kartach, o człowieku] ace.

asekuracja [asɛkuratsja] (D **asekuracji** [asɛkuratsji]) f [zabezpieczenie] protection [postępowanie] precaution • **asekuracja wspinaczkowa** belay.

asekurować [asɛkurɔvatɕ] vimperf [zabezpieczać] to protect • **asekuruj mnie w czasie wspinaczki na ten szczyt** belay me for the climb up to the peak. ⇐ **asekurować się** [asɛkurɔvatɕ ɕɛ] vp imperf [zabezpieczać się] to take out protection.

aseptyczny [asɛptitʃni] adj sterile.

asfalt [asfalt] (D **-u**) m asphalt.

asortyment [asɔrtimɛnt] (D **-u**) m [towarów] selection.

aspekt [aspɛkt] (D **-u**) m aspect.

aspiracje [asp,iratsjɛ] (D **aspiracji** [asp,iratsji]) fpl aspirations.

aspiryna [asp,irina] (D **aspiryny** [asp,irini]) f aspirin.

aspołeczny [aspɔwɛtʃni] adj asocial.

astma [astma] (D **astmy** [astmi]) f asthma.

astrologia [astrɔlɔgja] (D **astrologii** [astrɔlɔgji]) f astrology.

astronomia [astrɔnɔmja] (D **astronomii** [astrɔnɔmji]) f astronomy.

astronomiczny [astrɔnɔm,itʃni] adj [zima, suma] astronomical.

asygnata [asiɡnata] (D **asygnaty** [asiɡnati]) f EKON order of payment.

asymilacja [asim,ilatsja] (D **asymilacji** [asim,ilatsji]) f assimilation.

asymilować [asim,ilɔvatɕ] vimperf [przyswajać] to assimilate. ⇐ **asymilować się** [asim,ilɔvatɕ ɕɛ] vp imperf [przystosowywać się] to assimilate.

asystent, ka [asistɛnt, ka] m, f [pomocnik] assistant.

asystować [asistɔvatɕ] vimperf to assist • **asystować komuś** to assist sb.

atak [atak] (D **-u**) m attack • **atak serca** heart attack.

atakować [atakɔvatɕ] (perf **zaatakować** [zaatakɔvatɕ]) vimperf to attack.

ateista, ateistka [atɛjista, atɛjistka] m, f atheist.

atelier [atɛˈljɛ] (inv) n studio.

Ateny [atɛni] (D **Aten** [atɛn]) pl Athens.

ateńczyk, atenka [atɛɲtʃik, atɛnka] m, f Athenian.

atest [atɛst] (D **-u**) m certificate.

Atlantyk [atlantik] (D **-u**) m Atlantic.

atlas [atlas] (D **-u**) m atlas.

atleta, atletka [atlɛta, atlɛtka] m, f athlete.

atłas [atwas] (D **-u**) m satin.

atmosfera [atmɔsfɛra] (D **atmosfery** [atmɔsfɛri]) f [ziemska, napięta] atmosphere.

atmosferyczny [atmɔsfɛritʃni] adj atmospheric.

atom [atɔm] (D **-u**) m atom.

atomizer [atɔm,izɛr] (D -a) m atomiser.

atomowy [atɔmɔvi] adj nuclear • **jądro atomowe** nucleus.

atrakcja [atraktsja] (D atrakcji [atraktsji]) f attraction • **atrakcja turystyczna** tourist attraction.

atrakcyjny [atraktsijni] adj [kobieta, cena] attractive.

atrament [atramɛnt] (D -u) m ink.

atrapa [atrapa] (D atrapy [atrapi]) f [imitacja] imitation • **na wystawie wisiały same atrapy** the shop window was full of imitation goods.

atu [atu] (inv) n trump.

atut [atut] (D -u) m [atu] trump; [zaleta] best point • **posiadać wiele atutów** to have many good points.

audiencja [awdjɛntsja] (D audiencji [awdjɛntsji]) f audience.

audiowizualny [awdjɔv,izualni] adj audiovisual.

audycja [awditsja] (D audycji [awditsji]) f programme.

audytorium [awditɔrjum] (inv w lp) n [słuchacze] audience; [sala] lecture theatre.

aukcja [awktsja] (D aukcji [awktsji]) f auction.

aula [awla] (D auli [awl,i]) f lecture hall.

aureola [awrɛola] (D aureoli [awrɛol,i]) f halo.

Australia [awstralja] (D Australii [awstralji]) f Australia.

Austria [awstrja] (D Austrii [awstrji]) f Austria.

Austriak, Austriaczka [austrjak, awstrjatʃka] m, f Austrian.

autentyczność [awtɛntitʃnɔɕtɕɛ] (D autentyczności [awtɛntitʃnɔɕtɕi]) f authenticity.

autentyczny [awtɛntitʃni] adj authentic.

autentyk [awtɛntik] (D -u) m original.

auto [awtɔ] (D auta [awta]) n car.

autoalarm [awtɔalarm] (D -u) m car alarm.

autobiografia [awtɔb,jɔgrafja] (D autobiografii [awtɔb,jɔgrafji]) f autobiography.

autobus [awtɔbus] (D -u) m bus • **jechać autobusem** to go by bus; **wsiąść do autobusu** to get on a bus.

autocasco [awtɔkaskɔ] (inv) n comprehensive car insurance.

autograf [awtɔgraf] (D -u) m autograph.

autokar [awtɔkar] (D -u) m coach.

automat [awtɔmat] (D -u) m [telefon] payphone; [z papierosami, napojami] vending machine.

automatycznie [awtɔmatitʃɲɛ] adv automatically.

automatyczny [awtɔmatitʃni] adj automatic • **automatyczna sekretarka** answer-phone.

automobilizm [awtɔmɔb,il,izm] (D -u) m motor sport.

autonomia [awtɔnɔmja] (D autonomii [awtɔnɔmji]) f autonomy.

autonomiczny [awtɔnɔm,itʃni] adj autonomous.

autoportret [awtɔpɔrtrɛt] (D -u) m self-portrait.

autor, ka [awtɔr, ka] m, f author.

autorytet [awtɔritɛt] (D -u) m [szacunek] respect; [osoba] authority • **cieszyć się u kogoś autorytetem** to have sb's respect.

autoryzowany [awtɔrizɔvani] adj authorised.

autoserwis [awtɔsɛrv,is] (D -u) m garage.

autostop [awtɔstɔp] (D -u) m hitchhiking • **podróżować autostopem** to hitchhike.

autostopowicz, ka [awtɔstɔpɔv,itʃ, ka] m, f hitchhiker.

autostrada [awtɔstrada] (D autostrady [awtɔstradi]) f motorway • **wjazd na autostradę** slip road onto the motorway; **zjazd z autostrady** slip road off the motorway.

awangardowy [avaŋgardɔvi] adj avant-garde.

awans [avans] (D -u) m promotion • **awans społeczny** social advancement.

awansować [avansɔvatɕ] *vimperf*
LUB **vperf** to be promoted • **awansować kogoś** to promote sb.
awantura [avantura] *(D* **awantury**
[avanturɨ]) *f* row.
awanturnik, awanturniczka [avan-
turɲik, avanturɲitʃka] *m, f pej* troublemaker.
awanturować się [avanturɔvatɕ ɕɛ]
vp imperf to row.
awaria [avarja] *(D* **awarii** [avarji]) *f*
: **usunąć awarię wodociągu** to repair
a fault in the water main; **awaria
silnika** engine failure; **awaria sieci
gazowej** damage to the gas main.
awaryjny [avarijni] *adj* emergency.
awersja [avɛrsja] *(D* **awersji** [avɛrsji])
f aversion.
awista [av,ista] *(inv) adj* [na każde
żądanie] : **konto awista** current account.
awizo [av,izɔ] *(D* **awiza** [av,iza]) *n*
*notification of mail waiting for collection
from post office.*
awokado [avɔkadɔ] *(inv) n* avocado.
Azja [azja] *(D* **Azji** [azji]) *f* Asia.
azot [azɔt] *(D* **-u**) *m* nitrogen.
azyl [azil] *(D* **-u**) *m* [polityczny] asylum.

B

b. *(skr od* **bardzo**) v; *(skr od* **były**)
former.
baba [baba] *f pot* [kobieta] woman;
pot [chłopka] peasant woman.
babcia [baptɕa] *f* grandmother; [sta-
ruszka] old woman.
babeczka [babɛtʃka] *(D* **babeczki**
[babɛtʃk,i]) *f* cupcake • **babeczka
owocowa** fruit tart; **babeczka pias-
kowa** Madeira cake; **krucha babeczka** short-crust pie.
babka [bapka] *pot* [kobieta] girl;
[babcia] grandmother; [ciasto] *(D*

babki [bapk,i]) *f plain, well-risen cake,
traditional at Easter.*
bachor [baxɔr] *m pot & pej* [dziecko]
brat.
bacówka [batsufka] *(D* **bacówki** [ba-
tsufk,i]) *f* [szałas] *shepherd's hut in the
mountains.*
bacznie [batʃɲɛ] *adv* attentively.
baczny [batʃɲi] *adj* attentive • **zwracać baczną uwagę na coś** to pay
close attention to sthg.
bać się [batɕ ɕɛ] *vp imperf* [czuć
strach] to be afraid; [niepokoić się] to
worry • **bać się kogoś/czegoś** to be
afraid of sb/sthg; **bać się o kogoś/o
coś** to be worried about sb/sthg.
badacz, ka [badatʃ, ka] *m, f* research-
er.
badać [badatɕ] *(perf* **zbadać** [zba-
datɕ]) *vimperf* [chorego] to examine;
[sprawę] to investigate.
badanie [badaɲɛ] *(D* **badania** [bada-
ɲa]) *n* [rutynowe] test; [lekarskie]
examination; [naukowe] research.
badawczy [badatʃi] *adj* [praca, ośro-
dek] research; [spojrzenie] scrutinizing.
badminton [badm,intɔn] *(D* **-a**) *m*
badminton.
bagatela [bagatɛla] *(D* **bagateli** [ba-
gatɛl,i]) *f* trifle.
bagatelizować [bagatɛl,izɔvatɕ]
(perf **zbagatelizować** [zbagatɛl,izɔ-
vatɕ]) *vimperf* to make light of
• **zbagatelizować problem** to make
light of the problem.
bagaż [bagaʃ] *(D* **-u**) *m* luggage • **bagaż podręczny** hand luggage.
bagażnik [bagaʒɲik] *(D* **-a**) *m* [w
samochodzie] boot *UK*, trunk *US*
• **bagażnik na dachu/rowerowy**
roof/bicycle rack.
bagażowy [bagaʒɔvi] *m* porter.
bagietka [bag,ɛtka] *(D* **bagietki** [ba-
g,ɛtk,i]) *f* baguette.
bagnisko [bagɲiskɔ] *(D* **bagniska**
[bagɲiska]) *n* bog.
bagnisty [bagɲisti] *adj* boggy.
bagno [bagnɔ] *(D* **bagna** [bagna]) *n* bog.
bajeczny [bajɛtʃɲi] *adj* [istniejący w
bajkach] fairy tale; [niesamowity]
fabulous.

bajka [bajka] (*D* **bajki** [bajk,i]) *f* [baśń] fairy tale; [bzdura] nonsense.

bajoński [bajɔ̃jsk,i] *adj* enormous • **zapłacić za coś bajońską sumę** to pay a king's ransom for sthg.

bajt [bajt] (*D* **-u** LUB **-a**) *m* INFORM byte.

bak [bak] (*D* **-u**) *m* [na paliwo] tank.

bakcyl [baktsil] (*D* **-a**) *m* bug • **połknął bakcyla teatru** he was bitten by the theatre bug.

baki [bak,i] (*D* **baków** [bakuf]) *mpl* [zarost] sideburns.

bakłażan [bakwaʒan] (*D* **-a** LUB **-u**) *m* aubergine *UK*, eggplant *US* • **nadziewany bakłażan** stuffed aubergine.

bakteria [baktɛrja] (*D* **bakterii** [baktɛrji]) *f* bacterium.

bal [bal] (*D* **-u**) *m* [zabawa] ball.

balast [balast] (*D* **-u**) *m* ballast.

balet [balɛt] (*D* **-u**) *m* ballet.

balkon [balkɔn] (*D* **-u**) *m* [na zewnątrz budynku] balcony; [w teatrze] circle.

ballada [ballada] (*D* **ballady** [balladi]) *f* [utwór literacki] ballad; [utwór muzyczny] ballade.

balon [balɔn] (*D* **-u**) *m* [statek powietrzny] hot-air balloon; [zabawka] balloon.

balonik [balɔɲik] (*D* **-a**) *m* balloon.

balsam [balsam] (*D* **-u**) *m* lotion • **balsam do rąk/ciała** hand/body-lotion.

balustrada [balustrada] (*D* **balustrady** [balustradi]) *f* balustrade.

bałagan [bawagan] (*D* **-u**) *m* mess.

Bałkany [bawkani] (*D* **Bałkanów** [bawkanuf]) *pl* the Balkans.

Bałtyk [bawtik] (*D* **-u**) *m* the Baltic.

bałwan [bawvan] (*D* **-a**) *m* [śniegowy] snowman; *pot & pej* [głupiec] wally.

bambus [bambus] (*D* **-a**) *m* bamboo.

banalny [banalni] *adj* banal.

banał [banaw] (*D* **-u**) *m* banality.

banan [banan] (*D* **-a**) *m* banana.

banda [banda] (*D* **bandy** [bandi]) *f* [szajka] gang.

bandaż [bandaʃ] (*D* **-a**) *m* bandage • **bandaż elastyczny** elastic bandage.

bandażować [bandaʒɔvatɕ] (*perf* **zabandażować** [zabandaʒɔvatɕ]) *vimperf* to bandage • **bandażować ranę** to bandage a wound.

bandera [bandɛra] (*D* **bandery** [bandɛri]) *f* flag.

banderola [bandɛrɔla] (*D* **banderoli** [bandɛrɔl,i]) *f* band.

bandyta [bandita] *m* bandit • **jednoręki bandyta** [automat do gry] one-armed bandit.

baner [banɛr] (*D* **-u** LUB **-a**) *m* banner.

baniak [baɲak] (*D* **-a**) *m* canister.

banialuki [baɲaluk,i] (*D* **banialuk** [baɲaluk]) *fpl pot* nonsense • **opowiadać banialuki** to tell tall tales.

bank [baŋk] (*D* **-u**) *m* bank • **wziąć pieniądze z banku** to withdraw money from the bank; **Europejski Bank Centralny** European Central Bank; **Europejski Bank Inwestycyjny** European Investment Bank; **Europejski Bank Odbudowy i Rozwoju** European Bank for Reconstruction and Development.

bankier [baŋk,ɛr] *m* banker.

bankiet [baŋk,ɛt] (*D* **-u**) *m* banquet.

banknot [baŋknɔt] (*D* **-u**) *m* banknote.

bankomat [baŋkɔmat] (*D* **-u**) *m* cashpoint.

bankowy [baŋkɔvi] *adj* bank.

bankructwo [baŋkrutstfɔ] (*D* **bankructwa** [baŋkrutstfa]) *n* bankruptcy.

bankrutować [baŋkrutɔvatɕ] (*perf* **zbankrutować** [zbaŋkrutɔvatɕ]) *vimperf* to go bankrupt.

bańka [baɲka] (*D* **bańki** [baɲk,i]) *f* [naczynie] container; [pęcherzyk] bubble • **bańki mydlane** soap bubbles.

bar [bar] (*D* **-u**) *m* [bufet] bar; [zakład] snack-bar • **bar sałatkowy** salad bar; **bar mleczny** *subsidised self-service restaurant offering home-style cooking.*

barak [barak] (*D* **-u**) *m* [budynek] prefab.

baran [baran] *m* [zwierzę] ram.
➡ **Baran** [baran] (*D* **-a**) *m* [znak zodiaku] Aries.

baranek [baranɛk] *m* [mały baran] lamb.

baranina [baraɲina] (D baraniny [baraɲini]) f mutton.

barbarzyński [barbaʒijsk,i] adj [zbrodniczy] barbaric.

Barcelona [bartsɛlɔna] (D Barcelony [bartsɛlɔni]) f Barcelona.

barcelończyk, barcelonka [bartsɛlɔjntʃik, bartsɛlɔnka] m, f inhabitant of Barcelona.

bardzo [bardzɔ] (compar bardziej, superl najbardziej) adv [w wysokim stopniu] very; [bardziej] more; [najbardziej] the most.

bariera [barjɛra] (D bariery [barjɛri]) f barrier.

barierka [barjɛrka] (D barierki [barjɛrk,i]) f [płotek] barrier.

bark [bark] (D -u) m shoulder.

barka [barka] (D barki [bark,i]) f barge.

barman, ka [barman, ka] m, f barman (f barmaid) UK, bartender US.

barometr [barɔmɛtr] (D -u) m barometer.

barszcz [barʃtʃ] (D -u) m borsch • **barszcz biały** sour, light-coloured soup based on rye flour, usually served with a piece of sausage in it; **barszcz ukraiński** beetroot and vegetable soup.

barwa [barva] (D barwy [barvi]) f [kolor] colour; [brzmienie] tone.

barwić [barv,itɕ] (perf zabarwić [zabarv,itɕ]) vimperf to dye.

barwnik [barvɲik] (D -a) m dye.

barwny [barvni] adj [kolorowy] colour; [ciekawy] colourful.

barykada [barikada] (D barykady [barikadi]) f barricade.

barykadować [barikadɔvatɕ] (perf zabarykadować [zabarikadɔvatɕ]) vimperf [drogę, ulicę] to barricade. ⟶ **barykadować się** [barikadɔvatɕ ɕɛ] (perf zabarykadować się [zabarikadɔvatɕ ɕɛ]) vp imperf [w domu, piwnicy] to barricade o.s.

baryłka [bariwka] (D baryłki [bariwk,i]) f [miodu, piwa] barrel.

basen [basɛn] (D -u) m [pływalnia] swimming pool; [zlewisko] basin.

Bask, Baskijka [bask, bask,ijka] m, f Basque.

Baskonia [baskɔnja] (D Baskonii [baskɔnji]) f the Basque Provinces.

baszta [baʃta] (D baszty [baʃti]) f keep.

baśń [baɕɲ] (D baśni [baɕɲi]) f fairy tale.

bat [bat] (D -a) m whip.

bateria [batɛrja] (D baterii [batɛrji]) f battery.

batuta [batuta] (D batuty [batuti]) f baton • **orkiestra pod batutą** orchestra conducted by.

batyst [batist] (D -u) m batiste.

Bawarczyk, Bawarka [bavartʃik, bavarka] m, f Bavarian.

Bawaria [bavarja] (D Bawarii [bavarji]) f Bavaria.

bawarka [bavarka] (D bawarki [bavark,i]) f KULIN tea with milk.

bawełna [bavɛwna] (D bawełny [bavɛwni]) f cotton • **owijać w bawełnę** to beat about the bush.

bawełniany [bavɛwɲani] adj cotton.

bawić [bav,itɕ] vimperf [dzieci] to entertain • **bawić kogoś** to entertain someone; **to mnie nie bawi** I don't like it. ⟶ **bawić się** [bav,itɕ ɕɛ] vp imperf to play • **bawić się z kimś** to play with sb; **bawić się w coś** to play sthg; **jak się bawiłaś na imprezie?** how did you enjoy the party?; **dobrze bawić się w czyimś towarzystwie** to enjoy sb's company; **nie baw się w swatkę** don't play the match-maker.

baza [baza] (D bazy [bazi]) f [podstawa] base; [środki] resource base • **baza danych** database.

bazar [bazar] (D -u) m bazaar.

Bazylea [bazilɛa] (D Bazylei [bazilɛji]) f Basle.

bazylejczyk, bazylejka [bazilɛjtʃik, bazilɛjka] m, f inhabitant of Basle.

bazylia [bazilja] (D bazylii [bazilji]) f basil.

bazylika [bazil,ika] (D bazyliki [bazil,ik,i]) f basilica.

bażant [baʒant] m pheasant.

bąbel [bɔmbɛl] (D bąbla [bɔmbla]) m [na skórze] blister.

bądź [bɔntɕɛ] *part* : gdzie bądź any-where; **co bądź** anything; **jak bądź** anyhow • **bądź co bądź** after all.

bąk [bɔŋk] *m* [owad] bumblebee; [zabawka] (*D* -a) spinning top.

beczka [bɛtʃka] (*D* beczki [bɛtʃk,i]) *f* barrel.

befsztyk [bɛfʃtik] (*D* -a LUB -u) *m* beefsteak • **befsztyk tatarski** steak tartare.

bekon [bɛkɔn] (*D* -u) *m* bacon.

beksa [bɛksa] *f* LUB *m* *pot* cry-baby.

beletrystyka [bɛlɛtristika] (*D* bele-trystyki [bɛlɛtristik,i]) *f* fiction.

Belg, Belgijka [bɛlk, bɛlg,ijka] *m, f* Belgian.

Belgia [bɛlgja] (*D* Belgii [bɛlgji]) *f* Belgium.

belgijski [bɛlg,ijsk,i] *adj* Belgian.

Belgrad [bɛlgrat] (*D* -u) *m* Belgrade.

belgradczyk, belgradka [bɛlgrat-tʃik, bɛlgratka] *m, f* *inhabitant of Belgrade*.

belka [bɛlka] (*D* belki [bɛlk,i]) *f* [konstrukcyjna] beam; [naszywka na pagonie] bar.

benzyna [bɛnzina] (*D* benzyny [bɛn-zini]) *f* petrol *UK*, gas *US* • **zatanko-wać benzynę** to fill up with petrol.

beret [bɛrɛt] (*D* -u) *m* beret.

Berlin [bɛrl,in] (*D* -a) *m* Berlin.

berlińczyk, berlinka [bɛrl,ijntʃik, bɛrl,inka] *m, f* Berliner.

berło [bɛrwɔ] (*D* berła [bɛrwa]) *n* sceptre.

bermudy [bɛrmudi] (*D* bermudów [bɛrmuduʃ]) *pl* bermuda shorts.

Berno [bɛrnɔ] (*D* Berna [bɛrna]) *n* Bern.

Beskidy [bɛsk,idi] (*D* Beskidów [bɛsk,iduʃ]) *pl* the Beskidy Moun-tains.

bessa [bɛssa] (*D* bessy [bɛssi]) *f* EKON slump.

bestia [bɛstja] (*D* bestii [bɛstji]) *f* *lit & przen* beast.

bestialski [bɛstjalsk,i] *adj* savage.

bestseller [bɛstsɛlɛr] (*D* -a LUB -u) *m* best-seller.

beton [bɛtɔn] (*D* -u) *m* concrete.

bez¹ [bɛs] (*D* bzu [bzu]) *m* [roślina] lilac.

bez² [bɛs] *prep* without.

beza [bɛza] (*D* bezy [bɛzi]) *f* mer-ingue.

bezbłędny [bɛzbwɛndni] *adj* fault-less.

bezbolesny [bɛzbɔlɛsni] *adj* painless.

bezbronny [bɛzbrɔnni] *adj* defence-less.

bezcelowy [bɛstsɛlɔvi] *adj* [działanie] pointless; [spacer] aimless.

bezcen [bɛstsɛn] ➡ **za bezcen** [za bɛstsɛn] *constr* dirt cheap.

bezcenny [bɛstsɛnni] *adj* priceless.

bezceremonialnie [bɛstsɛrɛmɔnjal-ɲɛ] *adv* unceremoniously.

bezchmurny [bɛsxmurni] *adj* cloud-less.

bezcłowy [bɛstswɔvi] *adj* duty-free.

bezczelny [bɛstʃɛlni] *adj* insolent.

bezczynność [bɛstʃinnɔɕtɕɛ] (*D* bez-czynności [bɛstʃinnɔɕtɕi]) *f* idleness.

bezczynny [bɛstʃinni] *adj* idle.

bezdenny [bɛzdɛnni] *adj* [rozpacz] infinite; [otchłań] bottomless • **bez-denna głupota** infinite stupidity.

bezdętkowy [bɛzdɛntkɔvi] *adj* tube-less.

bezdomny [bɛzdɔmni] ◇ *adj* homeless. ◇ *m* homeless person.

bezduszny [bɛzduʃni] *adj* [przepisy] inhuman; [zachowanie] callous.

bezdyskusyjny [bɛzdiskusijni] *adj* undisputed.

bezdzietny [bɛzdʑɛtni] *adj* childless.

bezgraniczny [bɛzgraɲitʃni] *adj* boundless.

bezimienny [bɛz,im,jɛnni] *adj* name-less.

bezinteresowny [bɛz,intɛrɛsɔvni] *adj* selfless.

bezkarnie [bɛskarɲɛ] *adv* with im-punity • **bezkarnie coś robić** to get away with doing sthg; **komuś coś uszło bezkarnie** sb got away with doing sthg.

bezkolizyjny [bɛskɔl,izijni] *adj* colli-sion-free.

bezkompromisowy [bɛskɔmprɔ-m,isɔvi] *adj* uncompromising.

bezkonfliktowy [bɛskɔnfl,iktɔvi] *adj* [ugodowy] agreeable.

bezkonkurencyjny [bɛskɔŋkurɛn-tsijni] *adj* unrivalled.

bezkrytyczny [bɛskrititʃni] *adj* uncritical.

bezlitosny [bɛzl,itɔsni] *adj* merciless.

bezludny [bɛzludni] *adj* deserted
• **bezludna wyspa** desert island.

bezładny [bɛzwadni] *adj* disordered.

bezmierny [bɛzm,jɛrni] *adj* immeasurable.

bezmięsny [bɛzm,jɛ̃sni] *adj* vegetarian.

bezmyślny [bɛzmiɛlni] *adj* [postępowanie] thoughtless; [zabawa] mindless.

beznadziejny [bɛznadzɛjni] *adj* [rozpaczliwy] hopeless; *pot* [straszny, okropny] hopeless.

beznamiętny [bɛznam,jɛntni] *adj* dispassionate.

bezokolicznik [bɛzɔkɔl,itʃnik] (*D* -a) *m* GRAM infinitive.

bezołowiowy [bɛzɔwɔv,jɔvi] *adj* unleaded.

bezosobowy [bɛzɔsɔbɔvi] *adj* impersonal.

bezowocny [bɛzɔvɔtsni] *adj* fruitless.

bezpański [bɛspajsk,i] *adj* [kot, pies] stray.

bezpieczeństwo [bɛsp,jɛtʃɛjstfɔ] (*D* bezpieczeństwa [bɛsp,jɛtʃɛjstfa]) *n* safety • **hamulec bezpieczeństwa** emergency brake; **pasy bezpieczeństwa** seat belts.

bezpiecznik [bɛsp,jɛtʃnik] (*D* -a) *m* [korek] fuse.

bezpieczny [bɛsp,jɛtʃni] *adj* safe.

bezpłatnie [bɛspwatɲɛ] *adv* free of charge.

bezpłatny [bɛspwatni] *adj* [bilet] free; [urlop] unpaid.

bezpłodny [bɛspwɔdni] *adj* [niepłodny] sterile; [daremny] unproductive.

bezpodstawny [bɛspɔtstavni] *adj* groundless.

bezpośredni [bɛspɔɛrɛdni] *adj* [osoba, zachowanie] straightforward; [połączenie] direct.

bezpośrednio [bɛspɔɛrɛdɲɔ] *adv* [wprost, blisko] directly; [zaraz] immediately.

bezprawnie [bɛspravɲɛ] *adv* unlawfully.

bezprawny [bɛspravni] *adj* unlawful.

bezprzewodowy [bɛspʃɛvɔdɔvi] *adj* cordless.

bezradny [bɛzradni] *adj* helpless.

bezrobotny [bɛzrɔbɔtni] <> *adj* unemployed. <> *m* unemployed person.

bezsenność [bɛssɛnnɔɕtɛ] (*D* bezsenności [bɛssɛnnɔɕtɕi]) *f* insomnia.

bezsenny [bɛssɛnni] *adj* sleepless.

bezsens [bɛssɛns] (*D* -u) *m* [absurd] senselessness.

bezsensowny [bɛssɛnsɔvni] *adj* [pomysł] senseless.

bezsilność [bɛsɕilnɔɕtɛ] (*D* bezsilności [bɛsɕilnɔɕtɕi]) *f* powerlessness.

bezsilny [bɛsɕilni] *adj* [bezradny] powerless.

bezskuteczny [bɛsskutɛtʃni] *adj* [wysiłki, prośby] ineffective.

bezsolny [bɛssɔlni] *adj* salt-free
• **dieta bezsolna** salt-free diet.

bezsporny [bɛsspɔrni] *adj* indisputable.

bezsprzeczny [bɛsspʃɛtʃni] *adj* undisputed.

bezstronny [bɛsstrɔnni] *adj* impartial.

bezszelestnie [bɛsʃɛlɛstɲɛ] *adv* noiselessly.

bezterminowy [bɛstɛrm,inɔvi] *adj* without a time limit.

beztroska [bɛstrɔska] (*D* beztroski [bɛstrɔsk,i]) *f* [niefrasobliwość] carelessness; [brak trosk] unconcern.

beztroski [bɛstrɔsk,i] *adj* [postępowanie] careless; [nastrój, rozmowa] carefree.

beztrosko [bɛstrɔskɔ] *adv* [żyć] without a care; [postępować] carelessly.

bezużyteczny [bɛzuʑitɛtʃni] *adj* useless.

bezwartościowy [bɛzvartɔɕtɕɔvi] *adj* worthless.

bezwiednie [bɛzv,jɛdɲɛ] *adv* unwittingly.

bezwietrzny [bɛzv,jɛtʃni] *adj* [dzień, pogoda] still.

bezwładny [bɛzvwadni] *adj* inert.

bezwstydny [bɛsfstidni] *adj* shameless • **bezwstydny dowcip** rude joke.

bezwzględnie [bɛzvzglɛndɲɛ] *adv* [bezwarunkowo] without fail; [surowo] ruthlessly; [całkowicie] completely.

bezwzględny [bɛzvzglɛndni] *adj* [surowy] ruthless; [zupełny] absolute.

bezzapachowy [bɛzzapaxɔvi] *adj* [gaz] odourless; [kosmetyki] unperfumed.

bezzębny [bɛzzɛmbni] *adj* toothless.

bezzwłocznie [bɛzzvwɔtʃɲɛ] *adv* without delay.

bęben [bɛmbɛn] (*D* **bębna** [bɛmbna]) *m* drum.

bębenek [bɛmbɛnɛk] (*D* **bębenka** [bɛmbɛnka]) *m* [mały bęben] small drum; *pot* [błona bębenkowa] ear drum.

bębnić [bɛmbɲitɕ] *vimperf* [na bębnie] to drum; [o deszczu] to beat; [na fortepianie] to thump; [o telewizorze] to be loud • **bębnić palcami o stół** to drum one's fingers on the table.

bękart [bɛŋkart] *m* *pot* & *pej* bastard.

BHP [bɛxa'pɛ] (*skr od* **bezpieczeństwo i higiena pracy**) *n* *health and safety at work.*

białaczka [b,jawatʃka] (*D* **białaczki** [b,jawatʃk,i]) *f* leukaemia.

białko [b,jawkɔ] (*D* **białka** [b,jawka]) *n* [w jajku] white; [zwierzęce, roślinne] protein.

Białorusin, ka [b,jawɔruɕin, ka] *m, f* Belorussian.

Białoruś [b,jawɔruɕ] (*D* **Białorusi** [b,jawɔruɕi]) *f* Belarus.

białość [b,jawɔɕtɕ] (*D* **białości** [b,jawɔɕtɕi]) *f* whiteness.

biały [b,jawi] *adj* white.

bibelot [b,ibɛlɔt] (*D* **-u**) *m* knick-knack.

Biblia [b,iblja] (*D* **Biblii** [b,iblji]) *f* the Bible.

bibliografia [b,ibljɔgrafja] (*D* **bibliografii** [b,ibljɔgrafji]) *f* bibliography.

biblioteczka [b,ibljɔtɛtʃka] (*D* **biblioteczki** [b,ibljɔtɛtʃk,i]) *f* [mała biblioteka] book collection.

biblioteka [b,ibljɔtɛka] (*D* **biblioteki** [b,ibljɔtɛk,i]) *f* library • **wypożyczać książki z biblioteki** to borrow books from the library.

bibliotekarz, bibliotekarka [b,ibljɔtɛkaʃ, b,ibljɔtɛkarka] *m, f* librarian.

bibuła [b,ibuwa] (*D* **bibuły** [b,ibuwi]) *f* [cienki papier] tissue-paper; [krepina] crepe paper; *pot* [ulotki] flyers.

biceps [b,itsɛps] (*D* **-a**) *m* biceps.

bicie [b,itɕɛ] (*D* **bicia** [b,itɕa]) *n* [zegara] striking; [dzwonów] ringing • **bicie serca** heart beat.

bić [b,itɕ] *vimperf* [o zegarze] to strike; [o dzwonie] to ring; [o liczniku] to tick; [o sercu] to beat • **bić kogoś** to beat sb; **bić komuś brawo** to applaud sb; **bić rekord** to break a record. ◆ **bić się** [b,itɕ ɕɛ] *vp imperf* to fight • **bić się z kimś** to fight sb; **bić się z myślami** to struggle with one's thoughts.

biec [b,jɛts] *vimperf* to run • **biec komuś na pomoc** to run to sb's assistance.

bieda [b,jɛda] (*D* **biedy** [b,jɛdi]) *f* poverty.

biedak, biedaczka [b,jɛdak, b,jɛdatʃka] *m, f* [nędzarz] poor person; *pot* [nieszczęśnik] poor thing.

biedny [b,jɛdni] <> *adj* poor. <> *m* [biedak] poor person • **pomagać biednym** to help the poor.

biedronka [b,jɛdrɔnka] *f* ladybird *UK*, ladybug *US*.

bieg [b,jɛk] (*D* **-u**) *m* [sposób poruszania się] run; SPORT race; [wydarzeń, rzeki] course • **bieg wsteczny** reverse gear; **bieg przez płotki** hurdles; **bieg sztafetowy** relay race; **bieg długodystansowy** long-distance run.

biegać [b,jɛgatɕ] *vimperf* to run; [dla zdrowia] to jog • **biegać za kimś/za czymś** *przen* to chase after sb/sthg.

biegle [b,jɛglɛ] *adv* [mówić] fluently.

biegły, biegła [b,jɛgwi, b,jɛgwa] <> *m, f* [ekspert] expert. <> *adj* [w robieniu czegoś] proficient; [w mówieniu] fluent.

biegun [b‚jɛgun] (D -a) m pole • biegun południowy south pole; biegun północny north pole.

biegunka [b‚jɛgunka] (D biegunki [b‚jɛgunki]) f diarrhoea.

bielizna [b‚jɛlizna] (D bielizny [b‚jɛlizni]) f [ciepła] underwear; [nocna] sleep-wear; [damska] lingerie • bielizna stołowa/pościelowa table/bed linen.

biernie [b‚jɛrɲɛ] adv passively.

bierny [b‚jɛrni] adj passive • bierny opór passive resistance.

Bieszczady [b‚jɛʃtʃadi] (D Bieszczad [b‚jɛʃtʃat] LUB Bieszczadów [b‚jɛʃtʃaduf]) pl the Bieszczady Mountains.

bieżąco [b‚jɛʒɔntsɔ] ⟶ **na bieżąco** [na b‚jɛˈʒɔntsɔ] constr [terminowo] on time; [systematycznie] methodically • być na bieżąco to keep up to date.

bieżący [b‚jɛʒɔntsi] adj current • bieżący rok/miesiąc this year/month; bieżąca woda running water; rachunek bieżący current account.

bieżnik [b‚jɛʒnik] (D -a) m AUTO tread; [serweta] table runner.

bigos [b‚igɔs] (D -u) m Polish stew made from sauerkraut, dried mushrooms and a variety of meats and sausages.

bijatyka [b‚ijatika] (D bijatyki [b‚ijatiki]) f brawl.

bilans [b‚ilans] (D -u) m EKON balance; [podsumowanie, zestawienie] summary.

bilard [b‚ilart] (D -u) m [gra] billiards; [gra w barze] pool; [stół] billiard table, pool table.

bilardowy [b‚ilardɔvi] adj pool, billiard.

bilet [b‚ilɛt] (D -u) m ticket • bilet miesięczny monthly ticket; bilet powrotny return ticket; bilet ulgowy reduced-rate ticket; bilet normalny standard-fare ticket.

bilon [b‚ilɔn] (D -u) m loose change.

biodro [b‚jɔdrɔ] (D biodra [b‚jɔdra]) n hip.

biografia [b‚jɔgrafja] (D biografii [b‚jɔgrafji]) f biography.

biologia [b‚jɔlɔgja] (D biologii [b‚jɔlɔgji]) f biology.

biopaliwo [b‚jɔpaliwɔ] (D biopaliwa [b‚jɔpaliva]) n biofuel.

biskup [b‚iskup] m bishop.

bisować [b‚isɔvatɕ] vimperf to do an encore.

biszkopcik [b‚iʃkɔptɕik] (D -a) m ≃ sponge finger.

biszkopt [b‚iʃkɔpt] (D -a LUB -u) m sponge cake.

bit [b‚it] (D -u) m bit.

bitki [b‚itki] (D bitek [b‚itɛk]) fpl stewed (beef) cutlets • bitki wołowe stewed beef cutlets.

bitwa [b‚itfa] (D bitwy [b‚itfi]) f battle.

biuletyn [b‚julɛtin] (D -u) m bulletin.

biurko [b‚jurkɔ] (D biurka [b‚jurka]) n desk.

biuro [b‚jurɔ] (D biura [b‚jura]) n office • biuro podróży travel agency; biuro rzeczy znalezionych lost property office.

biurokracja [b‚jurɔkratsja] (D biurokracji [b‚jurɔkratsji]) f pej bureaucracy.

biurokrata [b‚jurɔkrata] m pej bureaucrat.

biust [b‚just] (D -u) m bust.

biustonosz [b‚justɔnɔʃ] (D -a) m bra.

biwak [b‚ivak] (D -u) m camp.

biwakować [b‚ivakɔvatɕ] vimperf to camp.

biznes [b‚iznɛs] (D -u) m [działalność dochodowa] business; pot [sprawa] business.

biznesmen, bizneswoman [b‚iznɛsmɛn, b‚iznɛswumɛn] m, f businessman (f businesswoman).

biżuteria [b‚iʒutɛrja] (D biżuterii [b‚iʒutɛrji]) f jewellery.

blacha [blaxa] (D blachy [blaxi]) f [arkusz metalu] sheet metal; [forma do ciasta] baking tray.

blacharski [blaxarski] adj : roboty blacharskie sheet metal work; warsztat blacharski sheet metal workshop.

blacharz [blaxaʃ] *m* sheet metal worker.

blady [bladi] *adj* pale • **blady strach** sheer terror.

blaga [blaga] (*D* **blagi** [blag,i]) *f* hot air.

blankiet [blaŋk,ɛt] (*D* **-u**) *m* form • **blankiet firmowy** company headed paper.

blask [blask] (*D* **-u**) *m* [światło] glow; [złota] glitter • **blask księżyca** moonlight.

blaszany [blaʃani] *adj* tin.

blat [blat] (*D* **-u**) *m* [stołu] top; [kuchenny] work surface.

blednąć [blɛdnɔntɕ] (*perf* **zblednąć** [zblɛdnɔntɕ]) *vimperf* to go pale.

blef [blɛf] (*D* **-u**) *m* bluff.

blefować [blɛfɔvatɕ] *vimperf* to bluff.

bliski [bl,isk,i] (*compar* **bliższy**, *superl* **najbliższy**) *adj* [sąsiedni, nieodległy w czasie] near; [serdeczny] close • **bliskie plany** immediate plans. **bliscy** [bl,istɕi] (*D* **bliskich** [bl,isk,ix]) *mpl* loved ones.

blisko [bl,iskɔ] (*compar* **bliżej**, *superl* **najbliżej**) ⟨⟩ *adv* [niedaleko, w czasie] near; [w dużym stopniu] closely. ⟨⟩ *prep* close to.

blizna [bl,izna] (*D* **blizny** [bl,izni]) *f* scar.

bliźni [bl,iʑɲi] *m* fellow human.

bliźniaczka [bl,iʑɲatʃka] *f* twin.

bliźniak [bl,iʑɲak] *m* [bliźnię] twin; [dom] semi-detached house.

bliźnię [bl,iʑɲɛ] *n* [człowiek] twin. **Bliźnięta** [bl,iʑɲɛnta] (*D* **Bliźniąt** [bl,iʑɲɔnt]) *npl* [znak zodiaku] Gemini.

bliżej [bl,iʑɛj] *adv* ⊳ **blisko**.

bliższy [bl,iʃʃi] *adj* ⊳ **bliski**.

blok [blɔk] (*D* **-u**) *m* [mieszkalny] block of flats *UK*, apartment building *US*; [w szpitalu] wing; [rysunkowy] pad • **blok operacyjny** surgical wing.

blokada [blɔkada] (*D* **blokady** [blɔkadi]) *f* [drogowa, polityczna] blockade; [kierownicy] lock.

blokers [blɔkɛrs] *m young person living in a block of flats on a housing estate, often associated with anti-social behaviour*, ≃ chav.

blond [blɔnt] *(inv)* *adj* blond.

blondyn, ka [blɔndin, ka] *m*, *f* man with blond hair (*f* blonde).

bluszcz [bluʃtʃ] (*D* **-u**) *m* ivy.

bluza [bluza] (*D* **bluzy** [bluzi]) *f* top • **bluza sportowa** sweatshirt; **bluza od piżamy** pyjama top.

błagać [bwagatɕ] *vimperf* to beg • **błagać kogoś o coś** to beg sb for sthg.

błagalny [bwagalni] *adj* pleading • **błagalne prośby o pomoc** pleas for help.

błahostka [bwaxɔstka] (*D* **błahostki** [bwaxɔstk,i]) *f* trifle.

błahy [bwaxi] *adj* trivial.

bławatek [bwavatɛk] (*D* **bławatka** [bwavatka]) *m* cornflower.

błazen [bwazɛn] *m* [klown] clown; *pej* [głupiec] fool; [nadworny] jester.

błaznować [bwaznɔvatɕ] *vimperf* to clown around.

błąd [bwɔnt] (*D* **błędu** [bwɛndu]) *m* mistake • **popełniać błędy** to make mistakes; **wprowadzać w błąd** to mislead.

błądzić [bwɔndʑitɕ] *vimperf* [nie znajdować drogi] to be lost; [chodzić bez celu] to wander around; [mylić się] to be wrong.

błędnik [bwɛndɲik] (*D* **-a**) *m* MED inner ear.

błędny [bwɛndni] *adj* [odpowiedź] wrong; [wzrok] vacant.

błękitny [bwɛŋk,itni] *adj* light blue.

błogi [bwɔg,i] *adj* blissful.

błona [bwɔna] (*D* **błony** [bwɔni]) *f* [tkanka] membrane.

błotnik [bwɔtɲik] (*D* **-a**) *m* [w rowerze, motocyklu] mudguard *UK*, fender *US*; [w samochodzie] wing *UK*, fender *US*.

błotnisty [bwɔtɲisti] *adj* muddy.

błoto [bwɔtɔ] (*D* **błota** [bwɔta]) *n* [rozmiękła ziemia] mud. **błota**

[bwɔta] (D błot [bwɔt]) pl [grząski teren] marshes.

błysk [bwisk] (D **-u**) m flash.

błyskać [bwiskatɕ] (perf **błysnąć** [bwisnɔntɕ]) vimperf [światłem] to flash; [zaimponować] to dazzle. **• błyskać się** [bwiskatɕ ɕɛ] (perf **błysnąć się** [bwisnɔntɕ ɕɛ]) vp impers : w **oddali błysnęło się** [o błyskawicy] there was a flash of lightning in the distance.

błyskawica [bwiskav‚itsa] (D **błyskawicy** [bwiskav‚itɕi]) f flash of lightning.

błyskawicznie [bwiskav‚itʃɲɛ] adv [bardzo szybko] at lightning speed; [natychmiast] instantly.

błyskawiczny [bwiskav‚itʃni] adj [reakcja] instant **• zamek błyskawiczny** zip UK, zipper US; **zupa błyskawiczna** instant soup.

błyskotliwy [bwiskɔtl‚ivi] adj [odpowiedź] witty; [kariera] dazzling.

błysnąć [bwisnɔntɕ] vp imperf = błyskać.

błyszczący [bwiʃtʃɔntɕi] adj [tkaniny, guziki] shiny; [oczy‚gwiazdy] shining.

błyszczeć [bwiʃtʃɛtɕ] vimperf to sparkle; [o biżuterii] glitter. **• błyszczeć się** [bwiʃtʃɛtɕ ɕɛ] vp imperf [o włosach] to shine.

bm. (skr od bieżącego miesiąca) during the current month.

bo [bɔ] conj pot [przyczyna] because; pot [następstwa] or.

boa [bɔa] (inv) m [wąż] boa constrictor.

boazeria [bɔazɛrja] (D boazerii [bɔ‑ ....)))) f panelling.

bobsleje [bɔpslɛjɛ] (D bobslejów [bɔpslɛjuf]) mpl SPORT bou.....)))

bochenek [bɔxɛnɛk] (D bochenka [bɔxɛnka]) m loaf.

bocian [bɔtɕan] m stork.

boczek [bɔtʃɛk] (D boczku [bɔtʃku]) m bacon **• boczek wędzony** smoked bacon.

boczny [bɔtʃni] adj [kieszeń, wejście] side.

bodziec [bɔdʑɛts] (D bodźca [bɔtɕtsa]) m [zachęta] incentive; [czynnik] stimulus.

bogacić się [bɔgatɕitɕ ɕɛ] vp imperf to become rich.

bogactwo [bɔgatstfɔ] (D **bogactwa** [bɔgatstfa]) n [majątek] wealth; [obfitość, różnorodność] abundance **• bogactwa naturalne** natural resources.

bogacz, ka [bɔgatʃ, ka] m, f wealthy person.

bogaty [bɔgati] adj rich.

bogini [bɔg‚iɲi] f goddess.

bohater, ka [bɔxatɛr, ka] m, f [narodowy] hero (f heroine); [powieści] main character.

bohaterski [bɔxatɛrsk‚i] adj heroic.

bohaterstwo [bɔxatɛrstfɔ] (D bohaterstwa [bɔxatɛrstfa]) n heroism.

boisko [bɔjiskɔ] (D boiska [bɔjiska]) n [do gier sportowych] playing field; [do piłki nożnej] football pitch; [szkolne] playground.

boja [bɔja] (D boi [bɔji]) f buoy.

bojaźliwy [bɔjaʑl‚ivi] adj timid.

bojkot [bɔjkɔt] (D **-u**) m boycott.

bojownik, bojowniczka [bɔjɔvɲik, bɔjɔvɲitʃka] m, f fighter.

bok [bɔk] (D **-u**) m side **• oprzeć się bokiem o coś** to lean sideways against sthg; **przesunąć coś na bok** to move sthg aside; **stać z boku** to stand on the sidelines.

boks [bɔks] (D **-u**) m boxing.

bokser [bɔksɛr] m [sportowiec, rasa psa] boxer.

boleć [bɔlɛtɕ] vimperf [sprawiać ból] to hurt; [sprawiać długotrwały ból] to ache **• boli mnie głowa** my head aches; **boli mnie gardło** I've got a sore throat; **boleć nad czymś** [ubo‑ .....)))) to be grieved by sthg.

bolesny [bɔlɛsni] adj painful.

bomba [bɔmba] (D bomby [bɔmbi]) f [pocisk] bomb **• podłożyć bombę** to plant a bomb; **wpaść jak bomba** to burst in. **• bomba!** [bɔmba] interj pot brilliant!

bombardować [bɔmbardɔvatɕ] vimperf to bomb **• bombardować kogoś pytaniami** to bombard sb with questions.

bombka [bɔmpka] (D bombki [bɔmp-k,i]) f [ozdoba na choinkę] glass ball (for Christmas tree).

bombonierka [bɔmbɔɲjɛrka] (D bombonierki [bɔmbɔɲjɛrk,i]) f box of chocolates.

bon [bɔn] (D -u) m [talon] voucher.

bonifikata [bɔɲif,ikata] (D bonifikaty [bɔɲif,ikati]) f discount.

bordo [bɔrdɔ] (inv) adj maroon.

borować [bɔrɔvatɕ] vimperf to drill.

borowik [bɔrɔv,ik] (D -a) m [grzyb] penny bun, cep.

borówka [bɔrufka] (D borówki [bɔrufk,i]) f cowberry.

borsuk [bɔrsuk] m badger.

boski [bɔsk,i] adj [właściwy Bogu] divine; pot [wspaniały] divine.

boso [bɔsɔ] adv barefoot.

bosy [bɔsi] adj [osoba] barefoot; [stopy] bare.

Bośnia i Hercegowina [bɔɕɲa i xɛrtsɛgɔv,ina] (D Bośni i Hercegowiny [bɔɕɲi i xɛrtsɛgɔv,ini]) f Bosnia-Herzegovina.

Bośniak, Bośniaczka [bɔɕɲak, bɔɕɲatʂka] m, f Bosnian.

botaniczny [bɔtaɲitʂni] adj botanical • **ogród botaniczny** botanical gardens.

botwina [bɔtf,ina] (D botwiny [bɔtf,ini]) f KULIN soup made from the leaves and roots of young beetroots.

bożek [bɔʐɛk] m [bóstwo] god.

boży [bɔʐi] adj [związany z Bogiem] divine • **Boże Ciało** Corpus Christi; **Boże Narodzenie** Christmas.

bożyszcze [bɔʐiʂtʂɛ] n [idol] idol.

bób [bup] (D bobu [bɔbu]) m broad bean.

bóbr [bubr] m beaver • **płakać jak bóbr** to cry one's eyes out.

Bóg [buk] m God. ⧫ **o Boże!** [ɔ bɔʐɛ] interj pot oh God!

bójka [bujka] (D bójki [bujk,i]) f brawl.

ból [bul] (D -u) m lit&przen pain • **ból brzucha** stomach ache; **ból głowy** headache; **ból zęba** toothache.

bóstwo [bustfɔ] n [bóg] deity • **wyglądać jak bóstwo** [o kobiecie] to look stunning.

br. (skr od bieżącego roku) during the current year.

brać [bratɕ] (perf wziąć [vʑɔntɕ]) vimperf to take • **skąd ty na to wszystko bierzesz pieniądze/siłę?** where do you get the money/energy for all that?; **brać gosposię** to take on a housekeeper; **brać w czymś udział** to take part in sthg. ⧫ **brać się** [bratɕ ɕɛ] (perf wziąć się [vʑɔntɕ ɕɛ]) vp imperf : **wziąć się za ręce** [chwytać się] to take each other by the hand; **skąd ty się tu wzięłaś?** [pojawiać się] where've you come from?; **brać się do czegoś** to get down to doing sthg.

brak¹ [brak] (D -u) m [niedostatek] lack.

brak² [brak] vimpers : **brak jej było domowego ogniska** she missed home; **brak mi cierpliwości** I lack patience.

brakować [brakɔvatɕ] vimperf to be short • **ciągle brakowało mi pieniędzy** money was always short; **jeszcze tylko tego brakowało!** that's all I need!

brama [brama] (D bramy [brami]) f gate.

bramka [bramka] (D bramki [bramk,i]) f goal • **zdobyć bramkę** to score a goal.

bramkarz [bramkaʃ] m SPORT goalkeeper; [ochroniarz] bouncer.

brandy [brɛndi] (inv) f brandy.

bransoletka [bransɔlɛtka] (D bransoletki [bransɔlɛtk,i]) f bracelet.

branża [branʐa] (D branży [branʐi]) f [dział biznesu] industry.

brat [brat] m brother • **rodzony brat** brother.

bratanek, bratanica [bratanɛk, brataɲitsa] m, f nephew (f niece).

bratek [bratɛk] (D bratka [bratka]) m [kwiat] pansy.

braterski [bratɛrsk,i] adj [właściwy bratu] brotherly; [przyjacielski] fraternal.

braterstwo [bratɛrstfɔ] (D brater-
stwa [bratɛrstfa]) n [solidarność]
brotherhood.

bratowa [bratɔva] f sister-in-law.

Bratysława [bratiswava] (D Bratysła-
wy [bratiswavi]) f Bratislava.

brawo [bravɔ] (D brawa [brava]) n
applause. ➡ **brawo!** [bravɔ!] interj well done!

brawura [bravura] (D brawury [bra-
vuri]) f bravado.

Brazylia [brazilja] (D Brazylii [brazi-
lji]) f Brazil.

brąz [brɔs] (D -u) m [kolor] brown;
[metal, medal] bronze.

brązowy [brɔzɔvi] adj brown.

brednie [brɛdɲɛ] (D bredni [brɛdɲi])
fpl pot & pej rubbish.

bredzić [brɛdʑitɕ] vimperf pot & pej
[mówić głupoty] to talk rot; [majaczyć]
to be delirious • bredzić w gorączce
to be delirious; bredzić przez sen to
talk in one's sleep.

Bretania [brɛtaɲja] (D Bretanii [brɛ-
taɲji]) f Brittany.

Bretończyk, Bretonka [brɛtɔjntʃik,
brɛtɔnka] m, f Breton.

brew [brɛf] (D brwi [brv,i], pl brwi) f
eyebrow.

brezent [brɛzɛnt] (D -u) m tarpaulin.

broda [brɔda] (D brody [brɔdi]) f
[część twarzy] chin; [zarost] beard.

brodaty [brɔdati] adj bearded.

brodzik [brɔdʑik] (D -a LUB -u) m [dla
dzieci] paddling pool; [w łazience]
shower tray.

brokat [brɔkat] (D -u) m [tkanina]
brocade; [błyszczące płatki] glitter.

brokuł [brɔkuw] (D -u) m broccoli.

bronchit [brɔnx,it] (D -u) m bronchitis.

bronić [brɔɲitɕ] (perf obronić [ɔbrɔ-
ɲitɕ]) vimperf to defend; [zabraniać]
to forbid • bronić kogoś/czegoś to
defend sb/sthg. ➡ **bronić się**
[brɔɲitɕ ɕɛ] (perf obronić się [ɔbrɔɲitɕ
ɕɛ]) vp imperf to defend o.s.

broń [brɔɲ] (D broni [brɔɲi]) f
lit & przen weapon • broń palna fire-
arms.

broszka [brɔʃka] (D broszki [brɔʃk,i]) f
brooch.

broszura [brɔʃura] (D broszury [brɔ-
ʃuri]) f pamphlet.

browar [brɔvar] (D -u) m [zakład]
brewery; pot [piwo] (D -a) beer.

bród [brut] ➡ **w bród** [v brut]
constr in abundance.

brud [brut] (D -u) m [zanieczyszczenie]
dirt. ➡ **brudy** [brudi] (D brudów
[bruduf]) pl [brudna bielizna] dirty
washing.

brudno [brudnɔ] adv : jest tu brudno
it's dirty in here; na brudno in rough.

brudnopis [brudnɔp,is] (D -u) m
[notes] rough book; [tekst] rough
draft.

brudny [brudni] adj dirty.

brudzić [brudʑitɕ] vimperf to dirty.
➡ **brudzić się** [brudʑitɕ ɕɛ] vp
imperf to get dirty.

bruk [bruk] (D -u) m cobblestones
• wyrzucić kogoś na bruk to throw
sb out onto the street.

brukiew [bruk,ɛf] (D brukwi [bruk-
f,i]) f swede UK, rutabaga US.

brukowiec [brukɔv,jɛts] (D brukowca
[brukɔftsa]) m pot & pej tabloid.

Bruksela [bruksɛla] (D Brukseli [bruk-
sɛl,i]) f Brussels.

brukselczyk, brukselka [bruksɛltʃik,
bruksɛlka] m, f inhabitant of Brussels.

brukselka [bruksɛlka] (D brukselki
[bruksɛlk,i]) f [warzywo] brussels
sprouts.

brulion [bruljɔn] (D -u) m [zeszyt]
thick exercise book.

brunet, ka [brunɛt, ka] m, f man
with dark hair (f brunette).

brutal [brutal] m pot brute.

brutalny [brutalni] adj brutal.

brutto [bruttɔ] (inv) adj gross.

brwi [brv,i] fpl = brew.

brydż [bridʃ] (D -a) m bridge.

brygada [brigada] (D brygady [bri-
gadi]) f [grupa ludzi] squad; [w armii]
brigade.

brylant [brilant] (D -u) m diamond.

bryła [briwa] (D bryły [briwi]) f [wę-
gla, ziemi] lump; [w geometrii] solid.

brystol [bristɔl] (D -u) m Bristol board.

Brytyjczyk, Brytyjka [britijtʃik, britijka] m, f Briton.

brytyjski [britijsk,i] adj British.

brzask [bzask] (D -u) m first light.

brzdąc [bzdɔnts] m pot tot.

brzeg [bzɛk] (D -u) m [rzeki] bank; [jeziora, morza] shore; [łóżka, lasu] edge.

brzęk [bzɛŋk] (D -u) m [monet] chink; [szklanek] clink; [talerzy, rozbitej szyby] clatter; [kluczy] jangle.

brzmienie [bʒm,jɛɲɛ] (D brzmienia [bʒm,jɛɲa]) n sound • brzmienie głosu the sound of sb's voice.

brzoskwinia [bzɔskf,iɲa] (D brzoskwini [bzɔskf,iɲi]) f peach.

brzoza [bʒɔza] (D brzozy [bʒɔzi]) f birch.

brzuch [bʒux] (D -a) m stomach.

brzydki [bʒitk,i] adj [gen] ugly; [dzień] nasty; [zachowanie] bad • brzydka pogoda bad weather; brzydki zapach nasty smell.

brzydko [bʒitkɔ] (compar brzydziej, superl najbrzydziej) adv [wyglądać] terrible; [śpiewać] terribly; [zachowywać się] badly.

brzydnąć [bʒidnɔntɕɛ] (perf zbrzydnąć [zbʒidnɔntɕɛ]) vimperf [stawać się brzydkim] to become ugly; [rozczarowywać] to lose lustre.

brzydota [bʒidɔta] (D brzydoty [bʒidɔti]) f ugliness.

brzydzić [bʒidʑitɕɛ] vimperf [budzić wstręt] to disgust • brzydzić kogoś to disgust sb. ◆ **brzydzić się** [bʒidʑitɕ ɕɛ] vp imperf [czuć wstręt] to find repulsive • brzydzić się czymś/czegoś to find sthg repulsive; brzydzić się kimś/kogoś to find sb repulsive; brzydzę się tobą, nie zbliżaj się do mnie you disgust me, don't come any closer; brzydziła się myszy she hated mice.

brzytwa [bʒitfa] (D brzytwy [bʒitfi]) f razor.

bubel [bubɛl] (D bubla [bubla]) m pot & pej piece of trash.

buda [buda] (D budy [budi]) f [dla psa] kennel.

Budapeszt [budapɛʃt] (D -u) m Budapest.

budapeszteńczyk, budapesztenka [budapɛʃtɛjntʃik, budapɛʃtɛnka] m, f inhabitant of Budapest.

buddyzm [buddizm] (D -u) m Buddhism.

budka [butka] (D budki [butk,i]) f [mały sklepik] stall; [dla ptaków] bird box • budka telefoniczna telephone box UK, telephone booth US.

budowa [budɔva] (D budowy [budɔvi]) f [budowanie] construction; [wyrazu] structure • budowa ciała build; plac budowy building site.

budować [budɔvatɕɛ] (perf zbudować [zbudɔvatɕɛ]) vimperf to build.

budowla [budɔvla] (D budowli [budɔvl,i]) f [budynek] building.

budowlany [budɔvlaɲi] adj building.

budownictwo [budɔvɲitstfɔ] (D budownictwa [budɔvɲitstfa]) n construction.

budynek [budinɛk] (D budynku [budinku]) m building.

budyń [budiɲ] (D budyniu [budiɲu]) m KULIN blancmange.

budzić [budʑitɕɛ] (perf obudzić [ɔbudʑitɕɛ]) vimperf [zrywać ze snu] to wake up; [powodować reakcję] to arouse • jego zachowanie budziło we mnie niesmak his behaviour disgusted me. ◆ **budzić się** [budʑitɕ ɕɛ] (perf obudzić się [ɔbudʑitɕ ɕɛ]) vp imperf [ze snu] to wake up; [o nadziei, wątpliwości] to arise.

budżet [budʒɛt] (D -u) m budget • Budżet Unii Europejskiej European Union Budget.

bufet [bufɛt] (D -u) m [stół na przyjęciu] buffet table; [mały bar] snackbar; [w pociągu, na stacji kolejowej] buffet; [mebel] sideboard.

bufon [bufɔn] m oficjal & pej bighead.

Bug [buk] (D -u) m the Bug River.

bujak [bujak] (D -a) m [fotel] rocking chair.

22

bujda [bujda] (*D* **bujdy** [bujdi]) *f pot* pack of lies.

bujny [bujni] *adj* [włosy] luxuriant; [roślinność] lush; [wyobraźnia] vivid.

buk [buk] (*D* **-u** LUB **-a**) *m* beech.

Bukareszt [bukarɛʃt] (*D* **-u**) *m* Bucharest.

bukareszteńczyk, bukaresztenka [bukarɛʃtɛjntʃik, bukarɛʃtɛnka] *m, f inhabitant of Bucharest*.

bukiet [buk,ɛt] (*D* **-u**) *m* [kwiatów] bouquet.

buldog [buldɔk] *m* bulldog.

bulion [buljɔn] (*D* **-u**) *m* stock.

bulwar [bulvar] (*D* **-u**) *m* [aleja] boulevard [nadbrzeżna ulica] esplanade.

bułeczka [buwɛtʃka] (*D* **bułeczki** [buwɛtʃk,i]) *f* bread roll.

Bułgar, ka [buwgar, ka] *m, f* Bulgarian.

Bułgaria [buwgarja] (*D* **Bułgarii** [buwgarji]) *f* Bulgaria.

bułgarski [buwgarsk,i] *adj* Bulgarian.

bułka [buwka] (*D* **bułki** [buwk,i]) *f* white bread • **bułka tarta** bread crumbs.

bunt [bunt] (*D* **-u**) *m* rebellion.

buntować [buntɔvatɕɛ] (*perf* **zbuntować** [zbuntɔvatɕɛ]) *vimperf* to incite to rebel • **buntować kogoś przeciw czemuś** to incite sb to rebel against sthg. ◆ **buntować się** [buntɔvatɕɛ ɕɛ] (*perf* **zbuntować się** [zbuntɔvatɕɛ ɕɛ]) *vp imperf* to rebel.

burak [burak] (*D* **-a**) *m* beetroot.

burczeć [burtʃɛtɕɛ] <> *vimpers* [o brzuchu] to rumble. <> *vimperf* (*perf* **burknąć** [burknɔntɕɛ]) [gderać] to grumble • **burczeć pod nosem** to mutter under one's breath.

burda [burda] (*D* **burdy** [burdi]) *f pot* brawl.

burdel [burdɛl] (*D* **-u**) *m* *pot & pej* [dom publiczny] brothel; *pot & pej* [bałagan] tip.

Burgund, ka [burgunt, ka] *m, f* Burgundian.

Burgundia [burgundja] (*D* **Burgundii** [burgundji]) *f* Burgundy.

burknąć [burknɔntɕɛ] *vperf* = **burczeć**.

burmistrz [burm,istʃ] *m* mayor.

bursztyn [burʃtin] (*D* **-u**) *m* amber.

burta [burta] (*D* **burty** [burti]) *f* [na statku] side • **człowiek za burtą!** man overboard!

burza [buʒa] (*D* **burzy** [buʒi]) *f* storm.

burzliwy [buʒl,ivi] *adj* stormy • **burzliwe oklaski** thunderous applause.

burzyć [buʒitɕɛ] (*perf* **zburzyć** [zbuʒitɕɛ]) *vimperf* to knock down.

burżuazja [burʒuazja] (*D* **burżuazji** [burʒuazji]) *f* bourgeoisie.

busola [busɔla] (*D* **busoli** [busɔl,i]) *f* compass.

but [but] (*D* **-a**) *m* shoe.

butelka [butɛlka] (*D* **butelki** [butɛlk,i]) *f* bottle • **butelka bezzwrotna** nonreturnable bottle.

butik [but,ik] (*D* **-u**) *m* boutique.

butonierka [butɔnjɛrka] (*D* **butonierki** [butɔnjɛrk,i]) *f* buttonhole.

buzia [buʒa] (*D* **buzi** [buʒi]) *f pot* [usta] mouth; *pot* [twarz] face • **dać komuś buzi** [pocałować kogoś] to give sb a kiss.

buziak [buʒak] (*D* **-a**) *m pot* [pocałunek, całus] kiss.

by [bi], **-by** [bi] *part* : **można by to kupić, gdybyśmy mieli pieniądze** we could buy that if we had the money; **on by tego nie zrobił** he wouldn't do that.

być [bitɕɛ] *vimperf* to be *(składnik czasu przyszłego złożonego, strony biernej i orzeczenia imiennego)* : **będę wyjeżdżał/wyjeżdżać za pięć dni** I'm leaving in five days; **samochód był naprawiany przez dwa tygodnie** the car was being fixed for two weeks; **było nam bardzo przyjemnie** it's been a pleasure for us.

bydło [bidwɔ] (*D* **bydła** [bidwa]) *n* cattle.

byk [bik] *m* [zwierzę] bull. ◆ **Byk** [bik] (*D* **-a**) *m* [znak zodiaku] Taurus.

byle [bilɛ] *part* : **byle gdzie** anywhere; **z byle kim** with anybody; **śmiać się z byle czego** to laugh at anything; **byle jaki** trashy.

były [biwi] *adj* former.

bym [bɨm], **-bym** [bɨm] *part* : prze-czytałbym to, gdybym miał czas I would read that if I had the time.

bystry [bɨstri] *adj* [spostrzegawczy] sharp; [inteligentny] bright; [dobrze funkcjonujący] keen; [rwący] swift.

byś [bɨɛ], **-byś** [bɨɛ] *part* : gdzie byś pojechał na moim miejscu? where would you go if you were me?

byście [bɨɛtɕɛ], **-byście** [bɨɛtɕɛ] *part* : gdzie pojechalibyście na wakacje, gdybyście mieli dużo pieniędzy? where would you go on holiday if you had a lot of money?

byśmy [bɨɛmi], **-byśmy** [bɨɛmi] *part* : kupilibyśmy ten dom, gdybyśmy mieli dużo pieniędzy we would buy that house if we had a lot of money.

byt [bɨt] (*D* **-u**) *m* [utrzymanie] live-lihood • umiał zapewnić byt rodzinie he was able to provide for his family.

bywalec, bywalczyni [bɨvalɛts, bɨvaltʃiɲi] *m, f* frequent visitor • sta-ły bywalec regular.

bywały [bɨvawɨ] *adj* experienced • bywały w świecie a man of the world.

bzdura [bzdura] (*D* **bzdury** [bzdurɨ]) <> *f pot & pej* [nonsens] drivel; *pot* [błahostka] piddling thing. <> *interj* [nonsens] rubbish!

bzdurny [bzdurnɨ] *adj pot & pej* [bez-sensowny] stupid; [błahy] silly.

C

cal [tsal] (*D* **-a**) *m* inch.

całkiem [tsawk,ɛm] *adv* [zupełnie] completely; [dosyć] quite.

całkowicie [tsawkɔv,itɕɛ] *adv* com-pletely.

całkowity [tsawkɔv,itɨ] *adj* [zupełny] total • całkowity zakaz palenia a complete ban on smoking; **masz**

całkowitą rację you are absolutely right; **ponosisz całkowitą odpowie-dzialność** you bear full responsibi-lity.

cało [tsawɔ] *adv* unharmed • **wyjść cało z wypadku** to escape from an accident unharmed.

całodobowy [tsawɔdɔbɔvɨ] *adj* twenty-four-hour.

całość [tsawɔɕtɕ] (*D* **całości** [tsawɔ-ɕtɕi]) *f* whole • **w całości** in its entirety; **zapłacić rachunek w całości** to pay a bill in full.

całować [tsawɔvatɕ] (*perf* **pocałować** [pɔtsawɔvatɕ]) *vimperf* to kiss • **cało-wać kogoś** to kiss sb. **całować się** [tsawɔvatɕ ɕɛ] (*perf* **pocałować się** [pɔtsawɔvatɕ ɕɛ]) *vp imperf* to kiss • **całować się z kimś** to kiss sb.

całus [tsawus] (*D* **-a**) *m pot* kiss.

cały [tsawɨ] *adj* [obejmujący wszystko] whole; [zdrowy] safe • **całe szczęście** thank goodness; **z całej siły** with all one's strength; **zdrów i cały** safe and sound.

camping [kɛmp,iŋk] *m* = kemping.

car [tsar] *m* tsar.

cargo [kargɔ] (*inv*) *n* cargo.

cążki [tsɔʃk,i] (*D* **cążków** [tsɔʃkuf] LUB **cążek** [tsɔʒɛk]) *pl* [do paznokci] nail clippers; [małe cęgi] pliers.

CD [si'di] *n* [płyta kompaktowa] CD; (*skr od* corps diplomatique) diplo-matic corps.

cd. (*skr od* ciąg dalszy) cont.

cdn. (*skr od* ciąg dalszy nastąpi) *to be continued.*

CD-ROM [s,id,i'rɔm] (*D* **-u**) *m* CD-ROM.

cebula [tsɛbula] (*D* **cebuli** [tsɛbul,i]) *f* onion.

cebulka [tsɛbulka] (*D* **cebulki** [tsɛbul-k,i]) *f* [kwiatowa] bulb; [mała cebula] onion; [część włosa] root.

cecha [tsɛxa] (*D* **cechy** [tsɛxɨ]) *f* feature • **cecha charakterystyczna** characteristic.

cechować [tsɛxɔvatɕ] *vimperf* to characterise • **cechować coś** : sztukę antyczną cechowała harmonia : harmony was a characteristic of the

art of ancient times; **cechować się czymś** : **moją matkę cechowała ogromna odwaga** : enormous courage was one of my mother's characteristics. ► **cechować się** [tʃɛxɔvatɕ ɕɛ] *vp imperf* : **cechować się czymś** [odznaczać się] to be characterised by sthg.

cedr [tʃɛdr] (*D* **-u**) *m* cedar.

cedzić [tʃɛdʑitɕ] *vimperf* [przez sito] to strain; [herbatę] to sip • **cedzić makaron** to drain pasta; **cedzić drinka** to sip a cocktail; **cedzić słowa** to drawl.

cegła [tʃɛgwa] (*D* **cegły** [tʃɛgwi]) *f* [materiał budowlany] brick *pot & pej* [książka] doorstop.

cekin [tʃɛk,in] (*D* **-a** LUB **-u**) *m* sequin.

cel [tʃɛl] (*D* **-u**) *m* [dążeń] objective; [podróży] destination; [ataku] target • **osiągnąć cel** to achieve one's goal.

cela [tʃɛla] (*D* **celi** [tʃɛl,i]) *f* cell.

celnik, celniczka [tʃɛlɲik, tʃɛlɲitʃka] *m, f* customs officer.

celny¹ [tʃɛlni] *adj* [strzał] accurate; [uwaga] apt.

celny² [tʃɛlni] *adj* [urząd, kontrola] customs • **odprawa celna** customs clearance.

celofan [tʃɛlɔfan] (*D* **-u**) *m* cellophane.

celować [tʃɛlɔvatɕ] *vimperf* [z pistoletu] to aim; [wybijać się] to excel • **celować do kogoś** to aim at sb; **celować w czymś** to excel at sthg.

celowo [tʃɛlɔvɔ] *adv* on purpose.

celująco [tʃɛlujɔntsɔ] *adv* with flying colours.

celujący [tʃɛlujɔntɕi] ◇ *adj* [stopień] excellent; [uczeń] outstanding. ◇ *m* (*D* **celującego** [tʃɛlujɔntsɛgɔ]) [ocena szkolna] A+.

cement [tʃɛmɛnt] (*D* **-u**) *m* cement.

cementować [tʃɛmɛntɔvatɕ] *vimperf lit & przen* to cement.

cena [tʃɛna] (*D* **ceny** [tʃɛni]) *f* price • **za wszelką cenę** at all costs; **cena interwencyjna** intervention price; **cena progu** threshold price.

cenić [tʃɛɲitɕ] *vimperf* to value • **cenić kogoś** to think highly of sb. ► **cenić się** [tʃɛɲitɕ ɕɛ] *vp imperf* : **cenić**

się nisko/wysoko to have a low/high opinion of o.s.

ceniony [tʃɛɲɔni] *adj* [towar] highly valued; [twórca] highly regarded.

cennik [tʃɛɲɲik] (*D* **-a**) *m* price list.

cenny [tʃɛnni] *adj* valuable.

cent [tʃɛnt] (*D* **-a**) *m* cent.

centrala [tʃɛntrala] (*D* **centrali** [tʃɛntral,i]) *f* [instytucji] head office; [telefoniczna] telephone exchange.

centralny [tʃɛntralni] *adj* central.

centrum [tʃɛntrum] (*inv w lp*) *n* centre; [miasta] town centre • **centrum handlowe** shopping centre; **centrum informacji turystycznej** tourist information centre; **Europejskie Centrum Popierania Kształcenia Zawodowego** European Centre for the Development of Vocational Training.

centymetr [tʃɛntimɛtr] (*D* **-a**) *m* centimetre.

Cepelia [tʃɛpɛlja] (*D* **Cepelii** [tʃɛpɛlji]) (*skr od* **Centrala Przemysłu Ludowego i Artystycznego**) *f chain of shops selling Polish folk art and crafts.*

cera [tʃɛra] (*D* **cery** [tʃɛri]) *f* complexion.

ceramika [tʃɛ'ram,ika] (*D* **ceramiki** [tʃɛram,ik,i]) *f* [artystyczna] ceramics; [użytkowa] pottery.

cerata [tʃɛrata] (*D* **ceraty** [tʃɛrati]) *f* oilcloth.

ceremonia [tʃɛrɛmɔɲja] (*D* **ceremonii** [tʃɛrɛmɔɲji]) *f* ceremony.

cerkiew [tʃɛrk,ɛf] (*D* **cerkwi** [tʃɛrkf,i]) *f* Orthodox church.

certyfikat [tʃɛrtif,ikat] (*D* **-u**) *m* certificate.

cesarstwo [tʃɛsarstfɔ] (*D* **cesarstwa** [tʃɛsarstfa]) *n* empire.

cesarz, cesarzowa [tʃɛsaʃ, tʃɛsaʒɔva] *m, f* emperor (*f* empress).

cętkowany [tʃɛntkɔvani] *adj* spotted.

chaber [xabɛr] (*D* **chabra** [xabra]) *m* cornflower.

chała [xawa] (*D* **chały** [xawi]) *f* *pot & pej* [coś bezwartościowego] trash.

chałka [xawka] (*D* **chałki** [xawk‚i]) *f* KULIN *challah*.

chałtura [xawtura] (*D* **chałtury** [xawturi]) *f pot & pej* [dodatkowe zajęcie] second job; [niedbale wykonana praca] sloppy work.

chałupa [xawupa] (*D* **chałupy** [xawupi]) *f* [chata] cottage.

chałwa [xawva] (*D* **chałwy** [xawvi]) *f* sesame halva.

cham, ka [xam, ka] *m, f pej* lout.

chamski [xamsk‚i] *adj pot & pej* boorish.

chandra [xandra] (*D* **chandry** [xandri]) *f* : **mieć chandrę** *pot* to have the blues.

chaos [xaɔs] (*D* **-u**) *m* chaos.

chaotyczny [xaɔtitʃni] *adj* chaotic.

charakter [xaraktɛr] (*D* **-u**) *m* [osobowość] character; [zespół cech] nature • **cechy charakteru** character traits; **charakter pisma** handwriting; **mieć charakter** to have a strong personality.

charakterystyczny [xaraktɛristitʃni] *adj* characteristic.

charakterystyka [xaraktɛˈristika] (*D* **charakterystyki** [xaraktɛristik‚i]) *f* profile.

charakteryzacja [xaraktɛrizatsja] (*D* **charakteryzacji** [xaraktɛrizatsji]) *f* make-up.

charytatywny [xaritativni] *adj* charity.

chata [xata] (*D* **chaty** [xati]) *f* [wiejska] cottage.

chcieć [xtɕɛtɕ] *vimperf* to want.
  ➡ **nie chcieć** [ˈnɛ xtɕɛtɕ] *vimperf* : **silnik nie chce zapalić** [przychodzić z trudem] the engine won't start.

chciwość [xtɕivɔɕtɕ] (*D* **chciwości** [xtɕivɔɕtɕi]) *f* greed.

chciwy [xtɕivi] *adj* greedy.

chełpić się [xɛwp‚itɕ ɕɛ] *vp imperf* to boast • **chełpić się czymś** to boast about sthg.

chełpliwy [xɛwpl‚ivi] *adj* boastful.

chemia [xɛmja] (*D* **chemii** [xɛmji]) *f* chemistry.

chemiczny [xɛm‚itʃni] *adj* chemical.

chemik, chemiczka [xɛm‚ik, xɛm‚itʃka] *m, f* [specjalista] chemist.

chęć [xɛntɕ] (*D* **chęci** [xɛntɕi]) *f* [ochota] inclination • **z chęcią** willingly; **mam chęć na czekoladę** I feel like some chocolate.

chętka [xɛntka] (*D* **chętki** [xɛntk‚i]) *f* : **mam chętkę na czekoladę** *pot* I fancy some chocolate.

chętnie [xɛntɲɛ] *adv* willingly.

chętny [xɛntni] *adj* willing.

chichot [x‚ixɔt] (*D* **-u**) *m* giggle.

chichotać [x‚ixɔtatɕ] *vimperf* to giggle.

Chiny [x‚ini] (*D* **Chin** [x‚in]) *pl* China.

Chińczyk, Chinka [x‚iɲtʃik, x‚inka] *m, f* Chinese.

chiński [x‚iɲsk‚i] *adj* Chinese.

chirurgia [x‚irurgja] (*D* **chirurgii** [x‚irurgji]) *f* surgery.

chirurgiczny [x‚irurg‚itʃni] *adj* surgical • **zabieg chirurgiczny** operation.

chlapa [xlapa] (*D* **chlapy** [xlapi]) *f pot* nasty weather.

chlapać [xlapatɕ] *vimperf* to splash • **chlapać czymś na kogoś** to splash sb with sthg.

chleb [xlɛp] (*D* **-a**) *m* bread • **chleb biały** white bread; **chleb pszenny** wheat bread; **chleb razowy** wholemeal bread; **chleb tostowy** sliced bread; **chleb wiejski** farmhouse bread; **chleb żytni** rye bread; **kromka chleba** slice of bread.

chlew [xlɛf] (*D* **-a** LUB **-u**) *m* pigsty.

chlor [xlɔr] (*D* **-u**) *m* chlorine.

chlubić się [xlub‚itɕ ɕɛ] *vp imperf* : **chlubić się czymś** to take pride in sthg.

chlusnąć [xlusnɔntɕ] *vperf* [rozlać się gwałtownie] to gush; [wylać płyn] to slosh • **chlusnąć czymś** : **chlusnąć komuś w twarz wodą** to slosh water in sb's face.

chłodnica [xwɔdɲitsa] (*D* **chłodnicy** [xwɔdɲitsi]) *f* AUTO radiator.

chłodno [xwɔdnɔ] *adv* [zimno] cool; [nieprzyjaźnie, obojętnie] coolly.

chłodny [xwɔdni] *adj* cool.

chłodzić [xwɔdʑitɕ] *vimperf* [oziębiać] to cool • **chłodzić coś** to cool sthg. ➡ **chłodzić się** [xwɔdʑitɕ ɕɛ] *vp imperf* to cool down.

chłop [xwɔp] *m* [wieśniak] peasant; *pot* [mężczyzna] bloke.

chłopak [xwɔpak] *m* [młody mężczyzna] lad; [sympatia] boyfriend.

chłopiec [xwɔp,jɛts] (*D* chłopca [xwɔptsa]) *m* [dziecko] boy.

chłopka [xwɔpka] *f* peasant woman.

chłopski [xwɔpsk,i] *adj* peasant.

chłód [xwut] (*D* chłodu [xwɔdu]) *m* [niska temperatura] chill; [obojętność] coldness.

chmiel [xm,jɛl] (*D* -u) *m* hops.

chmura [xmura] (*D* chmury [xmuri]) *f* cloud.

chmurzyć się [xmuʒitɕ ɕɛ] *vp imperf* [o niebie] to cloud over; [o osobie] to frown.

chociaż [xɔtɕaʃ] *part & conj* = choć.

choć [xɔtɕ] ⟨⟩ *part* at least. ⟨⟩ *conj* although, though.

chodnik [xɔdɲik] (*D* -a) *m* [dla pieszych] pavement *UK*, sidewalk *US*; [dywanik] rug.

chodzić [xɔdʑitɕ] *vimperf* -1. [poruszać się] to walk. -2. [uczęszczać] to go. -3. [nosić] to wear. -4. : **chodzić z kimś** *pot* [umawiać się] to go out with sb. -5. [działać] to work. -6. : **o co tutaj chodzi?** *pot* [dziać się] what's the problem here?

choinka [xɔjinka] (*D* choinki [xɔjink,i]) *f* [świąteczna] Christmas tree; [uroczystość] Christmas party.

choinkowy [xɔjinkɔvɨ] *adj* Christmas.

cholera [xɔlɛra] (*D* cholery [xɔlɛri]) *f* [choroba] cholera; *pot* [osoba] sod. ➡ **cholera!** [xɔlɛra] *interj pot* bloodyhell!

cholernie [xɔlɛrɲɛ] *adv pot* bloody.

cholerny [xɔlɛrni] *adj pot* bloody.

cholesterol [xɔlɛstɛrɔl] (*D* -u) *m* cholesterol.

chomik [xɔm,ik] *m* hamster.

chorągiewka [xɔrɔŋg,ɛfka] (*D* chorągiewki [xɔrɔŋg,ɛfk,i]) *f* flag.

choreograf [xɔrɛɔgraf] *m* choreographer.

choroba [xɔrɔba] (*D* choroby [xɔrɔbi]) *f* [schorzenie] illness, disease. ➡ **choroba!** [xɔrɔba] *interj* oh flip!

chorobliwy [xɔrɔbl,ivi] *adj* [niezdrowy] unhealthy; [nienaturalny] abnormal.

chorować [xɔrɔvatɕ] *vimperf* to be ill • **chorować na coś** to have sthg; **chorować na grypę** to have flu.

chorowity [xɔrɔv,iti] *adj* sickly.

Chorwacja [xɔrvatsja] (*D* Chorwacji [xɔrvatsji]) *f* Croatia.

Chorwat, ka [xɔrvat, ka] *m*, *f* Croat.

chory, chora [xɔri, xɔra] ⟨⟩ *m*, *f* [pacjent] patient. ⟨⟩ *adj* [niezdrowy] ill; [o części ciała] bad.

chować [xɔvatɕ] *vimperf* [ukrywać] to hide; [kłaść] to put away • **chować coś przed kimś** to hide sthg from sb. ➡ **chować się** [xɔvatɕ ɕɛ] *vp imperf* [znikać] to disappear; [ukrywać się] to hide.

chód [xut] (*D* chodu [xɔdu]) *m* [sposób chodzenia] gait; SPORT walk.

chór [xur] (*D* -u) *m* [zespół śpiewaków] choir.

chrabąszcz [xrabɔ̃ʃtʃ] *m* cockchafer.

chrapać [xrapatɕ] *vimperf* to snore.

chroniczny [xrɔɲitʃni] *adj* chronic.

chronologia [xrɔnɔlɔgja] (*D* chronologii [xrɔnɔlɔgji]) *f* chronology.

chropowaty [xrɔpɔvati] *adj* rough.

chrupki [xrupk,i] *adj* [ciasteczko] crunchy; [mięso] crispy • **chrupkie pieczywo** crispbread.

chrust [xrust] (*D* -u) *m* [na opał] brushwood; [łakotki] deep fried sweet pastries especially popular in the period before Lent.

chrypa [xripa] (*D* chrypy [xripi]) *f* hoarseness • **mieć chrypę** to be hoarse.

chryzantema [xrizantɛma] (*D* chryzantemy [xrizantɛmi]) *f* chrysanthemum.

chrzan [xʃan] (*D* -u) *m* horseradish.

chrząkać [xʃɔŋkatɕ] (*perf* **chrząknąć** [xʃɔŋknɔntɕ]) *vimperf* [o człowieku] to clear one's throat; [o świni] to grunt.

chrząknąć [xʃɔŋknɔntɕ] *vperf* = chrząkać.

chrząszcz [xʃɔ̃ʃtʃ] *m* beetle.

chrzciny [xʃtɕini] (*D* chrzcin [xʃtɕin]) *pl* [przyjęcie] christening party.

chrzest [xʃɛst] (*D* chrztu [xʃtu]) *m* [sakrament] baptism; [uroczystość] christening.

chrzestna [xʃɛstna] *f* godmother.

chrzestny [xʃɛstni] *m* godfather.

chrześcijanin, chrześcijanka [xʃɛ- ɕtɕijaɲin, xʃɛɕtɕijanka] *m*, *f* Christian.

chrześcijański [xʃɛɕtɕijaĵsk‚i] *adj* Christian.

chrześniaczka [xʃɛɕɲatʃka] *f* god-daughter.

chrześniak [xʃɛɕɲak] *m* godson.

chrzęst [xʃɛ̃st] (*D* -u) *m* [śniegu, piasku] crunch; [gałęzi] snap; [zbroi] clash.

chuchać [xuxatɕ] (*perf* **chuchnąć** [xuxnɔntɕ]) *vimperf* to blow.

chuchnąć [xuxnɔntɕ] *vperf* = chuchać.

chuchro [xuxrɔ] *n pot* bag of bones.

chuderlak [xudɛrlak] *m pot & pej* skinny weakling.

chudnąć [xudnɔntɕ] (*perf* **schudnąć** [sxudnɔntɕ]) *vimperf* to lose weight.

chudy [xudi] *adj* [osoba] thin; [mięso] lean; [mleko] skimmed; [ser] low-fat.

chudzina [xudʑina] *f pot* bag of bones.

chuligan [xul‚igan] *m pej* hooligan.

chusta [xusta] (*D* chusty [xusti]) *f* [na głowę] headscarf; [duża chustka] shawl.

chusteczka [xustɛtʃka] (*D* chusteczki [xustɛtʃk‚i]) *f* handkerchief • chusteczka higieniczna tissue.

chustka [xustka] (*D* chustki [xustk‚i]) *f* [mała chusta] headscarf; [do nosa] handkerchief.

chwalić [xfal‚itɕ] (*perf* **pochwalić** [pɔxfal‚itɕ]) *vimperf* [wyrażać uznanie] to praise • chwalić kogoś za coś to praise sb for sthg. ⇒ **chwalić się** [xfal‚itɕ ɕɛ] (*perf* **pochwalić się** [pɔxfal‚itɕ ɕɛ]) *vp imperf* [chełpić się] to boast • chwalić się czymś to boast about sthg.

chwała [xfawa] (*D* chwały [xfawi]) *f* glory.

chwast [xfast] (*D* -u) *m* weed.

chwiejny [xf‚jɛjni] *adj* [krok] unsteady; [człowiek] wavering.

chwila [xf‚ila] (*D* chwili [xf‚il‚i]) *f* moment • co chwila every few minutes; na chwilę for a moment; przed chwilą a minute ago; w tej chwili at the moment; mieć chwilę to have a moment to spare; odpowiadaj w tej chwili tell me right now.

chwilowo [xf‚ilɔvɔ] *adv* temporarily.

chwilowy [xf‚ilɔvi] *adj* temporary.

chwycić [xfɨtɕitɕ] *vperf* = chwytać.

chwyt [xfɨt] (*D* -u) *m* [mocny, pewny] grip; [reklamowy] trick.

chwytać [xfɨtatɕ] (*perf* **chwycić** [xfɨtɕitɕ]) *vimperf* [łapać] to grasp • chwytać kogoś/coś to grasp sb/sthg; chwytać kogoś za coś to grasp sb by sthg.

chyba [xiba] *part* probably • to był chyba twój brat I think that was your brother; chyba wiesz, co to oznacza I think you know what that means; chyba tak probably.

chyłkiem [xiwk‚ɛm] *adv* stealthily • uciekać chyłkiem to sneak away.

chytry [xitri] *adj* [przebiegły] cunning; *pot & pej* [skąpy] greedy; [pomysłowy] ingenious.

ci [tɕi] *pron* ▷ ten; ▷ ty.

ciało [tɕawɔ] (*D* ciała [tɕawa]) *n* body.

ciarki [tɕark‚i] (*D* ciarek [tɕarɛk]) *pl* shivers.

ciasno [tɕasnɔ] *adv* [mieć mało miejsca] cramped; [obciśle] tightly • ciasno nam w tym pokoju we're cramped in this room.

ciasny [tɕasni] *adj* [wąski] narrow; [mały] cramped; [obcisły] tight.

ciasteczko [tɕastɛtʃkɔ] (*D* ciasteczka [tɕastɛtʃka]) *n* little cake • ciasteczka kruche biscuits *US*, cookies *UK*.

ciastkarnia [tɕastkarɲa] (*D* **ciastkarni** [tɕastkarɲi]) *f* cake shop.

ciastko [tɕastkɔ] (*D* **ciastka** [tɕastka]) *n* cake • **ciastko francuskie** French pastry; **ciastko kruche z owocami** individual fruit tart.

ciasto [tɕastɔ] (*D* **ciasta** [tɕasta]) *n* [surowe] [gęste] dough; [rzadkie] batter [upieczone] cake • **ciasto drożdżowe** yeast cake; **ciasto francuskie** puff pastry; **ciasto kruche z owocami** fruit tart; **ciasto piaskowe** Madeira cake.

ciąć [tɕɔɲtɕ] (*perf* **pociąć** [pɔtɕɔɲtɕ]) *vimperf* [nożem] to cut; [o deszczu] to lash down; [o komarach] to bite.

ciąg [tɕɔŋk] (*D* **-u**) *m* [wydarzeń] sequence • **ciąg dalszy nastąpi** to be continued; **w ciągu dnia** during the day.

ciągle [tɕɔŋgle] *adv* [wciąż] still; [nieustannie] continually.

ciągły [tɕɔŋgwi] *adj* [bezustanny] constant • **linia ciągła** unbroken line.

ciągnąć [tɕɔŋgnɔɲtɕ] *vimperf* to pull • **ciągnąć coś** to pull sthg; **ciągnąć kogoś za coś** to pull sb by sthg; **ciągnąć kogoś gdzieś** to drag sb somewhere. **ciągnąć się** [tɕɔŋgnɔɲtɕ ɕɛ] *vp imperf* [o osobie] to pull each other; [o dyskusji] to drag on; [o ulicy] to stretch.

ciągnik [tɕɔŋgɲik] (*D* **-a**) *m* tractor.

ciąża [tɕɔʒa] (*D* **ciąży** [tɕɔʒi]) *f* pregnancy • **być w ciąży** to be pregnant; **zajść w ciążę** to get pregnant.

cichaczem [tɕixatʃɛm] *adv* on the quiet.

cicho [tɕixɔ] (*compar* **ciszej**, *superl* **najciszej**) *adv* quietly. *interj* quiet!

cichy [tɕixi] *adj* quiet.

ciebie [tɕɛbjɛ] *pron* ➞ ty.

ciecz [tɕɛtʃ] (*D* **-y**) *f* liquid.

ciekaw [tɕɛkaf] *adj* = ciekawy.

ciekawie [tɕɛkavjɛ] *adv* [opowiadać] in an interesting way; [przyglądać się] with curiosity.

ciekawostka [tɕɛkavɔstka] (*D* **ciekawostki** [tɕɛkavɔstki]) *f* [informacja]

interesting fact; [przedmiot] interesting object.

ciekawość [tɕɛkavɔɕtɕ] (*D* **ciekawości** [tɕɛkavɔɕtɕi]) *f* curiosity • **umierać z ciekawości** to be dying of curiosity.

ciekawy [tɕɛkavi] *adj* [interesujący] interesting; [dociekliwy] curious.

ciekły [tɕɛkwi] *adj* liquid.

cieknąć [tɕɛknɔɲtɕ] *vimperf* [płynąć strugą] flow; [przeciekać] leak • **woda cieknie z kranu** the tap's dripping.

cielesny [tɕɛlɛsni] *adj* [kara] corporal; [miłość] carnal.

cielę [tɕɛlɛ] *n* calf.

cielęcina [tɕɛlɛɲtɕina] (*D* **cielęciny** [tɕɛlɛɲtɕini]) *f* veal.

ciemno [tɕɛmnɔ] *adv* dark. **ciemno-** [tɕɛmnɔ] *cztka* [o dużej intensywności] : **ciemnoniebieski** dark blue [o ciemnej barwie] : **ciemnooki** dark-eyed.

ciemność [tɕɛmnɔɕtɕ] (*D* **ciemności** [tɕɛmnɔɕtɕi]) *f* dark.

ciemny [tɕɛmni] *adj* [pokój, odcień] dark; [zacofany] backward; [podejrzany] shady • **ciemny chleb** brown bread; **ciemne piwo** brown ale.

cienki [tɕɛŋki] *adj* thin • **cienki głos** high-pitched voice.

cienko [tɕɛŋkɔ] *adv* [smarować] thinly; [ubrać się] lightly.

cień [tɕɛɲ] (*D* **cienia** [tɕɛɲa]) *m* [odbicie] shadow; [miejsce] shade.

cieplarnia [tɕɛplarɲa] (*D* **cieplarni** [tɕɛplarɲi]) *f* hothouse.

ciepło [tɕɛpwɔ] (*D* **ciepła** [tɕɛpwa]) *n* warmth. *adv* (*compar* **cieplej**, *superl* **najcieplej**) [niezimno] warm • **trzymać w cieple** to keep warm; **naleśniki podajemy na ciepło** we serve hot pancakes.

ciepły [tɕɛpwi] *adj* [niezimny] warm.

cierpieć [tɕɛrpjɛtɕ] *vimperf* to suffer. **nie cierpieć** [ɲɛ 'tɕɛrpjɛtɕ] *vimperf* : **nie cierpię tego człowieka** I can't stand that person.

cierpienie [tɕɛrpjɛɲɛ] (*D* **cierpienia** [tɕɛrpjɛɲa]) *n* suffering.

cierpki [tɕɛrpki] *adj* [kwaśny i gorzki] sour.

cierpliwość [tɕɛrpliˌvɔɕtɕ] (*D* **cierpliwości** [tɕɛrpliˌvɔɕtɕi]) *f* patience.

cierpliwy [tɕɛrpl,ivi] *adj* patient.

cieszyć się [tɕɛʃitɕ ɕɛ] *vp imperf* to be pleased • **cieszyć się z czegoś** to be pleased with sthg.

cieśla [tɕɛɕla] *m* joiner.

cieśnina [tɕɛɕnina] (*D* **cieśniny** [tɕɛɕnini]) *f* strait • **cieśnina Bosfor** the Bosphorus; **Cieśnina Gibraltarska** Strait of Gibraltar.

cię [tɕɛ] *pron* ▷ **ty**.

cięcie [tɕɛɲtɕɛ] (*D* **cięcia** [tɕɛɲtɕa]) *n* cut.

cięty [tɕɛnti] *adj* [złośliwy] cutting • **być ciętym na kogoś** *pot* to be tough on sb; **mieć cięty język** to have a sharp tongue.

ciężar [tɕɛ̃ʒar] (*D* **-u**) *m* [przedmiot] weight; [brzemię] burden.

ciężarna [tɕɛ̃ʒarna] ◇ *adj* pregnant • **ciężarna kobieta** pregnant woman. ◇ *f* pregnant woman.

ciężarówka [tɕɛ̃ʒarufka] (*D* **ciężarówki** [tɕɛ̃ʒarufk,i]) *f* lorry *UK*, truck *US*.

ciężki [tɕɛ̃ʃk,i] *adj* [walizka, krok] heavy; [trudny] difficult • **ciężki obowiązek** heavy responsibility; **ciężki problem** serious problem.

ciężko [tɕɛ̃ʃkɔ] *adv* [stąpać, oddychać] heavily; [pracować] hard.

ciężkostrawny [tɕɛ̃ʃkɔstravni] *adj* heavy.

ciocia [tɕɔtɕa] *f pot* auntie.

cios [tɕɔs] (*D* **-u**) *m* blow.

ciotka [tɕɔtka] *f* aunt.

ciskać [tɕiskatɕ] (*perf* **cisnąć** [tɕisnɔntɕ]) *vimperf* to hurl • **cisnąć czymś w coś/o coś** to hurl sthg at/to sthg.

cisnąć [tɕisnɔntɕ] *vperf* = **ciskać**.

cisza [tɕiʃa] (*D* **ciszy** [tɕiʃi]) *f* silence • **proszę o ciszę** quiet please. ◆ **cisza!** [tɕiʃa] *interj* quiet!

ciśnienie [tɕiɕɲɛɲɛ] (*D* **ciśnienia** [tɕiɕɲɛɲa]) *n* [wielkość fizyczna] pressure; MED blood pressure • **mieć niskie/wysokie ciśnienie** to have high/low blood pressure.

ciśnieniomierz [tɕiɕɲɛɲɔm,jɛʃ] (*D* **-a**) *m* blood pressure gauge.

ciuch [tɕux] (*D* **-a**) *m pot* gear.

ckliwy [tskl,ivi] *adj pej* mushy.

clić [tsl,itɕ] (*perf* **oclić** [ɔtsl,itɕ]) *vimperf* to charge (customs) duty on.

cło [tswɔ] (*D* **cła** [tswa]) *n* customs, duty.

cm (*skr od* **centymetr**) cm.

cmentarz [tsmɛntaʃ] (*D* **-a**) *m* cemetery.

cmokać [tsmɔkatɕ] (*perf* **cmoknąć** [tsmɔknɔntɕ]) *vimperf* [z zadowolenia] to smack one's lips; *pot* [całować] to kiss • **cmoknąć z zachwytu** ≃ to whistle with delight; **cmokać na konia/psa** ≃ to whistle to a horse/dog.

cmoknąć [tsmɔknɔntɕ] *vperf* = **cmokać**.

cnota [tsnɔta] (*D* **cnoty** [tsnɔti]) *f* virtue.

co [tsɔ] *pron* [w pytaniach] what; [wprowadzający zdanie podrzędne] which *(zaimki 'czym' i 'czemu' rzadko występują w tym znaczeniu)* • **rób, co chcesz** do what you want; **czego mi było trzeba, to gorącej kąpieli** what I needed was a hot bath.

c.o. [tsɛ'ɔ] (*skr od* **centralne ogrzewanie**) *n central heating*.

coca-cola® [kɔkakɔla] (*D* **coca-coli** [kɔkakɔl,i]) *f* Coca-Cola®.

codz. (*skr od* **codzienny, codziennie**) *every day*.

codziennie [tsɔdʑɛɲɲɛ] *adv* every day.

codzienny [tsɔdʑɛnni] *adj* [zdarzający się każdego dnia] daily; [zwyczajny, powszedni] everyday.

cofać [tsɔfatɕ] (*perf* **cofnąć** [tsɔfnɔntɕ]) *vimperf* to withdraw • **cofać auto** to reverse. ◆ **cofać się** [tsɔfatɕɕɛ] (*perf* **cofnąć się** [tsɔfnɔntɕ ɕɛ]) *vp imperf* [poruszać się w tył] to move back; [przypominać sobie] to look back on • **on nie cofnie się przed niczym, nie ma żadnych skrupułów** he'll stop at nothing, he has no scruples.

cofnąć [tsɔfnɔntɕ] *vperf* = **cofać**.

cokolwiek [tsɔkɔlv,jɛk] *pron* anything.

comber [tsɔmbɛr] (*D* **combra** [tsɔmbra]) *m* KULIN saddle • **comber zajęczy** saddle of hare.

coraz [tsɔras] *adv* : **coraz gorzej** worse and worse; **coraz lepiej** better and better; **coraz więcej** more and more.

coroczny [tsɔrɔtʃni] *adj* annual.

coś [tsɔɕ] *pron* [w zdaniach twierdzących] something; [w zdaniach pytających] anything; [odnosi się do czegoś ważnego, atrakcyjnego] something.

córka [tsurka] *f* daughter.

cuchnący [tsuxnɔntɕi] *adj* stinking.

cuchnąć [tsuxnɔntɕ] *vimperf* to stink.

cucić [tsutɕitɕ] (*perf* **ocucić** [ɔtsutɕitɕ]) *vimperf* to revive • **cucić kogoś** to revive sb.

cud [tsut] (*D* **-u**) *m* [zjawisko nadprzyrodzone] miracle; [rzecz niezwykła] wonder. ⟶ **cudem** [tsudɛm] *adv* miraculously • **cudem uniknęliśmy nieszczęścia** it's a miracle we escaped unharmed.

cudotwórca, cudotwórczyni [tsudɔtfurtsa, tsudɔtfurtʃini] *m*, *f* miracle worker.

cudownie [tsudɔvnɛ] *adv* [wspaniale] wonderfully; [na skutek cudu] miraculously • **wyglądać cudownie** you look wonderful; **cudownie, że mnie odwiedziłeś** it's wonderful that you visited me.

cudowny [tsudɔvni] *adj* [nadprzyrodzony] miraculous; [wspaniały] wonderful.

cudzoziemiec, cudzoziemka [tsudzɔzɛm,jɛts, tsudzɔzɛmka] *m*, *f* foreigner.

cudzoziemski [tsudzɔzɛmsk,i] *adj* foreign.

cudzy [tsudʑi] *adj* someone else's.

cudzysłów [tsudʑiswuf] (*D* **cudzysłowu** [tsudʑiswɔvu]) *m* inverted commas.

cukier [tsuk,ɛr] (*D* **cukru** [tsukru]) *m* sugar.

cukierek [tsuk,ɛrɛk] (*D* **cukierka** [tsuk,ɛrka]) *m* sweet *UK*, candy *US*.

cukiernia [tsuk,ɛrɲa] (*D* **cukierni** [tsuk,ɛrɲi]) *f* cake shop.

cukierniczka [tsuk,ɛrɲitʃka] (*D* **cukierniczki** [tsuk,ɛrɲitʃk,i]) *f* sugar bowl.

cukiernik [tsuk,ɛrɲik] *m* confectioner.

cukrzyca [tsukʃitsa] (*D* **cukrzycy** [tsukʃitsi]) *f* diabetes.

cukrzyk [tsukʃik] *m* diabetic.

cuma [tsuma] (*D* **cumy** [tsumi]) *f* mooring rope.

cumować [tsumɔvatɕ] *vimperf* to moor.

curry [kari] *(inv)* *n* curry powder.

CV [s,i'v,i] (*skr od* curriculum vitae) *n* [życiorys] CV.

cyberprzestrzeń [tsibɛrpʃɛstʃɛɲ] (*D* **cyberprzestrzeni** [tsibɛrpʃɛstʃɛɲi]) *f* INFORM cyberspace.

cyfra [tsifra] (*D* **cyfry** [tsifri]) *f* digit • **cyfry arabskie/rzymskie** Arabic/Roman numerals.

cyfrowy [tsifrɔvi] *adj* [kod] numeric; [technika, urządzenie] digital.

cygaro [tsigarɔ] (*D* **cygara** [tsigara]) *n* cigar.

cyjanek [tsijanɛk] (*D* **cyjanku** [tsijanku]) *m* cyanide.

cykada [tsikada] *f* cicada.

cykl [tsikl] (*D* **-u**) *m* [rozwojowy] cycle; [wykładów, koncertów] series.

cyklon [tsiklɔn] (*D* **-u**) *m* cyclone.

cykoria [tsikɔrja] (*D* **cykorii** [tsikɔrji]) *f* chicory.

cynaderki [tsinadɛrk,i] (*D* **cynaderek** [tsinadɛrɛk]) *pl* KULIN stewed kidneys.

cynamon [tsinamɔn] (*D* **-u**) *m* cinnamon • **jabłko z cynamonem** baked apple with cinnamon.

cyniczny [tsiɲitʃni] *adj* cynical.

cynk [tsiŋk] (*D* **-u**) *m* zinc.

cypel [tsipɛl] (*D* **cypla** [tsipla]) *m* headland.

Cypr [tsipr] (*D* **-u**) *m* Cyprus.

Cypryjczyk, Cypryjka [tsiprijtʃik, tsiprijka] *m*, *f* Cypriot.

cyrk [tsirk] (*D* **-u**) *m* [widowisko] circus • **ale cyrk!** *pot* what a mess!

cyrkiel [tsirk,ɛl] (*D* **cyrkla** [tsirkla]) *m* compasses.

cyrkowy [tsirkɔvi] *adj* circus.

cysterna [tʂistɛrna] (D cysterny [tʂistɛrni]) f tank.

cytadela [tʂitadɛla] (D cytadeli [tʂitadɛl,i]) f citadel.

cytat [tʂitat] (D -u) m quotation.

cytować [tʂitɔvatɕ] vimperf to quote.

cytrusowy [tʂitrusɔvi] adj citrus.

cytryna [tʂitrina] (D cytryny [tʂitrini]) f lemon.

cywil [tʂiv,il] m civilian.

cywilizacja [tʂiv,il,izatʂja] (D cywilizacji [tʂiv,il,izatʂji]) f civilization.

cywilizowany [tʂiv,il,izɔvani] adj civilized.

cywilny [tʂiv,ilni] adj [niewojskowy] civilian • **stan cywilny** marital status.

cz. (skr od część) pt.

czad [tʂat] (D -u) m [tlenek węgla] carbon monoxide; pot [swąd] burning smell.

czajniczek [tʂajnitʂɛk] (D czajniczka [tʂajnitʂka]) m teapot.

czajnik [tʂajnik] (D -a) m kettle.

czapka [tʂapka] (D czapki [tʂapk,i]) f hat • **czapka z daszkiem** cap.

czapla [tʂapla] f heron.

czar [tʂar] (D -u) m [urok] charm. ➡ **czary** [tʂari] (D czarów [tʂaruf]) mpl [magia] magic • **odczynić ry** to break a spell.

czara [tʂara] (D czary [tʂari]) f goblet.

czarnoksiężnik [tʂarnɔkɕeʑɲik] m sorcerer.

czarny [tʂarni] adj black.

czarodziej, ka [tʂarɔdʑej, ka] m, f wizard.

czarodziejski [tʂarɔdʑejsk,i] adj magic • **czarodziejska różdżka** magic wand.

czarownica [tʂarɔvɲitsa] f [wiedźma] witch; [o brzydkiej kobiecie] hag.

czarownik [tʂarɔvɲik] m [mag] wizard; [szaman] shaman.

czarter [tʂartɛr] (D -u) m [najem] charter; [rejs samolotem] charter flight.

czarterowy [tʂartɛrɔvi] adj charter.

czas [tʂas] (D -u) m time • **czas świąteczny** holiday period; **od czasu** since; **w wolnym czasie** in one's free time; **od czasu do czasu** from time to time; **od czasu, jak** since; **do czasu, aż** until; **na czas określony** for a limited period.

czasami [tʂasam,i] adv sometimes.

czasopismo [tʂasɔp,ismɔ] (D czasopisma [tʂasɔp,isma]) n periodical.

czasownik [tʂasɔvɲik] (D -a) m verb.

czaszka [tʂaʂka] (D czaszki [tʂaʂk,i]) f skull.

czat [tʂat] (D -u) m INFORM (Internet) chat room.

czatować [tʂatɔvatɕ] vimperf pot to lie in wait • **czatować na kogoś** to lie in wait for sb.

cząber [tʂɔmbɛr] (D cząbru [tʂɔmbru]) m savory.

cząstka [tʂɔ̃stka] (D cząstki [tʂɔ̃stk,i]) f part.

czcionka [tʂtɕɔnka] (D czcionki [tʂtɕɔnk,i]) f font.

czczo [tʂtʂɔ] ➡ **na czczo** [na 'tʂtʂɔ] constr on an empty stomach.

Czech, Czeszka [tʂɛx, tʂɛʂka] m, f Czech.

Czechy [tʂɛxi] (D Czech [tʂɛx]) pl the Czech Republic.

czego [tʂɛgɔ] pron ▷ co.

czegokolwiek [tʂɛgɔkɔlv,jɛk] pron ▷ cokolwiek.

czegoś [tʂɛgɔɕ] pron ▷ coś.

czek [tʂɛk] (D -u) m cheque • **czek podróżny** traveller's cheque; **czek bez pokrycia** bounced cheque; **zapłacić czekiem** to pay by cheque.

czekać [tʂɛkatɕ] vimperf [gen] to wait; [o przyszłości] to await • **czekać na kogoś/na coś** to wait for sb/sthg.

czekanie [tʂɛkaɲɛ] (D czekania [tʂɛkaɲa]) n wait, waiting.

czekolada [tʂɛkolada] (D czekolady [tʂɛkoladi]) f chocolate • **czekolada z orzechami** chocolate with nuts; **gorąca czekolada** hot chocolate; **nadziewana czekolada** chocolate with filling; **tabliczka czekolady** bar of chocolate.

czekoladka [tʃɛkɔlatka] (*D* czekoladki [tʃɛkɔlatk,i]) *f* chocolate; [bombonierka] box of chocolates.

czemu [tʃɛmu] *pron* [dlaczego] why; ⊳ **co**.

czemukolwiek [tʃɛmukɔlv,jɛk] *pron* ⊳ **cokolwiek**.

czemuś [tʃɛmuɕ] *pron* [dlaczego] why; ⊳ **coś**.

czepek [tʃɛpɛk] (*D* czepka [tʃɛpka]) *m* [dziecięcy] bonnet; [kąpielowy] bathing-cap.

czeremcha [tʃɛrɛmxa] (*D* czeremchy [tʃɛrɛmxi]) *f* bird cherry.

czereśnia [tʃɛrɛɕɲa] (*D* czereśni [tʃɛrɛɕɲi]) *f* cherry.

czerpać [tʃɛrpatɕ] *vimperf* [nabierać] to scoop; [wykorzystywać] to get • czerpać coś z czegoś to get sth from sthg.

czerstwy [tʃɛrstfi] *adj* [o pieczywie] stale; [o osobie] robust.

czerwiec [tʃɛrv,jɛts] (*D* czerwca [tʃɛrftsa]) *m* June *zobacz też* styczeń.

czerwony [tʃɛrvɔni] *adj* red.

czesać [tʃɛsatɕ] (*perf* uczesać [utʃɛsatɕ]) *vimperf* to do sb's hair. **czesać się** [tʃɛsatɕ ɕɛ] (*perf* uczesać się [utʃɛsatɕ ɕɛ]) *vp imperf* [grzebieniem] to comb one's hair; [szczotką] to brush one's hair • czesać się w kok to have a bun; czesać się z grzywką to have a fringe.

czesne [tʃɛsnɛ] (*D* czesnego [tʃɛsnɛgɔ]) *n* tuition fee.

cześć [tʃɛɕtɕ] (*D* czci [tʃtɕi]) *f* [szacunek] reverence • na cześć kogoś in sb's honour; otaczał kobiety czcią he revered women **cześć!** [tʃɛɕtɕ] [na powitanie] hi!; [na pożegnanie] bye, see you!

często [tʃɛstɔ] *adv* often.

Częstochowa [tʃɛstɔxɔva] (*D* Częstochowy [tʃɛstɔxɔvi]) *f* Częstochowa.

częstotliwość [tʃɛstɔtl,ivɔɕtɕ] (*D* częstotliwości [tʃɛstɔtl,ivɔɕtɕi]) *f* frequency.

częstować [tʃɛstɔvatɕ] (*perf* poczęstować [pɔtʃɛstɔvatɕ]) *vimperf* : częstować kogoś czymś to offer sthg to sb. **częstować się** [tʃɛstɔvatɕ ɕɛ] (*perf* poczęstować się [pɔtʃɛstɔvatɕ ɕɛ]) *vp imperf* to help o.s.

częsty [tʃɛsti] *adj* [zjawisko] frequent; [klient] regular • częsty ból recurrent pain.

częściowo [tʃɛɕtɕɔvɔ] *adv* partly.

częściowy [tʃɛɕtɕɔvi] *adj* partial.

część [tʃɛɕtɕ] (*D* części [tʃɛɕtɕi]) *f* part • części zamienne spare parts.

czkać [tʃkatɕ] (*perf* czknąć [tʃknɔntɕ]) *vimperf* to hiccup.

czkawka [tʃkafka] (*D* czkawki [tʃkafk,i]) *f* hiccups.

czknąć [tʃknɔntɕ] *vperf* = czkać.

człon [tʃwɔn] (*D* -u) *m* [ogniwo] segment.

członek, członkini [tʃwɔnɛk, tʃwɔnk,iɲi] *m*, *f* [uczestnik grupy] member.

członkostwo [tʃwɔnkɔstfɔ] (*D* członkostwa [tʃwɔnkɔstfa]) *n* membership.

członkowski [tʃwɔnkɔfsk,i] *adj* [legitymacja, składka] membership; [państwa] member.

człowiek [tʃwɔv,jɛk] (*pl* ludzie [ludʑɛ]) *m* [istota ludzka] person; [mężczyzna] man • dużo ludzi a lot of people; starzy ludzie old people; prawa człowieka human rights.

czołg [tʃɔwk] (*D* -u) *m* tank.

czoło [tʃɔwɔ] (*D* czoła [tʃɔwa]) *n* [część twarzy] forehead; [przód] front.

czołowy [tʃɔwɔvi] *adj* [wybitny] outstanding; [dominujący] leading • zderzenie czołowe head-on collision.

czołówka [tʃɔwufka] (*D* czołówki [tʃɔwufk,i]) *f* [elita] elite; [w gazecie] front page.

czopek [tʃɔpɛk] (*D* czopka [tʃɔpka]) *m* MED suppository.

czosnek [tʃɔsnɛk] (*D* czosnku [tʃɔsnku]) *m* garlic.

czterdziestu [tʃtɛrdʑɛstu] *num* forty *zobacz też* sześciu.

czterdziesty [tʃtɛrdʑɛsti] *num* fortieth *zobacz też* szósty.

czterdzieści [tʃtɛrdʑɛɕtɕi] *num* forty *zobacz też* sześć.

czterech [tʃtɛrɛx] *num* four *zobacz też* sześciu.

czterechsetny [tʃtɛrɛxsɛtni] *num* four hundredth *zobacz też* szósty.

czterej [tʃtɛrɛj] *num (łączy się z rzeczownikami męskoosobowymi w mianowniku)* four.

czternastu [tʃtɛrnastu] *num* fourteen *zobacz też* sześciu.

czternasty [tʃtɛrnasti] *num* fourteenth *zobacz też* szósty.

czternaście [tʃtɛrnaɛtɕɛ] *num* fourteen *zobacz też* sześć.

cztery [tʃtɛri] *num* four *zobacz też* sześć.

czterysta [tʃtɛrista] *num* four hundred *zobacz też* sześć.

czub [tʃup] *(D -a) m* [o włosach] Mohican; [łódki] bow; [drzewa] top.

czubek [tʃubɛk] *(D czubka* [tʃupka]*) m* [nosa, buta] tip; [głowy, drzew] top.

czuć [tʃutɕ] *vimperf* [ból, miłość] to feel; [zapach] to smell; *pot* [przewidywać] to have a feeling. ➡ **czuć się** [tʃutɕ ɕɛ] *vp imperf* to feel • **czuć się dobrze/ źle** to feel good/bad; **czuć się gdzieś swobodnie** to feel at home somewhere; **czuć się jak u siebie w domu** to make o.s. at home.

czujnik [tʃujnik] *(D -a) m* sensor.

czujność [tʃujnɔɕtɕɛ] *(D czujności* [tʃujnɔɕtɕi]*) f* vigilance.

czujny [tʃujni] *adj* alert.

czule [tʃulɛ] *adv* tenderly.

czułość [tʃuwɔɕtɕɛ] *(D czułości* [tʃuwɔɕtɕi]*) f* tenderness.

czuły [tʃuwi] *adj* tender.

czupryna [tʃuprina] *(D czupryny* [tʃuprini]*) f* mop of hair.

czupurnie [tʃupurɲɛ] *adv* [zawadiacko] defiantly.

czupurny [tʃupurni] *adj* defiant.

czuwać [tʃuvatɕ] *vimperf* [być czujnym] to be on the alert; [opiekować się] to tend to; [nie spać] to stay up.

czuwanie [tʃuvaɲɛ] *(D czuwania* [tʃuvaɲa]*) n* vigil.

czw. *(skr od czwartek)* Thurs.

czwartek [tʃfartɛk] *(D czwartku* [tʃfartku]*) m* Thursday *zobacz też*

sobota • **tłusty czwartek** *last Thursday before Lent.*

czwarty [tʃfarti] *num* fourth *zobacz też* szósty.

czy [tʃi] <> *conj* if, whether; [łączy zdania równorzędne lub ich części, wyraża wymienność lub wzajemne wykluczanie się; bądź] or. <> *part* : **czy do ciebie zadzwonił?** did he call you?; **czy czytałeś tę książkę?** have you read this book?

czyj [tʃij] *pron* [w pytaniach] whose.

czyli [tʃil,i] *conj* in other words.

czym [tʃim] *pron* ▷ **co.**

czymkolwiek [tʃimkɔlv,jɛk] *pron* ▷ **cokolwiek.**

czymś [tʃimɕ] *pron* ▷ **coś.**

czyn [tʃin] *(D -u) m* deed.

czynnik [tʃiɲik] *(D -a) m* factor.

czynność [tʃinnɔɕtɕɛ] *(D czynności* [tʃinnɔɕtɕi]*) f* act • **wykonywać wiele czynności naraz** to do a lot of things at the same time.

czynny [tʃinni] *adj* [sklep] open; [wypoczynek] active.

czynsz [tʃinʃ] *(D -u) m* rent.

czyrak [tʃirak] *(D -a) m* boil.

czystość [tʃistɔɕtɕɛ] *(D czystości* [tʃistɔɕtɕi]*) f* cleanliness • **środki czystości** detergents.

czysty [tʃisti] *adj* clean.

czyszczenie [tʃiʃtʃɛɲɛ] *(D czyszczenia* [tʃiʃtʃɛɲa]*) n* cleaning.

czyścić [tʃiɕtɕitɕ] *vimperf* to clean.

czytać [tʃitatɕ] *(perf przeczytać* [pʃɛtʃitatɕ]*) vimperf* to read.

czytanie [tʃitaɲɛ] *(D czytania* [tʃitaɲa]*) n* reading.

czytelnia [tʃitɛlɲa] *(D czytelni* [tʃitɛlɲi]*) f* reading room.

czytelnie [tʃitɛlɲɛ] *adv* [wyraźnie] legibly; [zrozumiale] intelligibly.

czytelnik, czytelniczka [tʃitɛlɲik, tʃitɛlɲitʃka] *m, f* reader.

czytelny [tʃitɛlni] *adj* [wyraźny] legible; [zrozumiały] intelligible.

ćma [tɕma] *f* moth.

ćwiartka [tɕf,jartka] *(D ćwiartki* [tɕf,jartk,i]*) f* [ćwierć] quarter; *pot* [wódka] *quarter-litre bottle of vodka.*

ćwiczenie [tɕfˌitʃɛnɛ] (D ćwiczenia [tɕfˌitʃɛna]) n [trening] exercise.
◆ **ćwiczenia** [tɕfˌitʃɛna] (D ćwiczeń [tɕfˌitʃɛn]) npl [zbiór zadań] workbook.

ćwiczyć [tɕfˌitʃitɕ] vimperf [na siłowni, pamięć] to train; [na fortepianie] to practise.

ćwierć [tɕfˌjɛrtɕ] (D ćwierci [tɕfˌjɛrtɕi]) num quarter.

ćwierćfinał [tʃfˌjɛrtɕfˌinaw] (D -u) m quarterfinal.

ćwierkać [tɕfˌjɛrkatɕ] vimperf to chirp.

ćwikła [tɕfˌikwa] (D ćwikły [tɕfˌikwi]) f KULIN beetroot and horseradish sauce.

D

dach [dax] (D -u) m roof.

dachówka [daxufka] (D dachówki [daxufkˌi]) f roof tile.

dać [datɕ] vperf -1. [wręczyć, podać] to give • dać coś komuś to give sb sthg. -2. [użyczyć, zapewnić] to give. -3. [oddać] to give. -4. [pozwolić] to let • dać komuś wolną rękę to give sb a free hand; dać komuś w twarz to slap sb in the face; dać słowo to give one's word.

dag (skr od dekagram) 10 gms.

daktyl [daktil] (D -a) m date.

dal [dal] (D -i) f distance • w dali in the distance.

daleki [dalɛkˌi] (compar dalszy, superl najdalszy) adj [kraj, głos, czasy] distant; [podróż] long. ◆ **z daleka** [z ˈdalˈɛka] adv [przyjechać] from far away; [siedzieć] far away from.

daleko [dalɛkɔ] (compar dalej, superl najdalej) adv far away • czy daleko do stacji? is it far to the station? ◆ **dalej** [dalɛj] adv [w czasie] further • dalej wszystko potoczyło się szczęśliwie and they all lived happily ever after.

dalekobieżny [dalɛkɔbˌjɛʒni] adj long-distance.

dalekowidz [dalɛkɔvˌitʃ] m : być dalekowidzem to be long-sighted.

dalekowzroczność [dalɛkɔvzrɔtʃnɔɕtɕ] (D dalekowzroczności [dalɛkɔvzrɔtʃnɔɕtɕi]) f MED long-sightedness; [rozważność] far-sightedness.

dalekowzroczny [dalɛkɔvzrɔtʃni] adj MED long-sighted; [przewidujący] far-sighted.

dalia [dalja] (D dalii [dalji]) f dahlia.

daltonista, daltonistka [daltɔnista, daltɔnistka] m, f : być daltonistą to be colour blind.

dama [dama] f [elegancka kobieta] lady; [w kartach] queen.

damski [damskˌi] adj [buty, bielizna] women's; [towarzystwo] female.

dane [danɛ] (D danych [danix]) pl data.

Dania [danja] (D Danii [danji]) f Denmark.

danie [danɛ] (D dania [dana]) n [część posiłku] course; [potrawa] dish • danie główne main course; danie mięsne meat dish; pierwsze/drugie danie first/second course.

dar [dar] (D -u) m [prezent] gift; [ofiara] contribution.

daremnie [darɛmnɛ] adv in vain.

darmo [darmɔ] ◆ **za darmo** [za ˈdarmɔ] adv for nothing • bilety są za darmo tickets are free. ◆ **na darmo** [na ˈdarmɔ] adv in vain • tracić czas na darmo to waste time.

darmowy [darmɔvi] adj free.

darowizna [darɔvˌizna] (D darowizny [darɔvˌizni]) f donation.

daszek [daʃɛk] (D daszka [daʃka] LUB daszku [daʃku]) m [mały dach] small roof; [czapki] peak.

data [data] (D daty [dati]) f date • data urodzenia date of birth.

datek [datɛk] (D datku [datku]) m offering.

datownik [datɔvnˌik] (D -a) m [przyrząd] date stamp.

dawać [davatɕ] vimperf = dać.

dawca, dawczyni [dafţsa, daftʃiɲi] *m, f* donor.

dawka [dafka] (*D* **dawki** [dafk,i]) *f* dose.

dawkowanie [dafkɔvaɲɛ] (*D* **dawkowania** [dafkɔvaɲa]) *n* dosage.

dawno [davnɔ] *adv* : **dawno temu** a long time ago; **dawno kupiłem ten samochód** I bought this car a long time ago; **już dawno nie byłem w kinie** I haven't been to the cinema for a long time. ► **dawniej** [davɲɛj] *adv* [przedtem] before • **jak dawniej** as before.

dawny [davni] *adj* former; [przyjaciel] old.

dążyć [dɔ̃ʒitɕ] *vimperf* to aim for • **dążyć do czegoś** to strive for sthg.

dB (*skr od* **decybel**) dB.

dbać [dbatɕ] *vimperf* to care • **dbać o kogoś/o coś** to take care of sb/sthg.

dbały [dbawi] *adj* attentive.

dealer [d,ilɛr] *m* dealer.

debata [dɛbata] (*D* **debaty** [dɛbati]) *f* debate.

debatować [dɛbatɔvatɕ] *vimperf* to debate • **debatować nad czymś** to discuss sthg.

debet [dɛbɛt] (*D* **-u**) *m* overdraft.

debil, ka [dɛb,il, ka] *m, f* *pot & pej* moron.

debiut [dɛb,jut] (*D* **-u**) *m* debut.

debiutant, ka [dɛb,jutant, ka] *m, f* novice.

debiutować [dɛb,jutɔvatɕ] *vimperf* to make one's debut.

dech [dɛx] (*D* **tchu** [txu]) *m* [oddech] breath.

decybel [dɛtsibɛl] (*D* **-a**) *m* decibel.

decydować [dɛtsidɔvatɕ] (*perf* **zdecydować** [zdɛtsidɔvatɕ]) *vimperf* to decide • **decydować o czymś** to decide sthg. ► **decydować się** [dɛtsidɔvatɕ ɕɛ] (*perf* **zdecydować się** [zdɛtsidɔvatɕ ɕɛ]) *vp imperf* to make up one's mind • **decydować się na coś** to decide on sthg.

decydujący [dɛtsidujɔɲtsi] *adj* decisive.

decymetr [dɛtsimɛtr] (*D* **-a**) *m* decimetre.

decyzja [dɛtsizja] (*D* **decyzji** [dɛtsizji]) *f* decision • **podjąć decyzję** to make a decision.

dedykacja [dɛdikatsja] (*D* **dedykacji** [dɛdikatsji]) *f* dedication.

defekt [dɛfɛkt] (*D* **-u**) *m* defect.

deficyt [dɛf,itsit] (*D* **-u**) *m* deficit.

defilada [dɛf,ilada] (*D* **defilady** [dɛf,i-ladi]) *f* march past.

definicja [dɛf,iɲitsja] (*D* **definicji** [dɛf,iɲitsji]) *f* definition.

definiować [dɛf,iɲɔvatɕ] (*perf* **zdefiniować** [zdɛf,iɲɔvatɕ]) *vimperf* to define.

definitywny [dɛf,iɲitivni] *adj* [decyzja] definitive; [zmiana] definite.

deformacja [dɛfɔrmatsja] (*D* **deformacji** [dɛfɔrmatsji]) *f* deformation.

defragmentacja [dɛfragmɛntatsja] (*D* **defragmentacji** [dɛfragmɛnta-tsji]) *f* : **defragmentacja dysku** INFORM disk defragmentation.

defraudacja [dɛfrawdatsja] (*D* **defraudacji** [dɛfrawdatsji]) *f* embezzlement.

degeneracja [dɛgɛnɛratsja] (*D* **degeneracji** [dɛgɛnɛratsji]) *f* degeneracy.

degustacja [dɛgustatsja] (*D* **degustacji** [dɛgustatsji]) *f* tasting.

degustować [dɛgustɔvatɕ] *vimperf* to taste.

dekada [dɛkada] (*D* **dekady** [dɛkadi]) *f* [dni] ten days; [lata] decade.

dekagram [dɛkagram] (*D* **-a**) *m* ten grams.

deklaracja [dɛklaratsja] (*D* **deklaracji** [dɛklaratsji]) *f* declaration • **deklaracja celna** customs declaration.

dekoder [dɛkɔdɛr] (*D* **-a**) *m* decoder.

dekodować [dɛkɔdɔvatɕ] *vimperf* to decode.

dekolt [dɛkɔlt] (*D* **-u**) *m* [przy szyi] neckline.

dekomunizacja [dɛkɔmuɲizatsja] (*D* **dekomunizacji** [dɛkɔmuɲizatsji]) *f* decommunization.

dekoracja [dɛkɔraʦja] (D dekoracji [dɛkɔraʦji]) f decoration.

dekoracyjny [dɛkɔraʦijni] adj decorative.

dekorować [dɛkɔrɔvaʦɛ] vimperf to decorate.

dekret [dɛkrɛt] (D -u) m decree.

delegacja [dɛlɛgaʦja] (D delegacji [dɛlɛgaʦji]) f [grupa ludzi] delegation; [wyjazd] business trip.

delegalizować [dɛlɛgal.izovaʦɛ] vimperf oficjal to make illegal.

delegat, ka [dɛlɛgat, ka] m, f delegate.

delektować się [dɛlɛktɔvaʦɛ ɕɛ] vp imperf to relish • delektować się czymś to relish sthg.

delfin [dɛlf.in] m [zwierzę] dolphin; [SPORT styl pływacki] (D -a) butterfly stroke.

delicje [dɛl.iʦjɛ] (D delicji [dɛl.iʦji]) fpl delicacies.

delikatesy [dɛl.ikatɛsi] (D delikatesów [dɛl.ikatɛsuf]) pl [sklep] delicatessen.

delikatnie [dɛl.ikatɲɛ] adv gently.

delikatny [dɛl.ikatni] adj [subtelny, wrażliwy] sensitive; [kruchy, niemasywny] delicate; [lekki, słaby] gentle.

delta [dɛlta] (D delty [dɛlti]) f delta.

demaskować [dɛmaskɔvaʦɛ] vimperf to expose.

dementować [dɛmɛntɔvaʦɛ] vimperf oficjal to deny • dementować plotki to deny a rumour.

demograficzny [dɛmograf.iʧni] adj demograph.ic • niż/wyż demograficzny demographic low/high.

demokracja [dɛmɔkraʦja] (D demokracji [dɛmɔkraʦji]) f democracy.

demokratyczny [dɛmɔkratiʧni] adj democratic.

demon [dɛmɔn] (D -a) m demon.

demonstracja [dɛmɔnstraʦja] (D demonstracji [dɛmɔnstraʦji]) f demonstration.

demonstrować [dɛmɔnstrɔvaʦɛ] vimperf to demonstrate.

demoralizacja [dɛmɔral.izaʦja] (D

demoralizacji [dɛmɔral.izaʦji]) f demoralization.

denat, ka [dɛnat, ka] m, f oficjal the deceased.

denaturat [dɛnaturat] (D -u) m methylated spirit.

denerwować [dɛnɛrvɔvaʦɛ] (perf zdenerwować [zdɛnɛrvɔvaʦɛ]) vimperf to irritate • coś kogoś denerwuje sthg gets on sb's nerves. ⟵ **denerwować się** [dɛnɛrvɔvaʦɛ ɕɛ] (perf zdenerwować się [zdɛnɛrvɔvaʦɛ ɕɛ]) vp imperf to be upset • denerwować się na kogoś/na coś to get upset with sb/sthg.

denerwujący [dɛnɛrvujɔnʦi] adj irritating.

dentysta, dentystka [dɛntista, dɛntistka] m, f dentist.

dentystyczny [dɛntistiʧni] adj dental.

departament [dɛpartamɛnt] (D -u) m [dział] department.

depesza [dɛpɛʃa] (D depeszy [dɛpɛʃi]) f [telegram] telegram; [wiadomość agencyjna] dispatch.

depilator [dɛp.ilatɔr] (D -a) m [środek kosmetyczny] hair remover; [urządzenie] depilator.

depilować [dɛp.ilɔvaʦɛ] vimperf to depilate.

deponować [dɛpɔnɔvaʦɛ] (perf zdeponować [zdɛpɔnɔvaʦɛ]) vimperf to deposit.

deportacja [dɛpɔrtaʦja] (D deportacji [dɛpɔrtaʦji]) f deportation.

depozyt [dɛpɔzit] (D -u) m deposit.

depresja [dɛprɛsja] (D depresji [dɛprɛsji]) f depression.

deptać [dɛptaʦɛ] vimperf to trample • nie deptać trawnika keep off the grass.

deptak [dɛptak] (D -a LUB -u) m promenade.

deputowany, deputowana [dɛputɔvani, dɛputɔvana] m, f deputy.

dermatolog [dɛrmatɔlɔk] m dermatologist.

deseń [dɛsɛɲ] (D desenia [dɛsɛɲa] LUB deseniu [dɛsɛɲu]) m pattern.

deser [dɛsɛr] (D -u) m desert.

deska [dɛska] (*D* **deski** [dɛsk,i]) *f* board • **drzwi z desek** wooden door; deska surfingowa surfboard.

deskorolka [dɛskɔrɔlka] (*D* deskorolki [dɛskɔrɔlk,i]) *f* SPORT skateboard.

despota [dɛspɔta] *m* despot.

destrukcja [dɛstruktsja] (*D* destrukcji [dɛstruktsji]) *f* destruction.

desygnować [dɛsignɔvatɕ] *vimperf* oficjal to designate.

deszcz [dɛʃtʃ] (*D* -u) *m* rain.

deszczowy [dɛʃtʃɔvi] *adj* [pogoda, dzień] rainy; [chmura, woda] rain.

detal [dɛtal] (*D* -u) *m* [szczegół] detail.

detaliczny [dɛtal,itʃni] *adj* retail.

detektyw [dɛtɛktif] *m* detective.

determinacja [dɛtɛrm,inatsja] (*D* determinacji [dɛtɛrm,inatsji]) *f* determination.

detonacja [dɛtɔnatsja] (*D* detonacji [dɛtɔnatsji]) *f* detonation.

dewaluacja [dɛvaluatsja] (*D* dewaluacji [dɛvaluvatsji]) *f* devaluation.

dewaluować [dɛvaluɔvatɕ] *vimperf* to devalue.

dewastacja [dɛvastatsja] (*D* dewastacji [dɛvastatsji]) *f* devastation.

dewastować [dɛvastɔvatɕ] *vimperf* to devastate.

dewiza [dɛv,iza] (*D* dewizy [dɛv,izi]) *f* motto. ➡ **dewizy** [dɛv,izi] (*D* dewiz [dɛv,is]) *pl* foreign currency.

dewizowy [dɛv,izɔvi] *adj* [konto] foreign currency.

dezaktualizować [dɛzaktual,izɔvatɕ] (*perf* **zdezaktualizować** [zdɛzaktual,izɔvatɕ]) *vimperf oficjal* to make invalid. ➡ **dezaktualizować się** [dɛzaktual,izɔvatɕ ɕɛ] (*perf* **zdezaktualizować się** [zdɛzaktual,izɔvatɕ ɕɛ]) *vp imperf* to go out of date.

dezerter [dɛzɛrtɛr] *m* deserter.

dezodorant [dɛzɔdɔrant] (*D* -u) *m* deodorant.

dezorganizacja [dɛzɔrgaɲizatsja] (*D* dezorganizacji [dɛzɔrgaɲizatsji]) *f* disorganization.

dezynfekcja [dɛzinfɛktsja] (*D* dezynfekcji [dɛzinfɛktsji]) *f* disinfection.

dezynfekować [dɛzinfɛkɔvatɕ] (*perf* **zdezynfekować** [zdɛzinfɛkɔvatɕ]) *vimperf* to disinfect.

dezynfekujący [dɛzinfɛkujɔntɕi] *adj* : **środek dezynfekujący** disinfectant; **ekipa dezynfekująca** disinfection team.

dętka [dɛntka] (*D* **dętki** [dɛntk,i]) *f* [w oponie] inner tube.

diabelski [djabɛlsk,i] *adj* diabolic • **diabelski młyn** Ferris wheel.

diabeł [djabɛw] *m* devil. ➡ **do diabła!** [dɔ 'djabwa] *interj* pot what the hell!

diagnoza [djagnɔza] (*D* diagnozy [djagnɔzi]) *f* diagnosis.

dialekt [djalɛkt] (*D* -u) *m* dialect.

dialog [djalɔk] (*D* -u) *m* dialogue.

diament [djamɛnt] (*D* -u) *m* diamond.

diamentowy [djamɛntɔvi] *adj* diamond.

diecezja [djɛtɕɛzja] (*D* diecezji [djɛtɕɛzji]) *f* diocese.

dieta[1] [djɛta] (*D* **diety** [djɛti]) *f* [sposób odżywiania] diet • **być na diecie** to be on a diet.

dieta[2] [djɛta] (*D* **diety** [djɛti]) *f* [wynagrodzenie] allowance.

dietetyczny [djɛtɛtitʃni] *adj* [pieczywo] diet; [właściwości] dietary.

dinozaur [d,inɔzawr] *m* dinosaur.

didżej [d,idʑɛj] *m* DJ.

dkg (*skr od* dekagram) 10 gms.

dla [dla] *prep* -1. [cel, przeznaczenie] for. -2. [w stosunku do] to. -3. [według] for.

dlaczego [dlatʃɛgɔ] *pron* why.

dlatego [dlatɛgɔ] *conj* so.

dławić się [dwav,itɕ ɕɛ] (*perf* **udławić się** [udwav,itɕ ɕɛ]) *vp imperf* to choke • **dławić się czymś** to choke on sthg.

dłoń [dwɔɲ] (*D* **dłoni** [dwɔɲi]) *f* [wewnętrzna część ręki] palm; [ręka] hand.

dług [dwuk] (*D* -u) *m* debt.

długi [dwug,i] (*compar* **dłuższy**, *superl* **najdłuższy**) *adj* long.

długo [dwugɔ] (*compar* dłużej, *superl* najdłużej) *adv* a long time • **na długo** for a long time.

długopis [dwugɔp,is] (*D* -u) *m* ballpoint.

długość [dwugɔctɕ] (*D* długości [dwugɔctɕi]) *f* length.

długoterminowy [dwugɔtɛrm,inɔvi] *adj* long-term • **pożyczka długoterminowa** long-term loan.

długotrwały [dwugɔtrfawi] *adj* prolonged.

długowieczny [dwugɔv,jɛtʃni] *adj* long-lived.

dłużej [dwuʒɛj] *adv* ▷ długo.

dłużnik, dłużniczka [dwuʒnik, dwuʒnitʃka] *m, f* debtor.

dłużny [dwuʒni] *adj* indebted • **być komuś coś dłużnym** to owe sb sthg.

dłuższy [dwuʃʃi] *adj* ▷ długi.

dmuchać [dmuxatɕ] *vimperf* to blow • **dmuchać na coś** to blow on sthg; **dmuchać w balonik** to be breathalysed.

dn. (*skr od dnia*) *used in writing to introduce date* (= *on the day of*).

dni [dɲi] *mpl* ▷ dzień.

Dniepr [dɲɛpr] (*D* -u) *m* the Dnieper.

Dniestr [dɲɛstr] (*D* -u) *m* the Dniester.

dniówka [dɲufka] (*D* dniówki [dɲufk,i]) *f* [dzień pracy] working day; [wynagrodzenie] daily wage.

dno [dnɔ] (*D* dna [dna]) *n* [spód] bottom; *pej* [o człowieku] the pits • **(wywrócić) do góry dnem** (to turn) upside down.

do [dɔ] *prep* -1. [w kierunku] to **uśmiechnął się do mnie** he smiled at me. -2. [zasięg] to **włosy sięgają mu do ramion** his hair reaches down to his shoulders; **woda sięgała jej do brody** the water came up to her chin. -3. [czas] to **przedstawienie trwa do dziewiątej** the performance lasts until nine. -4. [odbiorca] for. -5. [cel, przeznaczenie] to.

doba [dɔba] (*D* doby [dɔbi]) *f* twenty-four hours.

dobić [dɔb,itɕ] *vperf* = dobijać.

dobiec [dɔb,jɛts] *vperf* = dobiegać.

dobiegać [dɔb,jɛgatɕ] (*perf* dobiec [dɔb,jɛts]) *vimperf* [o człowieku, dźwięku] to reach; [o czasie] to approach • **dobiegać końca** to be coming to an end.

dobierać [dɔb,jɛratɕ] (*perf* dobrać [dɔbratɕ]) *vimperf* to select • **dobierać coś do czegoś** to get sthg to match with sthg.

dobijać [dɔb,ijatɕ] (*perf* dobić [dɔb,itɕ]) *vimperf* [docierać] to reach; [zabijać] to finish off; [przysparzać zmartwień] to devastate • **dobijać kogoś** to put sb out of their misery; **dobijać targu** to strike a deal. ➡ **dobijać się** [dɔb,ijatɕ ɕɛ] *vp imperf* : **dobijać się do drzwi** to bang on the door.

dobitny [dɔb,itni] *adj* distinct.

dobór [dɔbur] (*D* doboru [dɔbɔru]) *m* selection.

dobrać [dɔbratɕ] *vperf* = dobierać.

dobranoc [dɔbranɔts] *interj* good night.

dobranocka [dɔbranɔtska] (*D* dobranocki [dɔbranɔtsk,i]) *f* *TV cartoon broadcast just before children's bedtime*.

dobrany [dɔbrani] *adj* well-matched.

dobro [dɔbrɔ] (*D* dobra [dɔbra]) *n* good.

dobrobyt [dɔbrɔbit] (*D* -u) *m* prosperity.

dobroczynny [dɔbrɔtʃinni] *adj* [wpływ] beneficial; [instytucja] charitable; [koncert] charity.

dobroczyńca [dɔbrɔtʃiɲtsa] *m* benefactor.

dobroć [dɔbrɔtɕ] (*D* dobroci [dɔbrɔtɕi]) *f* kindness • **po dobroci** out of kindness.

dobroduszny [dɔbrɔduʃni] *adj* kindhearted.

dobrotliwy [dɔbrɔtl,ivi] *adj* goodnatured.

dobrowolnie [dɔbrɔvɔlɲɛ] *adv* voluntarily.

dobrowolny [dɔbrɔvɔlni] *adj* voluntary.

dobry [dɔbri] (*compar* lepszy, *superl* najlepszy) *adj* good • **ma lepszy charakter niż jego brat** he's got a

better personality than his brother; **wszystkiego dobrego** LUB **najlepszego** many happy returns; **mieć dobry gust** to have good taste. ➤ **dobry** [dɔbri] (*D* **dobrego**) *m* [ocena] ≃ B.
➤ **bardzo dobry** [bardzɔ dɔbri] (*D* **dobrego**) *m* [najwyższa ocena] ≃ A.

dobrze [dɔbʒɛ] (*compar* **lepiej,** *superl* **najlepiej**) <> *adv* well; [sprzedać] at a profit. <> *interj* [w porządku] OK • **zostali dobrze przyjęci przez rodziców** they were well received by the parents; **zna się dobrze na kwiatach** he/she knows a lot about flowers; **coraz lepiej mówi po angielsku** his/her English is getting better and better; **czy twój zegarek dobrze chodzi?** is your watch right?

dobytek [dɔbitɛk] (*D* **dobytku** [dɔbitku]) *m* belongings.

docelowy [dɔtsɛlɔvi] *adj* [stanowiący cel] target • **port docelowy** port of destination; **stacja docelowa** destination.

doceniać [dɔtsɛnatɕ] *vimperf* to appreciate • **doceniać kogoś** to appreciate sb.

dochodowy [dɔxɔdɔvi] *adj* profitable.

dochodzenie [dɔxɔdʑɛnɛ] (*D* **dochodzenia** [dɔxɔdʑɛna]) *n* investigation.

dochodzić [dɔxɔdʑitɕ] (*perf* **dojść** [dɔjɕtɕ]) *vimperf* [do miejsca] to reach • **dochodzi północ** it's almost midnight; **dochodzić do siebie** to recover; **dochodzić do zdrowia** to recover.

dochód [dɔxut] (*D* **dochodu** [dɔxɔdu]) *m* income • **dochód narodowy** national revenue.

dociekliwy [dɔtɕɛkl,ivi] *adj* inquiring.

docierać [dɔtɕɛratɕ] (*perf* **dotrzeć** [dɔtʂɛtɕ]) *vimperf* to reach.

docinek [dɔtɕinɛk] (*D* **docinka** [dɔtɕinka]) *m* jibe.

dodać [dɔdatɕ] *vperf* = **dodawać**.

dodatek [dɔdatɛk] (*D* **dodatku** [dɔdatku]) *m* [uzupełnienie] addition; [do gazety] supplement; [do pensji]

bonus • **dodatek rodzinny** child benefit.

dodatkowo [dɔdatkɔvɔ] *adv* in addition.

dodatkowy [dɔdatkɔvi] *adj* extra.

dodatni [dɔdatɲi] *adj* positive.

dodawać [dɔdavatɕ] (*perf* **dodać** [dɔdatɕ]) *vimperf* to add.

dodawanie [dɔdavaɲɛ] (*D* **dodawania** [dɔdavaɲa]) *n* addition.

dodruk [dɔdruk] (*D* **-u**) *m* [dodatkowy druk] reprint.

dodzwonić się [dɔdzvɔɲitɕ ɕɛ] *vp perf* to get through • **dodzwonić się do kogoś** to get through to sb.

doganiać [dɔɡaɲatɕ] (*perf* **dogonić** [dɔɡɔɲitɕ]) *vimperf* to catch up with • **doganiać kogoś** to catch up with sb.

doglądać [dɔɡlɔndatɕ] *vimperf* [pilnować] to mind; [opiekować się] to look after • **doglądać kogoś/czegoś** to look after sb/sthg.

dogłębnie [dɔɡwɛmbɲɛ] *adv* [gruntownie] in depth; [radykalnie] profoundly.

dogodny [dɔɡɔdni] *adj* [położenie, moment] convenient; [warunki] favourable • **dogodna oferta** an attractive offer.

dogonić [dɔɡɔɲitɕ] *vperf* = **doganiać**.

dogrywka [dɔɡrifka] (*D* **dogrywki** [dɔɡrifk,i]) *f* SPORT extra time.

dojazd [dɔjast] (*D* **-u**) *m* [podróż] journey; [dostęp] access.

dojechać [dɔjɛxatɕ] *vperf* = **dojeżdżać**.

dojeżdżać [dɔjɛdʑdʑatɕ] (*perf* **dojechać** [dɔjɛxatɕ]) *vimperf* [do pracy] to commute; [do miejsca] to approach • **dojechać na miejsce** to arrive at one's destination.

dojrzałość [dɔjʐawɔɕtɕ] (*D* **dojrzałości** [dɔjʐawɔɕtɕi]) *f* [ludzi, zwierząt] maturity; [owoców] ripeness.

dojrzały [dɔjʐawi] *adj* [człowiek] mature; [owoc] ripe.

dojrzeć [dɔjʐɛtɕ] *vperf* = **dojrzewać**.

dojrzewać [dɔjʐɛvatɕ] (*perf* **dojrzeć** [dɔjʐɛtɕ]) *vimperf* [o człowieku] to

mature; [o owocach, zbożu] to ripen.

dojrzewanie [dɔjʒɛvaɲɛ] (*D* dojrzewania [dɔjʒɛvaɲa]) *n* [człowieka] adolescence; [owoców] ripening.

dojście [dɔjɛtɕɛ] (*D* dojścia [dɔjɛtɕa]) *n* [dostęp] access; [do pracy] walk.

dojść [dɔjɛtɕ] *vperf* = dochodzić.

dokąd [dɔkɔnt] *pron* [o miejscu] where; [o czasie] how long.

dokładać [dɔkwadatɕ] (*perf* dołożyć [dɔwɔʒɨtɕ]) *vimperf* [uzupełniać] to add; *pot* [bić] to whack • **dokładać komuś czegoś** to give sb more of sthg; **dokładać wszelkich starań** to make every effort; **dokładać sobie zupy** to help o.s. to more soup. ➡ **dokładać się** [dɔkwadatɕ ɕɛ] (*perf* dołożyć się [dɔwɔʒɨtɕ ɕɛ]) *vp imperf* to contribute.

dokładka [dɔkwatka] (*D* dokładki [dɔkwatkʲi]) *f* second helping.

dokładnie [dɔkwadɲɛ] *adv* [szczegółowo] carefully; [ściśle] precisely.

dokładność [dɔkwadnɔɕtɕ] (*D* dokładności [dɔkwadnɔɕtɕi]) *f* [precyzja] precision.

dokładny [dɔkwadnɨ] *adj* [szczegółowy] detailed; [ścisły, precyzyjny] precise; [staranny, skrupulatny] thorough; [o zegarku] accurate.

dokoła [dɔkɔwa] *prep* = dookoła.

dokonany [dɔkɔnanɨ] *adj* [zrobiony] done • **czasownik dokonany** perfective verb; **fakt dokonany** fait accompli.

dokończenie [dɔkɔɲtʃɛɲɛ] (*D* dokończenia [dɔkɔɲtʃɛɲa]) *n* [czynności] completion; [historii] conclusion.

dokończyć [dɔkɔɲtʃɨtɕ] *vperf* to finish.

dokształcać [dɔkʃtawtsatɕ] *vimperf* to educate further. ➡ **dokształcać się** [dɔkʃtawtsatɕ ɕɛ] *vp imperf* to do further study.

dokształcający [dɔkʃtawtsajɔntsɨ] *adj* further education • **kursy dokształcające** further education courses.

doktor [dɔktɔr] *m* [stopień naukowy] PhD; [lekarz] doctor.

doktorat [dɔktɔrat] (*D* -u) *m* [praca naukowa] thesis; [stopień naukowy] PhD.

dokuczliwy [dɔkutʃlʲivɨ] *adj* unpleasant.

dokument [dɔkumɛnt] (*D* -u) *m* document; [film] documentary • **dokumenty stwierdzające tożsamość** identification, ID.

dokumentacja [dɔkumɛntatsja] (*D* dokumentacji [dɔkumɛntatsji]) *f* record.

dokumentalny [dɔkumɛntalnɨ] *adj* documentary • **film dokumentalny** documentary.

dolać [dɔlatɕ] *vperf* = dolewać.

dolar [dɔlar] (*D* -a) *m* dollar.

dolatywać [dɔlatɨvatɕ] (*perf* dolecieć [dɔlɛtɕɛtɕ]) *vimperf* : **samolot dolatywał do Paryża** the plane was approaching Paris; **dolatywał do nas przykry zapach/głośny dźwięk** we were assailed by a nasty smell/loud noise.

dolecieć [dɔlɛtɕɛtɕ] *vperf* = dolatywać.

dolewać [dɔlɛvatɕ] (*perf* dolać [dɔlatɕ]) *vimperf* to top up with • **dolewać komuś czegoś** to top sb up with sthg.

dolina [dɔlʲina] (*D* doliny [dɔlʲinɨ]) *f* valley.

dolny [dɔlnɨ] *adj* [szuflada, pokład] bottom; [warga, powieka] lower • **dolna Wisła** the lower Vistula.

dołożyć [dɔwɔʒɨtɕ] *vperf* = dokładać.

dom [dɔm] (*D* -u) *m* [budynek] house; [mieszkanie] home; [gospodarstwo domowe] household • **dom dziecka** children's home; **dom towarowy** department store; **prowadzić dom** to run a household.

domagać się [dɔmagatɕ ɕɛ] *vp imperf* to demand • **domagać się czegoś** to demand sthg.

domator, ka [dɔmatɔr, ka] *m, f* stay-at-home.

domena [dɔmɛna] (*D* domeny [dɔmɛnɨ]) *f* sphere.

domięśniowy [dɔm.jɛɕɲɔvɨ] *adj* intramuscular.

dominacja [dɔm,inaʦja] (*D* domina-cji [dɔm,inaʦji]) *f* domination.

dominować [dɔm,inɔvaʨɛ] *vimperf* to dominate • **dominować nad czymś** to dominate sthg; **dominować nad kimś** to dominate sb.

domniemany [dɔmɲɛmani] *adj* alleged.

domofon [dɔmɔfɔn] (*D* -u) *m* entry phone.

domownik, domowniczka [dɔmɔvɲik, dɔmɔvɲiʧka] *m*, *f* member of household.

domowy [dɔmɔvi] *adj* [adres, telefon] home; [atmosfera] homely; [zwierzęta] domestic • **praca domowa** homework.

domysł [dɔmisw] (*D* -u) *m* conjecture.

domyślać się [dɔmiɕlaʨ ɕɛ] (*perf* **domyślić się** [dɔmiɛl,iʨɛ ɕɛ]) *vp imperf* [odgadywać] to guess • **domyślać się czegoś** to guess sthg.

domyślić się [dɔmiɛl,iʨɛ ɕɛ] *vp perf* = **domyślać się**.

doniczka [dɔɲiʧka] (*D* **doniczki** [dɔɲiʧk,i]) *f* flowerpot.

donieść [dɔɲɛɕʨɛ] *vperf* = donosić.

doniosły [dɔɲɔswi] *adj* momentous.

donos [dɔnɔs] (*D* -u) *m pej* denunciation.

donosiciel, ka [dɔnɔɕiʨɛl, ka] *m*, *f pej* informer.

donosić [dɔnɔɕiʨɛ] (*perf* **donieść** [dɔɲɛɕʨɛ]) *vimperf* to inform.

donośny [dɔnɔɕni] *adj* loud.

dookoła [dɔɔkɔwa] *prep* (a) round.

dopasować [dɔpasɔvaʨɛ] *vperf* [włączyć w całość] to fit together • **dopasować coś do czegoś** to match sthg to sthg. ➡ **dopasować się** [dɔpasɔvaʨɛ ɕɛ] *vp perf* [dostosować się] to adjust.

dopiero [dɔp,jɛrɔ] *part* only.

dopilnować [dɔp,ilnɔvaʨɛ] *vperf* to see to.

doping [dɔp,iŋk] (*D* -u) *m* [zachęta] encouragement; SPORT taking drugs.

dopisać [dɔp,isaʨɛ] *vperf* [uzupełnić tekst] to add *(to text)*; [skończyć pi-

sanie] to finish writing; [nie zawieść] not to let down.

dopłata [dɔpwata] (*D* **dopłaty** [dɔpwati]) *f* surcharge.

dopłynąć [dɔpwinɔnʨɛ] *vperf* = dopływać.

dopływ [dɔpwif] (*D* -u) *m* [gazu, prądu] supply; [powietrza] flow; [rzeki] tributary.

dopływać [dɔpwivaʨɛ] (*perf* **dopłynąć** [dɔpwinɔnʨɛ]) *vimperf* [o statku] to sail up to; [o człowieku] to swim up to.

dopóki [dɔpuk,i] *conj* as long as • **uczył się pilnie, dopóki nie znalazł pracy** he studied hard until he found a job.

doprowadzać [dɔprɔvaʣaʨɛ] (*perf* **doprowadzić** [dɔprɔvaʥiʨɛ]) *vimperf* [zmierzać do czegoś] to lead; [dostarczać] to supply; [do szaleństwa, rozpaczy] to drive • **doprowadzić sprawę do końca** to bring the matter to a conclusion; **doprowadzać mieszkanie do porządku** to put the flat in order; **doprowadzać do czegoś** to lead to sthg.

doprowadzić [dɔprɔvaʥiʨɛ] *vperf* = doprowadzać.

dopuszczać [dɔpuʃʧaʨɛ] *vimperf* to allow • **dopuszczać kogoś do tajemnicy** to let sb in on a secret; **dopuszczać kogoś do głosu** to let sb speak; **dopuszczać kogoś do egzaminu** to accept sb for an examination.

dopuszczalny [dɔpuʃʧalni] *adj* acceptable.

dorabiać [dɔrab,jaʨɛ] (*perf* **dorobić** [dɔrɔb,iʨɛ]) *vimperf* [dodatkowo zarabiać] to supplement one's income • **dorabiać klucze** to have extra keys cut.

doradca [dɔraʧa] *m* adviser • **doradca handlowy** trade adviser; **doradca prawny** legal adviser.

doradzać [dɔraʣaʨɛ] (*perf* **doradzić** [dɔraʥiʨɛ]) *vimperf* to advise • **doradzać coś komuś** to recommend sthg to sb.

doradzić [dɔraʥiʨɛ] *vperf* = doradzać.

doręczyć [dɔrɛntʃiʨɛ] *vperf* to deliver • **doręczyć coś komuś** to deliver sthg to sb.

dorobek [dɔrɔbɛk] (*D* dorobku [dɔrɔpku]) *m* [majątek] worldly goods; [osiągnięcia] achievements.

dorobić [dɔrɔb,itɕ] *vperf* = dorabiać.

doroczny [dɔrɔtʃni] *adj* annual.

dorodny [dɔrɔdni] *adj* [zdrowy] healthy-looking.

dorosły [dɔrɔswi] *adj* [dojrzały psychicznie lub fizycznie] adult; [mądry, odpowiedzialny] mature. **dorośli** [dɔrɔɕl,i] *mpl* adults.

dorożka [dɔrɔʃka] (*D* dorożki [dɔrɔʃk,i]) *f* horse-drawn cab.

dorsz [dɔrʃ] *m* cod.

dorywczy [dɔriftʃi] *adj* occasional • dorywcza praca casual work.

dorzecze [dɔʒɛtʃɛ] (*D* dorzecza [dɔʒɛtʃa]) *n* river basin.

DOS [dɔs] (*D* -u) *m* INFORM DOS.

dosadnie [dɔsadnɛ] *adv* bluntly.

dosięgać [dɔɕɛŋgatɕ] *vimperf* to reach.

doskonale [dɔskɔnalɛ] <> *adv* very well • doskonale, że przyjechałeś it's great that you've come. <> *interj* great!

doskonalić [dɔskɔnal,itɕ] *vimperf* to perfect.

doskonały [dɔskɔnawi] *adj* great.

dosłownie [dɔswɔvɲɛ] *adv* [rozumieć] literally; [cytować] word for word.

dosłowny [dɔswɔvni] *adj* literal.

dostać [dɔstatɕ] *vperf* [prezent, gorączki] to get; [zostać uderzonym] to get hit • dostać coś od kogoś to get sthg from sb; dostać od kogoś lanie to get a beating from sb. **dostać się** [dɔstatɕ ɕɛ] *vp perf* [dotrzeć] uzyskać] to get; [zostać przyjętym] to get in • dostać się na studia to get in to university.

dostarczać [dɔstartʃatɕ] *vimperf* to supply.

dostateczny [dɔstatɛtʃni] *adj* sufficient. **dostateczny** [dɔstatɛtʃni] (*D* dostatecznego [dɔstatɛtʃnɛgɔ]) *m* [ocena] ≃ C.

dostatek [dɔstatɛk] (*D* dostatku [dɔstatku]) *m* [dobrobyt] affluence; [obfitość] abundance.

dostawa [dɔstava] (*D* dostawy [dɔstavi]) *f* delivery.

dostawać [dɔstavatɕ] (*perf* dostać [dɔstatɕ]) *vimperf* [otrzymywać] to get; [być bitym] to get hit.

dostawca [dɔstaftsa] *m* supplier.

dostęp [dɔstɛmp] (*D* -u) *m* access.

dostępny [dɔstɛmpni] *adj* [dla wszystkich] accessible; [do kupienia] available.

dostojnie [dɔstɔjnɛ] *adv* with dignity • wyglądać dostojnie to look dignified.

dostojnik [dɔstɔjnik] *m* dignitary.

dostosować [dɔstɔsɔvatɕ] *vperf* = dostosowywać.

dostosowywać [dɔstɔsɔvivatɕ] (*perf* dostosować [dɔstɔsɔvatɕ]) *vimperf* to adapt • dostosowywać coś do czegoś to adapt sthg to sthg. **dostosowywać się** [dɔstɔsɔvivatɕ ɕɛ] (*perf* dostosować się [dɔstɔsɔvatɕ ɕɛ]) *vp imperf* to adjust • dostosowywać się do czegoś to adjust to sthg.

dostrzegalny [dɔstʃɛgalni] *adj* visible.

doszczętnie [dɔʃtʃɛntɲɛ] *adv* completely.

doścignąć [dɔɕtɕignɔntɕ] *vperf* to catch up • doścignąć kogoś to catch up with sb.

dość [dɔɕtɕ] *adv* [wystarczająco] enough; [stosunkowo] quite • mieć dość czegoś/kogoś to have enough of sthg/sb.

doświadczenie [dɔɕf,jattʃɛɲɛ] (*D* doświadczenia [dɔɕf,jattʃɛɲa]) *n* [przeżycie, praktyka] experience; [eksperyment] experiment.

doświadczony [dɔɕf,jattʃɔni] *adj* experienced.

dotacja [dɔtatsja] (*D* dotacji [dɔtatsji]) *f* grant.

dotąd [dɔtɔnt] *pron* [do tego miejsca] up to here; [do tego czasu] up to now; [tyle czasu] until.

dotkliwy [dɔtkl,ivi] *adj* severe.

dotknąć [dɔtknɔntɕ] *vperf* = dotykać.

dotknięcie [dɔtkɲɛntɕɛ] (*D* dotknięcia [dɔtkɲɛntɕa]) *n* touch.

dotować [dɔtɔvatɕ] *vimperf* LUB **vperf** to subsidize.

dotrzeć [dɔtʃɛtɕ] *vperf* = **docierać**.

dotrzymywać [dɔtʃimivatɕ] *(perf* **dotrzymać** [dɔtʃimatɕ]) *vimperf* [zobowiązania] to keep • **dotrzymywać terminów/umowy** to keep to deadlines/agreements; **dotrzymywać danego słowa** to keep one's word; **dotrzymywać komuś towarzystwa** to keep sb company.

dotychczas [dɔtixtʃas] *adv* till now.

dotychczasowy [dɔtixtʃasɔvi] *adj* : **sprawozdanie z dotychczasowej działalności firmy** a report of the company's activities to date.

dotyczyć [dɔtitʃitɕ] *vimperf* to concern • **dotyczyć kogoś/czegoś** to concern sb/sthg.

dotyk [dɔtik] *(D* **-u)** *m* touch.

dotykać [dɔtikatɕ] *(perf* **dotknąć** [dɔtknɔntɕ]) *vimperf* [lekko poruszać] to touch; [sprawić przykrość] to hurt • **dotknąć czegoś** to touch sthg; **dotykać czegoś palcami** to touch sthg with one's fingers.

doustny [dɔustni] *adj* oral.

dowcip [dɔftɕip] *(D* **-u)** *m* joke.

dowcipny [dɔftɕipni] *adj* witty.

dowiadywać się [dɔv̯jadivatɕ ɕɛ] *vp imperf* to inquire • **dowiadywać się o coś** to ask about sthg.

dowiedzieć się [dɔv̯jɛdʑɛtɕ ɕɛ] *vp perf* to find out • **dowiedzieć się czegoś** to find out sthg; **dowiedzieć się o czymś** to find out about sthg.

dowieść [dɔv̯jɛɕtɕ] *vperf* = **dowodzić**.

dowodzić [dɔvɔdʑitɕ] *(perf* **dowieść** [dɔv̯jɛɕtɕ]) *vimperf* [tezy] to prove; [wojskiem] to command • **dowodzić czegoś** to prove sthg.

dowolny [dɔvɔlni] *adj* any.

dowód [dɔvut] *(D* **dowodu** [dɔvɔdu]) *m* [świadectwo, uzasadnienie] evidence; [urzędowy dokument] receipt • **dowód tożsamości** identity card.

dowódca [dɔvuttsa] *m* commander.

doza [dɔza] *(D* **dozy** [dɔzi]) *f* dose.

dozorca, dozorczyni [dɔzɔrtsa,

dɔzɔrtʃini] *m, f* [gospodarz domu] caretaker.

dozowanie [dɔzɔvaɲɛ] *(D* **dozowania** [dɔzɔvaɲa]) *n* dosage.

dozwolony [dɔzvɔlɔni] *adj* [niezakazany] allowed.

dożyć [dɔʒitɕ] *vperf* to live to.

dożylny [dɔʒilni] *adj* intravenous.

dożynki [dɔʑink,i] *pl* harvest home.

dożywocie [dɔʑivɔtɕɛ] *(D* **dożywocia** [dɔʑivɔtɕa]) *n* life imprisonment.

dożywotni [dɔʑivɔtni] *adj* for life.

dół [duw] *(D* **dołu** [dɔwu]) *m* [w ziemi] hole; [najniższa część] bottom • **na dole** [na parterze] downstairs; **na dół** down; **w dół** down.

dr *(skr od* **doktor)** *PhD, used as title.*

dr med. *(skr od* **doktor medycyny)** Dr.

drabina [drab,ina] *(D* **drabiny** [drab,ini]) *f* ladder.

draka [draka] *(D* **draki** [drak,i]) *f pot* hoo-ha.

dramat [dramat] *(D* **-u)** *m* [utwór literacki] play; [trudna sytuacja] tragedy.

drań [draɲ] *m pot & pej* bastard.

drapać [drapatɕ] *vimperf* [skrobać] to scratch; [o ubraniu] to be itchy. ⇒ **drapać się** [drapatɕ ɕɛ] *vp imperf* to scratch o.s.

drapieżnik [drap,jɛʒnik] *m* predator.

drastycznie [drastitʃɲɛ] *adv* drastically.

drastyczny [drastitʃni] *adj* [środki, przepisy] drastic; [scena] violent.

draśnięcie [draɕɲɛntɕɛ] *(D* **draśnięcia** [draɕɲɛntɕa]) *n* scratch.

drażetka [draʒɛtka] *(D* **drażetki** [draʒɛtk,i]) *f a pill or sweet with a hard coating.*

drażliwy [draʒl,ivi] *adj* [temat] touchy.

drażnić [draʒnitɕ] *vimperf* to irritate • **drażnić kogoś** to irritate sb.

drąg [drɔŋk] *(D* **-a)** *m* pole.

dreptać [drɛptatɕ] *vimperf* to toddle.

dres [drɛs] *(D* **-u)** *m* tracksuit.

dreszcz [drɛʃtʃ] *(D* **-u)** *m* shiver.

drewniany [drɛvɲani] *adj* wooden.

drewno [drɛvnɔ] *(D* **drewna** [drɛvna]) *n* wood.

dręczyć [drɛntʃitɕ] *vimperf* to torment • **dręczyć kogoś** to harass sb. **dręczyć się** [drɛntʃitɕ ɕɛ] *vp imperf* to torment o.s.

drętwieć [drɛntf,jɛtɕ] *vimperf* [o człowieku] to stiffen up; [o kończynie] to go numb.

drgać [drgatɕ] (*perf* **drgnąć** [drgnɔntɕ]) *vimperf* [głos, ręka] to shake; [powieka] to twitch • **nie drgnąć** not to move a muscle.

drgawka [drgafka] (*D* **drgawki** [drgafk,i]) *f* convulsion.

drgnąć [drgnɔntɕ] *vperf* = drgać.

drobiazg [drɔb,jask] (*D* -u) *m* [mały przedmiot] trinket; [błahostka] trifle.

drobiazgowy [drɔb,jazgɔvi] *adj* [badania] detailed; [człowiek] pedantic.

drobne [drɔbnɛ] (*D* **drobnych** [drɔbnix]) *pl* small change.

drobnomieszczański [drɔbnɔm,jɛʃtʃaĩsk,i] *adj pej* [obyczaje, gust] bourgeois.

drobnostka [drɔbnɔstka] (*D* **drobnostki** [drɔbnɔstk,i]) *f* trifle.

drobnoustrój [drɔbnɔustruj] (*D* **drobnoustroju** [drɔbnɔustrɔju]) *m* microorganism.

drobny [drɔbni] *adj* [osoba, kłopot] small; [deszcz, druk] fine.

droga [drɔga] (*D* **drogi** [drɔg,i]) *f* [pas komunikacyjny] road; [trasa] way; [podróż] journey • **po drodze** on the way; **zgubić drogę** to lose one's way; **znaleźć drogę** to find the way.

drogeria [drɔgɛrja] (*D* **drogerii** [drɔgɛrji]) *f* drugstore.

drogo [drɔgɔ] (*compar* **drożej**, *superl* **najdrożej**) *adv* [kosztować, zapłacić] a lot.

drogocenny [drɔgɔtsɛnni] *adj* valuable.

drogowskaz [drɔgɔfskas] (*D* -u) *m* road sign.

drogówka [drɔgufka] (*D* **drogówki** [drɔgufk,i]) *f pot* traffic police.

drożdże [drɔʒdʒɛ] (*D* **drożdży** [drɔʒdʒi]) *pl* yeast.

drożdżówka [drɔʒdʒufka] (*D* **drożdżówki** [drɔʒdʒufk,i]) *f* bun • drożdżówka z serem *bun with curd cheese filling*.

drożeć [drɔʒɛtɕ] (*perf* **podrożeć** [pɔdrɔʒɛtɕ]) *vimperf* to go up in price.

droższy [drɔʃʃi] *adj* [kosztowny] expensive; [bliski sercu] precious.

drób [drup] (*D* **drobiu** [drɔb,ju]) *m* poultry.

drugi [drug,i] *num* second zobacz też szósty.

druk [druk] (*D* -u) *m* [drukowanie] print; [czcionka] type.

drukarka [drukarka] (*D* **drukarki** [drukark,i]) *f* printer • **drukarka atramentowa** inkjet printer; **drukarka laserowa** laser printer.

drukarnia [drukarɲa] (*D* **drukarni** [drukarɲi]) *f* printer's.

drukarz [drukaʃ] *m* printer.

drukować [drukɔvatɕ] (*perf* **wydrukować** [vidrukɔvatɕ]) *vimperf* to print; [publikować] to publish.

drukowany [drukɔvani] *adj* printed • **pismo drukowane** printed document.

drut [drut] (*D* -u) *m* wire. **druty** [druti] (*D* **drutów** [drutuf]) *mpl* knitting needles • **robić sweter na drutach** to knit a sweater.

drużyna [druʒina] (*D* **drużyny** [druʒini]) *f* SPORT team; [harcerska] troop.

drwal [drval] *m* lumberjack.

drwiący [drv,jɔntsi] *adj* mocking.

drwić [drv,itɕ] *vimperf* to mock • **drwić z kogoś** to mock sb.

drwina [drv,ina] (*D* **drwiny** [drv,ini]) *f* mockery • **drwiny sobie robisz z nauczyciela?** are you mocking the teacher?

drzazga [dʒazga] (*D* **drzazgi** [dʒazg,i]) *f* [zadra] splinter; [kawałek drewna] piece of matchwood.

drzeć [dʒɛtɕ] (*perf* **podrzeć** [pɔdʒɛtɕ]) *vimperf* to tear • **drzeć coś** to tear sthg. **drzeć się** [dʒɛtɕ ɕɛ] (*perf* **podrzeć się** [pɔdʒɛtɕ ɕɛ]) *vp imperf* [niszczyć się] to become worn; *pot* [wydzierać się] to yell • **drzeć się na kogoś** to yell at sb.

drzemać [dʒɛmatɕ] *vimperf* to snooze.

drzemka [dʒɛmka] (*D* **drzemki** [dʒɛmki]) *f* snooze.

drzewo [dʒɛvɔ] (*D* **drzewa** [dʒɛva]) *n* [roślina] tree; [drewno] wood.

drzwi [dʒvˌi] (*D* **drzwi** [dʒvˌi]) *pl* door • **prosimy zamykać drzwi** please shut the door.

drżeć [drʒɛtɕ] *vimperf* [z zimna, ze strachu] to shiver; [na myśl o czymś] to shudder; [ręce] to shake • **drżeć o kogoś** to be afraid for sb; **drżeć przed kimś** to be afraid of sb.

ds. (*skr od* **do spraw**) *in charge of.*

Dublin [dublˌin] (*D* **-a**) *m* Dublin.

duch [dux] (*D* **-a**) *m* [zjawa] ghost; [dusza, atmosfera] spirit.

duchowny [duxɔvni] *m* [ksiądz, zakonnik] cleric.

duchowy [duxɔvi] *adj* spiritual.

duet [duɛt] (*D* **-u**) *m* duet.

duma [duma] (*D* **dumy** [dumˌi]) *f* pride • **to nie jest powód do dumy** it's not sthg to be proud of.

dumny [dumni] *adj* proud.

Dunaj [dunaj] (*D* **-u**) *m* the Danube.

Duńczyk, Dunka [duɲtʃik, dunka] *m*, *f* Dane.

duplikat [duplˌikat] (*D* **-u**) *m* duplicate.

dusić [duɕitɕ] (*perf* **udusić** [uduɕitɕ]) *vimperf* [ściskać za gardło] to strangle; [mięso, warzywa] to stew • **dusić coś** [żal] to suppress sthg; **dusić kogoś** to strangle sb. ➡ **dusić się** [duɕitɕ ɕɛ] (*perf* **udusić się** [uduɕitɕ ɕɛ]) *vp imperf* [dymem] to choke; [mięso, warzywa] to stew.

dusza [duʃa] (*D* **duszy** [duʃi]) *f* [psychika] soul • **bratnia dusza** kindred spirit.

duszno [duʃnɔ] *adv* stuffy • **duszno mi, proszę, otwórz okno** I can't breathe, could you please open the window?

duszność [duʃnɔɕtɕ] (*D* **duszności** [duʃnɔɕtɕi]) *f* MED shortness of breath.

duszny [duʃni] *adj* stuffy.

duszony [duʃɔni] *adj* [mięso, warzywa] stewed.

dużo [duʒɔ] (*compar* **więcej**, *superl* **najwięcej**) *adv* a lot • **za dużo** to much; **jest coraz więcej samochodów** there are more and more cars.

duży [duʒi] (*compar* **większy**, *superl* **największy**) *adj* [znacznych rozmiarów, liczny] large; [dorosły] big; [intensywny] great; [temperatura] high • **ma największy dom w okolicy** he has the largest house in the neighborhood.

DVD [dˌivˌiˈdˌi] (*inv*) *n* [płyta] DVD; [napęd] DVD drive.

dwa [dva] *num* (*łączy się z rodzajem męskim nieosobowym*) two *zobacz też* **sześć**.

dwadzieścia [dvadʑɛɕtɕa] *num* twenty *zobacz też* **sześć**.

dwaj [dvaj] *num* (*łączy się z rzeczownikami męskoosobowymi w mianowniku*) two.

dwanaście [dvanaɕtɕɛ] *num* twelve *zobacz też* **sześć**.

dwie [dvˌjɛ] *num* (*łączy się z rzeczownikami rodzaju żeńskiego w mianowniku*) two.

dwieście [dvˌjɛɕtɕɛ] *num* two hundred *zobacz też* **sześć**.

dworek [dvɔrɛk] (*D* **dworku** [dvɔrku]) *m* country house.

dworzec [dvɔʒɛts] (*D* **dworca** [dvɔrtsa]) *m* station • **dworzec autobusowy/PKS** bus/coach station; **dworzec kolejowy/PKP** train station.

dwóch [dvux] *num* two *zobacz też* **sześciu**.

dwór [dvur] (*D* **dworu** [dvɔru]) *m* [ziemiański] manor; [królewski] court • **na dworze** outside.

dwudziestoletni [dvudʑɛstɔlɛtni] *adj* [osoba] twenty-year-old.

dwudziestowieczny [dvudʑɛstɔvˌjɛtʃni] *adj* twentieth-century.

dwudziestu [dvudʑɛstu] *num* twenty *zobacz też* **sześciu**.

dwudziesty [dvudʑɛsti] *num* twentieth *zobacz też* **szósty**.

dwumiesięcznik [dvum,jɛɕɛntʃnik] (*D* **-a**) *m* [periodyk] bimonthly.

dwunastu [dvunastu] *num* twelve *zobacz też sześciu.*

dwunasty [dvunasti] *num* twelfth *zobacz też szósty.*

dwupasmowy [dvupasmɔvi] *adj* two-lane.

dwusetny [dvusɛtni] *num* two hundredth *zobacz też szósty.*

dwutlenek [dvutlɛnɛk] (*D* dwutlenku [dvutlɛnku]) *m* dioxide.

dwutygodnik [dvutigɔdɲik] (*D* -a) *m* biweekly.

dwuznaczność [dvuznatʃnɔɕtɕɛ] (*D* dwuznaczności [dvuznatʃnɔɕtɕi]) *f* ambiguity.

dwuznaczny [dvuznatʃni] *adj* [niejasny, aluzyjny] ambiguous; [podejrzany moralnie] suggestive.

dygać [digatɕ] (*perf* dygnąć [dignɔntɕ]) *vimperf* to curtsy.

dygnąć [dignɔntɕ] *vperf* = dygać.

dygresja [digrɛsja] (*D* dygresji [digrɛsji]) *f* digression.

dykcja [diktsja] (*D* dykcji [diktsji]) *f* diction.

dyktafon [diktafɔn] (*D* -u) *m* Dictaphone®.

dyktator [diktatɔr] *m* [władca absolutny] dictator • **dyktator mody** fashion guru.

dyktatura [diktatura] (*D* dyktatury [diktãturi]) *f* dictatorship.

dyktować [diktɔvatɕ] (*perf* podyktować [pɔdiktɔvatɕ]) *vimperf* to dictate.

dylemat [dilɛmat] (*D* -u) *m* dilemma.

dyletant, ka [dilɛtant, ka] *m, f pej* dilettante.

dym [dim] (*D* -u) *m* smoke.

dymić [dimitɕ] *vimperf* to smoke.

dymisja [dimisja] (*D* dymisji [dimisji]) *f* resignation • **podać się do dymisji** to handin one's resignation.

dynamiczny [dinamitʃni] *adj* dynamic.

dynastia [dinastja] (*D* dynastii [dinastji]) *f* dynasty.

dynia [diɲa] (*D* dyni [diɲi]) *f* pumpkin.

dyplom [diplɔm] (*D* -u) *m* diploma.

dyplomacja [diplɔmatsja] (*D* dyplomacji [diplɔmatsji]) *f* diplomacy; [instytucja] diplomatic service.

dyplomata [diplɔmata] *m* diplomat.

dyplomatyczny [diplɔmatitʃni] *adj* diplomatic.

dyplomowany [diplɔmɔvani] *adj* certified.

dyrekcja [dirɛktsja] (*D* dyrekcji [dirɛktsji]) *f* management.

dyrektor, ka [dirɛktɔr, ka] *m, f* director.

dyrygent, ka [dirigɛnt, ka] *m, f* conductor.

dyrygować [dirigɔvatɕ] *vimperf* [orkiestrą] to conduct; [osobą] to order around • **dyrygować kimś** to order sb around.

dyscyplina [distsipl.ina] (*D* dyscypliny [distsipl.ini]) *f* discipline • **dyscyplina sportowa** *sport as a subject of study.*

dyscyplinarny [distsipl.inarni] *adj* disciplinary.

dysk [disk] (*D* -u) *m* SPORT discus; [komputerowy, kręgosłupa] disk • **dysk instalacyjny** installation disk; **dysk optyczny** optical disc; **twardy dysk** hard disk.

dyskietka [disk.ɛtka] (*D* dyskietki [disk.ɛtk.i]) *f* INFORM floppy disk.

dyskoteka [diskɔtɛka] (*D* dyskoteki [diskɔtɛk.i]) *f* disco.

dyskrecja [diskrɛtsja] (*D* dyskrecji [diskrɛtsji]) *f* discretion.

dyskretnie [diskrɛtɲɛ] *adv* discreetly.

dyskretny [diskrɛtni] *adj* [sprawa, obserwacja] discreet; [muzyka] soft.

dyskryminacja [diskrim.inatsja] (*D* dyskryminacji [diskrim.inatsji]) *f* discrimination.

dyskryminować [diskrim.inɔvatɕ] *vimperf* to discriminate.

dyskusja [diskusja] (*D* dyskusji [diskusji]) *f* discussion.

dyskusyjny [diskusijni] *adj* [spotkanie, klub] discussion; [kwestia] debatable.

dyskutować [diskutɔvatɕ] *vimperf* to discuss • **dyskutować o czymś** to discuss sthg; **dyskutować nad czymś** to discuss sthg.

dyskwalifikacja [dıskfal,if,ikaʦja] (*D* dyskwalifikacji [dıskfal,if,ikaʦji]) *f* disqualification.

dysponować [dıspɔnɔvaʦɛ] *vimperf oficjal* [zarządzać] to administer • dysponować czymś [majątkiem] to administer sthg; [pieniędzmi] to have sthg at one's disposal.

dyspozycja [dıspɔzıʦja] (*D* dyspozycji [dıspɔzıʦji]) *f* order.

dyspozycyjny [dıspɔzıʦıjnı] *adj* flexible.

dysproporcja [dıspropɔrʦja] (*D* dysproporcji [dıspropɔrʦji]) *f* disproportion.

dystans [dıstans] (*D* -u) *m* distance.

dystrybucja [dıstrıbuʦja] (*D* dystrybucji [dıstrıbuʦji]) *f* distribution.

dystrybutor [dıstrıbutɔr] (*D* -a) *m* [osoba] distributor; [zbiornik] dispenser.

dyszeć [dıʃɛʦ] *vimperf* to pant • ledwo dyszeć to be exhausted.

dywan [dıvan] (*D* -u) *m* carpet.

dywidenda [div,idɛnda] (*D* dywidendy [div,idɛndi]) *f* dividend.

dyżur [dıʒur] (*D* -u) *m* : mieć dyżur to be on duty; dyżur nocny night duty • dziś pełni dyżur apteka na Jasnej today the duty chemist is on Jasna Street; ostry dyżur casualty department.

dyżurny [dıʒurnı] <> *adj* on duty. <> *m* [w komisariacie] desk sergeant; [w szpitalu] duty doctor; [w szkole] monitor.

dyżurować [dıʒurɔvaʦɛ] *vimperf* to be on duty.

dzbanek [dzbanɛk] (*D* dzbanka [dzbanka]) *m* jug • dzbanek kawy a pot of coffee.

dziać się [dʑaʦɛ ɕɛ] *vp imperf* [zdarzać się] to happen; [w czasie] to take place.

dziadek [dʑadɛk] *m* grandfather • dziadek do orzechów nutcrackers. dziadkowie [dʑatkɔv,jɛ] *pl* grandparents.

dział [dʑaw] (*D* -u) *m* [gospodarki, nauki] branch; [instytucji] department.

działacz, ka [dʑawaʧ, ka] *m, f* activist.

działać [dʑawaʦɛ] *vimperf* [być czynnym] to act; [uczestniczyć] to be active; [wpływać] to have an effect; [funkcjonować] to work • ta muzyka działa mi na nerwy this music is getting on my nerves.

działalność [dʑawalnɔɕʦɛ] (*D* działalności [dʑawalnɔɕʦi]) *f* activity.

działanie [dʑawaɲɛ] (*D* działania [dʑawaɲa]) *n* [w matematyce] operation. działania [dʑawaɲa] (*D* działań [dʑawaɲ]) *pl* action.

działka [dʑawka] (*D* działki [dʑawk,i]) *f* [budowlana] plot of land; [wypoczynkowa] allotment.

dziąsło [dʑɔ̃swɔ] (*D* dziąsła [dʑɔ̃swa]) *n* gum.

dziczyzna [dʑiʧızna] (*D* dziczyzny [dʑiʧizni]) *f* game.

dzieci [dʑɛʨi] *npl* = dziecko.

dziecięcy [dʑɛʨɛnʦi] *adj* [twarz, uśmiech] childlike; [literatura] children's.

dziecinny [dʑɛʨinnı] *adj* childish • pokój dziecinny nursery.

dzieciństwo [dʑɛʨiɲstfɔ] (*D* dzieciństwa [dʑɛʨiɲstfa]) *n* childhood.

dziecko [dʑɛʦkɔ] (*pl* dzieci) *n* child.

dziedzictwo [dʑɛdʑiʦtfɔ] (*D* dziedzictwa [dʑɛdʑiʦtfa]) *n* heritage.

dziedziczenie [dʑɛdʑiʧɛɲɛ] (*D* dziedziczenia [dʑɛdʑiʧɛɲa]) *n* inheritance.

dziedziczyć [dʑɛdʑiʧıʦɛ] (*perf* odziedziczyć [ɔdʑɛdʑiʧıʦɛ]) *vimperf* to inherit • dziedziczyć/odziedziczyć coś po kimś to inherit sthg from sb.

dziedzina [dʑɛdʑina] (*D* dziedziny [dʑɛdʑini]) *f* field.

dziekan [dʑɛkan] *m* dean.

dzielenie [dʑɛlɛɲɛ] (*D* dzielenia [dʑɛlɛɲa]) *n* [w matematyce] division.

dzielić [dʑɛl,iʦɛ] (*perf* podzielić [pɔdʑɛl,iʦɛ]) *vimperf* to divide • dzielić coś to share sthg. dzielić się [dʑɛl,iʦɛ ɕɛ] (*perf* podzielić się [pɔdʑɛl,iʦɛ ɕɛ]) *vp imperf* [częstować się] to share; [wyodrębniać się] to

48

divide • dzielić się czymś z kimś to share sthg with sb.

dzielnica [dʑɛlɲitsa] (D dzielnicy [dʑɛlɲitɕi]) f district • **dzielnica mieszkaniowa** residential area; **dzielnica przemysłowa** industrial area.

dzielny [dʑɛlni] adj brave.

dzieło [dʑɛwɔ] (D dzieła [dʑɛwa]) n work.

dzienniczek [dʑɛɲɲitʃɛk] (D dzienniczka [dʑɛɲɲitʃka]) m [ucznia] a notebook through which a pupil's teachers and parents can communicate.

dziennie [dʑɛɲɲɛ] adv daily.

dziennik [dʑɛɲɲik] (D -a) m [gazeta] newspaper; [pamiętnik] diary; [wiadomości] the news.

dziennikarz, dziennikarka [dʑɛɲɲikaʃ, dʑɛɲɲikarka] m, f journalist.

dzienny [dʑɛɲni] adj [nienocny] day; [dobowy] daily • **studia dzienne** fulltime studies; **światło dzienne** daylight.

dzień [dʑɛɲ] (D dnia [dɲa], pl dni) m day • **dzień dobry** [rano/po południu] good morning/good afternoon; **następnego dnia** the next day; **w dni powszednie** on weekdays; **w dni świąteczne** at weekends and holidays.

dzierżawca [dʑɛrʒaftsa] m tenant.

dzierżawić [dʑɛrʒavitɕ] vimperf to rent.

dziesiąty [dʑɛɕɔnti] num tenth zobacz też szósty.

dziesięciobój [dʑɛɕɛɲtɕɔbuj] (D dziesięcioboju [dʑɛɕɛɲtɕɔboju]) m decathlon.

dziesięciu [dʑɛɕɛɲtɕu] num ten zobacz też sześciu.

dziesięć [dʑɛɕɛɲtɕ] num ten zobacz też sześć.

dziewczyna [dʑɛftʃina] f [młoda kobieta] girl.

dziewczynka [dʑɛftʃinka] f girl.

dziewiąty [dʑɛv,jɔnti] num ninth zobacz też szósty.

dziewica [dʑɛv,itsa] f virgin.

dziewictwo [dʑɛv,itstfɔ] (D dziewictwa [dʑɛv,itstfa]) n virginity.

dziewięciu [dʑɛv,jɛɲtɕu] num nine zobacz też sześciu.

dziewięć [dʑɛv,jɛɲtɕ] num nine zobacz też sześć.

dziewięćdziesiąt [dʑɛv,jɛɲdʑɛɕɔnt] num ninety zobacz też sześć.

dziewięćdziesiąty [dʑɛv,jɛɲdʑɛɕɔnti] num ninetieth zobacz też szósty.

dziewięćdziesięciu [dʑɛv,jɛɲdʑɛɕɛɲtɕu] num ninety zobacz też sześciu.

dziewięćset [dʑɛv,jɛɲtɕsɛt] num nine hundred zobacz też sześć.

dziewięćsetny [dʑɛv,jɛɲtɕsɛtni] num nine hundredth zobacz też szósty.

dziewiętnastu [dʑɛv,jɛtnastu] num nineteen zobacz też sześciu.

dziewiętnasty [dʑɛv,jɛtnasti] num nineteenth zobacz też szósty.

dziewiętnaście [dʑɛv,jɛtnaɕtɕɛ] num nineteen zobacz też sześć.

dzięcioł [dʑɛɲtɕɔw] m woodpecker.

dzięki [dʑɛŋk,i] prep thanks to.

dziękować [dʑɛŋkɔvatɕ] (perf podziękować [pɔdʑɛŋkɔvatɕ]) vimperf to thank • **podziękować komuś za coś** to thank sb for sthg.

dzik [dʑik] m wild boar.

dzikus, ka [dʑikus, ka] m, f pej barbarian.

dziobać [dʑɔbatɕ] vimperf to peck.

dziób [dʑup] m (D dzioba [dʑɔba]) [ptasi] beak; (D dziobu [dʑɔbu]) [statku, łódki] bow.

dzióbek [dʑubɛk] (D dzióbka [dʑupka]) m [ptasi] beak; [dzbanka] spout.

dzisiaj [dʑiɕaj], **dziś** [dʑiɕ] adv today • **dziś wieczorem** this evening.

dzisiejszy [dʑiɕɛjʃi] adj today's • **dzisiejszy ranek/wieczór** this morning/evening.

dziupla [dʑupla] (D dziupli [dʑupl,i]) f hollow.

dziura [dʑura] (D dziury [dʑuri]) f hole; [w zębie] cavity; [w budżecie] gap.

dziurawy [dʑuravi] adj with holes • **dziurawy dach** leaky roof.

dziurka [dʑurka] (D dziurki [dʑurk,i]) f small hole • dziurka od klucza keyhole; guzik nie chce przejść przez dziurkę the button won't go through the buttonhole.

dziurkacz [dʑurkatʃ] (D -a) m hole punch.

dziurkować [dʑurkɔvatɕ] vimperf to punch.

dziwaczny [dʑivatʃni] adj strange.

dziwak, dziwaczka [dʑivak, dʑivatʃka] m, f freak.

dziwić [dʑiv,itɕ] (perf zdziwić [zdʑiv,itɕ]) vimperf to surprise. ➡ **dziwić się** [dʑiv,itɕ ɕɛ] (perf zdziwić się [zdʑiv,itɕ ɕɛ]) vp imperf to be surprised • dziwić się czemuś/komuś to be surprised by sthg/sb.

dziwka [dʑifka] f pot tart.

dziwny [dʑivni] adj peculiar.

dzwon [dzvɔn] (D -u) m bell.

dzwonek [dzvɔnɛk] (D dzwonka [dzvɔnka]) m bell; [dźwięk] ring.

dzwonić [dzvɔɲitɕ] (perf zadzwonić [zadzvɔɲitɕ]) vimperf [wydać dźwięk] to ring; [telefonować] to call, to ring UK • dzwonić do drzwi to ring at the door; dzwonić do kogoś to call sb.

dzwonnica [dzvɔɲɲitsa] (D dzwonnicy [dzvɔɲɲitsi]) f belfry.

dźwięczny [dʑv,jentʃni] adj [głos, śmiech] resonant.

dźwięk [dʑv,jeŋk] (D -u) m sound.

dźwiękoszczelny [dʑv,jeŋkɔʃtʃɛlni] adj soundproof.

dźwig [dʑv,ik] (D -u) m [maszyna] crane; [winda] lift.

dźwigać [dʑv,igatɕ] vimperf [przenosić] to carry; [podnosić] to lift • dźwigać coś to lift/carry sthg.

dźwignia [dʑv,igna] (D dźwigni [dʑv,igni]) f lever.

dżdżownica [dʑdʑɔvɲitsa] f earthworm.

dżin [dʑ,in] (D -u) m gin • dżin z tonikiem gin and tonic.

dżinsy [dʑ,insi] (D dżinsów [dʑinsuf]) pl jeans.

dżudo [dʑudɔ] (inv) n judo.

dżuma [dʑuma] (D dżumy [dʑumi]) f plague.

dżungla [dʑuŋgla] (D dżungli [dʑuŋgl,i]) f jungle.

E

echo [ɛxɔ] (D echa [ɛxa]) n echo.

edukacja [ɛdukatsja] (D edukacji [ɛdukatsji]) f education.

edycja [ɛditsja] (D edycji [ɛditsji]) f edition.

edytor [ɛditɔr] (D -a) m : edytor tekstu INFORM editor.

EEG [ɛɛ'g,ɛ] (skr od elektroencefalogram) n EEG.

efekt [ɛfɛkt] (D -u) m result • efekty specjalne special effects.

efektowny [ɛfɛktɔvni] adj glamorous.

efektywny [ɛfɛktivni] adj effective.

egipski [ɛg,ipsk,i] adj Egyptian.

Egipt [ɛg,ipt] (D -u) m Egypt.

egoista, egoistka [ɛgɔjista, ɛgɔjistka] m, f egoist.

egoistyczny [ɛgɔjistitʃni] adj egoistic.

egoizm [ɛgɔjizm] (D -u) m egoism.

egzamin [ɛgzam,in] (D -u) m exam.

egzaminator, ka [ɛgzam,inatɔr, ka] m, f examiner.

egzaminować [ɛgzam,inɔvatɕ] vimperf to test.

egzekucja [ɛgzɛkutsja] (D egzekucji [ɛgzɛkutsji]) f execution.

egzekwować [ɛgzɛkfɔvatɕ] (perf wyegzekwować [viɛgzɛkfɔvatɕ]) vimperf [podatki] to exact; [prawo] to enforce • egzekwować coś od kogoś to exact sthg from sb.

egzema [ɛgzɛma] (D egzemy [ɛgzɛmi]) f MED eczema.

egzemplarz [ɛgzɛmplaʃ] (D -a) m copy.

egzotyczny 50

egzotyczny [ɛgzɔtitʃni] *adj* exotic.

egzystencja [ɛgzistɛntsja] (*D* egzystencji [ɛgzistɛntsji]) *f* existence.

egzystować [ɛgzistɔvatɕ] *vimperf* to exist.

EKG [ɛka'g,ɛ] (*skr od* elektrokardiogram) *n* ECG.

ekipa [ɛk,ipa] (*D* ekipy [ɛk,ipɨ]) *f* crew.

eklerka [ɛklɛrka] (*D* eklerki [ɛklɛrk,i]) *f* eclair.

ekologia [ɛkɔlɔgja] (*D* ekologii [ɛkɔlɔgji]) *f* ecology.

ekologiczny [ɛkɔlɔg,itʃni] *adj* [chroniący środowisko] eco-friendly; [wykonany ze składników naturalnych] organic.

ekonomia [ɛkɔnɔmja] (*D* ekonomii [ɛkɔnɔmji]) *f* economics.

ekonomiczny [ɛkɔnɔm,itʃni] *adj* [polityka] economic; [samochód] economical.

ekran [ɛkran] (*D* -u) *m* screen.

ekranizacja [ɛkraɲizatsja] (*D* ekranizacji [ɛkraɲizatsji]) *f* [przeniesienie na ekran] screen adaptation; [film] screen version.

ekscelencja [ɛkstsɛlɛntsja] *m* LUB *f* excellency.

ekscentryk [ɛkstsɛntrik] *m* eccentric.

ekshibicjonista, ekshibicjonistka [ɛksx,ib,itsjɔɲista, ɛksx,ib,itsjɔɲistka] *m*, *f* exhibitionist.

eksmitować [ɛksm,itɔvatɕ] (*perf* wyeksmitować [vɨɛksm,itɔvatɕ]) *vimperf* to evict • eksmitować kogoś to evict sb

ekspansja [ɛkspansja] (*D* ekspansji [ɛkspansji]) *f* expansion.

ekspedientka [ɛkspɛdjɛntka] *f* [sprzedawczyni] shop assistant *UK*, salesclerk *US*.

ekspedycja [ɛkspɛditsja] (*D* ekspedycji [ɛkspɛditsji]) *f* expedition.

ekspert [ɛkspɛrt] *m* expert.

ekspertyza [ɛkspɛrtiza] (*D* ekspertyzy [ɛkspɛrtizɨ]) *f* [specjalistyczne badanie] assessment; [opinia ekspertów] evaluation.

eksperyment [ɛkspɛrimɛnt] (*D* -u) *m* experiment.

eksperymentalny [ɛkspɛrimɛntalni] *adj* experimental.

eksperymentować [ɛkspɛrimɛntɔvatɕ] *vimperf* to experiment • eksperymentować na kimś to experiment on sb; eksperymentować z czymś to experiment with sthg.

eksploatacja [ɛksplɔatatsja] (*D* eksploatacji [ɛksplɔatatsji]) *f* [używanie] utilisation; [wyzysk] exploitation.

eksploatować [ɛksplɔatɔvatɕ] *vimperf* [złoża] to exploit; [maszynę, samochód] to use.

Eksplorator Windows [ɛksplɔratɔr w,indɔws] (*D* Eksploratora Windows) *m* Windows Explorer.

eksplozja [ɛksplɔzja] (*D* eksplozji [ɛksplɔzji]) *f* explosion.

eksponat [ɛkspɔnat] (*D* -u) *m* exhibit.

eksponować [ɛkspɔnɔvatɕ] *vimperf* to exhibit.

eksponowany [ɛkspɔnɔvani] *adj* prominent.

eksport [ɛkspɔrt] (*D* -u) *m* export.

eksportować [ɛkspɔrtɔvatɕ] *vimperf* to export.

eksportowy [ɛkspɔrtɔvi] *adj* export.

ekspres [ɛksprɛs] (*D* -u) *m* [pociąg] express; [urządzenie] coffee maker; [kawa z ekspresu] espresso.

ekspresowy [ɛksprɛsɔvi] *adj* [przesyłka] express • herbata ekspresowa tea bags.

ekstaza [ɛkstaza] (*D* ekstazy [ɛkstazɨ]) *f* ecstasy.

ekstradycja [ɛkstraditsja] (*D* ekstradycji [ɛkstraditsji]) *f* extradition.

ekstrawagancki [ɛkstravagantsk,i] *adj* eccentric.

ekwipunek [ɛkf,ipunɛk] (*D* ekwipunku [ɛkf,ipunku]) *m* gear.

ekwiwalent [ɛkf,ivalɛnt] (*D* -u) *m* equivalent.

elastyczny [ɛlastitʃni] *adj* [materiał] elastic; [pracownik] flexible • bandaż elastyczny elastic bandage.

elegancja [ɛlɛgantsja] (*D* elegancji [ɛlɛgantsji]) *f* elegance.

elegancki [ɛlɛgantsk,i] *adj* elegant.

elektrociepłownia [ɛlɛktrɔtɕɛpwɔvɲa] (D **elektrociepłowni** [ɛlɛktrɔtɕɛpwɔvɲi]) f combined heat and power station.

elektrokardiogram [ɛlɛktrɔkardjɔgram] (D -u) m MED electrocardiogram.

elektroniczny [ɛlɛktrɔɲitʃni] adj electronic.

elektronik [ɛlɛktrɔɲik] m electronic engineer.

elektronika [ɛlɛktrɔɲika] (D **elektroniki** [ɛlɛktrɔɲik,i]) f [nauka] electronics; [urządzenie elektroniczne] electronic device.

elektrownia [ɛlɛktrɔvɲa] (D **elektrowni** [ɛlɛktrɔvɲi]) f power station • **elektrownia jądrowa** nuclear power station.

elektryczność [ɛlɛktritʃnɔɕtɕ] (D **elektryczności** [ɛlɛktritʃnɔɕtɕi]) f electricity.

elektryczny [ɛlɛktritʃni] adj electric.

elektryk [ɛlɛktrik] m electrician.

elektryzujący [ɛlɛktrizujɔntɕi] adj electrifying.

element [ɛlɛmɛnt] (D -u) m element.
 elementy [ɛlɛmɛnti] (D elementów [ɛlɛmɛntuf]) mpl [podstawy] elements.

elementarny [ɛlɛmɛntarni] adj elementary.

eliminacja [ɛl,im,inatsja] (D eliminacji [ɛl,im,inatsji]) f elimination.
 eliminacje [ɛl,im,inatsjɛ] (D eliminacji [ɛl,im,inatsji]) fpl eliminations.

eliminować [ɛl,im,inɔvatɕ] (perf wyeliminować [viɛl,im,inɔvatɕ]) vimperf to eliminate.

elita [ɛl,ita] (D elity [ɛl,iti]) f elite.

elitarny [ɛl,itarni] adj elite.

elokwencja [ɛlɔkfɛntsja] (D elokwencji [ɛlɔkfɛntsji]) f eloquence.

e-mail [imɛjl] (D -a) m e-mail.

emalia [ɛmalja] (D emalii [ɛmalji]) f enamel; [farba] gloss.

emancypacja [ɛmantsɨpatsja] (D emancypacji [ɛmantsɨpatsji]) f emancipation.

emeryt, ka [ɛmɛrit, ka] m, f pensioner.

emerytalny [ɛmɛritalni] adj pension • **fundusz emerytalny** pension fund; **wiek emerytalny** retirement age.

emerytowany [ɛmɛritɔvani] adj retired.

emerytura [ɛmɛritura] (D **emerytury** [ɛmɛrituri]) f [świadczenie] pension • **być na emeryturze** to be retired; **przejść na emeryturę** to retire.

emigracja [ɛm,igratsja] (D emigracji [ɛm,igratsji]) f emigration • **przebywać na emigracji** to have emigrated.

emigrant, ka [ɛm,igrant, ka] m, f emigrant.

emigrować [ɛm,igrɔvatɕ] (perf wyemigrować [viɛm,igrɔvatɕ]) vimperf LUB vperf to emigrate.

emisja [ɛm,isja] (D emisji [ɛm,isji]) f EKON issue; [radiowa, telewizyjna] broadcast; [gazów] emission.

emisyjny [ɛm,isijni] adj [cena, kurs] of issue • **bank emisyjny** bank of issue.

emitować [ɛm,itɔvatɕ] vimperf LUB vperf EKON to issue; [program] to broadcast; [zanieczyszczenia] to emit.

emocje [ɛmɔtsjɛ] (D emocji [ɛmɔtsji]) fpl emotions • **dać się ponieść emocjom** to get emotional.

emocjonalny [ɛmɔtsjɔnalni] adj emotional.

emocjonujący [ɛmɔtsjɔnujɔntɕi] adj exciting.

encyklopedia [ɛntsɨklɔpɛdja] (D encyklopedii [ɛntsɨklɔpɛdji]) f encyclopedia • **encyklopedia powszechna** general encyclopedia.

energia [ɛnɛrgja] (D energii [ɛnɛrgji]) f energy • **energia elektryczna** electrical energy.

energiczny [ɛnɛrg,itʃni] adj energetic.

entuzjasta, entuzjastka [ɛntuzjasta, ɛntuzjastka] m, f enthusiast.

entuzjastyczny [ɛntuzjastitʃni] adj enthusiastic.

entuzjazm [ɛntuzjazm] (D -u) m enthusiasm.

epidemia [ɛp,idɛmja] (D epidemii [ɛp,idɛmji]) f epidemic.

epizod [ɛp,izɔt] (D -u) m [wydarzenie, scena] episode; [drobna rola] bit part.

epoka [ɛpɔka] (D epoki [ɛpɔk,i]) f age.

epokowy [ɛpɔkɔvi] adj epoch-making.

era [ɛra] (D ery [ɛri]) f era • naszej ery AD; przed naszą erą BC.

erotyczny [ɛrɔtitʃni] adj erotic.

esencja [ɛsɛntsja] (D esencji [ɛsɛntsji]) f [koncentrat] essence; [herbaciana] *very strong tea that is later diluted*.

espadryle [ɛspadrilɛ] (D espadryli [ɛspadril,i]) mpl espadrilles.

estetyczny [ɛstɛtitʃni] adj [doznania] aesthetic; [gustowny] tasteful.

Estonia [ɛstɔnja] (D Estonii [ɛstɔnji]) f Estonia.

Estończyk, Estonka [ɛstɔjntʃik, ɛstɔnka] m, f Estonian.

estrada [ɛstrada] (D estrady [ɛstradi]) f stage.

estragon [ɛstragɔn] (D -u) m tarragon.

etap [ɛtap] (D -u) m stage.

etat [ɛtat] (D -u) m post • pracować na cały etat to work full-time.

etatowy [ɛtatɔvi] adj full-time • pracownik etatowy full-time employee.

etc. [ɛt tsɛtɛra] (skr od et cetera) etc.

Etiopia [ɛtjɔpja] (D Etiopii [ɛtjɔpji]) f Ethiopia.

Etna [ɛtna] (D Etny [ɛtni]) f Mount Etna.

etniczny [ɛtnitʃni] adj ethnic.

etui [ɛtu'ji] (inv) n case.

etyczny [ɛtitʃni] adj ethical.

etykieta [ɛtik,ɛta] (D etykiety [ɛtik,ɛti]) f [zachowanie] etiquette; [nalepka] label.

etykietka [ɛtik,ɛtka] (D etykietki [ɛtik,ɛtk,i]) f [nalepka] label.

euforia [ɛwfɔrja] (D euforii [ɛwfɔrji]) f euphoria.

EUR (skr od euro) at bureau de change: euro.

euro [ɛwrɔ] (inv) n euro.

Europa [ɛwrɔpa] (D Europy [ɛwrɔpi]) f Europe.

Europejczyk, Europejka [ɛwrɔpejtʃik, ɛwrɔpejka] m, f European.

europejski [ɛwrɔpejsk,i] adj European.

europoseł [ɛwrɔpɔsɛw] m Euro MP.

eutanazja [ɛwtanazja] (D eutanazji [ɛwtanazji]) f euthanasia.

ewakuacja [ɛvakuatsja] (D ewakuacji [ɛvakuatsji]) f evacuation.

ewakuować [ɛvakuɔvatɕ] vimperf LUB vperf to evacuate.

ewangelicki [ɛvaŋgɛl,itsk,i] adj evangelical • Kościół ewangelicki Evangelical Church.

ewentualnie [ɛvɛntualɲɛ] <> part [w razie czego] if need be. <> conj [albo] or.

ewentualność [ɛvɛntualnɔɕtɕɛ] (D ewentualności [ɛvɛntualnɔɕtɕi]) f eventuality.

ewidencja [ɛv,idɛntsja] (D ewidencji [ɛv,idɛntsji]) f record.

ewolucja [ɛvɔlutsja] (D ewolucji [ɛvɔlutsji]) f evolution.

F

fab. (skr od fabularny) *feature*.

fabryka [fabrika] (D fabryki [fabrik,i]) f factory.

fabularny [fabularni] adj feature.

fabuła [fabuwa] (D fabuły [fabuwi]) f plot.

facet, ka [fatsɛt, ka] m, f pot guy.

fachowiec [faxɔv,jɛts] m [rzemieślnik] tradesman; [ekspert] specialist.

fachowo [faxɔvɔ] adv professionally.

fajans [fajans] (D -u) m china; pot [coś bezwartościowego] rubbish.

fajka [fajka] (D fajki [fajk,i]) f [do tytoniu] pipe; pot [papieros] fag.

fajnie [fajɲɛ] adv pot great.

fajny [fajni] adj pot great.

faks [faks] (D -u) m fax • wysłać faks to send a fax.

fakt [fakt] (*D* -u) *m* fact.

faktura [faktura] (*D* faktury [fakturi]) *f* [rachunek] invoice.

faktycznie [faktitʃɲɛ] *adv* [naprawdę] really.

fakultatywny [fakultativni] *adj* optional.

fala [fala] (*D* fali [fal,i]) *f* wave.

falochron [falɔxrɔn] (*D* -u) *m* breakwater.

falować [falɔvatɕ] *vimperf* to undulate.

falsyfikat [falsif,ikat] (*D* -u) *m* forgery.

fałda [fawda] (*D* fałdy [fawdi]) *f* fold.

fałszerstwo [fawʃɛrstfɔ] (*D* fałszerstwa [fawʃɛrstfa]) *n* forgery.

fałszerz [fawʃɛʃ] *m* forger.

fałszować [fawʃɔvatɕ] (*perf* sfałszować [sfawʃɔvatɕ]) *vimperf* [pieniądze, podpis] to forge; [fakty] to falsify; [śpiewać nieczysto] to be out of tune.

fałszywie [fawʃiv,jɛ] *adv* [nieprawdziwie] falsely; [obłudnie] insincerely; [nieczysto] off-key • **fałszywie zeznawać** to give false testimony.

fałszywy [fawʃivi] *adj* false; [podrobiony] forged; [nieczysty] off-key.

fan, ka [fan, ka] *m, f* pot fan.

fanatyk, fanatyczka [fanatik, fanatitʃka] *m, f* fanatic.

fant [fant] (*D* -u LUB -a) *m* prize.

fantastyczny [fantastitʃni] *adj* [fikcyjny] fantastical; *pot* [wspaniały] fantastic.

fantazja [fantazja] (*D* fantazji [fantazji]) *f* imagination.

farba [farba] (*D* farby [farbi]) *f* [do malowania] paint; [do drukowania] ink.

farbować [farbɔvatɕ] *vimperf* [barwić] to dye; [puszczać kolor] to run.

farsz [farʃ] (*D* -u) *m* stuffing.

fart [fart] (*D* -u) *m* pot luck • **mieć fart/farta** to be lucky.

fartuch [fartux] (*D* -a) *m* apron; [lekarza] white coat.

fasada [fasada] (*D* fasady [fasadi]) *f* facade.

fascynacja [fastsinatsja] (*D* fascynacji [fastsinatsji]) *f* fascination.

fascynować [fastsinɔvatɕ] *vimperf* to fascinate. ➡ **fascynować się** [fastsinɔvatɕ ɕɛ] *vp imperf* to take an interest • **fascynować się czymś** to take an interest in sthg.

fascynujący [fastsinujɔntsi] *adj* fascinating.

fasola [fasɔla] (*D* fasoli [fasɔl,i]) *f* bean.

fasolka [fasɔlka] (*D* fasolki [fasɔlk,i]) *f* bean • **fasolka szparagowa** string bean.

fason [fasɔn] (*D* -u) *m* [krój] style; [kształt] shape.

fatalnie [fatalɲɛ] *adv* awfully.

fatalny [fatalni] *adj* [pechowy] unlucky; [zły, okrutny] dreadful.

fatum [fatum] (*inv*) *n* jinx.

fatyga [fatiga] (*D* fatygi [fatig,i]) *f* trouble.

fatygować [fatigɔvatɕ] *vimperf* to bother • **fatygować kogoś** to bother sb. ➡ **fatygować się** [fatigɔvatɕ ɕɛ] *vp imperf* to bother.

faul [fawl] (*D* -a) *m* SPORT foul.

fauna [fawna] (*D* fauny [fawni]) *f* fauna.

faworki [favɔrk,i] (*D* faworków [favɔrkuf]) *mpl small, crunchy cakes in the shape of a ribbon* = chrust.

faworyt, ka [favɔrit, ka] *m, f* favourite.

faworyzować [favɔrizɔvatɕ] *vimperf* to favour • **faworyzować kogoś** to favour sb.

faza [faza] (*D* fazy [fazi]) *f* phase.

federacja [fɛdɛratsja] (*D* federacji [fɛdɛratsji]) *f* federation.

felga [fɛlga] (*D* felgi [fɛlg,i]) *f* AUTO rim *(of wheel)*.

felieton [fɛljɛtɔn] (*D* -u) *m* column.

feministka [fɛm,inistka] *f* feminist.

fenomen [fɛnɔmɛn] (*D* -u) *m* phenomenon.

fenomenalny [fɛnɔmɛnalni] *adj* phenomenal.

ferie [fɛrjɛ] (*D* ferii [fɛrji]) *pl* holidays.

ferma [fɛrma] (*D* fermy [fɛrmi]) *f* farm.

fermentować [fɛrmɛntɔvatɕ] *vimperf* to ferment.

festiwal [fɛstˌival] (*D* **-u**) *m* festival.

festyn [fɛstin] (*D* **-u**) *m* fete.

figa [fˌiga] (*D* **figi** [fˌigˌi]) *f* fig.

figiel [fˌigˌɛl] (*D* **figla** [fˌigla]) *m* prank.

figlarny [fˌiglarni] *adj* mischievous.

figura [fˌigura] (*D* **figury** [fˌiguri]) *f* [dziewczęca, kamienna] figure; [szachowa] piece; [karciana] court card; [osobistość] personage • **figury geometryczne** geometric figures.

figurować [fˌigurɔvatɕ] *vimperf* to appear • **figurować na liście** to appear on the list.

fikcja [fˌiktsja] (*D* **fikcji** [fˌiktsji]) *f* fiction.

filantrop, ka [fˌilantrɔp, ka] *m, f* philanthropist.

filar [fˌilar] (*D* **-u** LUB **-a**) *m* pillar.

filatelista [fˌilatɛlˌista] *m* stamp collector.

filc [fˌilts] (*D* **-u**) *m* felt.

filet [fˌilɛt] (*D* **-a** LUB **-u**) *m* fillet • **filet śledziowy** fillet of herring; **filet z piersi kurczaka** chicken breast fillet.

filharmonia [fˌilxarmɔnja] (*D* **filharmonii** [fˌilxarmɔnji]) *f* [budynek] concert hall • **zespół filharmonii** philharmonic orchestra.

filia [fˌilja] (*D* **filii** [fˌilji]) *f* branch.

filiżanka [fˌilˌiʒanka] (*D* **filiżanki** [fˌilˌiʒankˌi]) *f* cup.

film [fˌilm] (*D* **-u**) *m* film • **obejrzeć film** to watch a film; **film dokumentalny** documentary.

filmować [fˌilmɔvatɕ] (*perf* **sfilmować** [sfˌilmɔvatɕ]) *vimperf* to film.

filmowiec [fˌilmɔvˌjɛts] *m* filmmaker.

filmowy [fˌilmɔvi] *adj* film • **aktor filmowy** film actor.

filozofia [fˌilɔzɔfja] (*D* **filozofii** [fˌilɔzɔfji]) *f* philosophy.

filtr [fˌiltr] (*D* **-a** LUB **-u**) *m* [urządzenie] filter; [papierosowy] filter tip.

filtrować [fˌiltrɔvatɕ] *vimperf* to filter.

Fin, ka [fˌin, ka] *m, f* Finn.

finanse [fˌinansɛ] (*D* **finansów** [fˌinansuf]) *pl* finances.

finansować [fˌinansɔvatɕ] *vimperf* to finance.

finansowy [fˌinansɔvi] *adj* financial.

Finlandia [fˌinlandja] (*D* **Finlandii** [fˌinlandji]) *f* Finland.

fioletowy [fˌjɔlɛtɔvi] *adj* purple.

fiolka [fˌjɔlka] (*D* **fiolki** [fˌjɔlkˌi]) *f* phial.

fiołek [fˌjɔwɛk] (*D* **fiołka** [fˌjɔwka]) *m* violet.

firanka [fˌiranka] (*D* **firanki** [fˌirankˌi]) *f* net curtain.

firma [fˌirma] (*D* **firmy** [fˌirmi]) *f* firm.

firmowy [fˌirmɔvi] *adj* company • **danie firmowe** speciality; **znak firmowy** trademark.

fiskalny [fˌiskalni] *adj* fiscal.

fiskus [fˌiskus] *m pot* taxman.

fizjologiczny [fˌizjolɔgˌitʃni] *adj* physiological.

fizyczny [fˌizitʃni] *adj* [gen] physical • **pracownik fizyczny** manual worker.

fizyka [fˌizika] (*D* **fizyki** [fˌizikˌi]) *f* [nauka] physics.

fizykoterapia [fˌizikɔtɛrapja] (*D* **fizykoterapii** [fˌizikɔtɛrapji]) *f* physiotherapy.

flaczki [flatʃkˌi] (*D* **flaczków** [flatʃkuf]) *mpl* KULIN tripe.

flaga [flaga] (*D* **flagi** [flagˌi]) *f* flag.

flakon [flakɔn] (*D* **-u**) *m* [do perfum] bottle; [na kwiaty] vase.

Flamand, ka [flamant, ka] *m, f* Fleming.

Flamandia [flamandja] (*D* **Flamandii** [flamandji]) *f* Flanders.

flamandzki [flamantsk,i] *adj* Flemish.

flamaster [flamastɛr] (*D* **flamastra** [flamastra]) *m* felt-tip pen.

flaming [flamˌiŋk] *m* flamingo.

Flandria [flandrja] (*D* **Flandrii** [flandrji]) *f* Flanders.

Flandryjczyk, Flandryjka [flandrijtʃik, flandrijka] *m, f* Fleming.

flanela [flanɛla] (*D* **flaneli** [flanɛlˌi]) *f* flannel.

flanelowy [flanɛlɔvi] *adj* flannel.

flądra [flɔndra] (*D* **flądry** [flɔndri]) *f* flounder.

flesz [flɛʃ] (D -a LUB -u) m flash.

flet [flɛt] (D -u) m flute.

flirt [fl,irt] (D -u) m flirt.

flirtować [fl,irtɔvatɕ] vimperf to flirt • **flirtować z kimś** to flirt with sb.

Florencja [flɔrɛntsja] (D **Florencji** [flɔrɛntsji]) f Florence.

florentyńczyk, florentynka [flɔrɛntijntʃik, flɔrɛntinka] m, f Florentine.

flota [flɔta] (D **floty** [flɔti]) f fleet.

fluor [fluwɔr] (D -u) m fluoride.

fobia [fɔbja] (D **fobii** [fɔbji]) f phobia • **mieć fobię na punkcie czegoś** to have a phobia about sthg.

folder [fɔldɛr] m (D -u LUB -a) brochure; INFORM folder.

folia [fɔlja] (D **folii** [fɔlji]) f [spożywcza] cling film; [aluminiowa] kitchen foil; [do książek] plastic.

folklor [fɔlklɔr] (D -u) m folklore.

fontanna [fɔntanna] (D **fontanny** [fɔntanni]) f fountain.

forma [fɔrma] (D **formy** [fɔrmi]) f form.

formalista, formalistka [fɔrmal,ista, fɔrmal,istka] m, f pej stickler.

formalnie [fɔrmalɲɛ] adv formally.

formalność [fɔrmalnɔɕtɕ] (D **formalności** [fɔrmalnɔɕtɕi]) (zwykle w lm) f formality.

formalny [fɔrmalni] adj formal.

format [fɔrmat] m format.

formatowanie [fɔrmatɔvaɲɛ] (D **formatowania** [fɔrmatɔvaɲa]) n formatting.

formować [fɔrmɔvatɕ] vimperf [tworzyć] to form • **formować coś z czegoś** to form sthg from sthg.

formularz [fɔrmulaʃ] (D -a) m form.

formuła [fɔrmuwa] (D **formuły** [fɔrmuwi]) f formula • **formuła grzecznościowa** polite expression.

formułować [fɔrmuwɔvatɕ] (perf **sformułować** [sfɔrmuwɔvatɕ]) vimperf to formulate.

forsa [fɔrsa] (D **forsy** [fɔrsi]) f pot dosh.

fortepian [fɔrtɛp,jan] (D -u) m grand piano • **grać na fortepianie** to play the piano.

fortepianowy [fɔrtɛp,janɔvi] adj piano.

fortuna [fɔrtuna] (D **fortuny** [fɔrtuni]) f fortune • **zbić fortunę** to make a fortune.

forum [fɔrum] (inv w lp) n forum.

forumowicz [fɔrumɔv,itʃ] m INFORM (Internet) forum member.

fosa [fɔsa] (D **fosy** [fɔsi]) f moat.

fotel [fɔtɛl] (D -a) m [mebel] armchair; [w samochodzie, samolocie] seat • **fotel na biegunach** rocking chair.

fotogeniczny [fɔtɔgɛɲitʃni] adj photogenic.

fotograf [fɔtɔgraf] m photographer.

fotografia [fɔtɔgrafja] (D **fotografii** [fɔtɔgrafji]) f [zdjęcie] photograph; [zajęcie] photography.

fotografować [fɔtɔgrafɔvatɕ] (perf **sfotografować** [sfɔtɔgrafɔvatɕ]) vimperf to photograph.

fotokomórka [fɔtɔkɔmurka] (D **fotokomórki** [fɔtɔkɔmurk,i]) f photoelectric cell.

fotokopia [fɔtɔkɔpja] (D **fotokopii** [fɔtɔkɔpji]) f photocopy.

fotokopiarka [fɔtɔkɔpjarka] (D **fotokopiarki** [fɔtɔkɔpjark,i]) f TECHN photocopier.

fotomontaż [fɔtɔmɔntaʃ] (D -u) m [zdjęcie] photomontage.

fragment [fragmɛnt] (D -u) m fragment.

frak [frak] (D -a) m tails.

framuga [framuga] (D **framugi** [framug,i]) f frame.

Francja [frantsja] (D **Francji** [frantsji]) f France.

francuski [frantsusk,i] adj French.

francuskojęzyczny [frantsuskɔjɛzitʃni] adj francophone.

Francuz, ka [frantsus, ka] m, f Frenchman (f Frenchwoman).

frekwencja [frɛkfɛntsja] (D **frekwencji** [frɛkfɛntsji]) f [wyborcza] turnout; [w szkole, teatrze] attendance.

fresk [frɛsk] (D -u) m fresco.

front [frɔnt] (D -u) m front.

froterować [frɔtɛrɔvatɕ] *vimperf* to polish.

frustrować [frustrɔvatɕ] *vimperf oficjal* to frustrate. **frustrować się** [frustrɔvatɕ ɕɛ] *vp imperf oficjal* to be frustrated.

frustrujący [frustrujɔntɕi] *adj* frustrating.

fruwać [fruvatɕ] *vimperf* [latać] to fly; *pot* [przemieszczać się] to gad about.

frytki [fritk‚i] (*D* frytek [fritɛk]) *fpl* chips *UK*, french fries *US*.

frywolny [frivɔlni] *adj* frivolous.

fryzjer, ka [frizjɛr, ka] *m, f* hairdresser.

fryzura [frizura] (*D* fryzury [frizuri]) *f* hairdo.

fundacja [fundatsja] (*D* fundacji [fundatsji]) *f* foundation.

fundament [fundamɛnt] (*D* -u) *m* foundation.

fundamentalista, fundamentalistka [fundamɛntal‚ista, fundamɛntal‚istka] *m, f* fundamentalist.

fundator, ka [fundatɔr, ka] *m, f* [darczyńca] benefactor; [założyciel] founder.

fundować [fundɔvatɕ] *vimperf* [sponsorować] to fund • **fundować coś komuś** *pot* to treat sb to sthg.

fundusz [funduʃ] (*D* -u) *m* fund • **Europejski Fundusz Rozwoju Regionalnego** European Regional Development Fund. **fundusze** [funduʃɛ] (*D* funduszy [funduʃi]) *pl* funds.

funkcja [fuŋktsja] (*D* funkcji [fuŋktsji]) *f* function.

funkcjonalny [fuŋktsjɔnalni] *adj* functional.

funkcjonariusz, ka [fuŋktsjɔnarjuʃ, ka] *m, f* officer • **funkcjonariusz państwowy** state employee; **funkcjonariusz policji** police officer.

funkcjonować [fuŋktsjɔnɔvatɕ] *vimperf* to function.

furgonetka [furgɔnɛtka] (*D* furgonetki [furgɔnɛtk‚i]) *f* van.

furia [furja] (*D* furii [furji]) *f* fury • **wpaść w furię** to become furious.

furora [furɔra] (*D* furory [furɔri]) *f* : **zrobić furorę** to make it big.

furtka [furtka] (*D* furtki [furtk‚i]) *f* [drzwi ogrodzenia] gate.

fusy [fusi] (*D* fusów [fusuf]) *pl* [kawowe] grounds; [herbaciane] tea leaves.

futbol [fudbɔl] (*D* -u) *m* football *UK*, soccer *US* • **futbol amerykański** American football.

futerał [futɛraw] (*D* -u) *m* case.

futro [futrɔ] (*D* futra [futra]) *n* [sierść] fur; [okrycie] fur coat.

fuzja [fuzja] (*D* fuzji [fuzji]) *f* [połączenie] merger.

FWP [ɛfvu'pɛ] (*skr od* **Fundusz Wczasów Pracowniczych**) *m* LUB *n organization providing low-cost holidays within Poland.*

G

gabinet [gab‚inɛt] (*D* -u) *m* [szefa] office; [pisarza, profesora] study; [lekarza, dentysty] surgery; POLIT Cabinet.

gablota [gablɔta] (*D* gabloty [gablɔti]) *f* showcase.

gad [gat] *m* reptile.

gadać [gadatɕ] *vimperf pot* to gab • **nie słuchaj tego, co ludzie gadają** don't listen to what they say.

gadatliwy [gadatl‚ivi] *adj* talkative.

gadżet [gadʒɛt] (*D* -u) *m* novelty.

gafa [gafa] (*D* gafy [gafi]) *f* gaffe • **popełnić gafę** to make a gaffe.

gag [gak] (*D* -u) *m* gag.

gala [gala] (*D* gali [gal‚i]) *f* [uroczystość] gala; [strój] finery.

galaktyka [galaktika] (*D* galaktyki [galaktik‚i]) *f* galaxy.

galanteria [galantɛrja] (*D* galanterii [galantɛrji]) *f oficjal* [kurtuazja] chivalry; [wyroby] haberdashery.

galaretka [galarɛtka] (D **galaretki** [galarɛtk,i]) f KULIN [deser] jelly; [auszpik] aspic • **galaretka owocowa** fruit jelly; **galaretka z nóżek** brawn.

galeria [galɛrja] (D **galerii** [galɛrji]) f gallery • **galeria handlowa** shopping center.

galimatias [gal,imatjas] (D **-u**) m pot mayhem.

galop [galɔp] (D **-u**) m gallop.

galopować [galɔpɔvatɕ] vimperf to gallop.

galowy [galɔvi] adj gala.

gałąź [gawõɕ] (D **gałęzi** [gawɛ̃zi]) f branch.

gałka [gawka] (D **gałki** [gawk,i]) f [lodów] scoop • **gałka muszkatołowa** nutmeg.

gama [gama] (D **gamy** [gami]) f MUZ scale; [barw, dźwięków] range.

gang [gaŋk] (D **-u**) m gang.

gangster [gaŋkstɛr] m gangster.

gapa [gapa] f LUB m pej wally. ➡ **na gapę** [na 'gapɛ] adv : pasażer na gapę pot [w komunikacji miejskiej] fare dodger; [na statku, w samolocie] stowaway.

gapić się [gap,itɕ ɕɛ] vp imperf pot to stare • **gapić się na kogoś** to stare at sb.

gapie [gap,jɛ] (D **gapiów** [gap,juf]) mpl onlookers.

garaż [garaʃ] (D **-u**) m garage.

garb [garp] (D **-u**) m hump.

garbaty [garbati] adj [człowiek] hunchbacked; [nos] hooked.

garbić się [garb,itɕ ɕɛ] vp imperf to slouch.

garderoba [gardɛrɔba] (D **garderoby** [gardɛrɔbi]) f oficjal [odzież] wardrobe; [pomieszczenie] walk-in wardrobe; [w teatrze] dressing room.

gardło [gardwɔ] (D **gardła** [gardwa]) n throat.

gardzić [gardʑitɕ] vimperf to despise • **gardzić kimś/czymś** to despise sb/sthg.

garnek [garnɛk] (D **garnka** [garnka]) m pot.

garnitur [garɲitur] (D **-u**) m [ubranie] suit.

garsonka [garsɔnka] (D **garsonki** [garsɔnk,i]) f women's suit.

garść [garɕtɕ] (D **garści** [garɕtɕi]) f [dłoń] hand; [zawartość] handful • **garść czegoś** a handful of sthg.

gasić [gaɕitɕ] vimperf [papierosa, ogień] to put out; [silnik] to turn off • **gasić światło** to turn off the light; **gasić pożar** to put out a fire; **gasić pragnienie** to quench a thirst.

Gaskonia [gaskɔɲja] (D **Gaskonii** [gaskɔɲji]) f Gascony.

Gaskończyk, Gaskonka [gaskɔɲtʃik, gaskɔnka] m, f Gascon.

gasnąć [gasnɔntɕ] (perf **zgasnąć** [zgasnɔntɕ]) vimperf [o latarni] to go out; [o silniku] to stall.

gastronomia [gastrɔnɔmja] (D **gastronomii** [gastrɔnɔmji]) f gastronomy.

gastryczny [gastritʃni] adj gastric.

gaśnica [gaɕɲitsa] (D **gaśnicy** [gaɕɲitsi]) f fire extinguisher.

gatunek [gatunɛk] (D **gatunku** [gatunku]) m [rodzaj] kind; [roślin, zwierząt] species; [jakość] quality.

gaworzyć [gavɔʑitɕ] vimperf [o niemowlęciu] to babble.

gaz [gas] (D **-u**) m [gen] gas; AUTO accelerator • **dodać gazu** to accelerate.

gaza [gaza] (D **gazy** [gazi]) f gauze.

gazeta [gazɛta] (D **gazety** [gazɛti]) f newspaper • **gazeta codzienna** daily paper; **czytać gazetę** to read the newspaper.

gazociąg [gazɔtɕɔŋk] (D **-u**) m gas pipeline.

gazomierz [gazɔm,jɛʃ] (D **-a**) m gas meter.

gazowany [gazɔvani] adj sparkling.

gaźnik [gaʑɲik] (D **-a**) m AUTO carburetor.

gaża [gaʒa] (D **gaży** [gaʒi]) f salary.

gąbka [gɔmpka] (D **gąbki** [gɔmpk,i]) f [do mycia] sponge; [do tablicy] eraser.

gąsienica [gɔɕɛɲitsa] (D **gąsienicy** [gɔɕɛɲitsi]) f caterpillar.

gąszcz [gɔ̃ʃtʃ] (D -u) m [gęstwina] thicket.

GBP at bureau de change: pound sterling.

gbur [gbur] m pot & pej boor.

Gdańsk [gdaĩsk] (D -a) m Gdansk.

gderliwy [gdɛrl,ivi] adj grumpy.

gdy [gdi] conj oficjal [kiedy] when; pot [jeśli] when.

gdyby [gdibi] conj [jeśliby] if; [pragnienie, życzenie] if only.

Gdynia [gdiɲa] (D Gdyni [gdiɲi]) f Gdynia.

gdyż [gdiʃ] conj oficjal because.

gdzie [gdʑɛ] pron [w pytaniach] where; [wprowadzający zdania podrzędne] where.

gdziekolwiek [gdʑɛkɔlv,jɛk] pron anywhere, wherever.

gdzieniegdzie [gdʑɛɲɛgdʑɛ] adv here and there.

gdzieś [gdʑɛɕ] pron [o miejscu] somewhere; pot [mniej więcej] more or less.

gej [gɛj] m pot gay man.

gen [gɛn] (D -u) m gene.

gen. (skr od generał) Gen.

generalizować [gɛnɛral,izɔvatɕ] vimperf to generalize.

generalny [gɛnɛralni] adj [ogólny] general; [naczelny] chief; [gruntowny] general • **generalny remont** major overhaul; **generalne porządki** spring cleaning; **próba generalna** dress rehearsal.

generał [gɛnɛraw] m general.

genetyczny [gɛnɛtitʃni] adj genetic.

Genewa [gɛnɛva] (D Genewy [gɛnɛvi]) f Geneva.

genialny [gɛɲjalni] adj [wybitny] brilliant; pot [wspaniały] brilliant.

geniusz [gɛɲjuʃ] m (D -a) [człowiek] genius; (D -u) [talent] genius.

geografia [gɛɔgrafja] (D geografii [gɛɔgrafji]) f [nauka] geography.

geologia [gɛɔlɔgja] (D geologii [gɛɔlɔgji]) f [nauka] geology.

geometria [gɛɔmɛtrja] (D geometrii [gɛɔmɛtrji]) f geometry.

gest [gɛst] (D -u) m gesture.

gestykulować [gɛstikulɔvatɕ] vimperf to gesture.

gęba [gɛmba] (D gęby [gɛmbi]) f pot [twarz] mug; pot [usta] mouth.

gęstnieć [gɛstɲɛtɕ] vimperf to thicken.

gęstość [gɛstɔɕtɕ] (D gęstości [gɛstɔɕtɕi]) f [zawiesistość] density • **gęstość zaludnienia** population density.

gęsty [gɛsti] adj [las, zupa] thick; [mrok, mgła] dense; [atmosfera] oppressive.

gęś [gɛɕ] f goose • **gęś w galarecie** KULIN goose in aspic.

giełda [g,ɛwda] (D giełdy [g,ɛwdi]) f EKON stock exchange; [targ] auction • **giełda papierów wartościowych** stock exchange; **grać na giełdzie** to speculate on the stock exchange.

giętki [g,ɛntk,i] adj [elastyczny] flexible; [zwinny] supple.

gigantyczny [g,igantitʃni] adj [kolosalny] colossal.

gimnastyczny [g,imnastitʃni] adj : ćwiczenia gimnastyczne gymnastics; strój gimnastyczny PE kit; sala gimnastyczna gym.

gimnastyka [g,imnastika] (D gimnastyki [g,imnastik,i]) f gymnastics.

gimnastykować się [g,imnastikɔvatɕ ɕɛ] vp imperf to exercise.

gimnazjum [g,imnazjum] (inv w lp) n [szkoła] ≃ secondary school.

ginąć [g,inɔntɕ] (perf zginąć [zg,inɔntɕ]) vimperf [umierać] to die; [znikać] to vanish; [gubić się] to go missing.

gips [g,ips] (D -u) m plaster.

girlanda [g,irlanda] (D girlandy [g,irlandi]) f garland.

gitara [g,itara] (D gitary [g,itari]) f guitar • **grać na gitarze** to play the guitar.

glazura [glazura] (D glazury [glazuri]) f [płytki] tiles.

gleba [glɛba] (D gleby [glɛbi]) f soil.

gledzić [glɛndʑitɕ] vimperf pot to go on.

glina [gl,ina] (D gliny [gl,ini]) f [surowiec] clay; pot [policjant] cop.

glob [glɔp] (D -u) m globe.

globalny [glɔbalni] adj global.

globus [glɔbus] (D -a LUB -u) m globe.

glon [glɔn] (D -u) m algae.

gładki [gwatk,i] adj [jezioro, skóra] smooth; [materiał] plain.

głaskać [gwaskatɕ] (perf **pogłaskać** [pɔgwaskatɕ]) vimperf to stroke.

głębia [gwɛmb,ja] (D **głębi** [gwɛmb,i]) f depth • **w głębi sali** at the back of the hall; **w głębi lasu** in the depths of the forest.

głęboki [gwɛmbɔk,i] (compar **głębszy**, superl **najgłębszy**) adj deep; [prowincja] remote.

głęboko [gwɛmbɔkɔ] (compar **głębiej**, superl **najgłębiej**) adv [gen] deep; [wnikliwie] in depth.

głębokość [gwɛmbɔkɔɕtɕ] (D **głębokości** [gwɛmbɔkɔɕtɕi]) f depth.

głodny [gwɔdni] adj hungry • **być głodnym** to be hungry.

głodować [gwɔdɔvatɕ] vimperf to starve.

głodówka [gwɔdufka] (D **głodówki** [gwɔdufk,i]) f hunger strike.

głodzić [gwɔdʑitɕ] vimperf to starve • **głodzić kogoś** to starve sb.

głos [gwɔs] (D -u) m [dźwięk] voice; [w głosowaniu] vote • **na głos** aloud; **zabrać głos** to take the floor; **prosić o głos** to ask to speak; **wstrzymać się od głosu** to abstain.

głosować [gwɔsɔvatɕ] vimperf to vote • **głosować na kogoś** to vote for sb; **głosować za czymś** to vote for sthg.

głosowanie [gwɔsɔvaɲɛ] (D **głosowania** [gwɔsɔvaɲa]) n voting • **tajne/ jawne głosowanie** secret/open ballot; **być uprawnionym do głosowania** to have the right to vote.

głośnik [gwɔɕɲik] (D -a) m loudspeaker.

głośno [gwɔɕnɔ] adv [donośnie] loud; [otwarcie] openly.

głośny [gwɔɕni] adj [donośny] loud; [hałaśliwy] noisy; [znany] famous.

głowa [gwɔva] (D **głowy** [gwɔvi]) f head • **mieć pojętną głowę** to have a good head; **coś łatwo wchodzi**

komuś do głowy sb finds sthg easy to pick up.

głód [gwut] (D **głodu** [gwɔdu]) m [uczucie] hunger; [klęska] famine; [objaw uzależnienia] craving.

głównie [gwuvɲɛ] part mainly.

główny [gwuvni] adj main • **danie główne** main course; **główne wejście** main entrance.

głuchoniemy [gwuxɔɲɛmi] <> adj profoundly deaf. <> m profoundly deaf person.

głuchy [gwuxi] <> adj [człowiek] deaf; [cisza] deathly; [prowincja, wieś] remote. <> m deaf person.

głupi [gwup,i] <> adj stupid. <> m, f (f **głupia**) fool • **nie ma głupich** pot I'm not that stupid.

głupiec [gwup,jɛts] m fool.

głupio [gwup,jɔ] adv [nierozsądnie] foolishly; [niezręcznie] awkward • **czuć się głupio** to feel sheepish.

głupota [gwupɔta] (D **głupoty** [gwupɔti]) f stupidity. ⇒ **głupoty** [gwupɔti] (D **głupot** [gwupɔt]) fpl pot & pej nonsense.

głupstwo [gwupstfɔ] (D **głupstwa** [gwupstfa]) n [drobnostka] trifle • **zrobić głupstwo** to do sthg stupid; **palnąć głupstwo** to put one's foot in it.

gmach [gmax] (D -u) m building.

gmina [gm,ina] (D **gminy** [gm,ini]) f [w mieście] ≃ borough; [na wsi] ≃ parish; [urząd] council.

gnać [gnatɕ] vimperf to rush.

gniazdko [gnastkɔ] (D **gniazdka** [gnastka]) n lit & przen nest • **gniazdko elektryczne** electric socket.

gniazdo [gnazdɔ] (D **gniazda** [gnazda]) n nest.

gnić [gɲitɕ] (perf **zgnić** [zgɲitɕ]) vimperf lit & przen to rot.

gnieść [gɲɛɕtɕ] vimperf [materiał] to crush; [ciasto] to knead. ⇒ **gnieść się** [gɲɛɕtɕ ɕɛ] vp imperf pot [tłoczyć się] to be packed in like sardines.

gniew [gɲɛf] (D -u) m anger.

gniewać [gɲɛvatɕ] vimperf [złościć] to enrage • **gniewać kogoś** to make sb

angry. ← **gniewać się** [gɲɛvatɕ ɕɛ] *vp imperf* [obrażać się] to be angry • gniewać się na kogoś to be angry with sb; gniewać się o coś to be angry about sthg; gniewać się z kimś to be at odds with sb.

go [gɔ] *pron* ▷ on ▷ ono.

godło [gɔdwɔ] (*D* godła [gɔdwa]) *n* emblem.

godność [gɔdnɔɕtɕ] (*D* godności [gɔdnɔɕtɕi]) *f* [honor] dignity; [nazwisko] surname; oficjal [urząd] status.

godny [gɔdni] *adj* [postawa, życie] honourable; [wart] worthy • godny uwagi noteworthy; godny zaufania trustworthy.

godz. (*skr od godzina*) *used in writing to introduce time (at the hour of)*.

godzić [gɔdʑitɕ] *vimperf* [jednać, łączyć] reconcile; [mierzyć] threaten • godzić coś z czymś to balance sthg with sthg; godzić w coś to threaten sthg. ← **godzić się** [gɔdʑitɕ ɕɛ] *vp imperf* [jednać się] to make up; [pozwalać] to consent • godzić się na coś consent to sthg.

godzina [gɔdʑina] (*D* godziny [gɔdʑini]) *f* [okres, pora] hour; [na zegarze] time; [lekcyjna] period • która godzina? what's the time?; co cztery godziny every four hours; godzinę temu an hour ago; godziny nadliczbowe overtime; godziny otwarcia opening hours; godziny szczytu rush hour; po trzech godzinach after three hours; za godzinę in an hour.

gofr [gɔfr] (*D* -a) *m* waffle.

gogle [gɔglɛ] (*D* gogli [gɔgl,i]) *pl* goggles.

goić się [gɔjitɕ ɕɛ] (*perf* zagoić się [zagɔjitɕ ɕɛ]) *vp imperf* to heal • do wesela się zagoi you'll live.

gol [gɔl] (*D* -a) *m* SPORT goal • strzelić gola to score.

golas, ka [gɔlas, ka] *m, f pot* naked person • na golasa *pot* in the nude.

golenie [gɔlɛɲɛ] (*D* golenia [gɔlɛɲa]) *n* shaving • woda po goleniu aftershave; krem do golenia shaving cream.

golf [gɔlf] (*D* -u LUB -a) *m* [sweter] polo-neck; SPORT (*D* -a) golf.

golić [gɔl,itɕ] (*perf* ogolić [ɔgɔl,itɕ]) *vimperf* to shave. ← **golić się** [gɔl,itɕ ɕɛ] (*perf* ogolić się [ɔgɔl,itɕ ɕɛ]) *vp imperf* to shave.

golonka [gɔlɔnka] (*D* golonki [gɔlɔnk,i]) *f* KULIN pork knuckle.

gołąb [gɔwɔmp] *m* pigeon.

gołąbki [gɔwɔmpk,i] (*D* gołąbków [gɔwɔmpkuf]) *mpl* KULIN cabbage-leaf parcels filled with a mixture of minced pork and rice • gołąbki w sosie pomidorowym cabbage-leaf parcels with tomato sauce.

gołoledź [gɔwɔlɛtɕ] (*D* gołoledzi [gɔwɔlɛdʑi]) *f* black ice.

goły [gɔwi] *adj* [nagi] bare.

gong [gɔŋk] (*D* -u) *m* [instrument] gong; [dźwięk] sound of the gong.

gonić [gɔɲitɕ] *vimperf* [ścigać] to chase; [naglić, mobilizować] to press; *pot* [biec] to race • gonić kogoś to chase sb.

goniec [gɔɲɛtɕ] *m* messenger.

GOPR [gɔpr] (*skr od* Górskie Ochotnicze Pogotowie Ratunkowe) (*D* -u) *m* Mountain Volunteer Rescue Service.

gorąco [gɔrɔntsɔ] *adv* [ciepło] hot; [serdecznie] warmly.

gorący [gɔrɔntsi] *adj* [ciepły] hot; [zaangażowany] ardent • gorąca dyskusja heated discussion; gorące brawa thunderous applause.

gorączka [gɔrɔntʃka] (*D* gorączki [gɔrɔntʃk,i]) *f* fever • mieć gorączkę to have a fever.

gorączkować [gɔrɔntʃkɔvatɕ] *vimperf* to run a fever.

gorliwy [gɔrl,ivi] *adj* zealous.

gorszy [gɔrʃi] *adj* ▷ zły.

gorszyć [gɔrʃitɕ] (*perf* zgorszyć [zgɔrʃitɕ]) *vimperf* [demoralizować] to shock • gorszyć kogoś to shock sb. ← **gorszyć się** [gɔrʃitɕ ɕɛ] (*perf* zgorszyć się [zgɔrʃitɕ ɕɛ]) *vp imperf* to be shocked.

gorycz [gɔritʃ] (*D* goryczy [gɔritʃi]) *f* lit & przen bitterness.

goryl [gɔril] *m* [małpa] gorilla; *pot* [ochroniarz] minder.

gorzej [gɔʒɛj] *adv* ▷ źle.

gorzki [gɔʃk,i] *adj lit & przen* bitter.

gorzknieć [gɔʃknɛtɕ] *vimperf* [nabierać gorzkiego smaku] to turn sour; [tracić optymizm] to become embittered.

gorzko [gɔʃkɔ] *adv* [boleśnie] bitterly • **mieć gorzko w ustach** [cierpko] to have a bitter taste in one's mouth.

gospodarczy [gɔspɔdartʃi] *adj* [kryzys, rozwój] economic; [budynek] farm • **pomieszczenie gospodarcze** [w domu] broom cupboard.

gospodarka [gɔspɔdarka] (*D* **gospodarki** [gɔspɔdark,i]) *f* EKON economy; *pot* [gospodarstwo rolne] farm.

gospodarstwo [gɔspɔdarstfɔ] (*D* **gospodarstwa** [gɔspɔdarstfa]) *n* [posiadłość wiejska] farm • **gospodarstwo domowe** household.

gospodarz [gɔspɔdaʃ] *m* [rolnik] farmer; [właściciel] landlord; [w domu, w telewizji] host; [dozorca] caretaker.

gosposia [gɔspɔɕa] *f* housekeeper.

gościć [gɔɕtɕitɕ] *vimperf* [być z wizytą] to stay; [podejmować] welcome • **gościć kogoś** to have sb as a guest; **gościć u kogoś** to stay with sb.

gościnność [gɔɕtɕinnɔɕtɕ] (*D* **gościnności** [gɔɕtɕinnɔɕtɕi]) *f* hospitality.

gościnny [gɔɕtɕinni] *adj* [serdeczny dla gości] welcoming; [przeznaczony dla gości] visitor's • **pokój gościnny** guest room.

gość [gɔɕtɕ] *m* guest.

gotować [gɔtɔvatɕ] (*perf* **ugotować** [ugɔtɔvatɕ]) *vimperf* [posiłek] to cook; [wodę] to boil. ▬ **gotować się** [gɔtɔvatɕ ɕɛ] (*perf* **ugotować się** [ugɔtɔvatɕ ɕɛ]) *vp imperf* [o posiłku] to cook.

gotowany [gɔtɔvani] *adj* [poddany gotowaniu] boiled.

gotowość [gɔtɔvɔɕtɕ] (*D* **gotowości** [gɔtɔvɔɕtɕi]) *f* [chęć] readiness; [stan pogotowia] stand-by.

gotowy [gɔtɔvi] *adj* ready.

gotów [gɔtuf] *adj* = gotowy.

gotówka [gɔtufka] (*D* **gotówki** [gɔtufk,i]) *f* cash • **płacić gotówką** to pay cash.

goździk [gɔʑdʑik] (*D* **-a**) *m* [kwiat] carnation; [przyprawa] clove.

góra [gura] (*D* **góry** [guri]) *f* [wzniesienie] mountain; [stos] pile; [część powyżej] top • **na górze** [na piętrze] upstairs; **ręce do góry!** hands up!

góral, ka [gural, ka] *m*, *f* highlander.

góralski [guralsk,i] *adj* highland.

górnik [gurɲik] *m* miner.

górny [gurni] *adj* upper.

górować [gurɔvatɕ] *vimperf* [być wyższym] to tower; [przodować] to surpass • **górować nad czymś** to tower over sthg; **górować nad kimś** to be head and shoulders above sb.

górski [gursk,i] *adj* mountain.

górzysty [guʒisti] *adj* mountainous.

gr (*skr od* **grosz**) = grosz.

gr. (*skr od* **grupa**) = grupa.

gra [gra] (*D* **gry** [gri]) *f* game; [na pianinie, flecie] playing; [aktorska] acting • **gra komputerowa** computer game.

grabić [grab,itɕ] (*perf* **zagrabić** [zagrab,itɕ]) *vimperf* [liście] to rake; [łupić] to loot.

grabie [grab,jɛ] (*D* **grabi** [grab,i]) *pl* rake.

gracz [gratʃ] *m* player.

grać [gratɕ] (*perf* **zagrać** [zagratɕ]) *vimperf* to play; [odtwarzać rolę] to act • **grać w coś** to play sthg; **grać na czymś** to play sthg.

grad [grat] (*D* **-u**) *m* hail.

graffiti [graf,it,i] (*inv*) *n* graffiti.

graficzny [graf,itʃni] *adj* graphic • **znak graficzny** logo.

grafik [graf,ik] *m* graphic artist.

grafika [graf,ika] (*D* **grafiki** [graf,ik,i]) *f* [sztuka] graphics; [dzieło] print • **grafika komputerowa** computer-graphics.

grafit [graf,it] (*D* **-u**) *m* [minerał] graphite; [w ołówku] lead.

gram [gram] (*D* **-a**) *m* gram.

gramatyka [gramatika] (*D* **gramatyki** [gramatik,i]) *f* [nauka] grammar.

granat [granat] (*D* **-u**) *m* [broń] grenade; [kamień] garnet; [kolor] navy; [owoc] pomegranate.

granatowy [granatɔvi] *adj* navy.

granica [graɲitsa] (*D* granicy [graɲitsi]) *f* [państwa] border; [kres, koniec] limit • **wyjechać za granicę** to go abroad; **za granicą** abroad.

graniczyć [graɲitʃitɕ] *vimperf* [mieć wspólną granicę] to border • **graniczyć z czymś** to border on sthg.

granit [graɲit] (*D* -u) *m* granite.

gratisowy [gratisɔvi] *adj* complimentary.

gratulacje [gratulatsjɛ] (*D* gratulacji [gratulatsji]) *pl* congratulations.

gratulować [gratulɔvatɕ] (*perf* pogratulować [pɔgratulɔvatɕ]) *vimperf* to congratulate • **gratulować komuś czegoś** to congratulate sb on sthg.

Grecja [grɛtsja] (*D* Grecji [grɛtsji]) *f* Greece.

grecki [grɛtski] *adj* Greek.

grejpfrut [grɛjpfrut] (*D* -a) *m* grapefruit.

Grek, Greczynka [grɛk, grɛtʃinka] *m*, *f* Greek.

Grenlandia [grɛnlandja] (*D* Grenlandii [grɛnlandji]) *f* Greenland.

grill [gril] (*D* -a) *m* barbecue • **potrawa z grilla** barbecued food.

grobowiec [grɔbɔvjɛts] (*D* grobowca [grɔbɔftsa]) *m* tomb.

groch [grɔx] (*D* -u) *m* pea.

grochówka [grɔxufka] (*D* grochówki [grɔxufkˌi]) *f* pea soup.

grodzić [grɔdʑitɕ] (*perf* ogrodzić [ɔgrɔdʑitɕ]) *vimperf* to fence.

gromada [grɔmada] (*D* gromady [grɔmadi]) *f* [ludzi] group; [ptaków] flock.

gromadzić [grɔmadʑitɕ] (*perf* zgromadzić [zgrɔmadʑitɕ]) *vimperf* to accumulate. ➡ **gromadzić się** [grɔmadʑitɕ ɕɛ] (*perf* zgromadzić się [zgrɔmadʑitɕ ɕɛ]) *vp imperf* [o ludziach, chmurach] to gather.

grono [grɔnɔ] (*D* grona [grɔna]) *n* [krąg] circle; [kiść] bunch • **w gronie rodzinnym** with family; **w ścisłym gronie** with a select group.

grosz [grɔʃ] (*D* -a) *m* [setna część złotego] *Polish monetary unit, one hundredth of a zloty.*

groszek [grɔʃɛk] (*D* groszku [grɔʃku]) *m* pea • **groszek konserwowy** tinned peas; **marchewka z groszkiem** peas and carrots.

grota [grɔta] (*D* groty [grɔti]) *f* grotto.

groza [grɔza] (*D* grozy [grɔzi]) *f* [niebezpieczeństwo] peril; [lęk] terror.

grozić [grɔʑitɕ] *vimperf* [straszyć] to threaten • **grozić komuś pistoletem** to threaten sb with a gun.

groźba [grɔʑba] (*D* groźby [grɔʑbi]) *f* threat.

groźny [grɔʑni] *adj* [przeciwnik] formidable; [spojrzenie] menacing.

grób [grup] (*D* grobu [grɔbu]) *m* grave.

grubianin, grubianka [grubˌjaɲin, grubˌjanka] *m*, *f* oficjal boor.

grubiański [grubˌjajsk,i] *adj* oficjal boorish.

gruby [grubi] *adj* [książka] thick; [człowiek] fat.

gruchać [gruxatɕ] *vimperf* [o gołębiu] to coo; [o ludziach] to bill and coo.

grudzień [grudʑɛɲ] (*D* grudnia [grudɲa]) *m* December *zobacz też* styczeń.

grunt [grunt] (*D* -u) *m* [gleba] soil; [teren] terrain • **w gruncie rzeczy** as a matter of fact.

gruntowny [gruntɔvni] *adj* thorough.

grupa [grupa] (*D* grupy [grupi]) *f* [ludzi] group; [drzew] clump • **grupa krwi** blood group.

grusza [gruʃa] (*D* gruszy [gruʃi]) *f* pear tree.

gruszka [gruʃka] (*D* gruszki [gruʃkˌi]) *f* pear.

gruz [grus] (*D* -u) *m* [odłamki muru] rubble. ➡ **gruzy** [gruzi] (*D* gruzów [gruzuf]) *mpl* [ruiny] ruins.

gruźlica [gruʑlˌitsa] (*D* gruźlicy [gruʑlˌitsi]) *f* TB.

grymas [grimas] (*D* -u) *m* [mina] grimace. ➡ **grymasy** [grimasi] (*D* grymasów [grimasuf]) *mpl* [dąsy] sulks.

grymasić [grimaɕitɕ] *vimperf* [kaprysić] to be fussy.

grypa [gripa] (*D* grypy [gripi]) *f* flu.

gryzący [grizɔntsi] *adj* [wełna] itchy; [dym] acrid.

gryźć [griɛtɕ] *vimperf* to bite; [o dymie] to sting; [o sumieniu] to trouble • **pies gryzie kość** the dog's gnawing a bone.

grzać [gʒatɕ] *vimperf* [wodę] to heat up; [ręce] to warm; [o słońcu] to beat down.

grzałka [gʒawka] (*D* **grzałki** [gʒawk,i]) *f* heating element.

grzanka [gʒanka] (*D* **grzanki** [gʒank,i]) *f* [z chleba] toast; [z wina] mulled wine.

grzbiet [gʒb,jɛt] (*D* **-u**) *m* [część ciała] back; [szczyt] ridge.

grzebać [gʒɛbatɕ] *vimperf* [przeszukiwać] to rummage; [składać do grobu] to bury. ➡ **grzebać się** [gʒɛbatɕ ɕɛ] *vp imperf pot* [robić powoli] to faff around.

grzebień [gʒɛb,jɛɲ] (*D* **grzebienia** [gʒɛb,jɛɲa]) *m* comb.

grzech [gʒɛx] (*D* **-u**) *m* sin • **popełnić grzech** to commit a sin.

grzechotka [gʒɛxɔtka] (*D* **grzechotki** [gʒɛxɔtk,i]) *f* rattle.

grzecznie [gʒɛtʃɲɛ] *adv* [uprzejmie] politely; [spokojnie] nicely.

grzecznościowy [gʒɛtʃnɔɕtɕɔvi] *adj* polite • **zwrot grzecznościowy** polite phrase.

grzeczność [gʒɛtʃnɔɕtɕ] (*D* **grzeczności** [gʒɛtʃnɔɕtɕi]) *f* [uprzejmość] politeness; [przysługa] favour.

grzeczny [gʒɛtʃni] *adj* [uprzejmy] polite; [posłuszny] good.

grzejnik [gʒɛjnik] (*D* **-a**) *m* [urządzenie] heater; [kaloryfer] radiator.

grzeszyć [gʒɛʃitɕ] (*perf* **zgrzeszyć** [zgʒɛʃitɕ]) *vimperf* to sin • **nie grzeszyć czymś** not to have too much of sthg.

grzmieć [gʒm,jɛtɕ] *vimperf* [o burzy] : **grzmi** it's thundering; [o głosie] to thunder; [o armatach] to roar • **grzmią oklaski** there's thunderous applause.

grzmot [gʒmɔt] (*D* **-u**) *m* clap of thunder.

grzyb [gʒip] (*D* **-a**) *m* [w biologii] fungus; [jadalny] mushroom; [niejadalny] toadstool.

grzybica [gʒib,itsa] (*D* **grzybicy** [gʒib,itsi]) *f* fungal infection • **grzybica stóp** athlete's foot.

grzywka [gʒifka] (*D* **grzywki** [gʒifk,i]) *f* fringe.

grzywna [gʒivna] (*D* **grzywny** [gʒivni]) *f* fine.

gubić [gub,itɕ] (*perf* **zgubić** [zgub,itɕ]) *vimperf* to lose. ➡ **gubić się** [gub,itɕ ɕɛ] (*perf* **zgubić się** [zgub,itɕ ɕɛ]) *vp imperf* to get lost.

gujawa [gujava] (*D* **gujawy** [gujavi]) *f* guava.

guma [guma] (*D* **gumy** [gumi]) *f* [tworzywo] rubber • **guma do żucia** chewing gum; **guma arabska** gum arabic; **złapać gumę** *pot* to get a flat.

gumka [gumka] (*D* **gumki** [gumk,i]) *f* [ołówkowa] rubber *UK*, eraser *US*; [do włosów] rubber band; [do bielizny] elastic.

gust [gust] (*D* **-u**) *m* taste.

gustować [gustɔvatɕ] *vimperf* : **gustować w czymś** to have a liking for sthg.

gustowny [gustɔvni] *adj* tasteful.

guz [gus] (*D* **-a**) *m* lump • **guz nowotworowy** malignant tumour.

guzik [guʑik] (*D* **-a**) *m* button.

gwałt [gvawt] (*D* **-u**) *m* [zgwałcenie] rape.

gwałtowność [gvawtɔvnɔɕtɕ] (*D* **gwałtowności** [gvawtɔvnɔɕtɕi]) *f* [impulsywność] impetuousness; [nagłość] suddenness.

gwałtowny [gvawtɔvni] *adj* [usposobienie] violent; [zmiana, ulewa] sudden.

gwara [gvara] (*D* **gwary** [gvari]) *f* dialect.

gwarancja [gvarantsja] (*D* **gwarancji** [gvarantsji]) *f* guarantee.

gwarancyjny [gvarantsijni] *adj* guarantee • **karta gwarancyjna** guarantee card.

gwarantować [gvarantɔvatɕ] (*perf* **zagwarantować** [zagvarantɔvatɕ]) *vimperf* to guarantee • **gwarantować coś komuś** to guarantee sb sthg.

64

gwiazda [gv,jazda] (*D* gwiazdy [gv,jaz-di]) *f* star.

gwiazdka [gv,jastka] (*D* gwiazdki [gv,jastk,i]) *f* [gwiazda] star; [Boże Narodzenie] Christmas.

gwiazdkowy [gv,jastkɔvi] *adj* Christ-mas • **prezent gwiazdkowy** Christ-mas present.

gwiazdor [gv,jazdɔr] *m* [filmowy] star.

gwiaździsty [gv,jaʑdʑisti] *adj* [niebo] starry; *oficjal* [oczy] starry.

gwizdać [gv,izdatɕ] (*perf* zagwizdać [zagv,izdatɕ]) *vimperf* [wydawać gwizd] to whistle; *pot* [lekceważyć] to trivialize • **gwizdać na coś** *pot* not to give a toss about sthg.

gwizdek [gv,izdɛk] (*D* gwizdka [gv,istka]) *m* whistle.

gwizdnąć [gv,izdnɔntɕ] *vperf* [wydać gwizd] to whistle; *pot* [ukraść] to nick • **gwizdnąć coś** to nick sthg.

gwóźdź [gvuɕtɕ] (*D* gwoździa [gvɔʑ-dʑa]) *m* nail.

H

h (*skr od* godzina) hr.

ha (*skr od* hektar) ha.

haczyk [xatʃik] (*D* -a) *m* hook.

haft [xaft] (*D* -u) *m* embroidery.

haftka [xaftka] (*D* haftki [xaftk,i]) *f* hook and eye.

haftować [xaftɔvatɕ] *vimperf* to embroider.

Haga [xaga] (*D* Hagi [xag,i]) *f* The Hague.

hak [xak] (*D* -a) *m* hook.

haker [xakɛr] *m* hacker.

hala [xala] (*D* hali [xal,i]) *f* [duża sala] hall; [górskie pastwisko] mountain pastureland • **hala dworcowa** sta-tion concourse; **hala targowa** cov-ered market.

halibut [xal,ibut] *m* halibut.

halka [xalka] (*D* halki [xalk,i]) *f* petticoat.

halo! [xalɔ] *interj* hello!

halogen [xalɔgɛn] (*D* -u) *m* halogen lamp.

halogenowy [xalɔgɛnɔvi] *adj* halo-gen • **światła halogenowe** halogen lights.

halucynacja [xalutsinatsja] (*D* halu-cynacji [xalutsinatsji]) *f* hallucina-tion.

hałas [xawas] (*D* -u) *m* [wrzawa] noise; [rozgłos] furore.

hałasować [xawasɔvatɕ] *vimperf* to make noise.

hałaśliwy [xawaɕl,ivi] *adj* noisy.

hamować [xamɔvatɕ] (*perf* zahamo-wać [zaxamovatɕ]) *vimperf* [zwal-niać] to brake; [powstrzymywać] to hold back. ➡ **hamować się** [xa-mɔvatɕ ɕɛ] *vp imperf* to restrain o.s.

hamulec [xamulɛts] (*D* hamulca [xa-multsa]) *m* brake • **hamulec ręczny** handbrake; **hamulec bezpieczeństwa** communication cord.

handel [xandɛl] (*D* handlu [xandlu]) *m* trade • **handel zagraniczny** foreign trade; **Europejskie Stowarzyszenie Wolnego Handlu** European Free Trade Association.

handlować [xandlɔvatɕ] *vimperf* to trade • **handlować czymś** to trade in sthg.

handlowiec [xandlɔv,jɛts] *m* dealer.

handlowy [xandlɔvi] *adj* commercial • **centrum handlowe** shopping cen-tre.

hantle [xantlɛ] (*D* hantli [xantl,i]) *pl* SPORT dumbbells.

hańba [xaɲba] (*D* hańby [xaɲbi]) *f* dishonour.

harcerz, harcerka [xartsɛʃ, xartsɛr-ka] *m, f* scout (*f* guide).

hardware [xardwɛr] (*D* -u) *m* hard-ware.

harfa [xarfa] (*D* harfy [xarfi]) *f* harp.

harmider [xarm,idɛr] (*D* harmidru [xarm,idru] LUB harmideru [xar-m,idɛru]) *m* racket.

harmonia [xarmɔɲja] (D **harmonii** [xarmɔɲji]) f [ład] harmony; [instrument] concertina.

harmonijka [xarmɔɲijka] (D **harmonijki** [xarmɔɲijk,i]) f mouth organ.

harmonijny [xarmɔɲijni] adj harmonious.

harmonizować [xarmɔɲizɔvatɕɛ] vimperf to harmonize • **harmonizować z czymś** to go with sthg.

harmonogram [xarmɔnɔgram] (D -u) m schedule.

harować [xarɔvatɕɛ] vimperf pot to slave.

harówka [xarufka] (D **harówki** [xarufk,i]) f pot hard grind.

hartować [xartɔvatɕɛ] vimperf [organizm] to toughen; [wolę] to exercise; TECHN to temper • **hartować kogoś** to toughen sb up.

hasło [xaswɔ] (D **hasła** [xaswa]) n [slogan] slogan; [sygnał] signal; [znak rozpoznawczy] password.

haust [xawst] (D -u) m [płynu] gulp • **wypić jednym haustem** to down in one.

Hawr [xavr] (D -u) m Le Havre.

hazard [xazart] (D -u) m gambling • **uprawiać hazard** to gamble; **mieć żyłkę do hazardu** to have a bent for gambling.

hazardowy [xazardɔvi] adj risky • **gra hazardowa** game of chance.

hazardzista, hazardzistka [xazardʑista, xazardʑistka] m, f gambler.

hej! [xɛj] interj [przywoływać] hey!; [powitanie] hi!; [pożegnanie] bye!

hejnał [xɛjnaw] (D -u) m bugle-call.

hektar [xɛktar] (D -a) m hectare.

hektolitr [xɛktɔˌlitr] (D -a) m hectolitre.

helikopter [xɛlˌikɔptɛr] (D -a) m helicopter.

Helsinki [xɛls,iŋk,i] (D **Helsinek** [xɛls,inɛk]) pl Helsinki.

hełm [xɛwm] (D -u) m helmet.

hemoroidy [xɛmɔrɔjidi] (D **hemoroidów** [xɛmɔrɔjiduf]) pl haemorrhoids.

herb [xɛrp] (D -u) m [miasta] crest; [państwa] emblem; [szlachecki] coat of arms.

herbaciarnia [xɛrbatɕarɲa] (D **herbaciarni** [xɛrbatɕarɲi]) f tea-shop.

herbata [xɛrbata] (D **herbaty** [xɛrbati]) f tea.

herbatnik [xɛrbatɲik] (D -a) m biscuit.

hermetyczny [xɛrmɛtitʃni] adj hermetic.

heroina [xɛrɔjina] (D **heroiny** [xɛrɔjini]) f [narkotyk] heroin.

hiacynt [x,atɕint] (D -a LUB -u) m [kwiat] hyacinth.

hiena [x,ɛna] f hyena.

hierarchia [x,ɛrarxja] (D **hierarchii** [x,ɛrarxji]) f hierarchy.

higiena [x,ig,ɛna] (D **higieny** [x,ig,ɛni]) f hygiene • **higiena osobista** personal hygiene; **dbać o higienę** to maintain a high level of personal hygiene.

higieniczny [x,ig,ɛɲitʃni] adj hygienic • **chusteczka higieniczna** tissue.

Himalaje [x,imalajɛ] (D **Himalajów** [x,imalajuf]) pl the Himalayas.

hipermarket [x,ipɛrmarkɛt] (D -u) m hypermarket.

hipnotyzować [x,ipnɔtizɔvatɕɛ] vimperf [pacjenta] to hypnotize; [urzekać] to mesmerize.

hipnoza [x,ipnɔza] (D **hipnozy** [x,ipnɔzi]) f hypnosis.

hipokryta, hipokrytka [x,ipɔkrita, x,ipɔkritka] m, f hypocrite.

hipopotam [x,ipɔpɔtam] m hippopotamus.

hipoteka [x,ipɔtɛka] (D **hipoteki** [x,ipɔtɛk,i]) f [zabezpieczenie] mortgage; [dokumentacja] mortgage deed.

hipoteza [x,ipɔtɛza] (D **hipotezy** [x,ipɔtɛzi]) f hypothesis.

hippiczny [x,ipp,itʃni] adj equestrian • **zawody hippiczne** gymkhana.

histeria [x,istɛrja] (D **histerii** [x,istɛrji]) f hysteria • **wpaść w histerię** to go into hysterics.

histeryczny [x,istɛritʃni] adj hysterical.

histeryzować [x,istɛrizɔvatɕɛ] vimperf to get hysterical.

historia [x,istɔrja] (D historii [x,istɔrji]) f history; [opowieść] story.

historyczny [x,istɔritʃni] adj [dawny] historical; [ważny] historic • **postać historyczna** historical figure.

Hiszpan, ka [x,iʃpan, ka] m, f Spaniard.

Hiszpania [x,iʃpaɲja] (D Hiszpanii [x,iʃpaɲji]) f Spain.

hiszpański [x,iʃpaĩsk,i] adj Spanish.

hit [x,it] (D -u) m hit.

hobby [xɔbbi] (inv) n hobby.

hobbysta, hobbystka [xɔbbista, xɔbbistka] m, f hobbyist.

hodować [xɔdɔvatɕ] vimperf [prowadzić hodowlę] to breed; [uprawiać] to grow.

hodowca [xɔdɔftsa] m [zwierząt] breeder; [kwiatów, warzyw] grower.

hodowla [xɔdɔvla] (D hodowli [xɔdɔvl,i]) f [zwierząt] breeding; [roślin] growing.

hodowlany [xɔdɔvlani] adj breeding • **gospodarstwo hodowlane** animal farm; **ferma hodowlana** poultry farm.

hojny [xɔjni] adj generous.

hokej [xɔkɛj] (D -a) m hockey • **hokej na lodzie** ice hockey; **hokej na trawie** field hockey.

hol [xɔl] (D -u) m [lina] towrope; [pomieszczenie] foyer • **wziąć samochód na hol** to tow a car.

Holandia [xɔlandja] (D Holandii [xɔlandji]) f Holland.

holding [xɔld,iŋk] (D -u) m EKON holding company.

Holender, ka [xɔlɛndɛr, ka] m f Dutchman (f Dutchwoman).

holenderski [xɔlɛndɛrsk,i] adj Dutch.

holować [xɔlɔvatɕ] vimperf to tow.

hołd [xɔwt] (D -u) m [ku czci] homage • **złożyć komuś hołd** to pay homage to sb.

homeopatyczny [xɔmɛɔpatitʃni] adj homeopathic.

homogenizowany [xɔmɔgɛɲizɔvani] adj homogenized.

homoseksualista [xɔmɔsɛksuwal,ista] m homosexual.

honor [xɔnɔr] (D -u) m [godność] honour; oficjal [zaszczyt] honour • **dać komuś słowo honoru** to give sb one's word of honour.

honorarium [xɔnɔrarjum] (inv w lp) n fee • **honorarium autorskie** royalty.

honorować [xɔnɔrɔvatɕ] vimperf [uznawać] to accept.

hormon [xɔrmɔn] (D -u) m hormone.

hormonalny [xɔrmɔnalni] adj hormonal.

horoskop [xɔrɔskɔp] (D -u) m horoscope.

horror [xɔrrɔr] (D -u) m [film, książka] horror film/story; [koszmar] nightmare.

horyzont [xɔrizɔnt] (D -u) m lit & przen horizon.

hospitalizować [xɔsp,ital,izɔvatɕ] vimperf oficjal to hospitalize.

hossa [xɔssa] (D hossy [xɔssi]) f EKON boom.

hotel [xɔtɛl] (D -u) m hotel • **zatrzymać się w hotelu** to stay at a hotel.

hotelowy [xɔtɛlɔvi] adj hotel.

huczeć [xutʃɛtɕ] vimperf to roar.

huk [xuk] (D -u) m roar; [armat] boom.

hulać [xulatɕ] vimperf [o wietrze] to blow this way and that; pot [bawić się] to party.

humanistyczny [xumaɲistitʃni] adj [studia] arts • **nauki humanistyczne** the humanities.

humanitarny [xumaɲitarni] adj [ludzki] humane; [pomoc] humanitarian.

humor [xumɔr] (D -u) m [komizm] humour; [nastrój] mood • **być w dobrym/złym humorze** to be in a good/bad mood; **mieć poczucie humoru** to have a sense of humour. **humory** [xumɔri] (D humorów [xumɔruf]) mpl moods.

humorystyczny [xumɔristitʃni] adj humorous.

hura! [xu'ra] interj hurray!

huragan [xuragan] (D -u) m hurricane.

hurt [xurt] (D -u) m wholesale.

hurtownia [xurtɔvɲa] (D **hurtowni** [xurtɔvɲi]) f [przedsiębiorstwo] wholesaler; [magazyn] warehouse.

hurtownik [xurtɔvɲik] m wholesaler.

hurtowy [xurtɔvi] adj wholesale.

huśtać [xuɕtatɕ] vimperf to rock. ➡ **huśtać się** [xuɕtatɕ ɕɛ] vp imperf to swing.

huśtawka [xuɕtafka] (D **huśtawki** [xuɕtafk͈i]) f swing.

huta [xuta] (D **huty** [xuti]) f : **huta szkła** glassworks; **huta żelaza** steelworks.

hydraulik [xidrawl͈ik] m plumber.

hymn [xpimn] (D -u) m [pieśń pochwalna] hymn • **hymn narodowy** national anthem.

i [i] conj [oraz] and; pot [konsekwencja] and.

ich [ix] pron ➡ **oni** ➡ **one**; [wyraża posiadanie] their • **nie ma ich w domu** they're not at home; **te skarpetki są ich** these socks are theirs.

idea [idea] (D **idei** [idɛji], pl **idee**) f idea.

idealista, idealistka [ideal,ista, ideal,istka] m, f idealist.

idealizować [ideal,izɔvatɕ] vimperf to idealize • **idealizować kogoś** to idealize sb.

idealny [idɛalni] adj ideal; [porządek, szczęście] perfect.

ideał [ideaw] (D -u) m ideal.

identyczny [idɛntitʃni] adj identical.

identyfikacja [identif,ikatsja] (D **identyfikacji** [idɛntif,ikatsji]) f identification.

identyfikować [idɛntif,ikɔvatɕ] vimperf to identify. ➡ **identyfikować się** [idɛntif,ikɔvatɕ ɕɛ] vp imperf to identify • **identyfikować się z kimś** to identify with sb.

idę [idɛ] vimperf ➡ **iść**.

idiota, idiotka [idjɔta, idjɔtka] m, f pot & pej idiot.

idiotyczny [idjɔtitʃni] adj pot & pej idiotic.

idol [idɔl] m idol.

idziesz [idʑɛʃ] vimperf ➡ **iść**.

iglasty [iglasti] adj coniferous • **drzewo iglaste** conifer.

iglica [igl,itsa] (D **iglicy** [igl,itsi]) f spire.

igła [igwa] (D **igły** [igwi]) f needle.

ignorancja [ignɔrantsja] (D **ignorancji** [ignɔrantsji]) f oficjal & pej ignorance.

ignorant, ka [ignɔrant, ka] m, f oficjal & pej ignoramus.

ignorować [ignɔrɔvatɕ] vimperf to ignore • **ignorować kogoś** to ignore sb.

igrzyska [igʑiska] (D **igrzysk** [igʑisk]) pl : **igrzyska olimpijskie** Olympic Games.

ikona [ikɔna] (D **ikony** [ikɔɲi]) f icon.

ile [ilɛ] pron [z rzeczownikami policzalnymi] how many; [z rzeczownikami niepoliczalnymi] how much; [wprowadza zdanie podrzędne] as many as, as much as • **ile masz lat?** how old are you?

iloraz [ilɔras] (D -u) m quotient • **iloraz inteligencji** intelligence quotient.

ilość [ilɔɕtɕ] (D **ilości** [ilɔɕtɕi]) f [miara] amount; [liczba] number.

iluminacja [ilum,inatsja] (D **iluminacji** [ilum,inatsji]) f [oświetlenie] lighting; oficjal [olśnienie] enlightenment.

ilustracja [ilustratsja] (D **ilustracji** [ilustratsji]) f illustration.

ilustrować [ilustrɔvatɕ] vimperf to illustrate.

ilustrowany [ilustrɔvani] adj illustrated • **pismo ilustrowane** glossy magazine.

iluzja [iluzja] (D **iluzji** [iluzji]) f illusion.

iluzoryczny [iluzɔritʃni] adj [złudny] illusory; [nierealny] unrealistic.

im [im] pron ➡ **oni** ➡ **one**.

im. **68**

im. (*skr od* **imienia**) *used in writing to introduce the name of a historical figure after whom an institution has been named (with the name of).*

imbir [imb,ir] (*D* -**u**) *m* ginger.

imieniny [im,jɛnini] (*D* **imienin** [im,jɛnin]) *pl* [dzień patrona] name-day; [przyjęcie] name-day party.

imię [im,jɛ] (*D* **imienia** [im,jɛna]) *n* name • **jak masz na imię?** what's your name?; **w imię prawa** in the name of the law.

imigracja [im,igratsja] (*D* **imigracji** [im,igratsji]) *f* [przybycie do obcego kraju] immigration; [ogół imigrantów] immigrants.

imigrant, ka [im,igrant, ka] *m, f* immigrant.

imigrować [im,igrɔvatɕ] *vimperf* LUB *vperf* to immigrate.

imitacja [im,itatsja] (*D* **imitacji** [im,i-tatsji]) *f* imitation.

imitować [im,itɔvatɕ] *vimperf* to imitate.

immunitet [immunitɛt] (*D* -**u**) *m* immunity.

impas [impas] (*D* -**u**) *m* impasse.

imponować [impɔnɔvatɕ] (*perf* **za-imponować** [zajimpɔnɔvatɕ]) *vimperf* to impress • **imponować komuś** to impress sb.

imponujący [impɔnujɔntɕi] *adj* impressive.

import [impɔrt] (*D* -**u**) *m* import.

importować [impɔrtɔvatɕ] *vimperf* to import.

importowy [impɔrtɔvi] *adj* import.

impotent [impɔtɛnt] *m* impotent man.

impregnowany [imprɛgnɔvani] *adj* waterproof.

impresario [imprɛsarjɔ] *m* impressario.

impreza [imprɛza] (*D* **imprezy** [imprɛzi]) *f* [wydarzenie] event; [prywatka] party.

improwizacja [imprɔv,izatsja] (*D* **improwizacji** [imprɔv,izatsji]) *f* improvisation.

improwizować [imprɔv,izɔvatɕ] *vimperf* to improvise.

impuls [impuls] (*D* -**u**) *m* [bodziec] impulse; [sygnał] unit (*of telephone time*).

inaczej [inatʃɛj] <> *adv* [w inny sposób] differently • **inaczej mówiąc** in other words. <> *conj* [w przeciwnym razie] otherwise.

inauguracja [inawguratsja] (*D* **inauguracji** [inawguratsji]) *f* oficjal inauguration.

inaugurować [inawgurɔvatɕ] *vimperf* LUB *vperf* oficjal to inaugurate.

incydent [intsidɛnt] (*D* -**u**) *m* oficjal incident.

indeks [indɛks] (*D* -**u**) *m* [spis] index; [książeczka studenta] *a student's assessment book in which teachers/lecturers write comments and marks.*

Indie [indjɛ] (*D* **Indii** [indji]) *pl* India.

indyjski [indijsk,i] *adj* [język, kultura] hindu.

indyk [indik] *m* turkey.

indywidualista, indywidualistka [indiv,idwal,ista, indiv,idwal,istka] *m, f* individualist.

indywidualny [indiv,idwalni] *adj* individual.

infantylny [infantilni] *adj* oficjal & *pej* infantile.

infekcja [infɛktsja] (*D* **infekcji** [infɛk-tsji]) *f* infection.

inflacja [inflatsja] (*D* **inflacji** [inflatsji]) *f* inflation.

informacja [infɔrmatsja] (*D* **informacji** [infɔrmatsji]) *f* information • **informacja turystyczna** tourist information centre.

informator [infɔrmatɔr] (*D* -**a**) *m* [publikacja] guide • **informator kulturalny** listings magazine.

informatyk [infɔrmatik] *m* computer scientist.

informatyka [infɔrmatika] (*D* **informatyki** [infɔrmatik,i]) *f* information technology.

informować [infɔrmɔvatɕ] (*perf* **po-informować** [pɔjinfɔrmɔvatɕ]) *vim-*

perf to inform • **informować kogoś o czymś** to inform sb about sthg.

infrastruktura [infrastruktura] (D **infrastruktury** [infrastrukturi]) f infrastructure.

ingerencja [iŋgɛrɛntsja] (D **ingerencji** [iŋgɛrɛntsji]) f *oficjal* interference.

ingerować [iŋgɛrɔvatɕ] *vimperf oficjal* to interfere • **ingerować w coś** to interfere in sthg.

inhalacja [inxalatsja] (D **inhalacji** [inxalatsji]) f inhalation.

inicjacja [iɲitsjatsja] (D **inicjacji** [iɲitsjatsji]) f *oficjal* [rozpoczęcie] initiation.

inicjały [iɲitsjawi] (D **inicjałów** [iɲitsjawuf]) *mpl* initials.

inicjator, ka [iɲitsjatɔr, ka] m, f [projektodawca, prekursor] initiator.

inicjatywa [iɲitsjativa] (D **inicjatywy** [iɲitsjativi]) f initiative.

inicjować [iɲitsjɔvatɕ] *vimperf oficjal* to initiate.

innowacja [innɔvatsja] (D **innowacji** [innɔvatsji]) f innovation.

inny [inni] ⇔ *adj* [odmienny] different; [drugi] other • **coś innego** something else; **innym razem** another time; **ktoś inny** someone else; **między innymi** among others. ⇔ m (D **innego**) [drugi człowiek] another • **nie oglądaj się na innych** don't count on others.

insekt [insɛkt] m parasitic insect.

inspekcja [inspɛktsja] (D **inspekcji** [inspɛktsji]) f inspection • **przeprowadzić inspekcję** to carry out an inspection.

inspektor [inspɛktɔr] m inspector.

inspiracja [insp,iratsja] (D **inspiracji** [insp,iratsji]) f inspiration.

inspirować [insp,irɔvatɕ] (*perf* **zainspirować** [zajinsp,irɔvatɕ]) *vimperf* to inspire • **inspirować kogoś do czegoś** to inspire sb to do sthg.

instalacja [instalatsja] (D **instalacji** [instalatsji]) f [zespół urządzeń] : **instalacja elektryczna** wiring; **instalacja sanitarna** plumbing; [instalowanie] installation.

instalować [instalɔvatɕ] *vimperf* to install.

instrukcja [instruktsja] (D **instrukcji** [instruktsji]) f [wskazówka] instruction; [zbiór przepisów] instructions • **instrukcja obsługi** instructions.

instruktor, ka [instruktɔr, ka] m, f instructor.

instrument [instrumɛnt] (D -u) m instrument • **instrument muzyczny** musical instrument.

instynkt [instiŋkt] (D -u) m instinct.

instynktownie [instiŋktɔvɲɛ] *adv* instinctively.

instynktowny [instiŋktɔvni] *adj* instinctive.

instytucja [institutsja] (D **instytucji** [institutsji]) f institution.

instytut [institut] (D -u) m institute.

insulina [insul,ina] (D **insuliny** [insul,ini]) f insulin.

insynuacja [insinuwatsja] (D **insynuacji** [insinuatsji]) f *oficjal* insinuation.

integracja [intɛgratsja] (D **integracji** [intɛgratsji]) f *oficjal* integration.

integrować [intɛgrɔvatɕ] *vimperf oficjal* to bring closer. • **integrować się** [intɛgrɔvatɕ ɕɛ] *vp imperf oficjal* to get to know better.

intelekt [intɛlɛkt] (D -u) m intellect.

intelektualista, intelektualistka [intɛlɛktwal,ista, intɛlɛktwal,istka] m, f intellectual.

intelektualny [intɛlɛktwalni] *adj* intellectual.

inteligencja [intɛl,igɛntsja] (D **inteligencji** [intɛl,igɛntsji]) f [zdolność] intelligence; [grupa społeczna] intelligentsia.

inteligentny [intɛl,igɛntni] *adj* intelligent.

intencja [intɛntsja] (D **intencji** [intɛntsji]) f intention.

intensywny [intɛnsivni] *adj* [praca, ćwiczenia] intensive; [barwa, zapach, światło] intense.

interes [intɛrɛs] (D -u) m [sprawa, przedsięwzięcie] business; *pot* [przedsiębiorstwo] business • **prowadzić interesy** to do business; **nie twój interes** *pot* it's none of your busi-

ness; **mieć w czymś interes** to have a vested interest in sthg; **zrobić interes** to get a deal.

interesant, ka [intɛrɛsant, ka] *m, f* client.

interesować [intɛrɛsɔvatɕ] (*perf* zainteresować [zajintɛrɛsɔvatɕ]) *vimperf* to interest • **interesować kogoś** to interest sb. ➤ **interesować się** [intɛrɛsɔvatɕ ɕɛ] (*perf* zainteresować się [zajintɛrɛsɔvatɕ ɕɛ]) *vp imperf* to be interested in • **interesować się kimś/czymś** to be interested in sb/sthg.

interesowny [intɛrɛsɔvni] *adj* mercenary.

interesujący [intɛrɛsujɔntɕi] *adj* interesting.

interfejs [intɛrfɛjs] (*D* -u) *m* INFORM interface.

internat [intɛrnat] (*D* -u) *m* dormitory • **szkoła z internatem** boarding school.

Internet [intɛrnɛt] (*D* -u) *m* Internet • **być w Internecie** to be on the Internet; **serfować po Internecie** to surf the internet.

internista, internistka [intɛrɲista, intɛrɲistka] *m, f* doctor.

interpretacja [intɛrprɛtatsja] (*D* interpretacji [intɛrprɛtatsji]) *f* interpretation.

interpretować [intɛrprɛtɔvatɕ] *vimperf* to interpret.

interwencja [intɛrvɛntsja] (*D* interwencji [intɛrvɛntsji]) *f oficjal* intervention • **interwencja zbrojna** armed intervention.

interweniować [intɛrvɛɲjɔvatɕ] *vimperf oficjal* to intervene.

intonacja [intɔnatsja] (*D* intonacji [intɔnatsji]) *f* intonation.

introligator [intrɔligatɔr] *m* bookbinder.

intruz [intrus] *m* intruder.

intryga [intriga] (*D* intrygi [intrig,i]) *f* intrigue.

intrygant, ka [intrigant, ka] *m, f pej* schemer.

intrygować [intrigɔvatɕ] (*perf* zaintrygować [zajintrigɔvatɕ]) *vimperf*

[zaciekawiać] to intrigue • **intrygować kogoś czymś** to intrigue sb with sthg.

intuicja [intujitsja] (*D* intuicji [intujitsji]) *f* intuition.

intuicyjny [intujicijni] *adj* intuitive.

intymność [intimnɔɕtɕ] (*D* intymności [intimnɔɕtɕi]) *f* intimacy.

intymny [intimni] *adj* intimate • **higiena intymna** personal hygiene.

inwalida, inwalidka [inval,ida, inval,itka] *m, f* disabled person.

inwazja [invazja] (*D* inwazji [invazji]) *f* invasion.

inwencja [invɛntsja] (*D* inwencji [invɛntsji]) *f oficjal* inventiveness • **inwencja twórcza** creativity.

inwestor [invɛstɔr] *m* investor.

inwestować [invɛstɔvatɕ] (*perf* zainwestować [zajinvɛstɔvatɕ]) *vimperf* to invest • **inwestować w coś** to invest in sthg.

inwestycja [invɛstitsja] (*D* inwestycji [invɛstitsji]) *f* investment.

inwestycyjny [invɛstitsijni] *adj* investment • **fundusz inwestycyjny** investment fund.

inwigilacja [inv,ig,ilatsja] (*D* inwigilacji [inv,ig,ilatsji]) *f* surveillance.

inż. (*skr od* inżynier) *engineer, used as title.*

inżynier [inʑiɲɛr] *m* engineer.

IQ [ajkju] (*inv*) *m* LUB *n* IQ.

ircować [irtsɔvatɕ] *vimperf* INFORM to instant message *(using the Internet)*.

Irlandczyk, Irlandka [irlanttʃik, irlantka] *m, f* Irishman (f Irishwoman).

Irlandia [irlandja] (*D* Irlandii [irlandji]) *f* Ireland.

irlandzki [irlantsk,i] *adj* Irish.

ironia [irɔɲja] (*D* ironii [irɔɲji]) *f* irony.

ironiczny [irɔɲitʃni] *adj* derisive.

ironizować [irɔɲizɔvatɕ] *vimperf* to deride • **ironizować na temat czegoś** to deride sthg.

irys [iris] (*D* -a) *m* [kwiat] iris; [cukierek] toffee.

irytować [iritɔvatɕ] *vimperf* to annoy • **irytować kogoś czymś** to annoy sb

with sthg. ➡ **irytować się** [iritɔ-
vatɛ ɕɛ] *vp imperf* to get annoyed.
irytujący [iritujɔntɕi] *adj* annoying.
iskra [iskra] (*D* iskry [iskrɨ]) *f* spark
• **iskra elektryczna** electric spark.
iskrzyć [iskʃitɕɛ] *vimperf* [sypać iskrami]
to spark. ➡ **iskrzyć się** [iskʃitɕ ɕɛ]
vp imperf [lśnić] to sparkle.
islam [islam] (*D* -u) *m* Islam.
Islandia [islandja] (*D* **Islandii** [islan-
dji]) *f* Iceland.
istnieć [istɲɛtɕ] *vimperf* to exist.
istnienie [istɲɛɲɛ] (*D* istnienia [istɲɛ-
ɲa]) *n* existence.
istota [istɔta] (*D* istoty [istɔti]) *f*
[stworzenie] creature; [sedno] heart.
istotnie [istɔtɲɛ] <> *part* [rzeczywiś-
cie] indeed. <> *adv* [znacząco] sig-
nificantly.
istotny [istɔtnɨ] *adj* [ważny] significant.
iść [iɕtɕ] *vimperf* -1. [przemieszczać się]
to go **iść do teatru** to go to the
theatre; **iść do lekarza** to go to the
doctor; **iść na spacer** to go for a walk;
iść pieszo to go on foot; **iść po kogoś**
to go and get sb; **iść za kimś** to follow
sb; **iść dalej** to go on. -2. [zaczynać
czynność] to go to do sthg. -3. *pot*
[powodzić się] : **jak tam idą interesy?**
how's business?; **jak ci idzie w szkole?**
how are you getting on at school?
itd. [itɛ'dɛ] (*skr od* i tak dalej) etc.
itp. [itɛ'pɛ] (*skr od* i tym podobnie) etc.
izba [izba] (*D* izby [izbɨ]) *f* [pokój]
room; [w parlamencie] house • **izba
przyjęć** inpatient reception.
izolacja [izɔlatsja] (*D* izolacji [izɔ-
latsji]) *f* isolation.
izolatka [izɔlatka] (*D* izolatki [izɔ-
latk,i]) *f* [w szpitalu] isolation ward.
izolować [izɔlɔvatɕ] *vimperf* LUB
vperf TECHN to insulate; [odosabniać]
to isolate. ➡ **izolować się** [izɔlɔ-
vatɛ ɕɛ] *vp imperf* to isolate o.s.

J

ja [ja] *pron* I • **to ja** it's me.
jabłecznik [jabwɛtʃnik] (*D* -a) *m*
[szarlotka] apple cake; [napój] cider.
jabłko [japkɔ] (*D* **jabłka** [japka]) *n*
apple.
jabłoń [jabwɔɲ] (*D* jabłoni [jabwɔɲi])
f apple tree.
jacht [jaxt] (*D* -u) *m* yacht.
jad [jat] (*D* -u) *m* venom.
jadać [jadatɕ] *vimperf* to eat.
jadalny [jadalnɨ] *adj* [grzyby] edible;
[pokój] dining.
jadłospis [jadwɔsp,is] (*D* -u) *m* [spis
potraw] menu; [dieta] diet.
jadowity [jadɔv,itɨ] *adj* [wąż, pająk]
poisonous; *przen* [uśmiech] venomous.
jagnię [jagɲɛ] *n* lamb.
jagnięcina [jagɲɛntɕina] (*D* **jagnięci-
ny** [jagɲɛntɕinɨ]) *f* lamb.
jagoda [jagɔda] (*D* jagody [jagɔdɨ]) *f*
berry.
jajecznica [jajɛtʃnitsa] (*D* jajecznicy
[jajɛtʃnitsɨ]) *f* KULIN scrambled eggs
• **jajecznica na bekonie** *scrambled eggs
fried with chopped bacon*; **jajecznica na
szynce** *scrambled eggs fried with
chopped ham*.
jajko [jajkɔ] (*D* jajka [jajka]) *n* egg
• **jajka faszerowane** stuffed eggs;
jajka na miękko soft-boiled eggs;
jajka na twardo hard-boiled eggs;
jajka sadzone fried eggs; **jajka w
koszulkach** poached eggs.
jajnik [jajnik] (*D* -a) *m* ovary.
jak [jak] *pron* how.
jaki [jak,i] *pron* [w pytaniach] what;
[wprowadzający zdanie podrzędne]
which.
jakiego [jak,ɛgɔ] *pron* ⊳ **jaki**.
jakiegoś [jak,ɛgɔɕ] *pron* ⊳ **jakiś**.
jakiemu [jak,ɛmu] *pron* ⊳ **jaki**.
jakiemuś [jak,ɛmuɕ] *pron* ⊳ **jakiś**.

jakim [jak,im] *pron* ⊳ jaki.

jakimś [jak,imɕ] *pron* ⊳ jakiś.

jakiś [jak,iɕ] *pron* some • **jakiś pan o ciebie pytał** a man was asking about you; **czy są jakieś pytania?** are there any questions?

jakość [jakɔɕtɕ] (*D* jakości [jakɔɕtɕi]) *f* quality.

jałmużna [jawmuʒna] (*D* jałmużny [jawmuʒnɨ]) *f* [datek] alms.

jałowcówka [jawɔftsufka] (*D* jałowcówki [jawɔftsufk,i]) *f* juniper vodka.

jałowiec [jawɔv,jɛts] (*D* jałowca [jawɔftsa]) *m* juniper.

jama [jama] (*D* jamy [jamɨ]) *f* [dół] pit; [nora] hole • **jama lisia** fox's lair.

jamnik [jamɲik] *m* dachshund.

japiszon [jap,iʃɔn] *m* yuppie.

Japonia [japɔnja] (*D* Japonii [japɔnji]) *f* Japan.

japoński [japɔɲsk,i] *adj* Japanese.

jarmark [jarmark] (*D* -u) *m* fair.

jarosz [jarɔʃ] *m* vegetarian.

jarski [jarsk,i] *adj* vegetarian.

jarzębina [jaʒɛmb,ina] (*D* jarzębiny [jaʒɛmb,inɨ]) *f* rowan.

jarzyna [jaʒɨna] (*D* jarzyny [jaʒɨnɨ]) *f* vegetable.

jasiek [jaɕɛk] (*D* jaśka [jaɕka]) *m* [mała poduszka] small pillow.

jaskinia [jask,ɨna] (*D* jaskini [jask,iɲi]) *f* cave.

jaskółka [jaskuwka] *f* swallow.

jaskrawy [jaskravɨ] *adj* [kolor] garish; [światło, przykład] glaring.

jasno [jasnɔ] *adv* [świecić, pomalować] brightly; [wyrażać się] clearly • **w tym pokoju jest jasno od słońca** this room gets a lot of sunlight. ➡ **jasno-** [jasnɔ] *cztka* [o kolorze] : **jasnoniebieski** light blue; [o jasnej barwie] : **jasnowłosy** fair; **jasnoskóry** fair-skinned.

jasnowidz [jasnɔv,its] *m* clairvoyant.

jasny [jasnɨ] *adj* [pokój, światło] bright; [kolor] light; [zrozumiały] clear • **piwo jasne** lager.

jastrząb [jastʃɔmp] *m* hawk.

jaszczurka [jaʃtʃurka] *f* lizard.

jaśmin [jaɕm,in] (*D* -u) *m* jasmine.

jawny [javnɨ] *adj* [obrady] public; [oszustwo] evident.

jazda [jazda] (*D* jazdy [jazdɨ]) *f* [samochodem] drive; [pociągiem] journey; [na rowerze] ride • **prawo jazdy** driving licence; **rozkład jazdy** timetable; **jazda na nartach** skiing; **jazda na łyżwach** skating; **jazda figurowa** figure skating; **jazda szybka na lodzie** speed skating; **jazda konna** riding.

jazz [dʒɛs] (*D* -u) *m* jazz.

ją [jɔ̃] *pron* ⊳ ona.

jądro [jɔndrɔ] (*D* jądra [jɔndra]) *n* [narząd] testicle; [istota] core.

jądrowy [jɔndrɔvɨ] *adj* [broń, energetyka] nuclear.

jąkać się [jɔŋkatɕ ɕɛ] *vp imperf* to stutter.

jechać [jɛxatɕ] (*perf* pojechać [pɔjɛxatɕ]) *vimperf* [samochodem, autobusem, pociągiem, tramwajem] to go; [rowerem, konno] to ride; [podróżować] to go • **jechać czymś** to go by sthg; **jechać za kimś** to drive behind sb; **jechać do Paryża** to go to Paris; **jechać na wakacje** to go on holiday; **pojechać za granicę** to go abroad; **jechać na gapę** to fare dodge.

jeden, jedna [jɛdɛn, jɛdna] *num* [liczba lub cyfra 1] one *zobacz też* sześć; [pierwszy] one.

jedenastu [jɛdɛnastu] *num* eleven *zobacz też* sześciu.

jedenasty [jɛdɛnastɨ] *num* eleventh *zobacz też* szósty.

jedenaście [jɛdɛnaɕtɕɛ] *num* eleven *zobacz też* sześć.

jednak [jɛdnak] *part* but.

jednakowy [jɛdnakɔvɨ] *adj* [identyczny] identical; [prawo] equal.

jednocześnie [jɛdnɔtʃɛɕɲɛ] *adv* [w tym samym czasie] at the same time.

jednoczyć [jɛdnɔtʃɨtɕ] *vimperf* to unite. ➡ **jednoczyć się** [jɛdnɔtʃɨtɕ ɕɛ] *vp imperf* to unite.

jednogłośnie [jɛdnɔgwɔɕɲɛ] *adv* unanimously.

jednogłośny [jɛdnɔgwɔɕnɨ] *adj* [wybór, decyzja] unanimous.

jednokierunkowy [jɛdnɔk‚ɛrun-kɔvi] *adj* [ruch, ulica] one-way.

jednolity [jɛdnɔl‚iti] *adj* uniform.

jednomyślnie [jɛdnɔmiɛlnɛ] *adv* unanimously.

jednomyślny [jɛdnɔmiɛlni] *adj* unanimous.

jednorazowy [jɛdnɔrazɔvi] *adj* [opłata] single; [strzykawka, igła] disposable.

jednostajny [jɛdnɔstajni] *adj* [życie, krajobraz] monotonous.

jednostka [jɛdnɔstka] *(D jednostki* [jɛdnɔstk‚i]) *f* [człowiek] individual; [miary] unit.

jednostronny [jɛdnɔstrɔnni] *adj* [ruch] one-way; [opinia] one-sided.

jedność [jɛdnɔɛtɛ] *(D jedności* [jɛdnɔɛtɕi]) *f* unity.

jedwab [jɛdvap] *(D jedwabiu* [jɛdvab‚ju]) *m* silk.

jedwabny [jɛdvabni] *adj* silk.

jedynaczka [jɛdinatʃka] *f* only child.

jedynak [jɛdinak] *m* only child.

jedynie [jɛdinɛ] *part* only.

jedyny [jɛdini] *adj* only • **jedyny w swoim rodzaju** one of a kind.

jedzenie [jɛdzɛnɛ] *(D jedzenia* [jɛdzɛ-na]) *n* food.

jego [jɛgɔ] *pron* ▷ **on** ▷ **ono**; [wskazuje na posiadanie] his, its.

jej [jɛj] *pron* ▷ **ona**; [wskazuje na posiadanie] her, its • **ten sweter jest jej** this sweater is hers.

jeleń [jɛlɛɲ] *m* deer.

jelito [jɛl‚itɔ] *(D jelita* [jɛl‚ita]) *n* intestine.

jemioła [jɛm‚jɔwa] *(D jemioły* [jɛm‚jɔwi]) *f* mistletoe.

jemu [jɛmu] *pron* ▷ **on** ▷ **ono**.

jeniec [jɛɲɛts] *m* prisoner *(of war)*.

jesienny [jɛɛɛnni] *adj* [deszcz, kolor] autumn; [pogoda] autumnal.

jesień [jɛɛɛɲ] *(D jesieni* [jɛɛɛɲi]) *f* autumn • **jesienią** in autumn.

jesiotr [jɛɛɔtr] *m* sturgeon.

jeszcze [jɛʃtʃɛ] ◇ *adv* [wciąż] still. ◇ *part* [niedawno] just • **jeszcze**

nie not yet; **jeszcze raz** again; **posiedźcie jeszcze** stay a bit longer.

jeść [jɛɛtɛ] *(perf* zjeść [zjɛɛtɛ]) *vimperf* to eat • **jeść śniadanie** to have breakfast; **jeść obiad** to have lunch; **jeść kolację** to have supper; **jeść czymś** to eat with sthg; **jeść na mieście** to eat out.

jeśli [jɛɛl‚i] *conj* [warunek, zastrzeżenie] if; *pot* [okoliczności] if.

jezdnia [jɛzdna] *(D jezdni* [jɛzdɲi]) *f* road.

jezioro [jɛzɔrɔ] *(D jeziora* [jɛzɔra]) *n* lake.

jeździć [jɛɛdzitɛ] *vimperf* [samochodem] to drive; [rowerem] to cycle; [podróżować] to travel • **jeździć konno** to ride a horse; **jeździć na nartach** to ski.

jeździec [jɛɛdzɛts] *m* rider.

jeździecki [jɛɛdzɛtsk‚i] *adj* riding • **klub jeździecki** riding club.

jeździectwo [jɛɛdzɛtstfɔ] *(D jeździectwa* [jɛɛdzɛtstfa]) *n* horse-riding.

jeż [jɛʃ] *m* hedgehog.

jeżeli [jɛʒɛl‚i] *conj* = **jeśli**.

jeżowiec [jɛʒɔv‚jɛts] *m* sea urchin.

jeżyna [jɛʒina] *(D jeżyny* [jɛʒini]) *f* blackberry.

jęczeć [jɛntʃɛtɛ] *vimperf* to moan.

jęczmień [jɛntʃm‚jɛɲ] *(D jęczmienia* [jɛntʃm‚jɛna]) *m* barley.

jęk [jɛŋk] *(D -u)* *m* moan.

język [jɛzik] *(D -a)* *m* [narząd] tongue; [mowa] language • **język obcy** foreign language; **języki urzędowe** official languages; **pokazać komuś język** to stick one's tongue out at sb.

jodła [jɔdwa] *(D jodły* [jɔdwi]) *f* fir tree.

jogging [dʒɔg‚iŋk] *(D -u)* *m* jogging.

jogurt [jɔgurt] *(D -u)* *m* yoghurt • **jogurt naturalny** plain yoghurt; **jogurt owocowy** fruit yoghurt.

joystick [dʒɔjst‚ik] *(D -a)* *m* joystick.

jubilat, ka [jub‚ilat, ka] *m, f* [osoba obchodząca swój jubileusz] *person celebrating a birthday or anniversary*.

jubiler [jub‚ilɛr] *m* jeweller.

jubileusz [jub‚ilɛuʃ] *(D -u)* *m* jubilee.

jury [ʒ,i'r,i] *(inv) n* [festiwalu, konkursu] jury.

jutro [jutrɔ] ⬦ *n* (*D* jutra [jutra]) tomorrow. ⬦ *adv* tomorrow • **jutro rano** tomorrow morning. ➡ **do jutra** [dɔ 'jutra] ⬦ *interj* see you tomorrow.

już [juʃ] *adv* already • **już nie** not anymore; **już nigdy** never again.

jw. (*skr od* jak wyżej) ditto.

K

k. (*skr od* koło) [w pobliżu] nr.

kabaczek [kabaˌtʃɛk] (*D* kabaczka [kabatʃka]) *m* marrow *UK*, squash *US* • **nadziewany kabaczek** KULIN stuffed marrow.

kabaret [kabarɛt] (*D* -u) *m* caberet.

kabel [kabɛl] (*D* kabla [kabla]) *m* cable.

kabina [kabˌina] (*D* kabiny [kabˌini]) *f* [pilota] cockpit; [na statku] cabin; [prysznicowa] cubicle.

kac [kats] (*D* -a) *m* hangover • **mieć kaca** to have a hangover.

kaczka [katʃka] *f* duck • **kaczka z jabłkami** KULIN duck with apples.

kadencja [kadɛntsja] (*D* kadencji [kadɛntsji]) *f* term (of office).

kadra [kadra] (*D* kadry [kadrɨ]) *f* [personel] staff; SPORT team.

kadzidło [kadʑidwɔ] (*D* kadzidła [kadʑidwa]) *n* incense.

kafelek [kafɛlɛk] (*D* kafelka [kafɛlka]) *m* tile.

kaftan [kaftan] (*D* -a) *m* pot [luźna bluza] top • **kaftan bezpieczeństwa** straitjacket.

kaftanik [kaftaɲik] (*D* -a) *m* [niemowlęcy] vest.

kaganiec [kagaɲɛts] (*D* kagańca [kagaɲtsa]) *m* muzzle.

kajak [kajak] (*D* -a) *m* canoe.

kajakarstwo [kajakarstfɔ] (*D* kajakarstwa [kajakarstfa]) *n* canoeing.

kajdanki [kajdankˌi] (*D* kajdanek [kajdanɛk]) *pl* handcuffs.

kajuta [kajuta] (*D* kajuty [kajutɨ]) *f* cabin.

kajzerka [kajzɛrka] (*D* kajzerki [kajzɛrkˌi]) *f* kaiser roll.

kakao [kakaɔ] *(inv) n* cocoa.

kaktus [kaktus] (*D* -a) *m* cactus.

kalafior [kalafˌjɔr] (*D* -a) *m* cauliflower.

kalambur [kalambur] (*D* -u) *m* pun.

kalectwo [kalɛtstfɔ] (*D* kalectwa [kalɛtstfa]) *n* disability.

kaleczyć [kalɛtʃɨtɕ] *vimperf* to cut • **kaleczyć język** to butcher a language.

kalejdoskop [kalɛjdɔskɔp] (*D* -u) *m* kaleidoscope.

kaleka [kalɛka] *m* LUB *f* [inwalida] cripple.

kalendarz [kalɛndaʃ] (*D* -a) *m* calendar.

kalendarzyk [kalɛndaʑik] (*D* -a) *m* diary.

kalesony [kalɛsɔni] (*D* kalesonów [kalɛsɔnuf]) *pl* long johns.

kaliber [kalˌibɛr] (*D* kalibru [kalˌibru]) *m* caliber.

kalka [kalka] (*D* kalki [kalkˌi]) *f* TECHN tracing paper.

kalkomania [kalkɔmaɲja] (*D* kalkomanii [kalkɔmaɲji]) *f* transfer.

kalkulator [kalkulatɔr] (*D* -a) *m* calculator.

kaloria [kalɔrja] (*D* kalorii [kalɔrji]) *f* calorie.

kaloryczny [kalɔritʃnɨ] *adj* [dieta, jedzenie] calorific.

kaloryfer [kalɔrifɛr] (*D* -a) *m* radiator.

kał [kaw] (*D* -u) *m* faeces.

kałuża [kawuʒa] (*D* kałuży [kawuʒi]) *f* puddle.

kamera [kamɛra] (*D* kamery [kamɛrɨ]) *f* (film) camera, (television) camera • **kamera wideo** video camera.

kameralny [kamɛralnɨ] *adj* [atmosfera, spotkanie] intimate; [pokój] cosy;

[orkiestra] chamber • **muzyka kameralna** chamber music.

kamienica [kam,jɛɲitsa] (D kamienicy [kam,jɛɲitɕi]) f town house.

kamienisty [kam,jɛɲisti] adj stony.

kamień [kam,jɛɲ] (D kamienia [kam,jɛɲa]) m [bryła skalna] stone; [minerał] gem • **kamień nazębny** tartar; **kamień nerkowy** kidney stone; **kamień szlachetny** gem.

kamizelka [kam,izɛlka] (D kamizelki [kam,izɛlk,i]) f waistcoat • **kamizelka ratunkowa** life jacket.

kampania [kampaɲja] (D kampanii [kampaɲji]) f [wyborcza, reklamowa, edukacyjna] campaign.

kamyk [kamik] (D -a) m pebble.

Kanada [kanada] (D Kanady [kanadi]) f Canada.

Kanadyjczyk, Kanadyjka [kanadijtʃik, kanadijka] m, f Canadian.

kanadyjski [kanadijsk,i] adj Canadian.

kanalizacja [kanal,izatsja] (D kanalizacji [kanal,izatsji]) f sewage system.

kanał [kanaw] (D -u) m [morski, rzeczny] canal; [ściek] drain; [telewizyjny] channel • **Kanał Augustowski** the Augustow Canal; **kanał La Manche** the English Channel; **Kanał Panamski** the Panama Canal; **Kanał Sueski** the Suez Canal.

kanapa [kanapa] (D kanapy [kanapi]) f couch.

kanarek [kanarɛk] m canary.

kancelaria [kantsɛlarja] (D kancelarii [kantsɛlarji]) f [biuro] office; [adwokacka] chambers.

kanclerz [kantslɛʃ] m chancellor.

kandydat, ka [kandidat, ka] m, f [na prezydenta, na studia] candidate.

kandydatura [kandidatura] (D kandydatury [kandidaturi]) f candidacy • **wysunąć czyjąś kandydaturę** to put forward a candidate.

kandydować [kandidɔvatɕ] vimperf to stand (in the election).

kangur [kaŋgur] m kangaroo.

kanister [kaɲistɛr] (D kanistra [kaɲistra]) m canister.

kanon [kanɔn] (D -u) m [prawa, urody] canon.

kantor [kantɔr] (D -u) m : **kantor wymiany walut** bureau de change.

kantować [kantɔvatɕ] vimperf pot [oszukiwać] to cheat.

kanwa [kanva] (D kanwy [kanvi]) f [osnowa] background • **na kanwie** based on.

kapać [kapatɕ] (perf kapnąć [kapnɔɲtɕ]) vimperf to drip.

kapar [kapar] (D -a) m caper.

kapeć [kapɛtɕ] (D kapcia [kaptɕa]) m [pantofel] slipper.

kapela [kapɛla] (D kapeli [kapɛl,i]) f [ludowa] folk group; pot [rockowa] band.

kapelusz [kapɛluʃ] (D -a) m hat.

kapitalny [kap,italni] adj [główny] fundamental; pot [znakomity] brilliant.

kapitał [kap,itaw] (D -u) m [zasoby finansowe] capital • **kapitał spółki** business capital.

kapitan [kap,itan] m [statku, samolotu, drużyny] captain.

kaplica [kapl,itsa] (D kaplicy [kapl,itsi]) f [zamkowa, kościelna] chapel.

kapłan [kapwan] m [w kościele] priest.

kapnąć [kapnɔɲtɕ] vperf = kapać.

kapok [kapɔk] (D -a) m life jacket.

kapować [kapɔvatɕ] vimperf pot [rozumieć] to twig; pot & pej [donosić] to rat.

kaprys [kapris] (D -u) m [zachcianka] whim. **kaprysy** [kaprisi] (D kaprysów [kaprisuf]) mpl pej [dąsy] sulks.

kaprysić [kapriɕitɕ] vimperf [przy jedzeniu] to be capricious.

kapryśny [kapriɕni] adj [dziecko, klient, pogoda] capricious.

kapsel [kapsɛl] (D kapsla [kapsla]) m [po piwie] bottle top.

kapsułka [kapsuwka] (D kapsułki [kapsuwk,i]) f [lek] capsule.

kaptur [kaptur] (D -a) m hood.

kapusta [kapusta] (D kapusty [kapusti]) f cabbage • **kapusta biała**

white cabbage; **kapusta czerwona** red cabbage; **kapusta kwaszona** sauerkraut; **kapusta pekińska** Chinese cabbage; **kapusta włoska** savoy cabbage.

kapuśniak [kapuɕɲak] (D -u) m KULIN cabbage soup.

kara [kara] (D **kary** [kari]) f punishment • **kara śmierci** capital punishment.

karabin [karab,in] (D -u) m rifle • **karabin maszynowy** machine gun.

karać [karaʨ] (perf **ukarać** [ukaraʨ]) vimperf to punish • **karać kogoś za coś** to punish sb for sthg; **ukarać kogoś grzywną** to give sb a fine.

karalny [karalni] adj [kradzież] punishable.

karaluch [karalux] m cockroach.

karany [karani] adj : **być karanym** to have a past conviction.

karat [karat] (D -a) m carat.

karate [karatɛ] (inv) n SPORT karate.

karawan [karavan] (D -u) m hearse.

karawana [karavana] (D **karawany** [karavani]) f [pojazdów] convoy.

karcić [karʨiʨ] vimperf to scold • **karcić kogoś za coś** to scold sb for sthg.

karczoch [kartʃɔx] (D -a) m artichoke.

kardynał [kardinaw] m cardinal.

karetka [karɛtka] (D **karetki** [karɛt-k,i]) f [pogotowia] ambulance.

kariera [karjɛra] (D **kariery** [karjɛri]) f [piosenkarska, aktorska] career • **zrobić karierę** to make it big.

karierowicz, ka [karjɛrɔv,itʃ, ka] m, f pej careerist

kark [kark] (D -u) m (nape of the) neck.

Karkonosze [karkɔnɔʃɛ] (D **Karkonoszy** [karkɔnɔʃi]) pl the Karkonosze Mountains.

karmić [karm,iʨ] (perf **nakarmić** [nakarm,iʨ]) vimperf [dzieci, zwierzęta] to feed • **karmić kogoś czymś** to feed sb sthg.

karnacja [karnatsja] (D **karnacji** [karnatsji]) f [jasna, ciemna] complexion.

karnawał [karnavaw] (D -u) m carnival.

karnet [karnet] (D -u) m [do teatru] season ticket.

karnisz [karɲiʃ] (D -a) m curtain rail.

karo [karɔ] (inv) n [w kartach] diamond • **as karo** ace of diamonds.

karoseria [karɔsɛrja] (D **karoserii** [karɔsɛrji]) f body.

karp [karp] m carp • **karp smażony** KULIN fried carp.

Karpaty [karpati] (D **Karpat** [karpat]) pl the Carpathian Mountains.

karta [karta] (D **karty** [karti]) f [do gry] card • **grać w karty** to play cards; **karta do bankomatu** cash card; **karta kredytowa** credit card; **karta telefoniczna** LUB **magnetyczna** phone card; **karta pobytu** residence permit; **karta pokładowa** boarding pass; **karta win** wine list; **talia kart** pack of cards; **karta dźwiękowa** INFORM sound card; **karta graficzna** graphics card; **Karta Socjalna (Karta Socjalnych Praw Podstawowych)** Social Charter (Charter of the Fundamental Social Rights of Workers).

kartel [kartɛl] (D -u) m cartel.

kartka [kartka] (D **kartki** [kartk,i]) f [papieru] sheet; [z zeszytu] page • **kartka pocztowa** postcard.

kartkować [kartkɔvaʨ] vimperf [książkę, zeszyt, gazetę] to leaf through.

kartofel [kartɔfɛl] (D **kartofla** [kartɔf-la]) m pot [ziemniak] potato • **kartofle purée** mashed potatoes.

karton [kartɔn] (D -u) m cardboard.

kartoteka [kartɔtɛka] (D **kartoteki** [kartɔtɛk,i]) f [policyjna, biblioteczna] file index.

karuzela [karuzɛla] (D **karuzeli** [karuzɛl,i]) f roundabout.

karykatura [karikatura] (D **karykatury** [karikaturi]) f caricature.

karzeł [kaʒew] m lit & przen dwarf.

kasa [kasa] (D **kasy** [kasi]) f [w supermarkecie] check-out; [w banku] *a window that handles cash withdrawals and deposits*; [na dworcu] ticket office;

[w kinie] box office • **kasa pancerna** safe.

kaseta [kasɛta] (D **kasety** [kasɛti]) f [magnetofonowa, wideo] cassette; [filmowa] cartridge.

kasjer, ka [kasjɛr, ka] m, f [w sklepie, banku] cashier; [na dworcu, w kinie] booking clerk.

kask [kask] (D **-u**) m helmet.

kasować [kasɔvatɕ] (perf **skasować** [skasɔvatɕ]) vimperf [bilet] to punch; [nagranie] to erase.

kasownik [kasɔvɲik] (D **-a**) m ticket punch.

kasowy [kasɔvi] adj [wpływy] cash; [film, autor] commercial.

Kastylia [kastilja] (D **Kastylii** [kastilji]) f Castile.

Kastylijczyk, Kastylijka [kastil,ijtʃik, kastil,ijka] m, f Castilian.

kasyno [kasinɔ] (D **kasyna** [kasina]) n casino.

kasza [kaʃa] (D **kaszy** [kaʃi]) f cooked grain • **kasza gryczana** buckwheat; **kasza jęczmienna** barley; **kasza kukurydziana** cornmeal; **kasza manna** semolina; **kasza perłowa** pearl barley.

kaszel [kaʃɛl] (D **kaszlu** [kaʃlu]) m cough.

kaszleć [kaʃlɛtɕ] vimperf to cough.

kaszmir [kaʃm,ir] (D **-u**) m cashmere.

kasztan [kaʃtan] (D **-a**) m chestnut.

kasztanowiec [kaʃtanɔv,jɛts] (D **kasztanowca** [kaʃtanɔftsa]) m horse chestnut.

kasztanowy [kaʃtanɔvi] adj chestnut.

kataklizm [katakl,izm] (D **-u**) m disaster.

katalog [katalɔk] (D **-u**) m catalogue.

Katalonia [katalɔɲja] (D **Katalonii** [katalɔɲji]) f Catalonia.

Katalończyk, Katalonka [katalɔjntʃik, katalɔnka] m, f Catalan.

katar [katar] (D **-u**) m cold • **dostać kataru** to catch a cold; **katar sienny** hay fever.

katastrofa [katastrɔfa] (D **katastrofy** [katastrɔfi]) f [kolejowa, lotnicza]

disaster; [ekonomiczna, życiowa] catastrophe.

katastrofalny [katastrɔfalni] adj [powódź, rządy, skutki] catastrophic.

katedra [katɛdra] (D **katedry** [katɛdri]) f [kościół] cathedral.

kategoria [katɛgɔrja] (D **kategorii** [katɛgɔrji]) f category.

kategoryczny [katɛgɔritʃni] adj categorical.

katolicki [katɔl,itsk,i] adj Catholic.

katolik, katoliczka [katɔl,ik, katɔl,itʃka] m, f Catholic.

katować [katɔvatɕ] vimperf lit & przen to torture.

Katowice [katɔv,itsɛ] (D **Katowic** [katɔv,its]) pl Katowice.

kaucja [kawtsja] (D **kaucji** [kawtsji]) f [za więźnia] bail; [za butelkę, książkę] deposit.

kauczuk [kawtʃuk] (D **-u**) m rubber.

kawa [kava] (D **kawy** [kavi]) f coffee • **kawa biała** white coffee; **kawa czarna** black coffee; **kawa mrożona** iced coffee; **kawa z mlekiem** coffee with milk; **kawa ze śmietanką** coffee with cream; **mocna kawa** strong coffee.

kawalarz [kavalaʃ] m pot joker.

kawaler [kavalɛr] m bachelor.

kawalerka [kavalɛrka] (D **kawalerki** [kavalɛrk,i]) f studio flat.

kawalerski [kavalɛrsk,i] adj : **wieczór kawalerski** stag night.

kawał [kavaw] (D **-u**) m [duża część] chunk; pot [żart] joke • **opowiadać kawały** to tell jokes; **zrobić komuś kawał** to play a joke on sb.

kawałek [kavawɛk] (D **kawałka** [kavawka]) m [niewielka część] piece; pot [odległość, fragment] bit.

kawiarenka [kav,jarɛnka] (D **kawiarenki** [kav,jarɛnk,i]) f cafe • **kawiarenka internetowa** internet cafe.

kawiarnia [kav,jarɲa] (D **kawiarni** [kav,jarɲi]) f cafe.

kawior [kav,jɔr] (D **-u**) m caviar.

kazać [kazatɕ] vimperf : **kazać komuś coś zrobić** to tell sb to do sthg • **rób, co ci każę** do what I tell you.

kazanie [kazaɲɛ] (*D* kazania [kazaɲa]) *n* [podczas mszy] sermon; *pej* [pouczenie] lecture.

kąpać [kɔmpatɕ] *vimperf* [dziecko] to bath. ➡ **kąpać się** [kɔmpatɕ ɕɛ] *vp imperf* [w łazience] to take a bath; [w jeziorze, rzece] to bathe.

kąpiel [kɔmp,jɛl] (*D* -i) *f* [w wannie] bath; [w jeziorze, rzece] bathe.

kąpielowy [kɔmp,jɛlɔvi] *adj* bath • kostium kąpielowy swimsuit.

kąpielówki [kɔmp,jɛlufk,i] (*D* kąpielówek [kɔmp,jɛluvɛk]) *pl* swimming trunks.

kąt [kɔnt] (*D* -a) *m* [róg] corner; [w matematyce] angle.

kciuk [ktɕuk] (*D* -a) *m* thumb • trzymać kciuki to keep one's fingers crossed.

keczup [kɛtʃup] (*D* -u) *m* ketchup.

kefir [kɛf,ir] (*D* -u) *m* milk product similar to yoghurt.

keks [kɛks] (*D* -a LUB -u) *m* fruit cake.

kelner, ka [kɛlnɛr, ka] *m, f* waiter (*f* waitress).

kemping [kɛmp,iŋk] (*D* -u) *m* camp site.

kempingowy [kɛmp,iŋgɔvi] *adj* : przyczepa kempingowa caravan *UK*, trailer *US*; domek kempingowy cabin.

kg (*skr od* kilogram) kg.

khaki [kak,i] (*inv*) *adj* khaki.

kibic [k,ib,itʂ] *m* [piłki nożnej] fan.

kichać [k,ixatɕ] (*perf* kichnąć [k,ixnɔntɕ]) *vimperf* to sneeze.

kichnąć [k,ixnɔntɕ] *vperf* = kichać.

kicz [k,itʃ] (*D* -u) *m* pej kitsch.

kiedy [k,ɛdi] <> *pron* [w pytaniach] when. <> *conj* pot when.

kiedykolwiek [k,ɛdikɔlv,jɛk] *pron* [w dowolnym czasie] whenever • czy ja cię kiedykolwiek zawiodłam? have I ever let you down?; jesteś dziś piękniejsza niż kiedykolwiek today you are more beautiful than ever; kiedykolwiek zechcesz, odwiedź mnie visit me whenever you want.

kiedyś [k,ɛdiɕ] *pron* [w przeszłości] once; [w przyszłości] one day.

kieliszek [k,ɛl,iʃɛk] (*D* kieliszka [k,ɛl,iʃka]) *m* glass.

kieł [k,ɛw] (*D* kła [kwa]) *m* [u psa] fang.

kiełbasa [k,ɛwbasa] (*D* kiełbasy [k,ɛwbasi]) *f* sausage • kiełbasa krakowska *wide Polish sausage*.

kiepski [k,ɛpsk,i] *adj pot* [nastrój, dowcip] lousy.

kiepsko [k,ɛpskɔ] *adv pot* [czuć się, wyglądać] lousy • uczyć się kiepsko to be a poor learner.

kier [k,ɛr] (*D* -a) *n* heart • as kier ace of hearts.

kiermasz [k,ɛrmaʃ] (*D* -u) *m* [książek, artykułów szkolnych] fair.

kierować [k,ɛrɔvatɕ] *vimperf* [samochodem] to drive; [słowa, myśli] to direct • kierować kimś [wpływać] to exert influence over sb; kierować czymś [zarządzać] to manage sthg. ➡ **kierować się** [k,ɛrɔvatɕ ɕɛ] *vp imperf* [postępować] to be guided by sthg; [iść] to head for.

kierowca [k,ɛrɔftʂa] *m* driver.

kierownica [k,ɛrɔvɲitʂa] (*D* kierownicy [k,ɛrɔvɲitʂi]) *f* steering wheel.

kierownik, kierowniczka [k,ɛrɔvɲik, k,ɛrɔvɲitʃka] *m, f* manager.

kierunek [k,ɛrunɛk] (*D* kierunku [k,ɛrunku]) *m* [wiatru] direction; [w sztuce] trend; [na uczelni] subject • iść w kierunku czegoś to go in the direction of sthg.

kierunkowskaz [k,ɛrunkɔfskas] (*D* -u) *m* [migacz] indicator; [drogowskaz] signal.

kieszeń [k,ɛʃɛɲ] (*D* kieszeni [k,ɛʃɛɲi]) *f* [w ubraniu] pocket; [w plecaku, torbie] compartment.

kieszonkowe [k,ɛʃɔnkɔvɛ] (*D* kieszonkowego [k,ɛʃɔnkɔvɛgɔ]) *n* pocket money.

kieszonkowiec [k,ɛʃɔnkɔv,jɛtʂ] *m pot* pickpocket.

kij [k,ij] (*D* -a) *m* stick • kij bilardowy billard cue; kij golfowy golf club; kij baseballowy baseball bat.

kijek [k,ijɛk] (*D* kijka [k,ijka]) *m* stick • kijek narciarski ski pole.

kijowianin, kijowianka [k,ijɔv,jaɲin, k,ijɔv,janka] *m, f inhabitant of Kiev.*

Kijów [k,ijuf] (*D* **Kijowa** [k,ijɔva]) *m* Kiev.

kilka [k,ilka] *pron* several.

kilkakrotnie [k,ilkakrɔtɲɛ] *adv* several times.

kilogram [k,ilɔgram] (*D* -a) *m* kilogram.

kilometr [k,ilɔmɛtr] (*D* -a) *m* kilometre.

kim [k,im] *pron* ⊳ **kto.**

kimkolwiek [k,imkɔlv,jɛk] *pron* ⊳ **ktokolwiek.**

kimś [k,imɕ] *pron* ⊳ **ktoś.**

kinkiet [k,iŋk,ɛt] (*D* -u) *m* [na ścianie] wall lamp.

kino [k,inɔ] (*D* **kina** [k,ina]) *n* cinema.

kinoman, ka [k,inɔman, ka] *m, f* film-lover.

kiosk [k,ɔsk] (*D* -u) *m* kiosk • **kiosk ruchu** newsagent.

kipieć [k,ip,jɛtɕ] (*perf* **wykipieć** [vik,ip,jɛtɕ]) *vimperf* [woda, mleko] to boil over.

kiść [k,iɕtɕ] (*D* **kiści** [k,iɕtɕi]) *f* [bananów, winogron, bzu] bunch.

kit [k,it] (*D* -u) *m* putty • **do kitu** *pot* crummy.

kiwać [k,ivatɕ] *vimperf* [głową] to nod; [ręką] to wave. ⇒ **kiwać się** [k,ivatɕ ɕɛ] *vp imperf* [o głowie] to sway.

kiwi [k,iv,i] *(inv)* *n* kiwi fruit.

klacz [klatʃ] *f* mare.

klakson [klaksɔn] (*D* -u) *m* horn.

klamerka [klamɛrka] (*D* **klamerki** [klamɛrk,i]) *f* [przy pasku, u butów] buckle.

klamka [klamka] (*D* **klamki** [klamk,i]) *f* [do drzwi, furtki] handle.

klapa [klapa] (*D* **klapy** [klap,i]) *f* [pokrywa] cover; *pot* [fiasko] flop • **zrobić klapę** *pot* to be a flop.

klaps [klaps] (*D* -a) *m* [w pośladek] slap [na planie filmowym] take.

klasa [klasa] (*D* **klasy** [klas,i]) *f* [gen] class • **zabytki klasy zerowej** top-class monuments.

klaser [klasɛr] (*D* -a) *m* stamp album.

klaskać [klaskatɕ] *vimperf* to clap.

klasówka [klasufka] (*D* **klasówki** [klasufk,i]) *f* test.

klasyczny [klasitʃɲi] *adj* [starożytny] classical; [wzorcowy] classic.

klasyfikacja [klasif,ikaʦja] (*D* **klasyfikacji** [klasif,ikaʦji]) *f* classification.

klasyfikować [klasif,ikɔvatɕ] *vimperf* [rośliny, zawodników] to classify; [ucznia] to pass.

klasztor [klaʃtɔr] (*D* -u) *m* [męski] monastery; [żeński] convent.

klatka [klatka] (*D* **klatki** [klatk,i]) *f* [dla zwierząt] cage [na kliszy] frame • **klatka piersiowa** chest; **klatka schodowa** staircase.

klaun [klawn] *m* clown.

klauzula [klawzula] (*D* **klauzuli** [klawzul,i]) *f* clause • **klauzula najwyższego uprzywilejowania** priority-clause.

klawiatura [klav,jatura] (*D* **klawiatury** [klav,jaturi]) *f* keyboard • **klawiatura komputera** computer keyboard.

klawisz [klav,iʃ] (*D* -a) *m* [pianina, komputera] key; [telefonu] button *pot* [strażnik więzienny] screw • **klawisze funkcyjne** function keys; **klawisze numeryczne** number keys.

kląć [klɔɲtɕ] (*perf* **zakląć** [zaklɔɲtɕ]) *vimperf* to curse.

klątwa [klɔntfa] (*D* **klątwy** [klɔntfi]) *f* curse.

kleić [klɛjitɕ] (*perf* **skleić** [sklɛjitɕ]) *vimperf* to glue. ⇒ **kleić się** [klɛjitɕ ɕɛ] *vp imperf* to stick • **rozmowa się nie kleiła** the conversation didn't flow.

kleisty [klɛjisti] *adj* sticky.

klej [klɛj] (*D* -u) *m* glue.

klejnot [klɛjnɔt] (*D* -u) *m* jewel. ⇒ **klejnoty** [klɛjnɔti] (*D* **klejnotów** [klɛjnɔtuf]) *mpl* jewels.

klementynka [klɛmɛntinka] (*D* **klementynki** [klɛmɛntink,i]) *f* clementine.

klepsydra [klɛpsidra] (*D* **klepsydry** [klɛpsidri]) *f* [przyrząd] hourglass.

kleptoman, ka [klɛptoman, ka] *m, f* kleptomaniac.

kler [klɛr] *m* clergy.

kleszcz [klɛʃtʃ] *m* [pajęczak] tick.

klęczeć [klɛntʃɛtɕ] *vimperf* to kneel.

klęczki [klɛntʃk,i] (*D* klęczek [klɛn-tʃɛk]) *pl* : na klęczkach on one's knees; z klęczek from a kneeling position.

klękać [klɛŋkatɕ] (*perf* klęknąć [klɛŋk-nɔntɕ]) *vimperf* to kneel.

klęknąć [klɛŋknɔntɕ] *vperf* = klękać.

klęska [klɛska] (*D* klęski [klɛsk,i]) *f* defeat • klęska żywiołowa natural disaster.

klient, ka [kl,ijɛnt, ka] *m, f* [gen] client; [w sklepie] customer.

klientela [kl,ijɛntɛla] *f* clientele.

klif [kl,if] (*D* -u) *m* cliff.

klimat [kl,imat] (*D* -u) *m* [morski, kontynentalny] climate; [naukowy, twórczy] atmosphere.

klimatyczny [kl,imatitʃni] *adj* climatic.

klimatyzacja [kl,imatizatsja] (*D* klimatyzacji [kl,imatizatsji]) *f* air-conditioning.

klinika [kl,iɲika] (*D* kliniki [kl,iɲik,i]) *f* clinic.

klips [kl,ips] (*D* -a) *m* clip-on earring.

klisza [kl,iʃa] (*D* kliszy [kl,iʃi]) *f* film.

klocek [klɔtsɛk] (*D* klocka [klɔtska]) *m* [drewna] block. ➤ **klocki** [klɔtsk,i] (*D* klocków [klɔtskuf]) *mpl* [zabawka] blocks.

klomb [klɔmp] (*D* -u) *m* [kwiatów] bed.

klon¹ [klɔn] (*D* -u) *m* [drzewo] maple.

klon² [klɔn] (*D* -a) *m* [owcy, myszy] clone.

klonować [klɔnɔvatɕ] *vimperf* [rośliny, zwierzęta] to clone.

klosz [klɔʃ] (*D* -a) *m* [do lampy] lampshade.

klub [klup] (*D* -u) *m* club • nocny klub nightclub.

klucz [klutʃ] (*D* -a) *m* lit & przen key; TECHN spanner, wrench.

kluczyć [klutʃitɕ] *vimperf* [po lesie] to wander around.

kluski [klusk,i] (*D* klusek [klusɛk]) *fpl* KULIN dumplings • kluski lane *dumplings made by spooning batter into boiling water*; kluski śląskie *mashed potato dumplings*.

kładka [kwatka] (*D* kładki [kwatk,i]) *f* [na rzece, nad ulicą] footbridge.

kłamać [kwamatɕ] (*perf* skłamać [skwamatɕ]) *vimperf* to lie • kłamać komuś to lie to sb.

kłamczuch, a [kwamtʃux, a] *m, f pot* liar.

kłamstwo [kwamstfɔ] (*D* kłamstwa [kwamstfa]) *n* lie.

kłaniać się [kwaɲatɕ ɕɛ] (*perf* ukłonić się [ukwɔɲitɕ ɕɛ]) *vp imperf* to bow • kłaniać się komuś to greet sb.

kłaść [kwaɕtɕ] *vimperf* to put • kłaść coś na stole to put sthg on the table; kłaść duży nacisk na coś to put great emphasis on sthg. ➤ **kłaść się** [kwaɕtɕ ɕɛ] *vp imperf* [na łóżku] to lie down • kłaść się spać to go to bed.

kłębek [kwɛmbɛk] (*D* kłębka [kwɛmp-ka]) *m* [nici, drutu, sznurka] ball • kłębek nerwów bundle of nerves.

kłopot [kwɔpɔt] (*D* -u) *m* trouble.

kłopotliwy [kwɔpɔtl,ivi] *adj* [trudny] troublesome.

kłos [kwɔs] (*D* -u) *m* [zboża] ear.

kłócić się [kwutɕitɕ ɕɛ] (*perf* pokłócić się [pɔkwutɕitɕ ɕɛ]) *vp imperf* to quarrel • kłócić się z kimś to quarrel with sb; kłócić się o coś to quarrel about sthg.

kłódka [kwutka] (*D* kłódki [kwutk,i]) *f* padlock.

kłótliwy [kwutl,ivi] *adj* quarrelsome.

kłótnia [kwutɲa] (*D* kłótni [kwutɲi]) *f* quarrel.

kłuć [kwutɕ] *vimperf* [igłą] to prick; [o bolu] to hurt • od rana kluje mnie w boku I've had a stabbing pain in my side since morning.

kłujący [kwujɔntɕi] *adj* [igła] sharp; [ból] stabbing.

kłusownik [kwusɔvɲik] *m* poacher.

km (*skr od* kilometr) km.

kminek [km,inɛk] (*D* kminku [km,in-ku]) *m* caraway seed.

kneblować [knɛblɔvatɕ] (*perf* zakneblować [zaknɛblɔvatɕ]) *vimperf* [usta] to gag.

knot [knɔt] (D -a) m [świecy] wick pot & pej [chała] crap.

knuć [knutɕ] vimperf [spisek, intrygę] to plot • **knuć przeciw komuś** to plot against sb.

koalicja [kɔalˌitsja] (D **koalicji** [kɔalˌitsji]) f coalition.

kobieciarz [kɔbˌjɛtɕaʃ] m pot womanizer.

kobiecość [kɔbˌjɛtsɔɕtɕ] (D **kobiecości** [kɔbˌjɛtsɔɕtɕi]) f femininity.

kobiecy [kɔbˌjɛtsi] adj [rola, twarz] female; [pismo] women's; [zachowanie, kształty] feminine.

kobieta [kɔbˌjɛta] f woman.

koc [kɔts] (D -a) m blanket.

kochać [kɔxatɕ] vimperf to love • **kocham cię** I love you; **kochać kogoś** to love sb. **kochać się** [kɔxatɕ ɕɛ] vp imperf : **kochać się w kimś** to be in love with sb; **kochać się z kimś** to make love with sb.

kochanek [kɔxanɛk] m lover.

kochanka [kɔxanka] f [w równym związku] lover; [w nierównym związku] mistress.

kochany [kɔxani] <> adj [drogi] dear. <> m [człowiek bliski] (my) dear.

kocur [kɔtsur] m tomcat.

koczować [kɔtʃɔvatɕ] vimperf [o plemionach] to move from place to place; pot [mieszkać tymczasowo] to stay temporarily.

kod [kɔt] (D -u) m code • **kod pocztowy** postcode.

kodeks [kɔdɛks] (D -u) m [karny, cywilny, pracy] code.

kodować [kɔdɔvatɕ] (perf **zakodować** [zakɔdɔvatɕ]) vimperf to encode.

kofeina [kɔfɛjina] (D **kofeiny** [kɔfɛjini]) f caffeine.

kogo [kɔgɔ] pron ⊳ kto.

kogokolwiek [kɔgɔkɔlvˌjɛk] pron ⊳ ktokolwiek.

kogoś [kɔgɔɕ] pron ⊳ ktoś.

kogut [kɔgut] m [zwierzę] rooster; pot [na karetce] (D -a) siren.

kojarzyć [kɔjaʒitɕ] (perf **skojarzyć** [skɔjaʒitɕ]) vimperf [fakty] to associ-

ate; [ludzi] to join • **kojarzyć coś z czymś** to associate sthg with sthg. **kojarzyć się** [kɔjaʒitɕ ɕɛ] (perf **skojarzyć się** [skɔjaʒitɕ ɕɛ]) vp imperf [przywodzić na myśl] to remind.

kok [kɔk] (D -a) m [uczesanie] bun.

kokarda [kɔkarda] (D **kokardy** [kɔkardi]) f bow.

kokieteryjny [kɔkˌɛtɛrijni] adj [uśmiech, spojrzenie] flirtatious.

kokietka [kɔkˌɛtka] f flirt.

kokon [kɔkɔn] (D -u) m cocoon.

kokos [kɔkɔs] (D -a LUB -u) coconut.

kokosowy [kɔkɔsɔvi] adj coconut.

koktajl [kɔktajl] (D -u) m [alkoholowy] cocktail; [nabiałowy] smoothie • **koktajl mleczny** milk shake.

kolacja [kɔlatsja] (D **kolacji** [kɔlatsji]) f supper.

kolano [kɔlanɔ] (D **kolana** [kɔlana]) n knee.

kolarstwo [kɔlarstfɔ] (D **kolarstwa** [kɔlarstfa]) n cycling.

kolarz [kɔlaʃ] m cyclist.

kolba [kɔlba] (D **kolby** [kɔlbi]) f [kukurydzy] cob; [karabinu] butt.

kolczyk [kɔltʃik] (D -a) m earring.

kolec [kɔlɛts] (D **kolca** [kɔltsa]) m [róży] thorn; [jeża] spine.

kolega [kɔlɛga] m [z pracy] colleague; [poza pracą] friend.

kolegium [kɔlɛgjum] (inv w lp) n college • **Kolegium Europejskie w Brugii** College of Europe in Brugges.

kolej [kɔlɛj] (D **kolei** [kɔlɛji]) f [środek transportu] railway; [następstwo] turn • **po kolei** one by one; **kolej miejska** city rail link; **kolej podmiejska** suburban railway; **kolej podziemna** metro.

kolejarz [kɔlɛjaʃ] m railway worker.

kolejka [kɔlɛjka] (D **kolejki** [kɔlɛjkˌi]) f [w sklepie] queue • **kolejka górska** [w wesołym miasteczku] roller coaster; **kolejka linowa** cable car.

kolejno [kɔlɛjnɔ] adv one by one.

kolejność [kɔlɛjnɔɕtɕ] (D **kolejności** [kɔlɛjnɔɕtɕi]) f [alfabetyczna, zdarzeń] order; [w rankingu] position.

kolejny [kɔlɛjni] *adj* [następny] next; [jeszcze jeden] another.

kolejowy [kɔlɛjɔvi] *adj* : **dworzec kolejowy** train station.

kolekcja [kɔlɛktsja] (*D* **kolekcji** [kɔlɛktsji]) *f* [obrazów, mody] collection.

kolekcjoner, ka [kɔlɛktsjɔnɛr, ka] *m*, *f* collector.

kolekcjonować [kɔlɛktsjɔnɔvatɕ] *vimperf* to collect.

kolendra [kɔlɛndra] (*D* **kolendry** [kɔlɛndri]) *f* coriander.

koleżanka [kɔlɛʒanka] *f* [z pracy] colleague; [poza pracą] friend.

koleżeński [kɔlɛʒɛjsk,i] *adj* friendly.

kolęda [kɔlɛnda] (*D* **kolędy** [kɔlɛndi]) *f* carol.

koliber [kɔl,ibɛr] *m* hummingbird.

kolizja [kɔl,izja] (*D* **kolizji** [kɔl,izji]) *f* [kraksa] collision; [konflikt] conflict.

kolka [kɔlka] (*D* **kolki** [kɔlk,i]) *f* MED stitch.

kolonia [kɔlɔnja] (*D* **kolonii** [kɔlɔnji]) *f* colony. ⇒ **kolonie** [kɔlɔnjɛ] (*D* **kolonii** [kɔlɔnji]) *fpl* holiday camp.

koloński [kɔlɔnsk,i] *adj* : **woda kolońska** cologne.

kolor [kɔlɔr] (*D* -u) *m* [barwa] colour; [w kartach] suit. ⇒ **kolory** [kɔlɔri] (*D* **kolorów** [kɔlɔruf]) *mpl* [rumieńce] blush • **dostać kolorów** to blush.

kolorować [kɔlɔrɔvatɕ] (*perf* **pokolorować** [pɔkɔlɔrɔvatɕ]) *vimperf* [rysunek] to colour.

kolorowy [kɔlɔrɔvi] *adj* [wielobarwny] colourful; [telewizor, zdjęcie] colour.

koloryt [kɔlɔrit] (*D* -u) *m* colour.

koloryzować [kɔlɔrizɔvatɕ] *vimperf* [opowieść] to embellish.

kolos [kɔlɔs] (*D* -a) *m* giant.

kolosalny [kɔlɔsalni] *adj* colossal.

kolportaż [kɔlpɔrtaʃ] (*D* -u) *m* distribution.

kolumna [kɔlumna] (*D* **kolumny** [kɔlumni]) *f* [słup] column; [głośnik] speaker.

kołdra [kɔwdra] (*D* **kołdry** [kɔwdri]) *f* quilt.

kołek [kɔwɛk] (*D* **kołka** [kɔwka]) *m* [kawałek drewna] peg.

kołnierz [kɔwɲɛʃ] (*D* -a) *m* collar.

koło[1] [kɔwɔ] (*D* **koła** [kɔwa]) *n* [pojazdu] wheel; [okrąg, grono] circle • **koło ratunkowe** life belt; **koło zapasowe** spare wheel.

koło[2] [kɔwɔ] *prep* [obok] near; [około] around.

kołysać [kɔwisatɕ] *vimperf* [wózek] to rock; [biodrami] to sway. ⇒ **kołysać się** [kɔwisatɕ ɕɛ] *vp imperf* [w tańcu] to sway.

kołysanka [kɔwisanka] (*D* **kołysanki** [kɔwisank,i]) *f* lullaby.

komar [kɔmar] *m* mosquito.

kombatant, ka [kɔmbatant, ka] *m*, *f* ex-combatant.

kombinacja [kɔmb,inatsja] (*D* **kombinacji** [kɔmb,inatsji]) *f* [barw, zapachów] combination • **kombinacja alpejska** SPORT alpine combined.

kombinezon [kɔmb,inɛzɔn] (*D* -u) *m* : **kombinezon roboczy** boiler suit; **kombinezon narciarski** ski suit; **kombinezon lotnika** flying suit.

komedia [kɔmɛdja] (*D* **komedii** [kɔmɛdji]) *f* comedy.

komenda [kɔmɛnda] (*D* **komendy** [kɔmɛndi]) *f* [siedziba] headquarters; [rozkaz] command.

komentarz [kɔmɛntaʃ] (*D* -a) *m* [uwaga, opinia] commentary.

komentować [kɔmɛntɔvatɕ] *vimperf* to comment on.

komercyjny [kɔmɛrtsijni] *adj* commercial.

kometa [kɔmɛta] (*D* **komety** [kɔmɛti]) *f* comet.

kometka [kɔmɛtka] (*D* **kometki** [kɔmɛtk,i]) *f* badminton.

komfort [kɔmfɔrt] (*D* -u) *m* comfort.

komfortowy [kɔmfɔrtɔvi] *adj* comfortable.

komiczny [kɔm,itʃni] *adj* [mina] comic; [zdarzenie] comical.

komiks [kɔm,iks] (*D* -u) *m* comic.

komin [kɔm,in] (*D* -a) *m* chimney.

kominek [kɔm,inɛk] (*D* **kominka** [kɔm,inka]) *m* fireplace.

kominiarka [kɔm,iɲarka] (*D* **kominiarki** [kɔm,iɲark,i]) *f* balaclava.

kominiarz [kɔmˌiɲaʃ] *m* chimney sweep.

komis [kɔmˌis] (*D* -u) *m* [samochodowy] sale on commission.

komisariat [kɔmˌisarjat] (*D* -u) *m* police station.

komisja [kɔmˌisja] (*D* komisji [kɔmˌisji]) *f* committee; [rządowa, międzynarodowa] commission • **Europejska Komisja Gospodarcza** European Economic Commission; **Europejska Komisja Praw Człowieka** European Commission of Human Rights; **Komisja Europejska** European Commission.

komitet [kɔmˌitɛt] (*D* -u) *m* committee • **Komitet Ekonomiczno-Społeczny** Economic and Social Committee; **Komitet Konsultacyjny** Consultative Committee; **Komitet Koordynacyjny** Coordination Committee; **Komitet Regionów** Committee of the Regions.

komora [kɔmɔra] (*D* komory [kɔmɔri]) *f* compartment • **komora celna** customs.

komorne [kɔmɔrnɛ] (*D* komornego [kɔmɔrnɛgɔ]) *n* rent.

komórka [kɔmurka] (*D* komórki [kɔmurkˌi]) *f* [organizmu] cell; *pot* [telefon] mobile.

komórkowy [kɔmurkɔvi] *adj* cell • **telefon komórkowy** mobile phone.

kompakt [kɔmpakt] (*D* -u) *m pot* [płyta] CD.

kompaktowy [kɔmpaktɔvi] *adj* : **płyta kompaktowa** CD; **odtwarzacz kompaktowy** CD player.

kompas [kɔmpas] (*D* -u) *m* compass.

kompatybilny [kɔmpatibˌilni] *adj* compatible.

kompetencja [kɔmpɛtɛntsja] (*D* kompetencji [kɔmpɛtɛntsji]) *f oficjal* [prawo do czegoś] area of responsibility; *oficjal* [zdolność do wypełniania obowiązków] competence • **kompetencje sądu** court jurisdiction.

kompetentny [kɔmpɛtɛntni] *adj oficjal* competent; [uprawniony] authorised.

kompilator [kɔmpˌilatɔr] (*D* -a) *m* [INFORM program komputerowy] compiler.

kompleks [kɔmplɛks] (*D* -u) *m* complex • **mieć kompleks niższości** to have an inferiority complex.

komplement [kɔmplɛmɛnt] (*D* -u) *m* compliment • **prawić komuś komplementy** to pay sb compliments.

komplet [kɔmplɛt] (*D* -u) *m* [gen] set; [łazienkowy] suite; [w kinie, teatrze] full house; [w samolocie] full flight.

kompletny [kɔmplɛtni] *adj* complete.

kompletować [kɔmplɛtɔvatɕ] *vimperf* to assemble.

komplikacja [kɔmplˌikatsja] (*D* komplikacji [kɔmplˌikatsji]) *f* complication.

komplikować [kɔmplˌikɔvatɕ] (*perf* skomplikować [skɔmplˌikɔvatɕ]) *vimperf* to complicate. ⬥ **komplikować się** [kɔmplˌikɔvatɕ ɕɛ] (*perf* skomplikować się [skɔmplˌikɔvatɕ ɕɛ]) *vp imperf* to get complicated.

komponować [kɔmpɔnɔvatɕ] *vimperf* to compose.

kompozycja [kɔmpɔzitsja] (*D* kompozycji [kɔmpɔzitsji]) *f* composition.

kompozytor [kɔmpɔzitɔr] *m* composer.

kompres [kɔmprɛs] (*D* -u) *m* compress.

kompromis [kɔmprɔmˌis] (*D* -u) *m* compromise.

kompromisowy [kɔmprɔmˌisɔvi] *adj* compromise.

kompromitacja [kɔmprɔmˌitatsja] (*D* kompromitacji [kɔmprɔmˌitatsji]) *f* embarrassment.

kompromitować [kɔmprɔmˌitɔvatɕ] (*perf* skompromitować [skɔmprɔmˌitɔvatɕ]) *vimperf* to embarrass. ⬥ **kompromitować się** [kɔmprɔmˌitɔvatɕ ɕɛ] (*perf* skompromitować się [skɔmprɔmˌitɔvatɕ ɕɛ]) *vp imperf* to discredit o.s.

komputer [kɔmputɛr] (*D* -a) *m* computer • **komputer multimedialny** multimedia computer; **komputer osobisty** personal computer.

komputerowy [kɔmputɛrɔvi] *adj* : **gra komputerowa** computer game.

komputeryzacja [kɔmputɛrizatsja]
(*D* **komputeryzacji** [kɔmputɛrizatsji])
f computerisation.

komputeryzować [kɔmputɛrizɔ-
vatɕ] *vimperf* to computerise.

komu [kɔmu] *pron* ⊳ **kto**.

komukolwiek [kɔmukɔlv,jɛk] *pron*
⊳ **ktokolwiek**.

komunalny [kɔmunalni] *adj* municipal • **mieszkanie komunalne** council
flat.

komunia [kɔmuɲja] (*D* **komunii**
[kɔmuɲji]) *f* communion.

komunikacja [kɔmuɲikatsja] (*D* ko-
munikacji [kɔmuɲikatsji]) *f* communication • **komunikacja miejska** city
transport.

komunikat [kɔmuɲikat] (*D* -**u**) *m*
announcement • **komunikat meteorologiczny** weather forecast.

komunikatywny [kɔmuɲikativni]
adj [kontaktowy] communicative;
[zrozumiały] articulate.

komunikować [kɔmuɲikɔvatɕ] *vimperf oficjal* [oznajmiać] to inform
• **komunikować coś komuś** to inform sb about sthg. ⇒ **komunikować się** [kɔmuɲikɔvatɕ ɕɛ] *vp
imperf* [porozumiewać się] to communicate • **komunikować się z kimś**
to communicate with sb.

komunizm [kɔmuɲizm] (*D* -**u**) *m*
communism.

komuś [kɔmuɕ] *pron* ⊳ **ktoś**.

koncentracja [kɔntsɛntratsja] (*D*
koncentracji [kɔntsɛntratsji]) *f* concentration.

koncentrat [kɔntsɛntrat] (*D* -**u**) *m*
concentrate • **koncentrat pomidorowy** tomato puree.

koncentrować [kɔntsɛntrɔvatɕ]
(*perf* **skoncentrować** [skɔntsɛntrɔ-
vatɕ]) *vimperf* to concentrate.
⇒ **koncentrować się** [kɔntsɛn-
trɔvatɕ ɕɛ] (*perf* **skoncentrować się**
[skɔntsɛntrɔvatɕ ɕɛ]) *vp imperf* to
concentrate • **koncentrować się na
czymś** to concentrate on sthg.

koncepcja [kɔntsɛptsja] (*D* **koncepcji**
[kɔntsɛptsji]) *f* [projekt] concept;
[pomysł] idea.

koncern [kɔntsɛrn] (*D* -**u**) *m* concern.

koncert [kɔntsɛrt] (*D* -**u**) *m* [impreza]
concert; [utwór] concerto • **iść na
koncert** to go to a concert.

koncertowy [kɔntsɛrtɔvi] *adj* concert.

koncesja [kɔntsɛsja] (*D* **koncesji**
[kɔntsɛsji]) *f* concession.

koncesjonowany [kɔntsɛsjɔnɔvani]
adj licensed.

kondolencje [kɔndɔlɛntsjɛ] (*D* **kon-
dolencji** [kɔndɔlɛntsji]) *pl* condo-
lences.

kondycja [kɔnditsja] (*D* **kondycji**
[kɔnditsji]) *f* [forma fizyczna] fitness;
[stan] state • **mieć kondycję** to be in
good shape.

konewka [kɔnɛfka] (*D* **konewki**
[kɔnɛfk,i]) *f* watering can.

konfekcja [kɔnfɛktsja] (*D* **konfekcji**
[kɔnfɛktsji]) *f* clothes.

konferencja [kɔnfɛrɛntsja] (*D* **konferencji** [kɔnfɛrɛntsji]) *f* conference
• **konferencja prasowa** press conference.

konfiskata [kɔnf,iskata] (*D* **konfiska-
ty** [kɔnf,iskati]) *f* confiscation.

konfiskować [kɔnf,iskɔvatɕ] (*perf*
skonfiskować [skɔnf,iskɔvatɕ]) *vimperf* to confiscate.

konfitury [kɔnf,ituri] (*D* **konfitur**
[kɔnf,itur]) *fpl* preserves.

konflikt [kɔnfl,ikt] (*D* -**u**) *m* conflict.

konfliktowy [kɔnfl,iktɔvi] *adj* [czło-
wiek] confrontational; [sprawa, sytua-
cja] conflict-inducing.

konfrontacja [kɔnfrɔntatsja] (*D* **kon-
frontacji** [kɔnfrɔntatsji]) *f* confronta-
tion.

konfrontować [kɔnfrɔntɔvatɕ] (*perf*
skonfrontować [skɔnfrɔntɔvatɕ])
vimperf [porównywać] to compare
• **konfrontować coś z czymś** to
compare sthg with sthg.

kongres [kɔngrɛs] (*D* -**u**) *m* congress.

koniak [kɔɲak] (*D* -**u**) *m* cognac.

koniczyna [kɔɲitʃina] (*D* **koniczyny**
[kɔɲitʃini]) *f* clover.

koniec [kɔɲɛts] (*D* **końca** [kɔjntsa]) *m*
end • **na końcu ulicy** at the end of
the street; **ledwo wiązać koniec z**

końcem to barely make ends meet; **w końcu** finally.

koniecznie [kɔɲɛtʃɲɛ] adv absolutely.

konieczność [kɔɲɛtʃnɔɕtɕɛ] (D konieczności [kɔɲɛtʃnɔɕtɕi]) f necessity.

konieczny [kɔɲɛtʃni] adj necessary.

konik [kɔɲik] m [mały koń] small horse; [zabawka] (D -a) rocking horse • **konik polny** grasshopper.

konina [kɔɲina] (D koniny [kɔɲini]) f horse meat.

konkluzja [kɔŋkluzja] (D konkluzji [kɔŋkluzji]) f conclusion.

konkretny [kɔŋkrɛtni] adj [cel] clear-cut; [dowód, rzecz] real; [człowiek] businesslike.

konkurencja [kɔŋkurɛntsja] (D konkurencji [kɔŋkurɛntsji]) f competition.

konkurencyjny [kɔŋkurɛntsijni] adj [cena] competitive; [firma] rival.

konkurent, ka [kɔŋkurɛnt, ka] m, f rival.

konkurs [kɔŋkurs] (D -u) m contest.

konno [kɔnnɔ] adv on horseback • **jeździć konno** to ride a horse.

konsekwencja [kɔnsɛkfɛntsja] (D konsekwencji [kɔnsɛkfɛntsji]) f [następstwo] consequence; [systematyczność] consistency.

konsekwentny [kɔnsɛkfɛntni] adj [systematyczny] consistent.

konserwa [kɔnsɛrva] (D konserwy [kɔnsɛrvi]) f canned food • **konserwa mięsna** canned meat.

konserwacja [kɔnsɛrvatsja] (D konserwacji [kɔnsɛrvatsji]) f [zabytków, dróg, budynków] conservation; [żywności] preservation.

konserwatysta, konserwatystka [kɔnsɛrvatista, kɔnsɛrvatistka] m, f conservative.

konserwować [kɔnsɛrvɔvatɕ] vimperf [zabytki] to conserve; [żywność] to preserve.

konspekt [kɔnspɛkt] (D -u) m outline.

konspiracja [kɔnsp‚iratsja] (D konspiracji [kɔnsp‚iratsji]) f [tajność] conspiracy; [organizacja] underground.

Konstantynopol [kɔnstantinɔpɔl] (D -a) m Constantinople.

konstantynopolitańczyk, konstantynopolitanka [kɔnstantinɔpɔl‚itajntʃik, kɔnstantinɔpɔl‚itanka] m, f inhabitant of Constantinople.

konstrukcja [kɔnstruktsja] (D konstrukcji [kɔnstruktsji]) f [struktura] structure; [budowanie] construction.

konstytucja [kɔnstitutsja] (D konstytucji [kɔnstitutsji]) f constitution • **konstytucja europejska** European Constitution.

konstytucyjny [kɔnstitutsijni] adj constitutional.

konsul [kɔnsul] m consul.

konsularny [kɔnsularni] adj consular.

konsulat [kɔnsulat] (D -u) m consulate.

konsultacja [kɔnsultatsja] (D konsultacji [kɔnsultatsji]) f consultation.

konsultant, ka [kɔnsultant, ka] m, f consultant.

konsultować [kɔnsultɔvatɕ] (perf skonsultować [skɔnsultɔvatɕ]) vimperf [omawiać] to talk sthg over • **konsultować coś z kimś** to seek sb's opinion about sthg. **konsultować się** [kɔnsultɔvatɕ ɕɛ] (perf skonsultować się [skɔnsultɔvatɕ ɕɛ]) vp imperf to consult.

konsument, ka [kɔnsumɛnt, ka] m, f oficjal [nabywca] consumer.

konsumować [kɔnsumɔvatɕ] vimperf oficjal [spożywać] to consume.

konsumpcja [kɔnsumptsja] (D konsumpcji [kɔnsumptsji]) f oficjal [spożywanie] consumption.

konsumpcyjny [kɔnsumptsijni] adj oficjal consumer • **dobra konsumpcyjne** consumer goods.

konsystencja [kɔnsistɛntsja] (D konsystencji [kɔnsistɛntsji]) f consistency.

kontakt [kɔntakt] (D -u) m [łączność] contact; [gniazdko elektryczne] socket • **być w kontakcie** to be in touch; **włożyć wtyczkę do kontaktu** to put the plug in the socket. **kontak-**

kontaktować

ty [kɔntakti] (*D* **kontaktów** [kɔntaktuf]) *mpl* [stosunki] contacts.

kontaktować [kɔntaktɔvatɕ] (*perf* **skontaktować** [skɔntaktɔvatɕ]) *vimperf* to put in touch • **kontaktować kogoś z kimś** to put sb in touch with sb. ➡ **kontaktować się** [kɔntaktɔvatɕ ɕɛ] (*perf* **skontaktować się** [skɔntaktɔvatɕ ɕɛ]) *vp imperf* to get in touch with.

kontekst [kɔntɛkst] (*D* -u) *m* context.

kontemplować [kɔntɛmplɔvatɕ] *vimperf* to contemplate.

kontener [kɔntɛnɛr] (*D* -a) *m* container.

konto [kɔntɔ] (*D* **konta** [kɔnta]) *n* account • **przelać (pieniądze) na konto** to transfer (money) to an account; **wpłacić (pieniądze) na konto** to make a deposit; **wyjąć (pieniądze) z konta** to make a withdrawal.

kontrabas [kɔntrabas] (*D* -u) *m* double-bass.

kontrakt [kɔntrakt] (*D* -u) *m* contract.

kontrast [kɔntrast] (*D* -u) *m* contrast.

kontrola [kɔntrɔla] (*D* **kontroli** [kɔntrɔl,i]) *f* [sprawdzenie] inspection; [nadzór] control.

kontroler, ka [kɔntrɔlɛr, ka] *m, f* inspector.

kontrolować [kɔntrɔlɔvatɕ] (*perf* **skontrolować** [skɔntrɔlɔvatɕ]) *vimperf* [sprawować nadzór] to check; [panować nad czymś] to control.

kontrowersyjny [kɔntrɔvɛrsijni] *adj* controversial.

kontuar [kɔntwar] (*D* -u) *m* counter.

kontur [kɔntur] (*D* -u) *m* outline.

kontuzja [kɔntuzja] (*D* **kontuzji** [kɔntuzji]) *f* SPORT injury • **doznać kontuzji** to get injure.

kontynent [kɔntinɛnt] (*D* -u) *m* continent.

kontynentalny [kɔntinɛntalni] *adj* continental.

kontynuacja [kɔntinwatsja] (*D* **kontynuacji** [kɔntinwatsji]) *f* [rozpoczętej pracy, tradycji] continuation.

kontynuować [kɔntinwɔvatɕ] *vimperf* [naukę, pracę] to continue.

konwalia [kɔnvalja] (*D* **konwalii** [kɔnvalji]) *f* lily of the valley.

konwenanse [kɔnvɛnansɛ] (*D* **konwenansów** [kɔnvɛnansuf]) *mpl* conventions.

konwencja [kɔnvɛntsja] (*D* **konwencji** [kɔnvɛntsji]) *f* convention • **Europejska Konwencja Praw Człowieka i Podstawowych Wolności** European Convention for the Protection of Human Rights and Fundamental Freedom.

konwencjonalny [kɔnvɛntsjɔnalni] *adj* [tradycyjny] conventional; [grzecznościowy] polite.

konwersacja [kɔnvɛrsatsja] (*D* **konwersacji** [kɔnvɛrsatsji]) *f oficjal* [rozmowa towarzyska] conversation.

konwój [kɔnvuj] (*D* **konwoju** [kɔnvɔju]) *m* [więźniów] escort; [z pomocą humanitarną] transport.

konwulsje [kɔnvulsjɛ] (*D* **konwulsji** [kɔnvulsji]) *fpl* convulsions.

koń [kɔɲ] *m* horse.

końcowy [kɔjntsɔvi] *adj* end • **końcowe prace** final touches.

kończyć [kɔjntʃitɕ] (*perf* **skończyć** [skɔjntʃitɕ]; *perf* **zakończyć** [zakɔjntʃitɕ]) *vimperf* [położyć kres] to end; [mieć zrobione] to finish. ➡ **kończyć się** [kɔjntʃitɕ ɕɛ] (*perf* **skończyć się** [skɔjntʃitɕ ɕɛ]; *perf* **zakończyć się** [zakɔjntʃitɕ ɕɛ]) *vp imperf* to come to an end • **kończą się nam pieniądze** we're running out of money.

kończyna [kɔjntʃina] (*D* **kończyny** [kɔjntʃini]) *f* limb.

koński [kɔjsk,i] *adj* horse's • **koński ogon** [fryzura] ponytail.

kooperacja [kɔɔpɛratsja] (*D* **kooperacji** [kɔɔpɛratsji]) *f* cooperation.

kopać [kɔpatɕ] *vimperf* [łopatą, motyką] to dig; [nogą] to kick • **kopać kogoś** to kick sb; **kopać piłkę** to kick a ball.

kopalnia [kɔpalɲa] (*D* **kopalni** [kɔpalɲi]) *f* mine.

Kopenhaga [kɔpɛnxaga] (D Kopenhagi [kɔpɛnxag,i]) f Copenhagen.

kopenhażanin, kopenhażanka [kɔpɛnxaʒaɲin, kɔpɛnxaʒanka] m, f *inhabitant of Copenhagen.*

koper [kɔpɛr] (D kopru [kɔpru]) m dill.

koperek [kɔpɛrɛk] (D koperku [kɔpɛrku]) m dill • **ziemniaki z koperkiem** potatoes with dill.

koperta [kɔpɛrta] (D koperty [kɔpɛrti]) f envelope • **zaadresować kopertę** to address an envelope.

kopia [kɔpja] (D kopii [kɔpji]) f [obrazu, rzeźby] copy; [wersja] version.

kopiować [kɔpjɔvatɕ] vimperf to copy.

kopnąć [kɔpnɔntɕ] vperf to kick.

kopniak [kɔpɲak] (D -a) m kick.

kopuła [kɔpuwa] (D kopuły [kɔpuwi]) f dome.

kora [kɔra] (D kory [kɔri]) f [drzewa] bark.

koral [kɔral] (D -a) m [koralowiec] coral. ➤ **korale** [kɔralɛ] (D korali [kɔral,i]) mpl [ozdoba] beads.

koralowy [kɔralɔvi] adj coral.

korba [kɔrba] (D korby [kɔrbi]) f crank.

kordon [kɔrdɔn] (D -u) m [policjantów, żołnierzy] cordon.

Kordyliery [kɔrdiljɛri] (D Kordylierów [kɔrdiljɛruf]) pl the Cordilleras.

korek [kɔrɛk] (D korka [kɔrka]) m [od butelki] cork; pot [uliczny] traffic jam.

korekta [kɔrɛkta] (D korekty [kɔrɛkti]) f [decyzji, planu] correction; [tekstu] proofreading.

korektor [kɔrɛktɔr] m [osoba] proofreader; (D -a) [kosmetyk] masking foundation; [pisak] tippex.

korepetycje [kɔrɛpɛtitsjɛ] (D korepetycji [kɔrɛpɛtitsji]) fpl private lesson.

korespondencja [kɔrɛspɔndɛntsja] (D korespondencji [kɔrɛspɔndɛntsji]) f correspondence.

korespondować [kɔrɛspɔndɔvatɕ] vimperf to correspond.

korkociąg [kɔrkɔtɕɔŋk] (D -u) m corkscrew.

kormoran [kɔrmɔran] m cormorant.

korona [kɔrɔna] (D korony [kɔrɔɲi]) f [królewska] crown.

koronacja [kɔrɔnatsja] (D koronacji [kɔrɔnatsji]) f coronation.

koronka [kɔrɔnka] (D koronki [kɔrɔnk,i]) f [tkanina] lace.

koronny [kɔrɔnni] adj [królewski] royal [najważniejszy] conclusive • **świadek koronny** key witness.

korozja [kɔrɔzja] (D korozji [kɔrɔzji]) f [metalu] corrosion; [skały] erosion.

korporacja [kɔrpɔratsja] (D korporacji [kɔrpɔratsji]) f corporation.

korpus [kɔrpus] (D -u) m [tułów] body • **korpus dyplomatyczny** diplomatic corps.

Korsyka [kɔrsika] (D Korsyki [kɔrsik,i]) f Corsica.

Korsykanin, Korsykanka [kɔrsikaɲin, kɔrsikanka] m, f Corsican.

korsykański [kɔrsikajsk,i] adj Corsican.

kort [kɔrt] (D -u) m : **kort tenisowy** tennis court.

korumpować [kɔrumpɔvatɕ] vimperf to corrupt.

korupcja [kɔruptsja] (D korupcji [kɔruptsji]) f corruption.

korytarz [kɔritaʃ] (D -a) m [szkolny, szpitalny] corridor; [podziemny, skalny] tunnel.

korzeń [kɔʒɛɲ] (D korzenia [kɔʒɛɲa]) m [rośliny] root. ➤ **korzenie** [kɔʒɛɲɛ] (D korzeni [kɔʒɛɲi]) mpl [pochodzenie] roots.

korzystać [kɔʒistatɕ] (perf skorzystać [skɔʒistatɕ]) vimperf : **korzystać z czegoś** [z telefonu, łazienki] to use sthg; [z praw] to exercise sthg; [z okazji] to take advantage of sthg.

korzystny [kɔʒistni] adj [zyskowny] lucrative; [pomyślny, pozytywny] favourable.

korzyść [kɔʒiɕtɕ] (D korzyści [kɔʒiɕtɕi]) f [zysk] profit; [pożytek] benefit.

kos [kɔs] m blackbird.

kosa [kɔsa] (*D* kosy [kɔsɨ]) *f* [narzędzie] scythe.

kosiarka [kɔɕarka] (*D* kosiarki [kɔɕar-k,i]) *f* lawn-mower.

kosić [kɔɕitɕɛ] (*perf* skosić [skɔɕitɕɛ]) *vimperf* [żyto, trawę] to mow.

kosmetyczka [kɔsmɛtitʃka] *f* [zawód] beautician; [torebka] (*D* kosmetyczki [kɔsmɛtitʃk,i]) make-up bag.

kosmetyczny [kɔsmɛtitʃnɨ] *adj* cosmetic • gabinet kosmetyczny beauty salon; mleczko kosmetyczne lotion.

kosmetyk [kɔsmɛtik] (*D* -u) *m* cosmetic.

kosmonauta [kɔsmɔnawta] *m* astronaut.

kosmos [kɔsmɔs] (*D* -u) *m* [przestrzeń pozaziemska] space; [wszechświat] cosmos.

kosmyk [kɔsmik] (*D* -a) *m* [włosów] strand.

kostium [kɔstjum] (*D* -u) *m* [teatralny] costume; [na balu] fancy dress.

kostka [kɔstka] (*D* kostki [kɔstk,i]) *f* [część nogi] ankle; [do gry] dice; [lodu, cukru] cube • kostka rosołowa KULIN stock cube.

kostnica [kɔstɲitsa] (*D* kostnicy [kɔstɲitsi]) *f* mortuary.

kosz [kɔʃ] (*D* -a) *m* [na śmiecie] bin; [do gry] basket.

koszmar [kɔʃmar] (*D* -u) *m* nightmare.

koszt [kɔʃt] (*D* -u) *m* cost.

kosztorys [kɔʃtɔris] (*D* -u) *m* estimate.

kosztować [kɔʃtɔvatɕɛ] *vimperf lit & przen* to cost • ile to kosztuje? how much does it cost?

kosztowności [kɔʃtɔvnɔɕtɕi] (*D* kosztowności [kɔʃtɔvnɔɕtɕi]) *fpl* valuables.

kosztowny [kɔʃtɔvnɨ] *adj* expensive.

koszula [kɔʃula] (*D* koszuli [kɔʃul,i]) *f* shirt.

koszyk [kɔʃik] (*D* -a) *m* basket.

koszykówka [kɔʃikufka] (*D* koszykówki [kɔʃikufk,i]) *f* SPORT basketball.

kościół [kɔɕtɕuw] (*D* kościoła [kɔɕtɕɔwa]) *m* [świątynia] church. ➤ **Kościół** [kɔɕtɕuw] *m* [instytucja] Church.

kościsty [kɔɕtɕistɨ] *adj* bony.

kość [kɔɕtɕɛ] (*D* kości [kɔɕtɕi]) *f* bone. ➤ **kości** [kɔɕtɕi] (*D* kości [kɔɕtɕi]) *fpl* [gra] dice.

kot [kɔt] *m* cat.

kotara [kɔtara] (*D* kotary [kɔtarɨ]) *f* curtain.

kotlet [kɔtlɛt] (*D* -a) *m* KULIN cutlet • kotlet mielony meat rissole; kotlet schabowy pork chop.

kotlina [kɔtl,ina] (*D* kotliny [kɔtl,inɨ]) *f* valley.

kotwica [kɔtf,itsa] (*D* kotwicy [kɔtf,i-tsi]) *f* anchor.

kowal [kɔval] *m* blacksmith.

koza [kɔza] *f* [zwierzę] goat.

kozioł [kɔzɔw] *m* billy-goat • kozioł ofiarny scapegoat.

koziorożec [kɔzɔrɔʑɛtʃ] *m* [zwierzę] ibex. ➤ **Koziorożec** [kɔzɔrɔʑɛtʃ] (*D* Koziorożca [kɔzɔrɔʃtʃa]) *m* [znak zodiaku] Capricorn.

kółko [kuwkɔ] (*D* kółka [kuwka]) *n* [roweru, maszyny] wheel; [narysowane] circle; [zainteresowań] group • kręcić się w kółko to go round in circles.

kpiący [kp,jɔntɕi] *adj* derisive.

kpić [kp,itɕɛ] *vimperf* to make fun of • kpić sobie z kogoś to make fun of sb.

kpina [kp,ina] (*D* kpiny [kp,inɨ]) *f* mockery.

kpt. (*skr od* kapitan) Capt.

kra [kra] (*D* kry [krɨ]) *f* ice floe.

krab [krap] *m* crab.

krach [krax] (*D* -u) *m* EKON crash; [plajta] bankruptcy.

kraciasty [kratɕastɨ] *adj* checked.

kradzież [kradʑɛʃ] (*D* -y) *f* theft.

kraj [kraj] (*D* -u) *m* country • ciepłe kraje warm countries.

krajobraz [krajɔbras] (*D* -u) *m* landscape.

krajowy [krajɔvɨ] *adj* [niemiędzynarodowy] domestic; [na cały kraj] national.

krajoznawczy [krajɔznaftʃi] *adj* : wycieczka krajoznawcza sightseeing tour.

krakać [krakatɕ] *vimperf* [o ptaku] to caw; *pot* [o człowieku] to be a prophet of doom.

krakowianin, krakowianka [krakɔv,janin, krakɔv,janka] *m*, *f inhabitant of Cracow.*

Kraków [krakuf] (*D* Krakowa [krakɔva]) *m* Cracow.

kraksa [kraksa] (*D* kraksy [kraksi]) *f* crash.

kran [kran] (*D* -u) *m* tap.

kraniec [kranɛtɕ] (*D* krańca [krajɲtsa]) *m* [koniec drogi] end; [koniec lasu] edge.

krasnoludek [krasnɔludɛk] *m* [gen] gnome; [siedem z królewną] dwarf.

kraść [kraɕtɕ] (*perf* ukraść [ukraɕtɕ]) *vimperf* to steal.

krata [krata] (*D* kraty [krati]) *f* [z prętów] grating; [w oknie] bars.

kratka [kratka] (*D* kratki [kratk,i]) *f* [drewniana, żelazna] grating • w kratkę checked.

kraul [krawl] (*D* -a) *m* SPORT crawl • pływać kraulem to do the crawl.

krawat [kravat] (*D* -a LUB -u) *m* tie.

krawędź [kravɛntɕ] (*D* krawędzi [kravɛnɖʑi]) *f* edge.

krawężnik [kravɛʒnik] (*D* -a) *m* kerb *UK*, curb *US*.

krawiec, krawcowa [krav,jɛts, kraftsɔva] *m*, *f* tailor (*f* dressmaker).

krążenie [krɔʒɛnɛ] (*D* krążenia [krɔʒɛna]) *n* [krwi] circulation.

krążyć [krɔʒitɕ] *vimperf* [o samolocie] to circle; [o Ziemi] to go round; [o plotkach] to circulate.

kreatywny [krɛativni] *adj* creative.

kreda [krɛda] (*D* kredy [krɛdi]) *f* chalk.

kredka [krɛtka] (*D* kredki [krɛtk,i]) *f* [do rysowania] crayon; [do makijażu] pencil.

kredyt [krɛdit] (*D* -u) *m* credit • udzielić komuś kredytu to give sb a loan.

kredytobiorca [krɛditɔb,jɔrtsa] *m* *oficjal* borrower.

kredytodawca [krɛditɔdaftsa] *m* *oficjal* creditor.

krem [krɛm] (*D* -u) *m* [nawilżający, czekoladowy] cream; [z warzyw] puree • ciastko z kremem cream cake; krem selerowy cream of celery soup; krem szparagowy cream of asparagus soup.

kreować [krɛɔvatɕ] *vimperf oficjal* [tworzyć] to create; *oficjal* [odtwarzać rolę] to play.

krepina [krɛp,ina] (*D* krepiny [krɛp,ini]) *f* crêpe paper.

kres [krɛs] (*D* -u) *m* [koniec]. end; [granica] limit • być u kresu sił to be completely exhausted; położyć czemuś kres to put an end to sthg.

kreska [krɛska] (*D* kreski [krɛsk,i]) *f* [linia] line.

kreskówka [krɛskufka] (*D* kreskówki [krɛskufk,i]) *f* cartoon.

kreślarz [krɛɕlaʃ] *m* draughtsman.

kreślić [krɛɕl,itɕ] *vimperf* [rysować] to draw; [przekreślać] to cross out.

kret [krɛt] *m* mole.

Kreta [krɛta] (*D* Krety [krɛti]) *f* Crete.

Kreteńczyk, Kretenka [krɛtɛjntʃik, krɛtɛnka] *m*, *f* Cretan.

krew [krɛf] (*D* krwi [krf,i]) *f* blood • badanie krwi blood test; grupa krwi blood group.

krewny, krewna [krɛvni, krɛvna] *m*, *f* relative.

kręcić [krɛntɕitɕ] *vimperf* [obracać] to turn; [układać w loki] to curl; *pot* [oszukiwać] to pull the wool over sb's eyes. ← **kręcić się** [krɛntɕitɕ ɕɛ] *vp imperf* [obracać się] to turn; [przemieszczać się] to wander; *pot* [zabiegać o względy] to hang around; [o lokach] to curl.

kręgosłup [krɛŋgɔswup] (*D* -a) *m* spine.

krępować [krɛmpɔvatɕ] *vimperf* [utrudniać ruch] to restrict • krępować kogoś to make sb feel awkward. ← **krępować się** [krɛmpɔvatɕ ɕɛ] *vp imperf* [wstydzić się] to feel self-conscious.

krępujący [krɛmpujɔntɕi] *adj* embarrasing.

krępy [krɛmpi] *adj* [mężczyzna, syl-wetka] stocky.

kręty [krɛnti] *adj* [schody, ulice, ścieżki] winding.

kroić [krɔjitɕ] (*perf* pokroić [pɔ-krɔjitɕ] *perf* ukroić [ukrɔjitɕ]) *vimperf* to cut.

krok [krɔk] (*D* -u) *m* lit & przen step; [chód] pace • **czynić kroki** to take measures.

krokiet [krɔk,ɛt] (*D* -a) *m* croquette.

krokodyl [krɔkɔdil] *m* crocodile.

krokus [krɔkus] (*D* -a) *m* crocus.

kromka [krɔmka] (*D* kromki [krɔm-k,i]) *f* slice • **kromka chleba** slice of bread.

kronika [krɔɲika] (*D* kroniki [krɔɲi-k,i]) *f* [zapis wydarzeń] chronicle; [przegląd aktualności] news.

kropić [krɔp,itɕ] *vimperf* [o deszczu] to drizzle.

kropka [krɔpka] (*D* kropki [krɔpk,i]) *f* [okrągła plamka] dot; GRAM full stop *UK*, period *US*.

kropla [krɔpla] (*D* kropli [krɔpl,i]) *f* [deszczu, wody, potu] drop.
➡ **krople** [krɔplɛ] (*D* kropli [krɔp-l,i]) *fpl* [lek] drops.

kroplomierz [krɔplɔm,jɛʃ] (*D* -a) *m* dropper.

kroplówka [krɔplufka] (*D* kroplówki [krɔplufk,i]) *f* drip.

krosta [krɔsta] (*D* krosty [krɔsti]) *f* [na twarzy] spot.

krowa [krɔva] *f* cow • **choroba szalo-nych krów** mad cow disease.

krój [kruj] (*D* kroju [krɔju]) *m* style.

król [krul] *m* king.

królestwo [krulɛstɔ] (*D* królestwa [krulɛstfa]) *n* kingdom.

królewicz [krulɛv,itʃ] *m* prince.

królewna [krulɛvna] *f* princess.

królewski [krulɛfsk,i] *adj* royal.

królik [krul,ik] *m* rabbit • **królik doświadczalny** guinea pig.

królowa [krulɔva] *f* queen.

krótki [krutk,i] *adj* short.

krótko [krutkɔ] (*compar* krócej, *superl* najkrócej) *adv* : **na krótko** for a short time; **krótko mówiąc** in brief; **napisać krótko** to write briefly; **ostrzyc się krótko** to have a short haircut; **iść krótko** to walk a short distance.

krótkofalówka [krutkɔfalufka] (*D* krótkofalówki [krutkɔfalufk,i]) *f* short-wave radio.

krótkometrażowy [krutkɔmɛ-traʒɔvi] *adj* : **film krótkometrażowy** short.

krótkoterminowy [krutkɔtɛrm,i-nɔvi] *adj* short-term.

krótkotrwały [krutkɔtrfawi] *adj* short-lived.

krótkowidz [krutkɔv,itʃ] *m* short-sighted person.

krótkowzroczność [krutkɔvzrɔtʃ-nɔɕtɕ] (*D* krótkowzroczności [krutkɔ-vzrɔtʃnɔɕtɕi]) *f* lit & przen short-sighted-edness.

krótkowzroczny [krutkɔvzrɔtʃni] *adj* lit & przen short sighted.

krtań [krtaɲ] (*D* krtani [krtaɲi]) *f* larynx • **zapalenie krtani** laryngitis.

kruchy [kruxi] *adj* [lód, szkło] brittle; [ciasteczka] crumbly.

kruk [kruk] *m* raven.

krupnik [krupɲik] (*D* -u) *m* KULIN Scotch broth.

kruszyć [kruʃitɕ] (*perf* pokruszyć [pɔ-kruʃitɕ]) *vimperf* [chleb] to crumble • **kruszyć coś** to crumble sthg.
➡ **kruszyć się** [kruʃitɕ ɕɛ] (*perf* pokruszyć się [pɔkruʃitɕ ɕɛ]) *vp imperf* [o cieście, o skale] to crumble.

krwawić [krfav,itɕ] *vimperf* to bleed.

krwawienie [krfav,jɛɲɛ] (*D* krwawie-nia [krfav,jɛɲa]) *n* bleeding.

krwawy [krfavi] *adj* bloody.

krwiak [krf,jak] (*D* -a) *m* haematoma.

krwinka [krf,inka] (*D* krwinki [krf,in-k,i]) *f* blood cell.

krwiodawca [krf,jɔdaftsa] *m* blood donor.

krwisty [krf,isti] *adj* : **krwisty bef-sztyk** rare steak.

krwotok [krfɔtɔk] (*D* -u) *m* haemo-rrhage • **krwotok z nosa** nosebleed.

kryjówka [krijufka] (*D* kryjówki [krijufk,i]) *f* hiding-place.

kryminalista, kryminalistka [kri-m,inal,ista, krim,inal,istka] *m, f* criminal.

kryminalny [krim,inalni] *adj* criminal • **film kryminalny** detective film.

kryminał [krim,inaw] (*D* -u) *m* [powieść, film] detective story; *pot* [więzienie] slammer.

krypta [kripta] (*D* **krypty** [kripti]) *f* [grobowa] crypt.

kryształ [krisʃtaw] (*D* -u) *m* [minerał, szkło] crystal; [wyrób] cut glass.

kryształowy [krisʃtawɔvi] *adj* [wazon] cut-glass; [woda] crystal clear.

kryterium [kriterjum] (*inv w lp*) *n* criterion (*pl* criteria).

kryty [kriti] *adj* covered • **basen kryty** indoor swimming pool.

krytyczny [krititʃni] *adj* critical.

krytyka [kritika] (*D* **krytyki** [kritik,i]) *f* [ocena] criticism; [ogół krytyków] critics.

krytykować [kritikɔvatɕ] (*perf* **skrytykować** [skritikɔvatɕ]) *vimperf* to criticize • **krytykować kogoś za coś** to criticize sb for sthg.

kryzys [krizis] (*D* -u) *m* crisis.

kryzysowy [krizisɔvi] *adj* [stan] critical; [sztab] crisis.

krzak [kʃak] (*D* -a) *m* [bzu] bush; [pomidorów, truskawek] plant.

krzątać się [kʃɔntatɕ ɕɛ] *vp imperf* to bustle around.

krzątanina [kʃɔntaɲina] (*D* **krzątaniny** [kʃɔntaɲini]) *f pot* bustle.

krzepki [kʃɛpk,i] *adj* [staruszek, ciało] robust.

krzesło [kʃɛswɔ] (*D* **krzesła** [kʃɛswa]) *n* chair.

krzew [kʃɛf] (*D* -u) *m* [gen] shrub; [jałowca, malin] bush.

krztusić się [kʃtuɕitɕ ɕɛ] *vp imperf* [od dymu, ze śmiechu] to choke.

krzyczeć [kʃitʃɛtɕ] (*perf* **krzyknąć** [kʃiknɔɲtɕ]) *vimperf* [wrzeszczeć] to shout; [z bólu] to cry out • **krzyczeć na kogoś** to shout at sb.

krzyk [kʃik] (*D* -u) *m* [wrzask] shout; [rozpaczy, z radości] cry • **ostatni krzyk mody** the latest thing; **narobić krzyku** to make a lot of noise.

krzykliwy [kʃikl,ivi] *adj* [głos, dziecko] loud.

krzyknąć [kʃiknɔɲtɕ] *vperf* = **krzyczeć.**

krzywda [kʃivda] (*D* **krzywdy** [kʃiv-di]) *f* [moralna] hurt; [realna] harm • **wyrządzić komuś krzywdę** to do sb an injustice.

krzywdzić [kʃivdʑitɕ] (*perf* **skrzyw-dzić** [skʃivdʑitɕ]) *vimperf* to harm • **krzywdzić kogoś** to harm sb.

krzywić [kʃiv,itɕ] (*perf* **skrzywić** [skʃiv,itɕ]) *vimperf* [wyginać] to bend. **krzywić się** [kʃiv,itɕ ɕɛ] (*perf* **skrzywić się** [skʃiv,itɕ ɕɛ]) *vp imperf* [grymasić] to grimace; [zginać się] to bend.

krzywo [kʃivɔ] *adv* crookedly • **patrzeć na kogoś krzywo** to frown at sb.

krzywy [kʃivi] *adj* [pochyły] crooked; [nieprzyjazny] disapproving. **krzywa** [kʃiva] (*D* **krzywej** [kʃivɛj]) *f* MAT curve.

krzyż [kʃiʃ] (*D* -a) *m* cross.

krzyżować [kʃiʒɔvatɕ] (*perf* **skrzyżować** [skʃiʒɔvatɕ]) *vimperf* to cross. **krzyżować się** [kʃiʒɔ-vatɕ ɕɛ] (*perf* **skrzyżować się** [skʃiʒɔ-vatɕ ɕɛ]) *vp imperf* [o ulicach, o spojrzeniach] to cross.

krzyżówka [kʃiʒufka] (*D* **krzyżówki** [kʃiʒufk,i]) *f* crossword • **rozwiązać krzyżówkę** to do a crossword.

ks. (*skr od* **ksiądz**) Fr.

kserokopia [ksɛrɔkɔp,ja] (*D* **kserokopii** [ksɛrɔkɔp,ji]) *f* photocopy.

kserokopiarka [ksɛrɔkɔpjarka] (*D* **kserokopiarki** [ksɛrɔkɔpjark,i]) *f* photocopier.

kserować [ksɛrɔvatɕ] (*perf* **skserować** [skserɔvatɕ]) *vimperf* to photocopy.

ksiądz [kɕɔɲts] *m* priest.

książeczka [kɕɔ ʒɛtʃka] (*D* **książeczki** [kɕɔ ʒɛtʃk,i]) *f* book • **książeczka czekowa** cheque book; **książeczka zdrowia** health records.

książę [kɕɔ ʒɛ] *m* prince.

książka [kɔ̃ʃka] (D książki [kɔ̃ʃk,i]) f book • **książka telefoniczna** phone book.

księgarnia [kɛɛŋgarɲa] (D księgarni [kɛɛŋgarɲi]) f bookshop.

księgowość [kɛɛŋgɔvɔɛtɕɛ] (D księgowości [kɛɛŋgɔvɔɛtɕi]) f [prowadzenie ksiąg rachunkowych] accounting; [dział biura] accounts.

księgowy, księgowa [kɛɛŋgɔvi, kɛɛŋgɔva] m, f accountant.

księgozbiór [kɛɛŋgɔzb,jur] (D księgozbioru [kɛɛŋgɔzb,jɔru]) m oficjal library.

księstwo [kɕɛ̃stfɔ] (D księstwa [kɕɛ̃stfa]) n duchy.

księżna [kɕɛ̃ʒna] f duchess.

księżniczka [kɕɛ̃ʒnitʃka] f princess.

Księżyc [kɕɛ̃ʒits] (D -a) m the moon.

kształcenie [kʃtawtsɛɲɛ] (D kształcenia [kʃtawtsɛɲa]) n education.

kształcić [kʃtawtɕitɕ] vimperf to educate. ↦ **kształcić się** [kʃtawtɕitɕ ɕɛ] vp imperf to study.

kształt [kʃtawt] (D -u) m shape • **w kształcie** in the shape of.

kształtny [kʃtawtni] adj [figura] shapely; [o literach] neat.

kto [ktɔ] pron [w pytaniach] who; [wprowadzający zdanie podrzędne] who.

ktokolwiek [ktɔkɔlv,jɛk] pron anybody • **ktokolwiek jesteś** whoever you are.

ktoś [ktɔɕ] pron [w zdaniach twierdzących] somebody; [w zdaniach pytających] anybody.

którędy [kturɔndi] pron which way.

który [kturi] pron [w pytaniach] which; [zaimek względny] who; [zaimek względny zastępujący rzeczownik nieosobowy] which.

któryś [kturiɕ] pron one.

ku [ku] prep towards • **spojrzał ku górze** he looked upwards.

kubek [kubɛk] (D kubka [kupka]) m mug.

kubeł [kubɛw] (D kubła [kubwa]) m [na śmieci] bin; [wiadro] bucket.

kucać [kutsatɕ] vimperf to crouch.

kucharski [kuxarsk,i] adj : **książka kucharska** cookbook; **sztuka kucharska** the art of cookery.

kucharz, kucharka [kuxaʃ, kuxarka] m, f chef (f cook).

kuchenka [kuxɛnka] (D kuchenki [kuxɛnk,i]) f cooker • **kuchenka elektryczna** electric cooker; **kuchenka gazowa** gas cooker; **kuchenka mikrofalowa** microwave (oven).

kuchenny [kuxɛnni] adj kitchen.

kuchnia [kuxɲa] (D kuchni [kuxɲi]) f [pomieszczenie] kitchen; [potrawy] food; [sposób podawania i przyrządzania] cuisine.

kuć [kutɕ] vimperf [wyrąbywać] to chisel • **kuć żelazo** to forge iron; **kuć do egzaminów** pot to swot.

kufel [kufɛl] (D kufla [kufla]) m [naczynie] beer mug; [zawartość] mug.

kufer [kufɛr] (D kufra [kufra]) m [skrzynia] chest; [bagażnik samochodu] boot UK, trunk US.

Kujawy [kujavi] (D Kujaw [kujaf]) pl Kujawy.

kukiełka [kuk,ɛwka] (D kukiełki [kuk,ɛwk,i]) f puppet.

kukułka [kukuwka] f cuckoo.

kukurydza [kukuridza] (D kukurydzy [kukuridzɨ]) f sweetcorn • **prażona kukurydza** popcorn.

kula [kula] (D kuli [kul,i]) f [geometryczna] sphere; [szklana, śniegowa] ball; [pocisk] bullet; [podpora] crutch • **kula bilardowa** billiard ball; **kula ziemska** the globe.

kulawy [kulavi] adj [człowiek, pies] lame.

kuleć [kulɛtɕ] vimperf to limp.

kulig [kul,ik] (D -u) m a number of horse-drawn sleighs travelling together for fun.

kulinarny [kul,inarni] adj culinary.

kulisy [kul,isi] (D kulis [kul,is]) fpl [w teatrze] wings; [okoliczności] behind-the-scenes story.

kulminacyjny [kulm,inatsɨjni] adj : **punkt kulminacyjny** climax.

kuloodporny [kulɔɔtpɔrni] adj bulletproof.

kult [kult] (D -u) m [religijny, pracy] cult.

kultura [kultura] (D kultury [kulturi]) f [duchowa i materialna] culture; [ogłada] refinement.

kulturalny [kulturalni] adj [instytucja] cultural; [człowiek] cultured.

kulturystyka [kulturistika] (D kulturystyki [kulturistik,i]) f body-building.

kuluary [kuluari] (D kuluarów [kuluaruf]) mpl lobby.

kumpel, ka [kumpɛl, ka] m, f pot mate.

kumulacja [kumulatsja] (D kumulacji [kumulatsji]) f accumulation.

kumulować [kumulɔvatɕ] vimperf to accumulate.

kundel [kundɛl] m pot mongrel.

kunszt [kunʃt] (D -u) m [mistrzostwo] finesse; [sztuka] art.

kupa [kupa] (D kupy [kupi]) f pot [stos] heap; [duża ilość] load • **kupa ludzi** loads of people; **to się kupy nie trzyma** pot it doesn't hold water.

kupić [kup,itɕ] vperf = **kupować**.

kupno [kupnɔ] (D kupna [kupna]) n purchase.

kupon [kupɔn] (D -u) m coupon.

kupować [kupɔvatɕ] (perf kupić [kup,itɕ]) vimperf to buy • **kupować dla kogoś** to buy for sb; **kupować od kogoś** to buy from sb.

kupujący, kupująca [kupujɔntsi, kupujɔntsa] m, f customer.

kura [kura] f hen.

kuracja [kuratsja] (D kuracji [kuratsji]) f treatment.

kurant [kurant] (D -a) m [mechanizm] chime • **zegar z kurantem** chiming clock.

kurcz [kurtʃ] (D -u) m cramp.

kurczak [kurtʃak] m chicken.

kurczowo [kurtʃɔvɔ] adv tight.

kurczyć [kurtʃitɕ] (perf skurczyć [skurtʃitɕ]) vimperf : **kurczyć nogi** to crouch down. ➤ **kurczyć się** [kurtʃitɕ ɕɛ] (perf skurczyć się [skurtʃitɕ ɕɛ]) vp imperf [o swetrze] to shrink; [o człowieku] to huddle up.

kuropatwa [kurɔpatfa] f partridge.

kurs [kurs] (D -u) m [językowy, obsługi komputera] course; [waluty] exchange rate; EKON price; [autobusu] route; [przejazd] ride.

kursor [kursɔr] (D -a) m cursor.

kursować [kursɔvatɕ] vimperf [o autobusie] to run; [o człowieku] to go backwards and forwards.

kurtka [kurtka] (D kurtki [kurtk,i]) f jacket.

kurtuazja [kurtuazja] (D kurtuazji [kurtuazji]) f courtesy.

kurtyna [kurtina] (D kurtyny [kurtini]) f curtain.

kurz [kuʃ] (D -u) m dust • **ścierać kurze** to dust.

kurzyć [kuʒitɕ] vimperf to raise clouds of dust. ➤ **kurzyć się** [kuʒitɕ ɕɛ] vp imperf to get dusty.

kusić [kuɕitɕ] (perf skusić [skuɕitɕ]) vimperf to tempt • **kusić kogoś** to tempt sb.

kuszący [kuʃɔntsi] adj tempting.

kuszetka [kuʃɛtka] (D kuszetki [kuʃɛtk,i]) f couchette.

kuter [kutɛr] (D kutra [kutra]) m fishing boat.

kuzyn, ka [kuzin, ka] m, f cousin.

kw. (skr od kwadratowy) sq.

kwadrans [kfadrans] (D -a, pl kwadranse) m quarter of an hour.

kwadrat [kfadrat] (D -u) m square.

kwadratowy [kfadratɔvi] adj square • **metr/kilometr kwadratowy** square metre/kilometre.

kwalifikacje [kfal,if,ikatsjɛ] (D kwalifikacji [kfal,if,ikatsji]) fpl [zawodowe] qualifications.

kwalifikować [kfal,if,ikɔvatɕ] (perf zakwalifikować [zakfal,if,ikɔvatɕ]) vimperf [oceniać] to evaluate. ➤ **kwalifikować się** [kfal,if,ikɔvatɕ ɕɛ] (perf zakwalifikować się [zakfal,if,ikɔvatɕ ɕɛ]) vp imperf [przechodzić do następnego etapu] to qualify; [spełniać wymagania] to be eligible.

kwarantanna [kfarantanna] (D kwarantanny [kfarantanni]) f quarantine.

kwarcówka [kfartṣufka] (*D* kwarcówki [kfartṣufk,i]) *f pot* sun-lamp.

kwartalnik [kfartalɲik] (*D* -a) *m* quarterly.

kwartał [kfartaw] (*D* -u) *m* quarter *(of a year)*.

kwartet [kfartɛt] (*D* -u) *m* quartet.

kwas [kfas] (*D* -u) *m* acid.

kwaśnieć [kfaɕɲɛtɕɛ] *vimperf* [mleko, zupa] to go sour.

kwaśny [kfaɕni] *adj* [smak] sour.

kwatera [kfatɛra] (*D* kwatery [kfatɛri]) *f* [wojskowa] quarters • **kwatery prywatne** private accomodation.

kwestia [kfɛstja] (*D* kwestii [kfɛstji]) *f* question.

kwestionariusz [kfɛstjɔnarjuʃ] (*D* -a) *m* questionnaire • **wypełnić kwestionariusz** to fill in a questionnaire.

kwestionować [kfɛstjɔnɔvatɕɛ] (*perf* zakwestionować [zakfɛstjɔnɔvatɕɛ]) *vimperf oficjal* to question • **kwestionować coś** to question sthg.

kwiaciarka [kf,jatɕarka] *f* florist.

kwiaciarnia [kf,jatɕarɲa] (*D* kwiaciarni [kf,jatɕarɲi]) *f* flower shop.

kwiat [kf,jat] (*D* -u) *m* flower.

kwiecień [kf,jɛtɕɛɲ] (*D* kwietnia [kf,jɛtɲa]) *m* April *zobacz też* styczeń.

kwiecisty [kf,jɛtɕisti] *adj* flowery.

kwietnik [kf,jɛtɲik] (*D* -a) *m* [mebel] flower pot stand.

kwit [kf,it] (*D* -u) *m* receipt.

kwitnąć [kf,itnɔntɕɛ] *vimperf* [rośliny, drzewa] to be in flower; [życie] to flourish.

kwota [kfɔta] (*D* kwoty [kfɔti]) *f* amount.

L

l *(skr od* litr) l.

labirynt [lab,irint] (*D* -u) *m* maze.

laboratorium [labɔratɔrjum] *(inv w lp) n* laboratory.

lać [latɕɛ] *vimperf* [nalewać] to pour; [o deszczu] to pour • **lać łzy** to shed tears.

lada¹ [lada] (*D* lady [ladɨ]) *f* [w sklepie] counter.

lada² [lada] *part* : **lada chwila** any time; **lada dzień** any day.

laicki [lajitṣk,i] *adj* secular.

lakier [lak,ɛr] (*D* -u) *m* varnish • **lakier do paznokci** nail varnish; **lakier do włosów** hair spray.

lakiernik [lak,ɛrɲik] *m* paint worker.

lakierować [lak,ɛrɔvatɕɛ] *vimperf* [samochód, podłogę, paznokcie] to polish.

lakoniczny [lakɔɲitʃni] *adj* laconic.

lalka [lalka] (*D* lalki [lalk,i]) *f* doll.

lament [lamɛnt] (*D* -u) *m* lamentation.

lamentować [lamɛntɔvatɕɛ] *vimperf* to lament.

lampa [lampa] (*D* lampy [lampɨ]) *f* lamp • **lampa błyskowa** flash.

lampart [lampart] *m* leopard.

lancet [lantṣɛt] (*D* -u) *m* lancet.

lanie [laɲɛ] (*D* lania [laɲa]) *n pot* hiding.

lansować [lansɔvatɕɛ] (*perf* wylansować [vilansɔvatɕɛ]) *vimperf* to promote.

lapidarny [lap,idarnɨ] *adj oficjal* terse.

laptop [laptɔp] (*D* -a) *m* laptop.

larwa [larva] *f* larva.

las [las] (*D* -u) *m* forest.

laser [lasɛr] (*D* -a) *m* laser.

laska [laska] (*D* laski [lask,i]) *f* [do podpierania się] stick.

lata [lata] *pl* = rok.

latać [latatɛ] *vimperf* to fly.

latarka [latarka] (*D* latarki [latark,i]) *f* torch.

latarnia [latarɲa] (*D* latarni [latarɲi]) *f* street light • **latarnia morska** lighthouse.

latawiec [latav,jɛts] (*D* latawca [lataftsa]) *m* kite.

lato [lato] (*D* lata [lata]) *n* summer • **w lecie** in summer.

laur [lawr] (*D* -u) *m* lit & przen laurel • **zbierać laury** to reap laurels.

laureat, ka [lawrɛat, ka] *m, f* prizewinner.

laurowy [lawrɔvi] *adj* lit & przen laurel.

lawa [lava] (*D* lawy [lavi]) *f* lava.

lawenda [lavɛnda] (*D* lawendy [lavɛndi]) *f* lavender.

lawina [lav,ina] (*D* lawiny [lav,ini]) *f* [śnieżna] avalanche.

Lazurowe Wybrzeże [lazurɔvɛ vibʒɛʒɛ] (*D* Lazurowego Wybrzeża [lazurɔvɛgɔ vibʒɛʒa]) *n* Côte d'Azur.

ląd [lɔnt] (*D* -u) *m* land • **zejść na ląd** to go ashore.

lądować [lɔndɔvatɛ] (*perf* wylądować [vilɔndɔvatɛ]) *vimperf* to land.

lądowanie [lɔndɔvaɲɛ] (*D* lądowania [lɔndɔvaɲa]) *n* landing • **mieć przymusowe lądowanie** to make an emergency landing.

leasing [l,iz,iŋk] (*D* -u) *m* ≃ hire purchase.

lebiodka [lɛb,jɔtka] (*D* lebiodki [lɛb,jɔtk,i]) *f* oregano.

lecieć [lɛtɛɛtɛ] *vimperf* **-1.** [samolot, ptak] to fly. **-2.** [liść] to fall. **-3.** [łzy, woda] to flow. **-4.** pot [pędzić] to run.

lecz [lɛtʃ] *conj* oficjal but.

leczenie [lɛtʃɛɲɛ] (*D* leczenia [lɛtʃɛɲa]) *n* treatment.

lecznica [lɛtʃɲitsa] (*D* lecznicy [lɛtʃɲitsi]) *f* [przychodnia] surgery; [szpital] hospital.

leczyć [lɛtʃitɛ] *vimperf* [człowieka] to treat. ◆ **leczyć się** [lɛtʃitɛ ɛɛ] *vp imperf* [poddawać się terapii] to get

treatment; [samego siebie] to treat o.s.

ledwo [lɛdvɔ] *adv* hardly.

legalizować [lɛgal,izɔvatɛ] *vimperf* to legalize.

legalnie [lɛgalɲɛ] *adv* legally.

legalny [lɛgalni] *adj* legal.

legenda [lɛgɛnda] (*D* legendy [lɛgɛndi]) *f* legend.

legendarny [lɛgɛndarni] *adj* legendary.

legginsy [lɛg,insi] (*D* legginsów [lɛg,insuf]) *pl* leggings.

legislacyjny [lɛg,islatsijni] *adj* oficjal legislative.

legitymacja [lɛg,itimatsja] (*D* legitymacji [lɛg,itimatsji]) *f* [identyfikująca] identity card; [członkowska] membership card.

lejce [lɛjtsɛ] (*D* lejców [lɛjtsuf]) *mpl* reins.

lek [lɛk] (*D* -u) *m* medicine.

lekarski [lɛkarsk,i] *adj* medical.

lekarstwo [lɛkarstfɔ] (*D* lekarstwa [lɛkarstfa]) *n* medicine.

lekarz, lekarka [lɛkaʃ, lɛkarka] *m, f* doctor.

lekceważyć [lɛktsɛvaʒitɛ] (*perf* zlekceważyć [zlɛktsɛvaʒitɛ]) *vimperf* [rady, polecenia] to disregard; [przeciwnika] to underestimate • **lekceważyć kogoś** to disrespect sb.

lekcja [lɛktsja] (*D* lekcji [lɛktsji]) *f* lesson. ◆ **lekcje** [lɛktsjɛ] (*D* lekcji [lɛktsji]) *fpl* homework.

lekki [lɛkk,i] (*compar* lżejszy, *superl* najlżejszy) *adj* [gen] light; [łatwy, przyjemny] easy; [kawa, herbata, piwo] weak.

lekko [lɛkkɔ] (*compar* lżej, *superl* najlżej) *adv* [delikatnie, przewiewnie] lightly; [łatwo] : **nie było mi lekko** things weren't easy; [słabo] slightly.

lekkoatletyka [lɛkkɔatlɛtika] (*D* lekkoatletyki [lɛkkɔatlɛtik,i]) *f* athletics UK, track and field US.

lekkomyślnie [lɛkkɔm,iɛlɲɛ] *adv* recklessly.

lekkomyślny [lɛkkɔm,iɛlni] *adj* reckless.

lekkostrawny [lɛkkɔstravni] *adj* [jedzenie] light.

lekkość [lɛkkɔɛtɛ] (*D* lekkości [lɛkkɔɛtɕi]) *f* [bagażu] lightness; [wzorów, wystroju] subtlety; [ruchu] grace.

leksykon [lɛksikɔn] (*D* -u) *m* lexicon.

lektor [lɛktɔr] *m* [spiker] radio/TV reader; [nauczyciel] foreign language teacher.

lektura [lɛktura] (*D* lektury [lɛkturi]) *f* [czytanie] reading; [książka] reading material.

lemoniada [lɛmɔnjada] (*D* lemoniady [lɛmɔnjadi]) *f* lemonade.

len [lɛn] (*D* lnu [lnu]) *m* [tkanina] linen; [roślina] flax.

lenić się [lɛnitɕ ɕɛ] *vp imperf pej* to be idle.

lenistwo [lɛnistfɔ] (*D* lenistwa [lɛnistfa]) *n pej* idleness.

leniwy [lɛnivi] *adj pej* [niepracowity] idle; [nieśpieszny] lazy.

leń [lɛn] *m pej* idler.

lepić [lɛp,itɕ] *vimperf* [z gliny, z plasteliny, bałwana] to mould. ➡ **lepić się** [lɛp,itɕ ɕɛ] *vp imperf* [być lepkim] to be sticky; [przyklejać się] to stick.

lepiej [lɛp,jɛj] *adv* = dobrze.

lepki [lɛpk,i] *adj* sticky.

lepszy [lɛpʃi] *adj* = dobry.

leszcz [lɛʃtʃ] *m* bream.

leśniczówka [lɛɕnitʃufka] (*D* leśniczówki [lɛɕnitʃufk,i]) *f* forester's lodge.

leśniczy [lɛɕnitʃi] *m* forester.

leśny [lɛɕni] *adj* forest.

letarg [lɛtark] (*D* -u) *m* lethargy.

letni [lɛtni] *adj* [o sukience, o porze roku] summer; [płyn] lukewarm.

letniskowy [lɛtniskɔvi] *adj* holiday.

lew [lɛf] *m* lion. ➡ **Lew** [lɛf] (*D* Lwa [lva]) *m* [znak zodiaku] Leo.

lewarek [lɛvarɛk] (*D* lewarka [lɛvarka]) *m* [samochodowy] jack.

lewica [lɛv,itsa] (*D* lewicy [lɛv,itsi]) *f* POLIT the left; [lewa ręka] left hand.

lewicowy [lɛv,itsɔvi] *adj* POLIT left-wing.

lewo [lɛvɔ] ➡ **na lewo** [na 'lɛvɔ] *constr* left. ➡ **w lewo** [v 'lɛvɔ] *constr* [w lewą stronę] left.

leworęczny [lɛvɔrɛntʃni] *adj* left-handed.

lewostronny [lɛvɔstrɔnni] *adj* : ruch lewostronny cars drive on the left.

lewy [lɛvi] *adj* [gen] left; [strona tkaniny] : po lewej stronie inside out • po lewej on the left.

leżak [lɛʒak] (*D* -a) *m* deckchair.

leżeć [lɛʒɛtɕ] *vimperf* [na łóżku] to lie; [znajdować się] to be situated • leżeć w szpitalu to be in hospital.

lęk [lɛŋk] (*D* -u) *m* fear.

lękać się [lɛŋkatɕ ɕɛ] *vp imperf* [bać się] to be afraid; [niepokoić się] to worry.

lękliwy [lɛŋkl,ivi] *adj* timid.

Liban [l,iban] (*D* -u) *m* Lebanon.

Libańczyk, Libanka [l,ibajntʃik, l,ibanka] *m, f* Lebanese.

liberalizm [l,ibɛral,izm] (*D* -u) *m* POLIT liberalism.

liberalny [l,ibɛralni] *adj* liberal.

liberał [l,ibɛraw] *m* POLIT liberal.

Libia [l,ibja] (*D* Libii [l,ibji]) *f* Libya.

licealista, licealistka [l,itsɛal,ista, l,itsɛal,istka] *m, f* ≃ sixth-form student *UK* ≃ high school student *US*.

licencja [l,itsɛntsja] (*D* licencji [l,itsɛntsji]) *f* licence.

licencjat [l,itsɛntsjat] (*D* -u) *m* [stopień] ≃ bachelor's degree.

licencjonowany [l,itsɛntsjɔnɔvani] *adj* licensed.

liceum [l,itsɛum] (*inv w lp*) *n* ≃ sixth form *UK* ≃ high school *US*.

lichtarz [l,ixtaʃ] (*D* -a) *m* candlestick.

lichy [l,ixi] *adj* poor quality.

licytacja [l,itsitatsja] (*D* licytacji [l,itsitatsji]) *f* [dzieł sztuki] auction.

licytować [l,itsitɔvatɕ] *vimperf* [majątek] to auction.

liczba [l,idʑba] (*D* liczby [l,idʑbi]) *f* number.

liczebnik [l,itʃɛbnik] (*D* -a) *m* GRAM numeral.

licznie [l,itʃnɛ] *adv* in great numbers.

licznik [l,itʃnik] (D -a) m [gazu, prądu] meter; [w samochodzie] speedometer.

liczny [l,itʃni] adj numerous.

liczyć [l,itʃitɕ] vimperf [pieniądze] to count; [na kalkulatorze] to calculate • **liczyć na kogoś** to count on sb.
◆ **liczyć się** [l,itʃitɕ ɕɛ] vp imperf [mieć znaczenie] to matter • **liczyć się z kimś/czymś** to hold sb/sthg in high esteem.

lider, ka [l,idɛr, ka] m, f leader.

likier [l,ik,ɛr] (D -u) m liqueur • **likier z czarnej porzeczki** black currant liqueur.

likwidacja [l,ikf,idatsja] (D likwidacji [l,ikf,idatsji]) f [firmy] closing down; [odpadów] disposal.

likwidować [l,ikf,idɔvatɕ] (perf zlikwidować [zl,ikf,idɔvatɕ]) vimperf to close down.

lilia [l,ilja] (D lilii [l,ilji]) f lily.

limit [l,im,it] (D -u) m limit.

limuzyna [l,imuzina] (D limuzyny [l,imuzini]) f limousine.

lin [l,in] m tench.

lina [l,ina] (D liny [l,ini]) f rope.

linia [l,inja] (D linii [l,inji]) f line • **linie lotnicze** airlines.

linijka [l,inijka] (D linijki [l,inijk,i]) f [przyrząd] ruler; [wiersz] line.

linoskoczek [l,inɔskɔtʃɛk] m tightrope walker.

lipa [l,ipa] (D lipy [l,ipi]) f [drzewo] lime (tree).

lipiec [l,ip,jɛts] (D lipca [l,iptsa]) m July zobacz też styczeń.

liryczny [l,iritʃni] adj lyrical.

lis [l,is] m fox.

list [l,ist] (D -u) m letter • **list motywacyjny** letter of application; **list polecony** registered letter; **wysłać list** to send a letter.

lista [l,ista] (D listy [l,isti]) f [spis] list • **sporządzić listę** to make a list; **lista dyskusyjna** INFORM discussion list.

listing [l,ist,iŋk] (D -u) m INFORM listing.

listonosz, ka [l,istɔnɔʃ, ka] m, f postman (f postwoman) UK; mailman US.

listopad [l,istɔpat] (D -a) m November zobacz też styczeń.

listowie [l,istɔv,jɛ] (D listowia [l,istɔv,ja]) n foliage.

listownie [l,istɔvɲɛ] adv by letter.

liść [l,iɕtɕ] (D liścia [l,iɕtɕa]) m leaf • **liść laurowy** bay leaf.

litera [l,itɛra] (D litery [l,itɛri]) f letter • **drukowane litery** printed letters.

literacki [l,itɛratsk,i] adj literary.

literatura [l,itɛratura] (D literatury [l,itɛraturi]) f literature • **literatura piękna** literature.

literować [l,itɛrɔvatɕ] vimperf to spell.

litość [l,itɔɕtɕ] (D litości [l,itɔɕtɕi]) f [współczucie] pity; [łaska] mercy.

litować się [l,itɔvatɕ ɕɛ] vp imperf to feel pity.

litr [l,itr] (D -a) m litre.

Litwa [l,itfa] (D Litwy [l,itfi]) f Lithuania.

Litwin, ka [l,itf,in, ka] m, f Lithuanian.

lizać [l,izatɕ] vimperf to lick.

lizak [l,izak] (D -a) m lollipop.

Lizbona [l,izbɔna] (D Lizbony [l,izbɔni]) f Lisbon.

lizbończyk, lizbonka [l,izbɔjntʃik, l,izbɔnka] m, f inhabitant of Lisbon.

lizus, ka [l,izus, ka] m, f pot & pej creep.

lniany [lɲani] adj linen.

Loara [lɔara] (D Loary [lɔari]) f the Loire.

lobbować [lɔbbɔvatɕ] vimperf to lobby.

lobby [lɔbbi] (inv) n lobby.

loch [lɔx] (D -u) m dungeon.

lodowaty [lɔdɔvati] adj [bardzo zimny] freezing; [nieprzyjazny] icy.

lodowiec [lɔdɔv,jɛts] (D lodowca [lɔdɔftsa]) m glacier.

lodowisko [lɔdɔv,iskɔ] (D lodowiska [lɔdɔv,iska]) n ice rink.

lodówka [lɔdufka] (D lodówki [lɔdufk,i]) f fridge • **włożyć coś do lodówki** to put sthg in the fridge; **wyjąć coś z**

lodówki to take sthg out of the fridge.

logiczny [lɔg,itʃni] *adj* logical.

logika [lɔg,ika] (*D* **logiki** [lɔg,ik,i]) *f* logic.

logo [lɔgɔ] *(inv)* *n* [firmy, organizacji] logo.

logowanie [lɔgɔvaɲɛ] (*D* **logowania** [lɔgɔvaɲa]) *n* INFORM logging on.

lojalnie [lɔjalɲɛ] *adv* loyally.

lojalność [lɔjalnɔɕtɕ] (*D* **lojalności** [lɔjalnɔɕtɕi]) *f* loyalty.

lojalny [lɔjalni] *adj* loyal.

lok [lɔk] (*D* **-a**) *m* curl.

lokal [lɔkal] (*D* **-u**) *m* [pomieszczenie] premises; [kawiarnia] cafe; [restauracja] restaurant • **lokale mieszkalne** private accommodation.

lokalizacja [lɔkal,izatsja] (*D* **lokalizacji** [lɔkal,izatsji]) *f* location.

lokalizować [lɔkal,izɔvatɕ] *vimperf* to locate.

lokalny [lɔkalni] *adj* local.

lokata [lɔkata] (*D* **lokaty** [lɔkati]) *f* EKON investment; [w klasyfikacji] place.

lokator, ka [lɔkatɔr, ka] *m, f* tenant.

lokomotywa [lɔkɔmɔtiva] (*D* **lokomotywy** [lɔkɔmɔtivi]) *f* engine.

lokować [lɔkɔvatɕ] *vimperf* [deponować] to invest.

lombard [lɔmbart] (*D* **-u**) *m* pawnshop.

Londyn [lɔndin] (*D* **-u**) *m* London.

londyńczyk, londynka [lɔndijntʃik, lɔndinka] *m, f* Londoner.

lornetka [lɔrnɛtka] (*D* **lornetki** [lɔrnɛtk,i]) *f* binoculars • **lornetka teatralna** opera glasses.

los [lɔs] (*D* **-u**) *m* [koleje życia] lot; [przeznaczenie] fate; [bilet loteryjny] lottery ticket.

losować [lɔsɔvatɕ] *vimperf* to draw lots.

losowanie [lɔsɔvaɲɛ] (*D* **losowania** [lɔsɔvaɲa]) *n* draw.

losowy [lɔsɔvi] *adj* : **przypadek losowy** act of God; **gra losowa** game of chance.

lot [lɔt] (*D* **-u**) *m* flight • **lot czartero-** wy charter flight; **w lot** in an instant; **widzieć z lotu ptaka** to have a bird's eye view.

LOT [lɔt] (*D* **-u**) *m* [Polskie Linie Lotnicze LOT] LOT Polish Airlines.

Lotaryngia [lɔtariŋgja] (*D* **Lotaryngii** [lɔtariŋgji]) *f* Lorraine.

Lotaryńczyk, Lotarynka [lɔtarijntʃik, lɔtarinka] *m, f inhabitant of Lorraine*.

loteria [lɔtɛrja] (*D* **loterii** [lɔtɛrji]) *f* lottery.

lotnia [lɔtɲa] (*D* **lotni** [lɔtɲi]) *f* SPORT hang-glider.

lotniarstwo [lɔtɲarstfɔ] (*D* **lotniarstwa** [lɔtɲarstfa]) *n* hang-gliding.

lotnictwo [lɔtɲitstfɔ] (*D* **lotnictwa** [lɔtɲitstfa]) *n* aviation • **lotnictwo sportowe** sport aviation.

lotniczy [lɔtɲitʃi] *adj* air; [bilet] plane.

lotnik [lɔtɲik] *m* pilot.

lotnisko [lɔtɲiskɔ] (*D* **lotniska** [lɔtɲiska]) *n* airport.

Lozanna [lɔzanna] (*D* **Lozanny** [lɔzanni]) *f* Lausanne.

lozańczyk, lozanka [lɔzajntʃik, lɔzanka] *m, f inhabitant of Lausanne*.

loża [lɔʒa] (*D* **loży** [lɔʒi]) *f* [teatralna, rządowa] box.

lód [lut] (*D* **lodu** [lɔdu]) *m* ice • **kostka lodu** ice cube. ⇐ **lody** [lɔdi] (*D* **lodów** [lɔduf]) *mpl* ice cream • **dwie gałki lodów** two scoops of ice cream; **lody na patyku** ice lolly; **lody waniliowe** vanilla ice cream; **lody włoskie** Italian ice cream; **lody czekoladowe** chocolate ice cream.

lśniący [lɕɲɔntɕi] *adj* shiny.

lub [lup] *conj* or.

lubiany [lub,jani] *adj* popular.

lubić [lub,itɕ] *vimperf* to like • **lubić coś robić** to enjoy doing sthg.

Lublana [lublana] (*D* **Lublany** [lublani]) *f* Ljubljana.

lud [lut] (*D* **-u**) *m* people • **lud pracujący** the working class.

ludność [ludnɔɕtɕ] (*D* **ludności** [ludnɔɕtɕi]) *f* population.

ludowy [ludɔvi] *adj* folk.

ludożerca [ludɔʒɛrtsa] *m* man-eater.

ludzie [ludʑɛ] *pl* = człowiek.

ludzki [lutsk,i] *adj* [gatunek, mowa] human; [traktowanie] humane • **isto- ta ludzka** human being.

ludzkość [lutskɔɕtɕ] (*D* **ludzkości** [lutskɔɕtɕi]) *f* humankind • **zbrodnie przeciwko ludzkości** crimes against humanity.

lufa [lufa] (*D* **lufy** [lufi]) *f* [broni palnej] barrel; *pot* [ocena] bad mark.

lufcik [luftɕik] (*D* -a) *m* fanlight.

luka [luka] (*D* **luki** [luk,i]) *f* gap • **luki prawne** legal loopholes.

Luksemburczyk, Luksemburka [luksɛmburtʃik, luksɛmburka] *m*, *f* *inhabitant of Luxembourg.*

Luksemburg [luksɛmburk] (*D* -a) *m* Luxembourg.

luksus [luksus] (*D* -u) *m* luxury.

luksusowy [luksusɔvi] *adj* luxury.

lunatyk, lunatyczka [lunatik, luna- titʃka] *m*, *f* sleepwalker.

luneta [lunɛta] (*D* **lunety** [lunɛti]) *f* telescope.

lupa [lupa] (*D* **lupy** [lupi]) *f* magnify- ing glass.

lura [lura] (*D* **lury** [luri]) *f* *pot & pej* [herbata, kawa] dishwater.

lusterko [lustɛrkɔ] (*D* **lusterka** [lustɛr- ka]) *n* mirror • **lusterko samochodo- we** car mirror.

lustracja [lustratsja] (*D* **lustracji** [lu- stratsji]) *f* vetting.

lustro [lustrɔ] (*D* **lustra** [lustra]) *n* mirror.

luty [luti] (*D* **lutego** [lutɛgɔ]) *m* February *zobacz też* styczeń.

luz [lus] (*D* -u) *m* [swoboda] easy time; AUTO neutral • **być na luzie** *pot* to be laid back.

luźny [luʑni] *adj* [ubranie, obuwie] loose.

lwica [lv,itsa] *f* lioness.

Łaba [waba] (*D* **Łaby** [wabi]) *f* the Elbe.

łabędź [wabɛntɕ] *m* swan.

łachman [waxman] (*D* -a) *m* *pot & pej* [ubranie] rag.

łaciaty [watɕati] *adj* [krowa] spotted.

łacina [watɕina] (*D* **łaciny** [watɕini]) *f* [język] Latin.

ład [wat] (*D* -u) *m* order • **zaprowa- dzić ład** to create order.

ładnie [wadɲɛ] *adv* [niebrzydko] ni- cely; [wyglądać] nice; *pot* [dobrze] well.

ładny [wadni] *adj* [niebrzydki] nice; [dziewczyna] pretty • **ładna suma** a pretty penny; **ładny wiek** a good age.

ładować [wadɔvatɕ] *vimperf* [akumu- lator, baterię] to charge; [do samo- chodu, na statek] to load.

ładunek [wadunɛk] (*D* **ładunku** [wa- dunku]) *m* [towar] load; [materiał wybuchowy] explosive charge.

łagodnie [wagɔdɲɛ] *adv* [uśmiechać się] kindly; [hamować] gently.

łagodność [wagɔdnɔɕtɕ] (*D* **łagod- ności** [wagɔdnɔɕtɕi]) *f* kindness • **ła- godność klimatu** mildness of cli- mate.

łagodny [wagɔdni] *adj* [charakter] kindly; [ocena] lenient; [zakręt] gentle • **łagodny nowotwór** benign tumour.

łagodzący [wagɔdzɔntsi] *adj* sooth- ing.

łagodzić [wagɔdʑitɕ] *vimperf* [ostry smak] to make milder; [podrażnienie] to soothe • **łagodzić ból** to ease the pain.

łakomstwo [wakɔmstfɔ] (*D* **łakom- stwa** [wakɔmstfa]) *n* [obżarstwo] gluttony.

łakomy [wakɔmi] *adj* [żarłoczny] gluttonous • **być łakomym na słody- cze** to have a sweet tooth.

łamać [wamatɕ] (*perf* **złamać** [zwamatɕ]) *vimperf* to break • **łamać prawo** to break the law.

łamigłówka [wam,igwufka] (*D* łamigłówki [wam,igwufk,i]) *f* [zagadka] puzzle.

łania [waɲa] *f* hind.

łańcuch [wajɲtsux] (*D* -a) *m* chain • **łańcuch górski** mountain range.

łańcuszek [wajɲtsuʃɛk] (*D* łańcuszka [wajɲtsuʃka]) *m* chain • **złoty łańcuszek** gold chain.

łapa [wapa] (*D* łapy [wapi]) *f* paw.

łapczywie [waptʃiv,jɛ] *adv* greedily.

łapczywy [waptʃivi] *adj* greedy • **być łapczywym na coś** to be hungry for sthg.

łapówka [wapufka] (*D* łapówki [wapufk,i]) *f* bribe.

łasica [waɕitsa] *f* weasel.

łaska [waska] (*D* łaski [wask,i]) *f* [przychylność] favour; [ułaskawienie] pardon • **być na czyjejś łasce** to live on sb's generosity.

łaskaw [waskaf] *adj* = łaskawy.

łaskawie [waskav,jɛ] *adv* [przychylnie] graciously.

łaskawy [waskavi], **łaskaw** [waskaf] *adj* kind • **czy byłby pan łaskaw wskazać mi drogę?** *oficjal* would you be so kind as to show me the way?

łaskotać [waskɔtatɕ] *vimperf* to tickle.

łaskotki [waskɔtk,i] (*D* łaskotek [waskɔtɛk]) *pl* : **mieć łaskotki** to be ticklish.

łata [wata] (*D* łaty [wati]) *f* patch.

łatać [watatɕ] *vimperf* [dziurę] to patch.

łatwo [watfɔ] *adv* easily • **łatwo powiedzieć!** easier said than done!

łatwopalny [watfɔpalni] *adj* [materiał] flammable.

łatwość [watfɔɕtɕ] (*D* łatwości [watfɔɕtɕi]) *f* [zdolność] aptitude.

łatwowierny [watfɔv,jɛrni] *adj* gullible.

łatwy [watfi] *adj* easy.

ławica [wav,itsa] (*D* ławicy [wav,itsi]) *f* [ryb] shoal.

ławka [wafka] (*D* ławki [wafk,i]) *f* [w parku, w ogrodzie] bench; [w szkole] desk.

łazienka [waʑɛnka] (*D* łazienki [waʑɛnk,i]) *f* bathroom • **być w łazience** to be in the bathroom; **pójść do łazienki** to go to the bathroom.

łaźnia [waʑɲa] (*D* łaźni [waʑɲi]) *f* baths.

łącze [wɔntʃɛ] (*D* łącza [wɔntʃa]) *n* connection.

łącznie [wɔntʃɲɛ] *adv* together • **łącznie z** including.

łączność [wɔntʃnɔɕtɕ] (*D* łączności [wɔntʃnɔɕtɕi]) *f* [komunikacja] communications; [kontakt] connection.

łączny [wɔntʃni] *adj* total • **pisownia łączna** *referring to particles or words that are written together.*

łączyć [wɔntʃitɕ] *vimperf* [jednoczyć] to unite; [dwa punkty] to connect • **łączyć coś z czymś** to connect sthg with sthg else. ➡ **łączyć się** [wɔntʃitɕ ɕɛ] *vp imperf* [kojarzyć się] to be connected.

łąka [wɔnka] (*D* łąki [wɔnk,i]) *f* meadow.

łkać [wkatɕ] *vimperf oficjal* to sob.

łobuz [wɔbus] *m pot* [urwis] rascal; *pot & pej* [drań] thug.

łodyga [wɔdiga] (*D* łodygi [wɔdig,i]) *f* stem.

łokieć [wɔk,ɛtɕ] (*D* łokcia [wɔktɕa]) *m* elbow.

łopata [wɔpata] (*D* łopaty [wɔpati]) *f* spade.

łopatka [wɔpatka] (*D* łopatki [wɔpatk,i]) *f* [kość] shoulder blade, [dziecięca] spade; KULIN shoulder.

łosoś [wɔsɔɕ] *m* salmon.

Łotwa [wɔtfa] (*D* Łotwy [wɔtfi]) *f* Latvia.

Łotysz, Łotyszka [wɔtiʃ, wɔtiʃka] *m*, *f* Latvian.

łowić [wɔv,itɕ] (*perf* **złowić** [zwɔv,itɕ]) *vimperf* [zwierzynę] to hunt • **łowić ryby** to fish.

łódka [wutka] (*D* łódki [wutk,i]) *f* boat.

łódź [wutɕ] (*D* łodzi [wɔdʑi]) *f* boat • **łódź motorowa** motor boat; **łódź podwodna** submarine.

Łódź [wutɕ] (*D* Łodzi [wɔdʑi]) *f* Lodz.

łóżko [wuʃkɔ] (D **łóżka** [wuʃka]) n bed • **łóżko polowe** camp-bed; **pozostać w łóżku** to stay in bed; **położyć się do łóżka** to go to bed; **ścielić łóżko** to make the bed.

łucznictwo [wutʃɲitstfɔ] (D **łucznictwa** [wutʃɲitstfa]) n archery.

łudzić się [wudʑitɕ ɕɛ] vp imperf to deceive o.s.

łuk [wuk] (D **-u**) m [broń] bow; [w budownictwie] arch • **łuk triumfalny** triumphal arch; **strzelać z łuku** to shoot with a bow.

łup [wup] (D **-u**) m [zdobycz] loot • **paść czyimś łupem** to fall prey to sb.

łupież [wup,jɛʃ] (D **-u**) m dandruff.

łupina [wup,ina] (D **łupiny** [wup,ini]) f [z ziemniaka] skin; [z orzecha] shell.

łuska [wuska] (D **łuski** [wusk,i]) f [ryby] scale; [naboju] cartridge.

łuskać [wuskatɕ] vimperf [orzechy, groch] to shell.

łuszczyć się [wuʃtʃitɕ ɕɛ] vp imperf [o skórze] to flake (off).

łydka [witka] (D **łydki** [witk,i]) f calf.

łyk [wik] (D **-u** LUB **-a**) m [napoju] mouthful.

łykać [wikatɕ] vimperf to swallow.

łysieć [wiɕɛtɕ] vimperf to go bald.

łysina [wiɕina] (D **łysiny** [wiɕini]) f [miejsce] bald patch; [łysa głowa] bald head.

łysy [wisi] adj bald.

łyżeczka [wiʒɛtʃka] (D **łyżeczki** [wiʒɛtʃk,i]) f [mała łyżka] teaspoon; [zawartość] teaspoonful.

łyżka [wiʃka] (D **łyżki** [wiʃk,i]) f [sztuciec] spoon; [zawartość] spoonful • **łyżka do butów** shoehorn.

łyżwa [wiʒva] (D **łyżwy** [wiʒvi]) f ice-skate.

łyżwiarstwo [wiʒv,jarstfɔ] (D **łyżwiarstwa** [wiʒv,jarstfa]) n SPORT skating.

łyżwiarz, łyżwiarka [wiʒv,jaʃ, wiʒv,jarka] m, f [sportowiec] ice-skater; [figurowy] figure-skater.

łza [wza] (D **łzy** [wzi]) f tear.

łzawiący [wzav,jɔntɕi] adj : **łzawiące oczy** watering eyes; **gaz łzawiący** tear gas.

łzawić [wzav,itɕ] vimperf to water.

M

m (skr od metr) m.

m. (skr od mieszkanie) flat UK, apt. US; (skr od miasto) used in writing to introduce the name of a city.

maca [matsa] (D **macy** [matsi]) f matzo.

Macedonia [matsɛdɔɲja] (D **Macedonii** [matsɛdɔɲji]) f Macedonia.

Macedończyk, Macedonka [matsɛdɔjntʃik, matsɛdɔnka] m, f Macedonian.

machać [maxatɕ] (perf **machnąć** [maxnɔntɕ]) vimperf [ręką] to wave; [ogonem] to wag.

machinalny [max,inalni] adj automatic.

machnąć [maxnɔntɕ] vperf = **machać**.

macica [matɕitsa] (D **macicy** [matɕitsi]) f womb.

macierzyński [matɕɛʑiȷ̃sk,i] adj [instynkt] maternal; [miłość] motherly • **urlop macierzyński** maternity leave.

macierzyństwo [matɕɛʑiȷ̃stfɔ] (D **macierzyństwa** [matɕɛʑiȷ̃stfa]) n motherhood.

macocha [matsɔxa] f stepmother.

Madagaskar [madagaskar] (D **-u**) m Madagascar.

Madryt [madrit] (D **-u**) m Madrid.

mafia [mafja] (D **mafii** [mafji]) f mafia.

magazyn [magazin] (D **-u**) m [budynek] warehouse; [czasopismo] magazine.

magazynier [magaziɲjɛr] *m* warehouse supervisor.

magazynować [magazinɔvatɕ] *vimperf* [zboże] to store.

magdalenka [magdalɛnka] (*D* magdalenki [magdalɛnk,i]) *f* madeleine.

magia [magja] (*D* magii [magji]) *f* magic • **to dla mnie czarna magia** it's all Greek to me.

magiczny [mag,itʃni] *adj* magic.

magister [mag,istɛr] *m* [nauk ścisłych] Master of Science; [nauk humanistycznych] Master of Arts.

magnes [magnɛs] (*D* -u) *m* magnet.

magnetofon [magnɛtɔfɔn] (*D* -u) *m* cassette recorder.

magnetowid [magnɛtɔv,it] (*D* -u) *m* video recorder.

magnetyczny [magnɛtitʃni] *adj* magnetic.

mahoń [maxɔɲ] (*D* mahoniu [maxɔɲu]) *m* mahogany.

mail [mɛjl] (*D* -a) *m* = e-mail.

maj [maj] (*D* -a) *m* May *zobacz też* styczeń.

majaczyć [majatʃitɕ] *vimperf* [w gorączce] to be delirious.

majątek [majɔntɛk] (*D* majątku [majɔntku]) *m* [ogół dóbr] fortune; [posiadłość] property • **zrobić majątek** to make a fortune.

majeranek [majɛranɛk] (*D* majeranku [majɛranku]) *m* marjoram.

majestatyczny [majɛstatitʃni] *adj* majestic.

majonez [majɔnɛs] (*D* -u) *m* mayonnaise.

majsterkować [majstɛrkɔvatɕ] *vimperf* to do (some) DIY.

majsterkowanie [majstɛrkɔvaɲɛ] (*D* majsterkowania [majstɛrkɔvaɲa]) *n* do-it-yourself.

majsterkowicz [majstɛrkɔv,itʃ] *m* pot DIY fan.

majtki [majtk,i] (*D* majtek [majtɛk]) *pl* [bielizna] knickers.

mak [mak] (*D* -u) *m* [roślina] poppy; [nasiona] poppy seeds.

makaron [makarɔn] (*D* -u) *m* pasta.

makieta [mak,ɛta] (*D* makiety [mak,ɛti]) *f* model.

makijaż [mak,ijaʃ] (*D* -u) *m* make-up • **zmyć makijaż** to remove one's make-up; **zrobić sobie makijaż** to put make-up on.

makrela [makrɛla] *f* mackerel.

maksimum [maks,imum] *(inv)* *n & adv* maximum.

maksymalnie [maksimalɲɛ] *adv* [w najwyższym stopniu] as much as possible; [najwyżej] at most.

maksymalny [maksimalni] *adj* maximum.

makulatura [makulatura] (*D* makulatury [makulaturi]) *f* [zużyty papier] waste paper • **zbierać gazety na makulaturę** to collect newspapers for recycling.

malaria [malarja] (*D* malarii [malarji]) *f* malaria.

malarstwo [malarstfɔ] (*D* malarstwa [malarstfa]) *n* painting.

malarz, malarka [malaʃ, malarka] *m, f* [obrazów] painter; [ścian] painter and decorator.

malec [malɛts] *m* pot nipper.

maleć [malɛtɕ] (*perf* zmaleć [zmalɛtɕ]) *vimperf* to become smaller.

maleńki [malɛŋk,i] *adj* tiny.

malina [mal,ina] (*D* maliny [mal,ini]) *f* raspberry.

malkontent, ka [malkɔntɛnt, ka] *m, f* pej grumbler.

malować [malɔvatɕ] (*perf* pomalować [pɔmalɔvatɕ]) *vimperf (tylko perf)* [obraz] to paint; [ściany] to paint. **⟶ malować się** [malɔvatɕ ɕɛ] *(perf* pomalować się [pɔmalɔvatɕ ɕɛ]) *vp impert* [robić makijaż] to put on make-up.

malowniczy [malɔvnitʃi] *adj* [widok] picturesque; [postać] colourful.

malutki [malutk,i] *adj* tiny.

malwersacja [malvɛrsatsja] (*D* malwersacji [malvɛrsatsji]) *f* embezzlement.

mało [mawɔ] (*compar* mniej, *superl* najmniej) *adv* [niewiele] little; [niedużo] not much • **mało co** nearly; **mało tego** what's more.

małoletni [mawɔlɛtɲi] *adj* juvenile.

małomówny [mawɔmuvnɨ] *adj* taciturn.

Małopolanin, Małopolanka [mawɔpɔlaɲin, mawɔpɔlanka] *m, f* *inhabitant of Małopolska*.

Małopolska [mawɔpɔlska] (*D* **Małopolski** [mawɔpɔlsk,i]) *f* Małopolska.

małostkowy [mawɔstkɔvi] *adj* petty.

małpa [mawpa] *f* monkey.

małpować [mawpɔvatɕ] *vimperf pej* to ape • **małpować kogoś** to ape sb.

mały [mawi] (*compar* **mniejszy**, *superl* **najmniejszy**) *adj* [nieduży] small; [młody] little • **małe litery** small letters; **o mały włos** by a hair's breadth.

małżeński [mawʒɛɰsk,i] *adj* marital • **zdrada małżeńska** adultery; **związek małżeński** marriage.

małżeństwo [mawʒɛɰstfɔ] (*D* **małżeństwa** [mawʒɛɰstfa]) *n* [związek] marriage; [małżonkowie] married couple • **zawrzeć małżeństwo** to get married.

małżonek [mawʒɔnɛk] *m oficjal* husband. ⬤ **małżonkowie** [mawʒɔnkɔv,jɛ] *pl oficjal* married couple.

małżonka [mawʒɔnka] *f oficjal* wife.

mama [mama] *f pot* mum.

maminsynek [mam,insinɛk] *m pot & pej* mummy's boy.

mammografia [mammɔɡrafja] (*D* **mammografii** [mammɔɡrafji]) *f* mammography.

Mamry [mamri] (*D* **Mamr** [mamr]) *pl* Lake Mamry.

mandarynka [mandarinka] (*D* **mandarynki** [mandarink,i]) *f* tangerine.

mandat [mandat] (*D* -u) *m* [kara] fine; [pełnomocnictwo] mandate • **zapłacić mandat** to pay a fine; **mandat poselski** parliamentary seat.

manekin [manɛk,in] (*D* -a) *m* [krawiecki] dummy.

manewrować [manɛvrɔvatɕ] *vimperf lit & przen* to manoeuvre.

manga [maŋɡa] (*D* **mangi** [maŋɡ,i]) *f* manga.

mango [maŋɡɔ] (*inv*) *n* mango.

mania [maɲja] (*D* **manii** [maɲji]) *f* mania • **mania wielkości** megalomania.

maniak, maniaczka [maɲjak, maɲjatʃka] *m, f* maniac • **maniak zakupów** compulsive shopper.

maniera [maɲjɛra] (*D* **maniery** [maɲjɛri]) *f pej* [przyzwyczajenie] mannerism; [styl] manner. ⬤ **maniery** [maɲjɛri] (*D* **manier** [maɲjɛr]) *fpl* [dobre, złe] manners.

manifest [maɲifɛst] (*D* -u) *m* manifesto.

manifestacja [maɲifɛstatsja] (*D* **manifestacji** [maɲifɛstatsji]) *f* demonstration • **manifestacja przeciw czemuś** demonstration against sthg.

manifestować [maɲifɛstɔvatɕ] *vimperf* [uczucia, poglądy] to show; [przeciw czemuś] to demonstrate.

manikiur [maɲikjur] (*D* -u) *m* manicure.

manikiurzystka [maɲikjuʑistka] *f* manicurist.

manipulacja [maɲipulatsja] (*D* **manipulacji** [maɲipulatsji]) *f pej* [faktami, historią] manipulation.

manipulować [maɲipulɔvatɕ] *vimperf pej* [faktami, historią] to manipulate • **manipulować kimś** *pej* to manipulate sb; **manipulować przy czymś** to tinker with sthg.

mankiet [maŋk,ɛt] (*D* -u) *m* cuff.

manko [maŋkɔ] (*D* -a) *n* shortfall • **zrobić manko** to have a shortfall.

mansarda [mansarda] (*D* **mansardy** [mansardi]) *f* [mieszkanie] attic flat.

mapa [mapa] (*D* **mapy** [mapi]) *f* map • **mapa samochodowa** road map.

maraton [maratɔn] (*D* -u) *m* SPORT marathon • **nocny maraton filmowy** an all-night film session.

marchew [marxɛf] (*D* **marchwi** [marxf,i]) *f* carrot.

margaryna [marɡarina] (*D* **margaryny** [marɡarini]) *f* margarine.

margerytka [marɡɛritka] (*D* **margerytki** [marɡɛritk,i]) *f* daisy.

marginalny [marɡ,inalni] *adj* marginal.

margines [marg,inɛs] (D -u) m [w zeszycie] margin • **margines społeczny** the dregs of society; **na marginesie** incidentally.

marionetka [marjɔnɛtka] (D marionetki [marjɔnɛtk,i]) f [lalka] puppet; pej [osoba] puppet.

marka [marka] (D marki [mark,i]) f [znak firmowy] brand.

marker [markɛr] (D -a) m highlighter.

marketing [markɛt,iŋk] (D -u) m marketing.

markowy [markɔvi] adj brand-name.

marmolada [marmɔlada] (D marmolady [marmɔladɨ]) f jam.

marmur [marmur] (D -u) m marble.

marmurowy [marmurɔvi] adj marble.

marnieć [marɲɛtɕ] vimperf [o człowieku] to waste away; [o roślinach, o zwierzętach] to wither away.

marnotrawić [marnɔtrav,itɕ] vimperf oficjal to squander.

marnotrawstwo [marnɔtrafstfɔ] (D marnotrawstwa [marnɔtrafstfa]) n waste.

marnować [marnɔvatɕ] (perf zmarnować [zmarnɔvatɕ]) vimperf [czas, zdolności, pieniądze] to waste.

marny [marnɨ] adj poor.

Marokańczyk, Marokanka [marɔkajntʃik, marɔkanka] m, f Moroccan.

marokański [marɔkajsk,i] adj Moroccan.

Maroko [marɔkɔ] (D Maroka [marɔlua]) n Morocco.

marsylczyk, marsylka [marsɨlʲtʃilu, marsilka] m, f inhabitant of Marseille.

Marsylia [marsilʲja] (D Marsylii [marsilʲji]) f Marseille.

marsz [marʃ] m [równy, szybki] (D -u) march; [MUZ żałobny] (D -a) march.

marszałek [marʃawɛk] m [w wojsku] marshal; [w parlamencie] speaker.

marszczyć [marʃtʃitɕ] (perf zmarszczyć [zmarʃtʃitɕ]) vimperf [sukienkę] to gather • **marszczyć brwi** to knit one's brows; **marszczyć czoło** to frown.

martwić [martf,itɕ] (perf zmartwić [zmartf,itɕ]) vimperf : **martwić kogoś** to worry sb. ⬌ **martwić się** [martf,itɕ ɕɛ] (perf zmartwić się [zmartf,itɕ ɕɛ]) vp imperf to worry.

martwy [martfɨ] adj dead.

marudny [marudnɨ] adj pot & pej grumpy.

marudzić [marudʑitɕ] vimperf pot & pej [ględzić] to grumble; pot & pej [kaprysić] to whine.

marynarka [marinarka] (D marynarki [marinark,i]) f [sportowa, wizytowa] jacket; [handlowa, wojenna] navy.

marynarski [marinarsk,i] adj [stopień] naval; [czapka] sailor's.

marzec [maʐɛts] (D marca [martsa]) m March zobacz też styczeń.

marzenie [maʐɛɲɛ] (D marzenia [maʐɛɲa]) n [przedmiot pragnień] dream; [fantazjowanie] daydream • **senne marzenie** dream; **spełnienie marzeń** the fulfilment of one's dreams.

marznąć [marznɔntɕ] (perf zmarznąć [zmarznɔntɕ]) vimperf to freeze.

marzyciel, ka [maʐitɕɛl, ka] m, f dreamer.

marzycielski [maʐitɕɛlsk,i] adj dreamy.

marzyć [maʐitɕ] vimperf to dream • **marzyć o czymś/o kimś** to dream about sthg/sb.

marża [marʒa] (D marży [marʒi]) f EKON profit margin • **narzucić marżę** to add a profit margin.

masa [masa] (D masy [masi]) f [gen] mass; [do ciasta] mixture. ⬌ **masy** [masi] fpl [ludowe, robotnicze] masses.

masakra [masakra] (D masakry [masakri]) f massacre.

masakrować [masakrɔvatɕ] vimperf to massacre.

masaż [masaʃ] (D -u) m massage.

maska [maska] (D maski [mask,i]) f [gen] mask; AUTO bonnet UK, hood US.

maskarada [maskarada] (D maskarady [maskaradi]) f masked ball.

maskotka [maskɔtka] (D maskotki [maskɔtk,i]) f soft toy.

masło [maswɔ] (D masła [maswa]) n butter • **masło roślinne** soft margarine.

masować [masɔvatɕ] *vimperf* [stopy, plecy] to massage.

masowy [masɔvi] *adj* mass • **kultura masowa** mass culture.

mass media [mas mɛdja] (*D* **mass mediów** [mas mɛdjuf]) *pl* mass media.

masywny [masivni] *adj* [budowa] massive; [człowiek] thickset.

maszerować [maʃɛrɔvatɕ] *vimperf* to march.

maszt [maʃt] (*D* **-u**) *m* [statku, cyrku] mast.

maszyna [maʃina] (*D* **maszyny** [maʃini]) *f* machine • **maszyna do pisania** typewriter; **maszyna do szycia** sewing machine.

maszynista [maʃiɲista] *f* [w lokomotywie] engine driver; [w fabryce] machine operator.

maszynka [maʃinka] (*D* **maszynki** [maʃink,i]) *f* [maszyna] machine; [do mięsa, do kawy] grinder; *pot* [elektryczna, gazowa] cooker • **maszynka do golenia** shaver.

maszynopis [maʃinɔp,is] (*D* **-u**) *m* typescript.

maść [maɕtɕ] (*D* **maści** [maɕtɕi]) *f* [lek] ointment; [konia] colour.

maślanka [maɕlanka] (*D* **maślanki** [maɕlank,i]) *f* buttermilk.

mata [mata] (*D* **maty** [mati]) *f* mat.

matczyny [mattʃini] *adj* motherly.

matematyczny [matɛmatitʃni] *adj* mathematical.

matematyka [matɛmatika] (*D* **matematyki** [matɛmatik,i]) *f* mathematics.

materac [matɛrats] (*D* **-a**) *m* mattress.

materialista, materialistka [matɛrjal,ista, matɛrjal,istka] *m, f pej* materialist.

materialny [matɛrjalni] *adj* [finansowy] material • **sytuacja materialna** financial situation.

materiał [matɛrjaw] (*D* **-u**) *m* [gen] material • **materiały biurowe** office supplies; **materiały budowlane** building materials.

matka [matka] *f* mother • **przybrana matka** adoptive mother; **matka**

chrzestna godmother; **matka natura** Mother Nature; **matka zastępcza** foster mother.

matowy [matɔvi] *adj* [farba, szminka] mat; [włosy] dull.

matrymonialny [matrimɔɲjalni] *adj* matrimonial • **biuro matrymonialne** dating agency.

matura [matura] (*D* **matury** [maturi]) *f* ≃ A levels *UK* ≃ SATs *US*.

maturzysta, maturzystka [matuʒista, matuʒistka] *m, f student who is about to take or has just taken the matura exam.*

mazak [mazak] (*D* **-a**) *m* felt-tip.

Mazowszanin, Mazowszanka [mazɔfʃaɲin, mazɔfʃanka] *m, f* Mazovian.

Mazowsze [mazɔfʃɛ] (*D* **Mazowsza** [mazɔfʃa]) *n* Mazovia (*province of Poland*).

Mazury [mazuri] (*D* **Mazur** [mazur]) *pl* Mazuria.

mączny [mɔntʃni] *adj* [produkty] made of flour.

mądrość [mɔndrɔɕtɕ] (*D* **mądrości** [mɔndrɔɕtɕi]) *f* wisdom.

mądry [mɔndri] *adj* [rozsądny, inteligentny] wise; [sprytny] clever.

mądrze [mɔndʒɛ] *adv* [rozsądnie] wisely.

mądrzeć [mɔndʒɛtɕ] (*perf* **zmądrzeć** [zmɔndʒɛtɕ]) *vimperf* [z wiekiem] to grow wise.

mądrzyć się [mɔndʒitɕ ɕɛ] *vp imperf pej* to act the know-all • **mądrzy się, chociaż nie ma racji** he's acting like he knows it all, even though he's wrong.

mąka [mɔŋka] (*D* **mąki** [mɔŋk,i]) *f* flour.

mąż [mɔ̃ʃ] *m* [małżonek] husband; [stanu] statesman; [zaufania] *person entrusted with tasks of social responsibility* • **wyjść za mąż** to get married.

m.b. (*skr od* **metr bieżący**) m.

MB [mɛgabajt] (*skr od* **megabajt**) *m* INFORM MB (Mb).

m-c (*skr od* **miesiąc**) *m used in writing to introduce the name of a month.*

mdleć [mdlɛtɕ] (perf **zemdleć** [zɛmdlɛtɕ]) vimperf to faint.

mdlić [mdl,itɕ] (perf **zemdlić** [zɛmdl,itɕ]) vimpers to nauseate.

mdłości [mdwɔɕtɕi] (D **mdłości** [mdwɔɕtɕi]) fpl nausea • **mieć mdłości** to feel nauseous.

mdły [mdwi] adj [potrawa] bland; [światło, kolory] insipid.

mebel [mɛbɛl] (D **mebla** [mɛbla]) m piece of furniture.

meblować [mɛblɔvatɕ] (perf **umeblować** [umɛblɔvatɕ]) vimperf [mieszkanie, pokój] to furnish.

mecenas, ka [mɛtsɛnas, ka] m, f [adwokat] polite term used when talking to or about a lawyer; [sponsor] patron.

mech [mɛx] (D **mchu** [mxu]) m moss.

mechaniczny [mɛxaɲitʃni] adj mechanical • **uszkodzenie mechaniczne** mechanical fault.

mechanik [mɛxaɲik] m mechanic.

mechanizm [mɛxaɲizm] (D -u) m mechanism.

mecz [mɛtʃ] (D -u) m SPORT match • **mecz remisowy** draw; **mecz rewanżowy** return match; **rozegrać mecz** to play a match.

meczet [mɛtʃɛt] (D -u) m mosque.

medal [mɛdal] (D -u) m medal • **otrzymać medal** to get a medal.

medalik [mɛdal,ik] (D -a) m a small medallion worn by Catholics.

media [mɛdja] (D **mediów** [mɛdjuf]) pl the media.

mediateka [mɛdjatɛka] (D **mediateka** [mɛdjatɛk,i]) f multimedia library.

Mediolan [mɛdjɔlan] (D u) m Milan.

mediolańczyk, mediolanka [mɛdjɔlajntʃik, mɛdjɔlanka] m, f Milanese.

meduza [mɛduza] (D **meduzy** [mɛduzi]) f jellyfish.

medycyna [mɛditsina] (D **medycyny** [mɛditsini]) f medicine.

medyczny [mɛditʃni] adj medical.

medytacja [mɛditatsja] (D **medytacji** [mɛditatsji]) f meditation.

medytować [mɛditɔvatɕ] vimperf to meditate.

megafon [mɛgafɔn] (D -u) m [duży głośnik] megaphone; [na ulicy, dworcu, placu] loudspeaker • **ogłaszać coś przez megafon** to announce sthg through a megaphone.

Meksyk [mɛksik] (D -u) m Mexico.

melancholia [mɛlanxɔlja] (D **melancholii** [mɛlanxɔlji]) f melancholy • **popaść w melancholię** to fall into melancholy.

meldować [mɛldɔvatɕ] vimperf to report. **meldować się** [mɛldɔvatɕ ɕɛ] vp imperf to report.

meldunek [mɛldunɛk] (D **meldunku** [mɛldunku]) m [stały, tymczasowy] registration.

melina [mɛl,ina] (D **meliny** [mɛl,ini]) f pot & pej [pijacka] drinking den.

melodia [mɛlɔdja] (D **melodii** [mɛlɔdji]) f tune.

melodyjny [mɛlɔdijni] adj melodious.

meloman, ka [mɛlɔman, ka] m, f music lover.

melon [mɛlɔn] (D -a) m melon.

melonik [mɛlɔɲik] (D -a) m bowler hat.

memorandum [mɛmɔrandum] (inv w lp) n memorandum.

mennica [mɛɲɲitsa] (D **mennicy** [mɛɲɲitsi]) f mint.

menstruacja [mɛnstruatsja] (D **menstruacji** [mɛnstruatsji]) f menstruation.

mentalność [mɛntalnɔɕtɕ] (D **mentalności** [mɛntalnɔɕtɕi]) f mentality.

menu [mɛ'n,i] (inv) n menu • **menu start** start menu.

mer [mɛr] m mayor.

merostwo [mɛrɔstfɔ] (D **merostwa** [mɛrɔstfa]) n [urząd mera] mayoralty; [okręg administracyjny] municipal administrative district with a mayor at its head.

meta [mɛta] (D **mety** [mɛti]) f SPORT finishing line • **na dłuższą metę** in the long run.

metal [mɛtal] (D -u) m [substancja] metal; pot & MUZ heavy metal.

metalik [mɛtal,ik] (D -u) m [lakier] metallic lacquer.

metalowy [mɛtalɔvi] *adj* metal.

meteorologia [mɛtɛɔrɔlɔgja] (*D* meteorologii [mɛtɛɔrɔlɔgji]) *f* meteorology.

meteorologiczny [mɛtɛɔrɔlɔg,itʃni] *adj* meteorological.

meteoryt [mɛtɛɔrit] (*D* -u) *m* meteorite.

metka [mɛtka] (*D* metki [mɛtk,i]) *f* tag.

metoda [mɛtɔda] (*D* metody [mɛtɔdi]) *f* method.

metr [mɛtr] (*D* -a) *m* metre • **metr kwadratowy** square metre; **metr sześcienny** cubic metre.

metro [mɛtrɔ] (*D* metra [mɛtra]) *n* underground *UK*, subway *US* • **stacja metra** metro station.

metryka [mɛtrika] (*D* metryki [mɛtrik,i]) *f* certificate.

mewa [mɛva] *f* seagull.

mezalians [mɛzaljans] (*D* -u) *m* mismatch • **popełnić mezalians** to marry beneath one's station.

męczący [mɛntʃɔntsi] *adj* tiring.

męczennik, męczennica [mɛntʃɛɲ,ɲik, mɛntʃɛɲɲitsa] *m, f* martyr.

męczyć [mɛntʃitɕ] (*perf* zmęczyć [zmɛntʃitɕ]) *vimperf* : **męczyć kogoś** to tire sb • **nie męcz mnie tymi ciągłymi pytaniami** stop pestering me with your constant questions.

➡ **męczyć się** [mɛntʃitɕ ɕɛ] (*perf* zmęczyć się [zmɛntʃitɕ ɕɛ]) *vp imperf* to get tired.

mędrzec [mɛndʒɛts] *m oficjal* sage.

męka [mɛnka] (*D* męki [mɛnk,i]) *f oficjal* [psychiczna] torment; *oficjal* [fizyczna] torture.

męski [mɛsk,i] *adj* [towarzystwo] men's; [charakter, decyzja] manly.

męskość [mɛskɔɕtɕ] (*D* męskości [mɛskɔɕtɕi]) *f* masculinity.

męstwo [mɛstfɔ] (*D* męstwa [mɛstfa]) *n* courage.

mętny [mɛntni] *adj* [woda] cloudy; [tłumaczenia] muddled.

męty [mɛnti] *mpl pot & pej* scum.

mężatka [mɛʒatka] *f* married woman.

mężczyzna [mɛʃtʃizna] *m* man.

mężnieć [mɛʒnɛtɕ] *vimperf* to grow into a man.

mg (*skr od* miligram) mg.

mglisty [mgl,isti] *adj* [poranek] misty; [niewyraźny] hazy.

mgła [mgwa] (*D* mgły [mgwi]) *f* fog.

mgnienie [mgnɛɲɛ] (*D* mgnienia [mgnɛɲa]) *n* : **w mgnieniu oka** in a split second.

mgr (*skr od* magister) *MA, MSc used as title*.

mi [m,i] *pron* ➩ ja.

mianować [m,janɔvatɕ] *vimperf* LUB *vperf* to appoint.

mianowicie [m,janɔv,itɕɛ] *conj oficjal* namely.

miara [m,jara] (*D* miary [m,jari]) *f* [jednostka] measure; [rozmiar] size • **szyty na miarę** tailor-made; **w miarę możliwości** as far as possible.

miasteczko [m,jastɛtʃkɔ] (*D* miasteczka [m,jastɛtʃka]) *n* small town • **miasteczko uniwersyteckie** campus; **wesołe miasteczko** funfair.

miasto [m,jastɔ] (*D* miasta [m,jasta]) *n* [większe] city; [mniejsze] town • **miasto powiatowe** district capital; **miasto wojewódzkie** provincial capital; **iść na miasto** to hit the town.

miauczeć [m,jawtʃɛtɕ] *vimperf* to miaow.

miażdżyca [m,jaʒdʒitsa] (*D* miażdżycy [m,jaʒdʒitsi]) *f* arteriosclerosis.

miażdżyć [m,jaʒdʒitɕ] (*perf* zmiażdżyć [zm,jaʒdʒitɕ]) *vimperf* to crush.

miąższ [m,jɔ̃ʃ] (*D* -u) *m* pulp.

miecz [m,jɛtʃ] (*D* -a) *m* sword.

mieć [m,jɛtɕ] *vimperf* [gen] to have (got); [mierzyć, być w pewnym wieku] to be [wyrażać powinność, konieczność] to have (got) to • **ile masz lat?** how old are you?; **mieć grypę** to have flu; **mieć nadzieję** to have hope; **mieliśmy porozmawiać, zapomniałeś?** we were going to talk, have you forgotten?

miednica [m,jɛdnitsa] (*D* miednicy [m,jɛdnitsi]) *f* [miska] bowl; [część tułowia] pelvis.

miedziany [m,jɛdʑani] *adj* copper.

miedź [m,jɛtɕ] (*D* miedzi [m,jɛdʑi]) *f* copper.

miejsce [m,jɛjstsɛ] (*D* miejsca [m,jɛjstsa]) *n* [przestrzeń, pozycja] place; [cel podróży] destination; [siedzenie] seat • miejsce urodzenia place of birth; miejsce zamieszkania place of residence; zarezerwować miejsce to reserve a seat.

miejscowość [m,jɛjstsɔvɔɕtɕ] (*D* miejscowości [m,jɛjstsɔvɔɕtɕi]) *f* place.

miejscowy [m,jɛjstsɔvi] *adj* local.

miejscówka [m,jɛjstsufka] (*D* miejscówki [m,jɛjstsufki]) *f* seat reservation • bilet z miejscówką ticket with a reserved seat.

miejski [m,jɛjsk,i] *adj* [zabudowa] urban; [park, szpital] town.

mielić [m,jɛl,itɕ] *vimperf* [kawę, pieprz] to grind.

mielizna [m,jɛl,izna] (*D* mielizny [m,jɛl,izni]) *f* shallows • statek osiadł na mieliźnie the ship ran aground.

mierny [m,jɛrni] *adj* [kiepski] mediocre.

mierzyć [m,jɛʑitɕ] *vimperf* [dokonywać pomiarów] to measure • mierzyć ubranie to try on clothes; mierzyć temperaturę to take sb's temperature.

miesiąc [m,jɛɕɔnts] (*D* -a) *m* month • miesiąc miodowy honeymoon; co miesiąc every month; po miesiącu after a month.

miesiączka [m,jɛɕɔntʃka] (*D* miesiączki [m,jɛɕɔntʃk,i]) *f* period.

miesięcznie [m,jɛɕɛntʃɲɛ] *adv* monthly.

miesięcznik [m,jɛɕɛntʃɲik] (*D* -a) *m* monthly.

miesięczny [m,jɛɕɛntʃni] *adj* [opłata] monthly; [urlop] month-long.

mieszać [m,jɛʃatɕ] (*perf* pomieszać [pɔm,jɛʃatɕ]) *vimperf* [herbatę, zupę] to stir; [fakty, sprawy] to mix up. ➡ **mieszać się** [m,jɛʃatɕ ɕɛ] *vp imperf* [łączyć się] to mingle; [wtrącać się] to interfere • mieszać się do czegoś to interfere in sthg.

mieszany [m,jɛʃani] *adj* mixed • mieć mieszane uczucia to have mixed feelings.

mieszczański [m,jɛʃtʃajsk,i] *adj pej* [ograniczony] bourgeois.

mieszkać [m,jɛʃkatɕ] *vimperf* to live • mieszkać w mieście to live in a city; mieszkać na wsi to live in the countryside; mieszkać w Warszawie to live in Warsaw; mieszkać w Polsce to live in Poland; mieszkać na ulicy Jasnej to live on Jasna Street.

mieszkalny [m,jɛʃkalni] *adj* residential.

mieszkanie [m,jɛʃkaɲɛ] (*D* mieszkania [m,jɛʃkaɲa]) *n* flat • mieszkanie do wynajęcia flat to let; przeprowadzić się do nowego mieszkania to move to a new flat.

mieszkaniec, mieszkanka [m,jɛʃkaɲɛts, m,jɛʃkanka] *m, f* [domu] resident; [wsi, miasta] inhabitant.

mieszkaniowy [m,jɛʃkaɲɔvi] *adj* housing • budownictwo mieszkaniowe housing; dzielnica mieszkaniowa residential area.

mieścić [m,jɛɕtɕitɕ] *vimperf* [zawierać] to contain. ➡ **mieścić się** [m,jɛɕtɕitɕ ɕɛ] *vp imperf* [znajdować miejsce] to fit; [znajdować się] to be located.

międzylądowanie [m,jɛndʑilɔndɔvaɲɛ] (*D* międzylądowania [m,jɛndʑilɔndɔvaɲa]) *n* stopover.

międzynarodowy [m,jɛndʑinarɔdɔvi] *adj* international • sytuacja międzynarodowa international situation.

miękki [m,jɛŋk,i] *adj* soft • miękkie narkotyki soft drugs.

miękąć [m,jɛŋknɔntɕ] *vimperf* to soften.

mięsień [m,jɛɕɛɲ] (*D* mięśnia [m,jɛɕɲa]) *m* muscle.

mięsny [m,jɛɕni] *adj* meat.

mięso [m,jɛsɔ] (*D* mięsa [m,jɛsa]) *n* meat • białe mięso white meat; mięso gotowane boiled meat; mięso mielone minced meat *UK*, ground meat *US*.

mięsożerny [m,jɛsɔʒɛrni] *adj* carnivorous.

mięta [m,jɛnta] (*D* **mięty** [m,jɛnti]) *f* mint.

miętowy [m,jɛntɔvi] *adj* mint.

migać [m,igatɕ] *vimperf* to flash.

migdał [m,igdaw] (*D* **-a** LUB **-u**) *m* almond.

migdałki [m,igdawk,i] (*D* **migdałków** [m,igdawkuf]) *mpl* tonsils • **zapalenie migdałków** tonsilitis.

migowy [m,igɔvi] *adj* : **język migowy** sign language.

migracja [m,igratsja] (*D* **migracji** [m,igratsji]) *f* migration.

migrena [m,igrɛna] (*D* **migreny** [m,igrɛni]) *f* migraine.

migrować [m,igrɔvatɕ] *vimperf* to migrate.

mijać [m,ijatɕ] (*perf* **minąć** [m,inɔntɕ]) *vimperf* [przechodzić obok] to pass; [przejeżdżać obok] to overtake. ← **mijać się** [m,ijatɕ ɕɛ] (*perf* **minąć się** [m,inɔntɕ ɕɛ]) *vp imperf* to pass each other.

mikołajki [m,ikɔwajk,i] (*D* **mikołajek** [mikɔwajɛk]) *pl* St Nicholas Day.

mikrofalówka [m,ikrɔfalufka] (*D* **mikrofalówki** [m,ikrɔfalufk,i]) *f pot* microwave.

mikrofon [m,ikrɔfɔn] (*D* **-u**) *m* microphone.

mikroprocesor [m,ikrɔprɔtsɛsɔr] (*D* **-a**) *m* INFORM microprocessor.

mikroskop [m,ikrɔskɔp] (*D* **-u**) *m* microscope.

mikroskopijny [m,ikrɔskɔp,ijni] *adj* microscopic.

mikser [m,iksɛr] (*D* **-a**) *m* [kuchenny] liquidiser *UK*, blender *US*.

mila [m,ila] (*D* **mili** [m,il,i]) *f* mile • **mila morska** nautical mile.

milczący [m,iltʃɔntsi] *adj* silent • **milcząca zgoda** silent acquiescence.

milczeć [m,iltʃɛtɕ] *vimperf* to be silent.

milczenie [m,iltʃɛɲɛ] (*D* **milczenia** [m,iltʃɛɲa]) *n* silence • **zachować milczenie** to keep silent.

miliard [m,iljart] *num* billion *zobacz też* **sześć**.

miliarder, ka [m,iljardɛr, ka] *m, f* billionaire.

miliardowy [m,iljardɔvi] *num* billionth.

mililitr [m,il,il,itr] (*D* **-a**) *m* millilitre.

milimetr [m,il,imɛtr] (*D* **-a**) *m* millimetre.

milion [m,iljɔn] *num* million.

milioner, ka [m,iljɔnɛr, ka] *m, f* millionaire.

milionowy [m,iljɔnɔvi] *num* millionth.

miło [m,iwɔ] (*compar* **milej**, *superl* **najmilej**) *adv* [serdecznie] kindly; [przyjemnie] pleasantly.

miłosierdzie [m,iwɔɕɛrdʑɛ] (*D* **miłosierdzia** [m,iwɔɕɛrdʑa]) *n oficjal* compassion.

miłosny [m,iwɔsni] *adj* love.

miłość [m,iwɔɕtɕ] (*D* **miłości** [m,iwɔɕtɕi]) *f* love • **miłość własna** self-love; **wyznać komuś miłość** to declare one's love for sb; **miłość od pierwszego wejrzenia** love at first sight.

miły [m,iwi] (*compar* **milszy**, *superl* **najmilszy**) *adj* nice.

mimika [m,im,ika] (*D* **mimiki** [m,im,ik,i]) *f* facial expression.

mimo [m,imɔ]**, pomimo** [pɔm,imɔ] *prep* in spite of. ← **mimo to** [m,imɔ tɔ] *part* nevertheless. ← **mimo że** [m,imɔ ʒɛ] *conj* even though.

mimowolny [m,imɔvɔlni] *adj* involuntary.

min (*skr od* **minuta**) min.

min. (*skr od* **minister**) *minister*.

m.in. (*skr od* **między innymi**) *among others*.

mina [m,ina] (*D* **miny** [m,ini]) *f* [wyraz twarzy] look; [ładunek wybuchowy] mine • **zrobić głupią minę** to pull a silly face.

minąć [m,inɔntɕ] *vperf* = **mijać**.

mineralny [m,inɛralni] *adj* mineral • **woda mineralna** mineral water.

minerał [m,inɛraw] (*D* **-u**) *m* mineral.

mini [m,ini] (*inv*) ⟨⟩ *n* [spódnica] miniskirt. ⟨⟩ *adj* [bardzo krótki] mini.

miniatura   110

miniatura [m͵iŋiatura] (D miniatury [m͵iŋiaturi]) f miniature.

minimalnie [m͵iŋimalnɛ] adv [o bardzo małą wartość] marginally; [nie mniej niż] a minimum of.

minimalny [m͵iŋimalni] adj minimal.

minimum [m͵iŋimum] (inv) ◇ n [najniższy stopień] minimum. ◇ adv [co najmniej] at least.

minister [m͵iŋistɛr] m minister • Rada Ministrów the Cabinet.

ministerstwo [m͵iŋistɛrstfɔ] (D ministerstwa [m͵iŋistɛrstfa]) n ministry.

minus [m͵inus] m (D -a) [znak graficzny] minus; (D -u) [wada] drawback.

minuta [m͵inuta] (D minuty [m͵i-nuti]) f minute • po dwóch minutach after two minutes; w pięć minut in five minutes; za piętnaście minut in fifteen minutes.

Mińsk [m͵ijsk] (D -a) m Minsk.

miotać [m͵iɔtatɕ] vimperf [rzucać] to hurl. ➡ **miotać się** [m͵iɔtatɕ ɕɛ] vp imperf [rzucać się] to rave; [nie móc się zdecydować] to be unable to make one's mind up.

miotła [m͵iɔtwa] (D miotły [m͵iɔtwi]) f [do zamiatania] broom; [czarownicy] broomstick.

miód [m͵iut] (D miodu [m͵iɔdu]) m honey • miód pitny mead.

mirabelka [m͵irabɛlka] (D mirabelki [m͵irabɛlk͵i]) f wild plum.

misja [m͵isja] (D misji [m͵isji]) f mission.

miska [m͵iska] (D miski [m͵isk͵i]) f [do mycia] bowl.

mistrz, yni [m͵istʃ, m͵istʃiŋi] m, f SPORT champion; [wybitna osobistość] master • mistrz świata world champion.

mistrzostwo [m͵istʃɔstfɔ] (D mistrzostwa [m͵istʃɔstfa]) n [kunszt] mastery; SPORT championship. ➡ **mistrzostwa** [m͵istʃɔstfa] (D mistrzostw [m͵istʃɔstf]) pl [zawody] championships • mistrzostwa świata world championships.

miś [m͵iɕ] (D misia [m͵iɕa]) m [mały niedźwiedź] bear; [zabawka] teddy-bear.

mit [m͵it] (D -u) m myth.

mitologia [m͵itɔlɔgja] (D mitologii [m͵itɔlɔgji]) f mythology.

mizerny [m͵izɛrni] adj [wychudły] gaunt.

MKOl [ɛmka'ɔl] (skr od Międzynarodowy Komitet Olimpijski) (D -u) m IOC.

m kw. (skr od metr kwadratowy) sq m.

ml (skr od mililitr) ml.

mlaskać [mlaskatɕ] vimperf to smack one's lips.

mleczarnia [mlɛtʃarɲa] (D mleczarni [mlɛtʃarɲi]) f dairy.

mleć [mlɛtɕ] vimperf [kawę, ziarno] to grind; [mięso] to mince.

mleko [mlɛkɔ] (D mleka [mlɛka]) n milk.

mln (skr od milion) m.

młodnieć [mwɔdɲɛtɕ] vimperf to feel younger.

młodo [mwɔdɔ] adv [w młodości] when young; [młodzieńczo] young.

młodość [mwɔdɔɕtɕ] (D młodości [mwɔdɔɕtɕi]) f youth.

młody [mwɔdi] adj [człowiek] young; [ziemniak] new. ➡ **młodszy** [mwɔtʃi] adj younger.

młodzież [mwɔdʑɛʃ] (D młodzieży [mwɔdʑɛʑi]) f young people • młodzież akademicka students.

młotek [mwɔtɛk] (D młotka [mwɔtka]) m hammer.

młyn [mwin] (D -a) m mill.

młynek [mwinɛk] (D młynka [mwinka]) m [do pieprzu, do kawy] mill.

mm (skr od milimetr) mm.

mną [mnɔ̃] pron ⊳ ja.

mnich, mniszka [mɲix, mɲiʃka] m, f monk.

mnie [mɲɛ] pron ⊳ ja • nie będzie mnie dziś w pracy I won't be at work today.

mniej [mɲɛj] adv ⊳ mało less.

mniejszość [mɲɛjʃɔɕtɕ] (D mniejszości [mɲɛjʃɔɕtɕi]) f minority • mniejszość narodowa national minority.

mniejszy [mɲɛjʃi] adj = mały.

mnożenie [mnɔʒɛɲɛ] (D mnożenia [mnɔʒɛɲa]) n multiplication • **tabliczka mnożenia** multiplication table.

mnożyć [mnɔʒitɕ] (perf **pomnożyć** [pɔmnɔʒitɕ]) vimperf to multiply.

mobbować [mɔbbɔvatɕ], **mobbingować** [mɔbb.iŋgɔvatɕ] vimperf to bully (at work).

mobilizacja [mɔb.il.izatsja] (D mobilizacji [mɔb.il.izatsji]) f mobilization.

mobilizować [mɔb.il.izɔvatɕ] (perf **zmobilizować** [zmɔb.il.izɔvatɕ]) vimperf to mobilize. ⇒ **mobilizować się** [mɔb.il.izɔvatɕ ɕɛ] (perf **zmobilizować się** [zmɔb.il.izɔvatɕ ɕɛ]) vp imperf to get going.

moc [mɔts] (D -y [mɔtsi]) f [zdolność] power; [ważność] validity; [wytrzymałość, esencjonalność] strength; TECHN force • **silnik o mocy 400 koni** 400 horsepower engine; **na mocy czegoś** on the strength of sthg.

mocarstwo [mɔtsarstfɔ] (D mocarstwa [mɔtsarstfa]) n power.

mocno [mɔtsnɔ] adv [intensywnie] deeply; [z siłą, energią] strongly; [uścisnąć] tightly; [uderzyć] hard.

mocny [mɔtsni] adj strong • **mocna herbata** strong tea; **mocny alkohol** strong drink.

mocz [mɔtʃ] (D -u) m urine.

moczyć [mɔtʃitɕ] vimperf [bieliznę, nogi] to soak.

moda [mɔda] (D mody [mɔdi]) f fashion • **pokaz mody** fashion show.

model [mɔdɛl] m (D -u) [wzorzec] model; (D -a) [mężczyzna] male model.

modelka [mɔdɛlka] f model.

modem [mɔdɛm] (D -u) m INFORM modem.

modernizacja [mɔdɛrɲizatsja] (D modernizacji [mɔdɛrɲizatsji]) f oficjal modernization.

modlić się [mɔdl.itɕ ɕɛ] vp imperf to pray • **modlić się za kogoś** to pray for sb.

modlitwa [mɔdl.itfa] (D modlitwy [mɔdl.itfi]) f prayer • **odmawiać modlitwę** to say a prayer.

modny [mɔdni] adj fashionable.

moim [mɔjim] pron ⊳ **mój**.

mojego [mɔjɛgɔ] pron ⊳ **mój**.

mojemu [mɔjɛmu] pron ⊳ **mój**.

moknąć [mɔknɔntɕ] (perf **zmoknąć** [zmɔknɔntɕ]) vimperf to get wet.

mokro [mɔkrɔ] adv wet.

mokry [mɔkri] adj wet.

molestować [mɔlɛstɔvatɕ] vimperf [nalegać] to pester; [napastować] to molest.

molo [mɔlɔ] (D mola [mɔla]) n pier.

Mołdawia [mɔwdavja] (D Mołdawii [mɔwdavji]) f Moldova.

moment [mɔmɛnt] (D -u) m moment • **w pewnym momencie** at a certain point.

moneta [mɔnɛta] (D monety [mɔnɛti]) f coin.

monitor [mɔɲitɔr] (D -a) m INFORM monitor.

monitować [mɔɲitɔvatɕ] vimperf oficjal [ponaglać] to send a reminder.

monogamia [mɔnɔgamja] (D monogamii [mɔnɔgamji]) f oficjal monogamy.

monopol [mɔnɔpɔl] (D -u) m monopoly • **mieć monopol na coś** to have a monopoly on sthg.

monotonny [mɔnɔtɔnni] adj monotonous.

montować [mɔntɔvatɕ] (perf **zmontować** [zmɔntɔvatɕ]) vimperf [szafy, komputer] to assemble.

MOP [mɔp] (skr od **Międzynarodowa Organizacja Pracy**) (D -u) m LUB f ILO.

moralność [mɔralnɔɕtɕ] (D moralności [mɔralnɔɕtɕi]) f morality.

moralny [mɔralni] adj moral.

morał [mɔraw] (D -u) m [bajki] moral.

morderca, morderczyni [mɔrdɛrtsa, mɔrdɛrtʃiɲi] m, f murderer.

morderstwo [mɔrdɛrstfɔ] (D morderstwa [mɔrdɛrstfa]) n murder • **popełnić morderstwo** to commit murder.

morela [mɔrɛla] (D moreli [mɔrɛl.i]) f apricot.

morfina [mɔrf.ina] (D morfiny [mɔrf.ini]) f morphine.

mors [mɔrs] *m* walrus.

morski [mɔrsk,i] *adj* [związany z morzem] sea; [ptactwo] marine • **choroba morska** sea sickness; **latarnia morska** lighthouse.

morszczuk [mɔrʃtʃuk] *m* [ryba] hake.

mortadela [mɔrtadɛla] (*D* mortadeli [mɔrtadɛl,i]) *f* mortadella.

morwa [mɔrva] (*D* morwy [mɔrvi]) *f* mulberry.

morze [mɔʒɛ] (*D* morza [mɔʒa]) *n* sea • **kąpać się w morzu** to bathe in the sea; **wypłynąć w morze** to go out to sea; **Morze Adriatyckie** the Adriatic Sea; **Morze Bałtyckie** the Baltic Sea; **Morze Czarne** the Black Sea; **Morze Północne** the North Sea; **Morze Śródziemne** the Mediterranean Sea.

Moskwa [mɔskfa] (*D* Moskwy [mɔskfi]) *f* Moscow.

moskwianin, moskwianka [mɔskf,janin, mɔskf,janka] *m*, *f* Muscovite.

most [mɔst] (*D* -u) *m* bridge • **most powietrzny** airlift.

motek [mɔtɛk] (*D* motka [mɔtka]) *m* [wełny] hank.

motel [mɔtɛl] (*D* -u) *m* motel.

motocykl [mɔtɔtsikl] (*D* -a) *m* motorcycle.

motocyklista, motocyklistka [mɔtɔtsikl,ista, mɔtɔtsikl,istka] *m*, *f* motorcyclist.

motokros [mɔtɔˈkrɔs] (*D* -u) *m* motocross.

motor [mɔtɔr] (*D* -u) *m* [silnik] motor; **pot** [motocykl] motorbike.

motorniczy [mɔtɔrɲitʃi] *m* tram driver.

motorówka [mɔtɔrufka] (*D* motorówki [mɔtɔrufk,i]) *f* motorboat.

motorynka [mɔtɔrinka] (*D* motorynki [mɔtɔrink,i]) *f* motorized bike.

motoryzacja [mɔtɔrizatsja] (*D* motoryzacji [mɔtɔrizatsji]) *f* motorization.

motto [mɔttɔ] (*D* -a) *n* motto.

motyka [mɔtika] (*D* motyki [mɔtik,i]) *f* hoe.

motyl [mɔtil] *m* butterfly.

motylek [mɔtilɛk] *m* [styl pływacki] butterfly stroke.

motyw [mɔtif] (*D* -u) *m* [powód] motive; [wątek] theme • **motyw zbrodni** the motive for the crime.

motywacja [mɔtivatsja] (*D* motywacji [mɔtivatsji]) *f* oficjal motivation.

motywować [mɔtivɔvatɕ] *vimperf* oficjal [uzasadniać] to motivate • **motywować coś czymś** to give sthg as a reason for sthg.

mowa [mɔva] (*D* mowy [mɔvi]) *f* [język] language; [przemówienie, zdolność mówienia] speech.

mozaika [mɔzajka] (*D* mozaiki [mɔzajk,i]) *f* mosaic.

może [mɔʒɛ] *part* maybe • **może napijesz się kawy?** maybe you'd like a coffee?

możliwość [mɔʒl,ivɔɕtɕ] (*D* możliwości [mɔʒl,ivɔɕtɕi]) *f* [wyboru] chance. ➡ **możliwości** [mɔʒl,ivɔɕtɕi] (*D* możliwości [mɔʒl,ivɔɕtɕi]) *fpl* possibilities.

można [mɔʒna] *vimpers* [jest możliwe] : **można na nim polegać** you can rely on him; **czy mogę prosić o menu?** could I have the menu please?; [wolno] : **nie można tutaj parkować** you can't park here; **nie można tego zapomnieć** you mustn't forget that.

móc [muts] *vimperf* -1. [być w stanie] to be able **jak będę mogła, zadzwonię** if I can, I'll call. -2. [mieć prawo do czegoś] to be allowed **nie mogę tutaj zaparkować** I can't park here. -3. [wyrażający prawdopodobieństwo] : **może padać** it might rain. -4. [w zwrotach grzecznościowych] : **czy możesz podać mi sól?** could you pass me the salt?

mój, moja [muj, mɔja] *pron* my • **ten długopis jest mój** that pen is mine.

mól [mul] *m* [owad] moth • **mól książkowy** bookworm.

mówca, mówczyni [muftsa, muftʃiɲi] *m*, *f* speaker.

mówić [muv,itɕ] *vimperf* [posługiwać się mową] to speak; [powiedzieć coś] to say; [powiedzieć komuś coś] to tell; [rozmawiać] to talk • **mówić do**

kogoś to talk to sb; **mówić o kimś/o czymś** to talk about sb/sthg; **mówić głupstwa** to talk rubbish; **mówić prawdę** to tell the truth; **mówić po angielsku** to speak English.

mównica [muvɲitsa] (*D* mównicy [muvɲitsi]) *f* [trybuna] rostrum.

mózg [musk] (*D* -u) *m* brain • **burza mózgów** brainstorm; **wstrząs mózgu** concussion.

móżdżek [muʒʤɛk] (*D* móżdżku [muʃtʃku] LUB **móżdżka** [muʃtʃka]) *m* KULIN brains.

mroczny [mrɔtʃɲi] *adj* dark.

mrok [mrɔk] (*D* -u) *m* darkness.

mrowisko [mrɔv‚iskɔ] (*D* mrowiska [mrɔv‚iska]) *n* ants' nest.

mroźny [mrɔʑɲi] *adj* freezing.

mrożonka [mrɔʒɔnka] (*D* mrożonki [mrɔʒɔnk‚i]) *f* frozen food.

mrówka [mrufka] *f* ant.

mróz [mrus] (*D* mrozu [mrɔzu]) *m* [poniżej zera] frost • **12 stopni mrozu** 12 degrees below zero.

mruczeć [mrutʃɛtɕ] *vimperf* [o człowieku] to murmur; [o kocie] to purr.

mrugać [mrugatɕ] *vimperf* [powiekami] to blink • **mrugać okiem** to wink.

mrużyć [mruʑitɕ] (*perf* zmrużyć [zmruʑitɕ]) *vimperf* to squint.

m.st. (*skr od* miasto stołeczne) *used in writing to introduce the name Warsaw (capital city).*

MSZ [ɛmɛz'zɛt] (*D* -etu) (*skr od* Ministerstwo Spraw Zagranicznych) *n* LUB *m* Ministry of Foreign Affairs.

msza [mʃa] (*D* mszy [mʃi]) *f* mass • **odprawiać mszę** to celebrate mass.

mściciel, ka [mɕtɕitɕɛl, ka] *m, f* avenger.

mścić się [mɕtɕitɕ ɕɛ] *vp imperf* to take revenge • **mścić się za coś** to take revenge for sthg.

mściwy [mɕtɕivi] *adj* [człowiek, spojrzenie] vindictive.

mucha [muxa] *f* [owad] fly; [krawat] (*D* muchy [muxi]) bow tie.

muchomor [muxɔmɔr] (*D* -a) *m* [grzyb] toadstool.

multimedia [mult‚imɛdja] (*D* multimediów [mult‚imɛdjuf]) *pl* multimedia.

muł [muw] *m* (*D* -a) [zwierzę] mule; (*D* -u) [osad] sludge.

mumia [mumja] (*D* mumii [mumji]) *f* mummy.

mundur [mundur] (*D* -u) *m* [żołnierza, policjanta] uniform.

mur [mur] (*D* -u) *m* [ściana] wall • **mur chiński** Great Wall of China.

murarz [muraʃ] *m* bricklayer.

murować [murɔvatɕ] *vimperf* [budować] to build.

mus [mus] (*D* -u) *m* KULIN mousse • **mus czekoladowy** chocolate mousse.

musical ['muzikal] (*D* -u) *m* musical.

musieć [muɕɛtɕ] *vimperf* [gen] to have to : **to musiał być on** [wyraża prawdopodobieństwo] that must have been him.

muskularny [muskularɲi] *adj* muscular.

muskuł [muskuw] (*D* -u) *m* muscle.

musujący [musujɔntsi] *adj* [napój] sparkling.

muszla [muʃla] (*D* muszli [muʃl‚i]) *f* [skorupa] shell • **muszla klozetowa** toilet bowl; **muszla koncertowa** concert bowl.

musztarda [muʃtarda] (*D* musztardy [muʃtardi]) *f* KULIN mustard.

mutacja [mutatsja] (*D* mutacji [mutatsji]) *f* : **nastolatek przechodził mutację** [zmiana głosu] the teenager's voice broke; [zmiana genetyczna] mutation.

muza [muza] *f* [mitologiczna] muse.

muzeum [muzɛum] (*inv w lp*) *n* museum • **zwiedzać muzeum** to visit a museum.

muzułmanin, muzułmanka [muzuwmaɲin, muzuwmanka] *m, f* Muslim.

muzyczny [muzitʃɲi] *adj* musical • **zespół muzyczny** music group.

muzyk [muzik] *m* musician.

muzyka [muzika] (*D* muzyki [muzik‚i]) *f* music • **słuchać muzyki** to listen to music.

my   114

my [mi] *pron* we • **jesteście lepsi niż my** you're better than us.

myć [mit͡ɕ] (*perf* **umyć** [umit͡ɕ]) *vimperf* [ręce, włosy, naczynia] to wash; [zęby, okna] to clean. ➤ **myć się** [mit͡ɕ ɕɛ] (*perf* **umyć się** [umit͡ɕ ɕɛ]) *vp imperf* to have a wash.

mydło [midwɔ] (*D* **mydła** [midwa]) *n* soap.

myjnia [mijɲa] (*D* **myjni** [mijɲi]) *f* [samochodowa] car wash.

mylić [mil,it͡ɕ] (*perf* **pomylić** [pomil,it͡ɕ]) *vimperf* to mix up • **mylić coś z czymś** to mix up sthg with sthg. ➤ **mylić się** [mil,it͡ɕ ɕɛ] *vp imperf* to make a mistake.

mysz [miʃ] *f* mouse.

myszka [miʃka] (*D* **myszki** [miʃk,i]) *f* INFORM mouse.

myśl [miɕl] (*D* **-i**) *f* [myślenie] thought; [pomysł] idea.

myślący [miɕlɔnt͡ɕi] *adj* thinking.

myśleć [miɕlɛt͡ɕ] *vimperf* to think • **myśleć o kimś/o czymś** to think about sb/sthg; **myśleć o kimś dobrze/źle** to have a good/bad opinion of sb.

myśliwy [miɕl,ivi] *m* [łowca] hunter.

MZK [ɛmzɛt'ka] (*skr od* **Miejskie Zakłady Komunikacyjne**) *n city transport authority*.

N

na [na] *prep* **-1.** [miejsce] on **na uniwersytecie/imprezie/przystanku** at university/a party/a bus stop; **na ulicy** in the street. **-2.** [czas, termin] for. **-3.** [częstotliwość, szybkość] a. **-4.** [narzędzie] : **jeździć na rowerze/na nartach** to cycle/ski; **pisać na komputerze** to write on the computer; **grać na pianinie** to play the piano. **-5.** [cel, przeznaczenie] for • **iść na zakupy** to go shopping; **iść na spacer** to go for a walk; **iść na koncert** to go to a concert; **na dole** downstairs; **na górze** upstairs; **na lewo (od)** (to the) left (of); **na prawo (od)** (to the) right (of); **na wprost** opposite; **iść na wprost** to go straight on; **na zewnątrz** outside.

nabój [nabuj] (*D* **naboju** [nabɔju]) *m* [amunicja] cartridge.

nabrać [nabrat͡ɕ] *vperf* [zaczerpnąć] to take; [zdobyć] to gain • **nabrać kogoś** [oszukać] to take sb in.

nabytek [nabitɛk] (*D* **nabytku** [nabitku]) *m* [zakup] acquisition.

nacisk [nat͡ɕisk] (*D* **-u**) *m* [presja] pressure • **wywierać na kogoś nacisk** to put pressure on sb.

naciskać [nat͡ɕiskat͡ɕ] (*perf* **nacisnąć** [nat͡ɕisnɔnt͡ɕ]) *vimperf lit & przen* to press.

nacisnąć [nat͡ɕisnɔnt͡ɕ] *vperf* = **naciskać**.

nacjonalista, nacjonalistka [nat͡sjɔnal,ista, nat͡sjɔnal,istka] *m, f* nationalist.

naczynie [nat͡ʃiɲɛ] (*D* **naczynia** [nat͡ʃiɲa]) *n* dish • **zmywać naczynia** to do the washing-up.

nad [nat] *prep* [wyżej] above; [miejsce] : **pojechać nad morze** to go to the seaside; **nad morzem** at the seaside; **Warszawa leży nad Wisłą** Warsaw lies on the Vistula.

nadać [nadat͡ɕ] *vperf* [specyficzny smak] to give; [paczkę, telegram] to send • **nadać list** to send a letter; **nadać imię** to name sb.

nadawać się [nadavat͡ɕ ɕɛ] *vp imperf* [spełniać warunki] to be suited to.

nadawca [nadaft͡sa] *m* [listu, paczki] sender.

nadciśnienie [nat͡ɕiɕɲɛɲɛ] (*D* **nadciśnienia** [nat͡ɕiɕɲɛɲa]) *n* high blood pressure.

nade [nadɛ] *prep* = **nad**.

nadepnąć [nadɛpnɔnt͡ɕ] *vperf* to tread on • **nadepnąć komuś na stopę** to tread on sb's foot.

nadgarstek [nadgarstɛk] (*D* **nadgarstka** [nadgarstka]) *m* wrist.

nadgodziny [nadgɔd͡ʑini] (*D* **nadgodzin** [nadgɔd͡ʑin]) *fpl* overtime.

nadgorliwy [nadgɔrl,ivi] *adj* over-zealous.

nadliczbowy [nadl,idʒbɔvi] *adj* additional.

nadłożyć [nadwɔʒitɕ] *vperf* : **nadłożyć drogi** to take a roundabout route; **nadłożyłem dwa kilometry** I went two kilometres out of my way.

nadmiar [nadm,jar] (*D* -**u**) *m* excess.

nadmorski [nadmɔrsk,i] *adj* seaside.

nadmuchiwany [nadmux,ivani] *adj* inflatable.

nadobowiązkowy [nadɔbɔv,jõskɔvi] *adj* optional.

nadopiekuńczy [nadɔp,jɛkuɲtʃi] *adj* overprotective.

nadpłata [natpwata] (*D* **nadpłaty** [natpwati]) *f* overpayment.

nadprodukcja [natprɔduktsja] (*D* **nadprodukcji** [natprɔduktsji]) *f* overproduction.

nadprogramowy [natprɔgramɔvi] *adj* extra.

nadrobić [nadrɔb,itɕ] *vperf* [uzupełnić braki] to make up for • **nadrobić zaległości** to catch up on.

nadruk [nadruk] (*D* -**u**) *m* [napis] *(printed)* inscription.

nadrzędny [nadʒɛndni] *adj* [ważniejszy] overriding.

nadwaga [nadvaga] (*D* **nadwagi** [nadvag,i]) *f.* excess weight • **mieć nadwagę** to be overweight.

nadwrażliwy [nadvraʒl,ivi] *adj* oversensitive.

nadwyżka [nadviʃka] (*D* **nadwyżki** [nadviʃk,i]) *f* surplus.

nadzieja [nadʑɛja] (*D* **nadziei** [nadʑeji]) *f* [ufność] hope • **mieć nadzieję** to hope.

nadzwyczajnie [nadzvitʃajnɛ] *adv* [wspaniale] extraordinarily.

nadzwyczajny [nadzvitʃajni] *adj* [niezwykły] extraordinary; [specjalny] special.

nafta [nafta] (*D* **nafty** [nafti]) *f* [do lampy] paraffin.

nagana [nagana] (*D* **nagany** [nagani]) *f* reprimand • **udzielić komuś nagany** to reprimand sb.

naganny [naganni] *adj* blameworthy.

nagi [nag,i] *adj* [goły] naked; [drzewa, ściany] bare.

nagle [naglɛ] *adv* suddenly.

nagłówek [nagwuvɛk] (*D* **nagłówka** [nagwufka]) *m* [gazety] headline; [listu] letterhead.

nagły [nagwi] *adj* sudden.

nago [nagɔ] *adv* naked.

nagość [nagɔɕtɕ] (*D* **nagości** [nagɔɕtɕi]) *f* nakedness.

nagrać [nagratɕ] *vperf* [zarejestrować] to record • **nagrać płytę** to make a record.

nagradzać [nagradzatɕ] *vimperf* [dawać nagrodę] to award; [wynagradzać] to reward • **nagradzać kogoś za coś** to reward sb for sthg : nagradzano go wielokrotnie za jego twórczość : he received many awards for his creativity.

nagranie [nagraɲɛ] (*D* **nagrania** [nagraɲa]) *n* recording.

nagrobek [nagrɔbɛk] (*D* **nagrobka** [nagrɔpka]) *m* [na cmentarzu] gravestone.

nagroda [nagrɔda] (*D* **nagrody** [nagrɔdi]) *f* [za zwycięstwo] award; [za pomoc] reward • **nagroda pocieszenia** consolation prize.

nagrodzony [nagrɔdzɔni] *adj* award-winning • **zostać nagrodzonym** to receive an award.

nagrywarka [nagrivarka] (*D* **nagrywarki** [nagrivark,i]) *f* burner.

naiwność [najivnɔɕtɕ] (*D* **naiwności** [najivnɔɕtɕi]) *f* naivety.

naiwny [najivni] *adj* naive.

najazd [najast] (*D* -**u**) *m* [napaść] invasion.

najedzony [najɛdzɔni] *adj* [syty] full.

najem [najɛm] (*D* **najmu** [najmu]) *m* *oficjal* lease.

najemca, najemczyni [najɛmtsa, najɛmtʃiɲi] *m, f oficjal* [wynajmujący] lessee • **najemca lokalu/mieszkania** tenant.

najeść się [najɛɕtɕ ɕɛ] *vp perf* [zjeść dużo] : **najadłem się czekolady i teraz boli mnie brzuch** I filled myself up with chocolate and now I've got a

najpierw

stomach ache; [zaspokoić głód] : **najedliście się, czy chcecie dokładkę?** have you had enough or do you want seconds?

najpierw [najp,jɛrf] *adv* [przede wszystkim] first; [w pierwszej kolejności] first.

nakarmić [nakarm,itɕ] *vperf* = karmić.

nakaz [nakas] (*D* -u) *m* [polecenie] order.

naklejka [naklɛjka] (*D* **naklejki** [naklɛjk,i]) *f* sticker.

nakład [nakwat] (*D* -u) *m* [książki, gazety] print run.

nakłaniać [nakwaɲatɕ] *vimperf* [namawiać] to persuade • **nakłaniać kogoś do czegoś** to persuade sb to do sthg : nakłaniali mnie do zmiany decyzji : they persuaded me to change my decision.

nakręcić [nakrɛntɕitɕ] *vperf* [zegar] to wind up • **nakręcić film** to make a film.

nakrętka [nakrɛntka] (*D* **nakrętki** [nakrɛntk,i]) *f* [na butelkę] top.

nakrycie [nakritɕɛ] (*D* **nakrycia** [nakritɕa]) *n* [zastawa stołowa] place setting • **nakrycie głowy** headgear.

nakryć [nakritɕ] *vperf* to cover • **nakryć kogoś na czymś** [złapać na gorącym uczynku] to catch sb doing sthg; **nakryć do stołu** to lay the table.

nalać [nalatɕ] *vperf* to pour • **nalać czegoś do czegoś** to pour sthg into sthg.

nalegać [nalɛgatɕ] *vimperf* to insist • **nalegać na coś** to insist on sthg.

nalepka [nalɛpka] (*D* **nalepki** [nalɛpk,i]) *f* label.

naleśnik [nalɛɕɲik] (*D* -a) *m* KULIN pancake.

należeć [nalɛʑɛtɕ] *vimperf* [wchodzić w skład] to belong to • **należeć do kogoś** to belong to sb; **wybór należy do ciebie** the choice is yours. ➡ **należeć się** [nalɛʑɛtɕ ɕɛ] *vp imperf* : **należą mi się wyjaśnienia** I deserve an explanation.

należność [nalɛʑnɔɕtɕ] (*D* **należności** [nalɛʑnɔɕtɕi]) *f* [za pracę, za światło] amount owing.

należy [nalɛʑi] *vimpers* [trzeba] : **należy oddawać pożyczone pieniądze** you should return money that you borrow; **należało rozmawiać z nim bardziej stanowczo** you should have spoken to him more firmly.

nałogowy [nawɔgovi] *adj* [palacz, alkoholik, hazardzista] habitual.

nałóg [nawuk] (*D* **nałogu** [nawɔgu]) *m* addiction • **popaść w nałóg** to become addicted (*to sthg*).

nam [nam] *pron* ⊳ **my**.

namalować [namalɔvatɕ] *vperf* to paint.

namawiać [namav,jatɕ] *vimperf* to persuade • **namawiać kogoś do czegoś** to persuade sb to do sthg.

nami [nam,i] *pron* ⊳ **my**.

namiętnie [nam,jɛntɲɛ] *adv* [zmysłowo] passionately; [z pasją] passionately.

namiętność [nam,jɛntnɔɕtɕ] (*D* **namiętności** [nam,jɛntnɔɕtɕi]) *f* [pożądanie] passion; [pasja] passion.

namiętny [nam,jɛntni] *adj* passionate.

namiot [nam,jɔt] (*D* -u) *m* tent • **rozbić namiot** to put up a tent; **wyjechać pod namiot** to go camping.

namysł [namisw] (*D* -u) *m* thought.

namyślać się [namiɕlatɕ ɕɛ] *vp imperf* to think over.

naokoło [naɔkɔwɔ] *prep* (a) round.

napad [napat] (*D* -u) *m* [zbrojny] assault; [bandycki] hold-up; [rabunkowy] robbery; [choroby, smutku] attack.

napadać [napadatɕ] (*perf* **napaść** [napaɕtɕ]) *vimperf* to attack.

napar [napar] (*D* -u) *m* infusion.

napastnik, napastniczka [napastɲik, napastɲitʃka] *m, f* [agresor] assailant.

napaść [napaɕtɕ] *vperf* = napadać.

napęd [napɛnt] (*D* -u) *m* : **napęd dysków** INFORM disk drive.

napić się [nap,itɕ ɕɛ] *vp perf* to have a drink • **czego się napijesz?** what would you like to drink?

napięcie [nap,jɛntɕɛ] (D **napięcia** [nap,jɛntɕa]) n TECHN voltage; [nerwowe] tension.

napinać [nap,inatɕ] vimperf [żagle] to tighten; [mięśnie] to tense • **napinać łuk** to draw a bow.

napis [nap,is] (D **-u**) m [formuła] sign; [tekst tłumaczenia podczas filmu] subtitle.

napisać [nap,isatɕ] vperf to write.

napiwek [nap,ivɛk] (D **napiwku** [nap,ifku]) m tip.

napoleonka [napɔlɛɔnka] (D **napoleonki** [napɔlɛɔnk,i]) f KULIN custard slice.

napój [napuj] (D **napoju** [napɔju]) m drink.

naprawa [naprava] (D **naprawy** [napravi]) f repair • **oddać coś do naprawy** to have sthg repaired.

naprawdę [napravdɛ] part [rzeczywiście] really.

naprawiać [naprav,jatɕ] vimperf [samochód, radio] repair; [błąd] to correct.

naprzeciw(ko) [napʃɛtɕifkɔ] prep opposite • **naprzeciwko mnie idzie moja mama** my mum is coming to meet me.

naprzód [napʃut] adv [do przodu] forward.

naprzykrzać się [napʃikʃatɕ ɕɛ] vp imperf : **naprzykrzać się komuś** [narzucać się] to pester sb.

narada [narada] (D **narady** [naradi]) f meeting • **narada wojenna** council of war.

naradzać się [naradzatɕ ɕɛ] (perf **naradzić się** [naradʑitɕ ɕɛ]) vp imperf [zasięgać opinii] to confer.

naraz [naras] adv [nagle] suddenly; [jednocześnie] at the same time.

narazić [naraʑitɕ] vperf = **narażać**.

narażać [narażatɕ] (perf **narazić** [naraʑitɕ]) vimperf to expose • **narażać kogoś na niebezpieczeństwo** to put sb in danger; **narażał życie dla ratowania swoich bliskich** he risked his life to save his loved ones.

⬤ **narażać się** [naraʑatɕ ɕɛ] (perf **narazić się** [naraʑitɕ ɕɛ]) vp

imperf : **narażać się komuś** to make o.s. unpopular with sb; **narażać się na coś** to run the risk of sthg; **narażać się na niebezpieczeństwo** to put o.s. in danger.

narażony [naraʒɔni] adj exposed.

narciarstwo [nartɕarstfɔ] (D **narciarstwa** [nartɕarstfa]) n SPORT skiing.

nareszcie [narɛʃtɕɛ] adv at last.

narkoman, ka [narkɔman, ka] m, f drug addict.

narkomania [narkɔmaɲja] (D **narkomanii** [narkɔmaɲji]) f drug addiction.

narkotyk [narkɔtik] (D **-u**) m drug.

narkotyzować się [narkɔtizɔvatɕ ɕɛ] vp imperf to take drugs.

narkoza [narkɔza] (D **narkozy** [narkɔzi]) f anaesthesia.

narodowość [narɔdɔvɔɕtɕ] (D **narodowości** [narɔdɔvɔɕtɕi]) f nationality.

narodowy [narɔdɔvi] adj national.

narodziny [narɔdʑini] (D **narodzin** [narɔdʑin]) pl birth • **narodziny dziecka** birth of a child.

naród [narut] (D **narodu** [narɔdu]) m nation.

narrator [narratɔr] m [opowiadania, powieści] narrator.

narta (D **narty** [narti]) f SPORT ski • **narty wodne** water skis.

naruszać [naruʃatɕ] vimperf [nie dotrzymywać] to break; [napoczynać] to touch • **naruszać prawo** to break the law; **naruszać oszczędności** to break into one's savings.

narysować [narisɔvatɕ] vperf = rysować.

narząd [naʒɔnt] (D **-u**) m MED organ.

narzeczona [naʒɛtʃɔna] f fiancée.

narzeczony [naʒɛtʃɔni] m fiancé.

narzekać [naʒɛkatɕ] vimperf [żalić się] to complain.

narzędzie [naʒɛndʑɛ] (D **narzędzia** [naʒɛndʑa]) n [chirurgiczne] instrument; [rolnicze, ogrodnicze] tool • **narzędzie zbrodni** murder weapon; **narzędzia systemowe** INFORM system tools; **narzędzia internetowe** INFORM internet tools.

narzucać [naʒutsatɕ] *vimperf* : narzucać coś komuś to impose sthg on sb.
➡ **narzucać się** [naʒutsatɕ ɕɛ] *vp imperf* to impose o.s. • narzucać się komuś to impose o.s. on sb.

nas [nas] *pron* ▷ my.

nasenny [nasɛnni] *adj* [środek] sleeping.

nasienie [naɕɛɲɛ] (*D* nasienia [naɕɛɲa], *pl* nasiona) *n* [rośliny] seed.

naskórek [naskurɛk] (*D* naskórka [naskurka]) *m* skin *(surface)*.

nastawiać [nastav̡jatɕ] (*perf* nastawić [nastav̡itɕ]) *vimperf* [zegarek, budzik] to set; [wodę na herbatę] to put on.

nastawić [nastav̡itɕ] *vperf* = nastawiać.

nastawienie [nastav̡jɛɲɛ] (*D* nastawienia [nastav̡jɛɲa]) *n* [wrogie, przyjazne] attitude.

nastąpić [nastɔmp̡itɕ] *vperf* = następować.

następca, następczyni [nastɛmptsa, nastɛmptʃiɲi] *m, f* successor • następca tronu heir to the throne.

następnie [nastɛmpɲɛ] *adv* [potem, później] then.

następny [nastɛmpni] *adj* [kolejny] next.

następować [nastɛmpɔvatɕ] (*perf* nastąpić [nastɔmp̡itɕ]) *vimperf* [zdarzać się] to follow.

nastolatek [nastɔlatɛk] *m* teenager.

nastolatka [nastɔlatka] *f* teenager • czasopismo dla nastolatek magazine for teenage girls

nastroić [nastrɔjitɕ] *vperf* [fortepian, skrzypce] to tune.

nastrojowy [nastrɔjɔv̡i] *adj* [muzyka, oświetlenie] atmospheric.

nastrój [nastruj] (*D* nastroju [nastrɔju]) *m* [samopoczucie, humor] mood; [atmosfera] atmosphere • nie mieć nastroju not to be in the mood (to do sthg).

nasz [naʃ] *pron* our.

naszego [naʃɛgɔ] *pron* ▷ nasz.

naszemu [naʃɛmu] *pron* ▷ nasz

naszyjnik [naʃijnik] (*D* -a) *m* necklace.

naszym [naʃim] *pron* ▷ nasz.

naśladować [naɕladɔvatɕ] *vimperf* to copy.

naśladowca, naśladowczyni [naɕladɔftsa, naɕladɔftʃiɲi] *m, f* [imitator] imitator.

naświetlanie [naɕv̡jɛtlaɲɛ] (*D* naświetlania [naɕv̡jɛtlaɲa]) *n* [promieniami Roentgena] radiation treatment; [filmu] exposure.

natchnienie [natxɲɛɲɛ] (*D* natchnienia [natxɲɛɲa]) *n* [poryw twórczy] inspiration.

natężenie [natɛʒɛɲɛ] (*D* natężenia [natɛʒɛɲa]) *n* TECHN intensity; [ruchu] intensity.

natka [natka] (*D* natki [natk̡i]) *f* [pietruszki] parsley.

NATO [natɔ] *n* NATO.

natomiast [natɔm̡jast] *conj* oficjal however.

natręt [natrɛnt] *m* [intruz] pushy person.

natrętny [natrɛntni] *adj* [natarczywy] intrusive.

natrysk [natrisk] (*D* -u) *m* [prysznic] shower.

natura [natura] (*D* natury [naturi]) *f* nature • martwa natura still life.

naturalnie [naturalɲɛ] ◇ *adv* naturally. ◇ *part* [oczywiście] of course.

naturalny [naturalni] *adj* natural • przyrost naturalny population growth.

naturysta, naturystka [naturista, naturistka] *m, f* naturist.

natychmiast [natixm̡jast] *adv* immediately.

natychmiastowy [natixm̡jastɔv̡i] *adj* immediate.

nauczanie [nautʃaɲɛ] (*D* nauczania [nautʃaɲa]) *n* teaching.

nauczyciel, ka [nautʃiʨɛl, ka] *m, f* teacher.

nauczyć [nautʃitɕ] *vperf* to teach • nauczyć kogoś czegoś to teach sb sthg; nauczył mnie gry na gitarze he taught me to play the guitar.

➤ **nauczyć się** [nautʃitɕ ɕɛ] *vp perf* to learn.

nauka [nauka] (*D* **nauki** [nauk,i]) *f* [dziedzina wiedzy] science; [czytania i pisania] study.

naukowiec [naukɔv,jɛts] *m* [uczony] scholar; [nauk ścisłych] scientist.

naukowy [naukɔvi] *adj* [teoria] scientific.

naumyślnie [naumiɕlnɛ] *adv* [celowo] intentionally.

nawet [navɛt] *part* even.

nawias [nav,jas] (*D* **-u**) *m* bracket • **nawiasem mówiąc** *pot* by the way.

nawiązać [nav,jɔ̃zatɕ] *vperf* = **nawiązywać**.

nawiązywać [nav,jɔ̃zivatɕ] (*perf* **nawiązać** [nav,jɔ̃zatɕ]) *vimperf* [kontakt, łączność, współpracę] to establish • **nawiązać rozmowę z kimś** to get into a conversation with sb; **nawiązywać do czegoś** to refer to sthg.

nawierzchnia [nav,jɛʃxɲa] (*D* **nawierzchni** [nav,jɛʃxɲi]) *f* [drogi] surface.

nawigacja [nav,igatsja] (*D* **nawigacji** [nav,igatsji]) *f* [lotnicza, morska] navigation.

nawijać [nav,ijatɕ] *vimperf* [nici, sznur] to wind.

nawilżacz [nav,ilʒatʃ] (*D* **-a**) *m* humidifier.

nawlec [navlɛts] *vperf* to thread • **nawlec igłę** to thread a needle.

nawóz [navus] (*D* **nawozu** [navɔzu]) *m* [sztuczny, naturalny] fertilizer.

nawzajem [navzajɛm] ⟨⟩ *adv* [wzajemnie] each other. ⟨⟩ *part* [odwrotnie] vice versa. ⟨⟩ *interj* [wzajemnie] the same to you!

nazwa [nazva] (*D* **nazwy** [nazvi]) *f* [ulicy, miasta, rzeki, kraju] name • **nazwa własna** proper noun.

nazwać [nazvatɕ] *vperf* = **nazywać**.

nazwisko [nazv,iskɔ] (*D* **nazwiska** [nazv,iska]) *n* surname • **jak masz na nazwisko?** what's your name? • **nazwisko panieńskie** maiden name.

nazywać [nazivatɕ] (*perf* **nazwać** [nazvatɕ]) *vimperf* to name. ➤ **nazywać się** [nazivatɕ ɕɛ] *vp imperf* to

be called • **nazywam się Basia** my name's Basia.

nb. (*skr od notabene*) NB.

Neapol [nɛapɔl] (*D* **-u**) *m* Naples.

neapolitańczyk, neapolitanka [nɛapɔl,itajntʃik, nɛapɔl,itanka] *m, f* Neapolitan.

negacja [nɛgatsja] (*D* **negacji** [nɛgatsji]) *f* negation.

negatyw [nɛgatif] (*D* **-u**) *m* [w fotografii] negative; [minus] minus.

negatywny [nɛgativni] *adj* negative.

negliż [nɛgl,iʃ] (*D* **-u**) *m* [strój] negligée.

negocjacje [nɛgɔtsjatsjɛ] (*D* **negocjacji** [nɛgɔtsjatsji]) *fpl* negotiations • **prowadzić negocjacje** to hold negotiations.

negocjator, ka [nɛgɔtsjatɔr, ka] *m, f* negotiator.

negocjować [nɛgɔtsjɔvatɕ] *vimperf* to negotiate.

nekrolog [nɛkrɔlɔk] (*D* **-u**) *m* [zawiadomienie o śmierci] obituary.

nektarynka [nɛktarinka] (*D* **nektarynki** [nɛktarink,i]) *f* nectarine.

neon [nɛɔn] (*D* **-u**) *m* [światło] neon light.

nerka [nɛrka] (*D* **nerki** [nɛrk,i]) *f* MED kidney.

nerkowiec [nɛrkɔv,jɛts] (*D* **nerkowca** [nɛrkɔftsa]) *m* cashew.

nerw [nɛrf] (*D* **-u**) *m* MED nerve. ➤ **nerwy** [nɛrvi] (*D* **nerwów** [nɛrvuf]) *mpl* nerves • **ona działa mi na nerwy** she gets on my nerves.

nerwica [nɛrv,itsa] (*D* **nerwicy** [nɛrv,itsi]) *f* [choroba] neurosis.

nerwowy [nɛrvɔvi] *adj* [tik] nervous; [człowiek] touchy.

netto [nɛttɔ] (*inv*) *adj* net.

neutralny [nɛwtralni] *adj* [bezstronny] neutral.

nędza [nɛndza] (*D* **nędzy** [nɛndʑi]) *f* [bieda] poverty.

nędzarz, nędzarka [nɛndʑaʃ, nɛndʑarka] *m, f* pauper.

nędzny [nɛndzni] *adj* [biedny] shabby; [bezwartościowy] wretched.

nią [ɲɔ̃] *pron* ➢ **ona**.

nic [ɲits] *pron* nothing • **nic o tym nie wiem** I don't know anything about it.

Nicea [ɲitsɛa] (*D* **Nicei** [ɲitsɛji]) *f* Nice.

nich [ɲix] *pron* ⊳ **oni** ⊳ **one**.

nić [ɲitɕ] (*D* **nici** [ɲitɕi]) *f* thread.

nie [ɲɛ] ⟨⟩ *part* [negacja] not • **nie odwiedziłbyś mnie jutro?** why don't you come and visit me tomorrow? ⟨⟩ *interj* [odmowa] no • **jeszcze nie** not yet; **wcale nie** not at all.

nieaktualny [ɲɛaktualni] *adj* [przestarzały] out of date; [nieobowiązujący] no longer valid.

niebezpieczeństwo [ɲɛbɛsp,jɛtʃɛjstfɔ] (*D* **niebezpieczeństwa** [ɲɛbɛsp,jɛtʃɛjstfa]) *n* danger • **być/znajdować się w niebezpieczeństwie** to be/find o.s. in danger.

niebezpieczny [ɲɛbɛsp,jɛtʃni] *adj* dangerous.

niebieski [ɲɛb,jɛsk,i] *adj* blue.

niebo [ɲɛbɔ] (*D* **nieba** [ɲɛba]) *n* [gwiaździste, zachmurzone] sky.

niecenzuralny [ɲɛtsɛnzuralni] *adj* [nieprzyzwoity] obscene.

niech [ɲɛx] *part* : **niech zobaczę** let me see; **niech pan siada** please sit down; **niech żyje królowa** long live the Queen.

niechcący [ɲɛxtsɔntsi] *adv* by accident.

niechęć [ɲɛxɛntɕ] (*D* **niechęci** [ɲɛxɛntɕi]) *f* dislike.

niechętnie [ɲɛxɛntɲɛ] *adv* [opieszale] reluctantly; [nieżyczliwie] unfavourably.

nieciekawy [ɲɛtɕɛkavi] *adj* [nudny] bezbarwny] dull; [podejrzany] suspicious.

niecierpliwy [ɲɛtɕɛrpl,ivi] *adj* impatient.

nieco [ɲɛtsɔ] *adv* [trochę] a little.

niecodzienny [ɲɛtsɔdʑɛnni] *adj* [niezwykły] unusual.

nieczuły [ɲɛtʃuwi] *adj* [niewrażliwy] insensitive.

nieczynny [ɲɛtʃinni] *adj* [sklep] closed; [aparat telefoniczny] out of order.

nieczytelny [ɲɛtʃitɛlni] *adj* [pismo] illegible.

niedaleko [ɲɛdalɛkɔ] *prep* [o miejscu] not far from; [o czasie] not long till.

niedawno [ɲɛdavnɔ] *adv* [w niedalekiej przeszłości] not long ago.

niedawny [ɲɛdavni] *adj* recent.

niedoceniany [ɲɛdɔtsɛnani] *adj* underestimated.

niedochodowy [ɲɛdɔxɔdɔvi] *adj* [interes] unprofitable.

niedojrzały [ɲɛdɔjʒawi] *adj* [młodzieniec] immature; [owoce, warzywa, zboża] unripe.

niedokładny [ɲɛdɔkwadni] *adj* careless.

niedokrwistość [ɲɛdɔkrf,istɔɕtɕ] (*D* **niedokrwistości** [ɲɛdɔkrf,istɔɕtɕi]) *f* MED anaemia.

niedopałek [ɲɛdɔpawɛk] (*D* **niedopałka** [ɲɛdɔpawka]) *m* [papierosa] cigarette end.

niedopatrzenie [ɲɛdɔpatʃɛɲɛ] (*D* **niedopatrzenia** [ɲɛdɔpatʃɛɲa]) *n* oversight.

niedopuszczalny [ɲɛdɔpuʃtʃalni] *adj* [błąd, zachowanie] unacceptable.

niedoskonały [ɲɛdɔskɔnawi] *adj* imperfect.

niedostępny [ɲɛdɔstɛmpni] *adj* [nieosiągalny] inaccessible • **dyrektor jest dzisiaj niedostępny** the director is unavailable today.

niedoświadczony [ɲɛdɔɕf,jattʃɔni] *adj* inexperienced.

niedowiarek [ɲɛdɔv,jarɛk] *m* pot [sceptyk] doubting Thomas.

niedrogi [ɲɛdrɔg,i] *adj* [tani] inexpensive.

niedwuznaczny [ɲɛdvuznatʃni] *adj* unambiguous.

niedyskretny [ɲɛdiskrɛtni] *adj* indiscreet.

niedysponowany [ɲɛdispɔnɔvani] *adj* [niezdrowy] indisposed.

niedz. (*skr od* **niedziela**) Sun.

niedziela [ɲɛdʑɛla] (*D* **niedzieli** [ɲɛdʑɛl,i]) *f* Sunday *zobacz też* **sobota**.

nledźwiedź [nɛdʑv,jɛtɕ] *m* [biały, polarny] bear.

nieefektowny [nɛɛfɛktɔvnɪ] *adj* unattractive.

nieefektywny [nɛɛfɛktivnɪ] *adj* [pracownik] ineffective.

nieekonomiczny [nɛɛkɔnɔm,itʃnɪ] *adj* uneconomical.

nieelegancki [nɛɛlɛgantsk,i] *adj* [suknia, kobieta] inelegant.

niefunkcjonalny [nɛfuŋktsjɔnalnɪ] *adj* [pomieszczenie, meble] impractical.

niego [nɛgɔ] *pron* ➩ on.

niegospodarny [nɛgɔspɔdarnɪ] *adj* [rozrzutny] wasteful.

niegościnny [nɛgɔɕtɕinnɪ] *adj* inhospitable.

niegroźny [nɛgrɔʑnɪ] *adj* [bez konsekwencji] not serious.

niegrzeczny [nɛgʒɛtʃnɪ] *adj* [dziecko, zachowanie] bad.

nieistotny [nɛistɔtnɪ] *adj* irrelevant.

niej [nɛj] *pron* ➩ ona.

niejadalny [nɛjadalnɪ] *adj* inedible.

niejasny [nɛjasnɪ] *adj* [niezrozumiały] unclear.

niejeden [nɛjɛdɛn] *pron* [wielu, wiele] many.

niejednokrotnie [nɛjɛdnɔkrɔtnɛ] *adv* [wielokrotnie, nieraz] many times.

niekoleżeński [nɛkɔlɛʒɛjsk,i] *adj* unfriendly.

niekompetentny [nɛkɔmpɛtɛntnɪ] *adj* [pracownik] incompetent.

niekomunikatywny [nɛkɔmuɲikativnɪ] *adj* uncommunicative.

niekoniecznie [nɛkɔɲɛtʃnɛ] *part* [nieobowiązkowo] not necessarily.

niekonsekwentny [nɛkɔnsɛkfɛntnɪ] *adj* inconsistent.

niekorzystny [nɛkɔʒistnɪ] *adj* unfavourable.

niektórzy [nɛktuʒi] *pron* some.

niekulturalny [nɛkulturalnɪ] *adj* bad-mannered.

nielegalny [nɛlɛgalnɪ] *adj* illegal.

nieletni [nɛlɛtɲi] *adj* under-age • nieletni przestępca juvenile delinquent.

nielogiczny [nɛlɔg,itʃnɪ] *adj* illogical.

nielojalny [nɛlɔjalnɪ] *adj* [nieuczciwy] disloyal.

nieludzki [nɛlutsk,i] *adj* [okrutny] inhuman; [ogromny] superhuman.

nie ma [ɲɛ ma] *vimpers* [ktoś, coś jest nieobecne] : **nie ma go w domu** he's not at home; **nie ma wielu mebli w pokoju** there isn't much furniture in the room; **nie ma jeszcze autobusu** the bus hasn't come yet.

Niemcy [nɛmtsi] (*D* Niemiec [nɛm,jɛts]) *pl* Germany.

Niemiec, Niemka [nɛm,jɛts, ɲɛmka] *m, f* German.

niemiły [nɛm,iwɪ] *adj* unpleasant.

niemodny [nɛmɔdnɪ] *adj* unfashionable.

niemoralny [nɛmɔralnɪ] *adj* immoral.

niemowa [nɛmɔva] *f* LUB *m* mute.

niemowlę [nɛmɔvlɛ] *n* baby.

niemożliwy [nɛmɔʒl,ivɪ] *adj* [nierealny] impossible; [nieznośny] terrible.

nienaturalny [nɛnaturalnɪ] *adj* unnatural.

nienawidzić [nɛnav,idʑitɕ] *vimperf* to hate • nienawidzić kogoś za coś to hate sb for sthg.

nienawiść [nɛnav,iɕtɕ] (*D* nienawiści [nɛnav,iɕtɕi]) *f* hatred.

nienormalny [nɛnɔrmalnɪ] *adj* abnormal.

nieobecność [nɛɔbɛtsnɔɕtɕ] (*D* nieobecności [nɛɔbɛtsnɔɕtɕi]) *f* absence.

nieobecny [nɛɔbɛtsnɪ] *adj* absent.

nieobliczalny [nɛɔbl,itʃalnɪ] *adj* unpredictable.

nieodpowiedzialny [nɛɔtpɔv,jɛdʑalnɪ] *adj* irresponsible.

nieodwołalnie [nɛɔdvɔwalnɛ] *adv* irrevocably.

nieodzowny [nɛɔdzɔvnɪ] *adj* essential.

nieoficjalnie [nɛɔf,itsjalnɛ] *adv* unofficially.

nieomylny [nɛɔmilnɪ] *adj* infallible.

nieopłacalny [nɛɔpwatsalnɪ] *adj* unprofitable.

nieosiągalny [nɛɔɕɔŋgalnɪ] *adj* [cel] unattainable • kierownik był nieosiągalny the manager was unavailable.

nieostrożny [nɛɔstrɔʒni] *adj* careless.

niepalący [nɛpalɔntsi] <> *adj* [cecha] non-smoking • **osoby niepalące** non-smokers. <> *m, f* (*f* **niepaląca**) [osoba] non-smoker.

nieparzysty [nɛpaʒisti] *adj* [liczba, dni] odd.

niepełnoletni [nɛpɛwnɔlɛtni] *adj* under-age • **niepełnoletni przestępca** juvenile delinquent.

niepełnosprawny [nɛpɛwnɔspravni] <> *adj* disabled. <> *m* disabled person.

niepewnie [nɛpɛvnɛ] *adv* [niezdecydowanie] uncertainly.

niepewny [nɛpɛvni] *adj* [trudny do przewidzenia] uncertain; [niebudzący zaufania] unreliable; [nieśmiały] hesitant.

niepodległość [nɛpɔdlɛgwɔɕtɕ] (*D* **niepodległości** [nɛpɔdlɛgwɔɕtɕi]) *f* independence.

niepodległy [nɛpɔdlɛgwi] *adj* independent.

niepodważalny [nɛpɔdvaʒalni] *adj* irrefutable.

niepokojący [nɛpɔkɔjɔntsi] *adj* disturbing.

niepokój [nɛpɔkuj] (*D* **niepokoju** [nɛpɔkɔju]) *m* [obawa] anxiety.

niepomyślny [nɛpɔmiɕlni] *adj* [niekorzystny] unfavourable • **niepomyślne wiadomości** bad news.

niepopularny [nɛpɔpularni] *adj* unpopular.

nieporozumienie [nɛpɔrɔzum,jɛnɛ] (*D* **nieporozumienia** [nɛpɔrɔzum,jɛna]) *n* [pomyłka] misunderstanding, [kłótnia] disagreement.

nieposłuszeństwo [nɛpɔswuʃɛjstfɔ] (*D* **nieposłuszeństwa** [nɛpɔswuʃɛjstfa]) *n* disobedience.

nieposłuszny [nɛpɔswuʃni] *adj* disobedient.

niepotrzebnie [nɛpɔtʃɛbnɛ] *adv* unnecessarily • **niepotrzebnie dziś przyjeżdżałeś** you needn't have come today.

niepotrzebny [nɛpɔtʃɛbni] *adj* unnecessary.

niepoważny [nɛpɔvaʒni] *adj* not serious.

niepowodzenie [nɛpɔvɔdzɛnɛ] (*D* **niepowodzenia** [nɛpɔvɔdzɛna]) *n* [życiowe, miłosne] failure.

niepozorny [nɛpɔzɔrni] *adj* [człowiek] inconspicuous.

niepożądany [nɛpɔʒɔndani] *adj* [gość] unwelcome.

niepraktyczny [nɛpraktitʃni] *adj* impractical.

nieprawdopodobny [nɛpravdɔpɔdɔbni] *adj* incredible.

nieprawdziwy [nɛpravdʑivi] *adj* [wymyślony] fictitious; [fałszywy] untrue.

nieprawomocny [nɛpravɔmɔtsni] *adj* [wyrok] pending appeal.

nieprecyzyjny [nɛprɛtsizijni] *adj* [niedokładny] imprecise.

nieprofesjonalny [nɛprɔfɛsjɔnalni] *adj* [piłkarz] amateur; [obsługa] unprofessional.

nieproszony [nɛprɔʃɔni] *adj* unwelcome.

nieprzejezdny [nɛpʃɛjɛzdni] *adj* impassable • **miasto jest nieprzejezdne: wszyscy stoją w korku** the town is gridlocked: everyone is stuck in a jam.

nieprzekupny [nɛpʃɛkupni] *adj* [urzędnik, polityk] incorruptible.

nieprzemakalny [nɛpʃɛmakalni] *adj* waterproof • **nieprzemakalny płaszcz** raincoat.

nieprzetłumaczalny [nɛpʃɛtwumatsalni] *adj* untranslatable.

nieprzychylny [nɛpʃixilni] *adj* [nieżyczliwy] unfavourable.

nieprzytomny [nɛpʃitɔmni] *adj* [bez świadomości] unconscious.

nieprzyzwoity [nɛpʃizvɔjiti] *adj* [gest, dowcip] indecent.

niepunktualny [nɛpuŋktualni] *adj* unpunctual.

nieraz [nɛras] *adv* [czasami] now and again.

nierdzewny [nɛrdzɛvni] *adj* stainless.

nierealny [nɛrɛalni] *adj* [nierzeczywisty] unreal; [nierealistyczny] unrealistic.

nieregularny [nɛrɛgularni] *adj* irregular.

nierentowny [nɛrɛntɔvni] *adj* unprofitable.

nierozsądny [nɛrɔssɔndni] *adj* [nierozważny] foolish.

nierówno [nɛruvnɔ] *adv* [krzywo] crookedly; [nierównomiernie] unequally.

nierówność [nɛruvnɔɕtɕɛ] (*D* nierówności [nɛruvnɔɕtɕi]) *f* [na drodze, na chodniku] unevenness; [społeczna, majątkowa] inequality.

nieruchomość [nɛruxɔmɔɕtɕɛ] (*D* nieruchomości [nɛruxɔmɔɕtɕi]) *f* property *UK*, real estate *US* • agencja nieruchomości estate agency *UK*, real estate office *US*.

nieruchomy [nɛruxɔmi] *adj* motionless.

nierzetelny [nɛʒɛtɛlni] *adj* [niesolidny] unreliable.

niesamodzielny [nɛsamɔdʑɛlni] *adj* not independent.

nieskuteczny [nɛskutɛtʃni] *adj* ineffective.

niesłusznie [nɛswuʃnɛ] *adv* [bezpodstawnie] wrongly.

niesolidny [nɛsɔlidni] *adj* [pracownik] unreliable; [meble] poor quality.

niespodzianka [nɛspɔdʑanka] (*D* niespodzianki [nɛspɔdʑank,i]) *f* surprise • zrobić komuś niespodziankę to give sb a surprise.

niespodziewany [nɛspɔdʑɛvani] *adj* unexpected.

niesprawiedliwy [nɛsprav,jɛdl,ivi] *adj* unfair.

niesprawny [nɛspravni] *adj* [samochód, pralka] faulty.

niestabilny [nɛstab,ilni] *adj* unstable.

niestaranny [nɛstaranni] *adj* careless.

niestety [nɛstɛti] *part* [z żalem] unfortunately.

niestrawność [nɛstravnɔɕtɕɛ] (*D* niestrawności [nɛstravnɔɕtɕi]) *f* indigestion.

niesumienny [nɛsum,jɛnni] *adj* not conscientious.

nieszczelny [nɛʃtʃɛlni] *adj* : nieszczelne okna draughty windows.

nieszczęście [nɛʃtʃɛ̃ɕtɕɛ] (*D* nieszczęścia [nɛʃtʃɛ̃ɕtɕa]) *n* misfortune • pomóc komuś w nieszczęściu to help sb in distress.

nieszczęśliwy [nɛʃtʃɛɕl,ivi] *adj* [godny pożałowania] unhappy; [niekorzystny] unlucky.

nieszkodliwy [nɛʃkɔdl,ivi] *adj* [dla zdrowia] harmless.

nieścisłość [nɛɕtɕiswɔɕtɕɛ] (*D* nieścisłości [nɛɕtɕiswɔɕtɕi]) *f* inaccuracy.

nieść [nɛɕtɕɛ] *vimperf* to carry.

nieślubny [nɛɕlubni] *adj* [dziecko] illegitimate.

nieśmiały [nɛɕm,jawi] *adj* [wstydliwy] shy.

nieśmiertelny [nɛɕm,jɛrtɛlni] *adj* [wieczny] immortal.

nieświeży [nɛɕf,jɛʑi] *adj* [produkty] unfresh; [ubranie] dirty; [cera] tired.

nietaktowny [nɛtaktɔvni] *adj* tactless.

nietolerancja [nɛtɔlɛrantsja] (*D* nietolerancji [nɛtɔlɛrantsji]) *f* intolerance.

nietoperz [nɛtɔpɛʃ] *m* bat.

nietowarzyski [nɛtɔvaʑisk,i] *adj* unsociable.

nietrwały [nɛtrfawi] *adj* [materiał] not durable; [uczucie] short-lived.

nietutejszy [nɛtutɛjʃi] *adj* not local.

nietykalny [nɛtikalni] *adj* [prawnie chroniony] inviolable.

nietypowy [nɛtipɔvi] *adj* untypical.

nieuczciwość [nɛutʃtɕivɔɕtɕɛ] (*D* nieuczciwości [nɛutʃtɕivɔɕtɕi]) *f* dishonesty.

nieuczciwy [nɛutʃtɕivi] *adj* dishonest.

nieudany [nɛudani] *adj* unsuccessful.

nieufność [nɛufnɔɕtɕɛ] (*D* nieufności [nɛufnɔɕtɕi]) *f* distrust.

nieufny [nɛufni] *adj* distrustful.

nieuleczalny [nɛulɛtɕalni] *adj* incurable.

nieunikniony [nɛuɲikɲɔni] *adj* inevitable.

nieurodzaj [nɛurɔdʒaj] (*D* -u) *m* crop failure.

nieuzasadniony [nɛuzasadɲɔni] *adj* [bezpodstawny] groundless.

nieużytki [nɛuʒitk‚i] (*D* nieużytków [nɛuʒitkuf]) *mpl* [rolne] uncultivated land.

nieważny [nɛvaʒni] *adj* [błahy] unimportant; [nieaktualny] invalid.

niewdzięczność [nɛvdʑɛntʃnɔɕtɕ] (*D* niewdzięczności [nɛvdʑɛntʃnɔɕtɕi]) *f* ingratitude.

niewdzięczny [nɛvdʑɛntʃni] *adj* [dziecko] ungrateful; [temat rozmowy] thankless.

niewiarygodny [nɛv‚jarigɔdni] *adj* [historia] unbelievable.

niewidoczny [nɛv‚idɔtʃni] *adj* invisible.

niewidomy [nɛv‚idɔmi] <> *adj* [niewidzący] blind. <> *m, f* (*f* niewidoma) [człowiek ociemniały] blind person • niewidomy od urodzenia blind from birth.

niewiedza [nɛv‚jɛdʑa] (*D* niewiedzy [nɛv‚jɛdʑi]) *f* ignorance.

niewiele [nɛv‚jɛlɛ] *pron* (z rzeczownikami niepoliczalnymi) not much; (z rzeczownikami policzalnymi) not many.

niewierność [nɛv‚jɛrnɔɕtɕ] (*D* niewierności [nɛv‚jɛrnɔɕtɕi]) *f* [zdrada] unfaithfulness.

niewierny [nɛv‚jɛrni] *adj* [mąż, żona] unfaithful.

niewierzący [nɛv‚jɛʒɔntɕi] *adj* unbelieving • jest niewierzący he's a non-believer.

niewinność [nɛv‚innɔɕtɕ] (*D* niewinności [nɛv‚innɔɕtɕi]) *f* [brak winy] innocence.

niewinny [nɛv‚inni] *adj* [bez winy] innocent.

niewłaściwie [nɛvwaɕtɕiv‚jɛ] *adv* inappropriately.

niewola [nɛvɔla] (*D* niewoli [nɛvɔl‚i]) *f* [brak wolności] captivity.

niewolnik, niewolnica [nɛvɔlɲik, nɛvɔlɲitsa] *m, f* slave.

niewybaczalny [nɛv‚ibatʃalni] *adj* [czyn, błąd] inexcusable.

niewybredny [nɛv‚ibrɛdni] *adj* [niewymagający] undemanding; [niewyszukany] crude.

niewygodny [nɛv‚igɔdni] *adj* [buty] uncomfortable; [świadek] inconvenient.

niewykształcony [nɛv‚ikʃtawtsɔni] *adj* uneducated.

niewykwalifikowany [nɛv‚ikfal‚i‚fikɔvani] *adj* unqualified.

niewypał [nɛv‚ipaw] (*D* -u) *m* [pocisk] unexploded bomb; [coś nieudanego] flop.

niewypłacalny [nɛv‚ipwatsalni] *adj* insolvent.

niewyraźny [nɛv‚iraʑni] *adj* [podpis] unclear; [kontury] faint.

niewystarczający [nɛv‚istartʃajɔntɕi] *adj* insufficient.

niewytłumaczalny [nɛv‚itwumatʃalni] *adj* inexplicable.

niezależnie [nɛzalɛʒnɛ] *adv* [samodzielnie] independently; [bez względu na coś] regardless.

niezależność [nɛzalɛʒnɔɕtɕ] (*D* niezależności [nɛzalɛʒnɔɕtɕi]) *f* independence.

niezależny [nɛzalɛʒni] *adj* independent.

niezamężna [nɛzamɛ̃ʒna] *adj* single (woman).

niezawodny [nɛzavɔdni] *adj* [pewny] unfailing.

niezbędny [nɛzbɛndni] *adj* indispensable.

niezdecydowany [nɛzdɛtsidɔvani] *adj* [mało stanowczy] indecisive.

niezdolność [nɛzdɔlnɔɕtɕ] (*D* niezdolności [nɛzdɔlnɔɕtɕi]) *f* inability.

niezdyscyplinowany [nɛzdistsipl‚inɔvani] *adj* undisciplined.

niezgrabny [nɛzgrabni] *adj* [ruchy] clumsy; [nogi] unshapely.

niezidentyfikowany [nɛz‚idɛntif‚ikɔvani] *adj* unidentified.

niezliczony [nɛzl‚itʃɔni] *adj* innumerable.

nieznajomy [nɛznajɔmi] <> *adj* strange. <> *m, f* (*f* nieznajoma) stranger.

nieznany [nɛznani] *adj* unknown.

niezręczność [nɛzrɛntʃnɔɕtɕɛ] (*D* niezręczności [nɛzrɛntʃnɔɕtɕi]) *f* [gestów] clumsiness; [gafa] blunder.

niezręczny [nɛzrɛntʃni] *adj* [niezgrabny] clumsy; [żenujący] awkward.

niezrozumiały [nɛzrɔzum,jawi] *adj* incomprehensible.

niezrównoważony [nɛzruvnɔvaʒɔni] *adj* unbalanced.

niezupełnie [nɛzupɛwɲɛ] *adv* [niecałkowicie] not completely.

niezwyciężony [nɛzvitɕɛ̃ʒɔni] *adj* invincible.

niezwykle [nɛzviklɛ] *adv* [nadzwyczajnie] unusually.

niezwykły [nɛzvikwi] *adj* unusual.

nieżyciowy [nɛʑitɕɔvi] *adj* impractical.

nieżyczliwy [nɛʑitʃl,ivi] *adj* unfriendly.

nieżywy [nɛʑivi] *adj* dead.

nigdy [nigdi] *pron* never.

nigdzie [nigdʑɛ] *pron* nowhere.

Niger [nigɛr] (*D* Nigru [nigru]) *m* [państwo, rzeka] Niger.

Nigeria [nigɛrja] (*D* Nigerii [nigɛrji]) *f* Nigeria.

nijaki [nijak,i] *adj* [przeciętny] bland • **rodzaj nijaki** GRAM neuter.

niknąć [niknɔɲtɕɛ] *vimperf* [zanikać] to dwindle; [stawać się niewidocznym] to disappear • **jego sukcesy nikły przy osiągnięciach brata** his successes were eclipsed by the achievements of his brother.

nikotyna [nikɔtina] (*D* nikotyny [nikɔtini]) *f* nicotine.

Nikozja [nikɔzja] (*D* Nikozji [nikɔzji]) *f* Nicosia.

nikt [nikt] *pron* nobody.

Nil [nil] (*D* -u) *m* Nile.

nim [nim] *pron* ⊳ on.

nimi [nim,i] *pron* ⊳ oni.

niski [nisk,i] (*compar* niższy, *superl* najniższy) *adj* [wzrost, cena, budynek] low; [człowiek] short.

nisko [niskɔ] (*compar* niżej, *superl* najniżej) *adv* low.

niskokaloryczny [niskɔkalɔritʃni] *adj* low-calorie.

niskoprocentowy [niskɔprɔtsɛntɔvi] *adj* [kredyt] low-interest; [napój alkoholowy] low-alcohol.

niszczarka [niʃtʃarka] (*D* niszczarki [niʃtʃark,i]) *f* shredder.

niszczyć [niʃtʃitɕɛ] (*perf* zniszczyć [zɲiʃtʃitɕɛ]) *vimperf* [dokumenty] to destroy; [pracę] to ruin; [ubranie] to wear out.

nitka [nitka] (*D* nitki [nitk,i]) *f* thread.

niuans [njuans] (*D* -u) *m* [szczegół] nuance.

nizina [niʑina] (*D* niziny [niʑini]) *f* plain.

niż [niʃ] ⋄ *m* (*D* -u) [atmosferyczny] low • **niż demograficzny** low birth rate. ⋄ *conj* [składnik porównań] than.

niżej [niʒɛj] *adv* ⊳ nisko.

niższy [niʃʃi] *adj* ⊳ niski.

noblista, noblistka [nɔbl,ista, nɔbl,istka] *m, f* Nobel Prize winner.

noc [nɔts] (*D* -y) *f* night • **noc poślubna** wedding night; **w nocy** at night.

nocleg [nɔtslɛk] (*D* -u) *m* overnight accommodation.

nocny [nɔtsni] *adj* : **koszula nocna** nightdress; **nocny sklep** all-night shop.

nocować [nɔtsɔvatɕɛ] *vimperf* to spend the night.

noga [nɔga] (*D* nogi [nɔg,i]) *f* [człowieka, zwierzęcia, stołu] leg.

nogawka [nɔgafka] (*D* nogawki [nɔgafk,i]) *f* [spodni] trouser leg.

nokaut [nɔkawt] (*D* -u) *m* SPORT knockout.

nominacja [nɔm,inatsja] (*D* nominacji [nɔm,inatsji]) *f* [dyrektora] nomination.

nonsens [nɔnsɛns] (*D* -u) *m* nonsense.

nonsensowny [nɔnsɛnsɔvni] *adj* nonsensical.

nonszalancja [nɔnʃalantsja] (*D* nonszalancji [nɔnʃalantsji]) *f* nonchalance.

nora [nɔra] (D **nory** [nɔri]) f [mysia] hole; [borsucza] set; [królicza] burrow.

norma [nɔrma] (D **normy** [nɔrmi]) f [etyczna, pracy] norm.

normalizacja [nɔrmal‚izatsja] (D **normalizacji** [nɔrmal‚izatsji]) f normalization.

normalny [nɔrmalni] adj [zwykły, zdrowy] normal.

Normandczyk, Normandka [nɔrmanttʃik, nɔrmantka] m, f Norman.

Normandia [nɔrmandja] (D **Normandii** [nɔrmandji]) f Normandy.

Norweg, Norweżka [nɔrvɛk, nɔrvɛʃka] m, f Norwegian.

Norwegia [nɔrvɛgja] (D **Norwegii** [nɔrvɛgji]) f Norway.

nos [nɔs] (D **-a**) m [część twarzy] nose.

nosiciel, ka [nɔɕitɕɛl, ka] m, f [choroby] carrier.

nosić [nɔɕitɕɛ] vimperf [dziecko, dokumenty] to carry; [ubranie, okulary] to wear.

nosorożec [nɔsɔrɔʒɛts] m rhinoceros.

nostalgia [nɔstalgja] (D **nostalgii** [nɔstalgji]) f nostalgia.

nosze [nɔʃɛ] (D **noszy** [nɔʃi]) pl [dla chorego] stretcher.

nota [nɔta] (D **noty** [nɔti]) f [pismo] note; [ocena] score.

notarialny [nɔtarjalni] adj [akt] ≃ solicitor's.

notariusz [nɔtarjuʃ] m notary (public).

notatka [nɔtatka] (D **notatki** [nɔtatki]) f [zapisek] note.

notatnik [nɔtatɲik] (D **-a**) m [notes] notebook.

Noteć [nɔtɛtɕ] (D **Noteci** [nɔtɛtɕi]) f Notec River.

notes [nɔtɛs] (D **-u**) m notebook.

notować [nɔtɔvatɕ] (perf **zanotować** [zanɔtɔvatɕ]) vimperf [zapisywać] to note down • **notował podczas wykładu** he made notes during the lecture.

notowanie [nɔtɔvaɲɛ] (D **notowania** [nɔtɔvaɲa]) n [EKON kurs] quotation (share).

nowalijka [nɔval‚ijka] (D **nowalijki** [nɔval‚ijk‚i]) f [młode warzywo] early vegetable.

nowatorski [nɔvatɔrsk‚i] adj [pisarz, rozwiązania] innovative.

nowelizacja [nɔvɛl‚izatsja] (D **nowelizacji** [nɔvɛl‚izatsji]) f revision (of legislation).

nowicjusz, ka [nɔv‚itsjuʃ, ka] m, f [początkujący] novice.

nowina [nɔv‚ina] (D **nowiny** [nɔv‚ini]) f [wiadomość] news.

nowoczesny [nɔvɔtʃɛsni] adj [sprzęt, poglądy] modern.

noworoczny [nɔvɔrɔtʃni] adj [bal, życzenia] New Year's.

noworodek [nɔvɔrɔdɛk] m newborn baby.

nowość [nɔvɔɕtɕ] (D **nowości** [nɔvɔɕtɕi]) f [bycie nowym] newness; [nowina] news • **mieć coś od nowości** to have sthg from new; **nowości teatralne** new productions; **nowości wydawnicze** new releases.

nowotwór [nɔvɔtfur] (D **nowotworu** [nɔvɔtfɔru]) m [rak] tumour.

nowy [nɔvi] adj [samochód, kolega] new • **Nowy Rok** New Year.

Nowy Jork [nɔvi jɔrk] (D **Nowego Jorku** [nɔvɛgɔ jɔrku]) m New York.

nożyczki [nɔʒitʃk‚i] (D **nożyczek** [nɔʒitʃɛk]) pl [do cięcia] scissors.

nóż [nuʃ] (D **noża** [nɔʒa]) m [kuchenny] knife.

nóżki [nuʃk‚i] (D **nóżek** [nuʒɛk]) fpl KULIN chopped meat in aspic.

np. (skr od **na przykład**) e.g.

n.p.m. (skr od **nad poziomem morza**) above sea level.

nr (skr od **numer**) No.

nucić [nutɕitɕɛ] vimperf [piosenkę] to hum.

nuda [nuda] (D **nudy** [nudi]) f [znudzenie] boredom.

nudności [nudnɔɕtɕi] (D **nudności** [nudnɔɕtɕi]) pl [mdłości] nausea.

nudny [nudni] adj [zajęcie, towarzystwo] boring.

nudysta, nudystka [nudista, nudistka] m, f [naturysta] nudist.

nudzić [nudʑitɕe] *vimperf* [być nudnym] to bore. ⏵ **nudzić się** [nudʑitɕe ɕe] *vp imperf* [odczuwać nudę] to be bored; [być nudnym] to be boring.

nuklearny [nuklɛarni] *adj* [wojna, broń] nuclear.

numer [numɛr] (*D* -u) *m* [domu, mieszkania, telefonu, gazety] number.

numeracja [numɛratsja] (*D* numeracji [numɛratsji]) *f* [stron, domów] numbering.

nurek [nurɛk] *m* diver.

nurkować [nurkɔvatɕe] *vimperf* to dive.

nuta [nuta] (*D* nuty [nuti]) *f* MUZ note; [odcień] note • **czytać nuty** to read music.

nylon [nilɔn] (*D* -u) *m* [tkanina] nylon.

o [ɔ] *prep* [na temat] about; [określenie czasu] at.

o. (*skr od* ojciec) [zakonnik] *used in writing to introduce name of monk*.

oaza [ɔaza] (*D* oazy [ɔazi]) *f* [na pustyni] oasis.

ob. (*skr od* obywatel, obywatelka) *citizen*.

obawa [ɔbava] (*D* obawy [ɔbavi]) *f* [niepokój, lęk] fear.

obcas [ɔptsas] (*D* -a) *m* [w bucie] heel.

obchodzić [ɔpxɔdʑitɕe] *vimperf* [interesować] to care; [świętować] to celebrate. ⏵ **obchodzić się** [ɔpxɔdʑitɕe ɕe] *vp imperf* [posługiwać się] to handle • **obchodzić się z kimś** to treat sb.

obciąć [ɔptɕɔntɕe] *vperf* = obcinać.

obciążenie [ɔptɕɔ̃ʒɛnɛ] (*D* obciążenia [ɔptɕɔ̃ʒɛna]) *n* [zobowiązanie] burden.

obcierać [ɔptɕɛratɕe] (*perf* obetrzeć [ɔbɛtʃɛtɕe]) *vimperf* [kaleczyć skórę] to rub.

obcinać [ɔptɕinatɕe] (*perf* obciąć [ɔptɕɔntɕe]) *vimperf* [paznokcie, włosy] to cut.

obcisły [ɔptɕiswi] *adj* [ubranie] tight-fitting.

obcokrajowiec [ɔptsɔkrajɔv,jɛts] *m* [cudzoziemiec] foreigner.

obcy [ɔptsi] *adj* foreign • **wyraz obcy** foreign word.

obdzierać [ɔbdʑɛratɕe] (*perf* obedrzeć [ɔbɛdʒɛtɕe]) *vimperf* [ze skóry] to skin.

obecnie [ɔbɛtsnɛ] *adv oficjal* [teraz] currently.

obecny [ɔbɛtsni] *adj* [teraźniejszy, będący gdzieś] present.

obedrzeć [ɔbɛdʒɛtɕe] *vperf* = obdzierać.

obejmować [ɔbɛjmɔvatɕe] (*perf* objąć [ɔbjɔntɕe]) *vimperf* [tulić] to hug; [zawierać] to include.

obejrzeć [ɔbɛjʒɛtɕe] *vperf* to look at • **obejrzeć film** to watch a film; **obejrzeć wystawę** to see an exhibition.

obelga [ɔbɛlga] (*D* obelgi [ɔbɛlg,i]) *f* insult.

oberwać [ɔbɛrvatɕe] *vperf* = obrywać.

obetrzeć [ɔbɛtʃɛtɕe] *vperf* = obcierać.

obezwładniający [ɔbɛzvwadɲajɔntɕi] *adj* paralysing.

obezwładnić [ɔbɛzvwadɲitɕe] *vperf* : **obezwładnić kogoś** to overpower sb.

obfity [ɔpf,iti] *adj* [opady, kształty] abundant.

obgadywać [ɔbgadivatɕe] *vimperf* : **obgadywać kogoś** [obmawiać kogoś] to gossip about sb.

obiad [ɔb,jat] (*D* -u) *m* [posiłek] lunch.

obiecać [ɔb,jɛtsatɕe] *vperf* to promise • **obiecać coś komuś** to promise sb sthg.

obiegowy [ɔb,jɛgɔvi] *adj* [utarty] current.

obiekcja [ɔb,jɛktsja] (*D* obiekcji [ɔb,jɛktsji]) *f* [zastrzeżenie] objection.

obiekt [ɔb,jɛkt] (*D* -u) *m* [przedmiot] object; [budynek] building.

obiektyw [ɔb,jɛktif] (*D* -u) *m* [aparatu fotograficznego, mikroskopu] lens.

obiektywnie [ɔb,jɛktivnɛ] *adv* [bezstronnie] objectively.

obiektywny [ɔb,jɛktivni] *adj* [bezstronny] objective.

obietnica [ɔb,jɛtɲitsa] (*D* obietnicy [ɔb,jɛtɲitɕi]) *f* [przyrzeczenie] promise.

objazd [ɔbjast] (*D* -u) *m* [okrężna droga] detour • policja wyznaczyła objazd the police set up a diversion.

objąć [ɔbjɔntɕ] *vperf* = obejmować.

objętość [ɔbjɛntɔɕtɕ] (*D* objętości [ɔb,jɛntɔɕtɕi]) *f* [miara przestrzeni] volume; [rozmiar, wielkość] length.

oblać [ɔblatɕ] *vperf* = oblewać.

oblewać [ɔblɛvatɕ] (*perf* oblać [ɔblatɕ]) *vimperf* [wodą] to pour; [się potem ze strachu] to be drenched; *pot* [zcić coś alkoholem] to celebrate *(with alcohol)*.

oblężenie [ɔblɛ̃ʑɛɲɛ] (*D* oblężenia [ɔblɛ̃ʑɛɲa]) *n* [miasta, sklepów] siege.

obliczać [ɔbl,itʃatɕ] (*perf* obliczyć [ɔbl,itʃitɕ]) *vimperf* [wydatki, straty] to calculate.

obliczyć [ɔbl,itʃitɕ] *vperf* = obliczać.

obligacja [ɔbl,igatsja] (*D* obligacji [ɔbl,igatsji]) *f* EKON bond.

oblizywać [ɔbl,izivatɕ] *vimperf* to lick.

oblodzony [ɔblɔdzɔni] *adj* [droga, szyba] icy.

obława [ɔbwava] (*D* obławy [ɔbwavi]) *f* [policyjna] raid • organizować obławę na uciekinierów to organize a manhunt for escapees.

obłęd [ɔbwɛnt] (*D* -u) *m* insanity • popaść w obłęd to go insane.

obłędny [ɔbwɛndni] *adj* [szalony] insane; *pot* [niesamowity] fantastic.

obłok [ɔbwɔk] (*D* -u) *m* [chmura, tuman] cloud.

obłuda [ɔbwuda] (*D* obłudy [ɔbwudi]) *f* hypocrisy.

obłudny [ɔbwudni] *adj* [uśmiech, współpracownik] false.

obmawiać [ɔbmav,jatɕ] *vimperf* : obmawiać kogoś to gossip about sb.

obnażać [ɔbnaʒatɕ] *vimperf* [plecy, piersi] to bare. ➡ **obnażać się** [ɔbnaʒatɕ ɕɛ] *vp imperf* [do naga] to undress.

obniżać [ɔbɲiʒatɕ] (*perf* obniżyć [ɔbɲiʒitɕ]) *vimperf* to lower • obniżać ceny to lower prices.

obniżka [ɔbɲiʃka] (*D* obniżki [ɔbɲiʃk,i]) *f* [cen, płac, kosztów] cut.

obniżyć [ɔbɲiʒitɕ] *vperf* = obniżać.

obojczyk [ɔbɔjtʃik] (*D* -a) *m* MED collarbone.

obojętny [ɔbɔjɛntni] *adj* [nieczuły] indifferent; [neutralny] neutral • termin jest mi obojętny, dopasuję się the date doesn't matter, I'm flexible.

obok [ɔbɔk] *prep* near.

obora [ɔbɔra] (*D* obory [ɔbɔri]) *f* [dla bydła] cowshed.

obowiązek [ɔbɔv,jɔ̃zɛk] (*D* obowiązku [ɔbɔv,jɔ̃sku]) *m* [powinność] responsibility.

obowiązkowy [ɔbɔv,jɔ̃zkɔvi] *adj* [uczeń, pracownik] diligent; [strój] mandatory.

obowiązujący [ɔbɔv,jɔ̃zujɔntʃi] *adj* [aktualny, ważny] current.

obozować [ɔbɔzɔvatɕ] *vimperf* [biwakować] to camp.

obóz [ɔbus] (*D* obozu [ɔbɔzu]) *m* [wypoczynkowy, szkoleniowy, jeniecki] camp • obóz harcerski boy scout camp; wyjechać na obóz to go camping.

obrabować [ɔbrabɔvatɕ] *vperf* to rob • obrabować bank to rob a bank.

obradować [ɔbradɔvatɕ] *vimperf* to debate.

obrady [ɔbradi] (*D* obrad [ɔbrat]) *pl* : obrady sejmu *Polish parliament proceedings*.

obraz [ɔbras] (*D* -u) *m* [dzieło sztuki] painting; [na ekranie] picture.

obrazić [ɔbraʑitɕ] *vperf* : obrazić kogoś to offend sb. ➡ **obrazić się** [ɔbraʑitɕ ɕɛ] *vp perf* to be offended.

obraźliwy [ɔbraʑl,ivi] *adj* [słowa] insulting.

obrażony [ɔbraʒɔni] *adj* [zagniewany] offended • dlaczego jesteś na mnie obrażona? why are you angry with me?

obrączka [ɔbrɔntʃka] (D obrączki [ɔb-rɔntʃk,i]) f [ślubna] wedding ring.

obręcz [ɔbrɛntʃ] (D -y) f [koła samochodu, roweru] rim.

obrona [ɔbrɔna] (D obrony [ɔbrɔni]) f [miasta, prawnicza] defence • **obrona konieczna** necessary force; **obrona własna** self-defence.

obronić [ɔbrɔɲitɕɛ] vperf = bronić.

obroża [ɔbrɔʒa] (D obroży [ɔbrɔʒi]) f [dla psa] collar.

obrus [ɔbrus] (D -u LUB -a) m [na stół] tablecloth.

obrywać [ɔbrivatɕɛ] (perf oberwać [ɔbɛrvatɕɛ]) vimperf [owoce z drzew] to pick; [guzik od sukienki] to tear off.

obrzęd [ɔbʒɛnt] (D -u) m [zwyczaj] ceremony.

obrzydzenie [ɔbʒidzɛɲɛ] (D obrzydzenia [ɔbʒidzɛɲa]) n [wstręt] disgust.

obsada [ɔpsada] (D obsady [ɔpsadi]) f [grupa aktorów] cast; [personel] appointment.

obsceniczny [ɔpstsɛɲitʃni] adj [powieść, żart] obscene.

obserwacja [ɔpsɛrvatsja] (D obserwacji [ɔpsɛrvatsji]) f [naukowa] observation; MED observation.

obserwator, ka [ɔpsɛrvatɔr, ka] m, f [widz, przedstawiciel] observer.

obserwatorium [ɔpsɛrvatɔrjum] (inv w lp) n [meteorologiczne, astronomiczne] observatory.

obserwować [ɔpsɛrvɔvatɕɛ] vimperf to observe.

obsesja [ɔpsɛsja] (D obsesji [ɔpsɛsji]) f [uporczywa myśl] obsession • **mieć obsesję na punkcie czegoś** to have an obsession about sthg.

obsługa [ɔpswuga] (D obsługi [ɔpswug,i]) f [personel, obsługiwanie] service • **instrukcja obsługi** instruction manual.

obsługiwać [ɔpswug,ivatɕɛ] vimperf [klientów] to serve.

obstawa [ɔpstava] (D obstawy [ɔpstavi]) f [ochrona] security.

obstawiać [ɔpstav,jatɕɛ] vimperf [otaczać] to surround; [konia] to bet on.

obstrukcja [ɔpstruktsja] (D obstrukcji [ɔpstruktsji]) f [MED zaparcie] constipation.

obsuwać się [ɔpsuvatɕɛ ɕɛ] vp imperf [skała] to slide; [ziemia] to cave in.

obszar [ɔpʃar] (D -u) m [teren] area • **Europejski Obszar Gospodarczy** European Economic Area.

obszarpany [ɔpʃarpani] adj [żebrak, płaszcz] tattered.

obszerny [ɔpʃɛrni] adj [pomieszczenie] spacious; [wypowiedź] lengthy; [koszula, kurtka] loose.

obszukiwać [ɔpʃuk,ivatɕɛ] vimperf [kieszenie, dom] to search • **obszukiwać kogoś** to search sb.

obtarcie [ɔptartɕɛ] (D obtarcia [ɔptartɕa]) n [skóry] sore.

obudzić [ɔbudʑitɕɛ] vperf = budzić.

oburzać [ɔbuʒatɕɛ] vimperf to appal. **➡ oburzać się** [ɔbuʒatɕɛ ɕɛ] vp imperf to be indignant.

oburzający [ɔbuʒajɔntsi] adj [postępowanie] outrageous.

oburzenie [ɔbuʒɛɲɛ] (D oburzenia [ɔbuʒɛɲa]) n [gniew] indignation.

oburzony [ɔbuʒɔni] adj [zbulwersowany] outraged.

obustronny [ɔbustrɔnni] adj [po obu stronach] bilateral; [obopólny] mutual.

obuwie [ɔbuv,jɛ] (D obuwia [ɔbuv,ja]) n shoes.

obwieszczenie [ɔbv,jɛʃtʃɛɲɛ] (D obwieszczenia [ɔbv,jɛʃtʃɛɲa]) n [komunikat] announcement.

obwodnica [ɔbvɔdɲitsa] (D obwodnicy [ɔbvɔdɲitsi]) f [miasta] ring road UK, beltway US.

obwoluta [ɔbvɔluta] (D obwoluty [ɔbvɔluti]) f [książki] dust cover.

obwód [ɔbvut] (D obwodu [ɔbvɔdu]) m [figury geometrycznej, talii] circumference; [scalony] circuit.

obwódka [ɔbvutka] (D obwódki [ɔbvutk,i]) f [wokół oczu] outline; [lamówka] border.

oby [ɔbi] part : **oby wyzdrowiał** let's hope he gets better; **obyście byli szczęśliwi!** may you be happy!

obycie [ɔbitɕɛ] (D obycia [ɔbitɕa]) n [towarzyskie] polish.

obyczaj [ɔbitʃaj] (D -u) m [dawne, ludowe] custom.

obyć się [ɔbitɕ ɕɛ] vp perf : **obyć się bez kogoś/czegoś** [poradzić sobie] to live without sb/sthg.

obywatel, ka [ɔbivatɛl, ka] m, f citizen.

obywatelstwo [ɔbivatɛlstfɔ] (D **obywatelstwa** [ɔbivatɛlstfa]) n citizenship • **Obywatelstwo Unii Europejskiej** European Union Citizenship.

obżarstwo [ɔbʒarstfɔ] (D **obżarstwa** [ɔbʒarstfa]) n pot gluttony.

obżerać się [ɔbʒɛratɕ ɕɛ] vp imperf pot to gorge o.s.

ocaleć [ɔtsalɛtɕ] vperf [wyjść cało] to survive • **ocaleć z wypadku** to survive an accident.

ocalić [ɔtsal.itɕ] vperf [uratować] to save.

ocean [ɔtsɛan] (D -u) m ocean • **Ocean Atlantycki** the Atlantic Ocean; **Ocean Indyjski** the Indian Ocean; **Ocean Spokojny** the Pacific Ocean.

ocena [ɔtsɛna] (D **oceny** [ɔtsɛni]) f [osąd] assessment; [stopień] mark UK, grade US.

oceniać [ɔtsɛɲatɕ] (perf **ocenić** [ɔtsɛɲitɕ]) vimperf [wydawać opinię] to judge; [wystawiać oceny] to mark.

ocenić [ɔtsɛɲitɕ] vperf = **oceniać**.

ocet [ɔtsɛt] (D **octu** [ɔtstu]) m vinegar.

ochlapać [ɔxlapatɕ] vperf : **ochlapać kogoś** [opryskać] to splash sb.

ochłodzenie [ɔxwɔdzɛɲɛ] (D **ochłodzenia** [ɔxwɔdzɛɲa]) n [spadek temperatury] cooling down.

ochłodzić [ɔxwɔdzitɕ] vperf to chill. ◆ **ochłodzić się** [ɔxwɔdzitɕ ɕɛ] vp perf [o temperaturze] to cool down.

ochota [ɔxɔta] (D **ochoty** [ɔxɔti]) f [chęć] : **mam ochotę na ciastko** I feel like cake; **robić coś z ochotą** to do sthg willingly.

ochotnik, ochotniczka [ɔxɔtɲik, ɔxɔtɲitʃka] m, f volunteer • **zgłosić się na ochotnika** to volunteer.

ochraniać [ɔxraɲatɕ] (perf **ochronić** [ɔxrɔɲitɕ]) vimperf [osłaniać, zabezpieczać] to protect.

ochrona [ɔxrɔna] (D **ochrony** [ɔxrɔni]) f [zabezpieczenie] protection; [straż] bodyguard.

ochroniarz [ɔxrɔɲaʃ] m [prezydenta, piosenkarza] bodyguard.

ochronić [ɔxrɔɲitɕ] vperf = **ochraniać**.

ochrypnąć [ɔxripnɔntɕ] vperf [od głośnego śpiewania] to be hoarse.

ochrzcić [ɔxʃtɕitɕ] vperf to baptize.

ociekać [ɔtɕɛkatɕ] vimperf [spływać] to drip.

ocieplacz [ɔtɕɛplatʃ] (D -a) m [warstwa tkaniny lub ubiór] lining.

ociepIać [ɔtɕɛplatɕ] vimperf [budynek, pomieszczenie] to insulate; [ręce] to warm. ◆ **ocieplać się** [ɔtɕɛplatɕ ɕɛ] vp imperf [klimat, powietrze] to get warmer.

ocieplenie [ɔtɕɛplɛɲɛ] (D **ocieplenia** [ɔtɕɛplɛɲa]) n [wzrost temperatury] warming up.

ocierać [ɔtɕɛratɕ] (perf **otrzeć** [ɔtʃɛtɕ]) vimperf [pot z czoła, usta dłonią] to wipe • **ocierać komuś łzy** to wipe away sb's tears.

oclić [ɔtslitɕ] vperf = **clić**.

ocucić [ɔtsutɕitɕ] vperf = **cucić**.

oczarować [ɔtʃarɔvatɕ] vperf [zachwycić] to enchant • **oczarować kogoś czymś** to enchant sb with sthg.

oczekiwać [ɔtʃɛk.ivatɕ] vperf to wait for.

oczerniać [ɔtʃɛrɲatɕ] vimperf : **oczerniać kogoś** [obmawiać] to defame.

oczy [ɔtʃi] npl = **oko**.

oczyścić [ɔtʃiɕtɕitɕ] vperf [usunąć brud] to clean; [uwolnić od czegoś] to clear.

oczytany [ɔtʃitani] adj well-read.

oczywisty [ɔtʃiv.isti] adj obvious.

oczywiście [ɔtʃiv.iɕtɕɛ] part [naturalnie] of course.

od [ɔt] prep [gen] from; [czas trwania] for.

odbierać [ɔdb.jɛratɕ] (perf **odebrać** [ɔdɛbratɕ]) vimperf [zabierać] to seize; [przesyłkę, zapłatę] to pick up • **odbierać telefon** to answer the phone.

odbiorca, odbiorczyni [ɔdb.jɔrtsa, ɔdb.jɔrtʃiɲi] m, f [listu, przesyłki] recipient; [sztuki, literatury] audience.

odbiornik [ɔdb,jɔrɲik] *(D -a) m*
receiver • **odbiornik telewizyjny** TV
set.

odblaskowy [ɔdblaskɔvi] *adj* [świa-
tełka] reflector.

odblokować [ɔdblɔkɔvatɕ] *vperf*
[drogę, przejście] to unblock.

odbyć [ɔdbitɕ] *vperf* = **odbywać**.

odbytnica [ɔdbitɲitsa] *(D* **odbytnicy**
[ɔdbitɲitɕi]) *f* MED rectum.

odbywać [ɔdbivatɕ] *(perf* **odbyć**
[ɔdbitɕ]) *vimperf* [naradę, podróż] to
make • **odbył poważną rozmowę z
synem** he had a serious talk with his
son. ⇒ **odbywać się** [ɔdbivatɕ ɕɛ]
(perf **odbyć się** [ɔdbitɕ ɕɛ]) *vp imperf*
to take place.

odchody [ɔtxɔdi] *(D* **odchodów** [ɔt-
xɔduf]) *mpl* feaces.

odchodzić [ɔtxɔdʑitɕ] *(perf* **odejść**
[ɔdejɕtɕ]) *vimperf* [odjeżdżać] to leave;
[oddalać się pieszo] to walk away; [z
pracy] to quit • **odchodzić** LUB **odejść
od kogoś** to leave sb.

odchudzać się [ɔtxudzatɕ ɕɛ] *(perf*
odchudzić się [ɔtxudʑitɕ ɕɛ]) *vp
imperf* to lose weight.

odchudzanie się [ɔtxudzaɲɛ ɕɛ] *(D*
odchudzania się [ɔtxudzaɲa ɕɛ]) *n*
slimming.

odchudzić się [ɔtxudʑitɕ ɕɛ] *vperf* =
odchudzać się.

odciąć [ɔtɕɔntɕ] *vperf* = **odcinać**.

odcień [ɔtɕɛɲ] *(D* **odcienia** [ɔtɕɛɲa])
m [odmiana koloru] shade; [nuta]
touch.

odcinać [ɔtɕinatɕ] *(perf* **odciąć**
[ɔtɕɔntɕ]) *vimperf* to cut • **odciąć
drogę powrotu** to cut off the return
path.

odcinek [ɔtɕinɛk] *(D* **odcinka** [ɔtɕin-
ka]) *m* [część] section; [serialu] episode; [część prostej] segment.

odcisk [ɔtɕisk] *(D -u) m* [od niewy-
godnych butów] corn • **odciski pal-
ców** fingerprints.

odczepić [ɔtʃɛp,itɕ] *vperf* : **odczepić
coś** to detach sthg. ⇒ **odczepić
się** [ɔtʃɛp,itɕ ɕɛ] *vp perf* to detach;
pot [dać komuś spokój] to get lost.

odczuwać [ɔtʃuvatɕ] *vimperf* [smu-
tek, radość, znużenie] to feel.

odczyt [ɔtʃit] *(D -u) m* lecture.

oddać [ɔddatɕ] *vperf* [zwrócić] to
return; [dać] to give • **oddać coś
komuś** to return sthg to sb; **oddać
głos** to surrender the floor.

oddalony [ɔddalɔɲi] *adj* distant.

oddany [ɔddaɲi] *adj* devoted.

oddech [ɔddɛx] *(D -u) m* breath.

oddechowy [ɔddɛxɔvi] *adj* respira-
tory.

oddychać [ɔddixatɕ] *vimperf* to
breathe.

oddychanie [ɔddixaɲɛ] *(D* **oddycha-
nia** [ɔddixaɲa]) *n* breathing • **sztuczne oddychanie** artificial respiration.

oddział [ɔddʑaw] *(D -u) m* [policji,
straży] squad; [banku] branch; [w
szpitalu] ward.

oddziaływać [ɔddʑawivatɕ] *vimperf*
: **oddziaływać na coś/na kogoś** to
influence sthg/sb.

oddzielnie [ɔddʑɛlɲɛ] *adv* separately.

odebrać [ɔdɛbratɕ] *vperf* = **odbierać**.

odejmować [ɔdɛjmɔvatɕ] *(perf* **odjąć**
[ɔdjɔntɕ]) *vimperf* [wykonywać odej-
mowanie] to subtract; [potrącać kwo-
tę] to deduct.

odejmowanie [ɔdɛjmɔvaɲɛ] *(D* **odej-
mowania** [ɔdɛjmɔvaɲa]) *n* [działanie
matematyczne] subtraction.

odejść [ɔdejɕtɕ] *vperf* = **odchodzić**.

odepchnąć [ɔdɛpxnɔntɕ] *vperf* = **odpychać**.

oderwać [ɔdɛrvatɕ] *vperf* : **oderwać
coś** [urwać] to tear sthg off; **oderwać
kogoś od czegoś** to tear sb away
from sthg.

oderwany [ɔdɛrvaɲi] *adj* uncon-
nected.

odesłać [ɔdɛswatɕ] *vperf* = **odsyłać**.

odezwać się [ɔdɛzvatɕ ɕɛ] *vp perf* =
odzywać się.

odgłos [ɔdgwɔs] *(D -u) m* [kroków,
pociągu] sound.

odgórny [ɔdgurɲi] *adj* [polecenie,
decyzja] from the top.

odgradzać [ɔdgradzatɕ] *(perf* **odgrodzić** [ɔdgrɔdʑitɕ]) *vimperf* [gen] to

separate off; [płotem] to fence off; [murem] to wall off.

odgrażać się [ɔdgraʒatɕ ɕɛ] *vp imperf* to threaten.

odgrodzić [ɔdgrɔdʑitɕ] *vperf* = odgradzać.

odgrywać [ɔdgrivatɕ] *vimperf* : odgrywać rolę [mieć znaczenie] to play. ➡ **odgrywać się** [ɔdgrivatɕ ɕɛ] *vp imperf* [dziać się] to take place • odgrywać się na kimś [mścić się] to take revenge on sb.

odgryźć [ɔdgriɕtɕ] *vperf* [zębami] to bite. ➡ **odgryźć się** [ɔdgriɕtɕ ɕɛ] *vp perf* pot to get back at.

odgrzewać [ɔdgʒɛvatɕ] *vimperf* to warm up.

odjazd [ɔdjast] (*D* -u) *m* [pociągu, autobusu] departure • spotkamy się przed moim odjazdem let's meet before I leave.

odjąć [ɔdjɔntɕ] *vperf* = odejmować.

odjechać [ɔdjɛxatɕ] *vperf* = odjeżdżać.

odjeżdżać [ɔdjɛʒdʑatɕ] (*perf* odjechać [ɔdjɛxatɕ]) *vimperf* to leave.

odkażać [ɔtkaʒatɕ] *vimperf* to disinfect.

odklejać [ɔtklɛjatɕ] *vimperf* to unstick.

odkładać [ɔtkwadatɕ] (*perf* odłożyć [ɔdwɔʑitɕ]) *vimperf* [kłaść na bok] to put aside; [przesuwać w czasie] to postpone • odkładać coś na miejsce to put sthg in it's place; odkładać na później to postpone for later; odkładać pieniądze to save up.

odkręcać [ɔtkrɛntsatɕ] (*perf* odkręcić [ɔtkrɛntɕitɕ]) *vimperf* [śrubkę, koło] to unscrew; [butelkę, słoik] to twist off.

odkręcić [ɔtkrɛntɕitɕ] *vperf* = odkręcać.

odkrycie [ɔtkritɕɛ] (*D* odkrycia [ɔtkritɕa]) *n* discovery • odkrycia geograficzne geographical discovery.

odkryć [ɔtkritɕ] *vperf* to discover; [informację] to find out.

odkrywca, odkrywczyni [ɔtkriftsa, ɔtkriftɕiɲi] *m, f* discoverer.

odkupić [ɔtkupitɕ] *vperf* to buy • odkupić coś od kogoś to buy sthg from sb.

odkurzacz [ɔtkuʒatʃ] (*D* -a) *m* vacuum cleaner.

odkurzać [ɔtkuʒatɕ] *vimperf* [dywan] to vacuum; [książki] to dust.

odległość [ɔdlɛgwɔɕtɕ] (*D* odległości [ɔdlɛgwɔɕtɕi]) *f* distance.

odległy [ɔdlɛgwi] *adj* [daleki, oddalony] distant • najbliższe miasto jest odległe o 300 km the nearest city is 300 km away.

odlot [ɔdlɔt] (*D* -u) *m* [samolotu] departure; [ptaków] migration.

odludek [ɔdludɛk] *m* [samotnik] recluse.

odludny [ɔdludni] *adj* [okolica, miejscowość] secluded.

odludzie [ɔdludʑɛ] (*D* odludzia [ɔdludʑa]) *n* : mieszkam na odludziu I live off the beaten track.

odłam [ɔdwam] (*D* -u) *m* [partii, ugrupowania] faction.

odłożyć [ɔdwɔʑitɕ] *vperf* = odkładać.

odmarzać [ɔdmarzatɕ] *vimperf* [o rzekach, o jeziorach] to unfreeze.

odmładzać [ɔdmwadzatɕ] *vimperf* to make look younger • ta fryzura cię odmładza that hairstyle makes you look younger.

odmładzający [ɔdmwadzajɔntɕi] *adj* rejuvenating.

odmłodnieć [ɔdmwɔdnɛtɕ] *vperf* to feel younger.

odmowa [ɔdmɔva] (*D* odmowy [ɔdmɔvi]) *f* refusal.

odmówić [ɔdmuv,itɕ] *vperf* [nie zgodzić się] to refuse • odmówić komuś to refuse sb.

odmrozić [ɔdmrɔʑitɕ] *vperf* [uszy, ręce] tô get frostbite; [szybę, mięso] to defrost.

odmrożenie [ɔdmrɔʒɛɲɛ] (*D* odmrożenia [ɔdmrɔʒɛɲa]) *n* [rąk, twarzy] frostbite.

odnawiać [ɔdnav,jatɕ] (*perf* odnowić [ɔdnɔv,itɕ]) *vimperf* [mieszkanie] to renovate; [kontakty] to renew.

odnieść [ɔdɲɛɕtɕ] *vperf* = odnosić.

odnoga [ɔdnɔga] (*D* odnogi [ɔdnɔg,i]) *f* [drogi, przewodu] branch • odnoga rzeki arm of the river.

odnosić [ɔdnɔɕitɕ] (*perf* **odnieść** [ɔdnɛɕtɕ]) *vimperf* [sukces, zwycięstwo] to achieve.

odnowić [ɔdnɔv,itɕ] *vperf* = **odnawiać**.

odpady [ɔtpadi] (*D* **odpadów** [ɔtpaduf]) *mpl* [resztki, śmieci] waste.

odpaść [ɔtpaɕtɕ] *vperf* [z zawodów] to drop out; [oderwać się] to fall off.

odpędzać [ɔtpɛndzatɕ] *vimperf* [nie ulegać czemuś] to fight off; [odganiać] to chase away; [zmuszać do cofnięcia się] to force back.

odpinać [ɔtp,inatɕ] *vimperf* [broszkę od kołnierza] to unpin; [guzik, bluzkę, plecak] to undo.

odpis [ɔtp,is] (*D* **-u**) *m* [dyplomu, metryki] copy.

odpłatnie [ɔtpwatɲɛ] *adv* for a fee.

odpływ [ɔtpwif] (*D* **odpływu** [ɔtpwivu]) *m* outflow.

odpływać [ɔtpwivatɕ] *vperf* [o statku] to sail away; [o człowieku] to swim.

odpocząć [ɔtpɔtʃɔntɕ] *vperf* = **odpoczywać**.

odpoczynek [ɔtpɔtʃinɛk] (*D* **odpoczynku** [ɔtpɔtʃinku]) *m* free time.

odpoczywać [ɔtpɔtʃivatɕ] (*perf* **odpocząć** [ɔtpɔtʃɔntɕ]) *vimperf* to rest.

odporność [ɔtpɔrnɔɕtɕ] (*D* **odporności** [ɔtpɔrnɔɕtɕi]) *f* [organizmu] immunity.

odporny [ɔtpɔrni] *adj* immune.

odpowiadać [ɔtpɔv,jadatɕ] (*perf* **odpowiedzieć** [ɔtpɔv,jɛdʑɛtɕ]) *vimperf* (*tylko imperf*) [pasować] to suit; [spełniać] to fulfil; [na pytania, na list] to answer.

odpowiedni [ɔtpɔv,jɛdɲi] *adj* appropriate.

odpowiednik [ɔtpɔv,jɛdɲik] (*D* **-a**) *m* equivalent.

odpowiednio [ɔtpɔv,jɛdɲɔ] *adv* appropriately.

odpowiedzialność [ɔtpɔv,jɛdʑalnɔɕtɕ] (*D* **odpowiedzialności** [ɔtpɔv,jɛdʑalnɔɕtɕi]) *f* responsibility • **ponosić za coś odpowiedzialność** to be responsible for sthg.

odpowiedzialny [ɔtpɔv,jɛdʑalni] *adj* [rzetelny, odpowiadający za coś] responsible.

odpowiedzieć [ɔtpɔv,jɛdʑɛtɕ] *vperf* = **odpowiadać**.

odpowiedź [ɔtpɔv,jɛtɕ] (*D* **odpowiedzi** [ɔtpɔv,jɛdʑi]) *f* [na pytanie, w szkole] answer.

odprężać [ɔtprɛʒatɕ] *vimperf* to relax. **odprężać się** [ɔtprɛʒatɕ ɕɛ] *vp imperf* to relax.

odprężenie [ɔtprɛʒɛɲɛ] (*D* **odprężenia** [ɔtprɛʒɛɲa]) *n* relaxation • **odprężenia polityczne** detente.

odprowadzać [ɔtprɔvadzatɕ] (*perf* **odprowadzić** [ɔtprɔvadʑitɕ]) *vimperf* to accompany • **odprowadzać kogoś na dworzec** to see sb off.

odprowadzić [ɔtprɔvadʑitɕ] *vperf* = **odprowadzać**.

odpruć [ɔtprutɕ] *vperf* [rękaw] to rip out.

odpychać [ɔtpixatɕ] (*perf* **odepchnąć** [ɔdɛpxnɔntɕ]) *vimperf* to push away.

odra [ɔdra] (*D* **odry** [ɔdri]) *f* [choroba] measles.

Odra [ɔdra] (*D* **Odry** [ɔdri]) *f* the Oder.

odradzać [ɔdradzatɕ] (*perf* **odradzić** [ɔdradʑitɕ]) *vimperf* : **odradzać komuś coś** to discourage sb from sthg.

odradzić [ɔdradʑitɕ] *vperf* = **odradzać**.

odrastać [ɔdrastatɕ] *vimperf* [o włosach] to grow back.

odrodzenie [ɔdrɔdzɛɲɛ] (*D* **odrodzenia** [ɔdrɔdzɛɲa]) *n* revival. **Odrodzenie** [ɔdrɔdzɛɲɛ] (*D* **Odrodzenia** [ɔdrɔdzɛɲa]) *n* [epoka] Renaissance.

odróżniać [ɔdruʒnatɕ] (*perf* **odróżnić** [ɔdruʒnitɕ]) *vimperf* [dostrzegać różnicę] to tell apart; [stanowić różnicę] to set apart.

odróżnić [ɔdruʒnitɕ] *vperf* = **odróżniać**.

odruch [ɔdrux] (*D* **-u**) *m* [reakcja medyczna] reflex; [reakcja żywiołowa] impulse.

odruchowo [ɔdruxɔvɔ] *adv* instinctively.

odruchowy [ɔdruxɔvi] *adj* [skurcz, niechęć, pomoc] involuntary.

odrzucać [ɔdʒutsatɕ] (*perf* **odrzucić** [ɔdʒutɕitɕ]) *vimperf* [piłkę] to throw

back; [pomoc, pomysł, propozycję] to reject.

odrzucić [ɔdʒutɕitɕ] *vperf* = odrzucać.

odrzutowiec [ɔdʒutɔvˌjɛtʃ] (*D* odrzutowca [ɔdʒutɔftsa]) *m* [samolot] jet aeroplane.

odsetek [ɔtsɛtɛk] (*D* odsetka [ɔtsɛtka]) *m* percentage. ← **odsetki** [ɔtsɛtki] (*D* odsetek [ɔtsɛtɛk]) *fpl* [od kredytu, od lokaty] interest.

odsłaniać [ɔtswanatɕ] *vimperf* [nogi] to reveal; [firankę] to draw back; [okno] to uncover.

odstający [ɔtstajɔntɕi] *adj* protruding.

odstępstwo [ɔtstɛmpstfɔ] (*D* odstępstwa [ɔtstɛmpstfa]) *n* deviation.

odstraszający [ɔtstraʃajɔntɕi] *adj* repellent • środki odstraszające komary mosquito repellent.

odsunąć [ɔtsunɔntɕ] *vperf* = odsuwać.

odsuwać [ɔtsuvatɕ] (*perf* odsunąć [ɔtsunɔntɕ]) *vimperf* to pull back. ← **odsuwać się** [ɔtsuvatɕ ɕɛ] *vp imperf* to pull away.

odsyłać [ɔtsiwatɕ] (*perf* odesłać [ɔdɛswatɕ]) *vimperf* to send back.

odszkodowanie [ɔtʃkɔdɔvaɲɛ] (*D* odszkodowania [ɔtʃkɔdɔvaɲa]) *n* compensation.

odszukać [ɔtʃukatɕ] *vperf* to find.

odszyfrować [ɔtʃifrɔvatɕ] *vperf* to decipher.

odśnieżać [ɔtɕɲɛʒatɕ] *vimperf* [drogi, chodnik] to clear snow.

odświeżać [ɔtɕfjɛʒatɕ] (*D* -a) *m* [powietrza] to freshen.

odświętny [ɔtɕfjɛntni] *adj* festive.

odtrutka [ɔttrutka] (*D* odtrutki [ɔttrutkˌi]) *f* antidote.

odtwarzać [ɔttfaʒatɕ] (*perf* odtworzyć [ɔttfɔʒitɕ]) *vimperf* to reconstruct.

odtworzyć [ɔttfɔʒitɕ] *vperf* = odtwarzać.

odtwórca, odtwórczyni [ɔttfurtsa, ɔttfurtɕiɲi] *m, f* [głównej roli] leading man (*f* leading lady).

odurzający [ɔduʒajɔntɕi] *adj* [zapach, leki] intoxicating.

odwaga [ɔdvaga] (*D* odwagi [ɔdvagˌi]) *f* courage.

odważny [ɔdvaʒni] *adj* courageous.

odwdzięczać się [ɔdvdʒɛntʃatɕ ɕɛ] *vp imperf* to pay back • odwdzięczać się komuś za coś to pay sb back.

odwiązać [ɔdvˌjɔ̃zatɕ] *vperf* to untie.

odwiedzić [ɔdvˌjɛdʑitɕ] *vperf* : odwiedzić kogoś to visit sb.

odwiedziny [ɔdvˌjɛdʑini] (*D* odwiedzin [ɔdvˌjɛdʑin]) *pl* visit • iść/przyjść/przyjechać w odwiedziny to pay a visit; godziny odwiedzin w szpitalu hospital visiting hours.

odwieść [ɔdvˌjɛɕtɕ] *vperf* : odwieść kogoś od czegoś to dissuade sb from sthg.

odwieźć [ɔdvˌjɛɕtɕ] *vperf* to take back • odwieźć kogoś to see sb off.

odwijać [ɔdvˌijatɕ] *vimperf* [prezent] to unwrap.

odwilż [ɔdvˌilʃ] (*D* -y) *f* [śniegu] thaw.

odwlekać [ɔdvlɛkatɕ] *vimperf* to put off.

odwodnienie [ɔdvɔdɲɛɲɛ] (*D* odwodnienia [ɔdvɔdɲɛɲa]) *n* dehydration.

odwołać [ɔdvɔwatɕ] *vperf* : odwołać coś [spotkanie, wyjazd] to cancel sthg; odwołać kogoś ze stanowiska [zwolnić] to dismiss sb.

odwrotnie [ɔdvrɔtɲɛ] *adv* [o ubraniach] backwards; [inaczej] opposite.

odwrotność [ɔdvrɔtnɔɕtɕ] (*D* odwrotności [ɔdvrɔtnɔɕtɕi]) *f* opposite.

odwrócić [ɔdvrutɕitɕ] *vperf* [wzrok, oczy, głowę, kartkę] to turn. ← **odwrócić się** [ɔdvrutɕitɕ ɕɛ] *vp perf* to turn around.

odzew [ɔdzɛf] (*D* -u) *m* response.

odziedziczyć [ɔdʑɛdʑitʃitɕ] *vperf* = dziedziczyć.

odzież [ɔdʑɛʃ] (*D* -y) *f* clothing.

odznaczenie [ɔdznatʃɛɲɛ] (*D* odznaczenia [ɔdznatʃɛɲa]) *n* [medal] distinction.

odznaczyć [ɔdznatʃitɕ] *vperf* : odznaczyć kogoś to decorate sb.

odzwyczaić [ɔdzvitʃajitɕ] *vperf* : odzwyczaić kogoś od czegoś to get out

of the habit of sthg. ◆ **odzwy-czaić się** [ɔdzvitʃajitɕ ɕɛ] vp perf to get out of the habit.

odzywać się [ɔdzɨvatɕ ɕɛ] (perf **odezwać się** [ɔdɛzvatɕ ɕɛ]) vp imperf [mówić do kogoś] to speak; [kontaktować się] to contact.

odżywiać [ɔdʒiv‚jatɕ] vimperf to feed. ◆ **odżywiać się** [ɔdʒiv‚jatɕ ɕɛ] vp imperf to eat.

odżywianie [ɔdʒiv‚jaɲɛ] (D odżywiania [ɔdʒiv‚jaɲa]) n nutrition.

odżywka [ɔdʒifka] (D odżywki [ɔdʒif-k‚i]) f [do włosów] conditioner; [dla dzieci] baby food.

oferować [ɔfɛrɔvatɕ] vimperf [usługi, towar, pomoc] to offer.

oferta [ɔfɛrta] (D oferty [ɔfɛrti]) f [propozycja] offer; [wybór] selection.

offline [ɔf'lajn] adv INFORM offline.

ofiara [ɔf‚jara] f [wypadku, wojny] victim; pot loser.

ofiarodawca, ofiarodawczyni [ɔf‚jarɔdaftsa, ɔf‚jarɔdaftʃiɲi] m, f donor.

ofiarować [ɔf‚jarɔvatɕ] vperf : ofiarować coś komuś [podarować] to give sb sthg; [zaofiarować] to offer.

oficer [ɔf‚itsɛr] m officer.

oficjalny [ɔf‚itsjalnɨ] adj [komunikat, wizyta] official; [list, język] formal.

ogień [ɔg‚ɛɲ] (D ognia [ɔgɲa]) m fire ◆ budynek stanął w ogniu the building burst into flames; **przepraszam, czy ma pan ogień?** excuse me, do you have a light?

oglądać [ɔglɔndatɕ] vimperf [telewizję, film] to watch.

ogłaszać [ɔgwaʃatɕ] vimperf [wyrok, ustawę, przerwę] to announce.

ogłoszenie [ɔgwɔʃɛɲɛ] (D ogłoszenia [ɔgwɔʃɛɲa]) n [o pracy, sprzedaży samochodu] announcement ◆ **tablica ogłoszeń** bulletin board.

ogłuchnąć [ɔgwuxnɔntɕ] vperf [od huku] to go deaf.

ogłupiający [ɔgwup‚jajɔntɕi] adj pot stupefying.

ognioodporny [ɔgɲɔɔtpɔrnɨ] adj [materiał] fire-proof.

ognisko [ɔgɲiskɔ] (D ogniska [ɔgɲiska]) n campfire ◆ **ognisko domowe** LUB **rodzinne** hearth and home.

ogniwo [ɔgɲivɔ] (D ogniwa [ɔgɲiva]) n [łańcucha] link.

ogolić [ɔgɔl‚itɕ] vperf = golić.

ogolony [ɔgɔlɔɲi] adj [głowa, twarz] shaved.

ogon [ɔgɔn] (D -a) m [psa, ryby] tail.

ogólnokształcący [ɔgulnɔkʃtaw-tsɔntɕi] adj [liceum] general education.

ogólny [ɔgulnɨ] adj [powszechny, publiczny] common; [nieszczegółowy] general; [łączny] total.

ogórek [ɔgurɛk] (D ogórka [ɔgurka]) m cucumber ◆ **ogórki kwaszone** LUB **kiszone** pickled dill cucumbers.

ograniczać [ɔgraɲitʃatɕ] vimperf to limit ◆ **ograniczać wydatki** to cut back on expenses.

ograniczony [ɔgraɲitʃɔɲi] adj [zakres, zasięg] limited; pej [człowiek] slow-witted.

ogrodniczki [ɔgrɔdɲitʃk‚i] (D ogrodniczek [ɔgrɔdɲitʃɛk]) pl [spodnie] dungarees.

ogrodnik [ɔgrɔdɲik] m gardener.

ogrodzenie [ɔgrɔdzɛɲɛ] (D ogrodzenia [ɔgrɔdzɛɲa]) n [wokół domu] fence.

ogrodzić [ɔgrɔdʑitɕ] vperf = grodzić.

ogromnie [ɔgrɔmɲɛ] adv [bardzo] enormously ◆ **kocham cię ogromnie** I love you a lot.

ogromny [ɔgrɔmnɨ] adj [dom, człowiek, tłum] enormous.

ogród [ɔgrut] (D ogrodu [ɔgrɔdu]) m garden ◆ **ogród zoologiczny** zoo.

ogryzać [ɔgrizatɕ] vimperf [kości] to gnaw.

ogryzek [ɔgrizɛk] (D ogryzka [ɔgriska]) m [jabłka] bite.

ogrzać [ɔgʒatɕ] vperf = ogrzewać.

ogrzewać [ɔgʒɛvatɕ] (perf ogrzać [ɔgʒatɕ]) vimperf [ręce, mieszkanie] to heat.

ogrzewanie [ɔgʒɛvaɲɛ] (D ogrzewania [ɔgʒɛvaɲa]) n [instalacja] heating.

ohyda [ɔxida] (D ohydy [ɔxidɨ]) f [zbrodni] monstrosity.

ohydny [ɔxidni] *adj* [dom, ubranie, smak] horrible.

ojciec [ɔjtɕɛts] *m* father • **ojciec chrzestny** godfather; **przybrany ojciec** adoptive father.

ojcostwo [ɔjtsɔstfɔ] (*D* ojcostwa [ɔjtsɔstfa]) *n* fatherhood.

ojczym [ɔjtʃim] *m* stepfather.

ojczysty [ɔjtʃisti] *adj* [kraj, język] native.

ojczyzna [ɔjtʃizna] (*D* ojczyzny [ɔjtʃizni]) *f* homeland.

ok. (*skr od* około) approx.

okablować [ɔkablɔvatɕ] *vperf* : **okablować budynek** to wire a building.

okazja [ɔkazja] (*D* okazji [ɔkazji]) *f* [sposobność, możliwość] opportunity; [ważne wydarzenie] occasion • **z okazji czegoś** on the occasion of sthg.

okazyjnie [ɔkazijnɛ] *adv* [cena, kupno] at a bargain price.

okiennica [ɔk,ɛɲɲitsa] (*D* okiennicy [ɔk,ɛɲɲitsi]) *f* shutter.

oklaski [ɔklask,i] (*D* oklasków [ɔklaskuf]) *pl* [brawa] applause.

oklaskiwać [ɔklask,ivatɕ] *vimperf* [aktora] to applaud • **oklaskiwać kogoś** to applaud sb.

okład [ɔkwat] (*D* -u) *m* [na głowę] compress.

okładka [ɔkwatka] (*D* okładki [ɔkwatk,i]) *f* [książki, czasopisma] cover.

okłamywać [ɔkwamivatɕ] *vimperf* : **okłamywać kogoś** to lie to sb.

okno [ɔknɔ] (*D* okna [ɔkna]) *n* window • **okno wystawowe** shop window; **okno dialogowe** INFORM dialogue box.

oko [ɔkɔ] (*D* oka [ɔka], *pl* oczy [ɔtʃi]) *n* [narząd] eye • **na pierwszy rzut oka** at first glance.

okolica [ɔkɔl,itsa] (*D* okolicy [ɔkɔl,itsi]) *f* region • **w okolicy** [w pobliżu] in the area.

okoliczności [ɔkɔl,itʃnɔɕtɕi] (*D* okoliczności [ɔkɔl,itʃnɔɕtɕi]) *fpl* circumstances • **zbieg okoliczności** coincidence.

około [ɔkɔwɔ] *prep* about.

okoń [ɔkɔɲ] *m* perch.

okraść [ɔkraɕtɕ] *vperf* [sklep, bank] to rob • **okraść kogoś** to rob sb.

okrąg [ɔkrɔŋk] (*D* okręgu [ɔkrɛŋgu]) *m* circle.

okrągły [ɔkrɔŋgwi] *adj* [gen] round; [kolisty] circular.

okres [ɔkrɛs] (*D* -u) *m* period.

określać [ɔkrɛɕlatɕ] *vimperf* [datę] to set.

określenie [ɔkrɛɕlɛɲɛ] (*D* określenia [ɔkrɛɕlɛɲa]) *n* [wyraz] description.

określony [ɔkrɛɕlɔni] *adj* [czas, miejsce] specific.

okręg [ɔkrɛŋk] (*D* -u) *m* [administracyjny] district • **okręg wyborczy** constituency.

okręt [ɔkrɛnt] (*D* -u) *m* ship.

okrężny [ɔkrɛ̃ʒni] *adj* [ruch] circular; [droga] roundabout.

okropny [ɔkrɔpni] *adj* terrible.

okruch [ɔkrux] (*D* -a) *m* [chleba] crumb; [szkła] piece.

okrucieństwo [ɔkrutɕɛjstfɔ] (*D* okrucieństwa [ɔkrutɕɛjstfa]) *n* cruelty.

okrutny [ɔkrutni] *adj* cruel.

okrycie [ɔkritɕɛ] (*D* okrycia [ɔkritɕa]) *n* [ubranie] covering.

okrywać [ɔkrivatɕ] *vimperf* [kocem] to cover.

okrzyk [ɔkʃik] (*D* -u) *m* [zdziwienia, radości] cry; [na cześć] cheer.

okulary [ɔkulari] (*D* okularów [ɔkularuf]) *pl* glasses.

okup [ɔkup] (*D* -u) *m* ransom.

okupacja [ɔkupatsja] (*D* okupacji [ɔkupatsji]) *f* [kraju] occupation.

okupować [ɔkupɔvatɕ] *vimperf* : **okupować kraj** to occupy a country.

olbrzym [ɔlbʒim] *m* [w baśni] giant.

olbrzymi [ɔlbʒim,i] *adj* [budynek, człowiek, znaczenie] giant.

olej [ɔlɛj] (*D* -u) *m* oil.

olejek [ɔlɛjɛk] (*D* olejku [ɔlɛjku]) *m* [kosmetyk, lekarstwo] oil • **olejek do opalania** sun-tan oil.

olimpiada [ɔl,imp,jada] (*D* olimpiady [ɔl,imp,jadi]) *f* [sportowa] Olympics.

oliwa [ɔl,iva] (*D* oliwy [ɔl,ivi]) *f* olive oil.

oliwić [ɔl,iv,itɕ] *vimperf* [zawiasy] to oil.

oliwka [ɔl,ifka] (*D* **oliwki** [ɔl,ifk,i]) *f* olive.

oliwkowy [ɔl,ifkɔvi] *adj* olive.

olśnić [ɔlɕnitɕ] *vperf* [zachwycić] to dazzle • **olśnić kogoś urodą** to dazzle sb with beauty.

olśnienie [ɔlɕnɛnɛ] (*D* **olśnienia** [ɔlɕnɛna]) *n* [nagłe zrozumienie] epiphany; [oczarowanie] enchantment.

ołów [ɔwuf] (*D* **ołowiu** [ɔwɔv,ju]) *m* [metal] lead.

ołówek [ɔwuvɛk] (*D* **ołówka** [ɔwufka]) *m* pencil.

ołtarz [ɔwtaʃ] (*D* **-a**) *m* [w kościele] altar.

omawiać [ɔmav,jatɕ] (*perf* **omówić** [ɔmuv,itɕ]) *vimperf* [sprawę] to discuss.

omdlenie [ɔmdlɛnɛ] (*D* **omdlenia** [ɔmdlɛna]) *n* [utrata przytomności] fainting.

omijać [ɔm,ijatɕ] (*perf* **ominąć** [ɔm,i-nɔntɕ]) *vimperf* [miejsca trudności] to avoid; [przepisy] to evade.

ominąć [ɔm,inɔntɕ] *vperf* = omijać.

omlet [ɔmlɛt] (*D* **-u** LUB **-a**) *m* omelette.

omówić [ɔmuv,itɕ] *vperf* = omawiać.

omyłkowo [ɔmiwkɔvɔ] *adv* by mistake.

on [ɔn] *pron* [o człowieku] he; [o rzeczy, zwierzęciu] it.

ona [ɔna] *pron* [o człowieku] she; [o rzeczy, zwierzęciu] it.

ondulacja [ɔndulatsja] (*D* **ondulacji** [ɔndulatsji]) *f* [trwała] perm.

one [ɔnɛ] *pron* they.

oni [ɔni] *pron* they.

onieśmielać [ɔnɛɕm,jɛlatɕ] *vimperf* to embarrass.

onieśmielony [ɔnɛɕm,jɛlɔni] *adj* embarrassed.

online [ɔn'lajn] *adv* INFORM online.

ono [ɔnɔ] *pron* it • **niemowlę płacze, daj mu pić** the baby's crying, give him/her sthg to drink.

ONZ [ɔɛn'zɛt] (*skr od* **Organizacja Narodów Zjednoczonych**) (*D* **-u**) *m* LUB *f* UN.

opakować [ɔpakɔvatɕ] *vperf* [prezent, paczkę] to wrap.

opakowanie [ɔpakɔvanɛ] (*D* **opakowania** [ɔpakɔvana]) *n* [papierowe] wrapping; [proszku, soku] package.

opalać [ɔpalatɕ] (*perf* **opalić** [ɔpal,itɕ]) *vimperf* [plecy] to tan. ⇔ **opalać się** [ɔpalatɕ ɕɛ] (*perf* **opalić się** [ɔpal,itɕ ɕɛ]) *vp imperf* to sunbathe.

opalenizna [ɔpalɛnizna] (*D* **opalenizny** [ɔpalɛnizni]) *f* tan.

opalić [ɔpal,itɕ] *vperf* = opalać.

opalony [ɔpalɔni] *adj* tanned.

opamiętać się [ɔpam,jɛntatɕ ɕɛ] *vp perf* [oprzytomnieć] to keep a cool head.

opanować [ɔpanɔvatɕ] *vperf* [miasto] to capture; [strach, emocje] to control. ⇔ **opanować się** [ɔpanɔvatɕ ɕɛ] *vp perf* [uspokoić się] to control o.s.

opanowanie [ɔpanɔvanɛ] (*D* **opanowania** [ɔpanɔvana]) *n* [spokój] self-control.

opanowany [ɔpanɔvani] *adj* [zrównoważony] calm.

oparcie [ɔpartɕɛ] (*D* **oparcia** [ɔpartɕa]) *n* [krzesła, fotela] armrest; [moralne] support.

oparzenie [ɔpaʒɛnɛ] (*D* **oparzenia** [ɔpaʒɛna]) *n* [skóry] burn.

oparzyć [ɔpaʒitɕ] *vperf* [rękę] to burn. ⇔ **oparzyć się** [ɔpaʒitɕ ɕɛ] *vp perf* to burn o.s.

opaska [ɔpaska] (*D* **opaski** [ɔpask,i]) *f* [taśma, wstążka] band.

opatentować [ɔpatɛntɔvatɕ] *vperf* : **opatentować wynalazek** to patent an invention.

opatrunek [ɔpatrunɛk] (*D* **opatrunku** [ɔpatrunku]) *m* bandage.

opcja [ɔptsja] (*D* **opcji** [ɔptsji]) *f* [do wyboru, polityczna] option.

opera [ɔpɛra] (*D* **opery** [ɔpɛri]) *f* [dramat, budynek] opera.

operacja [ɔpɛratsja] (*D* **operacji** [ɔpɛratsji]) *f* [chirurgiczna, handlowa] operation.

operetka [ɔpɛrɛtka] (*D* **operetki** [ɔpɛrɛtk,i]) *f* [komedia, budynek] operetta.

operować [ɔpɛrɔvatɕ] *vimperf* [pacjenta] to operate on.

opieczętować [ɔp‚jɛtʃɛntɔvatɕ] *vperf* = pieczętować.

opieka [ɔp‚jɛka] (*D* opieki [ɔp‚jɛk‚i]) *f* [nad dziećmi] care.

opiekacz [ɔp‚jɛkatʃ] (*D* -a) *m* [toster] toaster.

opiekać [ɔp‚jɛkatɕ] *vimperf* [mięso, grzanki] to roast.

opiekować się [ɔp‚jɛkɔvatɕ ɕɛ] *vp imperf* [dziećmi, chorymi] to take care of.

opiekun [ɔp‚jɛkun] *m* [prawny, rodziny] guardian.

opiekunka [ɔp‚jɛkunka] *f* [do dziecka] child-minder; [starszej osoby] carer.

opiekuńczy [ɔp‚jɛkuɲtʃi] *adj* [ojciec, gest] caring.

opieszały [ɔp‚jɛʃawi] *adj pej* [powolny] sluggish.

opinia [ɔp‚iɲja] (*D* opinii [ɔp‚iɲji]) *f* [zdanie, pogląd] opinion; [reputacja] reputation; [ekspertyza] judgement • opinia publiczna public opinion.

opiniować [ɔp‚iɲjɔvatɕ] *vimperf* [projekt, wniosek] to endorse.

opis [ɔp‚is] (*D* -u) *m* [podróży, wydarzeń] account.

opisać [ɔp‚isatɕ] *vperf* = opisywać.

opisywać [ɔp‚isivatɕ] (*perf* opisać [ɔp‚isatɕ]) *vimperf* [wydarzenie, przestępcę] to describe.

opium [ɔpjum] (*inv*) *n* opium.

opluć [ɔplutɕ] *vperf* : opluć kogoś [oczernić] to sling mud at sb.

opłacalność [ɔpwatsalnɔɕtɕ] (*D* opłacalności [ɔpwatsalnɔɕtɕi]) *f* [produkcji] profitability.

opłacalny [ɔpwatsalni] *adj* [interes] profitable.

opłacić [ɔpwatɕitɕ] *vperf* : opłacić coś [rachunek, hotel] to pay sthg. • opłacić się [ɔpwatɕitɕ ɕɛ] *vp perf* to pay off.

opłakiwać [ɔpwak‚ivatɕ] *vimperf* [stratę] to lament • opłakiwać kogoś to mourn for sb.

opłata [ɔpwata] (*D* opłaty [ɔpwati]) *f* [za telefon, za hotel] payment; [za autostradę] toll.

opłatek [ɔpwatɛk] (*D* opłatka [ɔpwatka]) *m* [w liturgii] wafer.

opłukać [ɔpwukatɕ] *vperf* [warzywa] to rinse.

opodatkować [ɔpɔdatkɔvatɕ] *vperf* : opodatkować coś to tax sthg.

opona [ɔpɔna] (*D* opony [ɔpɔni]) *f* [samochodowa, rowerowa] tire.

oporny [ɔpɔrni] *adj* unyielding.

oportunista, oportunistka [ɔpɔrtuɲista, ɔpɔrtuɲistka] *m*, *f pej* opportunist.

opowiadać [ɔpɔv‚jadatɕ] (*perf* opowiedzieć [ɔpɔv‚jɛdʑɛtɕ]) *vimperf* [historie, bzdury] to tell about • opowiadać coś komuś to tell sb about sthg; opowiadać dowcipy to tell jokes.

opowiadanie [ɔpɔv‚jadaɲɛ] (*D* opowiadania [ɔpɔv‚jadaɲa]) *n* [relacja] story; [utwór literacki] short story.

opowiedzieć [ɔpɔv‚jɛdʑɛtɕ] *vperf* = opowiadać.

opowieść [ɔpɔv‚jɛɕtɕ] (*D* opowieści [ɔpɔv‚jɛɕtɕi]) *f* [relacja] tale.

opozycja [ɔpɔzitsja] (*D* opozycji [ɔpɔzitsji]) *f* [parlamentarna, społeczeństwa] opposition.

opór [ɔpur] (*D* oporu [ɔpɔru]) *m* resistance.

opóźniać [ɔpuʑɲatɕ] (*perf* opóźnić [ɔpuʑɲitɕ]) *vimperf* [odwlekać w czasie] to delay. • opóźniać się [ɔpuʑɲatɕ ɕɛ] (*perf* opóźnić się [ɔpuʑɲitɕ ɕɛ]) *vp imperf* [o pociągu, samolocie] to be late.

opóźnić [ɔpuʑɲitɕ] *vperf* = opóźniać.

opóźnienie [ɔpuʑɲɛɲɛ] (*D* opóźnienia [ɔpuʑɲɛɲa]) *n* [planu, pociągu] delay.

opóźniony [ɔpuʑɲɔni] *adj* [pociąg, samolot] delayed.

oprocentowanie [ɔprɔtsɛntɔvaɲɛ] (*D* oprocentowania [ɔprɔtsɛntɔvaɲa]) *n* [kredytu] interest rate.

oprogramowanie [ɔprɔgramɔvaɲɛ] (*D* oprogramowania [ɔprɔgramɔvaɲa]) *n* INFORM software.

oprowadzać [ɔprɔvadzatɕ] *vimperf* : oprowadzać kogoś po mieście to show sb around the city.

oprócz [ɔprutʃ] *prep* [z wyjątkiem] except; [ponadto] apart from.

opróżnić [ɔpruʒɲitɕ] *vperf* [butelkę, torbę] to empty.

opryskliwy [ɔpriskl,ivi] *adj* [człowiek, odpowiedź] surly.

oprzeć [ɔpʃɛtɕ] *vperf* [o ścianę] to lean against; [na faktach] to base on. ➤ **oprzeć się** [ɔpʃɛtɕ ɕɛ] *vp perf* [uzyskać pomoc] to lean on; [stawić opór] to resist • **oprzeć się o coś** to lean against sthg.

oprzytomnieć [ɔpʃitɔmɲɛtɕ] *vperf* = przytomnieć.

optyczny [ɔptitʃni] *adj* [wrażenie, złudzenie] optical.

optyk [ɔptik] *m* optician.

optymalny [ɔptimalni] *adj* [warunki] optimal.

optymista, optymistka [ɔptim,ista, ɔptim,istka] *m, f* optimist.

optymistyczny [ɔptim,istitʃni] *adj* [usposobienie] optimistic.

optymizm [ɔptim,izm] *(D -u) m* [postawa] optimism.

opublikować [ɔpubl,ikɔvatɕ] *vperf* = publikować.

opuchlizna [ɔpuxl,izna] *(D opuchlizny* [ɔpuxl,izni]) *f* [obrzęk] swelling.

opuchnięty [ɔpuxɲɛnti] *adj* [stopy, ręce] swollen.

opuszczać [ɔpuʃtʃatɕ] *(perf* **opuścić** [ɔpuɕtɕitɕ]) *vimperf* [wzrok, ręce] to lower; [kraj, żonę] to leave.

opuszczony [ɔpuʃtʃɔni] *adj* [samotny, opustoszały] abandoned.

opuścić [ɔpuɕtɕitɕ] *vperf* = opuszczać.

OPZZ [ɔpɛzɛt'zɛt] *(skr od* Ogólnopolskie Porozumienie Związków Zawodowych) *(D -u) m* LUB *n* All-Poland *Alliance of Trade Unions.*

oraz [ɔras] *conj oficjal* and.

orbita [ɔrb,ita] *(D orbity* [ɔrb,iti]) *f lit & przen* orbit.

order [ɔrdɛr] *(D -u) m* [odznaczenie] medal.

ordynacja [ɔrdinatsja] *(D ordynacji* [ɔrdinatsji]) *f* : ordynacja wyborcza electoral law.

oregano [ɔrɛganɔ] *(inv) n* oregano.

organ [ɔrgan] *(D -u) m* [administracji, wzroku] organ.

organiczny [ɔrgaɲitʃni] *adj* [związek] organic.

organizacja [ɔrgaɲizatsja] *(D organizacji* [ɔrgaɲizatsji]) *f* [charytatywna, pracy] organization • **Organizacja Bezpieczeństwa i Współpracy w Europie** Organization for Security and Cooperation in Europe; **Organizacja Współpracy Gospodarczej i Rozwoju** Organization for Economic Cooperation and Development.

organizator, ka [ɔrgaɲizatɔr, ka] *m, f* organizer.

organizm [ɔrgaɲizm] *(D -u) m* [ciało] organism.

organizować [ɔrgaɲizɔvatɕ] *(perf* **zorganizować** [zɔrgaɲizɔvatɕ]) *vimperf* [spotkanie, wycieczkę, pracę] to organize.

orientacja [ɔrjɛntatsja] *(D orientacji* [ɔrjɛntatsji]) *f* [w terenie, w jakiejś materii] orientation.

orientalny [ɔrjɛntalni] *adj* [wschodni] oriental.

orientować [ɔrjɛntɔvatɕ] *(perf* **zorientować** [zɔrjɛntɔvatɕ]) *vimperf* [informować] to inform. ➤ **orientować się** [ɔrjɛntɔvatɕ ɕɛ] *(perf* **zorientować się** [zɔrjɛntɔvatɕ ɕɛ]) *vp imperf* [w terenie] to know; [w jakiejś materii] to be informed.

orkiestra [ɔrk,ɛstra] *(D orkiestry* [ɔrk,ɛstri]) *f* [symfoniczna] orchestra.

ORP [ɔɛr'pɛ] *(skr od* Okręt Rzeczypospolitej Polskiej) *m* ≃ HMS *UK*, ≃ USS *US*.

ortodoksyjny [ɔrtɔdɔksijni] *adj* [wyznawca] orthodox.

ortografia [ɔrtɔgrafja] *(D ortografii* [ɔrtɔgrafji]) *f* orthography.

oryginalny [ɔrig,inalni] *adj* [obraz, pomysł] original.

oryginał [ɔrig,inaw] *(D -u) m* [dzieła sztuki, dokumentu] original.

orzech [ɔʒɛx] *(D -a) m* nut • **orzech kokosowy** coconut; **orzech laskowy** hazelnut; **orzech włoski** walnut.

orzeł [ɔʒɛw] *m* [ptak] eagle; [strona monety] (*D* orła [ɔrwa]) heads.

orzeszek [ɔʒɛʃɛk] (*D* orzeszka [ɔʒɛʃka]) *m* nut • **orzeszki pistacjowe** pistacios; **orzeszki ziemne** peanuts.

orzeźwiać [ɔʒɛʑv,jatɕ] *vimperf* to refresh.

orzeźwiający [ɔʒɛʑv,jajɔntɕi] *adj* [napój] refreshing.

os. (*skr od* osiedle) *housing estate.*

osa [ɔsa] *f* [owad] wasp.

osad [ɔsat] (*D* -u) *m* [na zębach, na szklance] sediment.

oschły [ɔsxwi] *adj* [człowiek, słowa] dry.

oset [ɔsɛt] (*D* ostu [ɔstu]) *m* thistle.

osiągać [ɔɕɔŋgatɕ] *vimperf* [cel, sukces] to achieve.

osiągalny [ɔɕɔŋgalni] *adj* [cel, towary] attainable.

osiągnięcie [ɔɕɔŋgnɛntɕɛ] (*D* osiągnięcia [ɔɕɔŋgnɛntɕa]) *n* [sukces] achievement.

osiedle [ɔɕɛdlɛ] (*D* osiedla [ɔɕɛdla]) *n* [mieszkaniowe] residential area.

osiem [ɔɕɛm] *num* eight *zobacz też* sześć.

osiemdziesiąt [ɔɕɛmdʑɛɕɔnt] *num* eighty *zobacz też* sześć.

osiemdziesiąty [ɔɕɛmdʑɛɕɔnti] *num* eightieth *zobacz też* szósty.

osiemdziesięciu [ɔɕɛmdʑɛɕɛntɕu] *num* eighty *zobacz też* sześciu.

osiemnastu [ɔɕɛmnastu] *num* eighteen *zobacz też* sześciu.

osiemnasty [ɔɕɛmnasti] *num* eighteenth *zobacz też* szósty

osiemnaście [ɔɕɛmnaɕtɕɛ] *num* eighteen *zobacz też* sześć.

osiemset [ɔɕɛmsɛt] *num* eight hundred *zobacz też* sześć.

osiemsetny [ɔɕɛmsɛtni] *num* eight hundredth *zobacz też* szósty.

osierocić [ɔɕɛrɔtɕitɕ] *vperf* : **osierocić dziecko** to orphan a child.

osiodłać [ɔɕɔdwatɕ] *vperf* : **osiodłać konia** to saddle a horse.

osioł [ɔɕɔw] *m* [zwierzę] donkey.

osiwieć [ɔɕiv,jɛtɕ] *vperf* = siwieć.

oskarżać [ɔskarʒatɕ] *vimperf* to accuse • **oskarżać kogoś o coś** to accuse sb of sthg.

oskarżenie [ɔskarʒɛɲɛ] (*D* oskarżenia [ɔskarʒɛɲa]) *n* [zarzut] accusation; [oficjalna skarga] indictment; [strona oskarżająca] prosecutor.

oskarżony [ɔskarʒɔni] <> *adj* accused. <> *m*, *f* (*f* oskarżona [ɔskarʒɔna]) defendant.

oskarżyciel [ɔskarʒitɕɛl] *m* [w sądzie] prosecutor.

oskrzela [ɔskʃɛla] (*D* oskrzeli [ɔskʃɛl,i]) *npl* [organ] bronchial tubes.

Oslo [ɔslɔ] *(inv)* *n* Oslo.

osłabienie [ɔswab,jɛɲɛ] (*D* osłabienia [ɔswab,jɛɲa]) *n* [po chorobie] weakness; [wzroku, słuchu] diminishing.

osłabiony [ɔswab,jɔni] *adj* [chorobą] weakened.

osłabnąć [ɔswabnɔntɕ] *vperf* = słabnąć.

osłaniać [ɔswaɲatɕ] (*perf* osłonić [ɔswɔɲitɕ]) *vimperf* [głowę rękami] to cover; [złodzieja] to protect • **osłaniać kogoś od czegoś** to protect sb from sthg. ▬ **osłaniać się** [ɔswaɲatɕ ɕɛ] *vp imperf* : **osłaniać się przed czymś** to take shelter from sthg.

osłodzić [ɔswɔdʑitɕ] *vperf* [herbatę] to sweeten.

osłonić [ɔswɔɲitɕ] *vperf* = osłaniać.

osłuchiwać [ɔswux,ivatɕ] *vimperf* : **osłuchiwać chorego** to auscultate a sick person.

osłupieć [ɔswup,jɛtɕ] *vperf* : **osłupieć ze zdziwienia** to be stunned with surprise.

osoba [ɔsɔba] (*D* osoby [ɔsɔbi]) *f* person.

osobisty [ɔsɔb,isti] *adj* [rozmowa, sukces, sprawy, życie] personal.

osobiście [ɔsɔb,iɕtɕɛ] *adv* [we własnej osobie] personally.

osobno [ɔsɔbnɔ] *adv* [oddzielnie] separately.

osobny [ɔsɔbni] *adj* [pokój] separate.

osobowość [ɔsɔbɔvɔɕtɕ] (*D* osobo-

wości [ɔsɔbɔvɔɕtɕi]) *f* [charakter, postać] personality.

osolić [ɔsɔl,itɕɛ] *vperf* = solić.

osowiały [ɔsɔv,jawi] *adj* dejected.

ospa [ɔspa] (*D* ospy [ɔspi]) *f* [choroba] smallpox • **wietrzna ospa** chickenpox.

ospały [ɔspawi] *adj* [wzrok, ruchy] sluggish.

ostatecznie [ɔstatɛtʃɲɛ] *adv* [w końcu] finally; [definitywnie] for good; [w ostateczności] eventually.

ostateczność [ɔstatɛtʃnɔɕtɕɛ] (*D* ostateczności [ɔstatɛtʃnɔɕtɕi]) *f* : **w ostateczności** as a last resort; [konieczność] necessity.

ostateczny [ɔstatɛtʃni] *adj* final.

ostatni [ɔstatɲi] *adj* [piętro, rok] last.

ostatnio [ɔstatɲɔ] *adv* [niedawno, ostatnim razem] lately.

ostentacyjny [ɔstɛntatsijni] *adj* [poza, uprzejmość] ostentatious.

ostro [ɔstrɔ] *adv* [spiczasto, gwałtownie] sharply; [surowo] harshly; [pikantnie] spicy.

ostrożnie [ɔstrɔʒɲɛ] *adv* [uważnie] carefully.

ostrożność [ɔstrɔʒnɔɕtɕɛ] (*D* ostrożności [ɔstrɔʒnɔɕtɕi]) *f* caution.

ostrożny [ɔstrɔʒni] *adj* [uważny, przezorny] cautious.

ostry [ɔstri] *adj* [nóż, zapach, zdjęcie] sharp; [dźwięk, przepisy, światło] harsh; [język] rough; [smak] spicy; [kolor] bright • **ostry zakręt** sharp turn.

ostrzec [ɔstʃɛts] *vperf* = ostrzegać.

ostrzegać [ɔstʃɛgatɕ] (*perf* ostrzec [ɔstʃɛts]) *vimperf* to warn • **ostrzegać kogoś przed czymś** to warn sb about sthg; **ostrzegać kogoś przed kimś** to warn sb about sb.

ostrzegawczy [ɔstʃɛgaftʃi] *adj* [tablice, znaki] warning.

ostrzeżenie [ɔstʃɛʒɛɲɛ] (*D* ostrzeżenia [ɔstʃɛʒɛɲa]) *n* warning.

ostrzyc [ɔstʃits] *vperf* [głowę, włosy, brodę] to cut. **ostrzyc się** [ɔstʃits ɕɛ] *vp perf* to have one's hair cut.

ostrzyć [ɔstʃitɕ] *vimperf* [nóż, nożyczki] to sharpen.

ostudzić [ɔstudʑitɕ] *vperf* [wodę] to cool.

ostygnąć [ɔstignɔɲtɕ] *vperf* = stygnąć.

osuszyć [ɔsuʃitɕ] *vperf* [bagna] to dry out; [łzy] to dry.

oswajać [ɔsfajatɕ] (*perf* oswoić [ɔsfɔjitɕ]) *vimperf* [zwierzęta] to tame. **oswajać się** [ɔsfajatɕ ɕɛ] (*perf* oswoić się [ɔsfɔjitɕ ɕɛ]) *vp imperf* [o człowieku] to get used to; [o zwierzętach] to become tame.

oswoić [ɔsfɔjitɕ] *vperf* = oswajać.

oswojony [ɔsfɔjɔni] *adj* [zwierzę] tame.

oszaleć [ɔʃalɛtɕ] *vperf* [z gniewu, ze strachu] to go crazy.

oszczep [ɔʃtʃɛp] (*D* -u) *m* [broń] spear.

oszczerca [ɔʃtʃɛrtsa] *m* slanderer.

oszczerstwo [ɔʃtʃɛrstfɔ] (*D* oszczerstwa [ɔʃtʃɛrstfa]) *n* slander.

oszczędność [ɔʃtʃɛndnɔɕtɕɛ] (*D* oszczędności [ɔʃtʃɛndnɔɕtɕi]) *f* [cecha charakteru] thrift; [gaz, paliwa] saving. **oszczędności** [ɔʃtʃɛndnɔɕtɕi] (*D* oszczędności [ɔʃtʃɛndnɔɕtɕi]) *fpl* [pieniądze] savings.

oszczędny [ɔʃtʃɛndni] *adj* thrifty.

oszczędzać [ɔʃtʃɛndzatɕ] *vimperf* [siły, czas, zdrowie] to save; [pieniądze] to save up.

oszukać [ɔʃukatɕ] *vperf* = oszukiwać.

oszukiwać [ɔʃuk,ivatɕ] (*perf* oszukać [ɔʃukatɕ]) *vimperf* [wprowadzać w błąd] to cheat; [okłamywać] to deceive.

oszust, ka [ɔʃust, ka] *m*, *f* fraud.

oszustwo [ɔʃustfɔ] (*D* oszustwa [ɔʃustfa]) *n* fraud.

oś [ɔɕ] (*D* osi [ɔɕi]) *f* [symetrii, parku] axis.

ość [ɔɕtɕ] (*D* ości [ɔɕtɕi]) *f* [ryby] fishbone.

oślepiać [ɔɕlɛp,jatɕ] (*perf* oślepić [ɔɕlɛp,itɕ]) *vimperf* [o słońcu] to blind.

oślepiający [ɔɕlɛp,jajɔntɕi] *adj* [światło] blinding.

oślepnąć [ɔɕlɛpnɔntɕ] *vperf* to go blind.

ośmieszać [ɔɕm,jɛʃatɕ] *vimperf* : **ośmieszać kogoś** to ridicule sb. **ośmieszać się** [ɔɕm,jɛʃatɕ ɕɛ] *vp imperf* to make a fool of o.s.

ośmiornica [ɔɛm,jɔrɲitsa] f octopus.

ośmiu [ɔɛm,ju] num eight zobacz też sześciu.

ośnieżony [ɔɛnɛʒɔni] adj snow-covered.

ośrodek [ɔɛrɔdek] (D ośrodka [ɔɛrɔtka]) m [handlowy, przemysłowy] centre.

oświadczenie [ɔɕf,jattʃɛɲɛ] (D oświadczenia [ɔɕf,jattʃɛɲa]) n [premiera, komisji] statement.

oświadczyny [ɔɕf,jattʃini] (D oświadczyn [ɔɕf,jattʃin]) pl proposal of marriage.

oświata [ɔɕf,jata] (D oświaty [ɔɕf,jati]) f [wykształcenie] education.

oświetlać [ɔɕf,jetlatɕ] vimperf [pokój, ulicę] to light.

oświetlenie [ɔɕf,jetlɛɲɛ] (D oświetlenia [ɔɕf,jetlɛɲa]) n [ulicy, awaryjne] lighting.

otaczać [ɔtatʃatɕ] vimperf [dom] to enclose; [miasto] to encircle; [życzliwymi ludźmi] to be surrounded • otaczać kogoś opieką to take care of sb.

otarcie [ɔtartɕɛ] (D otarcia [ɔtartɕa]) n [rana] abrasion.

otoczenie [ɔtɔtʃɛɲɛ] (D otoczenia [ɔtɔtʃɛɲa]) n [okolica, środowisko] surroundings.

otruć [ɔtrutɕ] vperf to poison.

otrzeć [ɔtʃɛtɕ] vperf = ocierać.

otrzymać [ɔtʃimatɕ] vperf [list, zadanie] to receive.

otwarcie [ɔtfartɕɛ] adv [mówić] openly.

otwarty [ɔtfarti] adj [sklep, przestrzeń, człowiek] open.

otwieracz [ɔtf,jeratʃ] (D -a) m opener.

otwierać [ɔtf,jeratɕ] (perf otworzyć [ɔtfɔʒitɕ]) vimperf to open.

otworzyć [ɔtfɔʒitɕ] vperf = otwierać.

otyły [ɔtiwi] adj obese.

owad [ɔvat] m insect.

owadobójczy [ɔvadɔbujtʃi] adj : środki owadobójcze insecticide.

owalny [ɔvalni] adj [kształt] oval.

owca [ɔftsa] f sheep.

owczy [ɔftʃi] adj sheep's.

owdowieć [ɔvdɔv,jetɕ] vperf [o kobiecie] to become a widow; [o mężczyźnie] to become a widower.

owies [ɔv,jɛs] (D owsa [ɔfsa]) m oats.

owijać [ɔv,ijatɕ] vimperf [w papier] to wrap.

owoc [ɔvɔts] (D -u) m lit & przen fruit • owoce morza seafood; owoce kandyzowane KULIN candied fruit.

owocny [ɔvɔtsni] adj [praca] fruitful.

owocowy [ɔvɔtsɔvi] adj [sok] fruit.

ozdoba [ɔzdɔba] (D ozdoby [ɔzdɔbi]) f decoration.

ozdobić [ɔzdɔb,itɕ] vperf to decorate.

ozdobny [ɔzdɔbni] adj decorative.

oziębienie [ɔʑɛmb,jɛɲɛ] (D oziębienia [ɔʑɛmb,jɛɲa]) n [stosunków] cooling.

oziębłość [ɔʑɛmbwɔɕtɕ] (D oziębłości [ɔʑɛmbwɔɕtɕi]) f coldness.

oznaczać [ɔznatʃatɕ] vimperf to mean • co to oznacza? what does it mean?

oznajmiać [ɔznajm,jatɕ] vimperf to announce • oznajmiać coś komuś to inform sb about sthg.

ozór [ɔzur] (D ozora [ɔzɔra]) m tongue.

ożenić [ɔʒɛɲitɕ] vperf [syna, córkę] to marry. ⟶ ożenić się [ɔʒɛɲitɕ ɕɛ] vp perf to get married.

ożywać [ɔʒivatɕ] vimperf to come alive.

ożywienie [ɔʒiv,jɛɲɛ] (D ożywienia [ɔʒiv,jɛɲa]) n [gospodarcze] revival; [podekscytowanie] liveliness.

ożywiony [ɔʒiv,jɔni] adj [handel, życie] thriving; [o człowieku] lively.

ósmy [usmi] num eighth zobacz też szósty.

ówczesny [uftʃɛsni] adj [czasy] in those days.

P

p. (*skr od* pan) Mr; (*skr od* pani) Ms, Mrs; (*skr od* piętro) *floor*.

pacha [paxa] (*D* pachy [paxi̯]) *f* armpit • trzymać coś pod pachą to carry sthg under one's arm.

pachwina [paxfˌina] (*D* pachwiny [paxfˌini̯]) *f* groin.

pacjent, ka [paʦjɛnt, ka] *m, f* patient.

Pacyfik [paʦˌifik] (*D* -u) *m* the Pacific.

pacyfista, pacyfistka [paʦˌifi̯ista, paʦˌifˌistka] *m, f* pacifist.

paczka [patʃka] (*D* paczki [patʃkˌi̯]) *f* [pakunek] parcel; [kawy, papierosów] packet.

Pad [pat] (*D* -u) *m* the Po.

padaczka [padatʃka] (*D* padaczki [padatʃkˌi̯]) *f* epilepsy.

padać [padaʨ] *vimperf* [gen] to fall; [o deszczu] to rain; [o śniegu] to snow; [na ziemię] to get down • padać ze zmęczenia to be totally exhausted.

pająk [pajɔŋk] *m* [zwierzę] spider.

pajęczyna [pajɛntʃina] (*D* pajęczyny [pajɛntʃini̯]) *f* spider's web.

pakować [pakɔvaʨ] (*perf* zapakować [zapakɔvaʨ]) *vimperf* [walizki] to pack.

pakowny [pakɔvni̯] *adj* [torba, szafa] capacious.

pakt [pakt] (*D* -u) *m* [o nieagresji] pact.

pakunek [pakunɛk] (*D* pakunku [pakunku]) *m* [paczka] bundle.

pal [pal] (*D* -a) *m* stake.

palacz, ka [palatʃ, ka] *m, f* [papierosów] smoker.

palarnia [palarɲa] (*D* palarni [palarɲi]) *f* smoking-room.

palec [palɛʦ] (*D* palca [palʦa]) *m* [u ręki] finger; [u stopy] toe.

palić [palˌiʨ] *vimperf* [w piecu] to light • palić papierosy to smoke.

palić się [palˌiʨ ɕɛ] *vp imperf* [o ogniu] to burn.

paliwo [palˌivɔ] (*D* paliwa [palˌiva]) *n* fuel.

palma [palma] (*D* palmy [palmi̯]) *f* [drzewo] palm.

palto [paltɔ] (*D* palta [palta]) *n* coat.

pałac [pawaʦ] (*D* -u) *m* [królewski] palace.

pamiątka [pamˌjɔntka] (*D* pamiątki [pamˌjɔntkˌi̯]) *f* [z podróży] souvenir.

pamiątkowy [pamˌjɔntkɔvi̯] *adj* [fotografia, tablica] commemorative.

pamięć [pamˌjɛnʨ] (*D* pamięci [pamˌjɛnʨi]) *f* [zdolność] memory; [wspomnienie] remembrance; INFORM memory • na pamięć by heart.

pamiętać [pamˌjɛntaʨ] *vimperf* [mieć w pamięci] to remember • pamiętać coś/kogoś to remember sthg/sb; pamiętać o czymś to bear sthg in mind.

pamiętliwy [pamˌjɛntlˌivi̯] *adj* unforgiving.

pamiętnik [pamˌjɛntɲik] (*D* -a) *m* [dziennik osobisty] diary; [album] album.

pan [pan] *m* [tytuł grzecznościowy] *formal address*; [przy nazwisku] Mr; [mężczyzna] man; [człowiek mający władzę] boss • może pan usiądzie please take a seat; przepraszam pana excuse me; pan młody bridegroom.

PAN [pan] (*skr od* Polska Akademia Nauk) (*D* -u) *m Polish Academy of Sciences*.

panel [panɛl] (*D* -u) *m* : panel sterowania INFORM control panel.

pani [paɲi] *f* [tytuł grzecznościowy] *formal address*; [przy nazwisku] Ms, Mrs; [kobieta] woman • może pani usiądzie please take a seat; przepraszam panią excuse me.

paniczny [paɲitʃni̯] *adj* [ucieczka] panicky • paniczny strach blind terror.

panika [paɲika] (*D* paniki [paɲikˌi̯]) *f* panic.

panikować [paɲikɔvaʨ] *vimperf* to panic.

panna [panna] *f* [niezamężna kobieta] girl • panna młoda bride. ➡ **Pan-**

na [panna] (*D* Panny [panni]) *f* [znak zodiaku] Virgo.

panorama [panɔrama] (*D* panoramy [panɔramɨ]) *f* [miasta] panorama.

panoramiczny [panɔram,itʃni] *adj* [zdjęcie] panoramic.

panować [panɔvatɕ] *vimperf* [spokój] to rule; [król] to reign • **panować nad czymś/nad kimś** to control sthg/sb.

pantera [pantɛra] *f* [zwierzę] panther.

pantofel [pantɔfɛl] (*D* pantofla [pantɔfla]) *m* slipper.

pantoflarz [pantɔflaʃ] *m pot* henpecked husband.

państwo¹ [paɲstfɔ] (*D* państwa [paɲstfa]) *n* [kraj] country; [władza] state.

państwo² [paɲstfɔ] *pl* [przy nazwisku] Mr and Mrs; [kilka osób różnej płci] *formal term for a group*; [tytuł grzecznościowy] Ladies and Gentlemen.

państwowy [paɲstfɔvɨ] *adj* [flaga] national; [administracja, przedsiębiorstwo] state.

PAP [pap] (*skr od* Polska Agencja Prasowa) (*D* -u) *m* LUB *f* *Polish Press Agency*.

papeteria [papɛtɛrja] (*D* papeterii [papɛtɛrji]) *f* writing paper and envelope.

papier [pap,jɛr] (*D* -u) *m* paper • papier toaletowy toilet paper. ➡ **papiery** [pap,jɛrɨ] (*D* papierów [pap,jɛruf]) *mpl pot* [dokumenty] papers • papiery wartościowe bonds.

papierniczy [pap,jɛrɲitʃi] *adj* [przemysł] paper • **sklep papierniczy** stationer's.

papieros [pap,jɛrɔs] (*D* -a) *m* cigarette.

papierowy [pap,jɛrɔvɨ] *adj* paper.

papież [pap,jɛʃ] *m* pope.

paproć [paprɔtɕ] (*D* paproci [paprɔtɕi]) *f* fern.

papryka [paprɨka] (*D* papryki [paprɨk,i]) *f* [warzywo] capsicum; [przyprawa] paprika.

papuga [papuga] *f* [ptak] parrot.

papugować [papugɔvatɕ] *vimperf pot & pej* [naśladować] to parrot.

para¹ [para] (*D* pary [parɨ]) *f* [rękawiczek, butów, spodni] pair; [związek dwóch osób] couple • **młoda para** newly married couple.

para² [para] (*D* pary [parɨ]) *f* [wodna] steam.

parada [parada] (*D* parady [paradɨ]) *f* [uliczna, wojskowa] parade.

paradoks [paradɔks] (*D* -u) *m* paradox.

parafia [paraf,ja] (*D* parafii [paraf,ji]) *f* parish.

parafować [parafɔvatɕ] *vimperf* [dokument, umowę] to initial.

paragon [paragɔn] (*D* -u) *m* [dowód zapłaty] receipt.

paragraf [paragraf] (*D* -u) *m* [prawny, tekstu] paragraph.

paraliż [paral,iʃ] (*D* -u) *m* [komunikacji miejskiej] standstill; [ciała] paralysis.

paraliżować [paral,iʒɔvatɕ] *vimperf* [miasto, nogi] to paralyze.

parapet [parapɛt] (*D* -u) *m* [pod oknem] windowsill.

parasol [parasɔl] (*D* -a) *m* [od deszczu] umbrella; [od słońca] parasol.

park [park] (*D* -u) *m* park • **park narodowy** national park.

parkan [parkan] (*D* -u) *m* fence.

parkiet [park,ɛt] (*D* -u) *m* [dębowy] floor; [do tańca] dance floor; [sala giełdy] trading floor.

parking [park,iŋk] (*D* -u) *m* parking space • **parking strzeżony** guarded car park.

parkometr [parkɔmɛtr] (*D* -u) *m* parking meter.

parkować [parkɔvatɕ] (*perf* zaparkować [zaparkɔvatɕ]) *vimperf* [samochód] to park.

parlament [parlamɛnt] (*D* -u) *m* parliament • **Parlament Europejski** European Parliament.

parlamentarny [parlamɛntarni] *adj* [wybory] parliamentary.

parny [parni] *adj* [dzień] sultry.

parodia [parɔdja] (*D* parodii [parɔdji]) *f* [piosenki] parody; *pej* [małżeństwa] mockery.

parodiować [parɔdjɔvatɕ] *vimperf* to parody.

parówka [parufka] (*D* parówki [parufki]) *f* frankfurter.

parsknąć [parsknɔntɕ] *vperf* : **parsknąć śmiechem** to burst out laughing.

parter [partɛr] (*D* -u) *m* [w budynku] ground floor; [w teatrze] stalls.

partia [partja] (*D* partii [partji]) *f* [polityczna] party; [materiału] portion; [szachów] game.

partner, ka [partnɛr, ka] *m*, *f* [współuczestnik] partner.

Paryż [pariʃ] (*D* -a) *m* Paris.

paryżanin, paryżanka [pariʒanin, pariʒanka] *m*, *f* Parisian.

parzyć [paʒɨtɕ] *vimperf* : **parzyć coś** [herbatę, kawę] to make sthg.

parzysty [paʒisti] *adj* [liczba] even.

pas [pas] (*D* -a) *m* [skórzany] belt; [talia] waist • **pas ruchu** carriageway; **pas startowy** runway; **pasy bezpieczeństwa** safety belt. ⬥ **pasy** [pasi] (*D* pasów [pasuf]) *mpl* [dla pieszych] lead.

pasaż [pasaʃ] (*D* -u) *m* [przejście] passageway.

pasażer, ka [pasaʒɛr, ka] *m*, *f* passenger.

pasek [pasɛk] (*D* paska [paska]) *m* [do spodni] belt; [u torebki] strap • **w paski** [w deseń, wzór] striped; **pasek adresów** INFORM address toolbar; **pasek narzędzi** INFORM toolbar; **pasek zadań** INFORM taskbar.

paser [pasɛr] *m* fence.

pasiasty [paɕasti] *adj* [koc] striped.

pasieka [paɕɛka] (*D* pasieki [paɕɛkʲi]) *f* apiary.

pasierb, pasierbica [paɕɛrp, paɕɛrbʲitsa] *m*, *f* stepson (*f* stepdaughter).

pasja [pasja] (*D* pasji [pasji]) *f* [zamiłowanie] passion; [gniew] fury.

pasjans [pasjans] (*D* -a) *m* [w kartach] patience *UK*, solitaire *US*.

pasjonować [pasjɔnɔvatɕ] *vimperf* to fascinate. ⬥ **pasjonować się** [pasjɔnɔvatɕ ɕɛ] *vp imperf* : **pasjonować się czymś** to have a passion for sthg.

pasjonujący [pasjɔnujɔntɕi] *adj* [książka, zabawa] exciting.

paskudny [paskudni] *adj* [zapach] terrible.

pasmanteria [pasmantɛrja] (*D* pasmanterii [pasmantɛrji]) *f* [artykuły] accessories; [sklep] clothing accessory shop.

pasmo [pasmɔ] (*D* pasma [pasma]) *n* [górskie] range.

pasować [pasɔvatɕ] *vimperf* [współgrać z czymś] to suit • **pasować do czegoś** to fit sthg.

pasożyt [pasɔʒit] (*D* -a) *m* [organizm] parasite.

pasożytniczy [pasɔʒitnitʃi] *adj* [choroba, grzyby] parasitic.

passa (*D* passy [passi]) *f* [dobra, zła] run.

pasta [pasta] (*D* pasty [pasti]) *f* [do butów, podłogi] polish; KULIN paste • **pasta do zębów** toothpaste.

pastelowy [pastɛlɔvi] *adj* [kolor] pastel.

pasteryzowany [pastɛrizɔvani] *adj* [mleko] pasteurized.

pastor [pastɔr] *m* pastor.

pastować [pastɔvatɕ] *vimperf* [buty, podłogę] to polish.

pastwisko [pastfʲiskɔ] (*D* pastwiska [pastfʲiska]) *n* pasture.

pastylka [pastilka] (*D* pastylki [pastilkʲi]) *f* [owocowa] sweet; [na przeziębienie] pastille.

pasywny [pasivni] *adj* [bierny] passive.

pasza [paʃa] (*D* paszy [paʃi]) *f* [dla zwierząt] fodder.

paszport [paʃpɔrt] (*D* -u) *m* passport.

paszportowy [paʃpɔrtɔvi] *adj* [kontrola] passport.

pasztet [paʃtɛt] (*D* -u) *m* pate.

pasztetowa [paʃtɛtɔva] (*D* pasztetowej [paʃtɛtɔvɛj]) *f* KULIN liver sausage.

paść [paɕtɕ] *vperf* = padać.

pat [pat] (*D* -a) *m* [w negocjacjach, w szachach] stalemate.

patelnia [patɛlɲa] (*D* patelni [patɛlɲi]) *f* [do smażenia] frying pan.

patent [patɛnt] (*D* -u) *m* [prawo] patent; [sternika] licence.

patison [pat‚isɔn] (*D* -a) *m* autumn squash.

patologiczny [patɔlɔg,itʃni] *adj* [rodzina] dysfunctional; [miłość] sick.

patos [patɔs] (*D* -u) *m* pathos.

patriota, patriotka [patrjɔta, patrjɔtka] *m*, *f* patriot.

patrol [patrɔl] (*D* -u) *m* [żołnierzy, policjantów] patrol.

patrolować [patrɔlɔvatɕ] *vimperf* to patrol.

patrzeć [patʃɛtɕ] *vimperf* to look at.

pauza [pawza] (*D* pauzy [pawzi]) *f* break.

paw [paf] *m* peacock.

pawian [pav,jan] *m* baboon.

pawilon [pav,ilɔn] (*D* -u) *m* [handlowy] pavilion; [muzealny] annexe.

pawlacz [pavlatʃ] (*D* -a) *m* [schowek] *storage space under the ceiling, in a corridor*.

paznokieć [paznɔk,ɛtɕ] (*D* paznokcia [paznɔktɕa]) *m* nail.

pazur [pazur] (*D* -a) *m* [ptasi, koci] claw.

październik [paźdʑɛrɲik] (*D* -a) *m* October *zobacz też* styczeń.

pączek [pɔntʃɛk] (*D* pączka [pɔntʃka]) *m* doughnut.

pączkować [pɔntʃkɔvatɕ] *vimperf* [o kwiatach, o drzewach] to be in bud.

pąk [pɔŋk] (*D* -a) *m* [na drzewach] bud.

PC [pɛ'tsɛ] (*skr od* personal computer) *m* PC.

pchać [pxatɕ] (*perf* pchnąć [pxnɔntɕ]) *vimperf* to push. ⟶ **pchać się** [pxatɕ ɕɛ] *vp imperf* to push one's way through.

pchła [pxwa] *f* flea.

pchnąć [pxnɔntɕ] *vperf* = pchać.

pchnięcie [pxɲɛntɕɛ] (*D* pchnięcia [pxɲɛntɕa]) *n* push • pchnięcie kulą SPORT shot put.

PCK [pɛtsɛ'ka] (*skr od* Polski Czerwony Krzyż) *n* LUB *m* Polish Red Cross.

PCW [pɛtsɛ'vu] (*skr od* polichlorek winylu) *n* PVC.

pech [pɛx] (*D* -a) *m* : mieć pecha to have bad luck.

pechowiec [pɛxɔv,jɛts] *m* pot unlucky creature.

pechowy [pɛxɔvi] *adj* [człowiek, trzynastka] unlucky; [dzień] bad.

pedał [pɛdaw] (*D* -u) *m* [w samochodzie, w rowerze] pedal.

pedałować [pɛdawɔvatɕ] *vimperf* to pedal.

pedant, ka [pɛdant, ka] *m*, *f* pedant.

pedikiur [pɛd,ikjur] (*D* -u) *m* pedicure.

pedikiurzystka [pɛd,ikjuʑistka] *f* pedicure.

pejzaż [pɛjzaʃ] (*D* -u) *m* landscape.

pekińczyk [pɛk,ijntʃik] *m* [pies] Pekinese.

pelargonia [pɛlargɔnja] (*D* pelargonii [pɛlargɔnji]) *f* geranium.

pelikan [pɛl,ikan] *m* [ptak] pelican.

Peloponez [pɛlɔpɔnɛs] (*D* -u) *m* the Peloponnese.

pełen [pɛwɛn] *adj* = pełny.

pełnia [pɛwɲa] (*D* pełni [pɛwɲi]) *f* [sezonu, szczęścia] height; [księżyca] full moon.

pełnić [pɛwɲitɕ] *vimperf* [funkcję, dyżur, obowiązki] to fulfil.

pełno [pɛwnɔ] *adv* [po brzegi] to the brim; [mnóstwo] no end.

pełnoletni [pɛwnɔlɛtɲi] *adj* adult.

pełnomocnictwo [pɛwnɔmɔtsɲitstfɔ] (*D* pełnomocnictwa [pɛwnɔmɔtsɲitstfa]) *n* authorization.

pełny [pɛwni], **pełen** [pɛwɛn] *adj* [kubek, autobus, sala, tekst] full.

pełzać [pɛwzatɕ] *vimperf* [o płazach, gadach] to crawl.

penicylina [pɛɲitsil,ina] (*D* penicyliny [pɛɲitsil,ini]) *f* penicillin.

pensja [pɛnsja] (*D* pensji [pɛnsji]) *f* [wynagrodzenie] salary.

pensjonat [pɛnsjɔnat] (*D* -u) *m* [rodzaj hotelu] guest house.

perfekcja [pɛrfɛktsja] (*D* perfekcji [pɛrfɛktsji]) *f* perfection.

perfekcjonista, perfekcjonistka [pɛrfɛktsjɔnista, pɛrfɛktsjɔnistka] *m*, *f* perfectionist.

perfidia [pɛrf,idja] (*D* perfidii [pɛrf,idji]) *f pej* treachery.

perfumeria [pɛrfumɛrja] (*D* perfumerii [pɛrfumɛrji]) *f* [sklep] perfumery.

perfumy [pɛrfumi] (D **perfum** [pɛr-fum]) pl perfume.

perła [pɛrwa] (D **perły** [pɛrwi]) f [klejnot] pearl.

peron [pɛrɔn] (D **-u**) m platform.

personalia [pɛrsɔnalja] (D **personaliów** [pɛrsɔnaljuf]) pl personal data.

personel [pɛrsɔnɛl] (D **-u**) m [szpitala, sklepu] personnel.

perspektywa [pɛrspɛktiva] (D **perspektywy** [pɛrspɛktivi]) f [dystans] perspective. ⬦ **perspektywy** [pɛrspɛktivi] (D **perspektyw** [pɛrspɛktif]) fpl [szanse] future.

perswazja [pɛrsfazja] (D **perswazji** [pɛrsfazji]) f persuasion.

pertraktacje [pɛrtraktatsjɛ] (D **pertraktacji** [pɛrtraktatsji]) pl negotiations.

pertraktować [pɛrtraktɔvatɕ] vimperf to negotiate • **pertraktować z kimś** to negotiate with sb.

peruka [pɛruka] (D **peruki** [pɛruki]) f [sztuczne włosy] wig.

perwersja [pɛrvɛrsja] (D **perwersji** [pɛrvɛrsji]) f perversion.

pestka [pɛstka] (D **pestki** [pɛstki]) f [dyni, słonecznika] seed; [owoców] stone.

pesymista, pesymistka [pɛsim,ista, pɛsim,istka] m, f pessimist.

pesymistyczny [pɛsim,istitʃni] adj pessimistic.

pesymizm [pɛsim,izm] (D **-u**) m pessimism.

peszyć [pɛʃitɕ] vimperf [onieśmielać] to disconcert. ⬦ **peszyć się** [pɛʃitɕ ɕɛ] vp imperf [tracić pewność siebie] to lose one's self-confidence.

petarda [pɛtarda] (D **petardy** [pɛtardi]) f firecracker.

Petersburg [pɛtɛrsburk] (D **-a**) m Saint Petersburg.

pewien [pɛv,jɛn] pron [bliżej nieokreślony] certain • **pewnego razu** [w bajkach] once upon a time.

pewno [pɛvnɔ] part [prawdopodobnie] surely. ⬦ **na pewno** [na 'pɛvnɔ] part [niewątpliwie] for certain.

pewność [pɛvnɔɕtɕ] (D **pewności** [pɛvnɔɕtɕi]) f [przekonanie] certainty;

[zdecydowanie] confidence • **mam pewność, że przyjdzie** I am certain he'll come.

pewny [pɛvni] adj [niewątpliwy] certain; [zdecydowany] sure; [przekonany] confident; [droga] right; [przyjaciel] reliable • **pewny siebie** self-confident.

pęcherz [pɛ̃xɛʃ] (D **-a**) m [na rękach] blister; [moczowy] bladder.

pęczek [pɛntʃɛk] (D **pęczka** [pɛntʃka]) m [pietruszki, rzodkiewki] bunch.

pędzel [pɛndzɛl] (D **pędzla** [pɛndzla]) m brush.

pędzić [pɛndʑitɕ] vimperf [szybko biec lub jechać] to race.

pęk [pɛŋk] (D **-u**) m [kluczy, kwiatów] bunch.

pękać [pɛŋkatɕ] (perf **pęknąć** [pɛŋknɔntɕ]) vimperf [lód, ściana, rura] to crack; [lina] to snap; [balon] to burst • **pękać ze śmiechu** to split one's sides with laughter.

pęknąć [pɛŋknɔntɕ] vperf = pękać.

pępek [pɛmpɛk] (D **pępka** [pɛmpka]) m [na brzuchu] belly button.

pęseta [pɛ̃sɛta] (D **pęsety** [pɛ̃sɛti]) f tweezers.

pętelka [pɛntɛlka] (D **pętelki** [pɛntɛlki]) f knot.

pętla [pɛntla] (D **pętli** [pɛntli]) f [wokół szyi] noose; [tramwajowa, autobusowa] last stop.

piać [p,jatɕ] vimperf [kogut] to crow.

piana [p,jana] (D **piany** [p,jani]) f foam.

pianino [p,janinɔ] (D **pianina** [p,janina]) n piano.

pianista, pianistka [p,janista, p,janistka] m, f pianist.

piasek [p,jasɛk] (D **piasku** [p,jasku]) m sand.

piaskownica [p,jaskɔvɲitsa] (D **piaskownicy** [p,jaskɔvɲitsi]) f sandpit.

piaszczysty [p,jaʃtʃisti] adj sandy.

piąć się [p,jɔntɕ ɕɛ] vp imperf [wspinać się] to climb.

piątek [p,jɔntɛk] (D **piątku** [p,jɔntku]) m Friday zobacz też sobota.

piąty [pjɔnti] *num* fifth *zobacz też* szósty.

pić [pjitɕ] *vimperf* [wodę, piwo, sok] to drink.

piec¹ [pjɛts] (*D* -a) *m* [elektryczny, gazowy] stove.

piec² [pjɛts] (*perf* upiec [upjɛts]) *vimperf* [ciasto] to bake; [mięso] to roast.

piechur [pjɛxur] *m* [żołnierz] infantry; [turysta] walker.

piecyk [pjɛtɕik] (*D* -a) *m* [elektryczny, gazowy] stove; [piekarnik] oven.

pieczarka [pjɛtʃarka] (*D* pieczarki [pjɛtʃark,i]) *f* button mushroom.

pieczątka [pjɛtʃɔntka] (*D* pieczątki [pjɛtʃɔntk,i]) *f* [odbity znak] seal; [przyrząd] stamp.

pieczeń [pjɛtʃɛɲ] (*D* pieczeni [pjɛtʃɛɲi]) *f* roast.

pieczęć [pjɛtʃɛntɕ] (*D* pieczęci [pjɛtʃɛntɕi]) *f* stamp.

pieczętować [pjɛtʃɛntɔvatɕ] (*perf* opieczętować [ɔp,jɛtʃɛntɔvatɕ]) *vimperf* [drzwi, dokument] to seal.

pieczony [pjɛtʃɔni] *adj* [mięso] roast.

pieczywo [pjɛtʃivɔ] (*D* pieczywa [pjɛtʃiva]) *n* bread.

piegi [pjɛg,i] (*D* piegów [pjɛguf]) *mpl* [na nosie] freckles.

piekarnia [pjɛkarɲa] (*D* piekarni [pjɛkarɲi]) *f* baker's.

piekarnik [pjɛkarɲik] (*D* -a) *m* [gazowy, elektryczny] oven.

piekarz [pjɛkaʃ] *m* baker.

piekło [pjɛkwɔ] (*D* piekła [pjɛkwa]) *n* lit & przen hell.

pielęgnacja [pjɛlɛŋgnatsja] (*D* pielęgnacji [pjɛlɛŋgnatsji]) *f* [ciała, niemowląt] care.

pielęgniarka [pjɛlɛŋgɲarka] *f* nurse.

pielęgnować [pjɛlɛŋgnɔvatɕ] *vimperf* [chorego] to care for.

pielucha [pjɛluxa] (*D* pieluchy [pjɛluxi]) *f* [dla niemowląt] nappy *UK*, diaper *US*.

pieniądze [pjɛɲɔndzɛ] (*D* pieniędzy [pjɛɲɛndzi]) *mpl* money.

pieprz [pjɛpʃ] (*D* -u) *m* pepper
• **pieprz turecki** paprika.

pieprzny [pjɛpʃni] *adj* [jedzenie] peppery; *pot* [kawał, dowcip] spicy.

pieprzyć [pjɛpʃitɕ] *vimperf* [jedzenie] to pepper; *wulg* to talk shit.

pierogi [pjɛrɔg,i] (*D* pierogów [pjɛrɔguf]) *mpl* boiled dumplings with a variety of fillings • **pierogi z grzybami i kapustą** sauerkraut and mushroom dumplings; **pierogi z mięsem** meat dumplings; **ruskie pierogi** cottage cheese and potato dumplings; **leniwe pierogi** dumplings made with cottage cheese as part of the dough.

pierś [pjɛrɕ] (*D* piersi [pjɛrɕi]) *f* breast • **pierś kaczki** duck breast; **pierś kurczaka** chicken breast.

pierścionek [pjɛrɕtɕɔnɛk] (*D* pierścionka [pjɛrɕtɕɔnka]) *m* [zaręczynowy] ring.

pierwszeństwo [pjɛrfʃɛjstfɔ] (*D* pierwszeństwa [pjɛrfʃɛjstfa]) *n* priority.

pierwszy [pjɛrfʃi] *num* first *zobacz też* szósty.

pierze [pjɛʒɛ] (*D* pierza [pjɛʒa]) *n* feathers.

pies [pjɛs] *m* dog.

pieszczota [pjɛʃtʃɔta] (*D* pieszczoty [pjɛʃtʃɔti]) *f* caress.

pieszczotllwy [pjɛʃtʃɔtl,ivi] *adj* [głos, gest] tender.

pieszo [pjɛʃɔ] *adv* [na nogach] on foot.

pieszy [pjɛʃi] <> *adj* [wycieczka, podróż] walking. <> *m* [człowiek] pedestrian.

pieścić [pjɛɕtɕitɕ] *vimperf* [dziecko] to fondle. ⬤ **pieścić się** [pjɛɕtɕitɕ ɕɛ] *vp imperf* [tulić się wzajemnie] to cuddle.

pieśń [pjɛɕɲ] (*D* pieśni [pjɛɕɲi]) *f* song.

pietruszka [pjɛtruʃka] (*D* pietruszki [pjɛtruʃk,i]) *f* [korzeń] parsnip; [natka] parsley.

pięciobój [pjɛntɕɔbuj] (*D* pięcioboju [pjɛntɕɔboju]) *m* pentathlon • **pięciobój lekkoatletyczny** pentathlon;

pięciobój nowoczesny modern pentathlon.

pięciu [p‚jɛn̪t̪ɕu] *num* five *zobacz też* sześciu.

pięć [p‚jɛn̪t̪ɕ] *num* five *zobacz też* sześć.

pięćdziesiąt [p‚jɛn̪d̪ʑɛɕɔn̪t̪] *num* fifty *zobacz też* sześć.

pięćdziesiąty [p‚jɛn̪d̪ʑɛɕɔn̪t̪i] *num* fiftieth *zobacz też* szósty.

pięćdziesięciu [p‚jɛn̪d̪ʑɛɕɛn̪t̪ɕu] *num* fifty *zobacz też* sześciu.

pięćset [p‚jɛn̪t̪ɕsɛt] *num* five hundred *zobacz też* sześć.

pięćsetny [p‚jɛn̪t̪ɕsɛt̪n̪i] *num* five hundredth *zobacz też* szósty.

pięknie [p‚jɛŋkn̪ɛ] *adv* [bardzo ładnie] beautifully; [szlachetnie] nobly • **pięknie wyglądasz** you look beautiful.

piękno [p‚jɛŋkn̪ɔ] (*D* **piękna** [p‚jɛŋkn̪a]) *n* beauty.

piękność [p‚jɛŋkn̪ɔɕt̪ɕ] (*D* **piękności** [p‚jɛŋkn̪ɔɕt̪ɕi]) *f* [uroda, kobieta] beauty.

piękny [p‚jɛŋkn̪i] *adj* [bardzo ładny, szczęśliwy] beautiful; [szlachetny] noble.

pięść [p‚jɛɕt̪ɕ] (*D* **pięści** [p‚jɛɕt̪ɕi]) *f* fist.

pięta [p‚jɛn̪ta] (*D* **pięty** [p‚jɛn̪t̪i]) *f* heel.

piętnastu [p‚jɛt̪n̪astu] *num* fifteen *zobacz też* sześciu.

piętnasty [p‚jɛt̪n̪asti] *num* fifteenth *zobacz też* szósty.

piętnaście [p‚jɛt̪n̪aɕt̪ɕɛ] *num* fifteen *zobacz też* sześć.

piętro [p‚jɛn̪t̪rɔ] (*D* **piętra** [p‚jɛn̪t̪ra]) *n* [kondygnacja] floor.

pijak, pijaczka [p‚ijak, p‚ijat̠ʃka] *m, f* *pej* [alkoholik] drunkard.

pijany [p‚ijan̪i] *adj* [nietrzeźwy] drunk.

pik [p‚ik] (*D* -a) *m* [w kartach] spades.

pikantny [p‚ikan̪t̪n̪i] *adj* [jedzenie] spicy; [historia] juicy.

piknik [p‚ikn̪ik] (*D* -u) *m* picnic.

pilnik [p‚ilɲik] (*D* -a) *m* [do paznokci, metalu, drewna] file.

pilnować [p‚ilnɔvat̪ɕ] *vimperf* [strzec] to guard; [opiekować się] to take care of.

pilny [p‚ilɲi] *adj* [sprawa] urgent; [uczeń] diligent.

pilot [p‚ilɔt] *m* [samolotu] pilot; [wycieczek] guide; [telewizora] (*D* -a) remote control.

pilotować [p‚ilɔtɔvat̪ɕ] *vimperf* [pojazd] to guide.

piła [p‚iwa] (*D* **piły** [p‚iwi]) *f* [narzędzie] saw.

piłka [p‚iwka] (*D* **piłki** [p‚iwk‚i]) *f* ball • **piłka nożna** football; **grać w piłkę** to play football.

piłkarski [p‚iwkarski] *adj* football.

piłkarz [p‚iwkaʃ] *m* footballer.

piłować [p‚iwɔvat̪ɕ] *vimperf* [drzewo] to saw; [paznokcie] to file.

pinezka [p‚inɛska] (*D* **pinezki** [p‚inɛsk‚i]) *f* drawing pin *UK*, thumb tack *US*.

ping-pong [p‚iŋkpɔŋk] (*D* -a) *m* table tennis.

pingwin [p‚iŋgv‚in] *m* penguin.

pion [p‚jɔn] (*D* -u) *m* [kierunek] perpendicular.

pionowy [p‚jɔn̪ɔv‚i] *adj* vertical.

piorun [p‚jɔrun] (*D* -a) *m* lightning.

piorunochron [p‚jɔrun̪ɔxrɔn̪] (*D* -u) *m* lightning conductor.

piosenka [p‚jɔsɛn̪ka] (*D* **piosenki** [p‚jɔsɛn̪k‚i]) *f* song.

piosenkarz, piosenkarka [p‚jɔsɛn̪kaʃ, p‚jɔsɛn̪karka] *m, f* singer.

piórnik [p‚jurɲik] (*D* -a) *m* pencil case.

pióro [p‚jurɔ] (*D* **pióra** [p‚jura]) *n* [ptasie] feather.

piracki [p‚irat̪sk‚i] *adj* [statek, kasety] pirate.

Pireneje [p‚irɛn̪ɛjɛ] (*D* **Pirenejów** [p‚irɛn̪ɛjuf]) *pl* the Pyrenees.

pisać [p‚isat̪ɕ] *vimperf* to write • **długopis przestał pisać** this pen's stopped working.

pisarz, pisarka [p‚isaʃ, p‚isarka] *m, f* [literat] writer.

pisemnie [p‚isɛmɲɛ] *adv* in writing.

pisemny [p‚isɛmn̪i] *adj* [zgoda, egzamin] written.

pisk [p‚isk] (D -u) m [dzieci, ptaków, opon] squeal.

piskliwy [p‚iskl‚iv‚i] adj [krzyk, śmiech] shrill; [dziecko] squealing.

pismo [p‚ismɔ] (D pisma [p‚isma]) n [obrazkowe, egipskie] alphabet; [proste, staranne] writing; [służbowe] letter; [kobiece, literackie] magazine • na piśmie in writing.

pisnąć [p‚isnɔntɕ] vperf = piszczeć.

pisownia [p‚isɔvɲa] (D pisowni [p‚isɔvɲi]) f spelling.

pistacja [p‚istatsja] (D pistacji [p‚istatsji]) f pistachio.

pistolet [p‚istɔlɛt] (D -u) m pistol.

piszczeć [p‚iʃtʃɛtɕ] (perf pisnąć [p‚isnɔntɕ]) vimperf [o dzieciach] to squeal.

pitny [p‚itni] adj [woda, miód] drinking.

piwiarnia [p‚iv‚jarɲa] (D piwiarni [p‚iv‚jarɲi]) f pub.

piwnica [p‚ivɲitsa] (D piwnicy [p‚ivɲitsi]) f [pod ziemią] cellar; [lokal] bar.

piwo [p‚ivɔ] (D piwa [p‚iva]) n beer • piwo ciemne/piwo jasne dark beer/lager.

piwonia [p‚ivɔɲja] (D piwonii [p‚ivɔɲji]) f peony.

piżama [p‚iʒama] (D piżamy [p‚iʒami]) f pyjamas.

PKP [pɛka'pɛ] (skr od Polskie Koleje Państwowe) (inv) n *Polish State Railways*.

PKS [pɛka'ɛs] (skr od Przedsiębiorstwo Komunikacji Samochodowej) (D -u) m *regional long-distance bus company*.

pl. (skr od plac) Sq.

plac [plats] (D -u) m [miejski] square • plac zabaw playground.

placek [platsɛk] (D placka [platska]) m [ciasto] cake • placki kartoflane KULIN potato pancakes.

plagiat [plagjat] (D -u) m plagiarism.

plakat [plakat] (D -u) m [afisz] poster.

plama [plama] (D plamy [plami]) f [na ubraniu] stain.

plamić [plam‚itɕ] (perf poplamić [pɔplam‚itɕ]) vimperf [ubranie] to stain.

plan [plan] (D -u) m [gen] plan • plan miasta city map.

plandeka [plaɲdɛka] (D plandeki [plandɛk‚i]) f [kawałek brezentu] canvas.

planeta [planɛta] (D planety [planɛti]) f [ciało niebieskie] planet.

planetarium [planɛtarjum] (inv w lp) n planetarium.

planować [planɔvatɕ] (perf zaplanować [zaplanɔvatɕ]) vimperf to plan.

plansza [planʃa] (D planszy [planʃi]) f [tablica] illustration; [wyposażenie gry] board.

plastelina [plastɛl‚ina] (D plasteliny [plastɛl‚ini]) f [do lepienia] plasticine.

plaster [plastɛr] (D plastra [plastra]) m [mięsa, sera, szynki] slice; [przylepiec] plaster.

plasterek [plastɛrɛk] (D plasterka [plastɛrka]) m [cytryny, pomidora] slice; [przylepiec] plaster.

plastik [plast‚ik] (D -u) m plastic.

plastikowy [plast‚ikɔv‚i] adj plastic.

platforma [platfɔrma] (D platformy [platfɔrmi]) f [część samochodu, wagonu] trailer; [wiertnicza] platform.

platoniczny [platɔɲitʃni] adj [miłość] platonic.

platyna [plat‚ina] (D platyny [plat‚ini]) f platinum.

plaża [plaʒa] (D plaży [plaʒi]) f beach.

plażowy [plaʒɔv‚i] adj beach.

plątać [plɔntatɕ] (perf poplątać [pɔplɔntatɕ]) vimperf [supłać] to tangle; [mylić] to confuse.

plebania [plɛbaɲa] (D plebanii [plɛbaɲji]) f presbytery.

plebiscyt [plɛb‚istsit] (D -u) m [konkurs] nationwide contest.

plecak [plɛtsak] (D -a) m rucksack.

plecy [plɛtsi] (D pleców [plɛtsuf]) pl shoulders.

plemię [plɛm‚jɛ] (D plemienia [plɛm‚jɛna]) n [indiańskie, celtyckie] tribe.

plemnik [plɛmɲik] (D -a) m sperm.

pleść [plɛɕtɕ] vimperf [koszyk, wianek] to weave • pleść warkocze to plait

one's hair; **pleść głupstwa** *pej* to jabber on.

pleśń [plɛɕn] (*D* pleśni [plɛɕɲi]) *f* [nalot] mould.

plik [pl,ik] (*D* -u) *m* INFORM file.

PLN *Polish zloty.*

plomba [plɔmba] (*D* plomby [plɔmbi]) *f* [w zębie] filling.

plombować [plɔmbɔvatɕ] (*perf* zaplombować [zaplɔmbɔvatɕ]) *vimperf* [zęby] to fill.

ploter [plɔtɛr] (*D* -a) *m* INFORM plotter.

plotka [plɔtka] (*D* plotki [plɔtk,i]) *f* rumour.

plotkarz, plotkarka [plɔtkaʃ, plɔtkarka] *m, f pej* gossip.

plotkować [plɔtkɔvatɕ] *vimperf* to gossip.

pluć [plutɕ] *vimperf* to spit.

plus [plus] (*D* -a) *m* [znak graficzny, zaleta] plus.

plusk [plusk] (*D* -u) *m* [wody] splash.

pluskwa [pluskfa] *f* [owad] bedbug; *pot* [podsłuch] (*D* pluskwy [pluskfi]) bug.

pluszowy [pluʃovi] *adj* [mebel] soft
• **pluszowy miś** teddy bear.

płaca [pwatsa] (*D* płacy [pwatsi]) *f* wages • **podwyżka płac** pay rise.

płacić [pwatɕitɕ] (*perf* zapłacić [zapwatɕitɕ]) *vimperf* to pay.

płacz [pwatʃ] (*D* -u) *m* [szloch] tears.

płaczliwy [pwatʃl,ivi] *adj* [dziecko] tearful; [ton] plaintive.

płakać [pwakatɕ] *vimperf* to cry.

płaski [pwask,i] *adj* flat.

płaskorzeźba [pwaskɔʒɛzba] (*D* płaskorzeźby [pwaskɔʒɛzbi]) *f* relief.

płaskowyż [pwaskɔviʃ] (*D* -u) *m* plateau.

płastuga [pwastuga] *f* plaice.

płaszcz [pwaʃtʃ] (*D* -a) *m* coat
• **płaszcz kąpielowy** bathrobe; **płaszcz przeciwdeszczowy** raincoat.

płatki [pwatk,i] (*D* płatków [pwatkuf]) *mpl* flakes • **płatki kukurydziane** cornflakes; **płatki zbożowe** wheat flakes.

płatność [pwatnɔɕtɕ] (*D* płatności [pwatnɔɕtɕi]) *f oficjal* payment.

płatny [pwatni] *adj* [urlop] paid; [wstęp do muzeum] paying.

płciowy [pwtɕovi] *adj* sexual.

płd. (*skr od* południe, południowy) S.

płd.-wsch. (*skr od* południo-wschód, południowo-wschodni) SE.

płd.-zach. (*skr od* południo-zachód, południowo-zachodni) SW.

płeć [pwɛtɕ] (*D* płci [pwtɕi]) *f* sex
• **płeć piękna** [kobiety] the fair sex.

płetwa [pwɛtfa] (*D* płetwy [pwɛtfi]) *f* [ryby] fin; [do nurkowania] flipper.

płn. (*skr od* północ, północny) N.

płn.-wsch. (*skr od* północo-wschód, północno-wschodni) NE.

płn.-zach. (*skr od* północo-zachód, północno-zachodni) NW.

płoć [pwɔtɕ] *f* roach.

płodny [pwɔdni] *adj* [zwierzę, ziemia] fertile; [pisarz, malarz] prolific.

płomień [pwɔm,jɛɲ] (*D* płomienia [pwɔm,jɛɲa]) *m* [świecy, lampy] flame.

płonąć [pwɔnɔɲtɕ] *vimperf* [dom] to be burning.

płot [pwɔt] (*D* -u) *m* [ogrodzenie] fence.

płód [pwut] (*D* płodu [pwɔdu]) *m* [ludzki] foetus.

płótno [pwutnɔ] (*D* płótna [pwutna]) *n* [tkanina] linen; [obraz] canvas.

płuco [pwutsɔ] (*D* płuca [pwutsa]) *n* lung • **zapalenie płuc** pneumonia.

płukać [pwukatɕ] *vimperf* [usta, gardło] to rinse.

płyn [pwin] (*D* -u) *m* [ciecz] liquid.

płynąć [pwinɔɲtɕ] *vimperf* [statek] to sail; [człowiek] to swim; [rzeka, czas] to flow.

płynnie [pwiɲɲɛ] *adv* [mówić] fluently.

płynny [pwinni] *adj* [ciekły] liquid; [biegły] fluent; [niestały] fluid.

płyta [pwita] (*D* płyty [pwiti]) *f* [nagranie] record; [teren] surface; [lotniska] field; [nagrobkowa] stone
• **płyta kompaktowa** compact disk, CD.

płytka [pwitka] (*D* **płytki** [pwitk,i]) *f* [ceramiczna] plate.

płytki [pwitk,i] *adj* [jezioro, talerz, utwór] shallow.

płytoteka [pwitɔtɛka] (*D* **płytoteki** [pwitɔtɛk,i]) *f* record library.

pływać [pwivatɕ] *vimperf* [człowiek] to swim; [żaglówka] to sail • **pływać żabką** to swim breaststroke; **pływać kraulem** to swim crawl.

pływak, pływaczka [pwivak, pwivatʃka] *m, f* [zawodnik] swimmer.

pływalnia [pwivalɲa] (*D* **pływalni** [pwivalɲi]) *f* swimming pool.

pływanie [pwivaɲɛ] (*D* **pływania** [pwivaɲa]) *n* swimming.

p.n.e. (*skr od* **przed naszą erą**) BC.

po [pɔ] *prep* -1. [zdarzenie, czas] after. -2. [miejsce] : **chodzić po sklepach** to traipse around the shops; **wchodzić po schodach** to go up the stairs. -3. [dziedziczenie] from • **odziedziczyć coś po kimś** to inherit sthg from sb.

pobić [pɔb,itɕ] *vperf* : **pobić kogoś** to beat sb • **pobić rekord** to beat a record.

pobieżnie [pɔb,jɛʒɲɛ] *adv* quickly.

pobłażać [pɔbwaʒatɕ] *vimperf* : **pobłażać komuś** [być wyrozumiałym] to be tolerant with sb.

pobocze [pɔbɔtʃɛ] (*D* **pobocza** [pɔbɔtʃa]) *n* [pas drogi] hard-shoulder.

pobożny [pɔbɔʒɲi] *adj* [religijny] religious.

pobrać się [pɔbratɕ ɕɛ] *vp perf pot* to get married.

pobrudzić [pɔbrudʑitɕ] *vperf* = brudzić.

pobudka [pɔbutka] (*D* **pobudki** [pɔbutk,i]) *f* [budzenie] wake-up; [sygnał] alarm. ▸ **pobudki** [pɔbutk,i] (*D* **pobudek** [pɔbudɛk]) *fpl* motives.

pobudzać [pɔbudzatɕ] *vimperf* [mobilizować] to rouse.

pobudzający [pɔbudzajɔntɕi] *adj* [środki, leki] stimulating.

pobyt [pɔbit] (*D* -**u**) *m* stay.

pocałować [pɔtsawɔvatɕ] *vperf* = całować.

pocałunek [pɔtsawunɛk] (*D* **pocałunku** [pɔtsawunku]) *m* kiss.

pochlebiać [pɔxlɛb,jatɕ] *vimperf* to flatter.

pochlebstwo [pɔxlɛpstfɔ] (*D* **pochlebstwa** [pɔxlɛpstfa]) *n* flattery.

pochmurny [pɔxmurni] *adj* [niebo] cloudy; [twarz] gloomy.

pochodnia [pɔxɔdɲa] (*D* **pochodni** [pɔxɔdɲi]) *f* torch.

pochodzenie [pɔxɔdzɛɲɛ] (*D* **pochodzenia** [pɔxɔdzɛɲa]) *n* [rodowód] origin.

pochodzić [pɔxɔdʑitɕ] *vimperf* : **pochodzić skądś** [wywodzić się] to come from somewhere; **pochodzimy z Polski/z Warszawy** we come from Poland/Warsaw.

pochopnie [pɔxɔpɲɛ] *adv* [bez zastanowienia] rashly.

pochopny [pɔxɔpɲi] *adj* rash.

pochować [pɔxɔvatɕ] *vperf* [schować] to put away • **pochować kogoś** [pogrzebać] to bury sb.

pochód [pɔxut] (*D* **pochodu** [pɔxɔdu]) *m* march.

pochwalić [pɔxfal,itɕ] *vperf* = chwalić.

pochwała [pɔxfawa] (*D* **pochwały** [pɔxfawi]) *f* approval.

pochyły [pɔxiwi] *adj* [drzewo, pismo] slanting.

pociąć [pɔtɕɔntɕ] *vperf* = ciąć.

pociąg [pɔtɕɔŋk] (*D* -**u**) *m* [pojazd] train; [skłonność] weakness • **pociąg z Gdyni do Zakopanego** the Gdynia-Zakopane train; **pociąg ekspresowy** express train; **pociąg osobowy** slow train; **pociąg pośpieszny** fast train, **jechać pociągiem** to go by train.

pociągać [pɔtɕɔŋgatɕ] *vimperf* : **pociągać kogoś** [fascynować] to appeal to sb.

pociągły [pɔtɕɔŋgwi] *adj* [twarz] oval.

pociągnąć [pɔtɕɔŋgnɔntɕ] *vperf* [za włosy, rękę] to pull.

pocić się [pɔtɕitɕ ɕɛ] *vp imperf* to sweat.

pocieszać [pɔtɕɛʃatɕ] *vimperf* : **pocieszać kogoś** to comfort sb. ▸ **po-**

cieszać się [pɔtɕɛʃatɕ ɕɛ] *vp imperf* to comfort o.s.

pocisk [pɔtɕisk] (*D* -u) *m* [nabój] bullet; [artyleryjski] shell.

początek [pɔtʃɔntɛk] (*D* początku [pɔtʃɔntku]) *m* [pracy, szkoły] start; [ulicy] near end • **na początku** at first; **od początku** from the beginning.

początkowo [pɔtʃɔntkɔvɔ] *adv* [z początku, najpierw] initially.

poczekalnia [pɔtʃɛkalɲa] (*D* poczekalni [pɔtʃɛkalɲi]) *f* waiting room.

poczęstować [pɔtʃɛ̃stɔvatɕ] *vperf* = częstować.

poczęstunek [pɔtʃɛ̃stunɛk] (*D* poczęstunku [pɔtʃɛ̃stunku]) *m* [to, co się oferuje gościom] drinks and nibbles.

poczta [pɔtʃta] (*D* poczty [pɔtʃti]) *f* [urząd] post office; [korespondencja] post • **poczta elektroniczna** electronic mail.

pocztówka [pɔtʃtufka] (*D* pocztówki [pɔtʃtufk,i]) *f* postcard.

poczytny [pɔtʃitni] *adj* [książka, gazeta] popular.

pod [pɔt] *prep* [poniżej] under; [obok] by • **pod warunkiem** on condition.

podać [pɔdatɕ] *vperf* = podawać.

podajnik [pɔdajɲik] (*D* -a) *m* INFORM feeder • **podajnik papieru** paper feeder.

podanie [pɔdaɲɛ] (*D* podania [pɔdaɲa]) *n* [oficjalne pismo] communication; [o pracę] application • **złożyć podanie o coś** to make an application for sthg.

podarować [pɔdarɔvatɕ] *vperf* : podarować coś komuś to give sb sthg.

podarty [pɔdarti] *adj* [dziurawy] with a hole.

podatek [pɔdatɛk] (*D* podatku [pɔdatku]) *m* EKON tax • **wolny od podatku** tax free.

podatnik, podatniczka [pɔdatɲik, pɔdatɲitʃka] *m*, *f* taxpayer.

podawać [pɔdavatɕ] (*perf* podać [pɔdatɕ]) *vimperf* to give • **podawać coś komuś** to give sb sthg; **czy możesz podać mi sól?** can you pass me the salt, please?

podaż [pɔdaʃ] (*D* -y) *f* EKON supply.

podążać [pɔdɔ̃ʒatɕ] *vimperf* [kierować się dokądś] to head • **podążać za kimś** to follow sb; **podążać swoją drogą** to find one's own path.

podbój [pɔdbuj] (*D* podboju [pɔdbɔju]) *m* conquest.

podbródek [pɔdbrudɛk] (*D* podbródka [pɔdbrutka]) *m* chin.

podburzać [pɔdbuʒatɕ] *vimperf* : podburzać kogoś to stir sb up.

podchwytliwy [pɔtxfitl,ivi] *adj* [pytanie] tricky.

podczas [pɔttʃas] *prep* during. ➤ **podczas gdy** [pɔttʃaz gdi] *conj* while.

poddać się [pɔddatɕ ɕɛ] *vp perf* to surrender.

poddasze [pɔddaʃɛ] (*D* poddasza [pɔddaʃa]) *n* loft.

podejrzany [pɔdɛjʒani] <> *adj* [nasuwający podejrzenie] suspected; [wątpliwy] suspicious. <> *m*, *f* (*f* podejrzana) [osoba] suspect.

podejrzeć [pɔdɛjʒɛtɕ] *vperf* = podglądać.

podejrzewać [pɔdɛjʒɛvatɕ] *vimperf* : podejrzewać coś to suspect sthg; podejrzewać kogoś o coś to suspect sb of sthg.

podejrzliwość [pɔdɛjʒl,ivɔɕtɕ] (*D* podejrzliwości [pɔdɛjʒl,ivɔɕtɕi]) *f* suspicion.

podejrzliwy [pɔdɛjʒl,ivi] *adj* [nieufny] suspicious.

podeszwa [pɔdɛʃfa] (*D* podeszwy [pɔdɛʃfi]) *f* sole *(of shoe)*.

podglądać [pɔdglɔndatɕ] (*perf* podejrzeć [pɔdɛjʒɛtɕ]) *vimperf* to spy on.

podgrzewać [pɔdgʒɛvatɕ] *vimperf* to heat.

Podhale [pɔtxalɛ] (*D* Podhala [pɔtxala]) *n* Podhale.

podium [pɔdjum] (*inv w lp*) *n* [estrada] platform; [dla medalistów] podium.

podjazd [pɔdjast] (*D* -u) *m* [do domu, sklepu] drive.

podjąć [pɔdjɔntɕ] *vperf* to take. ➤ **podjąć się** [pɔdjɔntɕ ɕɛ] *vp perf* to undertake • **podjąć się cze-**

goś to take sthg on; **nie podejmę się tego** I'm not up to it.

podkolanówki [pɔtkɔlanufk,i] (*D* **podkolanówek** [pɔtkɔlanuvɛk]) *fpl* knee-length stockings.

podkoszulek [pɔtkɔʃulɛk] (*D* **podkoszulka** [pɔtkɔʃulka]) *m* vest.

podkreślać [pɔtkrɛɕlatɕ] (*perf* **podkreślić** [pɔtkrɛɕl,itɕ]) *vimperf* [wyróżniać kreską] to underline; [zwracać uwagę] to emphasize.

podkreślić [pɔtkrɛɕl,itɕ] *vperf* = **podkreślać**.

podlać [pɔdlatɕ] *vperf* = **podlewać**.

Podlasie [pɔdlaɕɛ] (*D* **Podlasia** [pɔdlaɕa]) *n* Podlasie.

podlegać [pɔdlɛgatɕ] *vimperf* [przepisom] to be under • **podlegać komuś** to be answerable to sb.

podlewać [pɔdlɛvatɕ] (*perf* **podlać** [pɔdlatɕ]) *vimperf* [kwiatki] to water.

podlizywać się [pɔdl,izivatɕ ɕɛ] *vp imperf* : **podlizywać się komuś** *pej* to creep to sb.

podłączyć [pɔdwɔntʃitɕ] *vperf* [połączyć przewodem, zainstalować] to connect.

podłoga [pɔdwɔga] (*D* **podłogi** [pɔdwɔg,i]) *f* floor.

podłożyć [pɔdwɔʑitɕ] *vperf* [bombę] to plant • **podłożyć pod coś** to put sthg under sthg.

podłużny [pɔdwuʒni] *adj* [twarz] oval; [pasy] loose.

podmiejski [pɔdm,jɛjsk,i] *adj* suburban • **komunikacja podmiejska** suburban transport; **pociąg podmiejski** suburban train.

podmuch [pɔdmux] (*D* -u) *m* [bomby] blast; [wiatru] gust.

podniebienie [pɔdɲɛb,jɛɲɛ] (*D* **podniebienia** [pɔdɲɛb,jɛɲa]) *n* [miękkie, twarde] palate.

podniecać [pɔdɲɛtsatɕ] *vimperf* [pobudzać] to excite; [pociągać erotycznie] to arouse. • **podniecać się** [pɔdɲɛtsatɕ ɕɛ] *vp imperf* [odczuwać podniecenie] to get excited.

podniecający [pɔdɲɛtsajɔntɕi] *adj* [kobieta, wygląd] seductive.

podniecony [pɔdɲɛtsɔni] *adj* [dziecko] excited; [mężczyzna] aroused.

podnieść [pɔdɲɛɕtɕ] *vperf* [unieść] to pick up. • **podnieść się** [pɔdɲɛɕtɕ ɕɛ] *vp perf* [wstać] to stand up.

podnoszenie [pɔdnɔʃɛɲɛ] (*D* **podnoszenia** [pɔdnɔʃɛɲa]) *n* : **podnoszenie ciężarów** weight lifting.

podobać się [pɔdɔbatɕ ɕɛ] *vp imperf* : **podobał mi się ten film** I liked this film; **podobasz mi się** I like you.

podobieństwo [pɔdɔb,jɛjstfɔ] (*D* **podobieństwa** [pɔdɔb,jɛjstfa]) *n* resemblance.

podobnie [pɔdɔbɲɛ] *adv* similarly, like • **myślała podobnie jak my** she thought as me; **była uczesana podobnie do mnie** she had the same hairstyle as me.

podobno [pɔdɔbnɔ] *part* [jak mówią] they say that.

podobny [pɔdɔbni] *adj* similar • **być podobnym do kogoś** to look like sb.

podpalacz [pɔtpalatʃ] *m* arsonist.

podpalić [pɔtpal,itɕ] *vperf* [dom, las] to set fire to.

podpaska [pɔtpaska] (*D* **podpaski** [pɔtpask,i]) *f* [higieniczna] sanitary towel *UK*, sanitary napkin *US*.

podpis [pɔtp,is] (*D* -u) *m* signature.

podpisać [pɔtp,isatɕ] *vperf* to sign. • **podpisać się** [pɔtp,isatɕ ɕɛ] *vp perf* to sign one's name.

podpora [pɔtpɔra] (*D* **podpory** [pɔtpɔri]) *f* support.

podporządkowany [pɔtpɔʑɔntkɔvani] *adj* subordinate • **droga podporządkowana** sliproad.

podpowiadać [pɔtpɔv,jadatɕ] (*perf* **podpowiedzieć** [pɔtpɔv,jɛdʑɛtɕ]) *vimperf* to prompt • **podpowiadać komuś** to prompt sb; [dawać wskazówkę] to give a clue.

podpowiedzieć [pɔtpɔv,jɛdʑɛtɕ] *vperf* = **podpowiadać**.

podrapać [pɔdrapatɕ] *vperf* [po plecach, pazurami] to scratch. • **podrapać się** [pɔdrapatɕ ɕɛ] *vp perf* to scratch o.s.

podręcznik [pɔdrɛntʃnik] (D -a) m textbook.

podręczny [pɔdrɛntʃni] adj [łatwo dostępny] handy • **biblioteka podręczna** reference library; **apteczka podręczna** first aid kit.

podrobić [pɔdrɔb,itɛ] vperf [podpis, dokument] to forge • **podrobić coś to** forge sthg.

podrobiony [pɔdrɔb,jɔni] adj [podpis, dokument] forged.

podroby [pɔdrɔbi] (D podrobów [pɔdrɔbuf]) pl offal.

podrożeć [pɔdrɔʒɛtɛ] vperf = drożeć.

podróż [pɔdruʃ] (D podróży [pɔdruʒi]) f trip • **podróż poślubna** honeymoon.

podróżnik, podróżniczka [pɔdruʒnik, pɔdruʒnitʃka] m, f traveller.

podróżować [pɔdruʒɔvatɛ] vimperf to travel.

podrywacz [pɔdrivatʃ] m pot skirt chaser.

podrzeć [pɔdʒɛtɛ] vperf = drzeć.

podrzędny [pɔdʒɛndni] adj [kiepski] second-rate; [zależny] subordinate.

podsłuchać [pɔtswuxatɛ] vperf = podsłuchiwać.

podsłuchiwać [pɔtswux,ivatɛ] (perf podsłuchać [pɔtswuxatɛ]) vimperf [rozmowę przez drzwi] to eavesdrop.

podstawa [pɔtstava] (D podstawy [pɔtstavi]) f [cokołu, pomnika] base. ➡ **podstawy** [pɔtstavi] (D podstaw [pɔtstaf]) fpl [zasady] basis; [powody] reason.

podstawowy [pɔtstavɔvi] adj [zasadniczy] basic • **szkoła podstawowa** elementary school.

podstęp [pɔtstɛmp] (D -u) m trick.

podstępny [pɔtstɛmpni] adj [oszust] cunning • **podstępna gra** game of strategy.

podsumować [pɔtsumɔvatɛ] vperf [koszty, wnioski] to sum up.

podsumowanie [pɔtsumɔvaɲɛ] (D podsumowania [pɔtsumɔvaɲa]) n [dyskusji] summary; [w wypracowaniu] conclusion.

podszewka [pɔtʃɛfka] (D podszewki [pɔtʃɛfk,i]) f [płaszcza, spódnicy] lining.

podświadomy [pɔtɕf,jadɔmi] adj [urazy, motywy] subconscious.

podtrzymywać [pɔttʃimivatɛ] vimperf [podpierać] to hold up • **podtrzymywać rozmowę** to keep the conversation going.

podupadać [pɔdupadatɛ] vimperf [słabnąć] to be in decline.

poduszka [pɔduʃka] (D poduszki [pɔduʃk,i]) f [do spania] pillow; [kanapy, fotela] cushion • **poduszka powietrzna** air-bag.

podwajać [pɔdvajatɛ] (perf podwoić [pɔdvɔjitɛ]) vimperf [majątek, wygraną] to double.

podważać [pɔdvaʒatɛ] vimperf [drzwi łomem] to lever open; [argumenty] to disprove • **podważać czyjeś zdanie** to refute sb's opinion.

podwieczorek [pɔdv,jɛtʃɔrɛk] (D podwieczorku [pɔdv,jɛtʃɔrku] LUB podwieczorka [pɔdv,jɛtʃɔrka]) m teatime.

podwieźć [pɔdv,jɛɕtɛ] vperf : **podwieźć kogoś** to give sb a lift.

podwładny, podwładna [pɔdvwadni, pɔdvwadna] m, f subordinate.

podwodny [pɔdvɔdni] adj [skały] underwater • **okręt podwodny** submarine.

podwoić [pɔdvɔjitɛ] vperf = podwajać.

podwozie [pɔdvɔʑɛ] (D podwozia [pɔdvɔʑa]) n [pojazdu] undercarriage.

podwójny [pɔdvujni] adj [łóżko, życie] double.

podwórko [pɔdvurkɔ] (D podwórka [pɔdvurka]) n yard.

podwyżka [pɔdviʃka] (D podwyżki [pɔdviʃk,i]) f [cen] rise • **dostać podwyżkę** to get a pay rise.

podyktować [pɔdiktɔvatɛ] vperf = dyktować.

podział [pɔdʑaw] (D -u) m division. ➡ **podziały** [pɔdʑawi] (D podziałów [pɔdʑawuf]) mpl [różnice] distinctions.

podzielać [pɔdʑɛlatɛ] vimperf [poglądy, odczucia] to share • **podzielać czyjeś zdanie** to share sb's opinion.

podzielić [pɔdʑɛl,itɛ] vperf = dzielić.

podziemie [pɔdʑɛm‚jɛ] (D podziemia [pɔdʑɛm‚ja]) n [budynku] vaults; [działalność] underground.

podziękować [pɔdʑɛŋkɔvatɕ] vperf = dziękować.

podziękowanie [pɔdʑɛŋkɔvaɲɛ] (D podziękowania [pɔdʑɛŋkɔvaɲa]) n [za pomoc] thanks.

podziw [pɔdʑif] (D -u) m [uznanie, zachwyt] admiration.

podziwiać [pɔdʑiv‚jatɕ] vimperf : podziwiać kogoś/coś to admire sb/sthg; podziwiać kogoś za coś to admire sb for sthg.

poeta, poetka [pɔɛta, pɔɛtka] m, f poet.

poezja [pɔɛzja] (D poezji [pɔɛzji]) f poetry. ⬦ **poezje** [pɔɛzjɛ] (D poezji [pɔɛzji]) fpl [wiersze] poems.

poganiać [pɔɡaɲatɕ] vimperf : poganiać kogoś to urge sb on.

poganin, poganka [pɔɡaɲin, pɔɡanka] m, f heathen.

pogarda [pɔɡarda] (D pogardy [pɔɡardi]) f contempt.

pogardliwy [pɔɡardl‚ivi] adj [uśmiech, stosunek] contemptuous.

pogląd [pɔɡlɔnt] (D -u) m opinion.

pogłaskać [pɔɡwaskatɕ] vperf = głaskać.

pogłębiać [pɔɡwɛmb‚jatɕ] vimperf : pogłębiać coś to deepen sthg; pogłębiać swoją wiedzę to strengthen one's knowledge.

pogłoska [pɔɡwɔska] (D pogłoski [pɔɡwɔsk‚i]) f rumour.

pogniewać się [pɔɡɲevatɕ ɕɛ] vp perf pogniewać się z kimś to quarrel with sb.

pogoda [pɔɡɔda] (D pogody [pɔɡɔdi]) f [słoneczna, deszczowa] weather; [ducha] cheerfulness.

pogodny [pɔɡɔdni] adj [ranek] fine; [usposobienie] cheerful.

pogodzić [pɔɡɔdʑitɕ] vperf [przyjaciół] to reconcile. ⬦ **pogodzić się** [pɔɡɔdʑitɕ ɕɛ] vp perf [po kłótniach] to become reconciled; [z myślą] to reconcile o.s. • pogodzić się z kimś to become reconciled with sb.

pogoń [pɔɡɔɲ] (D pogoni [pɔɡɔɲi]) f [za złodziejem] chase; [za pieniędzmi] pursuit.

pogorszenie [pɔɡɔrʃɛɲɛ] (D pogorszenia [pɔɡɔrʃɛɲa]) n [pogody, zdrowia] deterioration.

pogorszyć [pɔɡɔrʃitɕ] vperf [sytuację] to make sthg worse. ⬦ **pogorszyć się** [pɔɡɔrʃitɕ ɕɛ] vp perf [o pogodzie, o stosunkach] to deteriorate.

pogotowie [pɔɡɔtɔv‚jɛ] (D pogotowia [pɔɡɔtɔv‚ja]) n [stan gotowości] readiness; [służba] repair service; [karetka] emergency services • pogotowie ratunkowe ambulance service; wezwać pogotowie to call the emergency services.

pogranicze [pɔɡraɲitʃɛ] (D pogranicza [pɔɡraɲitʃa]) n [miejsce] border; [czas] threshold.

pogratulować [pɔɡratulɔvatɕ] vperf = gratulować.

pogrom [pɔɡrɔm] (D -u) m [rzeź] pogrom; [klęska militarna] crushing defeat.

pogryźć [pɔɡrjɕtɕ] vperf [pokąsać] to bite; [żuć] to chew.

pogrzeb [pɔɡʒɛp] (D -u) m funeral.

poinformować [pɔjinfɔrmɔvatɕ] vperf = informować.

pojechać [pɔjɛxatɕ] vperf = jechać.

pojedynczo [pɔjɛdintʃɔ] adv [w pojedynkę] singly.

pojedynczy [pɔjɛdintʃi] adj [liczba, przypadek] single.

pojedynek [pɔjɛdinɛk] (D pojedynku [pɔjɛdinku]) m [walka] duel.

pojemnik [pɔjɛmɲik] (D -a) m [na śmieci] container.

pojemność [pɔjɛmnɔɕtɕ] (D pojemności [pɔjɛmnɔɕtɕi]) f [zbiornika] capacity • pojemność pamięci INFORM storage capacity.

pojęcie [pɔjɛɲtɕɛ] (D pojęcia [pɔjɛɲtɕa]) n [termin] concept; [wyobrażenie] notion.

pojutrze [pɔjutʃɛ] adv [za dwa dni] the day after tomorrow.

pokarm [pɔkarm] (D -u) m food.

pokarmowy [pɔkarmɔvi] *adj* alimentary.

pokaz [pɔkas] (*D* -u) *m* [mody, lotniczy] show.

pokazać [pɔkazatɕ] *vperf* = pokazywać.

pokazywać [pɔkazɨvatɕ] (*perf* pokazać [pɔkazatɕ]) *vimperf* to show • pokazać coś komuś to show sb sthg.

poker [pɔkɛr] (*D* -a) *m* [gra] poker.

pokłócić się [pɔkwutɕitɕ ɕɛ] *vperf* = kłócić się.

pokochać [pɔkɔxatɕ] *vperf* to fall in love with • pokochać kogoś to fall in love with sb.

pokolenie [pɔkɔlɛɲɛ] (*D* pokolenia [pɔkɔlɛɲa]) *n* generation.

pokolorować [pɔkɔlɔrɔvatɕ] *vperf* = kolorować.

pokonać [pɔkɔnatɕ] *vperf* : pokonać kogoś [zwyciężyć] to beat sb; pokonać coś [lęk, ból] to overcome sthg.

pokorny [pɔkɔrni] *adj* [sługa, prośba] humble.

pokój¹ [pɔkuj] (*D* pokoju [pɔkɔju]) *m* [pomieszczenie] room.

pokój² [pɔkuj] (*D* pokoju [pɔkɔju]) *m* [bez wojny] peace.

pokrewieństwo [pɔkrɛv̯jɛjstfɔ] (*D* pokrewieństwa [pɔkrɛv̯jɛjstfa]) *n* relationship.

pokroić [pɔkrɔjitɕ] *vperf* = kroić.

pokropić [pɔkrɔp͇itɕ] *vperf* [o deszczu] to drizzle; [płynem] to sprinkle.

pokrowiec [pɔkrɔv̯jɛts] (*D* pokrowca [pɔkrɔftsa]) *m* [na meble, na fotele] cover.

pokruszyć [pɔkruʃitɕ] *vperf* = kruszyć.

pokryć [pɔkrɨtɕ] *vperf* [koszty] to cover • pokryć coś to cover sthg; pokryć czymś to cover with sthg.

pokrywka [pɔkrɨfka] (*D* pokrywki [pɔkrɨfk͇i]) *f* [garnka] lid.

pokrzywa [pɔkʃiva] (*D* pokrzywy [pɔkʃivi]) *f* nettle.

pokrzywdzony [pɔkʃivdzɔni] <> *adj* [w sądzie, przez los] wronged. <> *m* [ofiara] injured party.

pokusa [pɔkusa] (*D* pokusy [pɔkusi]) *f* temptation • ulec pokusie to give in to temptation.

Polak, Polka [pɔlak, pɔlka] *m, f* Pole.

polana [pɔlana] (*D* polany [pɔlani]) *f* clearing.

pole [pɔlɛ] (*D* pola [pɔla]) *n* [ziemia, teren, dziedzina] field.

polec [pɔlɛts] *vperf* [żołnierze] to die.

polecać [pɔlɛtsatɕ] (*perf* polecić [pɔlɛtɕitɕ]) *vimperf* [nakazywać] to tell • polecać coś komuś to recommend sthg to sb; polecać kogoś komuś to recommend sb to sb.

polecający [pɔlɛtsajɔntɕi] *adj* : list polecający letter of recommendation.

polecić [pɔlɛtɕitɕ] *vperf* = polecać.

polecieć [pɔlɛtɕɛtɕ] *vperf* [gen] to fly; *pot* [pobiec] to run.

polegać [pɔlɛgatɕ] *vimperf* [zasadzać się na czymś to involve; [ufać] to rely • polegać na kimś to rely on sb.

polemika [pɔlɛm͇ika] (*D* polemiki [pɔlɛm͇ik͇i]) *f* polemic.

polemizować [pɔlɛm͇izɔvatɕ] *vimperf* to argue • polemizować z kimś to argue with sb.

polepszać [pɔlɛpʃatɕ] *vimperf* [sytuację, warunki] to improve. ➡ **polepszać się** [pɔlɛpʃatɕ ɕɛ] *vp imperf* [sytuacja, warunki] to improve.

polepszenie [pɔlɛpʃɛɲɛ] (*D* polepszenia [pɔlɛpʃɛɲa]) *n* improvement.

polędwica [pɔlɛndv̯itsa] (*D* polędwicy [pɔlɛndv̯itsi]) *f* loin.

policja [pɔl͇itsja] (*D* policji [pɔl͇itsji]) *f* police; [komisariat] police station.

policjant, ka [pɔl͇itsjant, ka] *m, f* policeman (*f* policewoman).

policzek [pɔl͇itʃɛk] (*D* policzka [pɔl͇itʃka]) *m* cheek.

policzyć [pɔl͇itʃitɕ] *vperf* [wydatki] to calculate; [liczby] to count.

poligamia [pɔl͇igam͇ja] (*D* poligamii [pɔl͇igam͇ji]) *f* polygamy.

polisa [pɔl͇isa] (*D* polisy [pɔl͇isi]) *f* policy • polisa na życie life insurance policy.

politechnika [pɔl,itɛxɲika] (*D* poli-
techniki [pɔl,itɛxɲik,i]) *f* polytechnic,
university of technology.

polityczny [pɔl,itit∫ni] *adj* political.

polityk [pɔl,itik] *m* politician.

polityka [pɔl,itika] (*D* polityki [pɔ-
l,itik,i]) *f* [społeczna, zagraniczna]
politics; [personalna] policy.

polny [pɔlni] *adj* field • polna droga
dirt track; polne kwiaty wild flowers.

polot [pɔlɔt] (*D* -u) *m* [łatwość] inspiration.

polować [pɔlɔvatɕ] *vimperf* [na zwie-
rzęta] to hunt.

polowanie [pɔlɔvaɲɛ] (*D* polowania
[pɔlɔvaɲa]) *n* [na zwierzęta] hunting.

Polska [pɔlska] (*D* Polski [pɔlsk,i]) *f*
Poland.

polski [pɔlsk,i] *adj* Polish.

polubić [pɔlub,itɕ] *vperf* : polubić coś
to take (a liking) to sthg; polubić
kogoś to take (a liking) to sb.

polubownie [pɔlubɔvɲɛ] *adv* [kom-
promisowo] amicably.

połączenie [pɔwɔnt∫ɛɲɛ] (*D* połączenia [pɔwɔnt∫ɛɲa]) *n* [telefoniczne,
autobusowe, kolejowe] connection.

połączyć [pɔwɔnt∫itɕ] *vperf* to join;
[rozmowę telefoniczną] to put
through. ➡ połączyć się [pɔ-
wɔnt∫itɕ ɕɛ] *vp perf* [złączyć się] to
join; [przez telefon] to get through.

połknąć [pɔwknɔntɕ] *vperf* [proszek]
to swallow.

połowa [pɔwɔva] (*D* połowy [pɔ-
wɔvi]) *f* [pół] half; [środek] middle
• połowa lat 70. the mid-70s.

położenie [pɔwɔʒɛɲɛ] (*D* położenia
[pɔwɔʒɛɲa]) *n* [geograficzne] location; [materialne, ekonomiczne] situation.

położony [pɔwɔʒɔni] *adj* [usytuowa-
ny] located.

położyć [pɔwɔʒitɕ] *vperf* [książkę na
biurku] to put • położyć spać [dzieci]
to put to bed. ➡ położyć się
[pɔwɔʒitɕ ɕɛ] *vp perf* [na kanapie] to
lie down • położyć się spać to go to
bed.

połów [pɔwuf] (*D* połowu [pɔwɔvu])
m [ryb] fishing.

południe [pɔwudɲɛ] (*D* południa
[pɔwudɲa]) *n* [godzina] midday;
[kierunek, obszar] south • po południu in the afternoon; przed połu-
dniem in the morning; w południe at
midday.

południowo-wschodni [pɔwudɲɔ-
vɔfsxɔdɲi] *adj* southeast.

południowo-zachodni [pɔwudɲɔ-
vɔzaxɔdɲi] *adj* southwest.

południowy [pɔwudɲɔvi] *adj* south
• południowa Polska southern Poland; południowa półkula Southern
Hemisphere.

połysk [pɔwisk] (*D* -u) *m* [włosów,
butów] shine.

pomagać [pɔmagatɕ] (*perf* pomóc
[pɔmutɕ]) *vimperf* to help • pomagać komuś to help sb; pomagać
komuś w czymś to help sb with
sthg; pomagać komuś coś robić to
help sb to do sthg.

pomalować [pɔmalɔvatɕ] *vperf* =
malować.

pomarańcza [pɔmaraɲt∫a] (*D* pomarańczy [pɔmaraɲt∫i]) *f* orange.

pomarańczowy [pɔmaraɲt∫ɔvi] *adj*
orange.

pomiar [pɔm,jar] (*D* -u) *m* [długości,
głębokości] measurement.

pomidor [pɔm,idɔr] (*D* -a) *m* tomato.

pomieszać [pɔm,jɛʃatɕ] *vperf* = mieszać.

pomieszczenie [pɔm,jɛʃt∫ɛɲɛ] (*D* pomieszczenia [pɔm,jɛʃt∫ɛɲa]) *n* [miesz-
kalne] accommodation.

(po)między [pɔm,jɛndʑi] *prep*
-1. [dwiema rzeczami, osobami] between. -2. [wśród] among.

pomimo [pɔm,imɔ] *prep* = mimo.

pominąć [pɔm,inɔntɕ] *vperf* [nie
uwzględnić] to omit.

pomnik [pɔmɲik] (*D* -a) *m* [posąg,
obiekt] monument.

pomnożyć [pɔmnɔʒitɕ] *vperf* = mnożyć.

pomoc [pɔmɔts] (*D* -y) *f* [wsparcie,
ratunek] help; [człowiek] assistant
• pierwsza pomoc first aid; udzielić
komuś pomocy to give sb help; po-

moc domowa home help. ← **na pomoc!** [na 'pɔmɔʦ] *interj* help!

Pomorzanin, Pomorzanka [pɔmɔ-ʒaɲin, pɔmɔʒanka] *m, f* Pomeranian.

Pomorze [pɔmɔʒɛ] (*D* **Pomorza** [pɔmɔʒa]) *n* Pomerania.

pomost [pɔmɔst] (*D* **-u**) *m* [nad rzeką] jetty; [część wagonu] platform; [część statku] deck.

pomóc [pɔmuʦ] *vperf* = **pomagać**.

pompka [pɔmpka] (*D* **pompki** [pɔmp-k,i]) *f* [do roweru] pump; [ćwiczenie] press-up *UK*, push-up *US*.

pompować [pɔmpɔvaʦ] *vimperf* [dętkę, koło] to pump up.

pomścić [pɔmɕʨiʦ] *vperf* to avenge • **pomścić kogoś** to avenge sb.

pomylić [pɔmil,iʦ] *vperf* to mix up. ← **pomylić się** [pɔmil,iʦ ɕɛ] *vp perf* to make a mistake.

pomyłka [pɔmiwka] (*D* **pomyłki** [pɔmiwk,i]) *f* [błąd] mistake.

pomyłkowo [pɔmiwkɔvɔ] *adv* [omyłkowo] by mistake.

pomysł [pɔmisw] (*D* **-u**) *m* idea • **wpaść na pomysł** to hit upon an idea.

pomysłowy [pɔmiswɔvi] *adj* [pracownik, rozwiązanie] ingenious.

pomyśleć [pɔmiɕlɛʨ] *vperf* [zastanowić się, zatroszczyć się, wyobrazić sobie] to think.

pomyślny [pɔmiɕlni] *adj* [korzystny, sprzyjający] favourable • **pomyślny wynik egzaminu** successful exam result.

pon. (*skr od* **poniedziałek**) Mon.

ponad [pɔnat] *prep* over.

ponaglać [pɔnaglaʦ] *vimperf* [popędzać] to rush.

poniedziałek [pɔɲɛdʑawɛk] (*D* **poniedziałku** [pɔɲɛdʑawku]) *m* Monday; *zobacz też* **sobota**.

ponieważ [pɔɲɛvaʃ] *conj* because.

poniżać [pɔɲiʒaʨ] *vimperf* to humiliate • **poniżać kogoś** to humiliate sb. ← **poniżać się** [pɔɲiʒaʨ ɕɛ] *vp imperf* [upokarzać się] to degrade o.s.

poniżenie [pɔɲiʒɛɲɛ] (*D* **poniżenia** [pɔɲiʒɛɲa]) *n* humiliation.

ponownie [pɔnɔvɲɛ] *adv* [powtórnie] again.

ponton [pɔntɔn] (*D* **-u**) *m* [łódź gumowa] inflatable dinghy; [do budowy mostu] pontoon.

ponury [pɔnuri] *adj* [posępny] gloomy.

pończochy [pɔɲʧɔxi] (*D* **pończoch** [pɔɲʧɔx]) *fpl* stockings.

pop¹ [pɔp] (*D* **-a**) *m* *Orthodox priest*.

pop² [pɔp] <> *m* pop music. <> *adj* pop.

poparcie [pɔparʨɛ] (*D* **poparcia** [pɔparʨa]) *n* support.

poparzenie [pɔpaʒɛɲɛ] (*D* **poparzenia** [pɔpaʒɛɲa]) *n* [na ciele] burn.

poparzyć [pɔpaʒiʦ] *vperf* [ciało] to burn. ← **poparzyć się** [pɔpaʒiʦ ɕɛ] *vp perf* to scald o.s.

popełnić [pɔpɛwɲiʦ] *vperf* [coś złego] to commit • **popełnić przestępstwo** to commit a crime; **popełnić błąd** to make a mistake.

popęd [pɔpɛnt] (*D* **-u**) *m* [płciowy] sex drive.

popędzać [pɔpɛndzaʦ] *vimperf* : **popędzać kogoś** to rush sb.

popić [pɔp,iʦ] *vperf* pot to have a drink • **popić czymś** [proszki] to wash sthg down.

popielaty [pɔp,jɛlati] *adj* light grey.

popielniczka [pɔp,jɛlniʧka] (*D* **popielniczki** [pɔp,jɛlniʧk,i]) *f* ashtray.

popierać [pɔp,jɛraʦ] (*perf* **poprzeć** [pɔpʃɛʦ]) *vimperf* : **popierać kogoś/coś** to support sb/sthg.

popiół [pɔp,juw] (*D* **popiołu** [pɔp,jɔwu]) *m* ash.

popisać się [pɔp,isaʦ ɕɛ] *vp perf* to show off.

poplamić [pɔplam,iʦ] *vperf* = **plamić**.

poplątać [pɔplɔntaʦ] *vperf* = **plątać**.

popołudnie [pɔpɔwudɲɛ] (*D* **popołudnia** [pɔpɔwudɲa]) *n* afternoon.

poprawa [pɔprava] (*D* **poprawy** [pɔpravi]) *f* [pogody, zdrowia] improvement.

poprawczak [pɔprafʧak] (*D* **-a**) *m* pot youth detention centre.

poprawiać [pɔprav,jaʦ] (*perf* **poprawić** [pɔprav,iʦ]) *vimperf* [błędy] to

correct; [włosy] to adjust; [wynik] to improve • **poprawiać makijaż** to touch up one's make-up.

poprawkowy [pɔprafkɔvi] *adj* [egzamin] repeat.

poprawnie [pɔpravɲɛ] *adv* correctly.

poprawny [pɔpravni] *adj* [odpowiedź] correct; [zachowanie] good.

poprosić [pɔprɔɕitɕ] *vperf* = prosić.

poprzeć [pɔpʃɛtɕ] *vperf* = popierać.

poprzedni [pɔpʃɛdɲi] *adj* previous.

poprzednik, poprzedniczka [pɔpʃɛdɲik, pɔpʃɛdɲitʃka] *m, f* predecessor.

poprzednio [pɔpʃɛdɲɔ] *adv* previously.

poprzez [pɔpʃɛs] *prep* through.

popsuć [pɔpsutɕ] *vperf* = psuć.

populacja [pɔpulatsja] (*D* populacji [pɔpulatsji]) *f* population.

popularnonaukowy [pɔpularnɔnaukɔvi] *adj* [publikacje] popular science.

popularność [pɔpularnɔɕtɕ] (*D* popularności [pɔpularnɔɕtɕi]) *f* popularity • **zdobyć/zyskać popularność** to become popular.

popularny [pɔpularni] *adj* popular.

popularyzować [pɔpularizɔvatɕ] (*perf* **spopularyzować** [spɔpularizɔvatɕ]) *vimperf* to popularize.

popyt [pɔpit] (*D* -u) *m* EKON demand.

por [pɔr] (*D* -a) *m* leek.

pora [pɔra] (*D* pory [pɔri]) *f* [okres, odpowiednia chwila] time • **pora roku** season; **pora spać** it's time to go to bed.

porada [pɔrada] (*D* porady [pɔradi]) *f* advice.

poradnia [pɔradɲa] (*D* poradni [pɔradɲi]) *f* [małżeńska, językowa] advice centre.

poradnik [pɔradɲik] (*D* -a) *m* [czasopismo, książka] guide.

poradzić [pɔradʑitɕ] *vperf* = radzić.

poranek [pɔranɛk] (*D* poranka [pɔranka]) *m* morning.

poranny [pɔranni] *adj* morning.

porażenie [pɔraʒɛɲɛ] (*D* porażenia [pɔraʒɛɲa]) *n* [paraliż] paralysis; [prądem] electric shock • **porażenie mózgowe** cerebral palsy.

porażka [pɔraʃka] (*D* porażki [pɔraʃki]) *f* [przegrana] defeat; [niepowodzenie] failure.

porcelana [pɔrtsɛlana] (*D* porcelany [pɔrtsɛlani]) *f* porcelain, china.

porcelanowy [pɔrtsɛlanɔvi] *adj* porcelain.

porcja [pɔrtsja] (*D* porcji [pɔrtsji]) *f* [jedzenia] portion.

poręcz [pɔrɛntʃ] (*D* poręczy [pɔrɛntʃi]) *f* [schodów] banister; [na balkonie] railing.

poręczenie [pɔrɛntʃɛɲɛ] (*D* poręczenia [pɔrɛntʃɛɲa]) *n* [gwarancja] guarantee.

poręczyciel, ka [pɔrɛntʃitɕɛl, ka] *m, f* guarantor.

poręczyć [pɔrɛntʃitɕ] *vperf* to guarantee • **poręczyć za kogoś** to act as guarantor for sb.

pornografia [pɔrnɔɡrafja] (*D* pornografii [pɔrnɔɡrafji]) *f* pornography.

porozumieć się [pɔrɔzum,jɛtɕ ɕɛ] *vp perf* [skontaktować się] to communicate; [dogadać się] to reach an agreement.

porozumienie [pɔrɔzum,jɛɲɛ] (*D* porozumienia [pɔrɔzum,jɛɲa]) *n* [umowa] agreement.

poród [pɔrut] (*D* porodu [pɔrɔdu]) *m* birth.

porównać [pɔruvnatɕ] *vperf* to compare • **porównać coś z czymś** to compare sthg with sthg.

porównanie [pɔruvnaɲɛ] (*D* porównania [pɔruvnaɲa]) *n* comparison.

porównywalny [pɔruvnivalni] *adj* [wyniki, oceny] comparable.

port [pɔrt] (*D* -u) *m* [morski, rzeczny, rybacki] port • **port lotniczy** airport.

portal [pɔrtal] (*D* -u) *m* INFORM portal.

portfel [pɔrtfɛl] (*D* -a) *m* [na pieniądze] wallet.

portiernia [pɔrtjɛrɲa] (*D* portierni [pɔrtjɛrɲi]) *f* reception.

portmonetka [pɔrtmɔnɛtka] (*D* portmonetki [pɔrtmɔnɛtki]) *f* purse.

porto [pɔrtɔ] *(inv)* n port.

portowy [pɔrtɔvi] *adj* [żegluga, miasto] port.

portret [pɔrtrɛt] *(D -u)* m [obraz] portrait.

Portugalczyk, Portugalka [pɔrtugaltʃik, pɔrtugalka] m, f Portuguese.

Portugalia [pɔrtugalja] *(D Portugalii* [pɔrtugalji]) *f* Portugal.

poruszyć [pɔruʃitɕ] *vperf* [nogą, głową] to move; [temat] to raise. **poruszyć się** [pɔruʃitɕ ɕɛ] *vp perf* [wykonać ruch] to move.

porwać [pɔrvatɕ] *vperf* [papier] to tear; [samolot] to hijack; [człowieka] to kidnap.

porwanie [pɔrvaɲɛ] *(D porwania* [pɔrvaɲa]) *n* [człowieka] kidnapping; [samolotu] hijacking.

porywacz, ka [pɔrivatʃ, ka] m, f [człowieka] kidnapper; [samolotu] hijacker.

porządek [pɔʒɔndɛk] *(D porządku* [pɔʒɔntku]) m [ład, kolejność] order. **porządki** [pɔʒɔntki] *(D porządków* [pɔʒɔntkuf]) *mpl* : robić porządki to tidy up.

porządkować [pɔʒɔntkɔvatɕ] *vimperf* [mieszkanie] to tidy up; [sprawy] to sort out.

porzeczka [pɔʒɛtʃka] *(D porzeczki* [pɔʒɛtʃki]) *f* currant • czarna porzeczka blackcurrant; czerwona porzeczka redcurrant.

pos. *(skr od* poseł, posłanka) ≃ MP *UK*.

posada [pɔsada] *(D posady* [pɔsadi]) *f* [stanowisko] job.

posadzić [pɔsadʑitɕ] *vperf* [kwiaty, drzewa] to plant; [dziecko, gości] to seat.

posadzka [pɔsatska] *(D posadzki* [pɔsatski]) *f* [podłoga] floor.

posag [pɔsak] *(D -u)* m [majątek panny] dowry.

posądzać [pɔsɔndzatɕ] *vimperf* [podejrzewać] to suspect • posądzać kogoś o coś to suspect sb of sthg.

posąg [pɔsɔŋk] *(D -u)* m [rzeźba] statue.

poseł, posłanka [pɔsɛw, pɔswanka] m, f Member of Parliament *UK*, Representative *US*.

posesja [pɔsɛsja] *(D posesji* [pɔsɛsji]) *f* [posiadłość] property.

posępny [pɔsɛmpni] *adj* [smutny, ponury] gloomy.

posiadacz, ka [pɔɕadatʃ, ka] m, f [domu] owner.

posiadać [pɔɕadatɕ] *vimperf oficjal* [mieć] to have • posiadać dom to own a house.

posiadłość [pɔɕadwɔɕtɕ] *(D posiadłości* [pɔɕadwɔɕtɕi]) *f* [ziemska] estate.

posiedzenie [pɔɕɛdzɛɲɛ] *(D posiedzenia* [pɔɕɛdzɛɲa]) *n oficjal* [sejmu, sądu, zarządu] session.

posiłek [pɔɕiwɛk] *(D posiłku* [pɔɕiwku]) m [ranny, wieczorny] meal • obfity posiłek large meal. **posiłki** [pɔɕiwki] *(D posiłków* [pɔɕiwkuf]) *mpl* [wsparcie wojskowe] reinforcements.

poskarżyć [pɔskarʒitɕ] *vperf* = skarżyć.

posłać [pɔswatɕ] *vperf* [łóżko] to make; = posyłać.

posłanie [pɔswaɲɛ] *(D posłania* [pɔswaɲa]) *n* [łóżko] bed.

posłaniec [pɔswaɲɛts] m [wysłannik] messenger.

posłodzić [pɔswɔdʑitɕ] *vperf* = słodzić.

posłuchać [pɔswuxatɕ] *vperf* [rady, muzyki] to listen to.

posługiwać się [pɔswugivatɕ ɕɛ] *vp imperf* : posługiwać się czymś to use sthg • posługiwać się kilkoma językami to speak several languages.

posłuszeństwo [pɔswuʃɛjstfɔ] *(D posłuszeństwa* [pɔswuʃɛjstfa]) *n* [karność] obedience.

posłuszny [pɔswuʃni] *adj* [karny] obedient.

posmarować [pɔsmarɔvatɕ] *vperf* = smarować.

posolić [pɔsɔlitɕ] *vperf* = solić.

pospieszny [pɔspjɛʃni] *adj* = pośpieszny.

pospolity [pɔspɔliti] *adj* [przeciętny] ordinary • pospolity przestępca common criminal.

post [pɔst] (D -u) m [przestrzegać, łamać] fast • **Wielki Post** Lent.

postać [pɔstatɕ] (D postaci [pɔstatɕi], pl postacie LUB postaci) f [kształt] form; [sylwetka człowieka] figure; [bohater literacki] character.

postanowić [pɔstanɔvitɕ] vperf to decide • **postanowić coś zrobić** to decide to do sthg.

postanowienie [pɔstanɔvjɛɲɛ] (D postanowienia [pɔstanɔvjɛɲa]) n [zamiar, orzeczenie] decision.

postarać się [pɔstaratɕ ɕɛ] vp perf : **postarać się coś zrobić** to try to do sthg; **postarać się o coś** to try to get sthg.

postarzeć się [pɔstaʒɛtɕ ɕɛ] vp perf [stać się starszym] to age.

postawa [pɔstava] (D postawy [pɔstavɨ]) f [wobec życia] attitude; [układ ciała] posture.

postawić [pɔstavitɕ] vperf [ustawić] to put; [dom, budynek] to put up; pot [zafundować] to buy.

poster [pɔstɛr] (D -u) m poster.

posterunek [pɔstɛrunɛk] (D posterunku [pɔstɛrunku]) m [policji] police station; [straży granicznej] post.

postęp [pɔstɛmp] (D -u) m progress.

postępować [pɔstɛmpɔvatɕ] vimperf [zachowywać się] to behave; [rozwijać się] to progress.

postępowy [pɔstɛmpɔvɨ] adj [nowoczesny] progressive.

postój [pɔstuj] (D postoju [pɔstɔju]) m [w drodze] stop • **postój taksówek** taxi rank; **zakaz postoju** no waiting UK, no standing US.

postrzelić [pɔstʃɛlitɕ] vperf [zranić] to wound (by shooting).

postrzelony [pɔstʃɛlɔnɨ] adj [narwany] crazy; [ranny] wounded (by shooting).

postulat [pɔstulat] (D -u) m [żądanie] demand.

postulować [pɔstulɔvatɕ] vimperf to demand.

posunąć [pɔsunɔntɕ] vperf to push. • **posunąć się** [pɔsunɔntɕ ɕɛ] vp perf [przesunąć się] to move over.

posyłać [pɔsɨwatɕ] (perf **posłać** [pɔswatɕ]) vimperf [list, paczkę] to send • **posyłać LUB posłać kogoś** [do szkoły] to send sb; **posyłać LUB posłać po kogoś** [po lekarza] to send for sb; **posyłać LUB posłać kogoś po coś** [po zakupy] to send sb for sthg.

poszczególny [pɔʃtʃɛgulnɨ] adj individual.

poszewka [pɔʃɛfka] (D poszewki [pɔʃɛfk,i]) f [na poduszkę] pillowcase.

poszkodowany [pɔʃkɔdɔvanɨ] ◇ adj injured. ◇ m, f (f poszkodowana) injured party.

poszlaka [pɔʃlaka] (D poszlaki [pɔʃlak,i]) f circumstantial evidence.

poszlakowy [pɔʃlakɔvɨ] adj [proces] based on circumstantial evidence.

poszukiwać [pɔʃuk,ivatɕ] vimperf [szukać] to look for.

poszukiwanie [pɔʃuk,ivaɲɛ] (D poszukiwania [pɔʃuk,ivaɲa]) n [szukanie kogoś] search; [badanie, eksperyment] research.

poszukiwany [pɔʃuk,ivanɨ] ◇ adj [towar] sought-after. ◇ m, f (f poszukiwana) [przez policję] wanted person.

poszwa [pɔʃfa] (D poszwy [pɔʃfɨ]) f [na kołdrę] quilt cover.

pościć [pɔɕtɕitɕ] vimperf to fast.

pościel [pɔɕtɕɛl] (D pościeli [pɔɕtɕɛl,i]) f [bielizna] bed linen; [łóżko] bedclothes.

pościelić [pɔɕtɕɛl,itɕ] vperf : **pościelić łóżko** to make the bed.

pościg [pɔɕtɕik] (D -u) m [za złodziejem] pursuit.

pośladek [pɔɕladɛk] (D pośladka [pɔɕlatka]) m buttock.

poślizg [pɔɕl,isk] (D -u) m skid • **wpaść w poślizg** to go into a skid.

poślizgnąć się [pɔɕl,izgnɔntɕ ɕɛ] vp perf [na mokrej podłodze] to slip.

pośliznąć się [pɔɕl,iznɔntɕ ɕɛ] vp perf = poślizgnąć się.

pośmiertny [pɔɕm,jɛrtnɨ] adj [odznaczenie] posthumous.

pośpiech [pɔɕp,jɛx] (D -u) m hurry.

pośpieszny [pɔɕp,jɛʃnɨ], **pospieszny** [pɔsp,jɛʃnɨ] adj [szybki] hurried;

[pochopny] hasty • **autobus pośpieszny** limited-stop bus.

pośpieszyć się [pɔɛp,jɛʃitɛ ɕɛ] *vp perf* to hurry • **pośpiesz się, bo się spóźnimy** hurry up, we'll be late.

pośredniczyć [pɔɕrɛdɲitʃitɛ] *vimperf* to act as an intermediary.

pośrodku [pɔɕrɔtku] <> *adv* [na środku] in the middle. <> *prep* [na środku] in the middle of.

pośród [pɔɕrut] *prep* [między, wśród] among.

poświadczenie [pɔɕf,jattʃɛɲɛ] (*D* poświadczenia [pɔɕf,jattʃɛɲa]) *n* certification.

poświęcenie [pɔɕf,jɛntsɛɲɛ] (*D* poświęcenia [pɔɕf,jɛntsɛɲa]) *n* [ofiarność] dedication.

poświęcić [pɔɕf,jɛntɕitɛ] *vperf* [czas, uwagę, życie] to devote. **poświęcić się** [pɔɕf,jɛntɕitɛ ɕɛ] *vp perf* [zaangażować się] to devote o.s.

pot [pɔt] (*D* -u) *m* sweat.

potasować [pɔtasɔvatɛ] *vperf* = tasować.

potem [pɔtɛm] *adv* [później] afterwards.

potencjalny [pɔtɛntsjalɲi] *adj* [klient] potential.

potęga [pɔtɛŋga] (*D* potęgi [pɔtɛŋg,i]) *f* [siła, moc] power.

potępić [pɔtɛmp,itɛ] *vperf* to condemn • **potępić kogoś za coś** to condemn sb for sthg.

potężny [pɔtɛʒɲi] *adj* [ogromny] enormous; [wpływowy] powerful; [silny] powerful.

potknąć się [pɔtknɔntɛ ɕɛ] *vp perf* [zawadzić o coś] to trip.

potłuc [pɔtwuts] *vperf* [szybę, szklankę] to break.

potoczny [pɔtɔtʃɲi] *adj* [język] colloquial; [wyobrażenie] popular.

potok [pɔtɔk] (*D* -u) *m* stream • **potok górski** mountain stream.

potomność [pɔtɔmnɔɕtɛ] (*D* potomności [pɔtɔmnɔɕtɕi]) *f* [przyszłe pokolenia] posterity.

potop [pɔtɔp] (*D* -u) *m* [powódź] flood.

potrafić [pɔtraf,itɛ] *vimperf* LUB **vperf** to be able to.

potraktować [pɔtraktɔvatɛ] *vperf* = traktować.

potrawa [pɔtrava] (*D* potrawy [pɔtravi]) *f* [danie] dish.

potrawka [pɔtrafka] (*D* potrawki [pɔtrafk,i]) *f* fricassee • **potrawka cielęca** veal fricassee; **potrawka z drobiu** chicken or turkey fricassee; **potrawka z królika** rabbit fricassee; **potrawka z kurczaka** chicken fricassee.

potrącić [pɔtrɔntɕitɛ] *vperf* [przechodnia] to hit.

potrójny [pɔtrujni] *adj* triple.

potrząsnąć [pɔtʃɔsnɔntɛ] *vperf* to shake.

potrzeba [pɔtʃɛba] (*D* potrzeby [pɔtʃɛbi]) <> *f* [konieczność, powód] need • **bez potrzeby** unnecesarily. <> *vimpers* [trzeba] : **potrzeba ci odpoczynku** you need some rest.

potrzebny [pɔtʃɛbni] *adj* necessary • **żonie potrzebny jest wypoczynek** my wife needs a rest.

potrzebować [pɔtʃɛbɔvatɛ] *vimperf* to need • **potrzebować czegoś** to need sthg.

potulny [pɔtulni] *adj* [pracownik] easygoing.

potwierdzenie [pɔtf,jɛrdzɛɲɛ] (*D* potwierdzenia [pɔtf,jɛrdzɛɲa]) *n* [kwit] receipt.

potwierdzić [pɔtf,jɛrdzitɛ] *vperf* [termin, zeznania] to confirm • **potwierdził odbiór paczki** he acknowledged receipt of the parcel.

potworny [pɔtfɔrni] *adj* [widok] terrible.

potwór [pɔtfur] *m* monster.

poufały [pɔufawi] *adj* [bezceremonialny] familiar.

poufny [pɔufni] *adj* confidential.

powaga [pɔvaga] (*D* powagi [pɔvag,i]) *f* seriousness • **zachować powagę** to remain serious.

poważanie [pɔvaʒaɲɛ] (*D* poważania [pɔvaʒaɲa]) *n* [szacunek] respect.

poważnie [pɔvaʒɲɛ] *adv* [z powagą, bardzo] seriously.

poważny [pɔvaʒni] *adj* [pełen powagi, duży] serious.

powąchać [pɔvɔxatɕ] *vperf* = wąchać.

powiat [pɔv,jat] (*D* -u) *m* [administracyjny] *Polish local administrative district*; [budynek] *offices of the local administrative district*.

powiedzenie [pɔv,jɛdʑɛnɛ] (*D* powiedzenia [pɔv,jɛdʑɛna]) *n* [ludowe] saying.

powiedzieć [pɔv,jɛdʑætɕ] *vperf* to say • **powiedzieć coś komuś** to tell sb sthg.

powieka [pɔv,jɛka] (*D* powieki [pɔv,jɛk,i]) *f* eyelid.

powielać [pɔv,jɛlatɕ] *vimperf* [odbijać] to make copies; [naśladować] to copy.

powierniczy [pɔv,jɛrɲitʃi] *adj* : **fundusz powierniczy** trust fund.

powiernik, powierniczka [pɔv,jɛrɲik, pɔv,jɛrɲitʃka] *m, f* [sekretów] confidant; [firmy] trustee.

powierzchnia [pɔv,jɛʃxna] (*D* powierzchni [pɔv,jɛʃxɲi]) *f* [stołu, mieszkania] surface; [obszar] area.

powierzchownie [pɔv,jɛʃxɔvɲɛ] *adv* superficially.

powierzchowność [pɔv,jɛʃxɔvnɔɕtɕ] (*D* powierzchowności [pɔv,jɛʃxɔvnɔɕtɕi]) *f* [aparycja] appearance; [niedokładność] superficiality.

powierzchowny [pɔv,jɛʃxɔvni] *adj* [obserwacje, draśnięcie] superficial.

powierzyć [pɔv,jɛʒitɕ] *vperf* [opiekę, zadanie] to entrust • **powierzyć komuś tajemnicę** to tell sb a secret.

powiesić [pɔv,jɛɕitɕ] *vperf* [kurtkę na wieszaku] to hang.

powieściopisarz, powieściopisarka [pɔv,jɛɕtɕɔp,isaʃ, pɔv,jɛɕtɕɔp,isarka] *m, f* novelist.

powieść [pɔv,jɛɕtɕ] (*D* powieści [pɔv,jɛɕtɕi]) *f* [utwór] novel.

powietrze [pɔv,jɛtʃɛ] (*D* powietrza [pɔv,jɛtʃa]) *n* air • **wyjść na powietrze** to go outside; **wysadzić w powietrze** to blow up.

powietrzny [pɔv,jɛtʃni] *adj* air • **trąba powietrzna** whirlwind.

powiew [pɔv,jɛf] (*D* -u) *m* puff of wind • **zimny powiew wiatru** puff of cold air.

powiększający [pɔv,jɛŋkʃajɔntɕi] *adj* : **szkło powiększające** magnifying glass.

powiększenie [pɔv,jɛŋkʃɛnɛ] (*D* powiększenia [pɔv,jɛŋkʃɛna]) *n* [zdjęcia] enlargement • **w powiększeniu** enlarged.

powiększyć [pɔv,jɛŋkʃitɕ] *vperf* [majątek, wymagania] to increase.

powinien [pɔv,iɲɛn] should • **powinieneś pójść do lekarza** you should go to the doctor; **morze powinno być ciepłe** the sea should be warm.

powitać [pɔv,itatɕ] *vperf* = witać.

powitalny [pɔv,italni] *adj* [mowa] welcoming.

powitanie [pɔv,itanɛ] (*D* powitania [pɔvitana]) *n* welcome • **słowa powitania** words of welcome; **zgotować komuś gorące powitanie** to give sb an enthusiastic welcome.

powodować [pɔvɔdɔvatɕ] (*perf* spowodować [spɔvɔdɔvatɕ]) *vimperf* [chorobę, niezadowolenie, wypadek] to cause.

powodzenie [pɔvɔdʑɛnɛ] (*D* powodzenia [pɔvɔdʑɛna]) *n* [sukces] success; [atrakcyjność] popularity *(with the opposite sex)* • **cieszyć się powodzeniem** to be popular *(with the opposite sex)*. ↝ **powodzenia!** *interj* [zwrot grzecznościowy] all the best!

powodzić się [pɔvɔdʑitɕ ɕɛ] *vp imperf* [wieść się, układać się] : **źle/dobrze im się powodzi** they are doing badly/well.

powojenny [pɔvɔjɛnni] *adj* postwar.

powoli [pɔvɔl,i] *adv* slowly.

powolny [pɔvɔlni] *adj* slow.

powołanie [pɔvɔwanɛ] (*D* powołania [pɔvɔwana]) *n* [misja] vocation.

powód [pɔvut] (*D* powodu [pɔvɔdu]) *m* [przyczyna] reason • **z powodu** because of.

powództwo [pɔvutstfɔ] (*D* powództwa [pɔvutstfa]) *n* oficjal suit.

powódź [pɔvutɕ] (D **powodzi** [pɔ-vɔdʑi]) f flood.

powrotny [pɔvrɔtni] adj return.

powrót [pɔvrut] (D **powrotu** [pɔ-vrɔtu]) m [gen] return • **jestem z powrotem w domu** I'm back home.

powstanie [pɔfstaɲɛ] (D **powstania** [pɔfstaɲa]) n [fundacji] beginning; [insurekcja] uprising.

powstrzymywać [pɔfstʃimivatɕ] vimperf [śmiech, płacz] to restrain. ► **powstrzymywać się** [pɔ-fstʃimivatɕ ɕɛ] vp imperf to restrain o.s.

powszechny [pɔfʃɛxni] adj [ogólny] universal • **historia powszechna** world history.

powszedni [pɔfʃɛdni] adj [zwyczajny] everyday • **dzień powszedni** week-day.

powściągliwość [pɔfɕtɕɔŋgl,ivɔɕtɕ] (D **powściągliwości** [pɔfɕtɕɔŋgl,i-vɔɕtɕi]) f restraint.

powściągliwy [pɔfɕtɕɔŋgl,ivi] adj restrained.

powtarzać [pɔftaʒatɕ] (perf **powtórzyć** [pɔftuʒitɕ]) vimperf [gen] to repeat • **powtarzać za kimś** to repeat after sb.

powtórzenie [pɔftuʒɛɲɛ] (D **powtó-rzenia** [pɔftuʒɛɲa]) n repetition.

powtórzyć [pɔftuʒitɕ] vperf = po-wtarzać.

powyżej [pɔviʒɛj] ◇ adv [wcześniej w tekście] above. ◇ prep [nad czymś] above.

poza¹ [pɔza] (D **pozy** [pɔzi]) f [pozycja] pose.

poza² [pɔza] prep [domem] outside; [oprócz] apart from.

pozbawiony [pɔzbav,jɔni] adj [wdzięku, sensu] lacking.

pozbyć się [pɔzbitɕ ɕɛ] vp perf : **pozbyć się kogoś/czegoś** to get rid of sb/sthg.

pozdrowić [pɔzdrɔv,itɕ] vperf to greet • **pozdrów ode mnie rodziców** give my regards to your parents.

pozdrowienie [pɔzdrɔv,jɛɲɛ] (D **po-zdrowienia** [pɔzdrɔv,jɛɲa]) n greet-ing. ► **pozdrowienia** [pɔzdrɔ-v,jɛɲa] (D **pozdrowień** [pɔzdrɔv,jɛɲ]) npl regards • **proszę przekazać po-zdrowienia rodzicom** please give my regards to your parents.

pozer, ka [pɔzɛr, ka] m, f pot & pej poser.

poziom [pɔʑɔm] (D **-u**) m [wody, cukru, wykształcenia] level • **w pozio-mie** horizontally.

poziomka [pɔʑɔmka] (D **poziomki** [pɔʑɔmk,i]) f alpine strawberry.

poziomy [pɔʑɔmi] adj horizontal.

pozłacany [pɔzwatsani] adj [zegarek] gold-plated.

pozmywać [pɔzmivatɕ] vperf to wash • **pozmywać naczynia** to wash up.

poznać [pɔznatɕ] vperf [obce kraje] to get to know; [kogoś] to meet; [rozpoznać] to recognize • **poznać kogoś z kimś** to introduce sb to sb. ► **poznać się** [pɔznatɕ ɕɛ] vp perf to meet • **poznać się z kimś** to meet sb; **poznać się na kimś/na czymś** to see through sb/sthg.

Poznań [pɔznaɲ] (D **Poznania** [pɔzna-ɲa]) m Poznan.

pozornie [pɔzɔrɲɛ] adv seemingly.

pozorny [pɔzɔrni] adj seeming.

pozować [pɔzɔvatɕ] vimperf [jako model] to pose.

pozór [pɔzur] (D **pozoru** [pɔzɔru]) m [grzeczności] appearance • **zachowy-wać pozory** to keep up appearances; **pod żadnym pozorem** under no circumstances.

pozwalać [pɔzvalatɕ] vimperf to allow • **pozwalać komuś na coś** to allow sb to do sthg; **pozwalam ci na ten wyjazd** I'll allow you to go on that trip.

pozwolenie [pɔzvɔlɛɲɛ] (D **pozwole-nia** [pɔzvɔlɛɲa]) n permission • **po-zwolenie na pracę** work permit.

pozycja [pɔzitsja] (D **pozycji** [pɔ-zitsji]) f [gen] position; [element, obiekt] item • **pozycje wydawnicze** publication.

pozytyw [pɔzitif] (D **-u**) m [obraz fotograficzny] positive; [plus] positive aspect.

pozytywny [pɔzitivni] *adj* [dobry, korzystny] favourable; [dodatni] positive • **pozytywny stosunek do kogoś** positive attitude to sb; **pozytywny wynik egzaminu** good exam result.

pożalić się [pɔʒalˌitɕ ɕɛ] *vp perf* to complain.

pożar [pɔʒar] (*D* -u) *m* fire.

pożądać [pɔʒɔndatɕ] *vimperf* to desire • **pożądać kogoś/czegoś** to desire sb/sthg.

pożądanie [pɔʒɔndaɲɛ] (*D* pożądania [pɔʒɔndaɲa]) *n* [fizyczne] lust.

pożegnać [pɔʒɛgnatɕ] *vperf* to say goodbye • **pożegnać kogoś** to say goodbye to sb. **pożegnać się** [pɔʒɛgnatɕ ɕɛ] *vp perf* to say goodbye • **pożegnać się z kimś** to say goodbye to sb.

pożegnanie [pɔʒɛgnaɲɛ] (*D* pożegnania [pɔʒɛgnaɲa]) *n* goodbye.

pożyczać [pɔʒitʃatɕ] (*perf* pożyczyć [pɔʒitʃitɕ]) *vimperf* : **pożyczać komuś** [dawać] to lend (to) sb; **pożyczać od kogoś** [brać] to borrow from sb.

pożyczka [pɔʒitʃka] (*D* pożyczki [pɔʒitʃkˌi]) *f* [kredyt] loan.

pożyczyć [pɔʒitʃitɕ] *vperf* = pożyczać.

pożyteczny [pɔʒitɛtʃni] *adj* [użyteczny, potrzebny] useful.

pożytek [pɔʒitɛk] (*D* pożytku [pɔʒitku]) *m* benefit.

pożywienie [pɔʒiv̩jɛɲɛ] (*D* pożywienia [pɔʒiv̩jɛɲa]) *n* food.

pożywny [pɔʒivni] *adj* nourishing.

pójść [pujɕtɕ] *vperf* [gen] to go.

pół [puw] *num* half.

półfinał [puwfˌinaw] (*D* -u) *m* SPORT semifinal.

półgłosem [puwgwɔsɛm] *adv* in a low voice.

półka [puwka] (*D* półki [puwkˌi]) *f* shelf.

półkole [puwkɔlɛ] (*D* półkola [puwkɔla]) *n* semicircle.

półkula [puwkula] (*D* półkuli [puwkulˌi]) *f* hemisphere.

półmetek [puwmɛtɛk] (*D* półmetka [puwmɛtka]) *m* halfway point.

półmisek [puwmˌisɛk] (*D* półmiska [puwmˌiska]) *m* platter • **półmisek zimnych mięs** a platter of cold cuts.

półmrok [puwmrɔk] (*D* -u) *m* semi-darkness.

północ [puwnɔtʃ] (*D* północy [puwnɔtsi]) *f* [godzina] midnight; [kierunek, teren] north.

północno-wschodni [puwnɔtʃnɔfsxɔdɲi] *adj* northeast.

północno-zachodni [puwnɔtʃnɔzaxɔdɲi] *adj* northwest.

północny [puwnɔtʃni] *adj* north • **północne Niemcy** northern Germany.

półrocze [puwrɔtʃɛ] (*D* półrocza [puwrɔtʃa]) *n* [w kalendarzu] half-year; [w szkole] semester.

półświatek [puwɕfjatɛk] (*D* półświatka [puwɕfjatka]) *m* pot underworld.

półtora, półtorej [puwtɔra, puwtɔrɛj] *num* one and a half.

półwysep [puwvisɛp] (*D* półwyspu [puwvispu]) *m* peninsula • **Półwysep Apeniński** the Apennine Peninsula; **Półwysep Arabski** the Arabian Peninsula; **Półwysep Bałkański** the Balkan Peninsula; **Półwysep Hel** the Hel Peninsula; **Półwysep Iberyjski** the Iberian Peninsula; **Półwysep Indyjski** the Indian Peninsula; **półwysep Labrador** Labrador; **Półwysep Skandynawski** Scandinavia.

półwytrawny [puwvitravni] *adj* : **wino półwytrawne** semi-sweet wine.

późno [puʑnɔ] (*compar* później, *superl* najpóźniej) *adv* late. **później** [puʑnɛj] *adv* [potem] later.

późny [puʑni] (*compar* późniejszy, *superl* najpóźniejszy) *adj* [schyłkowy] late. **późniejszy** [puʑnɛjʃi] *adj* [przyszły] future.

pp. (*skr od* państwo) Mr and Mrs; (*skr od* panowie) Messrs; (*skr od* panie) *ladies*.

p.p.m. (*skr od* poniżej poziomu morza*) below sea level.*

prababka [prababka] *f* great-grandmother.

praca [pratsa] (D **pracy** [pratsi]) f
[zawodowa, naukowa] work; [tekst]
work; [maszyny, organizmu] function-
ing • **praca dorywcza** casual work;
praca na pełnym etacie full-time
work; **praca na pół etatu** part-time
work; **stracić pracę** to lose one's job;
szukać pracy to look for a job; **wziąć
się do pracy** to get down to work;
praca magisterska master's disserta-
tion.

pracochłonny [pratsɔxwɔnni] adj
[zajęcie] laborious.

pracodawca, pracodawczyni [pra-
tsɔdaftsa, pratsɔdaftʃini] m, f employer.

pracować [pratsɔvatɕ] vimperf to
work.

pracowity [pratsɔv,iti] adj [uczeń]
hard-working.

pracownia [pratsɔvɲa] (D **pracowni**
[pratsɔvɲi]) f [malarza] studio; [chemicz-
na] laboratory; [krawiecka] workshop.

pracownik, pracownica [pratsɔv-
ɲik, pratsɔvɲitsa] m, f employee
• **pracownik fizyczny** bluecollar
worker; **pracownik naukowy** research worker; **pracownik umysłowy**
whitecollar worker.

prać [pratɕ] vimperf to wash.

pradziadek [pradʑadɛk] m great-
grandfather.

Praga [praga] (D **Pragi** [prag,i]) f
Prague.

pragnąć [pragnɔntɕ] vimperf [coś
zrobić] to want to.

pragnienie [pragɲɛɲɛ] (D **pragnienia**
[pragɲɛɲa]) n [chęć] desire; [w gardle]
thirst • **mieć pragnienie** to be
thirsty; **ugasić pragnienie** to quench
one's thirst.

praktyczny [praktitʃni] adj [użytecz-
ny, zaradny] practical.

praktyka [praktika] (D **praktyki**
[praktik,i]) f [doświadczenie] experience; [w zastosowaniu] practice.

praktykant, ka [praktikant, ka] m, f
trainee.

pralka [pralka] (D **pralki** [pralk,i]) f
washing machine.

pralnia [pralɲa] (D **pralni** [pralɲi]) f
laundry • **pralnia chemiczna** dry-

cleaner's; **pralnia samoobsługowa**
launderette UK, laundromat US.

pranie [praɲɛ] (D **prania** [praɲa]) n
washing • **zrobić pranie** to do the
washing.

prasa [prasa] (D **prasy** [prasi]) f
[gazety, dziennikarze] press • **prasa
codzienna** daily papers.

prasować [prasɔvatɕ] (perf **uprasować** [uprasɔvatɕ]; perf **wyprasować**
[viprasɔvatɕ]) vimperf to iron.

prasowy [prasɔvi] adj press • **artykuł
prasowy** newspaper article; **konferencja prasowa** press conference;
rzecznik prasowy spokesperson.

prawda [pravda] (D **prawdy** [pravdi])
f truth.

prawdopodobnie [pravdɔpɔdɔbɲɛ]
<> adv [wiarygodnie] plausible.
<> part [przypuszczalnie] probably.

prawdopodobny [pravdɔpɔdɔbni]
adj [wiarygodny] plausible.

prawdziwek [pravdʑivɛk] (D **praw-
dziwka** [pravdʑifka]) m a type of edible
wild mushroom.

prawdziwy [pravdʑivi] adj [rzeczywis-
ty] true; [autentyczny] real.

prawica [prav,itsa] (D **prawicy** [pra-
v,itsi]) f [ugrupowanie polityczne]
right wing; [prawa ręka] right hand.

prawicowy [prav,itsɔvi] adj [partia]
right-wing.

prawidłowość [prav,idwɔvɔɕtɕ] (D
prawidłowości [prav,idwɔvɔɕtɕi]) f
[poprawność] correctness; [zgodność
z regułami] law.

prawidłowy [prav,idwɔvi] adj [właś-
ciwy, poprawny] correct.

prawie [prav,jɛ] part [niemal] almost.

prawnik, prawniczka [pravɲik, prav-
ɲitʃka] m, f lawyer.

prawnuczka [pravnutʃka] f great-
granddaughter.

prawnuk [pravnuk] m great-grand-
son.

prawo¹ [pravɔ] (D **prawa** [prava]) n
[prawodawstwo] law; [uprawnienie]
right • **prawo jazdy** driving licence
UK, driver's license US; **zgodny z
prawem** in accordance with the law;
niezgodny z prawem against the

law; **Prawo Wspólnotowe** Community Law.

prawo² [pravɔ] ◄ **na prawo** [na 'pravɔ] *constr* to the right. ◄ **w prawo** [f 'pravɔ] *constr* right.

prawodawczy [pravɔdaftʃi] *adj* legislative.

praworęczny [pravɔrɛntʃni] *adj* [gracz] right-handed.

prawosławny [pravɔswavni] *adj* Eastern Orthodox.

prawostronny [pravɔstrɔnni] *adj* [ruch] right-hand.

prawowity [pravɔˌiti] *adj* [właściciel] legitimate.

prawy [pravi] *adj* [obywatel] honest; [strona, ręka] right • **po prawej** on the right.

prażanin, prażanka [praʒaɲin, praʒanka] *m, f inhabitant of Prague.*

prąd [prɔnt] (*D* -u) *m* electricity; [rzeki] current • **prąd elektryczny** electrical current.

prążkowany [prɔ̃ʃkɔvani] *adj* striped.

precedens [prɛtsɛdɛns] (*D* -u) *m* precedent.

precyzja [prɛtsizja] (*D* precyzji [prɛtsizji]) *f* precision.

precyzyjny [prɛtsizijni] *adj* precise.

predyspozycja [prɛdispɔzitsja] (*D* predyspozycji [prɛdispɔzitsji]) *f* [zdolność] predisposition.

prehistoryczny [prɛxˌistɔritʃni] *adj* [dzieje] prehistoric.

prekursor, ka [prɛkursɔr, ka] *m, f* precursor.

prelegent, ka [prɛlɛgɛnt, ka] *m, f* speaker.

prelekcja [prɛlɛktsja] (*D* prelekcji [prɛlɛktsji]) *f* lecture.

premedytacja [prɛmɛditatsja] (*D* premedytacji [prɛmɛditatsji]) *f* [celowość] premeditation.

premia [prɛmja] (*D* premii [prɛmˌji]) *f* bonus.

premier [prɛmˌjɛr] *m* [szef rządu] prime minister.

premiera [prɛmˌjɛra] (*D* premiery [prɛmˌjɛri]) *f* [filmu] premiere.

prenumerata [prɛnumɛrata] (*D* prenumeraty [prɛnumɛrati]) *f* [czasopisma] subscription.

presja [prɛsja] (*D* presji [prɛsji]) *f* pressure • **wywierać na kogoś presję** to put pressure on sb.

prestiż [prɛstˌiʃ] (*D* -u) *m* [uznanie] prestige.

pretekst [prɛtɛkst] (*D* -u) *m* [wymówka] excuse.

pretensja [prɛtɛnsja] (*D* pretensji [prɛtɛnsji]) *f* [żal] grievance; [roszczenie] claim • **mieć do kogoś pretensję o coś** to blame sb for sthg.

prezencja [prɛzɛntsja] (*D* prezencji [prɛzɛntsji]) *f* [wygląd] presence.

prezent [prɛzɛnt] (*D* -u) *m* present • **prezent imieninowy** name-day present; **prezent urodzinowy** birthday present.

prezentacja [prɛzɛntatsja] (*D* prezentacji [prɛzɛntatsji]) *f* [pokaz] presentation; *oficjal* [zgromadzonych osób] introduction.

prezerwatywa [prɛzɛrvativa] (*D* prezerwatywy [prɛzɛrvativi]) *f* condom.

prezes [prɛzɛs] *m* [szef] chairman *UK*, president *US* • **prezes spółki** company chairman.

prezydent [prɛzidɛnt] *m* president.

prędki [prɛntkˌi] *adj pot* [szybki] fast.

prędko [prɛntkɔ] (*compar* prędzej, *superl* najprędzej) *adv pot* [szybko] quickly. ◄ **prędzej** [prɛndzɛj] *part* [raczej] sooner.

prędkość [prɛntkɔɕtɕ] (*D* prędkości [prɛntkɔɕtɕi]) *f* speed • **ograniczenie prędkości** speed limit.

prędzej [prɛndzɛj] *adv* = **prędko.**

pręt [prɛnt] (*D* -a) *m* [ogrodzenia] bar.

prima aprilis [prˌima aprˌilˌis] *m* All Fools' Day.

priorytet [prjɔritɛt] (*D* -u) *m* [pierwszeństwo] priority.

problem [prɔblɛm] (*D* -u) *m* [kłopot] problem.

problematyczny [prɔblɛmatitʃni] *adj* [dyskusyjny] problematic.

proboszcz [prɔbɔʃtʃ] *m* [parafii] parish priest.

probówka [prɔbufka] (D **probówki** [prɔbufk,i]) f [laboratoryjna] test tube.

proc. (skr od **procent**) percent.

proca [prɔtsa] (D **procy** [prɔtsi]) f catapult UK, slingshot US.

procent [prɔtsɛnt] (D **-u**) m [alkoholu] per cent; [odsetki] interest.

proces [prɔtsɛs] (D **-u**) m [przebieg zjawisk] process; [sprawa sądowa] court case • **wytoczyć komuś proces** to take sb to court.

procesja [prɔtsɛsja] (D **procesji** [prɔtsɛsji]) f [religijna] procession.

procesor [prɔtsɛsɔr] (D **-a**) m INFORM processor.

proch [prɔx] (D **-u**) m gunpowder.
➤ **prochy** [prɔxi] (D **prochów** [prɔxuf]) pl [szczątki] ashes.

produkcja [prɔduktsja] (D **produkcji** [prɔduktsji]) f production.

produkować [prɔdukɔvatɕ] (perf **wyprodukować** [viprɔdukɔvatɕ]) vimperf to produce.

produkt [prɔdukt] (D **-u**) m [towar] product • **produkty rolne** farm produce.

prof. (skr od **profesor**) Prof.

profesor, ka [prɔfɛsɔr, ka] m, f [uniwersytecki] professor; [w szkole średniej] teacher.

profil [prɔf,il] (D **-u**) m [twarzy, charakter] profile.

profilaktyczny [prɔf,ilaktitʃni] adj [szczepienia] preventive.

prognoza [prɔɡnɔza] (D **prognozy** [prɔɡnɔzi]) f : **prognoza pogody** weather forecast.

program [prɔɡram] (D **-u**) m [wyborczy, telewizyjny] programme; [INFORM ciąg rozkazów] program • **program komputerowy** computer program.

programista [prɔɡram,ista] m computer programmer.

progresywny [prɔɡrɛsivni] adj [wzrastający] progressive.

projekcja [prɔjɛktsja] (D **projekcji** [prɔjɛktsji]) f [filmu] showing.

projekt [prɔjɛkt] (D **-u**) m [architektoniczny] design • **projekt ustawy** bill.

projektor [prɔjɛktɔr] (D **-a**) m [aparat] projector.

projektować [prɔjɛktɔvatɕ] (perf **zaprojektować** [zaprɔjɛktɔvatɕ]) vimperf [ubrania, dom] to design.

prokuratura [prɔkuratura] (D **prokuratury** [prɔkuraturi]) f [urząd] public prosecutor's office.

prolog [prɔlɔk] (D **-u**) m [powieści] prologue.

prom [prɔm] (D **-u**) m [statek] ferry • **prom kosmiczny** space shuttle.

promenada [prɔmɛnada] (D **promenady** [prɔmɛnadi]) f [aleja] promenade.

promienieć [prɔm,jɛɲɛtɕ] vimperf : **promienieć radością** [wyrażać radość] to radiate joy.

promieniotwórczy [prɔm,jɛɲɔtfurtʃi] adj [pierwiastek] radioactive.

promieniować [prɔm,jɛɲɔvatɕ] vimperf to radiate.

promień [prɔm,jɛɲ] (D **promienia** [prɔm,jɛɲa]) m ray.

promocja [prɔmɔtsja] (D **promocji** [prɔmɔtsji]) f [towaru] promotion.

promować [prɔmɔvatɕ] (perf **wypromować** [viprɔmɔvatɕ]) vimperf [towar] to promote.

proponować [prɔpɔnɔvatɕ] (perf **zaproponować** [zaprɔpɔnɔvatɕ]) vimperf [pomysł] to suggest • **proponować coś komuś** to offer sb sthg.

proporcja [prɔpɔrtsja] (D **proporcji** [prɔpɔrtsji]) f [składników] proportion.

proporcjonalny [prɔpɔrtsjɔnalni] adj [współmierny] proportional; [harmonijny] well-proportioned.

propozycja [prɔpɔzitsja] (D **propozycji** [prɔpɔzitsji]) f [projekt, wniosek] suggestion • **propozycja pracy** job offer.

prorok [prɔrɔk] m prophet.

prosić [prɔɕitɕ] (perf **poprosić** [pɔprɔɕitɕ]) vimperf : **prosić kogoś o coś** to ask sb for sthg; **proszę siadać/ wejść** please sit down/come in; **prosimy o ciszę** quiet, please.

prospekt [prɔspɛkt] (D **-u**) m [reklamowy] brochure.

prostacki [prɔstatsk,i] *adj* [maniery] common.

prostak, prostaczka [prɔstak, prɔstatʃka] *m, f pot* peasant.

prosto [prɔstɔ] *adv* [na wprost, bezpośrednio] straight.

prostokąt [prɔstɔkɔnt] (*D* -a) *m* rectangle.

prostokątny [prɔstɔkɔntni] *adj* rectangular.

prostopadły [prɔstɔpadwi] *adj* perpendicular.

prostować [prɔstɔvatɕ] *vimperf* [drut] to straighten.

prosty [prɔsti] *adj* [drut] straight; [człowiek] uneducated; [zadanie] simple. ⬛ **prosta** [prɔsta] (*D* prostej [prɔstɛj]) *f* straight line.

prostytutka [prɔstitutka] *f* prostitute.

proszek [prɔʃɛk] (*D* proszku [prɔʃku]) *m* [do prania] powder; [od bólu głowy] pill.

prośba [prɔʑba] (*D* prośby [prɔʑbi]) *f* request.

protegować [prɔtɛgɔvatɕ] *vimperf* to pull strings for sb.

protegowany [prɔtɛgɔvani] ◇ *adj* : był protegowany przez szefa he was the boss's favourite. ◇ *m, f* (f **protegowana** [prɔtɛgɔvana]) favourite.

protekcja [prɔtɛktsja] (*D* protekcji [prɔtɛktsji]) *f* [w pracy] cronyism.

protest [prɔtɛst] (*D* -u) *m* protest.

protestant, ka [prɔtɛstant, ka] *m, f* protestant.

protestować [prɔtɛstɔvatɕ] *vimperf* to protest.

proteza [prɔtɛza] (*D* protezy [prɔtɛzi]) *f* [ręki, nogi] artificial limb; [zębów] dentures.

protokół [prɔtɔkuw] (*D* protokołu [prɔtɔkɔwu]) *m* [sprawozdanie] report; [z zebrania] minutes • **protokół dyplomatyczny** diplomatic protocol.

prototyp [prɔtɔtip] (*D* -u) *m* [urządzenia] prototype.

prowadzenie [prɔvadzɛɲɛ] (*D* prowadzenia [prɔvadzɛɲa]) *n* [kierowanie] running; [przewaga] lead.

prowadzić [prɔvadʑitɕ] *vimperf* [wieść] to lead; [realizować] to conduct; [samochód] to drive.

Prowansalczyk, Prowansalka [prɔvansaltʃik, prɔvansalka] *m, f* Provencal.

Prowansja [prɔvansja] (*D* Prowansji [prɔvansji]) *f* Provence.

prowiant [prɔv,jant] (*D* -u) *m* [zapas jedzenia] food.

prowincja [prɔv,intsja] (*D* prowincji [prɔv,intsji]) *f* provinces.

prowincjonalny [prɔv,intsjɔnalni] *adj* [miasto] provincial.

prowizja [prɔv,izja] (*D* prowizji [prɔv,izji]) *f* commission.

prowizoryczny [prɔv,izɔritʃni] *adj* [budynek] temporary.

prowokacja [prɔvɔkatsja] (*D* prowokacji [prɔvɔkatsji]) *f* [polityczna] provocation.

prowokator [prɔvɔkatɔr] *m* troublemaker.

prowokować [prɔvɔkɔvatɕ] (*perf* **sprowokować** [sprɔvɔkɔvatɕ]) *vimperf* to provoke • **prowokować** LUB **sprowokować kogoś do czegoś** to provoke sb to sthg.

proza [prɔza] (*D* prozy [prɔzi]) *f* prose.

prozaiczny [prɔzajitʃni] *adj* [pospolity] prosaic.

próba [pruba] (*D* próby [prubi]) *f* [usiłowanie] attempt; [przygotowanie] rehearsal; [test] test.

próbka [prupka] (*D* próbki [prupk,i]) *f* [kremu] sample.

próbny [prubni] *adj* [nagranie, okres] trial.

próbować [prubɔvatɕ] (*perf* spróbować [sprubɔvatɕ]) *vimperf* to try • **próbować coś zrobić** to try to do sthg.

próchnica [pruxɲitsa] (*D* próchnicy [pruxɲitsi]) *f* [zębów] tooth decay.

prócz [prutʃ] *prep* = **oprócz**.

próg [pruk] (*D* progu [prɔgu]) *m* [u drzwi] doorstep.

próżnia [pruʒɲa] (*D* próżni [pruʒɲi]) *f* vacuum • **szukał jej dłoni, ale trafił w próżnię** he reached for her hand but grasped thin air.

próżniak [pruʒnak] *m pej* lazybones.

próżno [pruʒnɔ] *adv* : **na próżno** in vain.

próżnować [pruʒnɔvatɕ] *vimperf pej* to loaf around.

próżny [pruʒni] *adj pej* [zapatrzony w siebie] vain; [daremny] futile.

pruć [prutɕ] (*perf* **spruć** [sprutɕ]) *vimperf* [sweter] to undo.

prymas [primas] *m* [arcybiskup] primate.

prymat [primat] (*D* -u) *m* [pierwszeństwo] primacy.

prymitywny [primˌitivni] *adj* primitive.

prymus, ka [primus, ka] *m, f* best pupil.

pryskać [priskatɕ] *vimperf* to spray.

pryszcz [priʃtʃ] (*D* -a) *m* [na nosie] spot.

pryszczyca [priʃtʃitsa] (*D* pryszczycy [priʃtʃitsi]) *f* [choroba zwierząt] foot-and-mouth disease.

prysznic [priʃnits] (*D* -a) *m* shower • **wziąć prysznic** to have a shower.

prywatnie [privatɲɛ] *adv* [poza szkołą, poza pracą] privately • **prywatnie zachowywał się zupełnie inaczej niż w pracy** in private he acted completely differently than at work.

prywatny [privatni] *adj* private • **własność prywatna** private property; **życie prywatne** private life.

prywatyzacja [privatizatsja] (*D* prywatyzacji [privatizatsji]) *f* [przedsiębiorstwa] privatization.

prywatyzować [privatizɔvatɕ] (*perf* **sprywatyzować** [sprivatizɔvatɕ]) *vimperf* [przedsiębiorstwo] to privatize.

przebaczyć [pʃɛbatʃitɕ] *vperf* : **przebaczyć coś komuś** to forgive sb for sthg.

przebić [pʃɛbˌitɕ] *vperf* [oponę] to puncture.

przebieg [pʃɛbˌjɛk] (*D* -u) *m* [wydarzeń] course.

przebiegły [pʃɛbˌjɛgwi] *adj* [człowiek, uśmiech] crafty.

przebieralnia [pʃɛbˌjɛralɲa] (*D* przebieralni [pʃɛbˌjɛralɲi]) *f* [szatnia] changing room.

przebiśnieg [pʃɛbˌiɕnɛk] (*D* -u) *m* snowdrop.

przebój [pʃɛbuj] (*D* przeboju [pʃɛbɔju]) *m* hit • **jego ulubiona grupa była na drugim miejscu na liście przebojów** his favourite group was at number two in the music charts.

przebrać [pʃɛbratɕ] *vperf* [dziecko] to change. **przebrać się** [pʃɛbratɕ ɕɛ] *vp perf* to change • **przebrać się za kogoś** to dress up as sb else.

przebranie [pʃɛbraɲɛ] (*D* przebrania [pʃɛbraɲa]) *n* [kostium] costume; [ubranie] change.

przebywać [pʃɛbivatɕ] *vimperf* to spend • **przebywać za granicą** to spend time abroad.

przecena [pʃɛtsɛna] (*D* przeceny [pʃɛtsɛni]) *f* [towarów] sale.

przeceniać [pʃɛtsɛɲatɕ] *vimperf* [rolę, wpływ] to overestimate; [towar] to reduce.

przeceniony [pʃɛtsɛɲɔni] *adj* [towar] reduced.

przechodzić [pʃɛxɔdʑitɕ] *vimperf* [gen] to pass; [obok budynku] to walk; [chorobę] to have; [przebiegać] to pass through.

przechodzień [pʃɛxɔdʑɛɲ] *m* passer-by.

przechowalnia [pʃɛxɔvalɲa] (*D* przechowalni [pʃɛxɔvalɲi]) *f* : **przechowalnia bagażu** left-luggage office.

przechowywać [pʃɛxɔvivatɕ] *vimperf* to store • **przechowywać coś gdzieś** to store sthg somewhere.

przechylić [pʃɛxilˌitɕ] *vperf* [pochylić] to tilt. **przechylić się** [pʃɛxilˌitɕ ɕɛ] *vp perf* [pochylić się] to lean.

przeciąć [pʃɛtɕɔɲtɕ] *vperf* = **przeciąnać**.

przeciąg [pʃɛtɕɔŋk] (*D* -u) *m* draught. **w przeciągu** [f pʃɛ'tɕɔŋgu] *constr* [w trakcie] within.

przeciągać się [pʃɛtɕɔŋgatɕ ɕɛ] *vp imperf* [o spotkaniu] to drag; [o człowieku] to stretch.

przeciek [pʃɛtɕɛk] (*D* -u) *m* [oleju, gazu] leak; [prasowy] leak.

przeciekać [pʃɛtɕɛkatɕ] *vimperf* [o dachu] to leak.

przecież [pʃɛtɕɛʃ] *part* : musisz pojechać, przecież obiecałeś you've got to go, you promised, didn't you؟; wstawaj, przecież już późno get up, it's already late; ciągle narzeka na brak pieniędzy, a przecież mało nie zarabia she always complains that she has no money, but she earns quite a lot; nie płacz, przecież nie jest tak źle don't cry, after all, it's not that bad; przecież to prawda, czemu mi nie wierzysz? but it's true, why don't you believe me؟

przeciętnie [pʃɛtɕɛntɲɛ] *adv* [średnio] on average; [normalnie] averagely.

przeciętny [pʃɛtɕɛntɲi] *adj* [średni, typowy, zwykły] average.

przecinać [pʃɛtɕinatɕ] (*perf* przeciąć [pʃɛtɕɔɲtɕ]) *vimperf* [sznur] to cut.

przecinek [pʃɛtɕinɛk] (*D* przecinka [pʃɛtɕinka]) *m* GRAM comma.

przeciskać [pʃɛtɕiskatɕ] *vimperf* [przez coś ciasnego] to squeeze.
◆ **przeciskać się** [pʃɛtɕiskatɕ ɕɛ] *vp imperf* [pchać się] to push one's way through.

przeciwbólowy [pʃɛtɕivbulɔvi] *adj* [proszek, zastrzyk] painkilling.

przeciwdeszczowy [pʃɛtɕivdɛʃtʃɔvi] *adj* [płaszcz] waterproof.

przeciwdziałać [pʃɛtɕivdʑawatɕ] *vimperf* [zapobiegać] to counteract.

przeciwieństwo [pʃɛtɕiv.jɛ̃jstfɔ] (*D* przeciwieństwa [pʃɛtɕiv.jɛ̃jstfa]) *n* [odwrotność] opposite; [trudność] opposition • w przeciwieństwie in contrast to.

przeciwku [pʃɛtɕifkɔ] *prep* against • szczepionka przeciw ospie smallpox vaccine.

przeciwko [pʃɛtɕifkɔ] *prep* = przeciw.

przeciwnie [pʃɛtɕivɲɛ] *adv* [odwrotnie, inaczej] contrarily.

przeciwnik, przeciwniczka [pʃɛtɕivɲik, pʃɛtɕivɲitʃka] *m, f* opponent.

przeciwność [pʃɛtɕivnɔɕtɕ] (*D* przeciwności [pʃɛtɕivnɔɕtɕi]) *f* [trudność] setback.

przeciwny [pʃɛtɕivni] *adj* [brzeg, poglądy, skutek] opposite • być cze-

muś przeciwnym to be opposed to sthg; w przeciwnym razie otherwise.

przeciwsłoneczny [pʃɛtɕifswɔnɛtʃni] *adj* : okulary przeciwsłoneczne sunglasses.

przeciwwskazanie [pʃɛtɕiffskazaɲɛ] (*D* przeciwwskazania [pʃɛtɕiffskazaɲa]) *n* [leku] contraindication.

przeczekać [pʃɛtʃɛkatɕ] *vperf* [deszcz] to wait out.

przeczenie [pʃɛtʃɛɲɛ] (*D* przeczenia [pʃɛtʃɛɲa]) *n* GRAM negation.

przecznica [pʃɛtʃɲitsa] (*D* przecznicy [pʃɛtʃɲitsi]) *f* side street.

przeczucie [pʃɛtʃutɕɛ] (*D* przeczucia [pʃɛtʃutɕa]) *n* premonition.

przeczyszczający [pʃɛtʃiʃtʃajɔntɕi] *adj* [środek] laxative.

przeczytać [pʃɛtʃitatɕ] *vperf* = czytać.

przed [pʃɛt] *prep* [miejsce] in front of; [czas] before • jesteśmy parę kilometrów przed Warszawą we're a few kilometres outside Warsaw.

przedawkować [pʃɛdafkɔvatɕ] *vperf* [lek] to overdose.

przeddzień [pʃɛddʑɛɲ] ◆ **w przeddzień** [f 'pʃɛddʑɛɲ] *constr* the day before.

przedłużacz [pʃɛdwuʒatʃ] (*D* -a) *m* [przyrząd] extension lead.

przedłużać [pʃɛdwuʒatɕ] *vimperf* [sznur, urlop] to extend; [prawo jazdy] to renew.

przedmieście [pʃɛdm.jɛɕtɕɛ] (*D* przedmieścia [pʃɛdm.jɛɕtɕa]) *n* suburb.

przedmiot [pʃɛdm.jɔt] (*D* -u) *m* [rzecz] object; [szkolny] subject.

przedmowa [pʃɛdmɔva] (*D* przedmowy [pʃɛdmɔvi]) *f* [w książce] preface.

przedni [pʃɛdɲi] *adj* [z przodu] front.

przedostatni [pʃɛdɔstatɲi] *adj* last but one.

przedpłata [pʃɛtpwata] (*D* przedpłaty [pʃɛtpwati]) *f* [za mieszkanie] prepayment.

przedpokój [pʃɛtpɔkuj] (*D* przedpokoju [pʃɛtpɔkɔju]) *m* hall.

przedpołudnie [pʃɛtpɔwudɲɛ] (*D* przedpołudnia [pʃɛtpɔwudɲa]) *n* morning.

przedramię [pʃɛdram,jɛ] (*D* przed-ramienia [pʃɛdram,jɛɲa]) *n* fore-arm.

przedrukować [pʃɛdrukɔvatɕ] *vperf* [artykuł] to reprint.

przedrzeźniać [pʃɛdʒɛʑɲatɕ] *vimperf* to mock.

przedsiębiorca [pʃɛtɕɛmb,jɔrtsa] *m* businessman.

przedsiębiorczy [pʃɛtɕɛmb,jɔrtʃi] *adj* [operatywny] enterprising.

przedsiębiorstwo [pʃɛtɕɛmb,jɔr-stfɔ] (*D* przedsiębiorstwa [pʃɛtɕɛmb,jɔrstfa]) *n* [firma] enterprise; [działalność] business.

przedsięwzięcie [pʃɛtɕɛ̃vzʲɛntɕɛ] (*D* przedsięwzięcia [pʃɛtɕɛ̃vzʲɛntɕa]) *n* [zadanie, działania] enterprise.

przedsprzedaż [pʃɛtspʃɛdaʃ] (*D* -y) *f* [biletów, akcji] advance sale.

przedstawiać [pʃɛtstav,jatɕ] (*perf* przedstawić [pʃɛtstav,itɕ]) *vimperf* : przedstawiać coś to present sthg • przedstawiać kogoś komuś to introduce sb to sb.

przedstawiciel, ka [pʃɛtstav,itɕɛl, ka] *m, f* [kraju, organizacji, handlowy] representative.

przedstawicielstwo [pʃɛtstav,itɕɛl-stfɔ] (*D* przedstawicielstwa [pʃɛtsta-v,itɕɛlstfa]) *n* [reprezentacja] repre-sentation; [filia] bureau.

przedstawić [pʃɛtstav,itɕ] *vperf* = przedstawiać.

przedstawienie [pʃɛtstav,jɛɲɛ] (*D* przedstawienia [pʃɛtstav,jɛɲa]) *n* [spektakl] performance.

przedszkole [pʃɛtʃkɔlɛ] (*D* przed-szkola [pʃɛtʃkɔla]) *n* nursery school.

przedtem [pʃɛttɛm] *adv* earlier.

przedwczesny [pʃɛtftʃɛsni] *adj* early.

przedwczoraj [pʃɛtftʃɔraj] *adv* the day before yesterday.

przedwojenny [pʃɛdvɔjɛnni] *adj* pre-war.

przedyskutować [pʃɛdiskutɔvatɕ] *vperf* : przedyskutować coś to dis-cuss sthg.

przedział [pʃɛdʑaw] (*D* -u) *m* [w pociągu] compartment.

przedziałek [pʃɛdʑawɛk] (*D* prze-działka [pʃɛdʑawka]) *m* [na głowie] parting.

przeforsować [pʃɛfɔrsɔvatɕ] *vperf* [pomysł, żądania] to push *(through)*.

przegapić [pʃɛgap,itɕ] *vperf* pot to miss • przegapić okazję to miss out on an opportunity.

przegląd [pʃɛglɔnt] (*D* -u) *m* [zesta-wienie, pokaz] review; [kontrola] in-spection.

przeglądać [pʃɛglɔndatɕ] *vimperf* [gazetę, książkę] to skim through. ⇐ **przeglądać się** [pʃɛglɔndatɕ ɕɛ] *vp imperf* [w lustrze] to look at o.s.

przeglądarka [pʃɛglɔndarka] (*D* przeglądarki [pʃɛglɔndark,i]) *f* INFORM browser.

przegrać [pʃɛgratɕ] *vperf* [mecz] to lose; [płytę] to copy.

przegrywarka [pʃɛgrivarka] (*D* prze-grywarki [pʃɛgrivark,i]) *f* INFORM burner.

przegub [pʃɛgup] (*D* -u) *m* [ręki] wrist.

przejaśnienie [pʃɛjaɕɲɛɲɛ] (*D* prze-jaśnienia [pʃɛjaɕɲɛɲa]) *n* [o pogodzie] bright interval.

przejazd [pʃɛjast] (*D* -u) *m* [przez miasto] journey; [kolejowy] level crossing.

przejażdżka [pʃɛjaʃtʃka] (*D* prze-jażdżki [pʃɛjaʃtʃk,i]) *f* [samochodem, konna] ride.

przejechać [pʃɛjɛxatɕ] *vperf* [całą Europę] to travel; [przez rzekę, przez tunel] to cross; [obok budynku] to pass; [stację] to miss; [psa] to run over.

przejmować się [pʃɛjmɔvatɕ ɕɛ] *vp imperf* to worry • nie przejmuj się, wszystko będzie dobrze take it easy, it will be alright.

przejście [pʃɛjɕtɕɛ] (*D* przejścia [pʃɛ-jɕtɕa]) *n* : przejście dla pieszych pedestrian crossing; przejście gra-niczne border crossing; przejście podziemne pedestrian subway.

przejść [pʃɛjɕtɕ] *vperf* -1. [pokonać pieszo] to walk przejść przez rzekę to cross a river. -2. [grypę, ciężkie chwile] to have. -3. [do następnej klasy] to go through. -4. [do innej pracy] to change

• **przejść na emeryturę** to retire.
➤ **przejść się** [pʃɛj�❨tɕ ɕɛ] *vp perf* to go for a walk.

przekaz [pʃɛkas] (*D* -u) *m* [pocztowy] postal order; [obrazu, informacji] transfer • **środki masowego przekazu** mass media.

przekazać [pʃɛkazatɕ] *vperf* [firmę] to transfer • **przekazać pozdrowienia** to pass on sb's best wishes; **przekazał dużą sumę na cele charytatywne** he donated a large sum of money to charity.

przekąska [pʃɛkɔ̃ska] (*D* przekąski [pʃɛkɔ̃sk,i]) *f* snack.

przekleństwo [pʃɛklɛjstfɔ] (*D* przekleństwa [pʃɛklɛjstfa]) *n* [obelga, klątwa] curse • **obrzucić kogoś przekleństwami** to swear at sb.

przeklinać [pʃɛkl,inatɕ] *vimperf* : **przeklinać kogoś** to swear at sb; **przeklinać coś** [dzień, pracę] to curse sthg.

przekład [pʃɛkwat] (*D* -u) *m* [z angielskiego na polski] translation.

przekonać [pʃɛkɔnatɕ] *vperf* : **przekonać kogoś** to persuade sb.

przekonanie [pʃɛkɔnaɲɛ] (*D* przekonania [pʃɛkɔnaɲa]) *n* [pogląd, sąd] belief; [pewność] conviction.

przekonany [pʃɛkɔnani] *adj* [pewny] convinced.

przekonujący [pʃɛkɔnujɔntsi] *adj* = przekonywający.

przekonywający [pʃɛkɔnivajɔntsi] *adj* [dowód, sposób mówienia] convincing.

przekorny [pʃɛkɔrni] *adj* [dziecko, śmiech] contrary.

przekreślać [pʃɛkrɛɕlatɕ] *vimperf* [unieważniać, skreślać] to cross out.

przekroczyć [pʃɛkrɔtʃitɕ] *vperf* [limit, oczekiwania] to exceed; [próg, granicę] to cross.

przekroić [pʃɛkrɔjitɕ] *vperf* [jabłko na pół] to cut.

przekrój [pʃɛkruj] (*D* przekroju [pʃɛkroju]) *m* [średnica] diameter; [rysunek] cross-section.

przekształcić [pʃɛkʃtawtɕitɕ] *vperf* [zmienić] to convert.

przekupić [pʃɛkup,itɕ] *vperf* [dać łapówkę] to bribe.

przekupny [pʃɛkupni] *adj* [urzędnik] corrupt.

przekwitać [pʃɛkf,itatɕ] *vimperf* [o roślinach] : **niektóre rośliny przekwitają jesienią** some plants stop flowering in the autumn.

przelać [pʃɛlatɕ] *vperf* [wodę do dzbanka] to pour; [pieniądze na konto] to transfer. ➤ **przelać się** [pʃɛlatɕ ɕɛ] *vp perf* [o płynie] to spill over.

przelew [pʃɛlɛf] (*D* -u) *m* [bankowy] transfer.

przelot [pʃɛlɔt] (*D* -u) *m* [samolotu] flight.

przelotny [pʃɛlɔtni] *adj* fleeting.

przeludnienie [pʃɛludɲɛɲɛ] (*D* przeludnienia [pʃɛludɲɛɲa]) *n* [miasta] overpopulation.

przeludniony [pʃɛludɲɔni] *adj* [kraj] overpopulated.

przeładowany [pʃɛwadɔvani] *adj* [statek, samochód] overloaded.

przełączyć [pʃɛwɔntʃitɕ] *vperf* [program, rozmowę] to switch.

przełęcz [pʃɛwɛntʃ] (*D* -y) *f* [górska] pass.

przełknąć [pʃɛwknɔntɕ] *vperf* [ślinę] to swallow.

przełożony, przełożona [pʃɛwɔʒɔni, pʃɛwɔʒɔna] *m, f* [zwierzchnik] superior • **przełożona pielęgniarek** senior nursing officer.

przełyk [pʃɛwik] (*D* -u) *m* oesophagus.

przemakać [pʃɛmakatɕ] *vimperf* [o ubraniu] to leak.

przemawiać [pʃɛmav,jatɕ] *vimperf* to speak.

przemęczenie [pʃɛmɛntʃɛɲɛ] (*D* przemęczenia [pʃɛmɛntʃɛɲa]) *n* tiredness.

przemęczony [pʃɛmɛntʃɔni] *adj* [pracą] overtired.

przemiana [pʃɛm,jana] (*D* przemiany [pʃɛm,jani]) *f* [gospodarcza, polityczna] transformation.

przemijać [pʃɛm,ijatɕ] *vimperf* [moda, wakacje] to pass.

przemilczeć [pʃɛm,iltʃɛtɕ] *vperf* [coś ważnego] to pass over.

przemoc [pʃɛmɔts] (*D* **-y**) *f* violence.

przemoczyć [pʃɛmɔtʃitɕ] *vperf* [ubranie] to soak.

przemoknięty [pʃɛmɔknɛnti] *adj* [ubranie] soaked through.

przemówienie [pʃɛmuv,jɛɲɛ] (*D* przemówienia [pʃɛmuv,jɛɲa]) *n* speech.

przemycać [pʃɛmitsatɕ] (*perf* przemycić [pʃɛmitɕitɕ]) *vimperf* to smuggle.

przemycić [pʃɛmitɕitɕ] *vperf* = przemycać.

przemysł [pʃɛmisw] (*D* **-u**) *m* [metalowy, odzieżowy] industry.

przemysłowy [pʃɛmiswɔvi] *adj* [produkcja, rozwój] industrial.

przemyślany [pʃɛmiɕlani] *adj* [decyzja] well thought through.

przemyśleć [pʃɛmiɕletɕ] *vperf* [sprawę] to think through.

przemyt [pʃɛmit] (*D* **-u**) *m* smuggling.

przemytnik [pʃɛmitɲik] *m* smuggler.

przeniesienie [pʃɛɲɛɕɛɲɛ] (*D* przeniesienia [pʃɛɲɛɕɛɲa]) *n* [w inne miejsce] move.

przenieść [pʃɛɲɛɕtɕ] *vperf* [skądś] to move.

przenocować [pʃɛnɔtsɔvatɕ] *vperf* : przenocować kogoś to put sb up; przenocować u kogoś to stay over.

przenośny [pʃɛnɔɕni] *adj* portable • przenośna wystawa travelling exhibition.

przeobrażenie [pʃɛɔbraʒɛɲɛ] (*D* przeobrażenia [pʃɛɔbraʒɛɲa]) *n* [w gospodarce, w sztuce] transformation.

przeoczyć [pʃɛɔtʃitɕ] *vperf* [błąd] to miss.

przepadać [pʃɛpadatɕ] *vimperf* : przepadać za kimś/za czymś [uwielbiać] to be fond of sb/sthg.

przepaść¹ [pʃɛpaɕtɕ] (*D* przepaści [pʃɛpaɕtɕi]) *f* [górska] precipice.

przepaść² [pʃɛpaɕtɕ] *vperf* [zginąć] to vanish.

przepełniony [pʃɛpɛwɲɔni] *adj* [autobus] overflowing.

przepiórka [pʃɛp,jurka] *f* quail.

przepis [pʃɛp,is] (*D* **-u**) *m* [kulinarny] recipe; [prawny] regulations.

przepisać [pʃɛp,isatɕ] *vperf* [z brudnopisu] to copy out • przepisać coś od kogoś to copy sthg from sb.

przepłacić [pʃɛpwatɕitɕ] *vperf* to pay too much.

przepłynąć [pʃɛpwinɔntɕ] *vperf* = przepływać.

przepływ [pʃɛpwif] (*D* **-u**) *m* : swobodny przepływ kapitału free movement of capital; swobodny przepływ pracowników free movement of workers; swobodny przepływ osób free movement of people; swobodny przepływ usług free movement of services.

przepływać [pʃɛpwivatɕ] (*perf* przepłynąć [pʃɛpwinɔntɕ]) *vimperf* [o statku] to sail across; [o człowieku] to swim across; [o rzece] to flow.

przepowiedzieć [pʃɛpɔv,jɛdʑɛtɕ] *vperf* to predict • przepowiedzieć coś komuś to predict sthg for sb.

przepraszać [pʃɛpraʃatɕ] (*perf* przeprosić [pʃɛprɔɕitɕ]) *vimperf* : przepraszać kogoś za coś to apologise to sb for sthg • przepraszam! excuse me!

przeprawa [pʃɛprava] (*D* przeprawy [pʃɛpravi]) *f* crossing.

przeprosić [pʃɛprɔɕitɕ] *vperf* = przepraszać.

przeprosiny [pʃɛprɔɕini] (*D* przeprosin [pʃɛprɔɕin]) *pl* apology.

przeprowadzić się [pʃɛprɔvadʑitɕ ɕɛ] *vp perf* [do nowego mieszkania] to move.

przeprowadzka [pʃɛprɔvatska] (*D* przeprowadzki [pʃɛprɔvatsk,i]) *f* move.

przepuklina [pʃɛpukl,ina] (*D* przepukliny [pʃɛpukl,ini]) *f* MED hernia.

przepustka [pʃɛpustka] (*D* przepustki [pʃɛpustk,i]) *f* [dokument] pass.

przepuścić [pʃɛpuɕtɕitɕ] *vperf* [samochody] to let in • przepuścić kogoś [puścić] to let sb through.

przepych [pʃɛpix] (*D* -u) *m* splendour.

przerazić [pʃɛraʑitɕɛ] *vperf* : przerazić kogoś to terrify sb. **przerazić się** [pʃɛraʑitɕɛ ɕɛ] *vp perf* to be terrified.

przeraźliwy [pʃɛraʑl,ivi] *adj* [dźwięk] shrill; [widok] horrible • przeraźliwy mróz bitter frost.

przerażający [pʃɛraʑajɔntɕi] *adj* [widok, wiadomość] horrifying; [historia] terrifying.

przerażenie [pʃɛraʑɛɲɛ] (*D* przerażenia [pʃɛraʑɛɲa]) *n* terror.

przerażony [pʃɛraʑɔɲi] *adj* horrified.

przerobić [pʃɛrɔb,itɕɛ] *vperf* [zmienić formę] to alter.

przerwa [pʃɛrva] (*D* przerwy [pʃɛrvi]) *f* [w rozmowie, w zajęciach] break.

przerwać [pʃɛrvatɕɛ] *vperf* = przerywać.

przerywać [pʃɛrivatɕɛ] (*perf* przerwać [pʃɛrvatɕɛ]) *vimperf* [rozmowę] to interrupt.

przerzutka [pʃɛʒutka] (*D* przerzutki [pʃɛʒutk,i]) *f* [w rowerze] gear.

przesadny [pʃɛsadɲi] *adj* excessive.

przesadzać [pʃɛsadzatɕɛ] *vimperf* [wyolbrzymiać coś] to exaggerate; [rośliny] to replant.

przesąd [pʃɛsɔnt] (*D* -u) *m* [zabobon] superstition; [uprzedzenie] prejudice.

przesądny [pʃɛsɔndɲi] *adj* [zabobonny] superstitious.

przesądzać [pʃɛsɔndzatɕɛ] *vimperf* [decydować] to determine.

przesiadka [pʃɛɕatka] (*D* przesiadki [pʃɛɕatk,i]) *f* [w środkach lokomocji] change.

przesiąść się [pʃɛɕɔɕtɕɛ ɕɛ] *vp perf* to change.

przesilenie [pʃɛɕilɛɲɛ] (*D* przesilenia [pʃɛɕilɛɲa]) *n* [przełom] crisis; [zjawisko astronomiczne] solstice.

przeskoczyć [pʃɛskɔtʃitɕɛ] *vperf* [przez płot] to jump.

przesłać [pʃɛswatɕɛ] *vperf* [paczkę, list, wiadomość] to send • przesłać komuś życzenia to send one's regards to sb.

przesłuchać [pʃɛswuxatɕɛ] *vperf* [płytę] to listen to • przesłuchać kogoś to question sb.

przesłuchanie [pʃɛswuxaɲɛ] (*D* przesłuchania [pʃɛswuxaɲa]) *n* [śledcze] questioning.

przesłyszeć się [pʃɛswiʃɛtɕɛ ɕɛ] *vp perf* to mishear.

przesolić [pʃɛsɔl,itɕɛ] *vperf* [potrawę] to oversalt.

przestać [pʃɛstatɕɛ] *vperf* [przerwać czynność] to stop.

przestarzały [pʃɛstaʒawi] *adj* oldfashioned.

przestawiać [pʃɛstav,jatɕɛ] *vimperf* [meble] to shift.

przestępca [pʃɛstɛmptsa] *m* criminal.

przestępczość [pʃɛstɛmptʃɔɕtɕɛ] (*D* przestępczości [pʃɛstɛmptʃɔɕtɕi]) *f* criminality.

przestępny [pʃɛstɛmpɲi] *adj* [rok] leap.

przestępstwo [pʃɛstɛmpstfɔ] (*D* przestępstwa [pʃɛstɛmpstfa]) *n* crime.

przestraszony [pʃɛstraʃɔɲi] *adj* frightened.

przestraszyć [pʃɛstraʃitɕɛ] *vperf* to frighten, to scare • przestraszyć kogoś to frighten sb. **przestraszyć się** [pʃɛstraʃitɕɛ ɕɛ] *vp perf* to be frightened.

przestronny [pʃɛstrɔnni] *adj* [dom, pokój] spacious.

przestrzegać [pʃɛstʃɛgatɕɛ] *vimperf* : przestrzegać czegoś [przepisów, prawa] to observe • przestrzegać kogoś przed czymś [ostrzegać] to warn sb not to do sthg.

przestrzeń [pʃɛstʃɛɲ] (*D* przestrzeni [pʃɛstʃɛɲi]) *f* space.

przesunąć [pʃɛsunɔntɕɛ] *vperf* to move.

przesyłka [pʃɛsiwka] (*D* przesyłki [pʃɛsiwk,i]) *f* [pocztowa] post; [przesyłanie] postage.

przeszczep [pʃɛʃtʃɛp] (*D* -u) *m* [wątroby] transplant.

przeszkadzać [pʃɛʃkadzatɕɛ] (*perf* przeszkodzić [pʃɛʃkɔdʑitɕɛ]) *vimperf*

to disturb • **przeszkadzać komuś coś robić** to prevent sb from doing sthg.

przeszkoda [pʃɛʃkɔda] (D przeszkody [pʃɛʃkɔdi]) f lit & przen obstacle.

przeszkodzić [pʃɛʃkɔdʑitɛ] vperf = przeszkadzać.

przeszkolenie [pʃɛʃkɔlɛnɛ] (D przeszkolenia [pʃɛʃkɔlɛna]) n [kurs] training course.

przeszkolić [pʃɛʃkɔlitɛ] vperf : **przeszkolić kogoś** to train sb.

przeszłość [pʃɛʃwɔɛtɛ] (D przeszłości [pʃɛʃwɔɛtɕi]) f [czas, dzieje] past.

przeszukiwać [pʃɛʃukivatɛ] vimperf [bagaż, podejrzanych] to search.

prześcieradło [pʃɛɛtɛɛradwɔ] (D prześcieradła [pʃɛɛtɛɛradwa]) n sheet.

prześladować [pʃɛɛladɔvatɛ] vimperf to persecute • **prześladują mnie koszmary** I am haunted by nightmares.

prześwietlać [pʃɛɛf,jɛtlatɛ] vimperf [klatkę piersiową] to X-ray.

prześwietlenie [pʃɛɛf,jɛtlɛnɛ] (D prześwietlenia [pʃɛɛf,jɛtlɛna]) n X-ray.

przetarg [pʃɛtark] (D -u) m [sprzedaż] tender.

przeterminowany [pʃɛtɛrm,inɔvani] adj [jedzenie, lek] out-of-date.

przetłumaczyć [pʃɛtwumatʃitɛ] vperf [z polskiego na angielski] to translate.

przewaga [pʃɛvaga] (D przewagi [pʃɛvag,i]) f [liczebna, gospodarcza] advantage.

przeważnie [pʃɛvaʒnɛ] adv [zazwyczaj, zwykle] usually.

przewidujący [pʃɛv,idujɔntɛi] adj [przezorny] far-sighted.

przewidywać [pʃɛv,idivatɛ] (perf przewidzieć [pʃɛv,idʑɛtɛ]) vimperf [dalszy ciąg wydarzeń] to foresee.

przewidzieć [pʃɛv,idʑɛtɛ] vperf = przewidywać.

przewietrzyć [pʃɛv,jɛtʃitɛ] vperf = wietrzyć.

przewiewny [pʃɛv,jɛvni] adj [sukienka] light.

przewieźć [pʃɛv,jɛɛtɛ] vperf = przewozić.

przewlekły [pʃɛvlɛkwi] adj protracted.

przewodniczący, przewodnicząca [pʃɛvɔdnitʃɔntɛi, pʃɛvɔdnitʃɔntsa] m, f [komisji] chairman.

przewodniczyć [pʃɛvɔdnitʃitɛ] vimperf [obradom, zgromadzeniu] to preside • **przewodniczyć czemuś** to preside over sthg.

przewodnik, przewodniczka [pʃɛvɔdnik, pʃɛvɔdnitʃka] m, f guide.

przewozić [pʃɛvɔʑitɛ] (perf przewieźć [pʃɛv,jɛɛtɛ]) vimperf [towary] to transport • **przewieźć kogoś** pot to give sb a ride in/on sthg.

przewód [pʃɛvut] (D przewodu [pʃɛvɔdu]) m [elektryczny, telefoniczny] cable.

przewóz [pʃɛvus] (D przewozu [pʃɛvɔzu]) m [towarów] transport.

przewrażliwiony [pʃɛvraʒl,iv,jɔni] adj oversensitive.

przewrotny [pʃɛvrɔtni] adj [obłudny, podstępny] deceitful.

przewrócić [pʃɛvrutɛitɛ] vperf [kolegę] to knock over • **przewrócić coś** to knock sthg over. ⬤ **przewrócić się** [pʃɛvrutɛitɛ ɛɛ] vp perf to fall over.

przewrót [pʃɛvrut] (D przewrotu [pʃɛvrɔtu]) m [zamach stanu] revolution; [przełom] upheaval.

przewyższać [pʃɛviʃʃatɛ] vimperf [o głowę] to be taller; [możliwości] to exceed.

przez [pʃɛs] prep -1. [miejsce] across. -2. [czas trwania] for. -3. [poprzez] through. -4. [za pomocą] : **patrzeć przez lornetkę** to look through binoculars; **przez satelitę** by satellite; **rozmawiać przez telefon** to talk on the phone. -5. [wykonawca czynności] by.

przeziębić się [pʃɛʑɛmb,itɛ ɛɛ] vp perf to catch cold.

przeziębienie [pʃɛʑɛmb,jɛnɛ] (D przeziębienia [pʃɛʑɛmb,jɛna]) n cold.

przeziębiony [pʃɛʑɛmb,jɔni] adj : **być przeziębionym** to have a cold.

przeznaczenie [pʃɛznatʃɛnɛ] (D

przeznaczenia [pʃɛznatʃɛɲa]) *n* [los, powołanie] destiny.

przeznaczyć [pʃɛznatʃitɕ] *vperf* to assign • **przeznaczyć coś na coś** to allocate sthg to sthg.

przezorny [pʃɛzɔrni] *adj* [ostrożny, zapobiegliwy] cautious.

przezrocze [pʃɛzrɔtʃɛ] (*D* przezrocza [pʃɛzrɔtʃa]) *n* slide.

przezroczysty [pʃɛzrɔtʃisti] *adj* [szyba, woda] transparent.

przezwisko [pʃɛzvˌiskɔ] (*D* przezwiska [pʃɛzvˌiska]) *n* nickname.

przezwyciężać [pʃɛzvitɕɛ̃ʒatɕ] *vimperf* [lęk, trudności] to overcome.

przezywać [pʃɛzivatɕ] *vimperf* : **przezywać kogoś** to call sb names.

przeżegnać się [pʃɛʒɛgnatɕ ɕɛ] *vp perf* to make the sign of the cross.

przeżuwać [pʃɛʒuvatɕ] *vimperf* [dokładnie żuć] to chew.

przeżycie [pʃɛʒitɕɛ] (*D* przeżycia [pʃɛʒitɕa]) *n* [doświadczenie] experience.

przeżyć [pʃɛʒitɕ] *vperf* [zachować życie] to survive; [doświadczyć] to live through • **przeżył wiele ciekawych przygód** he had many interesting adventures.

przeżywać [pʃɛʒivatɕ] *vimperf* [porażki, radość] to experience • **głęboko przeżywa śmierć dziecka** the death of her child has hit her hard.

przodek [pʃɔdɛk] *m* ancestor.

przód [pʃut] (*D* przodu [pʃɔdu]) *m* [budynku, samochodu] front • **z przodu** in front.

przybić [pʃibˌitɕ] *vperf* [obraz] to fix; [do brzegu] to land.

przybiec [pʃibˌjɛts] *vperf* to run up to.

przybity [pʃibˌiti] *adj* [przygnębiony] disheartened.

przybliżenie [pʃiblˌiʒɛɲɛ] (*D* przybliżenia [pʃiblˌiʒɛɲa]) *n* : **w przybliżeniu** [około] approximately.

przybliżony [pʃiblˌiʒɔni] *adj* [niedokładny] approximate.

przybory [pʃibɔri] (*D* przyborów [pʃibɔruf]) *mpl* [wyposażenie] accessories • **przybory do szycia** sewing kit.

przybrany [pʃibrani] *adj* [dzieci] adopted; [rodzice] adoptive.

przybyć [pʃibitɕ] *vperf* oficjal to arrive.

przychodnia [pʃixɔdɲa] (*D* przychodni [pʃixɔdɲi]) *f* [lekarska] clinic.

przychodzić [pʃixɔdʑitɕ] (*perf* przyjść [pʃijɕtɕ]) *vimperf* [gen] to come; [o środkach transportu] to arrive.

przychód [pʃixut] (*D* przychodu [pʃixɔdu]) *m* [wpływy] income; [zysk] profit.

przychylny [pʃixilni] *adj* [życzliwy] favourable.

przyciągać [pʃitɕɔ̃gatɕ] *vimperf* [skłaniać] to attract; [łódkę do pomostu] to pull *(towards)*.

przyciągający [pʃitɕɔ̃gajɔntɕi] *adj* [wzrok, film] enticing; [kobieta, mężczyzna] attractive.

przycisk [pʃitɕisk] (*D* -u) *m* [dzwonka, telefonu] button.

przycisnąć [pʃitɕisnɔntɕ] *vperf* [dzwonek, klamkę] to press • **przycisnąć coś czymś** to weight sthg down with sthg else; **przycisnąć kogoś do siebie** to hug sb.

przyczepa [pʃitʃɛpa] (*D* przyczepy [pʃitʃɛpi]) *f* [pojazd] trailer • **przyczepa kempingowa** caravan.

przyczepiać [pʃitʃɛpˌjatɕ] *vimperf* to attach.

przyczyna [pʃitʃina] (*D* przyczyny [pʃitʃini]) *f* cause.

przydać się [pʃidatɕ ɕɛ] *vp imperf* to be useful.

przydarzać się [pʃidaʒatɕ ɕɛ] *vp imperf* to happen.

przydatny [pʃidatni] *adj* useful.

przydrożny [pʃidrɔʒni] *adj* [znak, słup] roadside.

przydzielić [pʃidʑɛlˌitɕ] *vperf* to allocate.

przygarnąć [pʃigarnɔntɕ] *vperf* [przytulić] to hug; [dać schronienie] to take under one's roof.

przyglądać się [pʃiglɔndatɕ ɕɛ] (*perf* przyjrzeć się [pʃijʒɛtɕ ɕɛ]) *vp imperf* to look at.

przygnębiający [pʃignɛmbˌjajɔntɕi] *adj* [atmosfera, wrażenie] depressing.

przygnębienie [pʃignɛmb‚jɛɲɛ] (D przygnębienia [pʃignɛmb‚jɛɲa]) n [smutek] depression.

przygnębiony [pʃignɛmb‚jɔni] adj depressed.

przygniatający [pʃignatajɔntɕi] adj [cisza, atmosfera] oppressive.

przygoda [pʃigɔda] (D przygody [pʃigɔdi]) f adventure.

przygodny [pʃigɔdni] adj [przypadkowy] chance.

przygotować [pʃigɔtɔvatɕ] vperf [gen] to prepare • **przygotować coś dla kogoś** to prepare sthg for sb; **przygotować kogoś na coś** to prepare sb for sthg, to get sb ready for sthg. ➡ **przygotować się** [pʃigɔtɔvatɕ ɕɛ] vp perf to prepare o.s. • **przygotować się do czegoś** to prepare o.s. for sthg, to get ready.

przygotowanie [pʃigɔtɔvaɲɛ] (D przygotowania [pʃigɔtɔvaɲa]) n preparation.

przygotowany [pʃigɔtɔvani] adj prepared.

przygraniczny [pʃigraɲitʃni] adj : **obszar przygraniczny** frontier zone • **handel przygraniczny** border trade.

przyjaciel [pʃijatɕɛl] m friend.

przyjacielski [pʃijatɕɛlsk‚i] adj friendly.

przyjaciółka [pʃijatɕuwka] f friend.

przyjazd [pʃijast] (D -u) m arrival.

przyjazny [pʃijazni] adj friendly.

przyjaźnić się [pʃijaʑɲitɕ ɕɛ] vp imperf to be friends • **przyjaźnić się z kimś** to be friends with sb.

przyjaźń [pʃijaɕɲ] (D przyjaźni [pʃijaʑɲi]) f friendship.

przyjąć [pʃijɔntɕ] vperf : **przyjąć coś** to accept sthg; **przyjąć kogoś** [ugościć] to entertain; **przyjąć kogoś** [nowego pracownika] to take on.

przyjechać [pʃijɛxatɕ] vperf to come.

przyjemnie [pʃijɛmɲɛ] adv nicely.

przyjemność [pʃijɛmnɔɕtɕ] (D przyjemności [pʃijɛmnɔɕtɕi]) f pleasure • **sprawić komuś przyjemność** to give sb pleasure; **z przyjemnością** [chętnie] with pleasure.

przyjemny [pʃijɛmni] adj nice.

przyjezdny [pʃijɛzdni] m [przybysz] visitor.

przyjęcie [pʃijɛntɕɛ] (D przyjęcia [pʃijɛntɕa]) n [spotkanie] party; [reakcja] reception • **godziny przyjęć** admission times.

przyjęty [pʃijɛnti] adj [przez lekarza] seen; [do pracy] accepted.

przyjrzeć się [pʃijʒɛtɕ ɕɛ] vp perf = przyglądać się.

przyjść [pʃijɕtɕ] vperf = przychodzić.

przykleić [pʃiklɛjitɕ] vperf to stick.

przykład [pʃikwat] (D -u) m [ilustracja, dowód, wzór] example • **na przykład** for example.

przykro [pʃikrɔ] adv : **przykro mi** I'm sorry.

przykrość [pʃikrɔɕtɕ] (D przykrości [pʃikrɔɕtɕi]) f [niemiły fakt] unpleasantness; [niemiłe uczucie] distress.

przykry [pʃikri] adj [nieprzyjemny] unpleasant.

przykryć [pʃikritɕ] vperf to cover • **przykryć kogoś czymś** to cover sb with sthg.

przykrywka [pʃikrifka] (D przykrywki [pʃikrifk‚i]) f [garnka] lid.

przylądek [pʃilɔndɛk] (D przylądka [pʃilɔntka]) m cape.

przylecieć [pʃilɛtɕɛtɕ] vperf to arrive.

przyległy [pʃilɛgwi] adj [pokój, ulica] adjacent.

przylepiec [pʃilɛp‚jɛts] (D przylepca [pʃilɛptsa]) m (sticking) plaster.

przylepka [pʃilɛpka] (D przylepki [pʃilɛpk‚i]) f heel.

przylot [pʃilɔt] (D -u) m [samolotu] arrival.

przyłączyć się [pʃiwɔntʃitɕ ɕɛ] vp perf [wziąć udział] to join in • **przyłączyć się do kogoś** to join sb.

przymierzać [pʃim‚jɛʒatɕ] vimperf [ubrania] to try on.

przymierzalnia [pʃim‚jɛʒalɲa] (D przymierzalni [pʃim‚jɛʒalɲi]) f [w sklepie] changing room.

przymierze [pʃim‚jɛʒɛ] (D przymierza [pʃim‚jɛʒa]) n [sojusz] alliance.

przymiotnik [pʃim‚jɔtɲik] (D -a) m GRAM adjective.

przymocować [pʃimɔtsɔvatɕ] *vperf* to attach.

przymrozek [pʃimrɔzɛk] (*D* przymrozku [pʃimrɔsku]) *m* ground frost.

przymusowy [pʃimusɔvi] *adj* [konieczny] compulsory • przymusowe lądowanie forced landing.

przynajmniej [pʃinajmɲɛj] *part* at least.

przynależność [pʃinalɛʒnɔɕtɕ] (*D* przynależności [pʃinalɛʒnɔɕtɕi]) *f* [członkostwo] membership • jaka jest ich przynależność narodowa? what is their nationality?

przynęta [pʃinɛnta] (*D* przynęty [pʃinɛnti]) *f* bait.

przynieść [pʃiɲɛɕtɕ] *vperf* to bring.

przypadek [pʃipadɛk] *m* (*D* przypadku [pʃipatku]) [zbieg okoliczności] accident; [wypadek] incident; GRAM (*D* przypadka [pʃipatka]) case • przez przypadek by accident.

przypadkowo [pʃipatkɔvɔ] *adv* [spotkać się] accidentally.

przypadkowy [pʃipatkɔvi] *adj* [spotkanie] accidental.

przypiąć [pʃip,jɔntɕ] *vperf* [broszkę, kartkę] to pin.

przypłynąć [pʃipwinɔntɕ] *vperf* [do portu] to sail up.

przypływ [pʃipwif] (*D* -u) *m* [morza] high tide.

przypominać [pʃipɔm,inatɕ] *vimperf* to remember • przypominać kogoś to resemble; przypominać sobie coś to remember sthg.

przypomnieć [pʃipɔmɲɛtɕ] *vperf* [odszukać w pamięci] to remember; [zwrócić uwagę na coś] to remind • przypomnieć komuś coś to remind sb of sthg; przypomnieć sobie coś to remember sthg.

przypomnienie [pʃipɔmɲɛɲɛ] (*D* przypomnienia [pʃipɔmɲɛɲa]) *n* [wspomnienie] reminder.

przyprawa [pʃiprava] (*D* przyprawy [pʃipravi]) *f* [smakowa] seasoning • przyprawa korzenna spice.

przyprowadzić [pʃiprɔvadʑitɕ] *vperf* [przyjść z kimś] to bring • przyprowadzić ze sobą kogoś to bring sb along.

przypuszczać [pʃipuʃtʃatɕ] *vimperf* [mniemać] to presume.

przypuszczalnie [pʃipuʃtʃalɲɛ] *adv* [prawdopodobnie] presumably.

przypuszczenie [pʃipuʃtʃɛɲɛ] (*D* przypuszczenia [pʃipuʃtʃɛɲa]) *n* [domysł] presumption.

przyroda [pʃirɔda] (*D* przyrody [pʃirɔdi]) *f* nature.

przyrodni [pʃirɔdɲi] *adj* : przyrodni brat half-brother.

przyrost [pʃirɔst] (*D* -u) *m* increase • przyrost naturalny birth rate.

przyrząd [pʃirʒɔnt] (*D* -u) *m* [urządzenie] equipment.

przyrzec [pʃiʒɛts] *vperf* = przyrzekać.

przyrzeczenie [pʃiʒɛtʃɛɲɛ] (*D* przyrzeczenia [pʃiʒɛtʃɛɲa]) *n* [złożyć, dotrzymać] vow.

przyrzekać [pʃiʒɛkatɕ] (*perf* przyrzec [pʃiʒɛts]) *vimperf* [obiecywać] to vow.

przysiąść [pʃiɕɔɕtɕ] *vperf* [na chwilę] to sit down. ➡ **przysiąść się** [pʃiɕɔɕtɕ ɕɛ] *vp perf* [usiąść obok] to sit next to sb.

przysięga [pʃiɕɛnga] (*D* przysięgi [pʃiɕɛng,i]) *f* oath • przysięga małżeńska marriage vow.

przysięgać [pʃiɕɛngatɕ] *vimperf* to swear.

przysłać [pʃiswatɕ] *vperf* [list, paczkę] to send.

przysłowie [pʃiswɔv,jɛ] (*D* przysłowia [pʃiswɔv,ja]) *n* proverb.

przysługa [pʃiswuga] (*D* przysługi [pʃiswug,i]) *f* favour.

przysłużyć się [pʃiswuʒitɕ ɕɛ] *vp perf* to serve.

przysmak [pʃismak] (*D* -u) *m* delicacy.

przystanek [pʃistanɛk] (*D* przystanku [pʃistanku]) *m* [autobusowy] stop; [w pracy] break • przystanek autobusowy bus stop; przystanek końcowy terminus; przystanek na żądanie request stop; przystanek tramwajowy tram stop.

przystań [pʃistaɲ] (*D* przystani [pʃistaɲi]) *f* harbour.

przystawka [pʃistafka] (*D* przystawki [pʃistafk,i]) *f* [zimna, gorąca] starter.

przystojny [pʃistɔjni] *adj* [mężczyzna] handsome.

przysunąć [pʃisunɔntɕ] *vperf* [podsunąć] to pull up.

przyszłość [pʃiʃwɔɕtɕ] (*D* przyszłości [pʃiʃwɔɕtɕi]) *f* future.

przyszły [pʃiʃwɨ] *adj* [pokolenia] future; [miesiąc, rok] next • w przyszłym miesiącu next month.

przyszyć [pʃiʃɨtɕ] *vperf* [guzik] to sew on.

przyśnić się [pʃiɕnitɕ ɕɛ] *vp perf* to dream about.

przyśpieszać [pʃiɕp,jɛʃatɕ] (*perf* przyśpieszyć [pʃiɕp,jɛʃitɕ]) *vimperf* [o pojazdach, o ludziach] to speed up.

przyśpieszenie [pʃiɕp,jɛʃɛɲɛ] (*D* przyśpieszenia [pʃiɕp,jɛʃɛɲa]) *n* acceleration.

przyśpieszyć [pʃiɕp,jɛʃitɕ] *vperf* = przyśpieszać.

przytłaczający [pʃitwatʃajɔntɕi] *adj* [budynki, meble] overpowering; [wiadomość] overwhelming.

przytomnieć [pʃitɔmɲɛtɕ] (*perf* oprzytomnieć [ɔpʃitɔmɲɛtɕ]) *vimperf* [o chorym] to come round.

przytomność [pʃitɔmnɔɕtɕ] (*D* przytomności [pʃitɔmnɔɕtɕi]) *f* [świadomość] consciousness; [rozsądek] sense.

przytomny [pʃitɔmni] *adj* [świadomy] conscious; [rozsądny] quick-witted.

przytulać [pʃitulatɕ] *vimperf* [do siebie] to cuddle. przytulać się [pʃitulatɕ ɕɛ] *vp imperf* to cuddle up.

przytulny [pʃitulni] *adj* [pokój] cosy.

przytyć [pʃitɨtɕ] *vperf* [przybrać na wadze] to put on weight.

przywiązać [pʃiv,jɔ̃zatɕ] *vperf* to tie. przywiązać się [pʃiv,jɔ̃zatɕ ɕɛ] *vp perf* : przywiązać się do kogoś [zżyć się] to become attached to sb.

przywiązanie [pʃiv,jɔ̃zaɲɛ] (*D* przywiązania [pʃiv,jɔ̃zaɲa]) *n* [do pracy, rodziny] attachment.

przywiązany [pʃiv,jɔ̃zani] *adj* [zżyty] attached.

przywidzieć się [pʃiv,idʑɛtɕ ɕɛ] *vp perf* [uroić się] : przywidziało mu się,

że ktoś stoi za drzwiami he imagined that sb was behind the door.

przywieźć [pʃiv,jɛɕtɕ] *vperf* to bring.

przywilej [pʃiv,ilɛj] (*D* -u) *m* privilege.

przywitać [pʃiv,itatɕ] *vperf* [gości] to greet. przywitać się [pʃiv,itatɕ ɕɛ] *vp perf* to greet.

przywódca, przywódczyni [pʃivuttsa, pʃivuttʃiɲi] *m, f* leader.

przyznać [pʃiznatɕ] *vperf* [rację, słuszność] to acknowledge. przyznać się [pʃiznatɕ ɕɛ] *vp perf* : przyznać się do czegoś to admit to sthg.

przyzwoity [pʃizvɔjitɨ] *adj* [porządny] decent.

przyzwyczaić [pʃizvitʃajitɕ] *vperf* to get used to. przyzwyczaić się [pʃizvitʃajitɕ ɕɛ] *vp perf* to get used to.

przyzwyczajenie [pʃizvitʃajɛɲɛ] (*D* przyzwyczajenia [pʃizvitʃajɛɲa]) *n* habit.

PS [pɛ'ɛs] (*skr od* postscriptum) PS.

pseudonim [psɛwdɔnim] (*D* -u) *m* pseudonym.

pstrąg [pstrɔŋk] *m* trout.

psuć [psutɕ] (*perf* popsuć [pɔpsutɕ]; *perf* zepsuć [zɛpsutɕ]) *vimperf* [stosunki] to spoil; [zegarek, zabawki] to break. psuć się [psutɕ ɕɛ] *vp imperf* [samochód] to break down; [zegarek] to break; [mięso] to go off; [pogoda] to get worse.

psychiczny [psix,itʃni] *adj* : choroba psychiczna mental illness.

psychologia [psixɔlɔgja] (*D* psychologii [psixɔlɔgji]) *f* [nauka, wydział] psychology.

psychoza [psixɔza] (*D* psychozy [psixɔzi]) *f* [choroba] psychosis; [histeria] hysteria.

pszczoła [pʃtʃowa] *f* bee.

pszenica [pʃɛɲitsa] (*D* pszenicy [pʃɛɲitsi]) *f* wheat.

pt. (*skr od* piątek) Fri.

ptak [ptak] *m* bird.

ptyś [ptiɕ] (*D* ptysia [ptiɕa]) *m* KULIN choux bun.

publicystyka [publ,itsistika] (*D* publicystyki [publ,itsistik,i]) *f* [kulturalna, polityczna] journalism.

publicznie [publ.itʃnɛ] adv [jawnie] publicly.

publiczność [publ.itʃnɔɕtɕɛ] (D publiczności [publ.itʃnɔɕtɕi]) f [widownia] audience.

publiczny [publ.itʃni] adj [społeczny, oficjalny] public.

publikować [publ.ikɔvatɕɛ] (perf opublikować [ɔpubl.ikɔvatɕɛ]) vimperf [książkę, czasopismo] to publish.

puch [pux] (D -u) m down.

puchar [puxar] (D -u) m [nagroda] cup; [naczynie] goblet.

puchnąć [puxnɔntɕɛ] (perf spuchnąć [spuxnɔntɕɛ]) vimperf [noga, ręka] to swell.

pudel [pudɛl] m [pies] poodle.

pudełko [pudɛwkɔ] (D pudełka [pudɛwka]) n box.

puder [pudɛr] (D pudru [pudru]) m [kosmetyk] powder.

puderniczka [pudɛrɲitʃka] (D puderniczki [pudɛrɲitʃk,i]) f face powder compact.

pudrować [pudrɔvatɕɛ] vimperf [nos, twarz] to powder.

puenta [pwɛnta] (D puenty [pwɛnti]) f [sedno] point.

pukać [pukatɕɛ] (perf zapukać [zapukatɕɛ]) vimperf [do drzwi] to knock.

pukiel [puk,ɛl] (D pukla [pukla]) m : pukiel włosów lock of hair.

pula [pula] (D puli [pul,i]) f [nagród] pool; [w grze] stake; [wygrana] jackpot.

pulower [pulɔvɛr] (D -a) m pullover.

pulpet [pulpɛt] (D -a) m KULIN meatball.

pulpit [pulp,it] (D -u) m desktop.

puls [puls] (D -u) m [tętno] pulse.

pulsować [pulsɔvatɕɛ] vimperf [krew] to pulse.

pułapka [puwapka] (D pułapki [puwapk,i]) f lit & przen trap.

pułkownik [puwkɔvɲik] m colonel.

puma [puma] f puma.

pumeks [pumɛks] (D -u) m pumice.

punkt [puŋkt] (D -u) m [miejsce, jednostka] point • **punkt widzenia** [opinia] point of view.

punktacja [puŋktatsja] (D punktacji [puŋktatsji]) f score.

punktualnie [puŋktualnɛ] adv on time.

punktualny [puŋktualni] adj [terminowy] punctual.

pupa [pupa] (D pupy [pupi]) f pot bottom.

pupil, ka [pup,il, ka] m, f favourite.

purée [p,i'rɛ] (inv) n puree.

purpurowy [purpurɔvi] adj crimson.

pustkowie [pustkɔv,jɛ] (D pustkowia [pustkɔv,ja]) n wilderness.

pusto [pustɔ] adv emptily • **pusto tu bez was** it is empty here without you.

pusty [pusti] adj [ulica, dom, stolik] empty.

pustynia [pustiɲa] (D pustyni [pustiɲi]) f desert.

puszcza [puʃtʃa] (D puszczy [puʃtʃi]) f primeval forest.

puszka [puʃka] (D puszki [puʃk,i]) f can • **puszka konserw** can of preserves.

puścić [puɕtɕitɕɛ] vperf to let go.

pycha [pixa] (D pychy [pixi]) f pride.

pył [piw] (D -u) m dust.

pyłek [piwɛk] (D pyłku [piwku]) m [piasku, kurzu] speck • **pyłek kwiatowy** pollen.

pysk [pisk] (D -a) m [psa, kota] snout.

pyszny [piʃni] adj [obiad] delicious.

pytać [pitatɕɛ] (perf spytać [spitatɕɛ]; perf zapytać [zapitatɕɛ]) vimperf to ask.

pytający [pitajɔntɕi] adj [wzrok, ton] questioning.

pytanie [pitaɲɛ] (D pytania [pitaɲa]) n question • **odpowiadać na pytanie** to answer a question; **zadać komuś pytanie** to ask sb a question.

R

r. (*skr od* **rok**) *used in writing after the number of a year*.

rabarbar [rabarbar] (*D* **-u**) *m* rhubarb.

rabat [rabat] (*D* **-u**) *m* discount.

rabować [rabɔvatɕɛ] (*perf* **zrabować** [zrabɔvatɕɛ]) *vimperf* [bank, sklep] to rob.

rachunek [raxunɛk] (*D* **rachunku** [raxunku]) *m* [w restauracji, opłata] bill.

racja [ratsja] (*D* **racji** [ratsji]) *f* : **mieć rację** to be right • **nie mieć racji** to be wrong.

racjonalnie [ratsjɔnalnɛ] *adv* rationally.

racjonalny [ratsjɔnalni] *adj* rational.

raczej [ratʃɛj] *part* [właściwie] rather.

rada [rada] (*D* **rady** [radi]) *f* [wskazówka] advice • **dawać sobie radę** to cope; **Rada Europejska** European Council; **Rada Europy** Council of Europe; **Rada Unii Europejskiej** Council of the European Union.

radar [radar] (*D* **-u**) *m* radar.

radca [ratsa] *m* adviser • **radca prawny** solicitor *UK*, attorney *US*.

radio [radjɔ] (*D* **radia** [radja]) *n* [odbiornik, stacja] radio • **słuchać radia** to listen to the radio; **radio samochodowe** car radio.

radiomagnetofon [radjɔmagnɛtɔfɔn] (*D* **-u**) *m* radio cassette recorder.

radioodbiornik [radjɔɔdbjɔrɲik] (*D* **-a**) *m* radio receiver.

radiostacja [radjɔstatsja] (*D* **radiostacji** [radjɔstatsji]) *f* radio station.

radiowóz [radjɔvus] (*D* **radiowozu** [radjɔvɔzu]) *m* patrol car.

radiowy [radjɔvi] *adj* [program, fale] radio • **audycja radiowa** radio broadcast.

radosny [radɔsni] *adj* [człowiek, uśmiech, nastrój] joyful.

radość [radɔɕtɕ] (*D* **radości** [radɔɕtɕi]) *f* joy.

radykalny [radikalni] *adj* [skrajny, zasadniczy] radical • **radykalne posunięcie** radical move.

radzić [radʑitɕ] *vimperf* [doradzać] to advise • **radzić komuś** to advise sb. ➡ **radzić się** [radʑitɕ ɕɛ] *vp imperf* to consult.

rafa [rafa] (*D* **rafy** [rafi]) *f* reef.

rafineria [rafinɛrja] (*D* **rafinerii** [rafinɛrji]) *f* [naftowa] refinery.

raj [raj] (*D* **-u**) *m lit & przen* paradise.

rajd [rajt] (*D* **-u**) *m* race.

rajstopy [rajstɔpi] (*D* **rajstop** [rajstɔp]) *pl* tights.

rak [rak] *m* [zwierzę] crab; [choroba] (*D* **-a**) cancer. ➡ **Rak** [rak] (*D* **-a** [raka]) *m* [znak zodiaku] Cancer.

rakieta [rakɛta] (*D* **rakiety** [rakɛti]) *f* [kosmiczna] rocket; [tenisowa] racket.

rakietka [rakɛtka] (*D* **rakietki** [rakɛtki]) *f* [do badmintona, tenisa] racket; [do tenisa stołowego] bat.

rakotwórczy [rakɔtfurtʃi] *adj* [substancje] carcinogenic.

RAM [ram] (*D* **-u**) *m* INFORM RAM.

rama [rama] (*D* **ramy** [rami]) *f* [okienna, obrazu] frame.

ramiączko [ramjɔntʃkɔ] (*D* **ramiączka** [ramjɔntʃka]) *n* [w sukience] strap.

ramię [ramjɛ] (*D* **ramienia** [ramjɛɲa]) *n* [bark] shoulder; [ręka] arm.

ramka [ramka] (*D* **ramki** [ramki]) *f* [na zdjęcie] frame.

rana [rana] (*D* **rany** [rani]) *f* wound • **opatrzyć ranę** to dress a wound.

randka [rantka] (*D* **randki** [rantki]) *f* date.

ranek [ranɛk] (*D* **ranka** [ranka]) *m* morning.

ranić [raɲitɕ] (*perf* **zranić** [zraɲitɕ]) *vimperf* [gen] to wound; [uczucia] to hurt.

ranking [raŋk,iŋk] (*D* **-u**) *m* [klasyfikacja] ranking.

ranny [ranni] *adj* [poranny] morning; [zraniony] wounded • **ranny ptaszek** early bird.

rano [ranɔ] (*D* **rana** [rana]) <> *n* morning. <> *adv* in the morning.

raport [rapɔrt] (*D* **-u**) *m* [komisji] report.

rarytas [raritas] (*D* **-u**) *m* [rzadkość] rarity.

rasa [rasa] (*D* **rasy** [rasi]) *f* race.

rasista, rasistka [raɕista, raɕistka] *m, f* racist.

rasowy [rasɔvi] *adj* [dyskryminacja] racial; [kot, pies] pedigree.

rata [rata] (*D* **raty** [rati]) *f* [wpłata] instalment • **płacić w ratach** to pay in instalments; **rata miesięczna** monthly instalment.

ratalny [ratalni] *adj* [sprzedaż, spłata] instalment.

ratować [ratɔvatɕ] (*perf* **uratować** [uratɔvatɕ]) *vimperf* [nieść pomoc] to rescue.

ratownictwo [ratɔvɲitstfɔ] (*D* **ratownictwa** [ratɔvɲitstfa]) *n* [górskie, medyczne] rescue.

ratownik, ratowniczka [ratɔvɲik, ratɔvɲitʃka] *m, f* rescuer.

ratunek [ratunɛk] (*D* **ratunku** [ratunku]) *m* [pomoc] rescue. <> **ratunku!** [ratunku] *interj* help!

ratusz [ratuʃ] (*D* **-a**) *m* town hall.

ratyfikacja [ratifˌikatsja] (*D* **ratyfikacji** [ratifˌikatsji]) *f* [umowy, traktatu] ratification.

ratyfikować [ratifˌikɔvatɕ] *vimperf* LUB **vperf** [traktat, umowę] to ratify.

raz [ras] (*D* **-u**) *m* [wypadek] time; [wielokrotność] times • **w razie czegoś** [gdyhy] in case of sthg.

razem [razɛm] *adv* [wspólnie] together.

rączka [rɔntʃka] (*D* **rączki** [rɔntʃki]) *f* [mała ręka] hand; [uchwyt] handle.

rdza [rdza] (*D* **rdzy** [rdzi]) *f* rust.

rdzeń [rdzɛɲ] (*D* **rdzenia** [rdzɛɲa]) *m* [kręgowy] core.

rdzewieć [rdzɛvˌjɛtɕ] (*perf* **zardzewieć** [zardzɛvˌjɛtɕ]) *vimperf* [nóż] to rust.

reagować [rɛagɔvatɕ] (*perf* **zareagować** [zarɛagɔvatɕ]) *vimperf* [na prośby] to react.

reakcja [rɛaktsja] (*D* **reakcji** [rɛaktsji]) *f* reaction.

reaktor [rɛaktɔr] (*D* **-a**) *m* [jądrowy, atomowy] reactor.

realista, realistka [rɛalˌista, rɛalˌistka] *m, f* realist.

realistyczny [rɛalˌistitʃni] *adj* [rozsądny, trzeźwy] realistic.

realizacja [rɛalˌizatsja] (*D* **realizacji** [rɛalˌizatsji]) *f* [planów] realization; [filmu] making.

realizm [rɛalˌizm] (*D* **-u**) *m* realism.

realizować [rɛalˌizɔvatɕ] (*perf* **zrealizować** [zrɛalˌizɔvatɕ]) *vimperf* [wykonywać] to realize; [czek] to cash • **kelner zrealizował zamówienie** the waiter brought the order.

realny [rɛalni] *adj* [rzeczywisty] real; [plany, ocena] realistic.

reanimacja [rɛaɲimatsja] (*D* **reanimacji** [rɛaɲimatsji]) *f* resuscitation.

recenzja [rɛtsɛnzja] (*D* **recenzji** [rɛtsɛnzji]) *f* [filmu, książki] review.

recepcja [rɛtsɛptsja] (*D* **recepcji** [rɛtsɛptsji]) *f* : **recepcja hotelowa** hotel reception.

recepcjonistka [rɛtsɛptsjɔnistka] *f* receptionist.

recepta [rɛtsɛpta] (*D* **recepty** [rɛtsɛpti]) *f* [lekarska] prescription.

recital [rɛtʃˌital] (*D* **-u**) *m* [solisty] recital.

recytować [rɛtsitɔvatɕ] *vimperf* [wiersz] to recite.

red. (*skr od* **redaktor**) ed; (*skr od* **redakcja**) editorial office.

redagować [rɛdagɔvatɕ] *vimperf* [tekst, książkę] to edit.

redakcja [rɛdaktsja] (*D* **redakcji** [rɛdaktsji]) *f* [lokal, instytucja] editorial office; [tekstu] editing.

redaktor, ka [rɛdaktɔr, ka] *m, f* editor.

redukcja [rɛduktsja] (*D* **redukcji** [rɛduktsji]) *f* [zmniejszenie] reduction.

referat [rɛfɛrat] (*D* **-u**) *m* [wystąpienie] paper.

referencje [rɛfɛrɛntsjɛ] (*D* **referencji** [rɛfɛrɛntsji]) *fpl* [opinia] reference.

referendum [rɛfɛrɛndum] (*inv w lp*) *n* referendum.

referować [rɛfɛrɔvatɕ] *vimperf* [spotkanie] to report.

refleks [rɛflɛks] (*D* -u) *m* [szybki, opóźniony] reflex.

refleksja [rɛflɛksja] (*D* refleksji [rɛflɛksji]) *f* [przemyślenie] reflection.

reflektor [rɛflɛktɔr] (*D* -a) *m* [lampa] floodlight; [samochodu] headlight.

reforma [rɛfɔrma] (*D* reformy [rɛfɔrmi]) *f* [systemu] reform.

reformować [rɛfɔrmɔvatɕ] *vimperf* [gospodarkę, prawo] to reform.

refren [rɛfrɛn] (*D* -u) *m* [piosenki] chorus.

regał [rɛgaw] (*D* -u) *m* [mebel] shelf.

region [rɛgjɔn] (*D* -u) *m* [strefa] region.

regionalny [rɛgjɔnalni] *adj* regional.

regulamin [rɛgulamin] (*D* -u) *m* regulation.

regularnie [rɛgularɲɛ] *adv* [systematycznie] regularly.

regularność [rɛgularnɔɕtɕ] (*D* regularności [rɛgularnɔɕtɕi]) *f* regularity.

regularny [rɛgularni] *adj* [systematyczny, kształtny] regular.

regulować [rɛgulɔvatɕ] *vimperf* [głośność, należność] to regulate.

regulowany [rɛgulɔvani] *adj* [pasek] adjustable; [prawem, przepisami] regulated.

reguła [rɛguwa] (*D* reguły [rɛguwi]) *f* [zasada] rule.

rehabilitacja [rɛxab.il.itatsja] (*D* rehabilitacji [rɛhab.il.itatsji]) *f* rehabilitation.

rejestr [rɛjɛstr] (*D* -u) *m* [spis] register.

rejestracja [rɛjɛstratsja] (*D* rejestracji [rɛjɛstratsji]) *f* [samochodu] registration.

rejestracyjny [rɛjɛstratsijni] *adj* registration • **numer rejestracyjny samochodu** car registration number; **tablica rejestracyjna** number plate *UK*, license plate *US*.

rejestrować [rɛjɛstrɔvatɕ] *vimperf* [samochód, stowarzyszenie] to register; [obraz] to record.

Rejkiawik [rɛjkjav.ik] (*D* -u) *m* Reykjavík.

rejon [rɛjɔn] (*D* -u) *m* region.

rejonowy [rɛjɔnɔvi] *adj* regional.

rejs [rɛjs] (*D* -u) *m* [statkiem] cruise; [samolotem] flight.

rekin [rɛk.in] *m* shark.

reklama [rɛklama] (*D* reklamy [rɛklami]) *f* [ogłoszenie] advertisement; [reklamowanie] advertising.

reklamacja [rɛklamatsja] (*D* reklamacji [rɛklamatsji]) *f* [wady towaru] complaint.

reklamować [rɛklamɔvatɕ] *vimperf* [robić reklamę] to advertise; [zgłaszać reklamację] to complain.

reklamowy [rɛklamɔvi] *adj* [kampania] advertising.

reklamówka [rɛklamufka] (*D* reklamówki [rɛklamufk.i]) *f* [torba] plastic bag; [ulotka] promotional material.

rekompensata [rɛkɔmpɛnsata] (*D* rekompensaty [rɛkɔmpɛnsati]) *f* [za krzywdy] compensation.

rekonesans [rɛkɔnɛsans] (*D* -u) *m* [po okolicy] reconnaissance.

rekonstrukcja [rɛkɔnstruktsja] (*D* rekonstrukcji [rɛkɔnstruktsji]) *f* [malowidła, wydarzeń] reconstruction.

rekonwalescencja [rɛkɔnvalɛstsɛntsja] (*D* rekonwalescencji [rɛkɔnvalɛstsɛntsji]) *f* [po chorobie] convalescence.

rekord [rɛkɔrt] (*D* -u) *m* [w biegu] record.

rekordzista, rekordzistka [rɛkɔrdʑista, rɛkɔrdʑistka] *m, f* record holder.

rekrut [rɛkrut] *m* [żołnierz] recruit.

rektor [rɛktɔr] *m* [uczelni] ≃ vice chancellor *UK* , ≃ president *US*.

rekwirować [rɛkf.irɔvatɕ] *vimperf* to requisition.

rekwizyt [rɛkf.izit] (*D* -u) *m* [teatralny] prop.

relacja [rɛlatsja] (*D* relacji [rɛlatsji]) *f* [z podróży] report.

relacjonować [rɛlatsjɔnɔvatɕ] *vimperf* [przebieg meczu] to relate.

relaks [rɛlaks] (*D* -u) *m* relaxation.

religia [rɛl.igja] (*D* religii [rɛl.igji]) *f* religion.

religijny [rɛl,ig,ijni] *adj* [kult, człowiek] religious.

remanent [rɛmanɛnt] (*D* -u) *m* [w sklepie] inventory.

remis [rɛm,is] (*D* -u) *m* [meczu] tie.

remont [rɛmɔnt] (*D* -u) *m* [mieszkania] rennovation.

remontować [rɛmɔntɔvatɕ] *vimperf* [dom] to rennovate.

Ren [rɛn] (*D* -u) *m* the Rhine.

rencista, rencistka [rɛntɕista, rɛntɕistka] *m, f* pensioner.

renifer [rɛnifɛr] *m* reindeer.

renkloda [rɛŋklɔda] (*D* renklody [rɛŋklɔdi]) *f* greengage.

renomowany [rɛnɔmɔvani] *adj* [produkt] famous.

renowacja [rɛnɔvatɕja] (*D* renowacji [rɛnɔvatɕji]) *f* [kamienicy] renovation.

renta [rɛnta] (*D* renty [rɛnti]) *f* pension.

rentgen [rɛndgɛn] (*D* -a) *m* X-ray.

rentowny [rɛntɔvni] *adj* profitable.

reorganizacja [rɛɔrganizatɕja] (*D* reorganizacji [rɛɔrganizatɕji]) *f* [przedsiębiorstwa] reorganization.

reperacja [rɛpɛratɕja] (*D* reperacji [rɛpɛratɕji]) *f* [telewizora] repair.

reperować [rɛpɛrɔvatɕ] *vimperf* [samochód, ubranie] to repair.

repertuar [rɛpɛrtuar] (*D* -u) *m* [teatru] repertoire.

reportaż [rɛpɔrtaʃ] (*D* -u) *m* [telewizyjny] report.

represje [rɛprɛsjɛ] (*D* represji [rɛprɛsji]) *fpl* repression.

reprezentacja [rɛprɛzɛntatɕja] (*D* reprezentacji [rɛprɛzɛntatɕji]) *f* [sportowa] representation.

reprezentant, ka [rɛprɛzɛntant, ka] *m, f* [przedsiębiorców] representative.

reprezentować [rɛprɛzɛntɔvatɕ] *vimperf* to represent.

reprodukcja [rɛprɔduktɕja] (*D* reprodukcji [rɛprɔduktɕji]) *f* [dzieła sztuki] reproduction.

reprywatyzacja [rɛprivatizatɕja] (*D* reprywatyzacji [rɛprivatizatɕji]) *f* reprivatization.

republika [rɛpubl,ika] (*D* republiki [rɛpubl,ik,i]) *f* republic.

reputacja [rɛputatɕja] (*D* reputacji [rɛputatɕji]) *f* [opinia] reputation.

resor [rɛsɔr] (*D* -u LUB -a) *m* AUTO spring.

resort [rɛsɔrt] (*D* -u) *m* [finansów] department.

respekt [rɛspɛkt] (*D* -u) *m* [szacunek] respect.

respektować [rɛspɛktɔvatɕ] *vimperf* [przepisy] to respect.

restauracja [rɛstawratɕja] (*D* restauracji [rɛstawratɕji]) *f* restaurant.

restaurować [rɛstawrɔvatɕ] *vimperf* [zabytki] to restore.

restrykcje [rɛstriktɕjɛ] (*D* restrykcji [rɛstriktɕji]) *fpl* [finansowe] restrictions.

reszka [rɛʃka] (*D* reszki [rɛʃk,i]) *f* [strona monety] tails.

reszta [rɛʃta] (*D* reszty [rɛʃti]) *f* [pozostałość] rest; [pieniądze] change.

resztka [rɛʃtka] (*D* resztki [rɛʃtk,i]) *f* [pozostałość] rest. ➡ **resztki** [rɛʃtk,i] (*D* resztek [rɛʃtɛk]) *fpl* [jedzenia] leftovers.

retoryczny [rɛtɔritʃni] *adj* [styl] rhetorical.

retransmisja [rɛtransm,isja] (*D* retransmisji [rɛtransm,isji]) *f* [ceremonii] retransmission.

retro [rɛtrɔ] *adj* [moda] retro.

reumatyzm [rɛwmatizm] (*D* -u) *m* rheumatism.

rewaloryzacja [rɛvalɔrizatɕja] (*D* rewaloryzacji [rɛvalɔrizatɕji]) *f* [emerytur] revaluation.

rewanż [rɛvanʃ] (*D* -u) *m* [ponowna rozgrywka] rematch; [odwzajemnienie się] return • **w rewanżu za pomoc kupił mi czekoladę** in return for my help, he bought me chocolate.

rewelacja [rɛvɛlatɕja] (*D* rewelacji [rɛvɛlatɕji]) *f* [prasowa] revelation.

rewers [rɛvɛrs] (*D* -u) *m* [monety] reverse.

rewia [rɛvja] (*D* rewii [rɛvji]) *f* [na lodzie] revue • **rewia mody** fashion show.

rewidować [rɛv,idɔvatɕ] (*perf* zrewidować [zrɛv,idɔvatɕ]) *vimperf* [bagaż] to search.

rewizja [rɛv,izja] (*D* rewizji [rɛv,izji]) *f* [mieszkania] search.

rewolucja [rɛvɔlutsja] (*D* rewolucji [rɛvɔlutsji]) *f* [społeczna] revolution.

rewolucjonista, rewolucjonistka [rɛvɔlutsjɔnista, rɛvɔlutsjɔnistka] *m, f* revolutionary.

rewolwer [rɛvɔlvɛr] (*D* -u) *m* revolver.

rezerwa [rɛzɛrva] (*D* rezerwy [rɛzɛrvi]) *f* [żywności] reserve.

rezerwacja [rɛzɛrvatsja] (*D* rezerwacji [rɛzɛrvatsji]) *f* [w hotelu] reservation • dokonać rezerwacji to make a reservation.

rezerwat [rɛzɛrvat] (*D* -u) *m* [przyrody] reserve.

rezerwować [rɛzɛrvɔvatɕ] (*perf* zarezerwować [zarɛzɛrvɔvatɕ]) *vimperf* [hotel, bilet] to reserve.

rezerwuar [rɛzɛrvuar] (*D* -u) *m* [na wodę] reservoir.

rezonans [rɛzɔnans] (*D* -u) *m* resonance.

rezultat [rɛzultat] (*D* -u) *m* [wynik] result.

rezydencja [rɛzidɛntsja] (*D* rezydencji [rɛzidɛntsji]) *f* [ambasadora] residence.

rezydent [rɛzidɛnt] *m* [biura turystycznego] agent.

rezygnacja [rɛzignatsja] (*D* rezygnacji [rɛzignatsji]) *f* [ze stanowiska] resignation.

rezygnować [rɛzignɔvatɕ] *vimperf* [ze stanowiska] to resign; [odwoływać] to cancel.

reż. (*skr od* reżyser) *director, used as title.*

reżim [rɛʒ,im] (*D* -u) *m* [polityczny] regime.

reżyser [rɛʒisɛr] *m* director.

reżyserować [rɛʒisɛrɔvatɕ] *vimperf* [film] to direct.

ręcznie [rɛntʃɲɛ] *adv* [wykonany] manually • ten sweter był ręcznie zrobiony przez moją matkę this sweater was handmade by my mother.

ręcznik [rɛntʃɲik] (*D* -a) *m* towel.

ręczny [rɛntʃɲi] *adj* [hamulec] hand.

ręka [rɛŋka] (*D* ręki [rɛŋk,i]) *f* [dłoń] hand; [ramię] arm.

rękaw [rɛŋkaf] (*D* -a) *m* sleeve.

rękawiczka [rɛŋkav,itʃka] (*D* rękawiczki [rɛŋkav,itʃk,i]) *f* glove.

rękojmia [rɛŋkɔjm,a] (*D* rękojmi [rɛŋkɔjm,i]) *f* [poręczenie] guarantee.

rękopis [rɛŋkɔp,is] (*D* -u) *m* [powieści] manuscript.

ring [r,iŋk] (*D* -u) *m* ring.

robaczywy [rɔbatʃivi] *adj* [jabłko] wormy.

robak [rɔbak] *m* worm.

robić [rɔb,itɕ] (*perf* zrobić [zrɔb,itɕ]) *vimperf* -1. [gen] to do co robisz dziś wieczorem? what are you doing tonight?; robić zakupy to do shopping. -2. [wytwarzać] to make robić śniadanie/obiad/kolację to make; breakfast/dinner/supper. ➡ robi się [rɔb,i ɕɛ] *vimpers* to become • robi się zimno it's getting cold.

robocizna [rɔbɔtɕizna] (*D* robocizny [rɔbɔtɕizni]) *f* labour.

robot [rɔbɔt] (*D* -a) *m* robot • robot kuchenny food processor.

robota [rɔbɔta] (*D* roboty [rɔbɔti]) *f* work. ➡ roboty [rɔbɔti] (*D* robót [rɔbut]) *fpl* : roboty drogowe road work.

robotniczy [rɔbɔtɲitʃi] *adj* working-class.

robotnik, robotnica [rɔbɔtɲik, rɔbɔtɲitsa] *m, f* manual worker • robotnik niewykwalifikowany unskilled worker; robotnik wykwalifikowany skilled worker.

rocznica [rɔtʃɲitsa] (*D* rocznicy [rɔtʃɲitsi]) *f* [ślubu] anniversary.

rocznie [rɔtʃɲɛ] *adv* yearly.

rocznik [rɔtʃɲik] (*D* -a) *m* [wina] vintage.

roczny [rɔtʃɲi] *adj* yearly • roczne dziecko one-year-old child.

rodak, rodaczka [rɔdak, rɔdatʃka] *m, f* fellow countryman (*f* fellow countrywoman).

Rodan [rɔdan] (*D* -u) *m* the Rhone.

Rodos [rɔdɔs] (*inv*) *m* Rhodes.

rodowity [rɔdɔv,iti] *adj* native.

rodowód [rɔdɔvut] (*D* rodowodu [rɔ-dɔvɔdu]) *m* [człowieka] lineage; [psa] pedigree.

rodzaj [rɔdzaj] (*D* -u) *m* [typ] kind.

rodzeństwo [rɔdzɛjstfɔ] (*D* rodzeństwa [rɔdzɛjstfa]) *n* siblings.

rodzice [rɔdzitsɛ] *mpl* parents.

rodzić [rɔdzitɕ] *vimperf* to give birth to.

rodzina [rɔdzina] (*D* rodziny [rɔdzini]) *f* family • **rodzina zastępcza** foster family; **założyć rodzinę** to have a family; **głowa rodziny** head of the family.

rodzinny [rɔdzinni] *adj* [pamiątka] family; [przywiązany] family-oriented.

rodzynek [rɔdzinɛk] (*D* rodzynka [rɔ-dzinka]) *m* raisin.

rogacz [rɔgatʃ] *m* pot & pej cuckold.

rogalik [rɔgal,ik] (*D* -a) *m* croissant.

rok [rɔk] (*D* -u, *pl* lata [lata]) *m* year • **ile masz lat?** how old are you?; **rok kalendarzowy** calendar year; **rok szkolny** school year; **rok urodzenia** year of birth; **przed laty** years ago; **w 1999 roku** in 1999; **za rok** in a year; **rok temu** a year ago; **sto lat!** [gdy składamy komuś życzenia] best wishes [z okazji urodzin] happy birthday.

rola [rɔla] (*D* roli [rɔl,i]) *f* [funkcja, postać] role; [ziemia] soil • **odgrywać rolę** to play a role.

rolada [rɔlada] (*D* rolady [rɔladi]) *f* roulade • **rolada biszkoptowa** Swiss roll.

roleta [rɔlɛta] (*D* rolety [rɔlɛti]) *f* blinde.

rolka [rɔlka] (*D* rolki [rɔlk,i]) *f* roll ➡ **rolki** [rɔlk,i] (*D* rolek [rɔlɛk]) *fpl* rollerblades.

rolnictwo [rɔlɲitstfɔ] (*D* rolnictwa [rɔlɲitstfa]) *n* agriculture.

rolniczy [rɔlɲitʃi] *adj* agricultural.

rolnik, rolniczka [rɔlɲik, rɔlɲitʃka] *m*, *f* farmer.

rolny [rɔlni] *adj* agricultural • **gospodarstwo rolne** farm.

ROM [rɔm] (*D* -u) *m* ROM.

romans [rɔmans] (*D* -u) *m* romance • **mieć z kimś romans** to have an affair with sb.

romantyczny [rɔmantitʃni] *adj* romantic.

romantyk, romantyczka [rɔman-tik, rɔmantitʃka] *m*, *f* romantic.

rondel [rɔndɛl] (*D* rondla [rɔndla]) *m* saucepan.

rondo [rɔndɔ] (*D* ronda [rɔnda]) *n* roundabout *UK*, traffic circle *US*.

ropa [rɔpa] (*D* ropy [rɔpi]) *f* [surowiec] petroleum; [wydzielina] pus • **ropa naftowa** crude oil.

ropieć [rɔp,jɛtɕ] *vimperf* to fester.

ropień [rɔp,jɛɲ] (*D* ropnia [rɔpɲa]) *m* MED abscess.

ropucha [rɔpuxa] *f* toad.

rosa [rɔsa] (*D* rosy [rɔsi]) *f* dew.

Rosja [rɔsja] (*D* Rosji [rɔsji]) *f* Russia.

Rosjanin, Rosjanka [rɔsjaɲin, rɔs-janka] *m*, *f* Russian.

rosnąć [rɔsnɔntɕ] (*perf* urosnąć [urɔs-nɔntɕ]) *vimperf* [rozwijać się] to grow; [zwiększać się] to rise.

rosół [rɔsuw] (*D* rosołu [rɔsɔwu]) *m* consommé.

rostbef [rɔstbɛf] (*D* -u) *m* roast beef.

rosyjski [rɔsijsk,i] <> *adj* Russian. <> *m* (*D* rosyjskiego [rɔsijsk,ɛgɔ]) [język rosyjski] Russian.

roślina [rɔɕl,ina] (*D* rośliny [rɔɕl,ini]) *f* plant.

roślinność [rɔɕl,innɔɕtɕ] (*D* roślinności [rɔɕl,innɔɕtɕi]) *f* vegetation.

roślinny [rɔɕl,inni] *adj* vegetable.

rotacja [rɔtatsja] (*D* rotacji [rɔtatsji]) *f* rotation.

rower [rɔvɛr] (*D* -u) *m* bicycle • **rower wodny** paddle boat; **jeździć na rowerze** to ride a bike.

rowerzysta, rowerzystka [rɔvɛʒis-ta, rɔvɛʒistka] *m*, *f* cyclist.

rozbawiony [rɔzbav,jɔni] *adj* amused.

rozbić [rɔzb,itɕ] *vperf* = rozbijać.

rozbierać [rɔzb,jɛratɕ] (*perf* rozebrać [rɔzɛbratɕ]) *vimperf* to undress. ➡ **rozbierać się** [rɔzb,jɛratɕ ɕɛ] *vp imperf* to undress.

rozbieżność [rɔzb,jɛʒnɔɕtɕ] (*D* rozbieżności [rɔzb,jɛʒnɔɕtɕi]) *f* discrepancy.

rozbijać [rɔzb,ijatɕ] (*perf* **rozbić** [rɔzb,itɕ]) *vimperf* [gen] to break; [samochód] to crash.

rozblór [rɔzb,jur] (*D* rozbioru [rɔzb,jɔru]) *m* [państwa] partition; [analiza] analysis.

rozbitek [rɔzb,itɛk] *m* [osoba uratowana] castaway; [ktoś nieszczęśliwy] wreck.

rozbity [rɔzb,iti] *adj* [stłuczony] broken; [roztrzęsiony] damaged.

rozbrajający [rɔzbrajajɔntɕi] *adj* disarming.

rozbrojenie [rɔzbrɔjɛɲɛ] (*D* rozbrojenia [rɔzbrɔjɛɲa]) *n* disarmament.

rozbudowa [rɔzbudɔva] (*D* rozbudowy [rɔzbudɔvi]) *f* extension.

rozchodzić się [rɔsxɔdʑitɕ ɕɛ] *vp imperf* [o drogach] to diverge; [rozpraszać się] to scatter.

rozchorować się [rɔsxɔrɔvatɕ ɕɛ] *vp perf* to become ill.

rozciągać [rɔstɕɔŋgatɕ] *vimperf* to stretch.

rozcieńczalnik [rɔstɕɛjntʃalɲik] (*D* -a) *m* thinner.

rozcieńczyć [rɔstɕɛjntʃitɕ] *vperf* to dilute.

rozcierać [rɔstɕɛratɕ] *vimperf* [dłonie] to rub; [masło z cukrem] to mix.

rozczarować [rɔstʃarɔvatɕ] *vperf* : rozczarować kogoś to disappoint sb.

rozczarowanie [rɔstʃarɔvaɲɛ] (*D* rozczarowania [rɔstʃarɔvaɲa]) *n* disappointment • **przeżyć rozczarowanie** to suffer a disappointment.

rozczarowany [rɔstʃarɔvani] *adj* disappointed.

rozdać [rɔzdatɕ] *vperf* = rozdawać.

rozdanie [rɔzdaɲɛ] (*D* rozdania [rɔzdaɲa]) *n* distribution.

rozdarcie [rɔzdartɕɛ] (*D* rozdarcia [rɔzdartɕa]) *n* [zszyć] tear; [przeżywać] dilemma.

rozdarty [rɔzdarti] *adj* torn.

rozdawać [rɔzdavatɕ] (*perf* rozdać [rɔzdatɕ]) *vimperf* [gen] to give out; [zadania] to hand out.

rozdrapać [rɔzdrapatɕ] *vperf* to scratch • **rozdrapać krostę** to pick at a pimple.

rozdrażnić [rɔzdraʒɲitɕ] *vperf* : rozdrażnić kogoś to annoy sb.

rozdrażniony [rɔzdraʒɲɔni] *adj* annoyed.

rozdroże [rɔzdrɔʒɛ] (*D* rozdroża [rɔzdrɔʒa]) *n* crossroad • **stanąć na rozdrożu** to stand at a crossroads.

rozdział [rɔzdʑaw] (*D* -u) *m* [książki] chapter; [nagród] distribution.

rozdzielić [rɔzdʑɛl,itɕ] *vperf* [pieniądze] to distribute; [walczących] to separate.

rozdzierający [rɔzdʑɛrajɔntɕi] *adj* [krzyk] piercing; [ból] excruciating.

rozebrać [rɔzɛbratɕ] *vperf* = rozbierać.

rozejm [rɔzɛjm] (*D* -u) *m* truce • zawrzeć rozejm to make a truce.

rozejrzeć się [rɔzɛjʒɛtɕ ɕɛ] *vp perf* = rozglądać się.

rozejść się [rɔzɛjɕtɕ ɕɛ] *vp perf* [rozproszyć się] to scatter; [rozwieść się] to divorce; [skończyć się] to run out.

rozerwać [rɔzɛrvatɕ] *vperf* to tear. ➤ **rozerwać się** [rɔzɛrvatɕ ɕɛ] *vp perf* [o ubraniach] to tear; *pot* [zabawić się] to have fun.

roześmiać się [rɔzɛɕm,jatɕ ɕɛ] *vp perf* to laugh out loud.

roześmiany [rɔzɛɕm,jani] *adj* smiling.

rozgałęziacz [rɔzgawɛ̃zatʃ] (*D* -a) *m* adapter.

rozgarnięty [rɔzgarɲɛnti] *adj* sharp-witted.

rozglądać się [rɔzglɔndatɕ ɕɛ] (*perf* rozejrzeć się [rɔzɛjʒɛtɕ ɕɛ]) *vp imperf* to look around.

rozgłośnia [rɔzgwɔɕɲa] (*D* rozgłośni [rɔzgwɔɕɲi]) *f* [radiowa] broadcasting station.

rozgniewać [rɔzgɲɛvatɕ] *vperf* to anger • **rozgniewać kogoś** to anger sb.

rozgoryczony [rɔzgɔritʃɔni] *adj* bitter.

rozgotowany [rɔzgɔtɔvani] *adj* overboiled.

rozgryźć [rɔzgriɕtɕ] *vperf* [proszek] to crack; *pot* [zrozumieć] to understand.

rozgrzewać [rɔzgʒɛvatɕ] *vimperf* to warm. ➤ **rozgrzewać się** [rɔzgʒɛvatɕ ɕɛ] *vp imperf* to warm up.

rozgwiazda [rɔzgv‚jazda] *f* starfish.

rozjemca, rozjemczyni [rɔzjɛmtsa, rɔzjɛmtʃiɲi] *m, f* arbitrator.

rozkaz [rɔskas] (*D* -u) *m* order • **wydać rozkaz** to give an order.

rozkazać [rɔskazatɕ] *vperf* = **rozkazywać**.

rozkazujący [rɔskazujɔntʃi] *adj* commanding • **tryb rozkazujący** GRAM imperative.

rozkazywać [rɔskazivatɕ] (*perf* **rozkazać** [rɔskazatɕ]) *vimperf* to order.

rozkład [rɔskwat] (*D* -u) *m* [mieszkania] layout; [ciała] decomposition • **rozkład jazdy** timetable; **rozkład zajęć** schedule.

rozkładać [rɔskwadatɕ] (*perf* **rozłożyć** [rɔzwɔʒitɕ]) *vimperf* [mapę, kanapę] to unfold; [na części] to take apart.

rozkojarzony [rɔskɔjaʒɔni] *adj* absent-minded.

rozkoszny [rɔskɔʃni] *adj* delightful.

rozkwit [rɔskf‚it] (*D* -u) *m* [uczucia, miasta] prime; [drzewa] bloom.

rozkwitać [rɔskf‚itatɕ] *vimperf* [rośliny] to bloom.

rozlać [rɔzlatɕ] *vperf* [herbatę na podłodze] to spill; [zupę do talerzy] to pour.

rozlegać się [rɔzlɛgatɕ ɕɛ] *vp imperf* [wołanie, dźwięk] to ring out.

rozległy [rɔzlɛgwi] *adj* [widok] wide; [plan] extensive.

rozliczyć się [rɔzl‚itʃitɕ ɕɛ] *vp perf* to settle.

rozluźnić [rɔzluʑɲitɕ] *vperf* [uścisk] to loosen; [atmosferę] to lighten.

rozładować [rɔzwadɔvatɕ] *vperf* [towar] to unload; [stres] to relieve • **rozładować atmosferę** to lighten the atmosphere.

rozłąka [rɔzwɔŋka] (*D* **rozłąki** [rɔzwɔŋk‚i]) *f* separation.

rozłożyć [rɔzwɔʒitɕ] *vperf* = **rozkładać**.

rozmach [rɔzmax] (*D* -u) *m* [zamach] swing; [wizja] forethought • **robić coś z rozmachem** to do sthg with a flourish.

rozmaitość [rɔzmajitɔɕtɕ] (*D* **rozmaitości** [rɔzmajitɔɕtɕi]) *f* variety.

rozmaity [rɔzmajiti] *adj* diverse.

rozmaryn [rɔzmarin] (*D* -u) *m* rosemary.

rozmarzyć się [rɔzmaʒitɕ ɕɛ] *vp perf* to fall into a reverie.

rozmasować [rɔzmasɔvatɕ] *vperf* to massage.

rozmawiać [rɔzmav‚jatɕ] *vimperf* to talk.

rozmiar [rɔzm‚jar] (*D* -u) *m* [wielkość, numer] size; [skala] extent • **większy rozmiar** larger size.

rozmienić [rɔzm‚jɛɲitɕ] *vperf* to change.

rozmnażać się [rɔzmnaʒatɕ ɕɛ] *vp imperf* to reproduce.

rozmnażanie [rɔzmnaʒaɲɛ] (*D* **rozmnażania** [rɔzmnaʒaɲa]) *n* reproduction.

rozmontować [rɔzmɔntɔvatɕ] *vperf* to take apart.

rozmowa [rɔzmɔva] (*D* **rozmowy** [rɔzmɔv‚i]) *f* conversation • **rozmowa miejscowa** local call; **rozmowa międzymiastowa** long-distance call; **rozmowa międzynarodowa** international call; **rozmowa na temat kogoś/czegoś** a conversation about sb/sthg; **rozmowa o kimś/o czymś** a conversation about sb/sthg. ➤ **rozmowy** [rɔzmɔv‚i] (*D* **rozmów** [rɔzmuf]) *fpl* negotiations • **prowadzić rozmowy** to conduct negotiations.

rozmowny [rɔzmɔvni] *adj* talkative.

rozmówca, rozmówczyni [rɔzmuftsa, rɔzmuftʃiɲi] *m, f* conversationalist.

rozmówki [rɔzmufk‚i] (*D* **rozmówek** [rɔzmuvɛk]) *pl* phrase books.

rozmrozić [rɔzmrɔʑitɕ] *vperf* to defrost • **rozmrozić lodówkę** to defrost the refrigerator.

rozmyślać [rɔzmiɕlatɕ] *vimperf* to ponder.

rozmyślanie [rɔzmiɕlaɲɛ] (*D* **rozmyślania** [rɔzmiɕlaɲa]) *n* meditation.

rozmyślić się [rɔzmiɛl,itɕɛ] *vp perf* to reconsider.

rozmyślnie [rɔzmiɛlɲɛ] *adv* deliberately.

roznosić [rɔznɔɕitɕ] *vimperf* to deliver.

rozpacz [rɔspatʃ] (*D* -y) *f* despair • **pogrążyć się w rozpaczy** to fall into despair.

rozpaczać [rɔspatʃatɕ] *vimperf* to despair.

rozpaczliwy [rɔspatʃl,ivi] *adj* [pełen rozpaczy] anguished; [desperacki, beznadziejny] desperate.

rozpadać się [rɔspadatɕ ɕɛ] *vp imperf* to fall apart.

rozpatrzyć [rɔspatʃitɕ] *vperf* to consider • **rozpatrzyć podanie** to consider an application.

rozpęd [rɔspɛnt] (*D* -u) *m* momentum • **nabrać rozpędu** to gather momentum.

rozpędzić [rɔspɛndʑitɕ] *vperf* to disperse • **rozpędzić zbiegowisko** to disperse a throng.

rozpętać [rɔspɛntatɕ] *vperf* to spark.

rozpiąć [rɔsp,jɔɲtɕ] *vperf* to undo.

rozpieszczać [rɔsp,jɛʃtʃatɕ] *vimperf* to spoil.

rozpieszczony [rɔsp,jɛʃtʃɔni] *adj* spoiled.

rozplątać [rɔsplɔntatɕ] *vperf* to untwist.

rozpłakać się [rɔspwakatɕ ɕɛ] *vp perf* to burst into tears.

rozpocząć [rɔspɔtʃɔntɕ] *vperf* to begin.

rozpoczęcie [rɔspɔtʃɛɲtɕɛ] (*D* rozpoczęcia [rɔspɔtʃɛɲtɕa]) *n* beginning • **rozpoczęcie roku szkolnego** beginning of the school year.

rozpogadzać się [rɔspɔgadzatɕ ɕɛ] *vp imperf* to clear up.

rozpogodzenie [rɔspɔgɔdzɛɲɛ] (*D* rozpogodzenia [rɔspɔgɔdzɛɲa]) *n* sunny spell.

rozporek [rɔspɔrɛk] (*D* rozporka [rɔspɔrka]) *m* [w spodniach] flies *UK*, fly *US*; [w spódnicy] slit.

rozporządzenie [rɔspɔʒɔndzɛɲɛ] (*D* rozporządzenia [rɔspɔʒɔndzɛɲa]) *n*

decree • **wydać rozporządzenie** to issue a decree.

rozpowszechniać [rɔspɔfʃɛxɲatɕ] *vimperf* [poglądy, plotki] to spread.

rozpowszechniony [rɔspɔfʃɛxɲɔni] *adj* widespread.

rozpoznać [rɔspɔznatɕ] *vperf* [chorobę] to diagnose; [banknoty] to recognize • **rozpoznać kogoś** to recognize sb.

rozpoznanie [rɔspɔznaɲɛ] (*D* rozpoznania [rɔspɔznaɲa]) *n* [diagnoza] diagnosis; [zadanie bojowe] reconnaissance.

rozpoznawczy [rɔspɔznaftʃi] *adj* [charakterystyczny] identifying; [prowadzący rozpoznanie] reconnaissance.

rozpraszać [rɔspraʃatɕ] *vimperf* [uwagę, myśli] to distract. ↤ **rozpraszać się** [rɔspraʃatɕ ɕɛ] *vp imperf* to be distracted.

rozprawa [rɔsprava] (*D* rozprawy [rɔspravi]) *f* [w sądzie] trial.

rozprężenie [rɔsprɛ̃ʒɛɲɛ] (*D* rozprężenia [rɔsprɛ̃ʒɛɲa]) *n* [chaos] deconcentration.

rozprostować [rɔsprɔstɔvatɕ] *vperf* [nogi] to stretch; [kartkę] to smooth.

rozprowadzać [rɔsprɔvadzatɕ] *vimperf* [towary] to distribute; [farbę] to spread.

rozpruć [rɔsprutɕ] *vperf* [szew] to rip.

rozpryskiwać [rɔsprisk,ivatɕ] *vimperf* to splatter.

rozpusta [rɔspusta] (*D* rozpusty [rɔspusti]) *f* debauchery.

rozpuszczalnik [rɔspuʃtʃalɲik] (*D* -a) *m* solvent.

rozpuszczalny [rɔspuʃtʃalni] *adj* soluble.

rozpuścić [rɔspuɕtɕitɕ] *vperf* [utworzyć roztwór] to dissolve; [roztopić] to melt.

rozpychać się [rɔspixatɕ ɕɛ] *vp imperf* to jostle.

rozpylacz [rɔspilatʃ] (*D* -a) *m* atomizer.

rozpylać [rɔspilatɕ] *vimperf* to spray.

rozrabiać [rɔzrab,jatɕ] *vimperf pot* to stir up trouble.

rozróżniać [rɔzruʒnatɕ] *vimperf* to distinguish.

rozruch [rɔzrux] (*D* -u) *m* [silnika] start. → **rozruchy** [rɔzruxi] (*D* rozruchów [rɔzruxuf]) *pl* riots.

rozruszać [rɔzruʃatɕ] *vperf* [palce] to work out stiffness; [towarzystwo] to liven up.

rozrusznik [rɔzruʃnik] (*D* -a) *m* starter • **rozrusznik serca** pacemaker.

rozrywka [rɔzrifka] (*D* rozrywki [rɔzrifk,i]) *f* entertainment.

rozrzucać [rɔzuʦatɕ] *vimperf* [rzeczy] to scatter; [ulotki] to drop.

rozrzutny [rɔzʒutni] *adj* wasteful.

rozsądek [rɔssɔndɛk] (*D* rozsądku [rɔssɔntku]) *m* sense • **zdrowy rozsądek** common sense.

rozsądny [rɔssɔndni] *adj* [sensowny] sensible; [umiarkowany] reasonable.

rozstać się [rɔsstatɕ ɕɛ] *vp perf* to separate.

rozstanie [rɔsstaɲɛ] (*D* rozstania [rɔsstaɲa]) *n* separation.

rozstawiać [rɔsstav,jatɕ] *vimperf* [umieszczać] to put; [rozkładać] to set up.

rozstępować się [rɔsstɛmpɔvatɕ ɕɛ] *vp imperf* to part.

rozstroić [rɔsstrɔjitɕ] *vperf* [instrument] to make out of tune; [wyprowadzić z równowagi] to upset.

rozstrzygać [rɔsstʃigatɕ] (*perf* rozstrzygnąć [rɔsstʃignɔntɕ]) *vimperf* to decide.

rozstrzygnąć [rɔsstʃignɔntɕ] *vperf* = rozstrzygać.

rozsuwać [rɔssuvatɕ] *vimperf* to draw back.

rozsypać [rɔsɨpatɕ] *vperf* to spill.

rozszalały [rɔsʃalawɨ] *adj* raging.

rozszyfrowywać [rɔsʃifrɔvɨvatɕ] *vimperf* [kod] to decipher; [tajemnicę] to unravel.

rozśmieszać [rɔɕɕm,jɛʃatɕ] *vimperf* to make laugh • **jego żarty zawsze mnie rozśmieszają** his jokes always make me laugh.

roztaczać [rɔstatʃatɕ] *vimperf* to surround. → **roztaczać się** [rɔstatʃatɕ ɕɛ] *vp imperf* to unfold.

roztapiać [rɔstap,jatɕ] *vimperf* to melt. → **roztapiać się** [rɔstap,jatɕ ɕɛ] *vp imperf* to melt.

roztargnienie [rɔstargɲɛɲɛ] (*D* roztargnienia [rɔstargɲɛɲa]) *n* absentmindedness • **zrobić coś przez roztargnienie** to do sthg absent-mindedly.

roztargniony [rɔstargɲɔni] *adj* absent-minded.

roztropny [rɔstrɔpni] *adj* prudent.

roztrwonić [rɔstrfɔɲitɕ] *vperf* to waste.

roztrzepanie [rɔstʃɛpaɲɛ] (*D* roztrzepania [rɔstʃɛpaɲa]) *n pot* absentmindedness.

roztrzepany [rɔstʃɛpani] *adj pot* scatterbrained.

roztrzęsiony [rɔstʃɛ̃ɕɔni] *adj* jittery.

rozum [rɔzum] (*D* -u) *m* reason.

rozumieć [rɔzum,jɛtɕ] (*perf* zrozumieć [zrɔzum,jɛtɕ]) *vimperf* to understand.

rozumny [rɔzumni] *adj* rational.

rozumować [rɔzumɔvatɕ] *vimperf* to reason.

rozumowanie [rɔzumɔvaɲɛ] (*D* rozumowania [rɔzumɔvaɲa]) *n* reasoning.

rozwaga [rɔzvaga] (*D* rozwagi [rɔzvag,i]) *f* deliberation • **brać coś pod rozwagę** to take sthg into consideration.

rozważać [rɔzvaʒatɕ] *vimperf* to consider.

rozważanie [rɔzvaʒaɲɛ] (*D* rozważania [rɔzvaʒaɲa]) *n* consideration.

rozważny [rɔzvaʒni] *adj* prudent.

rozweselać [rɔzvɛsɛlatɕ] *vimperf* to cheer up.

rozwiać [rɔzv,jatɕ] *vperf* [chmury] to disperse; [wątpliwości] to dispel • **wiatr rozwiał mi włosy** the wind blew through my hair.

rozwiązać [rɔzv,jɔ̃zatɕ] *vperf* [problem] to solve; [węzeł] to tie.

rozwiązanie [rɔzv,jɔ̃zaɲɛ] (*D* rozwiązania [rɔzv,jɔ̃zaɲa]) *n* [problemu] solution; [supła] knot.

rozwidlenie [rɔzv,idlɛɲɛ] (*D* rozwidlenia [rɔzv,idlɛɲa]) *n* fork.

rozwiedziony, rozwiedziona [rɔzv,jedʑɔni, rɔzv,jedʑɔna] *m*, *f* divorced.

rozwieść się [rɔzv,jɛɕtɕ ɕɛ] *vp perf* to divorce.

rozwijać [rɔzv,ijatɕ] (*perf* **rozwinąć** [rɔzv,inɔɲtɕ]) *vimperf* [rozpakowywać] to unwrap; [rozpinać] to uncoil; [zainteresowania] to develop • **rozwinąć prędkość** to gainspeed.

➟ **rozwijać się** [rɔzv,ijatɕ ɕɛ] (*perf* **rozwinąć się** [rɔzv,inɔɲtɕ ɕɛ]) *vp imperf* to develop.

rozwinąć [rɔzv,inɔɲtɕ] *vperf* = rozwijać.

rozwinięty [rɔzv,iɲɛnti] *adj* [dojrzały] developed; [kwiat] fully-developed.

rozwodnik [rɔzvɔdɲik] *m* divorcee.

rozwolnienie [rɔzvɔlɲɛɲɛ] (*D* rozwolnienia [rɔzvɔlɲɛɲa]) *n pot* diarrhoea.

rozwód [rɔzvut] (*D* rozwodu [rɔzvɔdu]) *m* divorce • **wziąć rozwód** to get a divorce.

rozwódka [rɔzvutka] *f* divorcee.

rozwój [rɔzvuj] (*D* rozwoju [rɔzvɔju]) *m* development • **rozwój sytuacji** development of the situation.

rożen [rɔʒɛn] (*D* rożna [rɔʒna]) *m* spit.

ród [rut] (*D* rodu [rɔdu]) *m* family.

róg [ruk] (*D* rogu [rɔgu]) *m* [gen] horn; [domu, ulic] corner • **za rogiem** around the corner.

rój [ruj] (*D* roju [rɔju]) *m* swarm.

rów [ruf] (*D* rowu [rɔvu]) *m* [tektoniczny] trench; [przy drodze] ditch.

rówieśnica [ruv,jɛɕɲitsa] *f* peer.

rówieśnik [ruv,jɛɕɲik] *m* peer.

również [ruvɲɛʃ] *part* also.

równik [ruvɲik] (*D* -a) *m* equator.

równina [ruvɲina] (*D* równiny [ruvɲini]) *f* plain.

równo [ruvnɔ] �„ *adv* [gładko] smoothly; [prosto] straight; [miarowo] evenly; [jednakowo] equally. �„ *part* [dokładnie] exactly.

równoczesny [ruvnɔtʃɛsni] *adj* simultaneous.

równoległy [ruvnɔlɛgwi] *adj* parallel • **równoległa ulica** parallel street.

równoleżnik [ruvnɔlɛʒɲik] (*D* -a) *m* parallel.

równorzędny [ruvnɔʒɛndni] *adj* equivalent.

równość [ruvnɔɕtɕ] (*D* równości [ruvnɔɕtɕi]) *f* [wobec prawa] equality; [drogi] evenness.

równouprawnienie [ruvnɔupravɲɛɲɛ] (*D* równouprawnienia [ruvnɔupravɲɛɲa]) *n* equality of rights.

równowaga [ruvnɔvaga] (*D* równowagi [ruvnɔvag,i]) *f* [postawa pionowa] balance; [spokój] poise • **wyprowadzić kogoś z równowagi** to throw sb off balance.

równowartość [ruvnɔvartɔɕtɕ] (*D* równowartości [ruvnɔvartɔɕtɕi]) *f* equivalent.

równy [ruvni] *adj* [płaski] flat; [prosty] straight; [niezmienny] steady.

róża [ruʒa] (*D* róży [ruʒi]) *f* rose.

różaniec [ruʒaɲɛts] (*D* różańca [ruʒaɲtsa]) *m* rosary • **odmawiać różaniec** to say the rosary.

różdżka [ruʃtʃka] (*D* różdżki [ruʃtʃk,i]) *f* magic wand.

różnica [ruʒɲitsa] (*D* różnicy [ruʒɲitsi]) *f* [niezgodność] difference; [wynik odejmowania] remainder.

różnić się [ruʒɲitɕ ɕɛ] *vp imperf* to differ.

różnie [ruʒɲɛ] *adv* differently.

różnobarwny [ruʒnɔbarvni] *adj* multicoloured.

różnorodność [ruʒnɔrɔdnɔɕtɕ] (*D* różnorodności [ruʒnɔrɔdnɔɕtɕi]) *f* variety.

różnorodny [ruʒnɔrɔdni] *adj* various.

różny [ruʒni] *adj* different.

różowy [ruʒɔvi] *adj* pink.

różyczka [ruʒitʃka] (*D* różyczki [ruʒitʃk,i]) *f* [mała róża] small rose; [choroba] measles.

rtęć [rtɛntɕ] (*D* rtęci [rtɛntɕi]) *f* mercury.

rubaszny [rubaʃni] *adj* coarse.

rubel [rubɛl] (*D* rubla [rubla]) *m* rouble.

rubin [rub,in] (*D* -u) *m* ruby.

194

rubryka [rubrika] (D rubryki [rubrik,i]) f [w gazecie] column; [w tabeli] blank.

ruch [rux] (D -u) m [powietrza] motion; [uliczny, świąteczny] traffic; [aktywność fizyczna] exercise; [polityczny] movement • **ruch jednokierunkowy** one-way traffic; **ruch lewostronny/prawostronny** left/right lane traffic.

ruchliwy [ruxl,ivi] adj [pełny ruchu] busy; [energiczny] lively • **ruchliwa ulica** busy street.

ruchomości [ruxɔmɔɕtɕi] (D ruchomości [ruxɔmɔɕtɕi]) fpl EKON moveables.

ruchomy [ruxɔmi] adj moving.

rudy [rudi] adj red.

ruina [rujina] (D ruiny [rujini]) f ruin. ➡ **ruiny** [rujini] (D ruin [rujin]) fpl ruins.

rujnować [rujnɔvatɕ] (perf zrujnować [zrujnɔvatɕ]) vimperf to ruin.

ruletka [rulɛtka] (D ruletki [rulɛtk,i]) f roulette • **rosyjska ruletka** Russian roulette.

rulon [rulɔn] (D -u) m roll • **zwinąć coś w rulon** to roll sthg.

rum [rum] (D -u) m rum.

rumianek [rum,janɛk] (D rumianku [rum,janku]) m chamomile.

rumienić się [rum,jɛɲitɕ ɕɛ] (perf zarumienić się [zarum,jɛɲitɕ ɕɛ]) vp imperf to blush.

rumieniec [rum,jɛnɛtɕ] (D rumieńca [rum,jɛntɕa]) m blush.

Rumun, ka [rumun, ka] m, f Romanian.

Rumunia [rumuɲja] (D Rumunii [rumuɲji]) f Romania.

rumuński [rumuĩsk,i] adj Romanian.

rura [rura] (D rury [ruri]) f pipe • **rura wydechowa** exhaust pipe.

rurka [rurka] (D rurki [rurk,i]) f [gen] tube; [słomka] straw • **rurka z kremem** KULIN cylindrical wafers filled with fresh cream.

rurociąg [rurɔtɕɔŋk] (D -u) m pipeline.

ruszać [ruʃatɕ] (perf ruszyć [ruʃitɕ]) vimperf [samochód] to go; [ręką] to move; [brać] to touch.

ruszt [ruʃt] (D -u) m grill.

rusztowanie [ruʃtɔvaɲɛ] (D rusztowania [ruʃtɔvaɲa]) n scaffolding.

ruszyć [ruʃitɕ] vperf = ruszać.

rutyna [rutina] (D rutyny [rutini]) f [biegłość] experience; [szablonowość] routine • **popaść w rutynę** to get into a rut.

ryba [riba] f fish • **łowić ryby** to catch fish. ➡ **Ryby** [ribi] (D Ryb [ryp]) fpl [znak zodiaku] Pisces.

rybacki [ribatsk,i] adj fishing.

rybak [ribak] m fisherman.

rybitwa [rib,itfa] f tern.

rybny [ribni] adj fish.

rybołówstwo [ribɔwufstfɔ] (D rybołówstwa [ribɔwufstfa]) n fishing.

rycerski [ritsɛrsk,i] adj [uprzejmy] chivalrous; [zbroja] knight's.

rycerz [ritsɛʃ] m knight.

rycina [ritɕina] (D ryciny [ritɕini]) f print.

ryczałt [ritʃawt] (D -u) m lump sum • **płacić za coś ryczałtem** to pay for sthg with a lump sum.

ryczałtowy [ritʃawtɔvi] adj lump sum.

Ryga [riga] (D Rygi [rig,i]) f Riga.

rygorystyczny [rigɔristitʃni] adj rigorous.

ryk [rik] (D -u) m [krowy] moo; [osła] bray; [maszyny] roar.

rym [rim] (D -u) m rhyme.

rymować [rimɔvatɕ] vimperf to rhyme.

rynek [rinɛk] (D rynku [rinku] m [qen] market; [główny plac] square • **czarny rynek** black market; **rynek pracy** labour market; **Rynek Wewnętrzny (Jednolity Rynek)** Internal Market (Single Market).

rynna [rinna] (D rynny [rinni]) f gutter.

rynsztok [rinʃtok] (D -u LUB -a) m gutter • **stoczyć się do rynsztoka** pot to end up in the gutter.

rys [ris] (D -u) m trait. ➡ **rysy** [risi] (D rysów [risuf]) mpl features • **rysy twarzy** facial features.

rys. (skr od rysunek) fig.

rysa [rɪsa] (*D* rysy [rɪsi]) *f* scratch.

rysować [rɪsɔvatɕɛ] (*perf* narysować [narɪsɔvatɕɛ]) *vimperf* to draw.

rysunek [rɪsunɛk] (*D* rysunku [rɪsunku]) *m* drawing.

rytm [rɪtm] (*D* -u) *m* rhythm • poczucie rytmu a feel for rhythm.

rytmiczny [rɪtm,itʃni] *adj* rhythmic.

rytuał [rɪtuaw] (*D* -u) *m* ritual.

rywal, ka [rɪval, ka] *m, f* rival.

rywalizacja [rɪval,izatʂja] (*D* rywalizacji [rɪval,izatʂji]) *f* rivalry.

rywalizować [rɪval,izɔvatɕɛ] *vimperf* to compete.

ryza [rɪza] (*D* ryzy [rɪzi]) *f* ream.

ryzyko [rɪzikɔ] (*D* ryzyka [rɪzika]) *n* risk • podejmować ryzyko to take a risk.

ryzykować [rɪzikɔvatɕɛ] *vimperf* to risk.

ryzykowny [rɪzikɔvni] *adj* risky.

ryż [rɪʃ] (*D* -u) *m* rice.

rzadki [ʐatk,i] *adj* [gen] rare; [zupa, włosy] thin.

rzadko [ʐatkɔ] (*compar* rzadziej, *superl* najrzadziej) <> *adv* [niezbyt często] rarely; [w dużych odstępach] sparsely. <> *part* seldom.

rząd¹ [ʐɔnt] (*D* rządu [ʐɔndu]) *m* government. ⇨ **rządy** [ʐɔndi] (*D* rządów [ʐɔnduf]) *mpl* rule.

rząd² [ʐɔnt] (*D* rzędu [ʐɛndu]) *m* [szereg] row; [stopień] order.

rządowy [ʐɔndɔvi] *adj* government.

rządzić [ʐɔndʑitɕɛ] *vimperf* to rule.

rzecz [ʐɛtʃ] (*D* rzeczy [ʐɛtʃi]) *f* thing • rzeczy osobiste personal things.

rzecznik, rzeczniczka [ʐɛtʃnik, ʐɛtʃnitʃka] *m, f* spokesperson • rzecznik prasowy press secretary; Rzecznik Praw Obywatelskich Unii Europejskiej European Union Human Rights Spokesman.

rzeczownik [ʐɛtʃɔvɲik] (*D* -a) *m* GRAM noun.

rzeczpospolita [ʐɛtʃpɔspɔl,ita] (*D* rzeczpospolitej [ʐɛtʃpɔspɔl,itɛj] LUB rzeczypospolitej [ʐɛtʃipɔspɔl,itɛj]) *f* republic.

rzeczywistość [ʐɛtʃiv,istɔɕtɕɛ] (*D* rzeczywistości [ʐɛtʃiv,istɔɕtɕi]) *f* reality.

rzeczywisty [ʐɛtʃiv,isti] *adj* real.

rzeczywiście [ʐɛtʃiv,iɕtɕɛ] *adv* really.

rzeka [ʐɛka] (*D* rzeki [ʐɛk,i]) *f* river.

rzekomo [ʐɛkɔmɔ] *part* supposedly.

rzemień [ʐɛm,jɛɲ] (*D* rzemienia [ʐɛm,jɛɲa]) *m* leather strap.

rzemieślniczy [ʐɛm,jɛɕlɲitʃi] *adj* craft • cech rzemieślniczy craft guild.

rzemieślnik [ʐɛm,jɛɕlɲik] *m* tradesman.

rzemiosło [ʐɛm,jɔsvɔ] (*D* rzemiosła [ʐɛm,jɔswa]) *n* craftsmanship.

rzep [ʐɛp] (*D* -u) *m* [we włosach] burr; [zapięcie] Velcro®.

rzepa [ʐɛpa] (*D* rzepy [ʐɛpi]) *f* turnip.

rześki [ʐɛɕk,i] *adj* brisk.

rzetelny [ʐɛtɛlni] *adj* reliable.

rzeź [ʐɛɕ] (*D* rzezi [ʐɛʑi]) *f* slaughter.

rzeźba [ʐɛʑba] (*D* rzeźby [ʐɛʑbi]) *f* sculpture.

rzeźbiarz, rzeźbiarka [ʐɛʑb,jaʃ, ʐɛʑb,jarka] *m, f* sculptor.

rzeźbić [ʐɛʑb,itɕɛ] *vimperf* to sculpt.

rzeźnia [ʐɛʑɲa] (*D* rzeźni [ʐɛʑɲi]) *f* slaughterhouse.

rzeźnik [ʐɛʑɲik] *m* butcher.

rzeżucha [ʐɛʐuxa] (*D* rzeżuchy [ʐɛʐuxi]) *f* cress.

rzęsa [ʐɛ̃sa] (*D* rzęsy [ʐɛ̃si]) *f* eyelash.

rzęsisty [ʐɛ̃ɕisti] *adj* [deszcz] torrential; [brawa] thunderous.

rzodkiewka [ʐɔtk,ɛfka] (*D* rzodkiewki [ʐɔtk,ɛfk,i]) *f* radish.

rzucać [ʐutsatɕɛ] (*perf* rzucić [ʐutɕitɕɛ]) *vimperf* [piłkę] to throw; [pracę] to quit • rzucił mnie chłopak my boyfriend broke up with me.

rzucić [ʐutɕitɕɛ] *vperf* = rzucać.

rzut [ʐut] (*D* -u) *m* throw • rzut dyskiem discus; rzut rożny corner; rzut karny penalty; rzut młotem hammer throw; rzut oszczepem javelin.

rzutek [ʐutɛk] (*D* rzutka [ʐutka]) *m* dart • grać w rzutki to play darts.

rzutnik [ʐutɲik] (*D* -a) *m* projector.

rzygać [ʐigatɕɛ] *vimperf wulg* to puke.

Rzym [ʐim] (*D* -u) *m* Rome.

rzymianin, rzymianka [ʐim,jaɲin, ʐim,janka] *m, f* Roman.

rzymski [ʒimsk,i] *adj* Roman • **rzym-skie cyfry** Roman numerals.
rżeć [rʒɛtɕɛ] *vimperf* to neigh.

S

s [ɛs] (*skr od* **sekunda**) s.
s. (*skr od* **siostra**) *used in writing to introduce name of nun*; (*skr od* **strona**) p.
sabotaż [sabotaʃ] (*D* **-u**) *m* sabotage.
sad [sat] (*D* **-u**) *m* orchard.
sadysta, sadystka [sadista, sadist-ka] *m, f* sadist.
sadystyczny [sadistitʃni] *adj* sadistic.
sadzawka [sadzafka] (*D* **sadzawki** [sadzafk,i]) *f* pond.
sadzić [sadʑitɕ] *vimperf* to plant.
safari [safar,i] (*inv*) *n* safari.
Sahara [saxara] (*D* **Sahary** [saxari]) *f* the Sahara.
sala [sala] (*D* **sali** [sal,i]) *f* [pomieszczenie] hall; [publiczność] audience.
salami [salam,i] (*inv*) *n* salami.
salaterka [salatɛrka] (*D* **salaterki** [salatɛrk,i]) *f* salad bowl.
salceson [saltsɛsɔn] (*D* **-u**) *m* brawn.
saldo [saldɔ] (*D* **salda** [salda]) *n* EKON balance.
salicylowy [sal itsilɔvi] *adj* salicylic.
salmonella [salmɔnɛlla] (*D* **salmonelli** [salmɔnɛll,i]) *f pot* salmonella.
salon [salɔn] (*D* **-u**) *m* [gen] salon; [pokój dzienny] living room.
salutować [salutɔvatɕɛ] *vimperf* to salute.
salwa [salva] (*D* **salwy** [salvi]) *f* [wystrzał] volley; [odgłos] peal.
sałata [sawata] (*D* **sałaty** [sawati]) *f* lettuce.
sałatka [sawatka] (*D* **sałatki** [sawatk,i]) *f* salad • **sałatka grecka** mediterranean salad; **sałatka jarzynowa**

vegetable salad; **sałatka owocowa** fruit salad; **sałatka śledziowa** *salad made with pickled or salted herring as main ingredient.*
sam¹ [sam] (*D* **-u**) *m pot* [sklep] self-service shop.
sam² [sam] *adj* [gen] alone; [tylko] only; [nawet] even.
samica [sam,itsa] *f* female.
samiec [sam,jɛts] *m* male.
samobójca, samobójczyni [samobujtsa, samobujtɕiɲi] *m, f* suicide.
samobójstwo [samobujstfɔ] (*D* **samobójstwa** [samobujstfa]) *n* suicide • **popełnić samobójstwo** to commit suicide.
samochodowy [samoxɔdɔvi] *adj* auto • **warsztat samochodowy** garage.
samochód [samoxut] (*D* **samochodu** [samoxɔdu]) *m car* • **samochód ciężarowy** lorry *UK*, truck *US*; **samochód osobowy** car; **samochód pułapka** car bomb; **jechać samochodem** to drive by car; **prowadzić samochód** to drive a car.
samodzielnie [samodʑɛlɲɛ] *adv* [bez pomocy] unaided; [niezależnie] independently.
samodzielny [samodʑɛlni] *adj* independent.
samogłoska [samɔgwɔska] (*D* **samogłoski** [samɔgwɔsk,i]) *f* GRAM vowel.
samolot [samolɔt] (*D* **-u**) *m* plane • **samolot z Warszawy do Londynu** a plane from Warsaw to London; **lecieć samolotem** to fly; **odlot samolotu** departure; **przylot samolotu** arrival.
samolubny [samolubni] *adj* selfish.
samoobrona [samɔɔbrɔna] (*D* **samoobrony** [samɔɔbrɔɲi]) *f* self-defence.
samoobsługa [samɔɔpswuga] (*D* **samoobsługi** [samɔɔpswug,i]) *f* self-service.
samoobsługowy [samɔɔpswugɔvi] *adj* self-service.
samopoczucie [samopɔtʃutɕɛ] (*D* **samopoczucia** [samopɔtʃutɕa]) *n* mood.
samoprzylepny [samopʃilɛpni] *adj* self-adhesive.

samotnik, samotniczka [samɔtɲik, samɔtɲitʃka] *m, f* loner.

samotność [samɔtnɔɕtɕɛ] (*D* **samotności** [samɔtnɔɕtɕi]) *f* loneliness.

samotny [samɔtni] *adj* [gen] lonely; [bez partnera] single.

samouczek [samɔutʃɛk] (*D* **samouczka** [samɔutʃka]) *m* "teach yourself" book.

samowola [samɔvɔla] (*D* **samowoli** [samɔvɔl,i]) *f* wilfulness.

San [san] (*D* -u) *m* the San.

sanatorium [sanatɔrjum] (*inv w lp*) *n* sanatorium.

sandacz [sandatʃ] *m* pikeperch.

sandał [sandaw] (*D* -a) *m* sandal.

saneczkarstwo [sanɛtʃkarstfɔ] (*D* **saneczkarstwa** [sanɛtʃkarstfa]) *n* luge.

sanie [saɲɛ] (*D* **sań** [saɲ]) *pl* sleigh.

sanitarny [saɲitarni] *adj* sanitary.

sankcja [saŋktsja] (*D* **sankcji** [saŋktsji]) *f* sanction.

sanki [sank,i] (*D* **sanek** [sanɛk]) *pl* sledge *UK*; sled *US*.

sapać [sapatɕ] *vimperf* to pant.

Sarajewo [sarajɛvɔ] (*D* **Sarajewa** [sarajɛva]) *n* Sarajevo.

sardela [sardɛla] *f* anchovy.

Sardynia [sardiɲja] (*D* **Sardynii** [sardiɲji]) *f* Sardinia.

sardynka [sardinka] *f* sardine.

Sardyńczyk, Sardynka [sardiɲtʃik, sardinka] *m, f* Sardinian.

sarna [sarna] *f* deer.

sarnina [sarɲina] (*D* **sarniny** [sarɲini]) *f* venison.

satelita [satɛl,ita] (*D* **satelity** [satɛl,iti]) *m* [księżyc] satellite; [urządzenie] satellite.

satelitarny [satɛl,itarni] *adj* satellite.

satyna [satina] (*D* **satyny** [satini]) *f* satin.

satyra [satira] (*D* **satyry** [satiri]) *f* satire.

satysfakcja [satisfaktsja] (*D* **satysfakcji** [satisfaktsji]) *f* satisfaction • **mieć z czegoś satysfakcję** to get satisfaction from sthg.

sauna [sawna] (*D* **sauny** [sawni]) *f* sauna.

sąd [sɔnt] (*D* -u) *m* [gen] court; [sędziowie] judge; [opinia] judgement.

sądzić [sɔndʑitɕ] *vimperf* [uważać] to think • **co o tym sądzisz?** what do you think about it?

sąsiad, ka [sɔɕat, ka] *m, f* neighbour.

sąsiadować [sɔɕadɔvatɕ] *vimperf* to neighbour.

sąsiedni [sɔɕɛdɲi] *adj* neighbouring.

scena [stsɛna] (*D* **sceny** [stsɛni]) *f* [teatralna] stage; [część utworu] scene.

scenariusz [stsɛnarjuʃ] (*D* -a) *m* screenplay.

sceptyczny [stsɛptitʃni] *adj* skeptical.

schab [sxap] (*D* -u) *m* pork loin • **schab karkowy** neck of pork; **schab środkowy** pork tenderloin.

schemat [sxɛmat] (*D* -u) *m* [maszyny] diagram; [szablon] pattern.

schludny [sxludni] *adj* tidy.

schnąć [sxnɔntɕ] *vimperf* to dry.

schody [sxɔdi] (*D* **schodów** [sxɔduf]) *pl* stairs • **schody ruchome** escalator; **schodzić ze schodów** to go down the stairs; **wchodzić po schodach** to go up the stairs.

schodzić [sxɔdʑitɕ] (*perf* **zejść** [zejɕtɕ]) *vimperf* -1. [z góry] to go down. -2. [opuszczać] to leave. -3. [zsiadać] to dismount.

schować [sxɔvatɕ] *vperf* to hide.

schowek [sxɔvɛk] (*D* **schowka** [sxɔfka]) *m* hiding place.

schron [sxrɔn] (*D* -u) *m* shelter.

schronić się [sxrɔɲitɕ ɕɛ] *vp perf* to take shelter.

schronienie [sxrɔɲɛɲɛ] (*D* **schronienia** [sxrɔɲɛɲa]) *n* shelter.

schronisko [sxrɔɲiskɔ] (*D* **schroniska** [sxrɔɲiska]) *n* [dla turystów] hostel; [dla zwierząt] shelter • **schronisko młodzieżowe** youth hostel.

schudnąć [sxudnɔntɕ] *vperf* = **chudnąć**.

schylić się [sxil,itɕ ɕɛ] *vp perf* to lean over.

scyzoryk [stʂizɔrik] (D -a) m pen-knife.

seans [sɛans] (D -u) m [pokaz] show; [spotkanie] seance.

sedes [sɛdɛs] (D -u) m toilet.

sedno [sɛdnɔ] (D **sedna** [sɛdna]) n essence • **sedno sprawy** the heart of the matter.

segment [sɛgmɛnt] (D -u) m [część] segment; [dom] terraced house UK, row house US.

segregacja [sɛgrɛgatsja] (D **segregacji** [sɛgrɛgatsji]) f segregation.

segregator [sɛgrɛgatɔr] (D -a) m ring binder.

sejf [sɛjf] (D -u) m safe.

sejm [sɛjm] (D -u) m lower house of the Polish Parliament.

sejmowy [sɛjmɔvi] adj parliamentary.

sekcja [sɛktsja] (D **sekcji** [sɛktsji]) f [oddział] section; [zwłok] post-mortem.

sekret [sɛkrɛt] (D -u) m secret • **powiedzieć komuś coś w sekrecie** to tell sb sthg in secret.

sekretariat [sɛkrɛtarjat] (D -u) m office.

sekretarka [sɛkrɛtarka] f secretary.

seks [sɛks] (D -u) m sex • **dziewczyna pełna seksu** a really sexy woman • **uprawiać seks** to have sex.

seksowny [sɛksɔvni] adj sexy.

seksualny [sɛksualni] adj sexual.

sekta [sɛkta] (D **sekty** [sɛkti]) f sect • **sekta religijna** religious sect.

sektor [sɛktɔr] (D -a) m sector.

sekunda [sɛkunda] (D **sekundy** [sɛkundi]) f second.

sekundnik [sɛkundɲik] (D -a) m second hand.

Sekwana [sɛkfana] (D **Sekwany** [sɛkfani]) f the Seine.

seledynowy [sɛlɛdinɔvi] adj light green.

selekcja [sɛlɛktsja] (D **selekcji** [sɛlɛktsji]) f selection.

seler [sɛlɛr] (D -a) m celery.

semafor [sɛmafɔr] (D -a) m (railway) signal.

semestr [sɛmɛstr] (D -u) m semester, term.

seminarium [sɛm,inarjum] (inv w lp) n [naukowe] seminar; [duchowne] seminary.

sen [sɛn] (D **snu** [snu]) m [spanie] sleep; [marzenie] dream • **sen zimowy** hibernation.

senat [sɛnat] (D -u) m senate.

senator [sɛnatɔr] m senator.

senior, ka [sɛɲjɔr, ka] m, f [rodu] senior member; SPORT senior.

senny [sɛnni] adj [śpiący] drowsy; [marzenia] dream.

sens [sɛns] (D -u) m [znaczenie] meaning; [celowość] sense.

sensacja [sɛnsatsja] (D **sensacji** [sɛnsatsji]) f sensation.

sensacyjny [sɛnsatsijni] adj sensational • **film sensacyjny** action film.

sensowny [sɛnsɔvni] adj sensible.

sentyment [sɛntimɛnt] (D -u) m fondness • **mieć do czegoś/kogoś sentyment** to be fond of sthg/sb.

sentymentalny [sɛntimɛntalni] adj sentimental.

separacja [sɛparatsja] (D **separacji** [sɛparatsji]) f separation • **w separacji** separated.

seplenić [sɛplɛɲitɕ] vimperf to lisp.

ser [sɛr] (D -a) m cheese • **biały ser** curd cheese; **żółty ser** hard cheese.

Serb, ka [sɛrp, ka] m, f Serbian.

Serbia [sɛrbja] (D **Serbii** [sɛrbji]) f Serbia.

serce [sɛrtsɛ] (D **serca** [sɛrtsa]) n heart • **atak serca** heart attack.

serdecznie [sɛrdɛtʃɲɛ] adv warmly.

serdeczność [sɛrdɛtʃnɔɕtɕ] (D **serdeczności** [sɛrdɛtʃnɔɕtɕi]) f warmth.

serdeczny [sɛrdɛtʃni] adj [list] warm; [atmosfera] friendly; [przyjaciel] close.

serfować [sɛrfɔvatɕ] vimperf to surf • **serfować po Internecie** to surf the internet.

seria [sɛrja] (D **serii** [sɛrji]) f series.

serial [sɛrjal] (D -u) m serial.

serio [sɛrjɔ] <> adv seriously • **brać coś na serio** to take sthg seriously. <> interj really.

sernik [sɛrɲik] (D -a) m cheesecake.

serpentyna [sɛrpɛntina] (D serpentyny [sɛrpɛntini]) f [taśma] streamer; [droga] winding road.

serw [sɛrf] (D -u) m SPORT serve.

serwer [sɛrvɛr] (D -a) m INFORM server.

serwetka [sɛrvɛtka] (D serwetki [sɛrvɛtk,i]) f [do ocierania ust] serviette; [na stół] small decorative cloth.

serwis [sɛrv,is] (D -u) m SPORT serve; [do kawy] set; [obsługa] service.

serwować [sɛrvɔvatɕ] vimperf to serve.

sesja [sɛsja] (D sesji [sɛsji]) f session • sesja egzaminacyjna end-of-term exams; sesja giełdowa stock exchange session.

setka [sɛtka] (D setki [sɛtk,i]) f [gen] hundred; [banknot] hundred-zloty note; pot [prędkość] hundred kilometres per hour.

setny [sɛtni] num hundredth zobacz też szósty.

sezon [sɛzɔn] (D -u) m season.

sędzia [sɛndʑa] m judge.

sęp [sɛmp] m vulture.

sfałszować [sfawʃɔvatɕ] vperf = fałszować.

sfilmować [sf,ilmɔvatɕ] vperf = filmować.

sfinansować [sf,inansɔvatɕ] vperf = finansować.

sfinks [sf,iŋks] (D -a) m sphinx.

sformułować [sfɔrmuwɔvatɕ] vperf = formułować.

sfotografować [sfɔtɔɡrafɔvatɕ] vperf = fotografować.

sfrustrowany [sfrustrɔvani] adj frustrated.

siać [ɕatɕ] vimperf to sow.

siadać [ɕadatɕ] vimperf to sit (down).

siano [ɕanɔ] (D siana [ɕana]) n hay.

siatka [ɕatka] (D siatki [ɕatk,i]) f [na zakupy] bag; [do ogrodzenia] netting; [plan] network; SPORT net.

siatkówka [ɕatkufka] (D siatkówki [ɕatkufk,i]) f volleyball.

sieć [ɕɛtɕ] (D sieci [ɕɛtɕi]) f [rybacka] net; [pajęczyna] web; [telefoniczna] network; [sklepów] chain • sieć internetowa Internet; sieć komputerowa computer network.

siedem [ɕɛdɛm] num seven zobacz też sześć.

siedemdziesiąt [ɕɛdɛmdʑɛɕɔnt] num seventy zobacz też sześć.

siedemdziesiąty [ɕɛdɛmdʑɛɕɔnti] num seventieth zobacz też szósty.

siedemdziesięciu [ɕɛdɛmdʑɛɕɛɲtɕu] num seventy zobacz też sześciu.

siedemnastu [ɕɛdɛmnastu] num seventeen zobacz też sześciu.

siedemnasty [ɕɛdɛmnasti] num seventeenth zobacz też szósty.

siedemnaście [ɕɛdɛmnaɕtɕɛ] num seventeen zobacz też sześć.

siedemset [ɕɛdɛmsɛt] num seven hundred zobacz też sześć.

siedemsetny [ɕɛdɛmsɛtni] num seven hundredth zobacz też szósty.

siedmiu [ɕɛdm,ju] num seven zobacz też sześciu.

siedzący [ɕɛdzɔntɕi] adj sitting.

siedzenie [ɕɛdzɛɲɛ] (D siedzenia [ɕɛdzɛɲa]) n seat.

siedziba [ɕɛdʑiba] (D siedziby [ɕɛdʑibi]) f location • główna siedziba firmy head office.

siedzieć [ɕɛdʑɛtɕ] vimperf to sit; [przebywać] to stay.

sieja [ɕɛja] f lavaret.

siekać [ɕɛkatɕ] vimperf to chop up.

siekiera [ɕɛk,ɛra] (D siekiery [ɕɛk,ɛri]) f axe.

sielanka [ɕɛlanka] (D sielanki [ɕɛlank,i]) f idyll.

sienny [ɕɛnni] adj : katar sienny hay fever.

sierociniec [ɕɛrɔtɕiɲɛtɕ] (D sierocińca [ɕɛrɔtɕijɲtɕa]) m orphanage.

sierota [ɕɛrɔta] m LUB f [dziecko] orphan; pot [niezdara] silly thing.

sierpień [ɕɛrp,jɛɲ] (D sierpnia [ɕɛrpɲa]) m August zobacz też styczeń.

sierść [ɕɛrɕtɕ] (D sierści [ɕɛrɕtɕi]) f hair.

sięgać [ɕɛŋɡatɕ] vimperf to reach • włosy sięgają mu do ramion his

hair reaches down to his shoulders; **sięgać po coś** to reach for sthg.

sikać [ɕikatɕ] *vimperf pot* to pee.

sikorka [ɕikɔrka] *f* tit.

silnik [ɕilɲik] (*D* -a) *m* engine.

silny [ɕilnі] *adj* strong.

siła [ɕiwa] (*D* siły [ɕiwi]) *f* [gen] force; [energia] strength. **➤ siły** [ɕiwi] (*D* sił [ɕiw]) *fpl* forces.

siłacz, ka [ɕiwatʃ, ka] *m, f* strongman.

siłować się [ɕiwɔvatɕ ɕɛ] *vp imperf* to wrestle.

siłownia [ɕiwɔvɲa] (*D* siłowni [ɕiwɔvɲi]) *f* gym.

singiel (*D* singla [s,ingla]) *m* [płyta] single; SPORT singles.

siniak [ɕiɲak] (*D* siniaka [ɕiɲaka]) *m* bruise • **nabić sobie siniaka** to bruise o.s.

siodło [ɕidwɔ] (*D* siodła [ɕɔdwa]) *n* saddle.

siostra [ɕɔstra] *f* sister; [pielęgniarka] nurse.

siostrzenica [ɕɔstʃɛɲitsa] *f* niece.

siostrzeniec [ɕɔstʃɛɲɛts] *m* nephew.

siódmy [ɕudmi] *num* seventh *zobacz też* szósty.

sito [ɕitɔ] (*D* sita [ɕita]) *n* [przetak] sieve; *pot* [selekcja] screening.

siwieć [ɕiv,jɛtɕ] (*perf* osiwieć [ɔɕiv,jɛtɕ]) *vimperf* to go grey.

siwy [ɕivi] *adj* grey.

sjesta [sjɛsta] (*D* sjesty [sjɛsti]) *f* siesta.

skafander [skafandɛr] (*D* skafandra [skafandra]) *m* [kurtka] anorak; [kosmiczny] spacesuit; [nurka] diving suit.

skakać [skakatɕ] (*perf* skoczyć [skɔtʃitɕ]) *vimperf* to jump.

skakanka [skakanka] (*D* skakanki [skakank,i]) *f* [sznur] skipping rope *UK*, jump rope *US*.

skala [skala] (*D* skali [skal,i]) *f* scale.

skaleczenie [skalɛtʃɛɲɛ] (*D* skaleczenia [skalɛtʃɛɲa]) *n* cut.

skaleczyć [skalɛtʃitɕ] *vperf* to cut. **➤ skaleczyć się** [skalɛtʃitɕ ɕɛ] *vp perf* to cut (o.s.).

skalisty [skal,isti] *adj* rocky.

skalpel [skalpɛl] (*D* -a) *m* scalpel.

skała [skawa] (*D* skały [skawi]) *f* rock.

skandal [skandal] (*D* -u) *m* scandal • **wywołać skandal** to create a scandal.

skandaliczny [skandal,itʃni] *adj* scandalous.

skandować [skandɔvatɕ] *vimperf* to chant.

Skandynaw, ka [skandinaf, ka] *m, f* Scandinavian.

Skandynawia [skandinavja] (*D* Skandynawii [skandinav,ji]) *f* Scandinavia.

skaner [skanɛr] (*D* -a) *m* scanner.

skansen [skansɛn] (*D* -u) *m* open-air museum.

skarabeusz [skarabɛuʃ] *m* dung beetle.

skarb [skarp] (*D* -u) *m* treasure • **skarb państwa** (state) treasury.

skarbiec [skarb,jɛts] (*D* skarbca [skarptsa]) *m* vault.

skarbonka [skarbɔnka] (*D* skarbonki [skarbɔnki]) *f* moneybox.

skarbowy [skarbɔvi] *adj* treasury • **urząd skarbowy** tax office.

skarcić [skartɕitɕ] *vperf* to tell off • **skarcić dziecko** to tell off a child.

skarga [skarga] (*D* skargi [skarg,i]) *f* complaint.

skarpa [skarpa] (*D* skarpy [skarpi]) *f* slope.

skarpetki [skarpɛtk,i] (*D* skarpetek [skarpɛtɛk]) *fpl* socks.

skarżyć [skarʒitɕ] (*perf* poskarżyć [pɔskarʒitɕ]) *vimperf* to tell on sb. **➤ skarżyć się** [skarʒitɕ ɕɛ] (*perf* poskarżyć się [pɔskarʒitɕ ɕɛ]) *vimperf* to complain.

skasować [skasɔvatɕ] *vperf* : **skasować bilet** to validate one's ticket *(by putting it into the ticket machine on the bus or tram)*.

skateboard [skɛjtbɔrt] *(inv) m* skateboard.

skazać [skazatɕ] *vperf* to sentence.

skazany [skazani] ◇ *adj* convicted. ◇ *m, f* (*f* skazana) convict.

skażony [skaʒɔni] *adj* contaminated.

skąd [skɔnt] <> *pron* where from. <> *interj* no way! • **skąd jesteś?** where are you from?; **skąd wiesz?** how do you know?

skąpiec [skɔmp,jɛts] *m* miser.

skierować [sk,ɛrɔvatɕ] *vperf* [rozmowę] to direct; [wysłać] to refer. ➡ **skierować się** [sk,ɛrɔvatɕ ɕɛ] *vp perf* to turn (to/towards).

skierowanie [sk,ɛrɔvaɲɛ] (*D* skierowania [sk,ɛrɔvaɲa]) *n* referral.

skin [sk,in] *m pot* skinhead.

skinąć [sk,inɔntɕ] *vperf* [ręką] to beckon; [głową] to nod • **skinąć komuś głową** to nod one's head to sb.

sklasyfikowany [sklasif,ikɔvani] *adj* listed; [w szkole] *qualified by end-of-year results to advance to the next class at school.*

skleić [sklɛjitɕ] *vperf* = kleić.

sklep [sklɛp] (*D* -u) *m* shop • **sklep mięsny** butcher's; **sklep rybny** fishmonger's; **sklep spożywczy** grocer's; **sklep warzywny** greengrocer's; **sklep z pamiątkami** souvenir shop.

sklepikarz [sklɛp,ikaʃ] *m* shopkeeper *UK*, storekeeper *US*.

skleroza [sklɛrɔza] (*D* sklerozy [sklɛrɔzi]) *f* [choroba] hardening of the arteries; [zaburzenie pamięci] senility.

skład [skwat] (*D* -u) *m* [zbiór] ingredients; [zespół osób] lineup; [magazyn] warehouse; [składowisko] yard; [przygotowanie do druku] typesetting.

składać [skwadatɕ] (*perf* złożyć [zwɔʑitɕ]) *vimperf* [życzenia, gratulacje] to offer; [zamówienie] to submit; [jaja] to lay; [kartkę, ubrania] to fold; [meble] to put together. ➡ **składać się** [skwadatɕ ɕɛ] (*perf* złożyć się [zwɔʑitɕ ɕɛ]) *vp imperf* to be made up (of).

składany [skwadani] *adj* folding.

składka [skwatka] (*D* składki [skwatk,i]) *f* [społeczna] contribution; [złożenie się] collection.

składnik [skwadɲik] (*D* -a) *m* ingredient.

skłamać [skwamatɕ] *vperf* = kłamać.

skłaniać [skwaɲatɕ] *vimperf* to persuade • **skłaniać kogoś do czegoś** to persuade sb to do sthg. ➡ **skłaniać się** [skwaɲatɕ ɕɛ] *vp imperf* to incline • **skłaniać się do czegoś** to incline to sthg.

skłonność [skwɔnnɔɕtɕ] (*D* skłonności [skwɔnnɔɕtɕi]) *f* tendency.

skłonny [skwɔnni] *adj* [podatny] prone; [gotowy] ready.

skłócony [skwutsɔni] *adj* at odds with.

sknera [sknɛra] *m* LUB *f pej* skinflint.

skocznia [skɔtʃɲa] (*D* skoczni [skɔtʃɲi]) *f* ski jump.

skoczyć [skɔtʃitɕ] *vperf* = skakać.

skojarzenie [skɔjaʒɛɲɛ] (*D* skojarzenia [skɔjaʒɛɲa]) *n* association.

skojarzyć [skɔjaʒitɕ] *vperf* = kojarzyć.

skok [skɔk] (*D* -u) *m* [gen] jump; *pot* [napad] robbery • **skok o tyczce** polevault; **skok w dal** long jump; **skok wzwyż** high jump; **skoki do wody** diving; **skoki narciarskie** ski-jumping.

skomplikować [skɔmpl,ikɔvatɕ] *vperf* = komplikować.

skomplikowany [skɔmpl,ikɔvani] *adj* complicated.

skomponować [skɔmpɔnɔvatɕ] *vperf* = komponować.

skompromitować [skɔmprɔm,itɔvatɕ] *vperf* = kompromitować.

skoncentrować [skɔntsɛntrɔvatɕ] *vperf* = koncentrować.

skoncentrowany [skɔntsɛntrɔvani] *adj* focused.

skondensowany [skɔndɛnsɔvani] *adj* condensed.

skonfiskować [skɔnf,iskɔvatɕ] *vperf* = konfiskować.

skonfrontować [skɔnfrɔntɔvatɕ] *vperf* = konfrontować.

skonsultować [skɔnsultɔvatɕ] *vperf* = konsultować.

skontaktować [skɔntaktɔvatɕ] *vperf* = kontaktować.

skontrolować [skɔntrɔlɔvatɕ] *vperf* = kontrolować.

skończyć [skɔjntʃitɕ] *vperf* = kończyć.

Skopie [skɔpjɛ] (*D* **Skopia** [skɔpja]) *n* Skopje.

skoro [skɔrɔ] *conj oficjal* since.

skorowidz [skɔrɔv,its] (*D* **-a**) *m* index.

skorpion [skɔrp,jɔn] *m* scorpion.
➤ **Skorpion** [skɔrp,jɔn] (*D* **-a**) *m* [znak zodiaku] Scorpio.

skorumpowany [skɔrumpɔvani] *adj* corrupt.

skorupa [skɔrupa] (*D* **skorupy** [skɔrupɨ]) *f* shell.

skorupiak [skɔrup,jak] *m* crustacean.

skorzonera [skɔrzɔnɛra] (*D* **skorzonery** [skɔrzɔnɛrɨ]) *f* scorzonera.

skorzystać [skɔʒistatɕ] *vperf* = korzystać.

skosić [skɔɕitɕ] *vperf* = kosić.

skostniały [skɔstɲawɨ] *adj* [z zimna] stiff; [administracja] ossified.

skosztować [skɔʃtɔvatɕ] *vperf* [spróbować] to taste • **skosztować czegoś** to taste sthg.

skowronek [skɔvrɔnɛk] *m* lark.

skóra [skura] (*D* **skóry** [skurɨ]) *f* [człowieka] skin; [surowiec] leather.

skórka [skurka] (*D* **skórki** [skurk,i]) *f* [owoców] peel; [dziecka] skin • **gęsia skórka** gooseflesh.

skórzany [skuʒani] *adj* leather.

skradać się [skradatɕ ɕɛ] *vp imperf* to creep up.

skraj [skraj] (*D* **-u**) *m* edge.

skrajność [skrajnɔɕtɕ] (*D* **skrajności** [skrajnɔɕtɕi]) *f* extreme • **popadać w skrajności** to fall into extremes.

skrajny [skrajni] *adj* extreme.

skreślić [skrɛɕl,itɕ] *vperf* to delete.

skręcić [skrɛntɕitɕ] *vperf* to turn • **skręcić w lewo** to turn left; **skręcić w prawo** to turn right; **skręcić nogę** to twist one's leg.

skrępowanie [skrɛmpɔvaɲɛ] (*D* **skrępowania** [skrɛmpɔvaɲa]) *n* [zażenowanie] embarrassment; [związanie] tying up.

skrępowany [skrɛmpɔvani] *adj* [związany] tied up; [zażenowany] embarrassed.

skromność [skrɔmnɔɕtɕ] (*D* **skromności** [skrɔmnɔɕtɕi]) *f* modesty; [prostota] simplicity • **fałszywa skromność** false modesty.

skromny [skrɔmni] *adj* modest.

skroń [skrɔɲ] (*D* **skroni** [skrɔɲi]) *f* temple.

skrócić [skrutɕitɕ] *vperf* to shorten.

skrót [skrut] (*D* **-u**) *m* [do domu] short cut; [tekstu] summary; [relacja] highlights; GRAM abbreviation.

skrupulatnie [skrupulatɲɛ] *adv* meticulously.

skrupulatny [skrupulatni] *adj* meticulous.

skrupuły [skrupuwɨ] (*D* **skrupułów** [skrupuwuf]) *mpl* scruples • **mieć skrupuły** to have scruples; **pozbawiony skrupułów** unscrupulous.

skruszony [skruʃɔni] *adj* remorseful.

skruszyć [skruʃitɕ] *vperf* to break into pieces. ➤ **skruszyć się** [skruʃitɕ ɕɛ] *vp perf* to be remorseful.

skrycie [skritɕɛ] *adv* secretly.

skrytka [skritka] (*D* **skrytki** [skritk,i]) *f* secret compartment • **skrytka pocztowa** post-office box.

skryty [skritɨ] *adj* [zamknięty w sobie] uncommunicative; [tajemny] secret.

skrytykować [skritikɔvatɕ] *vperf* = krytykować.

skrzydło [skʃidwɔ] (*D* **skrzydła** [skʃidwa]) *n* wing.

skrzynia [skʃiɲa] (*D* **skrzyni** [skʃiɲi]) *f* [kufer] chest • **skrzynia biegów** gearbox.

skrzynka [skʃinka] (*D* **skrzynki** [skʃink,i]) *f* box • **skrzynka na listy** letterbox *UK*, mailbox *US*; **skrzynka pocztowa** letterbox *UK*, mailbox *US*; **skrzynka mailowa** INFORM mailbox.

skrzypce [skʃiptsɛ] (*D* **skrzypiec** [skʃip,jɛts]) *pl* violin.

skrzypek, skrzypaczka [skʃip,ɛk, skʃipatʃka] *m, f* violinist.

skrzypieć [skʃip,jɛtɕ] *vimperf* [o drzwiach] to squeak; [o śniegu] to crunch.

skrzywdzić [skʃivdʑitɕ] *vperf* = krzywdzić.

skrzywić [skʃiv,itɕ] *vperf* = krzywić.

skrzyżować [skʃiʒɔvatɕ] *vperf* = krzyżować.

skrzyżowanie [skʃiʒɔvaɲɛ] (*D* skrzyżowania [skʃiʒɔvaɲa]) *n* intersection.

skserować [skssɛrɔvatɕ] *vperf* = kserować.

skup [skup] (*D* -u) *m* purchase.

skupiony [skup,jɔɲi] *adj* [skoncentrowany] focused; [zwarty] dense.

skupować [skupɔvatɕ] *vimperf* to buy.

skurcz [skurtʃ] (*D* -u) *m* [mięśni] cramp; [porodowy] contraction.

skurczyć [skurtʃitɕ] *vperf* = kurczyć.

skusić [skuɕitɕ] *vperf* = kusić.

skuteczność [skutɛtʃnɔɕtɕ] (*D* skuteczności [skutɛtʃnɔɕtɕi]) *f* effectiveness.

skuteczny [skutɛtʃni] *adj* effective.

skutek [skutɛk] (*D* skutku [skutku]) *m* effect.

skwaszony [skfaʃɔɲi] *adj* [zupa] sour; [mina] sour.

skwer [skfɛr] (*D* -u) *m* green.

slajd [slajt] (*D* -u) *m* slide.

slalom [slalɔm] (*D* -u) *m* SPORT slalom.

slang [slaŋk] (*D* -u) *m* slang.

slipy [sl,ipi] (*D* slipów [sl,ipuf]) *pl* briefs.

slogan [slɔgan] (*D* -u) *m* slogan.

słabnąć [swabnɔntɕ] (*perf* osłabnąć [ɔswabnɔntɕ]) *vimperf* to get weaker.

słabo [swabɔ] *adv* [z niewielką siłą] weakly; [niewyraźnie] faintly; [źle] poorly.

słabość [swabɔɕtɕ] (*D* słabości [swabɔɕtɕi]) *f* weakness • mieć do czegoś słabość to have a weakness for sthg. ⇒ **słabości** [swabɔɕtɕi] (*D* słabości [swabɔɕtɕi]) *fpl* weaknesses.

słaby [swabi] *adj* [gen] weak; [uczeń] poor.

sława [swava] (*D* sławy [swavi]) *f* fame • zdobyć sławę to become famous.

sławny [swavni] *adj* famous.

słodki [swɔtk,i] *adj* sweet.

słodycz [swɔditʃ] (*D* słodyczy [swɔditʃi]) *f* sweetness. ⇒ **słodycze** [swɔditʃɛ] (*D* słodyczy [swɔditʃi]) *pl* sweets *UK*, candies *US*.

słodzić [swɔdʑitɕ] (*perf* posłodzić [pɔswɔdʑitɕ]) *vimperf* to sweeten • czy słodzisz herbatę? do you take sugar in your tea?

słodzik [swɔdʑik] (*D* -u LUB -a) *m* sweetener.

słoik [swɔjik] (*D* -a) *m* jar.

słoma [swɔma] (*D* słomy [swɔmi]) *f* straw.

słomianka [swɔm,janka] (*D* słomianki [swɔm,jank,i]) *f* doormat.

słomka [swɔmka] (*D* słomki [swɔmk,i]) *f* straw.

słonecznik [swɔnɛtʃnik] (*D* -a) *m* sunflower; [nasiona] sunflower seeds.

słoneczny [swɔnɛtʃni] *adj* solar; [dzień] sunny • udar słoneczny sunstroke; światło słoneczne sunlight.

słonina [swɔnina] (*D* słoniny [swɔɲiɲi]) *f* pork fat.

słony [swɔni] *adj* salty.

słoń [swɔɲ] *m* elephant.

słońce [swɔɲtsɛ] (*D* słońca [swɔɲtsa]) *n* sun.

słota [swɔta] (*D* słoty [swɔti]) *f* wet weather.

Słowacja [swɔvatsja] (*D* Słowacji [swɔvatsji]) *f* Slovakia.

Słowak, Słowaczka [swɔvak, swɔvatʃka] *m*, *f* Slovak.

Słowenia [swɔvɛɲja] (*D* Słowenii [swɔvɛɲji]) *f* Slovenia.

Słoweniec, Słowenka [swɔvɛɲɛts, swɔvɛnka] *m*, *f* Slovene.

słowik [swɔvik] *m* nightingale.

słownictwo [swɔvɲitstfɔ] (*D* słownictwa [swɔvɲitstfa]) *n* vocabulary.

słowniczek [swɔvɲitʃɛk] (*D* słowniczka [swɔvɲitʃka]) *m* pocket dictionary.

słownie [swɔvɲɛ] *adv* in words.

słownik [swɔvɲik] (*D* -a) *m* dictionary.

słowny [swɔvni] *adj* [wyrażony słowami] verbal; [dotrzymujący słowa] reliable.

słowo [swɔvɔ] (*D* **słowa** [swɔva]) *n* word • **słowo honoru** word of honour.

słuch [swux] (*D* -u) *m* hearing • **mieć dobry słuch** to have good hearing.

słuchacz, ka [swuxatʃ, ka] *m, f* [koncertu] listener; [student] student.

słuchać [swuxatɕ] *vimperf* to listen to • **słucham!** [przez telefon] hello!; **słucham?** [gdy nie dosłyszeliśmy czegoś] pardon?; **słuchać kogoś/czegoś** to listen to sb/sthg. ⇒ **słuchać się** [swuxatɕ ɕɛ] *vp imperf* to obey.

słuchawka [swuxafka] (*D* **słuchawki** [swuxafk,i]) *f* receiver. ⇒ **słuchawki** [swuxafk,i] (*D* **słuchawek** [swuxavɛk]) *fpl* earphones.

słuchowisko [swuxɔv,iskɔ] (*D* **słuchowiska** [swuxɔv,iska]) *n* radio play.

słup [swup] (*D* -a) *m* pillar.

słusznie [swuʃɲɛ] ⋄ *adv* [trafnie] rightly; [sprawiedliwie] fairly. ⋄ *interj* that's right.

służba [swuʒba] (*D* **służby** [swuʒbi]) *f* [gen] service; [służący] staff • **służba zdrowia** health service.

służbista, służbistka [swuʒb,ista, swuʒb,istka] *m, f pej* officious person.

służbowo [swuʒbɔvɔ] *adv* on business.

służbowy [swuʒbɔvi] *adj* [samochód, telefon] company; [podróż] business.

służyć [swuʒitɕ] *vimperf* [sprawie, jako] to serve; [pracować u kogoś] to work • **czym mogę służyć?** how can I help?; **służyć u kogoś** to work for obj słuzyć do czegoś to be designed for sthg.

słychać [swixatɕ] *vimpers* [być znanym] to be heard of • **słychać było muzykę** music could be heard; **co u ciebie słychać?** how are you doing?

słynny [swinni] *adj* famous.

słyszalny [swiʃalni] *adj* audible.

słyszeć [swiʃɛtɕ] (*perf* **usłyszeć** [uswiʃɛtɕ]) *vimperf* to hear.

smaczny [smatʃni] *adj* tasty. ⇒ **smacznego!** [smatʃnɛgɔ] *interj* bon appétit! *UK*, enjoy your meal! *US*.

smagły [smagwi] (*compar* **smaglejszy**, *superl* **najsmaglejszy**) *adj* darkcomplexioned.

smak [smak] (*D* -u) *m* taste.

smakołyki [samkɔwik,i] (*D* **smakołyków** [smakɔwikuf]) *mpl* delicacies.

smakosz, ka [smakɔʃ, ka] *m, f* connoisseur.

smakować [smakɔvatɕ] *vimperf* [mieć dobry smak] to taste (good) • **to mi nie smakuje** I don't like it.

smakowity [smakɔv,iti] *adj* appetizing.

smalec [smalɛts] (*D* **smalcu** [smaltsu]) *m* lard.

smar [smar] (*D* -u) *m* grease.

smarkacz [smarkatʃ] *m pot* snottynosed kid.

smarować [smarɔvatɕ] (*perf* **posmarować** [pɔsmarɔvatɕ]) *vimperf* [chleb masłem] to spread; [zawiasy smarem] to lubricate; [ciało, twarz kremem] to apply. ⇒ **smarować się** [smarɔvatɕ ɕɛ] (*perf* **posmarować się** [pɔsmarɔvatɕ ɕɛ]) *vp imperf* to put on.

smażalnia [smaʒalɲa] (*D* **smażalni** [smaʒalɲi]) *f* fried food bar.

smażony [smaʒɔni] *adj* fried.

smażyć [smaʒitɕ] *vimperf* to fry.

smoczek [smɔtʃɛk] (*D* **smoczka** [smɔtʃka]) *m* [dla dziecka] dummy *UK*, pacifier *US*.

smog [smɔk] (*D* -u) *m* smog.

smok [smɔk] *m* dragon.

smoking [smɔk,iŋk] (*D* -u LUB -a) *m* dinner jacket *UK*, tuxedo *US*.

smoła [smɔva] (*D* **smoły** [smɔwi]) *f* tar.

smród [smrut] (*D* **smrodu** [smrɔdu]) *m pot* stink.

SMS [ɛsɛm'ɛs] (*D* -a LUB -u) *text message*.

smuga [smuga] (*D* **smugi** [smug,i]) *f* [światła] streak; [dymu] trail.

smukły [smukwi] (*compar* **smuklejszy**, *superl* **najsmuklejszy**) *adj* slender.

smutek [smutɛk] (*D* **smutku** [smutku]) *m* sorrow.

smutny [smutni] *adj* sad.

smycz [smitʃ] (*D* -y) *f* lead

snob, ka [snɔp, ka] *m, f pot* snob.
snop [snɔp] *(D -a) m* sheaf.
sob. *(skr od* sobota) Sat.
sobota [sɔbɔta] *(D* soboty [sɔbɔti]) *f* Saturday • **co sobotę** every Saturday; **w każdą sobotę** every Saturday; **w następną sobotę** next Saturday; **w sobotę** on Saturday; **w soboty** on Saturdays; **w sobotę rano** on Saturday morning; **w tę sobotę** this Saturday; **w zeszłą sobotę** last Saturday.
sobowtór [sɔbɔftur] *m* double.
socjalista, socjalistka [sɔtsjal.ista, sɔtsjal.istka] *m, f* socialist.
socjalistyczny [sɔtsjal.istitʃni] *adj* socialist.
socjalny [sɔtsjalni] *adj* social.
socjologia [sɔtsjɔlɔgja] *(D* socjologii [sɔtsjɔlɔgji]) *f* sociology.
soczewica [sɔtʃɛv.itsa] *(D* soczewicy [sɔtʃɛv.itsi]) *f* lentil.
soczewka [sɔtʃɛfka] *(D* soczewki [sɔtʃɛfk.i]) *f* lens.
soczysty [sɔtʃisti] *adj* juicy.
soda [sɔda] *(D* sody [sɔdi]) *f* soda.
Sofia [sɔfja] *(D* Sofii [sɔfji]) *f* Sofia.
software [sɔftvɛr] *(D* software'u [sɔftvɛru]) *m* software.
sojusz [sɔjuʃ] *(D-u) m* alliance • **wejść w sojusz** to join an alliance; **zawrzeć sojusz** to form an alliance; **zerwać sojusz** to break off an alliance.
sojusznik, sojuszniczka [sɔjuʃnik, sɔjuʃnitʃka] *m, f* ally.
sok [sɔk] *(D-u) m* juice • **sok owocowy** fruit juice.
sokowirówka [sɔkɔv.irufka] *(D* sokowirówki [sɔkɔv.irufk.i]) *f* juice extractor.
sokół [sɔkuw] *m* falcon.
sola [sɔla] *f* sole.
solarium [sɔlarjum] *(inv w lp) n* solarium.
solenizant, ka [sɔlɛnizant, ka] *m, f person celebrating their birthday or name day.*
solić [sɔl.itɕ] *(perf* osolić [ɔsɔl.itɕ]; *perf* posolić [pɔsɔl.itɕ]) *vimperf* to put salt on.

solidarność [sɔl.idarnɔɕtɕ] *(D* solidarności [sɔl.idarnɔɕtɕi]) *f* solidarity.
solidny [sɔl.idni] *adj* [pracownik] reliable; [mebel] solid.
solista, solistka [sɔl.ista, sɔl.istka] *m, f* [opery] soloist; [zawodnik] individual competitor.
solniczka [sɔlnitʃka] *(D* solniczki [sɔlnitʃk.i]) *f* salt cellar.
solo [sɔlɔ] *(inv) n* solo.
sonda [sɔnda] *(D* sondy [sɔndi]) *f* [sondaż] opinion poll; [urządzenie] probe.
sondaż [sɔndaʃ] *(D-u) m* opinion poll.
sorbet [sɔrbɛt] *(D-u) m* sorbet.
sos [sɔs] *(D-u) m* sauce • **sos słodko-kwaśny** sweet and sour sauce; **sos sojowy** soy sauce.
sosna [sɔsna] *(D* sosny [sɔsni]) *f* pine.
sowa [sɔva] *f* owl.
sól [sul] *(D* soli [sɔl.i]) *f* salt.
spacer [spatsɛr] *(D-u) m* walk.
spacerować [spatsɛrɔvatɕ] *vimperf* to stroll.
spacerówka [spatsɛrufka] *(D* spacerówki [spatsɛrufk.i]) *f* [wózek] pushchair *UK*, stroller *US*.
spacja [spatsja] *(D* spacji [spatsji]) *f* space.
spać [spatɕ] *vimperf* to sleep • **iść spać** to go to bed; **kłaść się spać** to go to bed.
spadać [spadatɕ] *(perf* spaść [spaɕtɕ]) *vimperf* to fall.
spadek [spadɛk] *(D* spadku [spatku]) *m* [cen] drop; [terenu] slope; [majątek] inheritance.
spadkobierca, spadkobierczyni [spatkɔb.jertsa, spatkɔb.jertʃini] *m, f* heir (*f* heiress).
spadochron [spadɔxrɔn] *(D-u) m* parachute.
spadochroniarstwo [spadɔxrɔɲarstfɔ] *(D* spadochroniarstwa [spadɔxrɔɲarstfa]) *n* parachuting.
spadzisty [spadʑisti] *adj* steep.
spaghetti [spagɛtti] *(inv) n* spaghetti.
spakować [spakɔvatɕ] *vperf* to pack.
➡ **spakować się** [spakɔvatɕ ɕɛ] *vp perf* to pack (up).

spalenizna [spalɛɲizna] (D spalenizny [spalɛɲizni]) f burning smell.

spalić [spal,itɕ] vperf to burn. ⇒ **spalić się** [spal,itɕ ɕɛ] vp perf to be burnt.

spalinowy [spal,inɔvi] adj : silnik spalinowy TECHN combustion engine.

spaliny [spal,ini] (D spalin [spal,in]) pl exhaust fumes.

spalony [spalɔni] (D spalonego [spalɔnɛgɔ]) m SPORT offside.

sparaliżowany [sparal,iʒɔvani] adj paralysed.

sparzyć [spaʒitɕ] vperf to burn. ⇒ **sparzyć się** [spaʒitɕ ɕɛ] vp perf [wrzątkiem] to burn o.s.; pot to get one's fingers burnt.

spaść [spaɕtɕ] vperf = spadać.

specjalista, specjalistka [spɛtsjal,ista, spɛtsjal,istka] m, f specialist.

specjalnie [spɛtsjalɲɛ] adv specially.

specjalność [spɛtsjalnɔɕtɕ] (D specjalności [spɛtsjalnɔɕtɕi]) f [zawód] specialism; [najlepszy wyrób] speciality.

specjalny [spɛtsjalni] adj special.

specyficzny [spɛtsif,itʃni] adj specific.

spektakl [spɛktakl] (D -u) m performance.

spektakularny [spɛktakularni] adj spectacular.

spekulacja [spɛkulatsja] (D spekulacji [spɛkulatsji]) f EKON speculation. ⇒ **spekulacje** [spɛkulatsjɛ] (D spekulacji [spɛkulatsji]) fpl speculation.

spekulować [spɛkulɔvatɕ] vimperf to speculate.

spelunka [spɛlunka] (D spelunki [spɛlunk,i]) f pot & pej dive.

spełnić [spɛwɲitɕ] vperf to fulfil • spełnić czyjeś życzenie to fulfil sb's wish. ⇒ **spełnić się** [spɛwɲitɕ ɕɛ] vp perf to come true.

speszyć [spɛʃitɕ] vperf to make uncomfortable. ⇒ **speszyć się** [spɛʃitɕ ɕɛ] vp perf to become uncomfortable.

spędzać [spɛndzatɕ] vimperf [czas] to spend; [zganiać] to chase • spędzać czas to spend time.

spichlerz [sp,ixlɛʃ] (D -a) m granary.

spiczasty [sp,itʃasti] adj pointed.

spieszyć się [sp,jɛɕitɕ ɕɛ] vp imperf = śpieszyć się.

spięcie [sp,jɛntɕɛ] (D spięcia [sp,jɛntɕa]) n short (circuit).

spiker, ka [sp,ikɛr, ka] m, f TV/radio presenter.

spinacz [sp,inatʃ] (D -a) m clip.

spinka [sp,inka] (D spinki [sp,ink,i]) f pin.

spis [sp,is] (D -u) m list • spis treści (table of) contents; spis ludności census.

spisek [sp,isɛk] (D spisku [sp,isku]) m plot • uknuć spisek to plot.

spiżarnia [sp,iʒarɲa] (D spiżarni [sp,iʒarɲi]) f pantry.

splendor [splɛndɔr] (D -u) m splendour.

spleśniały [splɛɕɲawi] adj mouldy.

spleśnieć [splɛɕɲɛtɕ] vperf to go mouldy.

splunąć [splunɔntɕ] vperf to spit.

spłacać [spwatsatɕ] vimperf to pay • spłacać raty to pay in instalments.

spłata [spwata] (D spłaty [spwati]) f repayment.

spłonąć [spwɔnɔntɕ] vperf to burn down.

spłowiały [spwɔv,jawi] adj faded.

spłukać [spwukatɕ] vperf to rinse.

spłukany [spwukani] adj pot [bez pieniędzy] broke.

spocić się [spɔtɕitɕ ɕɛ] vp perf to get sweaty.

spocony [spɔtsɔni] adj sweaty.

spod [spɔt] prep from under

spodek [spɔdɛk] (D spodka [spɔtka]) m saucer.

spodnie [spɔdɲɛ] (D spodni [spɔdɲi]) pl trousers.

spodobać się [spɔdɔbatɕ ɕɛ] vp perf to like • spodobać się komuś to like.

spodziewać się [spɔdʑɛvatɕ ɕɛ] vp imperf to expect • spodziewać się dziecka to be expecting a baby.

spojówka [spɔjufka] (D spojówki [spɔjufk,i]) f : zapalenie spojówek conjunctivitis.

spojrzeć [spɔjʒɛtɕ] *vperf* to look • spojrzeć na kogoś to look at sb.

spojrzenie [spɔjʒɛɲɛ] (*D* spojrzenia [spɔjʒɛɲa]) *n* look.

spokojnie [spɔkɔjɲɛ] *adv* [z opanowaniem] calmly; [wolno] leisurely; [śmiało] safely.

spokojny [spɔkɔjnɨ] *adj* [gen] calm; [cichy] quiet.

spokój [spɔkuj] (*D* spokoju [spɔkɔju]) *m* [ducha] calm; [cisza] quiet.

społeczeństwo [spɔwɛtʃɛjstfɔ] (*D* społeczeństwa [spɔwɛtʃɛjstfa]) *n* society.

społeczny [spɔwɛtʃnɨ] *adj* social • opieka społeczna social welfare.

spomiędzy [spɔmˌjɛndʑɨ] *prep* from among.

sponad [spɔnat] *prep* from above.

sponsor [spɔnsɔr] *m* sponsor.

sponsorować [spɔnsɔrɔvatɕ] *vimperf* to sponsor.

spontaniczny [spɔntaɲitʃnɨ] *adj* spontaneous.

spopularyzować [spɔpularizɔvatɕ] *vperf* to popularize.

sporadycznie [spɔraditʃɲɛ] *adv* sporadically.

sporny [spɔrnɨ] *adj* disputed.

sporo [spɔrɔ] *adv & pron* a lot.

sport [spɔrt] (*D* -u) *m* sport • sport amatorski amateur sport; sport zawodowy professional sport; uprawiać sport to do sport.

sportowiec [spɔrtɔvˌjɛts] *m* sportsperson.

sportowy [spɔrtɔvɨ] *adj* sports.

sposób [spɔsup] (*D* sposobu [spɔsɔbu]) *m* way • sposób użycia directions for use.

spostrzegawczy [spɔstʃɛgaftʃɨ] *adj* perceptive.

spostrzeżenie [spɔstʃɛʒɛɲɛ] (*D* spostrzeżenia [spɔstʃɛʒɛɲa]) *n* observation.

spośród [spɔɕrut] *prep* from among.

spotkać [spɔtkatɕ] *vperf* = spotykać.

spotkanie [spɔtkaɲɛ] (*D* spotkania [spɔtkaɲa]) *n* meeting • umówić się z kimś na spotkanie to arrange a meeting with sb.

spotykać [spɔtikatɕ] (*perf* spotkać [spɔtkatɕ]) *vimperf* to meet.

➡ **spotykać się** [spɔtikatɕ ɕɛ] (*perf* spotkać się [spɔtkatɕ ɕɛ]) *vp imperf* to meet; *pot* [umawiać się] to go out(together) • spotykać się z kimś to meet (with) sb.

spoufalać się [spɔufalatɕ ɕɛ] *vp imperf* to become too familiar • spoufalać się z kimś to become too familiar with sb.

spoważnieć [spɔvaʒɲɛtɕ] *vperf* to become serious.

spowiedź [spɔvˌjɛtɕ] (*D* spowiedzi [spɔvˌjɛdʑi]) *f* confession.

spowodować [spɔvɔdɔvatɕ] *vperf* = powodować.

spoza [spɔza] *prep* from outside.

spożycie [spɔʒitɕɛ] (*D* spożycia [spɔʒitɕa]) *n* consumption.

spożywczy [spɔʒiftʃɨ] *adj* food.

spód [sput] (*D* spodu [spɔdu]) *m* [dno] bottom.

spódnica [spudɲitsa] (*D* spódnicy [spudɲitsɨ]) *f* skirt.

spódniczka [spudɲitʃka] (*D* spódniczki [spudɲitʃkˌi]) *f* skirt.

spójnik [spujɲik] (*D* -a) *m* GRAM conjunction.

spółdzielnia [spuwdʑɛlɲa] (*D* spółdzielni [spuwdʑɛlɲi]) *f* cooperative.

spółgłoska [spuwgwɔska] (*D* spółgłoski [spuwgwɔskˌi]) *f* GRAM consonant.

spółka [spuwka] (*D* spółki [spuwkˌi]) *f* EKON company • wejść z kimś w spółkę to go into partnership with sb.

spór [spur] (*D* sporu [spɔru]) *m* dispute.

spóźnić się [spuʑɲitɕ ɕɛ] *vp perf* to be late.

spóźnienie [spuʑɲɛɲɛ] (*D* spóźnienia [spuʑɲɛɲa]) *n* delay.

spóźniony [spuʑɲɔnɨ] *adj* [niepunktualny] late; [wykonany z opóźnieniem] delayed.

spragniony [spragɲɔnɨ] *adj* [odczuwający pragnienie] thirsty; [złakniony] hungry.

sprany [sprani] *adj* faded.
sprawa [sprava] (*D* sprawy [spravɨ]) *f* [kwestia] matter; [interes] business; [proces] case.
sprawca, sprawczyni [spraftsa, spraftʃɨɲi] *m, f* perpetrator.
sprawdzać [spravdzatɕ] (*perf* sprawdzić [spravdʑitɕ]) *vimperf* to check.
sprawdzian [spravdʑan] (*D* -u) *m* test.
sprawdzić [spravdʑitɕ] *vperf* = sprawdzać.
sprawiedliwość [sprav.jɛdl.ivɔɕtɕ] (*D* sprawiedliwości [sprav.jɛdl.ivɔɕtɕi]) *f* justice • **wymiar sprawiedliwości** system of justice.
sprawiedliwy [sprav.jɛdl.ivɨ] *adj* [bezstronny] fair; [słuszny] just.
sprawny [spravnɨ] *adj* [fizycznie] fit; [urządzenie] in working order.
sprawozdanie [spravɔzdaɲɛ] (*D* sprawozdania [spravɔzdaɲa]) *n* report.
sprawozdawca [spravɔzdaftsa] *m* : **sprawozdawca radiowy/telewizyjny** radio/television commentator.
spray [sprɛj] *m* = sprej.
sprej [sprɛj] (*D* -u) *m* spray.
sprężyna [sprɛʒina] (*D* sprężyny [sprɛʒinɨ]) *f* spring.
sprostować [sprɔstɔvatɕ] *vperf* to correct • **sprostować informacje** to correct information.
sprostowanie [sprɔstɔvaɲɛ] (*D* sprostowania [sprɔstɔvaɲa]) *n* correction.
sprośny [sprɔɕnɨ] *adj* rude.
sprowokować [sprɔvɔkɔvatɕ] *vperf* = prowokować.
spróbować [sprubɔvatɕ] *vperf* = próbować.
spróchnieć [spruxɲɛtɕ] *vperf* to rot.
spruć [sprutɕ] *vperf* = pruć.
spryciarz, spryciara [sprɨtɕaʃ, sprɨtɕara] *m, f pot* cunning sod.
spryt [sprɨt] (*D* -u) *m* cunning.
sprytny [sprɨtnɨ] *adj* cunning.
sprywatyzować [sprɨvatizɔvatɕ] *vperf* = prywatyzować.
sprzączka [spʃɔntʃka] (*D* sprzączki [spʃɔntʃk.i]) *f* buckle.

sprzątaczka [spʃɔntatʃka] *f* cleaner.
sprzątać [spʃɔntatɕ] *vimperf* to clean.
sprzątanie [spʃɔntaɲɛ] (*D* sprzątania [spʃɔntaɲa]) *n* cleaning.
sprzeciw [spʃɛtɕif] (*D* -u) *m* [protest] opposition; [odwołanie] objection.
sprzeciwić się [spʃɛtɕiv.itɕ ɕɛ] *vp perf* to oppose • **sprzeciwić się komuś/czemuś** to oppose sb/sthg.
sprzeczka [spʃɛtʃka] (*D* sprzeczki [spʃɛtʃk.i]) *f* quarrel.
sprzeczność [spʃɛtʃnɔɕtɕ] (*D* sprzeczności [spʃɛtʃnɔɕtɕi]) *f* contradiction.
sprzeczny [spʃɛtʃnɨ] *adj* contradictory.
sprzed [spʃɛt] *prep* [o miejscu] from in front of; [o wydarzeniu] from before; [o czasie] from.
sprzedać [spʃɛdatɕ] *vperf* = sprzedawać.
sprzedany [spʃɛdanɨ] *adj* sold.
sprzedawać [spʃɛdavatɕ] (*perf* sprzedać [spʃɛdatɕ]) *vimperf* to sell.
sprzedawca, sprzedawczyni [spʃɛdaftsa, spʃɛdaftʃɨɲi] *m, f* shop assistant *UK*, salesclerk *US*.
sprzedaż [spʃɛdaʃ] (*D* sprzedaży [spʃɛdaʒi]) *f* sale.
sprzęgło [spʃɛŋgwɔ] (*D* sprzęgła [spʃɛŋgwa]) *n* AUTO clutch.
sprzęt [spʃɛnt] (*D* -u) *m* equipment • **sprzęt komputerowy** computer equipment.
sprzymierzeniec [spʃim.jɛʒɛnɛts] (*D* sprzymierzeńca [spʃim.jɛʒɛɲtsa]) *m* ally.
spuchnąć [spuxnɔntɕ] *vperf* = puchnąć.
spuchnięty [spuxɲɛntɨ] *adj* swollen.
spudłować [spudwɔvatɕ] *vperf pot* to miss.
spuszczać [spuʃtʃatɕ] (*perf* spuścić [spuɕtɕitɕ]) *vimperf* [wzrok] to lower; [wodę] to let out.
spuścić [spuɕtɕitɕ] *vperf* = spuszczać.
spytać [spɨtatɕ] *vperf* = pytać.
srebrny [srɛbrnɨ] *adj* silver • **srebrny medalista** silver medallist.
srebro [srɛbrɔ] (*D* srebra [srɛbra]) *n* silver.

srogi [srɔg,i] *adj* [nauczyciel] strict; [mróz] severe.

sroka [srɔka] *f* magpie.

ssak [ssak] *m* mammal.

stabilizacja [stab,il,izatʃja] (*D* stabilizacji [stab,il,izatʃji]) *f* stabilization.

stabilny [stab,ilni] *adj* stable.

stacja [statʃja] (*D* stacji [statʃji]) *f* station • **stacja końcowa** last stop; **stacja benzynowa** petrol station *UK*, gas station *US*; **stacja dysków** INFORM disk drive.

stacyjka [statʃijka] (*D* stacyjki [statʃijk,i]) *f* AUTO ignition.

stać¹ [statɕ] *vimperf* -1. [gen] to stand. -2. [nie funkcjonować] to stop.

stać² [statɕ] *vimpers* : **nie stać mnie na zakup tak drogiego samochodu** I can't afford to buy such an expensive car.

stać się [statɕ ɕɛ] *vp perf* [zmienić się stopniowo] to become; [zdarzyć się] to happen.

stadion [stadjɔn] (*D* -u) *m* SPORT stadium.

stadium [stadjum] (*inv w lp*) *n* stage.

stadnina [stadɲina] (*D* stadniny [stadɲini]) *f* stud farm.

stado [stadɔ] (*D* stada [stada]) *n* [bydła] herd; [owiec, ptaków] flock; [wilków] pack.

stagnacja [stagnatʃja] (*D* stagnacji [stagnatʃji]) *f* stagnation.

stajnia [stajɲa] (*D* stajni [stajɲi]) *f* stable.

stal [stal] (*D* stali [stal,i]) *f* steel.

stale [stalɛ] *adv* constantly.

stały [stawi] *adj* [ciało] solid; [ceny] fixed; [adres] permanent; [wytrwały] constant.

Stambuł [stambuw] (*D* -u) *m* Istambul.

stamtąd [stamtɔnt] *pron* from there.

stan [stan] (*D* -u) *m* [Ameryki] state; [chorego] condition • **stan cywilny** marital status .

stanąć [stanɔntɕ] *vperf* [gen] to stand; [zatrzymać się] to stop; [znaleźć się w jakiejś sytuacji] to face.

standard [standart] (*D* -u) *m* standard.

stanieć [staɲɛtɕ] *vperf* = **tanieć**.

stanik [staɲik] (*D* -a) *m* bra.

stanowczo [stanɔftʃɔ] *adv* firmly.

stanowczy [stanɔftʃi] *adj* firm.

stanowisko [stanɔv,iskɔ] (*D* stanowiska [stanɔv,iska]) *n* position.

Stany Zjednoczone [stani zjɛdnɔtʃɔnɛ] (*D* Stanów Zjednoczonych [stanuf zjɛdnɔtʃɔnix]) *pl* the United States of America.

starać się [staratɕ ɕɛ] *vp imperf* to try • **starać się o pracę** to try to get a job.

starania [staraɲa] (*D* starań [staraɲ]) *npl* efforts.

starannie [staraɲɲɛ] *adv* carefully.

staranny [staranni] *adj* careful.

starczać [startʃatɕ] *vimpers* to be enough.

starodawny [starɔdavni] *adj* ancient.

staropolski [starɔpolsk,i] *adj* Old Polish.

starość [starɔɕtɕ] (*D* starości [starɔɕtɕi]) *f* old age.

staroświecki [starɔɕf,jɛtsk,i] *adj* old-fashioned.

starożytny [starɔʑitni] *adj* ancient.

starszy [starʃi] *adj* = **stary**.

start [start] (*D* -u) *m* [gen] start; [udział] participation; [samolotu] take off; [rakiety] launch.

startować [startɔvatɕ] *vimperf* [brać udział] to take part; [rozpoczynać wyścig] to start; [rozpoczynać lot] to take off.

stary [stari] *adj* [gen] old; [pieczywo] stale • **stara panna** spinster; **stary kawaler** confirmed bachelor.
➤ **starszy** [starʃi] *adj* older, elder • **starszy brat** older brother.

starzec [staʒɛts] *m* old man.

starzeć się [staʒɛtɕ ɕɛ] *vp imperf* to get old.

statek [statɛk] (*D* statku [statku]) *m* ship • **statek kosmiczny** spaceship.

statua [statua] (*D* statuy [statui] LUB statui [statuji]) *f* statue.

status [status] (*D* -u) *m* status.

statut [statut] (*D* -u) *m* regulations.

statystyczny [statistitʃni] *adj* statistical; [przeciętny] average.

staw [staf] (*D* -u) *m* [rybny] pond; [kolanowy] joint.

stawka [stafka] (*D* stawki [stafk,i]) *f* [godzinówa] rate; [w grze, cena] stake.

staż [staʃ] (*D* -u) *m* work experience.

stażysta, stażystka [staʒista, staʒistka] *m, f* trainee.

stąd [stɔnt] *pron* [z tego miejsca] from here; [z tego powodu] that is why; [od tego] from that.

stchórzyć [stxuʒitɕ] *vperf pej* to chicken out.

stek [stɛk] (*D* -u) *m* steak.

stempel [stɛmpɛl] (*D* stempla [stɛmpla]) *m* [firmowy, urzędowy] stamp; [pocztowy] postmark.

stenografować [stɛnɔgrafɔvatɕ] *vimperf* to take down in shorthand.

step [stɛp] (*D* -u) *m* steppe.

stepować [stɛpɔvatɕ] *vimperf* to tap-dance.

ster [stɛr] (*D* -u) *m* [statku] helm; [samolotu] controls.

stereo [stɛrɛɔ] *(inv) adj* stereo.

stereofoniczny [stɛrɛɔfɔnitʃni] *adj* stereo.

sterować [stɛrɔvatɕ] *vimperf* [statkiem] to steer; [samolotem] to pilot.

sterroryzować [stɛrrɔrizɔvatɕ] *vperf* to terrorize.

sterta [stɛrta] (*D* sterty [stɛrti]) *f* pile.

sterylizować [stɛril,izɔvatɕ] (*perf* **wysterylizować** [vɨstɛril,izɔvatɕ]) *vimperf* to sterilize.

sterylny [stɛrilni] *adj* sterile.

stewardesa [stjuardɛsa] *f* air hostess.

stęchlizna [stɛ̃xl,izna] (*D* stęchlizny [stɛ̃xl,izni]) *f* mustiness.

stłuc [stwuts] *vperf* = tłuc.

stłuczenie [stwutʃɛɲɛ] (*D* stłuczenia [stwutʃɛɲa]) *n* [ręki] bruise; [talerza] breaking.

stłuczka [stwutʃka] (*D* stłuczki [stwutʃk,i]) *f* bump.

stłumić [stwum,itɕ] *vperf* = tłumić.

stłumiony [stwum,jɔɲi] *adj* [cichy] muffled; [stłamszony] suppressed.

sto [stɔ] *num* hundred zobacz też sześć.

stocznia [stɔtʃna] (*D* stoczni [stɔtʃɲi]) *f* shipyard.

stodoła [stɔdɔwa] (*D* stodoły [stɔdɔwi]) *f* barn.

stoisko [stɔjiskɔ] (*D* stoiska [stɔjiska]) *n* section.

stojący [stɔjɔntɕi] *adj* : miejsca stojące standing room.

stokrotka [stɔkrɔtka] (*D* stokrotki [stɔkrɔtk,i]) *f* daisy.

stolarz [stɔlaʃ] *m* carpenter.

stolica [stɔl,itsa] (*D* stolicy [stɔl,itsi]) *f* capital.

stolik [stɔl,ik] (*D* -a) *m* [mały stół] small table; [w restauracji] table • zarezerwować stolik to reserve a table.

stołek [stɔwɛk] (*D* stołka [stɔwka]) *m* stool.

stołować się [stɔwɔvatɕ ɕɛ] *vp imperf* : stołować się w restauracji to have one's meals at a restaurant.

stołówka [stɔwufka] (*D* stołówki [stɔwufk,i]) *f* canteen.

stonoga [stɔnɔga] *f* woodlouse.

stop¹ [stɔp] (*D* -u) *m* [metali] alloy.

stop² [stɔp] *interj* stop!

stopa [stɔpa] (*D* stopy [stɔpi]) *f* foot.

stoper [stɔpɛr] (*D* -a) *m* stopwatch.

stopić [stɔp,itɕ] *vperf* to melt.

stopień [stɔp,jɛɲ] (*D* stopnia [stɔpɲa]) *m* [schodów] step; [poziom] level; [tytuł] rank; [ocena] mark, grade; [akademicki, temperatura] degree.

stopiony [stɔp,jɔɲi] *adj* melted.

stopnieć [stɔpnɛtɕ] *vperf* = topnieć.

stopniowo [stɔpnɔvɔ] *adv* gradually.

stopniowy [stɔpnɔvi] *adj* gradual.

storczyk [stɔrtʃik] (*D* -a) *m* orchid.

stos [stɔs] (*D* -u) *m* pile.

stosować [stɔsɔvatɕ] *vimperf* to apply. ➤ **stosować się** [stɔsɔvatɕ ɕɛ] *vp imperf* [do wymagań, życzeń] to comply with; [do zaleceń, rad] to follow.

stosowany [stɔsɔvani] *adj* applied.

stosowny [stɔsɔvni] *adj* suitable.

stosunek [stɔsunɛk] (*D* stosunku [stɔsunku]) *m* [relacja] relationship; [postawa] attitude; [akt płciowy] intercourse • **stosunki polsko-nie-mieckie** Polish-German relations; **zerwać z kimś wszelkie stosunki** to break off all relations with sb.

stosunkowo [stɔsunkɔvɔ] *adv* relatively.

stowarzyszenie [stɔvaʒiʃɛɲɛ] (*D* stowarzyszenia [stɔvaʒiʃɛɲa]) *n* association.

stóg [stuk] (*D* stogu [stɔgu]) *m* : **stóg siana** haystack.

stół [stuw] (*D* stołu [stɔwu]) *m* table • **nakryć do stołu** to lay the table; **siadać do stołu** to sit down to the table.

str. (*skr od* strona) p.

strach [strax] (*D* -u) *m* fear.

stracić [straʨiʨɛ] *vperf* = tracić.

stragan [stragan] (*D* -u) *m* stall.

strajk [strajk] (*D* -u) *m* strike.

strajkować [strajkɔvaʨɛ] *vimperf* to be on strike.

straszny [straʃni] *adj* terrible.

straszyć [straʃiʨɛ] *vimperf* to scare; [grozić] to threaten • **straszyć kogoś** to scare sb; **w zamku straszy** the castle is haunted.

strata [strata] (*D* straty [strati]) *f* loss • **strata czasu i pieniędzy** a waste of time and money.

strategia [stratɛgja] (*D* strategii [stratɛgji]) *f* strategy.

strawić [strav,iʨɛ] *vperf* = trawić.

straż [straʃ] (*D* straży [straʒi]) *f* guard • **straż miejska** *local city police dealing with petty crime*; **straż pożarna** fire brigade *UK*, fire department *US*.

strażak [straʒak] *m* firefighter.

strażnik [straʒɲik] *m* guard.

strąk [strɔŋk] (*D* -a) *m* pod.

strefa [strɛfa] (*D* strefy [strɛfi]) *f* zone • **strefa wolnego handlu** Free Trade Area.

stres [strɛs] (*D* -u) *m* stress.

stresować [strɛsɔvaʨɛ] *vimperf* to stress out. ➤ **stresować się** [strɛsɔvaʨɛ ɕɛ] *vp imperf* to feel

stressed • **stresować się czymś** to feel stressed by sthg.

stresujący [strɛsujɔnʦi] *adj* stressful.

streszczenie [strɛʃʧɛɲɛ] (*D* streszczenia [strɛʃʧɛɲa]) *n* summary.

streścić [strɛɕʨiʨɛ] *vperf* to summarize.

striptiz [str,ipt,is] (*D* -u) *m* striptease.

stroić [strɔiʨɛ] *vimperf* [choinkę] to decorate; [gitarę] to tune; [fochy] to make • **stroić sobie z kogoś żarty** to make fun of sb. ➤ **stroić się** [strɔiʨɛ ɕɛ] *vp imperf* to dress up.

stromy [strɔmi] *adj* steep.

strona [strɔna] (*D* strony [strɔɲi]) *f* [bok] side; [stronica] page; [kierunek] direction • **strona internetowa** INFORM web site.

stronić [strɔɲiʨɛ] *vimperf* to avoid • **stronić od kogoś** to avoid sb.

stronnictwo [strɔɲɲiʦtfɔ] (*D* stronnictwa [strɔɲɲiʦtfa]) *n* party.

stronniczy [strɔɲɲiʧi] *adj* biased.

strój [struj] (*D* stroju [strɔju]) *m* dress.

struć się [struʨɛ ɕɛ] *vp perf* to get food poisoning.

struktura [struktura] (*D* struktury [strukturi]) *f* structure.

strumień [strum,jɛɲ] (*D* strumienia [strum,jɛɲa]) *m* stream.

struna [struna] (*D* struny [struɲi]) *f* string • **struny głosowe** vocal cords.

struś [struɕ] *m* ostrich.

strych [strix] (*D* -u) *m* attic.

strzał [stʃaw] (*D* -u) *m* shot.

strzała [stʃawa] (*D* strzały [stʃawi]) *f* arrow.

strzałka [stʃawka] (*D* strzałki [stʃawk,i]) *f* arrow.

strzec [stʃɛʦ] *vimperf* to guard • **strzec czegoś jak oka w głowie** to guard sthg with one's life.

strzelać [stʃɛlaʨɛ] (*perf* strzelić [stʃɛl,iʨɛ]) *vimperf* [z pistoletu] to fire; [bramkę] to score.

strzelanina [stʃɛlaɲina] (*D* strzelaniny [stʃɛlaɲini]) *f* shooting.

strzelba [stʃɛlba] (*D* strzelby [stʃɛlbi]) *f* rifle.

strzelec [stʃɛlɛts] *m* [żołnierz] rifle-man; [zawodnik] scorer • **strzelec wyborowy** marksman. ◄► **Strzelec** [stʃɛlɛts] (*D* Strzelca [stʃɛltsa]) *m* [znak zodiaku] Sagittarius.

strzelectwo [stʃɛlɛtstfɔ] (*D* strzelectwa [stʃɛlɛtstfa]) *n* shooting • strzelectwo sportowe sport shooting.

strzelić [stʃɛl,itɕ] *vperf* = strzelać.

strzelnica [stʃɛlɲitsa] (*D* strzelnicy [stʃɛlɲitɕi]) *f* shooting range.

strzeżony [stʃɛʒɔɲi] *adj* guarded • parking strzeżony guarded car park.

strzykawka [stʃikafka] (*D* strzykawki [stʃikafk,i]) *f* syringe.

strzyżenie [stʃiʒɛɲɛ] (*D* strzyżenia [stʃiʒɛɲa]) *n* cutting.

stu [stu] *num* hundred *zobacz też* sześciu.

student, ka [studɛnt, ka] *m, f* student.

studia [studja] (*D* studiów [studjuf]) *pl* studies • być na studiach to be at university.

studio [studjɔ] (*D* studia [studja]) *n* studio.

studiować [studjɔvatɕ] *vimperf* to study.

studnia [studɲa] (*D* studni [studɲi]) *f* well.

studniówka [studɲufka] (*D* studniówki [studɲufk,i]) *f* student's bal.

studzić [studʑitɕ] (*perf* ostudzić [ɔstudʑitɕ]) *vimperf* [herbatę] to cool (down); [zapał] to dampen.

stukać [stukatɕ] *vimperf* to tap.

stuknięty [stukɲɛnti] *adj* [samochód] dentated; pot [zwariowany] crazy.

stulecie [stulɛtɕɛ] (*D* stulecia [stulɛtɕa]) *n* [wiek] century; [rocznica] centenary.

stuletni [stulɛtɲi] *adj* hundred-year-old.

stuprocentowy [stuprɔtsɛntɔvi] *adj* hundred per cent.

stwardnieć [stfardɲɛtɕ] *vperf* = twardnieć.

stwierdzenie [stf,jɛrdzɛɲɛ] (*D* stwierdzenia [stf,jɛrdzɛɲa]) *n* statement.

stwierdzić [stf,jɛrdʑitɕ] *vperf* = twierdzić.

stworzenie [stfɔʒɛɲɛ] (*D* stworzenia [stfɔʒɛɲa]) *n* creature.

stworzyć [stfɔʒitɕ] *vperf* = tworzyć.

Stwórca [stfurtsa] *m* Creator.

styczeń [stitʃɛɲ] (*D* stycznia [stitʃɲa]) *m* January • na początku stycznia at the beginning of January; pierwszego stycznia the 1st of January; w końcu stycznia at the end of January; w styczniu in January; **2 stycznia 2004** 2nd January 2004.

stygnąć [stignɔntɕ] (*perf* ostygnąć [ɔstignɔntɕ]) *vimperf* to get cold.

styl [stil] (*D* -u) *m* style.

stypendium [stipɛndjum] (*inv w lp*) *n* [pomoc] grant; [wyjazd] grant-funded study abroad.

stypendysta, stypendystka [stipɛndista, stipɛndistka] *m, f* grant holder.

subiektywny [sub,jɛktivni] *adj* subjective.

sublokator, ka [sublɔkatɔr, ka] *m, f* lodger.

subordynacja [subɔrdinatsja] (*D* subordynacji [subɔrdinatsji]) *f* obedience.

subskrypcja [supskriptsja] (*D* subskrypcji [supskriptsji]) *f* subscription.

substancja [supstantsja] (*D* substancji [supstantsji]) *f* substance.

subtelny [suptelni] *adj* [rysy] delicate; [kolor] subtle; [zachowanie] considerate.

subwencja [subvɛntsja] (*D* subwencji [subvɛntsji]) *f* subsidy.

sucharek [suxarɛk] (*D* sucharka [suxarka]) *m* rusk.

sucho [suxɔ] *adv* [niemokro] dry; [nieprzyjemnie] dryly.

suchy [suxi] *adj* dry.

Sudan [sudan] (*D* -u) *m* Sudan.

Sudety [sudɛti] (*D* Sudetów [sudɛtuf]) *pl* the Sudeten Mountains.

sufit [suf,it] (*D* -u) *m* ceiling.

suflet [suflɛt] (*D* -u) *m* soufflé • suflet czekoladowy chocolate soufflé.

sugerować [sugɛrɔvatɕ] (*perf* zasugerować [zasugɛrɔvatɕ]); *vimperf* to

suggest • **sugerować coś komuś** to suggest sthg to sb.

sugestia [sugɛstja] (*D* sugestii [sugɛstji]) *f* suggestion.

sugestywny [sugɛstivni] *adj* eloquent.

suka [suka] *f* bitch.

sukces [suktsɛs] (*D* -u) *m* success • **osiągnąć sukces** to succeed.

sukienka [suk,ɛnka] (*D* sukienki [suk,ɛnk,i]) *f* dress.

Sukiennice [suk,ɛɲɲitsɛ] *pl Cloth Hall.*

sukno [suknɔ] (*D* sukna [sukna]) *n* woollen cloth.

sułtan [suwtan] *m* sultan.

sum [sum] *m* catfish.

suma [suma] (*D* sumy [sumi]) *f* [gen] sum; [kwota] amount.

sumienie [sum,jɛɲɛ] (*D* sumienia [sum,jɛɲa]) *n* conscience.

sumienny [sum,jɛnni] *adj* conscientious.

supeł [supɛw] (*D* supła [supwa]) *m* knot.

super [supɛr] (*inv*) *adj & adv pot* great.

supermarket [supɛrmarkɛt] (*D* -u) *m* supermarket.

suplement [suplɛmɛnt] (*D* -u) *m* supplement.

surowiec [surɔv,jɛts] (*D* surowca [surɔftsa]) *m* raw material • **surowce wtórne** recyclable waste.

surowo [surɔvɔ] *adv* [ostro] harshly; [bez ozdób] austerely.

surowy [surɔvi] *adj* [nauczyciel] severe; [zima] harsh; [warzywa] raw.

surówka [surufka] (*D* surówki [surufk,i]) *f* salad.

susza [suʃa] (*D* suszy [suʃi]) *f* drought.

suszarka [suʃarka] (*D* suszarki [suʃark,i]) *f* [do włosów] dryer; [w kuchni] plate rack.

suszony [suʃɔni] *adj* dried.

suszyć [suʃitɕ] *vimperf* to dry.

suterena [sutɛrɛna] (*D* sutereny [sutɛrɛni]) *f* basement.

suwak [suvak] (*D* -a) *m* zip *UK*, zipper *US*.

suwerenność [suvɛrɛnnɔɕtɕ] (*D* suwerenności [suvɛrɛnnɔɕtɕi]) *f* sovereignty.

suwerenny [suvɛrɛnni] *adj* sovereign.

swatać [sfatatɕ] *vimperf* to matchmake • **swatać kogoś z kimś** to pair sb off with sb.

sweter [sfɛtɛr] (*D* swetra [sfɛtra]) *m* sweater.

swędzić [sfɛndʑitɕ] *vimperf* to itch.

swoboda [sfɔbɔda] (*D* swobody [sfɔbɔdi]) *f* freedom • **swobody europejskie** European freedoms.

swobodny [sfɔbɔdni] *adj* [zachowanie] natural; [wolny] free.

swój [sfuj] *pron* [mój] my; [twój] your; [jego] his; [jej] her; [nasz] our; [wasz] your; [ich] their.

sycący [sitsɔntsi] *adj* filling.

Sycylia [sitsilja] (*D* Sycylii [sitsilji]) *f* Sicily.

Sycylijczyk, Sycylijka [sitsil,ijtʃik, sitsil,ijka] *m, f* Sicilian.

sygnalizacja [signal,izatsja] (*D* sygnalizacji [signal,izatsji]) *f* signalling equipment • **sygnalizacja świetlna** traffic lights.

sygnalizować [signal,izɔvatɕ] (*perf* **zasygnalizować** [zasignal,izɔvatɕ]) *vimperf* [informować] to indicate; [nadawać sygnały] to signal.

sygnał [signaw] (*D* -u) *m* [znak] signal; [syrena] siren; [w słuchawce] tone.

syk [sik] (*D* -u) *m* hiss.

syknąć [siknɔntɕ] *vperf* to hiss.

sylaba [silaba] (*D* sylaby [silabi]) *f* GRAM syllable.

sylwester [silvɛstɛr] (*D* sylwestra [silvɛstra]) *m* New Year's Eve.

sylwetka [silvɛtka] (*D* sylwetki [silvɛtk,i]) *f* figure.

symbol [simbɔl] (*D* -u) *m* symbol.

symboliczny [simbɔl,itʃni] *adj* symbolic.

symetryczny [simɛtritʃni] *adj* symmetrical.

symfonia [simfɔnja] (*D* symfonii [simfɔnji]) *f* MUZ symphony.

sympatia [simpatja] (*D* sympatii [simpatji]) *f* [życzliwość] liking; [oso-

ba] sweetheart • **darzyć kogoś sympatią** to like sb.

sympatyczny [simpatitʃni] *adj* pleasant.

sympozjum [simpɔzjum] *(inv w lp) n* symposium.

symptom [simptɔm] *(D -u) m* symptom.

symulant, ka [simulant, ka] *m, f* malingerer.

symulować [simulɔvatɕ] *vimperf* to feign.

syn [sin] *m* son.

synagoga [sinagɔga] *(D synagogi* [sinagɔg,i]) *f* synagogue.

syndrom [sindrɔm] *(D -u) m* syndrome.

syndyk [sindik] *m* receiver.

syndykat [sindikat] *(D -u) m* EKON syndicate.

synonim [sinɔnim] *(D -u) m* GRAM synonym.

synowa [sinɔva] *f* daughter-in-law.

syntetyczny [sintɛtitʃni] *adj* [sztuczny] synthetic; [skrótowy] outline.

synteza [sintɛza] *(D syntezy* [sintɛzi]) *f* [połączenie] synthesis; [rekapitulacja] synopsis.

sypać [sipatɕ] *vimperf* [piasek] to scatter; [mąkę] to sprinkle • **śnieg sypie** it's snowing hard.

sypialnia [sip,jalɲa] *(D sypialni* [sip,jalɲi]) *f* bedroom.

sypki [sipk,i] *adj* loose.

syrena [sirɛna] *(D syreny* [sirɛni]) *f* [przyrząd] siren; [ɪ|ɪ|ɪɪ|ɪu] mermaid.

syrop [sirɔp] *(D -u) m* syrup.

system [sistɛm] *(D -u) m* system.

systematyczny [sistɛmatitʃni] *adj* systematic.

sytuacja [situatsja] *(D sytuacji* [situatsji]) *f* situation.

syty [siti] *adj* [najedzony] full; [sycący] filling.

szabla [ʃabla] *(D szabli* [ʃabl,i]) *f* sword.

szachownica [ʃaxɔvɲitsa] *(D szachownicy* [ʃaxɔvɲitsi]) *f* chess board.

szachy [ʃaxi] *(D szachów* [ʃaxuf]) *pl* chess.

szacunek [ʃatsunɛk] *(D szacunku* [ʃatsunku]) *m* respect.

szafa [ʃafa] *(D szafy* [ʃafi]) *f* [mebel] cupboard; [na ubrania] wardrobe; [na książki] bookcase • **szafa grająca** jukebox.

szafka [ʃafka] *(D szafki* [ʃafk,i]) *f* cupboard • **szafka nocna** bedside table.

szajka [ʃajka] *(D szajki* [ʃajk,i]) *f* [gang] gang.

szakal [ʃakal] *m* jackal.

szal [ʃal] *(D -a) m* shawl.

szaleć [ʃalɛtɕ] *vimperf* [wariować] to go mad; *pot* [bawić się] to have a good time • **szaleć za kimś** to be crazy about sb.

szaleniec [ʃalɛɲɛts] *m* lunatic.

szaleństwo [ʃalɛĩstfɔ] *(D szaleństwa* [ʃalɛĩstfa]) *n* [szał] frenzy; [obłęd] madness.

szalik [ʃal,ik] *(D -a) m* scarf.

szalony [ʃalɔni] *adj* crazy.

szalupa [ʃalupa] *(D szalupy* [ʃalupi]) *f* lifeboat.

szał [ʃaw] *(D -u) m* [wybuch złości] rage; [zbiorowa mania] frenzy • **wpaść w szał** to fly into a rage.

szałas [ʃawas] *(D -u) m* shelter.

szałwia [ʃawv,ja] *(D szałwii* [ʃawv,ji]) *f* sage.

szamotać się [ʃamɔtatɕ ɕɛ] *vp imperf* *pot* to struggle.

szampan [ʃampan] *(D -a) m* sparkling wine • **szampan półwytrawny** medium dry sparkling wine; **szampan słodki** sweet sparkling wine; **szampan wytrawny** dry sparkling wine, **szampan francuski** champagne.

Szampania [ʃampaɲja] *(D Szampanii* [ʃampaɲji]) *f* Champagne.

szampon [ʃampɔn] *(D -u) m* shampoo • **szampon przeciwłupieżowy** anti-dandruff shampoo.

szanować [ʃanɔvatɕ] *vimperf* to respect • **szanować kogoś** to respect sb.

szansa [ʃansa] *(D szansy* [ʃansi]) *f* chance • **mieć szansę na coś** to have a chance of sthg.

szantaż [ʃantaʃ] (D -u) m blackmail.
szantażować [ʃantaʒɔvatɕ] vimperf
to blackmail • **szantażować kogoś** to
blackmail sb.
szantażysta, szantażystka [ʃan-
taʒista, ʃantaʒistka] m, f blackmailer.
szarańcza [ʃarajntʃa] f locust.
szarlotka [ʃarlɔtka] (D szarlotki [ʃar-
lɔtki]) f apple charlotte.
szarmancki [ʃarmantsk,i] adj gallant.
szarpanina [ʃarpaɲina] (D szarpaniny
[ʃarpaɲini]) f pot struggle.
szary [ʃari] adj dark grey.
szaszłyk [ʃaʃwik] (D -a) m shish
kebab.
szatnia [ʃatɲa] (D szatni [ʃatɲi]) f
cloakroom.
szatyn, ka [ʃatin, ka] m, f dark-haired
man (f dark-haired woman).
szczapa [ʃtʃapa] (D szczapy [ʃtʃapi]) f
wood chip.
szczaw [ʃtʃaf] (D szczawiu [ʃtʃav,ju])
m sorrel.
szczątki [ʃtʃɔntk,i] (D szczątków
[ʃtʃɔntkuf]) mpl [zwłoki] remains;
[resztki] wreckage.
szczebel [ʃtʃɛbɛl] (D szczebla [ʃtʃɛb-
la]) m [drabiny] rung; [hierarchii] level
• **piąć się po szczeblach kariery** to
climb the career ladder.
Szczecin [ʃtʃɛtɕin] (D -a) m Szczecin.
szczególnie [ʃtʃɛgulɲɛ] <> adv pe-
culiarly. <> part especially.
szczególny [ʃtʃɛgulɲi] adj [wyjątko-
wy] exceptional; [specjalny] special.
szczegół [ʃtʃɛguw] (D -u) m detail.
szczegółowo [ʃtʃɛguwɔvɔ] adv in
detail.
szczekać [ʃtʃɛkatɕ] vimperf to bark.
szczelina [ʃtʃɛl,ina] (D szczeliny [ʃtʃɛ-
l,ini]) f [gen] gap; [skalna] crevice.
szczelny [ʃtʃɛlɲi] adj [pojemnik]
sealed; [bez luk] sealed.
szczeniak [ʃtʃɛɲak] m [piesek] puppy;
pot kid.
szczepienie [ʃtʃɛp,jɛɲɛ] (D szcze-
pienia [ʃtʃɛp,jɛɲa]) n vaccination.
szczepionka [ʃtʃɛp,jɔnka] (D szcze-
pionki [ʃtʃɛp,jɔnk,i]) f vaccine.

szczerość [ʃtʃɛrɔɕtɕ] (D szczerości
[ʃtʃɛrɔɕtɕi]) f honesty.
szczery [ʃtʃɛri] adj [prawdomówny]
honest; [prawdziwy] sincere.
szczerze [ʃtʃɛʒɛ] adv [otwarcie] honestly; [prawdziwie] genuinely.
szczęka [ʃtʃɛnka] (D szczęki [ʃtʃɛŋ-
k,i]) f jaw • **sztuczna szczęka** false
teeth.
szczęściarz, szczęściara [ʃtʃɛɕtɕaʃ,
ʃtʃɛɕtɕara] m, f : **jesteś wielkim
szczęściarzem** pot you're so lucky.
szczęście [ʃtʃɛɕtɕɛ] (D szczęścia
[ʃtʃɛɕtɕa]) n [powodzenie] luck; [ra-
dość] happiness • **mieć szczęście** to
be lucky.
szczęśliwy [ʃtʃɛɕl,ivi] adj [zadowolo-
ny] happy; [korzystny] lucky.
szczoteczka [ʃtʃɔtɛtʃka] (D szczotecz-
ki [ʃtʃɔtɛtʃk,i]) f brush • **szczoteczka
do zębów** toothbrush.
szczotka [ʃtʃɔtka] (D szczotki [ʃtʃɔt-
k,i]) f brush • **szczotka do włosów**
hairbrush.
szczupak [ʃtʃupak] m pike.
szczupły [ʃtʃupwi] adj slim.
szczur [ʃtʃur] m rat.
szczypać [ʃtʃipatɕ] vimperf [palcami]
to pinch; [piec] to sting.
szczypce [ʃtʃiptsɛ] (D szczypiec
[ʃtʃip,jɛts]) pl pliers; [chirurgiczne]
forceps; [raka, kraba] pincers.
szczypiorek [ʃtʃip,jɔrɛk] (D szczy-
piorku [ʃtʃip,jɔrku]) m chives.
szczypta [ʃtʃipta] (D szczypty [ʃtʃip-
ti]) f pinch.
szczyt [ʃtʃit] (D -u) m [drabiny,
schodów] top; [góry] peak; [możli-
wości] height.
szef, owa [ʃɛf, ɔva] m, f [firmy, działu]
boss; [państwa, rządu] head.
szejk [ʃɛjk] m sheik.
szelest [ʃɛlɛst] (D -u) m rustle.
szelki [ʃɛlk,i] (D szelek [ʃɛlɛk]) fpl
braces UK, suspenders US.
szept [ʃɛpt] (D -u) m whisper.
szeptać [ʃɛptatɕ] vimperf to whisper.
szereg [ʃɛrɛk] (D -u) m [rząd] row;
[wiele] number of.

szermierka [ʃɛrm,jɛrka] (*D* szermierki [ʃɛrm,jɛrk,i]) *f* fencing.

szeroki [ʃɛrɔk,i] (*compar* szerszy, *superl* najszerszy) *adj* wide.

szerokość [ʃɛrɔkɔɕtɕ] (*D* szerokości [ʃɛrɔkɔɕtɕi]) *f* width • szerokość geograficzna latitude.

szerszeń [ʃɛrʃɛɲ] *m* hornet.

szesnastu [ʃɛsnastu] *num* sixteen zobacz też sześciu.

szesnasty [ʃɛsnasti] *num* sixteenth zobacz też szósty.

szesnaście [ʃɛsnaɕtɕɛ] *num* sixteen zobacz też sześć.

sześcienny [ʃɛɕtɕɛnni] *adj* cubic.

sześciokąt [ʃɛɕtɕɔkɔnt] (*D* -a) *m* hexagon.

sześciu [ʃɛɕtɕu] *num (łączy się z rzeczownikami męskoosobowymi)* six • sześciu mężczyzn six men.

sześć [ʃɛɕtɕ] *num (nie występuje z rzeczownikami męskoosobowymi)* six • mieć sześć lat to be six (years old); sześć kobiet six women; sześć kwiatów six flowers; sześć razy six times; sto sześć a hundred and six.

sześćdziesiąt [ʃɛʑdʑɛɕɔnt] *num* sixty zobacz też sześć.

sześćdziesiąty [ʃɛʑdʑɛɕɔnti] *num* sixtieth zobacz też szósty.

sześćdziesięciu [ʃɛʑdʑɛɕɛntɕu] *num* sixty zobacz też sześciu.

sześćset [ʃɛɕsɛt] *num* six hundred zobacz też sześć.

sześćsetny [ʃɛɕsɛtni] *num* six hundredth zobacz też szósty.

szew [ʃɛf] (*D* szwu [ʃfu]) *m* [na spodniach] seam; [chirurgiczny] stitch.

szewc [ʃɛfʦ] *m* shoe mender.

szkarłatny [ʃkarwatni] *adj* scarlet.

szkatułka [ʃkatuwka] (*D* szkatułki [ʃkatuwk,i]) *f* jewellery box.

szkic [ʃk,iʦ] (*D* -u) *m* [pałacu] sketch; [projektu] draft.

szkicować [ʃk,iʦɔvatɕ] *vimperf* to sketch.

szkielet [ʃk,ɛlɛt] (*D* -u) *m* skeleton.

szklanka [ʃklanka] (*D* szklanki [ʃklank,i]) *f* glass.

szklany [ʃklani] *adj* glass.

szklarnia [ʃklarɲa] (*D* szklarni [ʃklarɲi]) *f* greenhouse.

szkło [ʃkwɔ] (*D* szkła [ʃkwa]) *n* [gen] glass; [przedmiot] glassware. ➡ **szkła** [ʃkwa] (*D* szkieł [ʃk,ɛw]) *npl* lense • szkła kontaktowe contact lenses.

Szkocja [ʃkɔtsja] (*D* Szkocji [ʃkɔtsji]) *f* Scotland.

szkocki [ʃkɔtsk,i] *adj* Scottish • szkocka spódnica kilt; szkocka krata tartan.

szkoda [ʃkɔda] (*D* szkody [ʃkɔdi]) <> *f* damage. <> *adv* pity • szkoda czasu/słów waste of time/words.

szkodliwy [ʃkɔdl,ivi] *adj* harmful.

szkodzić [ʃkɔdʑitɕ] *vimperf* to harm • szkodzić komuś to harm sb; nie szkodzi! that's OK!

szkolenie [ʃkɔlɛɲɛ] (*D* szkolenia [ʃkɔlɛɲa]) *n* training.

szkolić [ʃkɔl,itɕ] *vimperf* to train.

szkolnictwo [ʃkɔlɲitstfɔ] (*D* szkolnictwa [ʃkɔlɲitstfa]) *n* education.

szkolny [ʃkɔlni] *adj* school.

szkoła [ʃkɔwa] (*D* szkoły [ʃkɔwi]) *f* [gen] school; [uniwersytet] university • chodzić do szkoły to go to school.

Szkot, ka [ʃkɔt, ka] *m, f* Scot.

szlaban [ʃlaban] (*D* -u) *m* barrier.

szlachetny [ʃlaxɛtni] *adj* [prawy] noble; [dobrej jakości] fine; [cenny] precious.

szlafrok [ʃlafrɔk] (*D* -a) *m* [podomka] dressing gown *UK*, bathrobe *US*.

szlagier [ʃlag,ɛr] (*D* -a LUB -u) *m* hit.

szlak [ʃlak] (*D* -u) *m* route • szlak narciarski ski run; szlak turystyczny (hiking) trail.

szloch [ʃlɔx] (*D* -u) *m* sob.

szmaragd [ʃmarakt] (*D* -u) *m* emerald.

szmer [ʃmɛr] (*D* -u) *m* murmur.

szminka [ʃm,inka] (*D* szminki [ʃm,ink,i]) *f* lipstick.

szmira [ʃm,ira] (*D* szmiry [ʃm,iri]) *f* pot & pej trash.

sznur [ʃnur] (*D* -a) *m* [gen] line; [cienka linka] string; [elektryczny] lead.

sznurek [ʃnurɛk] (*D* sznurka [ʃnurka]) *m* string.

sznurować [ʃnurɔvatɕ] (*perf* zasznurować [zaʃnurɔvatɕ]) *vimperf* to lace up.

sznurowadło [ʃnurɔvadwɔ] (*D* sznurowadła [ʃnurɔvadwa]) *n* (shoe) lace.

sznycel [ʃniţsɛl] (*D* sznycla [ʃniţsla]) *m* schnitzel • sznycel cielęcy po wiedeńsku Wiener schnitzel.

szok [ʃɔk] (*D* -u) *m* shock • doznać szoku to get a shock.

szokować [ʃɔkɔvatɕ] (*perf* zaszokować [zaʃɔkɔvatɕ]) *vimperf* to shock.

szokujący [ʃɔkujɔntʂi] *adj* shocking.

szorstki [ʃɔrstk,i] *adj* [chropowaty] rough; [nieprzyjemny] harsh.

szorty [ʃɔrti] (*D* szortów [ʃɔrtuf]) *pl* shorts.

szosa [ʃɔsa] (*D* szosy [ʃɔsi]) *f* road.

szósty, szósta [ʃusti, ʃusta] *num* sixth • jest szósta (godzina) it's six (o'clock); szóste piętro sixth floor; szósty marca the sixth of March; szósty raz sixth time; szósty rozdział sixth chapter.

szpan [ʃpan] (*D* -u) *m pot* : robić coś dla szpanu to do sthg to look cool.

szpanować [ʃpanɔvatɕ] *vimperf pot* to show off • szpanować czymś to show off with sthg.

szpara [ʃpara] (*D* szpary [ʃpari]) *f* gap.

szparag [ʃparak] (*D* -a) *m* asparagus.

szpecić [ʃpɛtɕitɕ] *vimperf* to spoil.

szperać [ʃpɛratɕ] *vimperf pot* to rummage.

szpicel [ʃp,iţsɛl] *m pot & pej* informer.

szpieg [ʃp,jɛk] *m* spy.

szpiegować [ʃp,jɛgɔvatɕ] *vimperf* to spy.

szpilka [ʃp,ilka] (*D* szpilki [ʃp,ilk,i]) *f* pin. ➡ **szpilki** [ʃp,ilk,i] (*D* szpilek [ʃp,ilɛk]) *fpl* stilettos.

szpinak [ʃp,inak] (*D* -u) *m* spinach.

szpital [ʃp,ital] (*D* -a) *m* hospital • leżeć w szpitalu to be in hospital.

szpon [ʃpɔn] (*D* -u) *m* claw.

szprotka [ʃprɔtka] *f* sprat.

szpulka [ʃpulka] (*D* szpulki [ʃpulk,i]) *f* spool.

szron [ʃrɔn] (*D* -u) *m* frost.

sztaba [ʃtaba] (*D* sztaby [ʃtabi]) *f* bar.

sztafeta [ʃtafɛta] (*D* sztafety [ʃtafɛti]) *f* SPORT relay.

sztandar [ʃtandar] (*D* -u) *m* flag.

Sztokholm [ʃtɔkxɔlm] (*D* -u) *m* Stockholm.

sztorm [ʃtɔrm] (*D* -u) *m* storm.

sztuczka [ʃtutʃka] (*D* sztuczki [ʃtutʃ-k,i]) *f* trick.

sztucznie [ʃtutʃnɛ] *adv* artificially.

sztuczny [ʃtutʃni] *adj* artificial.

sztućce [ʃtutɕtsɛ] (*D* sztućców [ʃtutɕ-tsuf]) *mpl* cutlery.

sztuka [ʃtuka] (*D* sztuki [ʃtuk,i]) *f* [gen] art; [spektakl] play; [pojedyncza rzecz] piece.

szturchać [ʃturxatɕ] *vimperf pot* to nudge.

sztywny [ʃtivni] *adj* [gen] stiff; [pręt, konstrukcja, przepisy] rigid.

szufelka [ʃufɛlka] (*D* szufelki [ʃufɛl-k,i]) *f* [łopatka] shovel; [zawartość] shovelful.

szuflada [ʃuflada] (*D* szuflady [ʃu-fladi]) *f* drawer.

szukać [ʃukatɕ] *vimperf* to look for • szukać kogoś/czegoś to look for sb/sthg.

szum [ʃum] (*D* -u) *m* [szmer] sound; [w słuchawce] noise.

szumieć [ʃum,jɛtɕ] *vimperf* to sound.

szwagier [ʃfag,ɛr] *m* brother-in-law.

szwagierka [ʃfag,ɛrka] *f* sister-in-law.

Szwajcar, ka [ʃfajtsar, ka] *m, f* Swiss.

Szwajcaria [ʃfajtsarja] (*D* Szwajcarii [ʃfajtsarji]) *f* Switzerland.

szwajcarski [ʃfajtsarsk,i] *adj* Swiss.

Szwecja [ʃfɛtsja] (*D* Szwecji [ʃfɛtsji]) *f* Sweden.

Szwed, ka [ʃfɛt, ka] *m, f* Swede.

szyba [ʃiba] (*D* szyby [ʃibi]) *f* [w oknach] (window) pane; [w regale] sheet of glass; [samochodowa] windscreen *UK*, windshield *US* • stłuc szybę to break a window; wybić szybę to break a window.

szybki [ʃipk,i] *adj & adv* fast.

szybkościomierz [ʃipkɔɕtɕɔm‚jɛʃ] (*D* -a) *m* speedometer.

szybkość [ʃipkɔɕtɕ] (*D* szybkości [ʃipkɔɕtɕi]) *f* speed.

szybkowar [ʃipkɔvar] (*D* -a LUB -u) *m* pressure cooker.

szycha [ʃixa] *f pot* big shot.

szycie [ʃitɕɛ] (*D* szycia [ʃitɕa]) *n* sewing.

szyć [ʃitɕ] *vimperf* to sew • szyć ubranie to make clothes.

szydełko [ʃidɛwkɔ] (*D* szydełka [ʃidɛwka]) *n* crochet hook.

szyderczy [ʃidɛrtʃi] *adj* sneering.

szydzić [ʃidʑitɕ] *vimperf* to sneer • szydzić z kogoś to sneer at sb.

szyfr [ʃifr] (*D* -u) *m* code.

szyfrować [ʃifrɔvatɕ] (*perf* zaszyfrować [zaʃifrɔvatɕ]) *vimperf* to write in code.

szyja [ʃija] (*D* szyi [ʃiji]) *f* neck.

szykanować [ʃikanɔvatɕ] *vimperf* to persecute.

szyld [ʃilt] (*D* -u) *m* sign.

szympans [ʃimpans] *m* [małpa] chimpanzee.

szyna [ʃina] (*D* szyny [ʃini]) *f* rail.

szynka [ʃinka] (*D* szynki [ʃink‚i]) *f* ham • szynka gotowana boiled ham; szynka wędzona smoked ham.

szyszka [ʃiʃka] (*D* szyszki [ʃiʃk‚i]) *f* cone.

Ś

ściana [ɕtɕana] (*D* ściany [ɕtɕani]) *f* wall.

ściąć [ɕtɕɔɲtɕ] *vperf* [włosy] to cut; [drzewo] to cut down.

ściąga [ɕtɕɔŋga] (*D* ściągi [ɕtɕɔŋg‚i]) *f pot* crib sheet.

ściągać [ɕtɕɔŋgatɕ] (*perf* ściągnąć [ɕtɕɔŋgnɔɲtɕ]) *vimperf* [zsuwać] to pull off; [przybywać tłumnie] to come

flocking; [sprowadzać] to bring; [odpisywać] to crib.

ściągnąć [ɕtɕɔŋgnɔɲtɕ] *vperf* = ściągać.

ścieg [ɕtɕɛk] (*D* -u) *m* stitch.

ściemniać się [ɕtɕɛmɲatɕ ɕɛ] *vp imperf* to get dark.

ścienny [ɕtɕɛnni] *adj* wall.

ścierać [ɕtɕɛratɕ] (*perf* zetrzeć [zɛtʃɛtɕ]) *vimperf* [gen] to wipe; [kurze] to dust; [warzywa] to grate.

ścierka [ɕtɕɛrka] (*D* ścierki [ɕtɕɛrk‚i]) *f* cloth.

ścierpieć [ɕtɕɛrp‚jɛtɕ] *vperf* to bear.

ścierpnąć [ɕtɕɛrpnɔɲtɕ] *vperf* to go numb.

ścieżka [ɕtɕɛʃka] (*D* ścieżki [ɕtɕɛʃk‚i]) *f* [dróżka] path; [nagranie] track.

ścięgno [ɕtɕɛŋgnɔ] (*D* ścięgna [ɕtɕɛŋgna]) *n* tendon.

ścigać [ɕtɕigatɕ] *vimperf* to chase • ścigać sądownie to prosecute.

ścisk [ɕtɕisk] (*D* -u) *m* crush.

ściskać [ɕtɕiskatɕ] (*perf* ścisnąć [ɕtɕisnɔɲtɕ]) *vimperf* to squeeze • ściskać kogoś to hug sb.

ścisłość [ɕtɕiswɔɕtɕ] (*D* ścisłości [ɕtɕiswɔɕtɕi]) *f* accuracy.

ścisnąć [ɕtɕisnɔɲtɕ] *vperf* = ściskać.

ściszyć [ɕtɕiʃitɕ] *vperf* [radio, telewizor] to turn down; [głos] to lower.

ślad [ɕlat] (*D* -u) *m* [znak] track; [odcisk stopy] footprint; [pozostałość] mark.

Śląsk [ɕlɔsk] (*D* -a) *m* Silesia.

Ślązak, Ślązaczka [ɕlɔzak, ɕlɔzatʃka] *m, f* Silesian.

śledzić [ɕlɛdʑitɕ] *vimperf* to follow • śledzić kogoś to follow sb.

śledztwo [ɕlɛtstfɔ] (*D* śledztwa [ɕlɛtstfa]) *n* investigation.

śledź [ɕlɛtɕ] *m* herring.

ślepnąć [ɕlɛpnɔɲtɕ] *vimperf* to go blind.

ślepo [ɕlɛpɔ] *adv* blindly.

ślepy [ɕlɛpi] *adj* blind • ślepa ulica cul-de-sac; ślepy tor siding; ślepa kuchnia *windowless kitchen often separated by a screen from the living room.*

śliczny [ɕl,itʃni] *adj* lovely.
ślimak [ɕl,imak] *m* snail.
ślina [ɕl,ina] (*D* śliny [ɕl,ini]) *f* saliva.
śliniak [ɕl,iɲak] (*D* -a) *m* bib.
śliski [ɕl,isk,i] *adj* slippery.
ślisko [ɕl,iskɔ] *adv* slippery.
śliwka [ɕl,ifka] (*D* śliwki [ɕl,ifk,i]) *f* plum.
śliwowica [ɕl,ivɔv,itsa] (*D* śliwowicy [ɕl,ivɔv,itʂi]) *f* plum brandy.
ślizgać się [ɕl,izgatɕ ɕɛ] *vp imperf* [gen] to slide; [na łyżwach] to skate.
ślizgawica [ɕl,izgav,itsa] (*D* ślizgawicy [ɕl,izgav,itʂi]) *f* icy road conditions.
ślizgawka [ɕl,izgafka] (*D* ślizgawki [ɕl,izgafk,i]) *f* skating rink.
ślub [ɕlup] (*D* -u) *m* wedding; [zakonny] vow • **wziąć ślub** to get married.
ślubny [ɕlubni] *adj* wedding.
ślubować [ɕlubɔvatɕ] *vimperf* LUB *vperf* to pledge • **ślubować coś komuś** to pledge sthg to sb.
ślubowanie [ɕlubɔvaɲɛ] (*D* ślubowania [ɕlubɔvaɲa]) *n* pledge.
ślusarz [ɕlusaʂ] *m* locksmith.
śluza [ɕluza] (*D* śluzy [ɕluzi]) *f* sluice.
śmiać się [ɕm,jatɕ ɕɛ] *vp imperf* to laugh • **śmiać się z czegoś** to laugh at sthg.
śmiało [ɕm,jawɔ] (*compar* śmielej, *superl* najśmielej) *adv* boldly.
śmiałość [ɕm,jawɔɕtɕ] (*D* śmiałości [ɕm,jawɔɕtɕi]) *f* courage.
śmiały [ɕm,jawi] (*compar* śmielszy, *superl* najśmielszy) *adj* bold.
śmiech [ɕm,jɛx] (*D* -u) *m* [radości] laughter; [drwina] ridicule.
śmieciarz [ɕm,jɛtɕaʂ] *m* dustman UK, garbage collector US.
śmiecić [ɕm,jɛtɕitɕ] *vimperf* to drop litter.
śmieć [ɕm,jɛtɕ] (*D* śmiecia [ɕm,jɛtɕa], *pl* śmieci LUB śmiecie) *m* rubbish.
śmierć [ɕm,jɛrtɕ] (*D* śmierci [ɕm,jɛrtɕi]) *f* death.
śmierdzący [ɕm,jɛrdzɔntʂi] *adj pot* smelly.

śmierdzieć [ɕm,jɛrdʑɛtɕ] *vimperf pot* to stink.
śmiertelność [ɕm,jɛrtɛlnɔɕtɕ] (*D* śmiertelności [ɕm,jɛrtɛlnɔɕtɕi]) *f* mortality.
śmiertelny [ɕm,jɛrtɛlni] *adj* [zabójczy] fatal; [człowiek] mortal; [drgawki] deathly.
śmieszny [ɕm,jɛʃni] *adj* funny.
śmietana [ɕm,jɛtana] (*D* śmietany [ɕm,jɛtani]) *f* sour cream • **bita śmietana** whipped cream.
śmietnik [ɕm,jɛtɲik] (*D* -a) *m* [pojemnik] dustbin UK, garbage can US; [miejsce] bin area.
śmigło [ɕm,igwɔ] (*D* śmigła [ɕm,igwa]) *n* propeller.
śmigus-dyngus ['ɕm,igus'diŋgus] *m* Easter Monday.
śniadanie [ɕɲadaɲɛ] (*D* śniadania [ɕɲadaɲa]) *n* breakfast • **drugie śniadanie** mid-morning snack.
Śniardwy [ɕɲardvi] (*D* Śniardw [ɕɲartf]) *pl* Lake Sniardwy.
śnić się [ɕɲitɕ ɕɛ] *vp imperf* to dream • **śnił mi się koszmar** I had a nightmare.
śnieg [ɕɲɛk] (*D* -u) *m* snow.
śnieżka [ɕɲɛʃka] (*D* śnieżki [ɕɲɛʃk,i]) *f* snowball.
śnieżyca [ɕɲɛʑitsa] (*D* śnieżycy [ɕɲɛʑitʂi]) *f* snowstorm.
śp. (*skr od* świętej pamięci) ≃ RIP.
śpiący [ɕp,jɔntʂi] *adj* sleepy.
śpiączka [ɕp,jɔntʃka] (*D* śpiączki [ɕp,jɔntʃk,i]) *f* coma.
śpieszyć się [ɕp,jɛɕitɕ ɕɛ], **spieszyć się** [sp,jɛɕitɕ ɕɛ] *vp imperf* to (be in a) hurry • **śpieszyć komuś z pomocą** to rush to sb's aid.
śpiew [ɕp,jɛf] (*D* -u) *m* singing.
śpiewać [ɕp,jɛvatɕ] *vimperf* to sing.
śpioch [ɕp,jɔx] *m* sleepyhead.
śpiwór [ɕp,ivur] (*D* śpiwora [ɕp,ivɔra]) *m* sleeping bag.
śr. (*skr od* środa) Weds.
średni [ɕrɛdni] *adj* average • **średnie wykształcenie** secondary education. ➤ **średnia** [ɕrɛdɲa] (*D* średniej [ɕrɛdɲɛj]) *f* average.

średnio [ˈɛrɛdɲɔ] *adv* on average.

średniowiecze [ˌɛrɛdɲɔvˈjɛtʃɛ] (*D* średniowiecza [ˌɛrɛdɲɔvˈjɛtʃa]) *n* Middle Ages.

środa [ˈɛrɔda] (*D* środy [ˈɛrɔdɨ]) *f* Wednesday *zobacz też* sobota.

środek [ˈɛrɔdɛk] (*D* środka [ˈɛrɔtka]) *m* [punkt] middle; [wnętrze] inside; [metoda] measure; [preparat] medicine • **środki masowego przekazu** mass media. ➡ **środki** [ˈɛrɔtkˌi] (*D* środków [ˈɛrɔtkuf]) *mpl* resources.

środowisko [ˌɛrɔdɔvˈiskɔ] (*D* środowiska [ˌɛrɔdɔvˈiska]) *n* environment • **ochrona środowiska** environmental protection.

śródmieście [ˌɛrudmˈjɛɛtɕɛ] (*D* śródmieścia [ˌɛrudmˌjɛɛtɕa]) *n* [centrum] town/city centre *UK*, downtown *US*.

śruba [ˈɛruba] (*D* śruby [ˈɛrubɨ]) *f* screw.

śrubokręt [ˈɛrubɔkrɛnt] (*D* -u) *m* screwdriver.

św. (*skr od* święty) St.

świadectwo [ɛfˈjadɛtstfɔ] (*D* świadectwa [ɛfˈjadɛtstfa]) *n* certificate • **świadectwo szkolne** school report.

świadek [ɛfˈjadɛk] *m*, *f* witness; [na ślubie] best man (*f* maid of honour) • **świadek koronny** key witness.

świadom [ɛfˈjadɔm] *adj* = świadomy.

świadomie [ɛfˈjadɔmˌjɛ] *adv* deliberately.

świadomość [ɛfˈjadɔmɔɛtɕ] (*D* świadomości [ɛfˈjadɔmɔɛtɕi]) *f* awareness • **mieć świadomość** to be aware.

świadomy [ɛfˈjadɔmɨ], **świadom** [ɛfˈjadɔm] *adj* [czegoś] aware; [zamierzony] deliberate.

świat [ɛfˈjat] (*D* -a) *m* world.

światło [ɛfˈjatwɔ] (*D* światła [ɛfˈjatwa]) *n* [gen] light; [prąd] electricity. ➡ **światła** [ɛfˈjatwa] (*D* świateł [ɛfˈjatɛw]) *npl* (traffic) lights.

światopogląd [ɛfˈjatɔpɔglɔnt] (*D* -u) *m* worldview.

światowiec [ɛfˈjatɔvˌjɛts] *m* man of the world.

światowy [ɛfˈjatɔvɨ] *adj* worldwide • **prowadzić światowe życie** to live the high life.

świąteczny [ɛfˈjɔntɛtʃnɨ] *adj* [bożonarodzeniowy] Christmas; [wielkanocny] Easter; [niezwykły] festive.

świątynia [ɛfˈjɔntɨɲa] (*D* świątyni [ɛfˈjɔntɨɲi]) *f* temple.

świeca [ɛfˈjɛtsa] (*D* świecy [ɛfˈjɛtsi]) *f* candle.

świecący [ɛfˈjɛtsɔntsi] *adj* shining.

świecić [ɛfˈjɛtɕitɕ] *vimperf* to shine. ➡ **świecić się** [ɛfˈjɛtɕitɕ ɕɛ] *vp imperf* : w jej pokoju świeci się jeszcze światło the light is still on in her room; [błyszczeć się] to glisten.

świecki [ɛfˈjɛtskˌi] *adj* secular.

świeczka [ɛfˈjɛtʃka] (*D* świeczki [ɛfˈjɛtʃkˌi]) *f* candle.

świecznik [ɛfˈjɛtʃɲik] (*D* -a) *m* candlestick.

świerk [ɛfˈjɛrk] (*D* -a LUB u) *m* spruce.

świerszcz [ɛfˈjɛrʃtʃ] *m* cricket.

świetlica [ɛfˈjɛtlˌitsa] (*D* świetlicy [ɛfˈjɛtlˌitsi]) *f* [szkolna] common room; [osiedlowa] community centre.

świetny [ɛfˈjɛtnɨ] *adj* excellent.

świeżo [ɛfˈjɛʒɔ] *adv* [niedawno] freshly; [zdrowo, rześko] fresh • **uwaga! świeżo malowane** wet paint!

świeżość [ɛfˈjɛʒɔɛtɕ] (*D* świeżości [ɛfˈjɛʒɔɛtɕi]) *f* freshness.

świeży [ɛfˈjɛʒi] *adj* fresh.

święcony [ɛfˈjɛntsɔni] *adj* holy.

święto [ɛfˈjɛntɔ] (*D* święta [ɛfˈjɛnta]) *n* holiday • **wesołych świąt!** Merry Christmas!, Happy Easter!; **Święto Niepodległości** Independence Day; **Święto Zmarłych** All Souls' Day.

świętokradztwo [ɛfˈjɛntɔkratstfɔ] (*D* świętokradztwa [ɛfˈjɛntɔkratstfa]) *n* sacrilege.

świętować [ɛfˈjɛntɔvatɕ] *vimperf* to celebrate.

święty [ɛfˈjɛntɨ] *adj* [obraz, medalik] holy • **święty Mikołaj** Father Christmas; **święte słowa!** you're absolutely right!

świnia [ɛfˈiɲa] *f* pig.

świnka [ɛfˈinka] (*D* świnki [ɛfˈinkˌi]) *f* [choroba] mumps; [mała świnia]

piglet • **świnka morska** guinea pig.

świński [ɕf,iĩsk,i] *adj pot* piggy; *pot* [podły] dirty.

świństwo [ɕf,iĩstfɔ] (*D* świństwa [ɕf,iĩstfa]) *n pot* [podłość] nasty trick; *pot* [paskudztwo] muck.

świt [ɕf,it] (*D* -u) *m* dawn.

T

t (*skr od* tona) t.

t. (*skr od* tom) vol.

ta [ta] *pron* [bliżej] this; [dalej] that.

tab. (*skr od* tabela) *table*.

tabela [tabɛla] (*D* tabeli [tabɛl,i]) *f* table.

tabletka [tablɛtka] (*D* tabletki [tablɛtk,i]) *f* tablet.

tablica [tabl,itsa] (*D* tablicy [tabl,itsi]) *f* [szkolna] blackboard; [informacyjna] board • **tablica rejestracyjna** number plate *UK*, license plate *US*.

tabliczka [tabl,itʃka] (*D* tabliczki [tabl,itʃk,i]) *f* [mała tablica] plaque; [czekolady] bar; [mnożenia] table.

taboret [tabɔrɛt] (*D* -u) *m* stool.

tabu [tabu] *(inv)* *n* taboo.

taca [tatsa] (*D* tacy [tatsi]) *f* tray.

tafla [tafla] (*D* tafli [tafl,i]) *f* surface.

Tag [tak] (*D* -u) *m* the Tagus.

tajemnica [tajɛmɲitsa] (*D* tajemnicy [tajɛmɲitsi]) *f* secret.

tajemniczy [tajɛmɲitʃi] *adj* [zagadkowy] mysterious; [skryty] secretive.

tajny [tajni] *adj* secret.

tak [tak] <> *interj* [przyzwolenie] yes. <> *part* [potwierdzenie] : **herbaty nie słodzę, ale kawę tak** I don't take sugar in tea, but I do in coffee. <> *pron* : **zróbmy to tak** [w taki sposób] let's do it like this; **zrobił tak, jak mu radziłem** he did as I advised;

przy tak wysokich temperaturach należy dużo pić in such high temperatures you have to drink a lot; **nie wiedziałem, że jest tak późno** I didn't realise it was so late; **tak się za wami stęskniłem** I missed you so much; **tak..., że...** so..., that.

taki [tak,i] *pron* [odnosi się do cechy, o której była mowa lub która została wskazana] such; [podkreśla intensywność cechy] such; [odnosi się do cechy, która jest określona w zdaniu podrzędnym] : **on nie jest taki, jak myślisz** he's not like you think.

taksówka [taksufka] (*D* taksówki [taksufk,i]) *f* taxi • **zamówić taksówkę** to order a taxi.

taksówkarz [taksufkaʃ] *m* taxi-driver.

takt [takt] (*D* -u) *m* [umiar] tact; [rytm] time.

taktowny [taktɔvni] *adj* tactful.

taktyka [taktika] (*D* taktyki [taktik,i]) *f* tactics.

także [tagʒɛ] *part* also.

talent [talɛnt] (*D* -u) *m* talent.

talerz [talɛʃ] (*D* -a) *m* [gen] plate; [miseczka do zupy] bowl • **zjeść talerz zupy** to have a bowl of soup. ➡ **talerze** [talɛʒɛ] (*D* talerzy [talɛʒi]) *mpl* MUZ cymbals.

talia [talja] (*D* talii [talji]) *f* [pas] waist; [komplet kart] pack.

talizman [tal,izman] (*D* -u) *m* talisman.

talk [talk] (*D* -u) *m* talcum powder.

talon [talɔn] (*D* -u) *m* voucher.

tam [tam] *pron* there.

tama [tama] (*D* tamy [tami]) *f* dam.

Tamiza [tam,iza] (*D* Tamizy [tam,izi]) *f* the Thames.

tamować [tamɔvatɕ] (*perf* zatamować [zatamɔvatɕ]) *vimperf* [krwotok] to staunch; [uliczny ruch] to obstruct.

tampon [tampɔn] (*D* -u) *m* tampon.

tamta [tamta] *pron* that.

tamten [tamtɛn] *pron* that.

tamtędy [tamtɛndi] *pron* that way.

tancerz, tancerka [tantsɛʃ, tantsɛr-ka] *m, f* dancer.

tandem [tandɛm] (*D* -u) *m* tandem.

tandeta [tandɛta] (*D* tandety [tan-dɛti]) *f pot & pej* piece of junk.

tani [taɲi] (*compar* tańszy, *superl* najtańszy) *adj* cheap.

taniec [taɲɛts] (*D* tańca [tajntsa]) *m* dance.

tanieć [taɲɛtɕ] (*perf* stanieć [staɲɛtɕ]) *vimperf* to get cheaper.

tanio [taɲɔ] *adv* cheaply.

tankować [taŋkɔvatɕ] (*perf* zatankować [zataŋkɔvatɕ]) *vimperf* to fill up.

Tanzania [tanzaɲja] (*D* Tanzanii [tan-zaɲji]) *f* Tanzania.

tańczyć [tajntʃitɕ] (*perf* zatańczyć [zatajntʃitɕ]) *vimperf* to dance.

tapczan [taptʃan] (*D* -u LUB -a) *m* sofa bed.

tapeta [tapɛta] (*D* tapety [tapɛti]) *f* wallpaper.

tapetować [tapɛtɔvatɕ] *vimperf* to wallpaper.

tarapaty [tarapati] (*D* tarapatów [tarapatuf]) *pl* trouble • wpaść w tarapaty to get into trouble.

taras [taras] (*D* -u) *m* patio.

tarasować [tarasɔvatɕ] *vimperf* to block.

tarcie [tartɕɛ] (*D* tarcia [tartɕa]) *n* friction.

tarcza [tartʃa] (*D* tarczy [tartʃi]) *f* [osłona] shield; [zegara] face.

targ [tark] (*D* -u) *m* market. ➤ **targi** [targi] (*D* targów [targuf]) *mpl* fair.

targować się [targɔvatɕ ɕɛ] *vp imperf* to haggle.

tarka [tarka] (*D* tarki [tarki]) *f* grater.

tarty [tarti] *adj* grated • bułka tarta breadcrumbs.

taryfa [tarifa] (*D* taryfy [tarifi]) *f* tariff.

tasiemiec [taɕɛmjɛts] *m* tapeworm.

tasiemka [taɕɛmka] (*D* tasiemki [taɕɛmki]) *f* [wąska taśma] tape; [ozdobna] ribbon.

tasować [tasɔvatɕ] (*perf* potasować [pɔtasɔvatɕ]) *vimperf* to shuffle.

taśma [taɕma] (*D* taśmy [taɕmi]) *f* tape.

tata [tata] *m pot* dad.

tatar [tatar] (*D* -a) *m* steak tartare.

taternictwo [tatɛrɲitstfɔ] (*D* taternictwa [tatɛrɲitstfa]) *n* mountaineering.

Tatry [tatri] (*D* Tatr [tatr]) *pl* the Tatra Mountains.

tatuaż [tatwaʃ] (*D* -u) *m* tattoo.

tatuować [tatuɔvatɕ] (*perf* wytatuować [vitatuɔvatɕ]) *vimperf* to tattoo.

tatuś [tatuɕ] *m pot* daddy.

tchawica [txavˌitsa] (*D* tchawicy [txavˌitsi]) *f* windpipe.

tchórz [txuʃ] *m pej* coward; (*D* -a) [zwierzę] polecat.

tchórzliwy [txuʒlˌivi] *adj* cowardly.

tchórzostwo [txuʒɔstfɔ] (*D* tchórzostwa [txuʒɔstfa]) *n* cowardice.

te [tɛ] *pron* [bliżej] these; [dalej] those • te, które [o osobach] thosewho; [o przedmiotach] those which.

teatr [tɛatr] (*D* -u) *m* theatre.

teatralny [tɛatralni] *adj* theatrical • festiwal teatralny drama festival.

techniczny [tɛxɲitʃni] *adj* technical.

technika [tɛxɲika] (*D* techniki [tɛxɲi-ki]) *f* [metoda] technique; [produkcja] technology.

technikum [tɛxɲikum] (*inv w lp*) *n* technical college.

technologia [tɛxnɔlɔgja] (*D* technologii [tɛxnɔlɔgji]) *f* technology.

teczka [tɛtʃka] (*D* teczki [tɛtʃkˌi]) *f* briefcase; [okładka] folder • szkolna teczka school bag.

tegoroczny [tɛgɔrɔtʃni] *adj* this year's.

tekst [tɛkst] (*D* -u) *m* [gen] text; [piosenki] lyrics.

tektura [tɛktura] (*D* tektury [tɛkturi]) *f* cardboard.

tel. (*skr od telefon*) tel.

teledysk [tɛlɛdisk] (*D* -u) *m* teledisc.

telefon [tɛlɛfɔn] (*D* -u) *m* [aparat] telephone, phone; [rozmowa] (phone) call; [numer] (phone) number • **tele-**

fon bezprzewodowy cordless phone; **telefon komórkowy** mobile phone *UK*, cell phone *US*; **odebrać telefon** to answer the phone.

telefoniczny [tɛlɛfɔɲitʃni] *adj* telephone.

telefonistka [tɛlɛfɔɲistka] *f* (switchboard) operator.

telefonować [tɛlɛfɔnɔvatɕ] *vimperf* to make a (phone) call • **telefonować do kogoś** to phone/call sb.

telegazeta [tɛlɛgazɛta] (*D* telegazety [tɛlɛgazɛti]) *f* teletext.

telegrafować [tɛlɛgrafɔvatɕ] *vimperf* to telegraph.

telegram [tɛlɛgram] (*D* -u) *m* telegram.

telekonferencja [tɛlɛkɔnfɛrɛntsja] (*D* telekonferencji [tɛlɛkɔnfɛrɛntsji]) *f* teleconference.

telepatia [tɛlɛpatja] (*D* telepatii [tɛlɛpatji]) *f* telepathy.

teleskop [tɛlɛskɔp] (*D* -u) *m* telescope.

teleturniej [tɛlɛturɲɛj] (*D* -u) *m* television quiz show.

telewidz [tɛlɛvitʂ] *m* viewer.

telewizja [tɛlɛvizja] (*D* telewizji [tɛlɛvizji]) *f* television • **telewizja kablowa** cable television; **telewizja satelitarna** satellite television; **oglądać telewizję** to watch television.

telewizor [tɛlɛvizɔr] (*D* -a) *m* television (set).

telewizyjny [tɛlɛvizijni] *adj* television.

temat [tɛmat] (*D* -u) *m* subject.

temperament [tɛmpɛramɛnt] (*D* -u) *m* temperament.

temperatura [tɛmpɛratura] (*D* temperatury [tɛmpɛraturi]) *f* temperature.

temperówka [tɛmpɛrufka] (*D* temperówki [tɛmpɛrufki]) *f* (pencil) sharpener.

tempo [tɛmpɔ] (*D* tempa [tɛmpa]) *n* pace.

ten [tɛn] *pron* [bliżej] this; [dalej] that.

tendencja [tɛndɛntsja] (*D* tendencji [tɛndɛntsji]) *f* tendency.

tenis [tɛɲis] (*D* -a) *m* tennis • **tenis stołowy** table tennis.

tenisista, tenisistka [tɛɲiɕista, tɛɲiɕistka] *m, f* SPORT tennis player.

tenisówki [tɛɲisufk,i] (*D* tenisówek [tɛɲisuvɛk]) *fpl* tennis shoes *UK*, sneakers *US*.

teoretycznie [tɛɔrɛtitʃnɛ] *adv* theoretically.

teoria [tɛɔrja] (*D* teorii [tɛɔrji]) *f* theory.

terakota [tɛrakɔta] (*D* terakoty [tɛrakɔti]) *f* tiles.

terapia [tɛrapja] (*D* terapii [tɛrapji]) *f* therapy.

teraz [tɛras] *adv* now.

teren [tɛrɛn] (*D* -u) *m* [obszar] area; [budowy] site; [szkoły] grounds.

termin [tɛrm,in] (*D* -u) *m* [data] date; [techniczny] term.

terminal [tɛrm,inal] (*D* -u) *m* terminal.

terminologia [tɛrm,inɔlɔgja] (*D* terminologii [tɛrm,inɔlɔgji]) *f* terminology.

termometr [tɛrmɔmɛtr] (*D* -u) *m* thermometer.

termos [tɛrmɔs] (*D* -u) *m* Thermos (flask).

terrorysta, terrorystka [tɛrrɔrista, tɛrrɔristka] *m, f* terrorist.

terroryzm [tɛrrɔryzm] (*D* -u) *m* terrorism.

terytorium [tɛritɔrjum] (*inv w lp*) *n* territory.

test [tɛst] (*D* -u) *m* test.

testament [tɛstamɛnt] (*D* -u) *m* will • **Nowy/Stary Testament** New/Old Testament.

testować [tɛstɔvatɕ] *vimperf* to test.

teściowa [tɛɕtɕɔva] *f* mother-in-law.

teść [tɛɕtɕ] *m* father-in-law.

teza [tɛza] (*D* tezy [tɛzi]) *f* thesis.

tęcza [tɛntʃa] (*D* tęczy [tɛntʃi]) *f* rainbow.

tędy [tɛndi] *pron* this way.

tęsknić [tɛ̃sknitɕ] *vimperf* : **tęsknić za kimś** to miss sb.

tęsknota [tɛ̃sknɔta] (D tęsknoty [tɛ̃s-knɔti]) f longing.

tętnica [tɛntɲitsa] (D tętnicy [tɛnt-ɲitsi]) f artery.

tętno [tɛntnɔ] (D tętna [tɛntna]) n pulse.

tężec [tɛ̃ʒɛts] (D tężca [tɛ̃ʃtsa]) m tetanus.

tik [t,ik] (D -u) m tic.

Tirana [t,irana] (D Tirany [t,irani]) f Tirana.

tkanina [tkaɲina] (D tkaniny [tka-ɲini]) f fabric.

tkanka [tkanka] (D tkanki [tkank,i]) f tissue.

tlen [tlɛn] (D -u) m oxygen.

tlenek [tlɛnɛk] (D tlenku [tlɛnku]) m oxide.

tlenić [tlɛɲitɕ] vimperf to bleach • u-tlenić sobie włosy to bleach one's hair.

tlić się [tl,itɕ ɕɛ] vp imperf to smoulder.

tło [twɔ] (D tła [twa]) n background.

tłok [twɔk] (D -u) m crowd.

tłuc [twuts] (perf stłuc [stwuts]) vimperf to break; pot to beat. ▸ **tłuc się** [twuts ɕɛ] vp imperf to shatter.

tłum [twum] (D -u) m crowd.

tłumacz, ka [twumatʃ, ka] m, f [na żywo] interpreter; [tekstów] translator.

tłumaczenie [twumatʃɛɲɛ] (D tłumaczenia [twumatʃɛɲa]) n [wyjaśnienie] explanation; [przekład] translation.

tłumaczyć [twumatʃitɕ] vimperf [wyjaśniać] to explain; [przekładać] to translate • tłumaczyć coś komuś to explain sthg to sb. ▸ **tłumaczyć się** [twumatʃitɕ ɕɛ] vp imperf to explain o.s.

tłumić [twum,itɕ] (perf stłumić [stwum,itɕ]) vimperf [dźwięk] to muffle; [szloch] to stifle; [powstanie] to suppress.

tłumik [twum,ik] (D -a) m AUTO silencer.

tłusty [twusti] adj [jedzenie] fatty; [plama] greasy; pot [otyły] podgy • tłuste mleko full-fat milk.

tłuszcz [twuʃtʃ] (D -u) m [gen] fat; [roślinny, zwierzęcy] oil.

tłuszczowy [twuʃtʃɔvi] adj [tkanka] fatty; [produkty] food-oil.

to [tɔ] ◇ pron [bliżej] this; [dalej] that. ◇ part : a to pech! what bad luck! ◇ conj [wskazuje na konsekwencje] so; [wskazuje na warunek] then. ◇ vimpers [zazwyczaj z czasownikiem 'być'] : czas to pieniądz time is money. ▸ **to jest** [tɔ jɛst] ◇ conj that is. ▸ **to znaczy** [tɔ znatʃi] ◇ conj that is.

toaleta [tɔalɛta] (D toalety [tɔalɛti]) f toilet.

toaletowy [tɔalɛtɔvi] adj toilet • przybory toaletowe toiletries.

toast [tɔast] (D -u) m toast.

toksyczny [tɔksitʃni] adj toxic.

tolerancja [tɔlɛrantsja] (D tolerancji [tɔlɛrantsji]) f tolerance.

tolerancyjny [tɔlɛrantsijni] adj tolerant.

tolerować [tɔlɛrɔvatɕ] vimperf to tolerate • tolerować coś/kogoś to tolerate sthg/sb.

tom [tɔm] (D -u) m volume.

ton [tɔn] (D -u) m tone.

tona [tɔna] (D tony [tɔni]) f ton.

tonąć [tɔnɔɲtɕ] (perf utonąć [utɔnɔɲtɕ]) vimperf [łódka, statek] to sink; [ludzie] to drown.

tonik [tɔnik] (D -u) m tonic water.

topić [tɔp,itɕ] vimperf to drown. ▸ **topić się** [tɔp,itɕ ɕɛ] vp imperf [tonąć] to drown; [rozpuszczać się] to melt.

topielec, topielica [tɔp,jɛlɛts, tɔp,jɛl,itsa] m, f drowned man.

topnieć [tɔpɲɛtɕ] (perf stopnieć [stɔpɲɛtɕ]) vimperf to melt.

topola [tɔpɔla] (D topoli [tɔpɔl,i]) f poplar.

tor [tɔr] (D -u) m [tramwajowy, kolejowy] track; [saneczkowy, bobslejowy] run; SPORT lane.

torba [tɔrba] (D torby [tɔrbi]) f bag.

torbiel [tɔrb,jɛl] (*D* torbieli [tɔrb,jɛl,i]) *f* MED cyst.

torebka [tɔrɛpka] (*D* torebki [tɔrɛpk,i]) *f* [opakowanie] bag; [damska torba] handbag.

tornister [tɔrɲistɛr] (*D* tornistra [tɔrɲistra]) *m* satchel.

tors [tɔrs] (*D* -u) *m* torso.

torsje [tɔrsjɛ] (*D* torsji [tɔrsjii]) *pl* vomiting.

tort [tɔrt] (*D* -u) *m* gateau.

tortura [tɔrtura] (*D* tortury [tɔrturi]) *f* torture.

torturować [tɔrturɔvatɕ] *vimperf* to torture.

toster [tɔstɛr] (*D* -a) *m* toaster.

totalny [tɔtalni] *adj* total.

toteż [tɔtɛʃ] *conj oficjal* (and) so.

totolotek [tɔtɔlɔtɛk] (*D* totolotka [tɔtɔlɔtka]) *m* lottery.

towar [tɔvar] (*D* -u) *m* merchandise.

towarzyski [tɔvaʒisk,i] *adj* [życie] social; [człowiek] sociable.

towarzystwo [tɔvaʒistfɔ] (*D* towarzystwa [tɔvaʒistfa]) *n* [gen] company; [zrzeszenie] society • **być duszą towarzystwa na imprezie** to be the life and soul of the party.

towarzysz, ka [tɔvaʒiʃ, ka] *m, f* companion • **towarzysz broni** comrade-in-arms.

towarzyszący [tɔvaʒiʃɔntɕi] *adj* accompanying.

towarzyszyć [tɔvaʒiʃitɕ] *vimperf* to accompany • **towarzyszyć komuś** to accompany sb.

tożsamość [tɔʃsamɔɕtɕ] (*D* tożsamości [tɔʃsamɔɕtɕi]) *f* identity.

tracić [tratɕitɕ] (*perf* stracić [stratɕitɕ]) *vimperf* to lose • **tracić czas** to waste time.

tradycja [traditsja] (*D* tradycji [traditsjii]) *f* tradition.

tradycyjny [traditsijni] *adj* traditional.

trafiać [traf,jatɕe] (*perf* trafić [traf,itɕe]) *vimperf* [gen] to find; [dosięgać celu] to hit.

trafić [traf,itɕe] *vperf* = trafiać.

trafiony [traf,jɔni] *adj* successful.

trafny [trafɲi] *adj* [celny] accurate; [właściwy] accurate.

tragedia [tragɛdja] (*D* tragedii [tragɛdji]) *f* tragedy.

tragiczny [trag,itʃɲi] *adj* [straszny, wstrząsający] tragic; *pot* [fatalny] awful.

trakt [trakt] (*D* -u) *m* route.

traktat [traktat] (*D* -u) *m* [umowa międzynarodowa] treaty; [rozprawa naukowa] treatise.

traktor [traktɔr] (*D* -a) *m* [ciągnik] tractor.

traktować [traktɔvatɕe] (*perf* potraktować [pɔtraktɔvatɕe]) *vimperf* to treat.

traktowanie [traktɔvaɲe] (*D* traktowania [traktɔvaɲa]) *n* treatment.

trampolina [trampɔl,ina] (*D* trampoliny [trampɔl,ini]) *f* springboard.

tramwaj [tramvaj] (*D* -u) *m* tram.

tran [tran] (*D* -u) *m* cod-liver oil.

trans [trans] (*D* -u) *m* trance • **wpaść w trans** to go into a trance.

transakcja [tranzaktsja] (*D* transakcji [tranzaktsjii]) *f* transaction.

transfer [transfɛr] (*D* -u) *m* transfer.

transformacja [transfɔrmatsja] (*D* transformacji [transfɔrmatsjii]) *f* transformation.

transfuzja [transfuzja] (*D* transfuzji [transfuzjii]) *f* MED transfusion.

transkrypcja [transkriptsja] (*D* transkrypcji [transkriptsjii]) *f* transcript.

transmisja [transm,isja] (*D* transmisji [transm,isjii]) *f* transmission.

transmitować [transm,itɔvatɕe] *vimperf* to transmit.

transparent [transparɛnt] (*D* -u) *m* banner.

transplantacja [transplantatsja] (*D* transplantacji [transplantatsjii]) *f* MED transplant.

transport [transpɔrt] (*D* -u) *m* transport.

transportować [transpɔrtɔvatɕe] *vimperf* to transport.

tranzystor [tranzistɔr] (*D* -a) *m* TECHN transistor.

tranzyt [tranzit] (*D* -u) *m* transit.

trasa [trasa] (D **trasy** [trasi]) f route.

tratować [tratɔvatɕ] vimperf to trample.

tratwa [tratfa] (D **tratwy** [tratfi]) f raft.

trawa [trava] (D **trawy** [travi]) f grass.

trawić [trav,itɕ] (perf **strawić** [strav,itɕ]) vimperf [pokarm] to digest; pot [znosić] to stomach.

trawienie [trav,jɛɲɛ] (D **trawienia** [trav,jɛɲa]) n digestion.

trawnik [travɲik] (D **-a**) m lawn.

trąba [trɔmba] (D **trąby** [trɔmbi]) f [instrument] trumpet; [wir] twister; [słonia] trunk.

trąbić [trɔmb,itɕ] (perf **zatrąbić** [zatrɔmb,itɕ]) vimperf [grać] to play the trumpet; pot [rozpowiadać] to proclaim.

trąbka [trɔmpka] (D **trąbki** [trɔmpk,i]) f trumpet.

trądzik [trɔndʑik] (D **-u**) m acne.

trefl [trɛfl] (D **-a**) m club.

trema [trɛma] (D **tremy** [trɛmi]) f nervousness • **mieć tremę** to be nervous.

trener [trɛnɛr] m trainer.

trening [trɛɲiŋk] (D **-u**) m SPORT training.

trenować [trɛnɔvatɕ] vimperf to train.

tresować [trɛsɔvatɕ] vimperf to train.

treść [trɛɕtɕ] (D **treści** [trɛɕtɕi]) f plot.

triathlon [trjatlɔn] (D **-u**) m triathlon.

triumf [trjumf] (D **-u**) m triumph.

triumfalny [trjumfalni] adj triumphant.

triumfować [trjumfɔvatɕ] vimperf to triumph • **triumfować nad kimś** to triumph over sb.

trochę [trɔxɛ] <> adv a little. <> pron [niewiele] some • **przyszło trochę osób** a few people came.

trofeum [trɔfɛum] (inv w lp) n trophy.

trojaczki [trɔjatʃk,i] pl triplets.

tron [trɔn] (D **-u**) m throne.

trop [trɔp] (D **-u**) m trail • **wpaść na trop** to find the trail.

tropić [trɔp,itɕ] vimperf to trail.

tropikalny [trɔp,ikalni] adj tropical.

troska [trɔska] (D **troski** [trɔsk,i]) f concern.

troskliwie [trɔskl,iv,jɛ] adv with care.

troskliwy [trɔskl,ivi] adj caring.

troszczyć się [trɔʃtʃitɕ ɕɛ] vp imperf to care.

trójkąt [trujkɔnt] (D **-a**) m triangle • **trójkąt ostrzegawczy** warning triangle.

trójkątny [trujkɔntni] adj triangular.

Trójmiasto [trujm,jastɔ] (D **Trójmiasta** [trujm,jasta]) n Tricity.

trójskok [trujskɔk] (D **-u**) m triple jump.

trucizna [trutɕizna] (D **trucizny** [trutɕizni]) f poison.

truć [trutɕ] vimperf to poison.

trud [trut] (D **-u**) m trouble.

trudno [trudnɔ] <> adv with difficulty. <> interj : **no to trudno** it can't be helped.

trudność [trudnɔɕtɕ] (D **trudności** [trudnɔɕtɕi]) f difficulty.

trudny [trudni] adj difficult.

trujący [trujɔntsi] adj poisonous.

trumna [trumna] (D **trumny** [trumni]) f coffin.

trup [trup] (D **-a**) m corpse.

truskawka [truskafka] (D **truskawki** [truskafk,i]) f strawberry.

trust [trust] (D **-u**) m EKON trust.

trutka [trutka] (D **trutki** [trutk,i]) f poison.

trwać [trfatɕ] vimperf to last.

trwały [trfawi] adj [materiały] durable; [uczucia] permanent. ➤ **trwała** [trfawa] (D **trwałej** [trfawɛj]) f perm.

tryb [trip] (D **-u**) m procedure.

trybuna [tribuna] (D **trybuny** [tribuni]) f [podwyższenie] platform; [widownia] stand.

trybunał [tribunaw] (D **-u**) m tribunal • **Europejski Trybunał Praw Człowieka** European Court of Human Rights; **Europejski Trybunał Sprawiedliwości** European Court of Justice; **Trybunał Obrachunkowy** Court of Auditors.

trykot [trikɔt] (*D* -u) *m* [tkanina] knitted fabric; [ubranie] leotard.

tryumf [triumf] (*D* -u) *m* = triumf.

tryumfować [triumfɔvatɕ] *vimperf* = triumfować.

trzask [tʃask] (*D* -u) <> *m* bang. <> *interj* [użycie czasownikowe] crash.

trzaskać [tʃaskatɕ] (*perf* trzasnąć [tʃasnɔntɕ]) *vimperf* [uderzać] to bang; [pękać z trzaskiem] to crack • trzaskać drzwiami to slam the door.

trzasnąć [tʃasnɔntɕ] *vperf* = trzaskać.

trząść [tʃɔɕtɕ] *vimperf* to shake. • trząść się [tʃɔɕtɕ ɕɛ] *vp imperf* to shake.

trzcina [tʃtɕina] (*D* trzciny [tʃtɕini]) *f* reed • trzcina cukrowa sugar cane.

trzeba [tʃɛba] *vimpers* [należy] should; [potrzeba] to need.

trzech [tʃɛx] *num* three; *zobacz też* sześciu.

trzechsetny [tʃɛxsɛtni] *num* three hundredth; *zobacz też* szósty.

trzeci [tʃɛtɕi] *num* third; *zobacz też* szósty.

trzej [tʃɛj] *num* (*łączy się z rzeczownikami męskoosobowymi w mianowniku)* three.

trzepać [tʃɛpatɕ] (*perf* wytrzepać [vitʃɛpatɕ]) *vimperf* to beat.

trzeszczeć [tʃɛʃtʃɛtɕ] *vimperf* to rustle.

trzeźwieć [tʃɛzv.jɛtɕ] (*perf* wytrzeźwieć [vitʃɛzv.jɛtɕ]) *vimperf* to sober up.

trzeźwy [tʃɛzvi] *adj* sober.

trzęsienie [tʃɛ̃ɕɛɲɛ] (*D* trzęsienia [tʃɛ̃ɕɛɲa]) *n* : trzęsienie ziemi [wstrząs skorupy ziemskiej] earthquake.

trzmiel [tʃm.jɛl] *m* bumblebee.

trzoda [tʃɔda] (*D* trzody [tʃɔdi]) *f* herd.

trzon [tʃɔn] (*D* -u) *m* main part.

trzonek [tʃɔnɛk] (*D* trzonka [tʃɔnka]) *m* handle.

trzy [tʃi] *num* three; *zobacz też* sześć.

trzydziestu [tʃidʑɛstu] *num* thirty; *zobacz też* sześciu.

trzydziesty [tʃidʑɛsti] *num* thirtieth; *zobacz też* szósty.

trzydzieści [tʃidʑɛɕtɕi] *num* thirty; *zobacz też* sześć.

trzymać [tʃimatɕ] *vimperf* [chwytać] to hold; [przetrzymywać] to keep. • trzymać się [tʃimatɕ ɕɛ] *vp imperf* to hold on to; *pot* to keep well; [wyglądać młodo] to look good.

trzynastu [tʃinastu] *num* thirteen; *zobacz też* sześciu.

trzynasty [tʃinasti] *num* thirteenth; *zobacz też* szósty.

trzynaście [tʃinaɕtɕɛ] *num* thirteen; *zobacz też* sześć.

trzysta [tʃista] *num* three hundred; *zobacz też* sześć.

tu [tu] *pron* [o miejscu] here; [o sytuacji] here.

tubka [tupka] (*D* tubki [tupk,i]) *f* tube.

tubylec [tubilɛts] *m* native.

tuczyć [tutʃitɕ] *vimperf* to fatten.

tulić [tul,itɕ] *vimperf* [przytulać się do czegoś] to nestle; [przytulać kogoś] to cuddle. • tulić się [tul,itɕ ɕɛ] *vp imperf* to cuddle up to.

tulipan [tul,ipan] (*D* -a) *m* tulip.

tułów [tuwuf] (*D* tułowia [tuwɔv,ja]) *m* trunk.

tuman [tuman] (*D* -u) *m* cloud.

tunel [tunɛl] (*D* -u) *m* tunnel.

tuńczyk [tujntʃik] *m* tuna.

tupać [tupatɕ] (*perf* tupnąć [tupnɔntɕ]) *vimperf* to stamp.

tupet [tupɛt] (*D* -u) *m* nerve.

tupnąć [tupnɔntɕ] *vperf* = tupać.

Turcja [turtsja] (*D* Turcji [turtsji]) *f* Turkey.

turecki [turɛtsk,i] *adj* Turkish.

Turek, Turczynka [turɛk, turtʃinka] *m, f* Turk.

turniej [turɲɛj] (*D* -u) *m* SPORT competition • turniej rycerski tournament.

turnus [turnus] (*D* -u) *m* fixed period.

turysta, turystka [turista, turistka] *m, f* tourist.

turystyczny [turistitʃni] *adj* tourist.

tusz [tuʃ] (D -u) m Indian ink • **tusz do rzęs** mascara.

tusza [tuʃa] (D tuszy [tuʃi]) f corpulence.

tutaj [tutaj] pron here.

tuzin [tuʑin] (D -a) m dozen.

tuzinkowy [tuʑinkɔvi] adj mediocre.

TV (skr od telewizja) f TV.

twardnieć [tfardɲɛtɕ] (perf stwardnieć [stfardɲɛtɕ]) vimperf to harden.

twardo [tfardɔ] (compar twardziej, superl najtwardziej) adv [niewygodnie] hard; [bezwzględnie] rigorously • **jajko na twardo** hard-boiled egg.

twardy [tfardi] adj [sztywny] hard; [wytrzymały] tough; [bezwzględny] hard.

twarz [tfaʃ] (D twarzy [tfaʒi]) f face.

twarzowy [tfaʒɔvi] adj becoming.

twierdza [tfjɛrdʑa] (D twierdzy [tfjɛrdʑi]) f fortress.

twierdzący [tfjɛrdzɔntɕi] adj affirmative.

twierdzić [tfjɛrdʑitɕ] (perf stwierdzić [stfjɛrdʑitɕ]) vimperf to maintain.

tworzyć [tfɔʒitɕ] (perf stworzyć [stfɔʒitɕ]) vimperf [gen] to form; [komponować] to create.

tworzywo [tfɔʒivɔ] (D tworzywa [tfɔʒiva]) n material.

twój [tfuj] pron your • **czy ten pies jest twój?** is this dog yours?

twórca, twórczyni [tfurtsa, tfurtʃiɲi] m, f artist.

twórczość [tfurtʃɔɕtɕ] (D twórczości [tfurtʃɔɕtɕi]) f work.

ty [ti] pron you.

tyczka [titʃka] (D tyczki [titʃki]) f pole.

tyć [titɕ] (perf utyć [utitɕ]) vimperf to put on weight.

tydzień [tidʑɛɲ] (D tygodnia [tigɔdɲa]) m week • **w tygodniu** on weekdays.

tygodnik [tigɔdɲik] (D -a) m weekly.

tygodniowo [tigɔdɲɔvɔ] adv weekly.

tygodniowy [tigɔdɲɔvi] adj weekly.

tygrys [tigris] m tiger.

tykać [tikatɕ] vimperf to tick; pot : **tykać kogoś** to be on first name terms.

tyle [tilɛ] pron [wspomniana ilość] that much; [tak wiele] so much, so many.

tylko [tilkɔ] <> part [wyłącznie] only; [przynajmniej] just. <> conj just.

tylny [tilni] adj back.

tył [tiw] (D -u) m back.

tyłek [tiwɛk] (D tyłka [tiwka]) m pot bum.

tym [tim] pron ⊳ ten.

tymczasem [timtʃasɛm] adv [podczas gdy] meanwhile; [jednak] whereas.

tymczasowy [timtʃasɔvi] adj temporary.

tymianek [tim,janɛk] (D tymianku [tim,janku]) m thyme.

tynk [tiŋk] (D -u) m plaster.

typ [tip] m (D -u) [rodzaj] type; (D -a) pot & pej [osobnik] guy.

typowy [tipɔvi] adj typical.

tyran [tiran] m tyrant.

tyranizować [tiraɲizɔvatɕ] vimperf to tyrannize.

tysiąc [tiɕɔnts] num thousand; zobacz też sześć.

tysiąclecie [tiɕɔntslɛtɕɛ] (D tysiąclecia [tiɕɔntslɛtɕa]) n millennium.

tysięczny [tiɕɛntʃni] num thousandth; zobacz też szósty.

tytoń [titɔɲ] (D tytoniu [titɔɲu]) m tobacco.

tytuł [tituw] (D -u) m [gen] title; [stopień naukowy] degree.

tytułowy [tituwɔvi] adj title.

tzn. (skr od to znaczy) i.e.

tzw. (skr od tak zwany) so-called.

U

u [u] *prep* [o miejscu] at; [część całości] : **palec u nogi** toe; **pasek u torby** bagstrap; **klamka u drzwi** doorknob • **co u ciebie słychać?** how are you doing?
uaktualnić [uaktualɲitɕ] *vperf* to update.
uatrakcyjnić [uatraktsijɲitɕ] *vperf* to make (sthg) attractive.
ubawić [ubav,itɕ] *vperf* to amuse • **ubawić kogoś** to make sb laugh. ➡ **ubawić się** [ubav,itɕ ɕɛ] *vp perf* to laugh.
ubezpieczać [ubɛsp,jetʃatɕ] (*perf* **ubezpieczyć** [ubɛsp,jetʃitɕ]) *vimperf* to insure. ➡ **ubezpieczać się** [ubɛsp,jetʃatɕ ɕɛ] (*perf* **ubezpieczyć się** [ubɛsp,jetʃitɕ ɕɛ]) *vp imperf* [samego siebie] to insure; [wzajemnie] to secure.
ubezpieczenie [ubɛsp,jetʃɛɲɛ] (*D* **ubezpieczenia** [ubɛsp,jetʃɛɲa]) *n* insurance.
ubezpieczony [ubɛsp,jetʃɔɲi] *adj* insured.
ubezpieczyć [ubɛsp,jetʃitɕ] *vperf* = **ubezpieczać**.
ubiec [ub,jɛts] *vperf* to forestall • **ubiec kogoś** to forestall sb.
ubiegłoroczny [ub,jɛgwɔrɔtʃɲi] *adj* last year's.
ubiegły [ub,jɛgwi] *adj* last.
ubierać [ub,jɛratɕ] (*perf* **ubrać** [ubratɕ]) *vimperf* to dress; [ozdabiać] to dress. ➡ **ubierać się** [ub,jɛratɕ ɕɛ] (*perf* **ubrać się** [ubratɕ ɕɛ]) *vp imperf* to dress.
ubikacja [ub,ikatsja] (*D* **ubikacji** [ub,i-katsji]) *f* toilet.
ubiór [ub,jur] (*D* **ubioru** [ub,jɔru]) *m* clothes.
ubliżać [ubl,iʒatɕ] *vimperf* to offend.
uboczny [ubɔtʃɲi] *adj* side • **produkt uboczny** by-product.
ubogi [ubɔg,i] (*compar* **uboższy**,

superl **najuboższy**) *adj* [biedny] poor; [skromny] simple.
ubożeć [ubɔʒɛtɕ] *vimperf* to become poorer.
ubóstwiać [ubustf,jatɕ] *vimperf* to worship.
ubóstwo [ubustfɔ] (*D* **ubóstwa** [ubustfa]) *n* poverty.
ubrać [ubratɕ] *vperf* = **ubierać**.
ubranie [ubraɲɛ] (*D* **ubrania** [ubraɲa]) *n* clothes.
ubrany [ubrani] *adj* dressed.
ubrudzić [ubrudʑitɕ] *vperf* = **brudzić**.
ubywać [ubivatɕ] *vimperf* to decrease.
ucho [uxɔ] ⬥ *n* (*D* **ucha** [uxa], *pl* **uszy** [uʃi]) ear. ⬥ *n* (*D* **ucha**, *pl* **uszy** LUB **ucha**) [uchwyt] handle.
uchodźca, uchodźczyni [uxɔtɕtsa, uxɔtɕtʃiɲi] *m, f* refugee.
uchwała [uxfawa] (*D* **uchwały** [uxfawi]) *f* resolution.
uchwyt [uxfit] (*D* **-u**) *m* [rączka] handle; [chwyt] grip.
uchylony [uxilɔɲi] *adj* ajar.
uciąć [utɕɔɲtɕ] *vperf* to cut off.
uciążliwy [utɕɔʒl,ivi] *adj* [męczący] arduous; [irytujący] tiresome.
uciec [utɕɛts] *vperf* = **uciekać**.
ucieczka [utɕɛtʃka] (*D* **ucieczki** [utɕɛtʃk,i]) *f* escape.
uciekać [utɕɛkatɕ] (*perf* **uciec** [utɕɛts]) *vimperf* [gen] to escape; [odjeżdżać] to leave.
uciekinier, ka [utɕɛk,iɲɛr, ka] *m, f* runaway.
ucieszyć [utɕɛʃitɕ] *vperf* to make (sb) happy. ➡ **ucieszyć się** [utɕɛʃitɕ ɕɛ] *vp perf* to be pleased • **ucieszyć się z czegoś** to be pleased with sthg.
ucisk [utɕisk] (*D* **-u**) *m* pressure.
uciskać [utɕiskatɕ] *vimperf* [uwierać] to pinch; [ugniatać] to squeeze.
uciszać [utɕiʃatɕ] *vimperf* to quieten (down).
uczcić [utʃtɕitɕ] *vperf* [okazać szacunek] to honour; [uświetnić] to celebrate.
uczciwy [utʃtɕivi] *adj* honest.

uczelnia [utʃɛlna] (D uczelni [utʃɛlni]) f college.

uczenie [utʃɛɲɛ] (D uczenia [utʃɛɲa]) n teaching.

uczeń, uczennica [utʃɛɲ, utʃɛɲɲitsa] m, f pupil.

uczesać [utʃɛsatɕ] vperf = czesać.

uczesanie [utʃɛsaɲɛ] (D uczesania [utʃɛsaɲa]) n hairstyle.

uczestnictwo [utʃɛstɲitstfɔ] (D uczestnictwa [utʃɛstɲitstfa]) n participation.

uczestniczyć [utʃɛstɲitɕitɕ] vimperf to participate • **uczestniczyć w czymś** to participate in sthg.

uczestnik, uczestniczka [utʃɛstɲik, utʃɛstɲitʃka] m, f participant.

uczęszczany [utʃɛ̃ʃtʃani] adj popular.

uczony [utʃɔni] ⟨⟩ adj learned. ⟨⟩ m, f (f **uczona** [utʃɔna]) scholar.

uczta [utʃta] (D uczty [utʃti]) f feast.

uczucie [utʃutɕɛ] (D uczucia [utʃutɕa]) n feeling.

uczulenie [utʃulɛɲɛ] (D uczulenia [utʃulɛɲa]) n allergy.

uczulony [utʃulɔni] adj allergic.

uczyć [utʃitɕ] vimperf to teach • **uczyć kogoś czegoś** to teach sb sthg. ⬧ **uczyć się** [utʃitɕ ɕɛ] vp imperf to learn.

uczynek [utʃinɛk] (D uczynku [utʃinku]) m deed.

uczynny [utʃinni] adj helpful.

udać [udatɕ] vperf = udawać.

udany [udani] adj successful.

udar [udar] (D -u) m MED stroke.

udawać [udavatɕ] (perf **udać** [udatɕ]) vimperf to pretend. ⬧ **udawać się** [udavatɕ ɕɛ] (perf **udać się** [udatɕ ɕɛ]) vp imperf to be successful.

uderzenie [udɛʒɛɲɛ] (D uderzenia [udɛʒɛɲa]) n [cios] hit; [natarcie] strike.

uderzyć [udɛʒitɕ] vperf to hit. ⬧ **uderzyć się** [udɛʒitɕ ɕɛ] vp perf to hit.

udko [utkɔ] (D udka [utka]) n thigh.

udławić się [udwavitɕ ɕɛ] vp perf = dławić się.

udo [udɔ] (D uda [uda]) n thigh.

udogodnienie [udɔgɔdɲɛɲɛ] (D udogodnienia [udɔgɔdɲɛɲa]) n improvement.

udokumentować [udɔkumɛntɔvatɕ] vperf to document.

udostępnić [udɔstɛmpɲitɕ] vperf to make (sthg) available.

udowodnić [udɔvɔdɲitɕ] vperf to prove.

udusić [udusitɕ] vperf = dusić.

udział [udʑaw] (D -u) m participation; EKON share • **brać w czymś udział** to take part in sthg.

udziałowiec [udʑawɔvʲɛts] m shareholder.

udziec [udʑɛts] (D udźca [utɕtsa]) m haunch • **udziec cielęcy** leg of veal; **udziec barani** leg of mutton; **udziec barani pieczony** roast leg of mutton.

ufać [ufatɕ] (perf **zaufać** [zaufatɕ]) vimperf to trust • **ufać komuś** to trust sb.

UFO [ufɔ] (inv) n UFO.

ugasić [ugaɕitɕ] vperf [pożar] to put out; [pragnienie] to quench.

uginać [ugʲinatɕ] (perf **ugiąć** [ugɔ̃ntɕ]) vimperf to bend. ⬧ **uginać się** [ugʲinatɕ ɕɛ] (perf **ugiąć się** [ugɔ̃ntɕ ɕɛ]) vp imperf to bow.

ugniatać [ugɲatatɕ] vimperf to press.

ugoda [ugɔda] (D ugody [ugɔdi]) f arrangement.

ugodowy [ugɔdɔvi] adj [związany z kompromisem] amicable; [gotowy do porozumienia] willing to compromise.

ugotować [ugɔtɔvatɕ] vperf = gotować.

ugryzienie [ugriʑɛɲɛ] (D ugryzienia [ugriʑɛɲa]) n bite.

ugryźć [ugriɕtɕ] vperf to bite.

ujawnić [ujavɲitɕ] vperf to reveal.

ująć [ujɔntɕ] vperf [chwycić] to take; [zyskać sympatię] to win. ⬧ **ująć się** [ujɔntɕ ɕɛ] vp perf to stand up • **ująć się za kimś** to stand up for sb.

ujemny [ujɛmni] adj [negatywny] negative; [mniejszy od zera] minus.

ujęcie [ujɛntɕɛ] (D **ujęcia** [ujɛntɕa]) n [scena] shot; [sposób przedstawienia] presentation.

ujmujący [ujmujɔntɕi] adj captivating.

ujść [ujɕtɕ] vperf [przejść] to walk; [ulotnić się] to escape; [nie pociągnąć za sobą konsekwencji] to get away • **ujść z życiem** to escape with one's life.

ukarać [ukaratɕ] vperf = **karać**.

uklęknąć [uklɛŋknɔntɕ] vperf = **klęknąć**.

układ [ukwat] (D -u) m [system] system; [kolejność] order; [umowa] agreement • **układy towarzyskie** social relations; **Układ o zniesieniu kontroli granicznej** Agreement for the Abolition of Internal Border Controls.

układać [ukwadatɕ] (perf **ułożyć** [uwɔʒitɕ]) vimperf to arrange. ➤ **układać się** [ukwadatɕ ɕɛ] (perf **ułożyć się** [uwɔʒitɕ ɕɛ]) vp imperf to work out.

układanka [ukwadanka] (D **układanki** [ukwadank,i]) f puzzle.

ukłonić się [ukwɔɲitɕ ɕɛ] vp perf = **kłaniać się**.

ukłony [ukwɔɲi] (D **ukłonów** [ukwɔnuf]) mpl regards.

ukłucie [ukwutɕɛ] (D **ukłucia** [ukwutɕa]) n [ból] shooting pain; [ukąszenie] sting.

ukłuć [ukwutɕ] vperf = **kłuć**.

ukochany [ukɔxani] <> adj beloved. <> m, f (f **ukochana** [ukɔxana]) beloved.

ukośnie [ukɔɕɲɛ] adv diagonally.

ukośny [ukɔɕni] adj diagonal.

ukradkiem [ukratk,ɛm] adv furtively.

ukradkowy [ukratkɔvi] adj furtive.

Ukraina [ukrajina] (D **Ukrainy** [ukrajini]) f Ukraine.

Ukrainiec, Ukrainka [ukrajiɲɛts, ukrajinka] m, f Ukrainian.

ukraść [ukraɕtɕ] vperf = **kraść**.

ukroić [ukrɔjitɕ] vperf = **kroić**.

ukrop [ukrɔp] (D -u) m pot boiling water.

ukryć [ukritɕ] vperf = **kryć**.

ukryty [ukriti] adj hidden.

ukrywać [ukrivatɕ] (perf **ukryć** [ukritɕ]) vimperf to hide • **ukrywać coś przed kimś** to hide sthg from sb. ➤ **ukrywać się** [ukrivatɕ ɕɛ] (perf **ukryć się** [ukritɕ ɕɛ]) vp imperf to hide.

ukwiecony [ukf,jɛtsɔni] adj full of flowers.

ul [ul] (D -a) m hive.

ul. (skr od **ulica**) Rd, St.

ulec [ulɛts] vperf = **ulegać**.

uleczalny [ulɛtʃalni] adj curable.

ulegać [ulɛgatɕ] (perf **ulec** [ulɛts]) vimperf [ustępować] to succumb; [być obiektem czegoś] to undergo.

uległy [ulɛgwi] adj submissive.

ulepić [ulɛp,itɕ] vperf to make.

ulepszenie [ulɛpʃɛɲɛ] (D **ulepszenia** [ulɛpʃɛɲa]) n improvement.

ulepszyć [ulɛpʃitɕ] vperf to improve.

ulewa [ulɛva] (D **ulewy** [ulɛvi]) f downpour.

ulga [ulga] (D **ulgi** [ulg,i]) f [odprężenie] relief; [zniżka] reduction.

ulgowy [ulgɔvi] adj [zniżkowy] reduced; [wyrozumiały, łagodny] preferential.

ulica [ul,itsa] (D **ulicy** [ul,itsi]) f street • **ślepa ulica** cul-de-sac; **ulica jednokierunkowa** one-way street.

uliczny [ul,itʃni] adj roadside.

ulokować [ulɔkɔvatɕ] vperf to put • **ulokować kogoś gdzieś** to accommodate sb somewhere; **ulokować pieniądze** to invest money.

ulotka [ulɔtka] (D **ulotki** [ulɔtk,i]) f leaflet • **roznosić ulotki** to leaflet.

ulotny [ulɔtni] adj transitory • **rozdał wszystkie ulotne druki** he gave out all the leaflets.

ultimatum [ult,imatum] (inv w lp) n ultimatum • **postawić ultimatum** to give an ultimatum.

ulubienica [ulub,jɛɲitsa] f favourite.

ulubieniec [ulub,jɛɲɛts] m favourite.

ulubiony [ulub,jɔni] adj favourite.

ułamek [uwamɛk] (D **ułamka** [uwamka]) m fraction.

ułatwiać [uwatɛ,jatɕ] (perf **ułatwić** [uwatɛ,itɕ]) vimperf to make (sthg) easier.

ułatwić [uwatɛ,itɕ] vperf = ułatwiać.

ułatwienie [uwatɛ,jɛɲɛ] (D **ułatwienia** [uwatɛ,jɛɲa]) n simplification.

ułomny [uwɔmni] adj [kaleki] crippled; [niedoskonały] imperfect.

ułożyć [uwɔʑitɕ] vperf = układać.

umeblować [umɛblɔvatɕ] vperf = meblować.

umeblowany [umɛblɔvani] adj furnished.

umiar [um,jar] (D -u) m restraint.

umiarkowany [um,jarkɔvani] adj [średni] reasonable; [wyważony] moderate.

umieć [um,jɛtɕ] vimperf to know.

umiejętność [um,jɛjɛntnɔɕtɕ] (D **umiejętności** [um,jɛjɛntnɔɕtɕi]) f skill.

umierać [um,jɛratɕ] (perf **umrzeć** [umʒɛtɕ]) vimperf to die.

umieścić [um,jɛɕtɕitɕ] vperf to put.

umięśniony [um,jɛɕɲɔni] adj muscular.

umilać [um,ilatɕ] vimperf to make (sthg) pleasant.

umilknąć [um,ilknɔntɕ] vperf to die down.

umniejszać [umɲɛjʃatɕ] vimperf to lessen.

umocnić [umɔtsɲitɕ] vperf to strengthen.

umocować [umɔtsɔvatɕ] vperf to fix.

umorzyć [umɔʒitɕ] vperf to cancel • umorzyć sprawę to discontinue a case.

umowa [umɔva] (D **umowy** [umɔvi]) f contract • umowa o pracę contract of employment; podpisać umowę to sign a contract.

umowny [umɔvni] adj conventional.

umożliwiać [umɔʒl,iv,jatɕ] vimperf to enable.

umówić [umuv,itɕ] vperf to make an appointment • umówić kogoś to arrange an appointment for sb.

umówić się [umuv,itɕ ɕɛ] vp perf to arrange to meet.

umówiony [umuv,jɔni] adj arranged.

umrzeć [umʒɛtɕ] vperf = umierać.

umyć [umitɕ] vperf = myć.

umysł [umisw] (D -u) m mind.

umysłowy [umiswɔvi] adj [intelektualny] intellectual; [psychiczny] mental.

umyślnie [umiɕlɲɛ] adv specially.

umywalka [umivalka] (D **umywalki** [umivalk,i]) f basin.

unia [uɲja] (D **unii** [uɲji]) f union • Unia Celna Customs Union; Unia Europejska European Union; Unia Gospodarcza i Walutowa Economic and Monetary Union; Unia Polityczna Political Union; Unia Zachodnioeuropejska Western European Union.

uniemożliwiać [uɲɛmɔʒl,iv,jatɕ] vimperf to make impossible.

unieszczęśliwiać [uɲɛʃtʃɛɕl,iv,jatɕ] vimperf to make (sb) unhappy.

unieść [uɲɛɕtɕ] vperf = unosić.

unieważnić [uɲɛvaʒɲitɕ] vperf [dokument] to invalidate; [małżeństwo] to annul.

unieważnienie [uɲɛvaʒɲɛɲɛ] (D **unieważnienia** [uɲɛvaʒɲɛɲa]) n annulment.

uniewinnić [uɲɛv,inɲitɕ] vperf to acquit.

unik [uɲik] (D -u) m dodge.

unikać [uɲikatɕ] vimperf to avoid • unikać kogoś/czegoś to avoid sb/sthg.

unikalny [uɲikalni] adj unique.

unikat [uɲikat] (D -u) m unique piece

uniknąć [uɲiknɔntɕ] vperf to avoid • uniknąć czegoś to avoid sthg.

uniwersalny [uɲivɛrsalni] adj universal.

uniwersytecki [uɲivɛrsitɛtsk,i] adj university.

uniwersytet [uɲivɛrsitɛt] (D -u) m university.

unormować [unɔrmɔvatɕ] vperf to regularize.

unosić [unɔɕitɕ] (perf **unieść** [uɲɛɕtɕ]) vimperf to hold up. • **unosić się**

[unɔɕitɕ ɕɛ] (*perf* **unieść się** [uɲɛɕtɕ ɕɛ]) *vp imperf* [wzlatywać] to rise; [wzburzać się] to get fired up.

unowocześniać [unɔvɔtʃɛɕɲatɕ] *vimperf* to modernize.

uogólniać [uɔgulɲatɕ] *vimperf* to generalize.

upadek [upadɛk] (*D* **upadku** [upatku]) *m* fall.

upadłość [upadwɔɕtɕ] (*D* **upadłości** [upadwɔɕtɕi]) *f* EKON bankruptcy.

upalny [upalɲi] *adj* sweltering.

upał [upaw] (*D* -u) *m* heat-wave.

upaństwowić [upajstfɔv,itɕ] *vperf* to nationalize.

uparty [uparti] *adj* stubborn.

upaść [upaɕtɕ] *vperf* [przewrócić się] to fall; *przen* [ponieść fiasko] to fail.

upewnić [upɛvɲitɕ] *vperf* to ensure. ➡ **upewnić się** [upɛvɲitɕ ɕɛ] *vp perf* to make sure.

upić [up,itɕ] *vperf* to drink. ➡ **upić się** [up,itɕ ɕɛ] *vp perf* to get drunk.

upiec [up,jɛts] *vperf* = **piec**.

upierać się [up,jɛratɕ ɕɛ] (*perf* **uprzeć się** [upʃɛtɕ ɕɛ]) *vp imperf* to insist.

upiększać [up,jɛŋkʃatɕ] *vimperf* to adorn.

upłynąć [upwinɔntɕ] *vperf* to pass.

upływ [upwif] (*D* -u) *m* to go by.

upojenie [upɔjɛɲɛ] (*D* **upojenia** [upɔjɛɲa]) *n* intoxication • **upojenie alkoholowe** alcoholic intoxication.

upokarzający [upɔkaʒajɔntsi] *adj* humiliating.

upokorzenie [upɔkɔʒɛɲɛ] (*D* **upokorzenia** [upɔkɔʒɛɲa]) *n* humiliation.

upokorzyć [upɔkɔʒitɕ] *vperf* to humiliate.

upolować [upɔlɔvatɕ] *vperf* to hunt.

upominek [upɔm,inɛk] (*D* **upominku** [upɔm,inku]) *m* present.

upomnieć [upɔmɲɛtɕ] *vperf* to rebuke • **upomnieć kogoś** to rebuke sb. ➡ **upomnieć się** [upɔmɲɛtɕ ɕɛ] *vp perf* to demand • **upomnieć się o coś** to demand sthg.

upomnienie [upɔmɲɛɲɛ] (*D* **upomnienia** [upɔmɲɛɲa]) *n* [karcąca uwaga] rebuke; [przypomnienie] reminder.

uporczywość [upɔrtʃivɔɕtɕ] (*D* **uporczywości** [upɔrtʃivɔɕtɕi]) *f* persistence.

uporczywy [upɔrtʃivi] *adj* persistent.

uporządkować [upɔʒɔntkɔvatɕ] *vperf* to (put sthg in) order.

uporządkowany [upɔʒɔntkɔvani] *adj* ordered.

upośledzenie [upɔɕlɛdzɛɲɛ] (*D* **upośledzenia** [upɔɕlɛdzɛɲa]) *n* handicap.

upośledzony [upɔɕlɛdzɔni] *adj* handicapped.

upoważnić [upɔvaʒɲitɕ] *vperf* to authorize • **upoważnić kogoś do czegoś** to authorise sb to do sthg.

upoważnienie [upɔvaʒɲɛɲɛ] (*D* **upoważnienia** [upɔvaʒɲɛɲa]) *n* authorization.

upowszechnić [upɔfʃɛxɲitɕ] *vperf* to spread.

upozorować [upɔzɔrɔvatɕ] *vperf* to simulate.

upór [upur] (*D* **uporu** [upɔru]) *m* stubborness.

upragniony [upragnɔni] *adj* longed for.

uprasować [uprasɔvatɕ] *vperf* = **prasować**.

uprawa [uprava] (*D* **uprawy** [upravi]) *f* cultivation.

uprawiać [uprav,jatɕ] *vimperf* [rolę, ziemię] to cultivate; [sport] to do • **uprawiać turystykę** to travel; **uprawiać z kimś seks** to have sex with sb.

uprawniony [upravnɔni] *adj* eligible.

uprawny [upravni] *adj* under cultivation.

uproszczony [uprɔʃtʃɔni] *adj* simplified.

uprościć [uprɔɕtɕitɕ] *vperf* to simplify.

uprząż [upʃɔʃ] (*D* **uprzęży** [upʃɛʒi]) *f* harness.

uprzeć się [upʃɛtɕ ɕɛ] *vp perf* = **upierać się**.

uprzedzenie [upʃɛdzɛɲɛ] (*D* **uprzedzenia** [upʃɛdzɛɲa]) *n* prejudice.

uprzedzić [upʃɛdʑitɕ] (*imperf* **uprzedzać** [upʃɛdzatɕ]) *vperf* [ubiec] to pass; [ostrzec] **towarn** • **uprzedzić**

kogoś o czymś to warn sb about sthg. ➤ **uprzedzić się** [upʃɛdʑitɕ ɕɛ] (*imperf* **uprzedzać się** [upʃɛdzatɕ ɕɛ]) *vp perf* to be prejudiced • **uprzedzić się do kogoś** to be prejudiced against sb.

uprzejmie [upʃɛjm,jɛ] *adv* politely • **proszę uprzejmie** if you wouldn't mind.

uprzejmość [upʃɛjmɔɕtɕ] (*D* **uprzejmości** [upʃɛjmɔɕtɕi]) *f* politeness.

uprzejmy [upʃɛjmi] *adj* polite.

uprzemysłowiony [upʃɛmiswɔv,jɔni] *adj* industrial.

uprzyjemnić [upʃijɛmɲitɕ] *vperf* to make pleasant.

uprzytomnić [upʃitɔmɲitɕ] *vperf* to realize • **uprzytomnić komuś** to make sb realize.

uprzywilejowany [upʃiv,ilɛjɔvani] *adj* privileged.

upuścić [upuɕtɕitɕ] *vperf* to drop.

ur. (*skr od* **urodzony**) b.

Ural [ural] (*D* -u) *m* the Urals.

uratować [uratɔvatɕ] *vperf* = ratować.

uraz [uras] (*D* -u) *m* [uszkodzenie] injury; [trauma] trauma.

uraza [uraza] (*D* **urazy** [urazi]) *f* resentment.

urazić [uraʑitɕ] *vperf* to hurt.

urażony [uraʒɔni] *adj* hurt.

uregulować [urɛgulɔvatɕ] *vperf* [unormować] to regulate; [zapłacić, uiścić] to pay off.

urlop [urlɔp] (*D* -u) *m* holiday • **wziąć urlop** to take a holiday.

uroczy [urɔtʃi] *adj* beautiful.

uroczystość [urɔtʃistɔɕtɕ] (*D* **uroczystości** [urɔtʃistɔɕtɕi]) *f* celebration; [powaga] solemnity.

uroczysty [urɔtʃisti] *adj* ceremonial.

uroda [urɔda] (*D* **urody** [urɔdi]) *f* beauty.

urodzaj [urɔdzaj] (*D* -u) *m* harvest.

urodzajny [urɔdzajni] *adj* fertile.

urodzenie [urɔdzɛɲɛ] (*D* **urodzenia** [urɔdzɛɲa]) *n* birth • **data urodzenia** date of birth.

urodzić [urɔdʑitɕ] *vperf* to give birth. ➤ **urodzić się** [urɔdʑitɕ ɕɛ] *vp perf* to be born.

urodzinowy [urɔdʑinɔvi] *adj* birthday.

urodziny [urɔdʑini] (*D* **urodzin** [urɔdʑin]) *pl* birthday • **obchodzić urodziny** to celebrate a birthday.

urodzony [urɔdzɔni] *adj* born.

urojony [urɔjɔni] *adj* imaginary.

urok [urɔk] (*D* -u) *m* charm • **urok osobisty** personal charm.

urosnąć [urɔsnɔntɕ] *vperf* to grow.

urozmaicony [urɔzmajitsɔni] *adj* varied.

uruchamiać [uruxam,jatɕ] *vimperf* to start.

urwać [urvatɕ] *vperf* to rip off. ➤ **urwać się** [urvatɕ ɕɛ] *vp perf* [oderwać się] to break loose; [ustać] to break off.

urywany [urivani] *adj* interrupted.

urywek [urivɛk] (*D* **urywka** [urifka] LUB **urywku** [urifku]) *m* fragment.

urząd [uʒɔnt] (*D* **urzędu** [uʒɛndu]) *m* [organ władzy] department; [funkcja] office • **urząd stanu cywilnego** registry office; **Urząd Statystyczny Unii Europejskiej (EUROSTAT)** Statistical Office of the European Union; **Europejski Urząd Patentowy** European Patent Office.

urządzać [uʒɔndzatɕ] *vimperf* [mieszkanie] to furnish; [imprezę] to arrange.

urządzenie [uʒɔndzɛɲɛ] (*D* **urządzenia** [uʒɔndzɛɲa]) *n* [przyrząd] appliance; [wyposażenie] fixture.

urzeczony [uʒɛtʃɔni] *adj* bewitched.

urzeczywistnić [uʒɛtʃiv,istɲitɕ] *vperf* to realize.

urzekający [uʒɛkajɔntsi] *adj* enchanting.

urzędnik, urzędniczka [uʒɛndɲik, uʒɛndɲitʃka] *m, f* office worker • **urzędnik państwowy** civil servant.

urzędowy [uʒɛndɔvi] *adj* official.

usamodzielnić się [usamɔdʑɛlɲitɕ ɕɛ] *vp perf* to become independent.

usatysfakcjonowany [usatisfaktsjɔnɔvani] *adj* satisfied.

uschnąć [usxnɔntɕ] *vperf* to wither.

USD *US dollar.*

usiąść [uɕɕɕtɕ] *vperf* [przyjąć pozycję siedzącą] to sit down; [zasiąść] to sit.

usilnie [uɕilnɛ] *adv* persistently.

usiłować [uɕiwɔvatɕ] *vimperf* to attempt.

usługa [uswuga] (*D* **usługi** [uswug,i]) *f* service.

usłyszeć [uswiʃɛtɕ] *vperf* = słyszeć.

usmażyć [usmaʒitɕ] *vperf* = smażyć.

usnąć [usnɔntɕ] *vperf* to fall asleep.

uspokajający [uspɔkajajɔntɕi] *adj* calming.

uspokoić [uspɔkɔjitɕ] *vperf* [ukoić] to calm; [zmusić do ciszy] to silence • uspokoić kogoś to calm sb down.
uspokoić się [uspɔkɔjitɕ ɕɛ] *vp perf* to calm down.

usposobienie [uspɔsɔb,jɛnɛ] (*D* **usposobienia** [uspɔsɔb,jɛna]) *n* disposition.

usprawiedliwiać [usprav,jɛdl,iv,jatɕ] *vimperf* to explain.
usprawiedliwiać się [usprav,jɛdl,iv,jatɕ ɕɛ] *vp imperf* to explain o.s.

usprawiedliwienie [usprav,jɛdl,iv,jɛnɛ] (*D* **usprawiedliwienia** [usprav,jɛdl,iv,jɛna]) *n* justification.

usprawnić [uspravnitɕ] *vperf* to rationalize.

usta [usta] (*D* **ust** [ust]) *pl* [wargi] lips; [jama ustna] mouth.

ustabilizować się [ustab,il,izɔvatɕ ɕɛ] *vp perf* [unormować się] to stabilize; [ustatkować się] to settle down.

ustalony [ustalɔni] *adj* prearranged.

ustawa [ustava] (*D* **ustawy** [ustavi]) *f* law.

ustawić [ustav,itɕ] *vperf* to put.

ustawodawczy [ustavɔdaftʃi] *adj* legislative.

ustąpić [ustɔmp,itɕ] *vperf* = ustępować.

usterka [ustɛrka] (*D* **usterki** [ustɛrk,i]) *f* [defekt] fault; [błąd] flaw.

ustępliwy [ustɛmpl,ivi] *adj* compliant.

ustępować [ustɛmpɔvatɕ] (*perf* **ustąpić** [ustɔmp,itɕ]) *vimperf oficjal* [rezygnować] to resign; [mijać] to pass; [ulegać] to surrender • ustępować komuś miejsca to give up one's seat for sb.

ustnie [ustnɛ] *adv* orally.

ustny [ustni] *adj* oral.

ustosunkowany [ustɔsunkɔvani] *adj* [ze stosunkami] well-connected; [nastawiony] : jest ustosunkowany negatywnie do tego planu attitude towards this plan.

ustrój [ustruj] (*D* **ustroju** [ustrɔju]) *m* system.

usunąć [usunɔntɕ] *vperf* [gen] to remove; [ciążę] to abort.

usunięcie [usunɛntɕɛ] (*D* **usunięcia** [usunɛntɕa]) *n* [awarii] repair; [ucznia ze szkoły] removal; [zęba] removal; [ciąży] abortion.

usypiać [usip,jatɕ] (*perf* **uśpić** [uɕp,itɕ]) *vimperf* [dziecko] to lull sb to sleep; [zasypiać] to fall asleep; MED to anaesthetize.

uszanować [uʃanɔvatɕ] *vperf* to respect.

uszczelka [uʃtʃɛlka] (*D* **uszczelki** [uʃtʃɛlk,i]) *f* washer.

uszczęśliwiać [uʃtʃɛɕl,iv,jatɕ] *vimperf* to make (sb) happy.

uszczypliwy [uʃtʃip,livi] *adj* cutting.

uszczypnąć [uʃtʃip,nɔntɕ] *vperf* = szczypać.

uszka [uʃka] (*D* **uszek** [uʃɛk]) *npl mushroom tortellini served with borsch at Christmas.*

uszkodzić [uʃkɔdʑitɕ] *vperf* to damage.

uszkodzony [uʃkɔdzɔni] *adj* damaged.

uszy [uʃi] *npl* = ucho.

uszyć [uʃitɕ] *vperf* to sew.

uścisk [uɕtɕisk] (*D* **-u**) *m* [uściśnięcie] hug; [dłoni] handshake.

uścisnąć [uɕtɕisnɔntɕ] *vperf* to hug • uścisnąć komuś rękę to shake hands.

uściślić [uɕtɕiɕl,itɕ] *vperf* to specify.

uśmiech [uɕm,jɛx] (*D* **-u**) *m* smile.

uśmiechać się [uɕm̥jɛxatɕ ɕɛ] (*perf* uśmiechnąć się [uɕm̥jɛxnɔntɕ ɕɛ]) *vp imperf* to smile.

uśmiechnąć się [uɕm̥jɛxnɔntɕ ɕɛ] *vp perf* = uśmiechać się.

uśmiechnięty [uɕm̥jɛxɲɛntɨ] *adj* [uśmiechający się] smiling.

uśpić [uɕpitɕ] *vperf* = usypiać.

uświadamiać [uɕf̥jadam̥jatɕ] *vimperf* to realize.

utalentowany [utalɛntɔvanɨ] *adj* talented.

utargować [utargɔvatɕ] *vperf pot* [zarobić] to make; *pot* [obniżyć cenę] to barter.

utkwić [utkf̥itɕ] *vperf* to stick.

utonąć [utɔnɔntɕ] *vperf* = tonąć.

utopia [utɔpja] (*D* utopii [utɔpji]) *f* utopia.

utopić [utɔpitɕ] *vperf* to drown.
utopić się [utɔp̥itɕ ɕɛ] *vp perf* to drown.

utrudnlać [utrudnatɕ] *vimperf* to hinder.

utrwalać [utrfalatɕ] *vimperf* to record.

utrzeć [utʃɛtɕ] *vperf* [warzywa] to grate; [żółtko] to mix.

utrzymać [utʃimatɕ] *vperf* [nie upuścić] to hold; [zapewnić byt] to keep; [zachować] to have.

utrzymanie [utʃimaɲɛ] (*D* utrzymania [utʃimaɲa]) *n* support.

utwierdzić [utf̥jɛrdʑitɕ] *vperf* to fix • utwierdzić kogoś w przekonaniu to confirm sb's belief.

utworzenie [utfɔʒɛɲɛ] (*D* utworzenia [utfɔʒɛɲa]) *n* creation.

utworzyć [utfɔʒitɕ] *vperf* to create.

utwór [utfur] (*D* utworu [utfɔru]) *m* creation.

utyć [utitɕ] *vperf* = tyć.

utykać [utikatɕ] *vimperf* to limp.

uwaga [uvaga] (*D* uwagi [uvag̥i]) *f* [skupienie] attention; [komentarz] remark. • uwaga! [uvaga] *interj* beware!

uważać [uvaʒatɕ] *vimperf* [sądzić] to think; [pilnować] to look after; [być

skupionym] to pay attention; [traktować] to consider.

uważnie [uvaʒɲɛ] *adv* attentively.

uważny [uvaʒnɨ] *adj* attentive.

uwiecznić [uv̥jɛtʃɲitɕ] *vperf* to immortalize.

uwielbiać [uv̥jɛlb̥jatɕ] *vimperf* to adore.

uwierać [uv̥jɛratɕ] *vimperf* to rub.

uwierzyć [uv̥jɛʒitɕ] *vperf* to believe.

uwieść [uv̥jɛɕtɕ] *vperf* to seduce.

uwięzić [uv̥jɛ̃ʑitɕ] *vperf* to imprison; [uniemożliwić wyjście] to trap.

uwięź [uv̥jɛ̃ɕ] (*D* uwięzi [uv̥jɛ̃ʑi]) *f* leash • pies na uwięzi dog on a leash.

uwodziciel, ka [uvɔdʑitɕɛl, ka] *m, f* seducer.

uwodzicielski [uvɔdʑitɕɛlsk̥i] *adj* seductive.

uwolnić [uvɔlɲitɕ] *vperf* to free.

uwolnienie [uvɔlɲɛɲɛ] (*D* uwolnienia [uvɔlɲɛɲa]) *n* freedom.

uwzględniać [uvzglɛndɲatɕ] *vimperf* to take (sthg) into account.

uwziąć się [uvʑɔntɕ ɕɛ] *vp perf* to be determined • uwziąć się na kogoś to give sb a hard time.

uzależnić [uzalɛʒɲitɕ] *vperf* to be dependent. • uzależnić się [uzalɛʒɲitɕ ɕɛ] *vp perf* to become dependent • uzależnić się od czegoś/kogoś to become dependent on sthg/sb.

uzależnienie [uzalɛʒɲɛɲɛ] (*D* uzależnienia [uzalɛʒɲɛɲa]) *n* [nałóg] addiction; [niesamodzielność] dependence.

uzależniony [uzalɛʒɲɔnɨ] *adj* [od narkotyków] addicted; [od sytuacji] dependent.

uzasadniać [uzasadɲatɕ] (*perf* uzasadnić [uzasadɲitɕ]) *vimperf* justify.

uzasadnienie [uzasadɲɛɲɛ] (*D* uzasadnienia [uzasadɲɛɲa]) *n* justification.

uzasadniony [uzasadɲɔnɨ] *adj* justifiable.

uzbroić [uzbrɔjitɕ] *vperf* to arm.

uzbrojenie [uzbrɔjɛɲɛ] (*D* uzbrojenia [uzbrɔjɛɲa]) *n* armament.

uzbrojony [uzbrɔjɔnɨ] *adj* armed.

uzdolniony [uzdɔlnɔni] *adj* talented.
uzdrowić [uzdrɔv,itɕ] *vperf* [chorego] to cure; [stosunki] to heal.
uzdrowisko [uzdrɔv,iskɔ] (*D* uzdrowiska [uzdrɔv,iska]) *n* health resort.
uzgodnić [uzgɔdɲitɕ] *vperf* to negotiate.
uziemienie [uʑɛm,jɛɲɛ] (*D* uziemienia [uʑɛm,jɛɲa]) *n* ground • gniazdko z uziemieniem grounded electrical socket.
uzmysłowić [uzmiswɔv,itɕ] *vperf* : uzmysłowić sobie coś to realize sthg.
uznać [uznatɕ] *vperf* [dojść do wniosku] to recognize; [poczytać] to regard.
uznanie [uznaɲɛ] (*D* uznania [uznaɲa]) *n* recognition.
uzupełnić [uzupɛwɲitɕ] *vperf* to supplement.
użądlenie [uʒɔndlɛɲɛ] (*D* użądlenia [uʒɔndlɛɲa]) *n* sting.
użądlić [uʒɔndl,itɕ] *vperf* to sting.
użycie [uʒitɕɛ] (*D* użycia [uʒitɕa]) *n* use.
użyć [uʒitɕ] *vperf* = używać.
użyteczny [uʒitɛtʃni] *adj* useful.
używać [uʒivatɕ] (*perf* użyć [uʒitɕ]) *vimperf* to use.
używany [uʒivani] *adj* used; [samochody, ubrania] second-hand.
użyźniać [uʒiʑnatɕ] *vimperf* to fertilize.

w [vu] *prep* -1. [miejsce] in w telewizji/ radiu [audycja] on television/the radio; [praca] in television/radio; w domu/szkole/kinie at home/school/ the cinema. -2. [do] into. -3. [czas] in w piątek on Friday; w nocy at night. -4. at.
w. (*skr od* wiek) c.

wabić [vab,itɕ] *vimperf* [kusić] to attract; [przyzywać] to attract.
wachlarz [vaxlaʃ] (*D* -a) *m* fan.
wacik [vatɕik] (*D* -a) *m* cotton ball.
wada [vada] (*D* wady [vadi]) *f* [cecha ujemna] fault; [defekt] defect.
wadliwy [vadl,ivi] *adj* defective.
wafelek [vafɛlɛk] (*D* wafelka [vafɛlka]) *m* wafer.
waga [vaga] (*D* wagi [vag,i]) *f* [urządzenie] scale; [ciężar] weight.
➡ **Waga** [vaga] (*D* Wagi [vag,i]) *f* [znak zodiaku] Libra.
wagarować [vagarɔvatɕ] *vimperf pot* to play truant *UK*, to play hooky *US*.
wagon [vagɔn] (*D* -u) *m* coach *UK*, car *US* • wagon sypialny sleepingcoach.
wahać się [vaxatɕ ɕɛ] *vp imperf* to hesitate.
wahadło [vaxadwɔ] (*D* wahadła [vaxadwa]) *n* pendulum.
wahanie [vaxaɲɛ] (*D* wahania [vaxaɲa]) *n* [niezdecydowanie] hesitation; [temperatury] fluctuation.
wakacje [vakatsjɛ] (*D* wakacji [vakatsji]) *pl* vacation.
walc [valts] (*D* -a [valtsa]) *m* waltz.
walczyć [valtʃitɕ] *vimperf* [na wojnie] to fight; [perswadować coś komuś] to struggle • walczyć o coś to fight for sthg; walczyć z kimś to fight with sb.
walec [valɛts] (*D* walca [valtsa]) *m* cylinder.
walet [valɛt] (*D* -a) *m* jack.
walizka [val,iska] (*D* walizki [val,isk,i]) *f* suitcase.
walka [valka] (*D* walki [valk,i]) *f* [gen] fight; [bokserska] match.
walkman [wɔkmɛn] (*D* -a) *m* Walkman®.
waloryzacja [valɔrizatsja] (*D* waloryzacji [valɔrizatsji]) *f* valorisation.
waluta [valuta] (*D* waluty [valuti]) *f* currency • kantor wymiany walut bureau de change.
wałek [vawɛk] (*D* wałka [vawka]) *m* [do włosów] roller; [do ciasta] rolling-pin.
wampir [vamp,ir] *m* vampire.
wandal [vandal] *m pej* vandal.

wanilia [vaɲilja] (*D* **wanilii** [vaɲilji]) *f* vanilla.

wanna [vanna] (*D* **wanny** [vannɨ]) *f* bathtub.

wapń [vapɲ] (*D* **wapnia** [vapɲa]) *m* calcium.

warcaby [vartʃabɨ] (*D* **warcabów** [vartʃabuf]) *pl* draughts *UK*, checkers *US*.

warczeć [vartʃɛtɕ] *vimperf* to growl.

warga [varga] (*D* **wargi** [vargi]) *f* lip.

wariant [varjant] (*D* **-u**) *m* variant.

warstwa [varstfa] (*D* **warstwy** [varstfɨ]) *f* [farby] coat; [poziom] layer.

Warszawa [varʃava] (*D* **Warszawy** [varʃavɨ]) *f* Warsaw.

warszawiak, warszawianka [varʃav,jak, varʃav,janka] *m, f* Varsovian.

warsztat [varʃtat] (*D* **-u**) *m* workshop. ← **warsztaty** [varʃtatɨ] (*D* **warsztatów** [varʃtatuf]) *mpl* workshop.

warta [varta] (*D* **warty** [vartɨ]) *f* guard • **stać na warcie** to be on guard; **zmiana warty** changing the guard.

Warta [varta] (*D* **Warty** [vartɨ]) *f* the Warta River.

warto [vartɔ] *vimpers* worth.

wartościowy [vartɔɕtɕɔvi] *adj* valuable.

wartość [vartɔɕtɕ] (*D* **wartości** [vartɔɕtɕi]) *f* value.

warunek [varunɛk] (*D* **warunku** [varunku]) *m* condition • **pod warunkiem** on condition. ← **warunki** [varunk,i] (*D* **warunków** [varunkuf]) *mpl* conditions.

warunkowo [varunkɔvɔ] *adv* conditionally • **zostać zwolnionym warunkowo** to be released on parole.

warzywo [vaʒivɔ] (*D* **warzywa** [vaʒiva]) *n* vegetable.

wasz [vaʃ] *pron* your • **czy to wasz samochód?** is this your car?

Waszyngton [vaʃiŋktɔn] (*D* **-u**) *m* Washington.

wata [vata] (*D* **waty** [vatɨ]) *f* cotton.

Watykan [vatikan] (*D* **-u**) *m* the Vatican.

waza [vaza] (*D* **wazy** [vazɨ]) *f* [grecka] vase; [zupy] tureen.

wazelina [vazɛl,ina] (*D* **wazeliny** [vazɛl,inɨ]) *f* Vaseline®.

wazon [vazɔn] (*D* **-u**) *m* vase.

ważka [vaʃka] *f* dragonfly.

ważność [vaʒnɔɕtɕ] (*D* **ważności** [vaʒnɔɕtɕi]) *f* [znaczenie] importance; [aktualność] validity.

ważny [vaʒnɨ] *adj* [gen] important; [wpływowy] important.

ważyć [vaʒitɕ] *vimperf* to weigh.

wąchać [vɔ̃xatɕ] (*perf* **powąchać** [pɔvɔ̃xatɕ]) *vimperf* to smell.

wąs [vɔ̃s] (*D* **-a**) *m* moustache.

wąsaty [vɔ̃satɨ] *adj* moustached.

wąski [vɔ̃sk,i] *adj* [przejście, łóżko] narrow; [spodnie] tight.

wątły [vɔntwɨ] (*compar* **wątlejszy**, *superl* **najwątlejszy**) *adj* frail.

wątpić [vɔntp,itɕ] *vimperf* to doubt • **wątpić w coś** to doubt sthg.

wątpliwość [vɔntpl,ivɔɕtɕ] (*D* **wątpliwości** [vɔntpl,ivɔɕtɕi]) *f* doubt.

wątpliwy [vɔntpl,ivɨ] *adj* doubtful.

wątroba [vɔntrɔba] (*D* **wątroby** [vɔntrɔbɨ]) *f* liver.

wątróbka [vɔntrupka] (*D* **wątróbki** [vɔntrupk,i]) *f* liver.

wąwóz [vɔ̃vus] (*D* **wąwozu** [vɔ̃vɔzu]) *m* ravine.

wąż [vɔ̃ʃ] *m* snake.

wbić [vb,itɕ] *vperf* to drive.

wbiec [vb,jɛtɕ] *vperf* to run.

wbrew [vbrɛf] *prep* [niezgodnie z czymś] against; [bez czyjejś zgody] in defiance of.

WC [vuˈtsɛ] *n* LUB *m* WC.

wcale [ftsalɛ] *adv* at all.

wchodzić [fxɔdʑitɕ] (*perf* **wejść** [vɛjɕtɕ]) *vimperf* [do domu] to enter; [po schodach] to climb; [mieścić się] to contain.

wciągać [ftɕɔŋgatɕ] (*perf* **wciągnąć** [ftɕɔŋgnɔntɕ]) *vimperf* to pull; [powietrze] to breathe in; [w zasadzkę] to entrap.

wciągnąć [ftɕɔŋgnɔntɕ] *vperf* = **wciągać**.

w ciągu [f 'tɕɔŋgu] *prep* within.
wciąż [ftɕɔ̃ʃ] *adv* still.
wcisnąć [ftɕisnɔntɕ] *vperf* to stuff.
w czasie [f 'tʃaɕɛ] *prep* during.
wczasowicz, ka [ftʃasɔv,itʃ, ka] *m, f* holidaymaker *UK*, vacationer *US*.
wczesny [ftʃɛsni] *adj* early.
wcześniak [ftʃɛɕɲak] *m* premature baby.
wcześnie [ftʃɛɕɲɛ] *adv* earlier.
wczoraj [ftʃɔraj] <> *n* yesterday. <> *adv* yesterday.
wczorajszy [ftʃɔrajʃi] *adj* [gazeta] yesterday's • **wczorajszy wieczór** yesterday evening.
wdech [vdɛx] (*D* -u) *m* inhalation • zrobił kilka wdechów przy otwartym oknie he inhaled a few times in front of the open window.
wdeptać [vdɛptatɕ] *vperf* to stamp.
wdowa [vdɔva] *f* widow.
wdowiec [vdɔv,jɛts] *m* widower.
wdychać [vdixatɕ] *vimperf* to inhale.
wdzięczność [vdʑɛntʃnɔɕtɕ] (*D* wdzięczności [vdʑɛntʃnɔɕtɕi]) *f* gratitude.
wdzięczny [vdʑɛntʃni] *adj* grateful.
wdzięk [vdʑɛŋk] (*D* -u) *m* charm.
wedle [vɛdlɛ] *prep* = według.
według [vɛdwuk] *prep* : **według kogoś** in sb's opinion; [zgodnie z czymś] according to • **film według książki** a film based on a book.
weekend [w,ikɛnt] (*D* -u) *m* weekend.
wegetacja [vɛgɛtatsja] (*D* wegetacji [vɛgɛtatsji]) *f* vegetation.
wegetarianin, wegetarianka [vɛgɛtarjaɲin, vɛgɛtarjanka] *m, f* vegetarian.
wegetariański [vɛgɛtarjaĩsk,i] *adj* vegetarian.
wejście [vɛjɕtɕɛ] (*D* wejścia [vɛjɕtɕa]) *n* entrance.
wejściowy [vɛjɕtɕɔvi] *adj* front.
wejściówka [vɛjɕtɕufka] (*D* wejściówki [vɛjɕtɕufk,i]) *f* pass.
wejść [vɛjɕtɕ] *vperf* = wchodzić.

weksel [vɛksɛl] (*D* weksla [vɛksla]) *m* bill of exchange.
welon [vɛlɔn] (*D* -u) *m* veil.
wełna [vɛwna] (*D* wełny [vɛwni]) *f* wool.
wełniany [vɛwɲani] *adj* wool.
Wenecja [vɛnɛtsja] (*D* Wenecji [vɛnɛtsji]) *f* Venice.
wenecjanin, wenecjanka [vɛnɛtsjaɲin, vɛnɛtsjanka] *m, f* Venetian.
wentylacja [vɛntilatsja] (*D* wentylacji [vɛntilatsji]) *f* ventilation.
wentylator [vɛntilatɔr] (*D* -a) *m* ventilator.
wepchnąć [vɛpxnɔntɕ] *vperf* = wpychać.
wermiszel [vɛrm,iʃɛl] (*D* -u) *m* vermicelli.
wermut [vɛrmut] (*D* -u) *m* vermouth.
wernisaż [vɛrɲisaʃ] (*D* -u) *m* opening day.
wersalka [vɛrsalka] (*D* wersalki [vɛrsalk,i]) *f* sofa bed.
wersja [vɛrsja] (*D* wersji [vɛrsji]) *f* version.
wertować [vɛrtɔvatɕ] *vimperf* to browse through.
weryfikować [vɛrif,ikɔvatɕ] *vimperf* [dane] to verify; [poglądy] to rethink.
wesele [vɛsɛlɛ] (*D* wesela [vɛsɛla]) *n* wedding reception.
weselny [vɛsɛlni] *adj* wedding.
wesoło [vɛsɔwɔ] (*compar* weselej, *superl* najweselej) *adv* happily • **bawić się wesoło** to have a good time.
wesołość [vɛsɔwɔɕtɕ] (*D* wesołości [vɛsɔwɔɕtɕi]) *f* happiness.
wesoły [vɛsɔwi] (*compar* weselszy, *superl* najweselszy) *adj* cheerful • **wesołych świąt** [Bożego Narodzenia] Merry Christmas; **wesołych świąt** [Wielkanocy] Happy Easter; **wesołe miasteczko** amusement park.
wesprzeć [vɛspʃɛtɕ] *vperf* = wspierać.
westchnąć [vɛstxnɔntɕ] *vperf* = wzdychać.
westchnienie [vɛstxɲɛɲɛ] (*D* westchnienia [vɛstxɲɛɲa]) *n* sigh.
wesz [vɛʃ] *f* louse.

weterynarz [vɛtɛrinaʃ] *m* vet.

wewnątrz [vɛvnɔntʃ] *prep* inside.

wewnętrzny [vɛvnɛntʃni] *adj* [kieszeń] interior; [obrażenia] internal; [polityka] domestic.

wezwać [vɛzvatɕ] *vperf* = wzywać.

wezwanie [vɛzvaɲɛ] (*D* **wezwania** [vɛzvaɲa]) *n* subpoena.

węch [vdɛx] (*D* **-u**) *m* smell.

wędka [vɛntka] (*D* **wędki** [vɛntk͈i]) *f* fishing rod.

wędkarz [vɛntkaʃ] *m* fisherman.

wędlina [vɛndl͈ina] (*D* **wędliny** [vɛndl͈ini]) *f* cured meat.

wędrowny [vɛndrɔvni] *adj* migratory.

wędrówka [vɛndrufka] (*D* **wędrówki** [vɛndrufk͈i]) *f* [stada] migration; [po górach] hike.

wędzony [vɛndʑɔni] *adj* [zakonserwowany dymem] smoked.

węgiel [vɛŋɡʲɛl] (*D* **węgla** [vɛŋɡla]) *m* coal.

Węgier, ka [vɛŋɡʲɛr, ka] *m, f* Hungarian.

węgierka [vɛŋɡʲɛrka] (*D* **węgierki** [vɛŋɡʲɛrk͈i]) *f* dark plum.

węgierski [vɛŋɡʲɛrsk͈i] *adj* Hungarian.

węgorz [vɛŋɡɔʃ] *m* eel.

Węgry [vɛŋɡri] (*D* **Węgier** [vɛŋɡʲɛr]) *pl* Hungary.

węzeł [vɛ̃zɛw] (*D* **węzła** [vɛ̃zwa]) *m* knot.

WF [vu'ɛf] (*skr od* wychowanie fizyczne) (*D* **u**) *m* PE.

wgniecenie [vɡnɛtɕɛɲɛ] (*D* **wgniecenia** [vɡnɛtɕɛɲa]) *n* dent.

whisky [w̩isk͈i] (*inv*) *n* whisky • **whisky z lodem** whisky on the rocks.

wiać [v̩jatɕ] *vimperf* to blow.

wiadomość [v̩jadɔmɔɕtɕ] (*D* **wiadomości** [v̩jadɔmɔɕtɕi]) *f* [informacja] news; [korespondencja] message.

wiadro [v̩jadrɔ] (*D* **wiadra** [v̩jadra]) *n* bucket.

wiadukt [vjadukt] (*D* **-u**) *m* flyover *UK*, overpass *US*.

wianek [v̩janɛk] (*D* **wianka** [v̩janka]) *m* garland.

wiara [v̩jara] (*D* **wiary** [v̩jari]) *f* faith.

wiarygodny [v̩jariɡɔdni] *adj* credible.

wiatr [v̩jatr] (*D* **-u**) *m* wind.

wiatrak [v̩jatrak] (*D* **-a**) *m* [młyn] windmill; [wentylator] fan.

wiatrówka [v̩jatrufka] (*D* **wiatrówki** [v̩jatrufk͈i]) *f* windcheater *UK*, windbreaker *US*.

wiązać [v̩jɔ̃zatɕ] *vimperf* to tie.

wiązanka [v̩jɔ̃zanka] (*D* **wiązanki** [v̩jɔ̃zank͈i]) *f* bunch.

wiążący [v̩jɔ̃ʑɔntɕi] *adj* binding.

wibracja [v̩ibratsja] (*D* **wibracji** [v̩ibratsji]) *f* vibration.

wichura [v̩ixura] (*D* **wichury** [v̩ixuri]) *f* gale.

widać [v̩idatɕ] *vimpers* to be visible.

widelec [v̩idɛlɛts] (*D* **widelca** [v̩idɛltsa]) *m* fork.

wideo [v̩idɛɔ] (*inv*) *n & adj* video.

wideoklip [v̩idɛɔkl͈ip] (*D* **-u**) *m* video.

widły [v̩idwɨ] (*D* **wideł** [v̩idɛw]) *pl* pitchfork.

widno [v̩idnɔ] *adv* light.

widnokrąg [v̩idnɔkrɔŋk] (*D* **widnokręgu** [v̩idnɔkrɛŋɡu]) *m* horizon.

widny [v̩idni] *adj* bright • **widna kuchnia** [kuchnia z oknem] light kitchen.

widocznie [v̩idɔtʃɲɛ] *adv* [pewnie, chyba] evidently; [dostrzegalnie] visibly.

widoczność [v̩idɔtʃnɔɕtɕ] (*D* **widoczności** [v̩idɔtʃnɔɕtɕi]) *f* visibility.

widoczny [v̩idɔtʃni] *adj* [zauważalny] visible; [wyczuwalny] apparent.

widok [v̩idɔk] (*D* **-u**) *m* view.

widokówka [v̩idɔkufka] (*D* **widokówki** [v̩idɔkufk͈i]) *f* postcard.

widowisko [v̩idɔv̩iskɔ] (*D* **widowiska** [v̩idɔv̩iska]) *n* spectacle.

widownia [v̩idɔvɲa] (*D* **widowni** [v̩idɔvɲi]) *f* [część sali] auditorium; [publiczność] audience.

widz [v̩itʃ] *m* viewer.

widzenie [v‚idzɛnɛ] (D widzenia [v‚i-dzɛna]) n [dostrzeganie] sight; [zjawa] vision.

widzieć [v‚idzɛtɕ] vimperf -1. [gen] to see. -2. [zdawać sobie sprawę] to realize.

widzimisię [v‚idʑim‚iɕɛ] (inv) n pej whim.

wiec [v‚jɛts] (D -u) m rally.

wiecznie [v‚jɛtʃɲɛ] adv [nieskończenie] forever; [stale, ciągle] always.

wieczność [v‚jɛtʃnɔɕtɕ] (D wieczności [v‚jɛtʃnɔɕtɕi]) f eternity.

wieczny [v‚jɛtʃni] adj [nieskończony] eternal; [stały, ciągły] perpetual.

wieczorny [v‚jɛtʃɔrni] adj evening.

wieczorowy [v‚jɛtʃɔrɔvi] adj evening.

wieczór [v‚jɛtʃur] (D wieczoru [v‚jɛ-tʃɔru]) m evening • dobry wieczór good evening.

Wiedeń [v‚jɛdɛɲ] (D Wiednia [v‚jɛd-ɲa]) m Vienna.

wiedeńczyk, wiedenka [v‚jɛdɛɲn-tʃik, v‚jɛdɛnka] m, f Viennese.

wiedza [v‚jɛdza] (D wiedzy [v‚jɛdʑi]) f knowledge.

wiedzieć [v‚jɛdʑɛtɕ] vimperf to know • wiedzieć o czymś to know about sthg.

wiejski [v‚jɛjsk‚i] adj country.

wiek [v‚jɛk] (D -u) m [lata życia] age; [100 lat] century • w podeszłym wieku at an advanced age.

wiekowy [v‚jɛkɔvi] adj age; [bardzo stary] aged.

wielbiciel, ka [v‚jɛlb‚itɕɛl, ka] m, f fan.

wielbić [v‚jɛlb‚itɕ] vimperf to adore.

wielbłąd [v‚jɛlbwɔnt] m camel.

wiele [v‚jɛlɛ] (compar więcej, superl najwięcej) adv a lot.

Wielka Brytania [v‚jɛlka britaɲja] (D Wielkiej Brytanii [v‚jɛlk‚ɛj britaɲji]) f Great Britain.

wielki [v‚jɛlk‚i] (compar większy, superl największy) adj [gen] great; [olbrzymi] enormous.

wielkolud [v‚jɛlkɔlut] (D -a) m giant.

wielkomiejski [v‚jɛlkɔm‚jɛjsk‚i] adj big-city.

Wielkopolanin, Wielkopolanka [v‚jɛlkɔpolaɲin, v‚jɛlkɔpolanka] m, f inhabitant of Wielkopolska, province of Poland.

Wielkopolska [v‚jɛlkɔpolska] (D Wielkopolski [v‚jɛlkɔpolsk‚i]) f Wielkopolska (province of Poland).

wielkość [v‚jɛlkɔɕtɕ] (D wielkości [v‚jɛlkɔɕtɕi]) f [rozmiar] size; [robić wrażenie] greatness; [ogrom] magnitude.

wielobarwny [v‚jɛlɔbarvni] adj multicoloured.

wielodzietny [v‚jɛlɔdʑɛtni] adj with many children.

wielokropek [v‚jɛlɔkrɔpɛk] (D wielokropka [v‚jɛlɔkrɔpka]) m GRAM ellipsis.

wielokrotnie [v‚jɛlɔkrɔtɲɛ] adv [wiele razy] repeatedly.

wieloryb [v‚jɛlɔrip] m whale.

wielostronny [v‚jɛlɔstrɔnni] adj versatile.

wieloznaczny [v‚jɛlɔznatʃni] adj ambiguous.

wieniec [v‚jɛɲɛts] (D wieńca [v‚jɛɲn-tsa]) m wreath.

wieprz [v‚jɛpʃ] m hog.

wieprzowina [v‚jɛpʃɔv‚ina] (D wieprzowiny [v‚jɛpʃɔv‚ini]) f pork.

wiercić [v‚jɛrtɕitɕ] vimperf to drill.
  ↳ **wiercić się** [v‚jɛrtɕitɕ ɕɛ] vp imperf pot to fidget.

wierność [v‚jɛrnɔɕtɕ] (D wierności [v‚jɛrnɔɕtɕi]) f faithfulness.

wierny [v‚jɛrni] adj faithful.

wiersz [v‚jɛrʃ] (D -a) m poem.

wiertarka [v‚jɛrtarka] (D wiertarki [v‚jɛrtark‚i]) f drill.

wierzba [v‚jɛʒba] (D wierzby [v‚jɛʒb‚i]) f willow • wierzba płacząca weeping willow.

wierzch [v‚jɛʃx] (D -u) m [dłoni] back; [górna warstwa] top.

wierzchołek [v‚jɛʃxɔwɛk] (D wierzchołka [v‚jɛʃxɔwka]) m top.

wierzyciel [v‚jɛʑitɕɛl] m creditor.

wierzyć [v‚jɛʑitɕ] vimperf to believe • wierzyć komuś to believe sb.

wieszać [v‚jɛʃatɕ] vimperf to hang.

wieszak [v͵jɛʃak] (D -a) m [hak, kołek] peg; [ramiączko] hanger [mebel] coat rack.

wieś [v͵jɛɕ] (D wsi [fɕi], pl wsie LUB wsi) f country.

wieść [v͵jɛɕtɕ] (D wieści [v͵jɛɕtɕi]) f news.

wieśniak, wieśniaczka [v͵jɛɕɲak, v͵jɛɕɲatʃka] m, f peasant.

wietrzny [v͵jɛtʃni] adj windy.

wietrzyć [v͵jɛtʃitɕ] (perf przewietrzyć [pʃɛv͵jɛtʃitɕ] perf wywietrzyć [vi͵v͵jɛtʃitɕ]) vimperf to air out.

wiewiórka [v͵jɛv͵jurka] f squirrel.

wieźć [v͵jɛɕtɕ] vimperf to transport.

wieża [v͵jɛʒa] (D wieży [v͵jɛʒi]) f tower • wieża hi-fi stereo tower.

wieżowiec [v͵jɛʒɔv͵jɛts] (D wieżowca [v͵jɛʒɔftsa] m [wysoki budynek] tower block UK, high-rise building US.

wieżyczka [v͵jɛʒitʃka] (D wieżyczki [v͵jɛʒitʃk͵i]) f turret.

więc [v͵jɛnts] conj so.

więcej [v͵jɛntsɛj] adv = dużo.

więdnąć [v͵jɛndnɔntɕ] (perf zwiędnąć [zv͵jɛndnɔntɕ]) vimperf to wilt.

większość [v͵jɛŋkʃɔɕtɕ] (D większości [v͵jɛŋkʃɔɕtɕi]) f majority.

większy [v͵jɛŋkʃi] = duży.

więzić [v͵jɛʑitɕ] vimperf to imprison.

więzienie [v͵jɛ̃ʑɛɲɛ] (D więzienia [v͵jɛ̃ʑɛɲa]) n [budynek] prison; [kara] imprisonment.

więzień, więźniarka [v͵jɛ̃ʑɛɲ, v͵jɛ̃ʑnarka] m, f prisoner.

więź [v͵jɛɕ] (D więzi [v͵jɛʑi]) f bond.

Wigilia [v͵ig͵ilja] (D Wigilii [v͵ig͵ilji]) f Christmas Eve. ➡ **wigilia** [v͵ig͵ilja] (D wigilii [v͵ig͵ilji]) f Christmas Eve supper.

wigilijny [v͵ig͵il͵ijni] adj Christmas Eve.

Wigry [v͵igri] (D Wigier [v͵ig͵ɛr]) pl Lake Wigry.

wiklina [v͵ikl͵ina] (D wikliny [v͵ikl͵ini]) f wicker.

wilczur [v͵iltʃur] m Alsatian UK, German shepherd US.

wilgoć [v͵ilgɔtɕ] (D wilgoci [v͵ilgɔtɕi]) f humidity.

wilgotny [v͵ilgɔtni] adj [ubranie] damp; [dzień] humid.

wilk [v͵ilk] m wolf.

willa [v͵illa] (D willi [v͵ill͵i]) f villa.

wilnianin, wilnianka [v͵ilɲaɲin, v͵ilɲanka] m, f inhabitant of Vilnius.

Wilno [v͵ilnɔ] (D Wilna [v͵ilna]) n Vilnius.

wina [v͵ina] (D winy [v͵ini]) f [odpowiedzialność za coś] fault; [przestępstwo] guilt • przyznał się do winy [w sądzie] he pleaded guilty.

winda [v͵inda] (D windy [v͵indɨ]) f elevator.

winien, winna [v͵iɲɛn, v͵inna] adj [dłużny] in debt; [odpowiedzialny] guilty • jesteś mi winien pieniądze you owe me money.

winieta [v͵iɲɛta] (D winiety [v͵iɲɛti]) f vignette.

winnica [v͵iɲɲitsa] (D winnicy [v͵iɲɲitsi]) f [plantacja winorośli] vineyard.

winny [v͵inni] adj guilty.

wino [v͵inɔ] (D wina [v͵ina]) n wine • wino białe/czerwone white/red wine; wino deserowe dessert wine; wino słodkie sweet wine; wino stołowe table wine; wino wytrawne dry wine.

winobranie [v͵inɔbraɲɛ] (D winobrania [v͵inɔbraɲa]) n grape picking.

winogrono [v͵inɔgrɔnɔ] (D winogrona [v͵inɔgrɔna]) n grape.

winorośl [v͵inɔrɔɕl] (D winorośli [v͵inɔrɔɕl͵i]) f grapevine.

winowajca, winowajczyni [v͵inɔvajtsa, v͵inɔvajtʃiɲi] m, f culprit.

wiolonczela [v͵jɔlɔntʃɛla] (D wiolonczeli [v͵jɔlɔntʃɛl͵i]) f cello.

wiosenny [v͵jɔsɛnni] adj spring.

wioska [v͵jɔska] (D wioski [v͵jɔsk͵i]) f village.

wiosło [v͵jɔswɔ] (D wiosła [v͵jɔswa]) n oar.

wiosłować [v͵jɔswɔvatɕ] vimperf to row.

wiosna [v͵jɔsna] (D wiosny [v͵jɔsni]) f spring • na wiosnę in the spring.

wiraż [v‚iraʃ] (D -u) m bend.

wirtualny [v‚irtualni] adj virtual.

wirtuoz [v‚irtuɔs] m virtuoso.

wirus [v‚irus] (D -a) m virus • **wirus komputerowy** computer virus.

wisieć [v‚iɛɛtɕ] vimperf to hang.

wisiorek [v‚iɔɛrɛk] (D wisiorka [v‚iɔɛrka]) m pendant.

Wisła [v‚iswa] (D Wisły [v‚iswi]) f the Vistula.

wiśnia [v‚iɛna] (D wiśni [v‚iɛni]) f sour cherry.

wiśniówka [v‚iɛnufka] (D wiśniówki [v‚iɛnufk‚i]) f cherry liqueur.

witać [v‚itatɕ] (perf powitać [pɔv‚i-tatɕ]) vimperf to welcome.

witamina [v‚itam‚ina] (D witaminy [v‚itam‚ini]) f vitamin.

witraż [v‚itraʃ] (D -u LUB -a) m stained glass.

witryna [v‚itrina] (D witryny [v‚it-rini]) f window.

wiwatować [v‚ivatɔvatɕ] vimperf to cheer.

wiza [v‚iza] (D wizy [v‚izi]) f visa • **wiza turystyczna** tourist visa.

wizerunek [v‚izɛrunɛk] (D wizerunku [v‚izɛrunku]) m [podobizna] picture; [wyobrażenie] image.

wizja [v‚izja] (D wizji [v‚izji]) f vision.

wizjer [v‚izjɛr] (D -a) m [otwór w drzwiach] peephole.

wizualny [v‚izualni] adj visual.

wizyta [v‚izita] (D wizyty [v‚iziti]) f [odwiedziny] visit; [u lekarza] appointment.

wizytator, ka [v‚izitatɔr, ka] m, f inspector.

wizytówka [v‚izitufka] (D wizytówki [v‚izitufk‚i]) f business card.

wjazd [v‚jast] (D -u) m [do garażu] drive; [miejsce] entrance.

wjechać [v‚jɛxatɕ] vperf [samochodem] to drive into; [pociągiem] to pull into; [rowerem] to ride into; [windą] to go up.

wklęsły [fklɛ̃swi] adj hollow.

wkład [fkwat] (D -u) m [w banku] deposit; [długopisu] refill; [udział] contribution.

wkładać [fkwadatɕ] (perf włożyć [vwɔʒitɕ]) vimperf [umieszczać wewnątrz] to put in; [na siebie] to put on.

wkładka [fkwatka] (D wkładki [fkwatk‚i]) f insert.

wkoło [fkɔwɔ] <> adv around. <> pron around.

wkroczyć [fkrɔtʃitɕ] vperf [do sali] to enter; [do akcji] to intervene.

wkrótce [fkruttsɛ] adv soon.

wlać [vlatɕ] vperf to pour.

wlecieć [vlɛtɕɛtɕ] vperf to fly into.

wlepka [vlɛpka] (D wlepki) f sticker.

wliczać [vl‚itʃatɕ] vimperf to include.

władza [vwadza] (D władzy [vwadʑi]) f authority. ⇒ **władze** [vwadzɛ] (D władz [vwats]) fpl authorities.

włamać się [vwamatɕ ɕɛ] vp perf to break in.

włamanie [vwamaɲɛ] (D włamania [vwamaɲa]) n burglary.

włamywacz, ka [vwamivatʃ, ka] m, f thief.

własnoręczny [vwasnorɛntʃni] adj personal.

własnościowy [vwasnɔɕtɕɔvi] adj ownership • **mieszkanie własnościowe** one's own apartment.

własność [vwasnɔɕtɕ] (D własności [vwasnɔɕtɕi]) f property.

własny [vwasni] adj own.

właściciel, ka [vwaɕtɕitɕɛl, ka] m, f owner.

właściwie [vwaɕtɕiv‚jɛ] <> adv properly. <> part actually.

właściwość [vwaɕtɕivɔɕtɕ] (D właściwości [vwaɕtɕivɔɕtɕi]) f [cecha] characteristic; [właściwość] property.

właściwy [vwaɕtɕivi] adj [odpowiedni] right; [prawdziwy] actual.

właśnie [vwaɕɲɛ] adv just.

włącznie [vwɔntʃɲɛ] adv including.

włączony [vwɔntʃɔni] adj [telewizor] turned on; [zawarty] added.

włączyć [vwɔntʃitɕ] vperf to turn on. ⇒ **włączyć się** [vwɔntʃitɕ ɕɛ] vp perf to join • **włączyć się do czegoś** to join sthg.

Włoch, Włoszka [vwɔx, vwɔʃka] m, f Italian.

Włochy [vwɔxi] (D **Włoch** [vwɔx]) *pl* Italy.

włos [vwɔs] (D **-a**) *m* hair.

włoski [vwɔsk,i] *adj* Italian.

włożyć [vwɔʑitɕ] *vperf* = wkładać.

włóczęga [vwutʃɛŋga] <> *m* vagabond. <> (D **włóczęgi** [vwutʃɛŋg,i]) *f* trek.

włóczyć się [vwutʃitɕ ɕɛ] *vp imperf* to wander.

włókno [vwukno] (D **włókna** [vwukna]) *n* fibre.

wmówić [vmuv,itɕ] *vperf* to persuade
• wmówić coś komuś to persuade sb about sthg.

wnęka [vnɛŋka] (D **wnęki** [vnɛŋk,i]) *f* recess.

wnętrze [vnɛntʃɛ] (D **wnętrza** [vnɛntʃa]) *n* interior.

wnętrzności [vnɛntʃnɔɕtɕi] (D **wnętrzności** [vnɛntʃnɔɕtɕi]) *pl* entrails.

wniebowzięty [vɲɛbɔvʑɛnti] *adj* entranced.

wnieść [vɲɛɕtɕ] *vperf* = wnosić.

wnikliwie [vɲikl,iv,jɛ] *adv* carefully.

wniosek [vɲɔsɛk] (D **wniosku** [vɲɔsku]) *m* [z dyskusji] conclusion; [propozycja] motion.

wnioskować [vɲɔskɔvatɕ] *vimperf* to conclude.

wnosić [vnɔɕitɕ] (*perf* **wnieść** [vɲɛɕtɕ]) *vimperf* to carry.

wnuczka [vnutʃka] *f* granddaughter.

wnuk [vnuk] *m* grandson.

woalka [vɔalka] (D **woalki** [vɔalk,i]) *f* veil.

wobec [vɔbɛts] *prep* [w stosunku do] towards; [z powodu] due to • wobec tego in that case.

woda [vɔda] (D **wody** [vɔdi]) *f* water
• woda mineralna mineral water; woda gazowana sparkling water; woda utleniona peroxide.

Wodnik [vɔdɲik] (D **-a** [vɔdɲika]) *m* [znak zodiaku] Aquarius.

wodociąg [vɔdɔtɕɔŋg] (D **-u**) *m* water supply.

wodolot [vɔdɔlɔt] (D **-u**) *m* hydrofoil.

wodoodporny [vɔdɔɔtpɔrni] *adj* waterproof.

wodorost [vɔdɔrɔst] (D **-u**) *m* seaweed.

wodospad [vɔdɔspat] (D **-u**) *m* waterfall.

wodoszczelny [vɔdɔʃtʃɛlni] *adj* watertight.

wodotrysk [vɔdɔtrisk] (D **-u**) *m* fountain.

woj. (*skr od* województwo) = województwo.

wojewoda [vɔjɛvɔda] *m* governor.

województwo [vɔjɛvutstfɔ] (D **województwa** [vɔjɛvutstfa]) *n* province.

wojna [vɔjna] (D **wojny** [vɔjni]) *f* war.

wojsko [vɔjskɔ] (D **wojska** [vɔjska]) *n* army.

wojskowy [vɔjskɔvi] *adj* military.

wokalista, wokalistka [vɔkal,ista, vɔkal,istka] *m, f* vocalist.

wokoło [vɔkɔwɔ] *prep* = wokół.

wokół [vɔkuw] *prep* (a) round.

wola [vɔla] (D **woli** [vɔl,i]) *f* will.

woleć[1] [vɔlɛtɕ] *vimperf* to prefer.

wolno[1] [vɔlnɔ] *adv* [powoli] slowly.

wolno[2] [vɔlnɔ] *vimpers* [można] : nie wolno tu palić you are not allowed to smoke here.

wolnocłowy [vɔlnɔtswɔvi] *adj* dutyfree.

wolnorynkowy [vɔlnɔrinkɔvi] *adj* free-market.

wolność [vɔlnɔɕtɕ] (D **wolności** [vɔlnɔɕtɕi]) *f* freedom.

wolny [vɔlni] *adj* [gen] free; [krok] slow.

wolontariusz, ka [vɔlɔntarjuʃ, ka] *m, f* volunteer.

wołać [vɔwatɕ] (*perf* **zawołać** [zavɔwatɕ]) *vimperf* [wzywać] to call; [krzyczeć] to yell • wołać kogoś to call for sb.

wołanie [vɔwaɲɛ] (D **wołania** [vɔwaɲa]) *n* call.

Wołga [vɔwga] (D **Wołgi** [vɔwg,i]) *f* the Volga.

wołowina [vɔwɔv,ina] (D **wołowiny** [vɔwɔv,ini]) *f* beef • wołowina duszona stewed beef.

won! [vɔn] *interj pot* get out!

worek [vɔrɛk] (D **worka** [vɔrka]) m sack.

wosk [vɔsk] (D **-u**) m wax.

wotum [vɔtum] (inv) n vote.

wozić [vɔʑitɕ] vimperf to transport • **wozić dzieci do szkoły** to drive the kids to school.

woźny, woźna [vɔʑni, vɔʑna] m, f school caretaker.

wódka [vutka] (D **wódki** [vutk,i]) f vodka.

wódz [vuts] m chief.

wół [vuw] m ox.

wówczas [vuftʃas] pron then.

wóz [vus] (D **wozu** [vɔzu]) m [konny] wagon; [samochód] car.

wózek [vuzɛk] (D **wózka** [vuska]) m [nieduży pojazd] pram UK, baby carriage US; [inwalidzki] wheelchair; [na zakupy] shopping trolley UK, shopping cart US.

wpaść [fpaɕtɕ] vperf [w dół, zaspę] to fall into; [w złość, zadumę] to be overcome by; pot [do pokoju] to run into • **wpaść do kogoś** to visit sb.

wpierw [fp,jɛrf] adv first.

wpis [fp,is] (D **-u**) m entry.

wpisać [fp,isatɕ] vperf to write down.

wpisowe [fp,isɔvɛ] (D **wpisowego** [fp,isɔvɛgɔ]) n entrance fee.

wpłacić [fpwatɕitɕ] vperf to make a deposit.

wpłata [fpwata] (D **wpłaty** [fpwati]) f deposit.

wpław [fpwaf] adv : przebyli rzekę wpław they swam across the river.

wpływ [fpwif] (D **-u**) m influence. ➤ **wpływy** [fpwivi] (D **wpływów** [fpwivuf]) mpl contacts.

wpływać [fpwivatɕ] vimperf [oddziaływać] to influence; [do portu] to come into.

wpływowy [fpwivɔvi] adj influential.

w pobliżu [f pɔˈbl,iʒu] prep near.

w poprzek [f ˈpɔpʃɛk] prep across.

wpół [fpuw] adv in half • **wpół do drugiej** half past one.

wprawa [fprava] (D **wprawy** [fpravi]) f skill.

wprost [fprost] adv directly.

wprowadzenie [fprɔvadzɛɲɛ] (D **wprowadzenia** [fprɔvadzɛɲa]) n introduction.

wprowadzić [fprɔvadʑitɕ] vperf to bring into • **wprowadzić samochód do garażu** to drive the car into the garage. ➤ **wprowadzić się** [fprɔvadʑitɕ ɕɛ] vp perf to move into.

wpuścić [fpuɕtɕitɕ] vperf to let in.

wpychać [fpixatɕ] (perf **wepchnąć** [vɛpxnɔntɕ]) vimperf to push. ➤ **wpychać się** [fpixatɕ ɕɛ] vp imperf to jump UK, to cut US.

wracać [vratsatɕ] (perf **wrócić** [vrutɕitɕ]) vimperf to return.

wrak [vrak] (D **-a** LUB **-u**) m wreck.

wrażenie [vraʒɛɲɛ] (D **wrażenia** [vraʒɛɲa]) n impression.

wrażliwość [vraʒl,ivɔɕtɕ] (D **wrażliwości** [vraʒl,ivɔɕtɕi]) f sensitivity.

wrażliwy [vraʒl,ivi] adj sensitive.

wreszcie [vrɛʃtɕɛ] adv finally.

wręcz [vrɛntʃ] <> adv openly. <> part completely • **wręcz przeciwnie** on the contrary.

wręczanie [vrɛntʃaɲɛ] (D **wręczania** [vrɛntʃaɲa]) n presentation.

Wrocław [vrɔtswaf] (D **Wrocławia** [vrɔtswav,ja]) m Wroclaw.

wrodzony [vrɔdzɔni] adj [zdolności] innate; [choroby] congenital.

wrogi [vrɔg,i] adj hostile.

wrogość [vrɔgɔɕtɕ] (D **wrogości** [vrɔgɔɕtɕi]) f hostility.

wrona [vrɔna] f crow.

wrotki [vrɔtk,i] (D **wrotek** [vrɔtɛk]) fpl roller skates.

wróbel [vrubɛl] m sparrow.

wrócić [vrutɕitɕ] vperf = wracać.

wróg [vruk] m enemy.

wróżka [vruʃka] f fortune-teller; [czarodziejka] fairy.

wróżyć [vruʒitɕ] vimperf to read.

wrzask [vʒask] (D **-u**) m scream.

wrzasnąć [vʒasnɔntɕ] vperf = wrzeszczeć.

wrzący [vʒɔntɕi] adj boiling.

wrzątek [vʒɔntɛk] (*D* wrzątku [vʒɔntku]) *m* boiling water.

wrzeć [vʒɛtɕ] *vimperf* to boil.

wrzenie [vʒɛɲɛ] (*D* wrzenia [vʒɛɲa]) *n* boiling.

wrzesień [vʒɛɕɛɲ] (*D* września [vʒɛɕɲa]) *m* September *zobacz też* styczeń.

wrzeszczeć [vʒɛʃtʃɛtɕ] (*perf* wrzasnąć [vʒasnɔɲtɕ]) *vimperf* to scream.

wrzos [vʒɔs] (*D* -u) *m* heather.

wrzód [vʒut] (*D* wrzodu [vʒɔdu]) *m* [żołądka] ulcer; [na skórze] abscess.

wrzucić [vʒutɕitɕ] *vperf* to throw.

wsadzać [fsadzatɕ] (*perf* wsadzić [fsadʑitɕ]) *vimperf* [ręce do kieszeni] to put; *pot* to put on.

wsadzić [fsadʑitɕ] *vperf* = wsadzać.

wsch. (*skr od* wschód, wschodni) E.

wschodni [fsxɔdɲi] *adj* eastern.

wschodzić [fsxɔdʑitɕ] *vimperf* to rise.

wschód [fsxut] (*D* wschodu [fsxɔdu]) *m* [pora dnia] sunrise; [kierunek] east; [teren] eastern • wschód słońca sunrise. ⬥ **Wschód** [fsxut] (*D* Wschodu [fsxɔdu]) *m* East.

wsiadać [fɕadatɕ] (*perf* wsiąść [fɕɔɕtɕ]) *vimperf* [do samochodu] to get in; [do pociągu, do autobusu, na konia, na statek] to get on.

wsiąkać [fɕɔŋkatɕ] (*perf* wsiąknąć [fɔŋknɔɲtɕ]) *vimperf* [w gąbkę] to soak into; *pot* [znikać] to vanish.

wsiąść [fɕɔɕtɕ] *vperf* = wsiadać.

wskazówka [fskazufka] (*D* wskazówki [fskazufkˌi]) *f* [rada] hint; [zegara] hand.

wskazywać [fskazivatɕ] *vimperf* to show.

wskaźnik [fskaʑɲik] (*D* -a) *m* index.

wskoczyć [fskɔtʃɨtɕ] *vperf* to jump into.

wskutek [fskutɛk] *prep* as a result of.

wspaniale [fspaɲalɛ] *adv* wonderful.

wspaniały [fspaɲawɨ] *adj* splendid.

wsparcie [fspartɕɛ] (*D* wsparcia [fspartɕa]) *n* support.

wspierać [fsp,jɛratɕ] (*perf* wesprzeć [vɛspʃɛtɕ]) *vimperf* [opierać] to rest; [pomagać] to support.

wspominać [fspɔmˌinatɕ] *vimperf* to recall.

wspomnieć [fspɔmɲɛtɕ] *vperf* to mention.

wspomnienie [fspɔmɲɛɲɛ] (*D* wspomnienia [fspɔmɲɛɲa]) *n* memory.

wspólnie [fspulɲɛ] *adv* together.

wspólnik, wspólniczka [fspulɲik, fspulɲitʃka] *m, f* [w interesach] partner; [w przestępstwie] accomplice.

wspólnota [fspulnɔta] (*D* wspólnoty [fspulnɔti]) *f* community • Wspólnota Europejska European Community.

wspólny [fspulɲi] *adj* common.

współautor, ka [fspuwawtɔr, ka] *m, f* co-author.

współczesny [fspuwtʃɛsɲi] *adj* contemporary.

współczucie [fspuwtʃutɕɛ] (*D* współczucia [fspuwtʃutɕa]) *n* compassion.

współczuć [fspuwtʃutɕ] *vimperf* to sympathize with.

współlokator, ka [fspuwlɔkatɔr, ka] *m, f* roommate.

współpraca [fspuwpratsa] (*D* współpracy [fspuwpratsi]) *f* cooperation.

współpracować [fspuwpratsɔvatɕ] *vimperf* to cooperate.

współpracownik, współpracownica [fspuwpratsɔvɲik, fspuwpratsɔvɲitsa] *m, f* colleague.

współuczestniczyć [fspuwtʃɛstɲitʃɨtɕ] *vimperf* to participate.

współudział [fspuwudʑaw] (*D* -u) *m* [udział] participation; [część dochodu] share.

współwłaściciel, ka [fspuwvwaɕtɕitɕɛl, ka] *m, f* joint owner.

współzawodniczyć [fspuwzavɔdɲitʃɨtɕ] *vimperf* to compete • współzawodniczyć z kimś o coś to compete with sb for sthg.

współżycie [fspuwʒɨtɕɛ] (*D* współżycia [fspuwʒɨtɕa]) *n* intercourse.

współżyć [fspuwʒɨtɕ] *vimperf* [obcować] to interact; *oficjal* [płciowo] to have intercourse.

wstać [fstatɕ] *vperf* = wstawać.

wstawać [fstavatɕ] (*perf* wstać [fstatɕ]) *vimperf* to get up.

wstawić [fstav,itɕ] *vperf* [włożyć] to put into; [uzupełnić brak] to replace.

wstąpić [fstɔmp,itɕ] *vperf* [zostać członkiem] to join; [zajść] to stop by.

wstążka [fstɔ̃ʃka] (*D* wstążki [fstɔ̃ʃ-k,i]) *f* ribbon.

wstecz [fstɛtʃ] *adv* backwards.

wsteczny [fstɛtʃni] *adj* reverse.

wstęp [fstɛmp] (*D* -u) *m* admission • wstęp wzbroniony no entry; bilet wstępu ticket of admission; wstęp wolny free admission.

wstręt [fstrɛnt] (*D* -u) *m* revulsion.

wstrętny [fstrɛntni] *adj* repulsive.

wstrząs [fstʃɔ̃s] (*D* -u) *m* [przy lądowaniu] jolt; [silne przeżycie] shock • wstrząs mózgu concussion.

wstrząsać [fstʃɔ̃satɕ] *vimperf* [butelką] to shake; [sumieniem] to shock.

wstrząsający [fstʃɔ̃sajɔntɕi] *adj* shocking.

wstrząśnięty [fstʃɔ̃ɕɳɛnti] *adj* shocked.

wstrzymywać [fstʃimivatɕ] (*perf* wstrzymać [fstʃimatɕ]) *vimperf* to halt.

wstyd [fstit] (*D* -u) *m* shame.

wstydliwy [fstidl,ivi] *adj* [dziecko] shy; [temat] shameful.

wstydzić się [fstidʑitɕ ɕɛ] *vp imperf* to be ashamed • wstydzić się kogoś/czegoś to be ashamed of sb/ sthg.

wsunąć [fsunɔntɕ] *vperf* = wsuwać.

wsuwać [fsuvatɕ] (*perf* wsunąć [fsunɔntɕ]) *vimperf* [szufladę] to pull out; [obrączkę] to put on.

wsuwka [fsufka] (*D* wsuwki [fsufk,i]) *f* hairpin.

wsypać [fsipatɕ] *vperf* to pour.

wszechstronny [fʃɛxstrɔnni] *adj* versatile.

wszechświat [fʃɛxɕf,jat] (*D* -a) *m* universe.

wszerz [fʃɛʃ] *adv* width.

wszędzie [fʃɛndʑɛ] *pron* everywhere.

wścibski [fɕtɕipsk,i] *adj pej* nosy.

wściekać się [fɕtɕɛkatɕ ɕɛ] (*perf* wściec się [fɕtɕɛtɕ ɕɛ]) *vp imperf (tylko perf)* to go mad; *pot & pej* to be furious at.

wściekle [fɕtɕɛklɛ] *adv* furiously.

wścieklizna [fɕtɕɛkl,izna] (*D* wściek-lizny [fɕtɕɛkl,izni]) *f* rabies.

wściekłość [fɕtɕɛkwɔɕtɕ] (*D* wściek-łości [fɕtɕɛkwɔɕtɕi]) *f* fury.

wściekły [fɕtɕɛkwi] *adj* furious.

wśród [fɕrut] *prep* among.

wt. (*skr od* wtorek) Tues.

wtargnąć [ftargnɔntɕ] *vperf* to burst into.

wtedy [ftɛdi] *pron* then.

wtorek [ftɔrɛk] (*D* wtorku [ftɔrku]) *m* Tuesday *zobacz też* sobota.

wtrącić [ftrɔntɕitɕ] *vperf* to throw in. ➡ **wtrącać się** [ftrɔntsatɕ ɕɛ] (*perf* wtrącić się [ftrɔntɕitɕ ɕɛ]) *vp imperf* to interrupt *(częściej w imperf)* • wtrącać się w cudze sprawy to pry into sb else's affairs.

wtyczka [ftitʃka] (*D* wtyczki [ftitʃk,i]) *f* plug.

wujek [vujɛk] *m* uncle.

wulgarny [vulgarni] *adj pej* vulgar.

wulkan [vulkan] (*D* -u) *m* volcano.

wwozić [vvɔʑitɕ] *vimperf* [przywozić] to import; [transportować] to transport.

wy [vi] *pron* you.

wybaczenie [vibatʃɛɲɛ] (*D* wybacze-nia [vibatʃɛɲa]) *n* forgiveness.

wybaczyć [vibatʃitɕ] *vperf* to forgive.

wybawca [vibaftsa] *m* saviour.

wybawić [vibav,itɕ] *vperf* to save.

wybić [vib,itɕ] *vperf* [ząb, szybę] to break; [zegar] to strike.

wybiec [vib,jɛts] *vperf* to run out.

wybielacz [vib,jɛlatʃ] (*D* -a) *m* bleach.

wybielać [vib,jɛlatɕ] *vimperf* [ściany wapnem] to bleach; [zęby, skórę] to whiten.

wybierać [vib,jɛratɕ] (*perf* wybrać [vibratɕ]) *vimperf* [dokonywać wyboru] to choose; [prezydenta] to elect; [wodę] to scoop out. ➡ **wybierać**

wybitny   248

się [vib,jɛratɕ ɕɛ] (*perf* **wybrać się**
[vibratɕ ɕɛ]) *vp imperf* to go.
wybitny [vib,itni] *adj* outstanding.
wyblakły [viblakwi] *adj* faded.
wyboisty [vibɔjisti] *adj* bumpy.
wyborca [vibortsa] *m* voter.
wyborczy [vibortʃi] *adj* election.
wybór [vibur] (*D* **wyboru** [vibɔru]) *m*
choice. ➡ **wybory** [vibɔri] (*D*
wyborów [vibɔruf]) *mpl* elections.
wybrać [vibratɕ] *vperf* = **wybierać**.
wybrakowany [vibrakɔvani] *adj* defective.
wybrany [vibrani] *adj* [nieliczny]
selected; [w wyborach] elected.
wybredny [vibrɛdni] *adj* choosy.
wybryk [vibrik] (*D* -u) *m* excess.
wybrzeże [vibʒɛʒɛ] (*D* **wybrzeża**
[vibʒɛʒa]) *n* coast.
wybrzydzać [vibʒidzatɕ] *vimperf* to
be fussy.
wybuch [vibux] (*D* -u) *m* [bomby,
gazu] explosion; [śmiechu, gniewu]
burst.
wybuchać [vibuxatɕ] (*perf* **wybuchnąć** [vibuxnɔntɕ]) *vimperf* [bomba,
granat] to explode; [kłótnia, awantura]
to break out.
wybuchnąć [vibuxnɔntɕ] *vperf* =
wybuchać.
wybuchowy [vibuxɔvi] *adj* [ładunek]
explosive; [człowiek] short-tempered.
wycena [vitsɛna] (*D* **wyceny** [vitsɛni])
f valuation.
wyceniać [vitsɛnatɕ] *vimperf* to value.
wychodzić [vixɔdʑitɕ] (*perf* **wyjść**
[vijɕtɕ]) *vimperf* to leave.
wychowanie [vixɔvaɲɛ] (*D* **wychowa-
nia** [vixɔvaɲa]) *n* [dziecka] upbringing;
[ogłada towarzyska] manners.
wychowany [vixɔvani] *adj* man-
nered.
wychowawca, wychowawczyni
[vixɔvaftsa, vixɔvaftʃiɲi] *m, f* [opie-
kun] form tutor *UK*, home-room
teacher *US*.
wychowywać [vixɔvivatɕ] (*perf* **wy-
chować** [vixɔvatɕ]) *vimperf* to be
raised.
wyciąć [vitɕɔntɕ] *vperf* = **wycinać**.

wyciąg [vitɕɔŋk] (*D* -u) *m* lift.
wyciągać [vitɕɔŋgatɕ] *vimperf* [do-
kumenty z torebki] to take out; [kogoś
do kina] to drag • **wyciągać wnioski**
to draw conclusions.
wyciągnięty [vitɕɔŋgɲɛnti] *adj*
stretched out.
wycie [vitɕɛ] (*D* **wycia** [vitɕa]) *n* howl.
wycieczka [vitɕɛtʃka] (*D* **wycieczki**
[vitɕɛtʃk,i]) *f* [wyjazd] trip; [grupa
ludzi] tour group.
wyciekać [vitɕɛkatɕ] *vimperf* to leak.
wycieńczony [vitɕɛɲtʃɔni] *adj* exhausted.
wycieraczka [vitɕɛratʃka] (*D* **wycieraczki** [vitɕɛratʃk,i]) *f* windscreen
wiper *UK*, windshield wiper *US*;
[mata] doormat.
wycierać [vitɕɛratɕ] (*perf* **wytrzeć**
[vitʃɛtɕ]) *vimperf* to wipe.
wycinać [vitɕinatɕ] (*perf* **wyciąć**
[vitɕɔntɕ]) *vimperf* to cut out.
wyciskać [vitɕiskatɕ] (*perf* **wycisnąć**
[vitɕisnɔntɕ]) *vimperf* to squeeze.
wycofywać [vitsɔfivatɕ] (*perf* **wycofać** [vitsɔfatɕ]) *vimperf* to withdraw.
➡ **wycofywać się** [vitsɔfivatɕ ɕɛ]
(*perf* **wycofać się** [vitsɔfatɕ ɕɛ]) *vp
imperf* to back out.
wyczerpany [vitʃɛrpani] *adj* exhausted.
wyczucie [vitʃutɕɛ] (*D* **wyczucia**
[vitʃutɕa]) *n* feeling.
wyczuć [vitʃutɕ] *vperf* [dym] to smell;
[ciepło] to feel • **wyczuć sytuację** to
have a feel for the situation.
wyczulony [vitʃulɔni] *adj* sensitive.
wyczyn [vitʃin] (*D* -u) *m* achievement.
wyczyścić [vitʃiɕtɕitɕ] *vperf* to clean.
wyć [vitɕ] *vimperf* to howl.
wydać [vidatɕ] *vperf* = **wydawać**.
wydajność [vidajnɔɕtɕ] (*D* **wydajnoś-
ci** [vidajnɔɕtɕi]) *f* efficiency.
wydajny [vidajni] *adj* effective.
wydalać [vidalatɕ] (*perf* **wydalić**
[vidal,itɕ]) *vimperf* [ucznia ze szkoły]
to expel; [mocz] to excrete.
wydalić [vidal,itɕ] *vperf* = **wydalać**.
wydanie [vidaɲɛ] (*D* **wydania** [vida-
ɲa]) *n* edition.

wydarzenie [vidaʒɛɲɛ] (*D* wydarzenia [vidaʒɛɲa]) *n* event.

wydarzyć się [vidaʒitɕ ɕɛ] *vp perf* to take place.

wydatek [vidatɛk] (*D* wydatku [vidatku]) *m* expense.

wydawać [vidavatɕ] (*perf* wydać [vidatɕ]) *vimperf* [pieniądze] to spend; [towar z magazynu] to issue; [książkę] to publish; [denuncjować] to betray. ⟵ **wydawać się** [vidavatɕ ɕɛ] *vp impers* to seem.

wydawca [vidaftsa] *m* publisher.

wydawnictwo [vidavɲitstfɔ] (*D* wydawnictwa [vidavɲitstfa]) *n* publishing house.

wydech [vidɛx] (*D* -u) *m* exhalation.

wydekoltowany [vidɛkɔltɔvani] *adj* low-cut.

wydma [vidma] (*D* wydmy [vidmi]) *f* dune.

wydmuchać [vidmuxatɕ] *vperf* to blow.

wydobywać [vidɔbivatɕ] (*perf* wydobyć [vidɔbitɕ]) *vimperf* [wyciągać] to get out; [wykopać] to extract.

wydoroślec [vidɔrɔɕlɛtɕ] *vperf* to grow up.

wydostać się [vidɔstatɕ ɕɛ] *vp perf* to get.

wydra [vidra] *f* otter.

wydrążony [vidrɔ̃ʒɔni] *adj* hollow.

wydruk [vidruk] (*D* -u) *m* printout.

wydrukować [vidrukɔvatɕ] *vperf* = drukować.

wydział [vidʑaw] (*D* -u) *m* [instytucja] department; [wyższej uczelni] faculty.

wydziedziczać [vidʑɛdʑitʃatɕ] *vimperf* to disinherit.

wydzielać [vidʑɛlatɕ] *vimperf* [racje żywieniowe] to ration; [mocną woń] to give off.

wydzierżawić [vidʑɛrʒavitɕ] *vperf* to rent.

wydziwiać [vidʑivjatɕ] *vimperf pot* to make a fuss.

wyegzekwować [vjɛɡzɛkfɔvatɕ] *vperf* = egzekwować.

wyeksmitować [vjɛksmitɔvatɕ] *vperf* = eksmitować.

wyeliminować [vjɛl,im,inɔvatɕ] *vperf* = eliminować.

wyemigrować [vjɛm,iɡrɔvatɕ] *vperf* = emigrować.

wygadany [vigadani] *adj pot* talkative.

wyganiać [viɡaɲatɕ] (*perf* wygonić [viɡɔɲitɕ]) *vimperf* to drive out.

wygarnąć [viɡarnɔntɕ] *vperf pot* [całą prawdę] to hit; [wydostać] to wipe out.

wygiąć [viɡ,ɔntɕ] *vperf* to bend.

wygląd [viɡlɔnt] (*D* -u) *m* appearance.

wyglądać [viɡlɔndatɕ] *vimperf* [prezentować się] to look; [pojawiać się] to appear; [wychylać się] to look out.

wygłodniały [viɡwɔdɲawi] *adj* ravenous.

wygłosić [viɡwɔɕitɕ] *vperf* to deliver.

wygłupiać się [viɡwup,jatɕ ɕɛ] *vp imperf* to fool around.

wygłupić się [viɡwup,itɕ ɕɛ] *vp perf* to make a fool of o.s.

wygnieciony [viɡɲɛtɕɔni] *adj* wrinkled.

wygoda [viɡɔda] (*D* wygody [viɡɔdi]) *f* comfort; [rzecz] convenience.

wygodnie [viɡɔdɲɛ] *adv* comfortably.

wygodny [viɡɔdni] *adj* comfortable.

wygonić [viɡɔɲitɕ] *vperf* = wyganiać.

wygórowany [viɡurɔvani] *adj* [cena] exorbitant; [żądania] excessive.

wygrać [viɡratɕ] *vperf* = wygrywać.

wygrana [viɡrana] (*D* wygranej [viɡranɛj]) *f* [zwycięstwo] victory; [suma] winnings.

wygrywać [viɡrivatɕ] (*perf* wygrać [viɡratɕ]) *vimperf* to win.

wygrzewać się [viɡʒɛvatɕ ɕɛ] *vp imperf* [w łóżku] to warm up; [na słońcu] to bask.

wyhodować [vixɔdɔvatɕ] *vperf* [rośliny] to grow; [zwierzęta] to raise.

wyjadać [vijadatɕ] *vimperf* to eat.

wyjaśniać [vijaɕɲatɕ] (*perf* wyjaśnić [vijaɕɲitɕ]) *vimperf* to explain • wyjaśniać coś komuś to explain sthg to sb.

wyjaśnić [vijaɕɲitɕ] *vperf* = wyjaśniać.

wyjaśnienie [vijaɕɲɛɲɛ] (*D* **wyjaśnienia** [vijaɕɲɛɲa]) *n* explanation.

wyjazd [vijast] (*D* -u) *m* trip.

wyjąć [vijɔntɕ] *vperf* = wyjmować.

wyjątek [vijɔntɛk] (*D* **wyjątku** [vijɔntku]) *m* [odstępstwo] exception; [coś niezwykłego] rarity.

wyjątkowo [vijɔntkɔvɔ] *adv* [niezwykle] exceptionally; [na mocy wyjątku] unusually.

wyjątkowy [vijɔntkɔvi] *adj* exceptional.

wyjechać [vijɛxatɕ] *vperf* = wyjeżdżać.

wyjeżdżać [vijɛʑdʑatɕ] (*perf* **wyjechać** [vijɛxatɕ]) *vimperf* [z domu, z kraju, za granicę] to leave; [pojazd] to drive • **wyjechać na urlop** to go on holiday.

wyjmować [vijmɔvatɕ] (*perf* **wyjąć** [vijɔntɕ]) *vimperf* to take.

wyjście [vijɕtɕɛ] (*D* **wyjścia** [vijɕtɕa]) *n* exit • **wyjście awaryjne** emergency exit; **wyjście bezpieczeństwa** security exit.

wyjść [vijɕtɕ] *vperf* to go • **wyjść za mąż** to get married.

wykałaczka [vikawatʃka] (*D* **wykałaczki** [vikawatʃki]) *f* toothpick.

wykaz [vikas] (*D* -u) *m* list.

wykazać [vikazatɕ] *vperf* [pomyłkę] to prove; [talent] to show. ◆ **wykazać się** [vikazatɕ ɕɛ] *vp perf* to show off.

wykąpać się [vikɔmpatɕ ɕɛ] *vperf* [wziąć kąpiel] to have a bath; [pływać] to swim.

wykipieć [vik,ip,jɛtɕ] *vperf* = kipieć.

wykluczenie [viklutʃɛɲɛ] (*D* **wykluczenia** [viklutʃɛɲa]) *n* disqualification.

wykluczony [viklutʃɔni] *adj* [niemożliwy] unthinkable; [usunięty] disqualified.

wykład [vikwat] (*D* -u) *m* lecture.

wykładzina [vikwadʑina] (*D* **wykładziny** [vikwadʑini]) *f* carpet.

wykonalny [vikɔnalni] *adj* feasible.

wykonanie [vikɔnaɲɛ] (*D* **wykonania** [vikɔnaɲa]) *n* [projektu, zadania] execution; [utworu muzycznego] performance.

wykonany [vikɔnani] *adj* [zrealizowany, ukończony] executed; [zrobiony z] made of.

wykonawca [vikɔnaftsa] *m* [realizator] executor; [artysta] performer.

wykonywać [vikɔnivatɕ] *vimperf* to carry out • **wykonywać zawód nauczyciela** to work as a teacher.

wykończony [vikɔjntʃɔni] *adj pot* exhausted.

wykończyć [vikɔjntʃitɕ] *vperf* to finish.

wykopać [vikɔpatɕ] *vperf* [rów, dół] to dig; [piłkę] to kick; [cenne zabytki] to dig up.

wykorzystywać [vikɔʑistivatɕ] *vimperf* to take advantage of.

wykres [vikrɛs] (*D* -u) *m* graph.

wykreślać [vikrɛɕlatɕ] *vimperf* [z listy] to cross off; [z tekstu] to cross out.

wykreślenie [vikrɛɕlɛɲɛ] (*D* **wykreślenia** [vikrɛɕlɛɲa]) *n* removal.

wykręcać [vikrɛntsatɕ] *vimperf* to unscrew. ◆ **wykręcać się** [vikrɛntsatɕ ɕɛ] *vp imperf* [odwracać się] to turn away; *pot* to evade.

wykręt [vikrɛnt] (*D* -u) *m* excuse.

wykroczenie [vikrɔtʃɛɲɛ] (*D* **wykroczenia** [vikrɔtʃɛɲa]) *n* offence.

wykrój [vikruj] (*D* **wykroju** [vikrɔju]) *m* pattern.

wykrzyknik [vikʃiknik] (*D* -a) *m* GRAM interjection.

wykształcenie [vikʃtawtsɛɲɛ] (*D* **wykształcenia** [vikʃtawtsɛɲa]) *n* education.

wykształcić [vikʃtawtɕitɕ] *vperf* [na lekarza] to educate; [poczucie obowiązku] to develop.

wykształcony [vikʃtawtsɔni] *adj* educated.

wykwalifikowany [vikfal,if,ikɔvani] *adj* qualified.

wykwintny [vikf,intni] *adj* [elegancki] fine; [wytworny] exquisite.

wylać [vilatɕ] *vperf* = wylewać.

wylansować [vilansɔvatɕ] *vperf* = lansować.

wylatywać [vilativatɕ] (perf **wylecieć** [vilɛtɕɛtɕ]) vimperf to depart; (tylko perf) pot to run.

wylądować [vilɔndɔvatɕ] vperf = lądować.

wyleczyć [vilɛtʃitɕ] vperf to cure.

wylegitymować [vilɛɡ,itimɔvatɕ] vperf : **wylegitymować kogoś** to check sb's ID.

wylegiwać się [vilɛɡ,ivatɕ ɕɛ] vp imperf pot to lay about.

wylew [vilɛf] (D -u) m [rzeki] overflow; [krwi] stroke.

wylewać [vilɛvatɕ] (perf **wylać** [vilatɕ]) vimperf [wodę z butelki] to pour; [kawę na obrus] to spill; [rzeka] to overflow.

wylizać [vil,izatɕ] vperf to lick.

wylosować [vilɔsɔvatɕ] vperf to win.

wylot [vilɔt] (D -u) m [samolotu] departure; [rury, tunelu] mouth.

wyładować [viwadɔvatɕ] vperf [gniew, złość] to vent; [towar] to unload.

wyładowanie [viwadɔvaɲɛ] (D **wyładowania** [viwadɔvaɲa]) n unloading.

wyłączać [viwɔntʃatɕ] (perf **wyłączyć** [viwɔntʃitɕ]) vimperf to turn off.

wyłącznie [viwɔntʃɲɛ] adv only.

wyłącznik [viwɔntʃɲik] (D -a) m switch.

wyłączny [viwɔntʃɲi] adj [jedyny] only; [należący do jednej osoby] exclusive.

wyłączyć [viwɔntʃitɕ] vperf = wyłączać.

wyłudzić [viwudʑitɕ] vperf to trick.

wyłysieć [viwiɕɛtɕ] vperf to go bald.

wymachiwać [vimax,ivatɕ] vimperf to swing.

wymagać [vimagatɕ] vimperf [żądać] to require; [potrzebować] to need
• **wymagać od kogoś** to require from sb.

wymagający [vimagajɔntsi] adj demanding.

wymagania [vimagaɲa] (D **wymagań** [vimagaɲ]) npl demands.

wymarzony [vimaʒɔɲi] adj [spacer] ideal; [spotkanie] long-awaited.

wymawiać [vimav,jatɕ] vimperf [słowa] to pronounce; [robić wyrzuty] to reproach.

wymeldować się [vimɛldɔvatɕ ɕɛ] vp perf ≃ to cancel residence registration.

wymiana [vim,jana] (D **wymiany** [vim,jani]) f [handlowa, pieniędzy] exchange; [sprzętu] replacement.

wymiar [vim,jar] (D -u) m measurement.

wymieniać [vim,jɛɲatɕ] vimperf [w drzwiach zamki] to change; [znaczki, poglądy] to exchange.

wymienialny [vim,jɛɲalni] adj [waluta] convertible; [część samochodu] exchangeable.

wymieniony [vim,jɛɲɔni] adj [na liście] mentioned; [zastąpiony] replaced.

wyminąć [vim,inɔntɕ] vperf to pass.

wymiotować [vim,jɔtɔvatɕ] (perf **zwymiotować** [zvim,jɔtɔvatɕ]) vimperf to vomit.

wymioty [vim,jɔti] (D **wymiotów** [vim,jɔtuf]) pl vomiting.

wymowa [vimɔva] (D **wymowy** [vimɔvi]) f pronunciation.

wymowny [vimɔvni] adj meaningful.

wymówić [vimuv,itɕ] vperf [sylabę, wyraz] to pronounce; [umowę] to give notice.

wymówka [vimufka] (D **wymówki** [vimufk,i]) f [pretensja] reproach; [wykręt] excuse.

wymuszony [vimuʃɔni] adj forced.

wymyślać [vimiɕlatɕ] vimperf [rozwiązania] to think up; [historie] to make up.

wymyślony [vimiɕlɔni] adj invented.

wynagrodzenie [vinagrɔdzɛɲɛ] (D **wynagrodzenia** [vinagrɔdzɛɲa]) n [zapłata] pay; [zadośćuczynienie] redress.

wynajem [vinajɛm] (D **wynajmu** [vinajmu]) m renting.

wynajęcie [vinajɛntɕɛ] (D **wynajęcia** [vinajɛntɕa]) n renting.

wynajmować [vinajmɔvatɕ] *vimperf* to rent • **wynajmować komuś** to rent to sb; **wynajmować od kogoś** to rent from sb.

wynalazca [vinalastsa] *m* inventor.

wynalazek [vinalazek] (*D* wynalazku [vinalasku]) *m* invention.

wynieść [viɲɛɕtɕ] *vperf* [ukraść] to take; [śmieci] to take out.

wynik [viɲik] (*D* -u) *m* [pracy] result; [meczu] score.

wynikać [viɲikatɕ] *vimperf* [jako wniosek] to seem; [jako rezultat] to ensue.

wyniosły [viɲɔswi] (*compar* wynioślejszy, *superl* najwynioślejszy) *adj* haughty.

wyobraźnia [viɔbraʑna] (*D* wyobraźni [viɔbraʑɲi]) *f* imagination.

wyobrażać [viɔbraʐatɕ] *vimperf* [gen] to imagine; *pot* [myśleć] to think • **wyobrażać sobie** to imagine.

wyolbrzymiać [viɔlbʒim,jatɕ] *vimperf* to exaggerate.

wypadać [vipadatɕ] *vimperf* [włosy] to fall out; [przytrafiać się] to come up. ➡ **wypada** [vipada] *vimpers* to be proper.

wypadek [vipadɛk] (*D* wypadku [vipatku]) *m* [nieszczęśliwe zdarzenie] accident; [przypadek] case • **na wszelki wypadek** just in case.

wypalić [vipal,itɕ] *vperf* [słońce] to burn; [papierosa] to smoke.

wyparować [viparɔvatɕ] *vperf* to evaporate.

wyparzać [vipaʐatɕ] *vimperf* to scald.

wypaść [vipaɕtɕ] *vperf* to fall; [spotkanie] to come up; [dobrze, źle] to do well • **coś wypadło mi z pamięci/z głowy** sthg slipped my mind.

wypełniać [vipɛwɲatɕ] (*perf* wypełnić [vipɛwɲitɕ]) *vimperf* [szklankę] to fill; [wolę, rozkaz] to fulfill; [ankietę] to fill out.

wypełnić [vipɛwɲitɕ] *vperf* = wypełniać.

wypełniony [vipɛwɲɔni] *adj* [formularz] completed; [napełniony] full.

wyperswadować [vipɛrsfadɔvatɕ] *vperf* to dissuade • **wyperswadować** coś komuś to dissuade sb from sthg.

wypędzić [vipɛndʑitɕ] *vperf* to throw out.

wypić [vip,itɕ] *vperf* to drink.

wypis [vip,is] (*D* -u) *m* [w szpitalu] release form; [sądowy] copy.

wypisać [vip,isatɕ] *vperf* [receptę] to write out; [cytaty] to write down; [chorego] to discharge.

wypluć [viplutɕ] *vperf* to spit out.

wypłacać [vipwatsatɕ] (*perf* wypłacić [vipwatɕitɕ]) *vimperf* to withdraw.

wypłacalny [vipwatsalni] *adj* solvent.

wypłacić [vipwatɕitɕ] *vperf* = wypłacać.

wypłata [vipwata] (*D* wypłaty [vipwati]) *f* [z konta] withdrawal; [należności] payment; [pensji] salary.

wypłowiały [vipwɔv,jawi] *adj* faded.

wypłukać [vipwukatɕ] *vperf* [pranie, gardło] to rinse; [rozmyć grunt] to wash out.

wypływać [vipwivatɕ] *vimperf* [odpływać] to put out; [wynurzać się] to surface.

wypoczynek [vipɔtʃinɛk] (*D* wypoczynku [vipɔtʃinku]) *m* rest.

wypoczywać [vipɔtʃivatɕ] *vimperf* to rest.

wypominać [vipɔm,inatɕ] *vimperf* to remind.

wyposażenie [vipɔsaʐɛɲɛ] (*D* wyposażenia [vipɔsaʐɛɲa]) *n* equipment.

wypowiadać [vipɔv,jadatɕ] *vimperf* [słowa] to say; [poglądy] to voice; [umowę] to give notice.

wypowiedzenie [vipɔv,jɛdzɛɲɛ] (*D* wypowiedzenia [vipɔv,jɛdzɛɲa]) *n* [wymówienie] notice; [wojny] declaration.

wypowiedź [vipɔv,jɛtɕ] (*D* wypowiedzi [vipɔv,jɛdʑi]) *f* statement.

wypożyczalnia [vipɔʒitʃalɲa] (*D* wypożyczalni [vipɔʒitʃalɲi]) *f* [książek] lending library; [filmów] video rental; [sprzętu sportowego] sports rental shop.

wyprasować [viprasɔvatɕ] *vperf* = prasować.

wypraszać [vipraʃatɕ] *vimperf* to invite to leave.

wyprawa [viprava] (*D* **wyprawy** [vipravɨ]) *f* expedition.

wyprawiać [viprav̩jatɕ] *vimperf* [urodziny, imieniny] to organize; *pot* to do.

wyprodukować [viprɔdukɔvatɕ] *vperf* = produkować.

wypromować [viprɔmɔvatɕ] *vperf* = promować.

wyprostować [viprɔstɔvatɕ] *vperf* to straighten.

wyprostowany [viprɔstɔvani] *adj* straight.

wyprowadzać [viprɔvadzatɕ] (*perf* **wyprowadzić** [viprɔvadʑitɕ]) *vimperf* to take out. ➡ **wyprowadzać się** [viprɔvadzatɕ ɕɛ] (*perf* wyprowadzić się [viprɔvadʑitɕ ɕɛ]) *vp imperf* to move out.

wyprowadzić [viprɔvadʑitɕ] *vperf* = wyprowadzać.

wypróbować [viprubɔvatɕ] *vperf* [samochód] to try out; [przyjaźń] to test.

wypróbowany [viprubɔvani] *adj* tested.

wyprzedawać [vipʃɛdavatɕ] *vimperf* to sell.

wyprzedaż [vipʃɛdaʃ] (*D* **-y**) *f* sale.

wyprzedzać [vipʃɛdzatɕ] (*perf* **wyprzedzić** [vipʃɛdʑitɕ]) *vimperf* [samochód] to overtake *UK*, to pass *US*; [rywali] to be ahead of.

wyprzedzić [vipʃɛdʑitɕ] *vperf* = wyprzedzać.

wypukły [vipukwi] *adj* protruding.

wypuszczać [vipuʃtʃatɕ] (*perf* **wypuścić** [vipuɕtɕitɕ]) *vimperf* [upuszczać] to let go; [kogoś z więzienia] to release; [powietrze z płuc] to let out; [fałszywe pieniądze] to put out.

wypuścić [vipuɕtɕitɕ] *vperf* = wypuszczać.

wypytywać [vipitivatɕ] *vimperf* to question • **wypytywać kogoś o coś** to question sb about sthg.

wyrachowany [viraxɔvani] *adj pej* calculating.

wyrafinowany [viraf̩inɔvani] *adj* refined.

wyraz [viras] (*D* **-u**) *m* [słowo] word; [twarzy, oczu] expression.

wyrazić [viraʑitɕ] *vperf* to express.

wyraźnie [viraʑɲɛ] *adv* [zrozumiale] clearly; [dobitnie] distinctly.

wyraźny [viraʑni] *adj* distinct.

wyrażenie [viraʒɛɲɛ] (*D* **wyrażenia** [viraʒɛɲa]) *n* expression.

wyręczać [virɛntʃatɕ] *vimperf* to help out • **wyręczać kogoś w czymś** to help sb out with sthg.

wyrodny [virɔdni] *adj pej* degenerate.

wyrok [virɔk] (*D* **-u**) *m* sentence.

wyrostek [virɔstɛk] (*D* **wyrostka** [virɔstka]) *m* appendix.

wyrozumiały [virɔzum̩jawi] *adj* understanding.

wyrób [virup] (*D* **wyrobu** [virɔbu]) *m* product.

wyrównywać [viruvnivatɕ] *vimperf* [nawierzchnię] to even out; [rachunki, długi] to settle.

wyróżniać [viruʒɲatɕ] *vimperf* [przyznawać komuś pierwszeństwo] to single out; [charakteryzować] to be distinguished by.

wyróżniający [viruʒɲajɔntɕi] *adj* distinguishing.

wyróżnienie [viruʒɲɛɲɛ] (*D* **wyróżnienia** [viruʒɲɛɲa]) *n* [uznanie] distinction; [nagroda] award.

wyruszać [viruʃatɕ] *vimperf* to leave.

wyrwać [virvatɕ] *vperf* [kartki] to tear out; [zęby] to pull out.

wyrzeźbić [viʒɛzb̩itɕ] *vperf* to carve.

wyrzucić [viʒutɕitɕ] *vperf* to throw out.

wyrzut [viʒut] (*D* **-u**) *m* reproach • **mieć wyrzuty sumienia** to have a guilty conscience.

wyrzutnia [viʒutɲa] (*D* **wyrzutni** [viʒutɲi]) *f* launcher.

wyschnąć [visxnɔntɕ] *vperf* to dry out.

wysepka [visɛpka] (*D* **wysepki** [visɛpki]) *f* island; [tramwajowa] traffic island.

wysiadać [viˈɕadatɕ] *vimperf* [z samochodu] to get out; [z pociągu, z autobusu, z tramwaju] to get off; *pot* [psuć się] to break.

wysiłek [viˈɕiwɛk] (*D* wysiłku [viˈɕiwku]) *m* effort.

wyskakiwać [visˈkakˌivatɕ] *vimperf* to jump out.

wyskok [ˈviskɔk] (*D* -u) *m* [w górę] jump; *pot* [wybryk] excess.

wysłać [ˈviswatɕ] *vperf* to send.

wysłuchać [visˈwuxatɕ] *vperf* to listen to.

wysługa [visˈwuga] (*D* wysługi [visˈwugˌi]) *f* seniority.

wysmażony [vismaˈʒɔni] *adj* well-done.

wysmukły [visˈmukwi] *adj* slender.

wysoki [viˈsɔkˌi] (*compar* wyższy, *superl* najwyższy) *adj* [gen] high; [człowiek] tall • **szkoła wyższa** school of higher education.

wysoko [viˈsɔkɔ] (*compar* wyżej, *superl* najwyżej) *adv* [na dużej wysokości] high; [dużej wartości] highly • **cenią ją wyżej niż mnie** they value her more than me. ⇒ **najwyżej** [najˈviʒej] *adv* at last.

wysokogórski [visɔkɔˈgursk,i] *adj* [klimat] alpine; [sprzęt] mountainclimbing.

wysokokaloryczny [visɔkɔkalɔˈritʃni] *adj* high-calorie.

wysokoprocentowy [visɔkɔprɔˈt͡sɛntɔvi] *adj* high-proof.

wysokość [visˈɔkɔɕtɕ] (*D* wysokości [visˈɔkɔɕt͡ɕi]) *f* [pokoju] height; [100 metrów] altitude; [zarobków, temperatury] level.

wyspa [ˈvispa] (*D* wyspy [ˈvispi]) *f* island.

wyspać się [ˈvispatɕ ɕɛ] *vp perf* to get enough sleep.

wyspany [visˈpani] *adj* well-rested.

wysportowany [visˈpɔrtɔvani] *adj* athletic.

wystarczać [visˈtart͡ʃatɕ] *vimperf* to have enough.

wystarczająco [vistart͡ʃaˈjɔnt͡sɔ] *adv* enough.

wystarczający [vistart͡ʃaˈjɔnt͡ɕi] *adj* sufficient.

wystartować [vistarˈtɔvatɕ] *vperf* [rozpocząć bieg] to compete; [rozpocząć lot] to depart.

wystawa [visˈtava] (*D* wystawy [visˈtavi]) *f* [ekspozycja] exhibition; [witryna] window.

wystawiać [visˈtav,jatɕ] *vimperf* [gen] to put out; [głowę za okno] to poke out; [sztukę] to stage.

wystawny [visˈtavni] *adj* [przyjęcie] sumptuous; [życie] rich.

wystąpić [visˈtɔmp,itɕ] *vperf* = **występować**.

wysterylizować [vistɛrilˌizɔvatɕ] *vperf* = **sterylizować**.

występ [ˈvistɛmp] (*D* -u) *m* performance.

występek [visˈtɛmpɛk] (*D* występku [visˈtɛmpku]) *m* misdemeanour.

występować [vistɛmpɔvatɕ] (*perf* wystąpić [visˈtɔmp,itɕ]) *vimperf* [w teatrze, w filmie] to perform; [do sądu] to sue; [na balu] to come to; [z referatem] to present; [ze spółki, organizacji] to resign • **występować w czyjejś obronie** to act in sb's defence.

wystrój [ˈvistruj] (*D* wystroju [visˈtrɔju]) *m* decor.

wystrzał [ˈvistʃaw] (*D* -u) *m* gunshot.

wystrzegać się [visˈtʃɛgatɕ ɕɛ] *vp imperf* to be wary of.

wystygnąć [visˈtignɔntɕ] *vperf* to get cold.

wysuszyć [visˈuʃitɕ] *vperf* to dry.

wysuwać [visˈuvatɕ] *vimperf* [szufladę] to pull out; [pazury] to stick out.

wysyłać [visˈiwatɕ] *vimperf* to send.

wysypać [visˈipatɕ] *vperf* to sprinkle.

wysypka [visˈipka] (*D* wysypki [visˈipk,i]) *f* rash.

wyszeptać [viʃˈɛptatɕ] *vperf* to whisper.

wyszukany [viʃˈukani] *adj* sophisticated.

wyszukiwarka [viʃukˌivarka] (*D* wyszukiwarki [viʃukˌivark,i]) *f* search engine.

wyścig [viɛtɕik] (D -u) m race.
➽ **wyścigi** [viɛtɕig,i] (D wyścigów [viɛtɕiguf]) mpl races.

wyśledzić [viɛlɛdʑitɕ] vperf to track down.

wyśmienity [viɛm,jɛɲiti] adj [pogoda] excellent; [obiad] delicious.

wyśmiewać [viɛm,jɛvatɕ] vimperf to make fun of.

wyśniony [viɛɲɔɲi] adj dream.

wyświadczać [viɛf,jattʃatɕ] vimperf to show • **wyświadczać przysługę** to do sb a favor.

wyświetlać [viɛf,jɛtlatɕ] vimperf to show.

wytargować [vitargɔvatɕ] vperf to negotiate.

wytarty [vitarti] adj threadbare.

wytatuować [vitatuɔvatɕ] vperf = tatuować.

wytchnienie [vitxɲɛɲɛ] (D wytchnienia [vitxɲɛɲa]) n rest.

wytężać [vitɛʒatɕ] vimperf to strain.

wytężony [vitɛʒɔɲi] adj [praca] strenuous; [wzrok] strained.

wytłumaczalny [vitwumatʃalɲi] adj explicable.

wytłumaczenie [vitwumatʃɛɲɛ] (D wytłumaczenia [vitwumatʃɛɲa]) n explanation.

wytłumaczyć [vitwumatʃitɕ] vperf to explain.

wytrawny [vitravɲi] adj seasoned • **wino wytrawne** dry wine.

wytrącić [vitrɔntɕitɕ] vperf [z ręki] to knock out; [z równowagi] to throw.

wytresować [vitrɛsɔvatɕ] vperf to train.

wytrych [vitrix] (D -u) m skeleton key.

wytrzeć [vitʃɛtɕ] vperf = wycierać.

wytrzepać [vitʃɛpatɕ] vperf = trzepać.

wytrzeźwieć [vitʃɛʑv,jɛtɕ] vperf = trzeźwieć.

wytrzymać [vitʃimatɕ] vperf [znieść] to stand; [z kimś nieznośnym] to put up (with).

wytrzymały [vitʃimawi] adj [na ból] resilient; [materiał] durable.

wytworny [vitfɔrni] adj refined.

wytwórnia [vitfurɲa] (D wytwórni [vitfurɲi]) f [płytowa, filmowa] company; [wędlin] factory.

wytypować [vitipɔvatɕ] vperf to pick.

wyuczony [viutʃɔɲi] adj [wyćwiczony] learned; [nienaturalny] practised.

wywabiacz [vivab,jatʃ] (D -a) m remover.

wywiad [viv,jat] (D -u) m [rozmowa] interview; [służba wywiadowcza] intelligence • **udzielić wywiadu** to be interviewed.

wywiadówka [viv,jadufka] (D wywiadówki [viv,jadufk,i]) f parent-teacher meeting.

wywierać [viv,jɛratɕ] vimperf to exert.

wywiesić [viv,jɛɕitɕ] vperf to hang out.

wywieszka [viv,jɛʃka] (D wywieszki [viv,jɛʃk,i]) f notice.

wywietrznik [viv,jɛtʃɲik] (D -a) m ventilator.

wywietrzyć [viv,jɛtʃitɕ] vperf = wietrzyć.

wywieźć [viv,jɛɕtɕ] vperf = wywozić.

wywnioskować [vivɲɔskɔvatɕ] vperf to conclude.

wywoływać [vivɔwivatɕ] vimperf [do odpowiedzi] to call; [sprzeciw, bunt] to provoke.

wywozić [vivɔʑitɕ] (perf wywieźć [viv,jɛɕtɕ]) vimperf to take out.

wywóz [vivus] (D wywozu [vivɔzu]) m [śmieci] removal; [za granicę] export.

wywrócić [vivrutɕitɕ] vperf to overturn.

wyzdrowieć [vizdrɔv,jɛtɕ] vperf = zdrowieć.

wyzdrowienie [vizdrɔv,jɛɲɛ] (D wyzdrowienia [vizdrɔv,jɛɲa]) n recovery.

wyznać [viznatɕ] vperf to confess.

wyznanie [viznaɲɛ] (D wyznania [viznaɲa]) n [religia] religion; [zwierzenie] confession.

wyznawca, wyznawczyni [viznaftsa, viznaftʃiɲi] *m, f* [religii] believer; [teorii] advocate.

wyzwać [vizvatɕ] *vperf* to challenge.

wyzwanie [vizvaɲɛ] (*D* wyzwania [vizvaɲa]) *n* challenge.

wyzwiska [vizv,iska] (*D* wyzwisk [vizv,isk]) *npl* curse.

wyzwolenie [vizvɔlɛɲɛ] (*D* wyzwolenia [vizvɔlɛɲa]) *n* liberation.

wyzwolić [vizvɔl,itɕ] *vperf* to liberate.

wyzysk [vizisk] (*D* -u) *m pej* exploitation.

wyż [viʃ] (*D* -u) *m* [atmosferyczny] high; [demograficzny] boom.

wyżej [viʒɛj] *adv* ➡ wysoko.

wyżeł [viʒɛw] *m* pointer.

wyższy [viʃʃi] *adj* ➡ wysoki.

wyżymać [viʒimatɕ] *vimperf* to wring.

wyżyna [viʒina] (*D* wyżyny [viʒiɲi]) *f* upland.

wyżywienie [viʒiv,jɛɲɛ] (*D* wyżywienia [viʒiv,jɛɲa]) *n* food.

wzajemnie [vzajɛmɲɛ] *adv* each other.

wzajemny [vzajɛmni] *adj* mutual.

wzbroniony [vzbrɔɲɔni] *adj* prohibited.

wzburzenie [vzbuʒɛɲɛ] (*D* wzburzenia [vzbuʒɛɲa]) *n* outrage.

wzburzony [vzbuʒɔni] *adj* [fale] choppy; [głos] agitated.

wzdłuż [vzdwuʃ] *prep* along.

wzdychać [vzdixatɕ] (*perf* westchnąć [vɛstxnɔntɕ]) *vimperf* to sigh.

wzgląd [vzglɔnt] *m* : bez względu regardless; pod względem in respect; ze względu na in light of.

względem [vzglɛndɛm] *prep* towards.

względnie [vzglɛndɲɛ] *adv* relatively.

względny [vzglɛndni] *adj* [relatywny] relative; [znośny] comparative.

wzgórze [vzguʒɛ] (*D* wzgórza [vzguʒa]) *n* hill.

wziąć [vzɔntɕ] *vperf* = brać.

wzmacniać [vzmatsɲatɕ] *vimperf* to strengthen.

wzmianka [vzm,janka] (*D* wzmianki [vzm,jank,i]) *f* mention.

wznak [vznak] ➡ **na wznak** [na 'vznak] *constr* supine.

wznawiać [vznav,jatɕ] *vimperf* on one's back.

wzniesienie [vzɲɛɕɛɲɛ] (*D* wzniesienia [vzɲɛɕɛɲa]) *n* hill.

wznowienie [vznɔv,jɛɲɛ] (*D* wznowienia [vznɔv,jɛɲa]) *n* resumption.

wzorek [vzɔrɛk] (*D* wzorku [vzɔrku]) *m* pattern.

wzorować [vzɔrɔvatɕ] *vimperf* to model.

wzorowy [vzɔrɔvi] *adj* model.

wzorzec [vzɔʒɛts] (*D* wzorca [vzɔrtsa]) *m* model.

wzór [vzur] (*D* wzoru [vzɔru]) *m* [ideał] example; [model] model; [ozdobny, kwiatowy] pattern.

wzrok [vzrɔk] (*D* -u) *m* [zmysł] vision; [spojrzenie] gaze.

wzrokowy [vzrɔkɔvi] *adj* [nerw] optic; [kontakt] visual.

wzrost [vzrɔst] (*D* -u) *m* [cen, zainteresowania] increase; [człowieka] height.

wzruszać [vzruʃatɕ] *vimperf* to be moved.

wzruszający [vzruʃajɔntɕi] *adj* moving.

wzruszenie [vzruʃɛɲɛ] (*D* wzruszenia [vzruʃɛɲa]) *n* emotion.

wzruszony [vzruʃɔni] *adj* moved.

wzwyż [vzviʃ] ◇ *adv* up. ◇ *part* up.

wzywać [vzivatɕ] (*perf* wezwać [vɛzvatɕ]) *vimperf* to call for.

Z

z [z] *prep* -1. [miejsce] from. -2. [czas] from. -3. [w towarzystwie, w sprawie] with. -4. [cecha] with. -5. [materiał] of • **pierścionek ze złota** gold ring; **sweter z wełny** woollen sweater. -6. [zbiorowość] of.

za [za] *prep* [miejsce] behind; [czas] in • **jest za pięć trzecia** it's five to three.

zaadaptować [zaadaptɔvatɕ] *vperf* to adapt • **zaadaptować strych na mieszkanie** to adapt an attic into a flat.

zaadoptować [zaadɔptɔvatɕ] *vperf* to adopt.

zaadresować [zaadrɛsɔvatɕ] *vperf* to address • **zaadresować list do kogoś** to address a letter to sb.

zaakcentować [zaaktsɛntɔvatɕ] *vperf* = akcentować.

zaakceptować [zaaktsɛptɔvatɕ] *vperf* = akceptować.

zaaklimatyzować [zaakl,imatizɔvatɕ] *vperf* = aklimatyzować.

zaalarmować [zaalarmɔvatɕ] *vperf* = alarmować.

zaangażować [zaaŋɡaʒɔvatɕ] *vp perf* = angażować.

zaangażowanie [zaaŋɡaʒɔvaɲɛ] (D **zaangażowania** [zaaŋɡaʒɔvaɲa]) *n* involvement.

zaangażowany [zaaŋɡaʒɔvani] *adj* involved.

zaatakować [zaatakɔvatɕ] *vperf* = atakować.

zaawansowany [zaavansɔvani] *adj* advanced.

zabandażować [zabandaʒɔvatɕ] *vperf* = bandażować.

zabarwić [zabarv,itɕ] *vperf* = barwić.

zabarykadować [zabarikadɔvatɕ] *vperf* = barykadować.

zabawa [zabava] (D **zabawy** [zabavi]) *f* [gra] game; [spotkanie] party.

zabawiać [zabav,jatɕ] *vimperf* to entertain.

zabawić [zabav,itɕ] *vperf* to have fun.

zabawka [zabafka] (D **zabawki** [zabafk,i]) *f* toy.

zabawny [zabavni] *adj* humorous.

zabezpieczać [zabɛsp,jɛtʃatɕ] *vimperf* to secure.

zabić [zab,itɕ] *vperf* to kill.

zabieg [zab,jɛk] (D -u) *m* [kosmetyczny, chirurgiczny] procedure; [starania] endeavours.

zabierać [zab,jɛratɕ] (*perf* **zabrać** [zabratɕ]) *vimperf* [gen] to take; [odbierać siłą] to steal.

zabity [zab,iti] <> *adj* killed. <> *m, f* (*f* **zabita** [zab,ita]) murder victim.

zablokowany [zablɔkɔvani] *adj* [droga] blocked; [drzwi] locked; [konto] frozen.

zabłądzić [zabwɔndʑitɕ] *vperf* to get lost.

zabłocony [zabwɔtsɔni] *adj* muddy.

zabobon [zabɔbɔn] (D -u) *m* superstition.

zaborczy [zabɔrtʃi] *adj* possessive.

zabójca, zabójczyni [zabujtsa, zabujtʃiɲi] *m, f* murderer.

zabójstwo [zabujstfɔ] (D **zabójstwa** [zabujstfa]) *n* murder.

zabrać [zabratɕ] *vperf* = zabierać.

zabraknąć [zabraknɔntɕ] *vperf* [pieniędzy] to run out; [być nieobecnym] to be absent • **zabrakło dwóch dni do skończenia pracy** two more days were needed to finish the work.

zabraniać [zabraɲatɕ] (*perf* **zabronić** [zabrɔɲitɕ]) *vimperf* to prohibit.

zabronić [zabrɔɲitɕ] *vperf* = zabraniać.

zabroniony [zabrɔɲɔni] *adj* prohibited.

zabrudzić [zabrudʑitɕ] *vperf* = brudzić.

zabudowania [zabudɔvaɲa] (D **zabudowań** [zabudɔvaɲ]) *npl* buildings.

zabudowany [zabudɔvani] *adj* construction.

zaburzenia [zabuʒɛna] (D zaburzeń [zabuʒɛɲ]) npl [snu] disorder; [na giełdzie] disturbance.

zabytek [zabitɛk] (D zabytku [zabitku]) m monument.

zach. (skr od zachód, zachodni) W.

zachcianka [zaxtɕanka] (D zachcianki [zaxtɕank,i]) f whim.

zachęcający [zaxɛntɕajɔntɕi] adj encouraging.

zachęcić [zaxɛntɕitɕ] vperf to encourage.

zachęta [zaxɛnta] (D zachęty [zaxɛnti]) f incentive.

zachłanny [zaxwanni] adj avaricious.

zachłysnąć się [zaxwisnɔntɕ] vp perf to choke on.

zachmurzenie [zaxmuʒɛnɛ] (D zachmurzenia [zaxmuʒɛna]) n clouds.

zachmurzony [zaxmuʒɔni] adj cloudy.

zachmurzyć się [zaxmuʒitɕ ɕɛ] vp perf to cloud over.

zachodni [zaxɔdɲi] adj [półkula] western; [wiatr] westerly.

zachorować [zaxɔrɔvatɕ] vperf to get sick.

zachowanie [zaxɔvaɲɛ] (D zachowania [zaxɔvaɲa]) n behaviour.

zachowywać [zaxɔvivatɕ] vimperf [spokój] to maintain; [przedmioty] to retain; [tajemnice] to keep. ⬅ **zachowywać się** [zaxɔvivatɕ ɕɛ] vp imperf to behave.

zachód [zaxut] (D zachodu [zaxɔdu]) m [pora dnia] dusk; [kierunek] west; [obszar] west • zachód słońca sunset. ⬅ **Zachód** [zaxut] (D Zachodu [zaxɔdu]) m West.

zachrypnięty [zaxripɲɛnti] adj hoarse.

zachwycać [zaxfitsatɕ] vimperf to enchant.

zachwycający [zaxfitsajɔntɕi] adj enchanting.

zachwycony [zaxfitsɔni] adj enchanted.

zachwyt [zaxfit] (D -u) m delight.

zaciągnąć [zatɕɔŋgnɔntɕ] vperf [zawiązać] to drag; [zasłony] to draw; [pożyczkę, kredyt] to take out.

zaciekawić [zatɕɛkav,itɕ] vperf to arouse interest • zaciekawić kogoś to arouse sb's interest.

zaciekawienie [zatɕɛkav,jɛɲɛ] (D zaciekawienia [zatɕɛkav,jɛɲa]) n interest.

zaciemnienie [zatɕɛmɲɛɲɛ] (D zaciemnienia [zatɕɛmɲɛɲa]) n blackout.

zacieniony [zatɕɛɲɔni] adj shady.

zacięty [zatɕɛnti] adj fierce.

zaciskać [zatɕiskatɕ] (perf zacisnąć [zatɕisnɔntɕ]) vimperf [rękę] to tighten; [zęby] to clench • zacisnęła powieki, żeby tego nie widzieć she shut her eyes tight so she couldn't see it.

zacisnąć [zatɕisnɔntɕ] vperf = zaciskać.

zaciszny [zatɕiʃni] adj [ustronny] secluded; [od wiatru] quiet.

zacofany [zatsɔfani] adj [ciemny] backward; [słabiej rozwinięty] underdeveloped.

zaczarowany [zatʃarɔvani] adj magic.

zacząć [zatʃɔntɕ] vperf to start.

zaczekać [zatʃɛkatɕ] vperf to wait.

zaczepiać [zatʃɛp,jatɕ] (perf zaczepić [zatʃɛp,itɕ]) vimperf [sznurek o gwóźdź] to fasten; [swetrem] to get caught on; pot [prowokować kłótnię] to accost.

zaczepka [zatʃɛpka] (D zaczepki [zatʃɛpk,i]) f taunt.

zaczepny [zatʃɛpni] adj aggressive.

zaczerwienić się [zatʃɛrv,jɛɲitɕ ɕɛ] vp perf to redden.

zaczynać [zatʃinatɕ] vimperf to begin.

zaćmienie [zatɕm,jɛɲɛ] (D zaćmienia [zatɕm,jɛɲa]) n [Słońca] eclipse; [umysłu, pamięci] block.

zad [zat] (D -u) m rump.

zadanie [zadaɲɛ] (D zadania [zadaɲa]) n [cel, misja, obowiązek] task; [z matematyki] problem.

zadarty [zadarti] adj snub.

zadatek [zadatɛk] (D zadatku [zadatku]) m deposit.

zadawać [zadavatɕ] vimperf [lekcje] to assign; [pytania] to ask. ⬅ **za-**

dawać się [zadavatɕ ɕɛ] *vp imperf pot* to hang around with.

zadbany [zadbani] *adj* [dom] neat; [kobieta] well-groomed.

zadecydować [zadɛtsidɔvatɕ] *vperf* [postanowić] to decide; [przesądzić] to determine.

zadedykować [zadɛdikɔvatɕ] *vperf* to dedicate.

zadłużony [zadwuʒɔni] *adj* indebted.

zadłużyć się [zadwuʒitɕ ɕɛ] *vp perf* to get into debt.

zadowalać [zadɔvalatɕ] *vimperf* to satisfy.

zadowolony [zadɔvɔlɔni] *adj* pleased.

zadrasnąć [zadrasnɔntɕ] *vperf* to scratch.

zadraśnięcie [zadraɕnɛntɕɛ] *(D za- draśnięcia* [zadraɕnɛntɕa]*) n* scratch.

zadręczać [zadrɛntʃatɕ] *vimperf* to pester.

Zaduszki [zaduʃki] *pl* All Souls' Day.

zadymiony [zadim,jɔni] *adj* smoky.

zadyszany [zadiʃani] *adj* breathless.

zadyszeć się [zadiʃɛtɕ ɕɛ] *vp perf* to be short of breath.

zadyszka [zadiʃka] *(D zadyszki* [za- diʃk,i]*) f* breathlessness.

zadziwiający [zadʑiv,jajɔntɕi] *adj* astonishing.

zadzwonić [zadzvɔnitɕ] *vperf* = dzwonić.

zafascynowany [zafastsinɔvani] *adj* fascinated.

zafundować [zafundɔvatɕ] *vperf pot* to treat for.

zagadka [zagatka] *(D zagadki* [za- gatk,i]*) f* [łamigłówka] riddle; [tajem- nica] mystery.

zagadkowy [zagatkɔvi] *adj* puzzling.

zagadnienie [zagadɲɛɲɛ] *(D zagad- nienia* [zagadɲɛɲa]*) n* issue.

zagapić się [zagap,itɕ ɕɛ] *vp perf* [zamyślić się] not to pay attention; [zapatrzyć się] to stare.

zagęszczony [zagɛ̃ʃtʃɔni] *adj* con- densed.

zaginąć [zag,inɔntɕ] *vperf* to disap- pear.

zaginiony [zag,iɲɔni] *adj* missing.

zaglądać [zaglɔndatɕ] *vimperf* [do środka] to look; [odwiedzać] to look in on.

zagłodzić [zagwɔdʑitɕ] *vperf* to starve.

zagoić się [zagɔjitɕ ɕɛ] *vp perf* = goić się.

zagospodarowany [zagɔspɔdarɔ- vani] *adj* developed.

zagrabić [zagrab,itɕ] *vperf* = grabić.

zagrać [zagratɕ] *vperf* = grać.

zagradzać [zagradzatɕ] *vimperf* [bra- mę, przejazd] to obstruct; [teren] to secure.

zagranica [zagraɲitsa] *(D zagranicy* [zagraɲitsi]*) f* abroad.

zagraniczny [zagraɲitʃni] *adj* for- eign.

zagrażać [zagraʒatɕ] *vimperf* to threaten • **zagrażać komuś** to threa- ten sb.

zagrozić [zagrɔʑitɕ] *vperf* to threaten • **zagrozić komuś** to threaten sb.

zagrożenie [zagrɔʒɛɲɛ] *(D zagrożenia* [zagrɔʒɛɲa]*) n* threat.

zagrywka [zagrifka] *(D zagrywki* [zagrifk,i]*) f* SPORT serve.

Zagrzeb [zagʒɛp] *(D Zagrzebia* [za- gʒɛbja]*) m* Zagreb.

zagrzmieć [zagʒm,jɛtɕ] *vperf* = grzmieć.

zagubiony [zagub,jɔni] *adj* lost.

zagwarantować [zagvarantɔvatɕ] *vperf* = gwarantować.

zagwizdać [zagv,izdatɕ] *vperf* = gwizdać.

zahamować [zaxamɔvatɕ] *vperf* = hamować.

zahartować [zaxartɔvatɕ] *vperf* = hartować.

zahartowany [zaxartɔvani] *adj* har- dened.

zaimek [zajimɛk] *(D zaimka* [zajim- ka]*) m* GRAM pronoun.

zaimponować [zajimpɔnɔvatɕ] *vperf* = imponować.

zaimprowizowany [zajimprɔv,izɔ- vani] *adj* impromptu.

zainspirować [zajinsp,irɔvatɕ] *vperf*
= inspirować.

zainteresować [zajintɛrɛsɔvatɕ]
vperf = interesować.

zainteresowanie [zajintɛrɛsɔvaɲɛ]
(*D* **zainteresowania** [zajintɛrɛsɔva-
ɲa]) *n* interest. ➡ **zainteresowania** [zajintɛrɛsɔvaɲa] (*D* **zainte-
resowań** [zajintɛrɛsɔvaɲ]) *npl* inter-
ests.

zainteresowany [zajintɛrɛsɔvani]
adj interested.

zaintrygować [zajintrigɔvatɕ] *vperf*
= intrygować.

zainwestować [zajinvɛstɔvatɕ]
vperf = inwestować.

zajazd [zajast] (*D* -u) *m* roadside
restaurant.

zając [zajɔɲts] *m* hare.

zając [zajɔɲtɕ] *vperf* = zajmować.

zajezdnia [zajɛzdɲa] (*D* **zajezdni**
[zajɛzdɲi]) *f* depot.

zajęcie [zajɛɲtɕɛ] (*D* **zajęcia** [zajɛɲ-
tɕa]) *n* occupation • **prosimy o zajęcie miejsca** please take your places.
➡ **zajęcia** [zajɛɲtɕa] (*D* **zajęć**
[zajɛɲtɕ]) *npl* classes.

zajęty [zajɛnti] *adj* [zapracowany]
busy; [miejsce] occupied.

zajmować [zajmɔvatɕ] (*perf* **zająć**
[zajɔɲtɕ]) *vimperf* [miejsce] to occupy; [czas] to take.

zajrzeć [zajʒɛtɕ] *vperf* [odwiedzić] to
visit; [spojrzeć] to look.

zajście [zajɕtɕɛ] (*D* **zajścia** [zajɕtɕa]) *n*
incident.

zakatarzony [zakataʒɔni] *adj* congested.

zakaz [zakas] (*D* -u) *m* prohibition.

zakazać [zakazatɕ] *vperf* to prohibit.

zakazany [zakazani] *adj* forbidden.

zakaźny [zakaʑni] *adj* [choroba] infectious • **oddział zakaźny** isolation
ward.

zakażenie [zakaʒɛɲɛ] (*D* **zakażenia**
[zakaʒɛɲa]) *n* infection.

zakażony [zakaʒɔni] *adj* infected.

zakąska [zakɔ̃ska] (*D* **zakąski** [zakɔ̃s-
k,i]) *f* appetizer.

zakątek [zakɔntɛk] (*D* **zakątka** [za-
kɔntka]) *m* nook.

zakląć [zaklɔɲtɕ] *vperf* = kląć.

zakleić [zaklɛjitɕ] *vperf* [kopertę] to
seal; [ogłoszenie] to stick.

zakład [zakwat] (*D* -u) *m* [przedsię-
biorstwo] plant; [rodzaj umowy] bet.
➡ **zakłady** [zakwadi] (*D* **zakładów** [zakwaduf]) *mpl* bets.

zakładać [zakwadatɕ] (*perf* **założyć**
[zawɔʒitɕ]) *vimperf* to put on.
➡ **zakładać się** [zakwadatɕ ɕɛ]
(*perf* **założyć się** [zawɔʒitɕ ɕɛ]) *vp
imperf* to bet.

zakładnik, zakładniczka [zakwad-
ɲik, zakwadɲitʃka] *m, f* hostage.

zakłamany [zakwamani] *adj* hypo-
critical.

zakłopotanie [zakwɔpɔtaɲɛ] (*D* **za-
kłopotania** [zakwɔpɔtaɲa]) *n* con-
sternation.

zakłopotany [zakwɔpɔtani] *adj* embarrassed.

zakłócać [zakwutsatɕ] *vimperf* to
disrupt.

zakłócenie [zakwutsɛɲɛ] (*D* **zakłócenia** [zakwutsɛɲa]) *n* [komunikacyjne]
disruption; [w odbiorze telewizji]
disturbance.

zakneblować [zaknɛblɔvatɕ] *vperf* =
kneblować.

zakochać się [zakɔxatɕ ɕɛ] *vp perf* to
fall in love • **zakochać się w kimś** to
fall in love with sb.

zakochany [zakɔxani] *adj* loving
• **jest w nim zakochana** she's in love
with him.

zakodować [zakɔdɔvatɕ] *vperf* =
kodować.

zakodowany [zakɔdɔvani] *adj* en-
coded.

zakomunikować [zakɔmuɲikɔvatɕ]
vperf to inform.

zakon [zakɔn] (*D* -u) *m* order.

zakonnica [zakɔɲɲitsa] *f* nun.

zakonnik [zakɔɲɲik] *m* monk.

zakończenie [zakɔɲtʃɛɲɛ] (*D* **zakoń-
czenia** [zakɔɲtʃɛɲa]) *n* ending.

zakończyć [zakɔɲtʃitɕ] *vperf* = kończyć.

zakopać [zakɔpatɕ] *vperf* to bury.

Zakopane [zakɔpanɛ] (*D* **Zakopanego** [zakɔpanɛgɔ]) *n* Zakopane.

zakpić [zakp,itɕ] *vperf* to mock • **zakpić z kogoś** to mock sb.

zakraść się [zakraɕtɕ] *vp perf* to sneak in.

zakres [zakrɛs] (*D* **-u**) *m* range • **zakres obowiązków** range of responsibilities.

zakręcać [zakrɛntsatɕ] (*perf* **zakręcić** [zakrɛntɕitɕ]) *vimperf* [kran, butelkę] to twist closed; [włosy na wałki] to curl; *(tylko imperf)* [w lewo, w prawo] to turn.

zakręcić [zakrɛntɕitɕ] *vperf* = **zakręcać**.

zakręt [zakrɛnt] (*D* **-u**) *m* turn.

zakrętka [zakrɛntka] (*D* **zakrętki** [zakrɛntk,i]) *f* cap.

zakrwawiony [zakrfav,jɔni] *adj* bloody.

zakrywać [zakrivatɕ] *vimperf* to hide.

zakrztusić się [zakʃtuɕitɕ ɕɛ] *vp perf* to choke • **zakrztusić się czymś** to choke on sth.

zakrzywiony [zakʃiv,jɔni] *adj* curved.

zakup [zakup] (*D* **-u**) *m* purchase • **robić zakupy** to go shopping.

zakurzony [zakuʒɔni] *adj* dusty.

zakwalifikować [zakfal,if,ikɔvatɕ] *vperf* = **kwalifikować**.

zakwestionować [zakfɛstjɔnɔvatɕ] *vperf* = **kwestionować**.

zakwitnąć [zakf,itnɔntɕ] *vperf* to bloom.

zalać [zalatɕ] *vperf* = **zalewać**.

zalany [zalani] *adj* [mieszkanie] flooded; *pot* [pijany] sloshed.

zalecać [zalɛtsatɕ] *vimperf* to recommend.

zaledwie [zalɛdv,jɛ] *part* merely.

zalegalizować [zalɛgal,izɔvatɕ] *vperf* to legalise.

zaległy [zalɛgwi] *adj* outstanding.

zaleta [zalɛta] (*D* **zalety** [zalɛti]) *f* virtue.

zalew [zalɛf] (*D* **-u**) *m* reservoir.

zalewać [zalevatɕ] (*perf* **zalać** [zalatɕ]) *vimperf* [mieszkanie] to flood; [herbatę wrzątkiem] to pour over.

zależeć [zalɛʒɛtɕ] *vimperf* to depend on.

zależnie [zalɛʒɲɛ] *adv* depending on.

zależność [zalɛʒnɔɕtɕ] (*D* **zależności** [zalɛʒnɔɕtɕi]) *f* [finansowa, gospodarcza] dependence; [związek] relationship • **w zależności od czegoś** depending on sthg.

zależny [zalɛʒni] *adj* dependent.

zaliczać [zal,itʃatɕ] (*perf* **zaliczyć** [zal,itʃitɕ]) *vimperf* [przedmiot] to finish; [uważać za coś] to count.

zaliczenie [zal,itʃɛɲɛ] (*D* **zaliczenia** [zal,itʃɛɲa]) *n* credit.

zaliczka [zal,itʃka] (*D* **zaliczki** [zal,itʃk,i]) *f* deposit.

zaliczyć [zal,itʃitɕ] *vperf* = **zaliczać**.

zalotny [zalɔtni] *adj* coquettish.

zaludnienie [zaludɲɛɲɛ] (*D* **zaludnienia** [zaludɲɛɲa]) *n* population.

załadować [zawadɔvatɕ] *vperf* to load.

załamać [zawamatɕ] *vperf* to break. → **załamać się** [zawamatɕ ɕɛ] *vp perf* [nerwowo, psychicznie] to break down; [sytuacja gospodarcza] to slump; [most, lód] to collapse.

załamanie [zawamaɲɛ] (*D* **załamania** [zawamaɲa]) *n* [depresja] breakdown; [kryzys ekonomiczny] slump.

załatwić [zawatf,itɕ] *vperf* to arrange; *pot* [rozprawić się z kimś] to deal with. → **załatwić się** [zawatf,itɕ ɕɛ] *vp perf pot* to go to the toilet.

załączenie [zawɔntʃɛɲɛ] (*D* **załączenia** [zawɔntʃɛɲa]) *n* attachment • **w załączeniu** attached.

załącznik [zawɔntʃɲik] (*D* **-a**) *m* attachment.

załoga [zawɔga] (*D* **załogi** [zawɔg,i]) *f* crew.

założenie [zawɔʒɛɲɛ] (*D* **założenia** [zawɔʒɛɲa]) *n* [zasadnicza myśl] assumption; [plan, propozycja] premise.

założyciel [zawɔʒitɕel] *m* founder.

założyć [zawɔʒitɕ] *vperf* = zakładać.

zamach [zamax] (*D* -u) *m* attack
• zamach stanu coup.

zamachowiec [zamaxɔv‚jɛts] *m* attacker.

zamarznięty [zamarznɛnti] *adj* frozen.

zamaskowany [zamaskɔvani] *adj* masked.

zamawiać [zamav‚jatɕ] (*perf* zamówić [zamuv‚itɕ]) *vimperf* to order.

zamek¹ [zamɛk] (*D* zamka [zamka]) *m* lock.

zamek² [zamɛk] (*D* zamku [zamku]) *m* castle.

zameldować [zamɛldɔvatɕ] *vperf* to register.

zamęczyć [zamɛntʃitɕ] *vperf* to pester.

zamęt [zamɛnt] (*D* -u) *m* confusion.

zamężna [zamɛ̃ʒna] *adj* married
• kobieta zamężna a married woman.

zamglenie [zamglɛɲɛ] (*D* zamglenia [zamglɛɲa]) *n* mist.

zamglony [zamglɔɲi] *adj* misty.

zamiana [zam‚jana] (*D* zamiany [zam‚jani]) *f* [wymiana] exchange; [przemiana] conversion.

zamiar [zam‚jar] (*D* -u) *m* intention.

zamiast [zam‚jast] *prep* instead of.

zamiatać [zam‚jatatɕ] (*perf* zamieść [zam‚jɛɕtɕ]) *vimperf* to sweep.

zamieć [zam‚jɛtɕ] (*D* zamieci [zam‚jɛtɕi]) *f* snowstorm.

zamiejscowy [zam‚jɛjstsɔvi] *adj* [uczeń] out-of-town; [rozmowa telefoniczna] long-distance.

zamieniać [zam‚jɛɲatɕ] (*perf* zamienić [zam‚jɛɲitɕ]) *vimperf* [mieszkanie] to exchange; [wodę w lód] to turn.

zamierzać [zam‚jɛʒatɕ] *vimperf* to intend.

zamieszać [zam‚jɛʃatɕ] *vperf* to stir.

zamieszanie [zam‚jɛʃaɲɛ] (*D* zamieszania [zam‚jɛʃaɲa]) *n* confusion.

zamieszkać [zam‚jɛʃkatɕ] *vperf* to live.

zamieszkały [zam‚jɛʃkawi] *adj* [osiadły] resident.

zamieszkany [zam‚jɛʃkani] *adj* [teren] inhabited.

zamieszki [zam‚jɛʃk‚i] (*D* zamieszek [zam‚jɛʃɛk]) *pl* riots.

zamieść [zam‚jɛɕtɕ] *vperf* = zamiatać.

zamknąć [zamknɔntɕ] *vperf* [gen] to close; [zasunąć, zatrzasnąć] to lock; [zlikwidować] to shut down.

zamknięcie [zamknɛntɕɛ] (*D* zamknięcia [zamknɛntɕa]) *n* closing.

zamknięty [zamknɛnti] *adj* closed.

zamocować [zamɔtsɔvatɕ] *vperf* to mount.

zamordować [zamɔrdɔvatɕ] *vperf* to murder.

zamorski [zamɔrsk‚i] *adj* overseas.

zamortyzować [zamɔrtizɔvatɕ] *vperf* to cushion.

zamożny [zamɔʒni] *adj* wealthy.

zamówić [zamuv‚itɕ] *vperf* = zamawiać.

zamówienie [zamuv‚jɛɲɛ] (*D* zamówienia [zamuv‚jɛɲa]) *n* order.

zamrażać [zamraʒatɕ] (*perf* zamrozić [zamrɔʑitɕ]) *vimperf* to freeze.

zamrażalnik [zamraʒalɲik] (*D* -a) *m* freezer.

zamrażarka [zamraʒarka] (*D* zamrażarki [zamraʒark‚i]) *f* freezer.

zamrozić [zamrɔʑitɕ] *vperf* = zamrażać.

zamrożenie [zamrɔʒɛɲɛ] (*D* zamrożenia [zamrɔʒɛɲa]) *n* [wody, owoców] freezing • zamrożenie cen price freeze.

zamsz [zamʃ] (*D* -u) *m* suede.

zamykać [zamikatɕ] *vimperf* to close.

zamyślić się [zamiɕl‚itɕ ɕɛ] *vp perf* to be lost in thought.

zamyślony [zamiɕlɔni] *adj* thoughtful.

zanalizować [zanal‚izɔvatɕ] *vperf* = analizować.

zanieczyszczenie [zaɲɛtʃiʃtʃɛɲɛ] (*D* zanieczyszczenia [zaɲɛtʃiʃtʃɛɲa]) *n* pollution. ➡ **zanieczyszczenia** [zaɲɛtʃiʃtʃɛɲa] (*D* zanieczyszczeń [zaɲɛtʃiʃtʃɛɲ]) *npl* impurities.

zaniedbanie [zaɲɛdbaɲɛ] (D **zanied-bania** [zaɲɛdbaɲa]) n neglect.

zaniedbany [zaɲɛdbani] adj [kobieta] neglected; [mieszkanie] rundown.

zaniedbywać [zaɲɛdbivatɕ] vimperf to neglect.

zaniemówić [zaɲɛmuv,itɕ] vperf to be speechless.

zaniepokoić [zaɲɛpɔkɔjitɕ] vperf to alarm. ➡ **zaniepokoić się** [zaɲɛpɔkɔjitɕ ɕɛ] vp perf to be alarmed.

zaniepokojenie [zaɲɛpɔkɔjɛɲɛ] (D **zaniepokojenia** [zaɲɛpɔkɔjɛɲa]) n alarm.

zaniepokojony [zaɲɛpɔkɔjɔni] adj alarmed.

zanieść [zaɲɛɕtɕ] vperf = zanosić.

zanik [zaɲik] (D -u) m loss.

zaniżać [zaɲiʐatɕ] vimperf to lower.

zanosić [zanɔɕitɕ] (perf zanieść [zaɲɛɕtɕ]) vimperf to take. ➡ **zanosić się** [zanɔɕitɕ ɕɛ] vimpers to look like.

zanotować [zanɔtɔvatɕ] vperf = notować.

zanurzyć [zanuʐitɕ] vperf to immerse.

zaoczny [zaɔtʃni] adj in absentia • studia zaoczne part-time studies.

zaognić [zaɔgɲitɕ] vperf to inflame.

zaokrąglić [zaɔkrɔŋgl,itɕ] vperf to round.

zaokrąglony [zaɔkrɔŋgloni] adj rounded.

zaopatrywać [zaɔpatrivatɕ] vimperf to supply.

zaopatrzony [zaɔpatʃɔni] adj stocked.

zaopiekować się [zaɔp,jɛkɔvatɕ ɕɛ] vp perf to take care of.

zaostrzyć [zaɔstʃitɕ] vperf [kary, przepisy] to tighten; [konflikt] to inflame; [ołówek] to sharpen.

zaoszczędzić [zaɔʃtʃɛndʑitɕ] vperf to save.

zaowocować [zaɔvɔtsɔvatɕ] vperf [przynieść rezultat] to bear fruit; [wydać owoce] to bear fruit.

zapach [zapax] (D -u) m smell.

zapakować [zapakɔvatɕ] vperf = pakować.

zapalać [zapalatɕ] (perf zapalić [zapal,itɕ]) vimperf [papierosa, ognisko] to light; [światło, telewizor, lampę] to turn on; [o samochodzie] to start.

zapalenie [zapalɛɲɛ] (D **zapalenia** [zapalɛɲa]) n infection • zapalenie płuc pneumonia.

zapalić [zapal,itɕ] vperf = zapalać.

zapalniczka [zapalɲitʃka] (D **zapalniczki** [zapalɲitʃk,i]) f lighter.

zapalny [zapalni] adj [rejon świata] hot; [stan] inflamed • punkt zapalny hot spot.

zapał [zapaw] (D -u) m zeal.

zapałka [zapawka] (D **zapałki** [zapawk,i]) f match.

zapamiętać [zapam,jɛntatɕ] vperf to remember.

zapanować [zapanɔvatɕ] vperf [nad strachem, radością] to be in control of; [cisza] to prevail.

zaparcie [zapartɕɛ] (D **zaparcia** [zapartɕa]) n constipation.

zaparkować [zaparkɔvatɕ] vperf = parkować.

zaparowany [zaparɔvani] adj misty.

zaparzać [zapaʐatɕ] vimperf to brew.

zapas [zapas] (D -u) m reserve.

zapasowy [zapasɔvi] adj spare • koło zapasowe spare tire.

zapasy [zapasi] (D **zapasów** [zapasuf]) pl wrestling.

zapatrzony [zapatʃɔni] adj entranced.

zapchany [zapxani] adj [zlew, komin] blocked; [tramwaj] packed.

zapełnić [zapɛwɲitɕ] vperf to fill.

zapewniać [zapɛvɲatɕ] vimperf [przekonywać] to assure; [gwarantować] to guarantee.

zapewnienie [zapɛvɲɛɲɛ] (D **zapewnienia** [zapɛvɲɛɲa]) n assurance.

zapewniony [zapɛvɲɔni] adj [dostarczony] provided; [pewny] certain.

zapiąć [zap,jɔntɕ] vperf = zapinać.

zapiekać [zap,jɛkatɕ] vimperf to bake.

zapięcie [zap,jɛntɕɛ] (D **zapięcia** [zap,jɛntɕa]) n fastener.

264

zapinać [zap,inatɕ] (*perf* **zapiąć** [za-p,jɔntɕ]) *vimperf* to fasten.

zapisać [zap,isatɕ] *vperf* [adres] to write down; [dziecko na angielski] to register.

zaplanować [zaplanɔvatɕ] *vperf* = planować.

zaplanowany [zaplanɔvani] *adj* planned.

zaplecze [zaplɛtʃɛ] (*D* **zaplecza** [zaplɛtʃa]) *n* stores.

zaplombować [zaplɔmbɔvatɕ] *vperf* = plombować.

zapłacić [zapwatɕitɕ] *vperf* = płacić.

zapłakany [zapwakani] *adj* tearful.

zapłata [zapwata] (*D* **zapłaty** [zapwati]) *f* payment.

zapłon [zapwɔn] (*D* **-u**) *m* AUTO ignition.

zapominać [zapɔm,inatɕ] (*perf* **zapomnieć** [zapɔmɲɛtɕ]) *vimperf* to forget.

zapomnieć [zapɔmɲɛtɕ] *vperf* = zapominać.

zapomoga [zapɔmɔga] (*D* **zapomogi** [zapɔmɔg,i]) *f* one-off payment.

zapora [zapɔra] (*D* **zapory** [zapɔri]) *f* [tama] dam; [przeszkoda] barrier.

zapowiadać [zapɔv,jadatɕ] (*perf* **zapowiedzieć** [zapɔv,jɛdʑɛtɕ]) *vimperf* *(raczej w imperf)* [zwiastować] : grzmoty zapowiadają burzę it sounds like there's going to be a storm; [uprzedzać o czymś] to announce.

zapowiedzieć [zapɔv,jɛdʑɛtɕ] *vperf* = zapowiadać.

zapowiedź [zapɔv,jɛtɕ] (*D* **zapowiedzi** [zapɔv,jɛdʑi]) *f* [ogłoszenie] announcement; [oznaka] sign.

zapoznawać [zapɔznavatɕ] *vimperf* to introduce.

zapracowany [zapratsɔvani] *adj* busy.

zapraszać [zapraʃatɕ] (*perf* **zaprosić** [zaprɔɕitɕ]) *vimperf* to invite.

zaprojektować [zaprɔjɛktɔvatɕ] *vperf* = projektować.

zaproponować [zaprɔpɔnɔvatɕ] *vperf* = proponować.

zaprosić [zaprɔɕitɕ] *vperf* = zapraszać.

zaproszenie [zaprɔʃɛɲɛ] (*D* **zaproszenia** [zaprɔʃɛɲa]) *n* invitation.

zaprotestować [zaprɔtɛstɔvatɕ] *vperf* to protest.

zaprzeczać [zapʃɛtʃatɕ] *vimperf* to deny • **zaprzeczać czemuś** to deny sthg.

zaprzyjaźnić się [zapʃijaʑɲitɕ ɕɛ] *vp perf* to become friends.

zaprzyjaźniony [zapʃijaʑɲɔni] *adj* : **być zaprzyjaźnionym z kimś** to be friends with sb.

zapuchnięty [zapuxɲɛnti] *adj* swollen.

zapukać [zapukatɕ] *vperf* = pukać.

zapytać [zapitatɕ] *vperf* = pytać.

zarabiać [zarab,jatɕ] (*perf* **zarobić** [zarɔb,itɕ]) *vimperf* to earn.

zaradny [zaradni] *adj* resourceful.

zaraz [zaras] *adv* [natychmiast] immediately; [za chwilę] in a moment.

zarazić [zaraʑitɕ] *vperf* to infect.

zaraźliwy [zaraʑ,ivi] *adj* infectious.

zardzewiały [zardʑɛv,jawi] *adj* rusty.

zardzewieć [zardʑɛv,jɛtɕ] *vperf* = rdzewieć.

zareagować [zarɛagɔvatɕ] *vperf* = reagować.

zarejestrowany [zarɛjɛstrɔvani] *adj* registered.

zarezerwować [zarɛzɛrvɔvatɕ] *vperf* = rezerwować.

zarezerwowany [zarɛzɛrvɔvani] *adj* reserved.

zaręczać [zarɛntʃatɕ] *vimperf* to guarantee.

zaręczony [zarɛntʃɔni] *adj* engaged.

zaręczyny [zarɛntʃini] (*D* **zaręczyn** [zarɛntʃin]) *pl* engagement.

zarobek [zarɔbɛk] (*D* **zarobku** [zarɔpku]) *m* earnings.

zarobić [zarɔb,itɕ] *vperf* = zarabiać.

zarobkowy [zarɔpkɔvi] *adj* paid.

zarost [zarɔst] (*D* **-u**) *m* growth.

zarośla [zarɔɕla] (*D* **zarośli** [zarɔɕl,i]) *pl* thicket.

zarozumiały [zarɔzum,jawi] *adj* conceited.

zarówno [zaruvnɔ] *conj* both.

zarumienić się [zarum,jɛɲitɕ ɕɛ] *vp perf* = rumienić się.

zarys [zaris] (*D* -u) *m* outline.

zarząd [zaʒɔnt] (*D* -u) *m* [organ] board (of directors); [zarządzanie] management.

zarządzać [zaʒɔndzatɕ] *vimperf* [przedsiębiorstwem, firmą] to manage; [wydawać polecenie] to order.

zarządzanie [zaʒɔndzaɲɛ] (*D* zarządzania [zaʒɔndzaɲa]) *n* management.

zarzucać [zaʒutsatɕ] *vimperf* [biurko papierami] to scatter; [torbę na ramię] to fling; [pytaniami, prośbami] to bombard; [oszustwo] to accuse.

zarzut [zaʒut] (*D* -u) *m* accusation.

zasada [zasada] (*D* zasady [zasadi]) *f* rule.

zasadniczo [zasadɲitʃɔ] *adv* fundamentally.

zasadniczy [zasadɲitʃi] *adj* [podstawowy] basic; [całkowity] fundamental.

zasadzić [zasadʑitɕ] *vperf* to plant.

zasadzka [zasatska] (*D* zasadzki [zasatsk,i]) *f* ambush.

zasapać się [zasapatɕ ɕɛ] *vp perf* to get out of breath.

zasapany [zasapani] *adj* breathless.

zasiać [zaɕatɕ] *vperf* to sow.

zasięg [zaɕɛŋk] (*D* zasięgu [zaɕɛŋgu]) *m* range.

zasięgnąć [zaɕɛŋgnɔntɕ] *vperf* to ask for • **zasięgnąć czyjejś opinii** to consult sb.

zasiłek [zaɕiwɛk] (*D* zasiłku [zaɕiwku]) *m* benefit.

zaskakiwać [zaskak,ivatɕ] (*perf* zaskoczyć [zaskɔtʃitɕ]) *vimperf* to surprise.

zaskakujący [zaskakujɔntsi] *adj* surprising.

zaskoczenie [zaskɔtʃɛɲɛ] (*D* zaskoczenia [zaskɔtʃɛɲa]) *n* surprise.

zaskoczyć [zaskɔtʃitɕ] *vperf* = zaskakiwać.

zaskroniec [zaskrɔɲɛts] *m* grass snake.

zasłabnąć [zaswabnɔntɕ] *vperf* [zemdleć] to faint.

zasłaniać [zaswaɲatɕ] (*perf* zasłonić [zaswɔɲitɕ]) *vimperf* to cover • **zasłonić okno** to close the curtains.

zasłona [zaswɔna] (*D* zasłony [zaswɔni]) *f* curtain *UK*, drape *US*.

zasłonić [zaswɔɲitɕ] *vperf* = zasłaniać.

zasługa [zaswuga] (*D* zasługi [zaswug,i]) *f* contribution.

zasłużyć [zaswuʒitɕ] *vperf* to deserve.

zasnąć [zasnɔntɕ] *vperf* to fall asleep.

zaspa [zaspa] (*D* zaspy [zaspi]) *f* snowdrift.

zaspać [zaspatɕ] *vperf* to oversleep.

zaspany [zaspani] *adj* sleepy.

zaspokoić [zaspɔkɔjitɕ] *vperf* [głód, ciekawość] to satisfy; [pragnienie] to quench.

zastać [zastatɕ] *vperf* to find • **czy zastałem dyrektora?** is the director in?

zastanawiać [zastanav,jatɕ] *vimperf* to puzzle. ➡ **zastanawiać się** [zastanav,jatɕ ɕɛ] *vp imperf* to think.

zastaw [zastaf] (*D* -u) *m* collateral.

zastawa [zastava] (*D* zastawy [zastavi]) *f* tableware.

zastępczy [zastɛmptʃi] *adj* substitute • **rodzina zastępcza** foster family.

zastępować [zastɛmpɔvatɕ] *vimperf* to stand in.

zastosować [zastɔsɔvatɕ] *vperf* to use.

zastosowanie [zastɔsɔvaɲɛ] (*D* zastosowania [zastɔsɔvaɲa]) *n* application.

zastraszyć [zastraʃitɕ] *vperf* to intimidate.

zastrzec [zastʃɛts] *vperf* to reserve.

zastrzelić [zastʃɛl,itɕ] *vperf* to shoot dead.

zastrzeżony [zastʃɛʒɔni] *adj* reserved; [numer] ex-directory *UK*, unlisted *US*.

zastrzyk [zastʃik] (*D* -u) *m* injection.

zastukać [zastukatɕ] *vperf* to tap.

zasugerować [zasugɛrɔvatɕ] *vperf* = sugerować.

zasuwa [zasuva] (*D* zasuwy [zasuvɨ]) *f* bolt.

zasygnalizować [zasignal,izɔvatɕ] *vperf* = sygnalizować.

zasypać [zasipatɕ] *vperf* [ziemią] to fill; [pokryć] to cover.

zasypiać [zasip,jatɕ] *vimperf* to fall asleep.

zaszaleć [zaʃalɛtɕ] *vperf* to push the boat out.

zaszczyt [zaʃtʃit] (*D* -u) *m* honour.

zaszkodzić [zaʃkɔdʑitɕ] *vperf* [spowodować chorobę] to be bad; [reputacji] to harm.

zasznurować [zaʃnurɔvatɕ] *vperf* = sznurować.

zaszokować [zaʃɔkɔvatɕ] *vperf* = szokować.

zaszyfrować [zaʃifrɔvatɕ] *vperf* = szyfrować.

zaślepienie [zaɕlɛp,jɛɲɛ] (*D* zaślepienia [zaɕlɛp,jɛɲa]) *n pej* blindness.

zaśmiać się [zaɕm,jatɕ ɕɛ] *vp perf* to laugh.

zaśmiecać [zaɕm,jɛtsatɕ] *vimperf* [trawniki] to drop litter.

zaświadczenie [zaɕf,jattʃɛɲɛ] (*D* zaświadczenia [zaɕf,jattʃɛɲa]) *n* certificate.

zatamować [zatamɔvatɕ] *vperf* = tamować.

zatankować [zataŋkɔvatɕ] *vperf* = tankować.

zatańczyć [zataɲtʃitɕ] *vperf* = tańczyć.

zatarg [zatark] (*D* -u) *m* quarrel.

zatem [zatɛm] *conj* therefore.

zatkać [zatkatɕ] *vperf* [butelkę korkiem] to stop (up) • **zatkało mnie, gdy ją zobaczyłem** *pot* I was flabbergasted when I saw her.

zatłoczony [zatwɔtʃɔni] *adj* crowded.

zatoka [zatɔka] (*D* zatoki [zatɔk,i]) *f* bay, gulf.

zatopić [zatɔp,itɕ] *vperf* to sink.

zatrąbić [zatrɔmb,itɕ] *vperf* = trąbić.

zatroskany [zatrɔskani] *adj* worried.

zatrucie [zatrutɕɛ] (*D* zatrucia [zatrutɕa]) *n* poisoning.

zatrudniać [zatrudɲatɕ] *vimperf* to employ.

zatrudniony [zatrudɲɔni] *adj* employed.

zatruty [zatruti] *adj* poisoned.

zatruwać [zatruvatɕ] *vimperf* to poison.

zatrzask [zatʃask] (*D* -u) *m* press-stud.

zatrzymać [zatʃimatɕ] *vperf* [samochód] to stop; [przestępcę] to detain.

zatuszować [zatuʃɔvatɕ] *vperf* to cover up.

zatwardzenie [zatfardzɛɲɛ] (*D* zatwardzenia [zatfardzɛɲa]) *n* constipation.

zaufać [zaufatɕ] *vperf* = ufać.

zaufanie [zaufaɲɛ] (*D* zaufania [zaufaɲa]) *n* trust.

zaułek [zauwɛk] (*D* zaułka [zauwka]) *m* lane.

zauważyć [zauvaʒitɕ] *vperf* [dostrzec] to notice; [zrobić uwagę] to remark.

zawadzić [zavadʑitɕ] *vperf* [potrącić] to knock; [potknąć się] to trip.

zawahać się [zavaxatɕ ɕɛ] *vp perf* to hesitate.

zawalić [zaval,itɕ] *vperf* [rzeczami] to fill; [pracą] to swamp; *pot* [pracę] to blow. ➡ **zawalić się** [zaval,itɕ ɕɛ] *vp perf* to collapse.

zawał [zavaw] (*D* -u) *m* heart attack.

zawartość [zavartɔɕtɕ] (*D* zawartości [zavartɔɕtɕi]) *f* [naczynia, torby, paczki] contents; [ilość składnika] content.

zawdzięczać [zavdʑɛntʃatɕ] *vimperf* to owe.

zawiadomić [zav,jadɔm,itɕ] *vperf* to inform.

zawiadomienie [zav,jadɔm,jɛɲɛ] (*D* zawiadomienia [zav,jadɔm,jɛɲa]) *n* announcement.

zawiązać [zav,jɔzatɕ] *vperf* to tie • **zawiązać oczy** to blindfold.

zawiedziony [zav,jɛdʑɔni] *adj* disappointed.

zawierać [zav,jɛratɕ] *vimperf* to contain.

zawieszenie [zav,jɛʃɛɲɛ] (*D* zawieszenia [zav,jɛʃɛɲa]) *n* AUTO suspension • **zawieszenie broni** ceasefire.

zawieść [zav‚jɛɛtɕ] *vperf* to let down.
zawieźć [zav‚jɛɛtɕ] *vperf* to take.
zawijać [zav‚ijatɕ] *vimperf* to wrap (up).
zawiły [zav‚iwi] *adj* complicated.
zawiść [zav‚iɕtɕ] (*D* zawiści [zav‚iɕtɕi]) *f* envy.
zawodnik, zawodniczka [zavɔdɲik, zavɔdɲitʃka] *m, f* [w lekkiej atletyce] competitor; [w piłce nożnej, koszykówce, tenisie] player.
zawodny [zavɔdni] *adj* unreliable.
zawodowiec [zavɔdɔv‚jɛtɕ] *m* professional.
zawodowo [zavɔdɔvɔ] *adv* professionally.
zawodowy [zavɔdɔvi] *adj* professional.
zawody [zavɔdi] (*D* zawodów [zavɔduf]) *pl* competition.
zawołać [zavɔwatɕ] *vperf* = wołać.
zawód[1] [zavut] (*D* zawodu [zavɔdu]) *m* [zajęcie] profession.
zawód[2] [zavut] (*D* zawodu [zavɔdu]) *m* [rozczarowanie] disappointment.
zawracać [zavratsatɕ] *vimperf* to turn back.
zawrót [zavrut] (*D* zawrotu [zavrɔtu]) *m* dizziness.
zawstydzony [zafstidzɔni] *adj* [odczuwający wstyd] ashamed; [zażenowany] embarrassed.
zawsze [zafʃɛ] *pron* always • **na zawsze** [na stałe] for ever.
zawyżać [zaviʒatɕ] *vimperf* to inflate.
zawziąć się [zavʑɔɲtɕ ɕɛ] *vp perf* to be determined (to do sthg).
zawzięty [zavʑɛnti] *adj* [nieprzejednany] determined; [zaciekły] fierce.
zazdrosny [zazdrɔsni] *adj* jealous.
zazdrościć [zazdrɔɕtɕitɕ] *vimperf* to be jealous.
zazdrość [zazdrɔɕtɕ] (*D* zazdrości [zazdrɔɕtɕi]) *f* jealousy.
zaziębić się [zaʑɛmb‚itɕ ɕɛ] *vp perf* to catch a cold.
zaziębiony [zaʑɛmb‚jɔni] *adj* : być zaziębionym to have a cold.
zaznaczyć [zaznatʃitɕ] *vperf* to mark.

zazwyczaj [zazvitʃaj] *adv* usually.
zażalenie [zaʒalɛɲɛ] (*D* zażalenia [zaʒalɛɲa]) *n* complaint.
zażartować [zaʒartɔvatɕ] *vperf* to joke.
zażądać [zaʒɔndatɕ] *vperf* to demand.
zażenowany [zaʒɛnɔvani] *adj* embarrassed.
zażyć [zaʒitɕ] *vperf* to take.
zażyłość [zaʒiwɔɕtɕ] (*D* zażyłości [zaʒiwɔɕtɕi]) *f* closeness.
zażyły [zaʒiwi] *adj* close.
ząb [zɔmp] (*D* zęba [zɛmba]) *m* tooth.
zbadać [zbadatɕ] *vperf* = badać.
zbagatelizować [zbagatɛl‚izɔvatɕ] *vperf* = bagatelizować.
zbankrutować [zbaŋkrutɔvatɕ] *vperf* = bankrutować.
zbędny [zbɛndni] *adj* unnecessary.
zbić [zb‚itɕ] *vperf* [dziecko] to beat; [wazon] to break; [kolano] to bang.
zbiec [zb‚jɛtɕ] *vperf* [pobiec] to run down; [uciec] to run away.
zbieg [zb‚jɛk] *m* (*D* -a) [uciekinier] fugitive; (*D* -u) [ulic] intersection.
zbiegowisko [zb‚jɛgɔv‚iskɔ] (*D* zbiegowiska [zb‚jɛgɔv‚iska]) *n* crowd.
zbieracz [zb‚jɛratʃ] *m* collector.
zbierać [zb‚jɛratɕ] *vimperf* [truskawki, grzyby] to pick; [znaczki] to collect.
zbiornik [zb‚jɔrɲik] (*D* -a) *m* container.
zbiorowy [zb‚jɔrɔvi] *adj* collective.
zbiór [zb‚jur] (*D* zbioru [zb‚jɔru]) *m* [owoców, warzyw] picking; [zboża] harvest; [wierszy, opowiadań] collection. ➡ **zbiory** [zb‚jɔri] (*D* zbiorów [zb‚jɔruf]) *mpl* [plony] crop; [kolekcja] collections.
zbiórka [zb‚jurka] (*D* zbiórki [zb‚jurk‚i]) *f* [spotkanie] meeting; [pieniędzy, darów] collection.
zblazowany [zblazɔvani] *adj pej* blasé.
zblednąć [zblɛdnɔntɕ] *vperf* = blednąć.
zbliżenie [zbl‚iʑɛɲɛ] (*D* zbliżenia [zbl‚iʑɛɲa]) *n* rapprochement.
zbliżony [zbl‚iʑɔni] *adj* similar.

zbliżyć [zbl,iʒitɛ] *vperf* : zbliżył twarz do lustra he put his face close to the mirror. ➡ **zbliżyć się** [zbl,iʒitɛ ɕɛ] *vp perf* to approach.

zbłaźnić się [zbwaʒnitɛ ɕɛ] *vp perf pej* to make a fool of o.s.

zbocze [zbɔtʃɛ] (*D* zbocza [zbɔtʃa]) *n* slope.

zboczenie [zbɔtʃɛɲɛ] (*D* zboczenia [zbɔtʃɛɲa]) *n* [z drogi] departure; [seksualne] perversion.

zboczony [zbɔtʃɔɲi] *adj pot* perverted.

zboczyć [zbɔtʃitɛ] (*imperf* zbaczać [zbatʃatɛ]) *vperf* to go off.

zboże [zbɔʒɛ] (*D* zboża [zbɔʒa]) *n* [roślina] cereal; [ziarno] grain.

zbrodnia [zbrɔdɲa] (*D* zbrodni [zbrɔdɲi]) *f* crime.

zbrodniarz, zbrodniarka [zbrɔdɲaʃ, zbrɔdɲarka] *m, f* criminal.

zbroić [zbrɔjitɛ] *vimperf* to arm.

zbroja [zbrɔja] (*D* zbroi [zbrɔji]) *f* armour.

zbrojny [zbrɔjɲi] *adj* armed.

zbrzydnąć [zbʒidnɔntɛ] *vperf* = brzydnąć.

zbudować [zbudɔvatɛ] *vperf* = budować.

zbudowany [zbudɔvani] *adj* built.

zbuntować się [zbuntɔvatɛ ɕɛ] *vp perf* to rebel.

zburzyć [zbuʒitɛ] *vperf* = burzyć.

zbyć [zbitɛ] *vperf* to get rid of.

zbyt¹ [zbit] (*D* -u) *m* [sprzedaż] sales • rynek zbytu market.

zbyt² [zbit] *adv* [za bardzo] too.

zbyteczny [zbitɛtʃni] *adj* unnecessary.

zbytek [zbitɛk] (*D* zbytku [zbitku]) *m* luxury.

zdać [zdatɛ] *vperf* = zdawać.

zdanie [zdaɲɛ] (*D* zdania [zdaɲa]) *n* [opinia] opinion; GRAM sentence • moim zdaniem in my opinion.

zdarzać się [zdaʒatɛ ɕɛ] *vp imperf* to happen.

zdarzenie [zdaʒɛɲɛ] (*D* zdarzenia [zdaʒɛɲa]) *n* event.

zdawać [zdavatɛ] (*perf* zdać [zdatɛ]) *vimperf* [egzamin] to take; [pomyślnie] to pass. ➡ **zdaje się** [zdajɛ ɕɛ] *vimpers* it seems.

zdążyć [zdɔʒitɛ] *vperf* [na autobus, pociąg] to make it (in time); [zdołać coś robić] to manage.

zdechły [zdɛxwi] *adj* dead.

zdecydować [zdɛtɕidɔvatɛ] *vperf* = decydować.

zdecydowanie [zdɛtɕidɔvaɲɛ] *adv* strongly.

zdecydowany [zdɛtɕidɔvani] *adj* [stanowczy] decisive; [na coś] determined.

zdefiniować [zdɛf,iɲɔvatɛ] *vperf* = definiować.

zdegustowany [zdɛgustɔvani] *adj* disgusted.

zdejmować [zdɛjmɔvatɛ] (*perf* zdjąć [zdjɔntɛ]) *vimperf* to take off.

zdenerwować [zdɛnɛrvɔvatɛ] *vperf* = denerwować.

zdenerwowany [zdɛnɛrvɔvani] *adj* annoyed.

zderzak [zdɛʒak] (*D* -a) *m* AUTO bumper.

zderzenie [zdɛʒɛɲɛ] (*D* zderzenia [zdɛʒɛɲa]) *n* collision.

zderzyć się [zdɛʒitɛ ɕɛ] *vp perf* to collide.

zdesperowany [zdɛspɛrɔvani] *adj* desperate.

zdeterminowany [zdɛtɛrm,inɔvani] *adj* determined.

zdezorganizować [zdɛzɔrgaɲizɔvatɛ] *vperf* to disorganize.

zdezorientowany [zdɛzɔrjɛntɔvani] *adj* disorientated.

zdezynfekować [zdɛzinfɛkɔvatɛ] *vperf* = dezynfekować.

zdjąć [zdjɔntɛ] *vperf* = zdejmować.

zdjęcie [zdjɛntɕɛ] (*D* zdjęcia [zdjɛntɕa]) *n* photograph, photo; [rentgenowskie] X-ray • robić zdjęcia to take a photo. ➡ **zdjęcia** [zdjɛntɕa] (*D* zdjęć [zdjɛntɕi]) *npl* filming.

zdobić [zdɔb,itɛ] *vimperf* to decorate.

zdobycie [zdɔbitɕɛ] (*D* zdobycia [zdɔbitɕa]) *n* [nagrody, medalu] winning; [szczytu, góry] ascent.

zdobyć [zdɔbitɕ] *vperf* [nagrodę] to win; [szczyt] to reach; [bilety] to get.

zdobywca, zdobywczyni [zdɔbiftsa, zdɔbiftʃɨɲi] *m, f* [nagrody] winner; [bramki] scorer; [miasta] conqueror.

zdolność [zdɔlnɔɕtɕ] (*D* zdolności [zdɔlnɔɕtɕi]) *f* [uzdolnienia] talent; [możność] ability.

zdolny [zdɔlɲi] *adj* capable.

zdrada [zdrada] (*D* zdrady [zdradɨ]) *f* [ojczyzny] betrayal; [męża, żony] unfaithfulness.

zdradzać [zdradzatɕ] (*perf* zdradzić [zdradʑitɕ]) *vimperf* [gen] to betray; [męża, żonę] to be unfaithful.

zdradzić [zdradʑitɕ] *vperf* = zdradzać.

zdrajca, zdrajczyni [zdrajtsa, zdrajtʃɨɲi] *m, f* traitor.

zdrętwiały [zdrɛntʃˌjavɨ] *adj* numb.

zdrobnienie [zdrɔbɲɛɲɛ] (*D* zdrobnienia [zdrɔbɲɛɲa]) *n* diminutive.

zdrowie [zdrɔvˌjɛ] (*D* zdrowia [zdrɔvˌja]) *n* health.

zdrowieć [zdrɔvˌjɛtɕ] (*perf* wyzdrowieć [vizdrɔvˌjɛtɕ]) *vimperf* to recover.

zdrowo [zdrɔvɔ] *adv* [odżywiać się] healthily; [wyglądać] healthy.

zdrowotny [zdrɔvɔtnɨ] *adj* health • urlop zdrowotny sick leave.

zdrowy [zdrɔvɨ] *adj* healthy.

zdrów [zdruf] *adj* = zdrowy.

zdrzemnąć się [zdʑɛmnɔntɕ ɕɛ] *vp perf* to dose off.

zdumienie [zdumˌjɛɲɛ] (*D* zdumienia [zdumˌjɛɲa]) *n* amazement.

zdumiewający [zdumˌjɛvajɔntsi] *adj* amazing.

zduszony [zduʃɔɲi] *adj* stifled.

zdymisjonować [zdɨmˌisjɔnɔvatɕ] *vperf* to dismiss.

zdyscyplinowany [zdɨstsɨplinɔvanɨ] *adj* disciplined.

zdzierstwo [zdʑɛrstfɔ] (*D* zdzierstwa [zdʑɛrstfa]) *n pot & pej* rip-off.

zdziwić [zdʑivˌitɕ] *vperf* = dziwić.

zdziwienie [zdʑivˌjɛɲɛ] (*D* zdziwienia [zdʑivˌjɛɲa]) *n* surprise.

zdziwiony [zdʑivˌjɔɲi] *adj* surprised.

ze [zɛ] *prep* = z.

zebra [zɛbra] (*D* zebry [zɛbrɨ]) *f* [zwierzę] zebra; [pasy] zebra crossing *UK*, crosswalk *US*.

zebranie [zɛbraɲɛ] (*D* zebrania [zɛbraɲa]) *n* meeting.

zegar [zɛgar] (*D* -a) *m* clock • zegar słoneczny sundial; zegar ścienny wall-clock.

zegarek [zɛgarɛk] (*D* zegarka [zɛgarka]) *m* watch.

zegarmistrz [zɛgarmˌistʃ] *m* watchmaker.

zejście [zɛjɕtɕɛ] (*D* zejścia [zɛjɕtɕa]) *n* [drogą] way down; [schody] steps.

zejść [zɛjɕtɕ] *vperf* = schodzić.

zelówka [zɛlufka] (*D* zelówki [zɛlufki]) *f* sole.

zemdleć [zɛmdlɛtɕ] *vperf* = mdleć.

zemdlić [zɛmdlitɕ] *vperf* = mdlić.

zemsta [zɛmsta] (*D* zemsty [zɛmstɨ]) *f* revenge.

zemścić się [zɛmɕtɕitɕ ɕɛ] *vp perf* to take revenge.

zepsuć [zɛpsutɕ] *vperf* = psuć.

zepsuty [zɛpsutɨ] *adj* [rower] broken; [jedzenie] bad.

zerwać [zɛrvatɕ] *vperf* [owoc z drzewa] to pick; [nić, łańcuszek] to break.

zeschnięty [zɛsxɲɛntɨ] *adj* dried up.

zespół [zɛspuw] (*D* zespołu [zɛspɔwu]) *m* group.

zestarzeć się [zɛstaʒɛtɕ ɕɛ] *vp perf* to age.

zestaw [zɛstaf] (*D* -u) *m* [zbiór] set; [mebli] suite.

zeszły [zɛʃwɨ] *adj* last • w zeszłym roku last year.

zeszyt [zɛʃɨt] (*D* -u) *m* exercise book.

zetknąć [zɛtknɔntɕ] *vperf* [dwa końce] to connect; [doprowadzić do spotkania] to put in touch.

zetrzeć [zɛtʃɛtɕ] *vperf* = ścierać.

zewnątrz [zɛvnɔntʃ] ➡ na zewnątrz [na 'zɛvnɔntʃ] *constr* outside. ➡ z zewnątrz [zzɛvnɔntʃ] *constr* from outside.

zewnętrzny [zɛvnɛntʃnɨ] *adj* [gen] external; [rynek] foreign.

zez [zɛs] (D -a) m squint.
zeznanie [zɛznaɲɛ] (D zeznania [zɛznaɲa]) n testimony.
zeznawać [zɛznavatɕ] vimperf to testify.
zezowaty [zɛzɔvati] adj cross-eyed.
zezwolenie [zɛzvɔlɛɲɛ] (D zezwolenia [zɛzvɔlɛɲa]) n permission.
zgadywać [zgadivatɕ] vimperf to guess.
zgadzać się [zgadzatɕ ɕɛ] (perf zgodzić się [zgɔdʑitɕ ɕɛ]) vp imperf [przyznawać rację] to agree; [mieć rację] to be right • zgadzać się na coś to agree to sthg.
zgaga [zgaga] (D zgagi [zgag,i]) f pot heartburn.
zgarbić się [zgarb,itɕ ɕɛ] vp perf to stoop.
zgasić [zgaɕitɕ] vperf [gɛn] to turn off; [papierosa] to put out.
zgasnąć [zgasnɔntɕ] vperf = gasnąć.
zgiełk [zg,ɛwk] (D -u) m racket.
zginać [zg,inatɕ] vimperf to bend.
zginąć [zg,inɔntɕ] vperf = ginąć.
zgliszcza [zgl,iʃtʃa] (D zgliszczy [zgl,iʃtʃi] LUB zgliszcz [zgl,iʃtʃ]) npl ashes.
zgłaszać [zgwaʃatɕ] (perf zgłosić [zgwɔɕitɕ]) vimperf [plan, projekt] to submit; [kradzież] to report; [kandydaturę] to propose.
zgłodnieć [zgwɔdɲɛtɕ] vperf to get hungry.
zgłosić [zgwɔɕitɕ] vperf = zgłaszać.
zgłoszenie [zgwɔʃɛɲɛ] (D zgłoszenia [zgwɔʃɛɲa]) n application.
zgłupieć [zgwup,jɛtɕ] vperf pot to be stunned.
zgnić [zgɲitɕ] vperf = gnić.
zgnieść [zgɲɛɕtɕ] vperf to crush.
zgniły [zgɲiwi] adj rotten.
zgoda [zgɔda] (D zgody [zgɔdi]) f [brak konfliktu] harmony; [pozwolenie] consent.
zgodnie [zgɔdɲɛ] adv [nie kłócąc się] in harmony; [jednomyślnie] unanimously • zgodnie z according to.
zgodność [zgɔdnɔɕtɕ] (D zgodności [zgɔdnɔɕtɕi]) f conformity.

zgodny [zgɔdni] adj [rodzina] harmonious; [jednomyślny] unanimous; [z prawem] in accordance (with).
zgodzić się [zgɔdʑitɕ ɕɛ] vp perf = zgadzać się.
zgolić [zgɔl,itɕ] vperf to shave off.
zgon [zgɔn] (D -u) m oficjal death.
zgorszony [zgɔrʃɔni] adj shocked.
zgorszyć [zgɔrʃitɕ] vperf = gorszyć.
zgorzkniały [zgɔʃknawi] adj bitter.
zgrabny [zgrabni] adj shapely.
zgromadzenie [zgrɔmadzɛɲɛ] (D zgromadzenia [zgrɔmadzɛɲa]) n [zebranie] gathering; [kolekcja] collection.
zgromadzić [zgrɔmadʑitɕ] vperf = gromadzić.
zgroza [zgrɔza] (D zgrozy [zgrɔzi]) f horror.
zgryźliwy [zgriʑl,ivi] adj caustic.
zgrzeszyć [zgʒɛʃitɕ] vperf = grzeszyć.
zguba [zguba] (D zguby [zgubi]) f lost object; [klęska] ruin.
zgubić [zgub,itɕ] vperf = gubić.
zgwałcić [zgvawtɕitɕ] vperf to rape.
ziarnko [ʑarnkɔ] (D ziarnka [ʑarnka]) n grain.
ziarno [ʑarnɔ] (D ziarna [ʑarna]) n grain.
ziele [ʑɛlɛ] n = zioło.
ziele [ʑɛlɛ] (D ziela [ʑɛla]) n herb • ziele angielskie pimento.
zielenić się [ʑɛlɛɲitɕ ɕɛ] vp imperf to turn green.
zielony [ʑɛlɔni] adj green.
ziemia [ʑɛm,ja] (D ziemi [ʑɛm,i]) f [grunt, gleba] soil; [podłoże] ground.
➤ Ziemia [ʑɛm,ja] (D Ziemi [ʑɛm,i]) f Earth.
ziemniak [ʑɛmɲak] (D -a) m potato • ziemniaki gotowane na parze steamed potatoes.
ziewać [ʑɛvatɕ] vimperf to yawn.
zięć [ʑɛntɕ] m son-in-law.
zignorować [z,ignɔrɔvatɕ] vperf = ignorować.
zilustrować [z,ilustrɔvatɕ] vperf = ilustrować.

zima [ʑima] (D **zimy** [ʑimi]) f winter
• **w zimie** in winter.

zimno [ʑimnɔ] (D **zimna** [ʑimna])
<> n cold. <> adv cold.

zimny [ʑimni] adj cold.

zimowisko [ʑimɔv,iskɔ] (D **zimowiska** [ʑimɔv,iska]) n winter camp.

zimowy [ʑimɔvi] adj winter.

zioło [ʑɔwɔ] (D **zioła** [ʑɔwa]) n herb.

ziołowy [ʑɔwɔvi] adj herbal.

ziółka [ʑuwka] (D **ziółek** [ʑuwɛk]) npl herbs.

zjadać [zjadatɕ] (perf **zjeść** [zjɛɕtɕ]) vimperf to eat.

zjawić się [zjav,itɕ ɕɛ] vp perf to appear.

zjawisko [zjav,iskɔ] (D **zjawiska** [zjav,iska]) n phenomenon.

zjazd [zjast] (D **-u**) m [z góry] run; [z autostrady] exit; [spotkanie] conference.

zjechać [zjɛxatɕ] vperf = zjeżdżać.

zjednoczony [zjɛdnɔtʃɔni] adj united.

zjednoczyć [zjɛdnɔtʃitɕ] vperf = jednoczyć.

zjeść [zjɛɕtɕ] vperf = zjadać.

zjeżdżać [zjɛʑdʑatɕ] (perf **zjechać** [zjɛxatɕ]) vimperf [gen] to go down; [skręcać w bok] to turn; [przybywać] to arrive.

zjeżdżalnia [zjɛʑdʑalɲa] (D **zjeżdżalni** [zjɛʑdʑalɲi]) f slide.

zlecenie [zlɛtɕɛɲɛ] (D **zlecenia** [zlɛtɕɛɲa]) n order.

zlecić [zlɛtɕitɕ] vperf to instruct.

zlekceważyć [zlɛktɕɛvaʑitɕ] vperf = lekceważyć.

zlew [zlɛf] (D **-u**) m sink.

zlikwidować [zl,ikf,idɔvatɕ] vperf = likwidować.

zlizać [zl,izatɕ] vperf to lick off.

zlot [zlɔt] (D **-u**) m [kulturalny, sportowy, turystyczny] meeting; [harcerski] jamboree.

zł (skr od **złoty**) zloty.

złamać [zwamatɕ] vperf = łamać.

złamanie [zwamaɲɛ] (D **złamania** [zwamaɲa]) n fracture.

złapać [zwapatɕ] vperf to catch.

złączyć [zwɔntʃitɕ] vperf to join.

zło [zwɔ] (D **zła** [zwa]) n [zły czyn] wrong; [przeciwieństwo dobra] evil.

złoczyńca [zwɔtʃiɲtsa] m criminal.

złodziej, ka [zwɔdʑɛj, ka] m, f thief.

złom [zwɔm] (D **-u**) m scrap.

złościć [zwɔɕtɕitɕ] vimperf to make (sb) angry. → **złościć się** [zwɔɕtɕitɕ ɕɛ] vp imperf to be angry.

złość [zwɔɕtɕ] (D **złości** [zwɔɕtɕi]) f anger.

złośliwość [zwɔɕl,ivɔɕtɕ] (D **złośliwości** [zwɔɕl,ivɔɕtɕi]) f malice.

złośliwy [zwɔɕl,ivi] adj malicious.

złoto [zwɔtɔ] (D **złota** [zwɔta]) n gold.

złoty[1] [zwɔti] adj gold.

złoty[2] [zwɔti] (D **złotego** [zwɔtɛgɔ]) m [pieniądz] unit of Polish currency.

złowić [zwɔv,itɕ] vperf = łowić.

złożony [zwɔʒɔni] adj folded; [składający się z czegoś] consisting of.

złożyć [zwɔʒitɕ] vperf = składać.

złudzenie [zwudʑɛɲɛ] (D **złudzenia** [zwudʑɛɲa]) n illusion.

zły [zwi] (compar **gorszy**, superl **najgorszy**) adj [gen] bad; [nieodpowiedni] wrong; [zagniewany] angry.

zmaleć [zmalɛtɕ] vperf = maleć.

zmarły [zmarwi] <> adj dead. <> m the deceased.

zmarnować [zmarnɔvatɕ] vperf = marnować.

zmarszczka [zmarʃtʃka] (D **zmarszczki** [zmarʃtʃk,i]) f wrinkle.

zmarszczyć [zmarʃtʃitɕ] vperf = marszczyć.

zmartwić [zmartf,itɕ] vperf = martwić.

zmartwienie [zmartf,jɛɲɛ] (D **zmartwienia** [zmartf,jɛɲa]) n worry.

zmartwiony [zmartf,jɔni] adj worried.

zmarznąć [zmarznɔntɕ] vperf = marznąć.

zmarznięty [zmarzɲɛnti] adj frozen.

zmazywać [zmazivatɕ] vimperf to wipe off.

zmądrzeć [zmɔndʒɛtɕ] *vperf* = mądrzeć.

zmęczenie [zmɛntʃɛɲɛ] (*D* zmęczenia [zmɛntʃɛɲa]) *n* tiredness.

zmęczony [zmɛntʃɔni] *adj* tired.

zmęczyć [zmɛntʃitɕ] *vperf* = męczyć.

zmiana [zm,jana] (*D* zmiany [zm,jani]) *f* change.

zmiażdżyć [zm,jaʑʥitɕ] *vperf* = miażdżyć.

zmieniać [zm,jɛnatɕ] (*perf* zmienić [zm,jɛnitɕ]) *vimperf* [wprowadzać zmianę] to change; [zastępować kogoś] to take over from. **zmieniać się** [zm,jɛnatɕ ɕɛ] (*perf* zmienić się [zm,jɛnitɕ ɕɛ]) *vp imperf* to change.

zmienić [zm,jɛnitɕ] *vperf* = zmieniać.

zmienny [zm,jɛnni] *adj* changeable.

zmierzać [zm,jɛʒatɕ] *vimperf* [podążać] to make for; [dążyć] to aim at.

zmierzch [zm,jɛʃx] (*D* -u) *m* [zmrok] dusk; [schyłek] twilight.

zmierzyć [zm,jɛʒitɕ] *vperf* to measure.

zmieszany [zm,jɛʃani] *adj* [wymieszany] mixed; [zawstydzony] embarrassed.

zmięty [zm,jɛnti] *adj* crumpled.

zmobilizować [zmɔb,il,izɔvatɕ] *vperf* = mobilizować.

zmoknąć [zmɔknɔntɕ] *vperf* = moknąć.

zmoknięty [zmɔkɲɛnti] *adj* wet.

zmontować [zmɔntɔvatɕ] *vperf* = montować.

zmotoryzowany [zmɔtɔrizɔvani] *adj* motorized.

zmrok [zmrɔk] (*D* -u) *m* dusk • po zmroku after dark.

zmrużyć [zmruʒitɕ] *vperf* = mrużyć.

zmuszać [zmuʃatɕ] *vimperf* to force • zmuszać kogoś do zrobienia czegoś to force sb to do sthg.

zmyć [zmitɕ] *vperf* = zmywać.

zmysł [zmisw] (*D* -u) *m* sense. **zmysły** (*D* zmysłów [zmiswuf]) *mpl* senses.

zmysłowy [zmiswɔvi] *adj* [wrażenia] sensory; [kobieta] sensual.

zmyślać [zmiɕlatɕ] *vimperf* to make up.

zmywacz [zmivatʃ] (*D* -a) *m* : zmywacz do farb paint-stripper • zmywacz do paznokci nail polish remover.

zmywać [zmivatɕ] (*perf* zmyć [zmitɕ]) *vimperf* [naczynia] to wash up; [makijaż] to take off.

zmywalny [zmivalni] *adj* washable.

zmywarka [zmivarka] (*D* zmywarki [zmivark,i]) *f* dishwasher.

znacjonalizować [znatsjɔnal,izɔvatɕ] *vperf* to nationalize.

znaczek [znatʃɛk] (*D* znaczka [znatʃka]) *m* stamp • znaczek pocztowy (postage) stamp.

znaczenie [znatʃɛɲɛ] (*D* znaczenia [znatʃɛɲa]) *n* [sens] meaning; [ważność] significance.

znaczny [znatʃni] *adj* significant.

znaczyć [znatʃitɕ] *vimperf* [gen] to mean; [zaznaczać] to mark.

znać [znatɕ] *vimperf* to know.

znad [znat] *prep* from above.

znajdować [znajdɔvatɕ] (*perf* znaleźć [znalɛɕtɕ]) *vimperf* to find.

znajomość [znajɔmɔɕtɕ] (*D* znajomości [znajɔmɔɕtɕi]) *f* [umiejętność] knowledge; [osoba] acquaintance. **znajomości** [znajɔmɔɕtɕi] (*D* znajomości [znajɔmɔɕtɕi]) *fpl* connections.

znajomy, znajoma [znajɔmi, znajɔma] ⇔ *adj* familiar. ⇔ *m, f* friend.

znak [znak] (*D* -u) *m* [gest] sign; [cecha fizyczna] mark • znaki drogowe traffic signs; znaki interpunkcyjne punctuation marks.

znakomicie [znakɔm,itɕɛ] *adv* excellently.

znakomity [znakɔm,iti] *adj* excellent.

znakować [znakɔvatɕ] *vimperf* to mark.

znaleźć [znalɛɕtɕ] *vperf* = znajdować.

znany [znani] *adj* well-known.

znawca [znaftsa] *m* expert.

znęcać się [znɛntsatɕ ɕɛ] *vp imperf* to be cruel • **znęcać się nad kimś** to be cruel to sb.

znicz [zɲitʃ] (*D* -a) *m* candle • **znicz olimpijski** the Olympic torch.

zniechęcać [zɲɛxɛntsatɕ] *vimperf* to discourage. ➡ **zniechęcać się** [zɲɛxɛntsatɕ ɕɛ] *vp imperf* to become discouraged.

zniechęcenie [zɲɛxɛntsɛɲɛ] (*D* zniechęcenia [zɲɛxɛntsɛɲa]) *n* discouragement.

zniecierpliwienie [zɲɛtɕɛrplˌiv,jɛɲɛ] (*D* zniecierpliwienia [zɲɛtɕɛrplˌi- v,jɛɲa]) *n* impatience.

zniecierpliwiony [zɲɛtɕɛrplˌiv,jɔɲi] *adj* irritated.

znieczulać [zɲɛtʃulatɕ] *vimperf* MED anaesthetize.

znieczulający [zɲɛtʃulajɔntɕi] *adj* anaesthetic.

znieczulenie [zɲɛtʃulɛɲɛ] (*D* znieczulenia [zɲɛtʃulɛɲa]) *n* MED anaesthetic.

zniekształcenie [zɲɛkʃtawtsɛɲɛ] (*D* zniekształcenia [zɲɛkʃtawtsɛɲa]) *n* deformity.

zniekształcony [zɲɛkʃtawtsɔɲi] *adj* deformed.

znienacka [zɲɛnatska] *adv* suddenly.

znienawidzić [zɲɛnavˌidʑitɕ] *vperf* to hate.

znieść [zɲɛɕtɕ] *vperf* [ból, upokorzenie] to bear; [dziecko ze schodów] to take down; [prawo, dekret, ustawę] to annul.

zniewaga [zɲɛvaga] (*D* zniewagi [zɲɛvag,i]) *f* insult.

zniknąć [zɲiknɔntɕ] *vperf* to disappear.

zniknięcie [zɲiknɛntɕɛ] (*D* zniknięcia [zɲiknɛntɕa]) *n* disappearance.

zniszczony [zɲiʃtʃɔɲi] *adj* [ubranie] worn-out; [ręce] worn; [cera] damaged.

zniszczyć [zɲiʃtʃitɕ] *vperf* = niszczyć.

zniżka [zɲiʃka] (*D* zniżki [zɲiʃk,i]) *f* reduction.

zniżkowy [zɲiʃkɔvi] *adj* reduced-price.

znosić [znɔɕitɕ] *vimperf* [zestawiać] to take down; [unieważniać] to annul; [nie lubić] : **nie znoszę go** I can't stand him.

znowu [znɔvu] ⟨⟩ *adv* again. ⟨⟩ *part* [właściwie] after all.

znów [znuf] *adv* = znowu.

znudzony [znudzɔɲi] *adj* bored.

znużenie [znuʒɛɲɛ] (*D* znużenia [znuʒɛɲa]) *n* fatigue.

zobaczyć [zɔbatʃitɕ] *vperf* to see. ➡ **zobaczyć się** [zɔbatʃitɕ ɕɛ] *vp perf* to meet.

zobowiązać [zɔbɔv,jɔ̃zatɕ] *vperf* to oblige • **zobowiązać kogoś do zrobienia czegoś** to oblige sb to do sthg.

zobowiązanie [zɔbɔv,jɔ̃zaɲɛ] (*D* zobowiązania [zɔbɔv,jɔ̃zaɲa]) *n* obligation.

zobowiązany [zɔbɔv,jɔ̃zaɲi] *adj* obliged.

zodiak [zɔdjak] (*D* -u) *m* zodiac • **znak zodiaku** sign of the zodiac.

zoo [zɔɔ] *(inv)* *n* zoo.

zoperować [zɔpɛrɔvatɕ] *vperf* to operate.

zorganizować [zɔrgaɲizɔvatɕ] *vperf* = organizować.

zorientować [zɔrjɛntɔvatɕ] *vperf* = orientować.

zostać [zɔstatɕ] *vperf* = zostawać.

zostawać [zɔstavatɕ] (*perf* zostać [zɔstatɕ]) *vimperf* [nie opuszczać] to stay; [pozostawać jako reszta] to be left; [być w jakiejś sytuacji] to be left.

zostawiać [zɔstav,jatɕ] *vimperf* to leave.

zrabować [zrabɔvatɕ] *vperf* = rabować.

zranić [zraɲitɕ] *vperf* [skaleczyć] to injure; *przen* [urazić] to hurt.

zraz [zras] (*D* -u) *m* stewed steak • **zrazy zawijane** beef olives.

zrazić [zraʑitɕ] *vperf* to put off.

zrealizować [zrɛalˌizɔvatɕ] *vperf* = realizować.

zrehabilitować [zrɛhab,ilˌitɔvatɕ] *vperf* to rehabilitate.

zrelaksowany [zrɛlaksɔvani] *adj* relaxed.

zreorganizować [zrɛɔrɡaɲizɔvatɕ] *vperf* to reorganize.

zreperować [zrɛpɛrɔvatɕ] *vperf* to repair.

zresztą [zrɛʃtɔ̃] *part* anyway.

zrewaloryzować [zrɛvalɔrizɔvatɕ] *vperf* to revalue.

zrewanżować się [zrɛvanʒɔvatɕ ɕɛ] *vp perf* to repay.

zrewidować [zrɛvˌidɔvatɕ] *vperf* = rewidować.

zrezygnować [zrɛziɡnɔvatɕ] *vperf* [zaniechać czegoś] to cancel; [złożyć rezygnację] to resign • **zrezygnować z czegoś** to cancel sthg.

zręczny [zrɛntʃni] *adj* [zwinny] skilful; [sprytny] clever.

zrobić [zrɔbˌitɕ] *vperf* = robić.

zrozpaczony [zrɔspatʃɔɲi] *adj* in despair.

zrozumiały [zrɔzumˌjawi] *adj* [jasny] clear; [uzasadniony] understandable.

zrozumieć [zrɔzumˌjɛtɕ] *vperf* = rozumieć.

zrównoważony [zruvnɔvaʒɔɲi] *adj* even-tempered.

zróżnicowany [zruʒɲitsɔvani] *adj* diverse.

zrujnować [zrujnɔvatɕ] *vperf* = rujnować.

zrujnowany [zrujnɔvani] *adj* ruined.

zrywać [zrivatɕ] *vimperf* [owoce] to pick; [zaręczyny, znajomość] to break off.

zrządzenie [zʒɔndzɛɲɛ] (*D* zrządzenia [zʒɔndzɛɲa]) *n* : **zrządzenie losu** twist of fate.

zrzec się [zʒɛts ɕɛ] *vp perf* to renounce.

zrzeszenie [zʒɛʃɛɲɛ] (*D* zrzeszenia [zʒɛʃɛɲa]) *n* association.

zrzędliwy [zʒɛndlˌivi] *adj* grumpy.

zrzędzić [zʒɛndzˌitɕ] *vimperf* to grumble.

zrzucać [zʒutsatɕ] *vimperf* [spychać] to throw; [płaszcz z ramion] to throw off.

zsiąść [sɕɔɕtɕ] *vperf* to get off.

zsyp [ssip] (*D* -u) *m* rubbish chute *UK*, garbage chute *US*.

zszywacz [sʃivatʃ] (*D* -a) *m* stapler.

zuchwałość [zuxfawɔɕtɕ] (*D* zuchwałości [zuxfawɔɕtɕi]) *f* impudence.

zuchwały [zuxfawi] *adj* impudent.

zupa [zupa] (*D* zupy [zupi]) *f* soup • **zupa fasolowa** bean soup; **zupa grzybowa** mushroom soup; **zupa jarzynowa** vegetable soup; **zupa ogórkowa** cucumber soup; **zupa pomidorowa** tomato soup.

zupełnie [zupɛwɲɛ] *adv* completely.

zupełny [zupɛwni] *adj* complete.

zużycie [zuʒitɕɛ] (*D* zużycia [zuʒitɕa]) *n* consumption.

zużyć [zuʒitɕ] *vperf* to use up.

zużyty [zuʒiti] *adj* used.

zwalczać [zvaltʃatɕ] *vimperf* to fight (against).

zwalniać [zvalɲatɕ] (*perf* zwolnić [zvɔlɲitɕ]) *vimperf* [z pracy] to dismiss; [z aresztu] to release; [pokój] to vacate; [od obowiązków] to exempt; [kroku] to slow down.

zwarcie [zvartɕɛ] (*D* zwarcia [zvartɕa]) *n* short circuit.

zwariować [zvarjɔvatɕ] *vperf pot* to go mad • **zwariować na punkcie czegoś** to be crazy about sthg.

zwariowany [zvarjɔvani] *adj* crazy.

zwężać [zvɛ̃ʒatɕ] *vimperf* to take in.

zwiastun [zvˌjastun] (*D* -a) *m* [reklama filmu] trailer; [oznaka] harbinger.

związać [zvˌjɔ̃zatɕ] *vperf* to tie.

związany [zvˌjɔ̃zani] *adj* [obietnicą, przysięgą] bound; [mający związek] connected; [połączony więzią] tied.

związek [zvˌjɔ̃zɛk] (*D* związku [zvˌjɔ̃sku]) *m* [zależność] connection; [zrzeszenie] association; [nieślubny] relationship • **związek małżeński** marriage.

związkowiec [zvˌjɔ̃skɔvˌjɛts] *m* trade unionist.

zwichnąć [zvˌixnɔ̃tɕ] *vperf* [nogę w kostce] to sprain; [nogę w kolanie] to dislocate.

zwiedzanie [zvˌjɛdzaɲɛ] (*D* zwiedzania [zvˌjɛdzaɲa]) *n* tour.

zwiedzić [zv‚jɛd̪z̪it̪ɕ] *vperf* to visit.
zwierzać się [zv‚jɛʒat̪ɕ ɕɛ] *vp imperf* to confide • **zwierzać się komuś** to confide in sb.
zwierzchnik, zwierzchniczka [zv‚jɛʃxɲik, zv‚jɛʃxɲitʃka] *m, f* superior.
zwierzenie [zv‚jɛʒɛɲɛ] (*D* zwierzenia [zv‚jɛʒɛɲa]) *n* confidence.
zwierzę [zv‚jɛʒɛ] *n* animal.
zwiędły [zv‚jɛnd̪wɨ] *adj* withered.
zwiędnąć [zv‚jɛnd̪nɔnt̪ɕ] *vperf* = więdnąć.
zwiększać [zv‚jɛŋkʃat̪ɕ] *vimperf* to increase.
zwięzły [zv‚jɛ̃zwɨ] *adj* concise.
zwięźle [zv‚jɛ̃ʑlɛ] *adv* concisely.
zwijać [zv‚ijat̪ɕ] (*perf* zwinąć [zv‚i-nɔnt̪ɕ]) *vimperf* to roll up.
zwinąć [zv‚inɔnt̪ɕ] *vperf* = zwijać.
zwinny [zv‚inni] *adj* agile.
zwisać [zv‚isat̪ɕ] *vimperf* to hang; *pot* [być obojętnym] to not give a monkey's (about sb/sthg).
zwlekać [zvlɛkat̪ɕ] *vimperf* to delay.
zwłaszcza [zvwaʃtʃa] *adv* especially.
zwłoka [zvwɔka] (*D* zwłoki [zvwɔk‚i]) *f* delay.
zwłoki [zvwɔk‚i] (*D* zwłok [zvwɔk]) *pl* corpse.
zwolennik, zwolenniczka [zvɔ-lɛɲɲik, zvɔlɛɲɲitʃka] *m, f* supporter.
zwolnić [zvɔlɲit̪ɕ] *vperf* = zwalniać.
zwolnienie [zvɔlɲɛɲɛ] (*D* zwolnienia [zvɔlɲɛɲa]) *n* : **zwolnienie lekarskie** doctor's certificate.
zwracać [zvrat̪sat̪ɕ] (*perf* zwrócić [zvrut̪ɕit̪ɕ]) *vimperf* [książkę do biblioteki] to return; [dług, pożyczkę] to repay; [twarz] to turn.
zwrot [zvrɔt] (*D* zwrotu [zvrɔtu]) *m* return; [spłata] repayment.
zwrotka [zvrɔtka] (*D* zwrotki [zvrɔt-k‚i]) *f* verse.
zwrotnik [zvrɔtɲik] (*D* -a) *m* tropic.
zwrotny [zvrɔtnɨ] *adj* manoeuvrable.
zwrócić [zvrut̪ɕit̪ɕ] *vperf* = zwracać.
zwycięski [zvɨt̪ɕɛ̃sk‚i] *adj* victorious.

zwycięstwo [zvɨt̪ɕɛ̃stfɔ] (*D* zwycięstwa [zvɨt̪ɕɛ̃stfa]) *n* victory.
zwycięzca, zwyciężczyni [zvɨt̪ɕɛ̃st̪sa, zvɨt̪ɕɛ̃ʒtʃɨɲi] *m, f* winner.
zwyciężać [zvɨt̪ɕɛ̃ʒat̪ɕ] *vimperf* [w zawodach, w wyborach] to win; [przeciwnika, wroga] to defeat.
zwyczaj [zvɨtʃaj] (*D* -u) *m* [tradycyjne zachowanie] custom.
zwyczajnie [zvɨtʃajɲɛ] *adv* as usual.
zwyczajny [zvɨtʃajnɨ] *adj* ordinary.
zwykle [zvɨklɛ] *adv* usually.
zwykły [zvɨkwɨ] *adj* ordinary.
zwymiotować [zvɨm‚jɔtɔvat̪ɕ] *vperf* = wymiotować.
zwymyślać [zvɨm‚iɕlat̪ɕ] *vperf* : **zwymyślać kogoś** to give sb a piece of one's mind.
zwyżka [zvɨʃka] (*D* zwyżki [zvɨʃk‚i]) *f* [cen, kosztów, notowań] increase; [formy] improvement.
zwyżkować [zvɨʃkɔvat̪ɕ] *vimperf* to rise.
zygzak [zigzak] (*D* -a) *m* zigzag.
zysk [zisk] (*D* -u) *m* profit.
zyskiwać [zisk‚ivat̪ɕ] *vimperf* [korzystać] to profit; [zdobywać] to gain.
zza [zza] *prep* from behind.

Ź

źdźbło [ʑdʑbwɔ] (D źdźbła [ʑdʑbwa]) n blade.
źle [ʑlɛ] (compar gorzej, superl najgorzej) adv badly.
źrebak [ʑrɛbak] m foal.
źrenica [ʑrɛɲitsa] (D źrenicy [ʑrɛɲitɕi]) f pupil.
źródło [ʑrudwɔ] (D źródła [ʑrudwa]) n spring.

Ż

żaba [ʒaba] f frog.
żaden [ʒadɛn] adj [z dwóch] neither; [z trzech lub więcej] none.
żagiel [ʒagʲɛl] (D żagla [ʒagla]) m sail.
żakiet [ʒakʲɛt] (D -u) m jacket.
żal [ʒal] (D -u) m grief.
żalić się [ʒalitɕ ɕɛ] vp imperf to complain • żalić się na kogoś/na coś to complain about sb/sthg.
żaluzja [ʒaluzja] (D żaluzji [ʒaluzji]) f blind.
żałoba [ʒawɔba] (D żałoby [ʒawɔbi]) f mourning.
żałosny [ʒawɔsni] adj pathetic.
żałować [ʒawɔvatɕ] vimperf [ubolewać nad czymś] to regret; [współczuć] to feel sorry for; [pieniędzy] to begrudge • żałować czegoś to regret sthg.
żandarm [ʒandarm] m military policeman.

żarcie [ʒartɕɛ] (D żarcia [ʒartɕa]) n pot grub.
żargon [ʒargɔn] (D -u) m jargon.
żarówka [ʒarufka] (D żarówki [ʒarufkʲi]) f (light) bulb.
żart [ʒart] (D -u) m joke.
żartobliwy [ʒartɔblʲivi] adj humorous.
żartować [ʒartɔvatɕ] vimperf [mówić żarty] to joke; [lekceważyć] to make fun of.
żądać [ʒɔndatɕ] vimperf to demand • żądać czegoś to demand sthg; żądać od kogoś to demand from sb.
żądanie [ʒɔndaɲɛ] (D żądania [ʒɔndaɲa]) n demand.
żądza [ʒɔndza] (D żądzy [ʒɔndzi]) f lust.
że [ʒɛ] conj that.
żeberka [ʒɛbɛrka] (D żeberek [ʒɛbɛrɛk]) npl spareribs.
żebrać [ʒɛbratɕ] vimperf to beg.
żebrak, żebraczka [ʒɛbrak, ʒɛbratʃka] m, f beggar.
żebro [ʒɛbrɔ] (D żebra [ʒɛbra]) n rib.
żeby [ʒɛbi] conj -1. [cel] (in order) to, so that. -2. [skutek] to. -3. [wprowadza zdanie dopełnieniowe i rozwijające] to. -4. pot [możliwość, niespełniony warunek] if only. -5. pot [kontrastujące okoliczności] if.
żeglarstwo [ʒɛglarstfɔ] (D żeglarstwa [ʒɛglarstfa]) n sailing • żeglarstwo deskowe windsurfing; żeglarstwo regatowe yachting.
żeglować [ʒɛglɔvatɕ] vimperf to sail.
żegnać [ʒɛgnatɕ] vimperf to say goodbye • żegnać kogoś to say goodbye to sb. ➡ **żegnać się** [ʒɛgnatɕ ɕɛ] vp imperf to say goodbye • żegnać się z kimś to say goodbye to sb.
żel [ʒɛl] (D -u) m gel.
żelatyna [ʒɛlatina] (D żelatyny [ʒɛlatini]) f gelatine.
żelazko [ʒɛlaskɔ] (D żelazka [ʒɛlaska]) n iron.
żelazo [ʒɛlazɔ] (D żelaza [ʒɛlaza]) n iron.
Żelazowa Wola [ʒɛlazɔva vɔla] f Frederic Chopin's family home.

żenić [ʒɛɲitɕ] *vimperf* to marry off.
➔ **żenić się** [ʒɛɲitɕ ɕɛ] *vp imperf* to get married.
żeński [ʒɛĩsk,i] *adj* female; GRAM feminine.
żeton [ʒɛtɔn] (*D* **-u**) *m* token.
żłobek [ʒwɔbɛk] (*D* żłobka [ʒwɔpka]) *m* nursery.
żmija [ʒm,ija] *f* viper.
żniwa [ʒɲiva] (*D* żniw [ʒɲif]) *npl* harvest.
żołądek [ʒɔwɔndɛk] (*D* żołądka [ʒɔwɔntka]) *m* stomach.
żołnierz [ʒɔwɲɛʃ] *m* soldier.
żona [ʒɔna] *f* wife.
żonaty [ʒɔnati] *adj* married.
żonkil [ʒɔŋk,il] (*D* **-a**) *m* daffodil.
żółtaczka [ʒuwtatʃka] (*D* żółtaczki [ʒuwtatʃk,i]) *f* jaundice.
żółty [ʒuwti] *adj* yellow.
żółw [ʒuwf] *m* [lądowy] tortoise; [wodny] turtle.
żubr [ʒubr] *m* bison.
żuć [ʒutɕ] *vimperf* to chew.
żuraw [ʒuraf] *m* crane.
żurawina [ʒurav,ina] (*D* żurawiny [ʒurav,ini]) *f* cranberry.
życie [ʒitɕɛ] (*D* życia [ʒitɕa]) *n* life.
życiorys [ʒitɕɔris] (*D* **-u**) *m* [opis życia] biography; [autobiografia] autobiography; [dokument] CV.
życzenie [ʒitʃɛɲɛ] (*D* życzenia [ʒitʃɛɲa]) *n* wish.
życzliwy [ʒitʃl,ivi] *adj* friendly.
życzyć [ʒitʃitɕ] *vimperf* to wish.
żyć [ʒitɕ] *vimperf* [gen] to live; [być żywym] to be alive.
Żyd [ʒit] *m* Jew.
żyletka [ʒilɛtka] (*D* żyletki [ʒilɛtk,i]) *f* razor blade.
żyła [ʒiwa] (*D* żyły [ʒiwi]) *f* vein.
żyrafa [ʒirafa] *f* giraffe.
żyrandol [ʒirandɔl] (*D* **-a**) *m* chandelier.
żyto [ʒitɔ] (*D* żyta [ʒita]) *n* rye.
żywić [ʒiv,itɕ] *vimperf* to feed.
żywność [ʒivnɔɕtɕ] (*D* żywności [ʒivnɔɕtɕi]) *f* food.

żywo [ʒivɔ] *adv* strongly.
żywopłot [ʒivɔpwɔt] (*D* **-u**) *m* hedge.
żywy [ʒivi] *adj* [żyjący] living; [energiczny] lively.
żyzny [ʒizni] (*compar* żyźniejszy, *superl* najżyźniejszy) *adj* fertile.

ENGLISH – POLISH

ANGIELSKO – POLSKI

A

a [(*weak form* ə, *strong form* eɪ, *before vowel an weak form* æn, *strong form* ən)] *indef art* -1. [referring to indefinite thing] *przedimek nieokreślony (najczęściej nie jest tłumaczony)* : **a friend** przyjaciel; **a restaurant** restauracja; **an apple** jabłko. -2. [instead of the number one] jeden ; **a hundred and twenty pounds** sto dwadzieścia funtów; **for a week** przez tydzień. -3. [in prices, ratios] za ; **£2 a kilo** dwa funty za kilogram; **once a month** raz w miesiącu; **three times a year** trzy razy w roku.

AA *n* (*abbr of* Alcoholics Anonymous) Anonimowi Alkoholicy; *UK* (*abbr of* Automobile Association) ≃ PZM (Polski Związek Motorowy).

aback [ə'bæk] *adv* : **to be taken aback** być zaskoczonym.

abandon [ə'bændən] *vt* [car, person] porzucać/porzucić; [ship] opuszczać/opuścić.

abattoir ['æbətwɑ:'] *n* rzeźnia *f*.

abbey ['æbɪ] *n* opactwo *n*.

abbreviation [ə'bri:vɪ'eɪʃn] *n* skrót *m*.

abdomen ['æbdəmen] *n* brzuch *m*.

abide [ə'baɪd] *vt* znosić/znieść • **I can't abide sthg/doing sthg** nie znoszę czegoś/robienia czegoś; **I can't abide him** nie cierpię go.

abide by *vt insep* [rule, law] przestrzegać.

ability [ə'bɪlətɪ] *n* umiejętność *f*.

able ['eɪbl] *adj* zdolny • **to be able to do sthg** móc coś zrobić.

abnormal [æb'nɔ:ml] *adj* nieprawidłowy.

aboard [ə'bɔ:d] <> *adv* na pokładzie. <> *prep* [train, bus, plane] w; [ship] na.

abode [ə'bəud] *n fml* miejsce *n* zamieszkania.

abolish [ə'bɒlɪʃ] *vt* obalać/obalić.

aborigine ['æbə'rɪdʒənɪ] *n* aborygen *m*, -ka *f*.

abort [ə'bɔ:t] *vt* [expedition] przerywać/przerwać; [plan] zaniechać.

abortion [ə'bɔ:ʃn] *n* aborcja *f* • **to have an abortion** usunąć ciążę.

about [ə'baut] <> *adv* -1. [approximately] około ; **at about six o'clock** około szóstej; **about 50** około pięćdziesięciu; **it's just about ready** prawie gotowe. -2. [referring to place] tu i tam ; **to walk about** spacerować. -3. [on the point of] : **to be about to do sthg** właśnie mieć coś zrobić. <> *prep* [concerning] o ; **a book about Scotland** książka o Szkocji; **what's it about?** o czym to jest?; **what about a drink?** a może byśmy się napili?

above [ə'bʌv] <> *prep* [higher

than] nad; [more than] ponad.
◇ *adv* [higher] wyżej; [more]
więcej • **above all** przede
wszystkim.

abroad [ə'brɔːd] *adv* [overseas] za
granicą.

abrupt [ə'brʌpt] *adj* [sudden] nagły.

abscess ['æbsɪs] *n* ropień *m*.

absence ['æbsəns] *n* nieobecność
f.

absent ['æbsənt] *adj* [not present]
nieobecny.

absent-minded ['æbsənt-] *adj*
roztargniony.

absolute ['æbsəluːt] *adj* całkowity.

absolutely ['æbsəluːtlɪ] ◇ *adv*
[completely] całkowicie. ◇ *excl*
oczywiście!

absorb [əb'sɔːb] *vt* [liquid] wchła-
niać/wchłonąć; [information]
przyswajać/przyswoić.

absorbed *adj* pochłonięty • **to
be absorbed in sthg** być czymś
pochłoniętym.

absorbent [əb'sɔːbənt] *adj* chłon-
ny.

abstain [əb'steɪn] *vi* powstrzymy-
wać/powstrzymać się; [in voting]
wstrzymywać/wstrzymać się
• **to abstain from doing sthg**
powstrzymywać się od robienia
czegoś.

absurd [əb'sɜːd] *adj* absurdalny.

ABTA ['æbtə] *n* (*abbr of* Association of British Travel Agents)
≃ POT (Polska Organizacja Turystyczna).

abuse ◇ *n* [ə'bjuːs] [insults] obelgi *fpl*; [wrong use] nadużywanie
n; [maltreatment] wykorzystywa-
nie *n*. ◇ *vt* [ə'bjuːz] [insult]
ubliżać/naubliżać (*komuś*); [use
wrongly] nadużywać/nadużyć;

[maltreat] wykorzystywać/wyko-
rzystać.

abusive [ə'bjuːsɪv] *adj* obelżywy.

AC (*abbr of* alternating current)
prąd *m* zmienny.

academic ['ækə'demɪk] ◇ *adj*
[educational] akademicki. ◇ *n*
pracownik *m* naukowo-dydak-
tyczny, pracowniczka nauko-
wo-dydaktyczna *f*.

academy [ə'kædəmɪ] *n* akademia
f.

accelerate [ək'seləreɪt] *vi* przy-
śpieszać/przyśpieszyć.

accelerator [ək'seləreɪtəʳ] *n* pedał
m gazu.

accent ['æksent] *n* akcent *m*.

accept [ək'sept] *vt* [apology, offer,
gift, invitation] przyjmować/przy-
jąć; [blame, responsibility] brać/
wziąć na siebie; [fact, story, truth]
uznawać/uznać.

acceptable [ək'septəbl] *adj* [toler-
able] dopuszczalny; [satisfactory]
do przyjęcia.

access ['ækses] *n* [way in] wejście
n; [opportunity to use] dostęp *m*.

accessible [ək'sesəbl] *adj* [place]
dostępny.

accessories *npl* [extras] akcesoria
pl; [fashion items] dodatki *mpl*.

access road *n* droga *f* dojazdo-
wa.

accident ['æksɪdənt] *n* wypadek
m • **by accident** przypadkiem.

accidental ['æksɪ'dentl] *adj* przypadkowy.

accident insurance *n* ubezpieczenie *n* od następstw nieszczęś-
liwych wypadków.

accident-prone *adj* podatny na
wypadki.

acclimatize [ə'klaɪmətaɪz] *vi* akli-

matyzować/zaaklimatyzować się.

accommodate [əˈkɒmədeɪt] *vt* [provide room for people] zakwaterować.

accommodation [əˌkɒməˈdeɪʃn] *n* kwatera *f* • **hotel accommodation** miejsce *n* w hotelu; **overnight accommodation** nocleg *m*.

accommodations *npl US* = accommodation.

accompany [əˈkʌmpənɪ] *vt* towarzyszyć.

accomplish [əˈkʌmplɪʃ] *vt* osiągać/osiągnąć.

accord [əˈkɔːd] *n* : **of one's own accord** z własnej woli.

accordance [əˈkɔːdəns] *n* : **in accordance with** zgodnie z.

according [əˈkɔːdɪŋ] ➡ **according to** *prep* [as stated by] według; [depending on] zgodnie z.

accordion [əˈkɔːdjən] *n* akordeon *m*.

account [əˈkaʊnt] *n* [at bank] konto *n*; [in shop] rachunek *m*; [report] relacja *f* • **to take into account** brać pod uwagę; **on no account** pod żadnym pozorem; **on account of** z uwagi na. ➡ **account for** *vt insep* [explain] wyjaśniać/wyjaśnić; [constitute] stanowić.

accountant [əˈkaʊntənt] *n* księgowy *m*, księgowa *f*.

account number *n* numer *m* konta.

accumulate [əˈkjuːmjʊleɪt] *vt* gromadzić/nagromadzić.

accurate [ˈækjʊrət] *adj* dokładny.

accuse [əˈkjuːz] *vt* : **to accuse sb of sthg** oskarżać/oskarżyć kogoś o coś.

accused [əˈkjuːzd] *n* : **the accused** oskarżony *m*, oskarżona *f*.

ace [eɪs] *n* [card] as *m*.

ache [eɪk] <> *n* ból *m*. <> *vi* boleć.

achieve [əˈtʃiːv] *vt* osiągać/osiągnąć.

acid [ˈæsɪd] <> *adj* [substance, liquid] kwaśny. <> *n* [chemical] kwas *m*; *inf* [drug] kwas *m*.

acid rain *n* kwaśny deszcz *m*.

acknowledge [əkˈnɒlɪdʒ] *vt* [accept] uznawać/uznać; [letter] potwierdzać/potwierdzić odbiór.

acne [ˈæknɪ] *n* trądzik *m*.

acorn [ˈeɪkɔːn] *n* żołądź *m*.

acoustic [əˈkuːstɪk] *adj* akustyczny.

acquaintance [əˈkweɪntəns] *n* [person] znajomy *m*, znajoma *f*.

acquire [əˈkwaɪəʳ] *vt* nabywać/nabyć.

acre [ˈeɪkəʳ] *n* akr *m*.

acrobat [ˈækrəbæt] *n* akrobata *m*, akrobatka *f*.

across [əˈkrɒs] <> *prep* [to other side of] przez; [from one side to the other of] w poprzek; [on other side of] po drugiej stronie. <> *adv* : **10 miles across** o szerokości 10 mil; **across from** naprzeciwko.

acrylic [əˈkrɪlɪk] *n* akryl *m*.

act [ækt] <> *n* [action] czyn *m*; POL ustawa *f*; [of play] akt *m*; [performance] punkt *m* programu. <> *vi* [do something] działać; [behave] zachowywać/zachować się; [in play, film] grać/zagrać • **to act as** [serve as] pełnić funkcję.

action [ˈækʃn] *n* [act] czynność *f*; [activity] działanie *n*; MIL walka *f* • **to take action** podejmować działanie; **to put sthg into action** wprowadzać coś w życie;

out of action [machine] nieczynny; [person] unieruchomiony.

action movie ['ækʃənmuːvɪ] n film m akcji.

active ['æktɪv] adj [busy] aktywny.

activity [æk'tɪvətɪ] n działalność f.
➤ **activities** npl [leisure events] zajęcia npl.

activity holiday n czynny wypoczynek m.

act of God n siła f wyższa.

actor ['æktəʳ] n aktor m.

actress ['æktrɪs] n aktorka f.

actual ['æktʃʊəl] adj [real] rzeczywisty; [for emphasis] właściwy.

actually ['æktʃʊəlɪ] adv w rzeczywistości.

acupuncture ['ækjʊpʌŋktʃəʳ] n akupunktura f.

acute [ə'kjuːt] adj [pain, angle] ostry; [feeling] dręczący.

AD [æd] (abbr of Anno Domini) n.e.

ad [æd] n inf ogłoszenie n.

adapt [ə'dæpt] ⬦ vt przystosowywać/przystosować; [book] adaptować/zaadaptować. ⬦ vi przystosowywać/przystosować się.

adapter n [for foreign plug] nasadka na wtyczkę dopasowana do innego typu gniazdka; [for several plugs] rozgałęziacz m.

add [æd] vt dodawać/dodać.
➤ **add up** vt sep sumować/zsumować. ➤ **add up to** vt insep [total] wynosić/wynieść.

adder ['ædəʳ] n żmija f.

addict ['ædɪkt] n [smoker] nałogowiec m; [drug user] narkoman m, -ka f.

addicted [ə'dɪktɪd] adj : to be addicted to sthg być uzależnionym od czegoś.

addiction [ə'dɪkʃn] n nałóg m.

addition [ə'dɪʃn] n [added thing] dodatek m; [in maths] dodawanie n ⬥ in addition na dodatek; in addition to oprócz.

additional [ə'dɪʃənl] adj dodatkowy.

additive ['ædɪtɪv] n dodatek m.

address [ə'dres] ⬦ n [on letter] adres m. ⬦ vt [speak to] przemawiać/przemówić do; [letter] adresować/zaadresować.

address book n książka f adresowa.

addressee ['ædre'siː] n adresat m, -ka f.

adequate ['ædɪkwət] adj [sufficient] wystarczający; [satisfactory] dostateczny.

adhere [əd'hɪəʳ] vi : to adhere to [stick to] trzymać się; [obey] stosować/zastosować się do.

adhesive [əd'hiːsɪv] ⬦ adj przylepny. ⬦ n klej m.

adjacent [ə'dʒeɪsənt] adj sąsiedni.

adjective ['ædʒɪktɪv] n przymiotnik m.

adjoining [ə'dʒɪnɪŋ] adj przyległy.

adjust [ə'dʒʌst] ⬦ vt dostosowywać/dostosować. ⬦ vi : to adjust to sthg przystosowywać/przystosować się do czegoś.

adjustable [ə'dʒʌstəbl] adj regulowany.

adjustment [ə'dʒʌstmənt] n poprawka f.

administration [əd'mɪnɪ'streɪʃn] n [organizing] administracja f; US [government] rząd m.

administrator [əd'mɪnɪstreɪtəʳ] n administrator m, -ka f.

admiral ['ædmərəl] n admirał m.

admire [əd'maɪəʳ] vt podziwiać.

admission [ǝd'mɪʃn] *n* [permission to enter] wstęp *m*; [entrance cost] bilet *m* wstępu.

admission charge *n* opłata *f* za wstęp.

admit [ǝd'mɪt] *vt* [confess] przyznawać/przyznać się; [allow to enter] wpuszczać/wpuścić • **to admit to sthg** przyznawać/przyznać się do czegoś; **'admits one'** [on ticket] bilet *m* wstępu dla jednej osoby.

adolescent ['ædǝ'lesnt] *n* dorastający chłopak *m*, dorastająca dziewczyna *f*.

adopt [ǝ'dɒpt] *vt* [child] adoptować/zaadoptować; [plan, attitude] przyjmować/przyjąć.

adopted [ǝ'dɒptɪd] *adj* adoptowany.

adorable [ǝ'dɔ:rǝbl] *adj* rozkoszny.

adore [ǝ'dɔ:ʳ] *vt* uwielbiać.

adult ['ædʌlt] <> *n* osoba dorosła *f*. <> *adj* [entertainment, films] dla dorosłych; [animal] dorosły.

adult education *n* kształcenie *n* dorosłych.

adultery [ǝ'dʌltǝrɪ] *n* cudzołóstwo *n*.

advance [ǝd'vɑ:ns] <> *n* [money] zaliczka *f*; [movement] posuwanie się *n* naprzód. <> *adj* [warning, payment] zaliczkowy. <> *vt* [lend] dawać/dać zaliczkę; [bring forward] przesuwać/przesunąć na wcześniejszy termin. <> *vi* [move forward] posuwać/posunąć się naprzód; [improve, progress] postępować/postąpić naprzód.

advance booking *n* rezerwacja *f*.

advanced [ǝd'vɑ:nst] *adj* [student] zaawansowany; [course, level] dla zaawansowanych.

advantage [ǝd'vɑ:ntɪdʒ] *n* [benefit] korzyść *f* • **to take advantage of** [opportunity, low exchange rate] skorzystać; [person] wykorzystywać/wykorzystać.

adventure [ǝd'ventʃǝʳ] *n* przygoda *f*.

adventurous [ǝd'ventʃǝrǝs] *adj* [person] śmiały; [life] pełen przygód.

adverb ['ædvɜ:b] *n* przysłówek *m*.

adverse ['ædvɜ:s] *adj* niesprzyjający.

advert = advertisement.

advertise ['ædvǝtaɪz] *vt* [product, event] reklamować/zareklamować.

advertisement [*UK* ǝd'vɜ:tɪsmǝnt, *US* 'ædvǝr'taɪzmǝnt] *n* [for product] reklama *f*; [for event] ogłoszenie *n*.

advice [ǝd'vaɪs] *n* rada *f* • **a piece of advice** rada *f*.

advisable [ǝd'vaɪzǝbl] *adj* wskazany.

advise [ǝd'vaɪz] *vt* radzić/poradzić • **to advise sb to do sthg** poradzić/doradzić komuś zrobienie czegoś; **to advise sb against doing sthg** odradzać/odradzić komuś zrobienie czegoś.

advocate <> *n* ['ædvǝkǝt] [supporter] zwolennik *m*, zwolenniczka *f*; LAW adwokat *m*, -ka *f*. <> *vt* ['ædvǝkeɪt] popierać/poprzeć.

aerial ['eǝrɪǝl] *n* antena *f*.

aerobics [eǝ'rǝubɪks] *n* aerobik *m*.

aerodynamic ['eǝrǝudaɪ'næmɪk] *adj* aerodynamiczny.

aeroplane ['eǝrǝpleɪn] *n* samolot *m*.

aerosol ['eǝrǝsɒl] *n* aerozol *m*.

affair [ǝ'feǝʳ] *n* [event] wydarzenie *n*; [love affair] romans *m*.

affect vt [ə'fekt] [influence] wpły-wać/wpłynąć na.

affection [ə'fekʃn] n sympatia f • **with affection** czule.

affectionate [ə'fekʃənət] adj czu-ły.

affluent ['æfluənt] adj zamożny.

afford [ə'fɔːd] vt : **to be able to afford sthg** [holiday, new coat] móc sobie pozwolić na coś • **I can afford the time** mam czas; **I can't afford it** nie stać mnie na to.

affordable [ə'fɔːdəbl] adj przy-stępny.

afloat [ə'fləut] adj na powierzch-ni.

afraid [ə'freɪd] adj [frightened] przestraszony • **to be afraid of** bać się; **I'm afraid so/not** oba-wiam się, że tak/nie.

Africa ['æfrɪkə] n Afryka f.

African ['æfrɪkən] <> adj afry-kański. <> n Afrykanin m, Afry-kanka f.

after ['ɑːftə^r] <> prep po. <> conj po tym, jak. <> adv potem • **a quarter after ten** US kwadrans po dziesiątej; **to be after sb/sthg** [in search of] szukać kogoś/czegoś; **after all** w końcu. **afters** <> npl UK inf [des-sert] deser m.

aftercare ['ɑːftəkeə^r] n [patient] opieka f nad rekonwalescentem; [customer] pomoc udzielana odbiorcy produktu/usługi przez producenta/dostawcę w przypadku wątpliwości, pytań etc.

aftereffects npl następstwa pl.

afternoon ['ɑːftə'nuːn] n popo-łudnie n • **good afternoon!** dzień dobry!

afternoon tea n podwieczorek m.

aftershave ['ɑːftəʃeɪv] n płyn m po goleniu.

aftersun ['ɑːftəsʌn] n balsam m po opalaniu.

afterwards ['ɑːftəwədz] adv póź-niej.

again [ə'gen] adv jeszcze raz • **again and again** wielokrotnie; **never... again** nigdy... więcej.

against [ə'genst] prep [in contact with] o (coś); [in opposition to] przeciw(ko); [in disagreement with] przeciw(ko) • **against the law** wbrew prawu.

age [eɪdʒ] n [of person, in history] wiek m; [old age] starość f • **un-der age** niepełnoletni; **I haven't seen him for ages** [inf] nie widziałem go całe wieki.

aged adj : **aged eight** w wieku ośmiu lat.

age group n grupa f wiekowa.

age limit n limit m wiekowy.

agency ['eɪdʒənsɪ] n agencja f.

agenda [ə'dʒendə] n porządek m dzienny.

agent ['eɪdʒənt] n agent m, -ka f.

aggression [ə'greʃn] n agresja f.

aggressive [ə'gresɪv] adj agre-sywny.

agile [UK 'ædʒaɪl, US 'ædʒəl] adj zwinny.

agility [ə'dʒɪlətɪ] n zwinność f.

agitated ['ædʒɪteɪtɪd] adj poru-szony.

ago [ə'gəu] adv temu • **a month ago** miesiąc temu; **how long ago?** jak dawno temu?

agonizing ['ægənaɪzɪŋ] adj roz-dzierający.

agony ['ægənɪ] n męczarnia f.

agree [ə'griː] vi [be in agreement, consent] zgadzać/zgodzić się; [correspond] być zgodnym • **it**

doesn't agree with me [food] to mi nie służy; **to agree to do sthg** zgadzać/zgodzić się coś zrobić. ➤ **agree on** vt insep [time, price] uzgadniać/uzgodnić.

agreed [ə'griːd] adj uzgodniony.

agreement [ə'griːmənt] n porozumienie n • **in agreement with** zgodnie z.

agriculture ['ægrɪkʌltʃəʳ] n rolnictwo n.

ahead adv [in front] z przodu; [forwards, into the future] naprzód • **in the weeks ahead** w następnych tygodniach; **to be ahead** [winning] być na prowadzeniu; **ahead of** przed; **to be ahead of sb** [in better position than] wyprzedzać kogoś.

aid [eɪd] ⬦ n pomoc f. ⬦ vt pomagać/pomóc • **in aid of** na rzecz; **with the aid of** z pomocą.

Aids [eɪdz] = AIDS.

AIDS [eɪdz] n AIDS.

ailment ['eɪlmənt] n fml dolegliwość f.

aim [eɪm] ⬦ n [purpose] cel m. ⬦ vt [gun, camera, hose] celować/wycelować; [campaign] kierować/skierować. ⬦ vi : **to aim at sthg** dążyć do czegoś • **to aim to do sthg** zamierzać/zamierzyć coś zrobić.

air [eəʳ] ⬦ n powietrze n. ⬦ vt [room] przewietrzać/przewietrzyć. ⬦ adj [terminal, travel] lotniczy • **by air** [travel, send] samolotem.

airbed ['eəbed] n materac m nadmuchiwany.

airborne ['eəbɔːn] adj unoszący się w powietrzu.

air-conditioned adj klimatyzowany.

air-conditioning n klimatyzacja f.

aircraft ['eəkrɑːft] (pl aircraft) n samolot m.

aircraft carrier n lotniskowiec m.

air force n lotnictwo n.

air freshener [-'freʃənəʳ] n odświeżacz m powietrza.

air hostess ['eə'həʊstɪs] n stewardesa f.

airing cupboard n szafka do przesuszania bielizny.

air letter n list m lotniczy.

airline ['eəlaɪn] n linia f lotnicza.

airliner ['eəlaɪnəʳ] n samolot m pasażerski.

airmail ['eəmeɪl] n poczta f lotnicza • **by airmail** pocztą lotniczą.

airplane ['eəpleɪn] n US samolot m.

airport ['eəpɔːt] n lotnisko n.

air raid n nalot m.

airsick ['eəsɪk] adj : **to be airsick** cierpieć na chorobę powietrzną.

air stewardess n stewardesa f.

air traffic control n [people] kontrola f ruchu lotniczego.

airy ['eərɪ] adj [room, building] przestronny.

aisle [aɪl] n [in plane, cinema, supermarket] przejście n; [in church] nawa f boczna.

aisle seat n [on plane] miejsce m przejścia.

ajar [ə'dʒɑːʳ] adj uchylony.

alarm [ə'lɑːm] ⬦ n [warning device] alarm m. ⬦ vt niepokoić/zaniepokoić.

alarm clock n budzik m.

alarmed [ə'lɑːmd] adj [anxious] zaniepokojony.

alarming [ə'lɑːmɪŋ] *adj* niepokojący.

album ['ælbəm] *n* album *m*.

alcohol ['ælkəhɒl] *n* alkohol *m*.

alcohol-free *adj* bezalkoholowy.

alcoholic ['ælkə'hɒlɪk] <> *adj* [drink] alkoholowy. <> *n* alkoholik *m*, alkoholiczka *f*.

alcoholism ['ælkəhɒlɪzm] *n* alkoholizm *m*.

alcove ['ælkəʊv] *n* alkowa *f*.

ale [eɪl] *n* piwo *n*.

alert [ə'lɜːt] <> *adj* [vigilant] czujny. <> *vt* [danger] ostrzegać/ostrzec • **to alert sb to sthg** ostrzec kogoś przed czymś.

A-level *n UK* ≃ matura *f*.

algebra ['ældʒɪbrə] *n* algebra *f*.

Algeria [æl'dʒɪərɪə] *n* Algieria *f*.

alias ['eɪlɪəs] *n* fałszywe nazwisko *n*.

alibi ['ælɪbaɪ] *n* alibi *n*.

alien ['eɪljən] *n* [foreigner] cudzoziemiec *m*, cudzoziemka *f*; [from outer space] kosmita *m*, kosmitka *f*.

alight [ə'laɪt] <> *adj* [on fire] płonący. <> *vi fml* [from train, bus] : **to alight (from)** wysiadać/wysiąść (z) • **to be alight** palić się.

align [ə'laɪn] *vt* : **to align sthg with sthg** wyrównać coś w stosunku do czegoś.

alike [ə'laɪk] <> *adj* podobny. <> *adv* [similarly] jednakowo • **to look alike** być do siebie podobnym.

alive [ə'laɪv] *adj* [living] żywy.

all [ɔːl] <> *adj* -1. [with singular noun] cały ; **all the money** wszystkie pieniądze; **all the time** cały czas; **we were out all day** nie było nas cały dzień. -2.

[with plural noun] wszyscy ; **all the people** wszyscy ludzie; **all trains stop at Tonbridge** wszystkie pociągi zatrzymują się w Tonbridge. <> *adv* -1. [completely] zupełnie ; **all alone** zupełnie sam. -2. [in scores] dla każdej ze stron ; **it's two all** dwa – dwa. -3. [in phrases] : **all but empty** prawie pusty; **all over** [finished] zakończony; [throughout, on top of] wszędzie. <> *pron* -1. [everything] wszystko ; **is that all?** [in shop] czy to już wszystko?; **the best of all** najlepszy ze wszystkich; **the biggest of all** największy ze wszystkich; **don't eat all of the cake** nie zjedz całego ciasta. -2. [everybody] wszyscy ; **all of us went** wszyscy poszliśmy. -3. [in phrases] : **at all** w ogóle; **in all** [in total] razem; [in summary] w sumie.

Allah ['ælə] *n* Allah *m*.

allege [ə'ledʒ] *vt* utrzymywać.

allergic [ə'lɜːdʒɪk] *adj* : **to be allergic to** [food, animals] być uczulonym na.

allergy ['ælədʒɪ] *n* alergia *f*.

alleviate [ə'liːvɪeɪt] *vt* [pain, situation] łagodzić/złagodzić.

alley ['ælɪ] *n* [narrow street] wąska uliczka *f*.

alligator ['ælɪgeɪtə] *n* aligator *m*.

all-in *adj UK* [inclusive] łączny.

all-night *adj* [bar, petrol station] całodobowy; [party] całonocny.

allocate ['æləkeɪt] *vt* przydzielać/przydzielić.

allotment [ə'lɒtmənt] *n UK* [for vegetables] ogródek *m* działkowy.

allow [ə'laʊ] *vt* [permit] pozwalać/pozwolić na; [time, money] przeznaczać/przeznaczyć • **to allow sb to do sthg** pozwalać/pozwo-

lić komuś coś zrobić; **to be allowed to do sthg** mieć zezwolenie na zrobienie czegoś; **smoking is not allowed** zabrania się palić. ➤ **allow for** *vt insep* uwzględniać/uwzględnić.

allowance [ə'lauəns] *n* [state benefit] zasiłek *m*; [for expenses] dieta *f*; *US* [pocket money] kieszonkowe *n*.

all right ◇ *adj* w porządku. ◇ *adv* [satisfactorily] jak należy; [yes, okay] zgoda.

ally *n* ['ælaɪ] sojusznik *m*, sojuszniczka *f*.

almond ['ɑːmənd] *n* [nut] migdał *m*.

almost ['ɔːlməust] *adv* prawie.

alone [ə'ləun] ◇ *adj* sam. ◇ *adv* [away from others] samotnie; [unaided] w pojedynkę • **to leave sb alone** zostawić kogoś w spokoju; **to leave sthg alone** nie ruszać czegoś.

along [ə'lɒŋ] ◇ *adv* [forward] naprzód. ◇ *prep* [towards one end of, alongside] wzdłuż • **to walk along** iść; **to bring sthg along** przynieść coś ze sobą; **all along** przez cały czas; **along with** razem z.

alongside [ə'lɒŋ'saɪd] ◇ *prep* [next to] obok. ◇ *adv* : **to come alongside** zatrzymać się obok.

aloof [ə'luːf] *adj* powściągliwy.

aloud [ə'laud] *adv* głośno.

alphabet ['ælfəbet] *n* alfabet *m*.

Alps [ælps] *npl* : **the Alps** Alpy *pl*.

already [ɔːl'redɪ] *adv* już.

also ['ɔːlsəu] *adv* też.

altar ['ɔːltə'] *n* ołtarz *m*.

alter ['ɔːltə'] *vt* zmieniać/zmienić.

alteration ['ɔːltə'reɪʃn] *n* [to plan, timetable] zmiana *f*; [to house] przebudowa *f*.

alternate *adj* [*UK* ɔːl'tɜːnət, *US* 'ɔːltərnət] [days, weeks] co drugi.

alternating current *n* prąd *m* zmienny.

alternative [ɔːl'tɜːnətɪv] ◇ *adj* [accommodation, route] inny; [lifestyle, medicine] alternatywny. ◇ *n* [option] możliwość *f*.

alternatively [ɔːl'tɜːnətɪvlɪ] *adv* ewentualnie.

alternator ['ɔːltəneɪtə'] *n* alternator *m*.

although [ɔːl'ðəu] *conj* chociaż.

altitude ['æltɪtjuːd] *n* wysokość *f*.

altogether ['ɔːltə'geðə'] *adv* [completely] całkowicie; [in total] razem.

aluminium ['æljʊ'mɪnɪəm] *n UK* aluminium *n*.

aluminum [ə'luːmɪnəm] *US* = aluminium.

always ['ɔːlweɪz] *adv* zawsze.

a.m. (*abbr of* ante meridiem) : **at 2 a.m.** o drugiej rano.

am [æm] ⊳ be.

amateur ['æmətə'] *n* amator *m*, -ka *f*.

amazed [ə'meɪzd] *adj* zdumiony.

amazing [ə'meɪzɪŋ] *adj* zdumiewający.

Amazon ['æməzn] *n* [river] : **the Amazon** Amazonka *f*.

ambassador [æm'bæsədə'] *n* ambasador *m*.

amber ['æmbə'] *adj* [traffic lights] żółty; [jewellery] bursztynowy.

ambiguous [æm'bɪgjuəs] *adj* dwuznaczny.

ambition [æm'bɪʃn] *n* ambicja *f*.

ambitious [æm'bɪʃəs] *adj* [person] ambitny.

ambulance ['æmbjuləns] *n* karetka *f* pogotowia ratunkowego.

ambush ['æmbʊʃ] *n* zasadzka *f.*

amenities *npl* udogodnienia *npl.*

America [ə'merɪkə] *n* Ameryka *f.*

American [ə'merɪkn] <> *adj* amerykański. <> *n* [person] Amerykanin *m*, Amerykanka *f.*

amiable ['eɪmjəbl] *adj* miły.

ammunition ['æmjʊ'nɪʃn] *n* amunicja *f.*

amnesia [æm'niːzjə] *n* amnezja *f.*

among(st) *prep* wśród; [when sharing] (po)między.

amount [ə'maʊnt] *n* [quantity] ilość *f*; [sum] suma *f.*
◆ **amount to** *vt insep* [total] wynosić/wynieść.

amp [æmp] *n* amper *m* • **a 13-amp plug** wtyczka na 13 amperów.

ample ['æmpl] *adj* [time, supply, opportunity] aż nadto.

amplifier ['æmplɪfaɪəʳ] *n* wzmacniacz *m.*

amputate ['æmpjʊteɪt] *vt* amputować.

Amtrak ['æmtræk] *n amerykańska kolej pasażerska.*

amuse [ə'mjuːz] *vt* [make laugh] rozbawiać/rozbawić; [entertain] rozrywać/rozerwać.

amusement arcade *n* salon *m* gier.

amusement park *n* wesołe miasteczko *n.*

amusements *npl* atrakcje *fpl.*

amusing [ə'mjuːzɪŋ] *adj* zabawny.

an [(stressed) æn, (unstressed) ən]
▷ **a.**

anaemic [ə'niːmɪk] *adj UK* [person] anemiczny.

anaesthetic ['ænɪs'θetɪk] *n UK* środek *m* znieczulający.

analgesic ['ænæl'dʒiːsɪk] *n* środek *m* przeciwbólowy.

analyse ['ænəlaɪz] *vt* analizować/przeanalizować.

analyst ['ænəlɪst] *n* [psychoanalyst] psychoanalityk *m.*

analyze *US* = **analyse.**

anarchy ['ænəkɪ] *n* anarchia *f.*

anatomy [ə'nætəmɪ] *n* anatomia *f.*

ancestor ['ænsestəʳ] *n* przodek *m.*

anchor ['æŋkəʳ] *n* kotwica *f.*

anchovy [*UK* 'æntʃəvɪ, *US* 'æntʃəʊvɪ] *n* anchois *n.*

ancient ['eɪnʃənt] *adj* [customs, monument] starożytny.

and *conj* i; [indicating repetition] coraz • **and you?** a ty¿; **a hundred and one** sto jeden; **to try and do sthg** spróbować coś zrobić; **to go and see** pójść coś zobaczyć; **for hours and hours** całymi godzinami.

Andes ['ændiːz] *npl* : **the Andes** Andy *pl.*

anecdote ['ænɪkdəʊt] *n* anegdota *f.*

anemic *US* = **anaemic.**

anesthetic *US* = **anaesthetic.**

angel ['eɪndʒəl] *n* RELIG anioł *m.*

anger ['æŋgəʳ] *n* gniew *m.*

angina [æn'dʒaɪnə] *n* dusznica *f.*

angle ['æŋɡl] *n* kąt *m* • **at an angle** pod kątem.

angler ['æŋɡləʳ] *n* wędkarz *m.*

angling ['æŋɡlɪŋ] *n* wędkarstwo *n.*

angry ['æŋgrɪ] *adj* [person] rozgniewany; [words] gniewny • **to get angry (with sb)** rozzłościć się (na kogoś).

animal ['ænɪml] *n* zwierzę *n.*

aniseed ['ænɪsiːd] *n* anyż *m.*

ankle ['æŋkl] *n* kostka *f (u nogi)*.

annex *n* [building] dobudówka *f*.

annihilate [ə'naɪəleɪt] *vt* unicestwiać/unicestwić.

anniversary ['ænɪ'vɜːsərɪ] *n* rocznica *f*.

announce [ə'naʊns] *vt* [fact, intention] oznajmiać/oznajmić; [delay, departure] ogłaszać/ogłosić.

announcement [ə'naʊnsmənt] *n* ogłoszenie *n*.

announcer [ə'naʊnsə'] *n* [on TV, radio] prezenter *m*, -ka *f*.

annoy [ə'nɔɪ] *vt* irytować/zirytować.

annoyed [ə'nɔɪd] *adj* poirytowany • **to get annoyed (with)** zdenerwować się na kogoś.

annoying [ə'nɔɪɪŋ] *adj* irytujący.

annual ['ænjʊəl] *adj* coroczny.

anonymous [ə'nɒnɪməs] *adj* anonimowy.

anorak ['ænəræk] *n* skafander *m*.

another [ə'nʌðə'] <> *adj* [additional] jeszcze jeden; [further] następny; [different] inny. <> *pron* [one more] jeszcze jeden; [different one] inny • **another one** jeszcze jeden; **they love one another** kochają się; **they won't talk to one another** nie chcą ze sobą rozmawiać; **one after another** jeden po drugim.

answer ['ɑːnsə'] <> *n* [generally] odpowiedź *f*; [problem] rozwiązanie *n*. <> *vt & vi* odpowiadać/odpowiedzieć • **to answer the door** otworzyć drzwi; **to answer the phone** odebrać telefon. → **answer back** <> *vi* odcinać/odciąć się.

answering machine ['ɑːnsərɪŋ-] = **answerphone**.

answerphone *UK* ['ænsəfəʊn] *n* automatyczna sekretarka *f*.

ant [ænt] *n* mrówka *f*.

Antarctic [ænt'ɑːktɪk] *n* : **the Antarctic** Antarktyka *f*.

antenna [æn'tenə] *n US* [aerial] antena *f*.

anthem ['ænθəm] *n* hymn *m*.

antibiotics *npl* antybiotyki *mpl*.

anticipate [æn'tɪsɪ'peɪt] *vt* [expect] oczekiwać; [guess correctly] przewidywać/przewidzieć.

anticlimax [æntɪ'klaɪmæks] *n* zawód *m*.

anticlockwise ['æntɪ'klɒkwaɪz] *adv UK* przeciwnie do ruchu wskazówek zegara.

antidote ['æntɪdəʊt] *n* antidotum *n*.

antifreeze ['æntɪfriːz] *n* płyn *m* przeciw zamarzaniu.

antihistamine ['æntɪ'hɪstəmɪn] *n* antyhistamina *f*.

antiperspirant ['æntɪ'pɜːspərənt] *n* dezodorant *m* antyperspiracyjny.

antiquarian bookshop *n* antykwariat *m*.

antique [æn'tiːk] *n* antyk *m*.

antique shop *n* sklep *m* z antykami.

antiseptic ['æntɪ'septɪk] *n* antyseptyk *m*.

antisocial ['æntɪ'səʊʃl] *adj* [person] nietowarzyski; [behaviour] aspołeczny.

antlers *npl* rogi *mpl*.

anxiety [æŋ'zaɪətɪ] *n* [worry] niepokój *m*.

anxious ['æŋkʃəs] *adj* [worried] zaniepokojony; [eager] : **to be anxious for sthg** pragnąć czegoś.

any ['enɪ] <> *adj* -1. [in questions] jakiś ; **have you got any money** czy masz (jakieś) pieniądze?; **have you got any postcards?**

czy ma Pan (jakieś) pocztówki? -2. [in negatives] żaden ; **I haven't got any money** nie mam (żadnych) pieniędzy; **we don't have any rooms** nie mamy wolnych pokoi. -3. [no matter which] którykolwiek ; **take any one you like** weź którykolwiek ci się podoba. <> *pron* -1. [in questions] jakiś ; **I'm looking for a hotel – are there any nearby?** szukam hotelu – czy są tu jakieś w pobliżu? -2. [in negatives] żaden ; **I don't want any (of them)** nie chcę żadnego (z nich). -3. [no matter which one] każdy ; **you can sit at any of the tables** może Pan usiąść przy którymkolwiek stoliku. <> *adv* -1. [in questions] trochę ; **any other questions?** czy są jeszcze jakieś pytania?; **can you drive any faster?** czy możesz jechać trochę szybciej? -2. [in negatives] : **we can't wait any longer** nie możemy już dłużej czekać; **we can't afford any more** nie stać nas na więcej.

anybody ['enɪˈbɒdɪ] = anyone.

anyhow ['enɪhaʊ] *adv* [carelessly] byle jak; [in any case] tak czy owak; [in spite of that] jednak.

anyone ['enɪwʌn] *pron* [any person] każdy; [in questions] ktoś; [in negatives] nikt.

anything ['enɪθɪŋ] *pron* [no matter what] cokolwiek; [everything] wszystko; [in questions] coś; [in negatives] nic.

anyway ['enɪweɪ] *adv* [in any case] tak czy owak; [in spite of that] jednak; [in conversation] w każdym razie • **well, anyway** tak w ogóle.

anywhere ['enɪweə'] *adv* [no matter where] gdziekolwiek; [in questions] gdzieś; [in negatives] nigdzie.

apart [əˈpɑːt] *adv* [separated] : **it's best to keep them apart** najlepiej trzymać ich z dala od siebie • **to live apart** mieszkać osobno; **to come apart** rozpadać/rozpaść się; **apart from** [except for] z wyjątkiem; [as well as] oprócz.

apartheid [əˈpɑːtheɪt] *n* apartheid *m*.

apartment [əˈpɑːtmənt] *n US* mieszkanie *n*.

apathetic ['æpəˈθetɪk] *adj* apatyczny.

ape [eɪp] *n* małpa *f* człekokształtna.

aperitif [əperəˈtiːf] *n* aperitif *m*.

aperture ['æpəˈtjʊə'] *n* [of camera] przysłona *f*.

Apex = APEX.

APEX *n ryczałtowe bilety lotnicze lub kolejowe, które należy zarezerwować i wykupić z wyprzedzeniem.*

apiece [əˈpiːs] *adv* : **they cost £50 apiece** kosztują po 50 funtów za sztukę.

apologetic [əˈpɒlɪˈdʒetɪk] *adj* [person] skruszony; [letter, phone call] z przeprosinami; [smile] przepraszający.

apologize [əˈpɒlədʒaɪz] *vi* : **to apologize (to sb for sthg)** przepraszać/przeprosić (kogoś za coś).

apology [əˈpɒlədʒɪ] *n* przeprosiny *pl*.

apostrophe [əˈpɒstrəfɪ] *n* apostrof *m*.

appal [əˈpɔːl] *vt UK* wstrząsać/wstrząsnąć.

appall *US* = appal.

appalling [əˈpɔːlɪŋ] *adj* [horrific] wstrząsający; [very bad] fatalny.

apparatus ['æpəˈrætəs] *n* [device] sprzęt *m*.

apparently [ə'pærəntlɪ] *adv* [seemingly] pozornie; [evidently] widocznie.

appeal [ə'piːl] <> *n* LAW apelacja *f*; [fundraising campaign] apel *m*. <> *vi* LAW odwoływać/odwołać się • **to appeal to sb (for sthg)** apelować do kogoś (o coś); **it doesn't appeal to me** to do mnie nie przemawia.

appear [ə'pɪəʳ] *vi* [come into view] pojawiać/pojawić się; [seem] wydawać/wydać się; [in play, on TV] występować/wystąpić; [before court] stawiać/stawić się • **it appears that** wygląda na to, że.

appearance [ə'pɪərəns] *n* [arrival] przybycie *n*; [look] wygląd *m*.

appendices [ə'pendɪsiːz] *pl* ▷ appendix.

appendicitis [ə'pendɪ'saɪtɪs] *n* zapalenie *n* wyrostka robaczkowego.

appendix [ə'pendɪks] (*pl* -**ices** [-siːz]) *n* ANAT wyrostek *m* robaczkowy; [of book] aneks *m*.

appetite ['æpɪtaɪt] *n* apetyt *m*.

appetizer ['æpɪtaɪzəʳ] *n* zakąska *f*.

appetizing ['æpɪtaɪzɪŋ] *adj* apetyczny.

applaud [ə'plɔːd] *vt* & *vi* bić brawo.

applause [ə'plɔːz] *n* brawa *pl*.

apple ['æpl] *n* jabłko *n*.

apple crumble *n deser z drobno posiekanych pieczonych jabłek posypanych kruszonką.*

apple juice *n* sok *m* jabłkowy.

apple pie *n* szarlotka *f*.

apple sauce [æpl'sɔːs] *n* US *gęsty sos jabłkowy podawany z pieczoną wieprzowiną.*

apple tart *n* tarta *f* z jabłkami.

apple turnover *n* ciastko *n* z jabłkami.

appliance [ə'plaɪəns] *n* • **electrical appliance** urządzenie *n* elektryczne; **domestic appliance** sprzęt gospodarstwa domowego.

applicable ['æplɪkəbl] *adj* : **to be applicable (to)** odnosić się (do); **if applicable** w stosownych przypadkach.

applicant ['æplɪkənt] *n* kandydat *m*, -ka *f*.

application [æplɪ'keɪʃn] *n* [for job, membership] podanie *n*.

application form *n* formularz *m* zgłoszeniowy.

apply [ə'plaɪ] <> *vt* [lotion, paint] stosować/zastosować; [brakes] używać/użyć. <> *vi* : **to apply (to sb for sthg)** [make request] zwrócić się (do kogoś z prośbą o coś); **to apply (to sb)** [be applicable] dotyczyć kogoś.

appointment [ə'pɔɪntmənt] *n* [with doctor, hairdresser] wizyta *f*; [with businessman] spotkanie *n* • **to have/make an appointment (with)** być umówionym/umówić się z kimś na spotkanie; **by appointment** po wcześniejszym ustaleniu terminu.

appreciable [ə'priːʃəbl] *adj* znaczny.

appreciate [ə'priːʃɪeɪt] *vt* [be grateful for] doceniać/docenić; [understand] rozumieć/zrozumieć; [like, admire] cenić sobie.

apprehensive ['æprɪ'hensɪv] *adj* pełen obaw.

apprentice [ə'prentɪs] *n* praktykant *m*, -ka *f*.

apprenticeship [ə'prentɪʃɪp] *n* nauka *f* rzemiosła.

approach [ə'prəʊtʃ] <> *n* [road] dojazd *m*; [to problem, situation] podejście *n*. <> *vt* [come nearer

to] zbliżać/zbliżyć się do; [problem, situation] podchodzić/podejść do. <> vi nadchodzić/nadejść.

appropriate *adj* [ə'prəupriət] stosowny.

approval [ə'pruːvl] *n* [favourable opinion] pochwała *f*; [permission] zgoda *f*.

approve [ə'pruːv] *vi* : **to approve (of sb/sthg)** aprobować/zaaprobować (kogoś/coś).

approximate *adj* [ə'prɒksimət] przybliżony.

approximately [ə'prɒksimətli] *adv* około.

Apr. (*abbr of* **April**) *kwiecień*.

apricot ['eiprikɒt] *n* morela *f*.

April ['eiprəl] *n* kwiecień *m see also* **September**.

apron ['eiprən] *n* [for cooking] fartuch *m*.

apt [æpt] *adj* [appropriate] trafny
• **to be apt to do sthg** mieć tendencję do robienia czegoś.

aquarium [ə'kweəriəm] (*pl* -ria [-riə]) *n* akwarium *n*.

aqueduct ['ækwidʌkt] *n* akwedukt *m*.

Arab ['ærəb] <> *adj* arabski. <> *n* [person] Arab *m*, -ka *f*.

Arabic ['ærəbik] <> *adj* arabski. <> *n* [language] arabski *m*.

arbitrary ['aːbitrəri] *adj* [random] przypadkowy.

arc *n* łuk *m*.

arcade [aːˈkeid] *n* [for shopping] pasaż *m* handlowy; [of video games] salon *m* gier.

arch [aːtʃ] *n* łuk *m*.

archaeology *n* archeologia *f*.

archbishop ['aːtʃ'biʃəp] *n* arcybiskup *m*.

archery ['aːtʃəri] *n* łucznictwo *n*.

archipelago ['aːki'peligəu] *n* archipelag *m*.

architect ['aːkitekt] *n* architekt *m* & *f*.

architecture ['aːkitektʃə^r] *n* architektura *f*.

Arctic ['aːktik] *n* : **the Arctic** Arktyka *f*.

are ⊳ be.

area ['eəriə] *n* [region] obszar *m*; [zone] rejon *m*; [surface size] powierzchnia *f*; [space] : **dining area** część jadalniana; **parking area** miejsce do parkowania; **play area** plac zabaw.

area code *n US* numer *m* kierunkowy.

arena [ə'riːnə] *n* arena *f*.

aren't [aːnt] = are not.

Argentina ['aːdʒən'tiːnə] *n* Argentyna *f*.

argue ['aːgjuː] *vi* [quarrel] : **to argue (with sb about sthg)** sprzeczać się (z kimś o coś); **to argue (that)** utrzymywać, (że).

argument ['aːgjumənt] *n* [quarrel] sprzeczka *f*; [reason] argument *m*.

arid ['ærid] *adj* jałowy.

arise [ə'raiz] (*pt* **arose**, *pp* **arisen**) *vi* [happen] pojawiać/pojawić się
• **to arise from** [result from] wynikać/wyniknąć z.

aristocracy ['æri'stɒkrəsi] *n* arystokracja *f*.

arithmetic *n* [ə'riθmətik] arytmetyka *f*.

arm [aːm] *n* [of person] ramię *n*; [of chair] poręcz *f*; [of garment] rękaw *m*.

arm bands *npl* [for swimming] nadmuchiwane rękawki *mpl*.

armchair ['aːmtʃeə^r] *n* fotel *m*.

armed [aːmd] *adj* [person] uzbrojony.

armed forces *npl* : the armed forces siły *fpl* zbrojne.

armor *US* = armour.

armour ['ɑːmə'] *n UK* zbroja *f*.

armpit ['ɑːmpɪt] *n* pacha *f*.

arms [ɑːmz] *npl* [weapons] broń *f*.

army ['ɑːmɪ] *n* MIL wojsko *n*.

A-road *n UK* droga *f* główna.

aroma [ə'rəumə] *n* aromat *m*.

aromatic ['ærə'mætɪk] *adj* aromatyczny.

arose [ə'rəuz] *pt* ⊳ arise.

around [ə'raund] ⇔ *adv* [about, round] tu i tam; [present] gdzieś w pobliżu. ⇔ *prep* [surrounding] wokół; [to the other side of] dookoła; [near] koło; [all over] dookoła; [approximately] około • **to go around the corner** skręcić za róg; **around here** [in the area] w pobliżu; **to turn around** odwrócić się; **to look around** [turn head] obejrzeć się; [in shop, city] rozejrzeć się; **to wander around the town** spacerować po mieście.

arouse [ə'rauz] *vt* [suspicion, fear, interest] wzbudzać/wzbudzić.

arrange [ə'reɪndʒ] *vt* [flowers, books] układać/ułożyć; [meeting, event] organizować/zorganizować • **to arrange to do sthg (with sb)** umawiać się (z kimś), że się coś zrobi.

arrangement [ə'reɪndʒmənt] *n* [agreement] umowa *f*; [layout] układ *m* • **by arrangement** po wcześniejszym umówieniu; **to make arrangements (to do sthg)** poczynić przygotowania do (zrobienia czegoś).

arrest [ə'rest] *vt* [criminal] aresztować/zaaresztować • **under arrest** aresztowany.

arrival [ə'raɪvl] *n* [of person, train] przyjazd *m*; [of plane] przylot *m* • **on arrival** w momencie przybycia; **new arrival** [person] nowo przybyły.

arrive [ə'raɪv] *vi* [person, train] przyjeżdżać/przyjechać; [plane] przylatywać/przylecieć; [letter] przychodzić/przyjść • **to arrive at** [place] dotrzeć do.

arrogant ['ærəgənt] *adj* arogancki.

arrow ['ærəu] *n* [for shooting] strzała *f*; [sign] strzałka *f*.

arson ['ɑːsn] *n* podpalenie *n*.

art [ɑːt] *n* sztuka *f*. ⇒ **arts** *npl* [humanities] kultura i sztuka • **the art** [fine arts] sztuki *fpl* piękne.

artefact ['ɑːtɪfækt] *n* wytwór *m* pracy ludzkiej.

artery ['ɑːtərɪ] *n* tętnica *f*.

art gallery *n* galeria *f* sztuki.

arthritis [ɑː'θraɪtɪs] *n* artretyzm *m*.

artichoke ['ɑːtɪtʃəuk] *n* karczoch *m*.

article ['ɑːtɪkl] *n* [object] przedmiot *m*; [in newspaper] artykuł *m*; GRAM przedimek *m*.

articulate *adj* [ɑː'tɪkjulət] elokwentny.

artificial ['ɑːtɪ'fɪʃl] *adj* sztuczny.

artist ['ɑːtɪst] *n* [painter] twórca *m*, twórczyni *f*; [performer] artysta *m*, artystka *f*.

artistic [ɑː'tɪstɪk] *adj* [design, person] artystyczny.

arts centre *n* centrum *n* sztuki.

arty ['ɑːtɪ] *adj pej* pretensjonalny.

as ⇔ *conj* -1. [referring to time] gdy ; **as the plane was coming in to land** kiedy samolot podchodził do lądowania. -2. [referring to manner] tak jak ; **do as**

you like rób, jak chcesz; **as expected, ...** zgodnie z oczekiwaniami. -3. [introducing astatement] jak ; **as you know ...** jak ci wiadomo... -4. [because] ponieważ. -5. [in phrases] : **as for** co do; **as from** od; **as if** jak gdyby. ◇ *prep* [referring to function, job] jako.

asap (*abbr of* **as soon as possible**) jak najszybciej.

ascent [əˈsent] *n* [climb] wspinanie się *n*.

ascribe [əˈskraɪb] *vt* : **to ascribe sthg to sthg** [situation, success] przypisywać/przypisać coś czemuś; **to ascribe sthg to sb** [quality] przypisywać/przypisać coś komuś.

ash *n* [from cigarette, fire] popiół *m*; [tree] jesion *m*.

ashore [əˈʃɔːʳ] *adv* na brzegu.

ashtray [ˈæʃtreɪ] *n* popielniczka *f*.

Asia [*UK* ˈeɪʃə, *US* ˈeɪʒə] *n* Azja *f*.

Asian [*UK* ˈeɪʃn, *US* ˈeɪʒn] ◇ *adj* azjatycki. ◇ *n* Azjata *m*, Azjatka *f*.

aside [əˈsaɪd] *adv* [to one side] na bok • **to move aside** odsunąć się na bok.

ask [ɑːsk] ◇ *vt* [person] pytać/zapytać; [request] prosić/poprosić; [invite] zapraszać/zaprosić. ◇ *vi* : **to ask about sthg** [enquire] pytać/zapytać o coś • **to ask sb a question** zadać komuś pytanie; **to ask sb about sthg** pytać/zapytać kogoś o coś; **to ask sb sthg** pytać/zapytać kogoś o coś; **to ask sb to do sthg** prosić/poprosić kogoś, żeby coś zrobił; **to ask sb for sthg** prosić/poprosić kogoś o coś. ➡ **ask for** ◇ *vt insep* [ask to talk to] prosić/poprosić; [request] prosić/poprosić o.

asleep [əˈsliːp] *adj* pogrążony we śnie • **to fall asleep** zasnąć.

AS level *n* *UK* dodatkowy egzamin maturalny na poziomie zaawansowanym.

asparagus [əˈspærəgəs] *n* szparag *m*.

aspect [ˈæspekt] *n* [of situation, issue, plan] aspekt *m*.

aspirin [ˈæspərɪn] *n* aspiryna *f*.

ass [æs] *n* [animal] osioł *m*.

assassinate [əˈsæsɪneɪt] *vt* dokonywać/dokonać zamachu na.

assault [əˈsɔːlt] ◇ *n* [on person] napaść *f*. ◇ *vt* napadać/napaść.

assemble [əˈsembl] ◇ *vt* [bookcase, model] składać/złożyć. ◇ *vi* zbierać/zebrać się.

assembly [əˈsemblɪ] *n* [at school] apel *m*.

assembly hall *n* [at school] aula *f*.

assembly point *n* [at airport, in shopping centre] miejsce *n* zbiórki.

assert [əˈsɜːt] *vt* [fact, innocence] utrzymywać; [authority] zaznaczać/zaznaczyć • **to assert o.s.** zachowywać się z pewnością siebie.

assess [əˈses] *vt* [person, situation, effect] oceniać/ocenić; [value, damage] szacować/oszacować.

assessment [əˈsesmənt] *n* [of situation, person, effort] ocena *f*; [of value, damage, cost] oszacowanie *n*.

asset [ˈæset] *n* [valuable person] cenny nabytek *m*; [valuable skill] atut *m*.

assign [əˈsaɪn] *vt* : **to assign sthg to sb** [give] przydzielać/przydzielić coś komuś; **to assign sb to sthg** [designate] wyznaczać/wyznaczyć kogoś do zrobienia czegoś.

assignment [ə'saınmənt] *n* zadanie *n*.

assist [ə'sıst] *vt* pomagać/pomóc.

assistance [ə'sıstəns] *n* pomoc *f*
• **to be of assistance (to sb)**
służyć (komuś) pomocą.

assistant [ə'sıstənt] *n* asystent *m*, -ka *f*.

associate ◇ *n* [ə'səʊʃıət] wspólnik *m*, wspólniczka *f*. ◇ *vt* [ə'səʊʃıeıt] : **to associate sb/sthg with** kojarzyć/skojarzyć kogoś/coś z czymś • **to be associated with** [attitude, person] być kojarzonym z.

association [ə'səʊsı'eıʃn] *n* [group] stowarzyszenie *n*.

assorted [ə'sɔːtıd] *adj* różnorodny • **in assorted colours/sizes** w różnych kolorach/rozmiarach.

assortment [ə'sɔːtmənt] *n* asortyment *m*.

assume [ə'sjuːm] *vt* [suppose] zakładać/założyć; [take control] obejmować/objąć; [take responsibility] brać/wziąć na siebie.

assurance [ə'ʃʊərəns] *n* [promise] zapewnienie *n*; [insurance] ubezpieczenie *n*.

assure [ə'ʃʊəʳ] *vt* zapewniać/zapewnić • **to assure sb (that)** ... zapewniać kogoś, że...

asterisk ['æstərısk] *n* gwiazdka *f*.

asthma ['æsmə] *n* astma *f*.

asthmatic [æs'mætık] *adj* astmatyczny.

astonished [ə'stɒnıʃt] *adj* zdziwiony.

astonishing [ə'stɒnıʃıŋ] *adj* zadziwiający.

astound [ə'staʊnd] *vt* zdumiewać.

astray [ə'streı] *adv* : **to go astray** gubić/zagubić się.

astrology [ə'strɒlədʒı] *n* astrologia *f*.

astronomy [ə'strɒnəmı] *n* astronomia *f*.

asylum [ə'saıləm] *n* [mental hospital] szpital *m* psychiatryczny; [political] azyl *m*.

at [(weak form) ət, (strong form) æt] *prep* -1. [indicating place, position] w ; **at school** w szkole; **at the hotel** w hotelu; **at home** w domu; **at my mother's** u mojej mamy. -2. [indicating direction] w ; **to look at sb** patrzeć na kogoś; **to smile at sb** uśmiechać/uśmiechnąć się do kogoś. -3. [indicating time] o ; **at nine o'clock** o godzinie dziewiątej; **at night** w nocy; **at Xmas** na Boże Narodzenie. -4. [indicating rate, level, speed] : **it works out at £5 each** wychodzi po 5 funtów za każdy; **at 60 km/h** z prędkością 60 km na godzinę. -5. [indicating activity] : **to be hard at work** ciężko pracować; **to be at lunch** być na lunchu; **to spend hours at sthg** spędzać godziny na czymś; **to be good/bad at sthg** być w czymś dobrym/słabym. -6. [indicating cause] z ; **to be surprised at sthg** być zaskoczonym czymś; **to be angry at sb** być złym na kogoś; **to be pleased at sthg** być zadowolonym z czegoś.

ate [UK et, US eıt] *pt* ⊳ **eat**.

atheist ['eıθıɪst] *n* ateista *m*, ateistka *f*.

athlete ['æθliːt] *n* lekkoatleta *m*, lekkoatletka *f*.

athletics [æθ'letıks] *n* lekkoatletyka *f*.

Atlantic [ət'læntık] *n* : **the Atlantic (Ocean)** Ocean *m* Atlantycki.

atlas *n* atlas *m*.

atmosphere ['ætməˈsfɪər] *n* atmosfera *f*.

atom ['ætəm] *n* atom *m*.

A to Z *n* [map] plan *m* miasta.

atrocious [əˈtrəʊʃəs] *adj* okropny.

attach [əˈtætʃ] *vt* przymocowywać/przymocować • **to attach sthg to sthg** przymocować coś do czegoś.

attachment [əˈtætʃmənt] *n* [device] nasadka *f*; [to e-mail] załącznik *m*.

attack [əˈtæk] <> *n* atak *m*. <> *vt* atakować/zaatakować.

attacker [əˈtækər] *n* napastnik *m*, napastniczka *f*.

attain [əˈteɪn] *vt fml* osiągać/osiągnąć.

attempt [əˈtempt] <> *n* próba *f*. <> *vt* próbować/spróbować • **to attempt to do sthg** usiłować coś zrobić.

attend [əˈtend] *vt* [to go to] chodzić; [be present at] uczestniczyć • **to attend school/Mass** chodzić do szkoły/na mszę; **to attend a meeting** uczestniczyć w zebraniu. **attend to** *vt insep* [deal with] zajmować/zająć się czymś.

attendance [əˈtendəns] *n* [people at concert, match] frekwencja *f*; [at school] obecność *f*.

attendant [əˈtendənt] *n* członek *m* obsługi.

attention [əˈtenʃn] *n* uwaga *f* • **to pay attention (to)** zwracać uwagę (na).

attic *n* strych *m*.

attitude ['ætɪtjuːd] *n* nastawienie *n*.

attorney [əˈtɜːnɪ] *n US* prawnik *m*.

attract [əˈtrækt] *vt* [be attracted to] pociągać/pociągnąć; [draw towards] przyciągać/przyciągnąć.

attraction [əˈtrækʃn] *n* [liking] pociąg *m*; [attractive feature] atrakcyjność *f*; [of town, resort] atrakcja *f*.

attractive [əˈtræktɪv] *adj* [person, offer] atrakcyjny; [idea] interesujący.

attribute *vt* [əˈtrɪbjuːt] : **to attribute sthg to** przypisywać/przypisać coś.

aubergine ['əʊbəʒiːn] *n UK* bakłażan *m*.

auburn ['ɔːbən] *adj* kasztanowy.

auction ['ɔːkʃn] *n* aukcja *f*.

audience ['ɔːdjəns] *n* [of play, concert, film] widownia *f*; [of TV] telewidzowie *mpl*; [of radio] radiosłuchacze *mpl*.

audio ['ɔːdɪəʊ] *adj* audio.

audio-visual *adj* audiowizualny.

auditorium ['ɔːdɪˈtɔːrɪəm] *n* [in theatre] widownia *f*; [lecture hall] sala *f* wykładowa.

Aug. (*abbr of* August) *sierpień*.

August *n* sierpień *m see also* September.

aunt [ɑːnt] *n* ciotka *f*.

au pair ['əʊˈpeər] *n* au pair.

aural ['ɔːrəl] *adj* słuchowy.

Australia [ɒˈstreɪljə] *n* Australia *f*.

Australian [ɒˈstreɪljən] <> *adj* australijski. <> *n* [person] Australijczyk *m*, Australijka *f*.

Austria ['ɒstrɪə] *n* Austria *f*.

Austrian ['ɒstrɪən] <> *adj* austriacki. <> *n* [person] Austriak *m*, Austriaczka *f*.

authentic [ɔːˈθentɪk] *adj* autentyczny.

author ['ɔːθər] *n* [of book, article] autor *m*, -ka *f*; [by profession] pisarz *m*, pisarka *f*.

authority [ɔː'θɒrətɪ] n [power] władza f; [official organization] władze pl • **the authorities** władze pl.

authorization [ˌɔːθəraɪ'zeɪʃn] n upoważnienie n.

authorize ['ɔːθəraɪz] vt upoważniać/upoważnić • **to authorize sb to do sthg** upoważnić kogoś do zrobienia czegoś.

autobiography [ˌɔːtəbaɪ'ɒgrəfɪ] n autobiografia f.

autograph ['ɔːtəgrɑːf] n autograf m.

automatic [ˌɔːtə'mætɪk] <> adj automatyczny. <> n [car] samochód m z automatyczną skrzynią biegów.

automatically [ˌɔːtə'mætɪklɪ] adv automatycznie.

automobile ['ɔːtəməbiːl] n US samochód m.

autumn ['ɔːtəm] n jesień f • **in (the) autumn** jesienią.

auxiliary (verb) n czasownik m posiłkowy.

available [ə'veɪləbl] adj [funds, details, product] dostępny; [table, seat] wolny; [person] wolny • **to be available for sthg** mieć czas na coś.

avalanche ['ævəlɑːnʃ] n lawina f.

Ave. (abbr of avenue) al. f.

avenue ['ævənjuː] n [road] aleja f.

average ['ævərɪdʒ] <> adj średni; [not very good] przeciętny. <> n średnia f • **on average** średnio.

aversion [ə'vɜːʃn] n [dislike] niechęć f.

aviation [ˌeɪvɪ'eɪʃn] n lotnictwo n.

avid ['ævɪd] adj zapalony.

avocado (pear) n awokado n.

avoid [ə'vɔɪd] vt [generally] unikać/uniknąć; [town center] omijać/ominąć • **to avoid doing sthg** unikać robienia czegoś.

await [ə'weɪt] vt oczekiwać.

awake [ə'weɪk] (pt **awoke**, pp **awoken**) <> adj : **to be awake** nie spać. <> vi budzić/obudzić się.

award [ə'wɔːd] <> n [prize] nagroda f. <> vt : **to award sb sthg** przyznawać/przyznać komuś coś.

aware [ə'weə^r] adj [conscious] świadomy • **to be aware (of sthg)** być świadomym (czegoś).

away [ə'weɪ] adv -1. [movement from] : **to turn away (from sb)** odwracać się/odwrócić się (od kogoś); **to walk away (from sb)** odchodzić/odejść (od kogoś); **to drive away** odjeżdżać/odjechać; **to take sthg away (from sb)** odbierać/odebrać (coś komuś). -2. [safe place] : **to put sthg away** odkładać/odłożyć coś; **to lock sb/sthg away somewhere** zamykać/zamknąć kogoś/coś gdzieś. -3. [absence] : **to be away from home** być z dala od domu; **to be away (from work/school)** być nieobecnym w pracy/szkole; **to go away on holiday** wyjechać na wakacje. -4. [distance in space] : **far away** daleko; **it's 10 miles away (from here)** to jest 10 mil stąd. -5. [distance in time] : **it's two weeks away** to będzie za dwa tygodnie.

awesome ['ɔːsəm] adj [impressive] robiący wrażenie; inf [excellent] fantastyczny.

awful ['ɔːfʊl] adj [very bad] okropny; inf [very great] straszny.

awfully ['ɔːflɪ] adv [very] strasznie.

awkward ['ɔːkwəd] adj [position, shape] niewygodny; [movement] niezdarny; [situation] niezręczny;

[time] niedogodny; [question] kłopotliwy; [task] trudny.

awning [ˈɔːnɪŋ] n markiza f.

awoke [əˈwəuk] pt ▷ awake.

awoken [əˈwəukn] pp ▷ awake.

axe [æks] n siekiera f.

axle [ˈæksl] n oś f (koła).

B

BA (abbr of **Bachelor of Arts**) licencjat w dziedzinie nauk humanistycznych.

babble [ˈbæbl] vi bełkotać.

baby [ˈbeɪbɪ] n niemowlę n • **to have a baby** urodzić dziecko; **baby sweetcorn** minikolba f kukurydzy.

baby carriage n US wózek m dziecinny.

baby food n odżywka f dla niemowląt.

baby-sit vi zajmować się dzieckiem.

baby wipe n chusteczka f pielęgnacyjna dla niemowląt.

back [bæk] ◇ adv [towards the back] do tyłu, [to previous position, state, owner] z powrotem [in return] : **to write back** odpisać; : **to call back** oddzwonić. ◇ n [of person] plecy pl; [of chair] oparcie n; [of room] głębia f; [of car] tył m; [of book, of hand] grzbiet m; [of banknote] odwrotna strona f. ◇ adj [seat, wheels] tylny. ◇ vi [car, driver] cofać/cofnąć się. ◇ vt [support] popierać/poprzeć • **at the back**

of z tyłu; **in back of** US z tyłu; **back to front** tył na przód; **to hold sb back** powstrzymywać kogoś; **stand back!** cofnij się. ➡ **back up** ◇ vt sep [support] popierać/poprzeć. ◇ vi [car, driver] cofać/cofnąć się.

backache [ˈbækeɪk] n ból m pleców.

backbone [ˈbækbəun] n kręgosłup m.

back door n tylne wejście n.

backfire [ˈbækˈfaɪəʳ] vi : **the car backfired** gaźnik samochodu strzelił.

background [ˈbækgraund] n [of person] pochodzenie n; [in picture, on stage] drugi plan m; [to situation] kontekst m.

backlog [ˈbæklɒg] n zaległości fpl.

backpack [ˈbækpæk] n plecak m.

backpacker [ˈbækpækəʳ] n turysta m z plecakiem.

back seat n tylne siedzenie n.

backside [ˈbæksaɪd] n inf tyłek m.

back street n uliczka f.

backstroke [ˈbækstrəuk] n styl m grzbietowy.

backwards [ˈbækwədz] adv [move, look] do tyłu; [the wrong way round] odwrotnie; [from the end] od końca • **to put sthg on backwards** założyć coś tyłem na przód.

bacon [ˈbeɪkən] n bekon m • **bacon and eggs** jajka npl na bekonie.

bacteria [bækˈtɪərɪə] npl bakterie fpl.

bad [bæd] (compar **worse**, superl **worst**) adj [unpleasant] zły; [harmful] szkodliwy; [serious] poważny; [poor, weak] słaby; [naughty] niegrzeczny; [diseased] chory; [rotten, off] zepsuty • **not bad** nie-

zły; **to catch a bad cold** ciężko się przeziębić.

badge [bædʒ] *n* odznaka *f*.

badger ['bædʒəʳ] *n* borsuk *m*.

badly ['bædlɪ] (*compar* **worse**, *superl* **worst**) *adv* [poorly] źle; [seriously] ciężko; [very much] bardzo.

badly paid *adj* źle opłacany.

badminton ['bædmɪntən] *n* badminton *m*.

bad-tempered *adj* [by nature] wybuchowy; [in a bad mood] zirytowany.

bag [bæg] *n* torba *f*; [handbag] torebka *(damska) f* • **a bag of crisps** paczka *f* czipsów.

bagel ['beɪgəl] *n* kręcony obwarzanek żydowski.

baggage ['bægɪdʒ] *n* bagaż *m*.

baggage allowance *n* dozwolona ilość *f* bagażu.

baggage reclaim *n* [at airport] odbiór *m* bagażu.

baggage trolley *n* wózek *m* bagażowy.

baggy ['bægɪ] *adj* workowaty.

bagpipes ['bægpaɪps] *npl* dudy *pl*.

bail [beɪl] *n* kaucja *f*.

bait [beɪt] *n* przynęta *f*.

bake [beɪk] <> *vt* piec/upiec. <> *n* CULIN : **vegetable bake** jarzyny zapiekane.

baked *adj* CULIN pieczony.

baked Alaska ['beɪkt-] *n* biszkopt z lodami podawany na gorąco.

baked beans ['beɪkt-] *npl* fasolka *f* w sosie pomidorowym.

baked potato ['beɪkt-] *n* ziemniak *m* pieczony w łupinie.

baker ['beɪkəʳ] *n* piekarz *m* & *f* • **baker's** [shop] piekarnia *f*.

Bakewell tart *n* tarta wypełniona ciastem biszkoptowym o smaku migdałowym przekładanym konfiturą.

balance ['bæləns] <> *n* [of person] równowaga *f*; [of bank account] saldo *n*; [remainder] różnica *f*. <> *vt* [object] utrzymywać/utrzymać w równowadze • **to pay the balance** zapłacić pozostałą sumę.

balcony ['bælkənɪ] *n* balkon *m*.

bald [bɔ:ld] *adj* łysy.

bale [beɪl] *n* bela *f*.

ball [bɔ:l] *n* [in football, rugby, tennis] piłka *f*; [in snooker] kula *f*; [in table tennis] piłeczka *f*; [of wool, string] kłębek *m*; [of paper] kulka *f*; [dance] bal *m* • **on the ball** *fig* na fali.

ballad ['bæləd] *n* ballada *f*.

ballerina ['bælə'ri:nə] *n* baletnica *f*.

ballet ['bæleɪ] *n* balet *m*.

ballet dancer *n* tancerz *m* baletowy, tancerka *f* baletowa.

balloon [bə'lu:n] *n* balon *m*.

ballot ['bælət] *n* głosowanie *n*.

ballpoint pen *n* długopis *m*.

ballroom ['bɔ:lrʊm] *n* sala *f* balowa.

ballroom dancing *n* taniec *m* towarzyski.

bamboo [bæm'bu:] *n* bambus *m*.

bamboo shoots *npl* CULIN pędy *mpl* bambusa.

ban [bæn] <> *n* zakaz *m*. <> *vt* zakazywać/zakazać • **to ban sb from doing sthg** zakazać komuś robienia czegoś.

banana [bə'nɑ:nə] *n* banan *m*.

banana split *n* banan z lodami i bitą śmietaną.

band [bænd] *n* [musical group] zespół *m*; [rubber] gumka *f*; [strip of paper] pasek *m*.

bandage ['bændɪdʒ] ⬦ *n* bandaż *m*. ⬦ *vt* bandażować/zabandażować.

B and B *n* = bed and breakfast.

bandstand ['bændstænd] *n* estrada *f*.

bang [bæŋ] ⬦ *n* [loud noise] huk *m*. ⬦ *vt* [hit loudly] walić/walnąć; [shut loudly] trzaskać/trzasnąć; [injure] walić/walnąć się • **to bang one's head on the ceiling** walnąć się głową o sufit.

banger ['bæŋəʳ] *n UK inf* [sausage] kiełbaska *f* • **bangers and mash** kiełbaski *fpl* z ziemniakami purée.

bangle ['bæŋgl] *n* bransoleta *f*.

bangs *npl US* grzywka *f*.

banister ['bænɪstəʳ] *n* poręcz *f*.

banjo ['bændʒəʊ] *n* banjo *n*.

bank [bæŋk] *n* [for money] bank *m*; [of river, lake] brzeg *m*; [slope] skarpa *f*.

bank account *n* konto *n* bankowe.

bank charges *npl* opłaty *fpl* manipulacyjne.

bank clerk *n* urzędnik *m* bankowy, urzędniczka *f* bankowa.

bank draft *n* przekaz *m* bankowy.

banker ['bæŋkəʳ] *n* bankier *m*.

banker's card *n* karta *f* czekowa.

bank holiday *n UK* dzień *m* wolny od pracy.

bank manager *n* dyrektor *m* oddziału banku.

bank note *n* banknot *m*.

bankrupt ['bæŋkrʌpt] *adj* [person] zrujnowany; [company] upadły.

bank statement *n* wyciąg *m* z konta.

banner ['bænəʳ] *n* [in demonstration] transparent *m*.

banoffi pie *n* tarta z karmelem, bananami i kremem.

bannister ['bænɪstəʳ] = banister.

banquet ['bæŋkwɪt] *n* [formal dinner] bankiet *m*.

bap [bæp] *n UK* miękka bułka *f*.

baptize *vt* chrzcić/ochrzcić.

bar [bɑː] ⬦ *n* [pub, in hotel, counter] bar *m*; [of metal, wood] pręt *m*; [of soap] kostka *f*; [of chocolate] tabliczka *f*. ⬦ *vt* [obstruct] blokować/zablokować.

barbecue ['bɑːbɪkjuː] ⬦ *n* grill *m*. ⬦ *vt* piec/upiec na grillu.

barbecue sauce *n* ostry sos podawany zazwyczaj do potraw z grilla.

barbed wire *n* drut *m* kolczasty.

barber ['bɑːbəʳ] *n* fryzjer *m* męski • **barber's** [shop] męski zakład *m* fryzjerski.

bar code *n* kod *m* kreskowy.

bare [beəʳ] *adj* [feet] bosy; [head, arms] goły; [room, cupboard] pusty • **the bare minimum** absolutne minimum *n*.

barefoot ['beəfʊt] *adv* boso.

barely ['beəlɪ] *adv* ledwo.

bargain ['bɑːgɪn] ⬦ *n* [agreement] umowa *f*; [cheap buy] okazja *f*. ⬦ *vi* [haggle] targować się. ⬥ **bargain for** ⬦ *vt insep* oczekiwać.

bargain basement *n* dział sklepu, w którym można nabyć towary z przeceny.

barge [bɑːdʒ] *n* barka *f*. ⬥ **barge in** *vi* [enter rudely] wtargnąć; [interrupt rudely] : **to barge (on sb)** przerwać (komuś) bezceremonialnie.

bark [bɑːk] <> *n* [of tree] kora *f*. <> *vi* szczekać/zaszczekać.

barley ['bɑːlɪ] *n* jęczmień *m*.

barmaid ['bɑːmeɪd] *n* barmanka *f*.

barman ['bɑːmən] (*pl* -men [-mən]) *n* barman *m*.

bar meal *n* danie *n* barowe.

barn [bɑːn] *n* stodoła *f*.

barometer [bə'rɒmɪtər] *n* barometr *m*.

baron ['bærən] *n* baron *m*.

baroque [bə'rɒk] *adj* barokowy.

barracks *npl* koszary *pl*.

barrage ['bærɑːʒ] *n* [of questions, criticism] grad *m*.

barrel ['bærəl] *n* [of beer, wine, oil] beczka *f*; [of gun] lufa *f*.

barren ['bærən] *adj* [land, soil] jałowy.

barricade ['bærɪ'keɪd] *n* barykada *f*.

barrier ['bærɪər] *n* bariera *f*.

barrister ['bærɪstər] *n UK* adwokat *m*, -ka *f*.

bartender ['bɑːtendər] *n US* barman *m*, -ka *f*.

barter ['bɑːtər] *vi* prowadzić handel wymienny.

base [beɪs] <> *n* [of lamp] podstawa *f*; [of pillar] baza *f*; [of mountain] podnóże *n*; MIL baza *f*. <> *vt* : **to base sthg on** opierać/oprzeć coś na • **to be based** [located] mieć siedzibę.

baseball ['beɪsbɔːl] *n* baseball *m*.

baseball cap *n* bejsbolówka *f*.

basement ['beɪsmənt] *n* [cheap flat] suterena *f*; [cellar] piwnica *f*.

bases ['beɪsiːz] *pl* ▷ **basis**.

bash [bæʃ] *vt inf* : **to bash one's head** rąbnąć się w głowę.

basic <> *adj* [fundamental] podstawowy; [accommodation, meal] skromny. <> *npl* : **the basics** artykuły *mpl* pierwszej potrzeby.

basically ['beɪsɪklɪ] *adv* właściwie.

basil ['beɪzl] *n* bazylia *f*.

basin ['beɪsn] *n* [washbasin] umywalka *f*; [bowl] miska *f*.

basis ['beɪsɪs] (*pl* -ses [-siːz]) *n* podstawa *f* • **on a weekly basis** co tydzień; **on the basis of** na podstawie.

basket ['bɑːskɪt] *n* [container] koszyk *m*.

basketball ['bɑːskɪtbɔːl] *n* [game] koszykówka *f*.

basmati rice [bæz'mɑːtɪ] *n* ryż *m* basmati.

bass[1] *n* [singer] bas *m*.

bass[2] *n* [freshwater fish] okoń *m*.

bass (guitar) *n* gitara *f* basowa.

bassoon [bə'suːn] *n* fagot *m*.

bastard ['bɑːstəd] *n vulg* sukinsyn *m*.

bat [bæt] *n* [in cricket, baseball] kij *m*; [in table tennis] rakietka *f*; [animal] nietoperz *m*.

batch [bætʃ] *n* [of goods] partia *f*.

bath [bɑːθ] <> *n* [wash] kąpiel *f*; [tub] wanna *f*. <> *vt* kąpać/wykąpać • **to have a bath** wykąpać się. ◆ **baths** <> *npl UK* [public swimming pool] basen *m*.

bathe [beɪð] *vi UK* [swim] kąpać/wykąpać się; *US* [have bath] kąpać/wykąpać się.

bathing ['beɪðɪŋ] *n UK* kąpiel *f*.

bathrobe ['bɑːθrəʊb] *n* [for bathroom, swimming pool] płaszcz *m* kąpielowy; [dressing gown] szlafrok *m*.

bathroom ['bɑːθrʊm] *n* [room with bath] łazienka *f*; *US* [toilet] toaleta *f*.

bathroom cabinet *n* szafka *f* łazienkowa.

bathtub ['bɑːθtʌb] *n* wanna *f*.

baton ['bætən] *n* [of conductor] batuta *f*; [truncheon] pałka *f* policyjna.

batter ['bætə'] <> *n* CULIN rzadkie ciasto *m*. <> *vt* [wife, child] bić/zbić.

battered ['bætəd] *adj* CULIN : **battered sausage** kiełbaska *f* smażona w cieście.

battery ['bætərɪ] *n* [for radio, torch *etc*] bateria *f*; [for car] akumulator *m*.

battery charger *n* [for car battery] prostownik *m*; [for mobile phone] ładowarka *f*.

battle ['bætl] *n* [in war] bitwa *f*, [struggle] walka *f*.

battlefield ['bætlfiːld] *n* pole *n* bitwy.

battlements *npl* blanki *pl*.

battleship ['bætlʃɪp] *n* pancernik *m*.

bay [beɪ] *n* zatoka *f*.

bay leaf *n* liść *m* laurowy.

bay window *n* okno *n* wykuszowe.

BB = bed and breakfast.

BC (*abbr of* before Christ) p.n.e.

be [biː] (*pt* was, were, *pp* been) <> *vi* -1. [exist] być ; **there is/are** jest/są; **are there any shops near here?** czy w pobliżu są jakieś sklepy?; -2. [referring to location] znajdować się ; **the hotel is near the airport** hotel znajduje się przy lotnisku; **I'll be there at six o'clock** będę tam o szóstej. -3. [referring to movement] być ; **have you ever been to Ireland?** czy kiedykolwiek byłeś w Irlandii?; **I'll be there in ten minutes** będę tam za dziesięć

minut. -4. [occur] być. -5. [identifying, describing] być ; **he's a doctor** on jest lekarzem; **I'm British** jestem Brytyjczykiem; **I'm hot/cold** jest mi gorąco/zimno. -6. [referring to health] czuć się ; **how are you?** jak się masz?; **I'm fine** w porządku!; **she's ill** ona jest chora. -7. [referring to age] mieć ; **how old are you?** ile masz lat?; **I'm 14 (years old)** mam 14 lat. -8. [referring to cost] kosztować ; **how much is it?** ile to kosztuje?; **it's £10** to kosztuje 10 funtów. -9. [referring to time, dates] być ; **what time is it?** która jest godzina?; **it's ten o'clock** jest dziesiąta. -10. [referring to measurement] mieć ; **it's ten metres long/high** to ma dziesięć metrów długości/wysokości. -11. [referring to weather] być ; **it's hot** jest gorąco; **it's going to be nice today** dzisiaj będzie ładna pogoda. <> *aux vb* -1. [forming continuous tense] : **I'm learning French** uczę się francuskiego; **we've been visiting the museum** zwiedzaliśmy muzeum. -2. [forming passive] : **the flight was delayed** lot był opóźniony. -3. [with infin to express order] : **all rooms are to be vacated by ten a.m.** wszystkie pokoje należy opuścić do godziny 10 rano; **new arrivals are to wait in reception** nowo przybyli proszeni są o poczekanie w recepcji. -4. [with infin to express future] : **the race is to start at noon** wyścig ma się zacząć w południe; **the hotel is to be built in June** hotel ma być wybudowany w czerwcu. -5. [in tag questions] nieprawdaż ; **it's cold, isn't it?** jest zimno, nieprawdaż?

beach [biːtʃ] *n* plaża *f*.

bead [biːd] *n* [of glass, wood *etc*] koralik *m*.

beak [biːk] *n* dziób *m*.

beaker ['biːkəʳ] *n* [for drinking] plastikowy kubek *m*.

beam [biːm] <> *n* [of light] snop *m*; [from sun] promień *m*; [of wood, concrete] belka *f*. <> *vi* [smile] uśmiechać/uśmiechnąć się promiennie.

bean [biːn] *n* [generally] fasola *f*; [of coffee] ziarno *n*.

bean curd *n* tofu *n*.

beansprouts *npl* kiełki *mpl*.

bear [beəʳ] (*pt* **bore**, *pp* **borne**) <> *n* [animal] niedźwiedź *m*. <> *vt* [support] dźwigać/u-dźwignąć; [endure] znosić/znieść • **to bear left/right** kierować się na lewo/na prawo.

bearable ['beərəbl] *adj* znośny.

beard [bɪəd] *n* broda *f*.

bearer ['beərəʳ] *n* [of cheque] okaziciel *m*, -ka *f*; [of passport] posiadacz *m*, -ka *f*.

bearing ['beərɪŋ] *n* [relevance] : **to have no bearing on sthg** nie mieć związku z czymś • **to get one's bearings** zorientować się.

beast [biːst] *n* [animal] zwierzę *n*.

beat [biːt] (*pt* **beat**, *pp* **beaten**) <> *n* [of heart, pulse] uderzenie *n*; MUS rytm *m*. <> *vt* [defeat] pobić; [hit] uderzać/uderzyć; [eggs, cream] ubijać/ubić. ➡ **beat down** <> *vt sep* : **to beat sb down** skłaniać/skłonić kogoś do obniżenia ceny. <> *vi* [sun] prażyć; [rain] lać się strumieniami. ➡ **beat up** <> *vt sep* bić/pobić.

beautiful ['bjuːtɪfʊl] *adj* [attractive] piękny; [very good] wspaniały.

beauty ['bjuːtɪ] *n* piękno *n*.

beauty parlour *n* salon *m* kosmetyczny.

beauty spot *n* [place] malowniczy zakątek *m*.

beaver ['biːvəʳ] *n* bóbr *m*.

became [bɪ'keɪm] *pt* ▷ **become**.

because [bɪ'kɒz] *conj* ponieważ • **because of** z powodu.

beckon ['bekən] *vi* : **to beckon (to)** skinąć (na).

become [bɪ'kʌm] (*pt* **became** [bɪ'keɪm]) *vi* stawać/stać się • **what became of him?** co się z nim stało?

bed *n* [for sleeping in] łóżko *n*; [of river] łożysko *n*; [of sea] dno *n*; CULIN : **served on a bed of lettuce/boiled rice** podawany z sałatą/gotowanym ryżem • **in bed** w łóżku; **to get out of bed** wstać z łóżka; **to go to bed** pójść do łóżka; **to go to bed with sb** pójść z kimś do łóżka; **to make the bed** posłać łóżko.

bed and breakfast *n UK* pokój *m* ze śniadaniem.

bedclothes ['bedkləʊðz] *npl* pościel *f*.

bedding ['bedɪŋ] *n* pościel *f*.

bed linen *n* bielizna *f* pościelowa.

bedroom ['bedrʊm] *n* sypialnia *f*.

bedside table *n* stoliczek *m* nocny.

bedsit ['bed'sɪt] *n UK* kawalerka *f*.

bedspread ['bedspred] *n* narzuta *f*.

bedtime ['bedtaɪm] *n* : **it's bedtime** pora spać.

bee [biː] *n* pszczoła *f*.

beech [biːtʃ] *n* buk *m*.

beef [biːf] *n* wołowina *f* • **beef Wellington** *danie z wołowiny i pasztetu w cieście francuskim.*

beefburger ['bi:f'bɜ:gə'] *n* hamburger *m* z wołowiny.

beehive ['bi:haɪv] *n* ul *m*.

been [bi:n] *pp* ⊳ be.

beer [bɪə'] *n* piwo *n* • **to have a couple of beers** wypić parę piw.

beer garden *n* ogródek *m* piwny.

beer mat *n* podkładka *f* pod piwo.

beetle ['bi:tl] *n* żuk *m*.

beetroot ['bi:tru:t] *n* burak *m* ćwikłowy.

before [bɪ'fɔ:'] ⇔ *prep* przed. ⇔ *adv* [previously] przedtem. ⇔ *conj* zanim • **before you leave** zanim wyjdziesz; **the day before** dzień wcześniej; **the week before last** dwa tygodnie temu.

beforehand [bɪ'fɔ:hænd] *adv* wcześniej.

befriend [bɪ'frend] *vt* zaprzyjaźniać/zaprzyjaźnić się z.

beg [beg] ⇔ *vi* żebrać. ⇔ *vt* : **to beg sb to do sthg** błagać kogoś, żeby coś zrobił; **to beg for sthg** [for money, food] błagać o coś.

began [bɪ'gæn] *pt* ⊳ begin.

beggar ['begə'] *n* żebrak *m*, żebraczka *f*.

begin [bɪ'gɪn] (*pt* began, *pp* begun) ⇔ *vt* zaczynać/zacząć. ⇔ *vi* zaczynać/zacząć • **to begin doing** OR **to do sthg** zaczynać coś robić; **to begin by doing sthg** zacząć od zrobienia czegoś; **to begin with** na początku.

beginner [bɪ'gɪnə'] *n* początkujący *m*, początkująca *f*.

beginning [bɪ'gɪnɪŋ] *n* początek *m*.

begun [-'gʌn] *pp* ⊳ begin.

behalf [bɪ'hɑ:f] *n* : **on behalf of** w imieniu.

behave [bɪ'heɪv] *vi* zachowywać/zachować się • **to behave (o.s.)** [be good] dobrze się sprawować.

behavior *US* = behaviour.

behaviour [bɪ'heɪvjə'] *n* zachowanie *n*.

behind [bɪ'haɪnd] ⇔ *adv* [at the back] z tyłu; [late] : **to be half an hour behind schedule** spóźniać się o pół godziny. ⇔ *prep* [at the back of, supporting] za. ⇔ *inf* tyłek *m* • **to leave sthg behind** zapominać/zapomnieć o czymś; **to stay behind** zostawać/zostać.

beige [beɪʒ] *adj* beżowy.

being ['bi:ɪŋ] *n* istota *f* • **to come into being** powstać.

belated [bɪ'leɪtɪd] *adj* spóźniony.

belch [beltʃ] *vi* bekać/beknąć.

Belgian ['beldʒən] ⇔ *adj* belgijski. ⇔ *n* Belg *m*, Belgijka *f*.

Belgian waffle *n US* gofr *m*.

Belgium ['beldʒəm] *n* Belgia *f*.

belief [bɪ'li:f] *n* [faith] wiara *f*; [opinion] przekonanie *n*.

believe [bɪ'li:v] ⇔ *vt* [person, story] wierzyć/uwierzyć; [think] sądzić. ⇔ *vi* : **to believe in** [God, human rights] wierzyć w • **to believe in doing sthg** wierzyć w słuszność robienia czegoś.

believer [bɪ'li:və'] *n* wierzący *m*, wierząca *f*.

bell [bel] *n* [church] dzwon *m*; [phone, door] dzwonek *m*.

bellboy ['belbɔɪ] *n* boy *m* hotelowy.

bellow ['beləʊ] *vi* ryczeć/zaryczeć.

belly ['belɪ] *n inf* brzuch *m*.

belly button n inf pępek m.

belong [bɪ'lɒŋ] vi [be in right place] mieć swoje miejsce • **to belong to** należeć do.

belongings npl rzeczy fpl • **personal belongings** rzeczy osobiste.

below [bɪ'ləʊ] <> adv poniżej; [downstairs] niżej. <> prep [lower than] poniżej.

belt [belt] n [for clothes] pasek m; TECH taśma f.

beltway ['belt'weɪ] n US obwodnica f.

bench [bentʃ] n ławka f.

bend [bend] <> (pt & pp bent) n [in road, river] zakręt m; [in pipe] wygięcie n. <> vt [leg, knees, pipe] zginać/zgiąć. <> vi [road, river] zakręcać/zakręcić; [pipe] wyginać/wygiąć się. **bend down** <> vi pochylać/pochylić się. **bend over** <> vi nachylać/nachylić się.

beneath [bɪ'niːθ] adv & prep [below] poniżej • **beneath the table** pod stołem.

beneficial ['benɪ'fɪʃl] adj dobroczynny • **to be beneficial for sb** być korzystnym dla kogoś.

benefit ['benɪfɪt] <> n [advantage] korzyść f; [money] świadczenie n. <> vt przynosić/przynieść korzyść. <> vi : **to benefit (from)** korzystać/skorzystać (z) • **for the benefit of** z myślą o.

benign [bɪ'naɪn] adj MED łagodny.

bent [bent] pt & pp ⊳ bend.

bereaved [bɪ'riːvd] adj pogrążony w żałobie.

beret ['bereɪ] n beret m.

Bermuda shorts npl bermudy pl.

berry ['berɪ] n jagoda f.

berserk [bə'zɜːk] adj : **to goberserk** wpaść w szał.

berth [bɜːθ] n [for ship] stanowisko n (cumownicze); [in ship] koja f; [in train] kuszetka f.

beside [bɪ'saɪd] prep [next to] obok, przy • **beside the point** nie w tym rzecz.

besides [bɪ'saɪdz] <> adv [also] ponadto. <> prep [as well as] oprócz.

best [best] <> adj najlepszy. <> adv najlepiej. <> n : **the best** najlepszy; **a pint of best** [beer] duże piwo • **the best thing to do is...** najlepsze, co można zrobić to...; **to make the best of sthg** zrobić najlepszy użytek z czegoś; **to do one's best** dołożyć wszelkich starań; **to like sthg best** najbardziej coś lubić; **'best before...'** należy spożyć przed...; **at best** w najlepszym razie; **all the best!** wszystkiego najlepszego.

best man n drużba m.

best-seller n [book] bestseller m.

bet [bet] (pt & pp bet) <> n [of money] zakład m. <> vt [gamble] stawiać/postawić. <> vi : **to bet (on)** stawiać/postawić na • **I bet (that) you can't do it** mogę się założyć, że nie potrafisz tego zrobić; **I wouldn't bet on it!** nie liczyłbym na to!; **you bet!** no pewnie!

betray [bɪ'treɪ] vt zdradzać/zdradzić.

better ['betəʳ] <> adj lepszy. <> adv lepiej • **you had better...** lepiej będzie, jeśli...; **to get better** [improve] poprawiać/poprawić się; [in health] zdrowieć/wyzdrowieć; **I'm much better** czuję się dużo lepiej.

betting ['betɪŋ] n zakłady mpl.

betting shop n *UK punkt przyj-mowania zakładów.*

between [bɪˈtwiːn] ◇ *prep* (po)między. ◇ *adv* • **in between** [in space, time] (po)między jednym a drugim; **between you and me** między nami mówiąc.

beverage [ˈbevərɪdʒ] n *fml* napój *m.*

beware [bɪˈweər] vi : **to beware of** uważać na • **'beware of the dog'** uwaga! zły pies.

bewildered [bɪˈwɪldəd] *adj* oszołomiony.

beyond [bɪˈjɒnd] ◇ *prep* [on far side of] za; [later than] po; [outside] poza. ◇ *adv* dalej.

biased [ˈbaɪəst] *adj* stronniczy.

bib [bɪb] n [for baby] śliniak *m.*

bible [ˈbaɪbl] n Biblia *f.*

biceps [ˈbaɪseps] n biceps *m.*

bicycle [ˈbaɪsɪkl] n rower *m.*

bicycle path n ścieżka *f* rowerowa.

bicycle pump n pompka *f* rowerowa.

bid [bɪd] (*pt & pp* bid) ◇ n [at auction] oferta *f*; [attempt] próba *f.* ◇ *vt* [money] oferować/zaoferować. ◇ *vi* : **to bid (for)** [item] brać/wziąć udział w licytacji [contract] stawać/stanąć do przetargu.

bidet [ˈbiːdeɪ] n bidet *m.*

big [bɪg] *adj* duży • **my big brother** mój starszy brat; **how big is it?** jakich jest rozmiarów?

bike [baɪk] n *inf* [bicycle] rower *m*; [motorcycle] motocykl *m.*

biking n : **to go biking** wybierać/wybrać się na wycieczkę rowerową.

bikini [bɪˈkiːnɪ] n bikini *n.*

bikini bottom n dół *m* od kostiumu bikini.

bikini top n góra *f* od kostiumu bikini.

bilingual [baɪˈlɪŋgwəl] *adj* dwujęzyczny.

bill [bɪl] n [for meal, electricity, hotel] rachunek *m*; *US* [bank note] banknot *m*; [at cinema, theatre] plakat *m*; POL projekt *m* ustawy • **can I have the bill please?** proszę o rachunek.

billboard [ˈbɪlbɔːd] n billboard *m.*

billfold [ˈbɪlfəʊld] n *US* portfel *m.*

billiards n bilard *m.*

billion [ˈbɪljən] n *US* [thousand million] miliard *m*; *UK* [million million] bilion *m.*

bin [bɪn] n [rubbish bin] kubeł *m* na śmieci; [wastepaper bin] kosz *m* na śmieci; [for bread, flour] pojemnik *m*; [on plane] schowek *m.*

bind [baɪnd] (*pt & pp* bound) *vt* [tie up] związywać/związać.

binding [ˈbaɪndɪŋ] n [of book] oprawa *f*; [for ski] wiązanie *n.*

bingo [ˈbɪŋgəʊ] n bingo *n.*

binoculars *npl* lornetka *f.*

biodegradable [ˈbaɪəʊdɪˈgreɪdəbl] *adj* rozkładający się naturalnie.

biography [baɪˈɒgrəfɪ] n biografia *f.*

biological [ˌbaɪəˈlɒdʒɪkl] *adj* biologiczny.

biology [baɪˈɒlədʒɪ] n biologia *f.*

birch [bɜːtʃ] n brzoza *f.*

bird [bɜːd] n [animal] ptak *m*; *UK inf* [woman] panienka *f.*

bird-watching n obserwowanie ptaków.

Biro® [ˈbaɪərəʊ] n długopis *m.*

birth [bɜːθ] n narodziny *pl* • **by**

birth z urodzenia; **to give birth to** urodzić.

birth certificate *n* metryka *f* urodzenia.

birth control *n* antykoncepcja *f*.

birthday ['bɜːθdeɪ] *n* urodziny *pl* • **happy birthday!** wszystkiego najlepszego (z okazji urodzin)!

birthday card *n* kartka *f* urodzinowa.

birthday party *n* przyjęcie *n* urodzinowe.

birthplace ['bɜːθpleɪs] *n* miejsce *n* urodzenia.

biscuit ['bɪskɪt] *n* UK herbatnik *m*; US [scone] *babeczka podawana na ciepło z masłem i dżemem*.

bisexual ['baɪ'sekʃʊəl] <> *adj* biseksualny. <> *n* biseksualista *m*, biseksualistka *f*.

bishop ['bɪʃəp] *n* RELIG biskup *m*; [in chess] goniec *m*.

bistro ['biːstrəʊ] *n* bistro *n*.

bit <> *pt* ⊳ **bite**. <> *n* [piece] kawałek *m*; [amount] trochę; [of drill] świder *m*; [of bridle] wędzidło *m* • **a bit** trochę; **not a bit** ani trochę; **bit by bit** stopniowo.

bitch [bɪtʃ] *n vulg* [woman] suka *f*; [dog] suka *f*.

bite [baɪt] (*pt* **bit**, *pp* **bitten**) <> *n* [when eating] kęs *m*; [from insect, snake] ukąszenie *n*. <> *vt* [subj: person, dog] gryźć/ugryźć; [subj: insect, snake] ukąsić • **to have a bite to eat** przekąsić coś.

bitter ['bɪtə'] <> *adj* [taste, food] gorzki; [weather] przenikliwie zimny; [wind] przejmujący; [person] zgorzkniały; [argument, conflict] zażarty. <> *n* UK [beer] *rodzaj piwa o gorzkim smaku*.

bitter lemon *n* Schweppes® cytrynowy.

bizarre [bɪ'zɑː'] *adj* dziwaczny.

black [blæk] <> *adj* czarny; [tea] bez mleka. <> *n* [colour] czerń *f*; [person] Murzyn *m*, -ka *f*. ➡ **black out** <> *vi* stracić przytomność.

black and white *adj* czarno--biały.

blackberry ['blækbərɪ] *n* jeżyna *f*.

blackbird ['blækbɜːd] *n* kos *m*.

blackboard ['blækbɔːd] *n* tablica *f*.

blackcurrant ['blæk'kʌrənt] *n* czarna porzeczka *f*.

black eye *n* podbite oko *n*.

Black Forest gâteau *n* tort *m* szwarcwaldzki.

black ice *n* gołoledź *f*.

blackmail ['blækmeɪl] <> *n* szantaż *m*. <> *vt* szantażować/ zaszantażować.

blackout ['blækaʊt] *n* [power cut] przerwa *f* w dostawie prądu.

black pepper *n* czarny pieprz *m*.

black pudding *n* UK kaszanka *f*.

blacksmith ['blæksmɪθ] *n* kowal *m*.

bladder ['blædə'] *n* pęcherz *m* moczowy.

blade [bleɪd] *n* [of knife] ostrze *n* [of saw] brzeszczot *m*; [of propeller, oar] pióro *n*; [of grass] źdźbło *n*.

blame [bleɪm] <> *n* wina *f*. <> *vt* obwiniać/obwinić • **to blame sb for sthg** winić kogoś za coś; **to blame sthg on sb** zrzucać winę za coś na kogoś.

bland [blænd] *adj* [food] mdły.

blank [blæŋk] <> *adj* [space, page] pusty; [cassette] czysty; [expression] bez wyrazu. <> *n* [empty space] puste miejsce *n*.

blank cheque *n* czek *m* in blanko.

blanket ['blæŋkɪt] *n* koc *m*.

blast [blɑːst] <> *n* [explosion] wybuch *m*; [of air, wind] podmuch *m*. <> *excl inf* o kurczę! • **at full blast** na cały regulator.

blaze [bleɪz] <> *n* [fire] ogień *m*. <> *vi* [fire] płonąć; [sun] prażyć; [light] oślepiać.

blazer ['bleɪzə'] *n marynarka z odznaką szkolną lub klubową na kieszeni.*

bleach [bliːtʃ] <> *n* wybielacz *m*. <> *vt* [hair] rozjaśniać/rozjaśnić; [clothes] wybielać/wybielić.

bleak [bliːk] *adj* ponury.

bleed [bliːd] (*pt&pp* **bled**) *vi* krwawić/wykrwawić.

blend [blend] <> *n* [of coffee, whisky] mieszanka *f*. <> *vt* [mix together] mieszać/wymieszać.

blender ['blendə'] *n* mikser *m*.

bless [bles] *vt* RELIG błogosławić/pobłogosławić • **bless you!** [said after sneeze] na zdrowie!

blessing ['blesɪŋ] *n* błogosławieństwo *n*.

blew [bluː] *pt* ⊳ **blow**.

blind [blaɪnd] <> *adj* [unable to see] niewidomy. <> *n* [for window] żaluzja *f*. <> *npl* : **the blind** niewidomi *mpl*.

blind corner *n* zakręt *m* z ograniczoną widocznością.

blind date *n* randka *f* w ciemno.

blindfold ['blaɪndfəʊld] <> *n* opaska *f* na oczy. <> *vt* zawiązywać/zawiązać komuś oczy.

blind spot *n* AUT martwy punkt *m*.

blink [blɪŋk] *vi* mrugać/mrugnąć.

bliss [blɪs] *n* rozkosz *f*.

blister ['blɪstə'] *n* pęcherz *m*.

blizzard ['blɪzəd] *n* zamieć *f*.

bloated ['bləʊtɪd] *adj* [after eating] wzdęty.

blob [blɒb] *n* [of cream, paint] kropla *f*.

block [blɒk] <> *n* [of stone, ice] bryła *f*; [of wood] kloc *m*; [building] blok *m*; US [in town, city] kwartał *m*. <> *vt* [obstruct] blokować/zablokować • **I live two blocks away** mieszkam dwie przecznice dalej; **to have a blocked (up) nose** mieć zapchany nos. ⇒ **block up** <> *vt sep* zatykać/zatkać.

blockage ['blɒkɪdʒ] *n* zator *m*.

block capitals *npl* wielkie litery *fpl*.

block of flats *n* blok *m* mieszkalny.

bloke [bləʊk] *n* UK *inf* facet *m*.

blond [blɒnd] *adj* [hair] blond.

blonde [blɒnd] <> *adj* blond. <> *n* blondynka *f*.

blood [blʌd] *n* krew *f*.

blood donor *n* dawca *m*, dawczyni *f* krwi.

blood group *n* grupa *f* krwi.

blood poisoning *n* zakażenie *n* krwi.

blood pressure *n* ciśnienie *n* krwi • **to have high blood pressure** mieć wysokie ciśnienie; **to have low blood pressure** mieć niskie ciśnienie.

bloodshot ['blʌdʃɒt] *adj* przekrwiony.

blood test *n* badanie *n* krwi.

blood transfusion *n* transfuzja *f* krwi.

bloody ['blʌdɪ] <> *adj* [hands, handkerchief] zakrwawiony; UK *vulg* [damn] cholerny. <> *adv* UK *vulg* cholernie.

Bloody Mary n [drink] krwawa Mary f.

bloom [bluːm] <> n kwiat m. <> vi rozkwitać/rozkwitnąć • **in bloom** kwitnący.

blossom ['blɒsəm] n kwiaty mpl.

blot [blɒt] n [of ink] kleks m.

blotch [blɒtʃ] n plama f.

blotting paper n bibuła f.

blouse [blaʊz] n bluzka f.

blow [bləʊ] (pt blew, pp blown) <> vt [subj: wind] porywać/porwać; [trumpet] dąć/zadąć w; [bubbles] puszczać/puścić. <> vi [person] dmuchać/dmuchnąć; [wind] wiać/powiać; [fuse] przepalać/przepalić się. <> n [hit] cios m • **to blow the whistle** gwizdać/zagwizdać; **to blow one's nose** wydmuchać nos. ← **blow up** <> vt sep [cause to explode] wysadzać/wysadzić w powietrze; [inflate] nadmuchiwać/nadmuchać. <> vi [explode] wybuchać/wybuchnąć.

blow-dry <> n suszenie n suszarką. <> vt modelować/wymodelować włosy suszarką.

blown [bləʊn] pp ⊳ blow.

BLT n [sandwich] kanapka z bekonem, sałatą i pomidorem.

blue [bluː] <> adj [colour] niebieski; [film] porno. <> n [colour] niebieski m. ← **blues** <> n MUS blues m.

bluebell ['bluːbel] n [plant] dzwonek m.

blueberry ['bluːbərɪ] n borówka f amerykańska.

bluebottle ['bluːˌbɒtl] n mucha f plujka.

blue cheese n ser m niebieski (typu rokpol).

bluff [blʌf] <> n [cliff] urwisko n. <> vi blefować/zablefować.

blunder ['blʌndəʳ] n gafa f.

blunt [blʌnt] adj [knife] tępy [pencil] niezatemperowany; fig [person] szczery.

blurred [blɜːd] adj nieostry.

blush [blʌʃ] vi rumienić/zarumienić się.

blusher ['blʌʃəʳ] n róż m.

blustery ['blʌstərɪ] adj wietrzny.

board [bɔːd] <> n [plank] deska f; [notice board] tablica f informacyjna; [for games] plansza f; [blackboard] tablica f; [of company] zarząd m; [hardboard] płyta f. <> vt [plane, ship] wchodzić/wejść na pokład; [bus] wchodzić do • **board and lodging** mieszkanie z utrzymaniem; **full board** całodzienne wyżywienie; **half board** śniadanie i kolacja. ← **on board** <> adv na pokładzie. <> prep [plane, bus] w; [ship] na.

board game n gra f planszowa.

boarding ['bɔːdɪŋ] n [of plane] wejście n na pokład.

boarding card n karta f pokładowa.

boarding house n pensjonat m.

boarding school n szkoła f z internatem.

board of directors n zarząd m.

boast [bəʊst] vi : **to boast (about sthg)** chwalić/pochwalić się czymś.

boat [bəʊt] n [small] łódka f; [large] statek m • **by boat** statkiem.

bob n [hairstyle] włosy mpl obcięte na równo.

bobby pin n US spinka f do włosów.

body ['bɒdɪ] n [of person] ciało n; [corpse] zwłoki pl; [of car] karoseria f; [organization] organ m; [of wine] wyraźny smak m.

bodyguard [ˈbɒdɪgɑːd] *n* [person] ochroniarz *m*.

body language *n* mowa *f* ciała.

body piercing *n* przekłuwanie części ciała.

body search *n* rewizja *f* osobista.

bodywork [ˈbɒdɪwɜːk] *n* [of car] karoseria *f*.

bog [bɒg] *n* bagno *n*.

bogus [ˈbəʊgəs] *adj* fałszywy.

boil [bɔɪl] <> *vt* [water] gotować/ zagotować; [food] gotować/ugotować. <> *vi* [about water] gotować/zagotować się; [about food] gotować /ugotować się. <> *n* [on skin] czyrak *m* • **to boil the kettle** zagotować wodę *(w czajniku)*.

boiled egg *n* gotowane jajko *n*.

boiled potatoes *npl* gotowane ziemniaki *mpl*.

boiler [ˈbɔɪləʳ] *n* [central heating] piec *m*; [hot water] bojler *m*.

boiling (hot) *adj inf* [weather] skwarny; [water] wrzący • **I'm boiling (hot)** jest mi strasznie gorąco.

bold [bəʊld] *adj* [brave] odważny.

bollard [ˈbɒlɑːd] *n UK* [on road] pachołek *m*.

bolt [bəʊlt] <> *n* [on door, window] zasuwa *f*; [screw] śruba *f*. <> *vt* [door, window] ryglować/ zaryglować.

bomb [bɒm] <> *n* bomba *f*. <> *vt* bombardować/zbombardować.

bombard [bɒmˈbɑːd] *vt* MIL bombardować/zbombardować; [with questions] zasypywać/zasypać.

bomb scare *n* alarm *m* bombowy.

bomb shelter *n* schron *m* przeciwbombowy.

bond [bɒnd] *n* [tie, connection] więź *f*.

bone [bəʊn] *n* [of person, animal] kość *f*; [of fish] ość *f*.

boned [bəʊnd] *adj* [chicken] bez kości; [fish] odfiletowany.

boneless [ˈbəʊnlɪs] *adj* [chicken, pork] bez kości; [fish] bez ości.

bonfire [ˈbɒnfaɪəʳ] *n* ognisko *n*.

bonnet [ˈbɒnɪt] *n UK* [of car] maska *f*.

bonus [ˈbəʊnəs] (*pl* -es) *n* [extra money] premia *f*; [additional advantage] zaleta *f*.

bony [ˈbəʊnɪ] *adj* [person] kościsty; [fish] ościsty; [chicken] kościsty.

boo [buː] *vi* głośno wyrażać/ wyrazić dezaprobatę.

boogie [ˈbuːgɪ] *vi inf* tańczyć.

book [bʊk] <> *n* [for reading] książka *f*; [for writing in] zeszyt *m*; [of stamps] karnet *m*; [of matches] kartonik *m*; [of tickets] bloczek *m*. <> *vt* [reserve] rezerwować/zarezerwować. ➡ **book in** <> *vi* [at hotel] meldować się/zameldować się.

bookable [ˈbʊkəbl] *adj* [seats, flight] objęty rezerwacją.

bookcase [ˈbʊkkeɪs] *n* biblioteczka *f*.

booking [ˈbʊkɪŋ] *n* [reservation] rezerwacja *f*.

booking office *n* kasa *f* biletowa.

bookkeeping [ˈbʊkˈkiːpɪŋ] *n* księgowość *f*.

booklet [ˈbʊklɪt] *n* broszura *f*.

bookmaker's *n* bukmacher *m*.

bookmark [ˈbʊkmɑːk] *n* zakładka *f*.

bookshelf ['bʊkʃelf] (*pl* -shelves [-ʃelvz]) *n* [shelf] półka *f* na książki; [bookcase] regał *m*.

bookshop ['bʊkʃɒp] *n* księgarnia *f*.

bookstall ['bʊkstɔːl] *n* stoisko *n* z książkami.

bookstore ['bʊkstɔːʳ] = bookshop.

book token *n* talon *m* na książki.

boom [buːm] ⟷ *n* [sudden growth] gwałtowny wzrost *m*. ⟷ *vi* grzmieć/zagrzmieć.

boost [buːst] *vt* [profits, production, confidence] zwiększać/ zwiększyć; [spirits] poprawiać/ poprawić.

booster ['buːstəʳ] *n* [injection] dawka *f* przypominająca.

boot [buːt] *n* [shoe] but *m*; *UK* [of car] bagażnik *m*.

booth [buːð] *n* [for telephone] budka *f*; [at fairground] stoisko *n*.

booze [buːz] ⟷ *n inf* wóda *f*. ⟷ *vi inf* tankować.

bop [bɒp] *n inf* [dance] potańcówka *f*.

border ['bɔːdəʳ] *n* [of country] granica *f*; [edge] skraj *m* • the Borders *linia graniczna wraz z przyległymi do niej regionami pomiędzy Szkocją i Anglią*.

bore [bɔːʳ] ⟷ *pt* ⊳ bear. ⟷ *n inf* [boring person] nudziarz *m*, nudziara *f*; [boring thing] nudy *fpl*. ⟷ *vt* [person] zanudzać/ zanudzić; [hole] drążyć/wydrążyć.

bored [bɔːd] *adj* znudzony.

boredom ['bɔːdəm] *n* nuda *f*.

boring ['bɔːrɪŋ] *adj* nudny.

born [bɔːn] *adj* : to be born urodzić się.

borne [bɔːn] *pp* ⊳ bear.

borough ['bʌrəʊ] *n* ≃ gmina *f*.

borrow ['bɒrəʊ] *vt* : to borrow sthg (from sb) pożyczać/pożyczyć coś od kogoś.

bosom ['bʊzəm] *n* [of woman] biust *m*.

boss [bɒs] *n* szef *m*, -owa *f*. ⇥ **boss around** *vt sep* rządzić.

bossy ['bɒsɪ] *adj* apodyktyczny.

botanical garden *n* ogród *m* botaniczny.

both [bəʊθ] ⟷ *adj & pron* [of males] obaj; [of females] obie; [of males and females] oboje; [of things] obie. ⟷ *adv* : both ... and ... zarówno..., jak i...; both of them obydwaj; both of us oboje.

bother ['bɒðəʳ] ⟷ *n* [trouble] kłopot *m*. ⟷ *vt* [worry] martwić; [annoy, pester] przeszkadzać/ przeszkodzić. ⟷ *vi* kłopotać się • not to bother to do sthg nie zadać sobie trudu, żeby coś zrobić; I can't be bothered nie chce mi się; it's no bother! to żaden kłopot!

bottle ['bɒtl] *n* butelka *f*.

bottle bank *n* pojemnik *m* na szkło.

bottled ['bɒtld] *adj* butelkowy • bottled beer piwo *n* butelkowe; bottled water woda *f* mineralna.

bottle opener *n* otwieracz *m* do butelek.

bottom ['bɒtəm] ⟷ *adj* [lowest] najniższy; [last] ostatni; [worst] najgorszy. ⟷ *n* [of sea, bag, glass] dno *n*; [of hill] podnóże *n*; [of page, ladder, stairs] dół *m*; [of garden, street] koniec *m*; [of adult] tyłek *m*; [of child] pupa *f*.

bought [bɔːt] *pt & pp* ⊳ buy.

boulder ['bəʊldə'] *n* głaz *m*.

bounce [baʊns] *vi* [rebound] odbijać/odbić się; [jump] skakać/skoczyć • **to bounce a cheque** nie honorować czeku.

bouncer ['baʊnsə'] *n inf* bramkarz *m*.

bouncy castle *n* [for children] nadmuchiwany zamek *m*.

bound [baʊnd] ⟨⟩ *pt & pp* ⤏ **bind**. ⟨⟩ *vi* [leap] biec/pobiec susami. ⟨⟩ *adj* [certain] : **they're bound to be late** na pewno się spóźnią • **it's bound to rain** na pewno będzie padać; **to be bound for** być w drodze do; **out of bounds** strefa *f* zakazana.

boundary ['baʊndərɪ] *n* granica *f*.

bouquet [bʊ'keɪ] *n* bukiet *m*.

bourbon *n amerykańska whisky z kukurydzy*.

bout [baʊt] *n* [of illness] atak *m*; [of activity] okres *m*.

boutique [bu:'ti:k] *n* butik *m*.

bow¹ [baʊ] ⟨⟩ *n* [of head] skinienie *n*; [uf ship] dzióh *m*. ⟨⟩ *vi* [bend head] skinąć głową.

bow² [bəʊ] *n* [knot] kokarda *f*; [weapon] łuk *m*; MUS smyczek *m*.

bowels *npl* ANAT jelita *npl*.

bowl [bəʊl] *n* [container] miska *f*; [for sugar] cukiernica *f*; [for salad, fruit] salaterka *f*; [for washing] miednica *f*; [of toilet] muszla *f* klozetowa. ⤏ **bowls** *npl* gra *f* w kule.

bowling ['bəʊlɪŋ] *n* [tenpin bowling] : **to go bowling** grać w kręgle.

bowling alley *n* kręgielnia *f*.

bowling green *n* murawa *f* do gry w kule.

bow tie [bəʊ-] *n* muszka *f*.

box [bɒks] ⟨⟩ *n* pudełko *n*; [for tools] skrzynka *f*; [for jewellery] szkatułka *f*; [on form] pole *n*; [in theatre] loża *f*. ⟨⟩ *vi* boksować się • **a box of chocolates** pudełko *n* czekoladek.

boxer ['bɒksə'] *n* [fighter] bokser *m*.

boxer shorts *npl* bokserki *pl*.

boxing ['bɒksɪŋ] *n* boks *m*.

Boxing Day *n* drugi dzień świąt Bożego Narodzenia.

boxing gloves *npl* rękawice *fpl* bokserskie.

boxing ring *n* ring *m (bokserski)*.

box office *n* kasa *f* biletowa.

boy [bɔɪ] ⟨⟩ *n* [male] chłopiec *m*; [son] syn *m*. ⟨⟩ *excl inf* : **(oh) boy!** o kurczę!

boycott ['bɔɪkɒt] *vt* bojkotować/zbojkotować.

boyfriend ['bɔɪfrend] *n* chłopak *m*.

boy scout *n* harcerz *m*.

bra [brɑ:] *n* stanik *m*.

brace [breɪs] *n* [for teeth] aparat *m* korekcyjny. ⤏ **braces** *npl UK* szelki *fpl*.

bracelet ['breɪslɪt] *n* bransoletka *f*.

bracken ['brækn] *n* paprocie *fpl*.

bracket ['brækɪt] *n* [written symbol] nawias *m*; [support] wspornik *m*.

brag [bræg] *vi* przechwalać się.

braid [breɪd] *n* [hairstyle] warkocz *m*.

brain [breɪn] *n* mózg *m*.

brainy ['breɪnɪ] *adj inf* łebski.

braised *adj* duszony.

brake [breɪk] ⟨⟩ *n* hamulec *m*. ⟨⟩ *vi* hamować/przyhamować.

brake block *n* klocek *m* hamulcowy.

brake fluid *n* płyn *m* hamulcowy.

brake light *n* światło *n* stopu.

brake pad *n* tarcza *f* cierna hamulca.

brake pedal *n* pedał *m* hamulca.

bran [bræn] *n* otręby *pl*.

branch [brɑːntʃ] *n* [of tree] gałąź *f*; [of bank] oddział *m*; [of company] filia *f*; [of subject] dziedzina *f*.
➡ **branch off** *vi* rozgałęziać/rozgałęzić się.

branch line *n* [train] boczna linia *f*.

brand [brænd] ⬦ *n* [of product] marka *f*. ⬦ *vt* : **to brand sb (as)** napiętnować kogoś (jako).

brand-new *adj* nowiutki.

brandy ['brændɪ] *n* brandy *f*.

brash [bræʃ] *adj pej* bezczelny.

brass [brɑːs] *n* [metal] mosiądz *m*.

brass band *n* orkiestra *f* dęta.

brasserie ['bræsərɪ] *n* rodzaj francuskiej restauracyjki.

brassiere [UK 'bræsɪəʳ, US brə'zɪr] *n* biustonosz *m*.

brat [bræt] *n inf* bachor *m*.

brave [breɪv] *adj* dzielny.

bravery ['breɪvərɪ] *n* męstwo *n*.

bravo ['brɑː'vəʊ] *excl* brawo!

brawl [brɔːl] *n* burda *f*.

Brazil *n* Brazylia *f*.

brazil nut *n* orzech *m* brazylijski.

breach [briːtʃ] *vt* [contract] zrywać/zerwać; [confidence] zdradzać/zdradzić.

bread [bred] *n* chleb *m* • **bread and butter** chleb z masłem.

bread bin *n* UK pojemnik *m* na chleb.

breadboard ['bredbɔːd] *n* deska *f* do krojenia chleba.

bread box *US* = bread bin.

breadcrumbs *npl* bułka *f* tarta.

breaded ['bredɪd] *adj* [fish, scampi, chicken] panierowany.

bread knife *n* nóż *m* do chleba.

bread roll *n* bułka *f*.

breadth [bredθ] *n* szerokość *f*.

break [breɪk] (*pt* broke, *pp* broken) ⬦ *n* przerwa *f*. ⬦ *vt* [television] psuć/zepsuć; [cup, window] tłuc/stłuc; [disobey] łamać/złamać; [contract] zrywać/zerwać; [promise] nie dotrzymywać/dotrzymać; [a record] bić/pobić; [news] przekazywać/przekazać; [journey] przerywać/przerwać. ⬦ *vi* [glass] tłuc/stłuc się; [rope] zrywać/zerwać się; [television] psuć/zepsuć się; [dawn] świtać; [voice] łamać się • **without a break** bez przerwy; **a lucky break** uśmiech losu; **to break one's leg** złamać nogę.
➡ **break down** ⬦ *vi* [car, machine] psuć/popsuć się. ⬦ *vt sep* [door] wyważać/wyważyć; [barrier] przełamywać/przełamać.
➡ **break in** ⬦ *vi* [enter by force] włamywać/włamać się.
➡ **break off** ⬦ *vt* [detach] odłamywać/odłamać; [holiday] przerywać/przerwać. ⬦ *vi* [stop suddenly] przerywać/przerwać.
➡ **break out** ⬦ *vi* [fire, war, panic] wybuchać/wybuchnąć • **to break in a rash** pokryć się wysypką. ➡ **break up** ⬦ *vi* [with spouse, partner] zrywać/zerwać; [meeting] kończyć/zakończyć się; [marriage] rozpadać/rozpaść się; [school] kończyć/skończyć się.

breakage ['breɪkɪdʒ] *n* stłuczka *f*.

breakdown ['breɪkdaʊn] *n* [of car] awaria *f*; [in communications,

negotiations] zerwanie *n*; [mental] załamanie *n* nerwowe.

breakdown truck *n* samochód *m* pomocy drogowej.

breakfast ['brekfəst] *n* śniadanie *n* • **to have breakfast** jeść śniadanie; **to have sthg for breakfast** jeść coś na śniadanie.

breakfast cereal *n* płatki *mpl* śniadaniowe.

break-in *n* włamanie *n*.

breakwater ['breɪk'wɔːtər] *n* falochron *m*.

breast [brest] *n* pierś *f*.

breastbone ['brestbəʊn] *n* mostek *m*.

breast-feed *vt* karmić piersią.

breaststroke ['breststrəʊk] *n* styl *m* klasyczny.

breath [breθ] *n* [of person] oddech *m*; [air inhaled] wdech *m* • **out of breath** bez tchu; **to go for a breath of fresh air** wyjść, żeby zaczerpnąć świeżego powietrza.

Breathalyser® ['breθəlaɪzər] *n* UK alkomat *m*

Breathalyzer® = Breathalyser®.

breathe [briːð] *vi* [person, animal] oddychać. **breathe in** *vi* wdychać. **breathe out** *vi* wydychać.

breathtaking ['breθ'teɪkɪŋ] *adj* zapierający dech.

breed [briːd] (*pt&pp* bred) *n* [of animal] rasa *f*; [of plant] odmiana *f*. *vt* hodować/wyhodować. *vi* rozmnażać/rozmnożyć się.

breeze [briːz] *n* wietrzyk *m*.

breezy ['briːzɪ] *adj* [weather, day] wietrzny.

brew [bruː] *vt* [beer] warzyć; [tea, coffee] parzyć/zaparzyć.

vi [tea, coffee] parzyć/zaparzyć się.

brewery ['brʊərɪ] *n* browar *m*.

bribe [braɪb] *n* łapówka *f*. *vt* dawać/dać łapówkę.

bric-a-brac *n* bibeloty *mpl*.

brick [brɪk] *n* cegła *f*.

bricklayer ['brɪk'leɪər] *n* murarz *m*.

brickwork ['brɪkwɜːk] *n* murarka *f*.

bride [braɪd] *n* panna *f* młoda.

bridegroom ['braɪdgrʊm] *n* pan *m* młody.

bridesmaid ['braɪdzmeɪd] *n* druhna *f*.

bridge [brɪdʒ] *n* [across road, river] most *m*; [of ship] mostek *m*; [card game] brydż *m*.

bridle ['braɪdl] *n* uzda *f*.

bridle path *n* ścieżka *f* do jazdy konnej.

brief [briːf] *adj* krótki. *vt* [inform] informować/poinformować; [instruct] instruować/poinstruować • **in brief** w skrócie. **briefs** *npl* [underpants] slipy *pl*; [knickers] figi *pl*.

briefcase ['briːfkeɪs] *n* aktówka *f*.

briefly ['briːflɪ] *adv* [for a short time] krótko; [in few words] zwięźle.

brigade [brɪ'geɪd] *n* brygada *f*.

bright [braɪt] *adj* [light, sun, room] jasny; [weather] słoneczny; [colour] żywy; [clever] bystry; [lively, cheerful] radosny • **a bright idea** świetny pomysł.

brilliant ['brɪljənt] *adj* [light, sunshine] olśniewający; [colour] żywy; [person] błyskotliwy; [idea] znakomity; *inf* [wonderful] kapitalny.

brim [brɪm] *n* [of hat] rondo *n*

• **it's full to the brim** jest wypełniony po brzegi.

brine [braɪn] *n* solanka *f*.

bring [brɪŋ] (*pt & pp* **brought** [brɔːt]) *vt* [person] przyprowadzać/przyprowadzić; [thing] przynosić/przynieść. ← **bring along** *vt sep* [person] przyprowadzać/przyprowadzić; [thing] zabierać/zabrać. ← **bring back** *vt sep* [return] zwracać/zwrócić. ← **bring in** *vt sep* [introduce] wprowadzać/wprowadzić; [earn] przynosić/przynieść. ← **bring out** *vt sep* [new product] wprowadzać/wprowadzić na rynek. ← **bring up** *vt sep* [child] wychowywać/wychować; [subject] poruszać/poruszyć; [food] zwracać/zwrócić.

brink [brɪŋk] *n* skraj *m* • **on the brink of** na skraju.

brisk [brɪsk] *adj* [quick] żwawy; [efficient] obrotny; [wind] rześki.

bristles *n* [of human] zarost *m*; [of animal] szczecina *f*; [of brush] włosie *n*.

Britain ['brɪtn] *n* Wielka Brytania *f*.

British ['brɪtɪʃ] ⟨⟩ *adj* brytyjski. ⟨⟩ *npl* : **the British** Bytyjczycy *pl*.

Briton ['brɪtn] *n* Brytyjczyk *m*, Brytyjka *f*.

brittle ['brɪtl] *adj* [fragile] kruchy.

B road *n UK* ≃ droga *f* drugorzędna.

broad [brɔːd] *adj* [wide] szeroki; [wide-ranging] rozległy; [description, outline] ogólny; [accent] silny.

broad bean *n* bób *m*.

broadcast ['brɔːdkɑːst] (*pt & pp* **broadcast**) ⟨⟩ *n* program *m*. ⟨⟩ *vt* nadawać/nadać.

broadly ['brɔːdlɪ] *adv* [in general] ogólnie • **broadlyspeaking** ogólnie mówiąc.

broadside ['brɔːdsaɪd] *n US* = broadsheet.

broccoli ['brɒkəlɪ] *n* brokuły *mpl*.

brochure [*UK* 'brəʊʃəʳ, *US* brəʊ'ʃʊr] *n* broszura *f*.

broiled *adj US* grillowany *m*.

broke [brəʊk] ⟨⟩ *pt* ▷ **break**. ⟨⟩ *adj inf* spłukany.

broken ['brəʊkn] ⟨⟩ *pp* ▷ **break**. ⟨⟩ *adj* [window, glass] rozbity; [leg] złamany; [TV] zepsuty; [English, Spanish] łamany.

bronchitis [brɒŋ'kaɪtɪs] *n* zapalenie *n* oskrzeli.

bronze [brɒnz] *n* [metal] brąz *m*.

brooch [brəʊtʃ] *n* broszka *f*.

brook [brʊk] *n* strumyk *m*.

broom [bruːm] *n* [brush] miotła *f*.

broomstick ['bruːmstɪk] *n* kij *m* od miotły.

broth [brɒθ] *n* rosół *m*.

brother ['brʌðəʳ] *n* [relative] brat *m*.

brother-in-law *n* szwagier *m*.

brought [brɔːt] *pt & pp* ▷ **bring**.

brow [braʊ] *n* [forehead] czoło *n*; [eyebrow] brew *f*.

brown [braʊn] ⟨⟩ *adj* brązowy. ⟨⟩ *n* brąz *m*.

brown bread *n* ciemny chleb *m*.

brownie ['braʊnɪ] *n CULIN ciastko czekoladowe z orzechami*.

Brownie ['braʊnɪ] *n dziewczynka należąca do drużyny zuchów*.

brown rice *n* ryż *m* naturalny.

brown sauce *n UK* [gravy] *brązowa zasmażka na wywarze mięsnym*; [condiment] *brązowy sos z dodatkiem octu i ostrych przypraw*.

brown sugar n cukier m nierafinowany.

browse [brauz] vi [in shop] szperać • **to browse through** [book, paper] przeglądać.

browser ['brauzə'] n COMPUT przeglądarka f; : '**browsers welcome**' zapraszamy do oglądania towaru.

bruise [bru:z] n siniak m.

brunch [brʌntʃ] n śniadanie połączone z lunchem.

brunette [bru:'net] n brunetka f.

brush [brʌʃ] ⟨⟩ n [for hair] szczotka f; [for teeth] szczoteczka f; [for painting] pędzel m. ⟨⟩ vt [clothes] czyścić/wyczyścić; [floor] zamiatać/zamieść • **to brush one's hair** szczotkować włosy; **to brush one's teeth** myć zęby.

brussels sprouts npl brukselka f.

brutal ['bru:tl] adj brutalny.

BSc n (abbr of Bachelor of Science) licencjat w dziedzinie nauk ścisłych.

BT n ≃ TP SA.

bubble ['bʌbl] n bańka f.

bubble bath n płyn m do kąpieli.

bubble gum n guma f balonowa.

bubbly ['bʌblɪ] n inf [szampan] bąbelki mpl.

buck [bʌk] n US inf [dollar] dolec m; [male animal] samiec m.

bucket ['bʌkɪt] n wiadro n.

Buckingham Palace ['bʌkɪŋəm-] n Pałac m Buckingham.

buckle ['bʌkl] ⟨⟩ n sprzączka f. ⟨⟩ vt [fasten] zapinać/zapiąć na sprzączkę. ⟨⟩ vi [door] wypaczać/wypaczyć się; [metal] odkształcać/odkształcić się.

buck's fizz n szampan z sokiem pomarańczowym.

bud [bʌd] ⟨⟩ n [of plant] pąk m. ⟨⟩ vi wypuszczać/wypuścić pąki.

Buddhist [UK 'bʊdɪst, US 'bʊdɪst] n buddysta m, buddystka f.

buddy ['bʌdɪ] n inf koleś m.

budge [bʌdʒ] vi [move] ustępować/ustąpić.

budgerigar ['bʌdʒərɪgɑ:'] n papużka f falista.

budget ['bʌdʒɪt] ⟨⟩ adj [holiday, travel] tani. ⟨⟩ n budżet m • **the Budget** UK budżet m państwa. ⟨⟩ **budget for** ⟨⟩ vt insep zapewniać/zapewnić środki na.

budgie ['bʌdʒɪ] n inf papużka f falista.

buff [bʌf] n inf [person] maniak m, maniaczka f.

buffalo ['bʌfələʊ] (pl inv OR pl -s) n bizon m amerykański.

buffalo wings npl CULIN US skrzydełka kurczaka w ostrym sosie.

buffer ['bʌfə'] n [on train] bufor m.

buffet n [meal] szwedzki stół m; [cafeteria] bufet m.

buffet car ['bʊfeɪ-] n wagon m restauracyjny.

bug [bʌg] ⟨⟩ n [insect] insekt m; inf [mild illness] wirus m. ⟨⟩ vt inf [annoy] wpieniać/wpienić.

buggy ['bʌgɪ] n [pushchair] wózek m spacerowy; US [pram] wózek m dziecięcy.

bugle ['bju:gl] n trąbka f.

build [bɪld] (pt & pp built) ⟨⟩ n [of person] budowa. ⟨⟩ vt [construct] budować/zbudować. ⟨⟩ **build up** ⟨⟩ vt sep [strength] wzmacniać/wzmocnić; [speed] nabierać/nabrać. ⟨⟩ vi [traffic] nasilać/nasilić się.

builder ['bɪldə'] *n* przedsiębiorca budowlany *m* & *f*.

building ['bɪldɪŋ] *n* budynek *m*.

building site *n* budowa *f*.

building society *n* UK ≃ oszczędnościowa kasa *f* mieszkaniowa.

built [bɪlt] *pt* & *pp* ⊳ build.

built-in *adj* wbudowany.

built-up area *n* teren *m* zabudowany.

bulb [bʌlb] *n* [for lamp] żarówka *f*; [of plant] cebulka *f*.

Bulgaria [bʌl'geərɪə] *n* Bułgaria *f*.

bulge [bʌldʒ] *vi* wybrzuszać/wybrzuszyć się.

bulk [bʌlk] *n* [main part] : **the bulk of** większość; **in bulk** hurtem.

bulky ['bʌlkɪ] *adj* [person] zwalisty; [object] dużych rozmiarów; [cumbersome] nieporęczny.

bull [bʊl] *n* [male cow] byk *m*.

bulldog ['bʊldɒg] *n* buldog *m*.

bulldozer ['bʊldəʊzə'] *n* buldożer *m*.

bullet ['bʊlɪt] *n* [for gun] kula *f*.

bulletin ['bʊlətɪn] *n* [on radio, TV] skrót *m* wiadomości; [publication] biuletyn *m*.

bullfight ['bʊlfaɪt] *n* korrida *f*.

bull's-eye *n* środek *m* tarczy • **to hit the bull's-eye** trafić w dziesiątkę.

bully ['bʊlɪ] ◇ *n* prześladowca *m*, prześladowczyni *f*. ◇ *vt* zastraszać/zastraszyć.

bum [bʌm] *n inf* [bottom] tyłek *m*; US inf [tramp] włóczykij *m*.

bum bag *n* UK piterek *m*.

bumblebee ['bʌmblbi:] *n* trzmiel *m*.

bump [bʌmp] ◇ *n* [on surface] nierówność *f*; [on road] wybój *m*;

[on head, leg] guz *m*; [sound] łomot *m*; [minor accident] stłuczka *f*. ◇ *vt* : **to bump one's head against sthg** uderzyć głową o coś. ◆ **bump into** ◇ *vt insep* [hit] wpadać/wpaść na; [meet] natykać/natknąć się na.

bumper ['bʌmpə'] *n* [on car] zderzak *m*; US [on train] bufor *m*.

bumpy ['bʌmpɪ] *adj* [road] wyboisty • **it was a bumpy flight/ride** samolot bardzo się kołysał/ bardzo trzęsło podczas jazdy.

bun [bʌn] *n* [cake] drożdżówka *f*; [bread roll] bułka *f*; [hairstyle] kok *m*.

bunch [bʌntʃ] *n* [of people] grupa *f*; [of flowers] bukiet *m*; [of grapes, bananas] kiść *f*; [of keys] pęk *m*.

bundle ['bʌndl] *n* [of clothes] tobołek *m*; [of papers] plik *m*.

bung [bʌŋ] *n* korek *m*.

bungalow ['bʌŋgələʊ] *n* dom *m* parterowy.

bunion ['bʌnjən] *n* haluks *m*.

bunk [bʌŋk] *n* [berth] koja *f*.

bunk bed *n* łóżko *n* piętrowe.

bunker ['bʌŋkə'] *n* [shelter] bunkier *m*.

bunny ['bʌnɪ] *n* króliczek *m*.

buoy [UK bɔɪ, US 'buːɪ] *n* boja *f*.

buoyant ['bɔɪənt] *adj* pływający.

BUPA *n prywatna brytyjska firma oferująca ubezpieczenia zdrowotne.*

burden ['bɜːdn] *n* ciężar *m*.

bureaucracy [bjʊə'rɒkrəsɪ] *n* biurokracja *f*.

bureau de change *n* kantor *m* wymiany walut.

burger ['bɜːgə'] *n* [hamburger] hamburger *m*; [made with nuts, vegetables *etc*] *bezmięsny hamburger na bazie warzyw i orzechów.*

burglar ['bɜ:glə'] *n* włamywacz *m*, -ka *f*.

burglar alarm *n* alarm *m* przeciwwłamaniowy.

burglarize ['bɜ:gləraɪz] *US* = burgle.

burglary ['bɜ:glərɪ] *n* włamanie *n*.

burgle ['bɜ:gl] *vt* włamywać/włamać się.

Burgundy ['bɜ:gəndɪ] *n* Burgundia *f*.

burial ['berɪəl] *n* pogrzeb *m*.

burn [bɜ:n] (*pt & pp* burntburned) ⬦ *n* oparzenie *n*. ⬦ *vt* [destroy] palić/spalić; [food] przypalać/przypalić; [hand, skin] oparzyć. ⬦ *vi* [be on fire] płonąć/spłonąć. ➡ **burn down** ⬦ *vt sep* spalić *(doszczętnie)*. ⬦ *vi* spłonąć.

burning(hot) *adj* : burninghot bardzo gorący.

Burns' Night [bɜ:nz-] *n obchody urodzin szkockiego poety Roberta Burnsa (25 stycznia)*.

burnt [bɜ:nt] *pt & pp* ⊳ burn.

burp [bɜ:p] *vi inf* bekać/beknąć.

burrow ['bʌrəʊ] *n* nora *f*.

burst [bɜ:st] (*pt & pp* burst) ⬦ *n* [of gunfire] seria *f*; [of applause] burza *f*. ⬦ *vt* [balloon] przekłuwać/przekłuć. ⬦ *vi* [tyre, balloon, pipe] pękać/pęknąć • he burst into the room wtargnął do pokoju; to burst into tears wybuchnąć płaczem; to burst open otworzyć gwałtownie.

bury ['berɪ] *vt* [person] chować/pochować; [hide underground] zakopywać/zakopać.

bus [bʌs] *n* autobus *m* • by bus autobusem.

bus conductor *n* konduktor *m*, -ka *f* autobusu.

bus driver *n* kierowca *m* autobusu.

bush [bʊʃ] *n* krzak *m*.

business ['bɪznɪs] *n* [commerce, trade] interesy *mpl*; [shop, firm] interes *m*; [things to do] sprawy *fpl*; [affair] sprawa *f* • business trip podróż służbowa; mind your own business! zajmij się własnymi sprawami; 'business as usual' pracujemy jak zwykle; to set up in business założyć biznes.

business card *n* wizytówka *f*.

business class *n* pierwsza klasa *f (w samolocie)*.

business hours *npl* [of shop] godziny *pl* otwarcia; [of office] godziny *pl* urzędowania.

businessman ['bɪznɪsmæn] (*pl* -men [-men]) *n* biznesmen *m*.

business studies *npl* zarządzanie *n*.

businesswoman ['bɪznɪs'wʊmən] (*pl* -women [-'wɪmɪn]) *n* bizneswoman *f*.

busker ['bʌskə'] *n UK* uliczny artysta *m*, uliczna artystka *f*.

bus lane *n* pas *m* dla autobusu.

bus pass *n* autobusowy bilet *m* okresowy.

bus shelter *n* wiata *f (na przystanku autobusowym)*.

bus station *n* dworzec *m* autobusowy.

bus stop *n* przystanek *m* autobusowy.

bust [bʌst] ⬦ *n* [of woman] biust *m*. ⬦ *adj* : to go bust *inf* splajtować.

bustle ['bʌsl] *n* [activity] krzątanina *f*.

bus tour *n* wycieczka *f* autokarowa.

41 by

busy ['bɪzɪ] *adj* [person] zajęty; [day] pracowity; [schedule] napięty; [office, street] tętniący życiem; [telephone, line] zajęty • **to be busy doing sthg** być zajętym robieniem czegoś.

busy signal *n* US sygnał *m* zajęty.

but [bʌt] <> *conj* ale. <> *prep* tylko nie • **the last but one** przedostatni; **but for** gdyby nie; **nothing but trouble** nic, tylko same kłopoty.

butcher ['bʊtʃəʳ] *n* rzeźnik *m*, rzeźniczka *f* • **butcher's** [shop] sklep *m* mięsny.

butt [bʌt] *n* [of rifle] kolba *f*; [of cigarette, cigar] niedopałek *m*.

butter ['bʌtəʳ] <> *n* masło *n*. <> *vt* smarować/posmarować masłem.

butter bean *n* fasola *f* jaś.

buttercup ['bʌtəkʌp] *n* jaskier *m*.

butterfly ['bʌtəflaɪ] *n* [insect] motyl *m*; [swimming stroke] styl *m* motylkowy.

butterscotch ['bʌtəskɒtʃ] *n* karmel *m*.

buttocks *npl* pośladki *mpl*.

button ['bʌtn] *n* [on clothing] guzik *m*; [on machine] przycisk *m*; US [badge] znaczek *m*.

buttonhole ['bʌtnhəʊl] *n* [hole] dziurka *f* od guzika.

button mushroom *n* młoda pieczarka *f*.

buttress ['bʌtrɪs] *n* przypora *f*.

buy [baɪ] (*pt&pp* **bought**) <> *vt* kupować/kupić. <> *n* : **a good buy** dobry zakup *m* • **to buy sthg for sb, to buy sb sthg** kupić coś komuś.

buzz [bʌz] <> *vi* brzęczeć. <> *n*

inf [phone call] : **to give sb a buzz** zadzwonić do kogoś.

buzzer ['bʌzəʳ] *n* brzęczyk *m*.

by [baɪ] <> *prep* **-1.** [expressing cause, agent] przez ; **he was hit by a car** został potrącony przez samochód; **funded by the government** finansowany ze środków publicznych. **-2.** [expressing method, means] : **by car** samochodem; **to pay by credit card** płacić kartą kredytową; **to win by cheating** wygrać dzięki oszukiwaniu; **to hold sb by the hand** trzymać kogoś za rękę. **-3.** [near to, beside] koło ; **by the sea** nad morzem. **-4.** [past] obok ; **a car went by the house** samochód minął dom. **-5.** [via] przez ; **exit by the door on the left** wyjście drzwiami po lewej stronie. **-6.** [with time] do ; **be there by nine** bądź tam przed dziewiątą; **by day** w dzień; **by night** nocą; **by now** do teraz. **-7.** [expressing quantity] : **sold by the dozen** sprzedawany na tuziny; **prices fell by 20%** ceny spadły o 20%; **we charge by the hour** pobieramy opłatę za każdą godzinę. **-8.** [expressing authorship] : **a play by Shakespeare** sztuka Szekspira. **-9.** [expressing meaning] przez ; **what do you mean by that?** co przez to rozumiesz? **-10.** [in division, multiplication] przez ; **two metres by five** dwa metry na pięć. **-11.** [according to] zgodnie z ; **by law** zgodnie z prawem; **it's fine by me** jeśli chodzi o mnie, to wszystko w porządku. **-12.** [expressing gradual process] po ; **one by one** jeden po drugim; **day by day** dzień po dniu. **-13.** [in phrases] : **by mistake** przez pomyłkę; **by oneself** [alone, unaided] sam; **by profession** z

zawodu. <> *adv* [past] : **to go by** przejść (obok) *(kogoś, czegoś).*
bye (-bye) *excl inf* pa, pa!
bypass ['baɪpɑːs] *n* [road] obwodnica *f.*

C

C [siː] *(abbr of* Celsius, centigrade) C.
cab [kæb] *n* [taxi] taksówka *f;* [of lorry] szoferka *f.*
cabaret ['kæbəreɪ] *n* [show] kabaret *m.*
cabbage ['kæbɪdʒ] *n* kapusta *f.*
cabin ['kæbɪn] *n* [on ship] kajuta *f;* [of plane] kabina *f;* [wooden house] chata *f.*
cabin crew *n* obsługa *f* kabiny pasażerskiej.
cabinet ['kæbɪnɪt] *n* [cupboard] szafka *f;* POL Rada *f* Ministrów.
cable ['keɪbl] *n* [rope] lina *f;* [electrical] kabel *m.*
cable car *n* kolejka *f* linowa.
cable television *n* telewizja *f* kablowa.
cactus ['kæktəs] *(pl* **-tuses** OR *pl* **-ti** [-taɪ]) *n* kaktus *m.*
Caesar salad *n* sałatka z sałaty, oliwek, anchois, grzanek i parmezanu.
cafe ['kæfeɪ] *n* kawiarnia *f.*
cafeteria ['kæfɪ'tɪərɪə] *n* stołówka *f.*
cafetière [kæf'tjeəʳ] *n* ekspres *m* do kawy.

caffeine ['kæfiːn] *n* kofeina *f.*
cage [keɪdʒ] *n* klatka *f.*
cagoule [kə'guːl] *n* UK skafander *m.*
Cajun ['keɪdʒən] *adj* dotyczący kultury i języka Akadyjczyków, potomków francuskich osadników zamieszkujących obecnie południowo-zachodni teren Luizjany.
cake [keɪk] *n* [large] ciasto *n;* [small] ciastko *n;* [savoury] : **potato cake** krokiet *m;* **fish cake** kotlecik *m* rybny; [of soap] kostka *f.*
calculate ['kælkjuleɪt] *vt* [number, total] obliczać/obliczyć; [risks, effect] oceniać/ocenić.
calculator ['kælkjuleɪtəʳ] *n* kalkulator *m.*
calendar ['kælɪndəʳ] *n* kalendarz *m.*
calf [kɑːf] *(pl* calves [kɑːvz]) *n* [of cow] cielę *n;* [part of leg] łydka *f.*
call [kɔːl] <> *n* [visit] wizyta *f;* [phone call] rozmowa *f;* [of bird] głos *m;* [at airport] wezwanie *n;* [at hotel] : **wake-up call** budzenie *n* telefoniczne. <> *vt* [name] nadawać/nadać imię; [say loudly] wołać/zawołać; [summon] wzywać/wezwać; [telephone] dzwonić/zadzwonić; [describe as] nazywać/nazwać; [meeting] zwoływać/zwołać; [flight] zapowiadać/zapowiedzieć. <> *vi* [visit] wstępować/wstąpić; [phone] dzwonić/zadzwonić • **to be called** nazywać się; **what is he called?** jak on się nazywa?; **on call** [nurse, doctor] na dyżurze; **to pay sb a call** składać komuś wizytę; **this train calls at ...** ten pociąg zatrzymuje się w...; **who's calling?** kto dzwoni? ◆ **call back** <> *vt sep* oddzwaniać/oddzwonić. <> *vi* [phone again] oddzwaniać/od-

dzwonić jeszcze raz; [visit again] przychodzić/przyjść jeszcze raz. ◆ **call for** ⬦ *vt insep* [come to fetch] zgłaszać/zgłosić się po; [demand] wzywać/wezwać; [require] wymagać. ◆ **call on** ⬦ *vt insep* [visit] odwiedzać/odwiedzić • **to call sb to do sthg** [ask] zaapelować do kogoś o zrobienie czegoś. ◆ **call out** ⬦ *vt sep* [name, winner] wywoływać/wywołać; [doctor, fire brigade] wzywać/wezwać. ⬦ *vi* krzyczeć/krzyknąć. ◆ **call up** ⬦ *vt sep* MIL powoływać/powołać (do wojska); [telephone] dzwonić/zadzwonić.

call box *n* budka *f* telefoniczna.

caller ['kɔːlə'] *n* [visitor] gość *m*; [on phone] osoba *f* dzwoniąca.

calm [kɑːm] ⬦ *adj* [person, sea] spokojny; [weather, day] bezwietrzny. ⬦ *vt* uspokajać/uspokoić. ◆ **calm down** ⬦ *vt sep* uspokajać/uspokoić. ⬦ *vi* uspokajać/uspokoić się.

Calor gas® ['kælə'-] *n* butan *m*.

calorie ['kælərɪ] *n* kaloria *f*.

calves [kɑːvz] *pl* ⊳ **calf**.

camcorder ['kæmˌkɔːdə'] *n* przenośna kamera *f* wideo z magnetowidem.

came [keɪm] *pt* ⊳ **come**.

camel ['kæml] *n* wielbłąd *m*, wielbłądzica *f*.

camembert *n* camembert *m*.

camera ['kæmərə] *n* [for photographs] aparat *m* fotograficzny; [for filming] kamera *f*.

cameraman ['kæmərəmæn] (*pl* -men [-men]) *n* operator *m*, -ka *f*.

camera shop *n* sklep *m* fotograficzny.

camisole ['kæmɪsəʊl] *n* krótka koszulka *f* na ramiączkach.

camp [kæmp] ⬦ *n* obóz *m*. ⬦ *vi* biwakować.

campaign [kæm'peɪn] ⬦ *n* [electoral, advertising *etc*] kampania *f*. ⬦ *vi* : **to campaign (for/against)** prowadzić kampanię (na rzecz/przeciwko).

camp bed *n* łóżko *n* polowe.

camper ['kæmpə'] *n* [person] obozowicz *m*, -ka *f*; [van] samochód *m* kempingowy.

camping ['kæmpɪŋ] *n* : **to go camping** wyjechać pod namiot.

camping stove *n* kuchenka *f* turystyczna.

campsite ['kæmpsaɪt] *n* kemping *m*.

campus ['kæmpəs] (*pl* -es) *n* kampus *m*.

can[1] *n* [of food, drink, paint] puszka *f*; [of oil] kanister *m*.

can[2] (*conditional* **could**) *aux vb* -1. [be able to] móc ; **can you help me?** czy możesz mi pomóc?; **I can see you** widzę cię. -2. [know how to] umieć ; **can you drive?** czy umiesz prowadzić samochód?; **I can speak Spanish** umiem mówić po hiszpańsku. -3. [be allowed to] móc ; **you can't smoke here** nie można tutaj palić. -4. [in polite requests] móc ; **can you tell me the time?** czy może mi Pan/Pani powiedzieć, która jest godzina?; **can I speak to the manager?** czy mogę rozmawiać z kierownikiem? -5. [expressing occasional occurrence] móc ; **it can get cold at night** może być zimno w nocy. -6. [expressing possibility] móc ; **they could be lost** mogli się zgubić.

Canada ['kænədə] *n* Kanada *f*.

Canadian [kə'neɪdjən] ⬦ *adj*

kanadyjski. <> *n* Kanadyjczyk *m*, Kanadyjka *f*.

canal [kə'næl] *n* kanał *m*.

canapé ['kænəpeɪ] *n* mała kanapka *f*.

cancel ['kænsl] *vt* [booking, flight, meeting] odwoływać/odwołać; [cheque] unieważniać/unieważnić.

cancellation ['kænsə'leɪʃn] *n* [of booking, event, flight] odwołanie *n*; [of tickets] zwrot *m*.

cancer *n* rak *m*.

Cancer *n* Rak *m*.

candidate ['kændɪdət] *n* [for parliament, job] kandydat *m*, -ka *f*; [in exam] osoba *f* zdająca.

candle ['kændl] *n* świeczka *f*.

candlelit dinner *n* kolacja *f* przy świecach.

candy ['kændɪ] *n* US [confectionery] słodycze *fpl*; [sweet] cukierek *m*.

candyfloss ['kændɪflɒs] *n* UK wata *f* cukrowa.

cane [keɪn] *n* [for walking] laska *f*; [for furniture, baskets, punishment] trzcina *f*.

canister ['kænɪstər] *n* [for tea] puszka *f*; [for gas] kanister *m*.

cannabis ['kænəbɪs] *n* haszysz *m*.

canned [kænd] *adj* [food] konserwowy; [drink] w puszce.

cannon ['kænən] *n* armata *f*.

cannot ['kænɒt] = can not.

canoe [kə'nuː] *n* kajak *m*.

canoeing [kə'nuːɪŋ] *n* kajakarstwo *n*.

canopy ['kænəpɪ] *n* [over bed *etc*] baldachim *m*.

can't [kɑːnt] = cannot.

canteen [kæn'tiːn] *n* [at school, workplace] stołówka *f*.

canvas ['kænvəs] *n* [for tent, bag] grube płótno *n*.

cap *n* [hat] czapka *f*; [of pen] skuwka *f*; [of bottle] kapsel *m*; [contraceptive] kapturek *m*.

capable ['keɪpəbl] *adj* [competent] kompetentny • **to be capable of doing sthg** być w stanie coś zrobić.

capacity [kə'pæsɪtɪ] *n* [ability] zdolność *f*; [of stadium, theatre] pojemność *f*.

cape [keɪp] *n* [of land] przylądek *m*; [cloak] peleryna *f*.

capers *npl* CULIN kapary *mpl*.

capital ['kæpɪtl] *n* [of country] stolica *f*; [money] kapitał *m*; [letter] wielka litera *f*.

capital punishment *n* kara *f* śmierci.

cappuccino ['kæpʊ'tʃiːnəʊ] (*pl* -s) *n* cappuccino *n*.

capsicum ['kæpsɪkəm] *n* papryka *f*.

capsize [kæp'saɪz] *vi* wywracać/wywrócić się *(dnem do góry)*.

capsule ['kæpsjuːl] *n* [for medicine] kapsułka *f*.

captain ['kæptɪn] *n* kapitan *m*.

caption ['kæpʃn] *n* podpis *m*.

capture ['kæptʃər] *vt* [person, animal] chwytać/schwytać; [town, castle] zdobywać/zdobyć.

car [kɑːr] *n* [motorcar] samochód *m*; [railway wagon] wagon *m*.

carafe [kə'ræf] *n* karafka *f*.

caramel ['kærəmel] *n* [sweet] toffi *n*; [burnt sugar] karmel *m*.

carat ['kærət] *n* karat *m* • **24-carat gold** dwudziestoczterokaratowe złoto *n*.

caravan ['kærəvæn] *n* UK przyczepa *f* kempingowa.

caravanning ['kærəvænɪŋ] *n* UK

: **to go caravanning** wyjechać na wakacje z przyczepą.

caravan site n UK pole n kempingowe.

carbohydrate ['kɑːbəʊ'haɪdreɪt] n [in foods] węglowodan m.

carbon ['kɑːbən] n węgiel m.

carbon dioxide n dwutlenek m węgla.

carbon monoxide n tlenek m węgla.

car boot sale n UK sprzedaż rzeczy używanych z bagażnika samochodu.

carburetor US = carburettor.

carburettor ['kɑːbə'retəʳ] n UK gaźnik m.

car crash n wypadek m samochodowy.

card [kɑːd] n [for filing, notes, greetings, postcard] kartka f; [of membership] legitymacja f; [of business] wizytówka f; [playing card] karta f; [cardboard] tektura f • **cards** [game] karty fpl.

cardboard ['kɑːdbɔːd] n tektura f.

car deck n [on ferry] pokład m samochodowy.

cardiac arrest n zatrzymanie n akcji serca.

cardigan ['kɑːdɪɡən] n sweter m rozpinany.

care [keəʳ] <> n [attention] staranność f; [by doctor] opieka f; [of skin] pielęgnacja f. <> vi [mind] obchodzić • **to take care of** [look after] opiekować/zaopiekować się; [deal with] zajmować/zająć się; **would you care to ...?** fml czy ma Pan/Pani ochotę na...?; **to take care to do sthg** postarać się coś zrobić; **take care!** [goodbye] trzymaj się!; **with care** ostrożnie; **to care about** [think

important] przejmować się; [person] troszczyć się.

career [kə'rɪəʳ] n [type of job] zawód m; [professional life] kariera f zawodowa.

carefree ['keəfriː] adj beztroski.

careful ['keəfʊl] adj [cautious] ostrożny; [thorough] staranny • **be careful!** uważaj!

carefully ['keəflɪ] adv [cautiously] ostrożnie; [thoroughly] starannie.

careless ['keəlɪs] adj [inattentive] nieuważny; [unconcerned] beztroski.

caretaker ['keə'teɪkəʳ] n UK [of school, flats] dozorca m, dozorczyni f.

car ferry n prom m samochodowy.

cargo ['kɑːɡəʊ] (pl -es OR pl -s) n ładunek m.

car hire n UK wynajem m samochodów.

Caribbean [UK kærɪ'biːən, US kə'rɪbɪən] n : **the Caribbean** Karaiby pl.

caring ['keərɪŋ] adj troskliwy.

carnation [kɑː'neɪʃn] n goździk m.

carnival ['kɑːnɪvl] n karnawał m.

carousel ['kærə'sel] n [for luggage] taśmociąg f bagażowy; US [merry-go-round] karuzela f.

carp [kɑːp] n karp m.

car park n UK parking m.

carpenter ['kɑːpəntəʳ] n stolarz m.

carpentry ['kɑːpəntrɪ] n stolarstwo n.

carpet ['kɑːpɪt] n dywan m.

car rental n US wynajem m samochodów.

carriage ['kærɪdʒ] n UK [of train] wagon m; [horse-drawn] kareta f.

carriageway ['kærɪdʒweɪ] *n UK* jezdnia *m*.

carrier ['kærɪəʳ] *n* [bag] reklamówka *f*.

carrot ['kærət] *n* marchew *f*.

carrot cake *n* ciasto *n* marchewkowe.

carry ['kærɪ] <> *vt* [bear] nieść/zanieść; [transport] przewozić/przewieźć; [disease] przenosić/przenieść; [cash, passport, map] nosić/nieść przy sobie; [support] dźwigać/udźwignąć. <> *vi* [voice, sound] nieść/roznieść się. ← **carry on** <> *vi* [continue] kontynuować. <> *vt insep* [continue] kontynuować; [conduct] prowadzić/przeprowadzić • **to carry doing sthg** nie przerywać czegoś. ← **carry out** <> *vt sep* [investigation, experiment] przeprowadzać/przeprowadzić; [plan, repairs] wykonywać/wykonać; [promise] spełniać/spełnić; [order] wykonywać/wykonać.

carrycot ['kærɪkɒt] *n UK* przenośne łóżeczko *n* dla niemowląt.

carryout ['kærɪaʊt] *n* danie *n* na wynos.

carsick ['kɑːsɪk] *adj* : **to be carsick** cierpieć na chorobę lokomocyjną.

cart [kɑːt] *n* [for transport] wóz *m*; *US* [in supermarket] wózek *m*; *inf* [video game cartridge] kaseta *f* zewnętrzna.

carton ['kɑːtn] *n* karton *m*.

cartoon [kɑː'tuːn] *n* [drawing] rysunek *m* satyryczny; [film] kreskówka *f*.

cartridge ['kɑːtrɪdʒ] *n* nabój *m*.

carve [kɑːv] *vt* [wood, stone] rzeźbić/wyrzeźbić; [meat] kroić/pokroić.

carvery ['kɑːvərɪ] *n restauracja,*

gdzie mięso kroi się na oczach klientów.

car wash *n* myjnia *f* samochodowa.

case [keɪs] *n UK* [suitcase] walizka *f*; [for glasses] etui *n*; [for jewellery] kasetka *f*; [instance, patient] przypadek *m*; [LAW trial] sprawa *f* • **in any case** [besides] w każdym razie; **in case** na wypadek; **in case of** w razie; **(just) in case** na wszelki wypadek; **in that case** w takim razie.

cash [kæʃ] <> *n* [coins, notes] gotówka *f*; [money in general] pieniądze *mpl*. <> *vt* : **to cash a cheque** zrealizować czek • **to pay cash** płacić gotówką.

cash desk *n* kasa *f*.

cash dispenser *n* bankomat *m*.

cashew (nut) *n* orzech *m* nerkowca.

cashier [kæ'ʃɪəʳ] *n* kasjer *m*, -ka *f*.

cashmere [kæʃ'mɪəʳ] *n* kaszmir *m*.

cashpoint ['kæʃpɔɪnt] *n UK* bankomat *m*.

cash register *n* kasa *f* fiskalna.

casino [kə'siːnəʊ] *(pl -s)* *n* kasyno *n*.

cask [kɑːsk] *n* beczka *f*.

cask-conditioned *adj* [beer] *określenie piwa beczkowego, które nie podlega filtrowaniu ani pasteryzacji, lecz jest fermentowane wtórnie w piwnicy pubu.*

casserole ['kæsərəʊl] *n* [with chicken, veal] potrawka *f*; [with beef, pork] mięso *n* duszone z jarzynami • **casserole(dish)** naczynie *n* żaroodporne.

cassette [kæ'set] *n* kaseta *f*.

cassette recorder *n* magnetofon *m* kasetowy.

cast [kɑːst] *(pt & pp cast)* <> *n*

[actors] obsada *f*; [for broken bone] gips *m*. <> *vt* [shadow, light, look] rzucać/rzucić; [vote] oddawać/oddać głos • **to cast doubt on** poddawać w wątpliwość. **cast off** <> *vi* [boat, ship] oddawać/oddać cumy.

caster ['kɑːstə'] *n* [wheel] kółko *n*.

caster sugar *n UK* drobny cukier *m* do pieczenia.

castle ['kɑːsl] *n* [building] zamek *m*; [in chess] wieża *f*.

casual ['kæʒʊəl] *adj* [relaxed] na luzie; [offhand] niedbały; [clothes] codzienny • **casualwork** praca *f* dorywcza.

casualty ['kæʒjʊəltɪ] *n* ofiara *f* • **casualty (ward)** oddział *m* urazowy.

cat [kæt] *n* kot *m*.

catalog *US* = catalogue.

catalogue ['kætəlɒg] *n* [of products, books] katalog *m*.

catapult ['kætəpʌlt] *n* proca *f*.

cataract ['kætərækt] *n* [in eye] katarakta *f*.

catarrh [kə'tɑː'] *n* katar *m*.

catastrophe [kə'tæstrəfɪ] *n* katastrofa *f*.

catch [kætʃ] (*pt & pp* **caught**) <> *vt* łapać/złapać; [surprise] przyłapać; [illness] zarażać/zarazić się; [hear] dosłyszeć; [attract] przyciągać/przyciągnąć; pobudzać/pobudzić. <> *vi* [become hooked] zahaczać/zahaczyć się. <> *n* [of window, door] zatrzask *m*; [snag] haczyk *m*. **catch up** <> *vt* doganiać/dogonić. <> *vi* : **to catch up (with)** doganiać/dogonić.

catching ['kætʃɪŋ] *adj inf* zaraźliwy.

category ['kætəgərɪ] *n* kategoria *f*.

cater ['keɪtə'] *vt insep* -1. [needs]

UK : **cater for** zaspokajać/zaspokoić ; [tastes] zadowalać/zadowolić . -2. [anticipate] przewidywać/przewidzieć.

caterpillar ['kætəpɪlə'] *n* gąsienica *f*.

cathedral [kə'θiːdrəl] *n* katedra *f*.

Catholic ['kæθlɪk] <> *adj* katolicki. <> *n* katolik *m*, katoliczka *f*.

Catseyes® *npl UK* kocie oczy *npl*.

cattle ['kætl] *npl* bydło *n*.

cattle grid *n* przeszkoda dla bydła *w postaci rowu przykrytego metalową kratą.*

caught [kɔːt] *pt & pp* ▷ catch.

cauliflower ['kɒlɪˈflaʊə'] *n* kalafior *m*.

cauliflower cheese *n kalafior zapiekany w sosie beszamelowym z serem.*

cause [kɔːz] <> *n* [reason, justification] powód *m*; [principle, aim] sprawa *f*. <> *vt* powodować/spowodować • **to cause sb to do sthg** skłonić kogoś do zrobienia czegoś.

causeway ['kɔːzweɪ] *n* droga *f* na nasypie.

caustic soda *n* soda *f* kaustyczna.

caution ['kɔːʃn] *n* [care] ostrożność *f*; [warning] przestroga *f*.

cautious ['kɔːʃəs] *adj* ostrożny.

cave [keɪv] *n* jaskinia *f*. **cave in** *vi* [roof, ceiling] zapadać/zapaść się.

caviar(e) *n* kawior *m*.

cavity ['kævətɪ] *n* [in tooth] ubytek *m*.

CD *n* (*abbr of* **compact disc**) płyta *f* kompaktowa.

CDI *n* (*abbr of* **compact disc inter-**

active) dysk *m* kompaktowy interaktywny.

CD player *n* odtwarzacz *m* płyt kompaktowych.

cease [si:s] <> *vt fml* zaprzestawać/zaprzestać. <> *vi fml* ustawać/ustać.

ceasefire ['si:s'faɪəʳ] *n* zawieszenie *n* broni.

ceiling ['si:lɪŋ] *n* sufit *m*.

celebrate ['selɪbreɪt] <> *vt* [birthday] obchodzić; [victory] świętować; [Mass] odprawiać/odprawić. <> *vi* świętować.

celebration [selɪ'breɪʃn] *n* [event] uroczystość *f*. **celebrations** *npl* [festivities] obchody *pl*.

celebrity [sɪ'lebrətɪ] *n* [person] znakomitość *f*.

celeriac [sɪ'lerɪæk] *n* seler *m*.

celery ['selərɪ] *n* seler *m* naciowy.

cell [sel] *n* [of plant, body] komórka *f*; [in prison] cela *f*.

cellar ['seləʳ] *n* piwnica *f*.

cello ['tʃeləʊ] (*pl* -s) *n* wiolonczela *f*.

Cellophane® ['seləfeɪn] *n* celofan *m*.

Celsius ['selsɪəs] *adj* w skali Celsjusza.

cement [sɪ'ment] *n* cement *m*.

cement mixer *n* betoniarka *f*.

cemetery ['semɪtrɪ] *n* cmentarz *m*.

cent [sent] *n US* cent *m*.

center *US* = **centre**.

centigrade ['sentɪgreɪd] *adj* w skali Celsjusza.

centimetre ['sentɪ'mi:təʳ] *n* centymetr *m*.

centipede ['sentɪpi:d] *n* stonoga *f*.

central ['sentrəl] *adj* [in the middle] środkowy; [near town centre] położony centralnie.

central heating *n* centralne ogrzewanie *n*.

central locking *n* zamek *m* centralny.

central reservation *n UK* pas *m* zieleni.

centre ['sentəʳ] <> *n UK* [middle] środek *m*; [building] ośrodek *m*. <> *adj UK* [middle] środkowy • **the centre of attention** centrum uwagi.

century ['sentʃʊrɪ] *n* stulecie *n*.

ceramic [sɪ'ræmɪk] *adj* ceramiczny. **ceramics** *npl* ceramika *f*.

cereal ['sɪərɪəl] *n* [breakfast food] płatki *mpl* śniadaniowe.

ceremony [*UK* 'serɪmənɪ, *US* 'serəməʊnɪ] *n* ceremonia *f*.

certain ['sɜ:tn] *adj* [sure] pewny; [particular] pewien • **to be certain to do sthg** na pewno coś zrobić; **to be certain of sthg** być pewnym czegoś; **to make certain (that)** upewnić się, (że).

certainly ['sɜ:tnlɪ] *adv* [without doubt] z pewnością; [of course] oczywiście.

certificate [sə'tɪfɪkət] *n* świadectwo *n*.

certify ['sɜ:tɪfaɪ] *vt* [declare true] poświadczać/poświadczyć.

chain [tʃeɪn] <> *n* [of metal] łańcuch *m*; [of shops] sieć *f*; [of islands] archipelag *m*; [of mountains] łańcuch *m*. <> *vt* : **to chain sthg to sthg** przymocować coś łańcuchem do czegoś.

chain store *n* sklep *m* sieci handlowej.

chair [tʃeəʳ] <> *n* [seat] krzesło *n*; [person] przewodniczący *m*, prze-

wodnicząca *f.* <> *vt* [meeting] przewodniczyć.

chair lift *n* wyciąg *m* krzesełkowy.

chairman ['tʃeəmən] (*pl* -men [-mən]) *n* przewodniczący *m*.

chairperson ['tʃeə'pɜːsn] *n* osoba *f* przewodnicząca.

chairwoman ['tʃeə'wʊmən] (*pl* -women [-'wɪmɪn]) *n* przewodnicząca *f.*

chalet ['ʃæleɪ] *n* [small house] dom *m* w stylu alpejskim; [at holiday camp] domek *m* letniskowy.

chalk [tʃɔːk] *n* kreda *f* • **a piece of chalk** kawałek kredy.

chalkboard ['tʃɔːkbɔːd] *n* US tablica *f* szkolna.

challenge ['tʃælɪndʒ] <> *n* wyzwanie *n.* <> *vt* [question] kwestionować/zakwestionować • **to challenge sb (to sthg)** [to fight, competition] wyzwać kogoś do zrobienia czegoś.

chamber ['tʃeɪmbəʳ] *n* komnata *f.*

chambermaid ['tʃeɪmbəmeɪd] *n* pokojówka *f.*

chamber music *n* muzyka *f* kameralna.

champagne ['ʃæm'peɪn] *n* szampan *m.*

champion ['tʃæmpjən] *n* [of competition] mistrz *m*, mistrzyni *f.*

championship ['tʃæmpjənʃɪp] *n* mistrzostwo *n.*

chance [tʃɑːns] <> *n* [luck] traf *m*; [possibility] szansa *f*; [opportunity] okazja *f.* <> *vt* : **to chance it** *inf* zaryzykować • **to take a chance** podjąć ryzyko; **by chance** przypadkiem; **on the off chance** na wszelki wypadek.

Chancellor of the Exchequer *n* UK ≃ minister *m* finansów.

chandelier ['ʃændə'lɪəʳ] *n* żyrandol *m.*

change [tʃeɪndʒ] <> *n* [alteration] zmiana *f*; [money received back] reszta *f*; [coins] drobne *pl.* <> *vt* zmieniać/zmienić; [exchange] wymieniać/wymienić. <> *vi* [become different] zmieniać/zmienić się; [on bus, train] przesiadać/przesiąść się; [change clothes] przebierać/przebrać się • **a change of clothes** ubranie na zmianę; **do you have change for a pound?** czy możesz mi rozmienić funta?; **for a change** dla odmiany; **to get changed** przebrać się; **to change money** rozmienić pieniądze; **to change a nappy** zmienić pieluchę; **to change a wheel** zmienić koło; **to change trains/planes** przesiąść się na inny pociąg/samolot; **all change!** [on train] wszyscy wysiadać!

changeable ['tʃeɪndʒəbl] *adj* [weather] zmienny.

change machine *n* automat *m* do rozmieniania pieniędzy.

changing room *n* [for sport] szatnia *f*; [in shop] przymierzalnia *f.*

channel ['tʃænl] *n* [on TV, in sea] kanał *m*; [on radio] pasmo *n* • **the (English) Channel** kanał La Manche.

Channel Islands *npl* : **the Channel Islands** Wyspy Normandzkie.

Channel Tunnel *n* : **the Channel Tunnel** tunel *m* pod kanałem La Manche.

chant [tʃɑːnt] *vt* RELIG recytować śpiewnie; [words, slogan] skandować.

chaos ['keɪɒs] *n* chaos *m.*

chaotic [keɪ'ɒtɪk] *adj* chaotyczny.

chap [tʃæp] *n UK inf* facet *m*.

chapatti [tʃə'pætɪ] *n rodzaj cienkiego chleba indyjskiego*.

chapel ['tʃæpl] *n* [at hospital, prison, airport, part of church] kaplica *f*; [church] kościół *m* nonkonformistyczny.

chapped [tʃæpt] *adj* spierzchnięty.

chapter ['tʃæptə'] *n* rozdział *m*.

character ['kærəktə'] *n* charakter *m*; [in film, book, play] postać *f*; *inf* [person, individual] typ *m*; [letter] znak *m*.

characteristic ['kærəktə'rɪstɪk] <> *adj* charakterystyczny. <> *n* cecha *f*.

charcoal ['tʃɑːkəʊl] *n* [for barbecue] węgiel *m* drzewny.

charge [tʃɑːdʒ] <> *n* [price] opłata *f*; LAW zarzut *m*. <> *vt* [money] pobierać/pobrać; [customer] policzyć; LAW oskarżać/oskarżyć; [battery] ładować/naładować. <> *vi* [ask money] pobierać/pobrać opłatę; [rush] : **to charge into the room** wpaść do pokoju; **to charge ahead** pędzić przed siebie • **to be in charge (of)** odpowiadać za; **to take charge (of)** przejąć kontrolę; **free of charge** bezpłatny; **there is no charge for service** obsługa jest bezpłatna.

chargrilled *adj grillowany szybko w bardzo wysokiej temperaturze (charakterystyczne osmalenie potraw)*.

charity ['tʃærətɪ] *n* [organization] organizacja *f* charytatywna • **to give to charity** dawać na cele dobroczynne.

charity shop *n sklep z rzeczami używanymi, z których dochód przeznacza się na cele charytatywne*.

charm [tʃɑːm] <> *n* [attractiveness] urok *m*. <> *vt* oczarowywać/oczarować.

charming ['tʃɑːmɪŋ] *adj* uroczy.

chart [tʃɑːt] *n* [diagram] wykres *m* • **the charts** lista *f* przebojów.

chartered accountant *n* dyplomowany księgowy *m*, dyplomowana księgowa *f*.

charter flight *n* lot *m* czarterowy.

chase [tʃeɪs] <> *n* pogoń *f*. <> *vt* [pursue] gonić.

chat [tʃæt] <> *n* pogawędka *f*. <> *vi* pogadać • **to have a chat (with)** uciąć sobie pogawędkę (z). **chat up** <> *vt sep UK inf* podrywać/poderwać.

château *n* zamek *m*.

chat show *n UK* talk show *m*.

chatty ['tʃætɪ] *adj* [person] gadatliwy; [letter] gawędziarski.

chauffeur ['ʃəʊfə'] *n* szofer *m*.

cheap [tʃiːp] *adj* [inexpensive] tani; *pej* [low-quality] tandetny.

cheap day return *n UK tani kolejowy bilet powrotny ważny przez jeden dzień*.

cheaply ['tʃiːplɪ] *adv* tanio.

cheat [tʃiːt] <> *n* oszust *m*, -ka *f*. <> *vi* oszukiwać/oszukać. <> *vt* : **to cheat sb (out of sthg)** wyłudzać/wyłudzić coś od kogoś.

check [tʃek] <> *n* [inspection] kontrola *f*; *US* [bill] rachunek *m*; *US* [tick] ptaszek *m*; *US* = **cheque**. <> *vt* [inspect, verify] sprawdzać/sprawdzić. <> *vi* [with person] konsultować/konsultować się; [on sthg] kontrolować/skontrolować • **to check for sthg** szukać czegoś. **check in** <> *vt sep* [luggage] zgłaszać/zgłosić do odprawy. <> *vi* [at hotel] meldować/

zameldować się; [at airport] zgła-
szać/zgłosić się do odprawy.
check off <> vt sep odha-
czać/odhaczyć. **check out**
<> vi wymeldowywać/wymel-
dować się z hotelu. **check
up** <> vi : to check (on) spraw-
dzać/sprawdzić.

checked [tʃekt] adj w kratkę.

checkers ['tʃekəz] n US warcaby
pl.

check-in desk n punkt m odpraw.

checkout ['tʃekaʊt] n kasa f.

checkpoint ['tʃekpɔɪnt] n punkt
m kontroli granicznej.

checkroom ['tʃekrʊm] n US
[cloakroom] szatnia f.

checkup ['tʃekʌp] n badanie n
kontrolne.

cheddar (cheese) n ser m
cheddar.

cheek [tʃiːk] n [of face] policzek m
• what a cheek! co za tupet!

cheeky ['tʃiːkɪ] adj bezczelny.

cheer [tʃɪəʳ] <> n wiwat m.
<> vi wiwatować.

cheerful ['tʃɪəfʊl] adj [person]
pogodny; [music, colour] radosny.

cheerio ['tʃɪərɪ'əʊ] excl UK inf
cześć! (na pożegnanie).

cheers [tʃɪəz] excl [when drinking]
na zdrowie!; UK inf [thank you]
dzięki!

cheese [tʃiːz] n ser m.

cheeseboard ['tʃiːzbɔːd] n
[cheese and biscuits] wybór m
serów.

cheeseburger ['tʃiːz'bɜːgəʳ] n
cheeseburger m.

cheesecake ['tʃiːzkeɪk] n sernik
m.

chef [ʃef] n szef m kuchni.

chef's special n specjalność f
szefa kuchni.

chemical ['kemɪkl] <> adj chemiczny. <> n substancja f chemiczna.

chemist ['kemɪst] n UK [pharma-
cist] aptekarz m, aptekarka f;
[scientist] chemik m, chemiczka f
• chemist's UK [shop] apteka.

chemistry ['kemɪstrɪ] n [science]
chemia f.

cheque [tʃek] n UK czek m • to
pay by cheque płacić czekiem.

chequebook ['tʃekbʊk] n książeczka f czekowa.

cheque card n karta f czekowa.

cherry ['tʃerɪ] n [fruit] czereśnia f.

chess [tʃes] n szachy pl.

chest [tʃest] n [of body] klatka f
piersiowa; [box] skrzynia f.

chestnut ['tʃesnʌt] <> n [nut]
kasztan m. <> adj [colour] kasztanowy.

chest of drawers n komoda f.

chew [tʃuː] vt [food] żuć.

chewing gum ['tʃuːɪŋ-] n guma f
do żucia.

chic [ʃiːk] adj szykowny.

chicken ['tʃɪkɪn] n [bird] kura f;
[meat] kurczak m.

chicken breast n pierś f kurczaka.

chickenpox ['tʃɪkɪnpɒks] n ospa f
wietrzna.

chickpea ['tʃɪkpiː] n cieciorka f.

chicory ['tʃɪkərɪ] n cykoria f.

chief [tʃiːf] <> adj główny. <> n
[person in charge] szef m, -owa f;
[of tribe] wódz m.

chiefly ['tʃiːflɪ] adv [mainly] głównie; [especially] przede wszystkim.

child [tʃaɪld] (*pl* **children**) *n* dziecko *n*.

child abuse *n* maltretowanie *n* dziecka.

child benefit *n* UK zasiłek *m* rodzinny.

childhood ['tʃaɪldhʊd] *n* dzieciństwo *n*.

childish ['tʃaɪldɪʃ] *adj pej* [immature] dziecinny.

childminder ['tʃaɪld'maɪndə'] *n* UK opiekun *m*, -ka *f* do dzieci.

children ['tʃɪldrən] *pl* ⊳ **child**.

childrenswear *n* ubrania *npl* dla dzieci.

child seat *n* [in car] fotelik *m* dla dziecka.

Chile ['tʃɪlɪ] *n* Chile *n*.

chill [tʃɪl] ⟨⟩ *n* [illness] przeziębienie *n*. ⟨⟩ *vt* [wine, beer, orange juice] schładzać/schłodzić • **there's a chill in the air** w powietrzu czuć ziąb.

chilled *adj* schłodzony • **'serve chilled'** podawać schłodzone.

chilli ['tʃɪlɪ] (*pl* **-ies**) *n* [fresh] czerwony pieprz *m*; [dried] chili *n*; [dish] = **chilli con carne**.

chilli con carne ['tʃɪlɪkɒn'kɑːnɪ] *n fasola z duszoną wołowiną i chilli*.

chilly ['tʃɪlɪ] *adj* chłodny.

chimney ['tʃɪmnɪ] *n* komin *m*.

chimneypot ['tʃɪmnɪpɒt] *n* nasada *f* kominowa.

chimpanzee ['tʃɪmpən'ziː] *n* szympans *m*, -ica *f*.

chin [tʃɪn] *n* podbródek *m*.

china *n* [material] porcelana *f*.

China *n* Chiny *pl*.

Chinese ['tʃaɪ'niːz] ⟨⟩ *adj* chiński. ⟨⟩ *n* [language] chiński *m*. ⟨⟩ *npl* : **the Chinese** Chińczycy *mpl* • **a Chinese restaurant** chińska restauracja.

chip [tʃɪp] ⟨⟩ *n* [of stone, glass] odłamek *m*; [of wood] wiór *m*; [mark] szczerba *f*; [counter] żeton *m*; COMPUT chip *m*. ⟨⟩ *vt* wyszczerbiać/wyszczerbić. ➡ **chips** ⟨⟩ *npl* UK [French fries] frytki *fpl*; US [crisps] chipsy *mpl*.

chiropodist [kɪ'rɒpədɪst] *n* pedikiurzysta *m*, pedikiurzystka *f*.

chisel ['tʃɪzl] *n* dłuto *n*.

chives [tʃaɪvz] *npl* szczypiorek *m*.

chlorine ['klɔːriːn] *n* chlor *m*.

choc-ice *n* UK lody *pl* w polewie czekoladowej.

chocolate ['tʃɒkələt] ⟨⟩ *n* czekolada *f*. ⟨⟩ *adj* czekoladowy • **a box of chocolates** pudełko czekoladek.

chocolate biscuit *n* herbatnik *m* w czekoladzie.

choice [tʃɔɪs] ⟨⟩ *n* wybór *m*. ⟨⟩ *adj* [meat, ingredients] wyborowy • **the toppings of your choice** dodatki do wyboru.

choir ['kwaɪə'] *n* chór *m*.

choke [tʃəʊk] ⟨⟩ *n* AUT ssanie *n*. ⟨⟩ *vt* dusić/udusić. ⟨⟩ *vi* [on fishbone *etc*] dławić się; [to death] udławić się.

cholera ['kɒlərə] *n* cholera *f*.

choose [tʃuːz] (*pt* **chose**, *pp* **chosen**) *vt* & *vi* wybierać/wybrać • **to choose to do sthg** zdecydować się coś zrobić.

chop [tʃɒp] ⟨⟩ *n* [of meat] kotlet *m*. ⟨⟩ *vt* [vegetables] kroić/pokroić; [wood] rąbać/porąbać. ➡ **chop down** ⟨⟩ *vt sep* ścinać/ściąć. ➡ **chop up** ⟨⟩ *vt sep* siekać/posiekać.

chopper ['tʃɒpə'] *n inf* [helicopter] helikopter *m*.

chopping board ['tʃɒpɪŋ-] *n* deska *f* do krojenia.

choppy ['tʃɒpɪ] *adj* niespokojny.

chopsticks *npl* pałeczki *fpl*.

chop suey *n danie chińskie z siekanego mięsa wieprzowego lub drobiowego, kiełków, pędów bambusa i cebuli podawane z ryżem.*

chord [kɔːd] *n* akord *m*.

chore [tʃɔːʳ] *n* [unpleasant task] harówka *f*; [routine task] obowiązek *m*.

chorus ['kɔːrəs] *n* [part of song] refren *m*; [group of singers, dancers] chór *m*.

chose [tʃəʊz] *pt* ⊳ **choose**.

chosen ['tʃəʊzn] *pp* ⊳ **choose**.

choux pastry [ʃuː-] *n* ciasto *n* ptysiowe.

chowder ['tʃaʊdəʳ] *n zupa rybna lub z owoców morza.*

chow mein *n chińska potrawa ze smażonego makaronu, mięsa lub owoców morza i warzyw.*

Christ [kraɪst] *n* Chrystus.

christen ['krɪsn] *vt* [baby] chrzcić/ ochrzcić.

Christian ['krɪstʃən] ⋄ *adj* chrześcijański. ⋄ *n* chrześcijanin *m*, chrześcijanka *f*.

Christian name *n* imię *n* chrzestne.

Christmas ['krɪsməs] *n* Boże Narodzenie *n* • **Happy Christmas!** Wesołych Świąt!

Christmas card *n* kartka *f* świąteczna.

Christmas carol *n* kolęda *f*.

Christmas Day *n* Boże Narodzenie *n*.

Christmas Eve *n* Wigilia *f*.

Christmas pudding *n rodzaj deseru bakaliowego podawany na gorąco w Boże Narodzenie.*

Christmas tree *n* choinka *f*.

chrome [krəʊm] *n* chrom *m*.

chuck [tʃʌk] *vt inf* rzucać/rzucić. ➤ **chuck away** *vt sep* wyrzucać/wyrzucić.

chunk [tʃʌŋk] *n* [of meat, cake *etc*] kawał *m*.

church [tʃɜːtʃ] *n* kościół *m* • **to go to church** chodzić/pójść do kościoła.

churchyard ['tʃɜːtʃjɑːd] *n* cmentarz *m* przykościelny.

chute [ʃuːt] *n* [in playground, swimming pool] zjeżdżalnia *f*; [for rubbish, coal] zsyp *m*.

chutney ['tʃʌtnɪ] *n gęsty, ostry sos lub przyprawa z owoców, cukru i octu podawana do mięs i serów.*

cider ['saɪdəʳ] *n* [drink] jabłecznik *m*.

cigar [sɪˈɡɑːʳ] *n* cygaro *n*.

cigarette ['sɪɡəˈret] *n* papieros *m*.

cigarette lighter *n* zapalniczka *f*.

cinema ['sɪnəmə] *n* kino *n*.

cinnamon ['sɪnəmən] *n* cynamon *m*.

circle ['sɜːkl] ⋄ *n* [shape] koło *n*; [ring] krąg *m*; [in theatre] balkon *m*. ⋄ *vt* [draw circle around] zakreślać/zakreślić; [move round] okrążać/okrążyć. ⋄ *vi* [plane] krążyć.

circuit ['sɜːkɪt] *n* [track] tor *m*; [lap] okrążenie *n*.

circular ['sɜːkjʊləʳ] ⋄ *adj* [round] kolisty. ⋄ *n* okólnik *m*.

circulation ['sɜːkjʊˈleɪʃn] *n* [of blood] krążenie *n*; [of newspaper, magazine] nakład *m*.

circumstances *npl* okoliczności *fpl* • **in** OR **under the circumstances** w tych okolicznościach.

circus ['sɜːkəs] *n* cyrk *m*.

cistern ['sɪstən] *n* [of toilet] rezerwuar *m*.

citizen ['sɪtɪzn] *n* [of country] obywatel *m*, -ka *f*; [of town] mieszkaniec *m*, mieszkanka *f*.

city ['sɪtɪ] *n* miasto *n* • the City *finansowe i handlowe centrum Londynu*.

city centre *n* centrum *n* miasta.

city hall *n US* urząd *m* miejski.

civilian [sɪ'vɪljən] *n* cywil *m*.

civilized ['sɪvɪlaɪzd] *adj* [society] cywilizowany; [person, evening] kulturalny.

civil rights *npl* prawa *npl* obywatelskie.

civil servant *n* urzędnik *m* państwowy, urzędniczka *f* państwowa.

civil service *n* administracja *f* państwowa.

civil war *n* wojna *f* domowa.

cl (*abbr of* centilitre) cl.

claim [kleɪm] <> *n* [assertion] twierdzenie *n*; [demand] żądanie *n*; [for insurance] roszczenie *n*. <> *vt* [allege] twierdzić; [demand] żądać/zażądać; [take credit, responsibility] przypisywać/przypisać sobie. <> *vi* [on insurance] zgłaszać/zgłosić roszczenie.

claimant ['kleɪmənt] *n* [of benefit] osoba *f* zgłaszająca roszczenie.

claim form *n* formularz *m* podaniowy.

clam [klæm] *n* małż *m* jadalny.

clamp [klæmp] <> *n* [for car] blokada *f* kół. <> *vt* [car] założyć blokadę.

clap [klæp] *vi* klaskać.

claret ['klærət] *n* wytrawne bordo *n* czerwone.

clarinet ['klærə'net] *n* klarnet *m*.

clash [klæʃ] <> *n* [noise] brzęk *m*;

[confrontation] starcie *n*. <> *vi* [colours] gryźć się; [event, date] kolidować.

clasp [klɑːsp] <> *n* [of handbag] zatrzask *m*; [of bracelet] zameczek *m*. <> *vt* ściskać/ścisnąć.

class [klɑːs] <> *n* klasa *f*; [teaching period] lekcja *f*. <> *vt* : to class sb/sthg (as) zaklasyfikować kogoś/coś (jako).

classic ['klæsɪk] <> *adj* [typical] klasyczny. <> *n* klasyk *m*.

classical ['klæsɪkl] *adj* [traditional] klasyczny.

classical music *n* muzyka *f* poważna.

classification ['klæsɪfɪ'keɪʃn] *n* [categorization] klasyfikacja *f*; [category] kategoria *f*.

classified ads *npl* ogłoszenia *npl* drobne.

classroom ['klɑːsrʊm] *n* sala *f* lekcyjna.

claustrophobic ['klɔːstrə'fəʊbɪk] *adj* klaustrofobiczny.

claw [klɔː] *n* [of bird] szpon *m*; [of cat, dog] pazur *m*; [of crab, lobster] szczypce *pl*.

clay [kleɪ] *n* glina *f*.

clean [kliːn] <> *adj* [tidy, not dirty, unused] czysty; [driving licence] bez punktów karnych. <> *vt* [wash, tidy] sprzątać/posprzątać • to clean one's teeth czyścić/wyczyścić zęby.

cleaner ['kliːnəʳ] *n* [person] sprzątacz *m*, -ka *f*; [substance] środek *m* czyszczący.

cleanse [klenz] *vt* [skin, wound] oczyszczać/oczyścić.

cleanser ['klenzəʳ] *n* mleczko *n* do demakijażu.

clear [klɪəʳ] <> *adj* [water, liquid, glass] przejrzysty; [soup] czysty; [road] wolny; [view] swobodny;

[table] uprzątnięty; [day, sky] jasny; [easy to see, hear] wyraźny; [easy to understand] jasny; [obvious] oczywisty. <> *vt* [remove obstructions from] oczyszczać/oczyścić; usuwać/usunąć przeszkody z; [jump over] przeskoczyć; [declare not guilty] uniewinniać/uniewinnić; [authorize] zatwierdzać/zatwierdzić; [cheque] rozliczać/rozliczyć. <> *vi* [fog] rozwiewać/rozwiać się; [weather] przejaśniać/przejaśnić się • **to be clear (about sthg)** rozumieć (coś); **to be clear of sthg** [not touching] nie dotykać czegoś; **to clear one's throat** odchrząknąć; **to clear the table** sprzątnąć ze stołu. **clear up** <> *vt sep* [room, toys] sprzątać/posprzątać; [problem, confusion] wyjaśniać/wyjaśnić. <> *vi* [weather] wypogadzać/wypogodzić się; [tidy up] sprzątać/sprzątnąć.

clearance ['klɪərəns] *n* [authorization, for take off] zezwolenie *n*; [free distance] miejsce *n*.

clearing ['klɪərɪŋ] *n* polana *f*.

clearly ['klɪəlɪ] *adv* wyraźnie.

clearway ['klɪəweɪ] *n UK* droga *f* ekspresowa.

clementine ['kleməntaɪn] *n* klementynka *f*.

clerk [*UK* klɑːk, *US* klɜːrk] *n* [in office] urzędnik *m*, urzędniczka *f*; *US* [in shop] ekspedient *m*, -ka *f*.

clever ['klevəʳ] *adj* [person] bystry; [idea, device] sprytny.

click [klɪk] <> *n* [of wood] trzask. <> *vi* [lock] szczękać/szczęknąć; COMPUT klikać/kliknąć.

client ['klaɪənt] *n* klient *m*, -ka *f*.

cliff [klɪf] *n* klif *m*.

climate ['klaɪmɪt] *n* klimat *m*.

climax ['klaɪmæks] *n* kulminacja *f*.

climb [klaɪm] <> *vt* wspinać/

wspiąć się na. <> *vi* [person] wspinać/wspiąć się; [plane] unosić/unieść się. **climb down** <> *vt insep* schodzić/zejść z. <> *vi* wycofywać/wycofać się. **climb up** <> *vt insep* wspinać/wspiąć się na.

climber ['klaɪməʳ] *n* [person] alpinista *m*, alpinistka *f*.

climbing ['klaɪmɪŋ] *n* wspinaczka *f* • **to go climbing** iść na wspinaczkę.

climbing frame *n UK* drabinka *f* do wspinania się.

clingfilm ['klɪŋfɪlm] *n UK* folia *f* spożywcza.

clinic ['klɪnɪk] *n* przychodnia *f*.

clip [klɪp] <> *n* [fastener] klamerka *f*; [for hair] spinka *f*; [of film, programme] fragment *m*. <> *vt* [fasten] spinać/spiąć; [cut] przycinać/przyciąć.

cloak [kləʊk] *n* peleryna *f*.

cloakroom ['kləʊkrʊm] *n* [for coats] szatnia *f*; *UK* [toilet] toaleta *f*.

clock [klɒk] *n* [for telling time] zegar *m*; [mileometer] licznik *m* • **round the clock** całą dobę.

clockwise ['klɒkwaɪz] *adv* zgodnie z ruchem wskazówek zegara.

clog [klɒg] <> *n* chodak *m*. <> *vt* zatykać/zatkać.

close¹ <> *adj* bliski; [link, resemblance] ścisły; [examination] dokładny; [race, contest] wyrównany. <> *adv* blisko • **close by** tuż obok; **to follow close behind** podążać tuż za; **close to** [near] blisko; [on the verge of] bliski.

close² <> *vt* zamykać/zamknąć. <> *vi* zamykać/zamknąć się; [deadline, offer, meeting] kończyć/zakończyć się. **close down** <> *vt sep* zamykać/za-

mknąć. <> vi [factory, shop] zostać zamkniętym.

closed [kləʊzd] adj [door, jar, eyes] zamknięty; [shop, office] nieczynny.

closely ['kləʊslɪ] adv [related, involved] ściśle; [follow] blisko; [examine] dokładnie.

closet ['klɒzɪt] n US [cupboard] szafa f.

close-up [kləʊs-] n zbliżenie n.

closing time n pora f zamknięcia (lokali).

clot [klɒt] n [of blood] skrzep m.

cloth [klɒθ] n [fabric] tkanina f; [piece of cloth] szmatka f.

clothes [kləʊðz] npl ubranie n.

clothesline ['kləʊðzlaɪn] n sznur m do bielizny.

clothes peg n UK klamerka f do bielizny.

clothespin ['kləʊðzpɪn] US = clothes peg.

clothes shop n sklep m odzieżowy.

clothing ['kləʊðɪŋ] n ubranie n.

clotted cream ['klɒtɪd-] n gęsta śmietana zbierana z podgrzewanego mleka.

cloud [klaʊd] n chmura f.

cloudy ['klaʊdɪ] adj [sky, day] pochmurny; [liquid] mętny.

clove [kləʊv] n [of garlic] ząbek m. ◆ **cloves** npl [spice] goździki mpl.

clown [klaʊn] n klaun m.

club [klʌb] n [organization, night-club] klub m; [weapon] pałka f; [for golf] kij m. ◆ **clubs** npl [in cards] trefle mpl.

clubbing n : to go clubbing inf chodzić po klubach.

club sandwich n US kanapka f z trzech kromek.

club soda n US woda f sodowa.

clue [kluː] n [information] wskazówka f; [in investigation] trop m; [in crossword] hasło n • I haven't got a clue nie mam pojęcia.

clumsy ['klʌmzɪ] adj [person] niezdarny.

clutch [klʌtʃ] <> n [on car, motorbike] sprzęgło n; [clutch pedal] pedał m sprzęgła. <> vt [hold tightly] trzymać się kurczowo.

cm (abbr of centimetre) cm.

c/o (abbr of care of) na adres.

Co. [kəʊ] (abbr of company) sp.

coach [kəʊtʃ] n [bus] autokar m; [of train] wagon m; SPORT trener m, -ka f.

coach station n dworzec m autobusowy.

coach trip n UK wycieczka f autokarowa.

coal [kəʊl] n węgiel m.

coal mine n kopalnia f węgla.

coarse [kɔːs] adj [rough] szorstki; [vulgar] nieokrzesany.

coast [kəʊst] n wybrzeże n.

coaster ['kəʊstər] n [for glass] podstawka f pod kieliszek.

coastguard ['kəʊstgɑːd] n [person] strażnik m, strażniczka f straży przybrzeżnej; [organization] straż f przybrzeżna.

coastline ['kəʊstlaɪn] n linia f brzegowa.

coat [kəʊt] <> n [garment] płaszcz m; [of animal] sierść f. <> vt : to coat sthg (with sthg) pokryć coś (czymś).

coat hanger n wieszak m na ubrania.

coating ['kəʊtɪŋ] n [on surface] warstwa f; [on food] polewa f.

cobbled street n wybrukowana ulica f.

cobbles *npl* bruk *m*.

cobweb ['kɒbweb] *n* pajęczyna *f*.

Coca-Cola® *n* coca-cola® *f*.

cocaine [kəʊ'keɪn] *n* kokaina *f*.

cock [kɒk] *n* [male chicken] kogut *m*.

cock-a-leekie *n* *zupa z kury i porów*.

cockerel ['kɒkrəl] *n* kogucik *m*.

cockles *npl* *rodzaj małża*.

cockpit ['kɒkpɪt] *n* kabina *f* pilota.

cockroach ['kɒkrəʊtʃ] *n* karaluch *m*.

cocktail ['kɒkteɪl] *n* koktajl *m*.

cocktail party *n* koktajl *m*.

cock-up *n UK* [vulg] fuszerka *f*.

cocoa ['kəʊkəʊ] *n* [drink] kakao *n* (*inv*).

coconut ['kəʊkənʌt] *n* orzech *m* kokosowy.

cod (*pl* -) *n* dorsz *m*.

code [kəʊd] *n* [system] szyfr *m*; [dialling code] numer *m* kierunkowy.

cod-liver oil *n* tran *m*.

coeducational ['kəʊedʒʊ'keɪʃənl] *adj* koedukacyjny.

coffee ['kɒfɪ] *n* kawa *f* • **black/ white coffee** czarna kawa/kawa z mlekiem; **ground/instant coffee** kawa mielona/rozpuszczalna.

coffee break *n* przerwa *f* na kawę.

coffeepot ['kɒfɪpɒt] *n* dzbanek *m* do kawy.

coffee shop *n* [cafe] kawiarnia *f*.

coffee table *n* niski stolik *m*.

coffin ['kɒfɪn] *n* trumna *f*.

cog(wheel) *n* koło *n* zębate.

coil [kɔɪl] ⋄ *n* [of rope] zwój *m*; *UK* [contraceptive] spirala *f*. ⋄ *vt* zwijać/zwinąć.

coin [kɔɪn] *n* moneta *f*.

coin box *n UK* aparat *m* telefoniczny na monety.

coincide ['kəʊɪn'saɪd] *vi* : **to coincide (with)** zbiegać się z.

coincidence [kəʊ'ɪnsɪdəns] *n* zbieg *m* okoliczności.

Coke® *n* coca-cola® *f*.

colander ['kʌləndə'] *n* durszlak *m*.

cold [kəʊld] ⋄ *adj* zimny; [person] zziębnięty; [person, manner] chłodny. ⋄ *n* [illness] przeziębienie *n*; [low temperature] zimno *n* • **to get cold** [person] zmarznąć; [food, water] wystygnąć; [weather] ochłodzić się; **to catch (a) cold** przeziębić się.

cold cuts *US* = **cold meats**.

cold meats *npl* wędliny *fpl*.

coleslaw ['kəʊlslɔː] *n* *surówka z białej kapusty z dodatkiem majonezu i innych warzyw*.

colic ['kɒlɪk] *n* kolka *f*.

collaborate [kə'læbəreɪt] *vi* współpracować.

collapse [kə'læps] *vi* [building, tent] zawalać/zawalić się; [person] zasłabnąć.

collar ['kɒlə'] *n* [of shirt, coat] kołnierz *m*; [of dog, cat] obroża *f*.

collarbone ['kɒləbəʊn] *n* obojczyk *m*.

colleague ['kɒliːg] *n* kolega *m*, koleżanka *f* z pracy.

collect ⋄ *vt* [gather] zbierać/ zebrać; [as a hobby] kolekcjonować; [go and get] odbierać/odebrać; [money] prowadzić zbiórkę. ⋄ *vi* [dust, leaves, crowd] zbierać/zebrać się. ⋄ *adv US* : **to call (sb) collect** dzwonić na koszt rozmówcy.

collection [kə'lekʃn] n [of stamps, coins etc] kolekcja f; [of stories, poems] zbiór m; [of money] kwesta f; [of mail] wybieranie n poczty.

collector [kə'lektər] n [as a hobby] kolekcjoner m, -ka f.

college ['kɒlɪdʒ] n [school] szkoła f pomaturalna; UK [of university] college; US [university] uczelnia f wyższa.

collide [kə'laɪd] vi : to collide (with) zderzyć się (z).

collision [kə'lɪʒn] n zderzenie n.

cologne n woda f kolońska.

colon ['kəʊlən] n GRAMM dwukropek m.

colonel ['kɜːnl] n pułkownik m & f.

colony ['kɒlənɪ] n [country] kolonia f.

color US = colour.

colour ['kʌlər] <> n kolor m. <> adj [photograph, film] kolorowy. <> vt [hair] farbować/ufarbować; [food] barwić/zabarwić. ◆ **colour in** <> vt sep pokolorować.

colour-blind adj : he's colourblind on jest daltonistą.

colourful adj lit & fig barwny.

colouring ['kʌlərɪŋ] n [of food] barwnik m; [complexion] karnacja f.

colouring book n książeczka f do kolorowania.

colour supplement n dodatek m ilustrowany.

colour television n telewizja f kolorowa.

column ['kɒləm] n kolumna f; [newspaper article] felieton m.

coma ['kəʊmə] n śpiączka f.

comb [kəʊm] <> n grzebień m.

<> vt : to comb one's hair czesać włosy.

combination ['kɒmbɪ'neɪʃn] n [mixture] połączenie n; [of lock] szyfr m.

combine vt [kəm'baɪn] : to combine sthg (with) łączyć/połączyć coś (z).

combine harvester ['kɒmbaɪn-] n kombajn m.

come [kʌm] (pt came) vi -1. [move] : can you come to dinner? czy możesz przyjść na obiad?; the waiter came at once kelner podszedł natychmiast; we came by taxi przyjechaliśmy taksówką; come and see! chodź i zobacz!; come here! chodź tu! -2. [arrive] : they still haven't come jeszcze nie dotarli; we came to a bend in the road dojechaliśmy do zakrętu na drodze; to come home przyjść do domu; 'coming soon' już wkrótce; spring is coming nadchodzi wiosna. -3. [in order] : to come first/last zająć pierwsze/ostatnie miejsce; A comes before B A znajduje się przed B. -4. [reach] : to come up/down to sięgać do. -5. [become] : to come true spełnić się; to come undone [button, fastener] rozpiąć się; [laces, knot] rozwiązać się; to come loose poluzować się. -6. [be sold] : it comes in a number of colours można to dostać w kilku kolorach; they come in packs of six są pakowane po sześć sztuk; the car comes with a two-year warranty samochód posiada dwuletnią gwarancję. ◆ **come across** vt insep natykać/natknąć się na. ◆ **come along** vi [progress] iść; [arrive] pojawiać się • come! [as encouragement] dalej!; [hurry up] szybciej!

➤ **come apart** vi [book, clothes] rozpadać/rozpaść się. ➤ **come back** vi [return] wracać/wrócić. ➤ **come down** vi [price] spadać/spaść. ➤ **come down with** vt insep [illness] zachorować na. ➤ **come from** vt insep [origins] pochodzić z • honey comes from bees miód jest wytwarzany przez pszczoły. ➤ **come in** vi [person] wchodzić/wejść; [train] nadjeżdżać/nadjechać; [letter] nadejść; [tide] podnosić/podnieść się • come! proszę wejść! ➤ **come off** vi [detatch] odpaść; [succeed] udawać/udać się. ➤ **come on** vi [student] robić/zrobić postępy; [project] postępować • come! [as encouragement] dalej!; [hurry up] szybciej! ➤ **come out** vi [person, photo] wychodzić/wyjść; [book, film] ukazać się; [stain] schodzić/zejść; [sun, moon] pokazać się; [lesbian, gay man] ujawniać/ujawnić swoją orientację homoseksualną. ➤ **come over** vi [visit] zachodzić/zajść. ➤ **come round** vi [visit] wpadać/wpaść; [regain consciousness] dochodzić/dojść do siebie. ➤ **come to** vt insep [subj: bill] wynosić/wynieść. ➤ **come up** vi [go upstairs] iść/wejść na górę; [be mentioned] padać/paść; [happen, arise] powstawać/powstać; [sun, moon] wschodzić/wzejść. ➤ **come up with** vt insep [idea] wymyślać/wymyślić.

comedian [kə'mi:djən] n komik m.

comedy ['kɒmədɪ] n [TV programme, film, play] komedia f; [humour] komizm m.

comfort ['kʌmfət] <> n [ease] wygoda f; [luxury] komfort m; [consolation] pociecha f. <> vt pocieszać/pocieszyć.

comfortable ['kʌmftəbl] adj [chair, shoes, hotel] wygodny; [physically relaxed] czujący się swobodnie; fig [confident] swobodny; [after operation] w dobrym stanie; [financially] dobrze sytuowany.

comic ['kɒmɪk] <> adj [humorous] komiczny. <> n [person] komik m; [magazine] komiks m.

comical ['kɒmɪkl] adj komiczny.

comic strip n historyjka f obrazkowa.

comma ['kɒmə] n przecinek m.

command [kə'mɑ:nd] <> n [order] rozkaz m; [mastery] opanowanie n. <> vt [order] rozkazywać/rozkazać; [be in charge of] dowodzić.

commander [kə'mɑ:ndər] n [army officer] dowódca m; UK [in navy] komandor m.

commemorate [kə'meməreɪt] vt upamiętniać/upamiętnić.

commence [kə'mens] vi fml rozpoczynać/rozpocząć się.

comment ['kɒment] <> n komentarz m. <> vi komentować/skomentować.

commentary ['kɒməntrɪ] n [on TV, radio] komentarz m.

commentator ['kɒmənteɪtər] n [on TV, radio] komentator m, -ka f.

commerce ['kɒmɜ:s] n handel m.

commercial [kə'mɜ:ʃl] <> adj [business] handlowy; pej [film, book] komercyjny. <> n reklama f.

commercial break n przerwa f na reklamę.

commission [kə'mɪʃn] n [money] prowizja f; [committee] komisja f.

commit [kə'mɪt] *vt* [crime, sin] popełniać /popełnić • **to commit o.s. (to sthg)** zobowiązać się (do czegoś); **to be committed (to sthg)** poświęcać się (czemuś); **to commit suicide** popełnić samobójstwo.

committee [kə'mɪtɪ] *n* komitet *m*.

commodity [kə'mɒdətɪ] *n* towar *m*.

common ['kɒmən] <> *adj* [usual] pospolity; [shared] wspólny; *pej vulg* prostacki. <> *n UK* [land] błonia *npl* • **in common** [shared] wspólnie.

commonly ['kɒmənlɪ] *adv* [generally] powszechnie.

common room *n* [in school] świetlica *f*; [in university] klub *m*.

common sense *n* zdrowy rozsądek *m*.

Commonwealth ['kɒmənwelθ] *n* : **the Commonwealth** Brytyjska Wspólnota *f* Narodów.

communal ['kɒmjʊnl] *adj* [bathroom, kitchen] wspólny.

communicate [kə'mju:nɪkeɪt] *vi* : **to communicate (with)** komunikować się (z).

communication [kə'mju:nɪ-keɪʃn] *n* porozumiewanie się *n*.

communication cord *n UK* hamulec *m* bezpieczeństwa.

communist ['kɒmjʊnɪst] *n* komunista *m*, komunistka *f*.

community [kə'mju:nətɪ] *n* społeczność *f*.

community centre *n* ≃ dom kultury.

commute [kə'mju:t] *vi* dojeżdżać do pracy.

commuter [kə'mju:təʳ] *n* osoba *f* dojeżdżająca do pracy.

compact <> *adj* [kəm'pækt] nie-

wielki. <> *n* ['kɒmpækt] [for make-up] puderniczka *f*; *US* [car] samochód *m* miejski.

compact disc ['kɒmpækt-] *n* płyta *f* kompaktowa.

compact disc player *n* odtwarzacz *m* płyt kompaktowych.

company ['kʌmpənɪ] *n* [business] przedsiębiorstwo *n*; [companionship, guests] towarzystwo *n* • **to keep sb company** dotrzymywać komuś towarzystwa.

company car *n* samochód *m* służbowy.

comparatively [kəm'pærətɪvlɪ] *adv* [relatively] stosunkowo.

compare [kəm'peəʳ] *vt* : **to compare sthg (with)** porównywać/ porównać coś (z) • **compared with** w porównaniu z.

comparison [kəm'pærɪsn] *n* porównanie *n* • **in comparison with** w porównaniu z.

compartment [kəm'pɑ:tmənt] *n* [of train] przedział *m*; [section] przegródka *f*.

compass ['kʌmpəs] *n* [magnetic] kompas *m* • **(a pair of) compasses** cyrkiel *m*.

compatible [kəm'pætəbl] *adj* zgodny.

compensate ['kɒmpenseɪt] <> *vt* rekompensować/zrekompensować. <> *vi* : **to compensate (for sthg)** zrekompensować sobie (coś) • **to compensate sb for sthg** zrekompensować coś komuś.

compensation ['kɒmpen'seɪʃn] *n* [money] rekompensata *f*.

compete [kəm'pi:t] *vi* [take part] współzawodniczyć • **to compete with sb for sthg** rywalizować z kimś o coś.

competent ['kɒmpɪtənt] *adj* kompetentny.

competition ['kɒmpɪ'tɪʃn] *n* [race, contest] zawody *pl*; [rivalry] współzawodnictwo *n* • **the competition** [rivals] konkurencja *f*.

competitive [kəm'petətɪv] *adj* [person] nastawiony na rywalizację; [price] konkurencyjny.

competitor [kəm'petɪtəʳ] *n* [in race, contest] zawodnik *m*, zawodniczka *f*; COMM konkurent *m*, -ka *f*.

complain [kəm'pleɪn] *vi* : **to complain (about)** skarżyć/poskarżyć się (na).

complaint [kəm'pleɪnt] *n* [statement] skarga *f*; [illness] dolegliwość *f*; [in shop] reklamacja *f*.

complement *vt* ['kɒmplɪ'ment] uzupełniać/uzupełnić.

complete [kəm'pli:t] <> *adj* [whole] kompletny; [finished] ukończony; [utter] zupełny. <> *vt* [finish] ukończyć; [a form] wypełniać/wypełnić; [make whole] kompletować/skompletować • **complete with** razem z.

completely [kəm'pli:tlɪ] *adv* całkowicie.

complex ['kɒmpleks] <> *adj* [complicated] złożony. <> *n* [buildings, mental] kompleks *m*.

complexion [kəm'plekʃn] *n* [of skin] cera *f*.

complicated ['kɒmplɪkeɪtɪd] *adj* skomplikowany.

compliment <> *n* ['kɒmplɪmənt] komplement *m*. <> *vt* ['kɒmplɪment] chwalić/pochwalić.

complimentary ['kɒmplɪ'mentərɪ] *adj* [seat, ticket] bezpłatny; [words, person] pochlebny.

compose [kəm'pəʊz] *vt* [music]

komponować/skomponować; [letter, poem] układać/ułożyć • **to be composed of** składać się z.

composed [kəm'pəʊzd] *adj* opanowany.

composer [kəm'pəʊzəʳ] *n* kompozytor *m*, -ka *f*.

composition ['kɒmpə'zɪʃn] *n* [essay] wypracowanie *n*.

compound *n* ['kɒmpaʊnd] [substance] związek *m*; [word] wyraz *m* złożony.

comprehensive ['kɒmprɪ'hensɪv] *adj* pełny.

comprehensive (school) *n* UK państwowa szkoła średnia przyjmująca uczniów bez względu na wyniki w nauce.

compressed air *n* sprężone powietrze *n*.

comprise [kəm'praɪz] *vt* składać się z.

compromise ['kɒmprəmaɪz] *n* kompromis *m*.

compulsory [kəm'pʌlsərɪ] *adj* obowiązkowy.

computer [kəm'pju:təʳ] *n* komputer *m*.

computer game *n* gra *f* komputerowa.

computer-generated [kəm'-pju:təˈdʒenəreɪtd] [- 'dʒenəreɪtɪd] *adj* stworzony komputerowo.

computerized [kəm'pju:təraɪzd] *adj* skomputeryzowany.

computer-literate *adj* umiejący obsługiwać komputer.

computer operator *n* operator *m*, -ka *f* komputera.

computer programmer *n* programista *m*, programistka *f*.

computing [kəm'pju:tɪŋ] *n* informatyka *f*.

con [kɒn] *n inf* [trick] kant *m* • **all mod cons** wszystkie wygody.

conceal [kən'siːl] *vt* ukrywać/ ukryć.

conceited [kən'siːtɪd] *adj pej* zarozumiały.

concentrate ['kɒnsəntreɪt] <> *vi* koncentrować/skoncentrować się. <> *vt* : **to be concentrated** [in one place] być skupionym • **to concentrate on sthg** skupiać się na czymś.

concentrated ['kɒnsəntreɪtɪd] *adj* [juice, soup, baby food] zagęszczony.

concentration ['kɒnsən'treɪʃn] *n* skupienie *n*.

concern [kən'sɜːn] <> *n* [worry] obawa *f*; [care] troska *f*; [matter of interest] sprawa *f*; COMM koncern *m*. <> *vt* [be about] traktować o; [worry] martwić; [involve] dotyczyć • **to be concerned about** martwić się o; **to be concerned with** traktować o; **to concern o.s. with sthg** zajmować się czymś; **as far as I'm concerned** jeśli o mnie chodzi.

concerned [kən'sɜːnd] *adj* [worried] zatroskany.

concerning [kən'sɜːnɪŋ] *prep* dotyczący.

concert *n* ['kɒnsət] koncert *m*.

concession [kən'seʃn] *n* [reduced price] zniżka *f*.

concise [kən'saɪs] *adj* zwięzły.

conclude [kən'kluːd] <> *vt* [deduce] wnioskować/wywnioskować; *fml* [end] kończyć/zakończyć. <> *vi. fml* [end] dobiegać/ dobiec końca.

conclusion [kən'kluːʒn] *n* [decision] wniosek *m*; [end] zakończenie *n*.

concrete ['kɒŋkriːt] <> *adj* [buil-

ding, path] betonowy; [idea, plan] konkretny. <> *n* beton *m*.

concussion [kən'kʌʃn] *n* wstrząs *m* mózgu.

condensation ['kɒnden'seɪʃn] *n* [on window] skroplona para *f*.

condensed milk *n* mleko *n* zagęszczone.

condition [kən'dɪʃn] *n* [state] kondycja *f*; [proviso] warunek *m*; [illness] choroba *f* • **to be out of condition** nie mieć kondycji; **on condition that** pod warunkiem, że. **conditions** *npl* [circumstances] warunki *mpl*.

conditioner [kən'dɪʃnəʳ] *n* [for hair] odżywka *f*; [for clothes] płyn *m* do płukania.

condo ['kɒndəʊ] *US inf* = **condominium**.

condom ['kɒndəm] *n* prezerwatywa *f*.

condominium ['kɒndə'mɪnɪəm] *n US* mieszkanie *n* spółdzielcze własnościowe.

conduct <> *vt* [kən'dʌkt] [investigation, business] prowadzić; MUS dyrygować. <> *n* ['kɒndʌkt] *fml* [behaviour] prowadzenie się *n* • **to conduct o.s.** *fml* prowadzić się.

conductor [kən'dʌktəʳ] *n* MUS dyrygent *m*, -ka *f*; [on bus] konduktor *m*, -ka *f* biletów; *US* [on train] konduktor *m*, -ka *f*.

cone [kəʊn] *n* [shape] stożek *m*; [for ice cream] rożek *m*; [on roads] pachołek *m*.

confectionery [kən'fekʃnərɪ] *n* [sweets] słodycze *pl*.

conference ['kɒnfərəns] *n* konferencja *f*.

confess [kən'fes] *vi* : **to confess (to)** [admit] przyznać się (do).

confession [kən'feʃn] *n* [admis-

sion] wyznanie *n*; RELIG spowiedź *f*.

confidence ['kɒnfɪdəns] *n* [self-assurance] pewność *f* siebie; [trust] zaufanie *n* • **to have confidence in** wierzyć w.

confident ['kɒnfɪdəɒnt] *adj* [self-assured] pewny siebie; [certain] pewny.

confined [kən'faɪnd] *adj* ograniczony.

confirm [kən'fɜːm] *vt* potwierdzać/potwierdzić.

confirmation ['kɒnfə'meɪʃn] *n* potwierdzenie *n*; RELIG bierzmowanie *n*.

conflict ⇔ *n* ['kɒnflɪkt] [disagreement] spór *m*; [war] konflikt *m*. ⇔ *vi* [kən'flɪkt] : **to conflict (with)** kolidować (z).

conform [kən'fɔːm] *vi* : **to conform (to sthg)** podporządkować się (czemuś).

confuse [kən'fjuːz] *vt* [person] wprawić w zakłopotanie • **to confuse sthg with sthg** pomylić coś z czymś.

confused [kən'fjuːzd] *adj* [person] zmieszany; [situation] pogmatwany.

confusing [kən'fjuːzɪŋ] *adj* [difficult to identify] mylący; [complex] zagmatwany.

confusion [kən'fjuːʒn] *n* [in situation] zamieszanie *n*; [in person] zmieszanie *n*.

congested [kən'dʒestɪd] *adj* [street] zatłoczony.

congestion [kən'dʒestʃn] *n* [traffic] zator *m*.

congratulate [kən'grætʃʊleɪt] *vt* : **to congratulate sb (on sthg)** gratulować komuś (czegoś).

congratulations *excl* gratulacje *pl*.

congregate ['kɒŋgrɪgeɪt] *vi* gromadzić/zgromadzić się.

Congress ['kɒŋgres] *n US* Kongres *m*.

conifer ['kɒnɪfəʳ] *n* drzewo *n* iglaste.

conjunction [kən'dʒʌŋkʃn] *n* GRAMM spójnik *m*.

conjurer ['kʌndʒərəʳ] *n* iluzjonista *m*, iluzjonistka *f*.

connect [kə'nekt] ⇔ *vt* [join] łączyć/połączyć; [telephone, machine] podłączać/podłączyć; [caller on phone] łączyć/połączyć. ⇔ *vi* : **to connect with** [train, plane] mieć dobre połączenie z; **to connect sthg with sthg** [associate] łączyć coś z czymś.

connecting flight *n* połączenie *n* lotnicze.

connection [kə'nekʃn] *n* [link] powiązanie *n*; [train, plane] połączenie *n* • **a bad connection** [on phone] zła linia *f*; **a loose connection** [in machine] obluzowany styk *m*; **in connection with** w związku z.

conquer ['kɒŋkəʳ] *vt* [country] podbić.

conscience ['kɒnʃəns] *n* sumienie *n*.

conscientious ['kɒnʃɪ'enʃəs] *adj* sumienny.

conscious ['kɒnʃəs] *adj* [awake] przytomny; [deliberate] świadomy • **to be conscious of** [aware] być świadomym.

consent [kən'sent] *n* zgoda *f*.

consequence ['kɒnsɪkwəns] *n* [result] konsekwencja *f*.

consequently ['kɒnsɪkwəntlɪ] *adv* w rezultacie.

conservation ['kɒnsə'veɪʃn] *n* ochrona *f*.

conservative [kən'sɜːvətɪv] *adj*

konserwatywny. **← Conservative** ◇ *adj* konserwatywny. ◇*n* konserwatysta *m*, konserwatystka *f*.

conservatory [kən'sɜ:vətrɪ] *n* oszklona weranda *f*.

consider [kən'sɪdə^r] *vt* [think about] rozważać/rozważyć; [take into account] brać/wziąć pod uwagę; [judge] uważać • **to consider doing sthg** rozważać zrobienie czegoś.

considerable [kən'sɪdrəbl] *adj* znaczny.

consideration [kən'sɪdə'reɪʃn] *n* [careful thought] namysł *m*; [factor] okoliczność *f* • **to take sthg into consideration** wziąć coś pod uwagę.

considering [kən'sɪdərɪŋ] *prep* zważywszy.

consist [kən'sɪst] **← consist in** *vt insep* polegać na. **← consist of** *vt insep* składać się z.

consistent [kən'sɪstənt] *adj* [coherent] spójny; [worker, performance] konsekwentny.

consolation ['kɒnsə'leɪʃn] *n* pocieszenie *n*.

console ◇ *vt* [kən'səʊl] pocieszać/pocieszyć. ◇ *n* ['kɒnsəʊl] [for machine, computer game] konsola *f*.

consonant ['kɒnsənənt] *n* spółgłoska *f*

conspicuous [kən'spɪkjʊəs] *adj* rzucający się w oczy.

constable ['kʌnstəbl] *n UK* posterunkowy *m*, posterunkowa *f*.

constant ['kɒnstənt] *adj* stały.

constantly ['kɒnstəntlɪ] *adv* stale.

constipated ['kɒnstɪpeɪtɪd] *adj* cierpiący na zaparcie.

constitution ['kɒnstɪ'tju:ʃn] *n* [health] zdrowie *n*.

construct *vt* [kən'strʌkt] budować/zbudować.

construction [kən'strʌkʃn] *n* [act of building] budowa *f*; [structure] konstrukcja *f* • **under construction** w budowie.

consul ['kɒnsəl] *n* konsul *m* & *f*.

consulate ['kɒnsjʊlət] *n* konsulat *m*.

consult [kən'sʌlt] *vt* [person] radzić/poradzić się; [dictionary, map] sprawdzać/sprawdzić w.

consultant [kən'sʌltənt] *n UK* [doctor] lekarz *m* specjalista.

consume [kən'sju:m] *vt* [food] konsumować/skonsumować; [fuel, energy] zużywać/zużyć.

consumer [kən'sju:mə^r] *n* konsument *m*, -ka *f*.

contact ['kɒntækt] ◇ *n* kontakt *m*. ◇ *vt* kontaktować/skontaktować się z • **in contact with** w kontakcie z.

contact lens *n* soczewki *fpl* kontaktowe.

contagious [kən'teɪdʒəs] *adj* zaraźliwy.

contain [kən'teɪn] *vt* [have inside] zawierać; [control] powstrzymywać/powstrzymać.

container [kən'teɪnə^r] *n* [box *etc*] pojemnik *m*.

contaminate [kən'tæmɪneɪt] *vt* zanieczyszczać/zanieczyścić.

contemporary [kən'tempərərɪ] ◇ *adj* [modern] współczesny. ◇ *n* rówieśnik *m*, rówieśniczka *f*.

contend [kən'tend] **← contend with** ◇ *vt insep* borykać się z.

content ◇ *adj* [kən'tent] zadowolony. ◇ *n* ['kɒntent] [of vitamins, fibre *etc*] zawartość *f*. **← contents** ◇ *npl* [things

inside] zawartość f; [at beginning of book] spis m treści.

contest ◇ n ['kɒntest] [competition] konkurs m; [struggle] rywalizacja f. ◇ vt [kən'test] [election, seat] ubiegać się o; [decision, will] podważać/podważyć.

context ['kɒntekst] n kontekst m.

continent ['kɒntɪnənt] n kontynent m • the Continent UK Europa f kontynentalna.

continental ['kɒntɪ'nentl] adj UK [European] dotyczący Europy kontynentalnej.

continental breakfast n rodzaj lekkiego śniadania europejskiego złożonego z pieczywa, masła, dżemu i kawy.

continental quilt n UK kołdra f.

continual [kən'tɪnjuəl] adj ciągły.

continually [kən'tɪnjuəlɪ] adv ciągle.

continue [kən'tɪnjuː] ◇ vt kontynuować. ◇ vi [keep happening] ciągnąć się; [start again, carry on speaking] kontynuować; [keep moving on foot] iść dalej; [keep moving in vehicle] jechać dalej • to continue doing sthg dalej coś robić; to continue with sthg kontynuować coś.

continuous [kən'tɪnjuəs] adj ciągły.

continuously [kən'tɪnjuəslɪ] adv ciągle.

contraception ['kɒntrə'sepʃn] n antykoncepcja f.

contraceptive ['kɒntrə'septɪv] n środek m antykoncepcyjny.

contract ◇ n ['kɒntrækt] kontrakt m. ◇ vt [kən'trækt] fml [illness] zarażać/zarazić się.

contradict ['kɒntrə'dɪkt] vt zaprzeczać/zaprzeczyć.

contraflow ['kɒntrəfləʊ] n UK ruch obustronny wprowadzony czasowo na jezdni jednokierunkowej.

contrary ['kɒntrərɪ] n : on the contrary przeciwnie.

contrast ◇ n ['kɒntrɑːst] kontrast m. ◇ vt [kən'trɑːst] kontrastować • in contrast to w przeciwieństwie do.

contribute [kən'trɪbjuːt] ◇ vt [help, money] ofiarowywać/ofiarować. ◇ vi : to contribute to [help to cause] przyczynić się do.

contribution ['kɒntrɪ'bjuːʃn] n [thing contributed] wkład m; [money] datek m.

control [kən'trəʊl] ◇ n [power] władza f; [over emotions] panowanie n; [operating device] urządzenie n sterownicze. ◇ vt [have power over] rządzić; [car, machine] panować nad; [restrict] hamować • to be in control (of a situation) panować (nad sytuacją); out of control poza kontrolą; under control pod kontrolą. ◆ controls ◇ npl [of TV, video] przełączniki mpl; [of plane] układ m sterowniczy.

control tower n wieża f kontrolna.

controversial ['kɒntrə'vɜːʃl] adj kontrowersyjny.

convenience [kən'viːnjəns] n [convenient nature] wygoda f; [convenient thing] udogodnienie n • at your convenience w dogodnej dla Pana/Pani chwili.

convenient [kən'viːnjənt] adj [suitable] dogodny; [well-situated] blisko położony.

convent ['kɒnvənt] n klasztor m żeński.

conventional [kən'venʃənl] adj konwencjonalny.

conversation ['kɒnvə'seɪʃn] n rozmowa f.

conversion [kən'vɜːʃn] *n* [change] zamiana *f*; [to building] przebudowa *f*.

convert *vt* [kən'vɜːt] [change] zamieniać/zamienić; RELIG nawracać/nawrócić • **to convert sthg into** przekształcać coś w.

converted [kən'vɜːtɪd] *adj* [barn, loft] zaadaptowany.

convertible [kən'vɜːtəbl] *n* kabriolet *m*.

convey [kən'veɪ] *vt fml* [transport] przewozić/przewieźć; [idea, impression] przekazywać/przekazać.

convict ◇ *n* ['kɒnvɪkt] skazany *m*, skazana *f*. ◇ *vt* [kən'vɪkt] : **to convict sb (of)** skazać kogoś (za).

convince [kən'vɪns] *vt* : **to convince sb (of sthg)** przekonać kogoś (o czymś) • **to convince sb to do sthg** przekonać kogoś do zrobienia czegoś.

convoy ['kɒnvɔɪ] *n* konwój *m*.

cook [kʊk] ◇ *n* kucharz *m*, kucharka *f*. ◇ *vt* gotować/ugotować. ◇ *vi* [person] gotować; [food] gotować się.

cookbook ['kʊk'bʊk] = cookery book.

cooker ['kʊkəʳ] *n* kuchenka *f*.

cookery ['kʊkərɪ] *n* sztuka *f* kulinarna.

cookery book *n* książka *f* kucharska.

cookie ['kʊkɪ] *n* US herbatnik *m*.

cooking ['kʊkɪŋ] *n* [activity] gotowanie *n*; [food] : **French/Mexican cooking** kuchnia francuska/meksykańska.

cooking apple *n* jabłko *n* do gotowania.

cooking oil *n* olej *m* jadalny.

cool [kuːl] ◇ *adj* chłodny; [calm] opanowany; *inf* [great] super. ◇ *vt* studzić/ostudzić.

➤ **cool down** ◇ *vi* [become colder] [water] stygnąć/ostygnąć; [people] chłodzić/ochłodzić się; [become calmer] ochłonąć.

cooperate [kəʊ'ɒpəreɪt] *vi* współpracować.

cooperation [kəʊ'ɒpə'reɪʃn] *n* współpraca *f*.

cooperative [kəʊ'ɒpərətɪv] *adj* [helpful] pomocny.

coordinates *npl* [clothes] komplet *m*.

cope [kəʊp] *vi* : **to cope (with)** dawać sobie radę (z).

co-pilot *n* drugi pilot *m* & *f*.

copper ['kɒpəʳ] *n* [metal] miedź *f*.

copy ['kɒpɪ] ◇ *n* kopia *f*; [of newspaper, book] egzemplarz *m*. ◇ *vt* [duplicate] kopiować/skopiować; [imitate] naśladować.

cord(uroy) *n* sztruks *m*.

core [kɔːʳ] *n* [of fruit] ogryzek *m*.

coriander ['kɒrɪ'ændəʳ] *n* kolendra *f*.

cork [kɔːk] *n* [in bottle] korek *m*.

corkscrew ['kɔːkskruː] *n* korkociąg *m*.

corn [kɔːn] *n* UK [crop] zboże *n*; US [maize] kukurydza *f*; [on foot] odcisk *m*.

corned beef [kɔːnd-] *n* peklowana wołowina *f*.

corner ['kɔːnəʳ] *n* [angle] róg *m*; [bend in road] zakręt *m*; [in football] rzut *m* rożny • **it's just around the corner** zaraz za rogiem.

corner shop *n* UK ≃ sklepik *m* osiedlowy.

cornet ['kɔːnɪt] *n* UK [ice-cream cone] rożek *m* lodowy.

cornflakes ['kɔːnfleɪks] *npl* płatki *mpl* kukurydziane.

corn-on-the-cob *n* kolba *f* kukurydzy.

Cornwall ['kɔːnwɔːl] *n* Kornwalia *f*.

corporal ['kɔːpərəl] *n* kapral *m*.

corpse [kɔːps] *n* zwłoki *pl*.

correct [kə'rekt] <> *adj* [accurate] poprawny; [most suitable] właściwy. <> *vt* poprawiać/poprawić.

correction [kə'rekʃn] *n* [change] poprawka *f*.

correspond ['kɒrɪ'spɒnd] *vi* : **to correspond (to)** [match] odpowiadać; **to correspond (with)** [exchange letters] korespondować (z).

corresponding ['kɒrɪ'spɒndɪŋ] *adj* odpowiedni.

corridor ['kɒrɪdɔːʳ] *n* korytarz *m*.

corrugated iron *n* blacha *f* falista.

corrupt [kə'rʌpt] *adj* [dishonest] skorumpowany; [morally wicked] zepsuty.

cosmetics *npl* kosmetyki *mpl*.

cost [kɒst] (*pt & pp* cost) <> *n* [price] koszt *m*; *fig* [loss] cena *f*. <> *vt* kosztować • **how much does it cost?** ile to kosztuje?

costly ['kɒstlɪ] *adj* [expensive] kosztowny.

costume ['kɒstjuːm] *n* [of actor] kostium *m*; [of country, region] strój *m* ludowy.

cosy ['kəʊzɪ] *adj UK* [room, house] przytulny.

cot [kɒt] *n UK* [for baby] łóżeczko *n* dziecięce; *US* [camp bed] łóżko *m* polowe.

cottage ['kɒtɪdʒ] *n* chata *f*.

cottage cheese *n* serek *m* wiejski.

cottage pie *n UK zapiekanka z ziemniaków, pod którymi znajduje się warstwa mielonego mięsa.*

cotton ['kɒtn] <> *adj* [dress, shirt] bawełniany. <> *n* [cloth] bawełna *f*; [thread] nici *fpl*.

cotton candy *n US* wata *f* cukrowa.

cotton wool *n* wata *f*.

couch [kaʊtʃ] *n* [sofa] kanapa *f*; [at doctor's] leżanka *f*.

couchette [kuː'ʃet] *n* [bed on train] kuszetka *f*.

cough [kɒf] <> *n* kaszel *m*. <> *vi* kaszleć • **to have a cough** mieć kaszel.

cough mixture *n* syrop *m* na kaszel.

could [kʊd] *pt* ⊳ **can**.

couldn't ['kʊdnt] = **could not**.

could've ['kʊdəv] = **could have**.

council ['kaʊnsl] *n UK* rada *f*.

council house *n UK* ≃ dom *m* komunalny.

councillor ['kaʊnsələʳ] *n UK* [of town, county] radny *m*, radna *f*.

council tax *n UK* podatek *m* lokalny.

count [kaʊnt] <> *vt* [add up] liczyć/policzyć; [include] wliczać/wliczyć. <> *vi* [know numbers] liczyć; [be important, be regarded] liczyć się. <> *n* [nobleman] hrabia *m*. ⇒ **count on** <> *vt insep* [rely on, expec] liczyć na.

counter ['kaʊntəʳ] *n* [in shop] lada *f*; [in bank] okienko *n*; [for board game] pionek *m*.

counterclockwise ['kaʊntə-klɒkwaɪz] *adv US* w stronę przeciwną do ruchu wskazówek zegara.

counterfoil ['kauntəfcıl] *n* odcinek *m* kontrolny.

countess ['kauntıs] *n* hrabina *f*.

country ['kʌntrı] <> *n* [state] kraj *m*; [countryside] wieś *f*; [population] naród *m*. <> *adj* wiejski.

country and western *n* muzyka *f* country.

country house *n* ≃ dworek *m*.

country road *n* wiejska droga *f*.

countryside ['kʌntrısaıd] *n* wieś *f*.

county ['kauntı] *n* [in Britain] hrabstwo *n*; [in US] powiat *m*.

couple ['kʌpl] *n* para *f* • **a couple of chocolates** [two] dwie czekolady; **acouple of times** [a few] kilka razy.

coupon ['ku:pɒn] *n* [for discount *etc*] bon *m*; [for orders, enquiries] kupon *m*.

courage ['kʌrıdʒ] *n* odwaga *f*.

courgette [kɔːˈʒet] *n UK* cukinia *f*.

courier ['kurıə'] *n* [for holidaymakers] pilot *m*, -ka *f*; [for delivering letters] kurier *m*, -ka *f*.

course [kɔːs] *n* [of meal] danie *n*; [at university, college] zajęcia *npl*; [of evening classes *etc*] kurs *m*; [of treatment, injections] seria *f*; [of ship, plane] kurs *m*; [of river] bieg *m*; [for golf] pole *n* • **of course** oczywiście; **of course not** oczywiście, że nie; **in the course of** w ciągu.

court [kɔːt] *n* [LAW building, room] sąd *m*; SPORT kort *m*; [of king, queen] dwór *m*.

courtesy coach *n* autokar *m* hotelowy.

court shoes *npl* czółenka *npl*.

courtyard ['kɔːtjɑːd] *n* dziedziniec *m*.

cousin ['kʌzn] *n* kuzyn *m*, -ka *f*.

cover ['kʌvə'] <> *n* [soft covering] pokrowiec *m*; [for cushion] poszewka *f*; [lid] wieko *n*; [of book, magazine] okładka *f*; [blanket] nakrycie *n*; [insurance] ubezpieczenie *n*. <> *vt* [protect, hide] zakrywać/zakryć; [travel] pokonywać/pokonać; [apply to] dotyczyć; [discuss] podejmować/podjąć; [report] relacjonować/zrelacjonować; [be enough for] pokrywać/pokryć; [subj: insurance] ubezpieczać/ubezpieczyć • **to be covered in sthg** być pokrytym czymś; **to cover sthg with sthg** przykrywać coś czymś; **to take cover** schronić się. ⇒ **cover up** <> *vt sep* [put cover on] okrywać/okryć; [facts, truth] ukrywać/ukryć.

cover charge *n* opłata *f* za wstęp.

cover note *n UK* nota *f* kryjąca *(potwierdzająca ubezpieczenie)*.

cow [kau] *n* [animal] krowa *f*.

coward ['kauəd] *n* tchórz *m*.

cowboy ['kaubɔı] *n* kowboj *m*.

crab [kræb] *n* krab *m*.

crack [kræk] <> *n* [in cup, glass, wood] pęknięcie *n*; [gap] szpara *f*. <> *vt* [cup, glass, wood] powodować/spowodować pęknięcie; [egg] rozbijać/rozbić; [nut] rozłupywać/rozłupać; *inf* [joke] opowiadać/opowiedzieć; [whip] trzaskać/trzasnąć. <> *vi* [cup, glass, wood] pękać/pęknąć.

cracker ['krækə'] *n* [biscuit] krakers *m*; [for Christmas] *zabawka bożonarodzeniowa w kształcie cukierka zawierająca upominek*.

cradle ['kreıdl] *n* kołyska *f*.

craft [krɑːft] *n* [skill, trade] rzemiosło *n*; [boat: pl inv] statek *m*.

craftsman ['krɑːftsmən] (*pl* -men [-mən]) *n* rzemieślnik *m*.

cram [kræm] *vt* : **to cram sthg into** wpychać/wepchnąć coś do • **to be crammed with** być zapchanym czymś.

cramp [kræmp] *n* [in legs, neck] kurcz *m* • **stomach cramps** skurcze *mpl* żołądka.

cranberry ['krænbərɪ] *n* żurawina *f*.

cranberry sauce *n* sos *m* żurawinowy.

crane [kreɪn] *n* [machine] dźwig *m*.

crap [kræp] <> *adj vulg* gówniany. <> *n vulg* [excrement] gówno *n*.

crash [kræʃ] <> *n* [accident] wypadek *m*; [noise] łoskot *m*. <> *vt* [car] rozbić. <> *vi* [car, plane, train] rozbić się. ➡ **crash into** <> *vt insep* zderzyć się z.

crash helmet *n* kask *m*.

crash landing *n* lądowanie *n* awaryjne.

crate [kreɪt] *n* [container] skrzynka *f*.

crawl [krɔːl] <> *vi* [baby] raczkować; [person] czołgać się; [insect] pełzać; [traffic] wlec się. <> *n* [swimming stroke] kraul *m*.

crawler lane *n UK pas ruchu dla pojazdów wolno jadących.*

crayfish ['kreɪfɪʃ] (*pl* -) *n* rak *m*.

crayon ['kreɪɒn] *n* kredka *f*.

craze [kreɪz] *n* szał *m*.

crazy ['kreɪzɪ] *adj* szalony • **to be crazy about** szaleć za; **like crazy** jak szalony.

crazy golf *n rekreacyjna wersja minigolfa rozgrywana na polu z różnymi przeszkodami, popularna w nadmorskich kurortach.*

cream [kriːm] <> *n* [food] śmie-

tanka *f*; [for face, burns] krem *m*. <> *adj* [in colour] kremowy.

cream cake *n UK* ciastko *n* z kremem.

cream cheese *n* serek *m* śmietankowy.

cream cracker *n* krakers *m*.

cream sherry *n łagodne słodkie sherry o ciemnej barwie.*

cream tea *n UK podwieczorek składający się z herbaty oraz niezbyt słodkich babeczek z dżemem i śmietaną.*

creamy ['kriːmɪ] *adj* [food, drink] śmietankowy.

crease [kriːs] *n* [on paper] zagięcie *n*; [on cloth] zagniecenie *n*; [on trousers] kant *m*.

creased [kriːst] *adj* pognieciony.

create [kriː'eɪt] *vt* tworzyć/stworzyć; [interest] wywoływać/wywołać.

creative [kriː'eɪtɪv] *adj* [person] twórczy.

creature ['kriːtʃər] *n* stworzenie *n*.

crèche [kreʃ] *n UK* żłobek *m*.

credit ['kredɪt] *n* [praise] uznanie *n*; [money] kredyt *m*; [unit of study] punkt *m*; *US* [at school, university] zaliczenie *n* • **to be in credit** mieć dodatnie saldo. ➡ **credits** *npl* [of film] napisy *mpl* końcowe.

credit card *n* karta *f* kredytowa • **to pay by credit card** płacić kartą kredytową; '**all major credit cards accepted**' akceptujemy wszystkie główne karty kredytowe.

creek [kriːk] *n* [inlet] zatoka *f*; *US* [river] strumień *m*.

creep [kriːp] (*pt & pp* crept) <> *vi* [person] skradać się. <> *n inf*

[detestable person] menda *f*; [groveller] lizus *m*, -ka *f*.

cremate [krɪ'meɪt] *vt* poddawać/poddać kremacji.

crematorium ['kremə'tɔːrɪəm] *n* krematorium *n*.

crepe [kreɪp] *n* [thin pancake] naleśnik *m*.

crept [krept] *pt & pp* ⊳ **creep**.

cress [kres] *n* rzeżucha *f*.

crest [krest] *n* [of hill, wave] grzbiet *m*; [emblem] herb *m*.

crew [kruː] *n* [of ship, plane] załoga *f*.

crew neck *n* pulower *m* *(z okrągłym wykończeniem przy szyi)*.

crib [krɪb] *n* US [cot] łóżeczko *n* dziecięce.

cricket ['krɪkɪt] *n* [game] krykiet *m*; [insect] świerszcz *m*.

crime [kraɪm] *n* [offence] przestępstwo *n*; [illegal activity] przestępczość *f*.

criminal ['krɪmɪnl] ◇ *adj* [behaviour, offence] przestępczy; *inf* [disgraceful] karygodny. ◇ *n* przestępca *m*, przestępczyni *f*.

cripple ['krɪpl] ◇ *n* kaleka *m & f*. ◇ *vt* [subj: disease, accident] okaleczyć.

crisis ['kraɪsɪs] *(pl* **crises** [-siːz]) *n* kryzys *m*.

crisp [krɪsp] *adj* [bacon, apple, pastry] chrupiący. ➡ **crisps** *npl* UK chipsy *mpl*.

crispy ['krɪspɪ] *adj* kruchy.

critic ['krɪtɪk] *n* [reviewer] krytyk *m*.

critical ['krɪtɪkl] *adj* [very important] decydujący; [very serious, disapproving] krytyczny.

criticize ['krɪtɪsaɪz] *vt* krytykować/skrytykować.

crockery ['krɒkərɪ] *n* zastawa *f* stołowa.

crocodile ['krɒkədaɪl] *n* krokodyl *m*.

crocus ['krəʊkəs] *(pl -es) n* krokus *m*.

crooked ['krʊkɪd] *adj* [bent, twisted] krzywy.

crop [krɒp] *n* [kind of plant] uprawa *f*; [harvest] plon *m*. ➡ **crop up** *vi* pojawiać/pojawić się.

cross [krɒs] ◇ *adj* rozgniewany. ◇ *n* RELIG krzyż *m*; [X-shape] krzyżyk *m*; [mixture] krzyżówka *f*. ◇ *vt* [road, river] przechodzić/przejść przez; [ocean] przepływać/przepłynąć przez; [arms, legs] krzyżować/skrzyżować; UK [cheque] zakreślać/zakreślić. ◇ *vi* [intersect] przecinać/przeciąć się. ➡ **cross out** ◇ *vt sep* skreślać/skreślić. ➡ **cross over** ◇ *vt insep* [road] przechodzić/przejść na drugą stronę.

crossbar ['krɒsbɑːʳ] *n* [of goal] poprzeczka *f*; [of bicycle] rama *f*.

cross-Channel ferry *n prom kursujący przez kanał La Manche*.

cross-country (running) *n* bieg *m* przełajowy.

crossing ['krɒsɪŋ] *n* [on road] przejście *n* dla pieszych; [sea journey] przeprawa *f*.

crossroads ['krɒsrəʊdz] *(pl) n* skrzyżowanie *n* dróg.

crosswalk ['krɒswɔːk] *n* US przejście *n* dla pieszych.

crossword (puzzle) *n* krzyżówka *f*.

crotch [krɒtʃ] *n* [of person] krocze *n*.

crouton ['kruːtɒn] *n* grzanka *f*.

crow [krəʊ] *n* [bird] wrona *f*.

crowbar ['krəʊbɑːʳ] *n* łom *m*.

crowd [kraʊd] *n* [large group of people] tłum *m*; [at match] rzesza *f* kibiców.

crowded ['kraʊdɪd] *adj* zatłoczony.

crown [kraʊn] *n* korona *f*; [of head] czubek *m*.

Crown Jewels *npl* : **the Crown Jewels** brytyjskie klejnoty *mpl* koronne.

crucial ['kruːʃl] *adj* kluczowy.

crude [kruːd] *adj* [rough] prymitywny; [rude] ordynarny.

cruel [krʊəl] *adj* okrutny.

cruelty ['krʊəltɪ] *n* okrucieństwo *n*.

cruet (set) *n* komplet *m* do przypraw.

cruise [kruːz] <> *n* rejs *m* wycieczkowy. <> *vi* [car] jechać ze stałą prędkością; [plane] lecieć ze stałą prędkością; [ship] odbywać/odbyć rejs.

cruiser ['kruːzəʳ] *n* [pleasure boat] statek *m* wycieczkowy.

crumb [krʌm] *n* okruch *m*.

crumble ['krʌmbl] <> *n* [pudding] *rodzaj deseru składającego się z owoców pokrytych kruszonką.* <> *vi* [building] rozpadać/rozpaść się; [cliff, cheese] kruszyć/rozkruszyć się.

crumpet ['krʌmpɪt] *n* [savoury cake] racuch *m*.

crunchy ['krʌntʃɪ] *adj* chrupiący.

crush [krʌʃ] <> *n* [drink] napój *m* owocowy. <> *vt* [flatten] miażdżyć/zmiażdżyć; [garlic] rozgniatać/rozgnieść; [ice] rozkruszać/rozkruszyć.

crust [krʌst] *n* [outer part of bread] skórka *f*; [of pie] ciasto *n*.

crusty ['krʌstɪ] *adj* [loaf, pie] chrupiący.

crutch [krʌtʃ] *n* [stick] kula *f*; [between legs] = **crotch.**

cry [kraɪ] · <> *n* [shout] krzyk *m*; [of bird] krzyk *m*. <> *vi* [weep] płakać/zapłakać; [shout] krzyczeć/krzyknąć. <> **cry out** <> *vi* [in pain, horror] krzyczeć/krzyknąć.

crystal ['krɪstl] *n* kryształ *m*.

cub [kʌb] *n* [animal] młode *n*.

Cub [kʌb] *n* zuch *m*.

cube [kjuːb] *n* [shape] sześcian *m*; [of sugar, ice] kostka *f*.

cubicle ['kjuːbɪkl] *n* kabina *f*.

Cub Scout = **Cub.**

cuckoo ['kʊkuː] *n* kukułka *f*.

cucumber ['kjuːkʌmbəʳ] *n* ogórek *m*.

cuddle ['kʌdl] *n* pieszczota *f* • **to have a cuddle** przytulić się.

cuddly toy *n* przytulanka *f*.

cue [kjuː] *n* [in snooker, pool] kij *m*.

cuff [kʌf] *n* [of sleeve] mankiet *m*; *US* [of trousers] mankiet *m*.

cuff links *npl* spinki *fpl* od mankietu.

cuisine [kwɪ'ziːn] *n* kuchnia *f*.

cul-de-sac ['kʌldəsæk] *n* ślepa uliczka *f*.

cult [kʌlt] <> *n* RELIG kult *m*. <> *adj* kultowy.

cultivate ['kʌltɪveɪt] *vt* [grow] uprawiać.

cultivated ['kʌltɪveɪtɪd] *adj* [person] obyty.

cultural ['kʌltʃərəl] *adj* [of society] kulturowy; [of the arts] kulturalny.

culture ['kʌltʃəʳ] *n* kultura *f*.

cumbersome ['kʌmbəsəm] *adj* nieporęczny.

cumin ['kʌmɪn] *n* kminek *m*.

cunning ['kʌnɪŋ] *adj* sprytny.

cup [kʌp] *n* filiżanka *f*; [trophy, competition] puchar *m*; [of bra] miseczka *f*.

cupboard ['kʌbəd] *n* szafka *f* kuchenna.

curator ['kjʊə'reɪtə'] *n* kustosz *m*.

curb [kɜːb] *US* = **kerb**.

curd cheese *n* twaróg *m*.

cure [kjʊə'] ⬦ *n* [for illness] lekarstwo *n*. ⬦ *vt* [illness, person] leczyć/wyleczyć; [with salt] solić/zasolić; [with smoke] wędzić/uwędzić; [by drying] suszyć/wysuszyć.

curious ['kjʊərɪəs] *adj* [inquisitive] ciekawy; [strange] dziwny.

curl [kɜːl] ⬦ *n* [of hair] lok *m*. ⬦ *vt* [hair] zakręcać/zakręcić.

curler ['kɜːlə'] *n* lokówka *f*.

curly ['kɜːlɪ] *adj* kręcony.

currant ['kʌrənt] *n* [dried fruit] *gatunek pochodzących z Grecji drobnych rodzynek bez pestek.*

currency ['kʌrənsɪ] *n* [money] waluta *f*.

current ['kʌrənt] ⬦ *adj* aktualny. ⬦ *n* [of air, sea, electricity] prąd *m*; [of river] nurt *m*.

current account *n UK* rachunek *m* bieżący.

current affairs *npl* aktualności *fpl*

currently ['kʌrəntlɪ] *adv* aktualnie.

curriculum [kə'rɪkjələm] *n* program *m* nauczania.

curriculum vitae [-'viːtaɪ] *n UK* życiorys *m*.

curried ['kʌrɪd] *adj* przyprawiony curry.

curry ['kʌrɪ] *n potrawa kuchni indyjskiej z mięsa lub warzyw w pikantnym sosie.*

curse [kɜːs] *vi* przeklinać/przekląć.

cursor ['kɜːsə'] *n* kursor *m*.

curtain ['kɜːtn] *n* [in house] zasłona *f*; [in theatre] kurtyna *f*.

curve [kɜːv] ⬦ *n* [shape] łuk *m*; [in road, river] zakręt *m*. ⬦ *vi* zakręcać/zakręcić łukiem.

curved [kɜːvd] *adj* zakrzywiony.

cushion ['kʊʃn] *n* [for sitting on] poduszka *f*.

custard ['kʌstəd] *n* sos *m* waniliowy.

custom ['kʌstəm] *n* [tradition] zwyczaj *m* • 'thank you for your custom' dziękujemy za odwiedziny.

customary ['kʌstəmrɪ] *adj* zwyczajowy.

customer ['kʌstəmə'] *n* [of shop] klient *m*.

customer services *n* [department] dział *m* obsługi klienta.

customs ['kʌstəmz] *n* [place] urząd *m* celny • **to go through customs** przechodzić odprawę celną.

customs duty *n* opłata *f* celna.

customs officer *n* celnik *m*, celniczka *f*.

cut [kʌt] (*pt & pp* cut) ⬦ *n* [in skin] skaleczenie *n*; [in cloth] rozcięcie *n*; [reduction] cięcie *n*; [piece of meat] kawałek *m*; [hairstyle] fryzura *f*; [style of clothes] krój *m*. ⬦ *vt* [with knife] kroić/ukroić; [with scissors] ciąć/obciąć; [wound] kaleczyć/skaleczyć; [reduce] obniżać/obniżyć; [delete] wycinać/wyciąć • **cut and blow-dry** strzyżenie z modelowaniem; **to cut o.s.** skaleczyć się; **to have one's hair cut** ostrzyc się; **to cut the grass** strzyc trawnik; **to cut sthg**

open rozciąć coś; **cut the crap**
vulg przestać pieprzyć; **cut one's
losses** zapobiec dalszym stra-
tom; **cut a tooth** ząbkować.
◆ **cut back** ◇ *vi* : to cut
(on) oszczędzać/zaoszczędzić
na. ◆ **cut down** ◇ *vt sep*
[tree] ścinać/ściąć. ◆ **cut
down on** ◇ *vt insep* ograni-
czać/ograniczyć. ◆ **cut off**
◇ *vt sep* odcinać/odciąć • **I've
been cut** [on phone] rozłączono
mnie; **to be cut** [isolated] być
odciętym *(od świata)*. ◆ **cut
out** ◇ *vt sep* [newspaper article,
photo] wycinać/wyciąć. ◇ *vi*
[engine] gasnąć/zgasnąć • **to cut
smoking** rzucić palenie; **cut it
out!** *inf* przestań! ◆ **cut up**
◇ *vt sep* kroić/pokroić.

cute [kju:t] *adj* uroczy.

cut-glass *adj* z rżniętego szkła.

cutlery ['kʌtlərɪ] *n* sztućce *mpl*.

cutlet ['kʌtlɪt] *n* [of meat] kotlet
m; [of nuts, vegetables] krokiet *m*.

cut-price *adj* przeceniony.

cutting ['kʌtɪŋ] *n* [from newspa-
per] wycinek *m*.

CV *n UK* (*abbr of* curriculum vitae)
CV.

cwt = hundredweight.

cycle ['saɪkl] ◇ *n* [bicycle] rower
m; [series] cykl *m*. ◇ *vi* jeździć
na rowerze.

cycle hire *n* wypożyczalnia *f* rowerów.

cycle lane *n* pas *m* jezdni dla
rowerów.

cycle path *n* ścieżka *f* rowerowa.

cycling ['saɪklɪŋ] *n* jazda *f* na
rowerze • **to go cycling** jeździć
na rowerze.

cycling shorts *npl* spodenki *pl*
kolarskie.

cyclist ['saɪklɪst] *n* rowerzysta *m*,
rowerzystka *f*.

cylinder ['sɪlɪndər] *n* [container]
butla *f*; [in engine] cylinder *m*.

cynical ['sɪnɪkl] *adj* cyniczny.

Czech [tʃek] ◇ *adj* czeski. ◇ *n*
[person] Czech *m*, Czeszka *f*;
[language] czeski.

Czech Republic *n* : the Czech
Republic Republika *f* Czeska.

D

dab [dæb] *vt* [ointment, cream]
wklepywać/wklepać.

dad [dæd] *n inf* tata *m*.

daddy ['dædɪ] *n inf* tatuś *m*.

daddy-long-legs (*pl*) *n* komar-
nica *f*.

daffodil ['dæfədɪl] *n* żonkil *m*.

daft [dɑːft] *adj UK inf* głupi.

daily ['deɪlɪ] ◇ *adj* codzienny.
◇ *adv* codziennie. ◇ *n* : a
daily (newspaper) dziennik *m*.

dairy ['deərɪ] *n* [on farm] mleczarnia *f*; [shop] sklep *m* nabiałowy.

dairy product *n* produkt *m*
mleczny.

daisy ['deɪzɪ] *n* stokrotka *f*.

dam [dæm] *n* zapora *f* wodna.

damage ['dæmɪdʒ] ◇ *n* [physical
harm] uszkodzenie *n*; *fig* [to
reputation] uszczerbek *m*; [to
chances] szkoda *f*. ◇ *vt* [harm
physically] uszkadzać/uszkodzić;
fig [reputation] narażać/narazić
na szwank; [chances] szkodzić/
zaszkodzić.

damn [dæm] <> *excl inf* cholera! <> *adj inf* cholerny • **I don't give a damn** mam to gdzieś.

damp [dæmp] <> *adj* wilgotny. <> *n* wilgoć *f*.

damson ['dæmzn] *n (śliwka) damascenka f.*

dance [dɑːns] <> *n* [particular set of movements] taniec *m*; [social event] zabawa *f*. <> *vi* tańczyć/zatańczyć • **to have a dance** tańczyć/zatańczyć.

dance floor *n* [in club] parkiet *m*.

dancer ['dɑːnsə^r] *n* tancerz *m*, tancerka *f*.

dancing ['dɑːnsɪŋ] *n* tańce *mpl* • **to go dancing** iść potańczyć.

dandelion ['dændɪlaɪən] *n* mlecz *m*.

dandruff ['dændrʌf] *n* łupież *m*.

Dane [deɪn] *n* Duńczyk *m*, Dunka *f*.

danger ['deɪndʒə^r] *n* niebezpieczeństwo *n* • **in danger** w niebezpieczeństwie.

dangerous ['deɪndʒərəs] *adj* niebezpieczny.

Danish ['deɪnɪʃ] <> *adj* duński. <> *n* [language] duński.

Danish pastry *n słodkie ciasto drożdżowe z polewą, wypełnione owocami lub orzechami.*

dare [deə^r] *vt* • **to dare to do sthg** ośmielić się coś zrobić • **to dare sb to do sthg** wyzywać kogoś, aby coś zrobił; **how dare you!** jak śmiesz!

daring ['deərɪŋ] *adj* śmiały.

dark [dɑːk] <> *adj* ciemny; [person, skin] śniady. <> *n* : **after dark** po zmroku; **the dark** ciemność *f*.

dark chocolate *n* gorzka czekolada *f*.

dark glasses *npl* ciemne okulary *pl*.

darkness ['dɑːknɪs] *n* zmrok *m*.

darling ['dɑːlɪŋ] *n* [term of affection] kochanie *n*.

dart [dɑːt] *n* [weapon] strzałka *f*; [in garment] zakładka *f*. **darts** *n* [game] gra *f* w strzałki.

dartboard ['dɑːtbɔːd] *n* tarcza *f* do gry w strzałki.

dash [dæʃ] <> *n* [of liquid] kropla *f*; [in writing] myślnik *m*. <> *vi* pędzić/popędzić.

dashboard ['dæʃbɔːd] *n* deska *f* rozdzielcza.

data ['deɪtə] *n* dane *pl*.

database ['deɪtəbeɪs] *n* baza *f* danych.

data protection *n* COMPUT ochrona *f* danych.

date [deɪt] <> *n* [day] termin *m*; [meeting] randka *f*; *US* [person] chłopak *m*, dziewczyna *f*; [fruit] daktyl *m*. <> *vt* [cheque, letter] opatrzyć datą; [person] spotykać się z. <> *vi* [become unfashionable] wychodzić/wyjść z mody • **what's the date?** jaki dziś mamy dzień?; **to have a date with sb** mieć z kimś randkę.

date of birth *n* data *f* urodzenia.

date rape *n* gwałt *m* na randce.

daughter ['dɔːtə^r] *n* córka *f*.

daughter-in-law *n* synowa *f*.

dawn [dɔːn] *n* świt *m*.

day [deɪ] *n* dzień *m* • **what day is it today?** jaki mamy dzisiaj dzień?; **what a lovely day!** jaki piękny dzień!; **to have a day off** mieć dzień wolny; **to have a day out** spędzić dzień poza domem; **by day** [travel] w ciągu dnia; **the day after tomorrow** pojutrze; **the day before** dzień wcześniej;

the day before yesterday przedwczoraj; **the following day** następnego dnia; **have a nice day!** miłego dnia!

daydream ['deɪdriːm] <> n sen m na jawie. <> vi śnić na jawie.

daylight ['deɪlaɪt] n światło n dzienne.

day return n UK [railway ticket] *powrotny bilet ważny jeden dzień*.

day shift n pierwsza zmiana f.

daytime ['deɪtaɪm] n dzień m.

day-to-day adj [everyday] codzienny.

day trip n jednodniowa wycieczka f.

dazzle ['dæzl] vt oślepiać/oślepić.

DC (abbr of **direct current**) prąd m stały.

dead [ded] <> adj [not alive] martwy; [town] wymarły; [party] drętwy; [telephone, line] głuchy; [battery] wyczerpany. <> adv [precisely] dokładnie; inf [very] super • **it's dead ahead** jest zaraz naprzeciwko; **'dead slow'** ograniczenie n prędkości.

dead end n [street] ślepy zaułek m.

deadline ['dedlaɪn] n termin m ostateczny.

deaf [def] <> adj głuchy. <> npl : **the deaf** głusi mpl.

deal [diːl] (pt & pp **dealt** [delt]) <> n [agreement] umowa f. <> vt [cards] rozdawać/rozdać karty • **a good/bad deal** dobry/zły interes; **a great deal of** dużo; **it's a deal!** umowa stoi! ◆ **deal in** <> vt insep handlować czymś. ◆ **deal with** <> vt insep [handle] radzić/poradzić sobie z; [be about] dotyczyć.

dealer ['diːlə'] n COMM handlo-

wiec m; [in drugs] handlarz m, handlarka f.

dealt [delt] pt & pp ▷ **deal**.

dear [dɪə'] <> adj drogi. <> n : **my dear** kochany m, kochana f • **Dear Sir** Szanowny Panie; **Dear Madam** Szanowna Pani; **Dear John** Drogi Johnie; **oh dear!** o Boże!

death [deθ] n śmierć f.

debate [dɪ'beɪt] <> n debata f. <> vt [wonder] debatować nad.

debit ['debɪt] <> n debet m. <> vt [account] debetować.

debit card n karta f debetowa.

debt [det] n dług m • **to be in debt** być w długach.

Dec. (abbr of **December**) *grudzień*.

decaff ['diːkæf] n inf kawa f bezkofeinowa.

decaffeinated [dɪ'kæfɪneɪtɪd] adj bezkofeinowa.

decanter [dɪ'kæntə'] n karafka f.

decay [dɪ'keɪ] <> n [of building] niszczenie n; [of wood] butwienie n; [of tooth] próchnica f. <> vi [rot] gnić/zgnić.

deceive [dɪ'siːv] vt oszukiwać/oszukać.

decelerate ['diː'seləreɪt] vi zwalniać/zwolnić.

December [dɪ'sembə'] n grudzień m see also **September**.

decent ['diːsnt] adj [respectable, adequate] przyzwoity; [kind] sympatyczny.

decide [dɪ'saɪd] <> vt decydować/zdecydować. <> vi decydować/zdecydować się • **to decide to do sthg** postanowić coś zrobić. ◆ **decide on** <> vt insep decydować/zdecydować się na.

decimal ['desɪml] adj dziesiętny.

decimal point n przecinek m.

decision [dɪˈsɪʒn] n decyzja f • **to make a decision** podjąć decyzję.

decisive [dɪˈsaɪsɪv] adj [person] stanowczy; [event, factor] decydujący.

deck [dek] n [of ship] pokład m; [of bus] piętro n; [of cards] talia f.

deckchair [ˈdektʃeəʳ] n leżak m.

declare [dɪˈkleəʳ] vt -1. [war] wypowiadać/wypowiedzieć; [independence] ogłaszać/ogłosić. -2. [announce] : **to declare that** oświadczać/oświadczyć, że; **'goods to declare'** towary do oclenia; **'nothing to declare'** nic do oclenia.

decline [dɪˈklaɪn] <> n upadek m. <> vi [get worse] podupadać/podupaść; [refuse] odmawiać/odmówić.

decorate [ˈdekəreɪt] vt [with wallpaper, paint] odnawiać/odnowić; [make attractive] dekorować/udekorować.

decoration [ˌdekəˈreɪʃn] n [wallpaper, paint, furniture] wystrój m; [decorative object] ozdoba f.

decorator [ˈdekəreɪtəʳ] n malarz m pokojowy.

decrease <> n [ˈdiːkriːs] spadek m. <> vi [dɪˈkriːs] obniżać/obniżać się.

dedicated [ˈdedɪkeɪtɪd] adj [committed] oddany.

deduce [dɪˈdjuːs] vt wnioskować/wywnioskować.

deduct [dɪˈdʌkt] vt odliczać/odliczyć.

deduction [dɪˈdʌkʃn] n [reduction] potrącenie n; [conclusion] wniosek m.

deep [diːp] <> adj głęboki; [words] ważki. <> adv głęboko.

deep end n [of swimming pool] najgłębsza część.

deep freeze n zamrażarka f.

deep-fried adj smażony w głębokim tłuszczu.

deep-pan adj [pizza] na grubym cieście.

deer [dɪəʳ] (pl -) n jeleń m.

defeat [dɪˈfiːt] <> n porażka f. <> vt pokonywać/pokonać.

defect n [ˈdiːfekt] wada f.

defective [dɪˈfektɪv] adj wadliwy.

defence n UK obrona f.

defend [dɪˈfend] vt bronić/obronić.

defense US = defence.

deficiency [dɪˈfɪʃnsɪ] n [lack] niedostatek m.

deficit [ˈdefɪsɪt] n deficyt m.

define [dɪˈfaɪn] vt definiować/zdefiniować.

definite [ˈdefɪnɪt] adj [clear] wyraźny; [certain] pewny.

definite article n rodzajnik m określony.

definitely [ˈdefɪnɪtlɪ] adv [certainly] na pewno.

definition [ˌdefɪˈnɪʃn] n definicja f.

deflate [dɪˈfleɪt] vt [tyre] spuszczać/spuścić powietrze z.

deflect [dɪˈflekt] vt [ball] odbijać/odbić.

defogger [ˈdiːˌfɒgəʳ] n US preparat m antyroszeniowy.

deformed [dɪˈfɔːmd] adj zniekształcony.

defrost [ˈdiːˈfrɒst] vt [food, fridge] rozmrażać/rozmrozić; US [windscreen] odszraniać/odszronić.

degree [dɪˈgriː] n [unit of measurement] stopień m; [amount] pewna ilość f; [qualification] stopień m

naukowy • **to have a degree in sthg** posiadać stopień naukowy w jakiejś dziedzinie.

dehydrated *adj* [food] w proszku; [person] odwodniony.

de-ice [diː'aɪs] *vt* oczyszczać/oczyścić z lodu; [windscreen] odmrażać/odmrozić.

de-icer [diː'aɪsə^r] *n* odmrażacz *m* do szyb.

dejected [dɪ'dʒektɪd] *adj* zniechęcony.

delay [dɪ'leɪ] <> *n* opóźnienie *n*. <> *vt* [person] zatrzymywać/zatrzymać; [flight, departure] opóźniać/opóźnić. <> *vi* zwlekać • **without delay** bezzwłocznie.

delayed *adj* [train, flight] opóźniony.

delegate <> *n* ['delɪgət] delegat *m*, -ka *f*. <> *vt* ['delɪgeɪt] [person] wyznaczać/wyznaczyć.

delete [dɪ'liːt] *vt* kasować/skasować.

deli ['delɪ] *n inf (abbr of delicatessen)* delikatesy *pl*.

deliberate *adj* [dɪ'lɪbərət] [intentional] zamierzony.

deliberately [dɪ'lɪbərətlɪ] *adv* [intentionally] celowo.

delicacy ['delɪkəsɪ] *n* [food] przysmak *m*.

delicate ['delɪkət] *adj* delikatny; [person] chorowity; [health] słaby.

delicatessen ['delɪkə'tesn] *n* sklep *m* delikatesowy.

delicious [dɪ'lɪʃəs] *adj* [food] pyszny.

delight [dɪ'laɪt] <> *n* [feeling] radość *f*. <> *vt* zachwycać/zachwycić się • **to take (a) delight in doing sthg** czerpać radość z robienia czegoś.

delighted [dɪ'laɪtɪd] *adj* zachwycony.

delightful [dɪ'laɪtfʊl] *adj* zachwycający.

deliver [dɪ'lɪvə^r] *vt* [goods, letters, newspaper] dostarczać/dostarczyć; [speech, lecture] wygłaszać/wygłosić; [baby] odbierać/odebrać poród.

delivery [dɪ'lɪvərɪ] *n* [of goods] dostawa *f*; [of letters] dostarczenie *n*; [birth] poród *m*.

delude [dɪ'luːd] *vt* zwodzić.

de-luxe *adj* luksusowy.

demand [dɪ'mɑːnd] <> *n* [request] żądanie *n*; COMM popyt *m*; [requirement] wymaganie *n*. <> *vt* [request forcefully] żądać/zażądać; [require] wymagać • **to demand to do sthg** żądać zrobienia czegoś; **in demand** wzięty.

demanding [dɪ'mɑːndɪŋ] *adj* wymagający.

demerara sugar *n rodzaj brązowego cukru trzcinowego*.

demist ['diː'mɪst] *vt UK* usuwać/usunąć zamglenie.

demister ['diː'mɪstə^r] *n UK* preparat *m* antyroszeniowy.

democracy [dɪ'mɒkrəsɪ] *n* demokracja *f*.

democrat ['deməkræt] *n* demokrata *m*, demokratka *f*.

democratic ['demə'krætɪk] *adj* demokratyczny.

demolish [dɪ'mɒlɪʃ] *vt* [building] wyburzać/wyburzyć.

demonstrate ['demənstreɪt] <> *vt* [prove] dowodzić/dowieść; [machine, appliance] prezentować/zaprezentować. <> *vi* manifestować/zamanifestować.

demonstration ['demən'streɪʃn] *n* [protest] manifestacja *f*; [proof] dowód *m*; [of machine, appliance] prezentacja *f*.

denial [dɪ'naɪəl] n zaprzeczenie n.

denim ['denɪm] n dżins m.
➡ denims npl dżinsy pl.

denim jacket n kurtka f dżinsowa.

Denmark ['denmɑːk] n Dania f.

dense-[dens] adj gęsty.

dent [dent] n wgniecenie n.

dental ['dentl] adj dentystyczny.

dental floss n nić f dentystyczna.

dental surgeon n dentysta m, dentystka f.

dental surgery n [place] gabinet m dentystyczny.

dentist ['dentɪst] n dentysta m, dentystka f • to go to the dentist's pójść do dentysty.

dentures npl proteza f dentystyczna.

deny [dɪ'naɪ] vt [declare untrue] zaprzeczać/zaprzeczyć; [refuse] odmawiać/odmówić.

deodorant [diː'əʊdərənt] n dezodorant m.

depart [dɪ'pɑːt] vi odjeżdżać/odjechać.

department [dɪ'pɑːtmənt] n [of business, shop] dział m; [of government] ministerstwo n; [of school, university] wydział m.

department store n dom m towarowy.

departure [dɪ'pɑːtʃəʳ] n odjazd m • 'departures' [at airport] odloty mpl.

departure lounge n hala f odlotów.

depend [dɪ'pend] vi : it depends to zależy. ➡ depend on vt insep [be decided by] zależeć od; [rely on] polegać na • depending on w zależności od.

dependable [dɪ'pendəbl] adj godny zaufania.

deplorable [dɪ'plɔːrəbl] adj godny ubolewania.

deport [dɪ'pɔːt] vt deportować.

deposit [dɪ'pɒzɪt] ⟨⟩ n [in bank] lokata f; [part-payment] zaliczka f; [against damage] kaucja f; [substance] osad m. ⟨⟩ vt [put down] składać/złożyć; [money in bank] wpłacać/wpłacić.

deposit account n UK rachunek m terminowy.

depot n ['depəʊ] US [for buses, trains] dworzec m.

depressed [dɪ'prest] adj przygnębiony.

depressing [dɪ'presɪŋ] adj przygnębiający.

depression [dɪ'preʃn] n [feeling] przygnębienie n; [economic] zastój m.

deprive [dɪ'praɪv] vt : to deprive sb of sthg pozbawić kogoś czegoś.

depth [depθ] n [distance down] głębokość f • out of one's depth [when swimming] bez gruntu pod stopami; fig [unable to cope] nie w swoim żywiole; depth of field [in photography] głębia ostrości.

deputy ['depjʊtɪ] adj pełniący funkcję zastępcy.

derailleur [dɪ'reɪljəʳ] n przerzutka f.

derailment [dɪ'reɪlmənt] n wykolejenie n.

derelict ['derəlɪkt] adj opuszczony.

descend [dɪ'send] ⟨⟩ vt [stairs, hill] schodzić/zejść z. ⟨⟩ vi schodzić/zejść.

descendant [dɪ'sendənt] n potomek m, potomkini f.

descent [dɪ'sent] *n* [going down] zejście *n*; [downward slope] spadek *m*.

describe [dɪ'skraɪb] *vt* opisywać/opisać.

description [dɪ'skrɪpʃn] *n* opis *m*.

desert ⋄ *n* pustynia *f*. ⋄ *vt* [abandon] opuszczać/opuścić.

deserted [dɪ'zɜːtɪd] *adj* [beach, streets] opustoszały.

deserve [dɪ'zɜːv] *vt* zasługiwać/zasłużyć na.

design [dɪ'zaɪn] ⋄ *n* [pattern] wzór *m*; [art] projektowanie *n*; [of machine, building] projekt *m*. ⋄ *vt* [machine, building, dress] projektować/zaprojektować • **to be designed for** być przeznaczonym do.

designer [dɪ'zaɪnə'] ⋄ *n* projektant *m*, -ka *f*. ⋄ *adj* [clothes, sunglasses] markowy.

desirable [dɪ'zaɪərəbl] *adj* pożądany.

desire [dɪ'zaɪə'] ⋄ *n* pragnienie *n*. ⋄ *vt* pragnąć/zapragnąć • **it leaves a lot to be desired** pozostawia wiele do życzenia.

desk [desk] *n* [in home, office, school] biurko *n*; [at airport, station, hotel] stanowisko *n*.

desktop publishing *n* poligrafia *f* komputerowa.

despair [dɪ'speə'] *n* rozpacz *f*.

despatch [dɪ'spætʃ] = dispatch.

desperate ['despərət] *adj* [person] zrozpaczony; [action] rozpaczliwy • **to be desperate for sthg** bardzo potrzebować czegoś.

despicable [dɪ'spɪkəbl] *adj* podły.

despise [dɪ'spaɪz] *vt* gardzić/pogardzić.

despite [dɪ'spaɪt] *prep* pomimo.

dessert [dɪ'zɜːt] *n* deser *m*.

dessertspoon [dɪ'zɜːtspuːn] *n* [spoon] łyżka *f* deserowa; [spoonful] łyżka *f*.

destination ['destɪ'neɪʃn] *n* [of journey] cel *m*; [of train] stacja *f* docelowa; [of letter, parcel] miejsce *n* przeznaczenia.

destroy [dɪ'strɔɪ] *vt* niszczyć/zniszczyć.

destruction [dɪ'strʌkʃn] *n* zniszczenie *n*.

detach [dɪ'tætʃ] *vt* oddzielać/oddzielić.

detached house *n* dom *m* wolno stojący.

detail [*UK* 'diːteɪl, *US* dɪ'teɪl] *n* szczegół *m* • **in detail** szczegółowo. ◆ **details** *npl* [facts] szczegółowe informacje *fpl*.

detailed [*UK* 'diːteɪld, *US* dɪ'teɪld] *adj* szczegółowy.

detect [dɪ'tekt] *vt* wykrywać/wykryć.

detective [dɪ'tektɪv] *n* detektyw *m* • **a detective story** kryminał *m*.

detention [dɪ'tenʃn] *n* uwięzienie *n*.

detergent [dɪ'tɜːdʒənt] *n* detergent *m*.

deteriorate [dɪ'tɪərɪəreɪt] *vi* pogarszać/pogorszyć się.

determination [dɪ'tɜːmɪ'neɪʃn] *n* [quality] zdecydowanie *n*.

determine [dɪ'tɜːmɪn] *vt* [control] decydować/zdecydować o; [find out] ustalać/ustalić.

determined [dɪ'tɜːmɪnd] *adj* zdecydowany • **to be determined to do sthg** być zdecydowanym coś zrobić.

deterrent [dɪ'terənt] *n* środek *m* odstraszający.

detest [dɪ'test] *vt* nienawidzić/znienawidzić.

detour ['di:'tuə^r] *n* objazd *m*.

detrain *vi* *fml* wysiadać/wysiąść z pociągu.

deuce [dju:s] *excl* [in tennis] równowaga *f*.

devastate ['devəsteɪt] *vt* [country, town] pustoszyć/spustoszyć.

develop [dɪ'veləp] <> *vt* [idea, company] rozwijać/rozwinąć; [land] zagospodarowywać/zagospodarować; [film] wywoływać/ wywołać; [machine, method] doskonalić/udoskonalić; [illness] nabawiać/nabawić się; [habit] nabierać/nabrać; [interest] rozwijać/ rozwinąć. <> *vi* [evolve] rozwijać/rozwinąć się.

developing country *n* kraj *m* rozwijający się.

development [dɪ'veləpmənt] *n* [growth] rozwój *m*; [new event] rozwój *m* wypadków • **a housing development** osiedle *n* mieszkaniowe.

device [dɪ'vaɪs] *n* [machine] urządzenie *n*.

devil ['devl] *n* diabeł *m* • **what the devil ...?** *inf* co, u diabła...?

devise [dɪ'vaɪz] *vt* obmyślać/obmyślić.

devolution ['di:və'lu:ʃn] *n* POL decentralizacja *f* władzy.

devoted [dɪ'vəʊtɪd] *adj* [person] oddany.

dew [dju:] *n* rosa *f*.

diabetes ['daɪə'bi:ti:z] *n* cukrzyca *f*.

diabetic ['daɪə'betɪk] <> *adj* [person] chory na cukrzycę; [chocolate] dla diabetyków. <> *n* chory *m*, chora *f* na cukrzycę.

diagnosis ['daɪəg'nəʊsɪs] (*pl* -oses [-si:z]) *n* diagnoza *f*.

diagonal [daɪ'ægənl] *adj* ukośny.

diagram ['daɪəgræm] *n* schemat *m*.

dial ['daɪəl] <> *n* [of telephone, clock] tarcza *f*; [radio] pokrętło *n*. <> *vt* wykręcać/wykręcić *(numer)*.

dialling code ['daɪəlɪŋ-] *n* UK numer *m* kierunkowy.

dialling tone ['daɪəlɪŋ-] *n* UK sygnał *m* zgłoszenia.

dial tone *US* = dialling tone.

diameter [daɪ'æmɪtə^r] *n* średnica *f*.

diamond ['daɪəmənd] *n* [gem] diament *m*. **diamonds** *npl* [in cards] karo *n*.

diaper ['daɪəpə^r] *n* US pieluszka *f*.

diarrhoea ['daɪə'rɪə] *n* biegunka *f*.

diary ['daɪərɪ] *n* [for appointments] terminarz *m*; [journal] pamiętnik *m*.

dice [daɪs] (*pl* -) *n* kości *fpl*.

diced *adj* [food] pokrojony w kostkę.

dictate *vt* [dɪk'teɪt] [letter] dyktować/podyktować.

dictation [dɪk'teɪʃn] *n* SCH dyktando *n*.

dictator [dɪk'teɪtə^r] *n* dyktator *m*, -ka *f*.

dictionary ['dɪkʃənrɪ] *n* słownik *m*.

did [dɪd] *pt* └► **do**.

die [daɪ] (*pt*&*pp* died, *cont* dying) *vi* [person] umierać/umrzeć; [animal] zdychać/zdechnąć; [plant] usychać/uschnąć • **to be dying for sthg** *inf* marzyć o czymś; **to be dying to do sthg** *inf* nie móc się doczekać, aby coś zrobić. **die away** *vi* ustawać/ustać. **die out** *vi* wymierać/wymrzeć.

diesel ['diːzl] *n* [fuel] olej *m* napędowy; [car] diesel *m*.

diet ['daɪət] <> *n* dieta *f*. <> *vi* stosować/zastosować dietę. <> *adj* dietetyczny.

diet Coke® *n* cola *f* light.

differ ['dɪfə'] *vi* [disagree] mieć odmienne zdanie • **to differ (from)** [be dissimilar] różnić się (od).

difference ['dɪfrəns] *n* różnica *f* • it makes no difference to nie ma żadnego znaczenia; **a difference of opinion** różnica zdań.

different ['dɪfrənt] *adj* [not the same] inny; [separate] różny, inny • **to be different (from)** różnić się (od).

differently ['dɪfrəntlɪ] *adv* inaczej.

difficult ['dɪfɪkəlt] *adj* trudny.

difficulty ['dɪfɪkəltɪ] *n* [trouble] trudność *f*; [problem] kłopot *m*.

dig [dɪg] (*pt & pp* dug [dʌg]) <> *vt* [hole, tunnel] kopać/wykopać; [garden, land] przekopywać/przekopać. <> *vi* kopać. ⇐ **dig out** <> *vt sep* [rescue] odkopywać/odkopać; [find] wyszukiwać/wyszukać. ⇐ **dig up** <> *vt sep* [from ground] wykopywać/wykopać.

digest *vt* [dɪ'dʒest] [food] trawić/strawić.

digestion [dɪ'dʒestʃn] *n* trawienie *n*.

digestive (biscuit) *n UK herbatnik z mąki pełnoziarnistej.*

digit ['dɪdʒɪt] *n* [figure] cyfra *f*; [finger, toe] palec *m*.

digital ['dɪdʒɪtl] *adj* [clock, watch] cyfrowy.

dill [dɪl] *n* koper *m*.

dilute [daɪ'luːt] *vt* rozcieńczać/rozcieńczyć.

dim [dɪm] <> *adj* [light] przyćmiony; [room] ciemny; *inf* [stupid] tępy. <> *vt* [light] ściemniać/ściemnić.

dime [daɪm] *n US* dziesięciocentówka *f*.

dimensions *npl* [measurements] rozmiary *mpl*; [in maths] wymiary *mpl*.

din *n* wrzawa *f*.

dine [daɪn] *vi* zjeść obiad/kolację. ⇐ **dine out** *vi* jeść/zjeść posiłek poza domem.

diner ['daɪnə'] *n US* [restaurant] przydrożna restauracja *f*; [person] gość *m (restauracji).*

dinghy ['dɪŋgɪ] *n* [with sail] mała żaglówka *f*; [with oars] szalupa *f*.

dingy ['dɪndʒɪ] *adj* obskurny.

dining car ['daɪnɪŋ-] *n* wagon *m* restauracyjny.

dining hall ['daɪnɪŋ-] *n* SCH stołówka *f*.

dining room ['daɪnɪŋ-] *n* pokój *m* jadalny.

dinner ['dɪnə'] *n* [at lunchtime] obiad *m*; [in evening] kolacja *f* • **to have dinner** [at lunchtime] jeść obiad.

dinner jacket *n* smoking *m*.

dinner party *n* przyjęcie *n*.

dinner set *n* serwis *m* obiadowy.

dinner suit *n* smoking *m*.

dinner time *n* [at lunchtime] pora *f* obiadowa; [in evening] pora *f* kolacji.

dinosaur ['daɪnəsɔː'] *n* dinozaur *m*.

dip [dɪp] <> *n* [in road, in land] spadek *m*; [food] dip *m*. <> *vt* [into liquid] zanurzać/zanurzyć. <> *vi* [road, land] obniżać/obniżyć się • **to have a dip** [swim] iść popływać; **to dip one's head-**

lights *UK* przełączyć światła z długich na mijania.

diploma [dɪ'pləʊmə] *n* dyplom *m*.

dipstick ['dɪpstɪk] *n* wskaźnik *m* *(poziomu oleju)*.

direct [dɪ'rekt] <> *adj* bezpośredni. <> *vt* [aim] kierować/skierować; [control] kierować; [film, play, TV programme] reżyserować/wyreżyserować; [give directions to] wskazywać/wskazać drogę. <> *adv* [go, fly, travel] bezpośrednio.

direct current *n* prąd *m* stały.

direction [dɪ'rekʃn] *n* [of movement] kierunek *m* • **to ask for directions** pytać o drogę. → **directions** *npl* [instructions] wskazówki *fpl*.

directly [dɪ'rektlɪ] *adv* [exactly] dokładnie; [soon] wkrótce.

director [dɪ'rektər] *n* [of company] dyrektor *m*; [of film, play, TV programme] reżyser *m*, -ka *f*; [organizer] osoba *f* odpowiedzialna.

directory [dɪ'rektərɪ] *n* [telephone] książka *f* telefoniczna; COMPUT katalog *m*.

directory enquiries *n* *UK* informacja *f* telefoniczna.

dirt [dɜːt] *n* [on clothes, skin, floor] brud *m*; [earth] ziemia *f*.

dirty ['dɜːtɪ] *adj* [clothes, skin, floor, plates] brudny; [joke] sprośny.

disability ['dɪsə'bɪlətɪ] *n* upośledzenie *n*.

disabled [dɪs'eɪbld] <> *adj* niepełnosprawny. <> *npl* : **the disabled** niepełnosprawni *mpl* • '**disabled toilet**' toaleta *f* dla niepełnosprawnych.

disadvantage ['dɪsəd'vɑːntɪdʒ] *n* wada *f*.

disagree ['dɪsə'griː] *vi* [people] nie zgadzać/zgodzić się • **to disagree with sb (about)** nie zgadzać się z kimś (w sprawie); **those mussels disagreed with me** te małże mi nie posłużyły.

disagreement ['dɪsə'griːmənt] *n* [argument] sprzeczka *f*; [dissimilarity] rozbieżność *f*.

disappear ['dɪsə'pɪər] *vi* znikać/zniknąć.

disappearance ['dɪsə'pɪərəns] *n* zniknięcie *n*.

disappoint ['dɪsə'pɔɪnt] *vt* rozczarowywać/rozczarować.

disappointed ['dɪsə'pɔɪntɪd] *adj* rozczarowany.

disappointing ['dɪsə'pɔɪntɪŋ] *adj* rozczarowujący.

disappointment ['dɪsə'pɔɪntmənt] *n* rozczarowanie *n*.

disapprove ['dɪsə'pruːv] *vi* : **to disapprove of** nie pochwalać.

disarmament [dɪs'ɑːməmənt] *n* rozbrojenie *n*.

disaster [dɪ'zɑːstər] *n* [misfortune] nieszczęście *n*; *inf* [unsuccessful thing] klęska *f*.

disastrous [dɪ'zɑːstrəs] *adj* katastrofalny.

disc [dɪsk] *n* *UK* [circular object] krążek *m*; *UK* [CD] płyta *f* kompaktowa; *UK* [record] płyta *f* • **to slip a disc** wypaść *(o dysku)*.

discard *vt* [dɪ'skɑːd] pozbywać/pozbyć się.

discharge *vt* ['dɪstʃɑːdʒ] [patient] wypisywać/wypisać; [prisoner, soldier] zwalniać/zwolnić; [liquid] wydzielać/wydzielić; [smoke, gas] wypuszczać/wypuścić.

discipline ['dɪsɪplɪn] *n* [control] dyscyplina *f*.

disc jockey *n* didżej *m*.

disco ['dɪskəʊ] *n* dyskoteka *f*.

discoloured [dɪs'kʌləd] *adj* prze-
barwiony.

discomfort [dɪs'kʌmfət] *n* [physi-
cal] ból *m*; [mental] skrępowanie
n.

disconnect ['dɪskə'nekt] *vt* [un-
plug] rozłączać/rozłączyć; [tele-
phone, gas supply, pipe] odłączać/
odłączyć.

discontinued *adj* [product] ostatni z serii.

discotheque ['dɪskəʊtek] *n* dyskoteka *f*.

discount *n* ['dɪskaʊnt] rabat *m*.

discover [dɪ'skʌvəʳ] *vt* [country,
new drug] odkrywać/odkryć; [in-
formation] znajdować/znaleźć.

discovery [dɪ'skʌvərɪ] *n* odkrycie
n.

discreet [dɪ'skriːt] *adj* dyskretny.

discrepancy [dɪ'skrepənsɪ] *n* rozbieżność *f*.

discriminate [dɪ'skrɪmɪneɪt] *vi*
: **to discriminate against sb**
dyskryminować kogoś.

discrimination [dɪ'skrɪmɪ'neɪʃn]
n [unfair treatment] dyskryminacja *f*.

discuss [dɪ'skʌs] *vt* omawiać/
omówić.

discussion [dɪ'skʌʃn] *n* dyskusja
f.

disease [dɪ'ziːz] *n* choroba *f*.

disembark ['dɪsɪm'bɑːk] *vi* wy-
siadać/wysiąść.

disgrace [dɪs'greɪs] *n* [shame]
wstyd *m* • **it's a disgrace!** to
skandal!

disgraceful [dɪs'greɪsful] *adj*
skandaliczny.

disguise [dɪs'gaɪz] <> *n* przebranie *n*. <> *vt* : **disguise oneself
as** przebrać się za; **in disguise** w
przebraniu.

disgust [dɪs'gʌst] <> *n* wstręt *m*.
<> *vt*   wzbudzać/wzbudzić
wstręt.

disgusting   [dɪs'gʌstɪŋ]   *adj*
wstrętny.

dish [dɪʃ] *n* [container] naczynie *n*;
[food] potrawa *f*; *US* [plate] talerz
m • **to do the dishes** pozmywać
naczynia; '**dish of the day**' danie
dnia. ➡ **dish up** *vt sep* poda-
wać/podać.

dishcloth ['dɪʃklɒθ] *n* ścierka *f* do
naczyń.

disheveled *US* = **dishevelled**.

dishevelled [dɪ'ʃevld] *adj* *UK*
[person] niechlujny; [hair] potar-
gany.

dishonest [dɪs'ɒnɪst] *adj* nieuczciwy.

dish towel *n* *US* ścierka *f* do
naczyń.

dishwasher ['dɪʃ'wɒʃəʳ] *n* [ma-
chine] zmywarka *f* do naczyń.

disinfectant ['dɪsɪn'fektənt] *n*
środek *m* dezynfekujący.

disintegrate [dɪs'ɪntɪgreɪt] *vi* roz-
padać/rozpaść się.

disk [dɪsk] *n* *US* = **disc**; COMPUT
dysk *m*.

disk drive *n* napęd *m* dysku.

dislike [dɪs'laɪk] <> *n* [poor opi-
nion] niechęć *f*. <> *vt* nie lubić
• **to take a dislike to** poczuć
niechęć do.

dislocate ['dɪsləkeɪt] *vt* [elbow,
shoulder] zwichnąć.

dismal ['dɪzml] *adj* [weather, place]
ponury; [terrible] fatalny.

dismantle [dɪs'mæntl] *vt* roz-
montowywać/rozmontować.

dismay [dɪs'meɪ] *n* konsternacja *f*.

dismiss [dɪs'mɪs] *vt* [not consider]
odrzucać/odrzucić; [from job,
classroom] zwalniać/zwolnić.

disobedient ['dɪsə'biːdjənt] *adj* nieposłuszny.

disobey ['dɪsə'beɪ] *vt* [parents] nie słuchać/posłuchać; [law] nie przestrzegać.

disorder [dɪs'ɔːdə'] *n* [confusion] bałagan *m*; [violence] zamieszki *pl*; [illness] zaburzenia *npl*.

disorganized [dɪs'ɔːgənaɪzd] *adj* zdezorganizowany.

dispatch [dɪ'spætʃ] *vt* wysyłać/wysłać.

dispense [dɪ'spens] ◆ **dispense with** *vt insep* obywać/obyć się bez.

dispenser [dɪ'spensə'] *n* [device] dozownik *m*.

dispensing chemist *n* UK [shop] apteka *f*.

disperse [dɪ'spɜːs] ◇ *vt* rozpraszać/rozproszyć. ◇ *vi* rozpraszać/rozproszyć się.

display [dɪ'spleɪ] ◇ *n* [of goods] wystawa *f*; [public event] pokaz *m*; [readout] wykaz *m*. ◇ *vt* [goods] wystawiać/wystawić; [feeling, quality] okazywać/okazać [information, quality] ujawniać/ujawnić ◆ **on display** wystawiony.

displeased [dɪs'pliːzd] *adj* niezadowolony.

disposable [dɪ'spəʊzəbl] *adj* jednorazowy.

dispute [dɪ'spjuːt] ◇ *n* spór *m*. ◇ *vt* kwestionować/zakwestionować.

disqualify ['dɪs'kwɒlɪfaɪ] *vt* dyskwalifikować/zdyskwalifikować ◆ **to be disqualified from driving** UK być pozbawionym prawa jazdy.

disregard ['dɪsrɪ'gɑːd] *vt* lekceważyć/zlekceważyć.

disrupt [dɪs'rʌpt] *vt* zakłócać/zakłócić.

disruption [dɪs'rʌpʃn] *n* zakłócenie *n*.

dissatisfied ['dɪs'sætɪsfaɪd] *adj* niezadowolony.

dissolve [dɪ'zɒlv] ◇ *vt* rozpuszczać/rozpuścić. ◇ *vi* rozpuszczać/rozpuścić się.

dissuade [dɪ'sweɪd] *vt* : **to dissuade sb from doing sthg** wyperswadować komuś coś.

distance ['dɪstəns] *n* odległość *f* ◆ **from a distance** z daleka; **in the distance** w oddali.

distant ['dɪstənt] *adj* odległy; [reserved] chłodny.

distilled water *n* woda *f* destylowana.

distillery [dɪ'stɪlərɪ] *n* gorzelnia *f*.

distinct [dɪ'stɪŋkt] *adj* [separate] odrębny; [noticeable] wyraźny.

distinction [dɪ'stɪŋkʃn] *n* [difference] rozróżnienie *n*; [mark for work] wyróżnienie *n*.

distinctive [dɪ'stɪŋktɪv] *adj* charakterystyczny.

distinguish [dɪ'stɪŋgwɪʃ] *vt* rozpoznawać/rozpoznać ◆ **to distinguish sthg from sthg** odróżnić coś od czegoś.

distorted [dɪ'stɔːtɪd] *adj* zniekształcony.

distract [dɪ'strækt] *vt* rozpraszać/rozproszyć.

distraction [dɪ'strækʃn] *n* [diverting thing] rozrywka *f*.

distress [dɪ'stres] *n* [pain, anxiety] cierpienie *n*.

distressing [dɪ'stresɪŋ] *adj* przygnębiający.

distribute [dɪ'strɪbjuːt] *vt* [hand out] rozdawać/rozdać; [spread evenly] rozkładać/rozłożyć.

distributor [dɪ'strɪbjʊtə^r] n COMM dystrybutor m, -ka f; AUT rozdzielacz m.

district ['dɪstrɪkt] n [region] rejon m; [of town] dzielnica f.

district attorney n US prokurator m okręgowy.

disturb [dɪ'stɜːb] vt [interrupt] przeszkadzać/przeszkodzić; [worry] niepokoić/zaniepokoić; [move] poruszać/poruszyć • **'do not disturb'** nie przeszkadzać.

disturbance [dɪ'stɜːbəns] n [violence] zajście n.

ditch [dɪtʃ] n rów m.

ditto ['dɪtəʊ] adv tak samo.

divan [dɪ'væn] n tapczan m.

dive [daɪv] (US pt dived OR pt dove, UK pt dived [dəʊv]) <> n [of swimmer] skok m do wody. <> vi [from divingboard, rock] skakać/skoczyć do wody; [under sea] nurkować/zanurkować; [bird, plane] spadać/spaść lotem nurkowym; [rush] rzucać/rzucić się.

diver ['daɪvə^r] n [from divingboard, rock] skoczek m do wody; [under sea] nurek m.

diversion [daɪ'vɜːʃn] n [of traffic] objazd m; [amusement] rozrywka f.

divert [daɪ'vɜːt] vt [river] zmieniać/zmienić kierunek; [traffic] skierować na inną trasę; [attention] odwracać/odwrócić.

divide [dɪ'vaɪd] vt dzielić/podzielić; [share out] rozdzielać/rozdzielić. **divide up** vt sep dzielić/podzielić; [share out] rozdzielać/rozdzielić.

diving ['daɪvɪŋ] n [from divingboard, rock] skoki mpl do wody; [under sea] nurkowanie n • **to go diving** nurkować.

diving board n odskocznia f.

division [dɪ'vɪʒn] n SPORT liga f; COMM oddział m; [in maths] dzielenie n; [disagreement] niezgoda f.

divorce [dɪ'vɔːs] <> n rozwód m. <> vt rozwodzić/rozwieść się.

divorced [dɪ'vɔːst] adj rozwiedziony.

DIY n (abbr of do-it-yourself) zrób to sam.

dizzy ['dɪzɪ] adj : **I feel dizzy** kręci mi się w głowie.

DJ n (abbr of disc jockey) didżej m.

do (pt did, pp done) <> aux vb -1. [in negatives] : **don't do that!** nie rób tego!; **she didn't listen** nie słuchała. -2. [in questions] : **do you like it?** podoba ci się?; **how do you do it?** jak to się robi? -3. [referring to previous verb] : **I eat more than you do** jem więcej niż ty; **you took it – no I didn't!** ty to zabrałeś – nieprawda!; **so do I** i ja też. -4. [in question tags] : **so, you like Scotland, do you?** a więc podoba ci się Szkocja, prawda? -5. [for emphasis] : **I do like this bedroom** naprawdę podoba mi się ta sypialnia; **do come in!** proszę wejść! <> vt -1. [perform] robić/zrobić; [repairs] wykonywać/wykonać; [the crossword] rozwiązywać/rozwiązać ; **to do one's homework** odrabiać pracę domową; **to do the cooking** gotować; **what is she doing?** co ona robi?; **what can I do for you?** czym mogę służyć? -2. [clean, brush etc] : **to do one's hair** uczesać się; **to do one's make-up** malować się; **to do one's teeth** czyścić zęby. -3. [cause] robić/zrobić ; **to do damage** wyrządzać szkodę; **to do sb good** dobrze komuś robić.

-4. [have as job] : **what do you do?** czym się zajmujesz? -5. [provide, offer] organizować/zorganizować ; **we do pizzas for under £4** oferujemy pizzę w cenie poniżej 4 funtów. -6. [study] uczyć się. -7. [subj: vehicle] robić/zrobić. -8. *inf* [visit] zaliczać/zaliczyć ; **we're doing Scotland next week** w przyszłym tygodniu zaliczamy Szkocję. <> *vi* -1. [behave, act] robić/zrobić ; **do as I say** rób, jak ci mówię. -2. [progress, get on] radzić/poradzić sobie ; **to do badly** źle wypaść; **to do well** dobrze wypaść. -3. [be sufficient] wystarczać/wystarczyć ; **will £5 do?** czy wystarczy 5 funtów? -4. [in phrases] : **how do you do?** [greeting] dzień dobry! *(przedstawiając się)*; [answer] miło mi Pana/Panią poznać; **how are you doing?** jak się masz?; **what has that got to do with it?** co to ma z tym wspólnego? <> *n (pl* **dos)** [party] impreza *f* • **dos and don'ts** nakazy i zakazy. ◆ **do out of** <> *vt sep inf* obrabiać/obrobić z. ◆ **do up** <> *vt sep* [coat, shirt, zip] zapinać/zapiąć; [shoes, laces] zawiązywać/zawiązać; [decorate] odnawiać/odnowić. ◆ **do with** <> *vt insep* [need] : **I could do a drink** napiłabym się czegoś. ◆ **do without** <> *vt insep* obywać/ obyć się bez.

dock [dɒk] <> *n* [for ships] dok *m*; LAW ława *f* oskarżonych. <> *vi* wchodzić/wejść do portu.

doctor ['dɒktə'] *n* [of medicine] lekarz *m*, lekarka *f*; [academic] doktor *m* • **to go to the doctor's** iść do lekarza.

document *n* ['dɒkjʊmənt] dokument *m*.

documentary ['dɒkjʊ'mentərɪ] *n* film *m* dokumentalny.

Dodgems® *npl UK* samochodziki *mpl (w wesołym miasteczku)*.

dodgy ['dɒdʒɪ] *adj UK inf* [plan, car] niepewny; [health] słaby.

does [dʌz] ⊳ **do.**

doesn't ['dʌznt] = **does not.**

dog [dɒg] *n* pies *m*.

dog food *n* karma *f* dla psów.

doggy bag *n* torba, do której zabiera się niedojedzony w restauracji posiłek.

do-it-yourself *n* majsterkowanie *n*.

dole [dəʊl] *n* : **to be on the dole** *UK* być na zasiłku.

doll [dɒl] *n* [toy] lalka *f*.

dollar ['dɒlə'] *n* dolar *m*.

dolphin ['dɒlfɪn] *n* delfin *m*.

dome [dəʊm] *n* kopuła *f*.

domestic [də'mestɪk] *adj* [of house] domowy; [of family] rodzinny; [of country] krajowy.

domestic appliance *n* sprzęt *m* gospodarstwa domowego.

domestic flight *n* lot *m* krajowy.

domestic science *n* zajęcia *pl* z gospodarstwa domowego.

dominate ['dɒmɪneɪt] *vt* [discussion, film, country, person] dominować nad/zdominować; [war] mieć przewagę.

dominoes *n* domino *n*.

donate [də'neɪt] *vt* [blood] oddawać/oddać; [money] darować/podarować.

donation [də'neɪʃn] *n* [amount] darowizna *f*.

done [dʌn] <> *pp* ⊳ **do.** <> *adj* [finished, cooked] gotowy

• **well done** [as praise] dobra robota; [steak] wysmażony.

donkey ['dɒŋkɪ] n osioł m, oślica f.

don't [dəunt] = do not.

door [dɔːʳ] n [of building, vehicle, cupboard] drzwi pl; [doorway] wejście n.

doorbell ['dɔːbel] n dzwonek m u drzwi.

doorknob ['dɔːnɒb] n klamka f u drzwi.

doorman ['dɔːmən] (pl -men [-mən]) n portier m, -ka f.

doormat ['dɔːmæt] n wycieraczka f.

doormen pl ▷ doorman.

doorstep ['dɔːstep] n [in front of door] próg m; UK [piece of bread] pajda f chleba.

doorway ['dɔːweɪ] n wejście n.

dope [dəup] n inf [any illegal drug] prochy pl; [marijuana] marycha f.

dormitory ['dɔːmətrɪ] n [room] sypialnia f (in school, institution).

Dormobile® ['dɔːməˈbiːl] n samochód m kempingowy.

dosage ['dəusɪdʒ] n dozowanie n.

dose [dəus] n [amount] dawka f; [of illness] atak m.

dot [dɒt] n kropka f • on the dot fig punktualnie.

dotted line n wykropkowana linia f.

double ['dʌbl] ◇ adj podwójny • **double three/two** [with figures, letters] trzydzieści trzy, dwadzieścia dwa; **h, and double l** h i dwa l. ◇ adv [twice] dwukrotnie. ◇ n [twice the amount] dwa razy mpl. ◇ vt [increase] podwajać/podwoić. ◇ vi [increase] podwajać/podwoić się • **to bend sthg double** zgiąć

coś na pół; **a double whisky** podwójna whisky. ▬ **doubles** ◇ n debel m.

double bed n podwójne łóżko n.

double-breasted [-'brestɪd] adj dwurzędowy.

double cream n UK śmietana kremówka f.

double-decker (bus) n autobus m piętrowy.

double doors npl drzwi pl dwuskrzydłowe.

double glazing n podwójne szyby fpl.

double room n pokój m dwuosobowy.

doubt [daut] ◇ n wątpliwość f. ◇ vt wątpić/zwątpić • I doubt it wątpię; I doubt she'll be there wątpię, czy ona tam będzie; in doubt niepewny; no doubt bez wątpienia.

doubtful ['dautful] adj [uncertain] niepewny • it's doubtful that... [unlikely] to wątpliwe, że...

dough [dəu] n ciasto n.

doughnut ['dəunʌt] n pączek m.

dove[1] n [bird] gołąb m, gołębica f.

dove[2] pt US ▷ dive.

Dover ['dəuvəʳ] n Dover n.

Dover sole n sola f.

down ◇ adv **-1.** [towards the bottom] w dół ; it's a long waydown! ale tu głęboko!; down here tu na dole; down there tam na dole; to fall down spadać. **-2.** [along] : I'm going down to the shops idę do sklepu. **-3.** [downstairs] na dół ; I'll come down later zejdę na dół później. **-4.** [southwards] na południe ; we're going down to London jedziemy do Londynu. **-5.** [in writing] : to write sthg down zapisać coś. **-6.** [in phrases]

: **to go down with** [illness] zachorować na. <> *prep* **-1.** [to-
wards the bottom of] : **they ran
down the hill** zbiegli ze wzgórza; **to come down the stairs**
zejść po schodach; **water
poured down the pipe** woda
spłynęła rurą. **-2.** [along] wzdłuż ;
I was walking down the street
szedłem ulicą. <> *adj inf* [de-
pressed] zdołowany. <> *n* [feath-
ers] puch *m*.

downhill ['daʊn'hɪl] *adv* [walk,
run, go] w dół.

Downing Street ['daʊnɪŋ-] *n*
Downing Street *f*.

downpour ['daʊnpɔːʳ] *n* ulewa *f*.

downstairs ['daʊn'steəz] <> *adj*
[room] na parterze. <> *adv* na
dole • **to go downstairs** zejść na
dół.

downtown ['daʊn'taʊn] <> *adj*
[train, hotel] śródmiejski. <> *adv*
w centrum • **downtown New
York** centrum Nowego Jorku.

down under *adv UK inf* [in
Australia] w Australii.

downwards ['daʊnwədz] *adv* w
dół.

doz. = dozen.

doze [dəʊz] *vi* drzemać.

dozen ['dʌzn] *n* tuzin *m* • **a dozen eggs** tuzin jaj.

Dr (*abbr of* **Doctor**) dr.

drab [dræb] *adj* bezbarwny.

draft [drɑːft] *n* [early version] szkic
m; [money order] trata *f*; *US* =
draught.

drag [dræg] <> *vt* [pull along]
ciągnąć/zaciągnąć. <> *vi* [along
ground] wlec/powlec się • **what
a drag!** *inf* ale nuda! ◆ **drag
on** <> *vi* wlec/powlec się.

dragonfly ['drægənflaɪ] *n* ważka
f.

drain [dreɪn] <> *n* [sewer] ściek
m; [grating in street] studzienka *f*.
<> *vt* [tank, radiator] opróżniać/
opróżnić; [vegetables] odsączać/
odsączyć. <> *vi* [vegetables,
washing-up] ociekać/ociec.

draining board *n* ociekacz *m*.

drainpipe ['dreɪnpaɪp] *n* rura *f*
odpływowa.

drama ['drɑːmə] *n* [play] dramat
m; [art] teatr *m*.

dramatic [drə'mætɪk] *adj* [impress-
ive] dramatyczny.

drank [dræŋk] *pt* ▷ drink.

drapes *npl US* zasłony *fpl*.

drastic ['dræstɪk] *adj* drastyczny.

drastically ['dræstɪklɪ] *adv* drastycznie.

draught [drɑːft] *n UK* [of air]
przeciąg *m*.

draught beer *n* piwo *n* z beczki.

draughts [drɑːfts] *n UK* warcaby
pl.

draughty ['drɑːftɪ] *adj* : **it's
rather draughty in here** spory
tu przeciąg.

draw [drɔː] (*pt* **drew**, *pp* **drawn**)
<> *vt* [with pen, pencil] rysować/
narysować; [pull] ciągnąć/pociąg-
nąć; [attract] przyciągać/przy-
ciągnąć; [conclusion] wyciągać/
wyciągnąć; **draw a comparison**
porównać. <> *vi* [with pen, pen-
cil] rysować/narysować; SPORT
remisować/zremisować. <> *n*
[SPORT & result] remis *m*; [lottery]
losowanie *n* • **to draw the
curtains** [open] odsłonić zasłony;
[close] zaciągnąć zasłony.
◆ **draw out** <> *vt sep*
[money] pobierać/pobrać.
◆ **draw up** <> *vt sep* [list,
plan] sporządzać/sporządzić.
<> *vi* [car, bus] podjeżdżać/pod-
jechać.

drawback ['drɔːbæk] *n* wada *f*.

drawer *n* szuflada *f*.

drawing ['drɔːɪŋ] *n* [picture] rysunek *m*; [activity] rysowanie *n*.

drawing pin *n* UK pinezka *f*.

drawing room *n* salon *m*.

drawn [drɔːn] *pp* ⊳ **draw**.

dreadful ['dredful] *adj* straszny.

dream [driːm] ⬦ *n* [during sleep] sen *m*; [wish] marzenie *n*. ⬦ *vt* [when asleep] śnić; [imagine] marzyć o. ⬦ *vi* : **to dream (of)** marzyć (o) • **a dream house** dom marzeń; **I wouldn't dream of it** ani mi się śni.

dress [dres] ⬦ *n* [for woman, girl] sukienka *f*; [clothes] ubiór *m*. ⬦ *vt* [person, baby] ubierać/ubrać; [wound] opatrywać/opatrzyć; [salad] przyprawiać/przyprawić. ⬦ *vi* ubierać/ubrać się • **to be dressed in** być ubranym w; **to get dressed** ubrać się. ⬦ **dress up** ⬦ *vi* [smartly] stroić/wystroić się; [in costume] przebierać/przebrać się.

dress circle *n* pierwszy balkon *m*.

dresser ['dresəʳ] *n* UK [for crockery] kredens *m*; US [chest of drawers] komoda *f*.

dressing ['dresɪŋ] *n* [for salad] sos *m*; [for wound] opatrunek *m*.

dressing gown *n* szlafrok *m*.

dressing room *n* SPORT przebieralnia *f*; [theatre] garderoba *f*.

dressing table *n* toaletka *f*.

dressmaker ['dresˌmeɪkəʳ] *n* krawiec *m*, krawcowa *f*.

dress rehearsal *n* próba *f* kostiumowa.

drew [druː] *pt* ⊳ **draw**.

dribble ['drɪbl] *vi* [liquid] ściekać/ściec; [baby] ślinić/poślinić się; [football player] dryblować.

drier ['draɪəʳ] = **dryer**.

drift [drɪft] ⬦ *n* [of snow] zaspa *f*. ⬦ *vi* [in wind] unosić/unieść się na wietrze; [in water] unosić/unieść się z prądem.

drill [drɪl] ⬦ *n* wiertarka *f*. ⬦ *vt* [hole] wiercić/wywiercić.

drink [drɪŋk] (*pt* drank, *pp* drunk) ⬦ *n* [nonalcoholic] napój *m*; [alcoholic] drink *m*. ⬦ *vt* pić/wypić. ⬦ *vi* pić/napić się • **a drink of water** łyk wody; **would you like a drink?** [non-alcoholic] chcesz coś do picia?; **to have a drink** [alcoholic] napić się.

drinkable ['drɪŋkəbl] *adj* [safe to drink] zdatny do picia; [wine] : **it's drinkable** nadaje się do picia.

drinking water *n* woda *f* pitna.

drip [drɪp] ⬦ *n* [drop] kropla *f*; MED kroplówka *f*. ⬦ *vi* [water] kapać/kapnąć; [tap] ciec/pociec; [washing] ociekać/ociec.

drip-dry *adj* niewymagający prasowania.

dripping (wet) *adj* ociekający wodą.

drive [draɪv] (*pt* drove, *pp* driven) ⬦ *n* [journey] jazda *f*; [in front of house] podjazd *m*. ⬦ *vt* [car, bus, train] prowadzić/poprowadzić; [take in car] zawozić/zawieźć; [operate, power] napędzać. ⬦ *vi* [drive car] jeździć; [travel in car] jechać/pojechać • **to go for a drive** pojechać na przejażdżkę; **can she drive?** czy ma prawo jazdy?; **to drive sb to do sthg** doprowadzać kogoś do zrobienia czegoś; **to drive sb mad** doprowadzać kogoś do szału.

drivel ['drɪvl] *n* brednie *fpl*.

driver ['draɪvəʳ] *n* [car, bus] kierowca *m*; [train] maszynista *m*.

driver's license *US* = driving licence.

driveshaft *n* wał *m* napędowy.

driveway ['draɪvweɪ] *n* podjazd *m*.

driving lesson *n* lekcja *f* jazdy.

driving licence *n UK* prawo *n* jazdy.

driving test *n* egzamin *m* na prawo jazdy.

drizzle ['drɪzl] *n* mżawka *f*.

drop [drɒp] <> *n* [drip] kropla *f*; [small amount] odrobina *f*; [distance down, decrease] spadek *m*. <> *vt* [let fall by accident] upuszczać/upuścić; [let fall on purpose] wrzucać/wrzucić; [reduce] obniżać/obniżyć; [from vehicle] wysadzać/wysadzić; [omit] opuszczać/opuścić. <> *vi* spadać/spaść • **to drop a hint** napomknąć o czymś; **to drop sb a line** napisać do kogoś parę słów. ➡ **drop in** <> *vi inf* wpadać/wpaść. ➡ **drop off** <> *vt sep* [from vehicle] wysadzać/wysadzić; <> *vi* [fall asleep] zdrzemnąć się; [fall off] spadać/spaść. ➡ **drop out** <> *vi* [of college] rezygnować/zrezygnować; [race] odpadać/odpaść.

drought [draʊt] *n* susza *f*.

drove [drəʊv] *pt* ⊳ drive.

drown [draʊn] *vi* topić/utopić się.

drug [drʌg] <> *n* MED lekarstwo *n*; [stimulant] narkotyk *m*. <> *vt* [person, animal] usypiać/uśpić.

drugaddict *n* narkoman *m*, -ka *f*.

druggist ['drʌgɪst] *n US* aptekarz *m*, aptekarka *f*.

drum [drʌm] *n* MUS bęben *m*; [container] beczka *f*.

drummer ['drʌməʳ] *n* perkusista *m*, perkusistka *f*.

drumstick ['drʌmstɪk] *n* [of chicken] udko *n*.

drunk [drʌŋk] <> *pp* ⊳ drink. <> *adj* pijany. <> *n* pijak *m*, pijaczka *f* • **to get drunk** upić się.

dry [draɪ] <> *adj* suchy; [sherry, wine] wytrawny. <> *vt* [clothes] suszyć/wysuszyć; [hands, washing-up] wycierać/wytrzeć. <> *vi* schnąć/wyschnąć • **to dry o.s.** wytrzeć się; **to dry one's hair** suszyć włosy. ➡ **dry up** <> *vi* [become dry] wysychać/wyschnąć; [dry the dishes] wycierać/wytrzeć.

dry-clean *vt* prać/wyprać chemicznie.

dry cleaner's *n* pralnia *f* chemiczna.

dryer ['draɪəʳ] *n* suszarka *f*.

dry-roasted peanuts *npl* prażone orzeszki *mpl* *(ziemne)*.

DSS *n* (*abbr of* Department of Social Security) *UK* ≃ Ministerstwo *n* Spraw Socjalnych.

DTP *n* (*abbr of* desktop publishing) DTP.

dual carriageway *n UK* droga *f* dwupasmowa.

dubbed *adj* [film] dubbingowany.

dubious ['dju:bjəs] *adj* [suspect] wątpliwy.

duchess ['dʌtʃɪs] *n* księżna *f*.

duck [dʌk] <> *n* kaczka *f*. <> *vi* [lower head] schylać/schylić głowę.

due [dju:] *adj* [expected] planowy; [owed, to be paid] należny • **the train is due at eight o'clock** pociąg ma być o ósmej; **in due course** we właściwym czasie; **due to** ze względu na.

duet [dju:'et] *n* duet *m*.

duffel coat *n* budrysówka *f*.

dug [dʌg] *pt & pp* ⊢ **dig**.

duke [dju:k] *n* książę *m*.

dull [dʌl] *adj* [boring] nudny; [not bright] tępy; [weather] pochmurny; [pain] tępy.

dumb [dʌm] *adj inf* [stupid] durny; [unable to speak] niemy.

dummy ['dʌmɪ] *n UK* [for baby] smoczek *m*; [for clothes] manekin *m*.

dump [dʌmp] ⟨⟩ *n* [for rubbish] śmietnik *m*; *inf* [place] nora *f*. ⟨⟩ *vt* [drop carelessly] rzucać/ porzucić; [get rid of] wyrzucać/ wyrzucić.

dumpling ['dʌmplɪŋ] *n* kluska *f*.

dune [dju:n] *n* wydma *f*.

dungarees ['dʌŋgə'ri:z] *npl UK* [for work] drelichy *pl*; [fashion item] ogrodniczki *pl*; *US* [jeans] dżinsy *pl*.

dungeon ['dʌndʒən] *n* loch *m*.

duo ['dju:əʊ] *n* : **with a duo of sauces** w dwóch różnych sosach.

duplicate *n* ['dju:plɪkət] duplikat *m*.

during ['djʊərɪŋ] *prep* podczas.

dusk [dʌsk] *n* zmierzch *m*.

dust [dʌst] ⟨⟩ *n* kurz *m*. ⟨⟩ *vt* odkurzać/odkurzyć.

dustbin ['dʌstbɪn] *n UK* pojemnik *m* na śmieci.

dustcart ['dʌstkɑ:t] *n UK* śmieciarka *f*.

duster ['dʌstər] *n* ściereczka *f* do kurzu.

dustman ['dʌstmən] (*pl* -men [-mən]) *n UK* śmieciarz *m*.

dustpan ['dʌstpæn] *n* szufelka *f*.

dusty ['dʌstɪ] *adj* [room, road] zakurzony; [air] pełny pyłu.

Dutch [dʌtʃ] ⟨⟩ *adj* holenderski. ⟨⟩ *n* [language] holenderski *m*. ⟨⟩ *npl* : **the Dutch** Holendrzy *mpl*.

Dutchman ['dʌtʃmən] (*pl* -men [-mən]) *n* Holender *m*.

Dutchwoman ['dʌtʃ'wʊmən] (*pl* -women [-'wɪmɪn]) *n* Holenderka *f*.

duty ['dju:tɪ] *n* [moral obligation] obowiązek *m*; [tax] cło *n* • **to be on duty** być na służbie; **to be off duty** być po służbie. ⇒ **duties** *npl* [job] obowiązki *mpl*.

duty chemist's *n* apteka *f* dyżurująca.

duty-free ⟨⟩ *adj* bezcłowy. ⟨⟩ *n* towar *m* wolny od cła.

duty-free shop *n* sklep *m* wolnocłowy.

duvet ['du:veɪ] *n* kołdra *f*.

DVD (*abbr of* Digital Video or Versatile Disc) *n* DVD *n*.

DVD ROM (*abbr of* Digital Versatile Disk read only memory) *n* DVD ROM *m*.

dwarf [dwɔ:f] (*pl* **dwarves** [dwɔ:vz]) *n* karzeł *m*, karlica *f*.

dwelling ['dwelɪŋ] *n fml* mieszkanie *n*.

dye [daɪ] ⟨⟩ *n* farba *f*. ⟨⟩ *vt* farbować/zafarbować.

dynamite ['daɪnəmaɪt] *n* dynamit *m*.

dynamo ['daɪnəməʊ] (*pl* -s) *n* [on bike] dynamo *n*.

dyslexic [dɪs'leksɪk] *adj* dyslektyczny.

E

E [iː] (*abbr of* east) wschód.

E111 *n formularz używany w krajach Unii Europejskiej przy ubieganiu się o zwrot wydatków związanych z leczeniem.*

each [iːtʃ] *adj & pron* każdy • **each one** każdy; **each of them** każdy z nich; **each other** się; **one each** po jednym; **one of each** po jednym z każdego.

eager ['iːgəʳ] *adj* gorliwy • **to be eager to do sthg** być chętnym do zrobienia czegoś.

eagle ['iːgl] *n* orzeł *m*.

ear [ɪəʳ] *n* [of person, animal] ucho *n*; [of corn] kłos *m*; [of maize] kolba *f*.

earache *n* : **to have earache** mieć ból ucha.

earl [ɜːl] *n* hrabia *m*.

early ['ɜːlɪ] <> *adj* wczesny. <> *adv* wcześnie • **it happened early last year** zdarzyło się to na początku ubiegłego roku; **at the earliest** jak najwcześniej; **early on** na początku; **to have an early night** położyć się wcześniej.

earn [ɜːn] *vt* [money] zarabiać/zarobić; [praise, success] zdobywać/zdobyć • **to earn a living** zarabiać na życie.

earnings ['ɜːnɪŋz] *npl* zarobki *mpl*.

earphones ['ɪəfəʊnz] *npl* słuchawki *fpl*.

earplugs ['ɪəplʌgz] *npl* zatyczki *fpl* do uszu.

earrings *npl* kolczyki *mpl*.

earth [ɜːθ] <> *n* [planet] Ziemia *f*; [surface, soil] ziemia *f*; *UK* [electrical connection] uziemienie *n*. <> *vt UK* [appliance] uziemić • **how on earth...?** jak u licha...?

earthenware ['ɜːθnweəʳ] *adj* ceramika *f*.

earthquake ['ɜːθkweɪk] *n* trzęsienie *n* ziemi.

ease [iːz] <> *n* łatwość *f*. <> *vt* [pain, problem] ulżyć • **at ease** spokojny; **with ease** z łatwością. **ease off** <> *vi* [pain, rain] zelżeć.

easily ['iːzɪlɪ] *adv* [without difficulty] łatwo; [by far] bez wątpienia.

east [iːst] <> *n* wschód *m*. <> *adj* wschodni. <> *adv* [fly, walk] na wschód; [be situated] na wschodzie • **in the east of England** na wschodzie Anglii; **the East** [Asia] Wschód.

eastbound ['iːstbaʊnd] *adj* na wschód.

Easter ['iːstəʳ] *n* Wielkanoc *f*.

eastern ['iːstən] *adj* wschodni • **Eastern** [Asian] wschodni.

Eastern Europe *n* Europa *f* Wschodnia.

eastwards ['iːstwədz] *adv* na wschód.

easy ['iːzɪ] *adj* łatwy • **to take it easy** *inf* wyluzować się.

easygoing [iːzɪgəʊɪŋ] *adj* niekonfliktowy.

eat [iːt] (*pt* ate, *pp* eaten) *vt & vi* jeść/zjeść. **eat out** *vi* jeść poza domem.

eating apple *n* jabłko *n* deserowe.

ebony ['ebənɪ] *n* heban *m*.

e-business *n* [company] firma *f* prowadząca transakcje w Internecie; [commerce] transakcje *fpl* internetowe.

ECB (*abbr of* **European Central Bank**) *n* CBE.

eccentric [ɪk'sentrɪk] *adj* ekscentryczny.

echo ['ekəʊ] (*pl* -es) <> *n* echo *n*. <> *vi* [voice, sound] odbijać/odbić się.

eco-friendly ['iːkəʊ-] *adj* przyjazny dla środowiska.

ecological ['iːkə'lɒdʒɪkl] *adj* ekologiczny.

ecology [ɪ'kɒlədʒɪ] *n* ekologia *f*.

e-commerce ['iː-] *n* handel *m* elektroniczny.

economic ['iːkə'nɒmɪk] *adj* [relating to the economy] gospodarczy; [profitable] rentowny. ➡ **economics** *n* ekonomia *f*.

economical ['iːkə'nɒmɪkl] *adj* [car, system] oszczędny; [person] gospodarny.

economize [ɪ'kɒnəmaɪz] *vi* oszczędzać/oszczędzić.

economy [ɪ'kɒnəmɪ] *n* [of country] gospodarka *f*; [saving] oszczędność *f*.

economy class *n* klasa *f* turystyczna [w samolocie].

economy size *adj* w dużym opakowaniu.

ecstasy ['ekstəsɪ] *n* ekstaza *f*.

eczema [ɪg'ziːmə] *n* egzema *f*.

edge [edʒ] *n* [border] brzeg *m*; [narrow side] krawędź *f*; [of knife] ostrze *n*.

edible ['edɪbl] *adj* jadalny.

Edinburgh ['edɪnbrə] *n* Edynburg *m*.

Edinburgh Festival *n* : the Edinburgh Festival *odbywający się co roku w Edynburgu festiwal muzyczno-teatralny*.

edition [ɪ'dɪʃn] *n* wydanie *n*.

editor ['edɪtər] *n* [of newspaper, magazine] redaktor *m* naczelny, redaktor *f* naczelna; [of book] redaktor *m*, -ka *f*; [of film, TV programme] montażysta *m*, montażystka *f*.

editorial ['edɪ'tɔːrɪəl] *n* [in newspaper] artykuł *m* wstępny.

educate ['edʒʊkeɪt] *vt* [at school] kształcić/wykształcić.

education ['edʒʊ'keɪʃn] *n* [field] edukacja *f*; [process] kształcenie *n*; [result] wykształcenie *n*.

eel [iːl] *n* węgorz *m*.

effect [ɪ'fekt] *n* [result] skutek *m*; [impression] efekt *m* • **to put sthg into effect** wprowadzić coś w życie; **to take effect** zacząć działać.

effective [ɪ'fektɪv] *adj* [successful] skuteczny; [law, system] sprawny.

effectively [ɪ'fektɪvlɪ] *adv* [successfully] skutecznie; [in fact] faktycznie.

efficient [ɪ'fɪʃənt] *adj* sprawny.

effort ['efət] *n* [exertion] wysiłek *m*; [attempt] próba • **to make an effort to do sthg** dołożyć starań, by coś zrobić; **it's not worth the effort** to nie jest warte zachodu.

e.g. *adv* np.

egg [eg] *n* jajko *n*.

egg cup *n* kieliszek *m* do jajek.

egg mayonnaise *n* *jaja na twardo z majonezem*.

eggplant ['egplɑːnt] *n* US bakłażan *m*.

egg white *n* białko *n* jajka.

egg yolk *n* żółtko *n* jajka.

Egypt ['iːdʒɪpt] *n* Egipt *m*.

eiderdown ['aɪdədaʊn] *n* kołdra *f* *(z puchu)*.

eight [eɪt] *num* osiem ▷ **six**.

eighteen ['eɪ'tiːn] *num* osiemnaście ⊳ six.

eighteenth ['eɪ'tiːnθ] *num* osiemnasty ⊳ sixth.

eighth [eɪtθ] *num* ósmy ⊳ sixth.

eightieth ['eɪtɪɪθ] *num* osiemdziesiąty ⊳ sixth.

eighty ['eɪtɪ] *num* osiemdziesiąt ⊳ six.

Eisteddfod [aɪ'stedfɒd] *n festiwal muzyki i poezji walijskiej.*

either [*especially UK* 'aɪðəʳ, *especially US* 'iːðəʳ] <> *adj* : either book will do albo jedna, albo druga książka się nada. <> *pron* : I'll take either (of them) wezmę którąkolwiek • I don't like either (of them) nie podoba mi się żaden (z nich). <> *adv* : I can't either ja też nie mogę; either ... or [in positive] albo... albo; [in negative] ani... ani; on either side po obu stronach.

eject [ɪ'dʒekt] *vt* [cassette] wyrzucać/wyrzucić.

elaborate *adj* [ɪ'læbrət] [needlework, design] misterny.

elastic [ɪ'læstɪk] *n* [material] guma *f.*

elastic band *n UK* gumka *f (do włosów).*

elbow ['elbəʊ] *n* [of person] łokieć *m.*

elder ['eldəʳ] *adj* starszy.

elderly ['eldəlɪ] <> *adj* starszy. <> *npl* : the elderly starsi ludzie *pl.*

eldest ['eldɪst] *adj* najstarszy.

elect [ɪ'lekt] *vt* [by voting] wybierać/wybrać • to elect to do sthg *fml* [choose] zdecydować się coś zrobić.

election [ɪ'lekʃn] *n* wybory *mpl.*

electric [ɪ'lektrɪk] *adj* elektryczny.

electrical goods *npl* urządzenia *npl* elektryczne.

electric blanket *n* koc *m* elektryczny.

electric drill *n* wiertarka *f* elektryczna.

electric fence *n* pastuch *m* elektryczny.

electrician ['ɪlek'trɪʃn] *n* elektryk *m.*

electricity ['ɪlek'trɪsətɪ] *n* elektryczność *f.*

electric shock *n* porażenie *n* prądem.

electrocute [ɪ'lektrəkjuːt] *vt* porażać/porazić prądem.

electronic ['ɪlek'trɒnɪk] *adj* elektroniczny.

elegant ['elɪgənt] *adj* elegancki.

element ['elɪmənt] *n* [part] element *m*; [small part] odrobina *f*; [chemical] pierwiastek *m*; [of fire, kettle] element *m* grzejny • the elements [weather] żywioły *mpl.*

elementary ['elɪ'mentərɪ] *adj* [basic] podstawowy; [simple] elementarny.

elephant ['elɪfənt] *n* słoń *m*, słonica *f.*

elevator ['elɪvɪtəʳ] *n US* winda *f.*

eleven [ɪ'levn] *num* jedenaście ⊳ six.

eleventh [ɪ'levnθ] *num* jedenasty ⊳ sixth.

eligible ['elɪdʒəbl] *adj* nadający się.

eliminate [ɪ'lɪmɪneɪt] *vt* eliminować/wyeliminować.

Elizabethan [ɪ'lɪzə'biːθn] *adj* elżbietański.

elm [elm] *n* wiąz *m.*

else [els] *adv* : anything else nic więcej; anything else? czy coś jeszcze? • everyone else wszys-

cy *mpl* pozostali, wszystkie *fpl* pozostałe; **nobody else** nikt więcej; **nothing else** nic innego; **somebody else** ktoś inny; **something else** coś jeszcze; **somewhere else** gdzie indziej; **what else?** co jeszcze?; **who else?** kto jeszcze?; **or else** [if not] w przeciwnym razie.

elsewhere [els'weə^r] *adv* gdzie indziej.

e-mail ['i:meɪl] ◇ *n* [system] poczta *f* elektroniczna; [message] e-mail *m*. ◇ *vt* : **to e-mail sb** wysłać komuś e-mail; **to e-mail sthg to sb** przesłać coś komuś e-mailem.

e-mail address *n* adres *m* e-mailowy.

embankment [ɪm'bæŋkmənt] *n* [next to river] nabrzeże *n*; [next to road, railway] nasyp *m*.

embark [ɪm'bɑːk] *vi* [board ship] wchodzić/wejść na pokład.

embarkation card *n* karta *f* pokładowa.

embarrass [ɪm'bærəs] *vt* wprawiać/wprawić w zakłopotanie.

embarrassed [ɪm'bærəst] *adj* zakłopotany.

embarrassing [ɪm'bærəsɪŋ] *adj* [person] kłopotliwy; [situation, question] krępujący.

embarrassment [ɪm'bærəsmənt] *n* [feeling] zakłopotanie *n*; : **she is an embarrassment to her parents** przynosi wstyd swoim rodzicom.

embassy ['embəsɪ] *n* ambasada *f*.

emblem ['embləm] *n* [of country] godło *n*; [of organisation] emblemat *m*.

embrace [ɪm'breɪs] *vt* [in arms] obejmować/objąć.

embroidered [ɪm'brɔɪdəd] *adj* haftowany.

embroidery [ɪm'brɔɪdərɪ] *n* haft *m*.

emerald ['emərəld] *n* [gem] szmaragd *m*.

emerge [ɪ'mɜːdʒ] *vi* [from place] wyłaniać/wyłonić się; [fact, truth] wychodzić/wyjść na jaw.

emergency [ɪ'mɜːdʒənsɪ] ◇ *n* nagły wypadek *m*. ◇ *adj* awaryjny • **in an emergency** w razie niebezpieczeństwa.

emergency exit *n* wyjście *n* awaryjne.

emergency landing *n* lądowanie *n* awaryjne.

emergency services *npl* służby *fpl* ratownicze.

emigrate ['emɪgreɪt] *vi* emigrować/wyemigrować.

emit [ɪ'mɪt] *vt* [light] emitować/wyemitować; [smell] wydzielać/wydzielić.

emotion [ɪ'məʊʃn] *n* [strong feeling] emocja *f*; [particular feeling] uczucie *n*.

emotional [ɪ'məʊʃənl] *adj* [situation] wzruszający; [person] uczuciowy.

emphasis ['emfəsɪs] (*pl* -ases [-siːz]) *n* nacisk *m*.

emphasize ['emfəsaɪz] *vt* podkreślać/podkreślić.

empire ['empaɪə^r] *n* [of countries] imperium *n*.

employ [ɪm'plɔɪ] *vt* [subj : company] zatrudniać/zatrudnić; *fml* [use] używać/użyć.

employed [ɪm'plɔɪd] *adj* zatrudniony.

employee [ɪm'plɔɪiː] *n* pracownik *m*, pracownica *f*.

employer [ɪm'plɔɪə^r] *n* pracodawca *m*, pracodawczyni *f*.

employment [ɪm'plɔɪmənt] *n* [state of having job] zatrudnienie *n*; [work] praca *f*.

employment agency *n* biuro *n* pośrednictwa pracy.

empty ['emptɪ] <> *adj* [containing nothing] pusty; [not in use] wolny; [threat, promise] pusty. <> *vt* [box, pockets] opróżniać/ opróżnić.

EMU ['iːmjuː] *n* (*abbr of* European Monetary Union) Europejska Unia *f* Monetarna.

emulsion (paint) *n* farba *f* emulsyjna.

enable [ɪ'neɪbl] *vt* : **to enable sb to do sthg** umożliwiać komuś zrobienie czegoś.

enamel [ɪ'næml] *n* [decorative] emalia *f*; [on tooth] szkliwo *n*.

enclose [ɪn'kləʊz] *vt* [surround] otaczać/otoczyć; [with letter] załączać/załączyć.

enclosed [ɪn'kləʊzd] *adj* [space] ogrodzony.

encounter [ɪn'kaʊntəʳ] *vt* [experience] stykać/zetknąć się z; *fml* [meet] napotykać/napotkać.

encourage [ɪn'kʌrɪdʒ] *vt* zachęcać/zachęcić • **to encourage sb to do sthg** zachęcać kogoś do zrobienia czegoś.

encouragement [ɪn'kʌrɪdʒmənt] *n* zachęta *f*.

encrypt [en'krɪpt] [en'krɪpt] *vt* COMPUT szyfrować/zaszyfrować.

encyclopedia [ɪn'saɪklə'piːdjə] *n* encyklopedia *f*.

end [end] <> *n* koniec *m*; [purpose] cel *m*. <> *vt* kończyć/skończyć. <> *vi* kończyć/skończyć się • **to come to an end** dobiegać końca; **to put an end to sthg** położyć kres czemuś; **for days on end** całymi dniami; **in**

the end w końcu; **to make ends meet** wiązać koniec z końcem. → **end up** <> *vi* kończyć/ skończyć jako/w • **to end doing sthg** zrobić coś koniec końców; **to end somewhere** wylądować gdzieś.

endangered species [ɪn'deɪn-dʒəd-] *n* gatunek *m* zagrożony.

ending ['endɪŋ] *n* [of story, film, book] zakończenie *n*; GRAMM końcówka *f*.

endive ['endaɪv] *n* [curly] endywia *f*; [chicory] cykoria *f*.

endless ['endlɪs] *adj* nieskończony.

endorsement [ɪn'dɔːsmənt] *n* UK [of driving licence] ≃ punkt *m* karny.

endurance [ɪn'djʊərəns] *n* wytrzymałość *f*.

endure [ɪn'djʊəʳ] *vt* wytrzymywać/wytrzymać.

enemy ['enɪmɪ] *n* wróg *m*.

energy ['enədʒɪ] *n* energia *f*.

enforce [ɪn'fɔːs] *vt* [law] egzekwować/wyegzekwować.

engaged [ɪn'geɪdʒd] *adj* [to be married] zaręczony; UK [phone, toilet] zajęty • **to get engaged** zaręczyć się.

engaged tone *n* UK sygnał *m* zajęty.

engagement [ɪn'geɪdʒmənt] *n* [to marry] zaręczyny *pl*; [appointment] spotkanie *n*.

engagement ring *n* pierścionek *m* zaręczynowy.

engine ['endʒɪn] *n* [of vehicle] silnik *m*; [of train] lokomotywa *f*.

engineer ['endʒɪ'nɪəʳ] *n* inżynier *m*.

engineering ['endʒɪ'nɪərɪŋ] *n* inżynieria *f*.

engineering works *npl* [on railway line] roboty *fpl* inżynieryjne.

England ['ɪŋglənd] *n* Anglia *f*.

English ['ɪŋglɪʃ] <> *adj* angielski. <> *n* [language] angielski *m*. <> *npl* : the English Anglicy *mpl*.

English breakfast *n* angielskie śniadanie *n*.

English Channel *n* : the English Channel kanał *m* La Manche.

Englishman ['ɪŋglɪʃmən] (*pl* -men [-mən]) *n* Anglik *m*.

Englishwoman ['ɪŋglɪʃ'wʊmən] (*pl* -women [-'wɪmɪn]) *n* Angielka *f*.

engrave [ɪn'greɪv] *vt* ryć/wyryć.

engraving [ɪn'greɪvɪŋ] *n* [picture] grafika *f*.

enjoy [ɪn'dʒɔɪ] *vt* : to enjoy sthg lubić coś; I enjoyed the book książka mi się podobała; to enjoy doing sthg lubić coś robić; to enjoy o.s. dobrze się bawić; enjoy your meal! smacznego!

enjoyable [ɪn'dʒɔɪəbl] *adj* przyjemny.

enjoyment [ɪn'dʒɔɪmənt] *n* przyjemność *f*.

enlargement [ɪn'lɑːdʒmənt] *n* [of photo] powiększenie *n*.

enormous [ɪ'nɔːməs] *adj* ogromny.

enough [ɪ'nʌf] <> *adj* dosyć. <> *pron* wystarczająco. <> *adv* dostatecznie • enough time dostatecznie dużo czasu; is that enough? czy to wystarczy?; it's not big enough to nie jest wystarczająco duże; to have had enough (of) mieć dosyć.

enquire [ɪn'kwaɪəʳ] *vi* pytać/zapytać.

enquiry [ɪn'kwaɪərɪ] *n* [question] zapytanie *n*; [investigation] dochodzenie *n* • 'Enquiries' Informacja.

enquiry desk *n* informacja *f*.

enrol *vi* UK zapisywać/zapisać się.

enroll [ɪn'rəʊl] US = enrol.

en suite bathroom *n* łazienka *f* w pokoju.

ensure [ɪn'ʃʊəʳ] *vt* zapewniać/zapewnić.

entail [ɪn'teɪl] *vt* [involve] pociągać/pociągnąć za sobą.

enter ['entəʳ] <> *vt* [room, building, plane, bus] wchodzić/wejść do; [college, army] wstępować/wstąpić do; [competition] zgłaszać/zgłosić się do/na; [on form] wpisywać/wpisać. <> *vi* [come in] wchodzić/wejść; [in competition] brać/wziąć udział.

enterprise ['entəpraɪz] *n* [company] przedsiębiorstwo *n*; [plan] przedsięwzięcie *n*.

entertain ['entə'teɪn] *vt* [amuse] zabawiać/zabawić.

entertainer ['entə'teɪnəʳ] *n* artysta *m* estradowy, artystka *f* estradowa.

entertaining ['entə'teɪnɪŋ] *adj* zabawny.

entertainment ['entə'teɪnmənt] *n* [amusement] rozrywka *f*; [show] widowisko *n*.

enthusiasm [ɪn'θjuːzɪæzm] *n* entuzjazm *m*.

enthusiast [ɪn'θjuːzɪæst] *n* entuzjasta *m*, entuzjastka *f*.

enthusiastic [ɪn'θjuːzɪ'æstɪk] *adj* entuzjastyczny.

entire [ɪn'taɪəʳ] *adj* cały.

entirely [ɪn'taɪəlɪ] *adv* całkowicie.

entitle [ɪn'taɪtl] *vt* : to entitle sb to sthg dawać komuś prawo do czegoś • to entitle sb to do sthg

upoważniać kogoś do zrobienia czegoś.

entrance n [door, gate] wejście n; [admission] wstęp m.

entrance fee ['entrəns-] n opłata f za wstęp.

entry ['entrɪ] n [door, gate] wejście n; [admission] wstęp m; [in dictionary] hasło n; [person in competition] uczestnik m, uczestniczka f konkursu; [thing in competition] praca f konkursowa • **no entry** [sign on door] wstęp m wzbroniony; [road sign] zakaz m wjazdu.

envelope ['envələʊp] n koperta f.

envious ['envɪəs] adj zazdrosny.

environment [ɪn'vaɪərənmənt] n [surroundings] otoczenie n • **the environment** środowisko.

environmental [ɪn'vaɪərən'mentl] adj środowiskowy.

environmentally friendly adj ekologiczny.

envy ['envɪ] vt zazdrościć.

epic ['epɪk] n epopeja f.

epidemic ['epɪ'demɪk] n epidemia f.

epileptic ['epɪ'leptɪk] <> adj [fit] epileptyczny. <> n [person] epileptyk m, epileptyczka f.

episode ['epɪsəʊd] n [of story, TV program] odcinek m; [event] epizod m.

equal ['iːkwəl] <> adj równy. <> vt [number] równać się • **to be equal to** [number] być równym.

equality [iː'kwɒlətɪ] n równość f.

equalize ['iːkwəlaɪz] vi SPORT wyrównywać/wyrównać.

equally ['iːkwəlɪ] adv [bad, good, matched] równie; [pay, treat] jednakowo; [share] równo; [at the same time] jednocześnie.

equation [ɪ'kweɪʒn] n równanie n.

equator [ɪ'kweɪtəʳ] n : **the equator** równik m.

equip [ɪ'kwɪp] vt : **to equip sb/ sthg with** wyposażyć kogoś/coś w.

equipment [ɪ'kwɪpmənt] n sprzęt m; [in office] wyposażenie n.

equipped adj : **to be equipped with** być wyposażonym w.

equivalent [ɪ'kwɪvələnt] <> adj równoważny. <> n odpowiednik m.

ER [ɜːʳ] n US (abbr of emergency room) izba f przyjęć.

erase [ɪ'reɪz] vt [letter, word] wymazywać/wymazać.

eraser [ɪ'reɪzəʳ] n gumka f do wycierania.

erect [ɪ'rekt] <> adj [person, posture] wyprostowany. <> vt [tent] rozbijać/rozbić; [monument] wznosić/wznieść.

erotic [ɪ'rɒtɪk] adj erotyczny.

errand ['erənd] n sprawa f do załatwienia.

erratic [ɪ'rætɪk] adj [behaviour] niekonsekwentny.

error ['erəʳ] n [mistake] błąd m.

escalator ['eskəleɪtəʳ] n ruchome schody pl.

escalope ['eskə'lɒp] n eskalopek m.

escape [ɪ'skeɪp] <> n [flight] ucieczka f; [of gas] ulatnianie się n; [of water] wyciek m. <> vi : **to escape (from)** [prison, danger] uciekać/uciec; [water] wyciekać/wyciec; [gas] ulatniać/ulotnić się.

escort <> n ['eskɔːt] [guard] eskorta f. <> vt [ɪ'skɔːt] [to a function] towarzyszyć; [to the

door] odprowadzać/odprowadzić.

espadrilles *npl* espadryle *fpl*.

especially [ɪ'speʃəlɪ] *adv* [in particular] szczególnie; [on purpose] specjalnie; [very] wyjątkowo.

esplanade ['esplə'neɪd] *n* esplanada *f*.

essay *n* ['eseɪ] [at school, university] wypracowanie *n*.

essential [ɪ'senʃl] *adj* [indispensable] konieczny. ➡ **essentials** *npl* podstawy *fpl* • **the bare essential** najpotrzebniejsze rzeczy *fpl*.

essentially [ɪ'senʃəlɪ] *adv* [basically] zasadniczo.

establish [ɪ'stæblɪʃ] *vt* [set up, create] zakładać/założyć; [fact, truth] ustalać/ustalić.

establishment [ɪ'stæblɪʃmənt] *n* [business] przedsiębiorstwo *n*.

estate [ɪ'steɪt] *n* [land in country] majątek *m* ziemski; [for housing] osiedle *n*; *UK* [car] = **estate car**.

estate agent *n UK* pośrednik *m*, pośredniczka *f* w handlu nieruchomościami.

estate car *n UK* samochód *m* kombi.

estimate ⬦ *n* ['estɪmət] [guess] przybliżona ocena *f*; [from builder, plumber] kosztorys *m*. ⬦ *vt* ['estɪmeɪt] szacować/oszacować.

estuary ['estjʊərɪ] *n* ujście *n* rzeki.

etc. (*abbr of* et cetera) *ǝdv* itd.

et cetera [ɪt'setərə] *adv* i tak dalej.

ethnic minority *n* mniejszość *f* etniczna.

EU (*abbr of* European Union) *n* UE ; **EU policy** polityka unijna.

euro ['jʊərəʊ] *n* euro *n*.

Europe ['jʊərəp] *n* Europa *f*.

European ['jʊərə'piːən] ⬦ *adj* europejski. ⬦ *n* Europejczyk *m*, Europejka *f*.

European Central Bank *n* Centralny Bank *m* Europejski.

European Commission *n* Komisja *f* Europejska.

European Union *n* Unia *f* Europejska.

Eurostar® ['jʊərəʊstːʳ] *n* szybka kolej pod kanałem La Manche.

evacuate [ɪ'vækjʊeɪt] *vt* ewakuować.

evade [ɪ'veɪd] *vt* unikać/uniknąć.

evaporated milk [ɪ'væpəreɪtɪd-] *n* mleko *n* skondensowane.

eve *n* : **on the eve of** w przeddzień.

even ⬦ *adj* [uniform, level, flat] równy; [contest] wyrównany; [distribution] równomierny; [number] parzysty. ⬦ *adv* nawet • **to break even** wyjść na czysto; **even so** mimo to; **even though** chociaż.

evening ['iːvnɪŋ] *n* [time of day] wieczór *m*; [event] wieczorek *m* • **good evening!** dobry wieczór!; **in the evening** wieczorem.

evening classes *npl* kursy *mpl* wieczorowe.

evening dress *n* [formal clothes] strój *m* wieczorowy; [woman's garment] suknia *f* wieczorowa.

evening meal *n* kolacja *f*.

event [ɪ'vent] *n* [occurrence] wydarzenie *n*; SPORT konkurencja *f* • **in the event of** *fml* w przypadku.

eventual [ɪ'ventʃʊəl] *adj* ostateczny.

eventually [ɪ'ventʃʊəlɪ] *adv* w końcu.

ever ['evəʳ] *adv* [at any time] kiedykolwiek • **he was ever so**

angry był strasznie zły; **for ever** [eternally] na zawsze; [for a long time] całe wieki; **hardly ever** prawie nigdy; **ever since** [since a point in time] od tej pory; [after an event] od kiedy.

every ['evrɪ] *adj* każdy • **every day** co dzień; **every other day** co drugi dzień; **one in every ten** co dziesiąty; **we make every effort ...** dołożymy wszelkich starań; **every so often** od czasu do czasu.

everybody ['evrɪ'bɒdɪ] = **everyone**.

everyday ['evrɪdeɪ] *adj* codzienny.

everyone ['evrɪwʌn] *pron* każdy *m*, każda *f*.

everyplace ['evrɪ'pleɪs] *US* = **everywhere**.

everything ['evrɪθɪŋ] *pron* wszystko.

everywhere ['evrɪweəʳ] *adv* wszędzie.

evidence ['evɪdəns] *n* [proof] dowód *m*; LAW dowody *mpl*.

evident ['evɪdənt] *adj* widoczny.

evidently ['evɪdəntlɪ] *adv* [apparently] widocznie; [obviously] ewidentnie.

evil ['iːvl] <> *adj* zły. <> *n* zło *n*.

ex [eks] *n inf* [wife, husband, partner] były *m*, była *f*.

exact [ɪg'zækt] *adj* dokładny • '**exact fare ready please**' proszę przygotować odliczoną kwotę za bilet.

exactly [ɪg'zæktlɪ] <> *adv* [precisely] dokładnie. <> *excl* właśnie.

exaggerate [ɪg'zædʒəreɪt] <> *vt* wyolbrzymiać/wyolbrzymić. <> *vi* przesadzać/przesadzić.

exaggeration [ɪg'zædʒə'reɪʃn] *n* przesada *f*.

exam [ɪ'zæm] *n* egzamin *m* • **to take an exam** zdawać egzamin.

examination [ɪg'zæmɪ'neɪʃn] *n* [exam] egzamin *m*; MED badanie *n*.

examine [ɪg'zæmɪn] *vt* [inspect] badać/zbadać; [consider carefully] rozpatrywać/rozpatrzyć; MED badać/zbadać.

example [ɪg'zɑːmpl] *n* przykład *m* • **for example** na przykład.

exceed [ɪk'siːd] *vt* [be greater than] przewyższać/przewyższyć; [go beyond] przekraczać/przekroczyć.

excellent ['eksələnt] *adj* znakomity.

except [ɪk'sept] <> *prep* oprócz. <> *conj* poza tym, że • **except for** z wyjątkiem; '**except for access**' zakaz ruchu (z wyjątkiem mieszkańców); '**except for loading**' tylko samochody dostawcze.

exception [ɪk'sepʃn] *n* wyjątek *m*.

exceptional [ɪk'sepʃənl] *adj* wyjątkowy.

excerpt ['eksɜːpt] *n* fragment *m*.

excess <> *adj* ['ekses] nadmierny. <> *n* [ɪk'ses] nadmiar *m*.

excess baggage ['ekses-] *n* nadbagaż *m*.

excess fare ['ekses-] *n UK* dopłata *f* do biletu.

excessive [ɪk'sesɪv] *adj* nadmierny.

exchange [ɪks'tʃeɪndʒ] <> *n* [of telephones] centrala *f* telefoniczna; [of students] wymiana *f*. <> *vt* wymieniać/wymienić • **to exchange sthg for sthg** wymieniać coś na coś; **to be on an exchange** być na wymianie.

exchange rate n kurs m waluty.

excited [ɪk'saɪtɪd] adj podniecony.

excitement [ɪk'saɪtmənt] n [excited feeling] podniecenie n; [exciting thing] atrakcja f.

exciting [ɪk'saɪtɪŋ] adj ekscytujący.

exclamation mark n UK wykrzyknik m.

exclamation point US = exclamation mark.

exclude [ɪk'sklu:d] vt [forbid entry] wykluczać/wykluczyć; [omit] wyłączać/wyłączyć.

excluding [ɪk'sklu:dɪŋ] prep wyłączając.

exclusive [ɪk'sklu:sɪv] <> adj [high-class] ekskluzywny; [sole] wyłączny. <> n : **the story was a Times exclusive** historię relacjonował wyłącznie Times • **exclusive of** wyłączając.

excursion [ɪk'skɜ:ʃn] n wycieczka f.

excuse <> n [ɪk'skju:s] wymówka f. <> vt [ɪk'skju:z] [forgive] wybaczać/wybaczyć; [let off] zwalniać/zwolnić z • **excuse me!** przepraszam.

ex-directory adj UK zastrzeżony.

execute ['eksɪkju:t] vt [kill] wykonywać/wykonać egzekucję na.

executive [ɪg'zekjʊtɪv] <> adj [suite, travel] reprezentacyjny. <> n [person] kierownik m, kierowniczka f.

exempt [ɪg'zempt] adj : **exempt (from)** zwolniony (z).

exemption [ɪg'zempʃn] n zwolnienie n.

exercise ['eksəsaɪz] <> n [physical activity] ruch m; [piece of work] ćwiczenie n. <> vi ćwiczyć • **to do exercises** robić ćwiczenia.

exercise book n zeszyt m.

exert [ɪg'zɜ:t] vt [strength] używać/użyć; [pressure] wywierać/wywrzeć.

exhaust [ɪg'zɔ:st] <> vt wyczerpywać/wyczerpać. <> n : **exhaust (pipe)** rura f wydechowa.

exhausted [ɪg'zɔ:stɪd] adj wyczerpany.

exhibit [ɪg'zɪbɪt] <> n [in museum, gallery] eksponat m. <> vt [in exhibition] wystawiać/wystawić.

exhibition ['eksɪ'bɪʃn] n [of art] wystawa f.

exist [ɪg'zɪst] vi istnieć.

existence [ɪg'zɪstəns] n istnienie n • **to be in existence** istnieć.

existing [ɪg'zɪstɪŋ] adj istniejący.

exit ['eksɪt] <> n wyjście n; [from motorway] zjazd m. <> vi wychodzić/wyjść.

exotic [ɪg'zɒtɪk] adj egzotyczny.

expand [ɪk'spænd] vi [in size] rozrastać/rozrosnąć się; [in number] powiększać/powiększyć się.

expect [ɪk'spekt] vt [believe likely] spodziewać się; [await] oczekiwać • **to expect to do sthg** spodziewać się, że coś się zrobi; **to expect sb to do sthg** [require] oczekiwać, że ktoś coś zrobi; **to be expecting** [be pregnant] spodziewać się dziecka.

expedition ['ekspɪ'dɪʃn] n [to explore etc] ekspedycja f; [short outing] wyprawa f.

expel [ɪk'spel] vt [from school] wydalać/wydalić.

expense [ɪk'spens] n wydatek m • **at the expense of** na koszt. ➤ **expenses** npl [of businessman] koszty mpl.

expensive [ɪk'spensɪv] adj drogi.

experience [ɪk'spɪərɪəns] <> n [practical knowledge] doświadcze-

nie *n*; [event] przeżycie *n*. <> *vt* doświadczać/doświadczyć.

experienced [ɪk'spɪərɪənst] *adj* doświadczony.

experiment [ɪk'sperɪmənt] <> *n* doświadczenie *n*. <> *vi* eksperymentować.

expert ['eksp3:t] <> *adj* [advice, treatment] fachowy. <> *n* ekspert *m*.

expire [ɪk'spaɪər] *vi* wygasać/wygasnąć.

expiry date *n* data *f* ważności.

explain [ɪk'spleɪn] *vt* [make clear] wyjaśniać/wyjaśnić; [give reason for] tłumaczyć/wytłumaczyć.

explanation ['eksplə'neɪʃn] *n* [clarification] wyjaśnienie *n*; [reason] wytłumaczenie *n*.

explode [ɪk'spləʊd] *vi* wybuchać/wybuchnąć.

exploit *vt* [ɪk'splɪt] [person] wyzyskiwać/wyzyskać.

explore [ɪk'splɔ:r] *vt* [place] badać/zbadać.

explosion [ɪk'spləʊʒn] *n* wybuch *m*.

explosive [ɪk'spləʊsɪv] *n* materiał *m* wybuchowy.

export <> *n* ['ekspɔ:t] eksport *m*. <> *vt* [ɪk'spɔ:t] eksportować.

exposed [ɪk'spəʊzd] *adj* [place] odsłonięty.

exposure [ɪk'spəʊʒər] *n* [photographic process] naświetlenie *n*; [on film] klatka *f*; MED wyziębienie *n* organizmu : **exposure to sunlight** narażenie na promieniowanie słoneczne.

express [ɪk'spres] <> *adj* [letter, delivery, train] ekspresowy. <> *n* [train] ekspres *m*. <> *vt* [opinion, idea] wyrażać/wyrazić. <> *adv* ekspresem.

expression [ɪk'spreʃn] *n* [of face]

wyraz *m*; [word, phrase] wyrażenie *n*.

expresso *n* espresso *n*.

expressway [ɪk'spreswer] *n US* droga *f* ekspresowa.

extend [ɪk'stend] <> *vt* [visa, permit] przedłużać/przedłużyć; [road, railway] wydłużać/wydłużyć; [hand] wyciągać/wyciągnąć. <> *vi* [stretch] rozciągać/rozciągnąć się.

extension [ɪk'stenʃn] *n* [of building] przybudówka *f*; [for phone] numer *m* wewnętrzny; [for permit, essay] przedłużenie *n*.

extension lead *n* przedłużacz *m*.

extensive [ɪk'stensɪv] *adj* [damage, area] rozległy; [selection] szeroki.

extent [ɪk'stent] *n* [of damage, knowledge] zakres *m* • **to a certain extent** do pewnego stopnia; **to what extent ...?** w jakim stopniu...?

exterior [ɪk'stɪərɪər] <> *adj* zewnętrzny. <> *n* [of car, building] zewnętrzna strona *f*.

external [ɪk'st3:nl] *adj* zewnętrzny.

extinct [ɪk'stɪŋkt] *adj* [species] wymarły; [volcano] wygasły.

extinction [ɪk'stɪŋkʃn] *n* wymarcie *n*.

extinguish [ɪk'stɪŋgwɪʃ] *vt* gasić/zgasić.

extinguisher [ɪk'stɪŋgwɪʃər] *n* gaśnica *f*.

extortionate [ɪk'stɔ:ʃnət] *adj* wygórowany.

extra ['ekstrə] <> *adj* dodatkowy. <> *n* [bonus, optional thing] dodatek *m*. <> *adv* [especially] wyjątkowo; [more] więcej • **extra charge** dopłata; **extra large**

bardzo duży. **extras** ◇ *npl* [in price] koszty *mpl* dodatkowe.

extract ◇ *n* ['ekstrækt] [of yeast, malt *etc*] ekstrakt *m*; [from book, opera] fragment *m*. ◇ *vt* [ık'strækt] [tooth] usuwać/usunąć.

extractor fan *n UK* wentylator *m*.

extraordinary [ık'strɔːdnrı] *adj* [wonderful] nadzwyczajny; [strange] przedziwny.

extravagant [ık'strævəgənt] *adj* [wasteful] rozrzutny; [expensive] drogi.

extreme [ık'striːm] ◇ *adj* [very great] ogromny; [furthest] krańcowy; [radical] skrajny. ◇ *n* [limit] skrajność *f*.

extremely [ık'striːmlı] *adv* niezmiernie.

extrovert ['ekstrəvɜːt] *n* ekstrawertyk *m*, ekstrawertyczka *f*.

eye [aı] ◇ *n* [of person] oko *n*; [of needle] ucho *n*. ◇ *vt* przypatrywać/przypatrzyć się • **to keep an eye on** sb mieć oko na kogoś.

eyebrow ['aıbraʊ] *n* brew *f*.

eye drops *npl* krople *fpl* do oczu.

eyeglasses *npl US* okulary *pl*.

eyelash ['aılæʃ] *n* rzęsa *f*.

eyelid ['aılıd] *n* powieka *f*.

eyeliner ['aɪ'laɪnəʳ] *n* tusz *m* do kresek.

eye shadow *n* cień *m* do powiek.

eyesight ['aısaıt] *n* wzrok *m*.

eye test *n* badanie *n* wzroku.

eyewitness ['aɪ'wɪtnɪs] *n* naoczny świadek *m*.

F

F [ef] (*abbr of* Fahrenheit) F.

fabric ['fæbrık] *n* tkanina *f*.

fabulous ['fæbjʊləs] *adj inf* wspaniały.

facade [fə'sɑːd] *n* [of building] fasada *f*.

face [feıs] ◇ *n* [part of body] twarz *f*; [expression] mina *f*; [of cliff, mountain] ściana *f*; [of clock, watch] tarcza *f*. ◇ *vt* [look towards] zwracać/zwrócić się twarzą do; [be looking towards] znajdować się naprzeciw; [confront] stawać/stanąć przed; [accept] przyjmować/przyjąć; [cope with] stawiać/stawić czoło • **to be faced with** napotykać/napotkać. **face up to** ◇ *vt insep* stawiać/stawić czoło.

facecloth ['feısklɒθ] *n UK* ręcznik *m (do twarzy)*.

facial ['feıʃl] *n* zabieg *m* kosmetyczny twarzy.

facilitate [fə'sılıteıt] *vt fml* ułatwiać/ułatwić.

facilities *npl* : cooking facilities sprzęt do gotowania; **sports facilities** obiekty sportowe; **facilities for disabled people** udogodnienia dla niepełnosprawnych.

facsimile [fæk'sımılı] *n* kopia *f*.

fact [fækt] *n* fakt *m* • **in fact** [in reality] w rzeczywistości; [moreover] właściwie.

factor ['fæktəʳ] *n* [condition] czynnik *m* • **factor ten suntan lotion** mleczko do opalania z filtrem ochronnym 10.

factory ['fæktərɪ] *n* fabryka *f*.

faculty ['fækltɪ] *n* [at university] wydział *m*.

fade [feɪd] *vi* [light] gasnąć/zgasnąć; [sound] ucichać/ucichnąć; [flower] więdnąć/zwiędnąć; [jeans, wallpaper] blaknąć/wyblaknąć.

faded ['feɪdɪd] *adj* [jeans] wyblakły.

fag [fæg] *n UK inf* [cigarette] fajka *f*.

Fahrenheit ['færənhaɪt] *adj* w skali Fahrenheita.

fail [feɪl] *vt* [exam] oblewać/oblać. *vi* zawodzić/zawieść; [in exam] oblewać/oblać • **to fail to do sthg** [not do] nie zrobić czegoś.

failing ['feɪlɪŋ] *n* wada *f*. *prep* : **failing that** w przeciwnym razie.

failure ['feɪljə'] *n* [lack of success] niepowodzenie *n*; [unsuccessful thing] klęska *f*; [unsuccessful person] nieudacznik *m*, nieudacznica *f*; [act of neglecting] niezrobienie *n*; [breakdown] awaria *f*.

faint [feɪnt] *adj* niewyraźny. *vi* mdleć/zemdleć • **to feel faint** czuć się słabo; **I haven't the faintest idea** nie mam najmniejszego pojęcia.

fair [feə'] *adj* [just] sprawiedliwy, [quite large, quite good] spory; [mark] dostateczny; [hair, skin, person] jasny; [weather] ładny. *n* [funfair] wesołe miasteczko *n*; [trade fair] targi *mpl* handlowe • **fair enough!** [indicating agreement] zgoda!

fairground ['feəgraʊnd] *n* wesołe miasteczko *n*.

fair-haired *adj* jasnowłosy.

fairly ['feəlɪ] *adv* [quite] dosyć.

fairy ['feərɪ] *n* wróżka *f*.

fairy tale *n* bajka *f*.

faith [feɪθ] *n* wiara *f*.

faithfully ['feɪθfʊlɪ] *adv* : **Yours faithfully** z poważaniem.

fake [feɪk] *n* [false thing] falsyfikat *m*. *vt* fałszować/sfałszować.

fall [fɔːl] (*pt* fell, *pp* fallen) *vi* [towards ground] spadać/spaść; [lose balance] upadać/upaść; [snow, rain] padać/spaść; [decrease] spadać/spaść; [occur] przypadać/przypaść; [darkness, night] zapadać/zapaść. *n* [accident] upadek *m*; [decrease] spadek *m*; [standards] obniżenie się *n*; [of snow] opad *m*; *US* [autumn] jesień *f* • **to fall asleep** zasnąć; **to fall ill** zachorować; **to fall in love** zakochać się. **falls** *npl* [waterfall] wodospad *m*. **fall behind** *vi* [with work, rent] zalegać z. **fall down** *vi* [lose balance] upadać/upaść. **fall off** *vi* [person] spadać/spaść; [handle, branch] odpadać/odpaść. **fall out** *vi* [hair, teeth] wypadać/wypaść; [argue] pokłócić się. **fall over** *vi* [fall to ground] przewracać/przewrócić się. **fall through** *vi* nie dojść do skutku.

false [fɔːls] *adj* [untrue] nieprawdziwy; [idea, impression] błędny; [artificial] sztuczny; [name, identity] fałszywy.

false alarm *n* fałszywy alarm *m*.

false teeth *npl* sztuczne zęby *mpl*.

fame [feɪm] *n* sława *f*.

familiar [fə'mɪljə'] *adj* [known] znajomy; [informal] poufały • **to be familiar with** [know] być obeznanym z.

family ['fæmlɪ] <> *n* rodzina *f.*
<> *adj* [large] rodzinny; [film,
holiday] dla całej rodziny.

family planning clinic *n* poradnia *f* planowania rodziny.

family room *n* [at hotel] pokój *m*
rodzinny; [at pub, airport] pokój
m dla rodzin z małymi dziećmi.

famine ['fæmɪn] *n* głód *m.*

famished ['fæmɪʃt] *adj inf* zgłod-
niały.

famous ['feɪməs] *adj* sławny.

fan [fæn] *n* [held in hand] wachlarz
m; [electric] wiatraczek *m*; [enthu-
siast] fan *m*, -ka *f*; [supporter] kibic
m.

fan belt *n* pasek *m* klinowy.

fancy ['fænsɪ] <> *vt inf* [feel like]
mieć ochotę na; [be attracted to]
być napalonym na. <> *adj* [ela-
borate] wymyślny • **fancy (that)!**
coś takiego!

fancy dress *n* przebranie *n.*

fan heater *n* termowentylator
m.

fanlight ['fænlaɪt] *n UK* nadświet-
le *n.*

fantastic [fæn'tæstɪk] *adj* [very
good] fantastyczny; [very large]
niesamowity.

fantasy ['fæntəsɪ] *n* [dream] marzenie *n.*

FAQ [fak, ɛeɪ'kjuː] (*abbr of frequently asked questions*) *n*
COMPUT często zadawane pytania *npl.*

far [fɑːʳ] (*compar* **further farther,**
superl **furthest farthest**) <> *adv*
[in distance, in time] daleko; [in
degree] o wiele. <> *adj* [end, side]
drugi • **how far is it (to London)?** jak daleko (do Londynu)ż;
as far as [place] aż do; **as far as
I'm concerned** jeśli o mnie chodzi; **as far as I know** o ile mi

wiadomo; **far better** dużo lepszy; **by far** o wiele; **so far** [until
now] jak dotąd; **to go too far**
[behave unacceptably] posuwać/
posunąć się za daleko.

farce [fɑːs] *n* [ridiculous situation]
farsa *f.*

fare [feəʳ] <> *n* [on bus, train *etc*]
opłata *f* za przejazd; *fml* [food]
wikt *m.* <> *vi* wieść się.

Far East *n* : the Far East Daleki
Wschód *m.*

fare stage *n UK* strefa *f.*

farm [fɑːm] *n* gospodarstwo *n*
rolne.

farmer ['fɑːməʳ] *n* rolnik *m*, rolniczka *f.*

farmhouse ['fɑːmhaʊs] *n* dom *m*
w gospodarstwie rolnym.

farming ['fɑːmɪŋ] *n* rolnictwo *n.*

farmland ['fɑːmlænd] *n* ziemia *f*
uprawna.

farmyard ['fɑːmjɑːd] *n* podwórze
n.

farther ['fɑːðəʳ] *compar* ⊳ **far.**

farthest ['fɑːðɪst] *superl* ⊳ **far.**

fascinating ['fæsɪneɪtɪŋ] *adj* fascynujący.

fascination ['fæsɪ'neɪʃn] *n* fascynacja *f.*

fashion ['fæʃn] *n* [trend] moda *f*;
[style] styl *m*; [manner] sposób *m*
• **to be in fashion** być w modzie;
to be out of fashion być nie-
modnym.

fashionable ['fæʃnəbl] *adj* modny.

fashion show *n* pokaz *m* mody.

fast [fɑːst] <> *adj* [quick] szybki.
<> *adv* [quickly] szybko; [se-
curely] mocno • **to befast asleep**
być pogrążonym w głębokim
śnie; **a fast train** pociąg po-

śpieszny; **this clock is fast** ten zegar się śpieszy.

fasten ['fɑːsn] *vt* [belt, coat] zapinać/zapiąć; [two things] przymocowywać/przymocować.

fastener ['fɑːsnəʳ] *n* zapięcie *n*.

fast food *n* fast food *m*.

fat [fæt] <> *adj* [person] gruby; [meat] tłusty. <> *n* tłuszcz *m*.

fatal ['feɪtl] *adj* [accident, disease] śmiertelny.

fat-free *adj* beztłuszczowy.

father ['fɑːðəʳ] *n* ojciec *m*.

Father Christmas *n UK* Święty Mikołaj *m*.

father-in-law *n* teść *m*.

fattening ['fætnɪŋ] *adj* tuczący.

fatty ['fætɪ] *adj* tłusty.

faucet ['fɔːsɪt] *n US* kran *m*.

fault ['fɔːlt] *n* [responsibility] wina *f*; [flaw] wada *f* • **it's your fault** to twoja wina.

faulty ['fɔːltɪ] *adj* wadliwy.

favor *US* = **favour**.

favour ['feɪvəʳ] <> *n UK* [kind act] przysługa *f*. <> *vt* [prefer] woleć • **to be in favour of** być za; **to do sb a favour** wyświadczyć komuś przysługę.

favourable ['feɪvrəbl] *adj* [positive] przychylny; [conditions] sprzyjający.

favourite ['feɪvrɪt] <> *adj* ulubiony. <> *n* ulubieniec *m*, ulubienica *f*.

fawn [fɔːn] *adj* płowy.

fax [fæks] <> *n* faks *m*. <> *vt* [document] faksować/przefaksować; [person] wysyłać/wysłać faks do.

fear [fɪəʳ] <> *n* [sensation] strach *m*; [thing feared] obawa *f*. <> *vt* [be afraid of] bać się • **for fear of** w obawie przed.

feast [fiːst] *n* [meal] uczta *f*.

feather ['feðəʳ] *n* pióro *n*.

feature ['fiːtʃəʳ] <> *n* [characteristic] cecha *f*; [of face] rysa *f*; [in newspaper] artykuł *m*; [on radio, TV] program *m*. <> *vt* [subj: film] odgrywać/odegrać pierwszoplanową rolę.

feature film *n* film *m* fabularny.

Feb. (*abbr of* **February**) *luty*.

February ['febrʊərɪ] *n* luty *m*; *see also* **September**.

fed *pt & pp* ⊳ **feed**.

fed up *adj* zniechęcony • **to be fed up with** mieć dość.

fee [fiː] *n* honorarium *n*.

feeble ['fiːbəl] *adj* słaby.

feed [fiːd] (*pt & pp* **fed** [fed]) *vt* [person, animal] karmić/nakarmić; [insert] wprowadzać/wprowadzić.

feel [fiːl] (*pt & pp* **felt** [felt]) <> *vt* [touch] dotykać/dotknąć; [experience] czuć/poczuć; [think] sądzić. <> *vi* [have sensation, emotion] czuć się. <> *n* [of material] dotyk *m* • **my nose feels cold** jest mi zimno w nos; **your hands feel cold** masz zimne ręce; **to feel like** [fancy] mieć ochotę na; **to feel up to doing sthg** czuć się na siłach, aby coś zrobić.

feeling ['fiːlɪŋ] *n* [emotion] uczucie *n*; [sensation] czucie *n*; [belief] wrażenie *n* • **to hurt sb's feelings** urazić kogoś.

feet [fiːt] *pl* ⊳ **foot**.

fell [fel] <> *pt* ⊳ **fall**. <> *vt* [tree] ścinać/ściąć.

fellow ['feləʊ] <> *n* [man] facet *m*. <> *adj* współ-.

felt [felt] <> *pt & pp* ⊳ **feel**. <> *n* filc *m*.

felt-tip pen *n* flamaster *m*.

female ['fi:meɪl] <> *adj* żeński. <> *n* [animal] samica *f*.

feminine ['femɪnɪn] *adj* [womanly] kobiecy; GRAMM żeński.

feminist ['femɪnɪst] *n* feminista *m*, feministka *f*.

fence [fens] *n* płot *m*.

fencing ['fensɪŋ] *n* SPORT szermierka *f*.

fend [fend] *vi* : **to fend for o.s.** radzić sobie samemu.

fender ['fendəʳ] *n* [for fireplace] *metalowa osłona zabezpieczająca od ognia i węgli*; *US* [on car] błotnik *m*.

fennel ['fenl] *n* koper *m* włoski.

fern [fɜːn] *n* paproć *f*.

ferocious [fə'rəʊʃəs] *adj* [animal] dziki; [attack] bezlitosny.

ferry ['ferɪ] *n* prom *m*.

fertile ['fɜːtaɪl] *adj* [land] urodzajny.

fertilizer ['fɜːtɪlaɪzəʳ] *n* nawóz *m*.

festival ['festəvl] *n* [of music, arts *etc*] festiwal *m*; [holiday] święto *n*.

feta cheese *n* ser *m* feta.

fetch [fetʃ] *vt* [go and get an object] przynosić/przynieść; [a person, animal] przyprowadzać/przyprowadzić; [by car] przywozić/przywieźć; [be sold for] osiągać/osiągnąć cenę.

fete *n* festyn *m*.

fever ['fi:vəʳ] *n* MED gorączka *f* • **to have a fever** mieć gorączkę.

feverish ['fi:vərɪʃ] *adj* rozgorączkowany.

few [fju:] <> *adj* : **few people** niewielu ludzi; **a few times** kilka razy. <> *pron* niewiele • **a few** kilka; **quite a few** całkiem sporo.

fewer ['fju:əʳ] *adj* & *pron* mniej.

fiancé [fɪ'ɒnseɪ] *n* narzeczony *m*.

fiancée [fɪ'ɒnseɪ] *n* narzeczona *f*.

fib [fɪb] *n inf* bujda *f*.

fiber *US* = **fibre**.

fibre ['faɪbəʳ] *n* *UK* [thin thread] włókno *n*; [in food] błonnik *m*.

fibreglass ['faɪbəglɑːs] *n* włókno *n* szklane.

fickle ['fɪkl] *adj* zmienny.

fiction ['fɪkʃn] *n* [literature] beletrystyka *f*.

fiddle ['fɪdl] <> *n* [violin] skrzypce *pl*. <> *vi* : **to fiddle with sthg** bawić się czymś.

fidget ['fɪdʒɪt] *vi* wiercić się.

field [fi:ld] *n* [for crops, animals] pole *n*; [for sport] boisko *n*; [subject] dziedzina *f*.

field glasses *npl* lornetka *f*.

fierce [fɪəs] *adj* [person] zawzięty; [animal] dziki; [storm] gwałtowny; [heat] ogromny.

fifteen [fɪf'ti:n] *num* piętnaście ▷ **six**.

fifteenth [fɪf'ti:nθ] *num* piętnasty ▷ **sixth**.

fifth [fɪfθ] *num* piąty ▷ **sixth**.

fiftieth ['fɪftɪəθ] *num* pięćdziesiąty ▷ **sixth**.

fifty ['fɪftɪ] *num* pięćdziesiąt ▷ **six**.

fig [fɪg] *n* figa *f*.

fight [faɪt] (*pt* & *pp* **fought**) <> *n* [physical clash] bójka *f*; [argument] kłótnia *f*; [struggle] walka *f*. <> *vt* [physically] walczyć przeciwko; [combat] zwalczać/zwalczyć. <> *vi* [physically] bić/pobić się; [in war] walczyć; [quarrel] kłócić/pokłócić się; [struggle] walczyć • **to have a fight with sb** pokłócić się z kimś. ◆ **fight back** <> *vi* bronić się. ◆ **fight off** <> *vt*

fighting

sep [attacker] odpierać/odeprzeć; [illness] zwalczać/zwalczyć.

fighting ['faɪtɪŋ] *n* walka *f*.

figure [*UK* 'fɪgə', *US* 'fɪgjər] *n* [number, statistic] liczba *f*; [shape of body] figura *f*; [outline of person] postać *f*; [diagram] rysunek *m*. ◆ **figure out** *vt sep* rozgryzać/rozgryźć.

file [faɪl] ◇ *n* [document holder] segregator *m*; [information on person] akta *pl*; COMPUT plik *m*; [tool] pilnik *m*. ◇ *vt* [complaint, petition] wnosić/wnieść; [nails] piłować/spiłować • **in single file** gęsiego.

filing cabinet *n* szafka *f* na akta.

fill [fɪl] *vt* [make full] napełniać/napełnić; [role] obsadzać/obsadzić; [tooth] plombować/zaplombować. ◆ **fill in** *vt sep* [form] wypełniać/wypełnić. ◆ **fill out** *vt sep* = fill in. ◆ **fill up** *vt sep* napełniać/napełnić • **fill her up!** [with petrol] do pełna!

filled roll *n* kanapka *f*.

fillet ['fɪlɪt] *n* filet *m*.

fillet steak *n* filet *m* z polędwicy.

filling ['fɪlɪŋ] ◇ *n* [of cake, sandwich] nadzienie *n*; [in tooth] plomba *f*. ◇ *adj* sycący.

filling station *n* stacja *f* benzynowa.

film [fɪlm] ◇ *n* film *m*. ◇ *vt* filmować/sfilmować.

film star *n* gwiazda *f* filmowa.

filter ['fɪltə'] *n* filtr *m*.

filthy ['fɪlθɪ] *adj* bardzo brudny.

fin [fɪn] *n* [of fish] płetwa *f*; *US* [of swimmer] płetwa *f*.

final ['faɪnl] ◇ *adj* [last] ostatni; [decision, offer] ostateczny. ◇ *n* [of competition] finał *m*.

finalist ['faɪnəlɪst] *n* finalista *m*, finalistka *f*.

finally ['faɪnəlɪ] *adv* [at last] w końcu; [lastly] na koniec.

finance ◇ *n* ['faɪnæns] [money] środki *mpl* finansowe; [management of money] finanse *mpl*. ◇ *vt* [faɪ'næns] finansować/sfinansować. ◆ **finances** ◇ *npl* fundusze *pl*.

financial [faɪ'nænʃl] *adj* finansowy.

find [faɪnd] (*pt&pp* **found** [faʊnd]) ◇ *vt* [discover by searching] znajdować/znaleźć; [find out] odkrywać/odkryć; [think] uważać. ◇ *n* odkrycie *n* • **to find the time to do sthg** znaleźć czas na zrobienie czegoś. ◆ **find out** ◇ *vt sep* [fact, truth] odkrywać/odkryć. ◇ *vi* : **to find out (about)** dowiedzieć się (o).

fine [faɪn] ◇ *adj* [weather, day] piękny; [food, wine] dobry; [satisfactory] w porządku; [in health] zdrowy; [thin] cienki. ◇ *adv* [thinly] cienko; [well] świetnie. ◇ *n* grzywna *f*. ◇ *vt* karać/ukarać grzywną.

fine art *n* sztuki *fpl* piękne.

finger ['fɪŋgə'] *n* palec *m*.

fingernail ['fɪŋgəneɪl] *n* paznokieć *m*.

fingertip ['fɪŋgətɪp] *n* koniuszek *m* palca.

finish ['fɪnɪʃ] ◇ *n* [of activity] zakończenie *n*; [of race] meta *f*; [of furniture] wykończenie *n*. ◇ *vt* [end activity] kończyć/skończyć; [complete] kończyć/skończyć; [eat or drink rest of] skończyć. ◇ *vi* [end] kończyć/skończyć się; [in race] zająć miejsce • **to finish doing sthg** skończyć coś robić. ◆ **finish off** ◇ *vt sep* [complete] ukończyć; [eat] dojeść/dojadać; [drink] dopijać/dopić. ◆ **finish up** ◇ *vi* : **I finished up doing it**

skończyło się na tym, że to
zrobiłem; **to finish somewhere**
wylądować gdzieś.

Finland ['fɪnlənd] *n* Finlandia *f*.

Finn [fɪn] *n* Fin *m*, -ka *f*.

Finnan haddock *n Scot* wędzony
łupacz.

Finnish ['fɪnɪʃ] ◇ *adj* fiński.
◇ *n* [language] fiński *m*.

fir [fɜːʳ] *n* jodła *f*.

fire ['faɪəʳ] ◇ *n* ogień *m*; [uncon-
trolled] pożar *m*; [device] piecyk
m. ◇ *vt* [gun] strzelać/strzelić;
[from job] wylewać/wylać z pra-
cy • **on fire** płonąć; **to catch fire**
zapalić się; **to make a fire** [out-
side] rozpalić ognisko; [inside]
rozpalić ogień.

fire alarm *n* alarm *m* przeciw-
pożarowy.

fire brigade *n UK* straż *f* pożarna.

fire department *US* = **fire
brigade**.

fire engine *n* wóz *m* strażacki.

fire escape *n* schody *pl* pożaro-
we.

fire exit *n* wyjście *n* ewakuacyj-
ne.

fire extinguisher *n* gaśnica *f*.

fire hazard *n* zagrożenie *n* poża-
rowe.

fireman (*pl* -men [-mən])
['faɪəmən] *n* strażak *m*.

fireplace ['faɪəpleɪs] *n* kominek
m.

fire regulations *npl* przepisy
mpl przeciwpożarowe.

fire station *n* komenda *f* straży
pożarnej.

firewood ['faɪəwʊd] *n* drewno *n*
opałowe.

firework display *n* pokaz *m*
sztucznych ogni.

fireworks *npl* [rockets] fajerwerki
mpl.

firm [fɜːm] ◇ *adj* [fruit, mattress]
twardy; [structure] solidny; [grip]
mocny; [decision] stanowczy; [be-
lief] nieugięty. ◇ *n* firma *f*.

first [fɜːst] ◇ *adj* pierwszy.
◇ *adv* [in order] jako pierwszy;
[at the start] najpierw; [for the first
time] po raz pierwszy. ◇ *pron*
pierwszy. ◇ *n* [event] precedens *m* • **first (gear)** pierwszy
bieg *m*; **first thing (in the
morning)** z samego rana; **the
first of January** pierwszy stycznia; **at first** na początku; **first of
all** przede wszystkim.

first aid *n* pierwsza pomoc *f*.

first-aid kit *n* apteczka *f*.

first class *n* [on train, plane, ship]
pierwsza klasa *f*; [mail] ≃ przesyłka *f* priorytetowa.

first-class *adj* [ticket] pierwszej
klasy; [stamp] ≃ priorytetowy;
[very good] pierwszorzędny.

first floor *n UK* [floor above
ground floor] pierwsze piętro *n*;
US [ground floor] parter *m*.

firstly ['fɜːstlɪ] *adv* po pierwsze.

First World War *n* : **the First
World War** pierwsza wojna
światowa.

fish [fɪʃ] (*pl*) ◇ *n* ryba *f*. ◇ *vi*
łowić/złowić ryby.

fish and chips *n* ryba *f* z
frytkami.

fishcake ['fɪʃkeɪk] *n* kotlet *m*
rybny.

fisherman ['fɪʃəmən] (*pl* -men
[-mən]) *n* rybak *m*.

fish farm *n* gospodarstwo *n*
rybne.

fish fingers *npl UK* paluszki *mpl*
rybne.

fishing ['fɪʃɪŋ] *n* SPORT wędkar-

stwo *n* • **to go fishing** iść na ryby.

fishing boat *n* łódź *f* rybacka.

fishing rod *n* wędka *f*.

fishmonger's *n* [shop] sklep *m* rybny.

fish sticks *US* = fish fingers.

fish supper *n Scot* = fish and chips.

fist [fist] *n* pięść *f*.

fit [fit] <> *adj* [healthy] w dobrej formie. <> *vt* [be right size for] pasować; [install] montować/zamontować; [insert] umieszczać/ umieścić. <> *n* [of coughing, anger] napad *m*; [epileptic] atak *m*. <> *vi* [be right size] pasować • **to be a good/bad fit** [clothes] dobrze/źle leżeć; [shoes] pasować; **to be fit for sthg** [suitable] nadawać się do czegoś; **fit to eat** nadający się do spożycia; **it doesn't fit** to nie pasuje; **to get fit** poprawić kondycję; **to keep fit** utrzymywać dobrą kondycję. ➡ **fit in** <> *vt sep* [find time to do] znajdować/znaleźć czas na. <> *vi* [belong] pasować.

fitness ['fitnis] *n* [health] dobra kondycja *f*.

fitted carpet *n* wykładzina *f* dywanowa.

fitted sheet *n* prześcieradło *n* z gumką.

fitting room *n* przymierzalnia *f*.

five [faiv] *num* pięć ⊳ **six**.

fiver ['faivə'] *n UK inf* [£5] piątka *f*; [£5 note] banknot *m* pięciofuntowy.

fix [fiks] *vt* [attach] przymocowywać/przymocować; [mend] naprawiać/naprawić; [decide on] ustalać/ustalić; [drink, food] przygotowywać/przygotować; [arrange] planować/zaplanować.

➡ **fix up** *vt sep* : **to** sb **up with sthg** załatwiać coś komuś.

fixture ['fikstʃə'] *n* SPORT impreza *f* sportowa • **fixtures and fittings** wyposażenie stałe.

fizzy ['fizi] *adj* gazowany.

flag [flæg] *n* flaga *f*.

flake [fleik] <> *n* [of snow] płatek *m*. <> *vi* łuszczyć/złuszczyć się.

flame [fleim] *n* płomień *m*.

flammable ['flæməbl] *adj* łatwopalny.

flan [flæn] *n* tarta *f*.

flannel ['flænl] *n* [material] flanela *f*; *UK* [for washing face] myjka *f*. ➡ **flannels** *npl* spodnie *pl* flanelowe.

flap [flæp] <> *n* [of envelope, pocket] klapka *f*; [tent] klapa *f*. <> *vt* [wings] trzepotać/zatrzepotać.

flapjack ['flæpdʒæk] *n UK* [cake] *herbatnik z płatków owsianych*.

flare [fleə'] *n* [signal] raca *f* świetlna.

flared [fleəd] *adj* [skirt] kloszowy; **flared trousers** dzwony.

flash [flæʃ] <> *n* [of light] błysk *m*; [for camera] flesz *m*. <> *vi* [light] błyskać/błysnąć • **a flash of lightning** błyskawica; **to flash one's headlights** dawać znak światłami.

flashlight ['flæʃlait] *n* latarka *f*.

flask [flɑːsk] *n* [thermos] termos *m*; [hip flask] piersiówka *f*.

flat [flæt] <> *adj* [level] płaski; [battery] wyczerpany; [drink] zwietrzały; [rate, fee] jednolity. <> *adv* [level] płasko • **lie flat** [person] leżeć płasko; [thing] rozłożyć. <> *n UK* [apartment] mieszkanie *n* • **a flat (tyre)** guma *f*; **flat out** [run, work] bez wytchnienia.

flatter ['flætə^r] *vt* pochlebiać/pochlebić.

flavor *US* = flavour.

flavour ['fleɪvə^r] *n UK* [taste] smak *m*.

flavoured *adj* [food, milk] aromatyzowany • **strawberry flavoured** o aromacie truskawkowym.

flavouring ['fleɪvərɪŋ] *n* przyprawa *f* • **natural/artificial flavouring** aromat naturalny/sztuczny.

flaw [flɔː] *n* [in plan] słaby punkt *m*; [in glass, china] skaza *f*.

flea [fliː] *n* pchła *f*.

flea market *n* pchli targ *m*.

fleece [fliːs] *n* [downy material] polar *m*.

fleet [fliːt] *n* flota *f*.

Flemish ['flemɪʃ] <> *adj* flamandzki. <> *n* [language] flamandzki *m*.

flesh [fleʃ] *n* [of person, animal] ciało *n*; [meat] mięso *n*; [of fruit, vegetable] miąższ *m*.

flew [fluː] *pt* ⊳ fly.

flex [fleks] *n* przewód *m* elektryczny.

flexible ['fleksəbl] *adj* [bendable] giętki; [adaptable] elastyczny.

flick [flɪk] *vt* [a switch] pstrykać/pstryknąć; [with finger] przytykać/przytyknąć. ← **flick through** *vt insep* kartkować/przekartkować.

flies [flaɪz] *npl* [of trousers] rozporek *m*.

flight [flaɪt] *n* [journey] przelot *m*; [plane] lot *m* • **a flight (of stairs)** schody; **she lives seven flights up** mieszka siedem pięter wyżej.

flight attendant *n* steward *m*, -esa *f*.

flimsy ['flɪmzɪ] *adj* [object] kruchy; [clothes] cienki.

fling [flɪŋ] (*pt* & *pp* flung [flʌŋ]) *vt* ciskać/cisnąć.

flint [flɪnt] *n* [of lighter] kamień *m*.

flip-flop *n UK* [shoe] klapek *m*.

flipper ['flɪpə^r] *n UK* [of swimmer] płetwa *f*.

flirt [flɜːt] *vi* : **to flirt (with sb)** flirtować (z kimś).

float [fləʊt] <> *n* [for swimming] deska *f* do pływania; [for fishing] spławik *m*; [in procession] *ruchoma platforma używana w pochodach*; [drink] *napój z pływającymi gałkami lodów*. <> *vi* [on water] unosić/unieść się.

flock [flɒk] <> *n* [of birds, sheep] stado *n*. <> *vi* [people] gromadzić się.

flood [flʌd] <> *n* [of water] powódź *f*. <> *vt* [with water] zalewać/zalać. <> *vi* [river] wylewać/wylać.

floodlight ['flʌdlaɪt] *n* reflektor *m*.

floor [flɔː^r] *n* [of room] podłoga *f*; [storey] piętro *n*; [of nightclub] parkiet *m*.

floorboard ['flɔːbɔːd] *n* deska *f* podłogowa.

floor show *n* występy *mpl* muzyczno-rozrywkowe.

flop [flɒp] *n inf* [failure] klapa *f*.

floppy disk *n* dyskietka *f*.

floral ['flɔːrəl] *adj* [pattern] kwiecisty.

Florida Keys *npl* : **the Florida Keys** *archipelag wysp koralowych u południowych wybrzeży Florydy, popularny region wypoczynkowy*.

florist's *n* [shop] kwiaciarnia *f*.

flour ['flaʊə^r] *n* mąka *f*.

flow [fləʊ] <> *n* [of river, blood]

przepływ *m.* <> *vi* [river, blood] płynąć/przepłynąć.

flower ['flauə'] *n* kwiat *m*.

flower bed *n* klomb *m*.

flowerpot ['flauəppt] *n* doniczka *f*.

flown [fləun] *pp* ▷ **fly**.

fl oz = fluid ounce.

flu [flu:] *n* grypa *f*.

fluent ['flu:ənt] *adj* [language] płynny • **to be fluent in German** biegle mówić po niemiecku.

fluff [flʌf] *n* [on clothes] kłaczki *mpl*.

fluid ounce *n* uncja *f* płynu.

flume *n* zjeżdżalnia *f* wodna.

flung [flʌŋ] *pt* & *pp* ▷ **fling**.

flunk [flʌŋk] *vt US inf* [exam] oblewać/oblać.

fluorescent [fluə'resənt] *adj* [paint, material] odblaskowy; **fluorescent light** świetlówka *f*.

flush [flʌʃ] <> *vt* [toilet] spłukiwać/spłukać. <> *vi* [toilet] spuszczać/spuścić wodę.

flute [flu:t] *n* flet *m*.

fly [flaɪ] (*pt* **flew**, *pp* **flown**) <> *n* [insect] mucha *f*; [of trousers] rozporek *m*. <> *vt* [plane, helicopter] pilotować; [travel by] latać/lecieć; [transport] dostarczać/dostarczyć *(samolotem)*. <> *vi* [hird, insect, plane] fruwać/frunąć; [passenger, pilot of plane] latać/lecieć; [flag] powiewać.

fly-drive *n* [holiday] *pakiet turystyczny obejmujący przelot i wynajem samochodu.*

flying ['flaɪɪŋ] *n* latanie *n*.

flyover ['flaɪˌəuvə'] *n UK* wiadukt *m*.

flypaper ['flaɪˌpeɪpə'] *n* lep *m* na muchy.

flysheet ['flaɪʃi:t] *n* tropik *m*.

FM *n* [radio] FM.

foal [fəul] *n* źrebię *n*.

foam [fəum] *n* [bubbles] piana *f*; [foam rubber] gąbka *f*.

focus ['fəukəs] <> *n* [of camera] ostrość *f*. <> *vi* [with camera, binoculars] ustawiać/ustawić ostrość • **in focus** ostry; **out of focus** nieostry.

fog [fɒg] *n* mgła *f*.

fogbound ['fɒgbaund] *adj* unieruchomiony przez mgłę.

foggy ['fɒgɪ] *adj* [weather] mglisty.

fog lamp *n* reflektor *m* przeciwmgielny.

foil [fɔɪl] *n* [thin metal] folia *f* aluminiowa.

fold [fəuld] <> *n* [in paper] zagięcie *n*; [in material] fałda *f*. <> *vt* [paper, material] składać/złożyć; [wrap] zawijać/zawinąć • **to fold one's arms** skrzyżować ramiona. ◄ **fold up** <> *vi* [chair, bed, bicycle] składać/złożyć się.

folder ['fəuldə'] *n* teczka *f* do akt.

foliage ['fəulɪdʒ] *n* listowie *npl*.

folk [fəuk] <> *npl* [people] ludzie *pl.* <> *n* : **folk (music)** [traditional] muzyka ludowa; [contemporary] muzyka folkowa. ◄ **folks** <> *npl inf* [relatives] rodzice *mpl*.

follow ['fɒləu] <> *vt* [walk behind] iść/pójść za; [drive behind] jechać/pojechać za; [be after] następować/nastąpić po; [obj: road, path, river] kierować/skierować się wzdłuż; [with eyes] wodzić/powieść wzrokiem za; [understand] rozumieć/zrozumieć; [instructions, advice] stosować/zastosować się do; [take an interest in] śledzić. <> *vi* [go behind] iść/pójść za kimś; [in time] następo-

wać/nastąpić; [understand] rozumieć/zrozumieć • **followed by** [in time] a następnie; **as follows** jak następuje. ➡ **follow on** ◇ *vi* [come later] następować/nastąpić.

following ['fɒləʊɪŋ] ◇ *adj* [next] następny; [mentioned below] następujący. ◇ *prep* : **following your request** w odpowiedzi na Pańską prośbę.

follow-on call *n* *nowa rozmowa telefoniczna za kredyt pozostały na karcie, bez odkładania słuchawki.*

fond [fɒnd] *adj* : **to be fond of** bardzo lubić.

fondue ['fɒndu:] *n* [dish] fondue.

food [fu:d] *n* [nourishment] jedzenie *n*; [type of food] żywność *f*.

food poisoning *n* zatrucie *n* pokarmowe.

food processor *n* robot *m* kuchenny.

foodstuffs *npl* artykuły *mpl* spożywcze.

fool [fu:l] ◇ *n* [idiot] głupek *m*; [pudding] mus *m* owocowy. ◇ *vt* [deceive] nabierać/nabrać.

foolish ['fu:lɪʃ] *adj* [idea, behaviour] głupi; [person] niemądry.

foot [fʊt] (*pl* **feet**) *n* [of person] stopa *f*; [of animal] łapa *f*; [of hill, cliff] podnóże *n*; [of stairs] podest *m*; [measurement] stopa *f*; [of wardrobe, tripod] noga *f* • **by foot** piechotą; **on foot** pieszo.

football ['fʊtbɔ:l] *n* UK [soccer] piłka *f* nożna; US [American football] futbol *m* amerykański; UK [in soccer] piłka *f*; US [in American football] piłka *f* futbolowa.

footballer ['fʊtbɔ:lər] *n* UK piłkarz *m*, piłkarka *f*.

football pitch *n* UK boisko *n* do piłki nożnej.

footbridge ['fʊtbrɪdʒ] *n* kładka *f*.

footpath ['fʊtpɑ:θ] *n* ścieżka *f*.

footprint ['fʊtprɪnt] *n* odcisk *m* stopy.

footstep ['fʊtstep] *n* krok *m*.

footwear ['fʊtweər] *n* obuwie *n*.

for [fɔ:r] *prep* -1. [expressing intention] do ; **this book is for you** ta książka jest dla ciebie. -2. [expressing purpose] : **what did you do that for?** po co to zrobiłeś⁴; **what's it for?** do czego to jest⁴; **to go for a walk** iść na spacer; **'for sale'** na sprzedaż. -3. [expressing reason] : **a town famous for its wine** miasto słynące ze swoich win; **for this reason** z tego powodu; **a prize for achievement** nagroda za osiągnięcia; **the reason for our failure** przyczyna naszego niepowodzenia. -4. [during] przez ; **I've lived here for ten years** mieszkam tu od dziesięciu lat; **we talked for hours** rozmawialiśmy godzinami. -5. [by, before] na ; **be there for 8 p.m.** bądź tam o ósmej wieczorem; **I'll do it for tomorrow** zrobię to na jutro. -6. [on the occasion of] na ; **Igot socks for Christmas** dostałam skarpetki na gwiazdkę; **what's for dinner?** co jest na obiad⁴; **for the first time** po raz pierwszy. -7. [on behalf of] dla ; **I'm happy for you** cieszy mnie twoje szczęście; **to do sthg for sb** zrobić coś dla kogoś; **to work for sb** pracować dla kogoś. -8. [with time and space] na ; **there's no room for it** nie ma na to miejsca; **to have time for sthg** mieć na coś czas. -9. [expressing distance] przez ; **road works for 20 miles** roboty drogowe przez 20 km. -10. [expressing destination] do ; **a ticket for Edinburgh** bilet do Edynburga; **this train is for London only**

ten pociąg jedzie tylko do Londynu. -11. [expressing price] za ; **I bought it for five pounds** kupiłem to za pięć funtów. -12. [expressing meaning] : **what does that symbol stand for?** co oznacza ten symbol‽; **what's the Spanish for boy?** jak jest po hiszpańsku „chłopiec"‽ -13. [with regard to] : **to be sorry for sb** współczuć komuś; **respect for human rights** poszanowanie praw człowieka; **it's warm for November** jak na listopad jest ciepło; **it's easy for you** to łatwe dla ciebie. -14. [introducing more information] : **it's too far for us to walk** to za daleko, żeby iść pieszo; **it's time for dinner** czas na obiad; **it's bad for you to smoke** palenie ci szkodzi.

forbid [fə'bɪd] (pt **forbade**, pp **forbidden**) vt zakazywać/zakazać • **to forbid sb to do sthg** zabraniać komuś robienia czegoś.

forbidden [-'bɪdn] adj zakazany.

force [fɔːs] <> n siła f. <> vt [physically] zmuszać/zmusić; [lock, door] wyważać/wyważyć • **to force sb to do sthg** zmusić kogoś do zrobienia czegoś; **to force one's way through** przepchać się; **the forces** siły zbrojne.

ford [fɔːd] n bród m.

forecast ['fɔːkɑːst] n prognoza f.

forecourt ['fɔːkɔːt] n podjazd m.

forefinger ['fɔːˌfɪŋgəʳ] n palec m wskazujący.

foreground ['fɔːgraʊnd] n pierwszy plan m.

forehead ['fɔːhed] n czoło n.

foreign ['fɒrən] adj [not native] zagraniczny; [language, country] obcy.

foreign currency n waluta f obca.

foreigner ['fɒrənəʳ] n cudzoziemiec m, cudzoziemka f.

foreign exchange n waluta f obca.

Foreign Secretary n UK ≃ minister spraw zagranicznych.

foreman ['fɔːmən] n [of workers] brygadzista m, brygadzistka f.

forename ['fɔːneɪm] n fml imię n.

foresee [fɔː'siː] (pt **foresaw**, pp **foreseen**) vt przewidywać/przewidzieć.

forest ['fɒrɪst] n las m.

forever [fə'revəʳ] adv [eternally] wiecznie; [continually] ciągle.

forgave [fə'geɪv] pt ⊳ forgive.

forge [fɔːdʒ] vt [copy] podrabiać/podrobić.

forgery ['fɔːdʒərɪ] n falsyfikat m.

forget [fə'get] (pt **forgot**, pp **forgotten**) <> vt zapominać/zapomnieć; [give up] zapominać/zapomnieć o <> vi zapominać/zapomnieć • **to forget about sthg** zapominać o czymś; **to forget how to do sthg** zapomnieć, jak coś się robi; **to forget to do sthg** zapomnieć coś zrobić; **forget it!** nie przejmuj się!

forgetful [fə'getfʊl] adj zapominalski.

forgive [fə'gɪv] (pt **forgave**, pp **forgiven**) vt wybaczać/wybaczyć.

forgot [-'gɒt] pt ⊳ forget.

forgotten [-'gɒtn] pp ⊳ forget.

fork [fɔːk] n [for eating with] widelec m; [for gardening] widły pl; [of road, path] rozwidlenie n.
➤ **forks** npl [of bike, motorbike] widełki pl.

form [fɔːm] <> n [type] forma f;

[shape] postać *f*; [piece of paper] formularz *m*; SCH klasa *f*. ⟨⟩ *vt* [a shape, queue] formować/uformować; [constitute] stanowić/ustanowić; [produce] tworzyć/utworzyć. ⟨⟩ *vi* tworzyć/utworzyć się • **off form** bez formy; **on form** w formie; **to form part of** stanowić część.

formal ['fɔːml] *adj* [occasion, clothes] formalny; [language, word] oficjalny; [person] urzędowy.

formality [fɔːˈmælətɪ] *n* formalność *f* • **it's just a formality** to tylko formalność.

format ['fɔːmæt] *n* format *m*.

former ['fɔːməʳ] ⟨⟩ *adj* [previous] były. ⟨⟩ *pron* : **the former** (ten) pierwszy.

formerly ['fɔːməlɪ] *adv* dawniej.

formula ['fɔːmjʊlə] (*pl* -**as** OR *pl* -**ae**) *n* [in maths, science] wzór *m*.

fort [fɔːt] *n* fort *m*.

forthcoming [fɔːθˈkʌmɪŋ] *adj* [future] nadchodzący.

fortieth ['fɔːtɪɪθ] *num* czterdziesty ⊳ **sixth**.

fortnight ['fɔːtnaɪt] *n* UK dwa tygodnie *mpl*.

fortunate ['fɔːtʃnət] *adj* [person] szczęśliwy; [circumstance] pomyślny.

fortunately ['fɔːtʃnətlɪ] *adv* na szczęście.

fortune ['fɔːtʃuːn] *n* [money] fortuna *f*; [luck] szczęście *n* • **it costs a fortune** *inf* to kosztuje majątek.

forty ['fɔːtɪ] *num* czterdzieści ⊳ **six**.

forward ['fɔːwəd] ⟨⟩ *adv* [move, lean] naprzód. ⟨⟩ *n* SPORT napastnik *m*. ⟨⟩ *vt* [letter, goods]

przesyłać/przesłać dalej • **to look forward to** cieszyć się na coś.

forwarding address ['fɔːwəd-ɪŋ-] *n* adres *m* przekazywania poczty.

fought [fɔːt] *pt & pp* ⊳ **fight**.

foul [faʊl] ⟨⟩ *adj* [unpleasant] obrzydliwy. ⟨⟩ *n* faul *m*.

found [faʊnd] ⟨⟩ *pt & pp* ⊳ **find**. ⟨⟩ *vt* [organization] zakładać/założyć.

foundation (cream) *n* podkład *m*.

foundations *npl* fundamenty *mpl*.

fountain ['faʊntɪn] *n* fontanna *f*.

fountain pen *n* wieczne pióro *n*.

four [fɔːʳ] *num* cztery ⊳ **six**.

four-star (petrol) *n* benzyna *f* super.

fourteen [fɔːˈtiːn] *num* czternaście ⊳ **six**.

fourteenth [fɔːˈtiːnθ] *num* czternasty ⊳ **sixth**.

fourth [fɔːθ] *num* czwarty ⊳ **sixth**.

four-wheel drive *n* [car] napęd *m* na cztery koła.

fowl [faʊl] (*pl* -) *n* drób *m*.

fox [fɒks] *n* lis *m*.

foyer ['fcɪeɪ] *n* foyer *n*.

fraction ['frækʃn] *n* [small amount] odrobina *f*; [in maths] ułamek *m*.

fracture ['fræktʃəʳ] ⟨⟩ *n* złamanie *n*. ⟨⟩ *vt* łamać/złamać.

fragile [UK 'frædʒaɪl, US 'frædʒl] *adj* kruchy.

fragment *n* ['frægmənt] fragment *m*.

fragrance ['freɪgrəns] *n* zapach *m*.

frail [freɪl] *adj* [person] wątły.

frame [freɪm] ⟨⟩ *n* rama *f*; [of

glasses] oprawka f. <> vt [photo, picture] oprawiać/oprawić w ramę.

France [frɑːns] n Francja f.

frank adj szczery.

frankfurter ['fræŋkfɜːtə^r] n parówka f (wołowo-wieprzowa).

frankly ['fræŋklɪ] adv szczerze.

frantic ['fræntɪk] adj [person] oszalały; [activity, pace] szaleńczy.

fraud [frɔːd] n [crime] oszustwo n.

freak [friːk] <> adj dziwaczny. <> n inf [fanatic] fanatyk m, fanatyczka f.

freckles npl piegi mpl.

free [friː] <> adj wolny; [costing nothing] bezpłatny. <> vt [prisoner] uwalniać/uwolnić. <> adv [without paying] bezpłatnie • for free za darmo; free of charge bezpłatnie; to be free to do sthg móc coś zrobić.

freedom ['friːdəm] n wolność f.

Freefone® ['friːfəʊn] n UK numer m bezpłatny.

free gift n bezpłatny upominek m.

free house n UK pub nie będący własnością browaru.

free kick n rzut m wolny.

freelance ['friːlɑːns] adj ≃ zatrudniony na umowę-zlecenie.

freely ['friːlɪ] adv [speak, move] swobodnie • freely available latwo dostępny.

free period n SCH okienko n.

freepost ['friːpəʊst] n przesyłka f na koszt adresata.

free-range adj wiejski.

free time n czas m wolny.

freeway ['friːweɪ] n US autostrada f.

freeze [friːz] (pt froze, pp frozen)

<> vt zamrażać/zamrozić. <> vi [solidify] marznąć/zamarznąć. <> impers vb spadać/spaść poniżej zera.

freezer ['friːzə^r] n [deep freeze] zamrażarka f; [part of fridge] zamrażalnik m.

freezing ['friːzɪŋ] adj [temperature, water, hands] lodowaty; [person] przemarznięty.

freezing point n punkt m zamarzania.

freight [freɪt] n [goods] towary mpl.

French [frentʃ] <> adj francuski. <> n [language] francuski m. <> npl : the French Francuzi mpl.

French bean n fasolka f szparagowa.

French bread n bagietka f.

French dressing n [in UK] sos m winegret; [in US] sos z majonezu i keczupu.

French fries npl frytki fpl.

Frenchman ['frentʃmən] (pl -men [-mən]) n Francuz m.

French toast n tost m francuski.

French windows npl drzwi pl balkonowe.

Frenchwoman ['frentʃˌwʊmən] (pl -women [-ˌwɪmɪn]) n Francuzka f.

frequency ['friːkwənsɪ] n [on radio] częstotliwość f.

frequent adj ['friːkwənt] częsty.

frequently ['friːkwəntlɪ] adv często.

fresh [freʃ] adj [picked or made recently] świeży; [refreshing] odświeżający; [water] słodki; [recent, new] nowy; [weather] chłodny; [wind] silny • to get some fresh air zaczerpnąć trochę świeżego powietrza.

fresh cream n świeża śmietana f.

freshen ['freʃn] ➡ **freshen up** vi odświeżać/odświeżyć się.

freshly ['freʃlɪ] adv świeżo.

fresh orange (juice) n świeżo wyciskany sok m z pomarańczy.

Fri. (abbr of Friday) piątek.

Friday ['fraɪdeɪ] n piątek m see also Saturday.

fridge [frɪdʒ] n lodówka f.

fried egg n jajko n sadzone.

fried rice n ryż m smażony (podawany do dań chińskich).

friend [frend] n przyjaciel m, przyjaciółka f • **to be friends with** sb przyjaźnić się z kimś; **to make friends with sb** zaprzyjaźnić się z kimś.

friendly ['frendlɪ] adj przyjazny • **to be friendly with** sb być przyjaźnie nastawionym do kogoś.

friendly fire n omyłkowy atak na własne oddziały.

friendship ['frendʃɪp] n przyjaźń f.

fries = French fries.

fright [fraɪt] n [fear] przerażenie n • **to give** sb **a fright** nastraszyć kogoś.

frighten ['fraɪtn] vt przerażać/przerazić.

frightened ['fraɪtnd] adj [scared] przestraszony : **to be frightened that sthg will happen** [worried] bać się, że coś się stanie • **to be frightened of sthg** bać się czegoś.

frightening ['fraɪtnɪŋ] adj przerażający.

frightful ['fraɪtʊl] adj [very bad, unpleasant] przeraźliwy.

frilly ['frɪlɪ] adj z falbankami.

fringe [frɪndʒ] n UK [of hair] grzywka f; [of clothes, curtain etc] frędzle mpl.

frisk [frɪsk] vt [search] obszukiwać/obszukać.

fritter ['frɪtəʳ] n kawałek owocu, warzywa lub mięsa smażony w cieście.

fro [frəʊ] adv ⊳ to.

frog [frɒg] n żaba f.

from [(weak form frəm); (strong form frɒm)] prep -1. [expressing origin, source] : **I'm from England** jestem z Anglii; **I bought it from a supermarket** kupiłem to w supermarkecie; **the train from Manchester** pociąg z Manchesteru. -2. [expressing removal, deduction] : **away from home** z dala od domu; **to take sthg (away) from** sb odebrać coś komuś; **10% will be deducted from the total** od całości odejmie się 10%. -3. [expressing distance] od ; **five miles from London** pięć mil od Londynu; **it's not far from here** to niedaleko stąd. -4. [expressing position] z ; **from here you can see the valley** stąd można zobaczyć dolinę. -5. [expressing what thing is made of] z ; **it's made from stone** jest zrobiony z kamienia. -6. [expressing starting time] od ; **open from nine to five** czynne od dziewiątej do piątej; **from next year** od przyszłego roku. -7. [expressing change] z ; **the price has gone up from £1 to £2** cena wzrosła z £1 do £2; **to translate from German into English** tłumaczyć z niemieckiego na angielski. -8. [expressing range] od ; **tickets are from £10** bilety są od £10; **it could take from two to six months** to mogłoby zabrać od dwóch do sześciu miesięcy. -9. [as a result of]

od; [illness] na ; **I'm tired from walking** zmęczyłam się chodzeniem. **-10.** [expressing protection] od ; **sheltered from the wind** chroniony przed wiatrem. **-11.** [in comparisons] : **different from** inny od.

fromage frais n *rodzaj sera białego*.

front [frʌnt] <> *adj* przedni. <> *n* [foremost part] przód *m*; [of weather] front *m* atmosferyczny; [by the sea] brzeg *m* morza • **in front** [further forward] na przedzie; [in the lead] na prowadzeniu; **in front of** przed.

front door n drzwi *pl* frontowe.

frontier [UK 'frʌn'tɪəʳ, US frʌn'tɪər] n granica *f*.

front page n pierwsza strona *f*.

front seat n siedzenie *n* przednie.

frost [frɒst] n [on ground] szron *m*; [cold weather] mróz *m*.

frosty ['frɒstɪ] *adj* [morning, weather] mroźny.

froth [frɒθ] n piana *f*.

frown [fraʊn] <> *n* zmarszczenie *n* brwi. <> *vi* marszczyć/zmarszczyć brwi.

froze [frəʊz] *pt* ⊳ **freeze**.

frozen ['frəʊzn] <> *pp* ⊳ **freeze**. <> *adj* [river, ground] zamarznięty; [food] zamrożony; [person] zziębnięty.

fruit [fruːt] n owoc *m* • **a piece of fruit** owoc; **fruits of the forest** owoce *mpl* leśne.

fruit cake n *rodzaj keksu z bakaliami*.

fruiterer ['fruːtərəʳ] n UK sprzedawca *m*, sprzedawczyni *f* owoców.

fruit juice n sok *m* owocowy.

fruit machine n UK automat *m* do gry.

fruit salad n sałatka *f* owocowa.

frustrating [frʌ'streɪtɪŋ] *adj* frustrujący.

frustration [frʌ'streɪʃn] n frustracja *f*.

fry [fraɪ] *vt* smażyć/usmażyć.

frying pan n patelnia *f*.

ft = foot, feet.

fudge [fʌdʒ] n [milk sweet] krówka *f*.

fuel [fjʊəl] n paliwo *n*.

fuel pump n pompa *f* paliwowa.

fulfil [fʊl'fɪl] *vt* UK spełniać/spełnić; [role, need] wypełniać/wypełnić.

fulfill US = fulfil.

full [fʊl] <> *adj* [filled] pełny, wypełniony; [complete] pełny; [maximum] najwyższy; [busy] zajęty; [flavour] bogaty. <> *adv* [directly] prosto • **I'm full (up)** jestem najedzony; **full of** [containing a lot of] pełen; **in full** w całości.

full board n pełne wyżywienie *n*.

full-cream milk n mleko *n* pełnotłuste.

full-length *adj* [skirt, dress] do ziemi.

full moon n pełnia *f* Księżyca.

full stop n kropka *f*.

full-time <> *adj* pełnoetatowy. <> *adv* na pełny etat.

fully ['fʊlɪ] *adv* [completely] całkowicie.

fully-licensed *adj* *posiadający licencję na sprzedaż alkoholu*.

fumble ['fʌmbl] *vi* [search clumsily] grzebać/wygrzebać.

fun [fʌn] n zabawa *f* • **it's good**

fun to dobra zabawa; **for fun** dla przyjemności; **to have fun** dobrze się bawić; **to make fun of** wyśmiewać/wyśmiać.

function ['fʌŋkʃn] <> *n* [role] funkcja *f*; [formal event] uroczystość *f*. <> *vi* funkcjonować.

fund [fʌnd] <> *n* [of money] fundusz *m*. <> *vt* finansować/ sfinansować. ▶ **funds** <>*npl* fundusze *mpl*.

fundamental ['fʌndə'mentl] *adj* fundamentalny.

funeral ['fjuːnərəl] *n* pogrzeb *m*.

funfair ['fʌnfeəʳ] *n* wesołe miasteczko *n*.

funky ['fʌŋkɪ] *adj inf* [music] funky.

funnel ['fʌnl] *n* [for pouring] lejek *m*; [on ship] komin *m*.

funny ['fʌnɪ] *adj* [amusing] zabawny; [strange] dziwny • **to feel funny** [ill] źle się czuć.

fur [fɜːʳ] *n* futro *n*.

fur coat *n* futro *n*.

furious ['fjʊərɪəs] *adj* [angry] wściekły.

furnished ['fɜːnɪʃt] *adj* umeblowany.

furnishings ['fɜːnɪʃɪŋz] *npl* umeblowanie *n*.

furniture ['fɜːnɪtʃəʳ] *n* meble *mpl* • **a piece of furniture** mebel *m*.

furry ['fɜːrɪ] *adj* [animal] futerkowy; [toy, material] pluszowy.

further ['fɜːðəʳ] <> *compar* ▶ **far**. <> *adv* [in distance] dalej; [more] więcej, bardziej. <> *adj* [additional] dodatkowy • **until further notice** do odwołania.

furthermore ['fɜːðə'mɔːʳ] *adv* ponadto.

furthest ['fɜːðɪst] <> *superl*

▶ **far**. <> *adj* [most distant] najdalszy. <> *adv* [in distance] najdalej.

fuse [fjuːz] <> *n* [of plug] bezpiecznik *m*; [on bomb] zapalnik *m*. <> *vi* : **the lights have fused** światło wysiadło.

fuse box *n* skrzynka *f* bezpiecznikowa.

fuss [fʌs] *n* [agitation] zamieszanie *n*; [complaints] awantura *f*.

fussy ['fʌsɪ] *adj* [person] wybredny.

future ['fjuːtʃəʳ] <> *n* [time after present] przyszłość *f*; GRAMM czas *m* przyszły. <> *adj* przyszły • **in future** w przyszłości.

G

g [dʒiː] (*abbr of* **gram**) g.

gable ['geɪbl] *n* szczyt *m (dachu)*.

gadget ['gædʒɪt] *n* przyrząd *m*.

Gaelic ['geɪlɪk] *n* język *m* gaelicki (*używany w zachodniej Szkocji*).

gag [gæg] *n inf* [joke] dowcip *m*.

gain [geɪn] <> *vt* [get more of] zyskiwać/zyskać; [achieve] osiągać/osiągnąć. <> *vi* [get benefit] zyskiwać/zyskać; [subj: clock, watch] śpieszyć się. <> *n* [improvement] korzyść *f*.

gale [geɪl] *n* wichura *f*.

gallery ['gælərɪ] *n* galeria *f*.

gallon ['gælən] *n* galon *m*.

gallop ['gæləp] *vi* galopować/pogalopować.

gamble ['gæmbl] <> *n* ryzyko *n*.

◇ *vi* [bet money] uprawiać hazard.

gambling ['gæmblɪŋ] *n* hazard *m*.

game [geɪm] *n* [activity, sport] gra *f*; [of football, tennis, cricket] mecz *m*; [of chess, cards, snooker] partia *f*; [in tennis] gem *m*; [wild animals] zwierzyna *f* łowna; [meat] dziczyzna *f*. ◆ **games** *n* SCH wf *m*. ◇ *npl* [sporting event] zawody *pl*.

game show *n* teleturniej *m*.

gammon ['gæmən] *n* szynka *f* wędzona.

gang [gæŋ] *n* [of criminals] gang *m*; [of friends] paczka *f*.

gangster ['gæŋstəʳ] *n* gangster *m*.

gangway ['gæŋweɪ] *n* [for ship] kładka *f*; UK [in bus, aeroplane, theatre] przejście *n*.

gaol UK = **jail**.

gap [gæp] *n* [space] szpara *f*; [of time] przerwa *f*; [difference] różnica *f*.

gap year *n* rok *m* przerwy w nauce.

garage *n* [UK 'gærɑːʒ, 'gærɪdʒ, US gə'rɑːʒ] [for keeping car] garaż *m*; UK [for petrol] stacja *f* benzynowa; [for repairs] warsztat *m*; UK [for selling cars] salon *m* samochodowy.

garbage ['gɑːbɪdʒ] *n* US [refuse] śmieci *mpl*.

garbage can *n* US [pojemnik *m*] na śmieci.

garbage truck *n* US śmieciarka *f*.

garden ['gɑːdn] ◇ *n* ogród *m*. ◇ *vi* uprawiać ogród. ◆ **gardens** ◇ *npl* [public park] park *m*.

garden centre *n* centrum *n* ogrodnicze.

gardener ['gɑːdnəʳ] *n* ogrodnik *m*, ogrodniczka *f*.

gardening ['gɑːdnɪŋ] *n* ogrodnictwo *n*.

garden peas *npl* groszek *m* zielony.

garlic ['gɑːlɪk] *n* czosnek *m*.

garlic bread *n* pieczywo *n* czosnkowe.

garlic butter *n* masło *n* czosnkowe.

garment ['gɑːmənt] *n* część *f* ubrania.

garnish ['gɑːnɪʃ] ◇ *n* [for decoration] przybranie *n*. ◇ *vt* garnirować/ugarnirować.

gas [gæs] *n* gaz *m*; US [petrol] benzyna *f*.

gas cooker *n* UK kuchenka *f* gazowa.

gas cylinder *n* butla *f* gazowa.

gas fire *n* UK grzejnik *m* gazowy.

gasket ['gæskɪt] *n* uszczelka *f*.

gas mask *n* maska *f* przeciwgazowa.

gasoline ['gæsəliːn] *n* US benzyna *f*.

gasp [gɑːsp] *vi* [in shock, surprise] wstrzymywać/wstrzymać oddech.

gas pedal *n* US pedał *m* gazu.

gas station *n* US stacja *f* benzynowa.

gas stove UK = **gas cooker**.

gas tank *n* US [tank *m*]

gasworks ['gæswɜːks] (*pl* -) *n* gazownia *f*.

gate [geɪt] *n* [to garden, field] furtka *f*; [at airport] wyjście *n*.

gateau (*pl* -x [-təʊz]) ['gætəʊ] *n* UK tort *m*.

gateway ['geɪtweɪ] *n* [entrance] brama *f* wjazdowa.

gather ['gæðəʳ] ◇ *vt* [collect] zbierać/zebrać; [speed] nabierać/

nabrać prędkości; [understand] wnioskować/wywnioskować. <> vi [come together] gromadzić/zgromadzić się.

gaudy ['gɔːdɪ] adj jaskrawy.

gauge [geɪdʒ] <> n [for measuring] przyrząd m pomiarowy; [of railway track] rozstaw m torów. <> vt [calculate] określać/określić.

gauze [gɔːz] n gaza f.

gave [geɪv] pt ⊳ give.

gay [geɪ] adj [homosexual] gejowski.

gaze [geɪz] vi : to gaze at wpatrywać się w.

GB [ˌdʒiːˈbiː] (abbr of Great Britain) Wlk. Bryt.

GCSE n (abbr of General Certificate of Secondary Education) ≃ egzamin m gimnazjalny.

gear [gɪəʳ] n [wheel] przekładnia f; [speed] bieg m; [equipment] sprzęt m; [clothes] ciuchy mpl; [belongings] rzeczy fpl • in gear na biegu.

gearbox ['gɪəbɒks] n skrzynia f biegów.

gear lever n dźwignia f zmiany biegów.

gear shift US = gear lever.

gear stick UK = gear lever.

geese [giːs] pl ⊳ goose.

gel n żel m.

gelatine ['dʒeləˈtiːn] n żelatyna f.

gem [dʒem] n [stone] kamień m szlachetny.

Gemini ['dʒemɪnaɪ] n Bliźnięta pl.

gender ['dʒendəʳ] n płeć f.

general ['dʒenərəl] <> adj ogólny. <> n generał m • in general [as a whole] ogólnie; [usually] na ogół.

general anaesthetic n znieczulenie n ogólne.

general election n wybory mpl powszechne.

generally ['dʒenərəlɪ] adv [usually] zwykle; [by most people] ogólnie.

general practitioner n lekarz m rodzinny.

general store n especially UK sklep m wielobranżowy.

generate ['dʒenəreɪt] vt [cause] powodować/spowodować; [electricity] wytwarzać/wytworzyć.

generation ['dʒenəˈreɪʃn] n pokolenie n.

generator ['dʒenəreɪtəʳ] n generator m.

generosity ['dʒenəˈrɒsətɪ] n hojność f.

generous ['dʒenərəs] adj [with money] hojny; [kind] wspaniałomyślny; [large] obfity.

genitals npl genitalia pl.

genetically [dʒɪˈnetɪklɪ] adv genetycznie ; **genetically modified** genetycznie modyfikowany.

genius ['dʒiːnjəs] n [person] geniusz m; [quality] talent m.

gentle ['dʒentl] adj [careful, kind] delikatny; [movement, breeze] łagodny.

gentleman ['dʒentlmən] (pl -men [-mən]) n [man] pan m; [well-behaved man] dżentelmen m • '**gentlemen**' [men's toilets] toaleta f męska.

gently ['dʒentlɪ] adv [carefully] delikatnie.

gents n UK toaleta f męska.

genuine ['dʒenjuɪn] adj [authentic] autentyczny; [sincere] szczery.

geographical [dʒɪəˈgræfɪkl] adj geograficzny.

geography [dʒɪˈɒgrəfɪ] *n* geografia *f*.

geology [dʒɪˈɒlədʒɪ] *n* geologia *f*.

geometry [dʒɪˈɒmətrɪ] *n* geometria *f*.

Georgian [ˈdʒɔːdʒjən] *adj* [architecture *etc*] *z okresu panowania królów: Jerzego I, II, III i IV (1714–1830)*.

geranium [dʒɪˈreɪnjəm] *n* pelargonia *f*.

German [ˈdʒɜːmən] <> *adj* niemiecki. <> *n* [person] Niemiec *m*, Niemka *f*; [language] niemiecki *m*.

German measles *n* różyczka *f*.

Germany [ˈdʒɜːmənɪ] *n* Niemcy *pl*.

germs *npl* zarazki *mpl*.

gesture [ˈdʒestʃəʳ] *n* [movement] gest *m*.

get [get] (*pt & pp* got, *US pp* gotten) <> *vt* -1. [obtain] dostawać/dostać; [buy] kupować/kupić; **I got some crisps from the shop** kupiłem w sklepie chipsy; **she got a job** dostała pracę. -2. [receive] dostawać/dostać; **I got a book for Christmas** dostałem książkę na gwiazdkę. -3. [means of transport] jechać/pojechać; **let's get a taxi** weźmy taksówkę. -4. [fetch] przynosić/przynieść; **could you get me the manager?** [in shop, on phone] czy może pan poprosić kierownika? -5. [offer] : **to get sb sthg** przynieść coś komuś; **can I get you a drink?** napijesz się czegoś? -6. [illness] zachorować na; **I've got a cold** przeziębiłem się. -7. [cause to become] : **to get sthg done** zrobić coś; **to get sthg ready** przygotować coś; **can I get my car repaired here?** czy możecie naprawić mój samo-

chód? -8. [ask, tell] : **can you get someone to fix the TV?** możesz kogoś wezwać, żeby naprawił telewizor?; **I'll get him to phone you back** powiem mu, żeby do ciebie oddzwonił. -9. [move] : **I can't get it through the door** to nie przejdzie przez drzwi. -10. [understand] rozumieć/zrozumieć; **to get a joke** zrozumieć dowcip. -11. [time, chance] mieć; **we didn't get the chance to see everything** nie udało się nam obejrzeć wszystkiego. -12. [idea, feeling] mieć; **I get a lot of enjoyment from it** sprawia mi to wiele przyjemności. -13. [phone] odbierać/odebrać. -14. [in phrases] : **you get a lot of rain here in winter** zimą często pada tu deszcz. <> *vi* -1. [become] stawać/stać się; **it's getting late** robi się późno; **get bored** znudzić się; **get worse** pogorszyć się; **to get lost** zgubić się; **to get ready** przygotować się; **get lost!** spływaj! -2. [into particular state, position] : **to get into/out of bed** położyć się/wstać z łóżka; **to get into trouble** wpakować się w kłopoty; **get out of the way!** z drogi!; **how do you get to Luton from here?** jak dostać się stąd do Luton?; **to get into the car** wsiadać do samochodu. -3. [arrive] docierać/dotrzeć; **when does the train get here?** o którą pryjyzduba pobiąg? 4. [in phrases] : **we got to see the Queen's bedroom** udało się nam zobaczyć sypialnię królowej. <> *aux vb* zostawać/zostać; **to get delayed** zostać opóźnionym; **to get killed** zostać zabitym. ◆ **get back** <> *vi* [return] wracać/ wrócić. ◆ **get in** <> *vi* [arrive] przybywać/ przybyć; [enter] wsiadać/wsiąść. ◆ **get off** <> *vi* [leave train,

bus] wysiadać/wysiąść; [depart] wyruszać/wyruszyć. **get on** ◇ vi -1. [enter train, bus] wsiadać/wsiąść; [in relationship] : **to get well/badly** być w dobrych/złych stosunkach. -2. [progress] : **how are you getting on?** jak ci idzie? **get out** ◇ vi [of car, bus, train] wysiadać/wysiąść. **get through** ◇ vi [on phone] łączyć/połączyć się. **get up** ◇ vi wstawać/wstać.

get-together n inf impreza f.

ghastly ['gɑːstlɪ] adj inf koszmarny.

gherkin ['gɜːkɪn] n korniszon m.

ghetto blaster [-'blɑːstəʳ] n inf przenośny radiomagnetofon o dużej mocy i rozmiarach.

ghost [gəʊst] n duch m.

giant ['dʒaɪənt] ◇ adj olbrzymi. ◇ n [in stories] olbrzym m.

giblets ['dʒɪblɪts] npl podroby pl drobiowe.

giddy ['gɪdɪ] adj [dizzy] : **to feel giddy** odczuwać zawroty głowy.

gift n [present] podarunek m; [talent] talent m.

gifted ['gɪftɪd] adj utalentowany.

gift shop n sklep m z upominkami.

gift voucher n UK talon m na zakupy.

gig [gɪg] n inf [concert] koncert m.

gigantic [dʒaɪ'gæntɪk] adj gigantyczny.

giggle ['gɪgl] vi chichotać/zachichotać.

gimmick ['gɪmɪk] n sztuczka f.

gin [dʒɪn] n dżin m • **gin and tonic** dżin z tonikiem.

ginger ['dʒɪndʒəʳ] ◇ n imbir m. ◇ adj [colour] rudy.

ginger ale n napój m imbirowy.

ginger beer n piwo n imbirowe.

gingerbread ['dʒɪndʒəbred] n piernik m.

ginseng ['dʒɪnseŋ] n żeń-szeń m.

gipsy ['dʒɪpsɪ] n Cygan m, -ka f.

giraffe [dʒɪ'rɑːf] n żyrafa f.

girl [gɜːl] n [child] dziewczynka f; [young woman] dziewczyna f; [daughter] córka f.

girlfriend ['gɜːlfrend] n [of boy, man] sympatia f; [of girl, woman] przyjaciółka f.

girl guide n UK harcerka f.

girl scout US = girl guide.

giro ['dʒaɪrəʊ] n [system] system m giro; [benefit payment] zasiłek m.

give [gɪv] (pt gave, pp given) vt [hand over] dawać/dać; [attention, time] poświęcać/poświęcić • **to give sb sthg** [hand over] dać komuś coś; [as present] podarować komuś coś; [advice, news, message] przekazać komuś coś; **to give sthg a push** popchnąć coś; **to give sb a kiss** pocałować kogoś; **to give a laugh** zaśmiać się; **to give sb a look** popatrzeć na kogoś; **to give a speech** dać przemówienie; **to give a performance** dać przedstawienie; **give or take** plus minus; **'give way!'** ustąp! **give away** vt sep [get rid of] oddawać/oddać; [reveal] zdradzać/zdradzić. **give back** vt sep oddawać/oddać. **give in** vi poddawać/poddać się. **give off** vt insep wydzielać/wydzielić. **give out** vt sep [distribute] rozdawać/rozdać. **give up** vt sep [cigarettes, smoking, chocolate] rzucać/rzucić; [seat] ustępować/ustąpić. ◇ vi [stop smoking] rzucać/rzucić pa-

lenie; [admit defeat] poddawać/ poddać się.

glacier ['glæsjə'] n lodowiec m.

glad [glæd] adj zadowolony • **to be glad to help** pomagać z chęcią; **I'm so glad!** tak się cieszę!

gladly ['glædlɪ] adv [willingly] chętnie.

glamorous ['glæmərəs] adj olśniewający.

glance [glɑːns] <> n rzut m oka. <> vi : **to glance (at)** zerknąć (na).

gland [glænd] n gruczoł m.

glandular fever n gorączka f gruczołowa.

glare [gleə'] vi [person] spoglądać/ spojrzeć groźnie; [sun, light] oślepiać/oślepić.

glass [glɑːs] <> adj szklany. <> n [material] szkło n; [for/of wine, whisky] kieliszek m; [for/of water, beer, milk] szklanka f • **a sheet/pane of glass** szyba. ⇒ **glasses** <> npl okulary mpl.

glassware ['glɑːsweə'] n wyroby mpl ze szkła.

glen [glen] n Scot dolina f.

glider ['glaɪdə'] n szybowiec m.

glimpse [glɪmps] vt ujrzeć przelotnie • **he glimpsed her in the crowd** mignęła mu w tłumie.

████ ['g████'] ██ ████████.

globalization ['gləʊbəlaɪˈzeɪʃn] n globalizacja f.

global warming n globalne ocieplenie m.

globe [gləʊb] n [with map] globus m • **the globe** [Earth] glob m.

gloomy ['gluːmɪ] adj ponury.

glorious ['glɔːrɪəs] adj wspaniały.

glory ['glɔːrɪ] n [fame] chwała f.

gloss [glɒs] n [shine] połysk m • **gloss (paint)** emalia f; **lip gloss** błyszczyk do ust.

glossary ['glɒsərɪ] n słowniczek m.

glossy ['glɒsɪ] adj [magazine] z górnej półki; [photo] błyszczący.

glove [glʌv] n rękawiczka f.

glove compartment n schowek m w samochodzie.

glow [gləʊ] <> n [light] blask m. <> vi [light] świecić/zaświecić.

glucose ['gluːkəʊs] n glukoza f.

glue [gluː] <> n klej m. <> vt kleić/skleić.

GM (abbr of genetically modified) [dʒiːˈem] adj genetycznie zmodyfikowany ; **GM foods** OR **products** żywność genetycznie zmodyfikowana.

gnat [næt] n komar m.

gnaw [nɔː] vt obgryzać/obgryźć.

GNVQ (abbr of General National Vocational Qualification) n UK pogimnazjalna szkoła zawodowa.

go (pt went, pp gone) <> vi -1. [move, travel] iść/pójść, jechać/ pojechać ; **to go home** iść do domu; **to go to Spain** pojechać do Hiszpanii; **to go by bus** jechać autobusem; **to go for a walk** iść na spacer; **to go and do sthg** iść coś zrobić. -2. [leave] iść/ pójść, odjeżdżać/odjechać ; **it's time to go ████ ██ ██████ does the bus go?** kiedy odjeżdża autobus?; **go away!** odejdź! -3. [attend] chodzić/pójść ; **to go to school** chodzić do szkoły. -4. [become] stawać/stać się ; **she went pale** zbladła; **the milk has gone sour** mleko skwaśniało. -5. [expressing future tense] : **to be going to do sthg** mieć zamiar coś zrobić. -6. [function] działać/ zadziałać ; **the car won't go**

samochód nie chce zapalić. -7. [stop working] wysiadać/wysiąść ; **the fuse has gone** przepalił się bezpiecznik. -8. [time] mijać/minąć. -9. [progress] iść/pójść ; **to go well** iść dobrze. -10. [bell, alarm] włączać/włączyć się. -11. [match] pasować ; **to go with** pasować; **red wine doesn't go with fish** czerwone wino nie pasuje do ryby. -12. [be sold] iść/pójść ; **'everything must go'** wszystko musi pójść. -13. [fit] pasować. -14. [lead] prowadzić ; **where does this path go?** dokąd prowadzi ta ścieżka? -15. [belong] iść. -16. [in phrases] : **to let go of sthg** [drop] puszczać/puścić; **to go** [remaining] zostawać/zostać ; *US* [to take away] na wynos/zabrać. <> *n (pl* **goes**) -1. [turn] kolej ; **it's your go** teraz twoja kolej. -2. [attempt] próba ; **to have a go at sthg** spróbować czegoś; **'50p a go'** [for game] 50 pensów za jedno podejście. ➤ **go ahead** <> *vi* [begin] rozpoczynać/rozpocząć; [take place] odbywać/odbyć się • **go!** proszę bardzo! ➤ **go back** <> *vi* [return] wracać/wrócić. ➤ **go down** <> *vi* [decrease] zmniejszać/zmniejszyć się; [sun] zachodzić/zajść • **the tyre's gone down** powietrze zeszło z opony. ➤ **go down with** <> *vt insep inf* [illness] zachorować na. ➤ **go in** <> *vi* [enter] wchodzić/wejść. ➤ **go off** <> *vi* [alarm, bell] włączać/włączyć się; [go bad] psuć/popsuć się; [light, heating] przestawać/przestać działać. ➤ **go on** <> *vi* -1. [happen] dziać się; [light, heating] włączać/włączyć się. -2. [continue] : **to go on doing sthg** kontynuować; **go!** śmiało! ➤ **go out** <> *vi* -1. [leave house] wychodzić/wyjść; [light, fire, cigarette] ga-

snąć/zgasnąć. -2. [have relationship] : **to go (with sb)** chodzić z kimś; **to go for a meal** wyjść coś zjeść. ➤ **go over** <> *vt insep* [check] sprawdzać/sprawdzić. ➤ **go round** <> *vi* [revolve] obracać/obrócić się; [be enough] starczać/starczyć. ➤ **go through** <> *vt insep* [experience] przechodzić/przejść; [spend] wydawać/wydać; [search] przeszukiwać/przeszukać. ➤ **go up** <> *vi* [increase] wzrastać/wzrosnąć. ➤ **go without** <> *vt insep* obywać/ obyć się bez.

goal [gəʊl] *n* [posts] bramka *f*; [point scored] gol *m*; [aim] cel *m*.

goalkeeper [ˈgəʊlˌkiːpə] *n* bramkarz *m*, bramkarka *f*.

goalpost [ˈgəʊlpəʊst] *n* słupek *m*.

goat [gəʊt] *n* koza *f*.

gob [gɒb] *n UK inf* [mouth] morda *f*.

god [gɒd] *n* bóg *m*. ➤ **God** *n* Bóg *m*.

goddaughter [ˈgɒdˌdɔːtə] *n* chrześniaczka *f*.

godfather [ˈgɒdˌfɑːðə] *n* ojciec *m* chrzestny.

godmother [ˈgɒdˌmʌðə] *n* matka *f* chrzestna.

gods *npl* : **the gods** [in theatre] *UK inf* galeria *f*.

godson [ˈgɒdsʌn] *n* chrześniak *m*.

goes [gəʊz] ⊳ **go**.

goggles *npl* [for swimming] okulary *mpl* pływackie; [for skiing] gogle *pl*.

going [ˈgəʊɪŋ] *adj* [available] dostępny • **the going rate** aktualna stawka.

go-kart *n* gokart *m*.

gold [gəʊld] <> *n* złoto *n*. <> *adj* złoty.

goldfish ['gəʊldfɪʃ] (*pl* -) *n* złota rybka *f*.

gold-plated *adj* pozłacany.

golf [gɒlf] *n* golf *m*.

golf ball *n* piłka *f* golfowa.

golf club *n* [place] klub *m* golfowy; [piece of equipment] kij *m* golfowy.

golf course *n* pole *n* golfowe.

golfer ['gɒlfə'] *n* gracz *m* w golfa.

gone [gɒn] <> *pp* ⊳ **go**. <> *prep UK* [past] : **it's gone ten** jest po dziesiątej.

good [gʊd] (*compar* **better**, *superl* **best**) <> *adj* dobry; [kind] miły; [well-behaved] grzeczny; [enjoyable] udany. <> *n* [moral correctness] dobro • **to have a good time** bawić się dobrze; **to be good at sthg** być w czymś dobrym; **a good ten minutes** dobre 10 minut; **in good time** w dobrym czasie; **to make good sthg** [damage, loss] naprawić; **for good** na dobre; **for the good of** dla dobra; **to do sb good** dobrze komuś zrobić; **it's no good** [there's no point] nie ma sensu; **good afternoon!** dzień dobry; **good evening!** dobry wieczór; **good morning!** dzień dobry; **good night!** dobranoc. ➡ **goods** <> *npl* towar *m*.

goodbye ['gʊd'baɪ] *excl* do widzenia.

Good Friday *n* Wielki Piątek *m*.

good-looking *adj* przystojny.

goods train *n* pociąg *m* towarowy.

goose [guːs] (*pl* **geese**) *n* gęś *f*.

gooseberry ['gʊzbərɪ] *n* agrest *m*.

gorge [gɔːdʒ] *n* [valley] wąwóz *m*.

gorgeous ['gɔːdʒəs] *adj* [day, meal, countryside] wspaniały; *inf* [good-looking] fantastyczny.

gorilla [gə'rɪlə] *n* goryl *m*.

gossip ['gɒsɪp] <> *n* [about someone] plotka *f*; [chat] plotki *fpl*. <> *vi* plotkować/poplotkować.

gossip column *n* kronika *f* towarzyska.

got [gɒt] *pt* & *pp* ⊳ **get**.

gotten ['gɒtn] *pp US* ⊳ **get**.

goujons *npl* [of fish] *kawałki ryby lub kurczaka smażone w cieście*.

goulash ['guːlæʃ] *n* gulasz *m*.

gourmet ['gʊəmeɪ] <> *n* smakosz *m*. <> *adj* [food, restaurant] wykwintny.

govern ['gʌvən] *vt* [country, city] rządzić.

government ['gʌvnmənt] *n* [people] rząd *m*.

gown [gaʊn] *n* [dress] suknia *f*.

GP *n* (*abbr of* **general practitioner**) lekarz *m* rodzinny.

grab [græb] *vt* [take hold of] chwytać/chwycić.

graceful ['greɪsfʊl] *adj* [elegant] pełen wdzięku.

grade [greɪd] *n* [quality] jakość *f*; [in exam] ocena *f*; *US* [year at school] klasa *f*.

gradient ['greɪdjənt] *n* nachylenie *n*.

gradual ['grædʒʊəl] *adj* stopniowy.

gradually ['grædʒʊəlɪ] *adv* stopniowo.

graduate <> *n* ['grædʒʊət] [from university] absolwent *m*, -ka *f*; *US* [from high school] absolwent *m*, -ka *f*. <> *vi* ['grædjʊeɪt] [from university] ukończyć studia; *US* [from high school] ukończyć szkołę.

graduation ['grædʒʊ'eɪʃn] *n* [ceremony] uroczystość *f* wręczenia dyplomów.

graffiti [grə'fiːtɪ] n graffiti npl.

grain [greɪn] n [crop] zboże n; [seed] ziarno n; [of sand, salt] ziarenko n.

gram [græm] n gram m.

grammar ['græməʳ] n gramatyka f.

grammar school n [in UK] szkoła średnia przygotowująca uczniów w wieku od 11 do 18 lat do studiów wyższych.

gramme [græm] = gram.

gramophone ['græməfəʊn] n gramofon m.

gran [græn] n UK inf babcia f.

grand [grænd] <> adj [impressive] okazały. <> n inf [£1,000] tysiąc m funtów; [$1,000] tysiąc m dolarów.

grandchild ['grændtʃaɪld] (pl -children [-'tʃɪldrən]) n wnuk m, wnuczka f.

granddad ['grændæd] n inf dziadek m.

granddaughter ['græn'dɔːtəʳ] n wnuczka f.

grandfather ['grænd'fɑːðəʳ] n dziadek m.

grandma ['grænmɑː] n inf babcia f.

grandmother ['græn'mʌðəʳ] n babcia f.

grandpa ['grænpɑː] n inf dziadek m.

grandparents npl dziadkowie mpl.

grandson ['grænsʌn] n wnuk m.

granite ['grænɪt] n granit m.

granny ['grænɪ] n inf babunia f.

grant [grɑːnt] <> n [for study] stypendium n; POL dotacja f. <> vt fml [give] przyznawać/ przyznać • **to take sthg for granted** przyjmować coś za

oczywiste; **to take sb for granted** zaniedbywać kogoś.

grape [greɪp] n winogrono n.

grapefruit ['greɪpfruːt] n grejpfrut m.

grapefruit juice n sok m grejpfrutowy.

graph [grɑːf] n wykres m.

graph paper n papier m milimetrowy.

grasp [grɑːsp] vt [grip] chwytać/ chwycić; [understand] rozumieć/ zrozumieć.

grass [grɑːs] n [plant] trawa f; [lawn] trawnik m • '**keep off the grass**' nie deptać trawnika.

grasshopper ['grɑːsˈhɒpəʳ] n konik m polny.

grate [greɪt] n palenisko n.

grated adj starty.

grateful ['greɪtfʊl] adj [person] wdzięczny.

grater ['greɪtəʳ] n tarka f.

gratitude ['grætɪtjuːd] n wdzięczność f.

gratuity [grə'tjuːətɪ] n fml [tip] napiwek m; [at end of employment] odprawa f pieniężna.

grave <> adj [mistake, news, concern] poważny. <> n grób m.

gravel ['grævl] n żwir m.

graveyard ['greɪvjɑːd] n cmentarz m.

gravity ['grævətɪ] n [force] grawitacja f.

gravy ['greɪvɪ] n [sauce] sos m pieczeniowy.

gray US = grey.

graze [greɪz] vt [injure] obcierać/ obetrzeć.

grease [griːs] n [oily substance] smar m; [animal fat] tłuszcz m.

greaseproof paper *n UK* pergamin *m*.

greasy ['gri:sɪ] *adj* [tools, clothes] zatłuszczony; [food] tłusty; [skin, hair] przetłuszczony.

great [greɪt] *adj* wielki; [very good] świetny • **(that's) great!** (to) świetnie!

Great Britain *n* Wielka Brytania *f*.

great-grandfather *n* pradziadek *m*.

great-grandmother *n* prababka *f*.

greatly ['greɪtlɪ] *adv* ogromnie.

Greece [gri:s] *n* Grecja *f*.

greed [gri:d] *n* chciwość *f*.

greedy ['gri:dɪ] *adj* [for food] łakomy; [for money] chciwy.

Greek [gri:k] <> *adj* grecki. <> *n* [person] Grek *m*, Greczynka *f*; [language] grecki *m*.

Greek salad *n* sałatka *f* grecka.

green [gri:n] <> *adj* zielony; *inf* [inexperienced] zielony. <> *n* [colour] zielony *m*; [in village] *publiczny teren zielony w centrum wsi*; [on golf course] green *m*. ➡ **greens** <> *npl* [vegetables] warzywa *npl* zielone.

green beans *npl* fasolka *f* szparagowa.

green card *n UK* [for car] *międzynarodowe ubezpieczenie samochodowe dla kierowców podróżujących za granicą*; *US* [work permit] zielona karta *f*.

green channel *n* zielony korytarz *m*.

greengage ['gri:ngeɪdʒ] *n* renkloda *f*.

greengrocer's *n* [shop] warzywniak *m*.

greenhouse ['gri:nhaʊs] *n* szklarnia *f*.

greenhouse effect *n* efekt *m* cieplarniany.

green light *n* zielone światło *n*.

green pepper *n* zielona papryka *f*.

Greens *npl* : **the Greens** Zieloni *mpl*.

green salad *n* surówka *f (z sałaty i warzyw zielonych)*.

greet [gri:t] *vt* witać/przywitać.

greeting ['gri:tɪŋ] *n* powitanie *n*.

grenade [grə'neɪd] *n* granat *m*.

grew [gru:] *pt* ⊳ **grow**.

grey [greɪ] <> *adj* [weather, suit] szary; [hair] siwy. <> *n* [colour] szary *m* • **to go grey** siwieć.

greyhound ['greɪhaʊnd] *n* chart *m*.

grid [grɪd] *n* [grating] krata *f*; [on map *etc*] siatka *f* kartograficzna.

grief [gri:f] *n* żal *m* • **to come to grief** zakończyć się niepowodzeniem.

grieve [gri:v] *vi* smucić/zasmucić się.

grill [grɪl] <> *n* [on cooker] opiekacz *m*; [for open fire] ruszt *m*; [part of restaurant] grill-bar *m*. <> *vt* grillować.

grille [grɪl] *n* AUT krata *f*.

grilled *adj* z grilla.

grim [grɪm] *adj* ponury.

grimace [grɪ'meɪs] *n* grymas *m*.

grimy ['graɪmɪ] *adj* brudny.

grin [grɪn] <> *n* szeroki uśmiech *m*. <> *vi* uśmiechać/uśmiechnąć się szeroko.

grind [graɪnd] (*pt&pp* **ground**) *vt* [pepper, coffee] mleć/zemleć.

grip [grɪp] <> *n* [hold] uścisk *m*; [of tyres] przyczepność *f*; [handle]

uchwyt *m*. <> *vt* [hold] chwytać/chwycić.

gristle ['grɪsl] *n* chrząstka *f*.

groan [grəʊn] <> *n* jęk *m*. <> *vi* jęczeć/jęknąć.

groceries *npl* artykuły *mpl* spożywcze.

grocer's *n* [shop] sklep *m* spożywczy.

grocery ['grəʊsərɪ] *n* [shop] sklep *m* spożywczy.

groin [grɪn] *n* pachwina *f*.

groove [gruːv] *n* [long cut] rowek *m*; [rhythm] podkład *m* rytmiczny.

grope [grəʊp] *vi* [search] szukać/poszukać po omacku.

gross [grəʊs] *adj* [weight, income] brutto.

grossly ['grəʊslɪ] *adv* [extremely] rażąco.

grotty ['grɒtɪ] *adj UK inf* nędzny.

ground [graʊnd] <> *pt & pp* > **grind**. <> *n* ziemia *f*; SPORT boisko *n*. <> *adj* [coffee] zmielony. <> *vt* : **to be grounded** [plane] zostać zatrzymanym na lotnisku; *US* [electrical connection] uziemiony. **grounds** <> *npl* [of building] teren *m*; [of coffee] fusy *pl*; [reason] powód *m*.

ground floor *n* parter *m*.

groundsheet ['graʊndʃiːt] *n* płachta *f* nieprzemakalna.

group [gruːp] *n* grupa *f*.

grouse [graʊs] (*pl* -) *n* [bird] kuropatwa *f*.

grovel ['grɒvl] *vi* płaszczyć się.

grow [grəʊ] (*pt* **grew**, *pp* **grown**) <> *vi* [person, animal, plant] rosnąć/urosnąć; [increase] wzrastać/wzrosnąć; [become] wyrosnąć/wyrastać; <> *vt* [plant, crop] hodować/wyhodować; [beard]

zapuszczać/zapuścić. **grow up** <> *vi* dorastać/dorosnąć.

growl [graʊl] *vi* [dog] warczeć/zawarczeć.

grown [grəʊn] *pp* > **grow**.

grown-up <> *adj* dorosły. <> *n* dorosły *m*, dorosła *f*.

growth [grəʊθ] *n* [increase] przyrost *m*; MED narośl *f*.

grub [grʌb] *n inf* [food] żarcie *n*.

grubby ['grʌbɪ] *adj inf* umorusany.

grudge [grʌdʒ] <> *n* uraza *f*. <> *vt* : **to grudge sb sthg** żałować komuś czegoś.

grueling *US* = **gruelling**.

gruelling ['grʊəlɪŋ] *adj UK* wyczerpujący.

gruesome ['gruːsəm] *adj* potworny.

grumble ['grʌmbl] *vi* [complain] zrzędzić.

grumpy ['grʌmpɪ] *adj inf* nadąsany.

grunt [grʌnt] *vi* [pig] chrząkać/chrząknąć; [person] odburkiwać/odburknąć.

guarantee ['gærən'tiː] <> *n* gwarancja *f*. <> *vt* [product] udzielać/udzielić gwarancji na; [quality] gwarantować/zagwarantować.

guard [gɑːd] <> *n* [of prisoner *etc*] strażnik *m*, strażniczka *f*; *UK* [on train] konduktor *m*, -ka *f*; [protective cover] ochraniacz *m*. <> *vt* [watch over] pilnować/przypilnować • **to be on one's guard** mieć się na baczności.

guess [ges] <> *n* przypuszczenie *n*. <> *vt* zgadywać/zgadnąć. <> *vi* domyślać/domyślić się • **I guess (so)** tak sądzę.

guest [gest] *n* gość *m*.

guesthouse ['gesthaʊs] *n* pensjonat *m*.

guest room *n* pokój *m* gościnny.

guest worker *n* gastarbeiter *m*.

guidance ['gaɪdəns] *n* porady *fpl*.

guide [gaɪd] <> *n* przewodnik *m*, przewodniczka *f*. <> *vt* [lead] p r o w a d z i ć / p o p r o w a d z i ć.

➡ **Guide** <> *n UK* harcerka *f*.

guidebook ['gaɪdbʊk] *n* przewodnik *m*.

guide dog *n* pies *m* przewodnik.

guided tour *n* wycieczka *f* z przewodnikiem.

guidelines *npl* wskazówki *fpl*.

guilt [gɪlt] *n* wina *f*.

guilty ['gɪltɪ] *adj* winny.

guinea pig *n* [animal] świnka *f* morska; [in experiments] królik *m* doświadczalny.

guitar [gɪ'tɑːʳ] *n* gitara *f*.

guitarist [gɪ'tɑːrɪst] *n* gitarzysta *m*, gitarzystka *f*.

gulf [gʌlf] *n* [of sea] zatoka *f*.

Gulf War *n* : **the Gulf War** wojna *f* w Zatoce Perskiej.

gull [gʌl] *n* mewa *f*.

gullible ['gʌləbl] *adj* łatwowierny.

gulp [gʌlp] *n* [of drink] haust *m*.

gum [gʌm] *n* [chewing gum] guma *f* do żucia; [bubble gum] guma *f* balonowa; [adhesive] klej *m*.

➡ **gums** *npl* [in mouth] dziąsła *npl*.

gun [gʌn] *n* [pistol] pistolet *m*; [rifle] karabin *m*; [cannon] działo *n*.

gunfire ['gʌnfaɪəʳ] *n* ostrzał *m*.

gunshot ['gʌnʃɒt] *n* wystrzał *m*.

gust [gʌst] *n* podmuch *m*.

gut [gʌt] *n inf* [stomach] brzuch *m*.

➡ **guts** *npl inf* [intestines] flaki *mpl*; [courage] odwaga *f*.

gutter ['gʌtəʳ] *n* [beside road] rynsztok *m*; [of house] rynna *f*.

guy [gaɪ] *n inf* [man] facet *m*.

➡ **guys** *npl US inf* [people] : **you guy** wy.

Guy Fawkes Night *n 5 listopada*.

guy rope *n* linka *f* namiotowa.

gym [dʒɪm] *n* [school building] sala *f* gimnastyczna; [school lesson] WF *m*; [in health club, hotel] siłownia *f*.

gymnast ['dʒɪmnæst] *n* gimnastyk *m*, gimnastyczka *f*.

gymnastics [dʒɪm'næstɪks] *n* gimnastyka *f*.

gym shoes *npl* tenisówki *fpl*.

gynaecologist *n* ginekolog *m*, ginekolożka *f*.

gypsy ['dʒɪpsɪ] = **gipsy**.

H

H [eɪtʃ] (*abbr of* **hospital**) szpital *m*.

habit ['hæbɪt] *n* zwyczaj *m*.

hacksaw ['hæksɔː] *n* piła *f* do metalu.

had [(*weak form* həd); (*strong form* hæd)] *pt & pp* ⊳ **have**.

haddock ['hædək] (*pl* -) *n* łupacz *m*.

hadn't ['hædnt] = **had not**.

haggis ['hægɪs] *n* szkocka potrawa z podróbek baranich podobna do kaszanki.

haggle ['hægl] *vi* targować się.

hail [heɪl] <> n grad m. <> impers vb : **it's hailing** pada grad.

hailstone ['heɪlstəʊn] n kulka f gradu.

hair [heəʳ] n włosy mpl; [individual hair] włos m • **to have one's hair cut** obciąć włosy.

hairband ['heəbænd] n opaska f na włosy.

hairbrush ['heəbrʌʃ] n szczotka f do włosów.

hair clip n spinka f do włosów.

haircut ['heəkʌt] n [style] fryzura f • **to have a haircut** ostrzyć się.

hairdo ['heədu:] (pl -s) n fryzura f.

hairdresser ['heə'dresəʳ] n fryzjer m, -ka f • **hairdresser's** [salon] salon m fryzjerski; **to go to the hairdresser's** iść do fryzjera.

hairdryer n suszarka f.

hair gel n żel m do włosów.

hairgrip ['heəgrɪp] n UK spinka f do włosów.

hairnet ['heənet] n siatka f na włosy.

hairpin bend n zakręt m o 180 stopni.

hair remover n krem m do depilacji.

hair rollers npl wałki mpl do włosów.

hair slide n klamra f do włosów.

hairspray n lakier m do włosów.

hairstyle ['heəstaɪl] n fryzura f.

hairy ['heərɪ] adj owłosiony.

half [UK hɑːf, US hæf] (pl **halves** [UK hɑːvz, US hævz]) <> n połowa f; [child's ticket] połówka f. <> adj pół. <> adv [not completely] do połowy; [50%] pół- • **four and a half** cztery i pół; **half past seven** wpół do ósmej; **half as big as** równy połowie; **an hour and a half** półtorej godzi-

ny; **half an hour** pół godziny; **half a dozen** pół tuzina; **half price** pół ceny; **two halves of lager, please** dwa małe piwa proszę.

half board n nocleg ze śniadaniem i kolacją.

half-day n pół dnia pracy.

half fare n bilet m ulgowy.

half portion n pół porcji.

half-price adj za pół ceny.

half term n UK krótkie ferie w połowie semestru.

half time n przerwa f (po pierwszej połowie meczu).

halfway [hɑːf'weɪ] adv [in space] w połowie drogi; [in time] w połowie.

halibut ['hælɪbət] (pl) n halibut m.

hall [hɔːl] n [of small house, flat] przedpokój m; [of block of flats] korytarz m; [in village] remiza f; [large room] sala f; [country house] dwór m.

hallmark ['hɔːlmɑːk] n [on silver, gold] cecha f probiercza.

hallo [hə'ləʊ] = hello.

hall of residence n akademik m.

Halloween n Halloween n.

halt [hɔːlt] <> vi zatrzymywać/ zatrzymać się. <> n : **to come to a halt** zatrzymać się.

halve [UK hɑːv, US hæv] vt [reduce by half] zmniejszać/zmniejszyć o połowę; [divide in two] dzielić/ podzielić na pół.

halves [UK hɑːvz, US hævz] pl ⊳ **half**.

ham [hæm] n [meat] szynka f.

hamburger ['hæmbɜːgəʳ] n [beefburger] hamburger m; US [mince] mięso n mielone.

hamlet ['hæmlɪt] n wioska f.

hammer ['hæmə'] <> n młotek m. <> vt [nail] wbijać/wbić (gwóźdź) młotkiem.

hammock ['hæmək] n hamak m.

hamper ['hæmpə'] n [for food] kosz m piknikowy.

hamster ['hæmstə'] n chomik m.

hamstring ['hæmstrɪŋ] n ścięgno n podkolanowe.

hand [hænd] n [of person] ręka f; [of clock, watch, dial] wskazówka f • to give sb a hand pomóc komuś; to get out of hand wymknąć się z rąk; by hand ręcznie; in hand [time] w zapasie; on the one hand z jednej strony; on the other hand z drugiej strony. ► hand in vt sep oddawać/oddać. ► hand out vt sep [distribute] rozdawać/rozdać. ► hand over vt sep [give] przekazywać/przekazać.

handbag ['hændbæg] n torebka f damska.

handbasin ['hændbeɪsn] n umywalka f.

handbook ['hændbʊk] n podręcznik m.

handbrake ['hændbreɪk] n hamulec m ręczny.

hand cream n krem m do rąk.

handcuffs ['hændkʌfs] npl kajdanki pl.

handful ['hændfʊl] n [amount] garść f.

handicap ['hændɪkæp] n [physical, mental] upośledzenie n; [disadvantage] utrudnienie n.

handicapped ['hændɪkæpt] <> adj upośledzony. <> npl : the handicapped niepełnosprawni mpl.

handkerchief ['hæŋkətʃɪf] (pl -chiefs OR pl -chieves [-tʃiːvz]) n chusteczka f do nosa.

handle ['hændl] <> n [of door, window] klamka f; [of knife] rękojeść f; [pan, suitcase] uchwyt m. <> vt [touch] dotykać/dotknąć; [deal with] zajmować/zająć się • handle with care ostrożnie!

handlebars npl kierownica f roweru.

hand luggage n bagaż m podręczny.

handmade ['hænd'meɪd] adj ręcznie robiony.

handout ['hændaʊt] n [leaflet] ulotka f.

handrail ['hændreɪl] n poręcz f.

handset ['hændset] n słuchawka f • 'please replace the handset' proszę odłożyć słuchawkę.

handshake ['hændʃeɪk] n uścisk m dłoni.

handsome ['hænsəm] adj [man] przystojny.

handstand ['hændstænd] n stanie n na rękach.

handwriting ['hænd'raɪtɪŋ] n charakter m pisma.

handy ['hændɪ] adj [useful] przydatny; [good with one's hands] zręczny; [near] pod ręką • to come in handy inf przydać się.

hang [hæŋ] (pt & pp hung) <> vt [on hook, wall etc] wieszać/powiesić; [execute: (pt & pp hanged)] wieszać/powiesić. <> vi [be suspended] wisieć. <> n : to get the hang of sthg połapać się w czymś. ► hang about <> vi UK inf pałętać się. ► hang around <> inf = hang about. ► hang down <> vi zwisać. ► hang on <> vi inf [wait] czekać/poczekać. ► hang out <> vt sep [washing] rozwie-

szać/rozwiesić. <> *vi inf* [spend time] przesiadywać. **hang up** <> *vi* [on phone] odkładać/odłożyć słuchawkę.

hangar ['hæŋəʳ] *n* hangar *m*.

hanger ['hæŋəʳ] *n* wieszak *m*.

hang gliding *n* lotniarstwo *n*.

hangover ['hæŋ'əʊvəʳ] *n* kac *m*.

hankie ['hæŋkɪ] *n inf* chusteczka *f* do nosa.

happen ['hæpən] *vi* zdarzać/zdarzyć się • **to happen to do sthg** zrobić coś przypadkiem.

happily ['hæpɪlɪ] *adv* [luckily] szczęśliwie.

happiness ['hæpɪnɪs] *n* szczęście *n*.

happy ['hæpɪ] *adj* [content] szczęśliwy • **to be happy about sthg** [satisfied] być zadowolonym z; **to be happy to do sthg** [willing] z chęcią coś zrobić; **to be happy with sthg** [satisfied] być z czegoś zadowolonym; **Happy Birthday!** wszystkiego najlepszego z okazji urodzin!; **Happy Christmas!** wesołych świąt!; **Happy New Year!** szczęśliwego Nowego Roku!

happy hour *n inf godziny, w których drinki sprzedawane są w barze po obniżonych cenach.*

harassment ['hærəsmənt] *n* nękanie *n*.

harbor *US* = harbour.

harbour ['hɑːbəʳ] *n UK* port *m*.

hard [hɑːd] <> *adj* [rock, floor, water, drugs] twardy; [difficult] trudny; [strenuous] ciężki; [forceful] silny; [severe] surowy. <> *adv* mocno.

hardback ['hɑːdbæk] *n* książka *f* w twardej okładce.

hardboard ['hɑːdbɔːd] *n* płyta *f* pilśniowa.

hard-boiled egg *n* jajko *n* na twardo.

hard disk *n* twardy dysk *m*.

hardly ['hɑːdlɪ] *adv* [almost not] prawie wcale; [barely] ledwo • **hardly ever** prawie nigdy.

hardship ['hɑːdʃɪp] *n* [difficult conditions] nędza *f*; [difficult circumstance] trudy *mpl*.

hard shoulder *n UK* pobocze *n*.

hard up *adj inf* spłukany.

hardware ['hɑːdweəʳ] *n* [tools, equipment] towary *mpl* żelazne; COMPUT sprzęt *m* komputerowy.

hardware store *n* sklep *m* żelazny.

hardwearing ['hɑːd'weərɪŋ] *adj UK* nie do zdarcia.

hardworking ['hɑːd'wɜːkɪŋ] *adj* pracowity.

hare [heəʳ] *n* zając *m*.

harm [hɑːm] <> *n* krzywda *f*. <> *vt* [person] krzywdzić/skrzywdzić; [chances, reputation] szkodzić/zaszkodzić; [clothes, plant] uszkadzać/uszkodzić.

harmful ['hɑːmfʊl] *adj* szkodliwy.

harmless ['hɑːmlɪs] *adj* nieszkodliwy.

harmonica [hɑːˈmɒnɪkə] *n* harmonijka *f* ustna.

harmony ['hɑːmənɪ] *n* harmonia *f*.

harness ['hɑːnɪs] *n* [for horse] uprząż *f*; [for child] szelki *fpl*.

harp [hɑːp] *n* harfa *f*.

harsh [hɑːʃ] *adj* [severe, cruel] surowy; [words] ostry; [sound, voice] przenikliwy.

harvest ['hɑːvɪst] *n* [time of year, gathering] żniwa *npl*; [crops gathered] plon *m*.

has [(*weak form* həz); (*strong form*hæz)] ⊳ **have**.

hash browns *npl US gotowane ziemniaki, siekane i smażone z cebulą.*

hasn't ['hæznt] = **has not**.

hassle ['hæsl] *n inf* zawracanie *n* głowy.

hastily ['heɪstɪlɪ] *adv* [rashly] pochopnie.

hasty ['heɪstɪ] *adj* [hurried] pośpieszny; [rash] pochopny.

hat [hæt] *n* czapka *f*; [with brim] kapelusz *m*.

hatch [hætʃ] ⇔ *n* [for serving food] okienko *n*. ⇔ *vi* [egg] : **when will the eggs hatch?** kiedy wylęgną się młode?

hatchback ['hætʃ'bæk] *n* [car] hatchback *m*.

hatchet ['hætʃɪt] *n* topór *m*.

hate [heɪt] ⇔ *n* nienawiść *f*. ⇔ *vt* nienawidzić/znienawidzić • **to hate doing sthg** nie znosić robienia czegoś.

hatred ['heɪtrɪd] *n* nienawiść *f*.

haul [hɔːl] ⇔ *vt* [drag] ciągnąć. ⇔ *n* : **a long haul** długa droga.

haunted ['hɔːntɪd] *adj* [house] nawiedzany przez duchy.

have [hæv] (*pt* & *pp* had) ⇔ *aux vb* -1. [to form perfect tenses] *czasownik posiłkowy czasu perfect* : **I have finished** skończyłem; **have you been there? – no, I haven't** czy byłeś tam? – nie, nie byłem; **we had already left** już wyszliśmy. -2. [must] : **to have (got) to do sthg** musieć coś zrobić; **do you have to pay?** czy trzeba płacić? ⇔ *vt* -1. [possess] : **to have (got)** mieć; **do you have** OR **have you got a double room?** czy macie pokój dwuosobowy?; **she has (got)**

brown hair ona ma brązowe włosy. -2. [experience] mieć ; **to have a cold** mieć katar; **to have a great time** świetnie się bawić. -3. [replacing other verbs] : **to have a chat** porozmawiać; **to have breakfast** jeść śniadanie; **to have a drink** napić się; **to have a shower** brać prysznic; **to have a swim** popływać; **to have a walk** pójść na spacer; **to have a baby** urodzić dziecko. -4. [feel] mieć ; **I have no doubt about it** nie mam co do tego żadnych wątpliwości. -5. [cause to be] : **to have one's hair cut** obciąć włosy; **to have one's shoes mended** oddać buty do szewca; **tohaveone's clothes dry cleaned** oddać ubranie do pralni chemicznej; **we've had the flat redecorated** wyremontowaliśmy mieszkanie; **she's having her car serviced** naprawiają jej samochód. -6. [be treated in a certain way] : **I've had my wallet stolen** skradziono mi portfel.

haversack ['hævəsæk] *n* chlebak *m*.

havoc ['hævək] *n* [destruction] spustoszenie *n*; [disorder] zamęt *m*.

hawk [hɔːk] *n* jastrząb *m*.

hawker ['hɔːkəʳ] *n* [seller] handlarz *m* uliczny, handlarka *f* uliczna.

hay [heɪ] *n* siano *n*.

hay fever *n* katar *m* sienny.

haystack ['heɪ'stæk] *n* stóg *m* siana.

hazard ['hæzəd] *n* niebezpieczeństwo *n*.

hazardous ['hæzədəs] *adj* niebezpieczny.

hazard warning lights *npl UK* światła *npl* awaryjne.

haze [heɪz] *n* [mist] mgiełka *f*.

hazel ['heɪzl] *adj* orzechowy.

hazelnut ['heɪzl'nʌt] *n* orzech *m* laskowy.

hazy ['heɪzɪ] *adj* [misty] zamglony.

he [hi:] *pron* on • **he's tall** jest wysoki.

head [hed] ⇔ *n* [of body] głowa *f*; [of queue, page, letter] początek *m*; [of racket, hammer] głowica *f*; [of table, bed] szczyt *m*; [of company, department] kierownik *m*, kierowniczka *f*; [head teacher] dyrektor *m*, -ka *f*; [of beer] piana *f*. ⇔ *vt* [list] znajdować/znaleźć się na czele; [organization] przewodzić. ⇔ *vi* kierować/skierować się.

headphones ['hedfəunz] *npl* słuchawki *fpl*.

headquarters ['hed'kwɔːtəz] *npl* siedziba *f* główna.

headrest ['hedrest] *n* zagłówek *m*.

headroom ['hedrʊm] *n* prześwit *m*.

headscarf ['hedskaːf] (*pl* **-scarves** [-skaːvz]) *n* chustka *f* na głowę.

head start *n* przewaga *f*.

head teacher *n* dyrektor *m*, -ka *f* szkoły.

head waiter *n* szef *m* sali.

heal [hi:l] ⇔ *vt* [person, wound] leczyć/ wyleczyć. ⇔ *vi* goić/ zagoić się.

health [helθ] *n* zdrowie *n* • **to be in good health** cieszyć się dobrym zdrowiem; **to be in poor health** być słabego zdrowia; **your (very) good health!** twoje zdrowie!

health centre *n* ośrodek *m* zdrowia.

health food *n* zdrowa żywność *f*.

health food shop *n* sklep *m* ze zdrową żywnością.

health insurance *n* ubezpieczenie *n* zdrowotne.

healthy ['helθɪ] *adj* zdrowy.

heap [hi:p] *n* stos *m* • **heaps of** *inf* kupa *f*.

hear [hɪəʳ] (*pt & pp* **heard** [hɜːd]) ⇔ *vt* słyszeć/usłyszeć; LAW rozpatrywać/rozpatrzeć. ⇔ *vi* słyszeć/usłyszeć • **to hear about sthg** słyszeć o czymś; **to hear from sb** mieć wiadomość od kogoś; **to have heard of** usłyszeć o.

hearing ['hɪərɪŋ] *n* [sense] słuch *m*; [at court] przesłuchanie *n* • **to be hard of hearing** być przygłuchym.

hearing aid *n* aparat *m* słuchowy.

heart [haːt] *n* [organ] serce *n* • **to know sthg (off) by heart** znać coś na pamięć; **to lose heart** zniechęcać/zniechęcić się. ⇔ **hearts** *npl* [in cards] kiery *m*.

heart attack *n* atak *m* serca.

heartbeat ['haːtbiːt] *n* bicie *n* serca.

heartburn ['haːtbɜːn] *n* zgaga *f*.

heart condition *n* : **to have a heart condition** mieć dolegliwości sercowe.

hearth [haːθ] *n* : **to sit around the hearth** siedzieć przy kominku.

hearty ['haːtɪ] *adj* [meal] obfity.

heat [hiːt] *n* [warmth] ciepło *n*; [warm weather] upał *m*; [of oven] temperatura *f*. ⇔ **heat up** *vt sep* podgrzewać/podgrzać.

heater ['hiːtəʳ] *n* grzejnik *m*.

heath [hiːθ] *n* wrzosowisko *n*.

heather ['heðəʳ] *n* wrzos *m*.

heating ['hi:tɪŋ] n ogrzewanie n.

heat wave n fala f upałów.

heave [hi:v] vt [push, pull] przesuwać/przesunąć.

heaven ['hevn] n niebo n.

heavily ['hevɪlɪ] adv [smoke, drink] nałogowo; [rain] obficie.

heavy ['hevɪ] adj ciężki; [rain] ulewny; [traffic, defeat] duży; [food] ciężko strawny • **how heavy is it?** ile to waży?; **to be a heavy smoker** być nałogowym palaczem.

heavy cream n US śmietana f kremówka.

heavy goods vehicle n UK ciężarówka f.

heavy industry n przemysł m ciężki.

heavy metal n [music] heavy metal m.

heckle ['hekl] vt [speaker] przeszkadzać/przeszkodzić.

hectic ['hektɪk] adj gorączkowy.

hedge [hedʒ] n żywopłot m.

hedgehog ['hedʒhɒg] n jeż m.

heel [hi:l] n [of person] pięta f; [of shoe] obcas m.

hefty ['heftɪ] adj [person] zwalisty; [fine] wysoki.

height [haɪt] n [of person] wzrost m; [of object, distance above ground] wysokość f; [peak period] szczyt m • **what height is it?** ile to ma wysokości?

heir [eəʳ] n spadkobierca m.

heiress ['eərɪs] n spadkobierczyni f.

held [held] pt & pp ▷ hold.

helicopter ['helɪkɒptəʳ] n helikopter m.

hell [hel] n piekło n.

he'll [hi:l] = he will.

hello [hə'ləʊ] excl [as greeting] cześć!; [on phone, to attract attention] halo.

helmet ['helmɪt] n [for bikers etc] kask m.

help [help] ◇ n pomoc f. ◇ vt & vi pomagać/pomóc. ◇ excl pomocy! • **I can't help it** nic na to nie poradzę; **to help sb (to) do sthg** pomóc komuś coś zrobić; **to help o.s. (to sthg)** poczęstować się czymś; **can I help you?** [in shop] czy mogę w czymś pomóc? ▶ **help out** ◇ vi pomagać/pomóc.

help desk n centrum m obsługi klienta.

helper ['helpəʳ] n [assistant] pomocnik m, pomocnica f; US [cleaner] sprzątacz m, -ka f.

helpful ['helpfʊl] adj [person] pomocny; [useful] użyteczny.

helping ['helpɪŋ] n porcja f.

helpless ['helplɪs] adj bezradny.

help line n telefon m zaufania.

hem [hem] n rąbek m • **let down/take up the hem** podłużyć/skrócić.

haemophiliac ['hi:mə'fɪliæk] n hemofilik m.

haemorrhage ['hemərɪdʒ] n krwotok m.

hen [hen] n kura f.

hepatitis ['hepə'taɪtɪs] n zapalenie n wątroby.

her [hɜ:ʳ] ◇ adj jej; [referring back to subject] swój. ◇ pron : **I know her** znam ją; **it's her** to ona; **send it to her** wyślij to do niej; **tell her** powiedz jej; **with her** z nią; **he's worse than her** on jest gorszy od niej.

herb [hɜ:b US ɜ:rb] n zioło n.

herbal tea n herbata f ziołowa.

herd [hɜ:d] n stado n.

here [hɪəʳ] *adv* tu, tutaj • **here's your book** oto twoja książka; **here you are** proszę bardzo.

heritage ['herɪtɪdʒ] *n* dziedzictwo *n*.

heritage centre *n* ośrodek *m* ochrony dziedzictwa narodowego.

hernia ['hɜːnɪə] *n* przepuklina *f*.

hero ['hɪərəʊ] (*pl* -es) *n* bohater *m*.

heroin ['herəʊɪn] *n* heroina *f*.

heroine ['herəʊɪn] *n* bohaterka *f*.

heron ['herən] *n* czapla *f*.

herring ['herɪŋ] *n* śledź *m*.

hers [hɜːz] *pron* jej • **a friend of hers** jej znajomy.

herself [hɜːˈself] *pron* [reflexive] się; [after prep] : **she lives by herself in the country** mieszka sama na wsi; **she built a house for herself** zbudowała sobie dom; **she wants a bedroom all toherself** chce sypialnię tylko dla siebie • **she did it herself** zrobiła to sama.

hesitant ['hezɪtənt] *adj* niepewny.

hesitate ['hezɪteɪt] *vi* wahać/zawahać się.

hesitation [ˌhezɪˈteɪʃn] *n* wahanie *n*.

heterosexual [ˌhetərəˈsekʃʊəl] ⇔ *adj* heteroseksualny. ⇔ *n* heteroseksualista *m*, heteroseksualistka *f*.

hey [heɪ] *excl inf* hej!

HGV = heavy goods vehicle.

hi [haɪ] *excl inf* cześć!

hiccup ['hɪkʌp] *n* : **to have (the) hiccups** mieć czkawkę.

hide [haɪd] (*pt* hid, *pp* hidden) ⇔ *vt* [conceal] ukrywać/ukryć; [truth, feelings] skrywać/skryć; [obscure] chować/schować.

⇔ *vi* chować/schować się.
⇔ *n* [of animal] skóra *f*.

hideous ['hɪdɪəs] *adj* ohydny.

hi-fi ['haɪfaɪ] *n* zestaw *m* hi-fi.

high [haɪ] ⇔ *adj* wysoki; *inf* [from drugs] na haju. ⇔ *n* [weather front] wyż *m*. ⇔ *adv* wysoko • **high speed** duża prędkość; **high wind** silny wiatr; **it was high above** był wysoko na niebie; **it's too high** jest za wysoko; **how high is it?** ile to ma wysokości?; **it's 10 metres high** ma 10 metrów wysokości.

high chair *n* wysokie krzesełko *n* dziecięce.

high-class *adj* wysokiej klasy.

Higher ['haɪəʳ] *n Scot* ≃ matura *f*.

higher education *n* wyższe wykształcenie *n*.

high heels *npl* wysokie obcasy *mpl*.

high jump *n* skok *m* wzwyż.

Highland Games *npl szkocki festiwal w plenerze, któremu towarzyszą tańce szkockie, gra na kobzie oraz tradycyjne szkockie konkurencje sportowe.*

Highlands *npl* : **the Highlands** *górskie tereny północno-zachodniej Szkocji, kojarzone z kulturą galicką.*

highlight ['haɪlaɪt] ⇔ *n* [best part] główna atrakcja *f*. ⇔ *vt* [emphasize] podkreślać/podkreślić. ► **highlights** ⇔ *npl* [of football match *etc*] przegląd *m* najciekawszych wydarzeń; [in hair] pasemka *npl*.

highly ['haɪlɪ] *adv* [extremely] w najwyższym stopniu; [very well] wysoce.

high-pitched *adj* wysoki.

high-rise *adj* wielopiętrowy • **high-rise flat** mieszkanie w wieżowcu.

high school *n* szkoła *f* średnia.

high season *n* szczyt *m* sezonu.

high-speed train *n* pociąg *m* szybkobieżny.

high street *n UK* główna ulica *f*.

high tide *n*.przypływ *m*.

highway ['haɪweɪ] *n US* [between towns] autostrada *f*; *UK* [any main road] szosa *f*.

Highway Code *n UK* kodeks *m* drogowy.

hijack ['haɪdʒæk] *vt* porywać/porwać.

hijacker ['haɪdʒækəʳ] *n* porywacz *m*, -ka *f*.

hike [haɪk] <> *n* piesza wycieczka *f*. <> *vi* wędrować.

hiking ['haɪkɪŋ] *n* : **to go hiking** pójść na wycieczkę pieszą.

hilarious [hɪ'leərɪəs] *adj* przezabawny.

hill [hɪl] *n* wzgórze *n*.

hillwalking *n* chodzenie *n* po górach.

hilly ['hɪlɪ] *adj* pagórkowaty.

him [hɪm] *pron* : **I know him** znam go; **it's him** to on; **send it to him** wyślij to do niego; **give it to him** daj mu to; **tell him** powiedz mu; **with him** z nim; **she's worse than him** jest gorsza od niego.

himself [hɪm'self] *pron* [reflexive] się; [after prep] : **he lives by himself in the country** mieszka sam na wsi; **he built a house for himself** zbudował sobie dom; **he wants a bedroom all to himself** chce sypialnię tylko dla siebie • **he did it himself** sam to zrobił.

hinder ['hɪndəʳ] *vt* przeszkadzać/przeszkodzić.

Hindu ['hɪnduː] (*pl* -s) <> *adj*

hinduski. <> *n* [person] hinduista *m*, hinduistka *f*.

hinge [hɪndʒ] *n* zawias *m*.

hint [hɪnt] <> *n* [indirect suggestion] aluzja *f*; [piece of advice] wskazówka *f*; [slight amount] ślad *m*. <> *vi* : **to hint at sthg** dawać do zrozumienia.

hip [hɪp] *n* biodro *n*.

hippopotamus ['hɪpə'pɒtəməs] *n* hipopotam *m*.

hippy ['hɪpɪ] *n* hipis *m*, -ka *f*.

hire ['haɪəʳ] *vt* [car, bicycle, television] wynajmować/wynająć • **for hire** [boats, taxi] do wynajęcia. ⇒ **hire out** *vt sep* [car, bicycle, television] wynajmować/wynająć.

hire car *n UK* wynajęty samochód *m*.

hire purchase *n UK* sprzedaż *f* ratalna • **on hire purchase** na raty.

his [hɪz] *adj & pron* jego; [referring back to subject] swój • **a friend of his** jego znajomy; **he loves his children** kocha swoje dzieci.

historical [hɪ'stɒrɪkəl] *adj* historyczny.

history ['hɪstərɪ] *n* historia *f*.

hit [hɪt] (*pt & pp* hit) <> *vt* [strike on purpose] uderzać/uderzyć; [a target] trafiać/trafić w. <> *n* [record, play, film] hit *m*; COMPUT wejście *n* (na stronę internetową).

hit-and-run *adj* : **hit-and-run accident** *wypadek spowodowany przez kierowcę, który zbiegł z miejsca tragedii.*

hitch [hɪtʃ] <> *n* [problem] problem *m*. <> *vt* : **to hitch a lift** złapać okazję. <> *vi* podróżować autostopem.

hitchhike ['hɪtʃhaɪk] *vi* jeździć/pojechać autostopem.

hitchhiker ['hɪtʃhaɪkəʳ] n autostopowicz m, -ka f.

hive [haɪv] n [of bees] ul m.

HIV-positive adj seropozytywny.

hoarding ['hɔːdɪŋ] n UK [for adverts] bilboard m.

hoarse [hɔːs] ǝdj zachrypnięty.

hoax [həʊks] n kawał m.

hob [hɒb] n płyta f grzejna.

hobby ['hɒbɪ] n hobby n.

hock [hɒk] n [wine] wino n reńskie.

hockey ['hɒkɪ] n [on grass] hokej m; US [ice hockey] hokej m.

hoe [həʊ] n motyka f.

Hogmanay ['hɒgməneɪ] n Scot Sylwester m (w Szkocji).

hold [həʊld] (pt&pp held) <> vt trzymać/potrzymać; [organize] organizować/zorganizować; [contain] mieścić/pomieścić; [possess] posiadać. <> vi [remain unchanged] utrzymywać/utrzymać się; [on telephone] czekać/zaczekać. <> n [of ship, aircraft] ładownia f • get a hold of sth chwycić coś; to hold sb prisoner więzić kogoś; hold the line, please proszę się nie rozłączać. ➡ **hold back** <> vt sep [restrain] powstrzymywać/powstrzymać; [keep secret] zatajać/zataić. ➡ **hold on** <> vi czekać/poczekać • to hold to sthg [grip] trzymać się czegoś. ➡ **hold out** <> vt sep [extend] wyciągać/wyciągnąć. ➡ **hold up** <> vt sep [delay] zatrzymywać/zatrzymać.

holdall ['həʊldɔːl] n UK torba f (sportowa lub turystyczna).

holder ['həʊldəʳ] n [of passport, licence] posiadacz m, -ka f; [container] futerał m.

hold-up n [delay] opóźnienie n.

hole [həʊl] n [opening] dziura f; [in golf] dołek m.

holiday ['hɒlɪdeɪ] <> n UK [vacation] wakacje pl; [time off work] urlop m; [day off] święto n. <> vi UK spędzać wakacje • to be on holiday być na wakacjach; to go on holiday pojechać na wakacje.

holidaymaker ['hɒlɪdeɪˌmeɪkəʳ] n UK wczasowicz m, -ka f.

holiday pay n UK wynagrodzenie n za czas urlopu.

Holland ['hɒlənd] n Holandia f.

hollow ['hɒləʊ] adj [not solid] pusty.

holly ['hɒlɪ] n ostrokrzew m.

Hollywood n Hollywood.

holy ['həʊlɪ] adj [sacred] święty.

home [həʊm] <> n [house] dom m; [own country] kraj m rodzinny; [one's family] dom m rodzinny; [for old people] dom m opieki. <> adv [in house] w domu; [to house] do domu. <> adj [not foreign] krajowy; [at one's house] domowy • at home [in one's house] w domu; to make o.s. at home rozgościć się; to go home iść do domu; home address adres; home number numer telefonu domowego.

home economics n zajęcia npl z gospodarstwa domowego.

home help n UK pomoc f domowa.

homeless ['həʊmlɪs] npl : the homeless bezdomni mpl.

home-made adj [food] domowej roboty.

homeopathic ['həʊmɪəʊˈpæθɪk] adj homeopatyczny.

Home Office n UK Ministerstwo n Spraw Wewnętrznych.

homesick ['həʊmsɪk] *adj* stęskniony za domem.

homework ['həʊmwɜːk] *n* zadanie *n* domowe.

homosexual ['hɒmə'sekʃʊəl] <> *adj* homoseksualny. <> *n* homoseksualista *m*, lesbijka *f*.

honest ['ɒnɪst] *adj* [trustworthy] uczciwy; [frank] szczery.

honestly ['ɒnɪstlɪ] *adv* [truthfully] uczciwie; [frankly] szczerze.

honey ['hʌnɪ] *n* [food] miód *m*.

honeymoon ['hʌnɪmuːn] *n* miesiąc *m* miodowy.

honor US = honour.

honour ['ɒnəʳ] *n* UK [high principles] honor *m*.

honourable ['ɒnrəbl] *adj* honorowy.

hood [hʊd] *n* [of jacket, coat] kaptur *m*; [on convertible car] składany dach *m*; US [car bonnet] maska *f* samochodu.

hoof [huːf , hʊf] *n* kopyto *n*.

hook [hʊk] *n* [for picture, coat] hak *m*; [for fishing] haczyk *m* • **off the hook** [telephone] odwieszony.

hooligan ['huːlɪɡən] *n* chuligan *m*, -ka *f*.

hoop [huːp] *n* [band] obręcz *f*.

hoot [huːt] *vi* [driver] trąbić/zatrąbić.

Hoover® ['huːvəʳ] *n* UK odkurzacz *m*.

hop [hɒp] *vi* podskakiwać/podskoczyć na jednej nodze.

hope [həʊp] <> *n* nadzieja *f*. <> *vt* mieć nadzieję • **to hope for sthg** liczyć na coś; **to hope to do sthg** mieć nadzieję, że się coś zrobi; **I hope so** mam taką nadzieję.

hopeful ['həʊpfʊl] *adj* [optimistic] pełen nadziei.

hopefully ['həʊpfəlɪ] *adv* [with luck] o ile szczęście dopisze.

hopeless ['həʊplɪs] *adj inf* [useless] beznadziejny; [without any hope] beznadziejny.

hops *npl* chmiel *m*.

horizon [hə'raɪzn] *n* horyzont *m*.

horizontal ['hɒrɪ'zɒntl] *adj* poziomy.

horn [hɔːn] *n* [of car] klakson *m*; [on animal] róg *m*.

horoscope ['hɒrəskəʊp] *n* horoskop *m*.

horrible ['hɒrəbl] *adj* okropny.

horrid ['hɒrɪd] *adj* wstrętny.

horrific [hɒ'rɪfɪk] *adj* przerażający.

hors d'oeuvre *n* przystawka *f*.

horse [hɔːs] *n* koń *m*.

horseback ['hɔːsbæk] *n* : **on horseback** konno.

horse chestnut *n* kasztanowiec *m*.

horse-drawn carriage *n* powóz *m*.

horsepower ['hɔːs'paʊəʳ] *n* koń *m* mechaniczny.

horse racing *n* wyścigi *mpl* konne.

horseradish (sauce) *n* chrzan *m*.

horse riding *n* jazda *f* konna.

horseshoe ['hɔːsʃuː] *n* podkowa *f*.

hose [həʊz] *n* [hosepipe] wąż *m*.

hosepipe ['həʊzpaɪp] *n* wąż *m*.

hosiery ['həʊzɪərɪ] *n* wyroby *mpl* pończosznicze.

hospitable [hɒ'spɪtəbl] *adj* gościnny.

hospital ['hɒspɪtl] *n* szpital *m* • **in hospital** w szpitalu.

hospitality ['hɒspɪ'tælətɪ] *n* gościnność *f*.

host [həʊst] *n* gospodarz *m*.

hostage ['hɒstɪdʒ] *n* zakładnik *m*, zakładniczka *f*.

hostel ['hɒstl] *n* [youth hostel] schronisko *n* młodzieżowe.

hostess ['həʊstes] *n* [of party, TV programme] gospodyni *f*; [on aeroplane] stewardesa *f*.

host family *n* rodzina *f* goszcząca studenta.

hostile [*UK* 'hɒstaɪl, *US* 'hɒstl] *adj* wrogi.

hostility [hɒ'stɪlətɪ] *n* wrogość *f*.

hot [hɒt] *adj* [very warm] gorący; [spicy] ostry.

hot chocolate *n* gorąca czekolada *f*.

hot-cross bun *n* słodka bułka ze znakiem krzyża jadana w Wielki Piątek.

hot dog *n* hot dog *m*.

hotel [həʊ'tel] *n* hotel *m*.

hot line *n* gorąca linia *f*.

hotplate ['hɒtpleɪt] *n* płyta *f* grzejna.

hotpot ['hɒtpɒt] *n* potrawa z mięsa gotowanego z pokrojonymi ziemniakami oraz innymi warzywami.

hot-water bottle *n* termofor *m*.

hour ['aʊə^r] *n* godzina *f* • **I've been waiting for hours** czekam od wielu godzin.

hourly ['aʊəlɪ] <> *adj* cogodzinny. <> *adv* co godzinę.

house <> *n* [haʊs] [to live in] dom *m*; SCH *jedna z grup, na które podzieleni są wszyscy uczniowie szkoły w celu rywalizacji w zawodach sportowych i konkursach.* <> *vt* [haʊz] [person] kwaterować/zakwaterować.

household ['haʊshəʊld] *n* gospo-

darstwo *n* domowe; [people] domownicy *mpl*.

housekeeping ['haʊs'ki:pɪŋ] *n* [money] budżet *m* gospodarstwa domowego.

house music *n* muzyka *f* house.

House of Commons *n* Izba *f* Gmin.

House of Lords *n* Izba *f* Lordów.

Houses of Parliament *npl* Parlament *m* Brytyjski.

House of Representatives *n* Izba *f* Reprezentantów.

housewife ['haʊswaɪf] (*pl* -**wives** [-waɪvz]) *n* gospodyni *f* domowa.

house wine *n* wino stołowe serwowane w restauracji po niższej cenie.

housework ['haʊswɜːk] *n* prace *fpl* domowe.

housing ['haʊzɪŋ] *n* [houses] pomieszczenia *npl* mieszkalne.

housing estate *n* UK osiedle *n* mieszkaniowe.

housing project *US* = **housing estate**.

hovercraft ['hɒvəkrɑːft] *n* poduszkowiec *m*.

hoverport ['hɒvəpɔːt] *n* przystań *f* dla poduszkowców.

how [haʊ] *adv* -**1.** [asking about way or manner] jak ; **how do you get there?** jak tam się dostać?; **how does it work?** jak to działa?; **tell me how to do it** powiedz, jak to zrobić. -**2.** [asking about health, quality] : **how are you?** jak się masz?; **how are you doing?** jak leci?; **how are things?** jak tam sprawy?; **how do you do?** dzień dobry!; **how is your room?** jak tam twój pokój? -**3.** [asking about degree, amount] : **how far?** jak daleko; **how long?** jak długo; **how many?** ile?; **how much?** ile?; **how much**

is it? ile to kosztuje¿; **how old are you?** ile masz lat¿ -4. [in phrases] : **how about a drink?** może chcesz się napić¿; **how lovely!** jak miło!

however [haʊ'evəʳ] *adv* [nevertheless] jednak; [no matter how] jakkolwiek.

howl [haʊl] *vi* wyć/zawyć.

HP = hire purchase.

HQ = headquarters.

hub airport *n ważny międzynarodowy port lotniczy, oferujący loty długodystansowe.*

hubcap ['hʌbkæp] *n* kołpak *m*.

hug [hʌg] ⬦ *vt* przytulać/przytulić. ⬦ *n* : **to give sb a hug** uściskać kogoś.

huge [hju:dʒ] *adj* ogromny.

hull [hʌl] *n* [of ship] kadłub *m*.

hum [hʌm] *vi* [bee] bzyczeć/bzyknąć; [machine] warczeć; [person] nucić/zanucić.

human ['hju:mən] ⬦ *adj* ludzki. ⬦ *n* : **human (being)** istota *f* ludzka.

humanities *npl* nauki *fpl* humanistyczne.

human rights *npl* prawa *npl* człowieka.

humble ['hʌmbl] *adj* [not proud] skromny; [of low status] niski.

humid ['hju:mɪd] *adj* wilgotny.

humidity [hju:'mɪdətɪ] *n* wilgotność *f*.

humiliating [hju:'mɪlɪeɪtɪŋ] *adj* upokarzający.

humiliation [hju:'mɪlɪ'eɪʃn] *n* upokorzenie *n*.

hummus ['hʊmʊs] *n* humus *m*.

humor *US* = humour.

humorous ['hju:mərəs] *adj* dowcipny.

humour ['hju:məʳ] *n* [comedy] humor *m* • **a sense of humour** poczucie humoru.

hump [hʌmp] *n* [bump] próg *m* zwalniający; [of camel] garb *m*.

humpbacked bridge *n* most *m* łukowy.

hunch [hʌntʃ] *n* przeczucie *n*.

hundred ['hʌndrəd] *num* sto ⬔ **six • a hundred** sto.

hundredth ['hʌndrətθ] *num* setny ⬔ **sixth**.

hundredweight ['hʌndrədweɪt] *n* cetnar *m*.

hung [hʌŋ] *pt & pp* ⬔ **hang**.

Hungarian [hʌŋ'geərɪən] ⬦ *adj* węgierski. ⬦ *n* [person] Węgier *m*, -ka *f*; [language] węgierski.

Hungary ['hʌŋɡərɪ] *n* Węgry *pl*.

hunger ['hʌŋɡəʳ] *n* głód *m*.

hungry ['hʌŋɡrɪ] *adj* głodny.

hunt [hʌnt] ⬦ *n UK* [for foxes] polowanie *n* na lisa. ⬦ *vt & vi* [for wild animals] polować • **to hunt (for)** [search] szukać.

hunting ['hʌntɪŋ] *n* [for wild animals] polowanie *n*; *UK* [for foxes] polowanie *n* na lisa.

hurdle ['hɜ:dl] *n* SPORT płotek *m*.

hurl [hɜ:l] *vt* ciskać/cisnąć.

hurricane ['hʌrɪkən] *n* huragan *m*.

hurry ['hʌrɪ] ⬦ *vt* [person] przynaglać/przynaglić. ⬦ *vi* śpieszyć/pospieszyć się. ⬦ *n* : **to be in a hurry** śpieszyć się; **to do sthg in a hurry** robić coś w pośpiechu. ➡ **hurry up** ⬦ *vi* śpieszyć/pośpieszyć się.

hurt [hɜ:t] (*pt & pp* hurt) ⬦ *vt* ranić/zranić. ⬦ *vi* [be painful] boleć/zaboleć • **to hurt o.s.** zrobić sobie krzywdę; **I fell off the ladder but luckily didn't hurt**

myself spadłem z drabiny ale na szczęście nic mi się nie stało.

husband ['hʌzbənd] *n* mąż *m*.

hustle ['hʌsl] *n* : **hustle and bustle** zgiełk *m*.

hut [hʌt] *n* chata *f*.

hyacinth ['haɪəsɪnθ] *n* hiacynt *m*.

hydrofoil ['haɪdrəfcɪl] *n* wodolot *m*.

hygiene ['haɪdʒiːn] *n* higiena *f*.

hygienic [haɪ'dʒiːnɪk] *adj* higieniczny.

hymn [hɪm] *n* hymn *m*.

hyperlink ['haɪpəlɪŋk] *n* link *m*.

hypermarket ['haɪpə'mɑːkɪt] *n* hipermarket *m*.

hyphen ['haɪfn] *n* łącznik *m*.

hypocrite ['hɪpəkrɪt] *n* hipokryta *m*.

hypodermic needle *n* strzykawka *f* podskórna.

hysterical [hɪs'terɪkl] *adj* [person] histeryczny; *inf* [very funny] przezabawny.

I [aɪ] [aɪ] *pron* ja.

ice [aɪs] *n* lód *m*; [ice cream] lody *pl*.

iceberg ['aɪsbɜːg] *n* góra *f* lodowa.

iceberg lettuce *n* sałata *f* lodowa.

icebox ['aɪsbɒks] *n* US [fridge] lodówka *f*.

ice-cold *adj* [hand, sea] lodowaty; [drink] zimny.

ice cream *n* lody *pl*.

ice cube *n* kostka *f* lodu.

ice hockey *n* hokej *m* na lodzie.

Iceland ['aɪslənd] *n* Islandia *f*.

ice lolly *n* UK lody *pl* na patyku.

ice rink *n* lodowisko *n*.

ice skates *npl* łyżwy *fpl*.

ice-skating *n* łyżwiarstwo *n* • **to go ice-skating** iść na łyżwy.

icicle ['aɪsɪkl] *n* sopel *m*.

icing ['aɪsɪŋ] *n* lukier *m*.

icing sugar *n* cukier *m* puder.

icy ['aɪsɪ] *adj* [covered with ice] oblodzony; [very cold] lodowaty.

I'd [aɪd] = I would, I had.

ID [ɪd] = identification.

ID card *n* dowód *m* osobisty.

IDD code *n* numer *m* kierunkowy do kraju.

idea [aɪ'dɪə] *n* [suggestion] pomysł *m*; [opinion] pogląd *m*; [understanding] pojęcie *n*; [intention] założenie *n* • **I've no idea** nie mam pojęcia.

ideal [aɪ'dɪəl] ⇔ *adj* idealny. ⇔ *n* ideał *m*.

ideally [aɪ'dɪəlɪ] *adv* idealnie.

identical [aɪ'dentɪkl] *adj* identyczny.

identification [aɪ'dentɪfɪ'keɪʃn] *n* [proof of identity] dowód *m* tożsamości.

identify [aɪ'dentɪfaɪ] *vt* [recognize] rozpoznawać/rozpoznać.

identity [aɪ'dentətɪ] *n* tożsamość *f*.

idiom ['ɪdɪəm] *n* [phrase] idiom *m*.

idiot ['ɪdɪət] *n* idiota *m*, idiotka *f*.

idle ['aɪdl] ⇔ *adj* [person - lazy] leniwy; [factory - not working] nieczynny. ⇔ *vi* [engine] pracować na wolnych obrotach.

idol ['aɪdl] *n* [person] idol *m*, -ka *f*.

idyllic [ɪ'dɪlɪk] *adj* sielankowy.

i.e. (*abbr of* id est) tj.

if [ɪf] *conj* [expressing a condition] jeśli, jeżeli; [in indirect questions] czy; [after "know", "wonder"] czy; [that] jeśli • **if I were you** gdybym był tobą; **if not** [otherwise] w przeciwnym razie.

ignition [ɪg'nɪʃn] *n* AUT zapłon *m*.

ignorant ['ɪgnərənt] *adj* [without knowledge] nieświadomy; *pej* [stupid] ciemny.

ignore [ɪg'nɔːʳ] *vt* ignorować/zignorować.

ill [ɪl] *adj* [in health] chory; [bad] zły.

I'll [aɪl] = I will, I shall.

illegal [ɪ'liːgl] *adj* nielegalny.

illegible [ɪ'ledʒəbl] *adj* nieczytelny.

Illegitimate ['ɪlɪ'dʒɪtɪmət] *adj* [child] nieślubny.

illiterate [ɪ'lɪtərət] *adj* niepiśmienny.

illness ['ɪlnɪs] *n* choroba *f*.

illuminate [ɪ'luːmɪneɪt] *vt* [with light] oświetlać/oświetlić.

illusion [ɪ'luːʒn] *n* złudzenie *n*.

illustration ['ɪlə'streɪʃn] *n* ilustracja *f*.

I'm [aɪm] = I am.

image ['ɪmɪdʒ] *n* [mental picture] wyobrażenie *n*; [photo, painting, in film] obraz *m*; [of company, person] wizerunek *m*.

imaginary [ɪ'mædʒɪnrɪ] *adj* wymyślony.

imagination [ɪ'mædʒɪ'neɪʃn] *n* wyobraźnia *f*.

imagine [ɪ'mædʒɪn] *vt* [picture mentally] wyobrażać/wyobrazić sobie; [suppose] mieć wrażenie.

imitate ['ɪmɪteɪt] *vt* naśladować.

imitation ['ɪmɪ'teɪʃn] <> *n* [copy] imitacja *f*; [of person] naśladowanie *n*. <> *adj* [leather, fur] sztuczny.

immaculate [ɪ'mækjʊlət] *adj* [very clean, perfect] nieskazitelny.

immature ['ɪmə'tjʊəʳ] *adj* [person] niedojrzały.

immediate [ɪ'miːdjət] *adj* natychmiastowy.

immediately [ɪ'miːdjətlɪ] <> *adv* [at once] natychmiast. <> *conj* UK jak tylko.

immense [ɪ'mens] *adj* ogromny.

immersion heater *n* grzałka *f*.

immigrant ['ɪmɪgrənt] *n* imigrant *m*, -ka *f*.

immigration ['ɪmɪ'greɪʃn] *n* [to country] imigracja *f*; [section of airport, port] kontrola *f* imigracyjna.

imminent ['ɪmɪnənt] *adj* zbliżający się.

immune [ɪ'mjuːn] *adj* : **to be immune to** MED być odpornym na.

immunity [ɪ'mjuːnətɪ] *n* MED odporność *f*.

immunize *vt* szczepić/zaszczepić.

impact *n* ['ɪmpækt] [effect] wpływ *m*; [hitting] uderzenie *n*.

impair [ɪm'peəʳ] *vt* osłabiać/osłabić.

impatient [ɪm'peɪʃnt] *adj* niecierpliwy • **to be impatient to do sthg** niecierpliwić się, żeby coś zrobić.

imperative [ɪm'perətɪv] *n* GRAMM tryb *m* rozkazujący.

imperfect [ɪm'pɜːfɪkt] *n* GRAMM czas *m* przeszły niedokonany.

impersonate [ɪm'pɜːsəneɪt] *vt*

[for amusement] parodiować/sparodiować.

impertinent [ɪm'pɜːtɪnənt] *adj* impertynencki.

implement ◇ *n* ['ɪmplɪmənt] narzędzie *n*. ◇ *vt* ['ɪmplɪment] wdrażać/wdrożyć.

implication ['ɪmplɪ'keɪʃn] *n* [consequence] konsekwencja *f*.

imply [ɪm'plaɪ] *vt* [suggest] sugerować/zasugerować.

impolite ['ɪmpə'laɪt] *adj* niegrzeczny.

import ◇ *n* ['ɪmpɔːt] import *m*. ◇ *vt* [ɪm'pɔːt] importować.

importance [ɪm'pɔːtns] *n* znaczenie *n*.

important [ɪm'pɔːtnt] *adj* ważny.

impose [ɪm'pəʊz] ◇ *vt* narzucać/narzucić. ◇ *vi* narzucać/narzucić się • **to impose sthg on** nałożyć coś na.

impossible [ɪm'pɒsəbl] *adj* [task, request, person, behaviour] niemożliwy.

impractical [ɪm'præktɪkl] *adj* niepraktyczny.

impress *vt* [ɪm'pres] [person] wywierać/wywrzeć wrażenie na.

impression [ɪm'preʃn] *n* [opinion] wrażenie *n*.

impressive [ɪm'presɪv] *adj* imponujący.

improbable [ɪm'prɒbəbl] *adj* nieprawdopodobny.

improper [ɪm'prɒpəʳ] *adj* [incorrect, illegal] niewłaściwy; [rude] niestosowny.

improve [ɪm'pruːv] ◇ *vt* poprawiać/poprawić. ◇ *vi* polepszać/polepszyć się. ➡ **improve on** ◇ *vt insep* ulepszać/ulepszyć.

improvement [ɪm'pruːvmənt] *n*

[in weather, health] poprawa *f*; [to home] ulepszenie *n*.

improvise ['ɪmprəvaɪz] *vi* improwizować/zaimprowizować.

impulse ['ɪmpʌls] *n* impuls *m* • **on impulse** pod wpływem impulsu.

impulsive [ɪm'pʌlsɪv] *adj* impulsywny.

in [ɪn] ◇ *prep* -1. [expressing place, position] w ; **in here/there** tu/tam; **it comes in a box** sprzedajemy to w pudełkach; **in the street** na ulicy; **in hospital** w szpitalu; **in Scotland** w Szkocji; **in Sheffield** w Sheffield; **in the middle** w środku; **in the sun** w słońcu. -2. [participating in] w ; **who's in the play?** kto gra w tej sztuce? -3. [expressing arrangement] w ; **in half** na pół; **they come in packs of three** są sprzedawane po trzy sztuki w paczce. -4. [during] w ; **in April** w kwietniu; **in the afternoon** po południu; **in the morning** rano; **ten o'clock in the morning** dziesiąta rano; **in 1994** w 1994. -5. [within] w ciągu; [after] za ; **it'll be ready in an hour** będzie gotowe za godzinę. -6. [after] za ; **they're arriving in two weeks** przyjeżdżają za dwa tygodnie. -7. [expressing means] : **to write in ink** pisać atramentem; **painted in oils** pomalowany farbami olejnymi; **in a soft voice** łagodnym głosem; **in writing** na piśmie; **they were talking in English** rozmawiali po angielsku. -8. [wearing] w. -9. [expressing state] w ; **in a hurry** w pośpiechu; **to be in pain** cierpieć ból; **in ruins** w ruinie. -10. [with regard to] : **a change in the weather** zmiana pogody; **deaf in one ear** głuchy na jedno ucho; **a rise in prices** wzrost cen; **to be 50**

metres in length mieć 50 metrów długości. **-11.** [with numbers] : **one in ten** jeden na dziesięć. **-12.** [expressing age] : **she's in her twenties** ona ma dwadzieścia parę lat. **-13.** [with colours] : **it comes in green or blue** mamy zielone i niebieskie. **-14.** [with superlatives] w ; **the best in the world** najlepszy na świecie. <> *adv* **-1.** [inside] do środka ; **you can go in now** możesz teraz wejść do środka. **-2.** [at home, work] : **to stay in** zostać w domu; **she's not in** nie ma jej. **-3.** [train, bus, plane] przybyć ; **the train's not in yet** pociągu jeszcze nie ma. **-4.** [tide] : **the tide's in** jest przypływ. <> *adj inf* [fashionable] na topie.

inability [ˌɪnəˈbɪlətɪ] *n* : **inability (to do sthg)** niezdolność *f* (zrobienia czegoś).

inaccessible [ˌɪnəkˈsesəbl] *adj* niedostępny.

inaccurate [ɪnˈækjʊrət] *adj* niedokładny.

inadequate [ɪnˈædɪkwət] *adj* [insufficient] niewystarczający.

inappropriate [ˌɪnəˈprəʊprɪət] *adj* niewłaściwy.

inauguration [ɪˌnɔːgjʊˈreɪʃn] *n* inauguracja *f*.

incapable [ɪnˈkeɪpəbl] *adj* : **to be incapable of doing sthg** nie być zdolnym do zrobienia czegoś.

incense *n* [ˈɪnsens] kadzidło *n*.

incentive [ɪnˈsentɪv] *n* zachęta *f*.

inch [ɪntʃ] *n* cal *m*.

incident [ˈɪnsɪdənt] *n* incydent *m*.

incidentally [ˌɪnsɪˈdentəlɪ] *adv* nawiasem mówiąc.

incline *n* [ˈɪnklaɪn] zbocze *n*.

inclined [ɪnˈklaɪnd] *adj* [sloping] pochyły • **to be inclined to do**

sthg [have tendency] mieć skłonność do robienia czegoś.

include [ɪnˈkluːd] *vt* zawierać/zawrzeć.

included [ɪnˈkluːdɪd] *adj* [in price] wliczony • **am I included in the invitation?** czy zaproszenie mnie też dotyczy?

including [ɪnˈkluːdɪŋ] *prep* wliczając.

inclusive [ɪnˈkluːsɪv] *adj* : **from the 8th to the 16th inclusive** od ósmego do szesnastego włącznie • **inclusive of VAT** łącznie z VAT-em.

income [ˈɪŋkʌm] *n* dochód *m*.

income support *n UK* zasiłek *m*.

income tax *n* podatek *m* dochodowy.

incoming [ˈɪnˌkʌmɪŋ] *adj* [train, plane] przybywający; [phone call] przychodzący.

incompetent [ɪnˈkɒmpɪtənt] *adj* nieudolny.

incomplete [ˌɪnkəmˈpliːt] *adj* niekompletny.

inconsiderate [ˌɪnkənˈsɪdərət] *adj* nietaktowny.

inconsistent [ˌɪnkənˈsɪstənt] *adj* niekonsekwentny.

incontinent [ɪnˈkɒntɪnənt] *adj* [person] nietrzymający moczu/stolca.

inconvenient [ˌɪnkənˈviːnjənt] *adj* [time] niedogodny; [situation] uciążliwy.

incorporate [ɪnˈkɔːpəreɪt] *vt* włączać/włączyć.

incorrect [ˌɪnkəˈrekt] *adj* błędny.

increase <> *n* [ˈɪnkriːs] [in prices, crime, wages] wzrost *m*. <> *vt* [ɪnˈkriːs] [prices, productivity] zwiększać/zwiększyć. <> *vi* [ɪnˈkriːs] [prices, population]

wzrastać/wzrosnąć • **an increase in sthg** wzrost czegoś.

increasingly [ɪn'kriːsɪŋlɪ] *adv* coraz.

incredible [ɪn'kredəbl] *adj* niewiarygodny.

incredibly [ɪn'kredəblɪ] *adv* [very] niewiarygodnie.

incur [ɪn'kɜːʳ] *vt* ponosić/ponieść.

indecisive ['ɪndɪ'saɪsɪv] *adj* [person] niezdecydowany.

indeed [ɪn'diːd] *adv* [for emphasis] w istocie; [certainly] w istocie.

indefinite [ɪn'defɪnɪt] *adj* [time, number] nieokreślony; [answer, opinion] niejasny.

indefinitely [ɪn'defɪnətlɪ] *adv* [closed, delayed] na czas nieokreślony.

independence ['ɪndɪ'pendəns] *n* [of person] niezależność *f*; [of country] niepodległość *f*.

independent ['ɪndɪ'pendənt] *adj* [person, inquiry] niezależny; [country] niepodległy.

independently ['ɪndɪ'pendəntlɪ] *adv* niezależnie.

independent school *n UK* szkoła *f* prywatna.

index ['ɪndeks] *n* [of book] skorowidz *m*; [in library] katalog *m*.

index finger *n* palec *m* wskazujący.

India ['ɪndjə] *n* Indie *pl*.

Indian ['ɪndjən] <> *adj* indyjski. <> *n* Hindus *m*, -ka *f* • **an Indian restaurant** restauracja hinduska.

Indian Ocean *n* Ocean *m* Indyjski.

indicate ['ɪndɪkeɪt] <> *vi* AUT sygnalizować/zasygnalizować. <> *vt* wskazywać /wskazać.

indicator ['ɪndɪkeɪtəʳ] *n* AUT kierunkowskaz *m*.

indifferent [ɪn'dɪfrənt] *adj* obojętny.

indigestion ['ɪndɪ'dʒestʃn] *n* niestrawność *f*.

indigo ['ɪndɪgəʊ] *adj* indygo.

indirect ['ɪndɪ'rekt] *adj* [route] okrężny.

individual ['ɪndɪ'vɪdʒʊəl] <> *adj* indywidualny. <> *n* osoba *f*.

individually ['ɪndɪ'vɪdʒʊəlɪ] *adv* [separately] osobno.

Indonesia ['ɪndə'niːzjə] *n* Indonezja *f*.

indoor ['ɪndɔːʳ] *adj* : **indoor swimming pool** basen kryty; **indoor sports** sporty halowe.

indoors ['ɪn'dɔːz] *adv* wewnątrz budynku.

indulge [ɪn'dʌldʒ] *vi* : **to indulge in** pozwalać sobie na.

industrial [ɪn'dʌstrɪəl] *adj* przemysłowy.

industrial estate *n UK* teren *m* przemysłowy.

industry ['ɪndʌstrɪ] *n* przemysł *m*.

inedible [ɪn'edɪbl] *adj* niejadalny.

inefficient ['ɪnɪ'fɪʃnt] *adj* nieefektywny.

inequality ['ɪnɪ'kwɒlətɪ] *n* nierówność *f*.

inevitable [ɪn'evɪtəbl] *adj* nieunikniony.

inevitably [ɪn'evɪtəblɪ] *adv* nieuchronnie.

inexpensive ['ɪnɪk'spensɪv] *adj* niedrogi.

infamous ['ɪnfəməs] *adj* niesławny.

infant ['ɪnfənt] *n* [baby] niemowlę *n*; [young child] małe dziecko *n*.

infant school n UK ≃ zerówka f.

infatuated adj : to be infatuated with być zadurzonym w.

infected [ɪn'fektɪd] adj zarażony.

infectious [ɪn'fekʃəs] adj [disease] zakaźny.

inferior [ɪn'fɪərɪəʳ] adj gorszy.

infinite ['ɪnfɪnət] adj nieskończony.

infinitely ['ɪnfɪnətlɪ] adv nieskończenie.

infinitive [ɪn'fɪnɪtɪv] n bezokolicznik m.

infinity [ɪn'fɪnətɪ] n nieskończoność f.

infirmary [ɪn'fɜːmərɪ] n szpital m.

inflamed [ɪn'fleɪmd] adj MED w stanie zapalnym.

inflammation ['ɪnflə'meɪʃn] n MED zapalenie n.

inflatable [ɪn'fleɪtəbl] adj nadmuchiwany.

inflate [ɪn'fleɪt] vt nadmuchiwać/nadmuchać.

inflation [ɪn'fleɪʃn] n [of prices] inflacja f.

inflict [ɪn'flɪkt] vt wyrządzać/wyrządzić.

in-flight adj podczas lotu.

influence ['ɪnfluəns] <> vt wpływać/wpłynąć. <> n : influence (on) [effect] wpływ na.

inform [ɪn'fɔːm] vt informować/poinformować.

informal [ɪn'fɔːml] adj [occasion, dress] nieformalny.

information ['ɪnfə'meɪʃn] n informacja f • a piece of information informacja.

information desk n informacja f.

information office n biuro n informacji.

information superhighway n infostrada f.

informative [ɪn'fɔːmətɪv] adj pouczający.

infuriating [ɪn'fjʊərɪeɪtɪŋ] adj bardzo denerwujący.

ingenious [ɪn'dʒiːnjəs] adj pomysłowy.

ingredient [ɪn'griːdjənt] n składnik m.

inhabit [ɪn'hæbɪt] vt zamieszkiwać.

inhabitant [ɪn'hæbɪtənt] n mieszkaniec m, mieszkanka f.

inhale [ɪn'heɪl] vi wdychać.

inhaler [ɪn'heɪləʳ] n inhalator m.

inherit [ɪn'herɪt] vt dziedziczyć/odziedziczyć.

inhibition ['ɪnhɪ'bɪʃn] n zahamowanie n.

initial [ɪ'nɪʃl] <> adj początkowy • initial letters początkowe litery. <> vt parafować. ➡ initials <> npl inicjały mpl.

initially [ɪ'nɪʃəlɪ] adv początkowo.

initiative [ɪ'nɪʃətɪv] n inicjatywa f.

injection [ɪn'dʒekʃn] n MED zastrzyk m.

injure ['ɪndʒəʳ] vt ranić/zranić • to injure o.s. zrobić sobie krzywdę.

injured ['ɪndʒəd] adj ranny.

injury ['ɪndʒərɪ] n obrażenie n.

ink [ɪŋk] n atrament m.

inland <> adj ['ɪnlənd] śródlądowy. <> adv [ɪn'lænd] w głąb lądu.

Inland Revenue n UK Urząd m Skarbowy.

inn [ɪn] n gospoda f.

inner ['ɪnə'] *adj* wewnętrzny.

inner city *n* śródmieście *n*.

inner tube *n* dętka *f*.

innocence ['ɪnəsəns] *n* [of crime] niewinność *f*.

innocent ['ɪnəsənt] *adj* [of crime] niewinny.

inoculate [ɪ'nɒkjʊleɪt] *vt* : **to inoculate sb (against sthg)** zaszczepić kogoś (przeciwko czemuś).

inoculation [ɪ'nɒkjʊ'leɪʃn] *n* szczepienie *n*.

input ['ɪnpʊt] *vt* COMPUT wprowadzać/wprowadzić.

inquire [ɪn'kwaɪə'] = enquire.

inquiry [*UK* ɪn'kwaɪərɪ, *US* ɪnkwərɪ] = enquiry.

insane [ɪn'seɪn] *adj* obłąkany.

insect ['ɪnsekt] *n* owad *m*.

insect repellent *n* środek *m* przeciw owadom.

insensitive [ɪn'sensətɪv] *adj* [unkind] niewrażliwy.

insert *vt* [ɪn'sɜːt] wkładać/włożyć.

inside [ɪn'saɪd] <> *prep* [within] w. <> *adv* [building, container *etc*] wewnątrz. <> *adj* [internal] wewnętrzny. <> *n* : **the inside** [interior] wnętrze; **to go inside** wejść do środka; **inside out** [clothes] na lewą stronę.

inside lane *n* [AUT in UK] lewy pas *m*; [in Europe, US] prawy pas *m*.

inside leg *n* wewnętrzna długość *f* nogawki.

insight ['ɪnsaɪt] *n* [glimpse] wgląd *m*.

insignificant ['ɪnsɪg'nɪfɪkənt] *adj* [person] nic nieznaczący; [difference, amount] niewielki.

insinuate [ɪn'sɪnjʊeɪt] *vt* insynuować/zainsynuować.

insist [ɪn'sɪst] *vi* nalegać • **to insist on doing sthg** nalegać, żeby coś zrobić.

insole ['ɪnsəʊl] *n* wkładka *f*.

insolent ['ɪnsələnt] *adj* bezczelny.

insomnia [ɪn'sɒmnɪə] *n* bezsenność *f*.

inspect [ɪn'spekt] *vt* [object] badać/zbadać; [ticket, passport] kontrolować/skontrolować.

inspection [ɪn'spekʃn] *n* [of object] zbadanie *n*; [of ticket, passport] kontrola *f*.

inspector [ɪn'spektə'] *n* [on bus, train] kontroler *m*, -ka *f*; [in police force] inspektor *m*, -ka *f*.

inspiration ['ɪnspə'reɪʃn] *n* inspiracja *f*.

instal *US* = install.

install [ɪn'stɔːl] *vt UK* instalować/zainstalować.

installment *US* = instalment.

instalment [ɪn'stɔːlmənt] *n* [payment] rata *f*; [episode] odcinek *m*.

instance ['ɪnstəns] *n* przypadek *m* • **for instance** na przykład.

instant ['ɪnstənt] <> *adj* [results, success] natychmiastowy; [food] błyskawiczny. <> *n* [moment] moment *m*.

instant coffee *n* kawa *f* rozpuszczalna.

instead [ɪn'sted] *adv* zamiast • **instead of** zamiast.

instep ['ɪnstep] *n* podbicie *n*.

instinct ['ɪnstɪŋkt] *n* instynkt *m*.

institute ['ɪnstɪtjuːt] *n* instytut *m*.

institution ['ɪnstɪ'tjuːʃn] *n* [organization] instytucja *f*.

instructions *npl* [for use] instrukcja *f*.

instructor [ɪn'strʌktə^r] *n* instruktor *m*, -ka *f*.

instrument ['ɪnstrʊmənt] *n* [musical] instrument *m*; [tool] narzędzie *n*.

insufficient ['ɪnsə'fɪʃnt] *adj* niewystarczający.

insulating tape ['ɪnsjʊleɪtɪŋ-] *n* taśma *f* izolacyjna.

insulation ['ɪnsjʊ'leɪʃn] *n* [material] izolacja *f*.

insulin ['ɪnsjʊlɪn] *n* insulina *f*.

insult <> *n* ['ɪnsʌlt] zniewaga *f*. <> *vt* [ɪn'sʌlt] obrażać/obrazić.

insurance [ɪn'ʃɔːrəns] *n* ubezpieczenie *n*.

insurance certificate *n* zaświadczenie *n* o ubezpieczeniu.

insurance company *n* firma *f* ubezpieczeniowa.

insurance policy *n* polisa *f* ubezpieczeniowa.

insure [ɪn'ʃɔːr] *vt* ubezpieczać/ubezpieczyć.

insured [ɪn'ʃɔːd] *adj* : **to be insured** być ubezpieczonym.

intact [ɪn'tækt] *adj* nietknięty.

intellectual ['ɪntə'lektjʊəl] <> *adj* [discussion, film] intelektualny. <> *n* intelektualista *m*, intelektualistka *f*.

intelligence [ɪn'telɪdʒəns] *n* inteligencja *f*.

intelligent [ɪn'telɪdʒənt] *adj* inteligentny.

intend [ɪn'tend] *vt* zamierzać • **to intend to do sthg** zamierzać coś zrobić.

intense [ɪn'tens] *adj* silny.

intensity [ɪn'tensətɪ] *n* nasilenie *n*.

intensive [ɪn'tensɪv] *adj* intensywny.

intensive care *n* intensywna opieka *f* medyczna.

intent [ɪn'tent] *adj* : **to be intent on doing sthg** być zdecydowanym coś zrobić.

intention [ɪn'tenʃn] *n* zamiar *m*.

intentional [ɪn'tenʃənl] *adj* celowy.

intentionally [ɪn'tenʃənəlɪ] *adv* celowo.

interchange *n* ['ɪntətʃeɪndʒ] [on motorway] rozjazd *m*.

InterCity® ['ɪntə'sɪtɪ] *n UK* pociąg *m* InterCity.

intercom ['ɪntəkɒm] *n* [entryphone] domofon *m*; [in ship, plane] głośnik *m*.

interest ['ɪntrəst] <> *n* [in politics, music *etc*] zainteresowanie *n*; [on money] oprocentowanie *n*. <> *vt* interesować/zainteresować • **to take an interest in sthg** interesować się czymś.

interested ['ɪntrestɪd] *adj* [showing interest] zainteresowany • **to be interested in sthg** być zainteresowanym czymś.

interesting ['ɪntrəstɪŋ] *adj* interesujący.

interest rate *n* stopa *f* procentowa.

interfere ['ɪntə'fɪər] *vi* [meddle] wtrącać/wtrącić się • **to interfere with sthg** [damage] majstrować przy czymś.

interference ['ɪntə'fɪərəns] *n* [on TV, radio] zakłócenia *npl*.

interior [ɪn'tɪərɪər] <> *adj* [inside] wewnętrzny. <> *n* [of building] wnętrze *n*.

intermediate ['ɪntə'miːdjət] *adj* [stage, level] średnio zaawansowany.

intermission ['ɪntə'mɪʃn] *n* [at cinema, theatre] przerwa *f*.

internal [ɪn'tɜːnl] *adj* wewnętrzny.

internal flight *n* lot *m* krajowy.

international ['ɪntə'næʃənl] *adj* międzynarodowy.

international flight *n* lot *m* międzynarodowy.

Internet ['ɪntənet] *n* : **the Internet** Internet; **on the Internet** w Internecie.

Internet café *n* kafejka *f* internetowa.

Internet Service Provider *n* dostawca *m* usług internetowych.

interpret [ɪn'tɜːprɪt] *vi* tłumaczyć/przetłumaczyć ustnie.

interpreter [ɪn'tɜːprɪtə'] *n* tłumacz *m* ustny, -ka *f* ustna.

interrogate [ɪn'terəgeɪt] *vt* przesłuchiwać/przesłuchać.

interrupt ['ɪntə'rʌpt] *vt* [person] przerywać/przerwać.

intersection ['ɪntə'sekʃn] *n* [of roads] skrzyżowanie *n*.

interval ['ɪntəvl] *n* przerwa *f*.

intervene ['ɪntə'viːn] *vi* [person] interweniować/zainterweniować; [event] przeszkadzać/przeszkodzić.

interview ['ɪntəvjuː] <> *n* [on TV, in magazine] wywiad *m*; [for job] rozmowa *f* kwalifikacyjna. <> *vt* [on TV, in magazine] przeprowadzić/przeprowadzać wywiad; [for job] przeprowadzić/przeprowadzać rozmowę kwalifikacyjną.

interviewer ['ɪntəvjuːə'] *n* [on TV, in magazine] osoba *f* prowadząca wywiad.

intestine [ɪn'testɪn] *n* jelito·*n*.

intimate *adj* ['ɪntɪmət] [friends, relationship] bliski; [secrets, thoughts] intymny; [cosy] kameralny.

intimidate [ɪn'tɪmɪdeɪt] *vt* zastraszać/zastraszyć.

into ['ɪntʊ] *prep* [inside] do; [against] w; [concerning] nad • **4 into 20 goes 5 (times)** 20 podzielone przez 4 daje 5; **to translate into Spanish** przetłumaczyć na hiszpański; **to change into sthg** zmienić się w coś; **to be into sthg** *inf* [like] interesować się czymś.

intolerable [ɪn'tɒlrəbl] *adj* nie do zniesienia.

intransitive [ɪn'trænzətɪv] *adj* nieprzechodni.

intricate ['ɪntrɪkət] *adj* zawiły.

intriguing [ɪn'triːgɪŋ] *adj* intrygujący.

introduce ['ɪntrə'djuːs] *vt* [person] przedstawiać/przedstawić; [TV programme] przedstawiać/przedstawić • **I'd like to introduce you to Fred** chciałbym przedstawić cię Fredowi.

introduction ['ɪntrə'dʌkʃn] *n* [to book, programme] wstęp *m*; [to person] : **our guest needs no introduction** naszego gościa nie trzeba przedstawiać; **before we start, let's have introductions** może każdy się przedstawi, zanim zaczniemy.

introverted ['ɪntrəvɜːtɪd] *adj* zamknięty w sobie.

intruder [ɪn'truːdə'] *n* intruz *m*.

intuition ['ɪntjuː'ɪʃn] *n* intuicja *f*.

invade [ɪn'veɪd] *vt* dokonywać/dokonać inwazji.

invalid [ɪn'vælɪd] <> *adj* ['ɪnvəlɪd] [ticket, cheque] nieważny. <> *n* ['ɪnvəlɪd] inwalida *m*, inwalidka *f*.

invaluable [ɪn'væljʊəbl] *adj* nieoceniony.

invariably [ɪnˈveərɪəblɪ] *adv* [always] niezmiennie.

invasion [ɪnˈveɪʒn] *n* najazd *m*.

invent [ɪnˈvent] *vt* wynajdywać/wynaleźć.

invention [ɪnˈvenʃn] *n* wynalazek *m*.

inventory [ˈɪnvəntrɪ] *n* [list] spis *m* inwentarza; *US* [stock] inwentarz *m*.

inverted commas [ɪnˈvɜːtɪd-] *npl* cudzysłów *m*.

invest [ɪnˈvest] <> *vt* [money] inwestować/zainwestować. <> *vi* : **to invest in sthg** inwestować w coś.

investigate [ɪnˈvestɪgeɪt] *vt* [crime, causes] badać/zbadać.

investigation [ɪnˌvestɪˈgeɪʃn] *n* [of crime] śledztwo *n*; [of causes] badanie *n*.

investment [ɪnˈvestmənt] *n* [of money] inwestycja *f*.

invisible [ɪnˈvɪzɪbl] *adj* niewidzialny.

invitation [ˌɪnvɪˈteɪʃn] *n* zaproszenie *n*.

invite *vt* [ɪnˈvaɪt] [to party, wedding *etc*] zapraszać/zaprosić • **to invite sb to do sthg** [ask] poprosić kogoś, żeby coś zrobił; **to invite sb round** zaprosić kogoś do siebie.

invoice [ˈɪnvɔɪs] *n* faktura *f*.

involve [ɪnˈvɒlv] *vt* [entail] wymagać • **what does it involve?** czego to wymaga?; **to be involved in sthg** uczestniczyć w czymś.

involved [ɪnˈvɒlvd] *adj* : **what's involved?** co wchodzi w grę?

inwards [ˈɪnwədz] *adv* do środka.

IOU *n* skrypt *m* dłużny.

IQ *n* (*abbr of* **intelligence quotient**) współczynnik *m* inteligencji.

Iran [ɪˈrɑːn] *n* Iran *m*.

Iraq [ɪˈrɑːk] *n* Irak *m*.

Ireland [ˈaɪələnd] *n* Irlandia *f*.

iris [ˈaɪərɪs] (*pl* -es) *n* [flower] irys *m*.

Irish [ˈaɪrɪʃ] <> *adj* irlandzki. <> *n* [language] irlandzki *m*. <> *npl* : **the Irish** Irlandczycy *pl*.

Irish coffee *n* kawa *f* po irlandzku.

Irishman [ˈaɪrɪʃmən] (*pl* -men [-mən]) *n* Irlandczyk *m*.

Irish stew *n* baranina duszona z cebulą i ziemniakami.

Irishwoman [ˈaɪrɪʃˌwʊmən] (*pl* -women [-ˌwɪmɪn]) *n* Irlandka *f*.

iron [ˈaɪən] <> *n* [metal] żelazo *n*; [for clothes] żelazko *n*; [golf club] metalowy kij *m* golfowy. <> *vt* prasować/wyprasować.

ironic [aɪˈrɒnɪk] *adj* ironiczny.

ironing board *n* deska *f* do prasowania.

irrelevant [ɪˈreləvənt] *adj* nieistotny.

irresistible [ˌɪrɪˈzɪstəbl] *adj* : **she's irresistible** nie można jej się oprzeć.

irrespective [ˌɪrɪˈspektɪv] ⇒ **irrespective of** *prep* bez względu na.

irresponsible [ˌɪrɪˈspɒnsəbl] *adj* nieodpowiedzialny.

irrigation [ˌɪrɪˈgeɪʃn] *n* nawadnianie *n*.

irritable [ˈɪrɪtəbl] *adj* drażliwy.

irritate [ˈɪrɪteɪt] *vt* [annoy] irytować/zirytować; [inflame] podrażniać/podrażnić.

irritating [ˈɪrɪteɪtɪŋ] *adj* [annoying] irytujący.

IRS *n US* Urząd *m* Skarbowy.

is [ɪz] ⊳ **be**.

Islam ['ɪzlɑːm] *n* islam *m*.

island ['aɪlənd] *n* [in water] wyspa *f*; [in road] wysepka *f*.

isle [aɪl] *n* wyspa *f*.

isolated ['aɪsəleɪtɪd] *adj* odosobniony; [error] pojedynczy.

Israel ['ɪzreɪəl] *n* Izrael *m*.

issue ['ɪʃuː] ⊳ *n* [problem, subject] kwestia *f*; [of newspaper, magazine] wydanie *n*. ⊳ *vt* [statement] wydawać/wydać; [passport, document] wystawiać/wystawić; [stamps, bank notes] emitować/wyemitować.

it [ɪt] *pron* **-1.** [referring to specific thing] [subject] on *m*, ona *f*, ono *n*; [direct object] go *m*, ją *f*, je *n*; [indirect object] mu *m* LUB *n*, jej *f* ; **it's big** jest duże; **she hit it** uderzyła go; **you've got my book, give it to me** masz moją książkę, daj mi ją. **-2.** [nonspecific] to ; **it's nice here** ładnie tu; **I can't remember it** nie pamiętam tego; **tell me about it** opowiedz mi o tym; **it's me** to ja; **who is it?** kto tam? **-3.** [used impersonally] : **it's hot** jest gorąco; **it's six o'clock** jest szósta; **it's Sunday** jest niedziela.

Italian [ɪ'tæljən] ⊳ *adj* włoski. ⊳ *n* [person] Włoch *m*, Włoszka *f*; [language] *m* włoski • **an Italian restaurant** restauracja *f* włoska.

Italy ['ɪtəlɪ] *n* Włochy *pl*.

itch [ɪtʃ] *vi* swędzić.

item ['aɪtəm] *n* [object] rzecz *f*; [of news] wiadomość *f*; [on agenda] punkt *m*.

itemized bill *n* rachunek *m* szczegółowy.

its [ɪts] *adj* jego; [referring back to subj] swój.

it's [ɪts] = **it is** = **it has**.

itself [ɪt'self] *pron* [reflexive] się; [after prep] siebie • **the house itself is fine** sam dom jest piękny.

I've [aɪv] = **I have**.

ivory ['aɪvərɪ] *n* [substance] kość *f* słoniowa.

ivy ['aɪvɪ] *n* bluszcz *m*.

J

jab [dʒæb] *n UK inf* [injection] zastrzyk *m*.

jack [dʒæk] *n* [for car] podnośnik *m*; [playing card] walet *m*.

jacket ['dʒækɪt] *n* [garment for man] marynarka *f*; [for woman] żakiet *m*; [of book] obwoluta *f*; [of potato] mundurek *m*.

jacket potato *n* ziemniak *m* w mundurku.

jack-knife *vi* składać/złożyć się jak scyzoryk.

Jacuzzi® [dʒə'kuːzɪ] *n* jacuzzi *n*.

jade [dʒeɪd] *n* [stone] nefryt *m*.

jail [dʒeɪl] *n* więzienie *n*.

jam [dʒæm] ⊳ *n* [food] dżem *m*; [of traffic] korek *m*; *inf* [difficult situation] tarapaty *pl*. ⊳ *vt* [pack tightly] upychać/upchnąć. ⊳ *vi* [get stuck] zablokowywać/zablokować się • **the roads are jammed** drogi są zakorkowane.

jam-packed *adj inf* zapchany.

Jan. (*abbr of* **January**) *styczeń*.

janitor ['dʒænɪtəʳ] *n US & Scot* dozorca *m*, dozorczyni *f*.

January ['dʒænjʊərɪ] *n* styczeń *m* *see also* **September**.

Japan *n* Japonia *f*.

Japanese ['dʒæpə'niːz] ◇ *adj* japoński. ◇ *n* [language] japoński *m*. ◇ *npl* : **the Japanese** Japończycy *mpl*.

jar [dʒɑːʳ] *n* słoik *m*.

javelin ['dʒævlɪn] *n* oszczep *m*.

jaw [dʒɔː] *n* szczęka *f*.

jazz [dʒæz] *n* jazz *m*.

jealous ['dʒeləs] *adj* zazdrosny.

jeans [dʒiːnz] *npl* dżinsy *pl*.

Jeep® [dʒiːp] *n* jeep *m*.

Jello® *n US* galaretka *f* owocowa.

jelly ['dʒelɪ] *n* [dessert] galaretka *f*; *US* [jam] dżem *m*.

jellyfish ['dʒelɪfɪʃ] *n* meduza *f*.

jeopardize ['dʒepədaɪz] *vt* zagrażać/zagrozić.

jerk [dʒɜːk] *n* [movement] szarpnięcie *n*; *inf* [idiot] palant *m*.

jersey (*pl* -s) *n* [garment] sweter *m*.

jet [dʒet] *n* [aircraft] samolot *m* odrzutowy; [of liquid, gas] strumień *m*; [outlet] ustnik *m*.

jetfoil ['dʒetfɔɪl] *n* wodolot *m*.

jet lag *n* zmęczenie *n* po podróży samolotem *(spowodowane zmianą stref czasowych)*.

jet-ski *n* skuter *m* wodny.

jetty ['dʒetɪ] *n* molo *n*.

Jew [dʒuː] *n* Żyd *m*, -ówka *f*.

jewel ['dʒuːəl] *n* klejnot *m*. ◆ **jewels** *npl* [jewellery] biżuteria *pl*.

jeweler's *US* = **jeweller's**.

jeweller's *n UK* jubiler *m*.

jewellery ['dʒuːəlrɪ] *n UK* biżuteria *pl*.

jewelry *US* = **jewellery**.

Jewish ['dʒuːɪʃ] *adj* żydowski.

jigsaw (puzzle) *n* puzzle *pl*.

jingle ['dʒɪŋgl] *n* [of advert] slogan *m* reklamowy.

job *n* [regular work] praca *f*; [task] zadanie *n*; [function] rola *f* • **to lose one's job** stracić pracę.

job centre *n UK* Urząd *m* Pracy.

jockey ['dʒɒkɪ] (*pl* -s) *n* dżokej *m*, -ka *f*.

jog [dʒɒg] ◇ *vt* [bump] trącić/potrącić. ◇ *vi* uprawiać jogging. ◇ *n* : **to go for a jog** iść pobiegać.

jogging ['dʒɒgɪŋ] *n* jogging • **to go jogging** iść biegać.

join [dʒɔɪn] *vt* [club, organization] wstępować/wstąpić do; [fasten together] łączyć/połączyć; [come together with] dołączać/dołączyć do; [connect] łączyć/połączyć; [participate in] przyłączać/przyłączyć się do • **will you join me for dinner?** zje pan ze mną obiad?; **to join a queue** dołączyć do kolejki; **the road joins the motorway at junction 12** droga łączy się z autostradą na skrzyżowaniu 12. ◆ **join in** *vt insep* przyłączać/przyłączyć się do. ◇ *vi* przyłączać/przyłączyć się.

joint [dʒɔɪnt] ◇ *adj* wspólny. ◇ *n* [of body] staw *m*; *UK* [of meat] sztuka *f*; [in structure] złącze *n*.

joke [dʒəʊk] ◇ *n* żart *m*. ◇ *vi* żartować/zażartować.

joker ['dʒəʊkəʳ] *n* [playing card] dżoker *m*.

jolly ['dʒɒlɪ] ◇ *adj* [cheerful] wesoły. ◇ *adv UK inf* [very] strasznie.

jolt [dʒəʊlt] *n* wstrząs *m*.

jot [dʒɒt] ➡ **jot down** *vt sep* notować/zanotować.

journal ['dʒɜːnl] *n* [professional magazine] czasopismo *n*; [diary] dziennik *m*.

journalist ['dʒɜːnəlɪst] *n* dziennikarz *m*, dziennikarka *f*.

journey ['dʒɜːnɪ] (*pl* -s) *n* podróż *f*.

joy [dʒɔɪ] *n* radość *f*.

joypad *n* [of video game] joypad *m*.

joyrider ['dʒɔɪraɪdə'] *n osoba, która kradnie samochód, aby się nim przejechać.*

joystick ['dʒɔɪstɪk] *n* [of video game] dżojstik *m*.

judge [dʒʌdʒ] <> *n* sędzia *m*, sędzina *f*. <> *vt* [competition] sędziować; [evaluate] oceniać/ocenić.

judgement *n* LAW wyrok *m*; [opinion] pogląd *m*; [capacity to judge] rozsądek *m*.

judo ['dʒuːdəʊ] *n* judo *n*.

jug [dʒʌg] *n* dzbanek *m*.

juggernaut ['dʒʌgənɔːt] *n UK* tir *m*.

juggle ['dʒʌgl] *vi* żonglować.

juice [dʒuːs] *n* [from fruit, vegetables] sok *m*; [from meat] sos *m* własny.

juicy ['dʒuːsɪ] *adj* [food] soczysty.

jukebox ['dʒuːkbɒks] *n* szafa *f* grająca.

Jul. (*abbr of* July) *lipiec.*

July [dʒuː'laɪ] *n* lipiec *m see also* September.

jumble sale *n UK wyprzedaż rzeczy używanych na cele dobroczynne.*

jumbo ['dʒʌmbəʊ] *adj inf* [big] olbrzymi.

jumbo jet *n* wielki odrzutowiec *m* pasażerski.

jump [dʒʌmp] <> *n* skok *m*. <> *vi* [through air] skakać/skoczyć; [with fright] podskoczyć; [increase] wzrastać/wzrosnąć gwałtownie. <> *vt US* [train, bus] jechać/pojechać na gapę • **to jump the queue** *UK* wepchnąć się poza kolejką.

jumper ['dʒʌmpə'] *n UK* [pullover] sweter *m*; *US* [dress] bezrękawnik *m*.

jump leads *npl* przewody *mpl* rozruchowe.

Jun. (*abbr of June*) *czerwiec.*

junction ['dʒʌŋkʃn] *n* [of roads] skrzyżowanie *n*; [of railway lines] węzeł *m* kolejowy.

June [dʒuːn] *n* czerwiec *m see also* September.

jungle ['dʒʌŋgl] *n* dżungla *f*.

junior ['dʒuːnjə'] <> *adj* [of lower rank] młodszy; *US* [after name] junior. <> *n* [younger person] : **she's 3 years my junior** jest ode mnie o 3 lata młodsza.

junior school *n UK* szkoła *f* podstawowa *(dla uczniów w wieku od 7 do 11 lat).*

junk [dʒʌŋk] *n inf* [unwanted things] rupiecie *mpl*.

junk food *n inf* niezdrowe jedzenie *n*.

junkie ['dʒʌŋkɪ] *n inf* ćpun *m*, -ka *f*.

junk shop *n* sklep *m* ze starzyzną.

jury ['dʒʊərɪ] *n* LAW ława *f* przysięgłych; [in competition] jury *n*.

just <> *adv* właśnie; [only] tylko; [slightly] trochę. <> *adj* sprawiedliwy • **I'm just coming** już idę; **it's just five o'clock** jest dokładnie piąta; **to be just**

about to do sthg właśnie mieć coś do zrobienia; **she's just done it** właśnie to zrobiła; **just about** [almost] prawie; **(only) just** [almost not] o mało co; **just a minute!** chwileczkę!; **that's just what I wanted** to jest dokładnie to, co chciałem; **it's just as good as the other one** jest nie gorszy od tamtego.

justice ['dʒʌstɪs] *n* sprawiedliwość *f*.

justify ['dʒʌstɪfaɪ] *vt* uzasadniać/uzasadnić.

jut [dʒʌt] ➡ **jut out** *vi* wystawać.

juvenile ['dʒuːvənaɪl] *adj* [young] młodociany; [childish] dziecinny.

K

kangaroo ['kæŋgə'ruː] *n* kangur *m*, kangurzyca *f*.

karate [kə'rɑːtɪ] *n* karate *n*.

kebab [kɪ'bæb] *n* : **(doner) kebab** gyros *m*; **(shish) kebab** szaszłyk *m*.

keel [kiːl] *n* kil *m*.

keen [kiːn] *adj* [enthusiastic] zapalony; [eyesight, hearing] wyostrzony • **to be keen on** być zapalonym do; **to be keen to do sthg** bardzo chcieć coś zrobić.

keep [kiːp] (*pt & pp* kept [kept]) ⬦ *vt* zatrzymywać/zatrzymać; [in place] trzymać; [promise] dotrzymywać/dotrzymać; [appointment] stawiać/stawić się na; [secret] zachowywać/zachować; [record, diary] prowadzić. ⬦ *vi*

[food] nie psuć/popsuć się; [remain] : **try and keepwarm** staraj się nie zmarznąć; **to keep awake** nie zasnąć • **to keep (on) doing sthg** [do continuously] nie przestawać czegoś robić; [do repeatedly] ciągle coś robić; **to keep sb from doing sthg** powstrzymać kogoś od zrobienia czegoś; **keep back!** nie zbliżaj się!; 'keep in lane!' *zakaz zmiany pasa ruchu*; 'keep left' trzymać się lewej strony; 'keep off the grass!' nie deptać trawnika!; 'keep out!' ≃ wstęp wzbroniony!; 'keep your distance!' zachowaj odstęp!; **to keep clear (of)** trzymać się z dala od. ➡ **keep up** ⬦ *vt sep* utrzymywać/utrzymać. ⬦ *vi* [maintain pace, level *etc*] nadążać za.

keep-fit *n UK* zajęcia *npl* gimnastyczne.

kennel ['kenl] *n* buda *f* dla psa.

kept [kept] *pt & pp* ⊳ keep.

kerb [kɜːb] *n UK* krawężnik *m*.

kerosene ['kerəsiːn] *n US* nafta *f*.

ketchup ['ketʃəp] *n* keczup *m*.

kettle ['ketl] *n* czajnik *m* • **to put the kettle on** wstawić wodę.

key [kiː] ⬦ *n* [for lock] klucz *m*; [of piano, typewriter] klawisz *m*; [of map] legenda *f*. ⬦ *adj* kluczowy.

keyboard ['kiːbɔːd] *n* [of typewriter, piano] klawiatura *f*; [musical instrument] syntezator *m*.

keyhole ['kiːhəʊl] *n* dziurka *f* od klucza.

keypad ['kiːpæd] *n* klawiatura *f* pomocnicza.

key ring *n* kółko *n* na klucze.

kg (*abbr of* kilogram) kg *m*.

kick [kɪk] ⬦ *n* [of foot] kopniak

m. <> *vt* [with foot] kopać/kopnąć.

kickoff ['kɪkɒf] *n* rozpoczęcie *n* meczu.

kid [kɪd] <> *n inf* [child] dzieciak *m*; [young person] małolat *m*. <> *vi* [joke] żartować/zażartować.

kidnap ['kɪdnæp] *vt* porywać/porwać.

kidnaper *US* = kidnapper.

kidnapper ['kɪdnæpə'] *n UK* porywacz *m*, -ka *f*.

kidney ['kɪdnɪ] (*pl* -s) *n* [organ] nerka *f*; [food] cynadra *f*.

kidney bean *n* fasola *f* czerwona.

kill [kɪl] *vt* zabijać/zabić • **my feet are killing me!** stopy strasznie mnie bolą!

killer ['kɪlə'] *n* zabójca *m*, zabójczyni *f*.

kilo ['ki:ləʊ] (*pl* -s) *n* kilo *n*.

kilogram *n* kilogram *m*.

kilometre ['kɪlə'mi:tə', kɪ'lɒmɪtə'] *n* kilometr *m*.

kilt [kɪlt] *n* szkocka spódniczka *f*.

kind <> *adj* życzliwy. <> *n* [sort, type] rodzaj *m* • **kind of** *inf* trochę.

kindergarten ['kɪndə'gɑ:tn] *n* przedszkole *n*.

kindly ['kaɪndlɪ] *adv* : **would you kindly...?** czy mógłbyś łaskawie...ç

kindness ['kaɪndnɪs] *n* życzliwość *f*.

king [kɪŋ] *n* król *m*.

kingfisher ['kɪŋ'fɪʃə'] *n* zimorodek *m*.

king prawn *n* krewetka *f* królewska.

king-size bed *n łóżko podwójne o ponadstandardowych wymiarach.*

kiosk ['ki:ɒsk] *n* [for newspapers *etc*] kiosk *m*; *UK* [phone box] budka *f* telefoniczna.

kipper ['kɪpə'] *n* śledź *m* wędzony.

kiss [kɪs] <> *n* pocałunek *m*. <> *vt* całować/pocałować.

kiss of life *n* sztuczne oddychanie *n* metodą usta-usta.

kit [kɪt] *n* zestaw *m*; [clothes] strój *m*.

kitchen ['kɪtʃɪn] *n* kuchnia *f*.

kitchen unit *n* szafka *f* kuchenna.

kite [kaɪt] *n* [toy] latawiec *m*.

kitten ['kɪtn] *n* kocię *n*.

kitty ['kɪtɪ] *n* [for regular expenses] wspólna kasa *f*.

kiwi fruit *n* (owoc) kiwi *n*.

Kleenex® ['kli:neks] *n* chusteczka *f* higieniczna.

km (*abbr of* kilometre) km *m*.

km/h (*abbr of* kilometres per hour) km/godz.

knack [næk] *n* : **to have the knack of doing sthg** mieć dryg do robienia czegoś.

knackered ['nækəd] *adj UK inf* wykończony.

knee [ni:] *n* kolano *n*.

kneecap ['ni:kæp] *n* rzepka *f*.

kneel [ni:l] (*pt* & *pp* knelt [nelt]) *vi* [be on one's knees] klęczeć/klęknąć; [go down on one's knees] uklęknąć.

knew [nju:] *pt* ▷ know.

knickers ['nɪkəz] *npl UK* [underwear] majtki *pl*.

knife [naɪf] (*pl* knives) *n* nóż *m*.

knight [naɪt] *n* [in history] rycerz *m*; [in chess] konik *m*.

knit [nɪt] *vt* robić/zrobić na drutach.

knitted ['nɪtɪd] *adj* zrobiony na drutach.

knitting ['nɪtɪŋ] *n* [thing being knitted] robótka *f*; [activity] robienie *n* na drutach.

knitting needles *n* druty *mpl* *(do robótek z dzianiny)*.

knitwear ['nɪtweəʳ] *n* dzianina *f*.

knives [naɪvz] *pl* ⊳ knife.

knob [nɒb] *n* [on door *etc*] gałka *f*; [on machine] pokrętło *n*.

knock [nɒk] ◇ *n* [at door] pukanie *n*. ◇ *vt* [hit] uderzać/uderzyć; [move] strącać/strącić. ◇ *vi* [at door *etc*] pukać/zapukać. ◆ **knock down** ◇ *vt sep* [pedestrian] potrącać/potrącić; [building] burzyć/zburzyć; [price] obniżać/obniżyć. ◆ **knock out** ◇ *vt sep* [make unconscious] nokautować/znokautować; [of competition] eliminować/wyeliminować z zawodów. ◆ **knock over** ◇ *vt sep* [glass, vase] przewracać/przewrócić; [pedestrian] potrącać/potrącić.

knocker ['nɒkəʳ] *n* [on door] kołatka *f*.

knot [nɒt] *n* węzeł *m*; [tangle] supeł *m*.

know [nəʊ] *(pt* knew, *pp* known*)* *vt* znać; [have knowledge of] wiedzieć • **to get to know sb** poznać kogoś; **to know about sthg** [understand] wiedzieć o czymś; [have heard] wiedzieć coś; **to know how to do sthg** wiedzieć, jak coś się robi; **to know of** znać; **to be known as** być znanym jako; **to let sb know sthg** powiadomić kogoś o czymś; **you know** [for emphasis] no wiesz.

knowledge ['nɒlɪdʒ] *n* wiedza *f* • **to my knowledge** jak mi wiadomo.

known [nəʊn] *pp* ⊳ know.

knuckle ['nʌkl] *n* [of hand] knykieć *m*; [of pork] golonka *f*.

Koran [kɒ'rɑːn] *n* : **the Koran** Koran *m*.

L

l [el] *(abbr of* litre) l *m*.

L [el] *(abbr of* learner) L; *(abbr of* large) L.

lab *n inf* laboratorium *n*.

label ['leɪbl] *n* [tag] etykieta *f*.

labor *US* = labour.

laboratory [*UK* lə'bɒrətrɪ, *US* 'læbrətɔːrɪ] *n* laboratorium *n*.

labour ['leɪbəʳ] *n* [work] praca *f* • **to be in labour** MED rodzić.

labourer ['leɪbərəʳ] *n* pracownik *m* fizyczny, pracownica *f* fizyczna.

Labour Party *n UK* Partia *f* Pracy.

labour-saving *adj* usprawniający pracę.

lace [leɪs] *n* [material] koronka *f*; [for shoe] sznurowadło *n*.

lace-ups *npl* buty *mpl* sznurowane.

lack [læk] ◇ *n* brak *m*. ◇ *vt* brakować. ◇ *vi* : **to be lacking** brakować.

lacquer ['lækəʳ] *n* lakier *m*.

lad [læd] *n inf* [boy] chłopak *m*.

ladder ['lædə^r] *n* [for climbing] drabina *f; UK* [in tights] oczko *n*.

ladies ['leɪdɪz] *n UK* [toilet] toaleta *f* damska.

ladies room *US* = ladies.

ladieswear *n* odzież *f* damska.

ladle ['leɪdl] *n* chochla *f*.

lady ['leɪdɪ] *n* [woman] pani *f;* [woman of high status] dama *f*.

ladybird ['leɪdɪbɜːd] *n UK* biedronka *f*.

ladybug ['leɪdɪbʌg] *US* = ladybird.

lag [læg] *vi* : **to lag behind** pozostawać w tyle.

lager ['lɑːgə^r] *n* piwo *n* jasne.

lagoon [lə'guːn] *n* laguna *f*.

laid [leɪd] *pt & pp* ▷ lay.

lain [leɪn] *pp* ▷ lie.

lake [leɪk] *n* jezioro *n*.

Lake District *n* : **the Lake District** *pojezierze na północy Anglii*.

lamb [læm] *n* [animal] jagnię *n;* [meat] jagnięcina *f*.

lamb chop *n* kotlet *m* jagnięcy.

lame [leɪm] *adj* [person, animal] kulawy.

lamp [læmp] *n* lampa *f*.

lamppost ['læmppəʊst] *n* latarnia *f*.

lampshade ['læmpʃeɪd] *n* abażur *m*.

land [lænd] ◇ *n* [solid ground] ląd *m;* [nation] kraj *m;* [property] teren *m*. ◇ *vi* [plane] lądować/wylądować; [passengers] wysiadać/wysiąść; [fall] upadać/upaść.

landing ['lændɪŋ] *n* [of plane] lądowanie *n;* [on stairs] podest *m*.

landlady ['lænd,leɪdɪ] *n* [of house] właścicielka *f;* [of pub] kierowniczka *f*.

landlord ['lændlɔːd] *n* [of house] właściciel *m;* [of pub] kierownik *m*.

landmark ['lændmɑːk] *n* [in landscape, city] punkt *m* orientacyjny.

landscape ['lændskeɪp] *n* krajobraz *m*.

landslide ['lændslaɪd] *n* osunięcie się *n* ziemi.

lane [leɪn] *n* [in town] uliczka *f;* [in country] droga *f* lokalna; [on road, motorway] pas *m* ruchu • **'get in lane'** [on road, motorway] *zakaz zmiany pasa ruchu*.

language ['læŋgwɪdʒ] *n* język *m;* [words] : **bad language** wulgarne wyrażanie się *n*.

lap [læp] *n* [of person] kolana *npl;* [of race] okrążenie *n*.

lapel [lə'pel] *n* klapa *f*.

lapse [læps] *vi* [passport, membership] wygasać/wygasnąć.

lard [lɑːd] *n* smalec *m*.

larder ['lɑːdə^r] *n* spiżarnia *f*.

large [lɑːdʒ] *adj* duży.

largely ['lɑːdʒlɪ] *adv* w dużej mierze.

large-scale *adj* na dużą skalę.

lark [lɑːk] *n* skowronek *m*.

laryngitis ['lærɪn'dʒaɪtɪs] *n* zapalenie *n* krtani.

lasagne [lə'zænjə] *n* lasagne *f*.

laser ['leɪzə^r] *n* laser *m*.

lass [læs] *n inf* [girl] dziewczyna *f*.

last ◇ *adj* ostatni. ◇ *adv* [most recently] ostatnio; [at the end] na końcu. ◇ *pron* : **she was the last to come** przyszła ostatnia; **the last but one** przedostatni; **the day before last** przedwczoraj • **last year** w zeszłym roku; **the last year** zeszły rok; **at last** wreszcie. ◇ *vi* [expressing duration] trwać; [be enough] wystar-

czać/wystarczyć; [keep fresh] za-
chowywać/zachować świeżość.

lastly ['lɑːstlɪ] *adv* na koniec.

last-minute *adj* w ostatniej
chwili.

latch [lætʃ] *n* zapadka *f* • **to be on
the latch** być zamkniętym na
klamkę.

late [leɪt] <> *adj* [not on time]
spóźniony; [near end of, after
usual time] późny; [dead] świętej
pamięci. <> *adv* [not on time] z
opóźnieniem; [near end of period]
pod koniec; [after usual time]
późno.

lately ['leɪtlɪ] *adv* ostatnio.

late-night *adj* [shopping] późny;
[film, news] nadawany późno w
nocy.

later ['leɪtə'] <> *adj* [train] późniejszy. <> *adv* : **later (on)** później • **at a later date** w później-
szym terminie.

latest ['leɪtɪst] *adj* : **the latest
fashion** ostatnia moda *f*; **the
latest** [in series, in fashion] nowość
f • **at the latest** najpóźniej.

lather ['lɑːðə'] *n* piana *f*.

Latin ['lætɪn] *n* [language] łacina *f*.

Latin America *n* Ameryka *f*
Łacińska.

Latin American <> *adj* laty-
noamerykański. <> *n* Latynos
m, -ka *ł*.

latitude ['lætɪtjuːd] *n* szerokość *f*
geograficzna.

latter ['lætə'] *n* : **the latter** drugi
m, druga *f* z wymienionych.

laugh [lɑːf] <> *n* [sound] śmiech
m. <> *vi* śmiać/zaśmiać się
• **she gave a laugh** zaśmiała
się; **to have a laugh** *UK inf* [have
fun] dobrze się bawić.
◆ **laugh at** <> *vt insep*
[mock] wyśmiewać/wyśmiać.

laughter ['lɑːftə'] *n* śmiech *m*.

launch [lɔːntʃ] *vt* [boat] spusz-
czać/spuścić na wodę; [new pro-
duct] wprowadzać/wprowadzić
na rynek.

launderette ['lɔːndə'ret] *n* pralnia *f* samoobsługowa.

laundry ['lɔːndrɪ] *n* [washing]
pranie *n*; [place] pralnia *f*.

lavatory ['lævətrɪ] *n* toaleta *f*.

lavender ['lævəndə'] *n* [plant]
lawenda *f*.

lavish ['lævɪʃ] *adj* [meal] obfity;
[decoration] wystawny.

law [lɔː] *n* LAW prawo *n* • **the law**
LAW [set of rules] prawo *n*; **to be
against the law** być wbrew
prawu.

lawn [lɔːn] *n* trawnik *m*.

lawnmower ['lɔːn'məʊə'] *n* kosiarka *f* do trawy.

lawyer ['lɔːjə'] *n* prawnik *m*,
prawniczka *f*.

laxative ['læksətɪv] *n* środek *m*
przeczyszczający.

lay [leɪ] (*pt & pp* **laid**) <> *pt*
▷ **lie**. <> *vt* [place] kłaść/poło-
żyć; [egg] znosić/znieść • **to lay
the table** nakryć do stołu.
◆ **lay off** <> *vt sep* [worker]
zwalniać/zwolnić. ◆ **lay on**
<> *vt sep* [food, transport, enter-
tainment] organizować/zorgani-
zować. ◆ **lay out** <> *vt sep*
[display] wyłożyć/wykładać.

lay-by (*pl* **lay-bys**) *n* zatoczka *ł*.

layer ['leɪə'] *n* [of dust, clothing]
warstwa *f*.

layman ['leɪmən] (*pl* **-men** [-mən])
n laik *m*, laiczka *f*.

layout ['leɪaʊt] *n* [of building,
streets] rozkład *m* • **'new road
layout'** zmiana *f* organizacji
ruchu.

lazy ['leɪzɪ] *adj* [person] leniwy.

lb (*abbr of* **pound**) funt *m*.

lead¹ (*pt & pp* led) <> *vt* prowadzić/poprowadzić; [take across] prowadzić/przeprowadzić; [take to] zaprowadzać/zaprowadzić. <> *vi* [be winning] prowadzić. <> *n* [for dog] smycz *f*; [cable] przewód *m* • **to lead sb to do sthg** sprawić, że ktoś coś zrobi; **to lead to** prowadzić do; **to lead the way** iść przodem; **to be in the lead** [in race, match] być na prowadzeniu.

lead² <> *n* [metal] ołów *m*; [for pencil] grafit *m*. <> *adj* ołowiany.

leaded petrol *n* benzyna *f* ołowiowa.

leader ['liːdəʳ] *n* [person in charge] przywódca *m*, przywódczyni *f*; [in race] lider *m*, -ka *f*.

leadership ['liːdəʃɪp] *n* przywództwo *n*.

lead-free [led-] *adj* bezołowiowy.

leading *adj* [most important] czołowy.

lead singer *n* główny wokalista *m*, główna wokalistka *f*.

leaf [liːf] (*pl* **leaves** [liːvz]) *n* liść *m*.

leaflet ['liːflɪt] *n* ulotka *f*.

league [liːg] *n* liga *f*.

leak [liːk] <> *n* [hole] dziura *f*; [of gas, water] wyciek *m*. <> *vi* [roof, tank] przeciekać/przeciec.

lean [liːn] (*pt & pp* leant OR *pt & pp* leaned) <> *adj* [meat] chudy; [person] szczupły; [animal] smukły. <> *vi* [bend] nachylać/nachylić się. <> *vt* : **to lean sthg against** sthg opierać coś o coś • **to lean on** opierać się na. ➡ **lean forward** <> *vi* pochylać/pochylić się do przodu. ➡ **lean over** <> *vi* przechylać/przechylić się.

leap [liːp] (*pt & pp* leapt OR *pt & pp* leaped) *vi* [jump] skakać/skoczyć.

leap year *n* rok *m* przestępny.

learn [lɜːn] (*pt & pp* learnt OR *pt & pp* learned) *vt* uczyć/nauczyć się • **to learn (how) to do sthg** uczyć się robienia czegoś; **to learn about sthg** [hear about] dowiedzieć się o czymś; [study] uczyć się o czymś.

learner (driver) *n* osoba *f* uczestnicząca w kursie prawa jazdy.

learnt [lɜːnt] *pt & pp* ▷ **learn**.

lease [liːs] <> *n* dzierżawa *f*. <> *vt* dzierżawić/wydzierżawić • **to lease sthg from sb** wydzierżawić coś od kogoś; **to lease sthg to sb** wydzierżawić coś komuś.

leash [liːʃ] *n* smycz *f*.

least [liːst] <> *adv & adj* najmniej. <> *pron* : **(the) least** najmniej; **at least** [with quantities, numbers] co najmniej; [to indicate an advantage] przynajmniej.

leather ['leðəʳ] *n* skóra *f*. ➡ **leathers** *npl* [of motorcyclist] *kurtka i spodnie skórzane dla motocyklistów*.

leave (*pt & pp* left) <> *vt* zostawiać/zostawić; [school, job] zrezygnować z; [wife, husband] opuszczać/opuścić; [mark, scar] pozostawiać/pozostawić; [go away from] [on foot] wychodzić/wyjść z; [in vehicle] wyjeżdżać/wyjechać z. <> *vi* odchodzić/odejść. <> *n* [time off work] urlop *m* • **to leave a message** zostawić wiadomość. ➡ **leave behind** <> *vt sep* zostawiać/zostawić. ➡ **leave out** <> *vt sep* pomijać/pominąć.

leaves [liːvz] *pl* ▷ **leaf**.

Lebanon ['lebənən] *n* Liban *m*.

lecture ['lektʃə'] n [at university, conference] wykład m.

lecturer ['lektʃərə'] n wykładowca m, wykładowczyni f.

lecture theatre n aula f.

led [led] pt & pp ⊳ lead.

ledge [ledʒ] n parapet m.

leek [liːk] n por m.

left ◇ pt & pp ⊳ leave. ◇ adj [not right] lewy. ◇ adv w lewo. ◇ n lewa strona f • on the left [direction] po lewej; to be left pozostać.

left-hand adj [side, lane] lewy.

left-hand drive n samochód z lewostronnym układem kierowniczym.

left-handed [-'hændɪd] adj [person] leworęczny; [implement] przystosowany dla leworęcznych.

left-luggage locker n UK skrytka f bagażowa.

left-luggage office n UK przechowalnia f bagażu.

left-wing adj lewicowy.

leg [leg] n noga f; [of trousers] nogawka f • leg of lamb udziec m barani.

legal ['liːgl] adj [concerning the law] prawny; [lawful] legalny.

legal aid n bezpłatna pomoc f prawna.

legalize ['liːgəlaɪz] vt legalizować/ zalegalizować.

legal system n system m prawny.

legend ['ledʒənd] n legenda f.

leggings ['legɪŋz] npl leginsy pl.

legible ['ledʒəbl] adj czytelny.

legislation ['ledʒɪs'leɪʃn] n ustawodawstwo n.

legitimate adj [lɪ'dʒɪtɪmət] uzasadniony.

leisure [UK 'leʒə', US 'liːʒər] n czas m wolny.

leisure centre n kompleks m rekreacyjny.

leisure pool n basen m rekreacyjny.

lemon ['lemən] n cytryna f.

lemonade ['lemə'neɪd] n lemoniada f.

lemon curd n UK krem m cytrynowy.

lemon juice n sok m z cytryny.

lemon meringue pie n tarta pokryta masą bezową i wypełniona kremem cytrynowym.

lemon sole n sola f.

lemon tea n herbata f z cytryną.

lend [lend] (pt & pp lent [lent]) vt pożyczać/pożyczyć • to lend sb sthg pożyczyć komuś coś.

length [leŋθ] n długość f; [in time] czas m trwania.

lengthen ['leŋθən] vt wydłużać/ wydłużyć.

lens [lenz] n [of camera] obiektyw m; [of glasses] szkło n; [contact lens] soczewka f.

lent pt & pp ⊳ lend.

Lent n Wielki Post m.

lentils npl soczewica f.

leopard ['lepəd] n lampart m.

leopard-skin adj w lamparcie cętki.

leotard ['liːətɑːd] n trykot m.

leper ['lepə'] n trędowaty m, trędowata f.

lesbian ['lezbɪən] ◇ adj lesbijski. ◇ n lesbijka f.

less [les] adj & adv & pron mniej • less than 20 mniej niż 20.

lesson ['lesn] n [class] lekcja f.

163   **lie**

let (*pt&pp* **let**) *vt* [allow] pozwalać/pozwolić; [rent out] wynajmować/wynająć • **to let sb do sthg** pozwalać komuś coś robić; **to let go of sthg** [release] puścić coś; **to let sb have sthg** [temporarily] pożyczać komuś coś; [permanently] dać komuś coś; **to let sb know sthg** powiadomić kogoś o czymś; **let's go!** chodźmy!; **'to let'** [for rent] do wynajęcia. ➡ **let in** *vt sep* [allow to enter] wpuszczać/wpuścić. ➡ **let off** *vt sep* [excuse] zwalniać/zwolnić • **can you let me off at the station?** czy możesz mnie wysadzić na stacji? ➡ **let out** *vt sep* [allow to go out] wypuszczać/wypuścić.

letdown ['letdaʊn] *n inf* zawód *m*.

lethargic [lə'θɑːdʒɪk] *adj* letargiczny.

letter ['letəʳ] *n* [written message] list *m*; [of alphabet] litera *f*.

letterbox ['letəbɒks] *n UK* [in door] skrzynka *f* na listy; [in street] skrzynka *f* pocztowa.

lettuce ['letɪs] *n* sałata *f*.

leuk(a)emia białaczka *f*.

level ['levl] ◇ *adj* [horizontal] poziomy; [flat] płaski. ◇ *n* poziom *m*; [storey] piętro *n* • **to be level with sthg** [equal in height] być równym z czymś; [equal in standard] być na poziomie czegoś.

level crossing *n UK* przejazd *m* kolejowy.

lever [*UK* 'liːvəʳ, *US* 'levər] *n* lewarek *m*.

liability ['laɪə'bɪlətɪ] *n* odpowiedzialność *f*.

liable ['laɪəbl] *adj* : **to be liable to do sthg** [likely] mieć skłonność do robienia czegoś; **to be liable for sthg** [responsible] ponosić odpowiedzialność za.

liaise [lɪ'eɪz] *vi* : **to liaise with** współpracować z.

liar ['laɪəʳ] *n* kłamca *m*, kłamczucha *f*.

liberal ['lɪbərəl] *adj* [tolerant] liberalny; [generous] hojny.

Liberal Democrat Party *n* Partia *f* Liberalno Demokratyczna.

liberate ['lɪbəreɪt] *vt* wyzwalać/wyzwolić.

liberty ['lɪbətɪ] *n* [freedom] wolność *f*.

librarian [laɪ'breərɪən] *n* bibliotekarz *m*, bibliotekarka *f*.

library ['laɪbrərɪ] *n* biblioteka *f*.

Libya ['lɪbɪə] *n* Libia *f*.

lice [laɪs] *npl* wszy *fpl*.

licence ◇ *n UK* [official document] pozwolenie *n*; [TV] abonament *m*. ◇ *vt US* udzielać/udzielić zezwolenia na • **driving licence** prawo *n* jazdy.

license ['laɪsəns] ['laɪsəns] ◇ *vt UK* udzielać/udzielić zezwolenia na. ◇ *n US* = **licence**.

licensed ['laɪsənst] *adj* [restaurant, bar] *posiadający prawo do sprzedaży alkoholu*.

licensing hours *npl UK* godziny *fpl* sprzedaży alkoholu.

lick [lɪk] *vt* lizać/polizać.

lid [lɪd] *n* [cover] pokrywka *f*.

lie [laɪ] (*pt* **lay**, *pp* **lain** *cont* **lying**) ◇ *n* kłamstwo *n*. ◇ *vi* [tell lie: (*pt&pp* **lied**)] kłamać/skłamać; [be horizontal, be situated] leżeć; [lie down] kłaść/położyć się • **to tell lies** kłamać; **she lied about her age** zataiła swój prawdziwy wiek; **he lied about it** mówił o tym nieprawdę. ➡ **lie down**

⬦ *vi* [on bed, floor] kłaść/poło-
żyć się.

lieutenant [*US* lu:'tenənt] *n* po-
rucznik *m*.

life [laıf] (*pl* lives) *n* życie *n*.

life assurance *n* ubezpieczenie *n*
na życie.

life belt *n* koło *n* ratunkowe.

lifeboat ['laıfbəʊt] *n* [launched
from shore] łódź *f* ratunkowa;
[launched from ship] szalupa *f*.

lifeguard ['laıfgɑːd] *n* ratownik
m, ratowniczka *f*.

life jacket *n* kamizelka *f* ratunkowa.

lifelike ['laıflaık] *adj* jak żywy.

life preserver *n US* [life belt] koło
n ratunkowe; [life jacket] kamizelka *f* ratunkowa.

life-size *adj* naturalnych rozmiarów.

lifespan *n* długość *f* życia.

lifestyle ['laıfstaıl] *n* styl *m* życia.

lift [lıft] ⬦ *n UK* [elevator] winda
f. ⬦ *vt* [raise] podnosić/pod-
nieść. ⬦ *vi* [fog] podnosić/pod-
nieść się • **to give sb a lift**
podrzucić kogoś. ➡ **lift up**
⬦ *vt sep* podnosić/podnieść.

light [laıt] (*pt & pp* lit OR *pt & pp*
lighted) ⬦ *adj* [not dark] jasny;
[in weight, meal] lekki; [wine]
łagodny; [traffic] mały; [rain]
drobny. ⬦ *n* światło *n*; [ciga-
rette] ogień *m*. ⬦ *vt* [fire, cigar-
ette] zapalać/zapalić; [room,
stage] oświetlać/oświetlić • **have
you got a light?** [for cigarette]
masz ogień?; **to set light to sthg**
podpalić coś. ➡ **lights**
⬦ [traffic lights] światła *npl*
drogowe. ➡ **light up** ⬦ *vt
sep* [house, road] oświetlać/
oświetlić. ⬦ *vi inf* [light a cigar-
ette] zakopcić.

light bulb *n* żarówka *f*.

lighter ['laıtəʳ] *n* [for cigarettes]
zapalniczka *f*.

light-hearted *adj* beztroski.

lighthouse ['laıthaʊs] *n* latarnia *f*
morska.

lighting ['laıtıŋ] *n* oświetlenie *n*.

light meter *n* światłomierz *m*.

lightning ['laıtnıŋ] *n* błyskawica
f.

lightweight ['laıtweıt] *adj*
[clothes, object] lekki.

like ⬦ *prep* [similar to] taki jak;
[in the same way as] tak, jak;
[typical of] : **it's just like him to
do that** to do niego podobne,
żeby zrobić coś takiego; **it's not
like him to do that** to nie w jego
stylu, żeby zrobić coś takiego.
⬦ *vt* [be fond of] lubić/polubić;
[want] chcieć • **to like doing sthg**
lubić coś robić; **what's it like?**
jakie to jest?; **to look like sb/
sthg** wyglądać jak ktoś/coś; **I'd
like to sit down** chciałbym
usiąść; **I'd like a drink** chciałbym
się napić.

likelihood ['laıklıhʊd] *n* prawdopodobieństwo *n*.

likely ['laıklı] *adj* [probable] prawdopodobny.

likeness ['laıknıs] *n* [similarity]
podobieństwo *n*.

likewise ['laıkwaız] *adv* podobnie.

lilac ['laılək] *adj* liliowy.

Lilo® ['laıləʊ] (*pl* -s) *n UK* materac
m nadmuchiwany.

lily ['lılı] *n* lilia *f*.

lily of the valley *n* konwalia *f*.

limb [lım] *n* [of person] kończyna
f.

lime [laım] *n* [fruit] limona *f* • **lime
(juice)** sok *m* z limony.

limestone ['laɪmstəʊn] *n* wapień *m*.

limit ['lɪmɪt] ⋄ *n* ograniczenie *n*. ⋄ *vt* ograniczać/ograniczyć • **the city limits** granice *f* miasta.

limited ['lɪmɪtɪd] *adj* [restricted] ograniczony; [in company name] z ograniczoną odpowiedzialnością.

limp [lɪmp] ⋄ *adj* wiotki. ⋄ *vi* kuleć.

line [laɪn] ⋄ *n* [long, thin mark] linia *f*; [row] rząd *m*; *US* [queue] kolejka *f*; [of words on page] wiersz *m*; [of poem, song] linijka *f*; [for fishing] żyłka *f*; [rope] lina *f*; [for telephone] linia *f* telefoniczna; [train or bus route] linia *f*; [railway track] tor *m*; [of business, work] branża *f*; [type of product] asortyment *m*. ⋄ *vt* [coat] podszywać/podszyć; [drawers] wykładać/ wyłożyć • **in line** [aligned] równo; **it's a bad line** [on phone] są zakłócenia w połączeniu; **the line is engaged** [on phone] linia jest zajęta; **to drop sb a line** *inf* napisać kilka słów do kogoś; **to stand in line** *US* stać w kolejce; **to walk in a straight line** iść prosto. ➡ **line up** ⋄ *vt sep* [arrange] organizować/zorganizować. ⋄ *vi* ustawiać/ustawić się w szeregu.

lined [laɪnd] *adj* [paper] w linie.

linen ['lɪnɪn] *n* [cloth] płótno *n* lniane; [sheets] pościel *f*; [tablecloths] bielizna *f* stołowa.

liner ['laɪnəʳ] *n* [ship] liniowiec *m*.

linesman ['laɪnzmən] (*pl* -men [-mən]) *n* sędzia *m* liniowy.

linger ['lɪŋgəʳ] *vi* zostawać/zostać dłużej.

lingerie ['lænʒərɪ] *n* bielizna *f* damska.

lining ['laɪnɪŋ] *n* [of coat, jacket] podszewka *f*; [of brake] okładzina *f*.

link [lɪŋk] ⋄ *n* [between people] więź *f*; [between facts] związek *m*. ⋄ *vt* łączyć/połączyć • **rail link** połączenie *n* kolejowe; **road link** połączenie drogowe.

lino ['laɪnəʊ] *n UK* linoleum *n*.

lion ['laɪən] *n* lew *m*.

lioness ['laɪənes] *n* lwica *f*.

lip [lɪp] *n* [of person] warga *f*.

lip salve *n* maść *f* do warg.

lipstick ['lɪpstɪk] *n* szminka *f*.

liqueur [lɪ'kjʊəʳ] *n* likier *m*.

liquid ['lɪkwɪd] *n* płyn *m*.

liquor ['lɪkəʳ] *n US* alkohol *m* wysokoprocentowy.

liquorice ['lɪkərɪs] *n* [substance] lukrecja *f*.

lisp [lɪsp] *n* : **to have a lisp** seplenić.

list [lɪst] ⋄ *n* lista *f*. ⋄ *vt* spisywać/spisać.

listen ['lɪsn] *vi* : **to listen (to)** słuchać/posłuchać.

listener ['lɪsnəʳ] *n* [on radio] słuchacz *m*, -ka *f*.

lit [lɪt] *pt & pp* ▷ **light**.

liter *US* = **litre**.

literally ['lɪtərəlɪ] *adv* dosłownie.

literary ['lɪtərərɪ] *adj* [word, style] literacki.

literature ['lɪtrətʃəʳ] *n* literatura *f*; [printed information] materiały *mpl* informacyjne.

litre ['liːtəʳ] *n UK* litr *m*.

litter ['lɪtəʳ] *n* [rubbish] śmieci *mpl*.

litter bin *n UK* kosz *m* na śmieci.

little ⋄ *adj* mały; [sister, brother] młodszy; [insignificant] drobny. ⋄ *pron* mało. ⋄ *adv* rzadko • **as little as possible** jak najmniej; **little by little** po trochu; **a**

little [small amount, short time] trochę; [slightly] nieco; **a little while** chwila f; **a little way** kawałek; **little money** mało pieniędzy.

little finger n mały palec m.

live¹ vi [have home] mieszkać; [be alive] żyć; [survive] przeżyć • **to live with** sb żyć z kimś. ➤ **live together** vi żyć ze sobą.

live² ⟨⟩ adj [alive] żywy; [programme, performance] na żywo; [wire] pod napięciem. ⟨⟩ adv na żywo.

lively ['laɪvlɪ] adj [person] żwawy; [place, atmosphere] tętniący życiem.

liver ['lɪvəʳ] n [organ] wątroba f; [food] wątróbka f.

lives [laɪvz] pl ⊳ life.

living ['lɪvɪŋ] ⟨⟩ adj żywy. ⟨⟩ n : **to earn a living** zarabiać na życie; **what do you do for a living?** czym się zajmujesz?

living room n salon m.

lizard ['lɪzəd] n jaszczurka f.

load [ləʊd] ⟨⟩ n ładunek m. ⟨⟩ vt [vehicle, gun] ładować/ załadować; [camera] wkładać/ włożyć film • **loads of** inf mnóstwo.

loaf [ləʊf] (pl **loaves** [ləʊvz]) n : **loaf (of bread)** bochenek m (chleba).

loan [ləʊn] ⟨⟩ n [of money] pożyczka f. ⟨⟩ vt pożyczać/ pożyczyć.

loathe [ləʊð] vt nie cierpieć.

loaves [ləʊvz] pl ⊳ loaf.

lobby ['lɒbɪ] n [hall] hol m.

lobster ['lɒbstəʳ] n homar m.

local ['ləʊkl] ⟨⟩ adj lokalny. ⟨⟩ n inf [local person] miejscowy m, miejscowa f; UK [pub] pobli-ska knajpa f; US [bus] autobus m miejscowy; [train] pociąg m lokalny.

local anaesthetic n znieczulenie n miejscowe.

local call n połączenie n miejscowe.

local government n samorząd m lokalny.

locate [UK ləʊ'keɪt, US 'ləʊkeɪt] vt [find] lokalizować/zlokalizować • **to be located** być położonym.

location [ləʊ'keɪʃn] n [place] położenie n.

loch [lɒk, lɒx] n Scot jezioro n.

lock [lɒk] ⟨⟩ n [on door, drawer] zamek m; [on bike] kłódka f; [on canal] śluza f. ⟨⟩ vt [fasten with key] zamykać/zamknąć na klucz; [keep safely] trzymać pod kluczem. ⟨⟩ vi [become stuck] zablokować się. ➤ **lock in** ⟨⟩ vt sep [accidentally] zatrzasnąć drzwi (tak, że nie można wydostać się na zewnątrz). ➤ **lock out** ⟨⟩ vt sep [accidentally] zatrzasnąć drzwi (tak, że nie można się dostać do środka z zewnątrz). ➤ **lock up** ⟨⟩ vt sep [imprison] przymknąć. ⟨⟩ vi zamykać/zamknąć na klucz.

locker ['lɒkəʳ] n szafka f.

locker room n US szatnia f (przy basenie, sali gimnastycznej).

locket ['lɒkɪt] n medalion m.

locomotive ['ləʊkə'məʊtɪv] n lokomotywa f.

locum ['ləʊkəm] n [doctor] zastępca m, zastępczyni f.

locust ['ləʊkəst] n szarańcza f.

lodge [lɒdʒ] ⟨⟩ n [for hunters] domek m myśliwski; [for skiers] schronisko n. ⟨⟩ vi [stay] zamieszkiwać/zamieszkać; [get stuck] utkwić.

lodger ['lɒdʒəʳ] *n* lokator *m*, -ka *f*.

lodgings *npl* wynajęte mieszkanie *n*.

loft [lɒft] *n* [in house] strych *m*.

log [lɒg] *n* [piece of wood] kłoda *f*. ⇒ **log off** *vi* COMPUT wylogować się. ⇒ **log on** *vi* COMPUT logować/zalogować się.

logic ['lɒdʒɪk] *n* logika *f*.

logical ['lɒdʒɪkl] *adj* [sensible] logiczny.

logo ['ləʊgəʊ] (*pl* -s) *n* logo *n*.

loin [lɔɪn] *n* [beef, horse] polędwica *f*; [pork] schab *m*; [lamb] comber *m*.

loiter ['lɔɪtəʳ] *vi* wałęsać się.

lollipop ['lɒlɪpɒp] *n* lizak *m*.

lolly ['lɒlɪ] *n inf* [lollipop] lizak *m*; UK [ice lolly] lody *mpl* na patyku.

London ['lʌndən] *n* Londyn *m*.

Londoner ['lʌndənəʳ] *n* Londyńczyk *m*, mieszkanka *f* Londynu.

lonely ['ləʊnlɪ] *adj* [person] samotny; [place] odludny.

long [lɒŋ] ⇔ *adj* długi. ⇔ *adv* długo • it's 2 metres long ma 2 metry długości; it's two hours long trwa 2 godziny; how long is it? [in distance] ile ma długości?; [in time] jak długo trwa?; a long time długo; all day long przez cały dzień; as long as pod warunkiem; for long długo; no longer już nie; so long! *inf* na razie! ⇔ **long for** ⇔ *vt insep* tęsknić za.

long-distance *adj* [phone call] międzymiastowy.

long drink *n* koktajl *m*.

long-haul *adj* dalekiego zasięgu.

longitude ['lɒŋɪtjuːd] *n* długość *f* geograficzna.

long jump *n* skok *m* w dal.

long-life *adj* [milk, fruit juice] o przedłużonej trwałości; [battery] o przedłużonej żywotności.

long-sighted *adj* dalekowzroczny.

long-term *adj* długoterminowy.

long wave *n* fale *fpl* długie.

longwearing ['lɒŋ'weərɪŋ] *adj US* trwały.

loo [luː] (*pl* -s) *n UK inf* ubikacja *f*.

look [lʊk] ⇔ *n* [act of looking] spojrzenie *n*; [appearance] wygląd *m*. ⇔ *vi* [with eyes] patrzeć/popatrzeć; [search] szukać/poszukać; [seem] wyglądać • to look onto [building, room] wychodzić na; to have a look [see] spojrzeć; [search] szukać; (good) looks uroda *f*; I'm just looking [in shop] tylko się rozglądam; look out! uwaga! ⇔ **look after** ⇔ *vt insep* [person] opiekować/zaopiekować się; [matter, arrangements] zajmować/zająć się. ⇔ **look at** ⇔ *vt insep* [observe] patrzeć/popatrzeć na; [examine] przyglądać/przyjrzeć się. ⇔ **look for** ⇔ *vt insep* szukać. ⇔ **look forward to** ⇔ *vt insep* cieszyć się na. ⇔ **look out for** ⇔ *vt insep* [be careful] uważać na. ⇔ **look round** ⇔ *vt insep* rozglądać/rozejrzeć się po. ⇔ *vi* oglądać/obejrzeć się. ⇔ **look up** ⇔ *vt sep* [in dictionary, phone book] sprawdzać/sprawdzić.

loony ['luːnɪ] *n inf* dziwak *m*, dziwaczka *f*.

loop [luːp] *n* pętla *f*.

loose [luːs] *adj* [clothes, sheets of paper] luźny; [hinge, handle] obluzowany; [sweets] na wagę; [tooth] ruszający się • to let sb/sthg loose wypuścić kogoś/coś.

loosen ['luːsn] *vt* [belt, grip, tie] rozluźniać/rozluźnić.

lop-sided *adj* przekrzywiony.

lord [lɔːd] *n* lord *m*.

lorry ['lɒrɪ] *n UK* ciężarówka *f*.

lorry driver *n UK* kierowca *m* ciężarówki.

lose [luːz] (*pt & pp* **lost** [lɒst]) <> *vt* tracić/stracić; [misplace] gubić/zgubić; [competition] przegrywać/przegrać; [subj: watch, clock] późnić się. <> *vi* [in competition] przegrywać/przegrać • **to lose weight** stracić na wadze.

loser ['luːzəʳ] *n* [in contest] przegrywający *m*, przegrywająca *f*.

loss [lɒs] *n* [losing] utrata *f*; [of business, company] strata *f*.

lost [lɒst] <> *pt & pp* ▷ **lose**. <> *adj* [person] zagubiony • **to get lost** [lose way] zabłądzić.

lost-and-found office *n US* biuro *n* rzeczy znalezionych.

lost property office *n UK* biuro *n* rzeczy znalezionych.

lot *n* [group of things] partia *f*; [at auction] artykuł *m*; *US* [car park] parking *m* • **a lot (of)** [large amount] dużo; **a lot** [very much] bardzo; [often] często; **a lot better** o wiele lepszy; **lots (of)** mnóstwo.

lotion ['ləʊʃn] *n* balsam *m* do ciała.

lottery ['lɒtərɪ] *n* loteria *f*.

loud [laʊd] *adj* [voice, music, noise] głośny; [colour, clothes] krzykliwy.

loudspeaker ['laʊd'spiːkəʳ] *n* głośnik *m*.

lounge [laʊndʒ] *n* [in house] salon *m*; [at airport] poczekalnia *f*.

lounge bar *n UK* sala barowa z komfortowym wyposażeniem.

lousy ['laʊzɪ] *adj inf* [poor-quality] kiepski.

lout [laʊt] *n* gbur *m*.

love [lʌv] <> *n* miłość *f*; [strong liking] zamiłowanie *n*; [in tennis] zero *n*. <> *vt* kochać/pokochać; [like a lot] uwielbiać; [want a lot] bardzo chcieć • **to love doing sthg** uwielbiać coś robić; **to be in love (with)** być zakochanym (w); **(with) love from** [in letter] pozdrowienia od; **I'd love a cup of coffee** chętnie napiłabym się kawy.

love affair *n* romans *m*.

lovely ['lʌvlɪ] *adj* [very beautiful] śliczny; [very nice] cudowny.

lover ['lʌvəʳ] *n* [sexual partner] kochanek *m*, kochanka *f*; [enthusiast] miłośnik *m*, miłośniczka *f*.

loving ['lʌvɪŋ] *adj* kochający.

low [ləʊ] <> *adj* niski; [quantity, supply] niewielki; [quiet] cichy; [depressed] przygnębiony. <> *n* [area of low pressure] niż *m* • **we're low on petrol** kończy się nam benzyna.

low-alcohol *adj* niskoalkoholowy.

low-calorie *adj* niskokaloryczny.

low-cut *adj* wydekoltowany.

lower <> *adj* niższy; [part of body, city, river] dolny. <> *vt* [move downwards] opuszczać/opuścić; [reduce] obniżać/obniżyć.

lower sixth *n UK* ≃ pierwsza klasa *f* liceum.

low-fat *adj* niskotłuszczowy.

low tide *n* odpływ *m*.

loyal ['lɔɪəl] *adj* lojalny.

loyalty ['lɔɪəltɪ] *n* lojalność *f*.

lozenge ['lɒzɪndʒ] *n* [sweet] pastylka *f* do ssania.

LP *n* płyta *f* długogrająca.

L-plate n UK tablica f „nauka jazdy".

Ltd (abbr of limited) sp. z o.o.

lubricate ['lu:brɪkeɪt] vt [engine] smarować/nasmarować.

luck [lʌk] n szczęście n • **bad luck** pech; **good luck!** powodzenia!; **with luck** przy odrobinie szczęścia.

luckily ['lʌkɪlɪ] adv na szczęście.

lucky ['lʌkɪ] adj [person, number, colour] szczęśliwy; [event, situation] sprzyjający; [escape] w samą porę • **to be lucky** mieć szczęście.

ludicrous ['lu:dɪkrəs] adj absurdalny.

lug [lʌg] vt inf taszczyć/wtaszczyć.

luggage ['lʌgɪdʒ] n bagaż m.

luggage compartment n przedział m bagażowy.

luggage locker n skrytka f bagażowa.

luggage rack n [on train] półka f bagażowa.

lukewarm ['lu:kwɔ:m] adj letni.

lull [lʌl] n [in storm, conversation] chwila f ciszy.

lullaby ['lʌləbaɪ] n kołysanka f.

lumbago [lʌm'beɪgəʊ] n lumbago n.

lumber ['lʌmbəʳ] n US [timber] drewno n budowlane.

luminous ['lu:mɪnəs] adj świecący.

lump [lʌmp] n [of coal] bryła f; [of mud] gruda f; [of sugar] kostka f; [of cheese] kawałek m; [on body] guz m.

lump sum n wypłata f jednorazowa.

lumpy ['lʌmpɪ] adj [sauce] grudkowaty; [mattress] nierówny.

lunatic ['lu:nətɪk] n pej [foolish person] szaleniec m.

lunch [lʌntʃ] n lunch m • **to have lunch** jeść lunch.

luncheon ['lʌntʃən] n fml uroczysty lunch m.

luncheon meat n mielonka f.

lunch hour n przerwa f na lunch.

lunchtime ['lʌntʃtaɪm] n pora f lunchu.

lung [lʌŋ] n płuco n.

lunge [lʌndʒ] vi rzucać/rzucić się.

lurch [lɜ:tʃ] vi [person] zataczać/zatoczyć się; [vehicle] szarpać/szarpnąć.

lure [ljʊəʳ] vt wabić/zwabić.

lurk [lɜ:k] vi [person] czaić/zaczaić się.

lush [lʌʃ] adj bujny.

lust [lʌst] n żądza f.

Luxembourg ['lʌksəmbɜ:g] n Luksemburg m.

luxurious [lʌg'ʒʊərɪəs] adj luksusowy.

luxury ['lʌkʃərɪ] <> adj luksusowy. <> n luksus m.

LW (abbr of long wave) f.dł.

lying ['laɪɪŋ] cont ⊳ lie.

lyrics npl tekst m.

M

m [em] (abbr of metre) m; (abbr of mile) m.

M [em] UK (abbr of motorway) A; (abbr of medium) M.

MA [mɑ:] n (abbr of Master of

Arts) magister *m* nauk humanistycznych.

mac [mæk] *n* UK *inf* [coat] płaszcz *m* nieprzemakalny.

macaroni ['mækə'rəʊnɪ] *n* makaron *m*.

macaroni cheese *n* makaron *m* zapiekany z serem.

machine [mə'ʃiːn] *n* maszyna *f*.

machine gun *n* karabin *m* maszynowy.

machinery [mə'ʃiːnərɪ] *n* maszyneria *f*.

machine-washable *adj* nadający się do prania w pralce.

mackerel ['mækrəl] (*pl* mackerel) *n* makrela *f*.

mackintosh ['mækɪntɒʃ] *n* UK płaszcz *m* nieprzemakalny.

mad *adj* [mentally ill] obłąkany; [foolish, uncontrolled] szalony; [angry] wściekły • to be mad about *inf* [like a lot] szaleć za; like mad jak szalony.

Madam ['mædəm] *n* [form of address] pani *f*.

made [meɪd] *pt* & *pp* ⊳ make.

Madeira [mə'dɪərə] *n* [wine] madera *f*.

made-to-measure *adj* szyty na miarę.

madness ['mædnɪs] *n* szaleństwo *n*.

magazine ['mægə'ziːn] *n* czasopismo *n*.

maggot ['mægət] *n* robak *m*.

magic ['mædʒɪk] *n* [supernatural force] czary *mpl*; [conjuring] sztuczki *fpl* magiczne; [special quality] magia *f*.

magician [mə'dʒɪʃn] *n* [conjurer] magik *m*.

magistrate ['mædʒɪstreɪt] *n* sa-

modzielny sędzia niezawodny decydujący w sprawach drobniejszych.

magnet ['mægnɪt] *n* magnes *m*.

magnetic [mæg'netɪk] *adj* magnetyczny.

magnificent [mæg'nɪfɪsənt] *adj* [very good] wspaniały; [very beautiful] przepiękny.

magnifying glass ['mægnɪfaɪɪŋ-] *n* szkło *n* powiększające.

mahogany [mə'hɒgənɪ] *n* mahoń *m*.

maid [meɪd] *n* pokojówka *f*.

maiden name *n* nazwisko *n* panieńskie.

mail [meɪl] <> *n* [letters, system] poczta *f*. <> *vt* US [letter, parcel, goods] wysyłać/wysłać.

mailbox ['meɪlbɒks] *n* US [letterbox] skrzynka *f* na listy; [postbox] skrzynka *f* pocztowa.

mailman ['meɪlmən] (*pl* -men [-mən]) *n* US listonosz *m*.

mail order *n* sprzedaż *f* wysyłkowa.

main [meɪn] *adj* główny.

main course *n* danie *n* główne.

main deck *n* [on ship] pokład *m* główny.

mainland ['meɪnlənd] *n* : the mainland ląd *m* stały.

main line *n* [of railway] magistrala *f* kolejowa.

mainly ['meɪnlɪ] *adv* głównie.

main road *n* droga *f* główna.

mains [meɪnz] *npl* [of gas, electricity] : the mains sieć *f*.

main street *n* US ulica *f* główna.

maintain [meɪn'teɪn] *vt* utrzymywać/utrzymać.

maintenance ['meɪntənəns] *n* [of car, machine] konserwacja *f*; [money] alimenty *pl*.

maisonette ['meɪzə'net] *n UK* mieszkanie *n* dwupoziomowe *(z osobnym wejściem)*.

maize [meɪz] *n* kukurydza *f.*

major ['meɪdʒə'] <> *adj* [important] ważny; [most important] główny. <> *n* MIL major *m.* <> *vi US* : **to major in** specjalizować się w.

majority [mə'dʒɒrɪtɪ] *n* [largest number] większość *f*; [margin] przewaga *f.*

major road *n* droga *f* główna.

make [meɪk] (*pt & pp* **made**) <> *vt* **-1.** [produce, manufacture] robić/zrobić [in factory] produkować/wyprodukować ; **to be made of** być zrobionym z; **to make lunch/supper** robić lunch/kolację; **made in Japan** wyprodukowano w Japonii. **-2.** [perform, do] robić/zrobić ; **to make a speech** wygłosić przemówienie; **to make a decision** podjąć decyzję; **to make a mistake** popełnić błąd; **to make a phone call** zatelefonować. **-3.** [cause to be] : **to make sthg better** ulepszyć coś; **to make sb sad** zasmucić kogoś; **to make sb happy** uszczęśliwić kogoś. **-4.** [force] zmuszać/zmusić ; **to make sb do sthg** zmusić kogoś do zrobienia czegoś; [cause to do] : **it made her laugh** rozśmieszyło ją ją. **-5.** [amount to, total] wynosić/wynieść ; **that makes £5** to będzie w sumie £5. **-6.** [calculate] : **I make it £4** to będzie z £4; **I make it seven o'clock** na moim zegarku jest siódma. **-7.** [earn] zarabiać/zarobić; [profit] osiągać/osiągnąć; [loss] ponosić/ponieść. **-8.** *inf* [arrive in time for] : **we didn't make the 10 o'clock train** nie zdążyliśmy na pociąg o dziesiątej **-9.** : **to make enemies** narobić sobie wrogów; **to make**

friends with sb zaprzyjaźnić się z kimś. **-10.** [have qualities for] być ; **this would make a lovely bedroom** to byłaby cudowna sypialnia. **-11.** [bed] ścielić/pościelić. **-12.** [in phrases] : **to make do** zadowolić się; **to make good** [loss] zrekompensować; **to make it** [arrive on time] zdążyć; [be able to go] móc iść. <> *n* [of product] marka *f.* ➡ **make out** <> *vt sep* [cheque, receipt, form] wypisywać/wypisać; [see] dostrzec; [hear] dosłyszeć. ➡ **make up** <> *vt sep* [invent] zmyślać/zmyślić; [comprise] składać się z; [difference, extra] wyrównywać/wyrównać. ➡ **make up for** <> *vt insep* nadrabiać/nadrobić.

makeover ['meɪkəuvə'] ['meɪkəuvə'] *n* [person] całkowita odmiana *f*; [building, area] przeróbka *f.*

makeshift ['meɪkʃɪft] *adj* prowizoryczny.

make-up *n* [cosmetics] makijaż *m.*

malaria [mə'leərɪə] *n* malaria *f.*

Malaysia [mə'leɪzɪə] *n* Malezja *f.*

male [meɪl] <> *adj* [person, animal] płci męskiej. <> *n* [animal] samiec *m.*

malfunction [mæl'fʌŋkʃn] *vi fml* wadliwe działanie *n.*

malignant [mə'lɪgnənt] *adj* [disease, tumour] złośliwy.

mall [mɔːl] *n* [shopping centre] galeria *f* handlowa.

mallet ['mælɪt] *n* drewniany młotek *m.*

malt [mɔːlt] *n* słód *m.*

maltreat ['mæl'triːt] *vt* maltretować.

malt whisky *n* whisky *f* słodowa.

mammal ['mæml] *n* ssak *m.*

man [mæn] (*pl* **men**) <> *n* [male] mężczyzna *m*; [human being, mankind] człowiek *m*. <> *vt* [phones, office] obsługiwać.

manage ['mænɪdʒ] <> *vt* [company, business] zarządzać; [suitcase, job, food] radzić/poradzić sobie z. <> *vi* [cope] dawać/dać sobie radę • **can you manage Friday?** czy piątek ci odpowiada?; **to manage to do sthg** zdołać coś zrobić.

management ['mænɪdʒmənt] *n* [people in charge] dyrekcja *f*; [control, running] zarządzanie *n*.

manager ['mænɪdʒə^r] *n* [of business, bank] dyrektor *m*, pani dyrektor *f*; [shop] kierownik *m*, kierowniczka *f*; [of sports team] menadżer *m*, -ka *f*.

manageress ['mænɪdʒə'res] *n* [of business, bank, shop] kierowniczka *f*.

managing director ['mænɪdʒɪŋ-] *n* dyrektor *m* generalny, dyrektor *f* generalna.

mandarin ['mændərɪn] *n* [fruit] mandarynka *f*.

mane [meɪn] *n* grzywa *f*.

maneuver *US* = manoeuvre.

mangetout ['mãʒ'tuː] *n* groszek *m* cukrowy.

mangle ['mæŋgl] *vt* zniekształcać/zniekształcić.

mango ['mæŋgəʊ] (*pl* -es OR *pl* -s) *n* mango *n*.

Manhattan [mæn'hætn] *n* Manhattan *m*.

manhole ['mænhəʊl] *n* właz *m* kanalizacyjny.

maniac ['meɪnɪæk] *n* *inf* [wild person] maniak *m*, maniaczka *f*.

manicure ['mænɪ'kjʊə^r] *n* manicure *m*.

manifold ['mænɪfəʊld] *n* AUT : **intake manifold** rura dolotowa; **exhaust manifold** rura wydechowa.

manipulate [mə'nɪpjʊleɪt] *vt* [person] manipulować; [machine, controls] obsługiwać.

mankind [mæn'kaɪnd] *n* ludzkość *f*.

manly ['mænlɪ] *adj* męski.

man-made *adj* [synthetic] sztuczny.

manner ['mænə^r] *n* [way] sposób *m*. ◆ **manners** *npl* maniery *pl* • **to have good manner** być dobrze wychowanym.

manoeuvre [mə'nuːvə^r] <> *n* *UK* [in car, boat *etc*] manewr *m*. <> *vt* *UK* manewrować/wymanewrować.

manor ['mænə^r] *n* dwór *m*.

mansion ['mænʃn] *n* rezydencja *f*.

manslaughter ['mæn'slɔːtə^r] *n* nieumyślne spowodowanie *n* śmierci.

mantelpiece ['mæntlpiːs] *n* gzyms *m* kominka.

manual ['mænjʊəl] <> *adj* [work] fizyczny; [operated by hand] ręczny. <> *n* [book] instrukcja *f* obsługi.

manufacture ['mænjʊ'fæktʃə^r] <> *n* produkcja *f*. <> *vt* produkować/wyprodukować.

manufacturer ['mænjʊ'fæktʃər ə^r] *n* producent *m*, -ka *f*.

manure [mə'njʊə^r] *n* nawóz *m* naturalny.

many ['menɪ] (*compar* **more**, *superl* **most**) <> *adj* wiele. <> *pron* : **how many?** ile?; **so many** tyle; **too many** za dużo; **twice as many** dwa razy więcej; **not many** niewiele; **as many as** tyle..., ile...

map [mæp] *n* mapa *f*.

Mar. (*abbr of* March) *marzec*.

marathon ['mærəθn] *n* maraton *m*.

marble ['mɑ:bl] *n* [stone] marmur *m*; [glass ball] szklana kulka *f*.

march <> *n* [demonstration] marsz *m*. <> *vi* [walk quickly] maszerować.

March *n* marzec *m* *see also* September.

mare [meəʳ] *n* klacz *f*.

margarine ['mɑ:dʒəˈri:n, 'mɑ:gəˈri:n] *n* margaryna *f*.

margin ['mɑ:dʒɪn] *n* [of page] margines *m*; [difference] różnica *f*.

marina [məˈri:nə] *n* przystań *f*.

marinated *adj* marynowany.

marital status *n* stan *m* cywilny.

mark <> *n* [spot, cut *etc*] ślad *m*; [symbol] znak *m*; SCH ocena *f*. <> *vt* [blemish] plamić/poplamić; [put symbol on] oznaczać/oznaczyć; [correct] oceniać/ocenić; [show position of] wskazywać/wskazać • **at (gas) mark** five na (gazie) piątce.

marker pen *n* marker *m*.

market ['mɑ:kɪt] *n* [place] bazar *m*.

marketing ['mɑ:kɪtɪŋ] *n* marketing *m*.

marketplace ['mɑ:kɪtpleɪs] *n* [place] rynek *m*.

markings *npl* [on road] znaki *mpl* drogowe poziome.

marmalade ['mɑ:məleɪd] *n* marmolada *f* (*z owoców cytrusowych*).

marquee [mɑ:ˈki:] *n* duży namiot *m*.

marriage ['mærɪdʒ] *n* [event] ślub *m*; [wedlock] małżeństwo *n*.

married ['mærɪd] *adj* [man] żonaty; [woman] zamężna • **to get married** pobierać/pobrać się.

marrow ['mærəʊ] *n* [vegetable] kabaczek *m*.

marry ['mærɪ] <> *vt* [get married to] [man] żenić/ożenić się z; [woman] wychodzić/wyjść za mąż za. <> *vi* pobrać się.

marsh [mɑ:ʃ] *n* bagno *n*.

martial arts *npl* sztuki *fpl* walki.

marvellous ['mɑ:vələs] *adj* UK cudowny.

marvelous US = marvellous.

marzipan ['mɑ:zɪpæn] *n* marcepan *m*.

mascara [mæsˈkɑ:rə] *n* tusz *m* do rzęs.

masculine ['mæskjʊlɪn] *adj* męski.

mashed potatoes *npl* purée *n* ziemniaczane.

mask [mɑ:sk] *n* maska *f*.

masonry ['meɪsnrɪ] *n* kamieniarka *f*.

mass *n* [large amount] masa *f*; RELIG msza *f* • **masses (of)** *inf* [lots] cała masa.

massacre ['mæsəkəʳ] *n* masakra *f*.

massage [UK 'mæsɑ:ʒ, US məˈsɑ:ʒ] <> *n* masaż *m*. <> *vt* masować/wymasować.

masseur [UK mæˈsɜ:ʳ, US mæˈsʊər] *n* masażysta *m*.

masseuse [UK mæˈsɜ:z, US mæˈsu:z] *n* masażystka *f*.

massive ['mæsɪv] *adj* masywny.

mast [mɑ:st] *n* [on boat] maszt *m*.

master ['mɑ:stəʳ] <> *n* [at school] nauczyciel *m*; [of servant, dog] pan *m*. <> *vt* [skill, language] opanowywać/opanować.

masterpiece ['mɑ:stəpi:s] *n* arcydzieło *n*.

mat [mæt] *n* [small rug] dywanik *m*; [on table] podkładka *f*.

match [mætʃ] <> *n* [for lighting] zapałka *f*; [game] mecz *m*. <> *vt* [in colour, design] pasować do; [be the same as] odpowiadać; [be as good as] dorównywać/dorównać. <> *vi* [in colour, design] pasować do siebie.

matchbox ['mætʃbɒks] *n* pudełko *n* zapałek.

matching ['mætʃɪŋ] *adj* pasujący.

mate [meɪt] <> *n inf* [friend] kumpel *m*, -ka *f*; *UK inf* [form of address] stary *m*, stara *f*. <> *vi* łączyć/połączyć się w pary.

material [mə'tɪərɪəl] *n* materiał *m*; [information] materiały *mpl*.
➡ **materials** *npl* [things needed] materiały *mpl*.

maternity leave *n* urlop *m* macierzyński.

maternity ward *n* oddział *m* położniczy.

math [mæθ] *US* = maths.

mathematics ['mæθə'mætɪks] *n* matematyka *f*.

maths [mæθs] *n UK* matma *f*.

matinée *n* seans *m* popołudniowy.

matt [mæt] *adj* matowy.

matter ['mætər] <> *n* [issue, situation] sprawa *f*; [physical material] materia *t*. <> *vi* mieć znaczenie • **it doesn't matter** [accepting apology] nie szkodzi; **no matter what happens** bez względu na to, co się stanie; **there's something the matter with my car** coś jest nie tak z moim samochodem; **what's the matter?** czy coś się stało?; **as a matter of course** automatycznie; **as a matter of fact** prawdę mówiąc.

mattress ['mætrɪs] *n* materac *m*.

mature [mə'tjʊər] *adj* dojrzały.

mauve [məʊv] *adj* fioletoworóżowy.

max. (*abbr of* maximum) maks.

maximum ['mæksɪməm] <> *adj* maksymalny. <> *n* maksimum *n*.

May *n* maj *m see also* **September**.

may *aux vb* -1. [expressing possibility] móc ; **it may be done as follows** można to zrobić w następujący sposób; **it may rain** może padać; **they may have got lost** możliwe, że zabłądzili. -2. [expressing permission] móc ; **may I smoke?** czy mogę zapalić?; **you may sit, if you wish** może pan usiąść, jeśli pan chce. -3. [when conceding a point] : **it may be a long walk, but it's worth it** może to i długi spacer, ale wysiłek się opłaca.

maybe ['meɪbi:] *adv* [perhaps, approximately] może.

mayonnaise ['meɪə'neɪz] *n* majonez *m*.

mayor [meər] *n* burmistrz *m*, -yni *f*.

mayoress ['meərɪs] *n* pani *f* burmistrz.

maze [meɪz] *n* labirynt *m*.

me *pron* mi, mnie • **she knows me** ona mnie zna; **it's me** to ja; **send it to me** wyślij mi to; **tell me** powiedz mi; **he's worse than me** jest ode mnie gorszy.

meadow ['medəʊ] *n* łąka *f*.

meal [mi:l] *n* posiłek *m*.

mealtime ['mi:ltaɪm] *n* pora *f* posiłku.

mean [mi:n] (*pt & pp* meant) <> *adj* [miserly] skąpy; [unkind] podły. <> *vt* [signify, matter] znaczyć; [intend] mieć na myśli; [be serious about] mówić/powie-

dzieć poważnie; [be a sign of] oznaczać • **to mean to do sthg** zamierzać coś zrobić; **to be meant to do sthg** mieć coś zrobić; **it's meant to be good** mówią, że jest dobre.

meaning ['mi:nɪŋ] n [of word, phrase] znaczenie n; [intention] sens m.

meaningless ['mi:nɪŋlɪs] adj bezsensowny.

means [mi:nz] (pl **means**) <> n [method] sposób m. <> npl [money] środki mpl • **by all means!** jak najbardziej; **by means of** za pomocą.

meant [ment] pt & pp ⊳ **mean**.

meantime ['mi:n'taɪm] ➡ **in the meantime** adv tymczasem.

meanwhile ['mi:n'waɪl] adv [at the same time] tymczasem; [in the time between] w międzyczasie.

measles ['mi:zlz] n odra f.

measure ['meʒəʳ] <> vt [find size of] mierzyć/zmierzyć. <> n [step, action] środek m; [of alcohol] miarka f • **the room measures 10 m** pokój mierzy 10 m.

measurement ['meʒəmənt] n [size measured] pomiar m. ➡ **measurements** npl [of person] wymiary mpl.

meat [mi:t] n mięso n • **red meat** czerwone mięso n; **white meat** białe mięso n.

meatball ['mi:tbɔ:l] n klopsik m.

mechanic [mɪ'kænɪk] n mechanik m.

mechanical [mɪ'kænɪkl] adj [device] mechaniczny.

mechanism ['mekənɪzm] n mechanizm m.

medal ['medl] n medal m.

media ['mi:djə] npl : **the media** media pl.

Medicaid ['medɪkeɪd] n US państwowy program opieki zdrowotnej dla osób ubogich poniżej 65 roku życia.

medical ['medɪkl] <> adj medyczny. <> n badania npl.

Medicare ['medɪkeəʳ] n US państwowy program opieki zdrowotnej dla osób ubogich powyżej 65 roku życia.

medication ['medɪ'keɪʃn] n lek m.

medicine ['medsɪn] n [substance] lek m; [science] medycyna f.

medicine cabinet n apteczka f.

medieval ['medɪ'i:vl] adj średniowieczny.

mediocre ['mi:dɪ'əʊkəʳ] adj mierny.

Mediterranean ['medɪtə'reɪnjən] n : **the Mediterranean** [region] rejon m Morza Śródziemnego; **the Mediterranean (Sea)** Morze n Śródziemne.

medium ['mi:djəm] adj [middlesized] średni; [wine] półwytrawny.

medium-dry adj półwytrawny.

medium-sized adj średniej wielkości.

medley ['medlɪ] n CULIN rozmaitości fpl.

meet [mi:t] (pt & pp met) <> vt spotykać/spotkać; [get to know] poznawać/poznać; [go to collect] wychodzić/wyjść po; [need, requirement] spełniać/spełnić; [cost, expenses] pokrywać/pokryć. <> vi spotykać/spotkać się; [get to know each other] poznawać/poznać się; [intersect] stykać/zetknąć się. ➡ **meet up** <> vi spotykać/spotkać się. ➡ **meet with** <> vt insep

[problems, resistance] spotykać/spotkać się z; *US* [by arrangement] spotykać/spotkać się z.

meeting ['mi:tɪŋ] *n* [for business] spotkanie *n*.

meeting point *n* [at airport, station] miejsce *n* spotkań.

melody ['melədɪ] *n* melodia *f*.

melon ['melən] *n* melon *m*.

melt [melt] *vi* topnieć/stopnieć.

member ['membər] *n* członek *m*, członkini *f*.

Member of Congress *n* kongresman *m*, pani kongresman *f*.

Member of Parliament *n* poseł *m*, posłanka *f*.

membership ['membəʃɪp] *n* [state of being a member] członkostwo *n*; [members] członkowie *mpl*.

memorial [mɪ'mɔ:rɪəl] *n* [structure] pomnik *m*.

memorize ['meməraɪz] *vt* uczyć/nauczyć się na pamięć.

memory ['memərɪ] *n* pamięć *f*; [thing remembered] wspomnienie *n*.

men [men] *pl* ⊳ **man**.

menacing ['menəsɪŋ] *adj* groźny.

mend [mend] *vt* naprawiać/naprawić.

menopause ['menəpɔ:z] *n* menopauza *f*.

men's room *n US* toaleta *f* męska.

menstruate ['menstrʊeɪt] *vi* miesiączkować.

menswear ['menzweər] *n* odzież *f* męska.

mental ['mentl] *adj* [of the mind] umysłowy; MED psychiatryczny.

mental hospital *n* szpital *m* psychiatryczny.

mentally handicapped ⬦ *adj* upośledzony umysłowo. ⬦ *npl* : **the mentally handicapped** upośledzeni umysłowo *pl*.

mentally ill *adj* umysłowo chory.

mention ['menʃn] *vt* wspominać/wspomnieć • **don't mention it!** nie ma o czym mówić!

menu ['menju:] *n* [restaurant] karta *f* dań; COMPUT menu *n* • **children's menu** menu *n* dla dzieci.

merchandise ['mɜ:tʃəndaɪz] *n* towar *m*.

merchant marine *US* = **merchant navy**.

merchant navy *n UK* flota *f* handlowa.

mercury ['mɜ:kjʊrɪ] *n* rtęć *f*.

mercy ['mɜ:sɪ] *n* łaska *f*.

mere [mɪər] *adj* [emphasizing smallness] zaledwie; [emphasizing unimportance] zwykły.

merely ['mɪəlɪ] *adv* [emphasizing smallness] zaledwie; [emphasizing unimportance] tylko.

merge [mɜ:dʒ] *vi* [combine] łączyć/połączyć się • **'merge'** *US znak drogowy oznaczający, że pojazdy chcące wjechać na autostradę powinny kontynuować jazdę z normalną prędkością bez zatrzymywania.*

merger ['mɜ:dʒər] *n* fuzja *f*.

meringue [mə'ræŋ] *n* beza *f*.

merit ['merɪt] *n* [worthiness] wartość *f*; [good quality] zaleta *f*; [in exam] wyróżnienie *n*.

merry ['merɪ] *adj* [cheerful] wesoły; *inf* [tipsy] podchmielony • **Merry Christmas!** Wesołych Świąt!

merry-go-round *n* karuzela *f*.

mess [mes] *n* [untidiness] bałagan

m; [difficult situation] tarapaty *pl* • **in a mess** [untidy] w nieładzie.

➤ **mess about** *vi inf* [have fun] bawić się; [behave foolishly] wygłupiać/wygłupić się • **to mess with sthg** [interfere] grzebać przy czymś. ➤ **mess up** *vt sep inf* [ruin, spoil] spaprać.

message ['mesɪdʒ] *n* wiadomość *f*.

messenger ['mesɪndʒə'] *n* kurier *m*, -ka *f*.

messy ['mesɪ] *adj* [untidy] niechlujny.

met *pt & pp* ▷ **meet**.

metal ['metl] <> *adj* metalowy. <> *n* metal *m*.

metalwork ['metəlwɜ:k] *n* [craft] metaloplastyka *f*.

meter ['mi:tə'] *n* [device] licznik *m*; *US* = **metre**.

method ['meθəd] *n* metoda *f*.

methodical [mɪ'θɒdɪkl] *adj* metodyczny.

meticulous [mɪ'tɪkjʊləs] *adj* skrupulatny.

metre ['mi:tə'] *n UK* metr *m*.

metric ['metrɪk] *adj* metryczny.

mews [mju:z] (*pl* mews) *n UK* uliczka domów z komfortowymi mieszkaniami powstałymi po przebudowaniu stajni.

Mexican ['meksɪkn] <> *adj* meksykański. <> *n* Meksykanin *m*, Meksykanka *f*.

Mexico ['meksɪkəʊ] *n* Meksyk *m*.

mg (*abbr of* milligram) mg.

miaow [mi:'aʊ] *vi UK* miauczeć/zamiauczeć.

mice [maɪs] *pl* ▷ **mouse**.

microchip ['maɪkrəʊtʃɪp] *n* mikroukład *m*.

microphone ['maɪkrəfəʊn] *n* mikrofon *m*.

microscope ['maɪkrəskəʊp] *n* mikroskop *m*.

microwave (oven) *n* kuchenka *f* mikrofalowa.

midday ['mɪddeɪ] *n* południe *n*.

middle ['mɪdl] <> *n* [in space] środek *m*; [in time] połowa *f*. <> *adj* [central] środkowy • **in the middle of the road** na środku drogi; **in the middle of April** w połowie kwietnia; **to be in the middle of doing sthg** być w trakcie robienia czegoś.

middle-aged *adj* w średnim wieku.

middle-class *adj* klasy średniej.

Middle East *n* : **the Middle East** Bliski Wschód *m*.

middle name *n* drugie imię *n*.

middle school *n* [in UK] szkoła dla dzieci w wieku 9 i 13 lat w Anglii.

midge [mɪdʒ] *n* muszka *f*.

midget ['mɪdʒɪt] *n* karzeł *m*, karlica *f*.

Midlands ['mɪdləndz] *npl* : **the Midlands** Anglia *f* środkowa.

midnight ['mɪdnaɪt] *n* północ *f*.

midsummer ['mɪd'sʌmə'] *n* środek *m* lata.

midway *adv* ['mɪd'weɪ] [in space] w połowie drogi; [in time] w połowie.

midweek *adj* ['mɪd'wi:k] *adv* w środku tygodnia.

midwife ['mɪdwaɪf] (*pl* -wives [-waɪvz]) *n* położna *f*.

midwinter ['mɪd'wɪntə'] *n* środek *m* zimy.

might *aux vb* **-1.** [expressing possibility] móc ; **I suppose they might still come** przypuszczam, że mogą jeszcze przyjść; **they might have been killed** być

może zostali zabici. **-2.** *fml* [expressing permission] móc ; **might I have a few words?** czy mogę zamienić kilka słów? **-3.** [when conceding a point] : **it might be expensive, but it's good quality** może i jest drogi, ale to dobra jakość. **-4.** [would] : **I'd hoped you might come too** miałem nadzieję, że też przyjdziesz.

migraine ['mi:greɪn, 'maɪgreɪn] *n* migrena *f*.

mild [maɪld] <> *adj* łagodny; [interest, protest] umiarkowany; [surprise, discomfort, illness] lekki. <> *n UK* [beer] *ciemne lekkie piwo*.

mile [maɪl] *n* mila *f* • **it's miles away** to bardzo daleko.

mileage ['maɪlɪdʒ] *n* [distance] ≃ kilometraż *m*.

mileometer [maɪ'lɒmɪtə^r] *n* ≃ licznik *m* kilometrów.

military ['mɪlɪtrɪ] *adj* wojskowy.

milk [mɪlk] <> *n* mleko *n*. <> *vt* [cow] doić/wydoić.

milk chocolate *n* czekolada *f* mleczna.

milkman ['mɪlkmən] (*pl* -men [-mən]) *n* mleczarz *m*.

milk shake *n* koktajl *m* mleczny.

milky ['mɪlkɪ] *adj* [drink] mleczny.

mill [mɪl] *n* [flour-mill] młyn *m*; [for grinding] młynek *m*; [factory] zakład *m*.

milligram *n* miligram *m*.

millilitre ['mɪlɪ,li:tə^r] *n* mililitr *m*.

millimetre ['mɪlɪ,mi:tə^r] *n* milimetr *m*.

million ['mɪljən] *n* milion *m* • **millions of** *fig* miliony.

millionaire [,mɪljə'neə^r] *n* milioner *m*, -ka *f*.

mime [maɪm] *vi* grać/zagrać pantomimę.

min. (*abbr of* minute) min; (*abbr of* minimum) min.

mince [mɪns] *n UK* mięso *n* mielone.

mincemeat ['mɪnsmi:t] *n* [sweet filling] słodkie nadzienie z bakalii i przypraw korzennych; *US* [mince] mięso *n* mielone.

mince pie *n babeczka z kruchego ciasta z nadzieniem bakaliowym spożywana podczas świąt Bożego Narodzenia.*

mind [maɪnd] <> *n* [intellect] umysł *m*; [thoughts] głowa *f*; [memory] pamięć *f*. <> *vt* [be careful of] uważać na; [look after] pilnować/przypilnować. <> *vi* [be bothered] przejmować/przejąć się • **she minds/doesn't mind it** to jej przeszkadza/nie przeszkadza; **it slipped my mind** wyleciało mi to z głowy; **to my mind** moim zdaniem; **to bear sthg in mind** pamiętać o czymś; **to change one's mind** zmienić zdanie; **to have sthg in mind** myśleć o czymś; **to have sthg on one's mind** być czymś zaabsorbowanym; **to make one's mind up** zdecydować się; **do you mind if ...?** pozwolisz, że...?; **I don't mind** wszystko mi jedno; **I wouldn't mind a drink** chętnie bym się napił; **'mind the gap!'** [on underground] *ogłoszenie dla pasażerów nakazujące zwrócenie uwagi na odstęp między peronem a pociągiem* nigdy **never mind!** [don't worry] nie szkodzi!

mine[1] *pron* mój • **a friend of mine** mój kolega.

mine[2] *n* [for coal *etc*] kopalnia *f*; [bomb] mina *f*.

miner ['maɪnə^r] *n* górnik *m*.

mineral ['mɪnərəl] *n* minerał *m*.

mineral water *n* woda *f* mineralna.

minestrone *n* zupa *f* minestrone.

mingle ['mɪŋgl] *vi* [combine] mieszać/zmieszać się; [at social function] krążyć wśród gości.

miniature ['mɪnətʃə'] <> *adj* miniaturowy. <> *n* [bottle of alcohol] buteleczka *f*.

minibar *n* minibar *m*.

minibus ['mɪnɪbʌs] (*pl* -es) *n* mikrobus *m*.

minicab ['mɪnɪkæb] *n* UK taksówka *f* *(na telefon)*.

minimal ['mɪnɪml] *adj* minimalny.

minimum ['mɪnɪməm] <> *adj* minimalny. <> *n* minimum *n*.

miniskirt ['mɪnɪskɜːt] *n* mini *f*.

minister ['mɪnɪstə'] *n* [in government] minister *m*; [in church] pastor *m*.

ministry ['mɪnɪstrɪ] *n* [of government] ministerstwo *n*.

minor ['maɪnə'] <> *adj* [small, unimportant] drobny. <> *n* *fml* nieletni *m*, nieletnia *f*.

minority [maɪ'nɒrətɪ] *n* mniejszość *f*.

minor road *n* droga *f* boczna.

mint [mɪnt] *n* [sweet] miętówka *f*; [plant] mięta *f*.

minus ['maɪnəs] *prep* [in subtraction] minus *m* • it's minus 10°C jest minus 10°C.

minuscule ['mɪnəskjuːl] *adj* maleńki.

minute[1] *n* minuta *f* • any minute w każdej chwili; just a minute! chwileczkę!

minute[2] *adj* malutki.

minute steak ['mɪnɪt-] *n* stek do *szybkiego przygotowania*.

miracle ['mɪrəkl] *n* cud *m*.

miraculous [mɪ'rækjʊləs] *adj* cudowny.

mirror ['mɪrə'] *n* [on wall, handheld] lustro *n*; [on car] lusterko *n*.

misbehave ['mɪsbɪ'heɪv] *vi* źle się zachowywać/zachować.

miscarriage ['mɪs'kærɪdʒ] *n* poronienie *n*.

miscellaneous ['mɪsə'leɪnɪəs] *adj* różny.

mischievous ['mɪstʃɪvəs] *adj* psotny.

misconduct *n* ['mɪs'kɒndʌkt] złe prowadzenie się *n*.

miser ['maɪzə'] *n* sknera *m* LUB *f*.

miserable ['mɪzrəbl] *adj* [unhappy] nieszczęśliwy; [depressing] przygnębiający; [weather] ponury; [amount] marny.

misery ['mɪzərɪ] *n* [unhappiness] nieszczęście *n*; [poor conditions] nędza *f*.

misfire *vi* ['mɪs'faɪə'] [car] nie zapalać/zapalić się.

misfortune [mɪs'fɔːtʃuːn] *n* [bad luck] nieszczęście *n*.

mishap ['mɪshæp] *n* niefortunny wypadek *m*.

misjudge ['mɪs'dʒʌdʒ] *vt* źle oceniać/ocenić.

mislay ['mɪs'leɪ] (*pt & pp* mislaid [-'leɪd]) *vt* zapodziać.

mislead ['mɪs'liːd] (*pt & pp* misled [-'led]) *vt* wprowadzać/wprowadzić w błąd.

miss [mɪs] <> *vt* [not notice] nie zauważać/zauważyć; [fail to hit] nie trafiać/trafić; [regret absence of] tęsknić/zatęsknić za; [bus, plane, train] nie zdążać/zdążyć na; [appointment] opuszczać/opuścić; [chance, opportunity, programme] przegapiać/przegapić. <> *vi* [fail to hit] chybiać/chybić.

◆ **miss out** <> *vt sep* pomi-

jać/pominąć. <> *vi* być pokrzywdzonym.

Miss [mɪs] *n* [title] ≃ pani *f*.

missile [*UK* 'mɪsaɪl, *US* 'mɪsəl] *n* pocisk *m*.

missing ['mɪsɪŋ] *adj* [lost] zaginiony • **to be missing** [not there] brakować.

missing person *n* osoba *f* zaginiona.

mission ['mɪʃn] *n* [assignment] misja *f*.

missionary ['mɪʃənrɪ] *n* misjonarz *m*, misjonarka *f*.

mist [mɪst] *n* mgła *f*.

mistake [mɪ'steɪk] (*pt* **mistook**, *pp* **mistaken**) <> *n* błąd *m*. <> *vt* [misunderstand] opacznie rozumieć/zrozumieć • **by mistake** omyłkowo; **to make a mistake** popełnić błąd; **to mistake sb/sthg for** pomylić coś/kogoś z.

mistook [-'stʊk] *pt* ▷ **mistake**.

mistress ['mɪstrɪs] *n* [woman in authority, in control] pani *f*; [lover] kochanka *f*.

mistrust ['mɪs'trʌst] *vt* nie ufać.

misty ['mɪstɪ] *adj* mglisty.

misunderstanding ['mɪsʌndə'stændɪŋ] *n* nieporozumienie *n*.

misuse *n* ['mɪs'juːs] nadużycie *n*.

mitten ['mɪtn] *n* rękawiczka *f* z jednym palcem.

mix [mɪks] <> *vt* [ingredients, colours, paint] mieszać/zmieszać; [drink] przyrządzać/przyrządzić. <> *vi* [socially] utrzymywać kontakty towarzyskie. <> *n* [for cake, sauce] proszek *m* • **to mix sthg with sthg** mieszać coś z czymś. ◆ **mix up** <> *vt sep* [confuse] pomylić; [put into disorder] pomieszać.

mixed [mɪkst] *adj* [school] koedukacyjny.

mixed grill *n* potrawa z różnych gatunków mięs lub kiełbas i warzyw pieczonych na ruszcie.

mixed salad *n* sałatka *f* mieszana.

mixed vegetables *npl* bukiet *m* z jarzyn.

mixer ['mɪksə'] *n* [for food] robot *m* kuchenny; [drink] bezalkoholowy dodatek *m* do napojów alkoholowych.

mixture ['mɪkstʃə'] *n* mieszanka *f*.

mix-up *n inf* zamieszanie *n*.

ml (*abbr of* millilitre) ml.

mm (*abbr of* millimetre) mm.

moan [məʊn] *vi* [in pain, grief] jęczeć/jęknąć; *inf* [complain] narzekać.

moat [məʊt] *n* fosa *f*.

mobile ['məʊbaɪl] *adj* [able to move, travel] : **she's much more mobile now she has a car** odkąd ma samochód, o wiele więcej podróżuje; [workforce] mobilny.

mobile phone *n* telefon *m* komórkowy.

mock [mɒk] <> *adj* udawany. <> *vt* przedrzeźniać. <> *n UK* [exam] egzamin *m* próbny.

mode [məʊd] *n* sposób *m*.

model ['mɒdl] *n* [small copy] makieta *f*; [thing copied] wzór *m*; [of car, weapon, machine] model *m*; [fashion model] model *m*, -ka *f*.

moderate *adj* ['mɒdərət] umiarkowany; [size] średni.

modern ['mɒdən] *adj* [recently developed] nowoczesny; [present-day] współczesny.

modernized *adj* zmodernizowany.

modern languages *npl* języki *mpl* nowożytne.

modest ['mɒdɪst] *adj* skromny.

modify ['mɒdɪfaɪ] *vt* modyfikować/zmodyfikować.

mohair ['məʊheəʳ] *n* moher *m*.

moist [mɔɪst] *adj* wilgotny.

moisture ['mɔɪstʃəʳ] *n* wilgoć *f*.

moisturizer ['mɔɪstʃəraɪzəʳ] *n* krem *m* nawilżający.

molar ['məʊləʳ] *n* ząb *m* trzonowy.

mold *US* = mould.

mole [məʊl] *n* [animal] kret *m*; [spot] pieprzyk *m*.

molest [mə'lest] *vt* [child, woman] molestować seksualnie.

mom [mɑːm] *n US inf* mama *f*.

moment ['məʊmənt] *n* [short time] chwila *f*; [point in time] moment *m* • **at the moment** w tej chwili; **for the moment** na razie.

Mon. (*abbr of* Monday) pon.

monarchy ['mɒnəkɪ] *n* : **the monarchy** [royal family] rodzina *f* królewska.

monastery ['mɒnəstrɪ] *n* klasztor *m (męski)*.

Monday ['mʌndeɪ] *n* poniedziałek *m see also* Saturday.

money ['mʌnɪ] *n* pieniądze *mpl*.

money belt *n* pas *m* na pieniądze.

money order *n* przekaz *m* pieniężny.

mongrel ['mʌŋgrəl] *n* kundel *m*.

monitor ['mɒnɪtəʳ] <> *n* [computer screen] monitor *m*. <> *vt* [check, observe] kontrolować/skontrolować.

monk [mʌŋk] *n* mnich *m*.

monkey ['mʌŋkɪ] (*pl* **monkeys**) *n* małpa *f*.

monopoly [mə'nɒpəlɪ] *n* COMM monopol *m*.

monorail ['mɒnəreɪl] *n* kolej *f* jednoszynowa.

monotonous [mə'nɒtənəs] *adj* monotonny.

monsoon [mɒn'suːn] *n* monsun *m*.

monster ['mɒnstəʳ] *n* potwór *m*.

month [mʌnθ] *n* miesiąc *m* • **every month** co miesiąc; **in a month's time** za miesiąc.

monthly ['mʌnθlɪ] <> *adj* miesięczny. <> *adv* co miesiąc.

monument ['mɒnjʊmənt] *n* pomnik *m*.

mood [muːd] *n* nastrój *m* • **to be in a (bad) mood** być w złym humorze; **to be in a good mood** być w dobrym humorze.

moody ['muːdɪ] *adj* [bad-tempered] posępny; [changeable] kapryśny.

moon [muːn] *n* księżyc *m*.

moonlight ['muːnlaɪt] *n* światło *n* księżyca.

moor <> *n* wrzosowisko *n*. <> *vt* cumować/zacumować.

moose [muːs] (*pl* **moose**) *n* łoś *m*, łosza *f*.

mop [mɒp] <> *n* [for floor] mop *m*. <> *vt* [floor] myć/umyć. ➤ **mop up** <> *vt sep* [clean up] ścierać/zetrzeć.

moped ['məʊped] *n* motorynka *f*.

moral ['mɒrəl] <> *adj* [of morality] moralny. <> *n* [lesson] morał *m*.

morality [mə'rælətɪ] *n* moralność *f*.

more [mɔːʳ] <> *adj* -1. [a larger amount of] więcej ; **there are**

more tourists than usual jest więcej turystów niż zwykle. **-2.** [additional] jeszcze ; **are there any more cakes?** czy jest jeszcze trochę ciastek?; **I'd like two more bottles** chciałbym jeszcze dwie butelki; **there's no more wine** nie ma już wina. **-3.** [in phrases] : **more and more** coraz więcej. <> *adv* **-1.** [in comparatives] bardziej ; **it's more difficult than before** jest to trudniejsze niż przedtem; **speak more clearly** mów wyraźniej; **we go there more often now** chodzimy tam teraz częściej. **-2.** [to a greater degree] więcej ; **we ought to go to the cinema more** powinniśmy częściej chodzić do kina. **-3.** [in phrases] : **not ... any more** już nie; **I don't go there any more** już tam nie chodzę; **once more** jeszcze raz; **more or less** mniej więcej; **we'd be more than happy to help** z chęcią pomożemy. <> *pron* **-1.** [a larger amount] więcej ; **I've got more than you** mam więcej od ciebie; **more than 20 types of pizza** ponad 20 rodzajów pizzy. **-2.** [an additional amount] więcej ; **is there any more?** czy zostało coś jeszcze?; **there's no more** więcej nie ma.

moreover [mɔːˈrəʊvəʳ] *adv fml* ponadto.

morning [ˈmɔːnɪŋ] *n* [first part of day] poranek *m*; [between midnight and noon] rano *n* • **two o'clock in the morning** druga rano; **good morning!** dzień dobry!; **in the morning** rano; **tomorrowmorning** jutro rano.

morning-after pill *n* pigułka *f* wczesnoporonna.

morning sickness *n* poranne nudności *pl*.

Morocco [məˈrɒkəʊ] *n* Maroko *n*.

moron [ˈmɔːrɒn] *n inf* [idiot] kretyn *m*, -ka *f*.

Morse (code) *n* alfabet *m* Morse'a.

mortgage [ˈmɔːgɪdʒ] *n* hipoteka *f*.

mosaic *n* mozaika *f*.

Moslem [ˈmɒzləm] = **Muslim**.

mosque [mɒsk] *n* meczet *m*.

mosquito [məˈskiːtəʊ] (*pl* -es) *n* komar *m*.

mosquito net *n* moskitiera *f*.

moss [mɒs] *n* mech *m*.

most [məʊst] <> *adj* **-1.** [the majority of] : **most people agree** większość osób się zgadza. **-2.** [the largest amount of] najwięcej ; **I drank (the) most beer** wypiłem najwięcej piwa. <> *adv* **-1.** [in superlatives] najbardziej ; **the most expensive hotel in town** najdroższy hotel w mieście. **-2.** [to the greatest degree] najbardziej ; **I like this one most** ten mi się najbardziej podoba. **-3.** *fml* [very] wielce ; **we would be most grateful if you would refrain from smoking** bylibyśmy bardzo wdzięczni, gdyby mogli państwo powstrzymać się od palenia. <> *pron* **-1.** [the majority] większość ; **most of the villages** większość wiosek; **most of the time** większość czasu. **-2.** [the largest amount] najwięcej ; **she earns (the) most** zarabia najwięcej. **-3.** [in phrases] : **at most** co najwyżej; **to make the most of sthg** wykorzystać coś w pełni.

mostly [ˈməʊstlɪ] *adv* przeważnie.

MOT *n UK* [test] ≃ obowiązkowy przegląd *m* techniczny.

motel [məʊˈtel] *n* motel *m*.

moth [mɒθ] *n* ćma *f*.

mother ['mʌðəʳ] *n* matka *f*.

mother-in-law *n* teściowa *f*.

mother-of-pearl *n* macica *f* perłowa.

motif [məʊ'tiːf] *n* [pattern] motyw *m*.

motion ['məʊʃn] <> *n* ruch *m*. <> *vi* : **to motion to sb** skinąć na kogoś.

motionless ['məʊʃənlɪs] *adj* nieruchomy.

motivate ['məʊtɪveɪt] *vt* motywować.

motive ['məʊtɪv] *n* motyw *m*.

motor ['məʊtəʳ] *n* silnik *m*.

Motorail® ['məʊtəreɪl] *n* ≃ autokuszetki *fpl*.

motorbike ['məʊtəbaɪk] *n* motor *m*.

motorboat ['məʊtəbəʊt] *n* motorówka *f*.

motorcar *n* samochód *m*.

motorcycle ['məʊtə'saɪkl] *n* motocykl *m*.

motorcyclist ['məʊtə'saɪklɪst] *n* motocyklista *m*, motocyklistka *f*.

motorist ['məʊtərɪst] *n* kierowca *m*.

motor racing *n* wyścigi *mpl* samochodowe.

motorway ['məʊtəweɪ] *n UK* autostrada *f*.

motto ['mɒtəʊ] *(pl* -s) *n* motto *n*.

mould [məʊld] <> *n UK* [shape] forma *f*; [substance] pleśń *f*. <> *vt UK* [shape] formować/uformować.

mouldy ['məʊldɪ] *adj UK* spleśniały.

mound [maʊnd] *n* [hill] kopiec *m*; [pile] stos *m*.

mount [maʊnt] <> *n* [for photo] passe-partout *n*; [mountain] góra

f. <> *vt* [horse] wsiadać/wsiąść na; [photo] oprawiać/oprawić *(w passe-partout)*. <> *vi* [increase] wzrastać/wzrosnąć.

mountain ['maʊntɪn] *n* góra *f*.

mountain bike *n* rower *m* górski.

mountaineer ['maʊntɪ'nɪəʳ] *n* alpinista *m*, alpinistka *f*.

mountaineering ['maʊntɪ'nɪəd rɪŋ] *n* : **to go mountaineering** wybrać się na wspinaczkę.

mountainous ['maʊntɪnəs] *adj* górzysty.

Mount Rushmore *n* góra *f* Rushmore.

mourning ['mɔːnɪŋ] *n* : **to be in mourning** być w żałobie.

mouse [maʊs] *(pl* mice [maɪs]) *n* [animal, computing] mysz *f*.

moussaka [muːˈsɑːkə] *n* musaka *f*.

mousse [muːs] *n* mus *m*.

moustache [məˈstɑːʃ] *n UK* wąsy *mpl*.

mouth *n* [maʊθ] [of person] usta *pl*; [of animal] pysk *m*; [of cave, tunnel] wylot *m*; [of river] ujście *n*.

mouthful ['maʊθfʊl] *n* [of food] kęs *m*; [of drink] łyk *m*.

mouth organ *n* harmonijka *f* ustna.

mouthpiece ['maʊθpiːs] *n* [of telephone] mikrofon *m*; [of musical instrument] ustnik *m*.

mouthwash ['maʊθwɒʃ] *n* płyn *m* do płukania ust.

move [muːv] <> *n* [change of house] przeprowadzka *f*; [movement, turn to play] ruch *m*; [course of action, in games] posunięcie *n*. <> *vt* [parts of body] ruszać/poruszyć; [shift] przesuwać/przesunąć; [emotionally] poruszać/poruszyć. <> *vi* [shift] ruszać/ru-

szyć się • **to move (house)**
przeprowadzić się; **to make a
move** [leave] zbierać się.
➤ **move along** ⟨⟩ *vi* odsu-
wać/odsunąć się. ➤ **move in**
⟨⟩ *vi* [to house] wprowadzać/
wprowadzić się. ➤ **move off**
⟨⟩ *vi* [train, car] odjeżdżać/odje-
chać. ➤ **move on** ⟨⟩ *vi* [after
stopping] ruszać/ruszyć dalej.
➤ **move out** ⟨⟩ *vi* [from
house] wyprowadzać/wyprowa-
dzić się. ➤ **move over** ⟨⟩ *vi*
posuwać/posunąć się. ➤ **move
up** ⟨⟩ *vi* przesuwać/przesunąć
się.

movement ['mu:vmənt] *n* ruch
m.

movie ['mu:vɪ] *n* film *m.*

movie theater *n* US kino *n.*

moving ['mu:vɪŋ] *adj* [emotionally]
poruszający.

mow [məʊ] *vt* : **to mow the lawn**
kosić trawnik.

mozzarella *n* mozzarella *f.*

MP *n* (*abbr of* Member of Parliament) poseł *m,* posłanka *f.*

mph (*abbr of* miles per hour) mile
f na godzinę.

Mr ['mɪstə'] *n* pan *m.*

Mrs ['mɪsɪz] *n* pani *f* (*mężatka*).

Ms [mɪz] *n* pani *f* (*bez względu na
stan cywilny kobiety*).

MSc *n* (*abbr of* Master of Science)
magister *m* nauk ścisłych.

much [mʌtʃ] (*compar* more,
superl most) ⟨⟩ *adj* : **I haven't
got much money** nie mam dużo
pieniędzy; **as much food as you
can eat** tyle jedzenia, ile zdołasz
zjeść; **how much time is left?** ile
czasu jeszcze zostało?; **they
have so much money** mają tyle
pieniędzy; **we have too much
food** mamy za dużo jedzenia.
⟨⟩ *adv* **-1.** [to a great extent]

znacznie ; **it's much better** jest
znacznie lepsze; **he's much too
good** on jest zdecydowanie za
dobry; **I like it very much** bardzo
to lubię; **it's not much good** *inf*
jest takie sobie; **thank you very
much** dziękuję bardzo. **-2.** [often]
często ; **we don't go there
much** nie jeździmy tam często.
⟨⟩ *pron* dużo • **I haven't got
much** nie mam zbyt wiele; **as
much as you like** ile tylko
chcesz; **how much is it?** ile to
kosztuje?; **you've got so much**
masz tak dużo; **you've got too
much** masz za dużo.

muck [mʌk] *n* [dirt] brud *m.*
➤ **muck about** *vi* UK *inf*
wygłupiać się. ➤ **muck up** *vt
sep* UK *inf* spaprać.

mud [mʌd] *n* błoto *n.*

muddle ['mʌdl] *n* : **to be in a
muddle** [confused] mieć mętlik w
głowie; [in a mess] mieć straszny
bałagan.

muddy ['mʌdɪ] *adj* [shoes] zabłocony; [road, field] błotnisty.

mudguard ['mʌdgɑ:d] *n* błotnik *m.*

muesli ['mju:zlɪ] *n* muesli *n.*

muffin ['mʌfɪn] *n* [roll] *okrągła
bułeczka drożdżowa jedzona na
gorąco;* [cake] *rodzaj babeczki.*

muffler ['mʌflə'] *n* US [silencer]
tłumik *m.*

mug [mʌg] ⟨⟩ *n* [cup] kubek *m.*
⟨⟩ *vt* [attack] napadać/napaść
na (*w celach rabunkowych*).

mugging ['mʌgɪŋ] *n* napaść *f*
rabunkowa.

muggy ['mʌgɪ] *adj* parny.

mule [mju:l] *n* muł *m,* mulica *f.*

multicoloured ['mʌltɪ'kʌləd] *adj*
wielobarwny.

multiple [ˈmʌltɪpl] *adj* wielokrotny.

multiplex cinema *n* multiplex *m*.

multiplication [ˈmʌltɪplɪˈkeɪʃn] *n* [in maths] mnożenie *n*.

multiply [ˈmʌltɪplaɪ] ⋄ *vt* [in maths] mnożyć/pomnożyć. ⋄ *vi* [increase] mnożyć/pomnożyć się.

multistorey (car park) *n* parking *m* wielopoziomowy.

multivitamin [*UK* ˈmʌltɪvɪtəmɪn] [*US* ˈmʌltɪvaɪtəmɪn] *n* multiwitamina *f*.

mum [mʌm] *n UK inf* mama *f*.

mummy [ˈmʌmɪ] *n UK inf* [mother] mamusia *f*.

mumps [mʌmps] *n* świnka *f*.

munch [mʌntʃ] *vt* przeżuwać/przeżuć.

municipal [mjuːˈnɪsɪpl] *adj* miejski.

mural [ˈmjuːərəl] *n* malowidło *n* ścienne.

murder [ˈmɜːdəʳ] ⋄ *n* morderstwo *n*. ⋄ *vt* mordować/zamordować.

murderer [ˈmɜːdərəʳ] *n* morderca *m*, morderczyni *f*.

muscle [ˈmʌsl] *n* mięsień *m*.

museum [mjuːˈziːəm] *n* muzeum *n*.

mushroom [ˈmʌʃrʊm] *n* [cultivated] pieczarka *f*; [wild] grzyb *m*.

music [ˈmjuːzɪk] *n* muzyka *f*.

musical [ˈmjuːzɪkl] ⋄ *adj* [connected with music] muzyczny; [person] muzykalny. ⋄ *n* musical *m*.

musical instrument *n* instrument *m* muzyczny.

musician [mjuːˈzɪʃn] *n* muzyk *m*.

Muslim [ˈmʊzlɪm] ⋄ *adj* muzułmański. ⋄ *n* muzułmanin *m*, muzułmanka *f*.

mussels *npl* małże *mpl*.

must ⋄ *aux vb* musieć. ⋄ *n inf* : **it's a must!** to konieczność! • **I must go** muszę iść; **the room must be vacated by ten** doba hotelowa kończy się o godzinie 10; **you must have seen it** musiałeś to widzieć; **you must see that film** musisz zobaczyć ten film; **you must be joking!** chyba żartujesz!

mustache *US* = **moustache**.

mustard [ˈmʌstəd] *n* musztarda *f*.

mustn't [ˈmʌsnt] = **must not**.

mutter [ˈmʌtəʳ] *vt* mamrotać/wymamrotać.

mutton [ˈmʌtn] *n* baranina *f*.

mutual [ˈmjuːtʃʊəl] *adj* [feeling] odwzajemniony; [friend, interest] wspólny.

muzzle [ˈmʌzl] *n* [for dog] kaganiec *m*.

MW (*abbr of* medium wave) fale *fpl* średnie.

my [maɪ] *adj* mój.

myself [maɪˈself] *pron* [reflexive] się; [after prep] siebie • **I did it myself** sam to zrobiłem.

mysterious [mɪˈstɪərɪəs] *adj* [strange] tajemniczy.

mystery [ˈmɪstərɪ] *n* [unexplained event] tajemnica *f*.

myth [mɪθ] *n* mit *m*.

N

N [en] (*abbr of* **north**) północ.

nag [næg] *vt* nękać.

nail [neɪl] <> *n* [of finger, toe] paznokieć *m*; [metal] gwóźdź *m*. <> *vt* [fasten] przybijać/przybić.

nailbrush ['neɪlbrʌʃ] *n* szczoteczka *f* do paznokci.

nail file *n* pilniczek *m* do paznokci.

nail scissors *npl* nożyczki *pl* do paznokci.

nail varnish *n* lakier *m* do paznokci.

nail varnish remover *n* zmywacz *m* do paznokci.

naive *adj* naiwny.

naked ['neɪkɪd] *adj* [person] nagi.

name [neɪm] <> *n* [of person, animal] imię *n*; [of place] nazwa *f*; [reputation] reputacja *f*. <> *vt* [person, place, animal] nazywać/nazwać; [date, price] wyznaczać/wyznaczyć • **first name** imię *n*; **last name** nazwisko *n*; **what's your name?** jak się nazywasz?; **my name is ...** nazywam się...; **to have a name for sthg** być znanym z.

namely ['neɪmlɪ] *adv* mianowicie.

nan bread [nɑ:n-] *n podawany na ciepło indyjski chleb w kształcie łezki tradycyjnie wypiekany w glinianym piecu.*

nanny ['nænɪ] *n* [childminder] niania *f*; *inf* [grandmother] babcia *f*.

nap [næp] *n* : **to have a nap** zdrzemnąć się.

napkin ['næpkɪn] *n* [at table] serwetka *f*.

nappy ['næpɪ] *n* pielucha *f*.

nappy liner *n* wkładka *f* do pieluchy.

narcotic [nɑ:'kɒtɪk] *n* narkotyk *m*.

narrow ['nærəʊ] <> *adj* [road, gap] wąski. <> *vi* [road, gap] zwężać/zwęzić się.

narrow-minded *adj* ograniczony.

nasty ['nɑ:stɪ] *adj* [spiteful] złośliwy; [accident, fall] groźny; [unpleasant] nieprzyjemny.

nation ['neɪʃn] *n* [state] państwo *n*; [people] naród *m*.

national ['næʃənl] <> *adj* [news] krajowy; [newspaper] ogólnokrajowy; [characteristics] narodowy. <> *n* [person] obywatel *m*, -ka *f*.

national anthem *n* hymn *m* narodowy.

National Health Service *n* państwowa służba *f* zdrowia.

National Insurance *n UK* [contributions] ≃ Zakład *m* Ubezpieczeń Społecznych.

National Lottery *n UK* : **the National Lottery** ≃ Totalizator *m* Sportowy.

nationality ['næʃə'nælətɪ] *n* narodowość *f*.

national park *n* park *m* narodowy.

nationwide ['neɪʃənwaɪd] *adj* ogólnokrajowy.

native ['neɪtɪv] <> *adj* [country] ojczysty; [customs, population] miejscowy. <> *n* mieszkaniec *m*, mieszkanka *f* • **she's a native speaker of English** angielski jest jej językiem ojczystym.

NATO ['neɪtəʊ] *n* NATO *n*.

natural ['nætʃrəl] *adj* naturalny; [ability, charm] wrodzony; [swimmer, actor] urodzony.

natural gas *n* gaz *m* ziemny.

naturally ['nætʃrəlɪ] *adv* [of course] oczywiście.

natural yoghurt *n* jogurt *m* naturalny.

nature ['neɪtʃə'] *n* [plants, animals *etc*] przyroda *f*; [quality, character] natura *f*.

nature reserve *n* rezerwat *m* przyrody.

naughty ['nɔːtɪ] *adj* [child] niegrzeczny.

nausea ['nɔːsjə] *n* mdłości *pl*.

navigate ['nævɪgeɪt] *vi* [in boat, plane] nawigować; [in car] wskazywać/wskazać drogę.

navy ['neɪvɪ] <> *n* [ships] flota *f*. <> *adj* : **navy (blue)** granatowy.

NB (*abbr of* **nota bene**) nb.

near [nɪə'] <> *adv* blisko. <> *adj* bliski. <> *prep* : **near (to)** [edge, object, place] blisko • **in the near future** w najbliższej przyszłości.

nearby <> *adv* ['nɪə'baɪ] w pobliżu. <> *adj* ['nɪəbaɪ] pobliski.

nearly ['nɪəlɪ] *adv* prawie.

near side *n* [for right-hand drive] prawa strona *f*; [for left-hand drive] lewa strona *f*.

neat [niːt] *adj* [room] schludny; [writing, work] staranny; [whisky, vodka *etc*] nierozcieńczony.

neatly ['niːtlɪ] *adv* starannie.

necessarily ['nesə'serɪlɪ] *adv* : **not necessarily** niekoniecznie!

necessary ['nesəsrɪ] *adj* [arrangements, information] konieczny • **it is necessary to do it** koniecznie trzeba to zrobić.

necessity [nɪ'sesətɪ] *n* konieczność *f*. ➡ **necessities** *npl*

artykuły *mpl* pierwszej potrzeby.

neck [nek] *n* [of person, animal] szyja *f*; [of jumper, dress, shirt] wycięcie *n*.

necklace ['neklɪs] *n* naszyjnik *m*.

nectarine ['nektərɪn] *n* nektarynka *f*.

need [niːd] <> *n* potrzeba *f*. <> *vt* potrzebować • **to need to do sthg** musieć zrobić coś.

needle ['niːdl] *n* igła *f*.

needlework ['niːdlwɜːk] *n* SCH robótki *fpl* ręczne.

needn't [niːdnt] = **need not**.

needy ['niːdɪ] *adj* potrzebujący.

negative ['negətɪv] <> *adj* [person] negatywnie nastawiony; [attitude, result] negatywny. <> *n* [in photography] negatyw *m*; GRAMM przeczenie *n*.

neglect [nɪ'glekt] *vt* zaniedbywać/zaniedbać.

negligence ['neglɪdʒəns] *n* zaniedbanie *n*.

negotiations *npl* negocjacje *pl*.

neighbour ['neɪbə'] *n* sąsiad *m*, -ka *f*.

neighbourhood ['neɪbəhʊd] *n* sąsiedztwo *n*.

neighbouring ['neɪbərɪŋ] *adj* sąsiadujący.

neither ['naɪðə' *UK*; *esp US* 'niːðə'] <> *adj* żaden (*z dwóch*). <> *pron* : **neither of us** żaden z nas (*dwóch*). <> *conj* : **neither do I** ja też nie; **neither ... nor ...** ani... ani...

neon light *n* neon *m*.

nephew ['nefjuː] *n* [brother's son] bratanek *m*; [sister's son] siostrzeniec *m*.

nerve [nɜːv] *n* [in body] nerw *m*;

[courage] odwaga f • **what a nerve!** co za tupet!

nervous ['nɜːvəs] adj [apprehensive] zdenerwowany; [tense by nature] nerwowy • **to be nervous before sthg** denerwować się przed czymś.

nervous breakdown n załamanie n nerwowe.

nest [nest] n gniazdo n.

net [net] <> n [for fishing] sieć f; [for tennis, badminton] siatka f. <> adj [profit, result] na czysto; [weight] netto.

netball ['netbɔːl] n rodzaj koszykówki.

Netherlands ['neðələndz] npl : **the Netherlands** Holandia f.

netiquette ['netiket] n COMPUT etykieta f sieciowa.

nettle ['netl] n pokrzywa f.

network ['netwɜːk] n sieć f.

neurotic ['njʊə'rɒtɪk] adj neurotyczny.

neutral ['njuːtrəl] <> adj neutralny; [in argument] bezstronny. <> n AUT : **in neutral** na luzie.

never ['nevə'] adv [not ever] nigdy; [as simple negative] w ogóle • **she's never late** ona nigdy się nie spóźnia; **never mind!** nieważne!

nevertheless ['nevəðə'les] adv tym niemniej.

new [njuː] adj nowy.

newly ['njuːlɪ] adv nowo.

new potatoes npl młode ziemniaki mpl.

news [njuːz] n [information] wiadomość f; [on TV, radio] wiadomości fpl • **a piece of news** wiadomość f.

newsagent ['njuːzeɪdʒənt] n [shop] kiosk m z gazetami.

newspaper ['njuːz'peɪpə'] n gazeta f.

New Year n Nowy Rok m.

New Year's Day n Nowy Rok m.

New Year's Eve n Sylwester m.

New Zealand [-'ziːlənd] n Nowa Zelandia f.

next [nekst] <> adj [in the future] przyszły; [following] następny; [room, house] sąsiedni. <> adv [afterwards] potem; [on next occasion] następnym razem • **when does the next bus leave?** kiedy odjeżdża następny autobus?; **next to** [by the side of] obok; **the week after next** za dwa tygodnie.

next door adv po sąsiedzku.

next of kin n najbliższy krewny m, najbliższa krewna f.

NHS = National Health Service.

nib [nɪb] n stalówka f.

nibble ['nɪbl] vt [eat] podjadać/podjeść; [bite] podgryzać/podgryźć.

nice [naɪs] adj [pleasant] przyjemny; [pretty] ładny; [kind] miły • **to have a nice time** miło spędzić czas; **nice to see you!** miło cię widzieć.

nickel ['nɪkl] n [metal] nikiel m; US [coin] pięciocentówka f.

nickname ['nɪkneɪm] n przezwisko n.

niece [niːs] n [brother's daughter] bratanica f; [sister's daughter] siostrzenica f.

night [naɪt] n [time when asleep] noc f; [evening] wieczór m • **at night** [not in daytime] w nocy; [in evening] wieczorem; **by night** [hunt, work, sleep] nocą; **last night** zeszłej nocy.

nightclub ['naɪtklʌb] n nocny lokal m.

nightdress ['naɪtdres] *n* koszula *f* nocna.

nightie ['naɪtɪ] *n inf* koszula *f* nocna.

nightlife ['naɪtlaɪf] *n* nocne życie *n*.

nightly ['naɪtlɪ] *adv* co wieczór.

nightmare ['naɪtmeə'] *n* koszmar *m*.

night safe *n* skarbiec *m* nocny.

night school *n* szkoła *f* wieczorowa.

night shift *n* nocna zmiana *f*.

nil [nɪl] *n* SPORT zero *n*.

Nile [naɪl] *n* : **the Nile** Nil *m*.

nine [naɪn] *num* dziewięć ⊳ **six**.

nineteen ['naɪn'tiːn] *num* dziewiętnaście ⊳ **six** • **nineteen ninety-five** tysiąc dziewięćset dziewięćdziesiąt pięć.

nineteenth ['naɪn'tiːnθ] *num* dziewiętnasty ⊳ **sixth**.

ninetieth ['naɪntɪəθ] *num* dziewięćdziesiąty ⊳ **sixth**.

ninety ['naɪntɪ] *num* dziewięćdziesiąt ⊳ **six**.

ninth [naɪnθ] *num* dziewiąty ⊳ **sixth**.

nip *vt* [pinch] szczypać/uszczypnąć.

nipple ['nɪpl] *n* [of breast] sutek *m*; *US* [of bottle] smoczek *m*.

nitrogen ['naɪtrədʒən] *n* azot *m*.

no [nəʊ] ⇔ *adv* nie. ⇔ *adj* [not any] żaden. ⇔ *n* odmowa *f* • **no parking** zakaz parkowania; **I've got no money left** skończyły mi się pieniądze; **I've got no time** nie mam czasu.

noble ['nəʊbl] *adj* szlachetny.

nobody ['nəʊbədɪ] *pron* nikt • **there's nobody in** nie ma nikogo w domu.

nod [nɒd] *vi* [in agreement] przytakiwać/przytaknąć.

noise [nɔɪz] *n* [individual sound] dźwięk *m*; [loud sounds] hałas *m*.

noisy ['nɔɪzɪ] *adj* hałaśliwy; [car] głośny.

nominate ['nɒmɪneɪt] *vt* mianować.

nonalcoholic ['nɒnælkə'hɒlɪk] *adj* bezalkoholowy.

none [nʌn] *pron* żaden.

nonetheless ['nʌnðə'les] *adv* niemniej jednak.

nonfiction ['nɒn'fɪkʃn] *n* literatura *f* faktu.

non-iron *adj* niewymagający prasowania.

nonsense ['nɒnsəns] *n* [stupid words] nonsens *m*; [foolish behaviour] wygłupy *mpl*.

nonsmoker ['nɒn'sməʊkə'] *n* niepalący *m*, niepaląca *f*.

nonstick ['nɒn'stɪk] *adj* [saucepan] teflonowy.

nonstop ['nɒn'stɒp] ⇔ *adj* [flight] bezpośredni; [talking, arguing] nieustający. ⇔ *adv* [fly] bez międzylądowania; [travel, run, rain] bez przerwy.

noodles *npl* kluski *fpl*.

noon [nuːn] *n* południe *n*.

no one = nobody.

nor [nɔː'] *conj* też nie • **nor do I** ja też nie.

normal ['nɔːml] *adj* normalny.

normally ['nɔːməlɪ] *adv* [usually] zazwyczaj; [properly] normalnie.

north [nɔːθ] ⇔ *n* północ *f*. ⇔ *adj* północny. ⇔ *adv* [fly, walk] na północ; [be situated] na północy • **in the north of England** w północnej części Anglii.

North America *n* Ameryka *f* Północna.

northbound ['nɔːθbaʊnd] *adj* w kierunku północnym.

northeast ['nɔːθ'iːst] *n* północny wschód *m*.

northern ['nɔːðən] *adj* północny.

Northern Ireland *n* Irlandia *f* Północna.

North Pole *n* biegun *m* północny.

North Sea *n* Morze *n* Północne.

northwards ['nɔːθwədz] *adv* na północ.

northwest ['nɔːθ'west] *n* północny zachód *m*.

Norway ['nɔːweɪ] *n* Norwegia *f*.

Norwegian [nɔː'wiːdʒən] <> *adj* norweski. <> *n* [person] Norweg *m*, Norweżka *f*; [language] norweski.

nose [nəʊz] *n* [of person, animal] nos *m*; [of plane, rocket] dziób *m*.

nosebleed ['nəʊzbliːd] *n* krwawienie *n* z nosa.

no smoking area *n* miejsce *m* dla niepalących.

nostril ['nɒstrɪl] *n* nozdrze *n*.

nosy ['nəʊzɪ] *adj* wścibski.

not [nɒt] *adv* nie • **she's not there** nie ma jej tam; **not yet** jeszcze nie; **not at all** [pleased, interested] wcale nie; [in reply to thanks] nie ma za co.

notably ['nəʊtəblɪ] *adv* [in particular] zwłaszcza.

note [nəʊt] <> *n* [message] notatka *f*; MUS nuta *f*; [comment] uwaga *f*; [bank note] banknot *m*. <> *vt* [notice] zauważać/zauważyć; [write down] zapisywać/zapisać • **to take notes** robić notatki.

notebook ['nəʊtbʊk] *n* notatnik *m*.

noted ['nəʊtɪd] *adj* słynny.

notepaper ['nəʊtpeɪpə'] *n* papier *m* listowy.

nothing ['nʌθɪŋ] *pron* nic • **he did nothing all day** nic nie robił cały dzień; **nothing new/interesting** nic nowego/interesującego; **for nothing** [for free] za darmo; [in vain] na nic.

notice ['nəʊtɪs] <> *vt* zauważać/zauważyć. <> *n* [written announcement] ogłoszenie *n*; [warning] powiadomienie *n* • **to take notice of** zwrócić uwagę na; **to hand in one's notice** złożyć wymówienie.

noticeable ['nəʊtɪsəbl] *adj* zauważalny.

notice board *n* tablica *f* ogłoszeń.

notion ['nəʊʃn] *n* pojęcie *n*.

notorious [nəʊ'tɔːrɪəs] *adj* notoryczny.

nougat ['nuːgɑː] *n* nugat *m*.

nought [nɔːt] *n* zero *n* • **noughts and crosses** *UK* gra *f* w kółko i krzyżyk.

noun [naʊn] *n* rzeczownik *m*.

nourishment ['nʌrɪʃmənt] *n* pożywienie *n*.

Nov. (*abbr of* **November**) *listopad*.

novel ['nɒvl] <> *n* powieść *f*. <> *adj* nowatorski.

novelist ['nɒvəlɪst] *n* powieściopisarz *m*, powieściopisarka *f*.

November [nə'vembə'] *n* listopad *m see also* **September**.

now [naʊ] <> *adv* [at this time] teraz. <> *conj* : **now (that)** skoro • **just now** właśnie teraz; **right now** [at the moment] w tej chwili; [immediately] natychmiast; **by now** do tej pory; **from now on** od tej pory.

nowadays ['naʊədeɪz] *adv* obecnie.

nowhere ['nəʊweə'] *adv* nigdzie.

nozzle ['nɒzl] *n* dysza *f*.

nuclear ['njuːklɪə'] *adj* nuklearny.

nude [njuːd] *adj* nagi.

nudge [nʌdʒ] *vt* trącać/potrącić łokciem.

nuisance ['njuːsns] *n* : it's a real nuisance! to prawdziwy kłopot! • he's such a nuisance! on jest taki dokuczliwy!

numb [nʌm] *adj* zdrętwiały.

number ['nʌmbə'] <> *n* [numeral, quantity] liczba *f*; [of telephone, house] numer *m*. <> *vt* [give number to] numerować/ponumerować.

numberplate ['nʌmbəpleɪt] *n* tablica *f* rejestracyjna.

numeral ['njuːmərəl] *n* cyfra *f*.

numerous ['njuːmərəs] *adj* liczny.

nun [nʌn] *n* zakonnica *f*.

nurse [nɜːs] <> *n* pielęgniarka *f*. <> *vt* [look after] pielęgnować • male nurse pielęgniarz *m*.

nursery ['nɜːsərɪ] *n* [in house] pokój *m* dziecinny; [for plants] szkółka *f*.

nursery (school) *n* przedszkole *n*.

nursery slope *n* ośla łączka *f*.

nursing ['nɜːsɪŋ] *n* [profession] pielęgniarstwo *n*.

nut [nʌt] *n* [to eat] orzech *m*; [of metal] nakrętka *f*.

nutcrackers ['nʌtˌkrækəz] *npl* dziadek *n* do orzechów.

nutmeg ['nʌtmeg] *n* gałka *f* muszkatołowa.

NVQ (*abbr of* National Vocational Qualification) *n kwalifikacja zawodowa przyznawana na pięciu różnych poziomach zaawansowania*.

nylon ['naɪlɒn] <> *n* nylon *m*. <> *adj* nylonowy.

O [əʊ] *n* [zero] O *n*.

oak [əʊk] <> *n* dąb *m*. <> *adj* dębowy.

OAP = old age pensioner.

oar [ɔː'] *n* wiosło *n*.

oatcake ['əʊtkeɪk] *n krakers owsiany*.

oath [əʊθ] *n* [promise] przysięga *f*.

oatmeal ['əʊtmiːl] *n* mąka *f* owsiana.

oats *npl* owies *m*.

obedient [ə'biːdjənt] *adj* posłuszny.

obey [ə'beɪ] *vt* [rules] przestrzegać; [parents] słuchać/posłuchać.

object <> *n* [thing] przedmiot *m*; [purpose] cel *m*; GRAMM dopełnienie *n*. <> *vi* : to object (to) sprzeciwić się.

objection [əb'dʒekʃn] *n* [protest] sprzeciw *m*.

objective [əb'dʒektɪv] *n* cel *m*.

obligation ['ɒblɪ'geɪʃn] *n* zobowiązanie *n*.

obligatory [ə'blɪgətrɪ] *adj* obowiązkowy.

oblige [ə'blaɪdʒ] *vt* : to oblige sb to do sthg zmuszać kogoś do robienia czegoś.

oblique [ə'bliːk] *adj* [sloping] skośny; [angle] wypukły.

oblong ['ɒblɒŋ] <> *adj* podłużny. <> *n* prostokąt *m*.

obnoxious [əb'nɒkʃəs] *adj* wstrętny.

oboe ['əʊbəʊ] *n* obój *m*.

obscene [əbˈsiːn] *adj* obsceniczny.

obscure [əbˈskjʊəʳ] *adj* [difficult to understand] niejasny; [not well-known] nieznany.

observant [əbˈzɜːvnt] *adj* [quick to notice] spostrzegawczy.

observation [ˈɒbzəˈveɪʃn] *n* [watching] obserwacja *f*; [comment] spostrzeżenie *n*.

observatory [əbˈzɜːvətrɪ] *n* obserwatorium *n*.

observe [əbˈzɜːv] *vt* [watch, see] obserwować/zaobserwować.

obsessed *adj* : **to be obsessed by sthg** mieć obsesję na punkcie czegoś.

obsession [əbˈseʃn] *n* obsesja *f*.

obsolete [ˈɒbsəliːt] *adj* przestarzały.

obstacle [ˈɒbstəkl] *n* przeszkoda *f*.

obstinate [ˈɒbstənət] *adj* uparty.

obstruct [əbˈstrʌkt] *vt* [road, path] blokować/zablokować.

obstruction [əbˈstrʌkʃn] *n* [in road, path] przeszkoda *f*.

obtain [əbˈteɪn] *vt* uzyskiwać/uzyskać.

obtainable [əbˈteɪnəbl] *adj* osiągalny.

obvious [ˈɒbvɪəs] *adj* [answer, reason] oczywisty; [displeasure] wyraźny.

obviously [ˈɒbvɪəslɪ] *adv* [of course] oczywiście; [clearly] najwyraźniej.

occasion [əˈkeɪʒn] *n* okazja *f*; [important event] wydarzenie *n* • **on one occasion** pewnego razu; **on several occasions** kilkakrotnie.

occasional [əˈkeɪʒənl] *adj* sporadyczny.

occasionally [əˈkeɪʒnəlɪ] *adv* od czasu do czasu.

occupant [ˈɒkjʊpənt] *n* [of house] mieszkaniec *m*, mieszkanka *f*; [of car, plane] pasażer *m*, -ka *f*.

occupation [ˈɒkjʊˈpeɪʃn] *n* [job] zawód *m*; [pastime] zajęcie *n*.

occupied [ˈɒkjʊpaɪd] *adj* [toilet] zajęty.

occupy [ˈɒkjʊpaɪ] *vt* zajmować/zająć; [by force] okupować.

occur [əˈkɜːʳ] *vi* [happen] zdarzać/zdarzyć się; [exist] występować/wystąpić.

occurrence [əˈkʌrəns] *n* zdarzenie *n*.

ocean [ˈəʊʃn] *n* ocean *m* • **the ocean** *US* [sea] morze *n*.

o'clock [əˈklɒk] *adv* : **one o'clock** godzina pierwsza.

Oct. (*abbr of October*) *październik*.

October [ɒkˈtəʊbəʳ] *n* październik *m see also* **September**.

octopus [ˈɒktəpəs] *n* ośmiornica *f*.

odd [ɒd] *adj* [strange] dziwny; [number] nieparzysty; [not matching] nie do pary; [occasional] przypadkowy • **60 odd miles** jakieś 60 mil; **some odd bits of paper** jakieś kartki papieru; **odd jobs** [for money] prace *fpl* dorywcze; [around house] drobne prace *fpl*.

odds [ɒdz] *npl* [in betting] notowania *npl*; [chances] szanse *fpl* • **odds and ends** drobiazgi *mpl*.

odor *US* = **odour**.

odour [ˈəʊdəʳ] *n UK* woń *f*.

of [(*weak form* əv, *strong form* ɒv)] *prep* -1. [belonging to] : **the colour of the car** kolor samochodu; **the first of May** pierwszy maja; **the manager of the firm** dyrektor firmy; **the handle of the**

door klamka u drzwi. **-2.** [expressing amount] *(tłumaczy się formą dopełniacza)* : **a piece of cake** kawałek ciastka; **a fall of 20%** spadek o 20 %; **a town of 50,000 people** pięćdziesięciotysięczne miasto. **-3.** [containing] *(tłumaczy się formą dopełniacza)* : **a glass of beer** szklanka piwa. **-4.** [made from] z ; **a house of stone** dom z kamienia; **it's made of wood** jest zrobione z drewna. **-5.** [regarding, relating to] *(tłumaczy się formą dopełniacza)* : **the Ministry of Defence** Ministerstwo n Obrony Narodowej; **fear of spiders** strach przed pająkami. **-6.** [referring to time] *(tłumaczy się przez formę dopełniacza)* : **the summer of 1969** lato roku 1969; **the 26th of August** 26-ego sierpnia. **-7.** [indicating cause] *(tłumaczy się formą dopełniacza)* : **the cause of sthg** przyczyna czegoś; **he died of cancer** zmarł na raka. **-8.** [with towns, countries] *(nie tłumaczy się)* : **the city of Glasgow** miasto Glasgow. **-9.** [on the part of] ze strony ; **that was very kind of you** to bardzo miło z twojej strony. **-10.** *US* [in telling the time] za ; **it's ten of four** jest czwarta za dziesięć.

off [ɒf] <> *adv* **-1.** [away] : **to get off** [from bus, train, plane, boat] wysiadać; **to drive off** odjechać; **we're off to Austria next week** jedziemy do Austrii w przyszłym tygodniu; **I'm off** wychodzę! **-2.** [expressing removal] : **to take sthg off** [clothes, lid] zdjąć coś; [money] potrącić coś. **-3.** [so as to stop working] : **to turn sthg off** wyłączyć. **-4.** [expressing distance or time away] : **it's 10 miles off** 10 mil stąd; **it's 2 months off** to za dwa miesiące; **it's a long way off** [in distance] to bardzo

daleko; [in time] to jeszcze dużo czasu. **-5.** [not at work] : **I'm taking a week off** biorę tydzień wolnego. <> *prep* **-1.** [away from] : **to fall off sthg** spaść z czegoś; **to come off sthg** odpaść od czegoś; **to get off sthg** wysiąść z czegoś; **off the coast** niedaleko brzegu; **just off the main road** blisko głównej drogi. **-2.** [indicating removal] od, z ; **take the lid off the jar** zdejmij wieczko ze słoika; **we'll take 20 off the price** odejmiemy 20 funtów od tej ceny. **-3.** [absent from] : **to be off work** być na urlopie. **-4.** *inf* [from] od ; **I bought it off her** kupiłem to od niej. **-5.** *inf* [no longer liking] : **I'm off my food** nie mam apetytu. <> *adj* **-1.** [meat, cheese] zepsuty; [milk, beer] skwaśniały. **-2.** [not working] wyłączony. **-3.** [cancelled] odwołany. **-4.** [not available] : **the soup's off, I'm afraid** niestety nie ma już zupy.

offence [ə'fens] *n UK* [crime] przestępstwo *n*; [upset] obraza *f*.

offend [ə'fend] *vt* [upset] obrażać/obrazić.

offender [ə'fendər] *n* [criminal] przestępca *m*.

offense *US* = offence.

offensive [ə'fensɪv] *adj* [insulting] obraźliwy.

offer ['ɒfər] <> *n* oferta *f*; [of help] propozycja *f*. <> *vt* [present, propose] oferować/zaoferować; [provide] zapewniać/zapewnić • **on offer** [available] w ofercie; [reduced] w promocji; **to offer to do sthg** zaproponować zrobienie czegoś; **to offer sb sthg** [gift] ofiarować; [money, food, job, seat] zaproponować.

office ['ɒfɪs] *n* [room] biuro *n*.

office block *n* biurowiec *m*.

officer ['ɒfɪsə'] *n* [military] oficer *m*; [policeman] policjant *m*, -ka *f*.

official [ə'fɪʃl] <> *adj* [formal] oficjalny. <> *n* urzędnik *m*, urzędniczka *f*.

officially [ə'fɪʃəlɪ] *adv* [formally] oficjalnie.

off-licence *n* UK ≃ sklep *m* monopolowy.

off-peak *adj* [train, ticket] poza godzinami szczytu.

off sales *npl* UK sprzedaż *f* alkoholu na wynos.

off-season *n* poza sezonem.

offshore ['ɒfʃɔː'] *adj* [breeze] od lądu.

off side *n* [for right-hand drive] strona *f* lewa; [for left-hand drive] strona *f* prawa.

off-the-peg *adj* gotowy *(o ubraniu)*.

often ['ɒftn] *adv* często • **how often do the buses run?** jak często kursują autobusy?; **every so often** od czasu do czasu.

oh [əʊ] *excl* och!

oil [ɔɪl] *n* olej *m*; [fuel] ropa *f* naftowa.

oilcan ['ɔɪlkæn] *n* oliwiarka *f*.

oil filter *n* filtr *m* oleju.

oil rig *n* platforma *f* wiertnicza.

oily ['ɔɪlɪ] *adj* [cloth, hands] zatłuszczony; [food] ociekający tłuszczem.

ointment ['ɔɪntmənt] *n* maść *f*.

OK ['əʊ'keɪ] <> *adj inf* [acceptable, satisfactory] do przyjęcia; [unharmed] zdrowy i cały; [of average quality] w porządku. <> *adv inf* [expressing agreement] w porządku; [well, satisfactorily] dobrze.

okay ['əʊ'keɪ] = **OK**.

old [əʊld] *adj* stary • **how old are you?** ile masz lat?; **I'm 36 years**

old mam 36 lat; **to get old** starzeć się.

old age *n* starość *f*.

old age pensioner *n* emeryt *m*, -ka *f*.

O level *n* ≃ mała matura *f*.

olive ['ɒlɪv] *n* oliwka *f*.

olive oil *n* oliwa *f* z oliwek.

Olympic Games *npl* igrzyska *pl* olimpijskie.

omelette ['ɒmlɪt] *n* omlet *m* • **mushroom omelette** omlet *m* z pieczarkami.

ominous ['ɒmɪnəs] *adj* złowieszczy.

omit [ə'mɪt] *vt* opuszczać/opuścić.

on [ɒn] <> *prep* -1. [expressing position, location] na ; **it's on the table** leży na stole; **put it on the table** połóż to na stole; **on my right** po mojej prawej stronie; **on the right** po prawej stronie; **a picture on the wall** obraz na ścianie; **the exhaust on the car** rura wydechowa samochodu; **we stayed on a farm** mieszkaliśmy na farmie. -2. [with forms of transport] : **on the train/plane** w pociągu/samolocie; **to get on a bus** wsiąść do autobusu. -3. [expressing means, method] na ; **paid on an hourly basis** płacony za godzinę; **on foot** pieszo; **on TV** w TV, **on the piano** na pianinie. -4. [using] na ; **it runs on unleaded petrol** jeździ na benzynie bezołowiowej; **to be on medication** być na lekach. -5. [about] o ; **a book on Germany** książka o Niemczech. -6. [expressing time] w ; **on arrival** w chwili przybycia; **on Tuesday** we wtorek; **on 25th August** 25 sierpnia. -7. [with regard to] na ; **a tax on imports** podatek importowy;

the effect on Britain wpływ na Wielką Brytanię. -8. [describing activity, state] w ; on holiday na wakacjach; on offer w ofercie; on sale w sprzedaży. -9. [in phrases] : do you have any money on you? inf masz przy sobie jakieś pieniądze¿; the drinks are on me ja płacę tę kolejkę. ⇔ adv -1. [in place, covering] : put the lid on nałóż przykrywkę; to put one's clothes on nałożyć ubranie; she had a dress on miała na sobie sukienkę. -2. [film, play, programme] : the news is on są wiadomości; what's on at the cinema? co grają w kinach¿. -3. [with transport] : to get on wsiadać do; everybody on? wszyscy już wsiedli¿ -4. [functioning] : to turn sthg on włączyć coś. -5. [taking place] : how long is the festival on? jak długo trwa festiwal¿ -6. [further forward] dalej ; to drive on jechać dalej. -7. [in phrases] : to have sthg on mieć coś w planach. ⇔ adj [working] włączony.

once [wʌns] ⇔ adv [one time] raz; [in the past] kiedyś. ⇔ conj jak tylko • at once [immediately] od razu; [at the same time] naraz; for once tym razem; once more [one more time] jeszcze raz; [again] ponownie.

oncoming ['ɒn'kʌmɪŋ] adj [traffic] nadchodzący.

one [wʌn] ⇔ num [the number 1] jeden. ⇔ adj [only] jedyny. ⇔ pron [object, person] : which one? który z nich¿; this one ten; fml [you] : one does one's best każdy stara się jak może • thirty-one trzydzieści jeden; one fifth jedna piąta; I like that one podoba mi się tamten; the one I told you about ten o któ-

rym ci mówiłem; one of my friends jeden z moich przyjaciół; one day pewnego dnia.

one-piece (swimsuit) n jednoczęściowy kostium m kąpielowy.

oneself [wʌn'self] pron [reflexive] się; [after prep] : to live by oneself in the country mieszkać samemu na wsi; to build a house for oneself zbudować sobie dom; to have a room to oneself mieć pokój dla siebie • to help oneself poczęstować się.

one-way adj [street] jednokierunkowy; [ticket] w jedną stronę.

onion ['ʌnjən] n cebula f.

onion bhaji n cebula opiekana w cieście – specjalność kuchni hinduskiej.

onion rings npl smażona w cieście cebula w plasterkach.

only ['əʊnlɪ] ⇔ adj jedyny. ⇔ adv tylko • an only child jednak, jedynaczka; I only want one chcę tylko jeden; we've only just arrived dopiero co przyjechaliśmy; there's only just enough ledwo wystarczy; 'members only' tylko dla członków; not only nie tylko.

onto ['ɒntuː] prep [with verbs of movement] na • to get onto sb [telephone] skontaktować się z kimś.

onward ['ɒnwəd] ⇔ adj [journey] dalszy. ⇔ adv = onwards.

onwards ['ɒnwədz] adv [forwards] dalej • from now onwards od teraz; from October onwards od października.

opal ['əʊpl] n opal m.

opaque [əʊ'peɪk] adj nieprzejrzysty.

open ['əʊpn] ⇔ adj otwarty; [countryside] rozległy; [honest]

szczery; [coat, shirt] rozpięty.
<> vt otwierać/otworzyć; [bank
account] zakładać/założyć; [start]
rozpoczynać/rozpocząć. <> vi
[door, window, lock] otwierać/
otworzyć się; [shop, office, bank]
być czynnym; [start] rozpoczy-
nać się • are you open at the
weekend? czy pracujecie w
weekend?; wide open szeroko
otwarty; in the open (air) na
świeżym powietrzu. ● open
onto <> vt insep wychodzić
na. ● open up <> vi [unlock
the door] otwierać/otworzyć;
[shop, cinema, etc] rozpoczynać/
rozpocząć działalność.

open-air adj na otwartym powietrzu.

opening ['əupnɪŋ] n [gap] otwór
m; [beginning] otwarcie n; [oppor-
tunity] sposobność f.

opening hours npl godziny fpl
otwarcia.

open-minded adj bez uprze-
dzeń.

open-plan adj bez ścian działo-
wych.

open sandwich n kanapka f
(z jednej kromki).

opera ['ɒpərə] n opera f.

opera house n opera f.

operate ['ɒpəreɪt] <> vt [ma-
chine] obsługiwać. <> vi [work]
działać • to operate on sb
operować kogoś.

operating room n US = operating theatre.

operating theatre n UK sala f
operacyjna.

operation ['ɒpə'reɪʃn] n [in hospi-
tal] operacja f; [task] przedsięwzięcie n • to be in operation
[law, system] obowiązywać; to
have an operation mieć opera-
cję.

operator ['ɒpəreɪtəʳ] n [on phone]
telefonista m, telefonistka f • to
call the operator zadzwonić do
centrali.

opinion [ə'pɪnjən] n opinia f • in
my opinion moim zdaniem.

opponent [ə'pəunənt] n przeciwnik m, przeciwniczka f.

opportunity ['ɒpə'tjuːnəti] n
okazja f.

oppose [ə'pəuz] vt sprzeciwiać/
sprzeciwić się.

opposed [ə'pəuzd] adj : to be
opposed to sth być przeciwnym
czemuś.

opposite ['ɒpəzɪt] <> adj [facing]
przeciwległy; [totally different]
przeciwny. <> prep naprzeciw.
<> n : the opposite (of) prze-
ciwieństwo n • on theopposite
page na odwrotnej stronie; to
mean quite theopposite znaczyć coś zupełnie przeciwnego.

opposition ['ɒpə'zɪʃn] n [objec-
tions] sprzeciw m; SPORT przeciwnik m • the Opposition POL
opozycja f.

opt [ɒpt] vt : to opt to do sthg
zdecydować się coś zrobić.

optician's n [shop] zakład m
optyczny.

optimist ['ɒptɪmɪst] n optymista
m, optymistka f.

optimistic ['ɒptɪ'mɪstɪk] adj optymistyczny

option ['ɒpʃn] n opcja f.

optional ['ɒpʃənl] adj nieobo-
wiązkowy.

or [ɔːʳ] conj [after negative] ani;
[otherwise] w przeciwnym razie;
[in statements] albo; [in questions]
czy.

OR [ɔːʳ] = operating room.

oral ['ɔːrəl] <> adj ustny. <> n
[exam] egzamin m ustny.

orange ['ɒrɪndʒ] <> *adj* pomarańczowy. <> *n* [fruit] pomarańcza *f*; [colour] pomarańczowy *m*.

orange juice *n* sok *m* pomarańczowy.

orange squash *n* UK napój *m* pomarańczowy z syropu.

orbit ['ɔːbɪt] *n* orbita *f*.

orbital (motorway) *n* UK obwodnica *f*.

orchard ['ɔːtʃəd] *n* sad *m*.

orchestra ['ɔːkɪstrə] *n* orkiestra *f*.

ordeal [ɔːˈdiːl] *n* męka *f*.

order ['ɔːdəʳ] <> *n* [sequence, neatness] porządek *m*; [command] rozkaz *m*; [in restaurant, in commerce] zamówienie *n*; [discipline] dyscyplina *f*. <> *vt* [command] rozkazywać/rozkazać; [food, drink, taxi, goods] zamawiać/zamówić. <> *vi* [in restaurant] zamawiać/zamówić • **in order to** w celu; **out of order** [not working] awaria; **in working order** na chodzie; **to order sb to do sthg** nakazać komuś zrobienie czegoś.

order form *n* formularz *m* zamówienia.

ordinary ['ɔːdənrɪ] *adj* zwykły.

ore [ɔːʳ] *n* ruda *f*.

oregano [UK ˈɒrɪˈɡɑːnəʊ, US əˈreɡənəʊ] *n* oregano *n*.

organ ['ɔːɡən] *n* MUS organy *pl*; [in body] narząd *m*.

organic [ɔːˈɡænɪk] *adj* [food] ekologiczny.

organization ['ɔːɡənaɪˈzeɪʃn] *n* [group] organizacja *f*.

organize ['ɔːɡənaɪz] *vt* [holiday, event] organizować/zorganizować.

organizer ['ɔːɡənaɪzəʳ] *n* [person] organizator *m*, -ka *f*; [personal organizer] notes *m* menadżerski;

[electronic] notes *m* elektroniczny.

oriental [ˌɔːrɪˈentl] *adj* orientalny.

orientate ['ɔːrɪenteɪt] *vt* : **to orientate o.s.** zorientować się *(w terenie)*.

origin ['ɒrɪdʒɪn] *n* pochodzenie *n*.

original [əˈrɪdʒɪnl] *adj* [first] pierwotny; [novel] oryginalny.

originally [əˈrɪdʒənəlɪ] *adv* [formerly] pierwotnie.

originate [əˈrɪdʒəneɪt] *vi* : **to originate (from)** pochodzić (z).

ornament *n* ['ɔːnəmənt] [object] ozdoba *f*.

ornamental ['ɔːnəˈmentl] *adj* ozdobny.

ornate [ɔːˈneɪt] *adj* zdobiony.

orphan ['ɔːfn] *n* sierota *m* LUB *f*.

orthodox ['ɔːθədɒks] *adj* ortodoksyjny.

ostentatious [ˌɒstənˈteɪʃəs] *adj* ostentacyjny.

ostrich ['ɒstrɪtʃ] *n* struś *m*.

other ['ʌðəʳ] <> *adj* inny; [remaining] pozostały. <> *adv* : **other than** poza • **the other (one)** ten drugi; **the other day** któregoś dnia; **one after the other** jeden po drugim. ➔ **others** <> *pron pl* [additional ones] inni • **the other** [remaining ones] pozostali.

otherwise ['ʌðəwaɪz] *adv* [or else] w przeciwnym razie; [apart from that] poza tym; [differently] inaczej.

otter ['ɒtəʳ] *n* wydra *f*.

ought *aux vb* powinien.

ounce [aʊns] *n* [unit of measurement] uncja *f*.

our ['aʊəʳ] *adj* nasz.

ours ['aʊəz] *pron* nasz • **a friend of ours** nasz przyjaciel.

ourselves [auə'selvz] *pron* [reflexive] się; [after prep] : **we live by ourselves in the country** mieszkamy sami na wsi; **we built a house for ourselves** zbudowaliśmy sobie dom; **we want a bedroom all to ourselves** chcemy sypialnię tylko dla siebie • **we did it ourselves** sami to zrobiliśmy.

out [aut] <> *adj* [light, cigarette] zgaszony. <> *adv* -1. [outside] na zewnątrz ; **to get out (of)** wyjść (z); **to go out (of)** wyjść (z); **it's cold out today** dzisiaj jest zimno na dworze. -2. [not at home, work] : **to go out** wyjść gdzieś; **sorry, she's out** niestety nie ma jej. -3. [so as to be extinguished] : **put your cigarette out** zgaś papierosa. -4. [expressing removal] : **to take sthg out (of)** wyjąć coś (z). -5. [outwards] : **to stick out** wystawać. -6. [expressing distribution] : **to hand sthg out** rozdawać coś. -7. [wrong] : **to be out** mylić się. -8. [in phrases] : **to get enjoyment out of sthg** cieszyć się czymś; **to stay out of the sun** unikać słońca; **made out of wood** zrobiony z drewna; **five out of ten women** pięć na dziesięć kobiet; **I'm out of cigarettes** skończyły mi się papierosy.

outback ['autbæk] *n* : **the outback** busz *m* australijski.

outboard (motor) *n* silnik *m* przyczepny.

outbreak ['autbreɪk] *n* wybuch *m*.

outburst ['autbɜːst] *n* [of joy, anger] wybuch *m*.

outcome ['autkʌm] *n* wynik *m*.

outcrop ['autkrɒp] *n* występ *m* skalny.

outdated ['aut'deɪtɪd] *adj* przestarzały.

outdo ['aut'duː] *vt* przewyższać/przewyższyć.

outdoor ['autdɔːʳ] *adj* [swimming pool] odkryty; [activities] na świeżym powietrzu.

outdoors [aut'dɔːz] *adv* na dworze.

outer ['autəʳ] *adj* zewnętrzny.

outer space *n* przestrzeń *f* kosmiczna.

outfit ['autfɪt] *n* [clothes] strój *m*.

outing ['autɪŋ] *n* [trip] wycieczka *f*.

outlet ['autlet] *n* [pipe] odpływ *m* • **'no outlet'** *US* ślepa uliczka *f*.

outline ['autlaɪn] *n* zarys *m*.

outlook ['autlʊk] *n* [for future] perspektywy *fpl*; [of weather] prognoza *f*; [attitude] pogląd *m*.

out-of-date *adj* [old-fashioned] staromodny; [passport, licence] nieważny.

outpatients' (department) *n* lecznica *f* ambulatoryjna.

output ['autput] *n* [of factory] produkcja *f*; [COMPUT printout] wydruk *m* komputerowy.

outrage ['autreɪdʒ] *n* [cruel act] akt *m* przemocy.

outrageous [aut'reɪdʒəs] *adj* [shocking] oburzający.

outright *adv* [aut'raɪt] [tell] wprost; [deny] kategorycznie; [own] pełnoprawnie.

outside <> *adv* [aut'saɪd] [outdoors] na dworze; [not in room] na zewnątrz. <> *prep* ['autsaɪd] poza; [in front of] przed. <> *adj* ['autsaɪd] [exterior] zewnętrzny; [help, advice] z zewnątrz. <> *n* ['autsaɪd] : **the outside** [of building, car, container] zewnętrzna strona *f* ; AUT [in UK] prawa strona *f* ; AUT [in Europe, US] lewa strona *f* • **an outside line** ze-

wnętrzna linia *f*; **outside of** *US* [on the outside of] poza; [apart from] poza.

outside lane *n* [AUT in UK] pas *m* prawy; [in Europe, US] pas *m* lewy.

outsize ['aʊtsaɪz] *adj* [clothes] w dużych rozmiarach.

outskirts ['aʊtskɜːts] *npl* [of town] peryferie *pl*.

outstanding ['aʊt'stændɪŋ] *adj* [remarkable] wybitny; [problem] nierozstrzygnięty; [debt] niespłacony.

outward ['aʊtwəd] *adj* [journey] w jedną stronę; [external] zewnętrzny.

outwards ['aʊtwədz] *adv* na zewnątrz.

oval ['əʊvl] *adj* owalny.

ovation [əʊ'veɪʃn] *n* owacja *f*.

oven ['ʌvn] *n* piekarnik *m*.

oven glove *n* rękawica *f* kuchenna.

ovenproof ['ʌvnpruːf] *adj* żaroodporny.

oven-ready *adj* do podgrzania w piekarniku.

over ['əʊvə'] ◇ *prep* -**1.** [above] nad ; **a bridge over the road** kładka nad ulicą. -**2.** [across] przez ; **to walk over sthg** przechodzić przez coś; **it's just over the road** jest dokładnie po drugiej stronie ulicy; **a view over the gardens** widok na ogrody. -**3.** [covering] na ; **put a plaster over the wound** nałóż plaster na ranę. -**4.** [more than] ponad ; **it cost over 1,000** kosztowało ponad tysiąc funtów. -**5.** [during] w czasie ; **over the past two years** przez te dwa ostatnie lata. -**6.** [with regard to] o ; **she laughed over her mistake** śmiała się ze swojego błędu; **an argument over the price** spór o

cenę. -**7.** [in control of] nad ; **to have control over** mieć kontrolę nad. ◇ *adv* -**1.** [downwards] : **to fall over** upaść; **to bend over** pochylić się. -**2.** [referring to position, movement] : **to drive over** przyjechać; **over here** tutaj; **over there** tam. -**3.** [round to other side] : **to turn sthg over** odwrócić coś. -**4.** [more] : **children aged 12 and over** dzieci od 12 lat. -**5.** [remaining] : **to be (left) over** pozostać. -**6.** [to one's house] do siebie ; **to invite sb over for dinner** zaprosić kogoś na kolację do siebie. -**7.** [in phrases] : **all over** [finished] skończony; **all over the world/country** na całym świecie/ w całym kraju. ◇ *adj* [finished] : **to be over** skończyć się.

overall ◇ *adv* ['əʊvər'ɔːl] [in general] ogólnie. ◇ *n* ['əʊvərɔːl] *UK* [coat] fartuch *m*; *US* [boiler suit] spodnie *pl* ogrodniczki • **how much does it cost overall?** ile to w sumie kosztuje؟ ➡ **overalls** ◇ *npl UK* [boiler suit] kombinezon *m*; *US* [dungarees] spodnie *pl* ogrodniczki.

overboard ['əʊvəbɔːd] *adv* [from ship] za burtę.

overbooked *adj* [flight, hotel] mający nadkomplet.

overcame ['əʊvə'keɪm] *pt* ▷ overcome.

overcast *adj* ['əʊvəkɑːst] pochmurny.

overcharge ['əʊvə'tʃɑːdʒ] *vt* [customer] policzyć za dużo.

overcoat ['əʊvəkəʊt] *n* płaszcz *m*.

overcome ['əʊvə'kʌm] (*pt* overcame, *pp* overcome) *vt* [defeat] pokonywać/pokonać.

overcooked *adj* rozgotowany.

overcrowded ['əʊvə'kraʊdɪd] *adj* zatłoczony.

overdo ['əʊvə'du:] (*pt* overdid, *pp* overdone) *vt* [exaggerate] przesadzać/przesadzić z • **to overdo it** przemęczyć się.

overdone [-'dʌn] ◇ *pp* ⊳ **overdo**. ◇ *adj* [rice, vegetables] rozgotowany; [steak] przypieczony.

overdose ['əʊvədəʊs] *n* przedawkowanie *n*.

overdraft ['əʊvədrɑːft] *n* debet *m*.

overdue ['əʊvə'dju:] *adj* [bus, flight] opóźniony; [rent, payment] zaległy.

over easy *adj US* [egg] smażony z dwóch stron.

overexposed *adj* [photograph] prześwietlony.

overflow ◇ *vi* ['əʊvə'fləʊ] [bath] przelewać/przelać się; [river] wylewać/wylać się; [container] przepełniać/przepełnić się. ◇ *n* ['əʊvəfləʊ] [pipe] rura *f* przelewowa.

overgrown ['əʊvə'grəʊn] *adj* [garden, path] zarośnięty.

overhaul ['əʊvəhɔːl] [of machine, car] *n* przegląd *m*.

overhead ◇ *adj* ['əʊvəhed] [lighting] górny; [cable] napowietrzny. ◇ *adv* ['əʊvə'hed] w górze.

overhead locker *n* [on plane] schowek *m* bagażowy.

overhear ['əʊvə'hɪər] (*pt & pp* overheard[-'hɜːd]) *vt* słyszeć/usłyszeć przypadkiem.

overheat ['əʊvə'hiːt] *vi* przegrzewać/przegrzać się.

overland ['əʊvəlænd] *adv* drogą lądową.

overlap ['əʊvə'læp] *vi* nakładać/nałożyć się.

overleaf ['əʊvə'liːf] *adv* na odwrocie.

overload *vt* ['əʊvə'ləʊd] [with weight] przeciążać/przeciążyć.

overlook ['əʊvə'lʊk] ◇ *vt* [subj: room] wychodzić na; [subj: building] wznosić się nad; [miss] przeoczyć. ◇ *n* : **(scenic) overlook** *US* punkt *m* widokowy.

overnight ◇ *adv* ['əʊvə'naɪt] [during the night] nocą; [until next day] na noc. ◇ *adj* ['əʊvənaɪt] [train, journey] nocny.

overnight bag *n* torba *f* podróżna.

overpass ['əʊvəpɑːs] *n* estakada *f*.

overpowering ['əʊvə'paʊərɪŋ] *adj* [heat, smell] nie do zniesienia.

oversaw ['əʊvə'sɔ:] *pt* ⊳ **oversee**.

overseas ◇ *adv* ['əʊvə'siːz] za granicą. ◇ *adj* ['əʊvəsiːz] zagraniczny.

oversee ['əʊvə'siː] (*pt* oversaw, *pp* overseen) *vt* [supervise] nadzorować.

overshoot (*pt & pp* overshot) *vt* ['əʊvə'ʃuːt] [turning, motorway exit] minąć.

oversight ['əʊvəsaɪt] *n* przeoczenie *n*.

oversleep ['əʊvə'sliːp] (*pt & pp* overslept [-'slept]) *vi* zaspać.

overtake ['əʊvə'teɪk] (*pt* overtook, *pp* overtaken) ◇ *vt* [vehicle, runner] wyprzedzać/wyprzedzić. ◇ *vi* wyprzedzać/wyprzedzić • 'no overtaking' zakaz wyprzedzania.

overtime ['əʊvətaɪm] *n* nadgodziny *fpl*.

overtook [-'tʊk] *pt* ⊳ **overtake**.

overture ['əʊvə'tjʊər] *n* MUS uwertura *f*.

overturn ['əʊvə'tɜːn] *vi* [boat, car] wywracać/wywrócić.

overweight *adj* ['əʊvə'weit] z nadwagą.

overwhelm ['əʊvə'welm] *vt* przytłaczać/przytłoczyć.

owe [əʊ] *vt* [money] być winnym • **to owe sb sthg** być komuś coś winnym; **owing to** z powodu.

owl [aʊl] *n* sowa *f*.

own [əʊn] <> *adj* własny. <> *pron* własny. <> *vt* posiadać • **on my own** [alone] sam; [without help] sam; **to get one's own back** zemścić się. **own up** <> *vi* : **to own (to sthg)** przyznać się (do czegoś).

owner ['əʊnəʳ] *n* właściciel *m*, -ka *f*.

ownership ['əʊnəʃɪp] *n* własność *f*.

ox [ɒks] (*pl* **oxen**['ɒksn]) *n* wół *m*.

oxtail soup *n* zupa *f* ogonowa.

oxygen ['ɒksɪdʒən] *n* tlen *m*.

oyster ['cɪstəʳ] *n* ostryga *f*.

oz (*abbr of* **ounce**) uncja *f*.

ozone-friendly *adj* nie niszczący warstwy ozonowej.

P

p [piː] (*abbr of* **penny, pence**) pens *m*; (*abbr of* **page**) strona *f*.

pace *n* [speed] tempo *n*; [step] krok *m*.

pacemaker ['peɪs'meɪkəʳ] *n* [for heart] rozrusznik *m*.

Pacific *n* : **the Pacific (Ocean)** Ocean *m* Spokojny.

pacifier ['pæsɪfaɪəʳ] *n US* [for baby] smoczek *m*.

pacifist ['pæsɪfɪst] *n* pacyfista *m*, pacyfistka *f*.

pack [pæk] <> *n* [packet] paczka *f*; *UK* [of cards] talia *f*; [rucksack] plecak *m*. <> *vt* [suitcase, bag, products] pakować/zapakować; [clothes, camera *etc*] pakować/spakować. <> *vi* [for journey] pakować/spakować się • **a pack of lies** stek *m* kłamstw; **to pack sthg into sthg** spakować coś do czegoś; **to pack one's bags** pakować walizki. **pack up** <> *vi* [pack suitcase] spakować się; [tidy up] sprzątnąć; *UK inf* [machine, car] wysiadać/wysiąść.

package ['pækɪdʒ] <> *n* [parcel] paczka *f*; COMPUT pakiet *m*. <> *vt* pakować/zapakować.

package holiday *n* wczasy *pl* zorganizowane.

package tour *n* wycieczka *f* zorganizowana.

packaging ['pækɪdʒɪŋ] *n* [material] opakowanie *n*.

packed [pækt] *adj* [crowded] wypełniony po brzegi.

packed lunch *n* drugie śniadanie *n*.

packet ['pækɪt] *n* paczka *f* • **it cost a packet** *UK inf* to kosztowało grube pieniądze.

packing ['pækɪŋ] *n* [for journey] pakowanie się *n*; [material] opakowanie *n*.

pad [pæd] *n* [of paper] blok *m*; [of cloth, cotton wool] tampon *m*; [for protection] ochraniacz *m*.

padded ['pædɪd] *adj* [jacket, seat] z poduszkami.

padded envelope *n* koperta *f* wyściełana.

paddle ['pædl] <> *n* [pole] wiosło *n*. <> *vi* [wade] brodzić; [in canoe] wiosłować.

paddling pool *n* brodzik *m*.

paddock ['pædək] *n* [at racecourse] padok *m*.

padlock ['pædlɒk] *n* kłódka *f*.

page [peɪdʒ] <> *n* [of book, newspaper] strona *f*. <> *vt* [call] przywoływać/przywołać • 'paging Mr Hill' pan Hill wzywany do telefonu.

paid [peɪd] <> *pt* & *pp* ⊳ **pay**. <> *adj* [holiday, work] płatny.

pain [peɪn] *n* [physical] ból *m* • **to be in pain** [physical] cierpieć; **he's such a pain!** *inf* jest taki męczący! ➔ **pains** *npl* [trouble] trud *m*.

painful ['peɪnfʊl] *adj* bolesny.

painkiller ['peɪn'kɪləʳ] *n* środek *m* przeciwbólowy.

paint [peɪnt] <> *n* farba *f*. <> *vt* [wall, room, furniture] malować/pomalować; [picture, scene] malować/namalować. <> *vi* malować • **to paint one's nails** malować paznokcie. ➔ **paints** <> *npl* [tubes, pots *etc*] farby *fpl*.

paintbrush ['peɪntbrʌʃ] *n* pędzel *m*.

painter [ˈpeɪntəʳ] *n* malarz *m*, malarka *f*.

painting ['peɪntɪŋ] *n* [picture] obraz *m*; [artistic activity] malarstwo *n*; [by decorator] malowanie *n*.

pair [peəʳ] *n* [of two things] para *f* • **in pairs** parami; **a pair of pliers** kombinerki; **a pair of scissors** nożyczki; **a pair of shorts** szorty; **a pair of tights** rajstopy; **a pair of trousers** spodnie.

pajamas *US* = **pyjamas**.

Pakistan [*UK* 'pɑːkɪ'stɑːn, *US* 'pækɪstæn] *n* Pakistan *m*.

Pakistani [*UK* 'pɑːkɪ'stɑːnɪ, *US* 'pækɪ'stænɪ] <> *adj* pakistański. <> *n* [person] Pakistańczyk *m*, Pakistanka *f*.

pakora [pə'kɔːrə] *npl indyjska przekąska z warzyw smażonych w mące z ciecierzycy.*

pal *n inf* kumpel *m*, -ka *f*.

palace ['pælɪs] *n* pałac *m*.

palatable ['pælətəbl] *adj* [food, drink] smaczny.

palate ['pælət] *n* [ability to taste] podniebienie *n*.

pale [peɪl] *adj* blady.

pale ale *n* jasne piwo *n*.

palm [pɑːm] *n* [of hand] dłoń *f* • **palm (tree)** palma *f*.

palpitations *npl* palpitacje *fpl*.

pamphlet ['pæmflɪt] *n* broszura *f*.

pan [pæn] *n* [for frying] patelnia *f*; [for cooking] rondel *m*; [for roasting] brytfanna *f*.

pancake ['pænkeɪk] *n* naleśnik *m*.

pancake roll *n* sajgonka *f*.

panda ['pændə] *n* panda *f*.

pane [peɪn] *n* szyba *f*.

panel ['pænl] *n* [of wood] płyta *f*; [group of experts] zespół *m*; [on TV, radio] panel *m*.

paneling *US* = **panelling**.

panelling ['pænəlɪŋ] *n UK* boazeria *f*.

panic ['pænɪk] (*pt* & *pp* **panicked**, *cont* **panicking**) <> *n* panika *f*. <> *vi* wpadać/wpaść w panikę.

panniers *npl* [for bicycle] sakwa *f*.

panoramic ['pænə'ræmɪk] *adj* panoramiczny.

pant [pænt] *vi* dyszeć.

panties ['pæntɪz] *npl inf* [for women] figi *pl*.

pantomime ['pæntəmaɪm] *n UK* [show] *bożonarodzeniowe przedstawienie dla dzieci*.

pantry ['pæntrɪ] *n* spiżarnia *f*.

pants [pænts] *npl UK* [underwear] majtki *pl*; *US* [trousers] spodnie *pl*.

panty hose ['pæntɪ'həʊz] *npl US* rajstopy *pl*.

paper ['peɪpəʳ] <> *n* [material] papier *m*; [newspaper] gazeta *f*; [exam] egzamin *m*. <> *adj* [cup, plate, hat] papierowy. <> *vt* tapetować/wytapetować • **a piece of paper** [sheet] kartka papieru; [scrap] skrawek papieru. ➡ **papers** <> *npl* [documents] dokumenty *mpl*.

paperback ['peɪpəbæk] *n* książka *f* w miękkiej okładce.

paper bag *n* papierowa torba *f*.

paperboy ['peɪpəbɔɪ] *n* roznosiciel *m* gazet.

paper clip *n* spinacz *m*.

papergirl ['peɪpəgɜːl] *n* roznosicielka *f* gazet.

paper handkerchief *n* papierowa chusteczka *f*.

paper shop *n* kiosk *m* z gazetami.

paperweight ['peɪpəweɪt] *n* przycisk *m* do papieru.

paprika ['pæprɪkə] *n* papryka *f*.

par [pɑːʳ] *n* [in golf] norma *f*.

paracetamol [pærə'siːtəmɒl] *n* paracetamol *m*.

parachute ['pærəʃuːt] *n* spadochron *m*.

parade [pə'reɪd] *n* [procession] parada *f*; [of shops] rząd *m* sklepów.

paradise ['pærədaɪs] *n fig* raj *m*.

paraffin ['pærəfɪn] *n* nafta *f*.

paragraph ['pærəgrɑːf] *n* akapit *m*.

parallel ['pærəlel] *adj* : **parallel (to)** [lines] równoległy (do).

paralysed ['pærəlaɪzd] *adj UK* MED sparaliżowany.

paralyzed *US* = paralysed.

paramedic ['pærə'medɪk] *n* sanitariusz *m*, -ka *f*.

paranoid ['pærənɔɪd] *adj* : **to be paranoid** mieć urojenia.

parasite ['pærəsaɪt] *n* [animal] pasożyt *m*; *pej* [person] pasożyt *m*.

parasol ['pærəsɒl] *n* parasolka *f* od słońca.

parcel ['pɑːsl] *n* paczka *f*.

parcel post *n* : **to send by parcel post** wysłać paczką.

pardon ['pɑːdn] *excl* : **pardon?** proszę? • **pardon (me)!** przepraszam!; **I beg your pardon!** [apologizing] przepraszam!; **I beg your pardon?** [asking for repetition] słucham?

parent ['peərənt] *n* rodzic *m*.

parish ['pærɪʃ] *n* [of church] parafia *f*; [village area] gmina *f*.

park [pɑːk] <> *n* [in town] park *m*. <> *vt & vi* [vehicle] parkować/zaparkować.

park and ride *n system miejskiego transportu, w którym pasażerowie są przewożeni z parkingów na peryferiach do centrum przez transport publiczny.*

parking ['pɑːkɪŋ] *n* parkowanie *n*.

parking brake *n US* hamulec *m* ręczny.

parking lot *n US* parking *m*.

parking meter *n* parkometr *m*.

parking space *n* miejsce *n* parkingowe.

parking ticket *n* mandat *m* za nieprawidłowe parkowanie.

parliament ['pɑ:ləmənt] *n* parlament *m*.

Parmesan (cheese) *n* parmezan *m*.

parrot ['pærət] *n* papuga *f*.

parsley ['pɑ:slı] *n* natka *f* pietruszki.

parsnip ['pɑ:snıp] *n* pasternak *m*.

parson ['pɑ:sn] *n* pastor *m*.

part [pɑ:t] ⬦ *n* część *f*; US [in hair] przedziałek *m*. ⬦ *adv* [partly] częściowo. ⬦ *vi* [couple] rozstawać/rozstać się • **in this part of France** w tej części Francji; **to form part of** tworzyć część; **to play a part in** grać rolę w; **to take part in** brać udział w; **for my part** jeśli o mnie chodzi; **for the most part** przeważnie; **in these parts** w tych stronach.

partial ['pɑ:ʃl] *adj* [not whole] częściowy • **to be partial to sthg** mieć słabość do czegoś.

participant [pɑ:'tısıpənt] *n* uczestnik *m*, uczestniczka *f*.

participate [pɑ:'tısıpeıt] *vi* : **to participate (in)** uczestniczyć (w).

particle ['pɑ:tıkl] *n* [physics] cząstka *f*.

particular [pə'tıkjʊləʳ] *adj* szczególny; [fussy] wymagający • **in particular** szczególnie; **nothing in particular** nic konkretnego. ⬦ **particulars** *npl* [details] szczegóły *mpl*.

particularly [pə'tıkjʊləlı] *adv* szczególnie.

parting ['pɑ:tıŋ] *n* UK [in hair] przedziałek *m*.

partition [pɑ:'tıʃn] *n* [wall] ścianka *f* działowa.

partly ['pɑ:tlı] *adv* częściowo.

partner ['pɑ:nəʳ] *n* partner *m*, -ka *f*; COMM wspólnik *m*, wspólniczka *f*.

partnership ['pɑ:tnəʃıp] *n* [alliance] partnerstwo *n*; [business] spółka *f*.

partridge ['pɑ:trıdʒ] *n* kuropatwa *f*.

part-time ⬦ *adj* niepełnoetatowy. ⬦ *adv* na niepełnym etacie.

party ['pɑ:tı] *n* [for fun] przyjęcie *n*; POL partia *f*; [group of people] grupa *f* • **to have a party** urządzać przyjęcie.

pass [pɑ:s] ⬦ *vt* podawać/podać; [move past] mijać/minąć; [test, exam] zdać; [time, life] spędzać/spędzić; [overtake] wyprzedzać/wyprzedzić; [law] uchwalać/uchwalić. ⬦ *vi* [move past] mijać/minąć; [road, river, path, pipe] biec; [overtake] wyprzedzać/wyprzedzić; [in test, exam] zdać; [time, holiday] mijać/minąć. ⬦ *n* [document] przepustka *f*; [in mountain] przełęcz *f*; [in exam] zaliczenie *n*; SPORT podanie *n* • **to pass sb sthg** podać coś komuś. ➡ **pass by** ⬦ *vt insep & vi* przechodzić/przejść obok. ➡ **pass on** ⬦ *vt sep* [message] przekazywać/przekazać. ➡ **pass out** ⬦ *vi* [faint] mdleć/zemdleć. ➡ **pass up** ⬦ *vt sep* [opportunity] przepuszczać/przepuścić.

passable ['pɑ:səbl] *adj* [road] przejezdny; [satisfactory] znośny.

passage ['pæsıdʒ] *n* [corridor] korytarz *m*; [in book] fragment *m*; [sea journey] przeprawa *f*.

passageway ['pæsıdʒweı] *n* korytarz *m*.

passenger ['pæsındʒəʳ] *n* pasażer *m*, -ka *f*.

passerby *n* przechodzień *m*.

passing place *n* [for cars] mijanka *f*.

passion ['pæʃn] *n* pasja *f*.

passionate ['pæʃənət] *adj* namiętny.

passive ['pæsɪv] *n* GRAMM strona *f* bierna.

passport ['pɑːspɔːt] *n* paszport *m*.

passport control *n* kontrola *f* paszportowa.

passport photo *n* zdjęcie *n* paszportowe.

password ['pɑːswɜːd] *n* hasło *n*.

past [pɑːst] ◇ *adj* [earlier, former] dawny; [finished] : **the time is past** czas minął; [last] ostatni. ◇ *prep* [in times] po; [further than] za; [in front of] przed. ◇ *adv* obok. ◇ *n* [former time] przeszłość *f* • **past (tense)** GRAMM czas przeszły; **the past month** ubiegły miesiąc; **twenty past four** dwadzieścia po czwartej; **in the past** w przeszłości.

pasta ['pæstə] *n* makaron *m*.

paste [peɪst] *n* [spread] pasta *f*; [glue] klajster *m*.

pastel ['pæstl] *n* [for drawing] pastel *m*; [colour] odcień *m* pastelowy.

pasteurized ['pɑːstʃəraɪzd] *adj* pasteryzowany.

pastille ['pæstɪl] *n* pastylka *f*.

pastime ['pɑːstaɪm] *n* rozrywka *f*.

pastrami [pə'strɑːmɪ] *n* pastrami *n*.

pastry ['peɪstrɪ] *n* [for pie] ciasto *n*; [cake] ciastko *n*.

pasture ['pɑːstʃəʳ] *n* pastwisko *n*.

pasty *n* UK pasztecik *m*.

pat [pæt] *vt* klepać/poklepać.

patch [pætʃ] *n* [for clothes] łata *f*;

[of colour, cloud, damp] plama *f*; [for skin] plaster *m*; [for eye] przepaska *f* • **a bad patch** *fig* zły okres.

pâté ['pæteɪ] *n* pasztet *m*.

patent [UK 'peɪtənt, US 'pætənt] *n* patent *m*.

path [pɑːθ] *n* ścieżka *f*.

pathetic [pə'θetɪk] *adj pej* [useless] żałosny.

patience ['peɪʃns] *n* [quality] cierpliwość *f*; UK [card game] pasjans *m*.

patient ['peɪʃnt] ◇ *adj* cierpliwy. ◇ *n* pacjent *m*, -ka *f*.

patio ['pætɪəʊ] *n* taras *m*.

patriotic [UK 'pætrɪ'ɒtɪk, US 'peɪtrɪ'ɒtɪk] *adj* patriotyczny.

patrol [pə'trəʊl] ◇ *vt* patrolować. ◇ *n* [group] patrol *m*.

patrol car *n* wóz *m* policyjny.

patron ['peɪtrən] *n fml* [customer] klient -ka *f* • **'patrons only'** tylko dla gości.

patronizing ['pætrənaɪzɪŋ] *adj* protekcjonalny.

pattern ['pætən] *n* [of shapes, colours] wzór *m*; [for sewing] wykrój *m*.

patterned ['pætənd] *adj* wzorzysty.

pause [pɔːz] ◇ *n* [gap] przerwa *f*; [on tape recorder, CD] pauza *f*. ◇ *vi* [when speaking] przerywać/przerwać; [in activity] zatrzymywać/zatrzymać się.

pavement ['peɪvmənt] *n* UK [beside road] chodnik *m*; US [roadway] nawierzchnia *f*.

pavilion [pə'vɪljən] *n* pawilon *m*.

paving stone *n* płyta *f* chodnikowa.

pavlova [pæv'ləʊvə] *n rodzaj de-*

seru z bezy podanej z bitą śmietaną i owocami.

paw [pɔ:] *n* łapa *f*.

pawn [pɔ:n] <> *vt* zastawiać/zastawić. <> *n* [in chess] pionek *m*.

pay [peɪ] (*pt&pp* **paid**) <> *vt* płacić/zapłacić. <> *vi* [give money] płacić/zapłacić; [be profitable] opłacać/opłacić się. <> *n* [salary] płaca *f* • **to pay sb for sthg** płacić komuś za coś; **to pay money into an account** wpłacać pieniądze na rachunek; **to pay attention (to)** zwracać uwagę (na); **to pay sb a visit** składać komuś wizytę; **to pay by credit card** płacić kartą kredytową. ◆ **pay back** <> *vt sep* [money] spłacać/spłacić; [person] oddawać/oddać pieniądze. ◆ **pay for** <> *vt insep* [purchase] płacić/zapłacić za. ◆ **pay in** <> *vt sep* [cheque, money] wpłacać/wpłacić. ◆ **pay out** <> *vt sep* [money] wypłacać/wypłacić. ◆ **pay up** <> *vi* oddawać/oddać pieniądze.

payable ['peɪəbl] *adj* [bill] płatny • **payable to** [cheque] wystawiony na.

payment ['peɪmənt] *n* [of money, bill] płatność *f*; [amount] zapłata *f*.

pay-per-view *adj* [television, distributor] *dotyczący płatnej telewizji kablowej bądź satelitarnej (płać i oglądaj).*

payphone ['peɪfəʊn] *n* automat *m* telefoniczny.

pay television *n* telewizja *f* kodowana.

PC *n* (*abbr of* **personal computer**) pecet *m*; UK (*abbr of* **police constable**) posterunkowy *m*.

PE *n* (*abbr of* **physical education**) wf *m*.

pea [pi:] *n* groszek *m*.

peace [pi:s] *n* [no anxiety] spokój *m*; [no war] pokój *m* • **to leave sb in peace** zostawić kogoś w spokoju; **peace and quiet** cisza i spokój.

peaceful ['pi:sfʊl] *adj* spokojny.

peach [pi:tʃ] *n* brzoskwinia *f*.

peach melba *n* melba *f*.

peacock ['pi:kɒk] *n* paw *m*.

peak [pi:k] *n* szczyt *m*; [of hat] daszek *m*.

peak hours *npl* godziny *fpl* szczytu.

peak rate *n* taryfa *f* w godzinach szczytu.

peanut ['pi:nʌt] *n* orzeszek *m* ziemny.

peanut butter *n* masło *n* orzechowe.

pear [peəʳ] *n* gruszka *f*.

pearl [pɜ:l] *n* perła *f*.

peasant ['peznt] *n* chłop *m*, -ka *f*.

pebble ['pebl] *n* kamyk *m*.

pecan pie *n rodzaj tarty z nadzieniem orzechowym popularnej w USA.*

peck [pek] *vi* [bird] dziobać.

peculiar [pɪ'kju:lɪəʳ] *adj* [strange] osobliwy • **to be peculiar to** [exclusive] być właściwym dla.

peculiarity [pɪ,kju:lɪ'ærətɪ] *n* [special feature] osobliwość *f*.

pedal ['pedl] <> *n* pedał *m*. <> *vi* pedałować.

pedal bin *n* kosz *m* na śmieci *(z pedałem).*

pedalo ['pedələʊ] (*pl* -s) *n* rower *m* wodny.

pedestrian [pɪ'destrɪən] *n* pieszy *m*, piesza *f*.

pedestrian crossing *n* przejście *n* dla pieszych.

pedestrianized *adj* przeznaczony dla ruchu pieszego.

pedestrian precinct *n UK* strefa *f* ruchu pieszego.

pedestrian zone *US* = pedestrian precinct.

pee [piː] <> *vi inf* siusiać. <> *n* : **to have a pee** *inf* wysiusiać się.

peel [piːl] <> *n* skórka *f*. <> *vt* [fruit, vegetables] obierać/obrać. <> *vi* łuszczyć/złuszczyć się.

peep [piːp] *n* : **to have a peep** zerkać/zerknąć.

peer [pɪəʳ] *vi* przyglądać/przyjrzeć się.

peg [peg] *n* [for tent] śledź *m*; [hook] wieszak *m*; [for washing] spinacz *m* do bielizny.

pelican crossing *n UK* przejście *n* dla pieszych *(z sygnalizacją świetlną regulowaną przez samych pieszych)*.

pelvis ['pelvɪs] *n* miednica *f*.

pen [pen] *n* [ballpoint pen] długopis *m*; [fountain pen] pióro *n*; [for animals] zagroda *f*.

penalty ['penltɪ] *n* [fine] kara *f*; [in football] rzut *m* karny.

pence [pens] *npl* pensy *mpl* • **it costs 20 pence** to kosztuje 20 pensów.

pencil ['pensl] *n* ołówek *m*.

pencil case *n* piórnik *m*.

pencil sharpener *n* temperówka *f*.

pendant ['pendənt] *n* [on necklace] wisiorek *m*.

pending ['pendɪŋ] *adj* w toku.

penetrate ['penɪtreɪt] *vt* [pierce] przenikać/przeniknąć.

penfriend *n* przyjaciel *m* korespondencyjny, przyjaciółka *f* korespondencyjna.

penguin ['peŋgwɪn] *n* pingwin *m*.

penicillin ['penɪ'sɪlɪn] *n* penicylina *f*.

peninsula [pə'nɪnsjʊlə] *n* półwysep *m*.

penis ['piːnɪs] *n* penis *m*.

penknife ['pennaɪf] *(pl* **-knives** [-naɪvz]) *n* scyzoryk *m*.

penny ['penɪ] *(pl* **pennies**) *n* [coin in UK] pens *m*; [coin in US] cent *m*.

pension *n* ['penʃn] [for retired people] emerytura *f*; [for disabled people] renta *f*.

pensioner ['penʃənəʳ] *n* [retired] emeryt *m*, -ka *f*; [disabled] rencista *m*, rencistka *f*.

penthouse ['penthaʊs] *n* apartament *m* na ostatnim piętrze.

penultimate [pe'nʌltɪmət] *adj* przedostatni.

people ['piːpl] <> *npl* [persons] osoby *fpl*; [in general] ludzie *pl*. <> *n* [nation] naród *m* • **the people** [citizens] obywatele *mpl*; **French people** Francuzi.

people carrier *n* minivan *m*.

pepper ['pepəʳ] *n* [spice] pieprz *m*; [vegetable] papryka *f*.

peppercorn ['pepəkɔːn] *n* ziarnko *n* pieprzu.

peppermint ['pepəmɪnt] <> *adj* miętowy. <> *n* [sweet] miętówka *f*.

pepper pot *n* pieprzniczka *f*.

pepper steak *n* stek z polędwicy wołowej smażony w pieprzu.

Pepsi® *n* Pepsi® *f*.

per [pɜːʳ] *prep* na • **per person** na osobę; **per week** na tydzień; **20 per night** 20 funtów za noc.

perceive [pə'siːv] *vt* spostrzegać/spostrzec.

per cent [pə'sent] *adv* procent.

percentage [pə'sentɪdʒ] *n* procent *m*.

perch [pɜːtʃ] *n* [for cage bird] żerdka *f*.

perfect ◇ *adj* ['pɜːfɪkt] doskonały. ◇ *vt* [pə'fekt] doskonalić/udoskonalić. ◇ *n* ['pɜːfɪkt] : **the perfect (tense)** czas typu perfect.

perfection [pə'fekʃn] *n* : **to do sthg to perfection** doprowadzić coś do perfekcji.

perfectly ['pɜːfɪktlɪ] *adv* [very well] doskonale.

perform [pə'fɔːm] ◇ *vt* [task] wykonywać/wykonać; [operation] przeprowadzać/przeprowadzić; [play] przedstawiać/przedstawić; [concert] dawać/dać. ◇ *vi* [actor, singer] występować/wystąpić.

performance [pə'fɔːməns] *n* [of play] przedstawienie *n*; [of concert] wykonanie *n*; [of film] pokaz *m*; [by actor, musician] wykonanie *n*; [of car] osiągi *mpl*.

performer [pə'fɔːmə'] *n* [entertainer] artysta *m*, artystka *f*; [of role, of music] wykonawca *m*, wykonawczyni *f*.

perfume *n* ['pɜːfjuːm] [worn by woman] perfumy *pl*.

perhaps [pə'hæps] *adv* może.

perimeter [pə'rɪmɪtə'] *n* obwód *m*.

period ['pɪərɪəd] ◇ *n* okres *m*; SCH godzina *f* lekcyjna; US [full stop] kropka *f*. ◇ *adj* [costume, furniture] z epoki.

periodic ['pɪərɪ'ɒdɪk] *adj* okresowy.

period pains *npl* bóle *mpl* menstruacyjne.

periphery [pə'rɪfərɪ] *n* skraj *m*.

perishable ['perɪʃəbl] *adj* [food] łatwo psujący się.

perk *n* [pɜːk] dodatkowa korzyść *f* (*w pracy*).

perm [pɜːm] ◇ *n* trwała *f*. ◇ *vt* : **to have one's hair permed** zrobić sobie trwałą.

permanent ['pɜːmənənt] *adj* [address, job, exhibition] stały; [relationship, disability] trwały.

permanent address *n* adres *m* stały.

permanently ['pɜːmənəntlɪ] *adv* [for indefinite period] trwale; [constantly] ciągle.

permissible [pə'mɪsəbl] *adj fml* dopuszczalny.

permission [pə'mɪʃn] *n* pozwolenie *n*.

permit ◇ *vt* [pə'mɪt] [allow] zezwalać/zezwolić. ◇ *n* ['pɜːmɪt] zezwolenie *n* • **to permit sb to do sthg** pozwolić komuś na coś; '**permit holders only**' *tylko dla upoważnionych*.

perpendicular ['pɜːpən'dɪkjʊlə'] *adj* prostopadły.

persevere ['pɜːsɪ'vɪə'] *vi* trwać/wytrwać.

persist [pə'sɪst] *vi* [continue to exist] utrzymywać/utrzymać się • **to persist in doing sthg** nie przestawać czegoś robić.

persistent [pə'sɪstənt] *adj* uporczywy; [person] wytrwały.

person ['pɜːsn] (*pl* **people**['piːpl]) *n* osoba *f* • **in person** osobiście.

personal ['pɜːsənl] *adj* [private] osobisty; [for one person] własny • **a personal friend** przyjaciel przyjaciółka.

personal assistant *n* osobisty asystent *m*, osobista asystentka *f*.

personal belongings *npl* rzeczy *fpl* osobiste.

personal computer n komputer *m* osobisty.

personality ['pɜːsə'næləti] n [of person] osobowość *f*; [famous person] osobistość *f*.

personally ['pɜːsnəlɪ] adv osobiście.

personal property n majątek *n* osobisty.

personal stereo n odtwarzacz *m* osobisty.

personnel ['pɜːsə'nel] npl personel *m*.

perspective [pə'spektɪv] n perspektywa *f*.

Perspex® ['pɜːspeks] n UK pleksiglas *m*.

perspiration ['pɜːspə'reɪʃn] n pot *m*.

persuade [pə'sweɪd] vt : to persuade sb (to do sthg) przekonywać kogoś (do zrobienia czegoś) • to persuade that ... przekonywać, że.

persuasive [pə'sweɪsɪv] adj przekonujący.

pervert ['pɜːvɜːt] n zboczeniec *m*.

pessimist ['pesɪmɪst] n pesymista *m*, pesymistka *f*.

pessimistic ['pesɪ'mɪstɪk] adj pesymistyczny.

pest [pest] n [insect, animal] szkodnik *m*; inf [person] utrapieniec *m*.

pester ['pestə'] vt męczyć.

pesticide ['pestɪsaɪd] n pestycyd *m*.

pet [pet] n [animal] zwierzę *n* domowe • the teacher's pet pupilek nauczyciela.

petal ['petl] n płatek *m*.

pet food n karma *f* dla zwierząt.

petition [pɪ'tɪʃn] n [letter] petycja *f*.

petits pois npl zielony groszek *m*.

petrified ['petrɪfaɪd] adj [frightened] skamieniały ze strachu.

petrol ['petrəl] n UK benzyna *f*.

petrol can n UK kanister *m*.

petrol cap n UK korek *m* wlewu paliwa.

petrol gauge n UK wskaźnik *m* poziomu paliwa.

petrol pump n UK pompa *f* paliwowa.

petrol station n UK stacja *f* benzynowa.

petrol tank n UK zbiornik *m* paliwa.

pet shop n sklep *m* zoologiczny.

petticoat ['petɪkəʊt] n halka *f*.

petty ['petɪ] adj pej [person] małostkowy; [rule] nieistotny.

petty cash n fundusz *m* na drobne wydatki.

pew [pjuː] n ławka *f* kościelna.

pewter ['pjuːtə'] adj [metal] stop *m* cyny z ołowiem.

PG (abbr of parental guidance) *kategoria filmów, które dzieci mogą oglądać za zgodą i w obecności rodziców.*

pharmacist ['fɑːməsɪst] n aptekarz *m*, aptekarka *f*.

pharmacy ['fɑːməsɪ] n [shop] apteka *f*.

phase [feɪz] n [stage] faza *f*.

PhD n [degree] dr.

pheasant ['feznt] n bażant *m*.

phenomena [fɪ'nɒmɪnə] pl ▷ phenomenon.

phenomenal [fɪ'nɒmɪnl] adj [extraordinary] fenomenalny.

phenomenon [fɪ'nɒmɪnən] (pl -mena [fɪ'nɒmɪnə]) n zjawisko *n*.

Philippines [ˈfɪlɪpiːn z] *npl* : the Philippines Filipiny *pl*.

philosophy [fɪˈlɒsəfɪ] *n* filozofia *f*.

phlegm [flem] *n* [in throat] flegma *f*.

phone [fəʊn] <> *n* telefon *m*. <> *vt UK* dzwonić/zadzwonić do. <> *vi UK* dzwonić/zadzwonić • **to be on the phone** [talking] rozmawiać przez telefon; **we're not on the phone** [connected] nie mamy telefonu. ➡ **phone up** <> *vt sep* dzwonić/zadzwonić do. <> *vi* dzwonić/zadzwonić.

phone book *n* książka *f* telefoniczna.

phone booth *n* budka *f* telefoniczna.

phone box *n UK* budka *f* telefoniczna.

phone call *n* rozmowa *f* telefoniczna.

phonecard [ˈfəʊnkɑːd] *n* karta *f* telefoniczna.

phone number *n* numer *m* telefonu.

photo [ˈfəʊtəʊ] *n* zdjęcie *n* • **to take a photo of sb** zrobić komuś zdjęcie.

photo album *n* album *m* na zdjęcia.

photocopier [ˈfəʊtəʊˈkɒpɪə] *n* xero *n*.

photocopy [ˈfəʊtəʊˈkɒpɪ] <> *n* kserokopia *f*. <> *vt* kserować/skserować.

photograph [ˈfəʊtəɡrɑːf] <> *n* fotografia *f*. <> *vt* fotografować/sfotografować.

photographer [fəˈtɒɡrəfə] *n* fotograf *m*, -ka *f*.

photography [fəˈtɒɡrəfɪ] *n* fotografia *f*.

phrase [freɪz] *n* zwrot *m*.

phrasebook [ˈfreɪzbʊk] *n* rozmówki *pl*.

physical [ˈfɪzɪkl] <> *adj* fizyczny. <> *n* badanie *n* lekarskie.

physical education *n* wychowanie *n* fizyczne.

physically handicapped *adj* niepełnosprawny ruchowo.

physics [ˈfɪzɪks] *n* fizyka *f*.

physiotherapy [ˈfɪzɪəʊˈθerəpɪ] *n* fizjoterapia *f*.

pianist [ˈpɪənɪst] *n* pianista *m*, pianistka *f*.

piano (*pl* -s) *n* [upright] pianino *n*; [grand] fortepian *m*.

pick [pɪk] <> *vt* [select] wybierać/wybrać; [fruit, flowers] zrywać/zerwać. <> *n* [pickaxe] kilof *m* • **to pick a fight** wszczynać bójkę; **to pick one's nose** dłubać w nosie; **to take one's pick** wybrać. ➡ **pick on** <> *vt insep* czepiać/przyczepić się. ➡ **pick out** <> *vt sep* [select] wybierać/wybrać; [see] dostrzegać/dostrzec. ➡ **pick up** <> *vt sep* [lift up] podnosić/podnieść; [collect] odbierać/odebrać; [acquire] łapać/złapać; [hitchhiker] podwozić/podwieźć; *inf* [woman, man] podrywać/poderwać. <> *vi* [improve] poprawiać/poprawić się • **to pick the phone** [answer] podnieść słuchawkę.

pickaxe [ˈpɪkæks] *n* kilof *m*.

pickle [ˈpɪkl] *n UK* [food] marynata *f*; *US* [pickled cucumber] ogórek *m* konserwowy.

pickled onion *n* cebula *f* marynowana.

pickpocket [ˈpɪkˈpɒkɪt] *n* kieszonkowiec *m*.

pick-up (truck) *n* furgonetka *f*.

picnic ['pɪknɪk] *n* piknik *m*.

picnic area *n* teren *m* piknikowy.

picture ['pɪktʃə'] *n* [painting, drawing] rysunek *m*; [photograph] zdjęcie *n*; [on TV] obraz *m*; [film] film *m*. ➡ **pictures** *npl* : the pictures *UK* kino *n*.

picture frame *n* rama *f* obrazu.

picturesque ['pɪktʃə'resk] *adj* malowniczy.

pie [paɪ] *n* potrawa z owoców, mięsa lub warzyw zapiekanych w kruchym cieście.

piece [pi:s] *n* [part, bit] kawałek *m*; [component] część *f*; [single item] sztuka *f*; [of paper] kartka *f*; [in chess] figura *f*; MUS utwór *m* • a 20p piece dwudziestopensówka; a piece of advice rada; to fall to pieces rozpaść się; in one piece w całości.

pier [pɪə'] *n* molo *n*.

pierce [pɪəs] *vt* [puncture] przekłuwać/przekłuć • to have one's ears pierced przekłuć sobie uszy.

pig [pɪg] *n* [animal] świnia *f*; *inf* [greedy person] świnia *f*.

pigeon ['pɪdʒɪn] *n* gołąb *m*.

pigeonhole ['pɪdʒɪnhəʊl] *n* przegródka *f*.

pigskin ['pɪgskɪn] *adj* świńska skóra *f*.

pigtails *npl* mysie ogonki *mpl*.

pike [paɪk] *n* [fish] szczupak *m*.

pilau rice *n* pilaw *m*.

pilchard ['pɪltʃəd] *n* odmiana sardynek popularna w Anglii.

pile [paɪl] ⟨*n* [heap] sterta *f*; [neat stack] stos *m*. ⟨*vt* [untidily] zwalać/zwalić; [neatly] układać/ułożyć w stos • piles of *inf* [a lot] masa. ➡ **pile up** ⟨*vt sep* gromadzić/zgroma-

dzić. ⟨*vi* [accumulate] gromadzić/nagromadzić się.

piles [paɪlz] *npl* MED hemoroidy *mpl*.

pile-up *n* karambol *m*.

pill [pɪl] *n* pigułka *f* • the pill [contraceptive] pigułka antykoncepcyjna.

pillar ['pɪlə'] *n* [of building] filar *m*.

pillar box *n UK* skrzynka *f* pocztowa.

pillion ['pɪljən] *n* : to ride pillion jechać na tylnym siodełku.

pillow ['pɪləʊ] *n* [for bed] poduszka *f*; *US* [on chair, sofa] poduszka *f*.

pillowcase ['pɪləʊkeɪs] *n* poszewka *f*.

pilot ['paɪlət] *n* pilot *m*, -ka *f*.

pilot light *n* płomyk *m* pilotujący.

pimple ['pɪmpl] *n* pryszcz *m*.

pin ⟨*n* [for sewing] szpilka *f*; [drawing pin] pinezka *f*; [safety pin] agrafka *f*; *US* [brooch] broszka *f*; *US* [badge] plakietka *f*. ⟨*vt* [fasten] spinać/spiąć • a two-pin plug wtyczka z dwoma bolcami; pins and needles mrowienie.

pinafore ['pɪnəfɔ:'] *n* [apron] fartuch *m*; *UK* [dress] bezrękawnik *m*.

pinball ['pɪnbɔ:l] *n* fliper *m*.

pincers *npl* [tool] obcęgi *pl*.

pinch [pɪntʃ] ⟨*vt* [squeeze] szczypać/uszczypnąć; *UK inf* [steal] zwędzić. ⟨*n* [of salt] szczypta *f*.

pine [paɪn] ⟨*n* sosna *f*. ⟨*adj* sosnowy.

pineapple ['paɪn'æpl] *n* ananas *m*.

pink [pɪŋk] ⟨*adj* różowy. ⟨*n* [colour] różowy *m*.·

pinkie *n US* mały palec *m*.

PIN number *n* numer *m* PIN.

pint [paɪnt] *n* ≃ pół litra• **a pint (of beer)** *UK* duże piwo.

pip [pɪp] *n* [of fruit] pestka *f*.

pipe [paɪp] *n* [for smoking] fajka *f*; [for gas, water] rura *f*.

pipe cleaner *n* wycior *m* do fajki.

pipeline ['paɪplaɪn] *n* rurociąg *m*.

pipe tobacco *n* tytoń *m* do fajki.

pirate ['paɪrət] *n* [sailor] pirat *m*, -ka *f*.

Pisces ['paɪsiːz] *n* Ryby *pl*.

piss [pɪs] <> *vi vulg* szczać. <> *n* : **to have a piss** *vulg* odlać się • **it's pissing down** *vulg* leje.

pissed [pɪst] *adj UK vulg* [drunk] zalany; *US vulg* [angry] wkurzony.

pissed off *adj vulg* wkurzony.

pistachio [pɪ'stɑːʃɪəʊ] <> *n* [nut] orzech *m* pistacjowy. <> *adj* [flavour] pistacjowy.

pistol ['pɪstl] *n* pistolet *m*.

piston ['pɪstən] *n* tłok *m*.

pit [pɪt] *n* [hole] dół *m*; [coal mine] kopalnia *f*; [for orchestra] kanał *m*; *US* [in fruit] pestka *f*.

pitch [pɪtʃ] <> *n UK* SPORT boisko *n*. <> *vt* [throw] rzucać/rzucić • **to pitch a tent** rozbijać namiot.

pitcher ['pɪtʃər] *n* [large jug] dzban *m*; *US* [small jug] dzbanek *m*; [baseball] miotacz *m*, -ka *f*.

pitfall ['pɪtfɔːl] *n* pułapka *f*.

pith [pɪθ] *n* [of orange] biała skórka *f*.

pitta (bread) *n* pitta *f*.

pitted ['pɪtɪd] *adj* [olives] drylowany.

pity ['pɪtɪ] *n* [compassion] współczucie *n* • **to have pity on sb** zlitować się nad kimś; **it's a pity (that)** ... [shame] szkoda, (że) ...; **what a pity!** wielka szkoda!

pivot ['pɪvət] *n* oś *f*.

pizza ['piːtsə] *n* pizza *f*.

pizzeria ['piːtsə'rɪə] *n* pizzeria *f*.

Pl. (*abbr of* **Place**) *nazwa niektórych ulic w Wlk. Brytanii*.

placard ['plækɑːd] *n* [on wall] plakat *m*.

place [pleɪs] <> *n* [location] miejsce *n*; [house, flat] dom *m*; [in list] pozycja *f*; [at table] nakrycie *n*. <> *vt* [put] kłaść/położyć; [an order] składać/złożyć; [bet] robić/zrobić • **in the first place** [firstly] po pierwsze; **to my place** do mnie; **to take place** mieć miejsce; **to take sb's place** [replace] zastąpić; **all over the place** wszędzie; **in place of** zamiast.

place mat *n* podkładka *f* pod nakrycie.

placement ['pleɪsmənt] *n* [work experience] staż *f*.

place of birth *n* miejsce *n* urodzenia.

plague [pleɪg] *n* [disease] zaraza *f*.

plaice [pleɪs] (*pl* **plaice**) *n* płastuga *f*.

plain [pleɪn] <> *adj* [not decorated] zwyczajny; [simple] prosty; [yoghurt] naturalny; [clear] jasny; [paper] gładki; *pej* [not attractive] nieładny. <> *n* równina *f*.

plain chocolate *n* czekolada *f* gorzka.

plainly ['pleɪnlɪ] *adv* [obviously] oczywiście; [distinctly] jasno.

plait [plæt] <> *n* warkocz *m*. <> *vt* pleść/zapleść.

plan [plæn] <> *n* plan *m*. <> *vt* [organize] planować/zaplanować

• **have you any plans for to-night?** masz jakieś plany na wieczór?; **according to plan** zgodnie z planem; **to plan to do sthg, to plan on doing sthg** planować zrobienie czegoś.

plane [pleɪn] *n* [aeroplane] samolot *m*; [tool] hebel *m*.

planet ['plænɪt] *n* planeta *f*.

plank [plæŋk] *n* deska *f*.

plant [plɑːnt] ◇ *n* [living thing] roślina *f*; [factory] zakład *m*. ◇ *vt* [seeds] siać/zasiać; [tree] sadzić/zasadzić; [land] obsiewać/obsiać, obsadzać/obsadzić • 'heavy plant crossing' „uwaga na ciężkie pojazdy – plac budowy".

plantation [plæn'teɪʃn] *n* plantacja *f*.

plaque [plɑːk] *n* [plate] plakietka *f*; [on teeth] płytka *f* nazębna.

plaster ['plɑːstəʳ] *n* *UK* [for cut] plaster *m*; [for walls] tynk *m* • **in plaster** [arm, leg] w gipsie.

plaster cast *n* [for broken bones] opatrunek *m* gipsowy.

plastic ['plæstɪk] ◇ *n* [material] plastik *m*. ◇ *adj* plastikowy.

plastic bag *n* torebka *f* foliowa; [for shopping] reklamówka *f*.

Plasticine® ['plæstɪsiːn] *n* *UK* plastelina *f*.

plate [pleɪt] *n* [for food] talerz *m*; [of metal, glass] płyta *f*.

plateau ['plætəʊ] *n* [flat land] płaskowyż *m*.

plate glass *adj* ze szkła walcowanego.

platform ['plætfɔːm] *n* [at raiway station] peron *m*; [raised structure] platforma *f*.

platinum ['plætɪnəm] *n* platyna *f*.

platter ['plætəʳ] *n* [of food] półmisek *m*.

play [pleɪ] ◇ *vt* grać/zagrać; [opponent] grać/zagrać z; [CD, tape, record] puszczać/puścić. ◇ *vi* [child] bawić/pobawić się; [in sport, game, music] grać/zagrać. ◇ *n* [in theatre, on TV] sztuka *f*; [button on CD, tape recorder] przycisk *m* „play". ➡ **play back** ◇ *vt sep* odtwarzać/odtworzyć. ➡ **play up** ◇ *vi* [machine, car] nawalać/nawalić.

player ['pleɪəʳ] *n* [of sport, game] gracz *m*, -ka *f*; [of musical instrument] muzyk *m* • **guitarplayer** gitarzysta *m*, gitarzystka *f*.

playful ['pleɪfʊl] *adj* [person] figlarny.

playground ['pleɪgraʊnd] *n* [in school] boisko *n*; [in park *etc*] plac *m* zabaw.

playgroup ['pleɪgruːp] *n* przedszkole *n* środowiskowe.

playing card ['pleɪɪŋ-] *n* karta *f* do gry.

playing field ['pleɪɪŋ] *n* boisko *n* sportowe.

playroom ['pleɪrʊm] *n* bawialnia *f*.

playschool ['pleɪskuːl] = **playgroup**.

playtime ['pleɪtaɪm] *n* przerwa *f*.

playwright ['pleɪraɪt] *n* dramaturg *m*.

plc *UK* (*abbr of* **public limited company**) z o.o.

pleasant ['pleznt] *adj* [day, feeling, meal] przyjemny; [person] miły.

please [pliːz] ◇ *adv* proszę. ◇ *vt* [give enjoyment to] zadowalać/zadowolić • **yes please!** poproszę!; **whatever you please** cokolwiek pani sobie życzy.

pleased [pliːzd] *adj* zadowolony • **to be pleased with** być za-

dowolonym z; **pleased to meet you!** miło mi pana poznać!

pleasure ['pleʒəʳ] *n* przyjemność *f* • **with pleasure** z przyjemnością; **it's a pleasure!** cała przyjemność po mojej stronie!

pleat [pliːt] *n* plisa *f*.

pleated ['pliːtɪd] *adj* plisowany.

plentiful ['plentɪfʊl] *adj* obfity.

plenty ['plentɪ] *pron* dużo • **plenty of** dużo.

pliers ['plaɪəz] *npl* kombinerki *pl*.

plimsoll ['plɪmsəl] *n UK* tenisówka *f*.

plonk [plɒŋk] *n UK inf* [wine] bełt *m*.

plot [plɒt] *n* [scheme] spisek *m*; [of story, film, play] fabuła *f*; [of land] działka *f*.

plough [plaʊ] ⋄ *n UK* pług *m*. ⋄ *vt UK* orać/zaorać.

ploughman's (lunch) *n UK* posiłek składający się z chleba, sera i marynowanych jarzyn.

plow *US* = plough.

ploy [plɔɪ] *n* chwyt *m*.

pluck [plʌk] *vt* [eyebrows, hair] wyskubywać/wyskubać; [chicken] skubać/oskubać.

plug [plʌg] *n* [with pins] wtyczka *f*; [socket] gniazdko *n*; [for bath, sink] korek *m*. ➡ **plug in** *vt sep* włączać/włączyć do kontaktu.

plughole ['plʌghəʊl] *n* odpływ *m*.

plum [plʌm] *n* śliwka *f*.

plumber ['plʌməʳ] *n* hydraulik *m*.

plumbing ['plʌmɪŋ] *n* [pipes] instalacja *f* wodno-kanalizacyjna.

plump [plʌmp] *adj* [person] pulchny; [animal] tłuściutki.

plunge [plʌndʒ] *vi* [dive] nurkować/zanurkować; [fall] wpadać/wpaść; [decrease] spadać/spaść gwałtownie.

plunge pool *n* basen *m (mały i głęboki)*.

plunger ['plʌndʒəʳ] *n* [for unblocking pipe] przepychacz *m*.

pluperfect (tense) *n* : **the pluperfect (tense)** czas zaprzeszły.

plural ['plʊərəl] *n* liczba *f* mnoga • **in the plural** w liczbie mnogiej.

plus [plʌs] ⋄ *prep* plus. ⋄ *adj* : **30 plus** po trzydziestce.

plush [plʌʃ] *adj* [luxurious] luksusowy.

Pluto ['pluːtəʊ] *n* Pluton *m*.

plywood ['plaɪwʊd] *n* sklejka *f*.

p.m. (*abbr of* post meridiem) po południu.

PMT *n* (*abbr of* premenstrual tension) napięcie *n* przedmiesiączkowe.

pneumatic drill *n* młot *m* pneumatyczny.

pneumonia [njuːˈməʊnjə] *n* zapalenie *n* płuc.

poached egg *n* jajko *n* w koszulce.

poached salmon *n* łosoś *m* gotowany.

poacher ['pəʊtʃəʳ] *n* kłusownik *m*, kłusowniczka *f*.

PO Box *n* (*abbr of* Post Office Box) skr. poczt.

pocket ['pɒkɪt] ⋄ *n* kieszeń *f*. ⋄ *adj* [camera, calculator] kieszonkowy.

pocketbook ['pɒkɪtbʊk] *n* [notebook] notes *m*; *US* [handbag] torebka *f*.

pocket money *n UK* kieszonkowe *n*.

podiatrist [pəˈdaɪətrɪst] *n US* specjalista chorób stóp.

poem ['pəʊɪm] *n* wiersz *m*.

poet ['pəʊɪt] *n* poeta *m*, poetka *f*.

poetry ['pəʊɪtrɪ] *n* poezja *f*.

point [pɔɪnt] <> *n* punkt *m*; [tip] czubek *m*; [place] miejsce *n*; [moment] moment *m*; [most important thing] cel *m*; [full stop] kropka *f*; *UK* [electric socket] gniazdko *n*. <> *vi* : **to point to** [with finger] wskazać na; [arrow, sign] kierować do • **five point seven** pięć i siedem dziesiątych; **five point eight seven five three** pięć przecinek osiem tysięcy siedemset pięćdziesiąt trzy; **what's the point?** po co?; **there's no point** nie ma sensu; **to be on the point of doing sthg** mieć właśnie coś zrobić. ➡ **points** <> *npl UK* [on railway] zwrotnica *f*. ➡ **point out** <> *vt sep* wskazywać/wskazać.

pointed ['pɔɪntɪd] *adj* [in shape] zaostrzony.

pointless ['pɔɪntlɪs] *adj* bezsensowny.

point of view *n* punkt *m* widzenia.

poison ['pɔɪzn] <> *n* trucizna *f*. <> *vt* truć/otruć.

poisoning ['pɔɪznɪŋ] *n* zatrucie *n*.

poisonous ['pɔɪznəs] *adj* [food, gas, substance] trujący; [snake, spider] jadowity.

poke [pəʊk] *vt* szturchać/szturchnąć.

poker ['pəʊkəʳ] *n* [card game] poker *m*.

Poland ['pəʊlənd] *n* Polska *f*.

polar bear *n* niedźwiedź *m* polarny.

Polaroid® ['pəʊlərɔɪd] *n* [photograph] zdjęcie *n* z polaroidu; [camera] polaroid *m*.

pole *n* [of wood] słup *m*.

Pole *n* [person] Polak *m*, Polka *f*.

police [pə'liːs] *npl* : **the police** policja *f*.

police car *n* wóz *m* policyjny.

police force *n* policja *f*.

policeman [pə'liːsmən] (*pl* -men [-mən]) *n* policjant *m*.

police officer *n* oficer *m* policji.

police station *n* posterunek *m* policji.

policewoman [pə'liːsˌwʊmən] (*pl* -women [-ˈwɪmɪn]) *n* policjantka *f*.

policy ['pɒləsɪ] *n* [approach, attitude] polityka *f*; [for insurance] polisa *f*.

policyholder ['pɒləsɪˌhəʊldəʳ] *n* ubezpieczony *m*, ubezpieczona *f*.

polio ['pəʊlɪəʊ] *n* choroba *f* Heinego-Medina.

polish <> *n* [for cleaning] pasta *f*. <> *vt* polerować/wypolerować.

Polish <> *adj* polski. <> *n* [language] polski *m*. <> *npl* : **the Polish** Polacy *mpl*.

polite [pə'laɪt] *adj* uprzejmy.

political [pə'lɪtɪkl] *adj* [concerning politics] polityczny.

politician ['pɒlɪ'tɪʃn] *n* polityk *m*.

politics ['pɒlətɪks] *n* [political affairs] polityka *f*.

poll [pəʊl] *n* [survey] ankieta *f* • **the polls** [election] wybory *mpl*.

pollen ['pɒlən] *n* pyłek *m*.

pollute [pə'luːt] *vt* zanieczyszczać/zanieczyścić.

pollution [pə'luːʃn] *n* [of sea, river, air] zanieczyszczenie *n*; [substances] zanieczyszczenia *npl*.

polo neck *n UK* [jumper] golf *m*.

polyester ['pɒlɪ'estəʳ] *n* poliester *m*.

polystyrene ['pɒlɪ'staɪriːn] *n* styropian *m*.

polythene bag *n* torebka *f* plastikowa.

pomegranate ['pɒmɪ'grænɪt] *n* granat *m*.

pompous ['pɒmpəs] *adj* [person] pompatyczny.

pond [pɒnd] *n* staw *m*.

pontoon [pɒn'tuːn] *n* [card game] oczko *n*.

pony ['pəʊnɪ] *n* kucyk *m*.

ponytail ['pəʊnɪteɪl] *n* koński ogon *m*.

pony-trekking [-'trekɪŋ] *n* UK wycieczka *f* konna.

poodle ['puːdl] *n* pudel *m*.

pool [puːl] *n* [for swimming] basen *m*; [of water, blood, milk] kałuża *f*; [small pond] sadzawka *f*; [game] pool *m*. **pools** *npl* UK : the pool totalizator *m* sportowy.

poor [pʊə'] <> *adj* biedny; [bad] kiepski • you poor thing! biedactwo! <> *npl* : the poor biedni.

poorly ['pʊəlɪ] <> *adj* UK [ill] chory. <> *adv* marnie.

pop [pɒp] <> *n* [music] pop *m*. <> *vt inf* [put] wpakować. <> *vi* [balloon] pękać/pęknąć • my ears popped uszy mi się odetkały. **pop in** <> *vi* UK [visit] wpadać/wpaść.

popcorn ['pɒpkɔːn] *n* popcorn *m*.

Pope [pəʊp] *n* : the Pope papież *m*.

pop group *n* zespół *m* popowy.

poplar (tree) *n* topola *f*.

pop music *n* muzyka *f* pop.

poppadom ['pɒpədəm] *n* rodzaj cienkiego hinduskiego placka smażonego w głębokim tłuszczu.

popper ['pɒpə'] *n* UK [press stud] zatrzask *m*.

poppy ['pɒpɪ] *n* mak *m*.

Popsicle® ['pɒpsɪkl] *n* US lód *m* na patyku.

pop socks *npl* podkolanówki *fpl*.

pop star *n* gwiazda *f* pop.

popular ['pɒpjʊlə'] *adj* [person, place, activity] popularny; [opinion, ideas] powszechny.

popularity ['pɒpjʊ'lærətɪ] *n* popularność *f*.

populated *adj* zaludniony, zamieszkany.

population ['pɒpjʊ'leɪʃn] *n* [number of people] populacja *f*; [people] ludność *f*.

porcelain ['pɔːsəlɪn] *n* porcelana *f*.

porch [pɔːtʃ] *n* [entrance] ganek *m*; US [outside house] weranda *f*.

pork [pɔːk] *n* wieprzowina *f*.

pork chop *n* kotlet *m* wieprzowy.

pork pie *n* rodzaj pasztetu wieprzowego w kruchym cieście.

pornographic ['pɔːnə'græfɪk] *adj* pornograficzny.

porridge ['pɒrɪdʒ] *n* owsianka *f*.

port [pɔːt] *n* port *m*; [drink] porto *n*.

portable ['pɔːtəbl] *adj* przenośny.

porter ['pɔːtə'] *n* [at hotel, museum] portier *m*, -ka *f*; [at station, airport] bagażowy *m*.

porthole ['pɔːthəʊl] *n* luk *m*.

portion ['pɔːʃn] *n* [part] część *f*; [of food] porcja *f*.

portrait ['pɔːtreɪt] *n* portret *m*.

Portugal ['pɔːtʃʊgl] *n* Portugalia *f*.

Portuguese ['pɔːtʃʊ'giːz] <> *adj* portugalski. <> *n* [language] portugalski *m*. <> *npl* : the Portuguese Portugalczycy *mpl*.

pose [pəʊz] <> *vt* [problem,

threat] stawiać/postawić. <> vi [for photo] pozować.

posh [pɒʃ] adj inf [person, accent] z wyższych sfer; [hotel, restaurant] elegancki.

position [pə'zɪʃn] n [place, situation] położenie n; [stance] postawa f; [on appliance, in race, contest] pozycja f; [rank, importance, job] stanowisko n • 'position closed' [in bank, post office etc] „okienko nieczynne".

positive ['pɒzətɪv] adj pozytywny; [certain, sure] pewny; [optimistic] pozytywnie nastawiony; [number] dodatni.

possess [pə'zes] vt posiadać/posiąść.

possession [pə'zeʃn] n własność f.

possessive [pə'zesɪv] adj pej [person] zaborczy; GRAMM dzierżawczy.

possibility [ˌpɒsə'bɪlətɪ] n możliwość f.

possible ['pɒsəbl] adj możliwy • it's possible that we may be late być może się spóźnimy; would it be possible ...? czy byłoby możliwe...?; as much as possible w miarę możliwości; if possible jeśli można.

possibly ['pɒsəblɪ] adv być może.

post [pəʊst] <> n poczta f; [pole] pal m; fml [job] posada f. <> vt [letter, parcel] wysyłać/wysłać • by post pocztą.

postage ['pəʊstɪdʒ] n opłata f pocztowa • postage and packing koszty przesyłki; postage paid opłatę pocztową opłacono.

postage stamp n fml znaczek m pocztowy.

postal order n przekaz m pocztowy.

postbox ['pəʊstbɒks] n UK skrzynka f pocztowa.

postcard ['pəʊstkɑːd] n pocztówka f.

postcode ['pəʊstkəʊd] n UK kod m pocztowy.

poster ['pəʊstə'] n plakat m.

poste restante ['pəʊst'restɑːnt] n UK poste n restante.

post-free adv bez opłaty pocztowej.

postgraduate ['pəʊst'grædʒʊət] n student m podyplomowy, studentka podyplomowa f.

Post-it (note)® n karteczka f samoprzylepna.

postman ['pəʊstmən] (pl postmen[-mən]) n listonosz m.

postmark ['pəʊstmɑːk] n stempel m pocztowy.

post office n [building] poczta f • the Post Office poczta f.

postpone ['pəʊst'pəʊn] vt odraczać/odroczyć.

posture ['pɒstʃə'] n postura f.

postwoman (pl -women) n listonoszka f.

pot [pɒt] n [for cooking] garnek m; [for jam, paint] słoik m; [for coffee, tea] dzbanek m; inf [cannabis] trawka f • a pot of tea dzbanek herbaty.

potato [pə'teɪtəʊ] (pl -es) n ziemniak m.

potato salad n sałatka f ziemniaczana.

potential [pə'tenʃl] <> adj potencjalny. <> n [possibility] potencjał m.

pothole ['pɒthəʊl] n [in road] wybój m.

pot plant n roślina f doniczkowa.

pot scrubber n druciak m.

potted ['pɒtɪd] *adj* [meat, fish] w wekach; [plant] doniczkowy.

pottery ['pɒtərɪ] *n* [clay objects] wyroby *mpl* garncarskie; [craft] garncarstwo *n*.

potty ['pɒtɪ] *n* nocnik *m*.

pouch [paʊtʃ] *n* [for money] sakiewka *f*; [for tobacco] kapciuch *m*.

poultry ['pəʊltrɪ] *n & npl* drób *m*.

pound [paʊnd] ◇ *n* [unit of money, weight] funt *m*. ◇ *vi* [heart, head] walić.

pour [pɔːʳ] ◇ *vt* [liquid] nalewać/nalać; [dry goods] sypać/wysypać; [drink] nalewać/nalać. ◇ *vi* [flow] lać się • **it's pouring (with rain)** leje jak z cebra. ➡ **pour out** ◇ *vt sep* [drink] wylać/wylewać.

poverty ['pɒvətɪ] *n* ubóstwo *n*.

powder ['paʊdəʳ] *n* proszek *m*.

power ['paʊəʳ] ◇ *n* [control, authority] władza *f*; [ability] zdolność *f*; [strength, force] siła *f*; [energy] energia *f*; [electricity] prąd *m*. ◇ *vt* zasilać/zasilić • **to be in power** być u władzy.

power cut *n* przerwa *f* w dopływie energii elektrycznej.

power failure *n* przerwa *f* w dopływie energii elektrycznej.

powerful ['paʊəfʊl] *adj* silny; [machine, drug, smell] mocny; [having control] wpływowy.

power point *n UK* gniazdko *n* elektryczne.

power station *n* elektrownia *f*.

power steering *n* wspomaganie *n* kierownicy.

practical ['præktɪkl] *adj* praktyczny; [sensible, realistic] realistyczny.

practically ['præktɪklɪ] *adv* [almost] praktycznie.

practice ◇ *n* [training] wprawa *f*; [training session] ćwiczenie *n*; [of doctor, lawyer] praktyka *f*; [regular activity, custom] zwyczaj *m*. ◇ *vt US* = **practise** • **to be out of practice** wyjść z wprawy.

practise ◇ *vt* [sport, music, technique] ćwiczyć/przećwiczyć. ◇ *vi* [train] trenować; [doctor, lawyer] prowadzić praktykę. ◇ *n US* = **practice**.

praise [preɪz] ◇ *n* pochwała *f*. ◇ *vt* chwalić/pochwalić.

pram *n UK* wózek *m* dziecięcy.

prank [præŋk] *n* psikus *m*.

prawn [prɔːn] *n* krewetka *f*.

prawn cocktail *n* koktajl *m* z krewetek.

prawn crackers *n* chipsy *mpl* krewetkowe.

pray [preɪ] *vi* modlić/pomodlić się • **to pray for sthg** *fig* [rain, help] modlić się o coś.

prayer [preəʳ] *n* modlitwa *f*.

precarious [prɪ'keərɪəs] *adj* [not safe] niebezpieczny; [uncertain] niepewny.

precaution [prɪ'kɔːʃn] *n* zabezpieczenie *n*.

precede [prɪ'siːd] *vt fml* poprzedzać/poprzedzić.

preceding [prɪ'siːdɪŋ] *adj* poprzedzający.

precinct ['priːsɪŋkt] *n UK* [for shopping] pasaż *m* handlowy; *US* [area of town] dzielnica *f*.

precious ['preʃəs] *adj* cenny.

precious stone *n* kamień *m* szlachetny.

precipice ['presɪpɪs] *n* przepaść *f*.

precise [prɪ'saɪs] *adj* [accurate] precyzyjny; [actual] : **at that precise moment** dokładnie w tym momencie.

precisely [prɪ'saɪslɪ] adv [accurately] precyzyjnie; [exactly] dokładnie.

predecessor ['priːdɪsesəʳ] n poprzednik m, poprzedniczka f.

predicament [prɪ'dɪkəmənt] n kłopotliwe położenie n.

predict [prɪ'dɪkt] vt przewidywać/przewidzieć.

predictable [prɪ'dɪktəbl] adj [foreseeable] przewidywalny; pej [unoriginal] do przewidzenia.

prediction [prɪ'dɪkʃn] n prognoza f.

preface ['prefɪs] n przedmowa f.

prefect ['priːfekt] n UK [at school] starszy uczeń pełniący dyżur w szkole.

prefer [prɪ'fɜːʳ] vt : to prefer sthg (to) woleć coś (od) • to prefer to do sthg woleć coś robić.

preferable ['prefrəbl] adj : be preferable to być lepszym od.

preferably ['prefrəblɪ] adv najlepiej.

preference ['prefərəns] n preferencja f.

prefix ['priːfɪks] n przedrostek m.

pregnancy ['pregnənsɪ] n ciąża f.

pregnant ['pregnənt] adj w ciąży.

prejudice ['predʒʊdɪs] n uprzedzenie n.

prejudiced ['predʒʊdɪst] adj uprzedzony.

preliminary [prɪ'lɪmɪnərɪ] adj wstępny.

premature ['premə'tjʊəʳ] adj [arrival, ageing, death] przedwczesny • premature baby wcześniak m, wcześniaczka f.

premier ['premjəʳ] <> adj główny. <> n premier m.

premiere ['premɪeəʳ] n premiera f.

premises ['premɪsɪz] npl posesja f.

premium ['priːmjəm] n [for insurance] składka f ubezpieczeniowa.

premium-quality adj [meat] najwyższej jakości.

preoccupied [priː'ɒkjʊpaɪd] adj zaabsorbowany.

pre-packed adj w opakowaniu.

prepaid [(past, pp) 'priː'peɪd] adj koperta f zwrotna.

preparation ['prepə'reɪʃn] n [preparing] przygotowanie n.
  ➡ **preparations** npl [arrangements] przygotowania npl.

preparatory school n [in UK] prywatna szkoła f podstawowa; [in US] prywatna szkoła f średnia.

prepare [prɪ'peəʳ] <> vt przygotowywać/przygotować. <> vi [get ready] przygotowywać/przygotować się.

prepared [prɪ'peəd] adj [ready] gotowy • to be prepared to do sthg być gotowym do zrobienia czegoś.

preposition ['prepə'zɪʃn] n przyimek m.

prep school = preparatory school.

prescribe [prɪ'skraɪb] vt przepisywać/przepisać.

prescription [prɪ'skrɪpʃn] n [paper] recepta f; [medicine] przepisany lek m.

presence ['prezns] n obecność f • in sb's presence w czyjejś obecności.

present <> adj ['preznt] obecny. <> n ['preznt] [gift] prezent m. <> vt [prɪ'zent] [give] darować/podarować; [problem, challenge] stanowić; [portray] przedstawiać/przedstawić; [radio or TV programme] prowadzić/poprowadzić; [play] wystawiać/wystawić • the present (tense) GRAMM

czas teraźniejszy; **at present** obecnie; **the present** teraźniejszość *f*; **to present sb to sb** przedstawiać komuś kogoś.

presentable [prɪ'zentəbl] *adj* dobrze prezentujący się.

presentation ['prezn'teɪʃn] *n* [way of presenting] sposób *m* prezentacji; [ceremony] wręczenie *n*.

presenter [prɪ'zentəʳ] *n* [of TV, radio programme] prezenter *m*, -ka *f*.

presently ['prezəntlɪ] *adv* [soon] wkrótce; [now] obecnie.

preservation ['prezə'veɪʃn] *n* ochrona *f*.

preservative [prɪ'zɜːvətɪv] *n* konserwant *m*.

preserve [prɪ'zɜːv] <> *n* [jam] konfitura *f*. <> *vt* [conserve] chronić/ochronić; [keep] zachowywać/zachować; [food] konserwować/zakonserwować.

president ['prezɪdənt] *n* [of country] prezydent *m*; [of company] prezes *m*; [of organization] przewodniczący *m*, przewodnicząca *f*.

press [pres] <> *vt* [push] naciskać/nacisnąć; [iron] prasować/wyprasować. <> *n* : **the press** prasa • **to press sb to do sthg** zmuszać kogoś do zrobienia czegoś.

press conference *n* konferencja *f* prasowa.

press-stud *n* zatrzask *m*.

press-ups *npl* pompki *fpl*.

pressure ['preʃəʳ] *n* [downward force] ciśnienie *n*; [strong influence] nacisk *m*; [stress] napięcie *n*.

pressure cooker *n* szybkowar *m*.

prestigious [pre'stɪdʒəs] *adj* prestiżowy.

presumably [prɪ'zjuːməblɪ] *adv* przypuszczalnie.

presume [prɪ'zjuːm] *vt* [assume] przypuszczać.

pretend [prɪ'tend] *vt* : **to pretend to do sthg** udawać, że się coś robi.

pretentious [prɪ'tenʃəs] *adj* pretensjonalny.

pretty ['prɪtɪ] <> *adj* [attractive] ładny. <> *adv inf* [quite] całkiem; [very] zupełnie.

prevent [prɪ'vent] *vt* zapobiegać/zapobiec • **to prevent sthg from happening** zapobiegać czemuś; **to prevent sb from doing sthg** uniemożliwiać komuś zrobienie czegoś.

prevention [prɪ'venʃn] *n* prewencja *f*.

preview ['priːvjuː] *n* [of film] pokaz *m* przedpremierowy; [short description] zapowiedź *f*.

previous ['priːvjəs] *adj* [preceding] poprzedni; [earlier] wcześniejszy.

previously ['priːvjəslɪ] *adv* poprzednio.

price [praɪs] <> *n lit & fig* cena *f*. <> *vt* wyceniać/wycenić.

priceless ['praɪslɪs] *adj* bezcenny.

price list *n* cennik *m*.

pricey ['praɪsɪ] *adj inf* drogawy.

prick [prɪk] *vt* [skin, finger] kłuć/pokłuć; [sting] kłuć/ukłuć.

prickly ['prɪklɪ] *adj* [plant, bush] kolczasty.

prickly heat *n* potówki *fpl*.

pride [praɪd] <> *n* [satisfaction] duma *f*; [self-respect] godność *f*; [arrogance] pycha *f*. <> *vt* : **to pride o.s. on sthg** szczycić się czymś.

priest [priːst] *n* ksiądz *m*.

primarily [*UK* 'praɪmərɪlɪ, *US* praɪ'merəlɪ] *adv* głównie.

primary school *n* szkoła *f* podstawowa.

prime [praɪm] *adj* [chief] główny; [quality, beef, cut] pierwszorzędny.

prime minister *n* premier *m*.

primitive ['prɪmɪtɪv] *adj* prymitywny.

primrose ['prɪmrəʊz] *n* pierwiosnek *m*.

prince [prɪns] *n* książę *m*.

Prince of Wales *n* książę *m* Walii.

princess [prɪn'ses] *n* księżniczka *f*.

principal ['prɪnsəpl] <> *adj* główny. <> *n* [of school, university] dyrektor *m*, -ka *f*.

principle ['prɪnsəpl] *n* zasada *f* • **in principle** w zasadzie.

print [prɪnt] <> *n* [words] druk *m*; [photo] odbitka *f*; [of painting] reprodukcja *f*; [mark] odcisk *m*. <> *vt* [book, newspaper] drukować/wydrukować; [publish] publikować/opublikować; [write] pisać/napisać drukowanymi literami; [photo] robić/zrobić odbitki • **out of print** wyczerpany nakład. **print out** <> *vt sep* drukować/wydrukować.

printed matter *n* druki *mpl*.

printer ['prɪntəʳ] *n* [machine] drukarka *f*; [person] drukarz *m*.

printout ['prɪntaʊt] *n* wydruk *m*.

prior ['praɪəʳ] *adj* [previous] uprzedni • **prior to** *fml* przed.

priority [praɪ'ɒrətɪ] *n* priorytet *m* • **to have priority over** być nadrzędnym w stosunku do.

prison ['prɪzn] *n* więzienie *n*.

prisoner ['prɪznəʳ] *n* więzień *m*, więźniarka *f*.

prisoner of war *n* jeniec *m* wojenny.

prison officer *n* strażnik *m* więzienny, strażniczka więzienna *f*.

privacy [*UK* 'prɪvəsɪ, *US* 'praɪvəsɪ] *n* prywatność *f*.

private ['praɪvɪt] <> *adj* prywatny; [confidential] poufny; [quiet] ustronny. <> *n* MIL szeregowy *m*, szeregowa *f* • **in private** na osobności.

private health care *n* prywatna opieka *m* medyczna.

private property *n* własność *f* prywatna.

private school *n* szkoła *f* prywatna.

privilege ['prɪvɪlɪdʒ] *n* przywilej *m* • **it's a privilege!** to dla mnie zaszczyt!

prize [praɪz] *n* nagroda *f*.

prize-giving *n* rozdanie *n* nagród.

pro (*pl* -s) *n* *inf* [professional] zawodowiec *m*. **pros** *npl* : **pros and cons** za i przeciw.

probability ['prɒbə'bɪlətɪ] *n* [likelihood] prawdopodobieństwo *n*.

probable ['prɒbəbl] *adj* [likely] prawdopodobny.

probably ['prɒbəblɪ] *adv* prawdopodobnie.

probation officer *n* kurator *m* sądowy.

problem ['prɒbləm] *n* problem *m* • **no problem!** *inf* nie ma sprawy!

procedure [prə'siːdʒəʳ] *n* procedura *f*.

proceed [prə'siːd] *vi* [act, advance] postępować/postąpić; *fml* [con-

tinue] kontynuować • **'proceed with caution'** zachowaj ostrożność.

proceeds ['prəʊsiːdz] *npl* dochód *m*.

process *n* ['prəʊses] [series of events] proces *m*; [method] metoda *f* • **to be in the process of doing sthg** być w trakcie robienia czegoś.

processed cheese *n* [for spreading] ser *m* topiony; [in slices] ser *m* plasterkowany.

procession [prə'seʃn] *n* procesja *f*.

prod [prɒd] *vt* [poke] szturchać/szturchnąć.

produce <> *vt* [prə'djuːs] [make, manufacture] produkować/wyprodukować; [cause] powodować/spowodować; [create naturally] wytwarzać/wytworzyć; [show] przedstawiać/przedstawić; [play] wystawiać/wystawić; [film] produkować/wyprodukować. <> *n* ['prɒdjuːs] produkty *mpl* rolne.

producer [prə'djuːsə'] *n* producent *m*, -ka *f*.

product ['prɒdʌkt] *n* [thing manufactured] produkt *m*; [result] wynik *m*.

production [prə'dʌkʃn] *n* produkcja *f*; [play] wystawienie *n*.

productivity ['prɒdʌk'tɪvətɪ] *n* wydajność *f*.

profession [prə'feʃn] *n* zawód *m*.

professional [prə'feʃənl] <> *adj* [relating to work] zawodowy; [specialist] fachowy; [not amateur] profesjonalny • **a professional footballer** zawodowy piłkarz. <> *n* [not amateur] zawodowiec *m*.

professor [prə'fesə'] *n* [in UK] profesor *m*; [in US] nauczyciel *m* akademicki.

profile ['prəʊfaɪl] *n* [silhouette, outline] zarys *m*; [description] profil *m*.

profit ['prɒfɪt] <> *n* zysk *m*. <> *vi* : **to profit (from)** odnieść korzyść (z).

profitable ['prɒfɪtəbl] *adj* opłacalny.

profiteroles *npl* rodzaj ptysi w czekoladzie podawanych na deser.

profound [prə'faʊnd] *adj* [intense] głęboki.

program ['prəʊgræm] <> *n* COMPUT program *m*; *US* = **programme**. <> *vt* COMPUT programować/zaprogramować.

programme ['prəʊgræm] *n UK* program *m*.

progress <> *n* ['prəʊgres] [improvement] rozwój *m*; [forward movement] postęp *m*. <> *vi* [prə'gres] [work, talks, student] robić/zrobić postęp; [day, meeting] postępować • **to make progress** [improve] robić postępy; [in journey] posuwać się naprzód; **in progress** w toku.

progressive [prə'gresɪv] *adj* [forward-looking] postępowy.

prohibit [prə'hɪbɪt] *vt* [prevent] zabraniać/zabronić • **'smoking strictly prohibited'** całkowity zakaz palenia.

project *n* ['prɒdʒekt] [plan] projekt *m*; [at school] referat *m*.

projector [prə'dʒektə'] *n* rzutnik *m*.

prolong [prə'lɒŋ] *vt* [visit, stay, meeting] przedłużać/przedłużyć.

prom [prɒm] *n US* [dance] bal *m* szkolny.

promenade ['prɒmə'nɑːd] *n UK* [by the sea] promenada *f*.

prominent ['prɒmɪnənt] *adj* [per-

son] wybitny; [noticeable] widoczny.

promise ['prɒmɪs] <> n [commitment] obietnica f. <> vt & vi obiecywać/obiecać • **to show promise** [work, person] dobrze zapowiadać się; **I promise (that) I'll come** daję słowo, że przyjdę; **to promise sb sthg** obiecać coś komuś; **to promise to do sthg** obiecać, że się coś zrobi.

promising ['prɒmɪsɪŋ] adj obiecujący.

promote [prə'məʊt] vt : **to be promoted** [in job] awansować.

promotion [prə'məʊʃn] n [in job] awans m; [of product] promocja f.

prompt [prɒmpt] <> adj [quick] szybki. <> adv : **at six o'clock prompt** punktualnie o szóstej.

prone [prəʊn] adj : **to be prone to sthg** mieć skłonność do czegoś • **to be prone to do sthg** mieć skłonność do robienia czegoś.

prong [prɒŋ] n [of fork] ząb m.

pronoun ['prəʊnaʊn] n zaimek m.

pronounce [prə'naʊns] vt wymawiać/wymówić.

pronunciation [prə'nʌnsɪ'eɪʃn] n wymowa f.

proof [pruːf] n [evidence] dowód m • **12% proof** zawartość alkoholu: 12%.

prop [prɒp] ← **prop up** vt sep [support] podpierać/podeprzeć.

propeller [prə'pelə^r] n śmigło n.

proper ['prɒpə^r] adj [suitable] odpowiedni; [correct] właściwy; [socially acceptable] stosowny.

properly ['prɒpəlɪ] adv [suitably] odpowiednio; [correctly] właściwie.

property ['prɒpətɪ] n [possessions]

mienie n; [land] posiadłość f; fml [building] nieruchomość f; [quality] właściwość f.

proportion [prə'pɔːʃn] n [part, amount] odsetek m; [ratio] stosunek m; [in art] proporcja f.

proposal [prə'pəʊzl] n propozycja f.

propose [prə'pəʊz] <> vt proponować/zaproponować. <> vi : **to propose (to sb)** oświadczyć się (komuś).

proposition ['prɒpə'zɪʃn] n propozycja f.

proprietor [prə'praɪətə^r] n fml właściciel m, -ka f.

prose [prəʊz] n [not poetry] proza f.

prosecute ['prɒsɪkjuːt] vt pociągać/pociągnąć do odpowiedzialności karnej.

prospect n ['prɒspekt] [possibility] perspektywa f • **I don't relish the prospect** nie jestem zachwycony perspektywą. ← **prospects** npl [for the future] perspektywa f.

prospectus [prə'spektəs] (pl -es) n prospekt m.

prosperous ['prɒspərəs] adj [person] zamożny; [business] prosperujący.

prostitute ['prɒstɪtjuːt] n prostytutka f, męska prostytutka f.

protect [prə'tekt] vt chronić/ochronić • **to protect sb/sthg from** chronić kogoś/coś przed; **to protect sb/sthg against** chronić kogoś/coś przed.

protection [prə'tekʃn] n ochrona f.

protection factor n [of suntan lotion] filtr m.

protective [prə'tektɪv] adj [person] opiekuńczy; [clothes] ochronny.

protein ['prǝuti:n] *n* białko *n*.

protest <> *n* ['prǝutest] protest *m*. <> *vt* [prǝ'test] *US* [protest against] protestować/zaprotestować. <> *vi* : **to protest (against)** protestować przeciwko.

Protestant ['prɒtɪstǝnt] *n* protestant *m*, -ka *f*.

protester [prǝ'testǝᶜ] *n* protestujący *m*, protestująca *f*.

protractor [prǝ'træktǝᶜ] *n* kątomierz *m*.

protrude [prǝ'tru:d] *vi* sterczeć.

proud [praud] *adj* [pleased] dumny; *pej* [arrogant] wyniosły • **to be proud of** być dumnym z.

prove [pru:v] (*pp* **proved** *pp* **proven** ['pru:vn]) *vt* [show to be true] udowadniać/udowodnić; [turn out to be] okazywać/okazać się.

proverb ['prɒvɜ:b] *n* przysłowie *n*.

provide [prǝ'vaɪd] *vt* [food, opportunity, ideas] dostarczać/dostarczyć; [job, accommodation, funds] zapewniać/zapewnić • **to provide sb with sthg** [information, equipment] dostarczyć komuś coś. ➡ **provide for** *vt insep* [person] utrzymywać/utrzymać; [in will] zabezpieczyć finansowo.

provided (that) *conj* pod warunkiem, że.

providing (that) = **provided (that)**.

province ['prɒvɪns] *n* [of country] prowincja *f*.

provisional [prǝ'vɪʒǝnl] *adj* tymczasowy.

provisions *npl* zapasy *mpl*.

provocative [prǝ'vɒkǝtɪv] *adj* prowokacyjny.

provoke [prǝ'vǝuk] *vt* [cause] wywoływać/wywołać; [annoy] prowokować/sprowokować.

prowl [praul] *vi* grasować.

prune [pru:n] <> *n* suszona śliwka *f*. <> *vt* [tree, bush] przycinać/przyciąć.

PS (*abbr of* postscript) P.S.

psychiatrist [saɪ'kaɪǝtrɪst] *n* psychiatra *m*.

psychic ['saɪkɪk] *adj* [person] jasnowidzący.

psychological ['saɪkǝ'lɒdʒɪkl] *adj* psychologiczny.

psychologist [saɪ'kɒlǝdʒɪst] *n* psycholog *m*.

psychology [saɪ'kɒlǝdʒɪ] *n* psychologia *f*.

psychotherapist ['saɪkǝuθ'θerǝpɪst] *n* psychoterapeuta *m*, psychoterapeutka *f*.

pt = **pint**.

PTO (*abbr of* please turn over) verte.

pub [pʌb] *n* pub *m*.

puberty ['pju:bǝtɪ] *n* pokwitanie *n*.

public ['pʌblɪk] <> *adj* publiczny; [of the people] społeczny. <> *n* : **the public** społeczeństwo • **in public** publicznie.

publican ['pʌblɪkǝn] *n UK* właściciel *m*, -ka *f* pubu.

publication ['pʌblɪ'keɪʃn] *n* publikacja *f*.

public bar *n UK* tańsza sala w pubie.

public convenience *n UK* toaleta *f* publiczna.

public footpath *n UK* ścieżka *f* (traktowana jako droga publiczna).

public holiday *n* święto *n* państwowe.

public house *n UK fml* pub *m*.

publicity [pʌb'lɪsɪtɪ] *n* [public attention] rozgłos *m*; [advertising] reklama *f*.

public school *n* [in UK] szkoła *f* prywatna; [in US] szkoła *f* państwowa.

public telephone *n* automat *m* telefoniczny.

public transport *n* komunikacja *f* publiczna.

publish ['pʌblɪʃ] *vt* [book, magazine] wydawać/wydać; [letter, article] publikować/opublikować.

publisher ['pʌblɪʃə'] *n* [person] wydawca *m*, wydawczyni *f*; [company] wydawnictwo *n*.

publishing ['pʌblɪʃɪŋ] *n* [industry] działalność *f* wydawnicza.

pub lunch *n* lunch *m* w pubie.

pudding ['pʊdɪŋ] *n* [sweet dish] *słodka gotowana potrawa podawana na deser*; UK [course] deser *m*; US [creamy sweet dish] budyń *m*.

puddle ['pʌdl] *n* kałuża *f*.

puff ⟨⟩ *vi* [breathe heavily] sapać/sapnąć. ⟨⟩ *n* [of air] podmuch *m*; [of smoke] smużka *f* • **to puff at** [cigarette, pipe] kurzyć.

puff pastry [pʌf-] *n* ciasto *n* francuskie.

pull [pʊl] ⟨⟩ *vt & vi* [tug] ciągnąć/pociągnąć. ⟨⟩ *n* : **to give sthg a pull** pociągnąć coś • **to pull a face** zrobić minę; **to pull a muscle** nadwyrężyć mięsień; **'pull'** [on door] ciągnąć. ➡ **pull apart** ⟨⟩ *vt sep* [machine] rozbierać/rozebrać na części; [book] rozrywać/rozerwać. ➡ **pull down** ⟨⟩ *vt sep* [lower] spuszczać/spuścić; [demolish] burzyć/zburzyć. ➡ **pull in** ⟨⟩ *vi* [train] wjeżdżać/wjechać na stację; [car] zatrzymywać/zatrzymać się. ➡ **pull out** ⟨⟩ *vt sep* [tooth, cork, plug] wyciągać/

wyciągnąć. ⟨⟩ *vi* [train] odjeżdżać/odjechać; [car] zmieniać/zmienić pas ruchu; [withdraw] wycofywać/wycofać się. ➡ **pull over** ⟨⟩ *vi* [car] zjeżdżać/zjechać na bok. ➡ **pull up** ⟨⟩ *vt sep* [socks, trousers, sleeve] podciągać/podciągnąć. ⟨⟩ *vi* [stop] zatrzymywać/zatrzymać się.

pulley ['pʊlɪ] (*pl* **pulleys**) *n* wielokrążek *m*.

pull-out *n* US [beside road] pobocze *n*.

pullover ['pʊl'əʊvə'] *n* pulower *m*.

pulpit ['pʊlpɪt] *n* ambona *f*.

pulse [pʌls] *n* MED puls *m*.

pump [pʌmp] *n* [device] pompa *f*; [bicycle pump] pompka *f* rowerowa; [for petrol] dystrybutor *m*. ➡ **pumps** *npl* [sports shoes] tenisówki *fpl*. ➡ **pump up** *vt sep* [tyre, ball] pompować/napompować.

pumpkin ['pʌmpkɪn] *n* dynia *f*.

pun [pʌn] *n* kalambur *m*.

punch ⟨⟩ *n* [blow] uderzenie *n* pięścią; [drink] poncz *m*. ⟨⟩ *vt* [hit] uderzać/uderzyć pięścią; [ticket] kasować/skasować.

Punch and Judy show *n* *tradycyjne przedstawienie kukiełkowe z parą bohaterów wystawiane na wolnym powietrzu.*

punctual ['pʌŋktʃʊəl] *adj* punktualny.

punctuation ['pʌŋktʃʊ'eɪʃn] *n* interpunkcja *f*.

puncture ['pʌŋktʃə'] ⟨⟩ *n* przebicie *n* dętki. ⟨⟩ *vt* przebijać/przebić • **to get a puncture** złapać gumę.

punish ['pʌnɪʃ] *vt* : **to punish sb (for sthg)** karać kogoś (za coś).

punishment ['pʌnɪʃmənt] *n* kara *f*.

punk [pʌŋk] *n* punk *m*.

punnet ['pʌnɪt] *n UK* mała kobiałka *f*.

pupil ['pju:pl] *n* [student] uczeń *m*, uczennica *f*; [of eye] źrenica *f*.

puppet ['pʌpɪt] *n* [toy] kukiełka *f*.

puppy ['pʌpɪ] *n* szczenię *n*.

purchase ['pɜːtʃəs] *vt fml* nabywać/nabyć. *n fml* zakup *m*.

pure [pjʊə'] *adj* czysty.

puree ['pjʊəreɪ] *n* purée *n*.

purely ['pjʊəlɪ] *adv* [only] jedynie.

purity ['pjʊərətɪ] *n* [of water, air] czystość *f*.

purple ['pɜːpl] *adj* fioletowy.

purpose ['pɜːpəs] *n* cel *m* • **on purpose** celowo.

purr [pɜː'] *vi* [cat] mruczeć/zamruczeć.

purse [pɜːs] *n UK* [for money] portmonetka *f*; *US* [handbag] torebka *f* damska.

pursue [pə'sju:] *vt* [follow] ścigać; [matter] wnikać/wniknąć w; [inquiry, business] prowadzić; [study] kontynuować.

pus [pʌs] *n* ropa *f*.

push [pʊʃ] *vt* [shove] pchać/pchnąć; [press] naciskać/nacisnąć; [product] promować/wypromować. *vi* [shove] pchać/pchnąć. *n* : **to give sb/sthg a push** popchnąć kogoś/coś • **to push sb into doing sthg** zmusić kogoś do zrobienia czegoś; **'push'** [on door] pchać. **push in** *vi* [in queue] wpychać się/wepchnąć się. **push off** *vi inf* [go away] odczepić się.

pushchair ['pʊʃtʃeə'] *n UK* spacerówka *f*.

pushed [pʊʃt] *adj inf* : **to be pushed (for time)** mieć mało (czasu).

push-ups *npl* pompki *fpl*.

put [pʊt] (*pt&pp* put) *vt* [place] kłaść/położyć; [responsibility, blame] zrzucać/zrzucić; [pressure] wywierać/wywrzeć; [express] wyrażać/wyrazić; [write] pisać/napisać; [a question] stawiać/postawić • **to put sthg at** [estimate] oszacować coś na; **to put a child to bed** położyć dziecko spać; **to put money into sthg** zainwestować w coś pieniądze. **put aside** *vt sep* [money] odkładać/odłożyć. **put away** *vt sep* [tidy up] chować/schować. **put back** *vt sep* [replace] odkładać/odłożyć; [postpone] przekładać/przełożyć; [clock, watch] cofać/cofnąć. **put down** *vt sep* [on floor, table] odkładać/odłożyć; [passenger] wysadzać/wysadzić; *UK* [animal] usypiać/uśpić; [deposit] wpłacać/wpłacić. **put forward** *vt sep* [clock, watch] przestawiać/przestawić do przodu; [suggest] wysuwać/wysunąć. **put in** *vt sep* [insert] wkładać/włożyć; [install] instalować/zainstalować. **put off** *vt sep* [postpone] przełożyć/przekładać; [distract] rozpraszać/rozproszyć; [repel] zniechęcać/zniechęcić; [passenger] wysadzać/wysadzić. **put on** *vt sep* [clothes, glasses, make-up] zakładać/założyć; [television, light, radio] włączać/włączyć; [CD, tape, record] nastawiać/nastawić; [play, show] wystawiać/wystawić • **to put weight** przybrać na wadze. **put out** *vt sep* [cigarette, fire, light] gasić/zgasić; [publish] wydawać/wydać; [hand, arm, leg] wyciągać/wyciągnąć; [inconvenience] sprawiać/sprawić kłopot

• **to put one's back** nadwyrężyć kręgosłup. ➤ **put together** vt sep [assemble] składać/złożyć; [combine] łączyć/połączyć.

➤ **put up** vt sep [tent, statue, building] stawiać/postawić; [umbrella] rozkładać/rozłożyć; [a notice, sign] wywieszać/wywiesić; [price, rate] podnosić/podnieść; [provide with accommodation] przenocować. vi UK [in hotel] nocować/przenocować. ➤ **put up with** vt insep znosić/znieść.

putter ['pʌtəʳ] n [golf club] putter m.

putting green n pole n puttingowe.

putty ['pʌtɪ] n kit m.

puzzle ['pʌzl] <> n zagadka f; [jigsaw] układanka f. <> vt intrygować/zaintrygować.

puzzling ['pʌzlɪŋ] adj zagadkowy.

pyjamas npl UK piżama f.

pylon ['paɪlən] n [electricity] słup m wysokiego napięcia.

pyramid ['pɪrəmɪd] n piramida f.

Pyrenees ['pɪrə'niːz] npl : the Pyrenees Pireneje pl.

Pyrex® ['paɪreks] n szkło n żaroodporne.

quail [kweɪl] n przepiórka f.

quail's eggs npl jaja npl przepiórcze.

quaint [kweɪnt] adj [charming] malowniczy; [odd] osobliwy.

qualification ['kwɒlɪfɪ'keɪʃn] n [diploma] dyplom m; [ability] kwalifikacje fpl.

qualified ['kwɒlɪfaɪd] adj [having qualifications] wykwalifikowany; [with degree] dyplomowany.

qualify ['kwɒlɪfaɪ] vi [for competition] kwalifikować/zakwalifikować się; [pass exam] zdawać/zdać.

quality ['kwɒlətɪ] <> n jakość f; [feature] cecha f. <> adj wysokiej jakości.

quarantine ['kwɒrəntiːn] n kwarantanna f.

quarrel ['kwɒrəl] <> n kłótnia f. <> vi kłócić/pokłócić się.

quarry ['kwɒrɪ] n kamieniołom m.

quart [kwɔːt] n kwarta f.

quarter ['kwɔːtəʳ] n [fraction] ćwierć f; US [coin] ćwierć f dolara; [4 ounces] 4 uncje; [three months] kwartał m; [part of town] dzielnica f • (a) quarter to five UK za kwadrans piąta; (a) quarter of five US za kwadrans piąta; (a) quarter past five UK kwadrans po piątej; (a) quarter after five US; kwadrans po piątej; (a) quarter of an hour kwadrans.

quarterpounder n duży hamburger m.

quartet [kwɔː'tet] n [group] kwartet m.

quartz [kwɔːts] adj [watch] kwarcowy.

quay [kiː] n nabrzeże n.

queasy ['kwiːzɪ] adj inf odczuwający mdłości.

queen [kwiːn] n królowa f; [in chess] hetman m; [in cards] dama f.

queer [kwɪəʳ] adj [strange] dziwny

inf [homosexual] *offensive* pedzio-waty.

quench [kwentʃ] *vt* : **to quench one's thirst** ugasić pragnienie.

query ['kwɪərɪ] *n* zapytanie *n*.

question ['kwestʃn] <> *n* pytanie *n*; [issue] kwestia *f*. <> *vt* [person] przesłuchiwać/przesłuchać • **it's out of the question** to wykluczone.

question mark *n* znak *m* zapytania.

questionnaire ['kwestʃə'neəʳ] *n* ankieta *f*.

queue [kju:] <> *n UK* kolejka *f*. <> *vi UK* stać w kolejce. ➡ **queue up** <> *vi UK* stać w kolejce.

quiche [ki:ʃ] *n* quiche *m*.

quick [kwɪk] <> *adj* szybki; [short] krótki. <> *adv* szybko.

quickly ['kwɪklɪ] *adv* szybko.

quid [kwɪd] (*pl*) *n UK inf* [pound] funciak *m*.

quiet ['kwaɪət] <> *adj* cichy; [calm, peaceful] spokojny. <> *n* spokój *m* • **keep quiet!** proszę o ciszę!; **to keep quiet** [not say anything] nic nie mówić; **to keep quiet about sthg** nie mówić nikomu o czymś.

quieten ['kwaɪətn] ➡ **quieten down** <> *vi* uspokajać/uspokoić się.

quietly ['kwaɪətlɪ] *adv* cicho; [calmly] spokojnie.

quilt [kwɪlt] *n* [duvet] kołdra *f*; [eiderdown] pikowana narzuta *f*.

quince [kwɪns] *n* pigwa *f*.

quirk [kwɜːk] *n* dziwactwo *n*.

quit [kwɪt] (*pt & pp* quit) <> *vi* rezygnować/zrezygnować. <> *vt US* [school, job] rzucać/rzucić • **to quit doing sthg** zaprzestać robienia czegoś.

quite [kwaɪt] *adv* [fairly] dość; [completely] całkowicie • **not quite** niezupełnie; **quite a lot (of)** dosyć dużo.

quiz [kwɪz] (*pl* -zes) *n* [game] kwiz *m*.

quota ['kwəʊtə] *n* limit *m*.

quotation [kwəʊ'teɪʃn] *n* [phrase] cytat *m*; [estimate] wycena *f*.

quotation marks *npl* cudzysłów *m*.

quote [kwəʊt] <> *vt* [phrase, writer] cytować/zacytować; [price] podawać/podać. <> *n* [phrase] cytat *m*; [estimate] wycena *f*.

R

rabbit ['ræbɪt] *n* królik *m*, królica *f*.

rabies ['reɪbiːz] *n* wścieklizna *f*.

RAC (*abbr of* Royal Automobile Club) *n* ≃ PZMot *m*.

race [reɪs] <> *n* [competition] wyścig *m*; [ethnic group] rasa *f*. <> *vi* [compete] ścigać się; [go fast] gnać/pognać; [engine] pracować na wysokich obrotach. <> *vt* [compete against] ścigać się z.

racecourse ['reɪskɔːs] *n* tor *m* wyścigowy.

racehorse ['reɪshɔːs] *n* koń *m* wyścigowy.

racetrack ['reɪstræk] *n* [for horses] tor *m* wyścigowy.

racial ['reɪʃl] *adj* rasowy.

racing ['reɪsɪŋ] *n* : **(horse) racing** wyścigi *mpl* (konne).

racing car *n* samochód *m* wyścigowy.

racism ['reɪsɪzm] *n* rasizm *m*.

racist ['reɪsɪst] *n* rasista *m*, rasistka *f*.

rack [ræk] *n* [for coats] wieszak *m*; [plates] suszarka *f*; [for bottles] stojak *m* • **(luggage) rack** półka *f* na bagaż; **rack of lamb** łopatka jagnięca *mpl*.

racket ['rækɪt] *n* [for tennis, badminton, squash] rakieta *f*; [noise] harmider *m*.

racquet ['rækɪt] *n* rakieta *f*.

radar ['reɪdɑːʳ] *n* radar *m*.

radiation ['reɪdɪ'eɪʃn] *n* [nuclear] promieniowanie *n*.

radiator ['reɪdɪeɪtəʳ] *n* [in building] kaloryfer *m*; [of vehicle] chłodnica *f*.

radical ['rædɪkl] *adj* radykalny.

radii ['reɪdɪaɪ] *pl* ⊳ **radius**.

radio ['reɪdɪəʊ] (*pl* -s) ⋄ *n* radio *n*. ⋄ *vt* [person] łączyć/połączyć się przez radio • **on the radio** w radio.

radioactive ['reɪdɪəʊ'æktɪv] *adj* radioaktywny.

radio alarm *n* radiobudzik *m*.

radish ['rædɪʃ] *n* rzodkiewka *f*.

radius ['reɪdɪəs] (*pl* **radii** ['reɪdɪaɪ]) *n* [of circle] promień *m*.

raffle ['ræfl] *n* loteria *f* fantowa.

raft [rɑːft] *n* [of wood] tratwa *f*; [inflatable] ponton *m*.

rafter ['rɑːftəʳ] *n* krokiew *f*.

rag [ræg] *n* [old cloth] szmata *f*.

rage [reɪdʒ] *n* wściekłość *f*.

raid [reɪd] ⋄ *n* [attack] atak *m*; [by police] obława *f*; [robbery] napad *m*. ⋄ *vt* [subj: police]

robić/zrobić obławę na; [subj: thieves] napadać/napaść na.

rail [reɪl] ⋄ *n* szyna *f*; [for curtain] karnisz *m*; [on stairs] poręcz *f*. ⋄ *adj* [travel, transport, network] kolejowy • **by rail** koleją.

railcard ['reɪlkɑːd] *n* UK *legitymacja uprawniająca do ulgowych przejazdów kolejowych*.

railings *npl* ogrodzenie *n* z metalowych prętów.

railroad ['reɪlrəʊd] *US* = **railway**.

railway ['reɪlweɪ] *n* [system] kolej *f*; [track] tor *m* kolejowy.

railway line *n* [route] linia *f* kolejowa; [track] tor *m* kolejowy.

railway station *n* stacja *f* kolejowa.

rain [reɪn] ⋄ *n* deszcz *m*. ⋄ *impers vb* padać.

rainbow ['reɪnbəʊ] *n* tęcza *f*.

raincoat ['reɪnkəʊt] *n* płaszcz *m* przeciwdeszczowy.

raindrop ['reɪndrɒp] *n* kropla *f* deszczu.

rainfall ['reɪnfɔːl] *n* opady *mpl* deszczu.

rainy ['reɪnɪ] *adj* [day, place] deszczowy.

raise [reɪz] ⋄ *vt* [lift] podnosić/ podnieść; [increase] podwyższać/ podwyższyć; [money] zbierać/zebrać; [child] wychowywać/wychować; [cattle, sheep *etc*] hodować/wyhodować; [question, subject] podnosić/podnieść. ⋄ *n* US [pay increase] podwyżka *f*.

raisin ['reɪzn] *n* rodzynek *m*.

rake [reɪk] *n* [gardening tool] grabie *pl*.

rally ['rælɪ] *n* [public meeting] wiec *m*; [motor race] rajd *m*; [in tennis, badminton, squash] wymiana *f* piłek.

ram <> n [sheep] baran m. <> vt [bang into] taranować/staranować.

Ramadan ['ræmə'dæn] n Ramadan m.

ramble ['ræmbl] n wędrówka f.

ramp [ræmp] n [slope] podjazd m; UK [in road] próg m zwalniający; US [to freeway] wjazd m • 'ramp' UK uwaga nierówna nawierzchnia!

ramparts npl wały mpl obronne.

ran [ræn] pt ⊳ run.

ranch [rɑːntʃ] n ranczo n.

ranch dressing n US sos sałatkowy z maślanki i majonezu z przyprawami.

rancid ['rænsɪd] adj zjełczały.

random ['rændəm] <> adj przypadkowy. <> n : at random na chybił trafił.

rang [ræŋ] pt ⊳ ring.

range [reɪndʒ] <> n [of radio, aircraft, telescope] zasięg m; [of prices, temperatures, ages] zakres m; [of goods, services] asortyment m; [of hills, mountains] łańcuch m; [for shooting] strzelnica f; [cooker] kuchenka f. <> vi [vary] : to range from... to wahać się od... do.

ranger ['reɪndʒər] n [of park, forest] strażnik m leśny.

rank [ræŋk] <> n [in armed forces, police] ranga f. <> adj [smell, taste] cuchnący.

ransom ['rænsəm] n okup m.

rap [ræp] n [music] rap m.

rape [reɪp] <> n gwałt m. <> vt gwałcić/zgwałcić.

rapid ['ræpɪd] adj gwałtowny. ➡ **rapids** npl bystrza npl.

rapidly ['ræpɪdlɪ] adv gwałtownie.

rapist ['reɪpɪst] n gwałciciel m, -ka f.

rare [reər] adj [not common] rzadki; [meat] krwisty.

rarely ['reəlɪ] adv rzadko.

rash [ræʃ] <> n [on skin] wysypka f. <> adj [person] nierozważny; [decision] pochopny.

rasher ['ræʃər] n plasterek m.

raspberry ['rɑːzbərɪ] n malina f.

rat [ræt] n szczur m, szczurzyca f.

ratatouille n ratatouille f.

rate [reɪt] <> n [level] poziom m; [charge] stawka f; [speed] tempo n. <> vt [consider] oceniać/ocenić; [deserve] zasługiwać/zasłużyć na • rate of exchange kurs wymiany; at any rate tak czy inaczej; at this rate w tym tempie.

rather ['rɑːðər] adv [quite] dosyć; [expressing preference] raczej • I'd rather not nie chciałbym; would you rather ...? czy wolałbyś...?; rather than zamiast.

ratio ['reɪʃɪəʊ] (pl -s) n proporcja f.

ration ['ræʃn] n [share] przydział m. ➡ **rations** npl [food] racje fpl.

rational ['ræʃənl] adj racjonalny

rattle ['rætl] <> n [of baby] grzechotka f. <> vi grzechotać/zagrzechotać.

rave [reɪv] n [party] impreza f.

raven ['reɪvn] n kruk m.

ravioli ['rævɪ'əʊlɪ] n ravioli n.

raw [rɔː] adj surowy.

raw material n surowiec m.

ray [reɪ] n [of light, heat] promień m.

razor ['reɪzər] n [with blade] brzytwa f; [electric] golarka f.

razor blade n żyletka f.

Rd (*abbr of* **Road**) ul.

re *prep odnośnie do.*

RE *n* (*abbr of* **religious education**) religia *f.*

reach [riːtʃ] ⋄ *vt* [arrive at] docierać/dotrzeć do; [manage to touch] dosięgać/dosięgnąć; [extend up to] sięgać/sięgnąć do; [contact] kontaktować/skontaktować się z; [agreement, decision, level] osiągać/osiągnąć. ⋄ *n* : **out of reach** nieosiągalny • **within reach of the beach** w pobliżu plaży. ➥ **reach out** ⋄ *vi* : **to reach (for)** sięgać/sięgnąć (po).

react [rɪˈækt] *vi* reagować/zareagować.

reaction [rɪˈækʃn] *n* reakcja *f.*

read (*pt & pp* **read**) ⋄ *vt* [book, map *etc*] czytać/przeczytać; [subj: sign, note] brzmieć; [subj: meter, gauge] wskazywać/wskazać. ⋄ *vi* czytać • **to read about sthg** przeczytać o czymś. ➥ **read out** ⋄ *vt sep* odczytywać/odczytać.

reader [ˈriːdə^r] *n* [of newspaper, book] czytelnik *m*, czytelniczka *f.*

readily [ˈredɪlɪ] *adv* [willingly] ochoczo; [easily] łatwo.

reading [ˈriːdɪŋ] *n* [of books, papers] czytanie *n*; [of meter, gauge] odczyt *m.*

reading matter *n* lektura *f.*

ready [ˈredɪ] *adj* [prepared] gotowy • **to be ready for sthg** [prepared] być przygotowanym do czegoś; **to be ready to do sthg** być gotowym do zrobienia czegoś; **to get ready** przygotować się; **to get sthg ready** przygotować coś.

ready cash *n* gotówka *f.*

ready-cooked *adj* do podgrzania.

ready-made *adj* gotowy.

ready-to-wear *adj* gotowy.

real [rɪəl] ⋄ *adj* [existing] prawdziwy. ⋄ *adv US* naprawdę.

real ale *n UK piwo beczkowe tradycyjnie warzone i przechowywane.*

real estate *n* nieruchomość *f.*

realistic [ˈrɪəˈlɪstɪk] *adj* realistyczny.

reality [rɪˈælətɪ] *n* [realness] rzeczywistość *f*; [real thing] realia *pl* • **in reality** [actually] w rzeczywistości.

realize [ˈrɪəlaɪz] *vt* [become aware of] uświadamiać/uświadomić sobie; [know] zdawać/zdać sobie sprawę z; [ambition, goal] realizować/zrealizować.

really [ˈrɪəlɪ] *adv* naprawdę; • **not really** nie bardzo; **really?** [expressing surprise] naprawdę?

realtor [ˈrɪəltə^r] *n US* pośrednik *m*, pośredniczka *f* w handlu nieruchomościami.

rear [rɪə^r] ⋄ *adj* tylny. ⋄ *n* [back] tył *m.*

rearrange [ˈriːəˈreɪndʒ] *vt* [furniture] przestawiać/przestawić; [room] przemeblowywać/przemeblować; [meeting] przekładać/przełożyć.

rearview mirror [ˈrɪəvjuː-] *n* lusterko *n* wsteczne.

rear-wheel drive *n* napęd *m* na tylne koła.

reason [ˈriːzn] *n* powód *m* • **for some reason** z jakiegoś powodu.

reasonable [ˈriːznəbl] *adj* [fair] możliwy do przyjęcia; [not too expensive] umiarkowany; [sensible] rozsądny; [quite big] godziwy.

reasonably [ˈriːznəblɪ] *adv* [quite] dosyć.

reasoning ['ri:znɪŋ] *n* rozumowanie *n*.

reassure ['ri:ə'ʃɔ:ʳ] *vt* uspokajać/uspokoić.

reassuring ['ri:ə'ʃɔ:rɪŋ] *adj* dodający otuchy.

rebate ['ri:beɪt] *n* [refund] zwrot *m* nadpłaty; [discount] rabat *m*.

rebel <> *n* ['rebl] buntownik *m*, buntowniczka *f*. <> *vi* [rɪ'bel] buntować /zbuntować się.

rebound *vi* [rɪ'baʊnd] [ball *etc*] odbijać/odbić się.

rebuild ['ri:'bɪld] (*pt & pp* rebuilt [-'bɪlt]) *vt* odbudowywać/odbudować.

rebuke [rɪ'bju:k] *vt* karcić/skarcić.

recall *vt* [rɪ'kɔ:l] [remember] przypominać/przypomnieć sobie.

receipt [rɪ'si:t] *n* [for goods, money] pokwitowanie *n* • **on receipt of** po otrzymaniu; **till receipt** paragon *m*.

receive [rɪ'si:v] *vt* [be given] otrzymywać/otrzymać; [experience] spotykać/spotkać się z; [guest] przyjmować/przyjąć • **to receive treatment** poddać się leczeniu.

receiver [rɪ'si:vəʳ] *n* [of phone] słuchawka *f*.

recent ['ri:snt] *adj* [event] niedawny; [film] najnowszy.

recently ['ri:sntlɪ] *adv* ostatnio.

receptacle [rɪ'septəkl] *n fml* pojemnik *m*.

reception [rɪ'sepʃn] *n* [in hotel] recepcja *f*; [in hospital] rejestracja *f*; [party] przyjęcie *n*; [welcome] powitanie *n*; [of TV, radio] odbiór *m*.

reception desk *n* recepcja *f*.

receptionist [rɪ'sepʃənɪst] *n* recepcjonista *m*, recepcjonistka *f*.

recess [*UK* rɪ'ses, *US* 'ri:ses] *n* [in wall] wnęka *f*; *US* SCH przerwa *f*.

recession [rɪ'seʃn] *n* recesja *f*.

recipe ['resɪpɪ] *n* przepis *m*.

recite [rɪ'saɪt] *vt* [poem] recytować/wyrecytować; [list] wyliczać/wyliczyć.

reckless ['reklɪs] *adj* [person] lekkomyślny; [driving] nieostrożny.

reckon ['rekn] *vt inf* [think] uważać. ➤ **reckon on** *vt insep* liczyć na. ➤ **reckon with** *vt insep* [expect] liczyć się z.

reclaim [rɪ'kleɪm] *vt* [baggage] odbierać/odebrać.

reclining seat *n* siedzenie *n* z odchylanym oparciem.

recognition ['rekəg'nɪʃn] *n* [recognizing] rozpoznanie *n*; [acceptance] uznanie *n*.

recognize ['rekəgnaɪz] *vt* [be familiar with] rozpoznawać/rozpoznać; [accept] uznawać/uznać.

recollect ['rekə'lekt] *vt* przypominać/przypomnieć sobie.

recommend ['rekə'mend] *vt* polecać/polecić • **to recommend sb to do sthg** doradzać komuś, aby coś zrobił.

recommendation ['rekəmen'deɪʃn] *n* zalecenie *n*.

reconsider ['ri:kən'sɪdəʳ] *vt* rozważać/rozważyć ponownie.

reconstruct ['ri:kən'strʌkt] *vt* [building] odbudowywać/odbudować.

record <> *n* ['rekɔ:d] MUS nagranie *n*; [best performance, highest level] rekord *m*; [account] zapis *m*. <> *vt* [rɪ'kɔ:d] [keep account of] odnotowywać/odnotować; [on tape] nagrywać/nagrać.

recorded delivery *n UK* poczta *f* polecona.

recorder [rɪ'kɔ:dəʳ] *n* [tape recor-

der] magnetofon *m*; [instrument] flet *m* prosty.

recording [rɪˈkɔːdɪŋ] *n* [tape, record] nagranie *n*.

record player *n* gramofon *m*.

record shop *n* sklep *m* z płytami.

recover [rɪˈkʌvəʳ] ⇔ *vt* [stolen goods, lost property] odzyskiwać/ odzyskać. ⇔ *vi* [from illness, shock] zdrowieć/wyzdrowieć.

recovery [rɪˈkʌvərɪ] *n* [from illness] powrót *m* do zdrowia.

recovery vehicle *n* UK pomoc *f* drogowa.

recreation [ˌrekrɪˈeɪʃn] *n* rekreacja *f*.

recreation ground *n* tereny *mpl* rekreacyjne.

recruit [rɪˈkruːt] ⇔ *n* [to army] poborowy *m*, poborowa *f*. ⇔ *vt* [staff] rekrutować.

rectangle [ˈrekˌtæŋgl] *n* prostokąt *m*.

rectangular [rekˈtæŋgjʊləʳ] *adj* prostokątny.

recycle [ˌriːˈsaɪkl] *vt* przetwarzać/ przetworzyć wtórnie.

red [red] ⇔ *adj* [in colour] czerwony; [hair] rudy. ⇔ *n* [colour] czerwony *m* • **to be in the red** mieć deficyt.

red cabbage *n* czerwona kapusta *f*.

Red Cross *n* Czerwony Krzyż *m*.

redcurrant [ˈredkʌrənt] *n* czerwona porzeczka *f*.

redecorate [ˌriːˈdekəreɪt] *vt* odnawiać/odnowić.

redhead [ˈredhed] *n* rudy *m*, ruda *f*.

red-hot *adj* [metal] rozgrzany do czerwoności.

redial [ˌriːˈdaɪəl] *vi* ponownie wybierać/wybrać numer.

redirect [ˌriːdɪˈrekt] *vt* [letter] przeadresowywać/przeadresować; [traffic, plane] skierowywać/ skierować na inną trasę.

red pepper *n* czerwona papryka *f*.

reduce [rɪˈdjuːs] ⇔ *vt* [make smaller] zmniejszać/zmniejszyć; [make cheaper] przeceniać/przecenić. ⇔ *vi* US [slim] chudnąć/ schudnąć.

reduced price *n* obniżka *f* ceny.

reduction [rɪˈdʌkʃn] *n* [in size] zmniejszenie *n*; [in price] obniżka *f*.

redundancy [rɪˈdʌndənsɪ] *n* UK [job loss] zwolnienie *n* z pracy *(wskutek redukcji etatów)*.

redundant [rɪˈdʌndənt] *adj* UK : **to be made redundant** zostać zwolnionym z pracy *(wskutek redukcji etatów)*.

red wine *n* czerwone wino *n*.

reed [riːd] *n* [plant] trzcina *f*.

reef [riːf] *n* rafa *f*.

reek [riːk] *vi* cuchnąć.

reel [riːl] *n* [of thread] szpulka *f*; [on fishing rod] kołowrotek *m*.

refectory [rɪˈfektərɪ] *n* [in convent] refektarz *m*; [in school] stołówka *f*.

refer [rɪˈfɜːʳ] ➡ **refer to** *vt insep* [speak about] wspominać/ wspomnieć o; [relate to] odnosić/ odnieść się do; [consult] sprawdzać/sprawdzić w.

referee [ˌrefəˈriː] *n* SPORT sędzia *m*.

reference [ˈrefrəns] ⇔ *n* [mention] wzmianka *f*; [letter for job] referencje *fpl*. ⇔ *adj* : **reference book** pozycja słownikowo-encyklopedyczna; **reference library**

księgozbiór podręczny • **with reference to** w nawiązaniu do.

referendum ['refə'rendəm] *n* referendum *n*.

refill <> *n* ['ri:fɪl] [for pen] wkład *m*; *inf* [drink] dolewka *f*. <> *vt* ['ri:'fɪl] powtórnie napełniać/napełnić.

refinery [rɪ'faɪnərɪ] *n* rafineria *f*.

reflect [rɪ'flekt] <> *vt* [light, heat, image] odbijać/odbić. <> *vi* [think] zastanawiać/zastanowić się.

reflection [rɪ'flekʃn] *n* [image] odbicie *n*.

reflector [rɪ'flektə'] *n* [on bicycle, car] światło *n* odblaskowe.

reflex ['ri:fleks] *n* odruch *m*.

reflexive [rɪ'fleksɪv] *adj* zwrotny.

reform [rɪ'fɔ:m] <> *n* reforma *f*. <> *vt* reformować/zreformować.

refresh [rɪ'freʃ] *vt* orzeźwiać/orzeźwić.

refreshing [rɪ'freʃɪŋ] *adj* [drink, breeze, sleep] orzeźwiający; [change] odświeżający.

refreshments *npl* przekąski *fpl* i napoje *mpl*.

refrigerator [rɪ'frɪdʒəreɪtə'] *n* lodówka *f*.

refugee ['refjʊ'dʒi:] *n* uchodźca *m*.

refund <> *n* ['ri:fʌnd] zwrot *m* pieniędzy. <> *vt* [rɪ'fʌnd] zwracać/zwrócić pieniądze.

refundable [ri:'fʌndəbl] *adj* zwrotny.

refusal [rɪ'fju:zl] *n* odmowa *f*.

refuse¹ <> *vt* [not accept] odrzucić/odrzucać; [not allow] odmawiać/odmówić. <> *vi* odmawiać/odmówić • **to refuse to** do sthg odmówić zrobienia czegoś.

refuse² *n fml* odpadki *mpl*.

refuse collection ['refju:s] *n fml* wywóz *m* śmieci.

regard [rɪ'gɑ:d] <> *vt* [consider] uważać. <> *n* : **with regard to** odnośnie do • **as regards** co się tyczy. ➡ **regards** <> *npl* [in greetings] pozdrowienia *pl* • **give them my regard** pozdrów ich ode mnie.

regarding [rɪ'gɑ:dɪŋ] *prep* dotyczący.

regardless [rɪ'gɑ:dlɪs] *adv* bez względu • **regardless of** bez względu na.

reggae ['regeɪ] *n* reggae *n*.

regiment *n* ['redʒɪmənt] pułk *m*.

region ['ri:dʒən] *n* region *m* • **in the region of** około.

regional ['ri:dʒənl] *adj* regionalny.

register ['redʒɪstə'] <> *n* [official list] rejestr *m*. <> *vt* rejestrować/zarejestrować. <> *vi* [be officially recorded] rejestrować/zarejestrować się; [at hotel] meldować/zameldować się.

registered ['redʒɪstəd] *adj* [letter, parcel] polecony.

registration ['redʒɪ'streɪʃn] *n* [for course, at conference] rejestracja *f*.

registration (number) *n* numer *m* rejestracyjny.

registry office *n* urząd *m* stanu cywilnego.

regret [rɪ'gret] <> *n* [thing regretted] żal *m*. <> *vt* żałować • **to regret doing sthg** żałować, że się coś zrobiło; **we regret any inconvenience caused** przepraszamy za wynikłe utrudnienia.

regrettable [rɪ'gretəbl] *adj* godny pożałowania.

regular ['regjʊlə^r] ⟨⟩ *adj* regularny; [normal, of normal size] zwykły. ⟨⟩ *n* [customer] stały klient *m*, stała klientka *f*.

regularly ['regjʊləlɪ] *adv* regularnie.

regulate ['regjʊleɪt] *vt* [machine, temperature] regulować.

regulation ['regjʊ'leɪʃn] *n* [rule] przepis *m*.

rehearsal [rɪ'hɜːsl] *n* próba *f*.

rehearse [rɪ'hɜːs] *vt* robić/zrobić próbę.

reign [reɪn] ⟨⟩ *n* panowanie *n*. ⟨⟩ *vi* [monarch] panować.

reimburse ['riːɪm'bɜːs] *vt fml* zwracać/zwrócić koszty.

reindeer ['reɪn'dɪə^r] (*pl* reindeer) *n* renifer *m*.

reinforce ['riːɪn'fɔːs] *vt* [wall, handle] wzmacniać/wzmocnić; [argument, opinion] umacniać/ umocnić.

reinforcements *npl* posiłki *pl*.

reins *npl* [for horse] lejce *pl*; [for child] szelki *fpl*.

reject *vt* [rɪ'dʒekt] odrzucać/odrzucić; [subj: machine] nie przyjmować/ przyjąć.

rejection [rɪ'dʒekʃn] *n* odrzucenie *n*.

rejoin *vt* [motorway] łączyć ponownie z.

relapse [rɪ'læps] *n* : she had a relapse jej stan się pogorszył.

relate [rɪ'leɪt] ⟨⟩ *vt* [connect] wiązać/powiązać. ⟨⟩ *vi* : to relate to [be connected with] wiązać się z; [concern] odnosić się do.

related [rɪ'leɪtɪd] *adj* [of same family] spokrewniony; [connected] związany.

relation [rɪ'leɪʃn] *n* [member of family] krewny *m*, krewna *f*;

[connection] związek *m* • in relation to w związku z. ⟵ relations *npl* stosunki *mpl*.

relationship [rɪ'leɪʃnʃɪp] *n* związek *m*; [between countries, people] stosunek *m*.

relative ['relətɪv] ⟨⟩ *adj* względny; [comparative] stosunkowy. ⟨⟩ *n* krewny *m*, krewna *f*.

relatively ['relətɪvlɪ] *adv* stosunkowo.

relax [rɪ'læks] *vi* relaksować/zrelaksować się.

relaxation ['riːlæk'seɪʃn] *n* relaks *m*.

relaxed [rɪ'lækst] *adj* [person] odprężony; [atmosphere] swobodny.

relaxing [rɪ'læksɪŋ] *adj* relaksujący.

relay ['riːleɪ] *n* [race] sztafeta *f*.

release [rɪ'liːs] ⟨⟩ *vt* wypuszczać/wypuścić; [prisoner, brake, catch] zwalniać/zwolnić; [let go of] puszczać/puścić. ⟨⟩ *n* [record] wydanie *n*; [film] wejście *n* na ekrany.

relegate ['relɪgeɪt] *vt* : to be relegated SPORT spaść do niższej ligi.

relevant ['reləvənt] *adj* [important] istotny; [appropriate] odpowiedni; [connected] : to be relevant to mieć związek z.

reliable [rɪ'laɪəbl] *adj* [person, machine] niezawodny.

relic ['relɪk] *n* [object] relikt *m*.

relief [rɪ'liːf] *n* [gladness] ulga *f*; [aid] pomoc *f*.

relief road *n* objazd *m*.

relieve [rɪ'liːv] *vt* [pain, headache] ulżyć.

relieved [rɪ'liːvd] *adj* : to be relieved odczuwać ulgę.

religion [rɪ'lɪdʒn] *n* religia *f*.

religious [rɪˈlɪdʒəs] *adj* religijny.

relish [ˈrelɪʃ] *n* [sauce] pikantny sos *m*.

reluctant [rɪˈlʌktənt] *adj* niechętny.

rely [rɪˈlaɪ] ➡ **rely on** *vt insep* [trust] polegać na; [depend on] zależeć od.

remain [rɪˈmeɪn] *vi* [stay] pozostawać/pozostać; [continue to exist] zostawać/zostać. ➡ **remains** *npl* [of meal] resztki *pl*; [of body] szczątki *pl*; [of ancient buildings *etc*] pozostałości *fpl*.

remainder [rɪˈmeɪndər] *n* [rest] reszta *f*.

remaining [rɪˈmeɪnɪŋ] *adj* pozostały.

remark [rɪˈmɑːk] ⬥ *n* uwaga *f*. ⬥ *vt* zauważać/zauważyć.

remarkable [rɪˈmɑːkəbl] *adj* niezwykły.

remedy [ˈremədɪ] *n* [medicine] lekarstwo *n*; [solution] środek *m*.

remember [rɪˈmembər] ⬥ *vt* pamiętać/zapamiętać. ⬥ *vi* [recall] przypominać/przypomnieć sobie • to remember doing sthg pamiętać, że się coś zrobiło; to remember to do sthg pamiętać, by coś zrobić.

remind [rɪˈmaɪnd] *vt* : to remind sb of przypominać komuś o • to remind sb to do sthg przypominać komuś, żeby coś zrobił.

reminder [rɪˈmaɪndər] *n* [for bill, library book] upomnienie *n*.

remittance [rɪˈmɪtns] *n* [money] przekaz *m*.

remnant [ˈremnənt] *n* resztka *f*.

remote [rɪˈməut] *adj* [isolated] odległy; [unlikely] niewielki.

remote control *n* [device] pilot *m*.

removal [rɪˈmuːvl] *n* [taking away] usunięcie *n*.

removal van *n* meblowóz *m*.

remove [rɪˈmuːv] *vt* usuwać/usunąć; [take off] zdejmować/zdjąć.

renew [rɪˈnjuː] *vt* [licence, membership] odnawiać/odnowić; [library book] przedłużać/przedłużyć.

renovate [ˈrenəveɪt] *vt* odnawiać/odnowić.

renowned [rɪˈnaund] *adj* sławny.

rent [rent] ⬥ *n* czynsz *m*. ⬥ *vt* [flat, car] wynajmować/wynająć; [TV] wypożyczać/wypożyczyć.

rental [ˈrentl] *n* opłata *f*.

repaid [riːˈpeɪd] *pt & pp* ⊳ repay.

repair [rɪˈpeər] ⬥ *vt* naprawiać/ naprawić. ⬥ *n* : in good repair w dobrym stanie. ➡ **repairs** ⬥ *npl* naprawy *fpl*.

repair kit *n* [for bicycle] zestaw *m* narzędzi.

repay [riːˈpeɪ] (*pt & pp* repaid [riːˈpeɪd]) *vt* [money] spłacać/spłacić; [favour, kindness] odwzajemniać/ odwzajemnić się za.

repayment [riːˈpeɪmənt] *n* [money] spłata *f*.

repeat [rɪˈpiːt] ⬥ *vt* [say or do again] powtarzać/powtórzyć. ⬥ *n* [on TV, radio] powtórka *f*.

repetition [ˈrepɪˈtɪʃn] *n* powtórzenie *n*.

repetitive [rɪˈpetɪtɪv] *adj* monotonny.

replace [rɪˈpleɪs] *vt* [substitute] zastępować/zastąpić; [faulty goods] wymieniać/wymienić; [put back] odkładać/odłożyć.

replacement [rɪˈpleɪsmənt] *n* : to be a replacement for sb zastępować kogoś; to give a replacement wymienić coś.

replay n ['ri:pleɪ] [rematch] powtórny mecz m; [on TV] powtórka f.

reply [rɪ'plaɪ] <> n odpowiedź f. <> vt & vi odpowiadać/odpowiedzieć.

report [rɪ'pɔ:t] <> n [account] sprawozdanie n; [in newspaper, on TV, radio] relacja f; UK SCH świadectwo n. <> vt zgłaszać/ zgłosić. <> vi [give account] zdawać/zdać sprawozdanie; [for newspaper, TV, radio] relacjonować • **to report to sb** [go to] zgłosić się do kogoś.

report card n świadectwo n.

reporter [rɪ'pɔ:tə'] n reporter m, -ka f.

represent ['reprɪ'zent] vt [act on behalf of] reprezentować; [symbolize] przedstawiać.

representative ['reprɪ'zentətɪv] n przedstawiciel m, -ka f.

repress [rɪ'pres] vt [feelings] tłumić/stłumić; [people] represjonować.

reprieve [rɪ'pri:v] n [delay] odroczenie n.

reprimand ['reprɪmɑ:nd] vt ganić/zganić.

reproach [rɪ'prəʊtʃ] vt zarzucać/ zarzucić.

reproduction ['ri:prə'dʌkʃn] n reprodukcja f.

reptile ['reptaɪl] n gad m.

republic [rɪ'pʌblɪk] n republika f.

Republican [rɪ'pʌblɪkən] <> n [in US] republikanin m, republikanka f. <> adj [in US] republikański.

repulsive [rɪ'pʌlsɪv] adj odpychający.

reputable ['repjʊtəbl] adj o dobrej reputacji.

reputation ['repjʊ'teɪʃn] n reputacja f.

reputedly [rɪ'pju:tɪdlɪ] adv rzekomo.

request [rɪ'kwest] <> n prośba f. <> vt prosić/poprosić • **to request sb to do sthg** prosić kogoś, aby coś zrobił; **available on request** dostępny na życzenie.

request stop n UK przystanek m na żądanie.

require [rɪ'kwaɪə'] vt [subj: person] potrzebować; [subj: situation, thing] wymagać • **to be required to do sthg** musieć coś zrobić.

requirement [rɪ'kwaɪəmənt] n wymaganie n.

resat ['ri:'sæt] pt & pp ▷ resit.

rescue ['reskju:] vt ratować/uratować.

research [rɪ'sɜ:tʃ] n [academic] badania npl; [journalistic] śledztwo n.

resemblance [rɪ'zembləns] n podobieństwo n.

resemble [rɪ'zembl] vt przypominać.

resent [rɪ'zent] vt mieć za złe.

reservation ['rezə'veɪʃn] n [booking] rezerwacja f; [doubt] zastrzeżenie n • **to make a reservation** dokonać rezerwacji.

reserve [rɪ'zɜ:v] <> n SPORT rezerwowy m, rezerwowa f; [for wildlife] rezerwat m. <> vt [book] rezerwować/zarezerwować; [save] zachowywać/ zachować.

reserved [rɪ'zɜ:vd] adj [booked] zarezerwowany; [shy] skryty.

reservoir ['rezəvwɑ:'] n [of water] zbiornik m.

reset (pt & pp reset) vt ['ri:'set] [watch, meter, device] przestawiać/przestawić.

reside [rɪ'zaɪd] vi fml [live] mieszkać.

residence ['rezidəns] *n fml* [house] rezydencja *f* • **place of residence** *fml* miejsce zamieszkania.

residence permit *n* zezwolenie *n* na pobyt.

resident ['rezidənt] *n* [of country] mieszkaniec *m*, mieszkanka *f*; [of hotel] gość *m* • 'residents only' [for parking] tylko dla mieszkańców.

residential ['rezi'denʃl] *adj* [area] mieszkaniowy.

residue ['rezidjuː] *n* pozostałość *f*.

resign [rɪ'zaɪn] <> *vi* [from job] rezygnować/zrezygnować. <> *vt* : **to resign o.s. to sthg** pogodzić się z czymś.

resignation ['rezig'neɪʃn] *n* [from job] rezygnacja *f*.

resilient [rɪ'zɪliənt] *adj* [person] odporny.

resist [rɪ'zɪst] *vt* [fight against] przeciwstawiać/przeciwstawić się; [temptation] opierać/oprzeć się • **to resist doing sthg** powstrzymać się od zrobienia czegoś.

resistance [rɪ'zɪstəns] *n* opór *m*.

resit (*pt & pp* **resat**) *vt* ['riː'sɪt] powtarzać/powtórzyć egzamin.

resolution ['rezə'luːʃn] *n* postanowienie *n*.

resolve [rɪ'zɒlv] *vt* rozwiązywać/rozwiązać.

resort [rɪ'zɔːt] *n* [for holidays] kurort *m* • **as a last resort** jako ostatnia deska ratunku. ➡ **resort to** *vt insep* uciekać się do • **to resort to doing sthg** uciekać się do zrobienia czegoś.

resource [rɪ'sɔːs] *n* : **financial resources** środki finansowe; **the world's resources of oil** światowe złoża ropy.

resourceful [rɪ'sɔːsful] *adj* pomysłowy.

respect [rɪ'spekt] <> *n* [admiration] szacunek *m*; [aspect] wzgląd *m*. <> *vt* [admire] szanować • **in some respects** pod pewnymi wzglądami; **with respect to** w odniesieniu do.

respectable [rɪ'spektəbl] *adj* przyzwoity.

respective [rɪ'spektɪv] *adj* : **they went to their respective homes** rozeszli się do swoich domów.

respond [rɪ'spɒnd] *vi* [reply] odpowiadać/odpowiedzieć; [react] reagować/zareagować.

response [rɪ'spɒns] *n* [reply] odpowiedź *f*; [reaction] reakcja *f*.

responsibility [rɪ'spɒnsə'bɪlətɪ] *n* [duty] obowiązek *m*; [blame] odpowiedzialność *f*.

responsible [rɪ'spɒnsəbl] *adj* odpowiedzialny • **to be responsible (for)** być odpowiedzialnym (za).

rest [rest] <> *n* [relaxation] odpoczynek *m*; [support] oparcie *n*. <> *vi* [relax] odpoczywać/odpocząć • **the rest** [remainder] reszta *f*; **to have a rest** odpoczywać; **to rest against** opierać się o.

restaurant ['restərɒnt] *n* restauracja *f*.

restaurant car *n* UK wagon *m* restauracyjny.

restful ['restful] *adj* sprzyjający wypoczynkowi.

restless ['restlɪs] *adj* [bored, impatient] zniecierpliwiony; [fidgety] niespokojny.

restore [rɪ'stɔːʳ] *vt* [reintroduce] przywracać/przywrócić; [renovate] restaurować/odrestaurować.

restrain [rɪ'streɪn] *vt* powstrzy-
mywać/powstrzymać.

restrict [rɪ'strɪkt] *vt* ograniczać/
ograniczyć.

restricted [rɪ'strɪktɪd] *adj* [limited]
ograniczony.

restriction [rɪ'strɪkʃn] *n* [rule]
restrykcja *f*; [limitation] ograniczenie *n*.

rest room *n US* toaleta *f*.

result [rɪ'zʌlt] <> *n* wynik *m*.
<> *vi* : to result in prowadzić
do • as a result of w wyniku.
━ **results** <> *npl* [of test,
exam] wyniki *mpl*.

resume [rɪ'zjuːm] *vi* rozpoczynać/
rozpocząć się ponownie.

résumé ['rezjuːmeɪ] *n* [summary]
streszczenie *n*; *US* [curriculum
vitae] życiorys *m*.

retail ['riːteɪl] <> *n* sprzedaż *f*
detaliczna. <> *vt* [sell] sprzedawać detalicznie. <> *vi* : to retail
at kosztować w detalu.

retailer ['riːteɪləʳ] *n* sprzedawca *m*
detaliczny.

retail price *n* cena *f* detaliczna.

retain [rɪ'teɪn] *vt fml* zachowy-
wać/zachować.

retaliate [rɪ'tælɪeɪt] *vi* rewanżo-
wać/zrewanżować się.

retire [rɪ'taɪəʳ] *vi* [stop working]
odchodzić/odejść na emeryturę.

retired [rɪ'taɪəd] *adj* emerytowany.

retirement [rɪ'taɪəmənt] *n* [leav-
ing job] przejście *n* na emeryturę;
[period after retiring] emerytura *f*.

retreat [rɪ'triːt] <> *vi* [move away]
wycofywać/wycofać się. <> *n*
[place] zacisze *n*.

retrieve [rɪ'triːv] *vt* [get back]
odzyskiwać/odzyskać.

return [rɪ'tɜːn] <> *n* [arrival back]

powrót *m*; *UK* [ticket] bilet *m*
powrotny. <> *vt* [give back]
zwracać/zwrócić; [put back] od-
kładać/odłożyć; [ball, serve] od-
bijać/odbić. <> *vi* [go back, come
back] wracać/wrócić. <> *adj*
[journey] powrotny • to return
sthg (to sb) [give back] zwrócić
coś (komuś); by return of post
UK odwrotną pocztą; many happy returns! sto lat!; in return
(for) w zamian (za).

return flight *n* lot *m* powrotny.

return ticket *n UK* bilet *m* powrotny.

reunite ['riːjuː'naɪt] *vt* [people]
spotykać się ponownie z.

reveal [rɪ'viːl] *vt* [make known]
ujawniać/ujawnić; [uncover] od-
słaniać/odsłonić.

revelation ['revə'leɪʃn] *n* [fact]
rewelacja *f*.

revenge [rɪ'vendʒ] *n* zemsta *f*.

reverse [rɪ'vɜːs] <> *adj* odwrot-
ny. <> *n* AUT bieg *m* wsteczny;
[of coin, document] rewers *m*.
<> *vt* [car] cofać/cofnąć; [deci-
sion] unieważniać/unieważnić.
<> *vi* [car, driver] cofać/cofnąć
się • the reverse [opposite] przeciwieństwo *n*; in reverse order
w odwrotnym porządku; to reverse the charges *UK* dzwonić
na koszt abonenta.

reverse-charge call *n UK* rozmowa *f* na koszt abonenta.

review [rɪ'vjuː] <> *n* [of book,
record, film] recenzja *f*; [examina-
tion] przegląd *m*. <> *vt US* [for
exam] powtarzać/powtórzyć.

revise [rɪ'vaɪz] <> *vt* [opinion,
methods, policy] rewidować/zre-
widować. <> *vi UK* [for exam]
powtarzać/powtórzyć.

revision [rɪ'vɪʒn] *n UK* [for exam]
powtórka *f*.

revive [rɪ'vaɪv] *vt* [person] cucić/ ocucić; [economy] ożywiać/ożywić; [custom] wskrzeszać/ wskrzesić.

revolt [rɪ'vəʊlt] *n* rewolta *f*.

revolting [rɪ'vəʊltɪŋ] *adj* odrażający.

revolution ['revə'lu:ʃn] *n* rewolucja *f*.

revolutionary ['revə'lu:ʃnərɪ] *adj* [completely new] rewolucyjny.

revolver [rɪ'vɒlvə'] *n* rewolwer *m*.

revolving door *n* drzwi *pl* obrotowe.

revue [rɪ'vju:] *n* rewia *f*.

reward [rɪ'wɔːd] ⟨⟩ *n* nagroda *f*. ⟨⟩ *vt* nagradzać/nagrodzić.

rewind (*pt & pp* rewound) *vt* [rɪ'ri:d 'waɪnd] przewijać/przewinąć.

rheumatism ['ru:mətɪzm] *n* reumatyzm *m*.

rhinoceros [raɪ'nɒsərəs] (*pl* -es [-raɪ]) *n* nosorożec *m*.

rhubarb ['ru:bɑːb] *n* rabarbar *m*.

rhyme [raɪm] ⟨⟩ *n* [poem] wiersz *m* ⟨⟩ *vi* rymować się.

rhythm ['rɪðm] *n* rytm *m*.

rib [rɪb] *n* [of body] żebro *n*.

ribbon ['rɪbən] *n* [for tying, decorating] wstążka *f*; [for typewriter] taśma *f*.

rice [raɪs] *n* ryż *m*.

rice pudding *n* pudding *m* ryżowy.

rich [rɪtʃ] ⟨⟩ *adj* [wealthy] bogaty; [food] tłusty. ⟨⟩ *npl* : **the rich** bogaci *mpl* • **to be rich in sthg** [country] obfitować w coś; [food] być bogatym w coś.

ricotta cheese *n* ricotta *n*.

rid [rɪd] *vt* : **to get rid of** pozbyć się.

ridden ['rɪdn] *pp* ⌐▷ ride.

riddle ['rɪdl] *n* zagadka *f*.

ride [raɪd] (*pt* rode, *pp* ridden) ⟨⟩ *n* [on horse, bike, in vehicle] jazda *f*. ⟨⟩ *vt & vi* jeździć • **to go for a ride** [in car] wybrać się na przejażdżkę.

rider ['raɪdə'] *n* [on horse] jeździec; [on bicycle] rowerzysta *m*, rowerzystka *f*; [on motorbike] motocyklista *m*, motocyklistka *f*.

ridge [rɪdʒ] *n* [of mountain] grzbiet *m*; [in sea] rafa *f*.

ridiculous [rɪ'dɪkjʊləs] *adj* śmieszny.

riding ['raɪdɪŋ] *n* jazda *f*.

riding school *n* szkoła *f* jeździecka.

rifle ['raɪfl] *n* [for hunting] strzelba *f*; MIL karabin *m*.

rig [rɪg] ⟨⟩ *n* [oilrig] platforma *f* wiertnicza. ⟨⟩ *vt* [fix] fałszować/sfałszować.

right ⟨⟩ *adj* -1. [correct] prawidłowy ; **to be right** [person] mieć rację; **to be right to do sthg** mieć rację, że się coś robi; **have you got the right time?** ma pan dokładny czas؟; **that's right!** to prawda! -2. [most suitable] właściwy ; **is this the right way to do it?** czy to się tak robi؟; **is this the right way to the station?** czy tędy dojdę na stację؟ -3. [fair] słuszny ; **that's not right!** to nie w porządku! -4. [on the right] prawy ; **the right side of the road** prawa strona jezdni. ⟨⟩ *n* -1. [side] : **the right** prawa strona. -2. [entitlement] prawo ; **to have the right to do sthg** mieć prawo coś zrobić. ⟨⟩ *adv* -1. [towards the right] na prawo ; **turn right at the post office** proszę skręcić w prawo za pocztą. -2. [correctly] dobrze ; **am I pronouncing it right?** czy dobrze to wymawiam؟ -3. [for emphasis] : **right**

in the middle na samym środku; **right here** właśnie tutaj; **I'll be right back** zaraz wracam; **right away** od razu.

right angle *n* kąt *m* prosty.

right-hand *adj* [side, lane] prawy.

right-hand drive *n* prawostronny układ *m* kierowniczy.

right-handed [-'hændɪd] *adj* [person] praworęczny; [implement] dla praworęcznych.

rightly ['raɪtlɪ] *adv* [correctly] prawidłowo; [justly] słusznie.

right of way *n* AUT pierwszeństwo *n* przejazdu; [path] droga *f* publiczna.

right-wing *adj* [person, views] prawicowy.

rigid ['rɪdʒɪd] *adj* [stiff] sztywny.

rim [rɪm] *n* [of cup] brzeg *m*; [of glasses] oprawka *f*; [of wheel] obręcz *f*.

rind [raɪnd] *n* skórka *f*.

ring [rɪŋ] (*pt* **rang**, *pp* **rung**) <> *n* [for finger] pierścionek *m*; [for wedding] obrączka *f*; [circle] krąg *m*; [sound] dzwonek *m*; [on cooker] palnik *m*; [for boxing] ring *m*; [in circus] arena *f*. <> *vt UK* [make phone call to] dzwonić/zadzwonić do. <> *vi* dzwonić/zadzwonić; *UK* [make phone call] dzwonić/zadzwonić • **to give sb a ring** [phone call] zadzwonić do kogoś; **to ring the bell** [of house, office] zadzwonić do drzwi. ➤ **ring back** <> *vt sep & vi UK* oddzwaniać/oddzwonić. ➤ **ring off** <> *vi UK* rozłączyć się. ➤ **ring up** <> *vt sep & vi UK* dzwonić/zadzwonić.

ringing tone *n* sygnał *m* dzwonienia.

ring road *n* obwodnica *f*.

rink [rɪŋk] *n* lodowisko *n & f*.

rinse [rɪns] *vt* płukać/opłukać. ➤ **rinse out** *vt sep* [clothes, mouth] płukać/wypłukać.

riot ['raɪət] *n* rozruchy *pl*.

rip [rɪp] <> *n* rozdarcie *n*. <> *vt* rozrywać/rozerwać. <> *vi* drzeć/podrzeć się. ➤ **rip up** <> *vt sep* drzeć/podrzeć na strzępy.

ripe [raɪp] *adj* [fruit, vegetable, cheese] dojrzały.

ripen ['raɪpn] *vi* dojrzewać/dojrzeć.

rip-off *n inf* zdzierstwo *n*.

rise [raɪz] (*pt* **rose**, *pp* **risen**) <> *vi* [move upwards] wznosić/wznieść się; [sun, moon] wschodzić/wzejść; [increase] rosnąć/wzrosnąć; [stand up] wstawać/wstać. <> *n* [increase] wzrost *m*; *UK* [pay increase] podwyżka *f*; [slope] wzniesienie *n*.

risk [rɪsk] <> *n* ryzyko *n*. <> *vt* ryzykować/zaryzykować • **to take a risk** podjąć ryzyko; **at your own risk** na własne ryzyko; **to risk doing sthg** zaryzykować zrobienie czegoś; **to risk it** zaryzykować.

risky ['rɪskɪ] *adj* ryzykowny.

risotto [rɪ'zɒtəʊ] (*pl* **-s**) *n* risotto *n*.

ritual ['rɪtʃʊəl] *n* rytuał *m*.

rival ['raɪvl] <> *adj* konkurencyjny. <> *n* rywal *m*, -ka *f*.

river ['rɪvəʳ] *n* rzeka *f*.

river bank *n* brzeg *m* rzeki.

riverside ['rɪvəsaɪd] *n* brzeg *m* rzeki.

Riviera ['rɪvɪ'eərə] *n* : **the (French) Riviera** Riwiera (francuska).

roach [rəʊtʃ] *n US* [cockroach] karaluch *m*.

road [rəʊd] *n* [route] droga *f*;

[roadway] jezdnia f • **by road** samochodem.

road map n mapa f drogowa.

road safety n bezpieczeństwo n na drogach.

roadside ['rəudsaid] n : **the road-side** pobocze n.

road sign n znak m drogowy.

road tax n podatek m drogowy.

roadway ['rəudweɪ] n jezdnia f.

road works npl roboty pl drogo-we.

roam [rəum] vi przemierzać/prze-mierzyć.

roar [rɔːʳ] ◇ n [of crowd, aero-plane] ryk m. ◇ vi [lion, crowd] ryczeć/zaryczeć; [traffic] huczeć.

roast [rəust] ◇ n pieczeń f. ◇ vt piec/upiec. ◇ adj pie-czony • **roast beef** pieczeń wo-łowa; **roast chicken** pieczony kurczak; **roast lamb** pieczeń jagnięca; **roast pork** pieczeń wieprzowa; **roast potatoes** pie-czone ziemniaki.

rob [rɒb] vt [house, bank, person] rabować/obrabować • **to rob sb of sthg** obrabować kogoś z czegoś.

robber ['rɒbəʳ] n bandyta m.

robbery ['rɒbərɪ] n [break-in] wła-manie n; [crime] rabunek m.

robe [rəub] n US [bathrobe] szla-frok m.

robin ['rɒbɪn] n rudzik m.

robot ['rəubɒt] n robot m.

rock [rɒk] ◇ n [boulder] skała f; US [stone] kamień m; [substance] skała f; [music] rock m; UK [sweet] *twardy cukierek karmelkowy w formie lasek*. ◇ vt [baby, boat] kołysać • **on the rocks** [drink] z lodem.

rock climbing n wspinaczka f skałkowa • **to go rock climbing** udać się na wspinaczkę.

rocket ['rɒkɪt] n rakieta f; [fire-work] petarda f.

rocking chair n fotel m bujany.

rock 'n' roll n rock and roll m.

rocky ['rɒkɪ] adj [place] skalisty.

rod [rɒd] n [pole] pręt m; [for fishing] wędka f.

rode [rəud] pt ⊳ ride.

roe [rəu] n ikra f.

role n rola f.

roll [rəul] ◇ n [of bread] bułka f; [of film] rolka; [of paper] rulon m. ◇ vi [ball, rock, vehicle] toczyć/potoczyć się; [ship] kołysać/za-kołysać się. ◇ vt [ball, rock] toczyć/potoczyć; [cigarette] skrę-cać/skręcić; [dice] rzucać/rzucić. ◆ **roll over** ◇ vi [person, animal] przewracać/przewrócić się; [car] dachować. ◆ **roll up** ◇ vt sep [map, carpet] zwijać/zwinąć; [sleeves, trousers] podwi-jać/podwinąć.

Rollerblades® ['rəuləbleid] n rol-ki pl.

rollerblading ['rəuləbleidiŋ] n jazda f na rolkach • **to go roll-erblading** jeździć na rolkach.

roller coaster n kolejka f gór-ska*(w wesołym miasteczku)*.

roller skates npl wrotki pl.

roller-skating n jazda f na wrot-kach.

rolling pin n wałek m do ciasta.

Roman ◇ adj [in history] rzym-ski. ◇ n [in history] Rzymianin m, Rzymianka f.

Roman Catholic n rzymski katolik m, rzymska katoliczka f.

romance [rəu'mæns] n romans m; [quality] romantyka f.

Romania [ru:'meɪnjə] *n* Rumunia f.

romantic [rəʊ'mæntɪk] *adj* romantyczny.

romper suit *n* pajacyk *m*.

roof [ru:f] *n* dach *m*.

roof rack *n* bagażnik *m* dachowy.

room [ru:m]*n* pokój *m*; [space] miejsce *n*.

room number *n* numer *m* pokoju.

room service *n* obsługa f pokojowa.

room temperature *n* temperatura f pokojowa.

roomy ['ru:mɪ] *adj* przestronny.

root [ru:t] *n* korzeń *m*; [of hair] cebulka; [of nail] macierz f.

rope [rəʊp] <> *n* [cord] lina f. <> *vt* [tie] wiązać/związać.

rose [rəʊz] <> *pt* ⊳ **rise**. <> *n* [flower] róża f.

rosé ['rəʊzeɪ] *n* różowe wino *n*.

rosemary ['rəʊzmərɪ] *n* rozmaryn *m*.

rot [rɒt] *vi* gnić/zgnić.

rota ['rəʊtə] *n* grafik *m*.

rotate *vi* [rəʊ'teɪt] obracać/obrócić się.

rotten ['rɒtn] *adj* [food] zepsuty; [wood] spróchniały; *inf* [not good] nędzny • **I feel rotten** [ill] marnie się czuję.

rouge [ru:ʒ] *n* róż *m*.

rough [rʌf] <> *adj* [surface, skin, cloth] szorstki; [road, ground] nierówny; [sea] wzburzony; [crossing] trudny; [person] grubiański; [approximate] pobieżny; [figure, estimate] przybliżony; [conditions] surowy; [area, town] niespokojny; [wine] cierpki. <> *n* [on golf course] rough *m* • **at a rough guess** z grubsza; **to**

have a rough time przechodzić ciężkie chwile.

roughly ['rʌflɪ] *adv* [approximately] z grubsza; [push, handle] szorstko.

roulade *n* rolada f.

roulette [ru:'let] *n* ruletka f.

round [raʊnd] <> *adj* -1. [circular] okrągły. -2. [spherical] kulisty. -3. [curved] okrągły. <> *n* -1. [of drinks] kolejka f ; **it's my round** teraz ja stawiam. -2. : **a round of sandwiches** kanapka z dwóch kromek. -3. [of toast] : **a round of toast** tost. -4. [of competition] runda f. -5. [in golf] partia f; [in boxing] runda f . -6. [of policeman, postman, milkman] obchód *m*. <> *adv* -1. [in a circle] : **to go round** chodzić w kółko; **to spin round** kręcić się. -2. [surrounding] dookoła ; **it had a fence all (the way) round** było ogrodzone dookoła. -3. [near] blisko ; **round about** wokół. -4. [to someone's house] : **to ask some friends round** zaprosić znajomych do siebie; **we went round to her place** poszliśmy do niej. -5. [continuously] : **all year round** przez cały rok. <> *prep* -1. [surrounding] dookoła ; **they put a blanket round him** owinęli go kocem. -2. [circling] dookoła ; **to go round the corner** skręcić za rogiem; **we walked round the lake** spacerowaliśmy wokół jeziora. -3. [visiting] po ; **to go round a museum** chodzić po muzeum; **to show sb round sthg** oprowadzać kogoś po czymś. -4. [approximately] około ; **round (about) 100** około 100; **round ten o'clock** koło dziesiątej. -5. [near] w pobliżu ; **round here** tutaj. -6. [in phrases] : **it's just round the corner** [nearby] to tuż za rogiem; **round the clock**

całą dobę. **round off** <> vt sep [meal, day, visit] kończyć/zakończyć.

roundabout ['raʊndəbaʊt] n UK [in road] rondo n; [in playground, fairground] karuzela f.

rounders ['raʊndəz] n UK rodzaj palanta.

round trip n podróż f w obie strony.

route [UK ruːt, US raʊt] <> n trasa f. <> vt [flight, plane] kierować/skierować.

routine [ruːˈtiːn] <> n [usual behaviour] zwyczaj m; pej [drudgery] rutyna f. <> adj rutynowy.

row¹ <> n rząd m. <> vt & vi [boat] wiosłować • **in a row** [in succession] z rzędu.

row² n [argument] awantura f; inf [noise] hałas m • **to have a row** pokłócić się.

rowboat ['rəʊbəʊt] US = rowing boat.

rowdy ['raʊdɪ] adj awanturniczy.

rowing ['rəʊɪŋ] n wioślarstwo n.

rowing boat n UK łódź f wiosłowa.

royal ['rɔɪəl] adj królewski.

royal family n rodzina f królewska.

royalty ['rɔɪəltɪ] n członkowie rodziny królewskiej. **royalties** npl honoraria npl autorskie.

RRP (abbr of recommended retail price) sugerowana cena f detaliczna.

rub [rʌb] <> vt [back, eyes] trzeć/potrzeć; [polish] przecierać/przetrzeć. <> vi [with hand, cloth] wycierać/wytrzeć; [shoes] obcierać/obetrzeć. **rub in** <> vt sep [lotion, oil] wcierać/wetrzeć. **rub out** <> vt sep [erase] wycierać/wytrzeć.

rubber ['rʌbəʳ] <> adj gumowy. <> n [material] guma f; UK [eraser] gumka f do wycierania; US inf [condom] guma f.

rubber band n gumka f recepturka.

rubber gloves npl rękawice fpl gumowe.

rubber ring n spławik m.

rubbish ['rʌbɪʃ] n [refuse] śmieci mpl; inf [worthless thing] tandeta f; inf [nonsense] bzdura f.

rubbish bin n UK pojemnik m na śmieci.

rubbish dump n UK wysypisko n śmieci.

rubble ['rʌbl] n gruz m.

ruby ['ruːbɪ] n rubin m.

rucksack ['rʌksæk] n plecak m.

rudder ['rʌdəʳ] n ster m.

rude [ruːd] adj [person, behaviour] niegrzeczny; [joke, picture] nieprzyzwoity.

rug [rʌg] n [for floor] dywanik m; UK [blanket] pled m.

rugby ['rʌgbɪ] n rugby n.

ruin ['ruːɪn] vt [spoil] niszczyć/zniszczyć. **ruins** npl [of building] ruiny fpl.

ruined ['ruːɪnd] adj [building, clothes] zniszczony; [holiday, meal] zepsuty.

rule [ruːl] <> n [law] zasada f. <> vt [country] rządzić • **to be the rule** [normal] być regułą; **against the rules** wbrew przepisom; **as a rule** z reguły. **rule out** <> vt sep wykluczać/wykluczyć.

ruler ['ruːləʳ] n [of country] władca m, władczyni f; [for measuring] linijka f.

rum [rʌm] n rum m.

rumor US = rumour.

rumour ['ruːməʳ] *n* UK pogłoska *f.*

rump steak *n* wołowina *f* krzyżowa.

run [rʌn] (*pt* ran *pp* run [ræn]) ⬥ *vi* **-1.** [on foot] biec/pobiec ; **we had to run for the bus** musieliśmy biec do autobusu. **-2.** [train, bus] kursować ; **the bus runs every hour** autobus odjeżdża co godzinę; **the train is running an hour late** pociąg jest spóźniony o godzinę. **-3.** [operate] działać ; **to run on sthg** być napędzanym czymś; **leave the engine running** zostaw silnik na chodzie. **-4.** [tears, liquid] cieknąć. **-5.** [river] płynąć/popłynąć ; **to run through** [river] przepływać przez; [road] przebiegać przez; **the path runs along the coast** ścieżka biegnie wzdłuż wybrzeża. **-6.** [play] być na afiszu; [event] trwać ; 'now running at the Palladium' do obejrzenia w Palladium. **-7.** [tap] cieknąć ; **she left the tap running** zostawiła odkręcony kran. **-8.** [nose] cieknąć; [eyes] łzawić. **-9.** [clothes] farbować/zafarbować/ufarbować; [colour, dye] puszczać/puścić. **-10.** [remain valid] być ważnym ; **the offer runs until July** oferta jest ważna do lipca. ⬥ *vt* **-1.** [on foot] przebiegać/przebiec. **-2.** [compete in] startować/wystartować w ; **to run a race** brać udział w wyścigu. **-3.** [manage, organize] kierować. **-4.** [car, machine] utrzymywać ; **it's cheap to run** jest tanie w eksploatacji. **-5.** [bus, train] podstawiać/podstawić ; **we're running a special bus to the airport** podstawiamy specjalny autobus na lotnisko. **-6.** [take in car] podwozić/podwieźć ; **I'll run you home** podwiozę cię do domu. **-7.** [bath, water] napuszczać/napuścić ; **to run a**

bath napełnić wannę. ⬥ *n* **-1.** [on foot] bieg *m* ; **to go for a run** iść pobiegać. **-2.** [in car] przejażdżka *f*; **to go for a run** jechać na przejażdżkę. **-3.** [of play, show] : **it had a two-year run** nie schodziło z afisza przez dwa lata. **-4.** [for skiing] stok *m*. **-5.** *US* [in tights] oczko *n*. **-6.** [in phrases] : **in the long run** na dłuższą metę. ⬥ **run away** ⬥ *vi* [from place] uciekać/uciec. ⬥ **run down** ⬥ *vt sep* [run over] przejechać; [criticize] obmawiać/obmówić. ⬥ *vi* [clock] stawać/stanąć; [battery] wyczerpywać/wyczerpać się. ⬥ **run into** ⬥ *vt insep* wpadać/wpaść na; [problem, difficulty] napotykać/napotkać. ⬥ **run out** ⬥ *vi* [be used up] kończyć/skończyć się. ⬥ **run out of** ⬥ *vt insep* kończyć/skończyć się • **we are running out of money** kończą nam się pieniądze. ⬥ **run over** ⬥ *vt sep* [hit] przejechać.

runaway ['rʌnəweɪ] *n* uciekinier *m*, -ka *f.*

rung [rʌŋ] ⬥ *pp* ⊳ ring. ⬥ *n* [of ladder] szczebel *m.*

runner ['rʌnəʳ] *n* [person] biegacz *m*, -ka *f*; [for door, drawer] prowadnica *f*; [for sledge] płoza.

runner bean *n* fasola *f* Jaś.

runner-up (*pl* runners-up) *n* zdobywca *m*, zdobywczyni *f* drugiego miejsca.

running ['rʌnɪŋ] ⬥ *n* SPORT bieganie *n*; [management] kierowanie *n*. ⬥ *adj* : **three days running** trzy dni pod rząd • **to go running** iść pobiegać.

running water *n* bieżąca woda *f.*

runny ['rʌnɪ] *adj* [sauce] rzadki; [egg, omelette] nieścięty; [nose] cieknący; [eye] załzawiony.

runway ['rʌnweɪ] *n* pas *m* startowy.

rural ['ruərəl] *adj* wiejski.

rush [rʌʃ] <> *n* [hurry] pośpiech *m*; [of crowd] napływ *m*. <> *vi* [move quickly] pędzić/popędzić; [hurry] śpieszyć /pośpieszyć się. <> *vt* [food] wpychać/wepchnąć; [work] śpieszyć się z; [transport quickly] błyskawicznie dowozić/dowieźć • **to be in a rush** śpieszyć się; **there's no rush!** nie ma się co śpieszyć!; **don't rush me!** nie poganiaj mnie!

rush hour *n* godzina *f* szczytu.

Russia ['rʌʃə] *n* Rosja *f*.

Russian ['rʌʃn] <> *adj* rosyjski. <> *n* [person] Rosjanin *m*, Rosjanka *f*; [language] rosyjski *m*.

rust [rʌst] <> *n* [corrosion] rdza *f*. <> *vi* rdzewieć/zardzewieć.

rustic ['rʌstɪk] *adj* rustykalny.

rustle ['rʌsl] *vi* szeleścić/zaszeleścić.

rustproof ['rʌstpruːf] *adj* nierdzewny.

rusty ['rʌstɪ] *adj* [metal] zardzewiały; *fig* : **my French is a bit rusty** zapomniałem już trochę francuskiego; **I used to play cricket but now I'm very rusty** grywałem w krykieta, ale wyszedłem z wprawy.

RV *n* *US* (*abbr of* recreational vehicle) samochód *m* kempingowy.

rye [raɪ] *n* żyto *n*.

rye bread *n* chleb *m* żytni.

S

S [es] (*abbr of* south) płd; (*abbr of* small) mały.

saccharin ['sækərɪn] *n* sacharyna *f*.

sachet ['sæʃeɪ] *n* saszetka *f*.

sack [sæk] <> *n* [bag] worek *m*. <> *vt* zwalniać/zwolnić • **to get the sack** zostać wylanym.

sacrifice ['sækrɪfaɪs] *n* *fig* poświęcenie *n*.

sad [sæd] *adj* smutny.

saddle ['sædl] *n* [on horse] siodło *n*; [on bicycle, motorbike] siodełko *n*.

saddlebag ['sædlbæg] *n* [on bicycle, motorbike] sakwa *f*; [on horse] juki *pl*.

sadly ['sædlɪ] *adv* [unfortunately] niestety; [unhappily] smutno.

sadness ['sædnɪs] *n* smutek *m*.

s.a.e. *n* *UK* (*abbr of* stamped addressed envelope) zaadresowana koperta *f* ze znaczkiem.

safari park *n* park *m* safari.

safe [seɪf] <> *adj* bezpieczny. <> *n* [for money, valuables] sejf *m* • **a safe place** bezpieczne miejsce; **(have a) safe journey!** szerokiej drogi!; **safe and sound** cały i zdrowy.

safe-deposit box *n* skrytka *f* depozytowa.

safely ['seɪflɪ] *adv* bezpiecznie.

safety ['seɪftɪ] *n* bezpieczeństwo *n*.

safety belt *n* pas *m* bezpieczeństwa.

safety pin *n* agrafka *f*.

sag [sæg] *vi* [hang down] obwisać/
obwisnąć; [sink] zapadać/zapaść
się.

sage [seɪdʒ] *n* [herb] szałwia *f*.

Sagittarius ['sædʒɪ'teərɪəs] *n*
Strzelec *m*.

said [sed] *pt & pp* ⊳ say.

sail [seɪl] ◇ *n* żagiel *m*. ◇ *vi*
[boat, ship] pływać, płynąć/po-
płynąć; [person] pływać; [depart]
wypływać/wypłynąć. ◇ *vt* : **to
sail a boat** żeglować łódką • **to
set sail** wyruszyć.

sailboat ['seɪlbəʊt] *US* = **sailing
boat**.

sailing ['seɪlɪŋ] *n* [activity] żeglarstwo *n*; [departure] wypłynięcie *n*
• **to go sailing** iść na żagle.

sailing boat *n* żaglówka *f*.

sailor ['seɪlər] *n* marynarz *m*.

saint [seɪnt] *n* święty *m*, święta *f*.

sake *n* : **for my/their sake** przez
wzgląd na mnie/na nich; **for
God's sake!** na miłość boską!

salad ['sæləd] *n* sałatka *f*.

salad bar *n UK* bar *m* sałatkowy.

salad bowl *n* salaterka *f*.

salad cream *n UK* sos *m* sałatkowy *(z majonezem)*.

salad dressing *n* sos *m* do
sałatek *(typu winegret)*.

salami [sə'lɑːmɪ] *n* salami *n*.

salary ['sælərɪ] *n* pensja *f*.

sale [seɪl] *n* [selling] sprzedaż *f*; [at
reduced prices] wyprzedaż *f* • 'for
sale' na sprzedaż; **on sale** w
sprzedaży. ⏵ **sales** *npl* COMM
obroty *mpl* • **the sale** [at reduced
prices] wyprzedaże *fpl*.

sales assistant *n* sprzedawca *m*,
sprzedawczyni *f*.

salesclerk ['seɪlzkləːrk] *US* = **sales
assistant**.

salesman ['seɪlzmən] (*pl* -men

[-mən]) *n* [in shop] sprzedawca
m; [rep] przedstawiciel *m* handlowy.

sales rep(resentative) *n* przedstawiciel *m* handlowy, przedsta-
wicielka *f* handlowa.

saleswoman ['seɪlz'wʊmən]
(*pl* -women [-'wɪmɪn]) *n* sprzedawczyni *f*.

saliva [sə'laɪvə] *n* ślina *f*.

salmon ['sæmən] (*pl* salmon) *n*
łosoś *m*.

salon ['sælɒn] *n* [hairdresser's]
salon *m*.

saloon [sə'luːn] *n UK* [car] sedan
m; *US* [bar] bar *m* • **saloon (bar)**
*UK komfortowo wyposażona sala
barowa, gdzie drinki sprzedaje się
po cenach znacznie wyższych niż w
'public bar'*.

salopettes ['sælə'pets] *npl* spodnie *pl* narciarskie.

salt *n* sól *f*.

saltcellar *n UK* solniczka *f*.

salted peanuts *npl* solone
orzeszki *mpl*.

salt shaker *US* = **saltcellar**.

salty ['sɔːltɪ] *adj* [food] słony.

salute [sə'luːt] ◇ *n* [MIL with
hand] salutowanie *n*. ◇ *vi* [MIL
with hand] salutować/zasaluto-
wać.

same [seɪm] ◇ *adj* [unchanged]
ten sam; [identical] taki sam.
◇ *pron* : **the same** [unchanged]
tak samo, taki sam; [in compar-
isons] tak samo • **they look the
same** wyglądają tak samo; **I'll
have the same as her** poproszę
to samo co ona; **you've got the
same book as me** masz tę samą
książkę co ja; **it's all the same to
me** jest mi to obojętne.

samosa [sə'məʊsə] *n indyjska
potrawa w formie trójkątnego placka*

smażonego w głębokim tłuszczu i faszerowanego mielonym mięsem lub warzywami.

sample ['sɑːmpl] ⬦ *n* próbka *f*. ⬦ *vt* [food, drink] próbować/spróbować.

sanctions *npl* POL sankcje *fpl*.

sanctuary ['sæŋktʃʊərɪ] *n* [for birds, animals] rezerwat *m*.

sand [sænd] ⬦ *n* piasek *m*. ⬦ *vt* [wood] szlifować/oszlifować papierem ściernym. ➤ **sands** ⬦ *npl* [beach] plaża *f*.

sandal ['sændl] *n* sandał *m*.

sandcastle ['sænd'kɑːsl] *n* zamek *m* z piasku.

sandpaper ['sænd'peɪpəʳ] *n* papier *m* ścierny.

sandwich ['sænwɪdʒ] *n* [with bread] kanapka *f*.

sandwich bar *n* bar *m* kanapkowy.

sandy ['sændɪ] *adj* [beach] piaszczysty; [hair] rudoblond.

sang [sæŋ] *pt* ⊳ sing.

sanitary ['sænɪtrɪ] *adj* [conditions, measures] sanitarny; [hygienic] higieniczny.

sanitary napkin *US* = sanitary towel.

sanitary towel *n* UK podpaska *f* higieniczna.

sank [sæŋk] *pt* ⊳ sink.

sapphire ['sæfaɪəʳ] *n* szafir *m*.

sarcastic [sɑːˈkæstɪk] *adj* sarkastyczny.

sardine [sɑːˈdiːn] *n* sardynka *f*.

SASE *n US* (*abbr of* self-addressed stamped envelope) koperta zwrotna ze znaczkiem.

sat *pt* & *pp* ⊳ sit.

Sat. (*abbr of* Saturday) sobota.

SAT (*abbr of* Scholastic Assessment Test) *n* egzamin wstępny na studia dla uczniów szkół średnich w USA.

satchel ['sætʃəl] *n* tornister *m*.

satellite ['sætəlaɪt] *n* [in space] satelita *m*.

satellite dish *n* antena *f* satelitarna.

satellite TV *n* telewizja *f* satelitarna.

satin ['sætɪn] *n* satyna *f*.

satisfaction ['sætɪsˈfækʃn] *n* [pleasure] satysfakcja *f*.

satisfactory ['sætɪsˈfæktərɪ] *adj* dostateczny.

satisfied ['sætɪsfaɪd] *adj* zadowolony.

satisfy ['sætɪsfaɪ] *vt* [please] zadowalać/zadowolić; [need, requirement, conditions] spełniać/spełnić.

satsuma ['sætˈsuːmə] *n UK rodzaj mandarynki.*

saturate ['sætʃəreɪt] *vt* [with liquid] przesiąkać/przesiąknąć.

Saturday ['sætədeɪ] *n* sobota *f* • it's Saturday jest sobota; **Saturday morning** sobota rano; **on Saturday** w sobotę; **on Saturdays** w soboty; **last Saturday** w zeszłą sobotę; **this Saturday** w tę sobotę; **next Saturday** w przyszłą sobotę; **Saturday week, a week on Saturday** za tydzień od soboty.

sauce [sɔːs] *n* CULIN sos *m*.

saucepan ['sɔːspən] *n* rondel *m*.

saucer ['sɔːsəʳ] *n* spodek *m*.

Saudi Arabia *n* Arabia *f* Saudyjska.

sauna ['sɔːnə] *n* sauna *f*.

sausage ['sɒsɪdʒ] *n* kiełbasa *f*.

sausage roll n kiełbasa f w cieście.

sauté [UK 'səʊteɪ, US səʊ'teɪ] adj saute.

savage ['sævɪdʒ] adj dziki.

save [seɪv] ⟨⟩ vt [rescue] ratować/uratować; [money, time, space] oszczędzać/zaoszczędzić; [seat] zajmować/zająć [food, goods] zachowywać/zachować; SPORT bronić/obronić; COMPUT zachowywać/zachować. ⟨⟩ n [football] parada f. ⇒ **save up** ⟨⟩ vi oszczędzać/oszczędzić • **to save (for sthg)** oszczędzać pieniądze (na coś).

saver ['seɪvəʳ] n UK [ticket] tani bilet m.

savings npl oszczędności pl.

savings and loan association n US kasa f oszczędnościowo--pożyczkowa.

savings bank n kasa f oszczędnościowa.

savory ['seɪvərɪ] US = savoury.

savoury ['seɪvərɪ] adj UK [not sweet] pikantny, słony.

saw [sɔː] (UK pt sawed, pp sawn US pp sawed [sɔːn]) ⟨⟩ pt ⊳ **see**. ⟨⟩ n [tool] piła f. ⟨⟩ vt piłować.

sawdust ['sɔːdʌst] n trociny pl.

sawn [sɔːn] pp ⊳ **saw**.

saxophone ['sæksəfəʊn] n saksofon m.

say [seɪ] (pt&pp said) ⟨⟩ vt [in words] mówić/powiedzieć; [subj: clock, sign, meter] wskazywać/wskazać. ⟨⟩ n : **to have a say in sthg** mieć coś do powiedzenia w jakiejś sprawie • **could you say that again?** mógłbyś to powtórzyć⸮; **say we met at nine?** spotkajmy się o dziewią-

tej⸮; **what did you say?** co powiedziałeś⸮

saying ['seɪɪŋ] n powiedzenie n.

scab [skæb] n [on skin] strup m.

scaffolding ['skæfəldɪŋ] n rusztowanie n.

scald [skɔːld] vt [skin] oparzyć/poparzyć (wrzątkiem).

scale [skeɪl] n skala f; [of fish, snake] łuska f; [in kettle] kamień m. ⇒ **scales** npl [for weighing] waga f.

scallion ['skæljən] n US dymka f.

scallop ['skɒləp] n przegrzebek m.

scalp [skælp] n [top of head] skóra f głowy.

scampi ['skæmpɪ] n potrawa z gotowanych lub panierowanych langustynek.

scan [skæn] ⟨⟩ vt [consult quickly] przeglądać/przejrzeć. ⟨⟩ n MED badanie n USG.

scandal ['skændl] n [disgrace] skandal m; [gossip] plotki fpl.

Scandinavia ['skændɪ'neɪvjə] n Skandynawia f.

scar [skɑːʳ] n blizna f.

scarce ['skeəs] adj [rare] rzadki; [insufficient] skąpy • **food was scarce** brakowało żywności.

scarcely ['skeəslɪ] adv [hardly] ledwo.

scare [skeəʳ] vt straszyć/przestraszyć.

scarecrow ['skeəkrəʊ] n strach m na wróble.

scared ['skeəd] adj przestraszony.

scarf [skɑːf] (pl scarves) n [woollen] szalik m; [for women] apaszka f.

scarlet ['skɑːlət] adj szkarłatny.

scarves [skɑːvz] pl ⊳ **scarf**.

scary ['skeərɪ] adj inf straszny.

scatter ['skætə'] <> *vt* [seeds, papers] rozrzucać/rozrzucić; [birds] rozpędzać/rozpędzić. <> *vi* rozpraszać/rozproszyć się.

scene [si:n] *n* scena *f* • **the music scene** scena muzyczna; **to make a scene** zrobić scenę.

scenery ['si:nərı] *n* [countryside] sceneria *f*; [in theatre] dekoracje *fpl*.

scenic ['si:nık] *adj* malowniczy.

scent [sent] *n* [smell] zapach *m*; [of animal] trop *m*; [perfume] perfumy *pl*.

sceptical ['skeptıkl] *adj UK* sceptyczny.

schedule [*UK* 'ʃedjuːl, *US* 'skedʒʊl] <> *n* [of work, things to do] rozkład *m*; [timetable] harmonogram *m*; [list] wykaz *m*. <> *vt* [plan] planować/zaplanować • **according to schedule** zgodnie z harmonogramem; **behind schedule** z opóźnieniem w stosunku do planu; **on schedule** na czas.

scheduled flight *n* lot *m* rejsowy.

scheme [ski:m] *n* [plan] plan *m*; *pej* [dishonest plan] intryga *f*.

scholarship ['skɒləʃıp] *n* [award] stypendium *n*.

school [sku:l] <> *n* szkoła *f*; [university department] instytut *m*; *US* [university] uczelnia *f* <> *adj* [age, holiday, report] szkolny • **at school** w szkole.

school bag *n* teczka *f*.

schoolbook ['sku:lbʊk] *n* podręcznik *m*.

schoolboy ['sku:lbɔɪ] *n* uczeń *m*.

school bus *n* autobus *m* szkolny.

schoolchild ['sku:ltʃaɪld] (*pl* -**children** [-tʃɪldrən]) *n* dziecko *n* w wieku szkolnym.

schoolgirl ['sku:lgɜ:l] *n* uczennica *f*.

schoolmaster ['sku:l'mɑ:stə'] *n* *UK* nauczyciel *m* *(w szkole prywatnej)*.

schoolmistress ['sku:l'mıstrıs] *n* *UK* nauczycielka *f* *(w szkole prywatnej)*.

schoolteacher ['sku:l'ti:tʃə'] *n* nauczyciel *m*, -ka *f*.

school uniform *n* mundurek *m* szkolny.

science ['saɪəns] *n* [knowledge] nauka *f*; [branch of knowledge] nauka *f* ścisła; SCH przedmioty *mpl* ścisłe.

science fiction *n* science fiction *n*.

scientific ['saɪən'tıfık] *adj* naukowy.

scientist ['saɪəntıst] *n* naukowiec *m*.

scissors *npl* : (a pair of) scissors nożyczki.

scold [skəʊld] *vt* besztać/zbesztać.

scone [skɒn] *n* *rodzaj okrągłego niesłodkiego ciasteczka, podawanego do herbaty z masłem lub dżemem*.

scoop [sku:p] *n* [for ice cream] łyżka *f*; [for flour] łopatka *f*; [of ice cream] gałka *f*; [in media] sensacyjna wiadomość *f*.

scooter ['sku:tə'] *n* [motor vehicle] skuter *m*

scope [skəʊp] *n* [possibility] możliwości *pl*; [range] zakres *m*.

scorch [skɔ:tʃ] *vt* przypalać/przypalić.

score [skɔ:'] <> *n* [total, final result] wynik *m*; [current position] sytuacja *f*. <> *vt* [SPORT point] zdobywać/zdobyć; [goal] strzelać/strzelić; [points in test] zdobywać/zdobyć. <> *vi* [SPORT about

point] zdobywać/zdobyć punkt;
[about goal] strzelać/strzelić
bramkę.

scorn [skɔːn] *n* pogarda *f*.

Scorpio ['skɔːpɪəʊ] *n* Skorpion *m*.

scorpion ['skɔːpjən] *n* skorpion *m*.

Scot [skɒt] *n* Szkot *m*, -ka *f*.

scotch *n* szkocka whisky *f*.

Scotch broth *n krupnik jęczmienny na baraninie lub wołowinie z warzywami.*

Scotch tape® *n US* taśma *f* klejąca.

Scotland ['skɒtlənd] *n* Szkocja *f*.

Scotsman ['skɒtsmən] (*pl* -men-[-mən]) *n* Szkot *m*.

Scotswoman ['skɒtswʊmən] (*pl* -women[-'wɪmɪn]) *n* Szkotka *f*.

Scottish ['skɒtɪʃ] *adj* szkocki.

scout [skaʊt] *n* [boy scout] skaut *m*.

scowl [skaʊl] *vi* krzywić/skrzywić się.

scrambled eggs *npl* jajecznica *f*.

scrap [skræp] *n* [of paper, cloth] skrawek *m*; [old metal] złom *m*.

scrapbook ['skræpbʊk] *n* album *m* z wycinkami.

scrape [skreɪp] *vt* [rub] skrobać/zeskrobać; [scratch] zadrapać/zadrapnąć.

scrap paper *n UK* papier *m* do pisania na brudno.

scratch [skrætʃ] <> *n* [cut] zadrapanie *n*; [mark] rysa *f*. <> *vt* zadrapać; [rub] drapać/podrapać • **to be up to scratch** spełniać wymogi; **to start from scratch** zaczynać od zera.

scratch paper *US* = scrap paper.

scream [skriːm] <> *n* [shout] krzyk *m*. <> *vi* [person] wrzeszczeć/wrzasnąć.

screen [skriːn] <> *n* ekran *m*; [hall in cinema] sala *f*; [panel] parawan *m*. <> *vt* [film, programme] wyświetlać/wyświetlić.

screening ['skriːnɪŋ] *n* [of film] projekcja *f*.

screen wash *n* płyn *m* do spryskiwania szyb.

screw [skruː] <> *n* śruba *f*. <> *vt* [fasten] przykręcać/przykręcić; [twist] wykręcać/wykręcić.

screwdriver ['skruːˈdraɪvəʳ] *n* śrubokręt *m*.

scribble ['skrɪbl] *vi* bazgrać/nabazgrać.

script [skrɪpt] *n* [of play, film] scenariusz *m*.

scrub [skrʌb] *vt* [clean] szorować/wyszorować.

scruffy ['skrʌfɪ] *adj* niechlujny.

scrumpy ['skrʌmpɪ] *n rodzaj mocnego jabłecznika z południowej Anglii.*

scuba diving *n* nurkowanie *n* z akwalungiem.

sculptor ['skʌlptəʳ] *n* rzeźbiarz *m*, rzeźbiarka *f*.

sculpture ['skʌlptʃəʳ] *n* rzeźba *f*.

sea [siː] *n* morze *n* • **by sea** drogą morską; **by the sea** nad morzem.

seafood ['siːfuːd] *n* owoce *m* morza.

seafront ['siːfrʌnt] *n* ulica *f* nadbrzeżna.

seagull ['siːgʌl] *n* mewa *f*.

seal [siːl] <> *n* [animal] foka *f*; [on bottle, container] plomba *f*; [official mark] pieczęć *f*. <> *vt* [envelope, container] zaklejać/zakleić.

seam [siːm] *n* [in clothes] szew *m*.

search [sɜːtʃ] <> *n* poszukiwanie *n*. <> *vt* przeszukiwać/przeszukać. <> *vi* : **to search for** poszukiwać.

search engine n COMPUT wy-szukiwarka f.

seashell ['siːʃel] n muszla f.

seashore ['siːʃɔːʳ] n brzeg m morza.

seasick ['siːsɪk] adj : **to be seasick** cierpieć na chorobę morską.

seaside ['siːsaɪd] n : **the seaside** wybrzeże n.

seaside resort n kurort m nad-morski.

season ['siːzn] <> n [division of year] pora f roku; [period] sezon m. <> vt [food] doprawiać/do-prawić • **strawberries are in/out of season** jest sezon na truskaw-ki/sezon na truskawki się skoń-czył; **a holiday in/out of season** urlop w sezonie/poza sezonem.

seasoning ['siːznɪŋ] n przypra-wa f.

season ticket n bilet m okres-owy.

seat [siːt] <> n [place, chair] miejsce n; [in parliament] mandat m. <> vt [subj: building, vehicle] móc pomieścić • **'please wait to be seated'** prośba do klientów restauracji o zaczekanie na wyzna-czenie stolika.

seat belt n pas m bezpieczeń-stwa.

seaweed ['siːwiːd] n wodorosty mpl.

secluded [sɪ'kluːdɪd] adj odosob-niony.

second <> n [unit of time] se-kunda f; [moment] chwila f. <> num drugi ⊳ **sixth** • **se-cond gear** drugi bieg m. ➡ **seconds** <> npl [goods] towary mpl wybrakowane; inf [of food] dokładka f.

secondary school n szkoła f średnia.

second-class adj [ticket, stamp] drugiej klasy; [inferior] drugiej kategorii.

second-hand adj [not new] uży-wany.

Second World War n : **the Second World War** II wojna f światowa.

secret ['siːkrɪt] <> adj [kept hid-den] tajny. <> n [hidden informa-tion] sekret m.

secretary [(UK 'sekrətrɪ, US 'sek-rə'terɪ)] n [in office] sekretarz m, sekretarka f.

Secretary of State n US [foreign minister] sekretarz m stanu; UK [government minister] minister m.

section ['sekʃn] n [part] część f.

sector ['sektəʳ] n [of economy, society] sektor m.

secure [sɪ'kjʊəʳ] <> adj [safe, protected] bezpieczny; [firmly fixed] przytwierdzony; [free from worry] spokojny. <> vt [fix] przy-mocowywać/przymocować; fml [obtain] uzyskiwać/uzyskać.

security [sɪ'kjʊərətɪ] n [protection] bezpieczeństwo n; [freedom from worry] poczucie n bezpieczeń-stwa.

security guard n strażnik m, strażniczka f.

sedative ['sedətɪv] n środek m uspokajający.

seduce [sɪ'djuːs] vt [sexually] uwo-dzić/uwieść.

see [siː] (pt saw, pp seen) <> vt widzieć/zobaczyć; [visit] widzieć się z; [understand] rozumieć/zro-zumieć; [accompany] odprowa-dzać/odprowadzić; [consider] uważać za; [find out] zobaczyć; [undergo] przeżyć. <> vi [have vision] widzieć • **I see** [understand] rozumiem; **to see if one can do sthg** zobaczyć, co można zrobić;

to see to sthg zająć się czymś; **see you!** do zobaczenia!; **see you later!** na razie!; **see you soon!** do zobaczenia wkrótce!; see p 14 zob. str. 14. ➤ **see off** ⬦ vt sep [say goodbye to] odprowadzać/odprowadzić.

seed [siːd] n [of plant] nasienie n.

seedy ['siːdɪ] adj zapuszczony.

seeing (as) conj skoro.

seek [siːk] (pt & pp **sought**[soːt]) vt fml [look for] poszukiwać; [request] żądać/zażądać.

seem [siːm] ⬦ vi wydawać/wydać się. ⬦ impers vb : **it seems (that)** ... zdaje się, (że).

seen [siːn] pp ▷ **see**.

seesaw ['siːsoː] n huśtawka f (na desce).

segment n ['segmənt] [of fruit] cząstka f.

seize [siːz] vt [grab] chwytać/chwycić; [drugs, arms] przechwytywać/przechwycić. ➤ **seize up** vi [machine] zacinać/zaciąć się; [leg, back] odmawiać/odmówić posłuszeństwa.

seldom ['seldəm] adv rzadko.

select [sɪ'lekt] ⬦ vt wybierać/wybrać. ⬦ adj [exclusive] ekskluzywny.

selection [sɪ'lekʃn] n wybór m.

self-assured adj pewny siebie.

self-catering adj [flat, holiday] z wyżywieniem we własnym zakresie.

self-confident adj pewny siebie.

self-conscious adj [nervous] skrępowany.

self-contained adj [flat] z osobnym wejściem.

self-defence n [art] samoobrona f.

self-employed adj prowadzący własną działalność.

selfish ['selfɪʃ] adj samolubny.

self-raising flour n UK mąka zmieszana z proszkiem do pieczenia.

self-rising flour US = **self-raising flour**.

self-service adj samoobsługa f.

sell [sel] (pt & pp **sold**) ⬦ vt [for money] sprzedawać/sprzedać. ⬦ vi sprzedawać/sprzedać • **to sell for** chodzić po; **to sell sb sthg** sprzedawać coś komuś.

sell-by date n data f ważności.

seller ['selər] n [person] sprzedawca m, sprzedawczyni f.

Sellotape® ['seləteɪp] n UK taśma f klejąca.

semester [sɪ'mestər] n semestr m.

semicircle ['semɪsɜːkl] n półkole n.

semicolon ['semɪkəʊlən] n średnik m.

semidetached ['semɪdɪ'tætʃt] adj : **a semidetached house** bliźniak m.

semifinal ['semɪ'faɪnl] n półfinał m.

seminar ['semɪnɑːr] n seminarium n.

semolina ['semə'liːnə] n kasza f manna.

Senate ['senɪt] n [in US] : **the Senate** Senat m.

send [send] (pt & pp **sent** [sent]) vt wysyłać/wysłać; [TV or radio signal] nadawać/nadać • **to send sthg to sb** wysłać coś komuś. ➤ **send back** vt sep [faulty goods] odsyłać/odesłać. ➤ **send off** vt sep [letter, parcel] wysyłać/wysłać; SPORT wyrzucać/wyrzucić z boiska. vi : **to send (for sthg)** zamówić (coś) wysyłkowo.

sender ['sendə'] *n* nadawca *m*, nadawczyni *f*.

senile ['si:naɪl] *adj* nie w pełni władz umysłowych.

senior ['si:njə'] <> *adj* [high-ranking] starszy; [higher-ranking] wysoki rangą. <> *n* UK SCH *uczeń/uczennica starszej klasy*; US UNIVERSITY student *m*, -ka *f* ostatniego roku studiów; [school] uczeń *m*, uczennica *f* najstarszej klasy.

senior citizen *n* emeryt *m*, -ka *f*.

sensation [sen'seɪʃn] *n* [physical feeling] czucie *n*; [mental impression] uczucie *n*; [cause of excitement] sensacja *f*.

sensational [sen'seɪʃənl] *adj* [very good] rewelacyjny.

sense [sens] <> *n* [physical ability] zmysł *m*; [common sense] rozsądek *m*; [usefulness] pożytek *m*; [of word, expression] sens *m*. <> *vt* [realize] wyczuwać/wyczuć • **to make sense** mieć sens; **sense of direction** zmysł *m* orientacji; **sense of humour** poczucie *n* humoru.

sensible ['sensəbl] *adj* [person] rozsądny; [clothes, shoes] praktyczny.

sensitive ['sensɪtɪv] *adj* wrażliwy; [easily offended] drażliwy; [device] czuły; [subject, issue] drażliwy.

sent [sent] *pt & pp* ⊏> **send**.

sentence ['sentəns] <> *n* GRAMM zdanie *n*; [for crime] wyrok *m*. <> *vt* skazywać/skazać.

sentimental ['sentɪ'mentl] *adj* *pej* sentymentalny.

Sep. (*abbr of* **September**) wrzesień.

separate <> *adj* ['seprət] [different] osobny; [individual] poszczególny; [not together] oddzielny. <> *vt* ['sepəreɪt] [divide] rozdzielać/rozdzielić; [detach] oddzielać/oddzielić. <> *vi* ['sepəreɪt] [move apart] rozchodzić/rozejść się; [married couple] rozstawać/rozstać się. ⇒ **separates** <> *npl* UK *części garderoby do noszenia w różnych zestawach*.

separately ['seprətlɪ] *adv* [individually] niezależnie; [alone] osobno.

separation ['sepə'reɪʃn] *n* [of married couple] separacja *f*.

September [sep'tembə'] *n* wrzesień *m* • **at the beginning of September** na początku września; **at the end of September** pod koniec września; **during September** we wrześniu; **every September** każdego września; **in September** we wrześniu; **last September** zeszłego września; **next September** we wrześniu przyszłego roku; **this September** tego września; **2 September 2004** [in letters *etc*] 2 września 2004 r.

septic ['septɪk] *adj* zakażony.

septic tank *n* szambo *n*.

sequel ['si:kwəl] *n* [to book, film] dalszy ciąg *m*.

sequence ['si:kwəns] *n* [series] ciąg *m*; [order] kolejność *f*.

sequin ['si:kwɪn] *n* cekin *m*.

sergeant ['sɑːdʒənt] *n* sierżant *m*.

serial ['sɪərɪəl] *n* serial *m*.

series ['sɪəri:z] (*pl* series) *n* [sequence] szereg *m*; [on TV, radio] cykl *m*.

serious ['sɪərɪəs] *adj* [very bad] poważny • **are you serious about moving house?** czy mówisz poważnie o przeprowadzce?

seriously ['sɪərɪəslɪ] *adv* [really] naprawdę; [badly] poważnie.

sermon ['sɜːmən] *n* kazanie *n*.

servant ['sɜːvənt] *n* służący *m*, służąca *f*.

serve [sɜːv] <> *vt* [food, drink] podawać/podać; [customer] obsługiwać/obsłużyć. <> *vi* SPORT serwować/zaserwować; [work] służyć. <> *n* SPORT serwis *m* • **to serve as** [be used for] służyć za; **the town is served by two airports** miasto posiada dwa lotniska; **'serves two'** [on packaging, menu] porcja dla dwóch osób; **it serves you right** dobrze ci tak.

service ['sɜːvɪs] <> *n* [in shop, restaurant *etc*] obsługa *f*; [job done] usługa *f*; [organization, system] służba *f*; [transport] komunikacja *f*; [at church] nabożeństwo *n*; SPORT serwis *m*; [of car] przegląd *m* techniczny. <> *vt* [car] robić/ zrobić przegląd • **'out of service'** nieczynny; **'service included'** obsługa wliczona w cenę; **to be of service to** sb *fml* przydać się komuś; **a frequent bus service** częste połączenia autobusowe. ← **services** <> *npl* [on motorway] stacja *f* obsługi; [of person] usługi *fpl*.

service area *n* *punkt usługowy przy autostradzie.*

service charge *n* opłata *f* za obsługę.

service department *n* serwis *m*.

service provider *n* = Internet Service Provider.

service station *n* stacja *f* obsługi.

serviette ['sɜːvɪ'et] *n* serwetka *f*.

serving ['sɜːvɪŋ] *n* [helping] porcja *f*.

serving spoon *n* łyżka *f* do nakładania potraw.

sesame seeds *npl* ziarno *n* sezamowe.

session ['seʃn] *n* [of activity] sesja *f*; [formal meeting] posiedzenie *n*.

set [set] (*pt* & *pp* set) <> *adj* -1. [fixed] stały ; **a set lunch** zestaw *m* obiadowy. -2. [text, book] obowiązkowy. -3. [situated] położony. <> *n* -1. [collection] zestaw *m*. -2. [TV] odbiornik *m* ; **a TV set** telewizor *m* . -3. [in tennis] set *m*. -4. SCH *grupa uczniów na tym samym poziomie z danego przedmiotu* . -5. [of play] dekoracje *f* . -6. [at hairdresser's] : **a shampoo and set** mycie i układanie. <> *vt* -1. [put] postawić, położyć. -2. [cause to be] : **to set sb free** uwolnić kogoś; **to set fire to sthg** podpalić coś; **to set a machine going** uruchomić maszynę. -3. [clock, alarm, controls] nastawiać/ nastawić ; **set the alarm for 7 a.m.** nastaw budzik na 7 rano. -4. [fix] wyznaczać/wyznaczyć. -5. [the table] nakrywać/nakryć do stołu. -6. [a record] ustanawiać/ustanowić. -7. [broken bone] nastawiać/nastawić. -8. [homework, essay, exam] zadawać/zadać. -9. [play, film, story] : **to be set** rozgrywać się. <> *vi* -1. [sun] zachodzić/zajść. -2. [glue] wysychać/wyschnąć; [jelly] zsiadać/ zsiąść się. ← **set down** <> *vt sep UK* [passengers] wysadzać/wysadzić. ← **set off** <> *vt sep* [alarm] powodować/ spowodować włączenie. <> *vi* [on journey] wyruszać/wyruszyć. ← **set out** <> *vt sep* [arrange] rozkładać/rozłożyć. <> *vi* [on journey] wyruszać/wyruszyć. ← **set up** <> *vt sep* [barrier] tworzyć/utworzyć; [equipment] przygotowywać/przygotować; [meeting, interview] organizować/

zorganizować; [committee] two-
rzyć/utworzyć.

set meal *n* zestaw *n* obiadowy.

set menu *n* stałe zestawy *mpl*
dań.

settee [se'ti:] *n* sofa *f*.

setting ['setɪŋ] *n* [on machine]
ustawienie *n*; [surroundings] sceneria *f*.

settle ['setl] <> *vt* [argument]
rozstrzygać/rozstrzygnąć; [bill]
regulować/uregulować; [stomach,
nerves] uspokajać/uspokoić; [ar-
range, decide on] załatwiać/załat-
wić. <> *vi* [start to live] osiedlać/
osiedlić się; [come to rest] siadać/
usiąść; [sediment, dust] osiadać/
osiąść. ➡ **settle down** <> *vi*
[calm down] uspokajać/uspokoić
się; [sit comfortably] sadowić/usa-
dowić się. ➡ **settle up** <> *vi*
[pay bill] zapłacić.

settlement ['setlmənt] *n* [agree-
ment] porozumienie *n*; [place]
osada *f*.

set-top box *n* dekoder *m*.

seven ['sevn] *num* siedem ▷ **six**.

seventeen ['sevn'ti:n] *num* siedemnaście ▷ **six**.

seventeenth ['sevn'ti:nθ] *num*
siedemnasty ▷ **sixth**.

seventh ['sevnθ] *num* siódmy
▷ **sixth**.

seventieth ['sevntjəθ] *num* siedemdziesiąty ▷ **sixth**.

seventy ['sevntɪ] *num* siedemdziesiąt ▷ **six**.

several ['sevrəl] *adj & pron* kilka.

severe [sɪ'vɪəʳ] *adj* [damage, illness]
poważny; [conditions] ciężki; [cri-
ticism, person, punishment] surowy; [pain] ostry.

sew [səʊ] (*pp* sewn [səʊn]) <> *vt*
szyć/uszyć. <> *vi* szyć.

sewage ['su:ɪdʒ] *n* ścieki *pl*.

sewing ['səʊɪŋ] *n* szycie *n*.

sewing machine *n* maszyna *f*
do szycia.

sewn [səʊn] *pp* ▷ **sew**.

sex [seks] *n* [gender] płeć *f*; [sexual
intercourse] seks *m* • **to have sex
(with)** mieć stosunek (z).

sexist ['seksɪst] *n* seksista *m*,
seksistka *f*.

sexual ['sekʃʊəl] *adj* [relationship,
abuse] seksualny; [equality, discri-
mination] płciowy.

sexy ['seksɪ] *adj* seksowny.

shabby ['ʃæbɪ] *adj* [clothes] szmat-
ławy; [room] odrapany; [person]
obdarty.

shade [ʃeɪd] <> *n* [shadow] cień
m; [lampshade] abażur *m*; [of
colour] odcień *m*. <> *vt* [protect]
osłaniać/osłonić. ➡ **shades**
<> *npl inf* [sunglasses] okulary
pl przeciwsłoneczne.

shadow ['ʃædəʊ] *n* cień *m*.

shady ['ʃeɪdɪ] *adj* [place] cienisty;
inf [person, deal] podejrzany.

shaft [ʃɑ:ft] *n* [of machine] wałek
m; [of lift] szyb *m*.

shake [ʃeɪk] (*pt* shook, *pp* sha-
ken) <> *vt* [bottle, tree, rug, per
son, *etc*] potrząsać/potrząs-
nąć; [shock] wstrząsać/wstrząs-
nąć. <> *vi* trząść/zatrząść się
• **to shake hands (with sb)**
uścisnąć (czyjąś) dłoń; **to shake
one's head** [saying no] kręcić
głową.

shall [(*weak form* ʃəl); (*strong
form* ʃæl)] *aux vb* -1. [expressing
future] : **I shall be ready soon**
zaraz będę gotowy; **I shan't tell
her till tomorrow** powiem jej
dopiero jutro. -2. [in questions]
: **shall I buy some wine?** czy
mam kupić wino?; **shall we
listen to the radio?** a może
byśmy posłuchali radia?; **where**

shall we go? gdzie pójdziemy? -3. *fml* [expressing order] : **payment shall be made within a week** należy uiścić zapłatę w przeciągu tygodnia.

shallot [ʃəˈlɒt] *n* szalotka *f*.

shallow [ˈʃæləʊ] *adj* [pond, water, earth] płytki.

shallow end *n* [of swimming pool] *najpłytsza część*.

shambles [ˈʃæmblz] *n* bałagan *m*.

shame [ʃeɪm] *n* wstyd *m* • **it's a shame** szkoda; **what a shame!** ale szkoda!

shampoo [ʃæmˈpuː] (*pl* -s) ⟨⟩ *n* [liquid] szampon *m*. ⟨⟩ *vt* [wash] myć/umyć szamponem.

shandy [ˈʃændɪ] *n* piwo *n* z lemoniadą.

shape [ʃeɪp] *n* [form] kształt *m*; [object, person, outline] figura *f* • **to be in good/bad shape** być w dobrej/złej formie.

share [ʃeəʳ] ⟨⟩ *n* [part] część *f*; [in company] udział *m*. ⟨⟩ *vt* [room, work, cost, responsibility] dzielić; [divide] rozdzielać/rozdzielić. ◆ **share out** ⟨⟩ *vt sep* rozdzielać/rozdzielić.

shark [ʃɑːk] *n* rekin *m*.

sharp [ʃɑːp] ⟨⟩ *adj* ostry; [quick, intelligent] bystry; [rise, change] gwałtowny; [taste] ostry; [lemon, apple, wine] kwaśny. ⟨⟩ *adv* [exactly] punktualnie.

sharpen [ˈʃɑːpn] *vt* [pencil, knife] ostrzyć/naostrzyć.

shatter [ˈʃætəʳ] ⟨⟩ *vt* [break] roztrzaskiwać/roztrzaskać. ⟨⟩ *vi* roztrzaskiwać/roztrzaskać się.

shattered [ˈʃætəd] *adj* UK *inf* [tired] przybity.

shave [ʃeɪv] ⟨⟩ *vt* [beard, face, legs] golić/ogolić. ⟨⟩ *vi* golić/

ogolić się. ⟨⟩ *n* : **to have a shave** golić się.

shaver [ˈʃeɪvəʳ] *n* elektryczna maszynka *f* do golenia.

shaver point *n* gniazdko *n* do maszynki do golenia.

shaving brush *n* pędzel *m* do golenia.

shaving cream *n* krem *m* do golenia.

shaving foam *n* pianka *f* do golenia.

shawl [ʃɔːl] *n* szal *m*.

she [ʃiː] *pron* ona • **she's tall** jest wysoka.

sheaf [ʃiːf] (*pl* **sheaves**) *n* [of paper, notes] plik *m*.

shears *npl* [for gardening] nożyce *pl* ogrodnicze.

sheaves [ʃiːvz] *pl* ▷ **sheaf**.

shed [ʃed] (*pt & pp* **shed**) ⟨⟩ *n* szopa *f*. ⟨⟩ *vt* [tears, blood] przelewać/przelać.

she'd [(*weak form* ʃɪd); (*strong form* ʃiːd)] = **she had**, **she would**.

sheep [ʃiːp] (*pl* **sheep**) *n* owca *f*.

sheepdog [ˈʃiːpdɒg] *n* owczarek *m*.

sheepskin [ˈʃiːpskɪn] *adj* z owczej skóry.

sheer [ʃɪəʳ] *adj* [pure, utter] czysty; [cliff] pionowy; [stockings] przezroczysty.

sheet [ʃiːt] *n* [for bed] prześcieradło *n*; [of paper] kartka *f*; [of glass, metal, wood] płyta *f*.

shelf [ʃelf] (*pl* **shelves** [ʃelvz]) *n* półka *f*.

shell [ʃel] *n* [of egg, nut] skorupka *f*; [on beach] muszla *f*; [of animal] pancerz *m*; [bomb] pocisk *m* artyleryjski.

she'll [ʃiːl] = **she will**, **she shall**.

shellfish ['ʃelfɪʃ] *n* [food] owoce *mpl* morza.

shell suit *n* UK dresy *mpl* ortalionowe.

shelter ['ʃeltə'] <> *n* [building, construction] schronienie *n*; [protection] osłona *f*. <> *vt* [protect] chronić/uchronić. <> *vi* chronić/schronić się • **to take shelter** znaleźć schronienie.

sheltered ['ʃeltəd] *adj* [place] osłonięty.

shelves [ʃelvz] *pl* ⊳ **shelf**.

shepherd ['ʃepəd] *n* pasterz *m*, pasterka *f*.

shepherd's pie *n* zapiekanka z mięsa mielonego i ziemniaków.

sheriff ['ʃerɪf] *n* [in US] szeryf *m*.

sherry ['ʃerɪ] *n* sherry *f*.

she's [ʃiːz] = she is, she has.

shield [ʃiːld] <> *n* [of soldier, policeman] tarcza *f*. <> *vt* osłaniać/osłonić.

shift [ʃɪft] <> *n* zmiana *f*. <> *vt* [move] przesuwać/przesunąć. <> *vi* [move] przesuwać/przesunąć się; [change] zmieniać/zmienić się.

shin [ʃɪn] *n* goleń *f*.

shine [ʃaɪn] (*pt & pp* shone) <> *vi* [light, sun, lamp] świecić; [surface, glass] błyszczeć. <> *vt* [shoes] polerować/wypolerować; [torch] świecić/zaświecić.

shiny ['ʃaɪnɪ] *adj* błyszczący.

ship [ʃɪp] *n* statek *m* • **by ship** statkiem.

shipwreck ['ʃɪprek] *n* [accident] katastrofa *f* morska; [wrecked ship] wrak *m* statku.

shirt [ʃɜːt] *n* koszula *f*.

shit [ʃɪt] <> *n* vulg [excrement] gówno *n*. <> *excl* vulg cholera!

shiver ['ʃɪvə'] *vi* drżeć/zadrżeć.

shock [ʃɒk] <> *n* [surprise] szok *m*; [force] wstrząs *m*. <> *vt* [surprise] szokować/zaszokować; [horrify] wstrząsnąć • **to be in shock** MED być w szoku.

shock absorber [-əb'zɔːbə'] *n* amortyzator *m*.

shocking ['ʃɒkɪŋ] *adj* [very bad] szokujący.

shoe [ʃuː] *n* but *m*.

shoelace ['ʃuːleɪs] *n* sznurowadło *n*.

shoe polish *n* pasta *f* do butów.

shoe repairer's *n* szewc *m*.

shoe shop *n* sklep *m* obuwniczy.

shone [ʃɒn] *pt & pp* ⊳ **shine**.

shook [ʃʊk] *pt* ⊳ **shake**.

shoot [ʃuːt] (*pt & pp* shot) <> *vt* [kill] zastrzelić; [injure] postrzelić; [gun] strzelać/wystrzelić z; [arrow] wystrzelić; [film] kręcić/nakręcić. <> *vi* strzelać/strzelić; [move quickly] przemykać/przemknąć. <> *n* [of plant] kiełek *m*.

shop [ʃɒp] <> *n* sklep *m*. <> *vi* robić/zrobić zakupy.

shop assistant *n* UK sprzedawca *m*, sprzedawczyni *f*.

shopkeeper ['ʃɒpˌkiːpə'] *n* sklepikarz sklepikarka.

shoplifter ['ʃɒpˌlɪftə'] *n* złodziej *m* sklepowy, złodziejka *f* sklepowa.

shopper ['ʃɒpə'] *n* kupujący *m*, kupująca *f*.

shopping ['ʃɒpɪŋ] *n* zakupy *pl* • **to do the shopping** robić zakupy; **to go shopping** iść na zakupy.

shopping bag *n* torba *f* na zakupy.

shopping basket *n* koszyk *m* na zakupy.

shopping centre *n* centrum *n* handlowe.

shopping list *n* lista *f* zakupów.

shopping mall *n* galeria *f* handlowa.

shop steward *n* przedstawiciel *m* załogi *(z ramienia związków zawodowych)*.

shop window *n* wystawa *f* sklepowa.

shore [ʃɔ:ʳ] *n* brzeg *m* • **on shore** na lądzie.

short [ʃɔ:t] <> *adj* krótki; [not tall] niski. <> *adv* [cut hair] krótko. <> *n* UK [drink] mała wódeczka *f*; [film] film *m* krótkometrażowy • **she's short of money** brakuje jej pieniędzy; **to be short for sthg** [be abbreviation of] być skrótem od; **he's short of breath** nie może złapać tchu; **in short** krótko mówiąc. ➡ **shorts** <> *npl* [short trousers] szorty *pl*; *US* [underpants] slipy *pl*.

shortage [ˈʃɔ:tɪdʒ] *n* brak *m*.

shortbread [ˈʃɔ:tbred] *n* ciastko *n* maślane.

short-circuit *vi* zwarcie *n*.

shortcrust pastry [ˈʃɔ:tkrʌst-] *n* kruche ciasto *n*.

short cut *n* [quick route] skrót *m*.

shorten [ˈʃɔ:tn] *vt* skracać/skrócić.

shorthand [ˈʃɔ:thænd] *n* stenografia *f*.

shortly [ˈʃɔ:tlɪ] *adv* [soon] wkrótce • **shortly before** na krótko przed.

short-sighted *adj* [with poor eyesight] krótkowzroczny.

short-sleeved *adj* z krótkim rękawem.

short-stay car park *n* parking *m* godzinowy.

short story *n* opowiadanie *n*.

short wave *n* fala *f* krótka.

shot [ʃɒt] <> *pt & pp* ▷ **shoot**. <> *n* strzał *m*; [photo] zdjęcie *n*; [in film] ujęcie *n*; *inf* [attempt] próba *f*; [drink] • **fancy a shot?** no to po jednym‽

shotgun [ˈʃɒtɡʌn] *n* śrutówka *f*.

should [ʃʊd] *aux vb* -1. [expressing desirability] powinien ; **we should leave now** powinniśmy już iść. -2. [asking for advice] powinien ; **should I go too?** czy też powiniem pójść‽ -3. [expressing probability] powinien ; **she should be home soon** powinna być wkrótce w domu. -4. [ought to] powinien ; **they should have won the match** powinni byli wgrać mecz. -5. *fml* [in conditionals] : **should you need anything, call reception** jeżeli będzie Pan czegoś potrzebował, proszę zadzwonić na recepcję. -6. *fml* [expressing wish] : **I should like to come with you** chciałbym iść z tobą.

shoulder [ˈʃəʊldəʳ] *n* [of person] ramię *n*; [of meat] łopatka *f*; *US* [of road] pobocze *n*.

shoulder pad *n* SPORT ochrona *f* barku; [fashion] poduszeczka *f*.

shouldn't [ˈʃʊdnt] = **should not**.

should've [ˈʃʊdəv] = **should have**.

shout [ʃaʊt] <> *n* [cry] krzyk *m*. <> *vt & vi* krzyczeć/krzyknąć. ➡ **shout out** *vt sep* wykrzykiwać/wykrzyknąć.

shove [ʃʌv] *vt* [push] pchać/pchnąć; [put carelessly] wpychać/wepchnąć.

shovel [ˈʃʌvl] *n* szufla *f*.

show [ʃəʊ] (*pp* **showed** *pp* **shown**) <> *n* [at theatre, on TV, radio] widowisko *n*; [exhibition]

shower 260

wystawa f. <> vt [allow to be seen] pokazywać/pokazać; [prove, demonstrate] wykazywać/ wykazać; [represent, depict] przedstawiać/przedstawić; [accompany] prowadzić/zaprowadzić; [respect, kindness, concern, feelings] okazywać/okazać; [film, TV programme] emitować/wyemitować. <> vi [be visible] być widocznym; [film] grać • **to show sthg to sb** pokazać coś komuś; **to show sb how to do sthg** pokazać komuś, jak coś się robi. ➤ **show off** <> vi popisywać/popisać się. ➤ **show up** <> vi [come along] zjawiać/ zjawić się; [be visible] być widocznym.

shower ['ʃaʊəʳ] <> n [for washing] prysznic m; [of rain] przelotny deszcz m. <> vi [wash] brać/wziąć prysznic • **to have a shower** brać prysznic.

shower gel n żel m pod prysznic.

shower unit n kabina f prysznicowa.

showing ['ʃəʊɪŋ] n [of film] projekcja f.

shown [ʃəʊn] pp ⊳ show.

showroom ['ʃəʊrʊm] n sala f wystawowa.

shrank [ʃræŋk] pt ⊳ shrink.

shrimp [ʃrɪmp] n krewetka f.

shrine [ʃraɪn] n [building] świątynia m; [altar] ołtarz m.

shrink [ʃrɪŋk] (pt shrank, pp shrunk) <> n inf [psychoanalyst] psychiatra m. <> vi [become smaller] kurczyć/skurczyć się; [diminish] zmniejszać/zmniejszyć się.

shrub [ʃrʌb] n krzew m.

shrug [ʃrʌg] <> n wzruszenie n ramion. <> vi wzruszać/wzruszyć ramionami.

shrunk [ʃrʌŋk] pp ⊳ shrink.

shuffle ['ʃʌfl] <> vt [cards] tasować/przetasować. <> vi [walk] szurać/zaszurać nogami.

shut [ʃʌt] (pt & pp shut) <> adj [door, mouth, eyes] zamknięty; [shop, restaurant] nieczynny. <> vt zamykać/zamknąć. <> vi zamykać/zamknąć się. ➤ **shut down** <> vt sep zamykać/zamknąć. ➤ **shut up** <> vi inf [stop talking] zamykać/zamknąć się.

shutter ['ʃʌtəʳ] n [on window] okiennica f; [on camera] migawka f.

shuttle ['ʃʌtl] n [plane, bus etc] wahadłowiec m.

shuttlecock ['ʃʌtlkɒk] n lotka f.

shy [ʃaɪ] adj nieśmiały.

sick bag n torebka f chorobowa.

sickness ['sɪknɪs] n [illness] choroba f.

sick pay n zasiłek m chorobowy.

side [saɪd] <> n strona f; [of hill] zbocze n; [of road, river, pitch] pobocze n; UK [TV channel] kanał m. <> adj [door, pocket] boczny • **at the side of** obok; **on the other side** z drugiej strony; **on this side** po tej stronie; **side by side** obok siebie.

sideboard ['saɪdbɔːd] n [furniture] kredens m.

sidecar ['saɪdkɑːʳ] n przyczepa f (motocyklowa).

side dish n sałatka lub inny dodatek do dania głównego.

side effect n skutek m uboczny.

sidelight ['saɪdlaɪt] n UK [of car] światło n boczne.

side order n dodatek m do dania głównego.

side salad n sałatka f do dania głównego.

side street *n* uliczka *f* boczna.

sidewalk *n US* chodnik *m*.

sideways ['saɪdweɪz] *adv* bokiem.

sieve [sɪv] *n* sito *n*.

sigh [saɪ] ◇ *n* westchnienie *n*.
◇ *vi* wzdychać/westchnąć.

sight [saɪt] *n* [eyesight] wzrok *m*;
[thing seen] widok *m* • **at first
sight** na pierwszy rzut oka; **to
catch sight of** dostrzec; **in sight**
w zasięgu wzroku; **to lose sight
of** tracić z oczu; **out of sight**
poza   zasięgiem   wzroku.
➡ **sights** *npl* [of city, country]
atrakcje *fpl* turystyczne.

sightseeing ['saɪtsiːɪŋ] *n* : **to go
sightseeing** udać się na zwiedzanie.

sign [saɪn] ◇ *n* znak *m*; [in shop]
napis *m*; [indication] oznaka *f*.
◇ *vt* [cheque, document] podpi-
sywać/podpisać. ◇ *vi* podpisy-
wać/podpisać się • **there's no
sign of her** jakoś jej nie widać.
➡ **sign in** ◇ *vi* [at, club]
wpisywać/wpisać się na listę;
[at hotel] meldować/zameldować
się.

signal ['sɪgnl] ◇ *n* [indication]
sygnał *m*; [on railway] semafor
m; *US* [traffic lights] sygnalizacja *f*
świetlna. ◇ *vi* [in car, on bike]
dawać/dać znak.

signature ['sɪgnətʃər] *n* podpis *m*.

significant [sɪg'nɪfɪkənt] *adj*
[large] znaczny; [important] ważny.

signpost ['saɪnpəʊst] *n* drogowskaz *m*.

Sikh [siːk] *n* sikh *m*, -ijka *f*.

silence ['saɪləns] *n* [quiet] cisza *f*.

silencer ['saɪlənsər] *n UK* AUT
tłumik *m*.

silent ['saɪlənt] *adj* [taciturn] małomówny; [quiet] cichy.

silk [sɪlk] *n* jedwab *m*.

sill [sɪl] *n* parapet *m*.

silly ['sɪlɪ] *adj* głupi.

silver ['sɪlvər] ◇ *n* [substance]
srebro *n*; [coins] drobne monety
fpl. ◇ *adj* [made of silver] srebrny.

silver foil *n* folia *f* aluminiowa.

silver-plated [-'pleɪtɪd] *adj* po-
srebrzany.

similar ['sɪmɪlər] *adj* podobny • **to
be similar to** być podobnym do.

similarity ['sɪmɪ'lærətɪ] *n* podobieństwo *n*.

simmer ['sɪmər] *vi* gotować się na
wolnym ogniu.

simple ['sɪmpl] *adj* prosty; [un-
complicated] nieskomplikowany.

simplify ['sɪmplɪfaɪ] *vt* upra-
szczać/uprościć.

simply ['sɪmplɪ] *adv* prosto; [just]
po prostu.

simulate ['sɪmjʊleɪt] *vt* symulować.

simultaneous [*UK* 'sɪməl'teɪnjəs,
US 'saɪməl'teɪnjəs] *adj* równoczesny.

simultaneously [*UK* 'sɪməl'-
teɪnjəslɪ, *US* 'saɪməl'teɪnjəslɪ] *adv*
równocześnie.

sin [sɪn] ◇ *n* RELIG grzech *m*.
◇ *vi* grzeszyć/zgrzeszyć.

since [sɪns] ◇ *adv* od tej pory.
◇ *prep* od. ◇ *conj* [in time]
odkąd; [as] ponieważ • **ever
since** od tego czasu.

sincere [sɪn'sɪər] *adj* szczery.

sincerely [sɪn'sɪəlɪ] *adv* szczerze
• **Yours sincerely** z poważaniem.

sing [sɪŋ] (*pt* **sang**, *pp* **sung**) *vt* & *vi*
śpiewać/zaśpiewać.

singer ['sɪŋər] *n* [pop, folk] piosenkarz *m*, piosenkarka *f*; [opera]

śpiewak *m*, śpiewaczka *f*; [jazz] wokalista *m*, wokalistka *f*.

single ['sɪŋgl] ⬦ *adj* [just one] jeden; [not married] [man] nieżonaty [woman] niezamężna. ⬦ *n* UK [ticket] bilet *m* w jedną stronę; [record] singiel *m* • **every single** każdy. ➡ **singles** ⬦ *n* SPORT gra *f* pojedyńcza. ⬦ *adj* [bar, club] dla samotnych.

single bed *n* łóżko *n* jednoosobowe.

single cream *n* UK śmietanka *f* niskotłuszczowa.

single currency *n* wspólna waluta *f*.

single parent *n* samotny rodzic *m*.

single room *n* pokój *m* jednoosobowy.

single track road *n* droga *f* z jednym pasem ruchu.

singular ['sɪŋgjʊləʳ] *n* liczba *f* pojedyncza • **in the singular** w liczbie pojedyńczej.

sinister ['sɪnɪstəʳ] *adj* złowieszczy.

sink [sɪŋk] (*pt* sank, *pp* sunk) ⬦ *n* [in kitchen] zlew *m*; [washbasin] umywalka *f*. ⬦ *vi* [in water, mud] tonąć/zatonąć; [decrease] obniżać/obniżyć się.

sink unit *n* zlewozmywak *m* z obudową.

sinuses *npl* zatoki *fpl*.

sip [sɪp] ⬦ *n* łyczek *m*. ⬦ *vt* popijać/popić małymi łykami.

siphon ['saɪfn] ⬦ *n* [tube] syfon *m*. ⬦ *vt* [liquid] pompować/przepompować.

sir [sɜːʳ] *n* pan *m* • **Dear Sir** Szanowny Panie; **Sir Richard Blair** Sir Richard Blair; **excuse me, sir** przepraszam pana; **yes, sir** tak, proszę pana.

siren ['saɪərən] *n* [device] syrena *f*.

sirloin steak *n* befsztyk *m* z polędwicy.

sister ['sɪstəʳ] *n* [relative] siostra *f*; UK [nurse] siostra *f*.

sister-in-law *n* [husband or wife's sister] szwagierka *f*; [brother's wife] bratowa *f*.

sit [sɪt] (*pt & pp* sat) ⬦ *vi* [be seated] siedzieć; [sit down] siadać/usiąść; [be situated] znajdować się. ⬦ *vt* [to place] sadzać/posadzić; UK [exam] przystępować/przystąpić do • **to be sitting** siedzieć. ➡ **sit down** ⬦ *vi* siadać/siąść • **to be sitting down** siedzieć. ➡ **sit up** ⬦ *vi* [after lying down] podnosić/podnieść się; [stay up late] siedzieć do późna w nocy.

site [saɪt] *n* [place] miejsce *n*; [building site] plac *m*.

sitting room *n* salon *m*.

situated ['sɪtjʊeɪtɪd] *adj* : **to be situated** być położonym.

situation ['sɪtjʊeɪʃn] *n* [state of affairs] sytuacja *f*; *fml* [location] położenie *n* • **'situations vacant'** rubryka „Praca".

six [sɪks] ⬦ *num* sześć. ⬦ *num* sześć • **to be six (years old)** mieć sześć lat; **it's six (o'clock)** jest szósta; **a hundred and six** sto sześć; **six Hill St** Hill St 6; **it's minus six (degrees)** jest minus sześć (stopni); **six out of ten** sześć z dziesięciu.

sixteen [sɪks'tiːn] *num* szesnaście ⊳ **six**.

sixteenth [sɪks'tiːnθ] *num* szesnasty ⊳ **sixth**.

sixth [sɪksθ] ⬦ *num* szósty. ⬦ *num* szósty. ⬦ *num* [fraction] szósta. ⬦ *num* [in race, competition] szósty • **the sixth**

(of September) szósty (września).

sixth form *n UK* ≃ klasa *f* maturalna.

sixth-form college *n UK ośrodek nauczania przygotowujący uczniów w wieku od 16 do 18 lat do egzaminu A-level lub szkoły zawodowej.*

sixtieth ['sɪkstɪəθ] *num* sześćdziesiąty ⊳ **sixth.**

sixty ['sɪkstɪ] *num* sześćdziesiąt ⊳ **six.**

size [saɪz] *n* [of room, bed, building] wielkość *f*; [of swimming pool, person] wymiary *pl*; [of clothes, hats] rozmiar *m*; [of shoes] numer *m* • **what size do you take?** jaki nosisz rozmiar؟; **what size is this?** jaki to rozmiar؟

sizeable ['saɪzəbl] *adj* spory.

skate [skeɪt] <> *n* [ice skate] łyżwa *f*; [roller skate] wrotka *f*; [fish: pl inv] płaszczka *f*. <> *vi* [ice-skate] jeździć na łyżwach; [roller-skate] jeździć na wrotkach.

skateboard ['skeɪtbɔːd] *n* deskorolka *f*.

skater ['skeɪtə'] *n* [ice-skater] łyżwiarz *m*, łyżwiarka *f*; [roller-skater] wrotkarz *m*, wrotkarka *f*.

skating ['skeɪtɪŋ] *n* : **to go skating** [ice-skating] wybrać się na łyżwy; [roller-skating] wybrać się na wrotki.

skeleton ['skelɪtn] *n* szkielet *m*.

skeptical *US* = **sceptical.**

sketch [sketʃ] <> *n* [drawing] szkic *m*; [humorous] skecz *m*. <> *vt* [draw] szkicować/naszkicować.

skewer ['skjuə'] *n* szpikulec *m*.

ski [skiː] *(pt & pp* **skied,** *cont* **skiing)** <> *n* narta *f*. <> *vi* jeździć na nartach.

ski boots *npl* buty *mpl* narciarskie.

skid [skɪd] <> *n* [of vehicle, bicycle] poślizg *m*. <> *vi* [vehicle, bicycle] wpadać/wpaść w poślizg.

skier ['skiːə'] *n* narciarz *m*, narciarka *f*.

skiing ['skiːɪŋ] *n* narciarstwo *n* • **to go skiing** wybrać się na narty; **a skiing holiday** urlop na nartach.

skilful ['skɪlfʊl] *adj UK* [person] zręczny; [action, use] umiejętny.

ski lift *n* wyciąg *m* narciarski.

skill [skɪl] *n* [ability] zręczność *f*; [technique] umiejętność *f*.

skilled [skɪld] *adj* [worker] wykwalifikowany; [job] wymagający kwalifikacji; [driver, chef] fachowy.

skillful ['skɪlfʊl] *US* = **skilful.**

skimmed milk [skɪmd-] *n* mleko *n* chude.

skin [skɪn] *n* skóra *f*; [on fruit, vegetable, sausage] skórka *f*; [on milk] kożuch *m*.

skin freshener *n* tonik *m* odświeżający.

skinny ['skɪnɪ] *adj* chudy.

skip [skɪp] <> *vi* [with rope] skakać przez skakankę; [jump] podskakiwać/podskoczyć. <> *vt* [omit] pomijać/pominąć. <> *n* [container] kontener *m* (*na odpady*).

ski pants *npl* spodnie *pl* narciarskie.

ski pass *n* karnet *m* na wyciąg.

ski pole *n* kijek *m* narciarski.

skipping rope *n* skakanka *f*.

skirt [skɜːt] *n* [garment] spódnica *f*.

ski slope *n* stok *m* narciarski.

ski tow *n* wyciąg *m* orczykowy.

skittles *n* [game] kręgle *pl*.

skull [skʌl] *n* czaszka *f*.

sky [skaɪ] *n* niebo *n*.

skylight ['skaɪlaɪt] *n* świetlik *m*.

skyscraper ['skaɪ'skreɪpəʳ] *n* drapacz *m* chmur.

slab [slæb] *n* [of stone, concrete] płyta *f*.

slack [slæk] *adj* [rope] luźny; [careless] niedbały; [not busy] słaby.

slacks [slæks] *npl* spodnie *pl*.

slam [slæm] ⋄ *vt* [door, window, boot, lid] trzaskać/trzasnąć. ⋄ *vi* zatrzaskiwać/zatrzasnąć się.

slander ['slɑːndəʳ] *n* oszczerstwo *n*.

slang [slæŋ] *n* slang *m*.

slant [slɑːnt] ⋄ *n* [slope] nachylenie *n*. ⋄ *vi* nachylać/nachylić się.

slap [slæp] ⋄ *n* [smack] klaps *m*. ⋄ *vt* dawać/dać klapsa.

slash [slæʃ] ⋄ *vt* [cut] ciąć/rozciąć/pociąć; *fig* [prices] drastycznie obniżać/obniżyć. ⋄ *n* [written symbol] ukośnik *m*.

slate [sleɪt] *n* [rock] łupek *m*; [on roof] dachówka *f* łupkowa.

slaughter ['slɔːtəʳ] *vt* [kill] dokonywać/dokonać rzezi; *fig* [defeat] masakrować/zmasakrować.

slave [sleɪv] *n* niewolnik *m*, niewolnica *f*.

sled [sled] = **sledge**.

sledge [sledʒ] *n* [for fun, sport] sanki *pl*; [for transport] sanie *pl*.

sleep [sliːp] (*pt&pp* slept) ⋄ *n* [rest] sen *m*; [nap] drzemka *f*. ⋄ *vi* [rest] spać. ⋄ *vt* : **the house sleeps six** domu dla sześciu osób • **did you sleep well?** czy dobrze spałeś?; **I couldn't get to sleep** nie mogłem zasnąć; **to go to sleep** iść

spać; **to sleep with sb** spać z kimś.

sleeper ['sliːpəʳ] *n* [train] pociąg *m* sypialny; [sleeping car] wagon *m* sypialny; *UK* [on railway track] podkład *m* kolejowy; *UK* [earring] kolczyk *m* (*mający zapobiec zarośnięciu ucha po przekłuciu*).

sleeping bag *n* śpiwór *m*.

sleeping car *n* wagon *m* sypialny.

sleeping pill *n* tabletka *f* nasenna.

sleeping policeman *n UK* próg *m* zwalniający.

sleep mode *n* COMPUT tryb *m* bezczynności.

sleepy ['sliːpɪ] *adj* senny.

sleet [sliːt] ⋄ *n* deszcz *m* ze śniegiem. ⋄ *impers vb* : **it's sleeting** pada deszcz ze śniegiem.

sleeve [sliːv] *n* [of garment] rękaw *m*; [of record] okładka *f*.

sleeveless ['sliːvlɪs] *adj* bez rękawów.

slept [slept] *pt&pp* ▷ **sleep**.

S level (*abbr of* Special level) *n* (*in UK*) w Anglii, Walii oraz Irlandii Północnej, jest to egzamin z jednego przedmiotu zdawany wraz z egzaminem A-level z tego przedmiotu, lecz obejmujący obszerniejszy program nauki.

slice [slaɪs] ⋄ *n* [of bread] kromka *f*; [of meat, cake, pizza] plasterek *m*. ⋄ *vt* kroić/pokroić w plasterki.

sliced bread [slaɪst-] *n* chleb *m* krojony.

slide [slaɪd] (*pt&pp* slid) ⋄ *n* [in playground] zjeżdżalnia *f*; [of photograph] przeźrocze *n*; *UK* [hair slide] spinka *f*. ⋄ *vi* [slip] ślizgać/poślizgnąć się.

sliding door *n* drzwi *pl* rozsuwane.

slight [slaɪt] *adj* [minor] drobny
• **the slightest** najmniejszy; **not
in the slightest** ani trochę.

slightly ['slaɪtlɪ] *adv* [a bit] od-
robinę.

slim [slɪm] ⟨⟩ *adj* szczupły.
⟨⟩ *vi* odchudzać/odchudzić się.

slimming ['slɪmɪŋ] *n* odchudzanie
n.

sling [slɪŋ] (*pt & pp* **slung**) ⟨⟩ *n*
[for arm] temblak *m*. ⟨⟩ *vt inf*
[throw] ciskać/cisnąć.

slip [slɪp] ⟨⟩ *vi* [slide] pośliznąć
się. ⟨⟩ *n* [mistake] pomyłka *f*; [of
paper] karteczka *f*; [petticoat]
halka *f*. ➡ **slip up** ⟨⟩ *vi* [make
a mistake] pomylić się.

slipper ['slɪpə'] *n* kapeć *m*.

slippery ['slɪpərɪ] *adj* [surface,
object] śliski.

slip road *n* UK [onto motorway]
wjazd *m*; [off motorway] zjazd *m*.

slit [slɪt] *n* [in fence, wall] szpara *f*;
[in garment] rozcięcie *n*.

slob [slɒb] *n inf* flejtuch *m*.

slogan ['sləʊgən] *n* slogan *m*.

slope [sləʊp] ⟨⟩ *n* [incline] zbocze *n*; [hill] wzniesienie *n*; [for
skiing] stok *m* narciarski. ⟨⟩ *vi*
nachylać się.

sloping ['sləʊpɪŋ] *adj* pochyły.

slot [slɒt] *n* [for coin] otwór *m*;
[groove] szczelina *f*.

slot machine *n* [vending machine]
automat *m* na monety; [for
gambling] automat *m* do gry.

Slovakia [slə'vækɪə] *n* Słowacja *f*.

slow [sləʊ] ⟨⟩ *adj* wolny; [clock,
watch] spóźniający się; [business]
niemrawy; [in understanding] tępy. ⟨⟩ *adv* wolno • **'slow'** [sign
on road] zwolnij; **a slow train**
pociąg *m* osobowy. ➡ **slow
down** ⟨⟩ *vt sep* zwalniać/
zwolnić. ⟨⟩ *vi* przyhamować.

slowly ['sləʊlɪ] *adv* [not fast]
wolno; [gradually] powoli.

slug [slʌg] *n* [animal] ślimak *m*
nagi.

slum [slʌm] *n* [building] rudera *f*.
➡ **slums** *npl* [district] slumsy
pl.

slung [slʌŋ] *pt & pp* ⊳ **sling**.

slush [slʌʃ] *n* [snow] breja *f*.

sly [slaɪ] *adj* [cunning] przebiegły;
[deceitful] chytry.

smack [smæk] ⟨⟩ *n* [slap] klaps
m. ⟨⟩ *vt* [slap] dawać/dać klapsa.

small [smɔːl] *adj* mały.

small change *n* drobne *pl*.

smallpox ['smɔːlpɒks] *n* ospa *f*.

smart [smɑːt] *adj* [elegant] elegancki; [clever] bystry; [posh]
szykowny.

smart card *n* karta *f* chipowa.

smash [smæʃ] ⟨⟩ *n* SPORT ścięcie
n; *inf* [car crash] kraksa *f*. ⟨⟩ *vt*
[plate, window] rozbijać/rozbić.
⟨⟩ *vi* [plate, vase *etc*] stłuc się.

smashing ['smæʃɪŋ] *adj* UK *inf*
bombowy.

smear test *n* badanie *n* cytolo-
giczne.

smell [smel] (*pt & pp* **smelled** OR
pt & pp **smelt**) ⟨⟩ *n* [odour] zapach *m*; [bad odour] odór *m*.
⟨⟩ *vt* [sniff at] wąchać/pową-
chać; [detect] czuć/poczuć zapach. ⟨⟩ *vi* [have odour] pachnieć; [have bad odour] śmierdzieć
• **to smell of sthg** pachnieć
czymś.

smelly ['smelɪ] *adj* śmierdzący.

smelt [smelt] *pt & pp* ⊳ **smell**.

smile [smaɪl] ⟨⟩ *n* uśmiech *m*.
⟨⟩ *vi* uśmiechać/uśmiechnąć
się.

smoke [sməʊk] ⟨⟩ *n* dym *m*.

◇ *vt & vi* palić/zapalić • **to have a smoke** zapalić.

smoked [sməʊkt] *adj* [meat, fish, cheese] wędzony.

smoked salmon *n* wędzony łosoś *m*.

smoker ['sməʊkə'] *n* palacz *m*, palaczka *f*.

smoking ['sməʊkɪŋ] *n* palenie *n* • 'no smoking' palenie wzbronione.

smoking area *n* [in public place] strefa *f* dla palących.

smoking compartment *n* wagon *m* dla palących.

smoky ['sməʊkɪ] *adj* [room] zadymiony.

smooth [smu:ð] *adj* [take-off, flight, journey, life] gładki; [take-off, flight, journey, life] spokojny; [landing] miękki; [wine, beer] łagodny; *pej* [suave] przesłodzony.

➡ **smooth down** *vt sep* [tablecloth, clothes, hair] wygładzać/ wygładzić.

smother ['smʌðə'] *vt* [cover] pokrywać/pokryć.

smudge [smʌdʒ] *n* plama *f*.

smuggle ['smʌgl] *vt* przemycać/ przemycić.

snack [snæk] *n* przekąska *f*.

snack bar *n* bar *m* szybkiej obsługi.

snail [sneɪl] *n* ślimak *m*.

snake [sneɪk] *n* [animal] wąż *m*.

snap [snæp] ◇ *vt* [break] łamać/ złamać. ◇ *vi* [break] łamać/ złamać się. ◇ *n inf* [photo] fotka *f*; *UK* [card game] *rodzaj gry w karty*.

snare [sneə'] *n* [trap] sidła *pl*.

snatch [snætʃ] *vt* [grab] chwytać/ chwycić; [steal] porywać/porwać.

sneakers *npl US* tenisówki *pl*.

sneeze [sni:z] ◇ *n* kichnięcie *n*. ◇ *vi* kichać/kichnąć.

sniff [snɪf] ◇ *vi* [from cold, crying] pociągać/pociągnąć nosem. ◇ *vt* [smell] wąchać/powąchać.

snip [snɪp] *vt* ciąć/pociąć nożyczkami.

snob [snɒb] *n* snob *m*, -ka *f*.

snog [snɒg] *vi UK inf* całować się.

snooker ['snu:kə'] *n* snooker *m*.

snooze [snu:z] *n* drzemka *f*.

snore [snɔ:'] *vi* chrapać.

snorkel ['snɔ:kl] *n* rurka *f* do nurkowania.

snout [snaʊt] *n* pysk *m*.

snow [snəʊ] ◇ *n* śnieg *m*. ◇ *impers vb* : **it's snowing** pada śnieg.

snowball ['snəʊbɔ:l] *n* śnieżka *f*.

snowboard ['snəʊ'bɔ:d] *n* deska *f* snowboardowa.

snowboarding ['snəʊ'bɔ:dɪŋ] *n* snowboarding *m*.

snowdrift ['snəʊdrɪft] *n* zaspa *f* śnieżna.

snowflake ['snəʊfleɪk] *n* płatek *m* śniegu.

snowman ['snəʊmæn] (*pl* -men [-men]) *n* bałwan *m*.

snowplough ['snəʊplaʊ] *n* pług *m* śnieżny.

snowstorm ['snəʊstɔ:m] *n* zamieć *f* śnieżna.

snug [snʌg] *adj* [person] : **I'm so snug in here** jest mi tu bardzo wygodnie; [place] przytulny.

so ◇ *adv* -1. [emphasizing degree] tak ; **it's so difficult (that ...)** jest tak trudne, (że); **don't be so stupid!** nie bądź taki głupi! -2. [referring back] : **so you knew already** więc już wiedziałeś; **I don't think so** myślę, że nie; **I'm afraid so** obawiam się, że tak; **if**

so jeśli tak. **-3.** [also] też ; **so do I** ja też. **-4.** [in this way] właśnie tak. **-5.** [expressing agreement] rzeczywiście ; **so there is** rzeczywiście. **-6.** [in phrases] : **or so** mniej więcej; **so as** żeby; **so that** tak, żeby. <> *conj* **-1.** [therefore] więc ; **I'm away next week so I won't be there** wyjeżdżam w przyszłym tygodniu, więc mnie tu nie będzie. **-2.** [summarizing] tak więc ; **so what have you been up to?** cóż więc porabiałeś? **-3.** [in phrases] : **so what?** *inf* i co z tego?; **so there!** *inf* i już!

soak [səʊk] <> *vt* [leave in water] namaczać/namoczyć; [make very wet], przemoczyć/przemoknąć. <> *vi* : **to soak through sthg** przesiąknąć przez coś. ➤ **soak up** <> *vt sep* [liquid] wchłaniać/ wchłonąć.

soaked [səʊkt] *adj* [very wet] przemoczony.

soaking ['səʊkɪŋ] *adj* [very wet] przemoczony.

soap [səʊp] *n* mydło *n*.

soap opera *n* opera *f* mydlana.

soap powder *n* proszek *m* do prania.

sob ['sɒbɪŋ] <> *n* szloch *m*. <> *vi* szlochać/zaszlochać.

sober ['səʊbər] *adj* [not drunk] trzeźwy.

soccer ['sɒkər] *n* piłka *f* nożna.

sociable ['səʊʃəbl] *adj* towarzyski.

social ['səʊʃl] *adj* [problem, conditions, class] społeczny; [acquaintance, function, drink] towarzyski.

social club *n* klub *m* towarzyski.

socialist ['səʊʃəlɪst] <> *adj* socjalistyczny. <> *n* socjalista *m*, socjalistka *f*.

social life *n* życie *n* towarzyskie.

social security *n* [money] ubezpieczenie *n* społeczne.

social worker *n* pracownik *m* socjalny, pracownica *f* socjalna.

society [sə'saɪətɪ] *n* [people in general] społeczeństwo *n*; [social group] społeczność *f*; [organization, club] towarzystwo *n*.

sociology ['səʊsɪˈɒlədʒɪ] *n* socjologia *f*.

sock [sɒk] *n* skarpetka *f*.

socket ['sɒkɪt] *n* [for plug, light bulb] gniazdko *n*.

sod [sɒd] *n* *UK vulg* dupek *m*.

soda ['səʊdə] *n* [soda water] woda *f* sodowa; *US* [fizzy drink] napój *m* gazowany.

soda water *n* woda *f* sodowa.

sofa ['səʊfə] *n* sofa *f*.

sofa bed *n* rozkładana kanapa *f*.

soft [*UK* sɒft, *US* sɔːft] *adj* miękki; [not forceful] łagodny; [not loud] cichy.

soft cheese *n* ser *m* miękki.

soft drink *n* napój *m* bezalkoholowy.

software ['sɒftweər] *n* oprogramowanie *n*.

soil [sɔɪl] *n* [earth] ziemia *f*.

solarium [sə'leərɪəm] *n* solarium *n*.

solar panel *n* bateria *f* słoneczna.

sold [səʊld] *pt & pp* ⊳ **sell**.

soldier ['səʊldʒər] *n* żołnierz *m*.

sold out *adj* wyprzedany.

sole [səʊl] <> *adj* [only] jedyny; [exclusive] wyłączny. <> *n* podeszwa *f*; [fish: pl inv] sola *f*.

solemn ['sɒləm] *adj* [person] poważny; [occasion] uroczysty.

solicitor [sə'lɪsɪtər] *n* *UK* adwokat *m*.

solid ['sɒlɪd] *adj* [not liquid or gas] stały; [rock] lity; [strong] solidny; [gold, silver, oak] czysty; [tyre] pełny.

solo ['səʊləʊ] (*pl* -s) *n* MUS solo *n* • 'solo m/cs' [traffic sign] parking tylko dla jednośladów.

soluble ['sɒljʊbl] *adj* rozpuszczalny.

solution [sə'luːʃn] *n* [to problem, puzzle] rozwiązanie *n*.

solve [sɒlv] *vt* rozwiązywać/rozwiązać.

some [sʌm] <> *adj* -1. [certain amount of] trochę ; **some meat** trochę mięsa; **some money** trochę pieniędzy. -2. [certain number of] parę ; **some sweets** parę cukierków; **some people** kilka osób. -3. [large amount of] spory ; **I had some difficulty getting here** miałem spore trudności, aby się tu dostać. -4. [large number of] dobrych kilka ; **I've known him for some years** znam go dobrych kilka lat. -5. [not all] niektóry ; **some jobs are better paid than others** niektóre zawody są lepiej opłacane niż inne. -6. [in imprecise statements] jakiś ; **she married some writer (or other)** wyszła za jakiegoś pisarza (czy kogoś tam). <> *pron* -1. [certain amount] trochę ; **can I have some?** czy mogę trochę? -2. [certain number] kilka ; **can I have some?** czy mogę kilka?; **some (of them) left early** kilku z nich wyszło wcześnie. <> *adv* [approximately] około • **there were some 7,000 people there** było tam około 7000 osób.

somebody ['sʌmbədɪ] = someone.

somehow ['sʌmhaʊ] *adv* [some way or other] jakoś; [for some reason] z jakiegoś powodu.

someone ['sʌmwʌn] *pron* ktoś.

someplace ['sʌmpleɪs] *US* = somewhere.

somersault ['sʌməsɔːlt] *n* przewrót *m*.

something ['sʌmθɪŋ] *pron* coś • **it's really something** to jest coś!; **or something** *inf* lub coś w tym rodzaju; **something like** coś jak.

sometime ['sʌmtaɪm] *adv* kiedyś.

sometimes ['sʌmtaɪmz] *adv* czasami.

somewhere ['sʌmweər] *adv* gdzieś.

son [sʌn] *n* syn *m*.

song [sɒŋ] *n* piosenka *f*.

son-in-law *n* zięć *m*.

soon [suːn] *adv* [in a short time] niebawem; [early] wcześnie; [quickly] szybko • **as soon as** jak tylko; **as soon as possible** jak najwcześniej; **soon after** wkrótce potem; **sooner or later** prędzej czy później.

soot [sʊt] *n* sadza *f*.

soothe [suːð] *vt* [pain, sunburn] łagodzić/złagodzić; [person, anger, nerves] uspokajać/uspokoić.

sophisticated [sə'fɪstɪkeɪtɪd] *adj* [refined, chic] wyrafinowany; [complex] skomplikowany.

sorbet ['sɔːbeɪ] *n* sorbet *m*.

sore [sɔːr] <> *adj* [painful] bolesny; *US inf* [angry] obrażony. <> *n* otarcie *n* skóry • **to have a sore throat** cierpieć na ból gardła.

sorry ['sɒrɪ] *adj* [in apologies] : **I'm sorry!** przepraszam!; **to be sorry about sthg** przepraszać za coś; [regretful] : **aren't you sorry?** czy nie jest ci przykro?; [sad, upset]

: **we'll be sorry to go** szkoda nam będzie wyjeżdżać; **I'm sorry you didn't get the job** przykro mi, że nie dostałeś tej pracy; **to feel sorry for sb** współczuć komuś • **sorry?** [asking for repetition] słucham?

sort [sɔːt] ◇ n [type] rodzaj m. ◇ vt sortować/posortować • **sort of** [more or less] w pewnym sensie. ➡ **sort out** ◇ vt sep [classify] segregować/posegregować; [resolve] rozwiązywać/rozwiązać.

so-so ◇ adj inf taki sobie. ◇ adv inf tak sobie.

soufflé ['suːfleɪ] n suflet m.

sought [sɔːt] pt & pp ▷ seek.

soul [səʊl] n [spirit] dusza f; [soul music] soul m.

sound [saʊnd] ◇ n [noise] dźwięk m; [volume] głośność f. ◇ vt [horn, bell] brzmieć/zabrzmieć. ◇ vi [make a noise] brzmieć/zabrzmieć; [seem to be] wydawać/wydać się. ◇ adj [in good condition] nienaruszony; [health] mocny; [of heart] zdrowy; [reliable] rozsądny • **to sound like** [make a noise like] brzmieć jak; [seem to be] wydawać się.

soundcard ['saʊndkaːd] n COMPUT karta f dźwiękowa.

soundproof ['saʊndpruːf] adj dźwiękoszczelny.

soup [suːp] n zupa f.

soup spoon n łyżka f stołowa.

sour ['saʊər] adj kwaśny • **to go sour** skwaśnieć.

source [sɔːs] n źródło n.

sour cream n kwaśna śmietana f.

south [saʊθ] ◇ n południe n. ◇ adj południowy. ◇ adv [fly, walk, be situated] na południe;

[live] na południu • **in the south of England** w południowej Anglii.

South Africa n Republika f Południowej Afryki.

South America n Ameryka f Południowa.

southbound ['saʊθbaʊnd] adj w kierunku południowym.

southeast ['saʊθ'iːst] n południowy wschód m.

southern ['sʌðən] adj południowy.

South Pole n biegun m południowy.

southwards ['saʊθwədz] adv na południe.

southwest ['saʊθ'west] n południowy zachód m.

souvenir ['suːvə'nɪər] n pamiątka f.

Soviet Union n : **the Soviet Union** Związek m Radziecki.

sow[1] (pp **sown** [səʊn]) vt [seeds] siać/posiać.

sow[2] n [pig] maciora f.

soya ['sɔɪə] n soja f.

soya bean ['sɔɪbiːn] n soja f.

soy sauce n sos m sojowy.

spa [spaː] n uzdrowisko n.

space [speɪs] ◇ n [room] miejsce n; [gap] szpara f; [between words] odstęp m; [in astronomy etc] przestrzeń f kosmiczna; [period] okres m. ◇ vt rozmieszczać/rozmieścić.

spaceship ['speɪsʃɪp] n statek m kosmiczny.

space shuttle n wahadłowiec m.

spacious ['speɪʃəs] adj przestronny.

spade [speɪd] n [tool] łopata f. ➡ **spades** npl [in cards] piki mpl.

spaghetti [spə'getɪ] *n* spaghetti
n.

Spain [speɪn] *n* Hiszpania *f*.

span [spæn] <> *pt* ▷ **spin**.
<> *n* [length] rozpiętość *f*; [of
time] okres *m*.

Spaniard ['spænjəd] *n* Hiszpan
m, -ka *f*.

spaniel ['spænjəl] *n* spaniel *m*.

Spanish ['spænɪʃ] <> *adj* hiszpański. <> *n* [language] hiszpański *m*.

spank [spæŋk] *vt* dawać/dać klapsa.

spanner ['spænə'] *n* klucz *m*
płaski.

spare [speə'] <> *adj* [kept in
reserve] zapasowy; [not in use]
wolny. <> *n* [spare part] część *f*
zamienne; [spare wheel] koło *n*
zapasowe. <> *vt* [give up] : **Can
you spare me £5?** miałbyś dla
mnie pięć funtów?; **I can't spare
the time to do it** nie mam czasu
na zrobienie tego • **with ten
minutes to spare** z dziesięcio-
minutowym wyprzedzeniem.

spare part *n* część *f* zamienna.

spare ribs *npl* żeberka *npl*.

spare room *n* pokój *m* gościnny.

spare time *n* wolny czas *m*.

spare wheel *n* zapasowe koło *n*.

spark [spɑːk] *n* iskra *f*.

sparkling ['spɑːklɪŋ] *adj* [mineral
water, soft drink] gazowany.

sparkling wine *n* wino *n* musu-
jące.

spark plug *n* świeca *f* zapłono-
wa.

sparrow ['spærəʊ] *n* wróbel *m*.

spat [spæt] *pt* & *pp* ▷ **spit**.

speak [spiːk] (*pt* spoke, *pp* spoken) <> *vt* mówić. <> *vi* [talk]
rozmawiać/porozmawiać; [make

a speech] przemawiać/przemó-
wić • **who's speaking?** [on
phone] kto mówi?; **can I speak
to Sarah? – speaking!** [on phone]
czy mogę mówić z Sarą? –
słucham?; **to speak to sb about
sthg** porozmawiać z kimś o
czymś. ◄ **speak up** <> *vi*
[more loudly] mówić głośniej.

speaker ['spiːkə'] *n* [person] mówca *m*, mówczyni *f*; [loudspeaker,
of stereo] głośnik *m* • **a Spanish
speaker** osoba hiszpańskoję-
zyczna.

spear [spɪə'] *n* włócznia *f*.

special ['speʃl] <> *adj* [not ordin-
ary] specjalny; [particular] szczególny. <> *n* [dish] specjalność *f*
• **'today's special'** dziś poleca-
my.

special delivery *n* UK przesyłka
f ekspresowa.

special effects *npl* efekty *mpl*
specjalne.

specialist ['speʃəlɪst] *n* [doctor]
specjalista *m*, specjalistka *f*.

speciality ['speʃɪ'ælətɪ] *n* specjalność *f*.

specialize ['speʃəlaɪz] *vi* : **to specialize (in)** specjalizować się (w).

specially ['speʃəlɪ] *adv* szczególnie; [on purpose] specjalnie.

special needs *npl* : **children
with special needs** dzieci spe-
cjalnej troski.

special offer *n* oferta *f* specjalna.

special school *n* UK szkoła *f*
specjalna.

specialty US = **speciality**.

species ['spiːʃiːz] *n* gatunek *m*.

specific [spə'sɪfɪk] *adj* [particular]
określony; [exact] ścisły.

specifications *npl* [of machine,
car] parametry *mpl*.

specimen ['spesɪmən] *n* MED próbka *f*; [example] okaz *m*.

specs [speks] *npl inf* okulary *pl*.

spectacle ['spektəkl] *n* [sight] widok *m*.

spectacles ['spektəklz] *npl* okulary *pl*.

spectacular [spek'tækjʊləʳ] *adj* wspaniały.

spectator [spek'teɪtəʳ] *n* widz *m*.

sped [sped] *pt & pp* ⊳ **speed**.

speech [spiːtʃ] *n* [ability to speak] mowa *f*; [manner of speaking] wymowa *f*; [talk] przemówienie *n*.

speech impediment *n* zaburzenie *n* mowy.

speed [spiːd] (*pt & pp* **speeded** OR *pt & pp* **sped**) ◇ *n* [rate, pace] prędkość *f*; [fast rate] szybkość *f*; [of film] czułość *f*; [bicycle gear] bieg *m*. ◇ *vi* [move quickly] mknąć/pomknąć; [drive too fast] przekraczać/przekroczyć dozwoloną prędkość • '**reduce speed now**' zwolnij. ◆ **speed up** ◇ *vi* przyspieszać/przyspieszyć.

speedboat ['spiːdbəʊt] *n* ślizgacz *m*.

speed bump *n* próg *m* zwalniający.

speed camera *n kamera rejestrująca nadmierną prędkość.*

speeding ['spiːdɪŋ] *n* przekroczenie *n* dozwolonej prędkości.

speed limit *n* ograniczenie *n* prędkości.

speedometer [spɪ'dɒmɪtəʳ] *n* prędkościomierz *m*.

spell [spel] (*UK pt & pp* **spelled** OR *pt & pp* **spelt** *US pt & pp* **spelled**) ◇ *vt* : **her name is spelt like this** tak pisze się jej nazwisko; **shall I spell that?** czy mam to

przeliterować⁉; **C-A-T spells cat** K-O-T czyta się kot. ◇ *n* [period] okres *m*; [magic] zaklęcie *n*.

spell-check ◇ *n* automatyczne sprawdzanie *n* pisowni. ◇ *vt* [text, file, document] automatycznie sprawdzać/sprawdzić pisownię.

spell-checker [-tʃekəʳ] *n* autokorekta *f*.

spelling ['spelɪŋ] *n* [correct order] pisownia *f*; [ability] ortografia *f*.

spelt [spelt] *pt & pp UK* ⊳ **spell**.

spend [spend] (*pt & pp* **spent**) *vt* [money] wydawać/wydać; [time] spędzać/spędzić.

sphere [sfɪəʳ] *n* [round shape] kula *f*.

spice [spaɪs] ◇ *n* CULIN przyprawa *f*. ◇ *vt* CULIN przyprawiać/przyprawić.

spicy ['spaɪsɪ] *adj* [food] pikantny.

spider ['spaɪdəʳ] *n* pająk *m*.

spider's web *n* pajęczyna *f*.

spike [spaɪk] *n* [metal] szpikulec *m*.

spill [spɪl] (*UK pt & pp* **spilled** OR *pt & pp* **spilt** *US pt & pp* **spilled**) ◇ *vt* [liquid] rozlewać/rozlać; [sugar, salt *etc*] rozsypywać/rozsypać. ◇ *vi* [liquid] rozlewać/rozlać się; [sugar, salt *etc*] rozsypywać/rozsypać się.

spin [spɪn] (*pt* **span spun**, *pp* **spun**) ◇ *vt* [wheel, coin, chair] kręcić/zakręcić; [washing] wirować/odwirować. ◇ *n* [on ball] podkręcenie *n* • **to go for a spin** *inf* [in car] wybrać się na przejażdżkę.

spinach ['spɪnɪdʒ] *n* szpinak *m*.

spine [spaɪn] *n* [of back] kręgosłup *m*; [of book] grzbiet *m*.

spiral ['spaɪərəl] *n* spirala *f*.

spiral staircase *n* kręte schody *pl*.

spire ['spaɪə'] *n* iglica *f*.

spirit ['spɪrɪt] *n* [soul] dusza *f*; [energy] duch *m*; [courage] odwaga *f*; [mood] nastrój *m*. ➡ **spirits** *npl UK* [alcohol] napoje *mpl* alkoholowe.

spit [spɪt] (*UK pt&pp* spat *US pt&pp* spit) ⋄ *vi* [person] pluć/plunąć; [fire, food] skwierczeć/zaskwierczeć. ⋄ *n* [saliva] ślina *f*; [for cooking] rożen *m*. ⋄ *impers vb* : **it's spitting** kropi.

spite [spaɪt] ➡ **in spite of** ⋄ *prep* mimo.

spiteful ['spaɪtful] *adj* złośliwy.

splash [splæʃ] ⋄ *n* [sound] plusk *m*. ⋄ *vt* chlapać/pochlapać.

splendid ['splendɪd] *adj* [beautiful] wspaniały; [very good] świetny.

splint [splɪnt] *n* szyna *f* usztywniająca.

splinter ['splɪntə'] *n* drzazga *f*.

split [splɪt] (*pt&pp* split) ⋄ *n* [tear] rozdarcie *n*; [crack] pęknięcie *n*; [in skirt] rozcięcie *n*. ⋄ *vt* [wood, stone] rozłupywać/rozłupać; [tear] rozdzierać/rozedrzeć; [bill, cost, profits, work] dzielić/podzielić. ⋄ *vi* [wood, stone] pękać/pęknąć; [tear] rozdzierać/rozedrzeć się. ➡ **split up** ⋄ *vi* [group] dzielić/podzielić się; [couple] rozstawać/rozstać się.

spoil [spɔɪl] (*pt&pp* spoiled OR *pt&pp* spoilt) *vt* [ruin] psuć/zepsuć; [child] rozpieszczać/rozpieścić.

spoke [spəʊk] ⋄ *pt* ⊳ **speak**. ⋄ *n* [of wheel] szprycha *f*.

spoken ['spəʊkn] *pp* ⊳ **speak**.

spokesman ['spəʊksmən] (*pl* -men [-mən]) *n* rzecznik *m*.

spokeswoman ['spəʊks'wʊmən] (*pl* -women [-'wɪmɪn]) *n* rzeczniczka *f*.

sponge [spʌndʒ] *n* [for cleaning, washing] gąbka *f*.

sponge bag *n UK* kosmetyczka *f*.

sponge cake *n* biszkopt *m*.

sponsor ['spɒnsə'] *n* [of event, TV programme] sponsor *m*.

sponsored walk ['spɒnsəd-] *n* marsz organizowany w celu zdobycia funduszy.

spontaneous [spɒn'teɪnjəs] *adj* spontaniczny.

spoon [spuːn] *n* łyżka *f*.

spoonful ['spuːnful] *n* łyżka *f*.

sport [spɔːt] *n* sport *m*.

sports car *n* samochód *m* sportowy.

sports centre *n* ośrodek *m* sportowy.

sports jacket *n* marynarka *f* sportowa.

sportsman ['spɔːtsmən] (*pl* -men [-mən]) *n* sportowiec *m*.

sports shop *n* sklep *m* sportowy.

sportswoman ['spɔːts'wʊmən] (*pl* -women [-'wɪmɪn]) *n* sportsmenka *f*.

spot [spɒt] ⋄ *n* [stain] plama *f*; [on skin] pryszcz *m*; [on clothes] groszek *m*; [of rain] kropla *f*; [on leopard] cętka *f*; [place] miejsce *n*. ⋄ *vt* dostrzegać/dostrzec • **on the spot** [at once] na poczekaniu; [at the scene] na miejscu.

spotless ['spɒtlɪs] *adj* nieskazitelny.

spotlight ['spɒtlaɪt] *n* reflektor *m*.

spotty ['spɒtɪ] *adj* pryszczaty.

spouse [spaʊs] *n fml* małżonek *m*, małżonka *f*.

spout [spaʊt] *n* [of kettle, carton, teapot] dziobek *m*.

sprain [spreɪn] *vt* zwichnąć.

sprang [spræŋ] *pt* ▷ spring.

spray [spreɪ] ◇ *n* [of aerosol, perfume] spray *m*; [droplets] mgiełka *f*. ◇ *vt* [surface, wall, car, crops] spryskiwać/spryskać; [paint, water *etc*] rozpryskiwać/rozpryskać.

spread [spred] (*pt & pp* spread) ◇ *vt* [butter, jam, glue] smarować/posmarować; [map, tablecloth, blanket] rozpościerać/rozpostrzeć; [legs, fingers, arms] rozkładać/rozłożyć; [disease] rozprzestrzeniać/rozprzestrzenić; [news, rumour] rozpowszechniać/rozpowszechnić. ◇ *vi* [disease, fire, stain] rozprzestrzeniać/rozprzestrzenić się; [news, rumour] rozpowszechniać/rozpowszechnić się. ◇ *n* [food] pasta *f*.
➡ **spread out** ◇ *vi* [disperse] rozpraszać/rozproszyć się.

spring [sprɪŋ] (*pt* sprang, *pp* sprung) ◇ *n* [season] wiosna *f*; [coil] sprężyna *f*; [in ground] źródło *n*. ◇ *vi* [leap] skakać/skoczyć • **in (the) spring** wiosną.

springboard [ˈsprɪŋbɔːd] *n* [for diving] trampolina *f*.

spring-cleaning *n* wiosenne porządki *mpl*.

spring onion *n* dymka *f*.

spring roll *n* sajgonka *f*.

sprinkle [ˈsprɪŋkl] *vt* [with liquid] spryskiwać/spryskać; [with sugar, herbs, nuts *etc*] posypywać/posypać.

sprinkler [ˈsprɪŋklə^r] *n* [for fire] instalacja *f* tryskaczowa; [for grass] zraszacz *m*.

sprint [sprɪnt] ◇ *n* [race] sprint *m*. ◇ *vi* [run fast] biec/pobiec sprintem.

sprout [spraʊt] *n* [vegetable] brukselka *f*.

spruce [spruːs] *n* świerk *m*.

sprung [sprʌŋ] ◇ *pp* ▷ spring. ◇ *adj* [mattress] sprężynowy.

spud [spʌd] *n inf* kartofel *m*.

spun [spʌn] *pt & pp* ▷ spin.

spur [spɜː^r] *n* [for horse rider] ostroga *f* • **on the spur of the moment** pod wpływem chwili.

spurt [spɜːt] *vi* tryskać/trysnąć.

spy [spaɪ] *n* szpieg *m*.

squall [skwɔːl] *n* [weather] nawałnica *f*.

squalor [ˈskwɒlə^r] *n* nędza *f*.

square [skweə^r] ◇ *adj* [in shape] kwadratowy. ◇ *n* [shape] kwadrat *m*; [in town] plac *m*; [of chocolate] kawałek *m*; [on chessboard] pole *n* • **2 square metres** 2 metry kwadratowe; **it's 2 metres square** ma 2 metry kwadratowe; **we're (all) square now** [not owing money] teraz jesteśmy kwita.

squash [skwɒʃ] ◇ *n* [game] squash *m*; *UK* [drink] *zagęszczony napój z wyciśniętych owoców*; *US* [vegetable] *warzywo mające wiele odmian, podobne do dyni i kabaczka*. ◇ *vt* [crush] zgniatać/zgnieść.

squat [skwɒt] ◇ *adj* przysadzisty. ◇ *n* [building] nielegalnie zasiedlony pustostan *m*. ◇ *vi* [crouch] kucać/przykucać • **to live in a squat** mieszkać na dziko.

squeak [skwiːk] *vi* [mouse, toy] piszczeć/zapiszczeć; [shoes, wheel] skrzypieć/zaskrzypieć.

squeeze [skwiːz] *vt* [hand] ściskać/uścisnąć; [tube, orange] wy-

ciskać/wycisnąć. **squeeze in** *vi* wciskać/wcisnąć się.

squid [skwɪd] *n* kalmar *m*.

squint [skwɪnt] <> *n* zez *m*. <> *vi* [strain to see] : **to squint at sb** patrzeć na kogoś z przymrużonymi oczami.

squirrel [*UK* 'skwɪrəl, *US* 'skwɜːrəl] *n* wiewiórka *f*.

squirt [skwɜːt] *vi* tryskać/trysnąć.

St (*abbr of* Street) ul; (*abbr of* Saint) św.

stab [stæb] *vt* dźgać/dźgnąć.

stable ['steɪbl] <> *adj* [unchanging] trwały; [firmly fixed] stabilny. <> *n* stajnia *f*.

stack [stæk] *n* [pile] stos *m* • **stacks of** *inf* [lots] kupa.

stadium ['steɪdjəm] *n* stadion *m*.

staff [stɑːf] *n* [workers] personel *m*.

stage [steɪdʒ] *n* [phase] etap *m*; [in theatre] scena *f*.

stagger ['stægə'] <> *vt* [arrange in stages] rozkładać/rozłożyć w czasie. <> *vi* zataczać/zatoczyć się.

stagnant ['stægnənt] *adj* [water] stojący.

stain [steɪn] <> *n* plama *f*. <> *vt* plamić/poplamić.

stained glass *n* : **stained glass window** witraż *m*.

stainless steel *n* stal *f* nierdzewna.

staircase ['steəkeɪs] *n* klatka *f* schodowa.

stairs *npl* schody *pl*.

stairwell ['steəwel] *n* klatka *f* schodowa.

stake [steɪk] *n* [share] udział *m*; [in gambling] stawka *f*; [post] pal *m* • **to be at stake** wchodzić w grę; **she's got a lot at stake** ma wiele do stracenia.

stale [steɪl] *adj* [food] nieświeży; [bread etc] czerstwy.

stalk [stɔːk] *n* [of flower, plant] łodyga *f*; [of fruit] szypułka *f*; [of leaf] ogonek *m*.

stall [stɔːl] <> *n* [in market, at exhibition] stoisko *n*. <> *vi* [car, plane, engine] gasnąć/zgasnąć. **stalls** <> *npl UK* [in theatre] parter *m*.

stamina ['stæmɪnə] *n* wytrzymałość *f*.

stammer ['stæmə'] *vi* jąkać/zająknąć się.

stamp [stæmp] <> *n* [for letter] znaczek *m*; [in passport, on document] stempel *m*. <> *vt* [passport, document] stemplować/ostemplować : **to stamp one's foot** tupnąć nogą. <> *vi* : **to stamp on sthg** nadepnąć na coś.

stamp-collecting *n* filatelistyka *f*.

stamp machine *n* automat *m* do sprzedaży znaczków.

stand [stænd] (*pt & pp* **stood**) <> *vi* [be on feet, be situated] stać; [get to one's feet] wstawać/wstać. <> *vt* [place] stawiać/postawić; [bear] znosić/znieść; [withstand] wytrzymywać/wytrzymać. <> *n* [stall] stoisko *n*; [for umbrellas, coats] wieszak *m*; [for bike, motorbike] stojak *m*; [at sports stadium] trybuna *f* • **to be standing** stać; **to stand sb a drink** postawić komuś drinka; **'no standing'** *US* AUT zakaz zatrzymywania się. **stand back** <> *vi* cofać się/cofnąć się. **stand for** <> *vt insep* [mean] oznaczać; [tolerate] znosić/znieść. **stand in** <> *vi* : **to stand for sb** zastępować kogoś. **stand out** <> *vi* [be conspicuous] rzucać/rzucić się w oczy; [be superior] wyró-

żniać/wyróżnić się. ◆ **stand up** ◇ *vi* [be on feet] stać/stanąć; [get to one's feet] wstawać/wstać. ◇ *vt sep inf* [boyfriend, girlfriend *etc*] wystawiać/wystawić do wiatru. ◆ **stand up for** ◇ *vt insep* [person] stawać/stanąć w obronie.

standard ['stændəd] ◇ *adj* [normal] typowy; [procedure, practice] standardowy. ◇ *n* [level] poziom *m*; [point of comparison] norma *f* • **up to standard** na odpowiednim poziomie. ◆ **standards** ◇ *npl* [principles] normy *fpl*.

standard-class *adj UK* [on train] druga klasa *f*.

standby ['stændbaɪ] *adj* [ticket] *zniżkowy bilet sprzedawany na wolne miejsca przed startem samolotu.*

stank [stæŋk] *pt* ▷ stink.

staple ['steɪpl] *n* [for paper] zszywka *f*.

stapler ['steɪplə'] *n* zszywacz *m*.

star [stɑː'] ◇ *n* gwiazda *f*; [hotel rating] gwiazdka *f*. ◇ *vt* [subj: film, play *etc*] : **the film stars Meryl Streep** główną rolę w filmie gra Meryl Streep. ◆ **stars** ◇ *npl* [horoscope] horoskop *m*.

starboard ['stɑːbəd] *adj* prawy.

starch [stɑːtʃ] *n* [for clothes] krochmal *m*; [in food] skrobia *f*.

stare [steə'] *vi* wpatrywać się • **to stare at** gapić się na.

starfish ['stɑːfɪʃ] (*pl* starfish) *n* rozgwiazda *f*.

starling ['stɑːlɪŋ] *n* szpak *m*.

Stars and Stripes *n* : **the Stars and Stripes** flaga *f* amerykańska.

start [stɑːt] ◇ *n* [beginning] początek *m*; [starting place] start *m*.

◇ *vt* [begin] zaczynać/zacząć; [car, engine] uruchamiać/uruchomić; [business, club] zakładać/założyć. ◇ *vi* [begin] zaczynać/zacząć się; [car, engine] zapalać/zapalić; [begin journey] wyruszać/wyruszyć • **prices start at** OR **from £5** ceny od 5 funtów; **to start doing sthg** OR **to do sthg** zacząć coś robić; **to start with** [in the first place] po pierwsze; [when ordering meal] zamówić coś na początek. ◆ **start out** ◇ *vi* [on journey] wyruszać/wyruszyć; [be originally] zaczynać/zacząć. ◆ **start up** ◇ *vt sep* [car, engine] uruchamiać/uruchomić; [business, shop] założyć.

starter ['stɑːtə'] *n UK* [of meal] przystawka *f*; [of car] rozrusznik *m* • **for starters** [in meal] na przystawkę.

starter motor *n* rozrusznik *m*.

starting point *n* punkt *m* wyjścia.

startle ['stɑːtl] *vt* zaskakiwać/zaskoczyć.

starvation [stɑː'veɪʃn] *n* głód *m*.

starve [stɑːv] *vi* [have no food] głodować • **I'm starving!** umieram z głodu!

state [steɪt] ◇ *n* [condition] stan *m*; [country] państwo *n*; [region] stan *m*. ◇ *vt* [declare] oświadczać/oświadczyć; [specify] podawać/podać • **the State** państwo *n*; **the States** Stany *pl*.

statement ['steɪtmənt] *n* [declaration] zeznanie *n*; [announcement] oświadczenie *n*; [from bank] wyciąg *m* z konta.

state school *n* szkoła *f* państwowa.

statesman ['steɪtsmən] (*pl* -men [-mən]) *n* mąż *m* stanu.

static ['stætɪk] *n* [on radio, TV] zakłócenia *npl*.

station ['steɪʃn] *n* [for underground, trains – small] stacja *f*; [for buses, trains – large] dworzec *m*; [on radio] rozgłośnia *f*.

stationary ['steɪʃnərɪ] *adj* nieruchomy.

stationer's *n* [shop] sklep *m* papierniczy.

stationery ['steɪʃnərɪ] *n* artykuły *mpl* papiernicze.

station wagon *n* US kombi *n*.

statistics [stə'tɪstɪks] *npl* [facts] dane *pl* statystyczne.

statue ['stætʃuː] *n* statua *f*.

Statue of Liberty *n* : the Statue of Liberty Statua *f* Wolności.

status [UK 'steɪtəs, US 'stætəs] *n* status *m*.

status bar *n* pasek *m* stanu.

stay [steɪ] <> *n* [time spent] pobyt *m*. <> *vi* [remain] zostawać/zostać; [as guest] zatrzymywać/ zatrzymać się; Scot [reside] mieszkać • to stay the night zostać na noc; to stay the same nie zmienić się; to stay asleep nie budzić się. ⬤ **stay away** <> *vi* [not attend] nie przychodzić/przyjść; [not go near] trzymać się z dala. ⬤ **stay in** <> *vi* zostawać/zostać w domu. ⬤ **stay out** <> *vi* [from home] być poza domem. ⬤ **stay up** <> *vi* nie kłaść się.

STD code *n* numer *m* kierunkowy.

steady ['stedɪ] <> *adj* [not shaking, firm] stabilny; [gradual, stable] stały. <> *vt* [stop from shaking] unieruchamiać/unieruchomić.

steak [steɪk] *n* stek *m*.

steak and kidney pie *n* tradycyjna brytyjska potrawa z kawał-

ków gotowanej wołowiny i cynaderek zapiekanych w kruchym cieście.

steakhouse ['steɪkhaʊs] *n* restauracja, której specjalnością są steki.

steal [stiːl] (*pt* stole, *pp* stolen) *vt* kraść/ukraść • to steal sthg from sb ukraść coś komuś.

steam [stiːm] <> *n* para *f*. <> *vt* [food] gotować/ugotować na parze.

steamboat ['stiːmbəʊt] *n* parowiec *m*.

steam engine *n* lokomotywa *f*.

steam iron *n* żelazko *n* z nawilżaczem.

steel [stiːl] <> *n* stal *f*. <> *adj* stalowy.

steep [stiːp] *adj* [hill, path] stromy; [increase, drop] gwałtowny.

steeple ['stiːpl] *n* iglica *f*.

steer ['stɪəʳ] *vt* [car] kierować/ pokierować; [boat] sterować; [plane] pilotować.

steering ['stɪərɪŋ] *n* układ *m* kierowniczy.

steering wheel *n* kierownica *f*.

stem [stem] *n* [of plant] łodyga *f*; [of glass] nóżka *f*.

step [step] <> *n* krok *m*; [stair, rung] stopień *m*. <> *vi* : to step on sthg nadepnąć na coś • 'mind the step' uwaga na stopień! ⬤ **steps** <> *npl* [stairs] schody *pl*. ⬤ **step aside** <> *vi* [move aside] schodzić/zejść na bok. ⬤ **step back** <> *vi* [move back] cofać/cofnąć się.

step aerobics *n* step *m*.

stepbrother ['step'brʌðəʳ] *n* brat *m* przyrodni.

stepdaughter ['step'dɔːtəʳ] *n* pasierbica *f*.

stepfather ['step'fɑːðəʳ] *n* ojczym *m*.

stepladder ['step'lædə^r] *n* drabina *f* podestowa.

stepmother ['step'mʌðə^r] *n* macocha *f*.

stepsister ['step'sistə^r] *n* siostra *f* przyrodnia.

stepson ['stepsʌn] *n* pasierb *m*.

stereo ['steriəu] (*pl* -s) <> *adj* stereofoniczny. <> *n* [hi-fi] zestaw *m* stereo; [stereo sound] stereo *n*.

sterile ['sterail] *adj* [germ-free] sterylny.

sterilize ['sterəlaiz] *vt* [container, milk, utensil] sterylizować/wysterylizować.

sterling ['stɜːlɪŋ] <> *adj* [pound] w funtach szterlingach. <> *n* funt *m* szterling.

sterling silver *n* srebro *n* najwyższej próby.

stern [stɜːn] <> *adj* [strict] surowy. <> *n* [of boat] rufa *f*.

stew [stjuː] *n* rodzaj gulaszu.

steward ['stjuəd] *n* [on plane, ship] steward *m*; [at public event] porządkowy *m*, porządkowa *f*.

stewardess ['stjuədis] *n* stewardesa *f*.

stewed [stjuːd] *adj* [fruit] w kompocie.

stick [stik] (*pt* & *pp* stuck) <> *n* [of wood] patyk *m*; [for sport] kij *m*; [thin piece] kawałek *m*; [celery] łodyga *f*; [walking stick, cinnamon] laska *f*. <> *vt* [glue onto] przyklejać/przykleić : **stick together** sklejać/skleić [figurative] trzymać się razem; [push, insert] wtykać/wetknąć; *inf* [put] kłaść/położyć. <> *vi* [become attached] przyklejać/przykleić się; [door, zip] zacinać/zaciąć się; [body part] utykać/utknąć. ◆ **stick out** <> *vi* [protrude] sterczeć; [be

noticeable] rzucać/rzucić się w oczy. ◆ **stick to** <> *vt insep* [decision, principles, promise] pozostawać/pozostać przy. ◆ **stick up** <> *vt sep* [poster, notice] wywieszać/wywiesić. <> *vi* sterczeć. ◆ **stick up for** <> *vt insep* stawać/stanąć w obronie.

sticker ['stikə^r] *n* naklejka *f*.

sticking plaster ['stikɪŋ-] *n* plaster *m* opatrunkowy.

stick shift *n US* [car] dźwignia *f* zmiany biegów.

sticky ['stiki] *adj* [substance, hands, sweets] lepki; [label, tape] klejący; [weather] parny.

stiff [stif] <> *adj* sztywny; [door, latch, mechanism] zacinający się. <> *adv* : **to be bored stiff** *inf* być śmiertelnie znudzony.

stile [stail] *n* przełaz *m*.

stiletto heels *npl* [shoes] szpilki *pl*.

still <> *adv* [up to now, even now] wciąż; [possibly, even] jeszcze; [despite that] mimo to. <> *adj* [motionless] nieruchomy; [quiet, calm] spokojny; [not fizzy] niegazowany • **we've still got 10 minutes** mamy jeszcze 10 minut; **still more** jeszcze więcej; **to stand still** stać nieruchomo.

Stilton ['stiltn] *n angielski ser typu rokpol*.

stimulate ['stimjuleit] *vt* pobudzać/pobudzić.

sting [stiŋ] (*pt* & *pp* stung) <> *vt* [subj:] [bee, wasp] żądlić/użądlić; [nettle] oparzyć. <> *vi* [skin, eyes] szczypać.

stingy ['stindʒi] *adj inf* sknerowaty.

stink [stiŋk] (*pt* stank stunk, *pp* stunk) *vi* śmierdzieć.

stipulate ['stɪpjʊleɪt] *vt* określać/ określić.

stir [stɜː'] *vt* mieszać/zamieszać.

stir-fry ⟨⟩ *n potrawa, którą smaży się na dużym ogniu mieszając*. ⟨⟩ *vt* smażyć/przysmażyć ciągle mieszając.

stirrup ['stɪrəp] *n* strzemię *n*.

stitch [stɪtʃ] *n* [in sewing, style of knitting] ścieg *m*; [in knitting] oczko *n* • **to have a stitch** [stomach pain] mieć kolkę. ➤ **stitches** *npl* [for wound] szwy *mpl*.

stock [stɒk] ⟨⟩ *n* [of shop, business] towar *m*; [supply] zapas *m*; FIN kapitał *m* akcyjny; [in cooking] bulion *m*. ⟨⟩ *vt* [have in stock] mieć w sprzedaży • **in stock** w sprzedaży; **out of stock** wyprzedany.

stock cube *n* kostka *f* rosołowa.

Stock Exchange *n* giełda *f* papierów wartościowych.

stocking ['stɒkɪŋ] *n* pończocha *f*.

stock market *n* giełda *f* papierów wartościowych.

stodgy ['stɒdʒɪ] *adj* [food] ciężko strawny.

stole [stəʊl] *pt* ⊳ **steal**.

stolen ['stəʊln] *pp* ⊳ **steal**.

stomach ['stʌmək] *n* [organ] żołądek *m*; [belly] brzuch *m*.

stomach ache *n* ból *m* brzucha.

stomach upset *n* rozstrój *m* żołądka.

stone [stəʊn] ⟨⟩ *n* kamień *m*; [in fruit] pestka *f*; [measurement: pl inv] 6,35 kg; [gem] kamień *m* szlachetny. ⟨⟩ *adj* kamienny.

stonewashed ['stəʊnwɒʃt] *adj* sprany.

stood [stʊd] *pt & pp* ⊳ **stand**.

stool [stuːl] *n* [for sitting on] stołek *m*.

stop [stɒp] ⟨⟩ *n* przystanek *m*. ⟨⟩ *vt* [cause to cease] przerywać/ przerwać; [car, machine] zatrzymywać/zatrzymać; [prevent] powstrzymywać/powstrzymać. ⟨⟩ *vi* [cease to move] zatrzymywać/zatrzymać się; [cease] przestawać/przestać; [cease to function] stawać/stanąć • **to stop sb/ sthg from doing sthg** powstrzymać kogoś/coś od zrobienia czegoś; **to stop doing sthg** zaprzestać robienia czegoś; **to put a stop to sthg** położyć kres czemuś; **'stop'** [road sign] stop; **'stopping at ...'** [train, bus] zatrzymuje się w... ➤ **stop off** ⟨⟩ *vi* zatrzymywać/zatrzymać się.

stopover ['stɒp'əʊvə'] *n* przerwa *f* w podróży.

stopper ['stɒpə'] *n* zatyczka *f*.

stopwatch ['stɒpwɒtʃ] *n* stoper *m*.

storage ['stɔːrɪdʒ] *n* : **in storage** w magazynie.

store [stɔː'] ⟨⟩ *n* [shop] sklep *m*; [supply] zapas *m*. ⟨⟩ *vt* [keep in storage] magazynować.

storehouse ['stɔːhaʊs] *n* [warehouse] magazyn *m*.

storeroom ['stɔːrʊm] *n* [in shop] magazyn *m*.

storey ['stɔːrɪ] (*pl* -s) ['stɔːrɪ] *n* UK piętro *n*.

stork [stɔːk] *n* bocian *m*.

storm [stɔːm] *n* burza *f*.

stormy ['stɔːmɪ] *adj* [weather] burzowy.

story ['stɔːrɪ] *n* [tale] opowiadanie *f*; [account] relacja *f*; [news item] artykuł *m*; US = **storey**.

stout [staʊt] <> *adj* [fat] tęgi. <> *n* [drink] porter *m*.

stove [stəʊv] *n* [for cooking] kuchenka *f*; [for heating] piecyk *m*.

straight [streɪt] <> *adj* prosty; [consecutive] nieprzerwany; [drink] czysty. <> *adv* [in a straight line] prosto; [directly] bezpośrednio • **straight ahead** prosto przed siebie; **straight away** od razu.

straightforward ['streɪt'fɔːwəd] *adj* [easy] prosty.

strain [streɪn] <> *n* [force] nacisk *m*; [nervous stress] stress *m*; [tension] napięcie *n*; [injury] nadwyrężenie *n*. <> *vt* [muscle, eyes] przemęczać/przemęczyć; [tea] cedzić/przecedzić; [pasta, rice etc] odsączać/odsączyć.

strainer ['streɪnə'] *n* sitko *n*.

strait [streɪt] *n* cieśnina *f*.

strange [streɪndʒ] *adj* [unusual] dziwny; [unfamiliar] obcy.

stranger ['streɪndʒə'] *n* [unfamiliar person] nieznajomy *m*; [person from different place] obcy *m*.

strangle ['stræŋgl] *vt* [kill] dusić/udusić.

strap [stræp] *n* [of bag, camera, watch, shoe] pasek *m*.

strapless ['stræplɪs] *adj* bez ramiączek.

strategy ['strætɪdʒɪ] *n* strategia *f*.

Stratford-upon-Avon *n* Stratford-upon-Avon.

straw [strɔː] *n* [substance] słoma *f*; [for drinking] słomka *f*.

strawberry ['strɔːbərɪ] *n* truskawka *f*.

stray [streɪ] <> *adj* [animal] bezpański. <> *vi* [wander] błąkać/zabłąkać się.

streak [striːk] *n* [stripe, mark] smuga *f*; [period] passa *f*.

stream [striːm] *n* strumień *m*.

street [striːt] *n* ulica *f*.

streetcar ['striːtkɑː'] *n US* tramwaj *m*.

street light *n* latarnia *f*.

street plan *n* plan *m* miasta.

strength [streŋθ] *n* siła *f*; [of structure] wytrzymałość *f*; [strong point] mocna strona *f*; [of food, drink, drug] moc *m*.

strengthen ['streŋθn] *vt* wzmacniać/wzmocnić.

stress [stres] <> *n* [tension] stres *m*; [on word, syllable] akcent *m*. <> *vt* [emphasize] podkreślać/podkreślić; [word, syllable] akcentować/zaakcentować.

stretch [stretʃ] <> *n* [of land, water] obszar *m*; [of time] okres *m*. <> *vt* rozciągać/rozciągnąć. <> *vi* [land, sea] rozciągać się; [person, animal] przeciągać/przeciągnąć się • **to stretch one's legs** *fig* rozprostować nogi. ➡ **stretch out** <> *vt sep* [hand] wyciągać/wyciągnąć. <> *vi* [lie down] wyciągać/wyciągnąć się.

stretcher ['stretʃə'] *n* nosze *pl*.

strict [strɪkt] *adj* surowy; [exact] dokładny.

strictly ['strɪktlɪ] *adv* [absolutely] surowo; [exclusively] ściśle • **strictly speaking** ściśle mówiąc.

stride [straɪd] *n* [step] krok *m*.

strike [straɪk] (*pt&pp* **struck** [strʌk]) <> *n* [of employees] strajk *m*. <> *vt fml* [hit] uderzać/uderzyć; [a match] zapalać/zapalić. <> *vi* [refuse to work] strajkować/zastrajkować; [happen suddenly] uderzyć • **the clock struck eight** zegar wybił ósmą.

striking ['straɪkɪŋ] *adj* [noticeable]

uderzający; [attractive] robiący wrażenie.

string [strɪŋ] *n* [substance, piece of string] sznurek *m*; [of pearls, beads] sznur *m*; [of musical instrument, tennis raquet] struna *f*; [series] seria *f* • **a piece of string** kawałek sznurka.

strip [strɪp] <> *n* [of paper, cloth *etc*] pasek *m*; [of land, water] pas *m*. <> *vt* [paint] zdrapywać/zdrapać; [wallpaper] zdzierać/zedrzeć. <> *vi* [undress] rozbierać/rozebrać się.

stripe [straɪp] *n* pasek *m*.

striped [straɪpt] *adj* w paski.

strip-search *vt* poddawać/poddać *f* rewizji osobistej.

strip show *n* striptiz *m*.

stroke [strəʊk] <> *n* MED udar *m*; [in tennis, golf] uderzenie *n*; [swimming style] styl *m*. <> *vt* głaskać/pogłaskać • **a stroke of luck** uśmiech losu.

stroll [strəʊl] *n* przechadzka *f*.

stroller ['strəʊlə'] *n US* [pushchair] wózek *m* spacerowy.

strong [strɒŋ] *adj* [person, feeling, smell, wind] silny; [competitor, candidate] poważny; [structure, bridge, chair, drink, drug, point, subject] mocny; [party, organization, movement] wpływowy; [effect, incentive, possibility] duży; [food] ostry.

struck [strʌk] *pt & pp* ▷ **strike**.

structure ['strʌktʃə'] *n* [arrangement, organization] struktura *f*; [building] konstrukcja *f*.

struggle ['strʌgl] <> *n* [great effort] walka *f*. <> *vi* [fight] walczyć; [in order to get free] szamotać się • **to struggle to do sthg** usiłować coś zrobić.

stub [stʌb] *n* [of cigarette] niedo-

pałek *m*; [of cheque, ticket] odcinek *m* kontrolny.

stubble ['stʌbl] *n* [on face] zarost *m*.

stubborn ['stʌbən] *adj* [person] uparty.

stuck [stʌk] <> *pt & pp* ▷ **stick**. <> *adj* [jammed] zablokowany; [stranded, unable to continue] : **to be stuck** utknąć.

stud [stʌd] *n* [on football boots] korek *m*; [fastener] zatrzask *m*; [earring] kolczyk *m*.

student ['stjuːdnt] *n* [at university, college] student *m*, -ka *f*; [at school] uczeń *m*, uczennica *f*.

student card *n* legitymacja *f* studencka.

students' union *n* [place] klub *m* studencki.

studio ['stjuːdɪəʊ] (*pl* **-s**) *n* [for filming, broadcasting] studio *n*; [of artist] pracownia *f*.

studio apartment *US* = **studio flat**.

studio flat *n UK* studio *n*.

study ['stʌdɪ] <> *n* [learning] nauka *f*; [piece of research] badanie *n*; [room] gabinet *m*. <> *vt* [learn about] studiować; [examine] studiować/przestudiować. <> *vi* uczyć się/nauczyć się.

stuff [stʌf] <> *n inf* [substance] coś *n*; [things, possessions] rzeczy *fpl*. <> *vt* [put roughly] wpychać/wepchnąć; [fill] faszerować/nafaszerować.

stuffed [stʌft] *adj* [food] faszerowany; *inf* [full up] opchany; [dead animal] wypchany.

stuffing ['stʌfɪŋ] *n* [food] farsz *m*; [of pillow, cushion] wypełnienie *n*.

stuffy ['stʌfɪ] *adj* [room, atmosphere] duszny.

stumble ['stʌmbl] *vi* [when walking] potykać/potknąć się.

stump [stʌmp] *n* [of tree] pniak *m*.

stun [stʌn] *vt* [shock] oszałamiać/oszołomić.

stung [stʌŋ] *pt & pp* ⊳ sting.

stunk [stʌŋk] *pt & pp* ⊳ stink.

stunning ['stʌnɪŋ] *adj* [very beautiful] powalający; [very surprising] oszałamiający.

stupid ['stjuːpɪd] *adj* głupi.

sturdy ['stɜːdɪ] *adj* mocny.

stutter ['stʌtəʳ] *vi* jąkać/zająknąć się.

style [staɪl] <> *n* styl *m*; [design] fason *m*. <> *vt* [hair] modelować/wymodelować.

stylish ['staɪlɪʃ] *adj* stylowy.

stylist ['staɪlɪst] *n* [hairdresser] fryzjer *m*, -ka *f*.

sub [sʌb] *n inf* [substitute] rezerwowy *m*, rezerwowa *f*; *UK* [subscription] prenumerata *f*; *US* [filled baguette] duża kanapka *f*.

subdued [səb'djuːd] *adj* [person] przygaszony; [lighting, colour] przyćmiony.

subject <> *n* ['sʌbdʒekt] [topic] temat *m*; [at school, university] przedmiot *m*; GRAMM podmiot *m*; *fml* [of country] obywatel *m*, -ka *f*. <> *vt* [səb'dʒekt] : **to subject sb to sthg** poddać kogoś czemuś • **subject to availability** dostępne do wyczerpania zapasów; **they are subject to an additional charge** podlegają dodatkowej opłacie.

subjunctive [səb'dʒʌŋktɪv] *n* tryb *m* łączący.

submarine ['sʌbməriːn] *n* łódź *f* podwodna.

submit [səb'mɪt] <> *vt* [present] przedstawiać/przedstawić. <> *vi*

[give in] poddawać/poddać się.

subordinate *adj* GRAMM podrzędny.

subscribe [səb'skraɪb] *vi* [to magazine, newspaper] prenumerować/zaprenumerować.

subscription [səb'skrɪpʃn] *n* prenumerata *f*.

subsequent ['sʌbsɪkwənt] *adj* późniejszy.

subside [səb'saɪd] *vi* [ground] osuwać/osunąć się; [noise, feeling] ustawać/ustać.

substance ['sʌbstəns] *n* [material] substancja *f*.

substantial [səb'stænʃl] *adj* [large] pokaźny.

substitute ['sʌbstɪtjuːt] *n* [replacement] zastępca *m*, zastępczyni *f*; SPORT rezerwowy *m*, rezerwowa *f*.

subtitles *npl* napisy *mpl*.

subtle ['sʌtl] *adj* subtelny.

subtract [səb'trækt] *vt* odejmować/odjąć.

subtraction [səb'trækʃn] *n* odejmowanie *n*.

suburb ['sʌbɜːb] *n* przedmieście *n* • **the suburbs** przedmieścia *npl*.

subway ['sʌbweɪ] *n UK* [for pedestrians] przejście *n* podziemne; *US* [underground railway] metro *n*.

succeed [sək'siːd] <> *vi* [person] odnosić/odnieść sukces; [plan] udać się. <> *vt fml* [follow] następować/nastąpić po • **to succeed in doing sthg** odnieść sukces w czymś.

success [sək'ses] *n* sukces *m*.

successful [sək'sesfʊl] *adj* [person] odnoszący sukcesy; [plan, attempt] udany; [film, book, TV programme] popularny.

succulent ['sʌkjʊlənt] *adj* soczysty.

such [sʌtʃ] <> *adj* taki. <> *adv* : **such a lot** tyle • **it's such a lovely day** jest taki piękny dzień; **such a thing should never have happened** taka rzecz nigdy nie powinna była się wydarzyć; **such as** taki jak.

suck [sʌk] *vt* ssać.

sudden ['sʌdn] *adj* nagły • **all of a sudden** nagle.

suddenly ['sʌdnlɪ] *adv* nagle.

sue [suː] *vt* podawać/podać do sądu.

suede [sweɪd] *n* zamsz *m*.

suffer ['sʌfə'] <> *vt* [defeat, injury] doznawać/doznać. <> *vi* cierpieć/ucierpieć • **to suffer from** [illness] cierpieć na.

suffering ['sʌfrɪŋ] *n* cierpienie *n*.

sufficient [sə'fɪʃnt] *adj fml* wystarczający.

sufficiently [sə'fɪʃntlɪ] *adv fml* wystarczająco.

suffix ['sʌfɪks] *n* przyrostek *m*.

suffocate ['sʌfəkeɪt] *vi* dusić/udusić się.

sugar ['ʃʊgə'] *n* cukier *m*.

suggest [sə'dʒest] *vt* [propose] proponować/zaproponować • **to suggest doing sthg** zaproponować zrobienie czegoś.

suggestion [sə'dʒestjn] *n* [proposal] propozycja *f*; [hint] sugestia *f*.

suicide ['suːɪsaɪd] *n* samobójstwo *n* • **to commit suicide** popełnić samobójstwo.

suit [suːt] <> *n* [man's clothes] garnitur *m*; [woman's clothes] kostium *m*; [in cards] kolor *m*; LAW proces *m*. <> *vt* [be convenient for] odpowiadać; [be appropriate for] pasować • **to be suited to** nadawać się do; **does**

this colour/style suit me? dobrze mi w tym kolorze?

suitable ['suːtəbl] *adj* odpowiedni • **to be suitable for** być odpowiednim do.

suitcase ['suːtkeɪs] *n* walizka *f*.

suite [swiːt] *n* [set of rooms] apartament *m*; [furniture] komplet *m* wypoczynkowy.

sulk [sʌlk] *vi* dąsać się.

sultana [səl'tɑːnə] *n UK* [raisin] rodzynek *m* sułtański.

sultry ['sʌltrɪ] *adj* [weather, climate] duszny.

sum [sʌm] *n* suma *f*. ⬤ **sum up** *vt sep* [summarize] podsumowywać/podsumować.

summarize ['sʌməraɪz] *vt* streszczać/streścić.

summary ['sʌmərɪ] *n* streszczenie *n*.

summer ['sʌmə'] *n* lato *n* • **in (the) summer** latem; **summer holidays** wakacje *pl* letnie.

summertime ['sʌmətaɪm] *n* lato *n*.

summit ['sʌmɪt] *n* [of mountain, meeting] szczyt *m*.

summon ['sʌmən] *vt* wzywać/wezwać.

sumptuous ['sʌmptʃʊəs] *adj* wspaniały; [meal] obfity.

sun [sʌn] <> *n* słońce *n*. <> *vt* : **to sun o.s.** wygrzewać się na słońcu • **to catch the sun** lekko się opalić; **in the sun** w słońcu; **out of the sun** zacieniony.

Sun. (*abbr of* Sunday) niedziela.

sunbathe ['sʌnbeɪð] *vi* opalać się.

sunbed ['sʌnbed] *n* [for tanning] łóżko *n* opalające; [for lounging] leżak *m*.

sun block *n* krem *m* przeciwsłoneczny.

sunburn ['sʌnbɜːn] *n* oparzenie *n* słoneczne.

sunburnt ['sʌnbɜːnt] *adj* spalony słońcem.

sundae ['sʌndeɪ] *n* deser *m* lodowy.

Sunday ['sʌndeɪ] *n* niedziela *f see also* Saturday.

Sunday school *n* szkółka *f* niedzielna.

sundress ['sʌndres] *n* letnia sukienka *f* bez rękawów.

sundries *npl* [on bill] wydatki *mpl* różne.

sunflower ['sʌnˌflaʊəʳ] *n* słonecznik *m*.

sunflower oil *n* olej *m* słonecznikowy.

sung [sʌŋ] *pt* ▷ sing.

sunglasses ['sʌnˌglɑːsɪz] *npl* okulary *pl* przeciwsłoneczne.

sunhat ['sʌnhæt] *n* kapelusz *m* od słońca.

sunk [sʌŋk] *pp* ▷ sink.

sunlight ['sʌnlaɪt] *n* światło *n* słoneczne.

sun lounger *n* [chair] leżak *m*.

sunny ['sʌnɪ] *adj* słoneczny.

sunrise ['sʌnraɪz] *n* wschód *m* słońca.

sunroof ['sʌnruːf] *n* szyberdach *m*.

sunscreen ['sʌnskriːn] *n* filtr *m* przeciwsłoneczny.

sunset ['sʌnset] *n* zachód *m* słońca.

sunshine ['sʌnʃaɪn] *n* słońce *n*
• **in the sunshine** w słońcu.

sunstroke ['sʌnstrəʊk] *n* porażenie *n* słoneczne.

suntan ['sʌntæn] *n* opalenizna *f*.

suntan cream *n* krem *m* do opalania.

suntan lotion *n* emulsja *f* do opalania.

super ['suːpəʳ] ◇ *adj* [wonderful] świetny. ◇ *n* [petrol] paliwo *n* wysokooktanowe.

superb [suːˈpɜːb] *adj* wspaniały.

superficial ['suːpəˈfɪʃl] *adj pej* [person] płytki; [wound] powierzchowny.

superfluous [suːˈpɜːfluəs] *adj* zbędny.

Superglue® ['suːpəgluː] *n* superklej *m*.

superior [suːˈpɪərɪəʳ] ◇ *adj* [in quality] lepszy; [in rank] wyższy. ◇ *n* przełożony *m*, przełożona *f*.

supermarket ['suːpəˌmɑːkɪt] *n* supermarket *m*.

supernatural ['suːpəˈnætʃrəl] *adj* nadprzyrodzony.

Super Saver® *n UK* [rail ticket] *zniżkowy bilet kolejowy, sprzedawany z dużym wyprzedzeniem*.

superstitious ['suːpəˈstɪʃəs] *adj* przesądny.

superstore ['suːpəstɔːʳ] *n* hipermarket *m*.

supervise ['suːpəvaɪz] *vt* nadzorować.

supervisor ['suːpəvaɪzəʳ] *n* [of workers] kierownik *m*, kierowniczka *f*.

supper ['sʌpəʳ] *n* [evening meal] kolacja *f*.

supple ['sʌpl] *adj* gibki.

supplement ◇ *n* ['sʌplɪmənt] [of magazine] dodatek *m*; [extra charge] dopłata *f*; [of diet] uzupełnienie *n*. ◇ *vt* ['sʌplɪment] uzupełniać/uzupełnić.

supplementary ['sʌplɪˈmentərɪ] *adj* dodatkowy.

supply ◇ *n* [store] zapas *m*;

[providing] dostarczanie *n*. ◇ *vt* dostarczać/dostarczyć • **to supply sb with sthg** zaopatrzyć kogoś w coś. ◆ **supplies** ◇ *npl* zaopatrzenie *n*.

support [sə'pɔːt] ◇ *n* [for cause, candidate] poparcie *n*; [supporting object] podpora *f*; [encouragement] wsparcie *n*. ◇ *vt* [cause] popierać/poprzeć; [campaign, person] wspierać/wesprzeć; SPORT kibicować; [hold up, finance] utrzymywać/utrzymać; [financially] utrzymywać/utrzymać.

supporter [sə'pɔːtəʳ] *n* SPORT kibic *m*; [of cause, political party] zwolennik *m*, zwolenniczka *f*.

suppose [sə'pəʊz] ◇ *vt* [assume] zakładać/założyć; [think] sądzić. ◇ *conj* = **supposing** • **I suppose so** chyba tak; **to be supposed to do sthg** mieć coś do zrobienia; **supposed to be the best in London** podobno najlepszy w Londynie.

supposing [sə'pəʊzɪŋ] *conj* przypuśćmy, że.

supreme [sʊ'priːm] *adj* [great] najwyższy.

surcharge ['sɜːtʃɑːdʒ] *n* dopłata *f*.

sure [ʃʊəʳ] ◇ *adj* pewny. ◇ *adv inf* [yes] pewnie; *US inf* [certainly] rzeczywiście • **to be sure of o.s.** być pewnym siebie; **to make sure (that)** ... upewnić się, (że) ...; **for sure** na pewno.

surely ['ʃʊəlɪ] *adv* [for emphasis] z pewnością.

surf [sɜːf] ◇ *n* piana *f* morska. ◇ *vi* surfować.

surface ['sɜːfɪs] *n* powierzchnia *f* • **'temporary road surface'** tymczasowa nawierzchnia *f* drogi.

surface area *n* powierzchnia *f*.

surface mail *n* poczta *f* lądowa.

surfboard ['sɜːfbɔːd] *n* deska *f* surfingowa.

surfing ['sɜːfɪŋ] *n* surfing *m* • **to go surfing** iść posurfować.

surgeon ['sɜːdʒən] *n* chirurg *m*.

surgery ['sɜːdʒərɪ] *n* [treatment] operacja *f*; *UK* [building] przychodnia *f*; *UK* [period] godziny *fpl* przyjęć.

surname ['sɜːneɪm] *n* nazwisko *n*.

surplus ['sɜːpləs] *n* nadwyżka *f*.

surprise [sə'praɪz] ◇ *n* [feeling] zaskoczenie *n*; [unexpected event] niespodzianka *f*. ◇ *vt* [astonish] zaskakiwać/zaskoczyć.

surprised [sə'praɪzd] *adj* zaskoczony.

surprising [sə'praɪzɪŋ] *adj* zaskakujący.

surrender [sə'rendəʳ] ◇ *vi* [admit defeat] poddawać/poddać się. ◇ *vt fml* [hand over] oddawać/oddać.

surround [sə'raʊnd] *vt* otaczać/otoczyć.

surrounding [sə'raʊndɪŋ] *adj* otaczający. ◆ **surroundings** *npl* otoczenie *n*.

survey *n* ['sɜːveɪ] [investigation] badanie *n*; [poll] sondaż *m*; [of land] mapa *f* topograficzna; *UK* [of house] inspekcja *f*.

surveyor [sə'veɪəʳ] *n* *UK* [of houses] rzeczoznawca *m*, rzeczoznawczyni *f*; [of land] mierniczy *m*, miernicza *f*.

survival [sə'vaɪvl] *n* przeżycie *n*.

survive [sə'vaɪv] ◇ *vi* [remain alive] przeżyć; [cope] przetrwać. ◇ *vt* [crash, fire, storm *etc*] przeżyć.

survivor [sə'vaɪvəʳ] *n* osoba *f* ocalała.

suspect ◇ *vt* [sə'spekt] podejrzewać. ◇ *n* ['sʌspekt] podej-

rzany *m*, podejrzana *f.* <> *adj* ['sʌspekt] podejrzany • **to suspect sb of sthg** podejrzewać kogoś o coś.

suspend [sə'spend] *vt* zawieszać/ zawiesić.

suspender belt *n* pas *m* do pończoch.

suspenders *npl UK* [for stockings] podwiązki *fpl*; *US* [for trousers] szelki *fpl*.

suspense [sə'spens] *n* napięcie *n.*

suspension [sə'spenʃn] *n* zawie- szenie *n.*

suspicion [sə'spɪʃn] *n* [mistrust] podejrzliwość *f*; [idea] podejrze- nie *n*; [trace] odrobina *f.*

suspicious [sə'spɪʃəs] *adj* [beha- viour, situation] podejrzany • **to be suspicious (of)** [distrustful] odnosić się podejrzliwie (do).

SW (*abbr of* **short wave**) fale *fpl* krótkie.

swallow ['swɒləʊ] <> *n* [bird] jaskółka *f.* <> *vt* połykać/po- łknąć. <> *vi* przełykać/prze- łknąć.

swam [swæm] *pt* ▷ swim.

swamp [swɒmp] *n* bagno *n.*

swan [swɒn] *n* łabędź *m.*

swap [swɒp] *vt* [possessions, places] zamieniać/zamienić się; [ideas, stories] wymieniać/wymie- nić się • **to swap sthg for sthg** zamienić coś na coś.

swarm [swɔːm] *n* [of bees] rój *m.*

swear [sweəʳ] (*pt* **swore**, *pp* **sworn**) <> *vi* [use rude language] przeklinać/przekląć; [promise] przysięgać/przysiąc. <> *vt* : **to swear to do sthg** przysiąc coś zrobić.

swearword ['sweəwɜːd] *n* prze- kleństwo *n.*

sweat [swet] <> *n* pot *m.* <> *vi* pocić/spocić się.

sweater ['swetəʳ] *n* sweter *m.*

sweat pants *n US* spodnie *pl* dresowe.

sweatshirt ['swetʃɜːt] *n* bluza *f* sportowa.

swede *n UK* brukiew *f.*

Swede *n* Szwed *m*, -ka *f.*

Sweden ['swiːdn] *n* Szwecja *f.*

Swedish ['swiːdɪʃ] <> *adj* szwedz- ki. <> *n* [language] szwedzki *m.* <> *npl* : **the Swedish** Szwedzi *mpl.*

sweep [swiːp] (*pt & pp* **swept** [swept]) *vt* [with brush, broom] zamiatać/zamieść.

sweet [swiːt] <> *adj* słodki; [per- son, nature] uroczy. <> *n UK* [candy] cukierek *m*; [dessert] deser *m.*

sweet-and-sour *adj* słodko- -kwaśny.

sweet corn *n* kukurydza *f* (słod- ka).

sweetener ['swiːtnəʳ] *n* [for drink] słodzik *m.*

sweet potato *n* patat *m.*

sweet shop *n UK* sklep *m* ze słodyczami.

swell [swel] (*pp* **swollen**) *vi* [ankle, arm *etc*] puchnąć/spuchnąć.

swelling ['swelɪŋ] *n* opuchlizna *f.*

swept [swept] *pt & pp* ▷ sweep.

swerve [swɜːv] *vi* [vehicle] gwał- townie skręcać/skręcić.

swig [swɪg] *n inf* łyk *m.*

swim [swɪm] (*pt* **swam**, *pp* **swum**) <> *n* : **to go for a swim** pójść popływać. <> *vi* [in water] pły- wać.

swimmer ['swɪməʳ] *n* pływak *m*, pływaczka *f.*

swimming ['swimiŋ] *n* pływanie *n* • **to go swimming** iść popływać.

swimming baths *npl UK* basen *m*.

swimming cap *n* czepek *m* kąpielowy.

swimming costume *n UK* kostium *m* kąpielowy.

swimming pool *n* basen *m*.

swimming trunks *npl* kąpielówki *pl*.

swimsuit ['swimsu:t] *n* kostium *m* kąpielowy.

swindle ['swindl] *n* oszustwo *n*.

swing [swiŋ] *(pt & pp* **swung)** <> *n* [for children] huśtawka *f*. <> *vt* [move from side to side] huśtać/rozhuśtać. <> *vi* [move from side to side] huśtać/rozhuśtać się.

swipe [swaip] *vt* [electronically] przeciągać/przeciągnąć.

Swiss [swis] <> *adj* szwajcarski. <> *n* [person] Szwajcar *m*, -ka *f*. <> *npl* : **the Swiss** Szwajcarzy *mpl*.

Swiss cheese *n* ser *m* szwajcarski.

swiss roll *n* rolada *f* biszkoptowa.

switch [switʃ] <> *n* [for light, television, power] włącznik *m*. <> *vt* [change] zmieniać/zmienić; [exchange] zamieniać/zamienić się. <> *vi* zamieniać/zamienić się. ➡ **switch off** <> *vt sep* [light, radio, engine] wyłączać/wyłączyć. ➡ **switch on** <> *vt sep* [light, radio, engine] włączać/włączyć.

Switch® [switʃ] *n UK* ≃ Maestro®.

switchboard ['switʃbɔ:d] *n* centrala *f* (telefoniczna).

Switzerland ['switsələnd] *n* Szwajcaria *f*.

swivel ['swivl] *vi* obracać/obrócić się.

swollen ['swəuln] <> *pp* ▷ **swell**. <> *adj* [ankle, arm *etc*] spuchnięty.

swop [swɒp] = **swap**.

sword [sɔ:d] *n* miecz *m*.

swordfish ['sɔ:dfiʃ] *(pl)* *n* miecznik *m*.

swore [swɔ:ʳ] *pt* ▷ **swear**.

sworn [swɔ:n] *pp* ▷ **swear**.

swum [swʌm] *pp* ▷ **swim**.

swung [swʌŋ] *pt & pp* ▷ **swing**.

syllable ['siləbl] *n* sylaba *f*.

syllabus ['siləbəs] *n* program *m* nauczania.

symbol ['simbl] *n* symbol *m*.

sympathetic ['simpə'θetik] *adj* [understanding] pełen zrozumienia.

sympathize ['simpəθaiz] *vi* : **to sympathize (with)** [feel sorry] współczuć; [understand] rozumieć.

sympathy ['simpəθi] *n* [understanding] zrozumienie *n*.

symphony ['simfəni] *n* symfonia *f*.

symptom ['simptəm] *n* objaw *m*.

synagogue ['sinəgɒg] *n* synagoga *f*.

synthesizer ['sinθəsaizəʳ] *n* syntezator *m*.

synthetic [sin'θetik] *adj* syntetyczny.

syringe [si'rindʒ] *n* strzykawka *f*.

syrup ['sirəp] *n* syrop *m*.

system ['sistəm] *n* system *m*; [for gas, heating *etc*] instalacja *f*; [hi-fi] aparatura *f*.

T

ta [tɑ:] *excl UK inf* dzięki!

tab [tæb] *n* [of cloth, paper *etc*] etykietka *f*; [bill] rachunek *m* • **put it on my tab** proszę dopisać to do mojego rachunku.

table ['teɪbl] *n* [piece of furniture] stół *m*; [of figures *etc*] tabela *f*.

tablecloth ['teɪblklɒθ] *n* obrus *m*.

table mat *n* podkładka *f*.

tablespoon ['teɪblspu:n] *n* łyżka *f* stołowa.

tablet ['tæblɪt] *n* [pill] tabletka *f*; [of chocolate] tabliczka *f*; [of soap] kostka *f*.

table tennis *n* tenis *m* stołowy.

table wine *n* wino *n* stołowe.

tabloid ['tæblɔɪd] *n* [newspaper] brukowiec *n*.

tack [tæk] *n* [nail] mały gwóźdź *m*.

tackle ['tækl] <> *n* SPORT blokowanie *n*; [for fishing] sprzęt *m* wędkarski. <> *vt* SPORT blokować/zablokować; [deal with] brać/wziąć się do czegoś.

tacky ['tækɪ] *adj inf* [jewellery, design *etc*] kiczowaty.

taco ['tækəʊ] (*pl* -s) *n* taco *n*.

tact [tækt] *n* takt *m*.

tactful ['tæktfʊl] *adj* taktowny.

tactics ['tæktɪks] *npl* taktyka *f*.

tag [tæg] *n* [label] metka *f*.

tagliatelle *n* makaron *m* wstążki.

tail [teɪl] *n* ogon *m*. ◆ **tails** *n* [of coin] reszka *f*, <> *npl* [formal dress] frak *m*.

tailgate ['teɪlɡeɪt] *n* [of car] klapa *f* tylna.

tailor ['teɪlə'] *n* krawiec *m*, krawcowa *f*.

Taiwan ['taɪ'wɑ:n] *n* Taiwan *m*.

take [teɪk] (*pt* took, *pp* taken) *vt* -1. [carry] zabierać/zabrać. -2. [hold, grasp] brać/wziąć. -3. [do, make] : **to take a bath/shower** wziąć kąpiel/prysznic; **to take an exam** zdawać egzamin; **to take a photo** zrobić zdjęcie; **to take a walk** przejść się; **to take a decision** podjąć decyzję. -4. [drive] podwozić/podwieźć. -5. [require] wymagać ; **how long will it take?** jak dużo czasu to zajmie?; **the flight only takes an hour** lot trwa tylko godzinę. -6. [steal] ukraść. -7. [train, taxi, bus] jechać/pojechać; [plane] lecieć/polecieć. -8. [route, path, road] wybierać/wybrać. -9. [medicine] brać/wziąć. -10. [size in clothes, shoes] nosić : **what size do you take?** jaki rozmiar Pan/Pani nosi? -11. [subtract] odejmować/odjąć. -12. [accept] przyjmować/przyjąć ; **do you take traveller's cheques** czy przyjmują Państwo czeki podróżne?; **to take sb's advice** przyjąć czyjąś radę. -13. [contain] mieścić/pomieścić. -14. [react to] reagować/zareagować. -15. [control, power] obejmować/objąć ; **to take charge (of sthg)** wziąć odpowiedzialność (za coś). -16. [tolerate] znosić/znieść. -17. [attitude] : **to take an interest in sthg** interesować się czymś; **to take a different view** mieć odmienny pogląd. -18. [assume] : **I take it that ...** zakładam, że... -19. [temperature, pulse] mierzyć/zmierzyć. -20. [rent] wynajmować/wynająć. ◆ **take apart** *vt sep* [dismantle] rozbierać/rozebrać. ◆ **take away** *vt*

sep [remove] zabierać/zabrać; [subtract] odejmować/odjąć. **take back** *vt sep* [return goods] zwracać/zwrócić; [person] odwozić/odwieźć; [accept] przyjmować/przyjąć; [statement] odwoływać/odwołać. **take down** *vt sep* [picture, decorations, curtains] zdejmować/zdjąć. **take in** *vt sep* [include] obejmować/objąć; [understand] pojmować/pojąć; [deceive] oszukiwać/oszukać; [clothes] zwężać/zwęzić. **take off** *vi* [plane] startować/wystartować. *vt sep* [remove] zdejmować/zdjąć; [as holiday] wziąć wolne. **take out** *vt sep* [from container, pocket] wyjmować/wyjąć; [library book] wypożyczać/wypożyczyć; [loan, insurance policy] uzyskać; [go out with] zabierać/zabrać. **take over** *vi* [take control] : **can you-take** możesz mnie zmienić?; [in job] przejmować/przejąć obowiązki. **take up** *vt sep* [begin] zabierać/zabrać się za, zainteresować się; [use up] zajmować/zająć; [trousers, skirt, dress] skracać/skrócić.

takeaway ['teɪkəˈweɪ] *n UK* [shop] *sklep sprzedający gotowe jedzenie na wynos*; [food] danie *n* na wynos.

taken ['teɪkən] *pp* ⊳ **take**.

takeoff ['teɪkɒf] *n* [of plane] start *m*.

takeout *US* = **takeaway**.

takings *npl* wpływy *mpl* kasowe.

talcum powder ['tælkəm-] *n* talk *m*.

tale [teɪl] *n* [story] opowiadanie *n*; [account] historia *f*.

talent ['tælənt] *n* talent *m*.

talk [tɔ:k] ⋄ *n* [conversation] rozmowa *f*; [speech] pogadanka *f*. ⋄ *vi* [speak] mówić • **to talk to sb (about sthg)** rozmawiać z

kimś (o czymś); **to talk with sb** rozmawiać z kimś. **talks** ⋄ *npl* rozmowy *fpl*.

talkative ['tɔ:kətɪv] *adj* gadatliwy.

tall [tɔ:l] *adj* wysoki • **how tall are you?** ile masz wzrostu?; **I'm 1.70 m tall** mam 1,70 wzrostu.

tame [teɪm] *adj* [animal] oswojony.

tampon ['tæmpɒn] *n* tampon *m*.

tan [tæn] ⋄ *n* [suntan] opalenizna *f*. ⋄ *vi* opalać/opalić się. ⋄ *adj* [colour] jasnobrązowy.

tangerine ['tændʒəˈri:n] *n* mandarynka *f*.

tank [tæŋk] *n* [container] zbiornik *m*; [vehicle] czołg *m*.

tanker ['tæŋkəʳ] *n* [truck] cysterna *f*.

tanned [tænd] *adj* [suntanned] opalony.

tap [tæp] ⋄ *n* [for water] kran *m*. ⋄ *vt* [hit] stukać/stuknąć.

tape [teɪp] ⋄ *n* taśma *f*; [adhesive material] taśma *f* klejąca; [cassette, video] kaseta *f*. ⋄ *vt* [record] nagrywać/nagrać; [stick] zaklejać/zakleić taśmą.

tape measure *n* [dressmaker's] centymetr *m*; [builder's] taśma *f* miernicza.

tape recorder *n* magnetofon *m*.

tapestry ['tæpɪstrɪ] *n* gobelin *m*.

tap water *n* woda *f* z kranu.

tar [tɑ:ʳ] *n* [for roads] smoła *f*; [in cigarettes] substancje *fpl* smoliste.

target ['tɑ:gɪt] *n* [in archery, shooting] tarcza *f*; MIL cel *m*.

tariff ['tærɪf] *n* [price list] cennik *m*; *UK* [menu] menu *n*; [at customs] taryfa *f* celna.

tarmac ['tɑ:mæk] *n* [at airport] pas

m kołowania. ➤ **Tarmac**® *n*
[on road] asfalt *m*.

tarpaulin [tɑːˈpɔːlɪn] *n* plandeka
f.

tart [tɑːt] *n* [sweet] tarta *f*.

tartan [ˈtɑːtn] *n* [design] szkocka
krata *f*; [cloth] tartan *m*.

tartare sauce [ˈtɑːtə-] *n* sos *m*
tatarski.

task [tɑːsk] *n* zadanie *n*.

taste [teɪst] ◇ *n* smak *m*; [dis-
cernment] gust *m*. ◇ *vt* [sample]
próbować/spróbować; [detect]
czuć smak. ◇ *vi* : **to taste of
sthg** smakować jak coś; **it tastes
good/bad** dobrze/źle smakuje
● **to have a taste of sthg** *lit & fig*
skosztować czegoś.

tasteful [ˈteɪstfʊl] *adj* gustowny.

tasteless [ˈteɪstlɪs] *adj* [food] bez
smaku; [comment, decoration] w
złym guście.

tasty [ˈteɪstɪ] *adj* smaczny.

tattoo [təˈtuː] (*pl* -s) *n* [on skin]
tatuaż *m*; [military display] cap-
strzyk *m*.

taught [tɔːt] *pt & pp* ▷ **teach**.

Taurus [ˈtɔːrəs] *n* Byk *m*.

taut [tɔːt] *adj* napięty.

tax [tæks] ◇ *n* [on income, import, goods] podatek *m*. ◇ *vt*
[goods, person] opodatkowywać/
opodatkować.

tax disc *n* UK *naklejka poświad-
czająca zapłatę podatku drogowego*.

tax-free *adj* wolny od podatku.

taxi [ˈtæksɪ] ◇ *n* taksówka *f*.
◇ *vi* [plane] kołować.

taxi driver *n* taksówkarz *m*,
taksówkarka *f*.

taxi rank *n* UK postój *m* taksówek.

taxi stand US = **taxi rank**.

T-bone steak *n stek z polędwicy z
kością w kształcie litery T*.

tea [tiː] *n* herbata *f*; [herbal]
herbata *f* ziołowa; [afternoon
meal] podwieczorek *m*; [evening
meal] kolacja *f*.

tea bag *n* torebka *f* herbaty.

teacake [ˈtiːkeɪk] *n* bułeczka *f* z
rodzynkami.

teach [tiːtʃ] (*pt & pp* taught[tɔːt])
◇ *vt* uczyć/nauczyć. ◇ *vi*
uczyć ● **to teach sb sthg, to
teach sthg to sb** uczyć kogoś
czegoś; **to teach sb (how) to do
sthg** nauczyć kogoś (jak) coś
robić.

teacher [ˈtiːtʃəʳ] *n* nauczyciel
m, -ka *f*.

teaching [ˈtiːtʃɪŋ] *n* [profession]
zawód *m* nauczyciela; [of subject]
nauczanie *n*.

tea cloth = **tea towel**.

teacup [ˈtiːkʌp] *n* filiżanka *f (do
herbaty)*.

team [tiːm] *n* SPORT drużyna *f*;
[group] zespół *m*.

teapot [ˈtiːpɒt] *n* dzbanek *m* do
herbaty.

tear[1] (*pt* tore, *pp* torn) ◇ *vt*
[rip] drzeć/podrzeć. ◇ *vi* [rip]
drzeć/podrzeć się; [move quickly]
gnać/pognać. ◇ *n* [rip] rozdarcie *n*. ➤ **tear up** ◇ *vt sep*
drzeć/podrzeć.

tear[2] *n* łza *f*.

tearoom [ˈtiːrʊm] *n* herbaciarnia
f.

tease [tiːz] *vt* [person] dokuczać/
dokuczyć.

tea set *n* serwis *m* do herbaty.

teaspoon [ˈtiːspuːn] *n* [utensil]
łyżeczka *f* do herbaty; [amount]
= **teaspoonful**.

teaspoonful [ˈtiːspuːnˈfʊl] *n* łyżeczka *f* do herbaty.

teat [ti:t] *n* [of animal] dójka *f*; *UK* [of bottle] smoczek *m*.

teatime ['ti:taɪm] *n* pora *f* podwieczorku.

tea towel *n* ścierka *f* do naczyń.

technical ['teknɪkl] *adj* [mechanical, industrial] techniczny; [point, reason] formalny.

technical drawing *n* rysunek *m* techniczny.

technicality ['teknɪ'kælətɪ] *n* [specific detail] szczegół *m* techniczny; [point of law] szczegół *m* formalny.

technician [tek'nɪʃn] *n* technik *m*.

technique [tek'ni:k] *n* technika *f*.

technological ['teknə'lɒdʒɪkl] *adj* technologiczny.

technology [tek'nɒlədʒɪ] *n* technologia *f*.

teddy (bear) *n* miś *m* pluszowy.

tedious ['ti:djəs] *adj* nużący.

tee [ti:] *n* [peg] podkładka *f*; [area] rzutnia *f*.

teenager ['ti:n'eɪdʒəʳ] *n* nastolatek *m*, nastolatka *f*.

teeth [ti:θ] *pl* ⊳ tooth.

teethe [ti:ð] *vi* : to be teething ząbkować.

teetotal [ti:'təʊtl] *adj* niepijący.

telebanking ['telɪbæŋkɪŋ] ['telɪ'bæŋkɪŋ] *n* bankowość *f* telefoniczna.

teleconference ['telɪ'kɒnfərəns] ['telɪ'kɒnfərəns] *n* telekonferencja *f*.

telegram ['telɪgræm] *n* telegram *m*.

telegraph ['telɪgrɑ:f] ⋄ *n* [system] telegraf *m*. ⋄ *vt* telegrafować/przetelegrafować.

telegraph pole *n* słup *m* telegraficzny.

telephone ['telɪfəʊn] ⋄ *n* telefon *m*. ⋄ *vt* [person, place] dzwonić/zadzwonić do. ⋄ *vi* dzwonić/zadzwonić • to be on the telephone [talking] rozmawiać przez telefon; [connected] mieć telefon.

telephone booth *n* budka *f* telefoniczna.

telephone box *n* budka *f* telefoniczna.

telephone call *n* rozmowa *f* telefoniczna.

telephone directory *n* książka *f* telefoniczna.

telephone number *n* numer *m* telefonu.

telephonist [tɪ'lefənɪst] *n* *UK* telefonista *m*, telefonistka *f*.

telephoto lens ['telɪ'fəʊtəʊ-] *n* teleobiektyw *m*.

telescope ['telɪskəʊp] *n* teleskop *m*.

television ['telɪ'vɪʒn] *n* telewizja *f*; [set] telewizor *m* • on (the) television [broadcast] w telewizji.

teleworking ['telɪ'wɜ:kɪŋ] *n* telepraca *f*.

telex ['teleks] *n* [message] teleks *m*.

tell [tel] (*pt&pp* told [təʊld]) ⋄ *vt* mówić/powiedzieć; [story, joke] opowiadać/opowiedzieć; [distinguish] widzieć. ⋄ *vi* [know] zauważyć • can you tell me the time? czy możesz mi powiedzieć, która jest godzina?; to tell sb sthg powiedzieć coś komuś; to tell sb about sthg powiedzieć komuś o czymś; to tell sb how to do sthg powiedzieć komuś, jak coś należy zrobić; to tell sb to do sthg powiedzieć komuś, żeby coś zrobił. ⬥ tell off ⋄ *vt sep* ganić/zganić.

teller ['telə'] *n* [in bank] kasjer *m*, -ka *f*.

telly ['telɪ] *n UK inf* telewizja *f*.

temp [temp] <> *n* pracownik *m* tymczasowy, pracowniczka *f* tymczasowa. <> *vi* pracować dorywczo.

temper ['tempə'] *n* : **to be in a temper** być złym; **to lose one's temper** wpadać w złość.

temperature ['temprətʃə'] *n* temperatura *f* • **to have a temperature** mieć temperaturę.

temple ['templ] *n* [building] świątynia *f*; [of forehead] skroń *f*.

temporary ['tempərərɪ] *adj* tymczasowy.

tempt [tempt] *vt* kusić • **to be tempted to do sthg** mieć ochotę coś zrobić.

temptation [temp'teɪʃn] *n* [state] kuszenie *n*; [tempting thing] pokusa *f*.

tempting ['temptɪŋ] *adj* kuszący.

ten [ten] *num* dziesięć.

tenant ['tenənt] *n* lokator *m*, -ka *f*.

tend [tend] *vi* : **to tend to do sthg** mieć skłonność do robienia czegoś.

tendency ['tendənsɪ] *n* tendencja *f*.

tender ['tendə'] <> *adj* [affectionate] czuły; [sore] wrażliwy; [meat] kruchy. <> *n* [offer] oferta *f* przetargowa. <> *vt fml* [pay] przekazywać/przekazać.

tendon ['tendən] *n* ścięgno *n*.

tenement ['tenəmənt] *n* [building] kamienica *f* czynszowa.

tennis ['tenɪs] *n* tenis *m*.

tennis ball *n* piłka *f* tenisowa.

tennis court *n* kort *m* tenisowy.

tennis racket *n* rakieta *f* tenisowa.

tenpin bowling ['tenpɪn-] *n UK* kręgle *pl*.

tenpins ['tenpɪnz] *US* = **tenpin bowling**.

tense [tens] <> *adj* [person] spięty; [situation, muscles] napięty. <> *n* GRAMM czas *m*.

tension ['tenʃn] *n* napięcie *n*.

tent [tent] *n* [for camping] namiot *m*.

tenth [tenθ] *num* dziesiąty; ▷ **sixth**.

tent peg *n* śledź *m*.

tepid ['tepɪd] *adj* [water] letni.

tequila [tɪ'kiːlə] *n* tequila *f*.

term [tɜːm] *n* [word, expression] określenie *n*; [at school, university] trymestr *m* • **in the long term** na dłuższą metę; **in the short term** na krótką metę; **in terms of** pod względem; **in business terms** w ujęciu biznesowym. ➡ **terms** *npl* [of contract] warunki *mpl*; [price] warunki *mpl* płatności.

terminal ['tɜːmɪnl] <> *adj* [illness] nieuleczalny. <> *n* terminal *m*; [for buses] zajezdnia *f*.

terminate ['tɜːmɪneɪt] *vi* [train, bus] kończyć/skończyć bieg.

terminus ['tɜːmɪnəs] *n* przystanek *m* końcowy.

terrace ['terəs] *n* [patio] taras *m* • **the terraces** [at football ground] trybuny *fpl*.

terraced house *n UK* segment *m* (*w szeregowcu*).

terrible ['terəbl] *adj* okropny; [very ill] : **to feel terrible** strasznie się czuć.

terribly ['terəblɪ] *adv* [extremely] strasznie; [very badly] okropnie.

terrier ['teriəʳ] *n* terier *m*.

terrific [tə'rɪfɪk] *adj inf* [very good] wspaniały; [very great] ogromny.

terrified ['terɪfaɪd] *adj* przerażony.

territory ['terətrɪ] *n* [political area] terytorium *m*; [terrain] teren *m*.

terror ['terəʳ] *n* [fear] przerażenie *n*.

terrorism ['terərɪzm] *n* terroryzm *m*.

terrorist ['terərɪst] *n* terrorysta *m*, terrorystka *f*.

terrorize ['terəraɪz] *vt* terroryzować/sterroryzować.

test [test] <> *n* [exam] egzamin *m*; [check] test *m*; MED badanie *n*. <> *vt* [check] testować/przetestować; [give exam to] egzaminować/przeegzaminować; [dish, drink] próbować/wypróbować.

testicles *npl* jądra *npl*.

tetanus ['tetənəs] *n* tężec *m*.

text [tekst] *n* [written material] tekst *m*; [textbook] podręcznik *m*.

textbook ['tekstbʊk] *n* podręcznik *m*.

textile ['tekstaɪl] *n* tkanina *f*.

texture ['tekstʃəʳ] *n* faktura *f*.

Thai [taɪ] *adj* tajski.

Thailand ['taɪlænd] *n* Tajlandia *f*.

Thames [temz] *n* : the Thames Tamiza *f*.

than *prep* & *conj* niż • you're better than me jesteś lepszy ode mnie; **I'd rather stay in than go out** wolałbym zostać, niż wychodzić; **more than ten** więcej niż dziesięć.

thank [θæŋk] *vt* : to thank sb (for sthg) dziękować komuś (za coś). ▪ **thanks** *npl* podziękowania *npl*. *excl* dziękuję! • thank to

dzięki; **many thank** wielkie dzięki.

Thanksgiving ['θæŋks'gɪvɪŋ] *n* Święto *n* Dziękczynienia.

thank you *excl* dziękuję! • thank you very much! dziękuję bardzo!; **no thank you!** nie, dziękuję!

that [ðæt] (*pl* those[ðəʊz]) <> *adj* -1. [referring to thing, person mentioned] ten ; **those chocolates are delicious** te czekoladki są pyszne. -2. [referring to thing, person further away] tamten ; **I prefer that book** wolę tamtą książkę; **I'll have that one** wezmę tamtą. <> *pron* -1. [referring to thing, person mentioned] to ; **who's that?** kto to jest؟; **is that Lucy?** czy to jest Lucy؟; **what's that?** co to jest؟; **that's interesting** to ciekawe. -2. [referring to thing, person further away] tamten. -3. [introducing relative clause: subject] który ; **a shop that sells antiques** sklep z antykami. -4. [introducing relative clause: object] który ; **the film that I saw** film, który widziałem. -5. [introducing relative clause: with prep] który. <> *adv* aż tak. <> *conj* że • it wasn't that bad/good to nie było aż tak złe/dobre; **tell him that I'm going to be late** powiedz mu, że się spóźnię.

thatched [θætʃt] *adj* pokryty strzechą.

that's = that is.

thaw [θɔː] <> *vi* [snow, ice] roztapiać/roztopić się. <> *vt* [frozen food] rozmrażać/rozmrozić.

the *def art* -1. [generally] : **the book** książka; **the man** mężczyzna; **the girls** dziewczyny; **the Wilsons** Państwo Wilson; **to play the piano** grać na pianinie. -2. [with an adjective to form a noun]

: **the British** Brytyjczycy; **the young** młodzież; **the poor** biedni. **-3.** [in dates] : **the twelfth** dwunasty; **the forties** lata czterdzieste. **-4.** [in titles] : **Elizabeth the Second** Elżbieta druga.

theater *n US* [for plays, drama] = **theatre**; [for films] kino *n*.

theatre ['θɪətəʳ] *n* teatr *m*.

theft [θeft] *n* kradzież *f*.

their *adj* ich.

theirs [ðeəz] *pron* ich • **a friend of theirs** ich przyjaciel.

them *pron* ich • **I know them** znam ich; **it's them** to oni; **send it to them** wyślij im to; **tell them** powiedz im; **he's worse than them** jest gorszy od nich.

theme [θiːm] *n* temat *m*.

theme park *n* tematyczny park *m* rozrywki.

theme pub *n UK* pub *m* z tematem przewodnim.

themselves [ðəm'selvz] *pron* [reflexive] się; [after prep] : **they live by themselves in the country** mieszkają sami na wsi; **they built a house for themselves** zbudowali sobie dom; **they want a bathroom all to themselves** chcą łazienkę tylko dla siebie • **they did it themselves** sami to zrobili.

then [ðen] *adv* [at time in past] wtedy; [at time in future] : **I'll see you then** na razie; **it should be ready by then** powinno być gotowe do tego czasu; [next, afterwards] potem; [in that case] w takim razie • **from then on** od tego czasu; **until then** do tego czasu.

theory ['θɪərɪ] *n* [idea] teoria *f* • **in theory** w teorii.

therapist ['θerəpɪst] *n* terapeuta *m*, terapeutka *f*.

therapy ['θerəpɪ] *n* terapia *f*.

there <> *adv* tam. <> *pron* : **there is** jest; **there are** jest • **is Bob there, please?** [on phone] czy mogę rozmawiać z Bobem?; **over there** tam; **there you are** [when giving] proszę!

thereabouts ['ðeərəbaʊts] *adv* : **or thereabouts** albo coś koło tego.

therefore ['ðeəfɔːʳ] *adv* dlatego.

there's = **there is**.

thermal underwear *n* ciepła bielizna *f*.

thermometer [θə'mɒmɪtəʳ] *n* termometr *m*.

Thermos (flask)® *n* termos *m*.

thermostat ['θɜːməstæt] *n* termostat *m*.

these [ðiːz] *pl* ⊳ **this**.

they [ðeɪ] *pron* oni *mpl*, one *f*.

thick [θɪk] *adj* [in size] gruby; [dense] gęsty; *inf* [stupid] tępy • **it's one metre thick** ma metr grubości.

thicken ['θɪkn] <> *vt* [sauce, soup] zagęszczać/zagęścić. <> *vi* [mist, fog] gęstnieć/zgęstnieć.

thickness ['θɪknɪs] *n* grubość *f*.

thief [θiːf] (*pl* **thieves** [θiːvz]) *n* złodziej *m*, -ka *f*.

thigh [θaɪ] *n* udo *n*.

thimble ['θɪmbl] *n* naparstek *m*.

thin [θɪn] *adj* [in size] cienki; [not fat] chudy; [soup, sauce] rzadki.

thing [θɪŋ] *n* rzecz *f*; [matter] sprawa *f* • **the thing is** chodzi o to... ➔ **things** *npl* [clothes, possessions] rzeczy *fpl* • **how are thing?** *inf* jak sprawy się mają?

thingummyjig *n inf* jak mu tam.

think [θɪŋk] (*pt & pp* **thought** [θɔːt]) <> *vt* [believe] sądzić; [have in mind, expect] myśleć.

⋄ *vi* [reflect] myśleć/pomyśleć • **to think that** uważać, że; **to think about** [have in mind] myśleć o; [consider] pomyśleć o; **to think of** [have in mind] myśleć o; [consider] pomyśleć o; [invent] obmyślić; [remember] przypomnieć sobie; **to think of doing sthg** zastanawiać się nad zrobieniem czegoś; **I think so** chyba tak; **I don't think so** nie sądzę; **do you think you could ...?** czy mógłbyś...?; **to think highly of sb** mieć o kimś dobrą opinię. ➡ **think over** ⋄ *vt sep* rozważać/rozważyć. ➡ **think up** ⋄ *vt sep* wymyślać/wymyślić.

third [θɜːd] *num* trzeci; ▷ **sixth.**

third party insurance *n* ubezpieczenie *n* od odpowiedzialności cywilnej.

Third World *n* : **the Third World** Trzeci Świat *m*.

thirst [θɜːst] *n* pragnienie *n*.

thirsty ['θɜːstɪ] *adj* [for drink] spragniony.

thirteen ['θɜː'tiːn] *num* trzynaście; ▷ **six.**

thirteenth ['θɜː'tiːnθ] *num* trzynasty; ▷ **sixth.**

thirtieth ['θɜːtɪəθ] *num* trzydziesty; ▷ **sixth.**

thirty ['θɜːtɪ] *num* trzydzieści; ▷ **six.**

this [ðɪs] (*pl* **these** [ðiːz]) ⋄ *adj* **-1.** [referring to thing, person mentioned] ten ; **these chocolates are delicious** te czekoladki są pyszne; **this morning** dzisiaj rano; **this week** w tym tygodniu. **-2.** [referring to thing, person nearer] ten ; **I prefer this book** wolę tę książkę; **I'll have this one** wezmę ten. **-3.** *inf* [used when telling a story] taki jeden; [person] pewien. ⋄ *pron* **-1.** [referring to

thing, person mentioned] to ; **this is for you** to jest dla ciebie; **what are these?** co to jest?; **this is David Gregory** [introducing someone] to jest David Gregory; [on telephone] mówi David Gregory. **-2.** [referring to thing, person nearer] ten. ⋄ *adv* tak • **it was this big** to było takie duże.

thistle ['θɪsl] *n* oset *m*.

thorn [θɔːn] *n* kolec *m*.

thorough ['θʌrə] *adj* [check, search] gruntowny; [person] skrupulatny.

thoroughly ['θʌrəlɪ] *adv* [completely] zupełnie.

those [ðəʊz] *pl* ▷ **that.**

though [ðəʊ] ⋄ *conj* chociaż. ⋄ *adv* jednak • **even though** chociaż.

thought [θɔːt] ⋄ *pt & pp* ▷ **think.** ⋄ *n* [idea] pomysł *m*; [thinking] myśl *f*; [careful consideration] : **to give thought to sth** zastanawiać się nad czymś. ➡ **thoughts** ⋄ *npl* [opinion] przemyślenia *npl*.

thoughtful ['θɔːtfʊl] *adj* [quiet and serious] zamyślony; [considerate] życzliwy.

thoughtless ['θɔːtlɪs] *adj* bezmyślny.

thousand ['θaʊznd] *num* tysiąc • **a** OR **one thousand** tysiąc; **thousands of** tysiące.

thrash [θræʃ] *vt inf* [defeat heavily] pobić.

thread [θred] ⋄ *n* [of cotton *etc*] nić *f*. ⋄ *vt* [needle] nawlekać/nawlec.

threadbare ['θredbeər] *adj* wytarty.

threat [θret] *n* [to do harm] groźba *f*; [possibility] zagrożenie *n*.

threaten ['θretn] *vt* [person] gro-

zić/zagrozić • **to threaten to do sthg** grozić zrobieniem czegoś.

threatening ['θretnɪŋ] *adj* groźny.

three [θriː] *num* trzy ▷ **six**.

three-D *n* : **in three-D** w trójwymiarze.

three-piece suite *n* komplet *m* wypoczynkowy.

three-quarters *n* [fraction] trzyczwarte • **three-quarters of an hour** trzy kwadranse.

threshold ['θreʃhəʊld] *n fml* [of door] próg *m*.

threw [θruː] *pt* ▷ **throw**.

thrift shop *n* lumpeks *m*.

thrift store *n* *US* = **thrift shop**.

thrifty ['θrɪftɪ] *adj* oszczędny.

thrilled [θrɪld] *adj* zachwycony.

thriller ['θrɪlə'] *n* thriller *m*.

thrive [θraɪv] *vi* [person, plant, animal] dobrze się rozwijać; [business, tourism, place] kwitnąć.

throat [θrəʊt] *n* gardło *n*.

throb [θrɒb] *vi* [pain] pulsować; : **my head's throbbing** głowa mi pęka; [noise, engine] warczeć.

throne [θrəʊn] *n* [chair] tron *m*.

throttle ['θrɒtl] *n* [of motorbike] przepustnica *f*.

through [θruː] ◇ *prep* [to other side of, by means of] przez; [because of] dzięki; [from beginning to end of, throughout] przez cały. ◇ *adv* [to other side] na drugą stronę; [from beginning to end] do końca. ◇ *adj* : **to be through (with sthg)** [finished] skończyć z czymś; **you're through** [on phone] ma pani połączenie • **Monday through Thursday** *US* od poniedziałku do czwartku; **to let sb through** przepuścić kogoś; **through traf-**

fic ruch tranzytowy; **a through train** bezpośredni pociąg; '**no through road**' *UK* ślepa uliczka.

throughout [θruː'aʊt] ◇ *prep* [day, morning, year] przez cały; [place, country, building] w całym. ◇ *adv* [all the time] cały czas; [everywhere] wszędzie.

throw [θrəʊ] (*pt* **threw**, *pp* **thrown**) *vt* rzucać/rzucić; [a switch] włączać/włączyć • **to throw sthg in the bin** wyrzucić coś do kosza. ◆ **throw away** *vt sep* [get rid of] wyrzucać/wyrzucić. ◆ **throw out** *vt sep* [get rid of] wyrzucać/wyrzucić; [person] usuwać/usunąć. ◆ **throw up** *vi inf* [vomit] wymiotować/zwymiotować.

thru [θruː] *US* = **through**.

thrush [θrʌʃ] *n* [bird] drozd *m*.

thud [θʌd] *n* łomot *m*.

thug [θʌg] *n* zbir *m*.

thumb [θʌm] ◇ *n* kciuk *m*. ◇ *vt* : **to thumb a lift** łapać okazję.

thumbtack ['θʌmtæk] *n* *US* pinezka *f*.

thump [θʌmp] ◇ *n* [punch] uderzenie *n*; [sound] głuchy odgłos *m*. ◇ *vt* [punch] uderzać/uderzyć.

thunder ['θʌndə'] *n* grzmot *m*.

thunderstorm ['θʌndəstɔːm] *n* burza *f* z piorunami.

Thurs. (*abbr of* **Thursday**) czwartek *m*.

Thursday ['θɜːzdeɪ] *n* czwartek *m* *see also* **Saturday**.

thyme [taɪm] *n* tymianek *m*.

tick [tɪk] ◇ *n* [written mark] ptaszek *m*; [insect] kleszcz *m*. ◇ *vt* zaznaczać/zaznaczyć. ◇ *vi* [clock, watch] tykać.

tick off ⟨⟩ *vt sep* [mark off] odhaczać/odhaczyć.

ticket ['tıkıt] *n* [for travel, cinema, theatre, match] bilet *m*; [label] etykietka *f*; [speeding, parking ticket] mandat *m*.

ticket collector *n* [at barrier] bileter *m*, -ka *f*.

ticket inspector *n* [on train] konduktor *m*, -ka *f*.

ticket machine *n* automat *m* biletowy.

ticket office *n* [in station, cinema, theatre] kasa *f* biletowa.

tickle ['tıkl] ⟨⟩ *vt* łaskotać/połaskotać. ⟨⟩ *vi* łaskotać.

ticklish ['tıklıʃ] *adj* łaskotliwy.

tick-tack-toe *n* US gra *f* w kółko i krzyżyk.

tide [taıd] *n* [sea coming in] przypływ *m*; [going out] odpływ *m*.

tidy ['taıdı] *adj* [room, desk, papers] uporządkowany; [person, hair, clothes] schludny. **tidy up** *vt sep* sprzątać/posprzątać.

tie [taı] (*pt&pp* tied, *cont* tying) ⟨⟩ *n* [around neck] krawat *m*; [draw] remis *m*; US [on railway track] podkład *m*. ⟨⟩ *vt* [fasten] przywiązywać/przywiązać; [laces, knot] wiązać/zawiązać. ⟨⟩ *vi* [draw] remisować/zremisować. **tie up** ⟨⟩ *vt sep* [fasten] związywać/związać; [laces] wiązać/zawiązać; [delay] wstrzymywać/wstrzymać.

tiepin ['taıpın] *n* szpilka *f* do krawata.

tier [tıəʳ] *n* [of seats] rząd *m*.

tiger ['taıgəʳ] *n* tygrys *m*.

tight [taıt] ⟨⟩ *adj* [difficult to move] zaciśnięty; [clothes, shoes] ciasny; [rope, material, schedule] napięty; [bend, turn] ostry; *inf* [drunk] wstawiony. ⟨⟩ *adv* [hold] mocno • **a tight chest** ucisk w klatce piersiowej.

tighten ['taıtn] *vt* [knot, belt] zaciskać/zacisnąć; [rope, muscles] napinać/napiąć; [laws, control] zaostrzać/zaostrzyć.

tightrope ['taıtrəup] *n* lina *f (do akrobacji)*.

tights *npl* rajstopy *pl* • **a pair of tights** para *f* rajstop.

tile [taıl] *n* [for roof] dachówka *f*; [for floor, wall] kafelek *m*.

till [tıl] ⟨⟩ *n* [for money] kasa *f* sklepowa. ⟨⟩ *prep* do. ⟨⟩ *conj* aż.

tiller ['tıləʳ] *n* ster *m*.

tilt [tılt] ⟨⟩ *vt* przechylać/przechylić. ⟨⟩ *vi* przechylać/przechylić się.

timber ['tımbəʳ] *n* [wood] drewno *n*; [of roof] belka *f*.

time [taım] ⟨⟩ *n* czas *m*; [measured by clock] godzina *f*; [moment] moment *m*; [occasion] raz *m*. ⟨⟩ *vt* [measure] mierzyć/zmierzyć; [arrange] planować/zaplanować • **do you have the time, please?** czy może mi pan powiedzieć, która jest godzina?; **I haven't got the time** nie mam czasu; **it's time to go** czas na mnie; **what's the time?** która jest godzina?; **two times two** dwa razy dwa; **five times as much** pięć razy tyle; **in a month's time** za miesiąc; **to have a good time** dobrze się bawić; **all the time** cały czas; **every time** za każdym razem; **from time to time** od czasu do czasu; **for the time being** na razie; **in time** [arrive] na czas; **in good time** w porę; **last time** ostatnim razem; **most of the time** zwykle; **on time** punktualnie; **some of the time** czasami;

this time tym razem; **two at a time** dwa na raz.

time difference n różnica f czasu.

time limit n limit m czasowy.

timer ['taɪməʳ] n [machine] minutnik m.

time share n [house, flat] *dom lub mieszkanie, z którego współwłaściciele korzystają w różnych okresach czasu.*

timetable ['taɪm'teɪbl] n [of trains, buses, boats etc] rozkład m jazdy; SCH plan m lekcji; [of events] program m.

time zone n strefa f czasowa.

timid ['tɪmɪd] adj nieśmiały.

tin [tɪn] <> n [metal] cyna f; UK [packaging container] puszka f; [storage container] pudełko n metalowe. <> adj blaszany.

tinfoil ['tɪnfɔɪl] n folia f aluminiowa.

tinned food n UK jedzenie n z puszki.

tin opener n UK otwieracz m do puszek.

tinsel ['tɪnsl] n lameta f.

tint [tɪnt] n odcień m.

tinted glass n przyciemnione szkło n.

tiny ['taɪnɪ] adj malutki.

tip [tɪp] <> n [of pen, cigarette] końcówka f; [of sword] szpic m; [of fingers] koniuszek m; [to waiter, taxi driver etc] napiwek m; [piece of advice] rada f; [rubbish dump] wysypisko n. <> vt [waiter, taxi driver etc] dawać/dać napiwek; [tilt] przechylać/przechylić; [pour] wysypywać/wysypać. ◆ **tip over** <> vt sep przewracać/ przewrócić. <> vi wywracać/ wywrócić się.

tire <> vi męczyć/zmęczyć się. <> n US = **tyre**.

tired ['taɪəd] adj [sleepy] zmęczony • **to be tired of** [fed up with] mieć dosyć.

tired out adj wykończony.

tiring ['taɪərɪŋ] adj męczący.

tissue ['tɪʃuː] n [handkerchief] chusteczka f higieniczna.

tissue paper n bibułka f.

tit [tɪt] n vulg [breast] cycek m.

title ['taɪtl] n tytuł m.

T-junction n skrzyżowanie n *(w kształcie litery T).*

to <> prep -1. [indicating direction, position] do ; **to go to France** jechać do Francji; **to go to school** iść do szkoły; **to the left/right** po lewej/prawej stronie. -2. [expressing indirect object] : **to give sthg to sb** dać coś komuś; **to listen to the radio** słuchać radia; **to add sthg to sthg**. -3. [indicating reaction, effect] dla ; **to my surprise** ku mojemu zdziwieniu. -4. [until] do ; **to count to ten** liczyć do dziesięciu; **we work from nine to five** pracujemy od dziewiątej do piątej. -5. [in stating opinion] według. -6. [indicating change of state] : **it could lead to trouble** to może spowodować kłopoty; **to turn to sthg** zmienić się w coś; **it drove me to drink** zacząłem przez to pić. -7. UK [in expressions of time] za ; **it's ten to three** jest za dziesięć trzecia; **at quarter to seven** za piętnaście siódma. -8. [in ratios, rates] : **40 miles to the gallon** ≃ 7 litrów na 100 kilometrów : **eight francs to the pound** osiem franków za funta. -9. [of, for] : **the key to the car** klucz do samochodu; **a letter to my daughter** list do mojej córki;

the answer to question five odpowiedź na piąte pytanie; **assistant to the managing director** asystentka dyrektora generalnego. **-10.** [indicating attitude] dla ; **to be rude to sb** być nieuprzejmym dla kogoś. ⋄ **-1.** [forming simple infinitive] : **to walk** chodzić; **to laugh** śmiać się. **-2.** [following another verb] : **to begin to do sthg** zacząć coś robić; **to try to do sthg** próbować coś zrobić. **-3.** [following an adjective] : **difficult to do** trudny do zrobienia; **ready to go** gotowy do odejścia. **-4.** [indicating purpose] żeby ; **we came here to look at the castle** przyszliśmy tutaj, żeby popatrzeć na zamek.

toad [təʊd] n ropucha f.

toadstool ['təʊdstuːl] n grzyb m trujący.

toast [təʊst] ⋄ n [bread] grzanka f; [when drinking] toast m. ⋄ vt [bread] opiekać/opiec • **a piece** OR **slice of toast** grzanka f.

toasted sandwich n zapiekanka f.

toaster ['təʊstə'] n toster m.

toastie = toasted sandwich.

tobacco [tə'bækəʊ] n tytoń m.

tobacconist's n sklep m tytoniowy.

toboggan [tə'bɒgən] n sanki pl.

today [tə'deɪ] ⋄ n [current day] dzisiaj n. ⋄ adv [on current day] dzisiaj n; [these days] obecnie n.

toddler ['tɒdlə'] n dziecko n uczące się chodzić.

toe [təʊ] n [of person] palec m u nogi.

toe clip n [on bike] nosek m.

toenail ['təʊneɪl] n paznokieć m u nogi.

toffee ['tɒfɪ] n toffi n.

together [tə'geðə'] adv razem • **together with** razem z.

toilet ['tɔɪlɪt] n [room] toaleta f; [bowl] sedes m • **to go to the toilet** pójść do toalety; **where's the toilet?** gdzie są toalety⸮

toilet bag n kosmetyczka f.

toilet paper n papier m toaletowy.

toiletries ['tɔɪlɪtrɪz] npl przybory mpl toaletowe.

toilet roll n [paper] papier m toaletowy.

toilet water n woda f toaletowa.

token ['təʊkn] n [metal disc] żeton m.

told [təʊld] pt & pp ⊳ tell.

tolerable ['tɒlərəbl] adj znośny.

tolerant ['tɒlərənt] adj tolerancyjny.

tolerate ['tɒləreɪt] vt [put up with] znosić/znieść; [permit] tolerować.

toll [təʊl] n [for road, bridge] opłata f za przejazd.

tollbooth ['təʊlbuːθ] n punkt m pobierania opłat.

toll-free adj US bezpłatny.

tomato [UK tə'mɑːtəʊ, US tə'meɪtəʊ] (pl -es) n pomidor m.

tomato juice n sok m pomidorowy.

tomato ketchup n keczup m.

tomato puree n przecier m pomidorowy.

tomato sauce n sos m pomidorowy.

tomb [tuːm] n grobowiec m.

tomorrow [tə'mɒrəʊ] n & adv jutro n • **the day after tomorrow** pojutrze; **tomorrow afternoon** jutro po południu; **tomorrow**

morning jutro rano; **tomorrow night** jutro wieczorem.

ton [tʌn] *n* [in Britain] *1016 kg*; [in U.S.] *907,2 kg*; [metric tonne] **tona** *f* • **tons of** *inf* masa.

tone [təʊn] *n* ton *m*; [on phone] sygnał *m*.

toner ['təʊnəʳ] *n* [cosmetic] tonik *m*.

tongs [tɒŋz] *npl* [for hair] lokówka *f*; [for sugar] szczypce *pl*.

tongue [tʌŋ] *n* [organ] język *m*; [meat] ozorek *m*.

tonic ['tɒnɪk] *n* [tonic water] tonik *m*; [medicine] lek *m* tonizujący.

tonic water *n* tonik *m*.

tonight [tə'naɪt] ⬥ *n* [evening] dzisiejszy wieczór *m*; [later] dzisiejsza noc *f*. ⬥ *adv* [evening] dziś wieczorem; [later] dziś w nocy.

tonne [tʌn] *n* tona *f*.

tonsillitis ['tɒnsɪ'laɪtɪs] *n* zapalenie *n* migdałków.

too [tuː] *adv* [excessively] zbyt; [also] też • **it's not too good** to nie jest zbyt dobre; **it's too late to go out** jest za późno, żeby wyjść; **too many** zbyt wiele; **too much** zbyt dużo.

took [tʊk] *pt* ⊳ take.

tool [tuːl] *n* narzędzie *n*.

tool kit *n* zestaw *m* narzędzi.

tooth [tuːθ] (*pl* teeth) *n* ząb *m*.

toothache ['tuːθeɪk] *n* ból *m* zęba.

toothbrush ['tuːθbrʌʃ] *n* szczoteczka *f* do zębów.

toothpaste ['tuːθpeɪst] *n* pasta *f* do zębów.

toothpick ['tuːθpɪk] *n* wykałaczka *f*.

top [tɒp] ⬥ *adj* [highest] najwyższy; [best, most important] najlep-

szy. ⬥ *n* [of table] blat *m*; [of class] prymus *m*; [of league] czoło *n*; [of pen] zatyczka *f*; [of bottle, tube] zakrętka *f*; [of jar, box] wieczko *n*; [of street, road] koniec *m*; [garment] top *m* • **at the top (of)** [stairway, pile, scale] na szczycie; [list, page] u góry; **on top of** [on highest part of] na; [of hill, mountain] na szczycie; [in addition to] na dodatek; **at top speed** z największą prędkością; **top gear** najwyższy bieg. ⬤ **top up** ⬥ *vt sep* [glass, drink] dolewać/dolać do. ⬥ *vi* [with petrol] dolewać/dolać.

top floor *n* ostatnie piętro *n*.

topic ['tɒpɪk] *n* temat *m*.

topical ['tɒpɪkl] *adj* aktualny.

topless ['tɒplɪs] *adj* topless.

topped *adj* : **topped with** [food] pokryty z wierzchu.

topping ['tɒpɪŋ] *n* [for dessert] przybranie *n*; [for pizza] dodatek *m*; [for cake] polewa *f*.

torch [tɔːtʃ] *n* UK [electric light] latarka *f*.

tore [tɔːʳ] *pt* ⊳ tear1.

torment *vt* [tɔː'ment] [annoy] dręczyć.

torn [tɔːn] ⬥ *pp* ⊳ tear1. ⬥ *adj* [ripped] podarty.

tornado [tɔː'neɪdəʊ] (*pl* -es OR *pl* -s) *n* tornado *n*.

torrential rain *n* ulewny deszcz *m*.

tortoise ['tɔːtəs] *n* żółw *m* (lądowy).

tortoiseshell ['tɔːtəsʃel] *n* [shell] szylkret *m*.

torture ['tɔːtʃəʳ] ⬥ *n* tortura *f*. ⬥ *vt* torturować.

Tory ['tɔːrɪ] *n* torys *m*.

toss [tɒs] *vt* rzucać/rzucić; [salad, vegetables] mieszać/wymieszać.

total ['təʊtl] <> *adj* [number, amount] całkowity; [complete] zupełny. <> *n* suma *f* • **in total** ogółem.

touch [tʌtʃ] <> *n* [sense] dotyk *m*; [small amount] odrobina *f*; [detail] moment *m*. <> *vt* dotykać/dotknąć; [move emotionally] poruszać/poruszyć. <> *vi* stykać/zetknąć się • **to get in touch (with sb)** skontaktować się (z kimś); **to keep in touch (with sb)** być w kontakcie (z kimś). ➡ **touch down** <> *vi* [plane] lądować/wylądować.

touching ['tʌtʃɪŋ] *adj* [moving] wzruszający.

tough [tʌf] *adj* [resilient] wytrzymały; [hard, strong] mocny; [meat] twardy; [difficult] ciężki; [harsh, strict] ostry.

tour [tʊəʳ] <> *n* [journey] podróż *f*; [of city, castle *etc*] wycieczka *f*; [of pop group, theatre company] trasa *f*. <> *vt* objeżdżać/objechać • **on tour** w trasie.

tourism ['tʊərɪzm] *n* turystyka *f*.

tourist ['tʊərɪst] *n* turysta *m*, turystka *f*.

tourist class *n* [on plane] klasa *f* turystyczna.

tourist information office *n* informacja *f* turystyczna.

tournament ['tɔːnəmənt] *n* turniej *m*.

tour operator *n* operator *m* turystyczny.

tout [taʊt] *n* konik *m* (*sprzedający bilety*).

tow [təʊ] *vt* holować/przyholować.

toward [tə'wɔːd] *US* = **towards**.

towards [tə'wɔːdz] *prep UK* [in the direction of] ku; [facing] w stronę; [with regard to] wobec; [near, around] około; [to help pay for] na.

towaway zone *n US obszar, na którym parkowanie jest zakazane i grozi odholowaniem samochodu przez odpowiednie służby.*

towel ['taʊəl] *n* ręcznik *m*.

toweling *US* = **towelling**.

towelling ['taʊəlɪŋ] *n UK* frotté *n*.

towel rail *n* wieszak *m* na ręczniki.

tower ['taʊəʳ] *n* wieża *f*.

tower block *n UK* wieżowiec *m*.

Tower Bridge *n* most *m* Tower Bridge.

Tower of London *n* : **the Tower of London** Tower of London.

town [taʊn] *n* [city] miasto *n*; [town centre] miasto *n*.

town centre *n* centrum *n*.

town council *n* rada *f* miejska.

town hall *n* ratusz *m*.

towpath ['təʊpɑːθ] *n ścieżka wzdłuż kanału albo rzeki, po której chodziły konie holujące barki.*

towrope ['təʊrəʊp] *n* lina *f* holownicza.

tow truck *n US* samochód *m* pomocy drogowej.

toxic ['tɒksɪk] *adj* toksyczny.

toy [tɔɪ] *n* zabawka *f*.

toy shop *n* sklep *m* z zabawkami.

trace [treɪs] <> *n* ślad *m*. <> *vt* [find] odszukiwać/odszukać.

tracing paper *n* kalka *f* techniczna.

track [træk] *n* [path] ścieżka *f*; [of railway] tor *m*; SPORT tor *m* wyścigowy; [athletics] bieżnia *f*; [song] utwór *m*. ➡ **track down** *vt sep* tropić/wytropić.

tracksuit ['træksuːt] *n* dres *m*.

tractor ['træktəʳ] *n* traktor *m*.

trade [treɪd] <> *n* COMM handel *m*; [job] fach *m*. <> *vt* [exchange] wymieniać/wymienić. <> *vi* COMM handlować.

trade-in *n* stary artykuł oddawany do sklepu jako częściowa zapłata za nowy.

trademark ['treɪdmɑːk] *n* COMM znak *m* towarowy.

trader ['treɪdə'] *n* handlowiec *m*.

tradesman ['treɪdzmən] (*pl* -men [-mən]) *n* [plumber, electrician *etc*] fachowiec *m*; [shopkeeper] kupiec *m* • **tradesmen's entrance** tylne wejście *n*.

trade union *n* związek *m* zawodowy.

tradition [trə'dɪʃn] *n* tradycja *f*.

traditional [trə'dɪʃənl] *adj* tradycyjny.

traffic ['træfɪk] (*pt&pp* trafficked) <> *n* [cars *etc*] ruch *m*. <> *vi* : **to traffic in** handlować nielegalnie.

traffic circle *n* US rondo *n*.

traffic island *n* wysepka *f*.

traffic jam *n* korek *m*.

traffic lights *npl* sygnalizacja *f* świetlna.

traffic warden *n* UK *osoba zajmująca się naruszeniami przepisów parkingowych.*

tragedy ['trædʒədɪ] *n* tragedia *f*.

tragic ['trædʒɪk] *adj* tragiczny.

trail [treɪl] <> *n* [path] szlak *m*; [marks] trop *m*. <> *vi* [be losing] przegrywać.

trailer ['treɪlə'] *n* [for boat, luggage] przyczepa *f*; US [caravan] przyczepa *f* kempingowa; [for film, programme] zwiastun *m*.

train [treɪn] <> *n* [on railway] pociąg *m*. <> *vt* [teach humans] szkolić/wyszkolić; [animals] tre-

sować/wytresować. <> *vi* SPORT trenować • **by train** pociągiem.

train driver *n* maszynista *m*.

trainee [treɪ'niː] *n* stażysta *m*, stażystka *f*.

trainer ['treɪnə'] *n* [of athlete *etc*] trener *m*, -ka *f*. ⇒ **trainers** *npl* UK [shoes] adidasy *mpl*.

training ['treɪnɪŋ] *n* [instruction] szkolenie *n*; [exercises] trening *m*.

training shoes *npl* UK adidasy *mpl*.

tram [træm] *n* UK tramwaj *m*.

tramp [træmp] *n* [vagrant] włóczęga *m*.

trampoline ['træmpəliːn] *n* trampolina *f*.

trance [trɑːns] *n* trans *m*.

tranquilizer US = tranquillizer.

tranquillizer ['træŋkwɪlaɪzə'] *n* UK środek *m* uspokajający.

transaction [træn'zækʃn] *n* transakcja *f*.

transatlantic ['trænzət'læntɪk] *adj* transatlantycki.

transfer <> *n* ['trænsfɜː'] [of sportsman] transfer *m*; [of power] przekazanie *n*; [of money] przelew *m*; [picture] kalkomania *f*; US [ticket] bilet *m* z możliwością przesiadek. <> *vt* [træns'fɜː'] [money] przelewać/przelać; [object, respnsibility] przekazywać/przekazać; [allegiance] przenosić/przenieść. <> *vi* [træns'fɜː'] [change bus, plane *etc*] przesiadać/przesiąść się • '**transfers**' [in airport] przesiadki.

transfer desk *n* [in airport] *stanowisko odpraw pasażerów tranzytowych.*

transform [træns'fɔːm] *vt* przekształcać/przekształcić.

transfusion [træns'fjuːʒn] *n* transfuzja *f*.

transistor radio *n* radio *n* tranzystorowe.

transit ['trænsɪt] ➤ **in transit** *adv* w trakcie transportu.

transitive ['trænzɪtɪv] *adj* przechodni.

transit lounge *n* hala *f* tranzytowa.

translate [træns'leɪt] *vt* tłumaczyć/przetłumaczyć.

translation [træns'leɪʃn] *n* tłumaczenie *n*.

translator [træns'leɪtə'] *n* tłumacz *m*, -ka *f*.

transmission [trænz'mɪʃn] *n* [broadcast] transmisja *f*.

transmit [trænz'mɪt] *vt* [send electronically] transmitować; [pass on] przesyłać/przesłać.

transparent [træns'pærənt] *adj* [see-through] przezroczysty.

transplant ['træns'plɑ:nt] *n* przeszczep *m*.

transport <> *n* ['trænspɔ:t] transport *m*. <> *vt* [træn'spɔ:t] przewozić/przewieźć.

transportation ['trænspɔ:'teɪʃn] *n US* transport *m*.

trap [træp] <> *n* pułapka *f*. <> *vt* : **to be trapped** [stuck] być uwięzionym.

trapdoor ['træp'dɔ:'] *n* klapa *f*.

trash [træʃ] *n US* [waste material] śmieci *mpl*.

trash can *n US* kosz *m* na śmieci.

trauma [*UK* 'trɔ:mə, *US* 'traʊmə] *n* [bad experience] uraz *m*.

traumatic [trɔ:'mætɪk] *adj* traumatyczny.

travel ['trævl] <> *n* podróże *fpl*. <> *vt* [distance] przejeżdżać/przejechać. <> *vi* podróżować.

travel agency *n* biuro *n* podróży.

travel agent *n* [person] pracownik *m*, pracownica *f* biura podróży • **travel agent's** [shop] biuro *n* podróży.

travel card *n* [for underground] ≃ bilet *m* okresowy.

travel centre *n* [in railway] ≃ informacja *f* kolejowa; [bus station] ≃ informacja *f* autobusowa.

traveler ['trævlə'] *US* = traveller.

travel insurance *n* ubezpieczenie *n* turystyczne.

traveller ['trævlə'] *n UK* podróżny *m*, podróżna *f*.

traveller's cheque *n* czek *m* podróżny.

travel-sick *adj* : **to be travel-sick** cierpieć na chorobę lokomocyjną.

trawler ['trɔ:lə'] *n* trawler *m*.

tray [treɪ] *n* taca *f*.

treacherous ['tretʃərəs] *adj* [person] zdradziecki; [roads, conditions] zdradliwy.

treacle ['tri:kl] *n UK* melasa *f*.

tread [tred] (*pt* trod, *pp* trodden) <> *n* [of tyre] bieżnik *m*. <> *vi* : **to tread on sthg** nastąpić na coś.

treasure ['treʒə'] *n* [gold, jewels *etc*] skarb *m*.

treat [tri:t] <> *vt* [behave towards] traktować/potraktować; [deal with] traktować; [patient, illness] leczyć. <> *n* [special thing] : **I want to give them a treat** chcę sprawić im szczególną przyjemność; **what a treat to have a quiet afternoon** jak to dobrze spędzić spokojnie popołudnie • **to treat sb to sthg** zafundować coś komuś.

treatment ['tri:tmənt] *n* MED

leczenie *n*; [of person, subject] traktowanie *n*.

treble ['trebl] *adj* potrójny.

tree [tri:] *n* drzewo *n*.

trek [trek] *n* wyprawa *f*.

tremble ['trembl] *vi* [person] drżeć/zadrżeć.

tremendous [trɪ'mendəs] *adj* [very large] ogromny; *inf* [very good] świetny.

trench [trentʃ] *n* [ditch] rów *m*.

trend [trend] *n* trend *m*.

trendy ['trendɪ] *adj inf* modny.

trespasser ['trespəsə^r] *n* intruz *m*, -ka *f* • 'trespassers will be prosecuted' wstęp wzbroniony pod groźbą kary.

trial ['traɪəl] *n* LAW proces *m*; [test] próba *f* • a trial period okres próbny.

triangle ['traɪæŋgl] *n* [shape] trójkąt *m*.

triangular [traɪ'æŋgjʊlə^r] *adj* trójkątny.

tribe [traɪb] *n* plemię *n*.

tributary ['trɪbjʊtrɪ] *n* dopływ *m*.

trick [trɪk] <> *n* [deception] podstęp *m*; [in magic] sztuczka *f*. <> *vt* oszukiwać/oszukać • to play a trick on sb płatać komuś figla.

trickle ['trɪkl] *vi* [liquid] sączyć się.

tricky ['trɪkɪ] *adj* skomplikowany.

tricycle ['traɪsɪkl] *n* rower *m* trójkołowy.

trifle ['traɪfl] *n* [dessert] *zimny deser z ciasta biszkoptowego z owocami, galaretką i budyniem.*

trigger ['trɪgə^r] *n* spust *m*.

trim [trɪm] <> *n* [haircut] podcięcie *m*. <> *vt* [hair, beard, hedge] podcinać/podciąć.

trinket ['trɪŋkɪt] *n* błyskotka *f*.

trio ['tri:əʊ] (*pl* -s) *n* [of musicians] trio *n*.

trip [trɪp] <> *n* [outing] wycieczka *f*. <> *vi* [stumble] potykać/potknąć się. ⇢ **trip up** <> *vi* [stumble] potykać/potknąć się.

triple ['trɪpl] *adj* potrójny.

tripod ['traɪpɒd] *n* statyw *m*.

triumph ['traɪəmf] *n* [victory] triumf *m*.

trivial ['trɪvɪəl] *adj pej* trywialny.

trod [trɒd] *pt* ⊳ tread.

trodden ['trɒdn] *pp* ⊳ tread.

trolley ['trɒlɪ] (*pl* -s) *n* UK [in supermarket, at airport] wózek *m*; UK [for food, drinks] stolik *m* na kółkach; US [tram] trolejbus *m*.

trombone [trɒm'bəʊn] *n* puzon *m*.

troops *npl* wojsko *n*.

trophy ['trəʊfɪ] *n* trofeum *n*.

tropical ['trɒpɪkl] *adj* tropikalny.

trot [trɒt] <> *vi* [horse] kłusować/pokłusować. <> *n* : on the trot *inf* z rzędu.

trouble ['trʌbl] <> *n* kłopoty *mpl*; [specific problem] kłopot *m*; [malfunction] nieprawidłowość *f*. <> *vt* [worry] martwić/zmartwić; [bother] przeszkadzać/przeszkodzić *(komuś)* • to be in trouble [having problems] mieć kłopoty; [with police, parents] mieć problemy; to get into trouble wpaść w tarapaty; to take the trouble to do sthg zadać sobie trud zrobienia czegoś; it's no trouble żaden kłopot.

trough [trɒf] *n* [for animals] koryto *n*.

trouser press *n* prasowalnica *f* do spodni.

trousers ['traʊzəz] *npl* spodnie *pl* • a pair of trousers para spodni.

trout [traʊt] (*pl* **trout**) *n* pstrąg *m*.

trowel ['traʊəl] *n* [for gardening] łopatka *f*.

truant ['truːənt] *n* : **to play truant** iść na wagary.

truce [truːs] *n* rozejm *m*.

truck [trʌk] *n* [lorry] ciężarówka *f*.

true [truː] *adj* prawdziwy • **what she says is true** to, co mówi jest prawdą.

truly ['truːlɪ] *adv* : **yours truly** z poważaniem.

trumpet ['trʌmpɪt] *n* trąbka *f*.

trumps *npl* atu *n*.

truncheon ['trʌntʃən] *n* pałka *f*.

trunk [trʌŋk] *n* [of tree] pień *m*; US [of car] bagażnik *m*; [case, box] kufer *m*; [of elephant] trąba *f*.

trunk call *n* UK rozmowa *f* międzymiastowa.

trunk road *n* UK droga *f* krajowa.

trunks *npl* [for swimming] kąpielówki *pl*.

trust [trʌst] <> *n* [confidence] zaufanie *n*. <> *vt* [believe, have confidence in] ufać/zaufać; *fml* [hope] mieć nadzieję.

trustworthy ['trʌst'wɜːðɪ] *adj* godny zaufania.

truth [truːθ] *n* [true facts] prawda *f*; [quality of being true] prawdziwość *f*.

truthful ['truːθfʊl] *adj* [statement, account] zgodny z prawdą; [person] prawdomówny.

try [traɪ] <> *n* [attempt] próba *f*. <> *vt* próbować/spróbować; [seek help from] próbować/wypróbować; LAW sądzić. <> *vi* starać/postarać się • **to try to do sthg** starać się coś zrobić; **it's worth a try** warto spróbować. **try on** <> *vt sep* [clothes] przymierzać/przymierzyć.

try out <> *vt sep* wypróbowywać/wypróbować.

T-shirt *n* T-shirt *m*.

tub [tʌb] *n* [of margarine *etc*] opakowanie *n*; *inf* [bath] wanna *f*.

tube [tjuːb] *n* [container] tubka *f*; UK *inf* [underground] metro *n*; [pipe] rura *f* • **by tube** metrem.

tube station *n* UK *inf* stacja *f* metra.

tuck [tʌk] **tuck in** *vt sep* [shirt] wkładać/włożyć do spodni, spódnicy; [child, person] otulać/otulić do snu. <> *vi inf* wsuwać/wsunąć.

tuck shop *n* UK sklepik *m* ze słodyczami (*szkolny*).

Tues. (*abbr of* **Tuesday**) *wtorek*.

Tuesday ['tjuːzdeɪ] *n* wtorek *m*; *see also* **Saturday**.

tuft [tʌft] *n* kępka *f*.

tug [tʌg] *vt* ciągnąć/przeciągnąć.

tuition [tjuː'ɪʃn] *n* nauczanie *n*.

tulip ['tjuːlɪp] *n* tulipan *m*.

tumble-dryer *n* suszarka *f* bębnowa.

tumbler ['tʌmblə^r] *n* [glass] szklanka *f*.

tummy ['tʌmɪ] *n inf* brzuszek *m*.

tummy upset *n inf* ból *m* brzucha.

tumor ['tjuːmə^r] US = **tumour**.

tumour *n* UK guz *m*.

tuna (fish) *n* [food] tuńczyk *m*.

tuna melt *n* US *zapiekanka z tuńczykiem i roztopionym serem*.

tune [tjuːn] <> *n* [melody] melodia *f*. <> *vt* [radio, TV] nastawiać/nastawić; [engine] regulować/wyregulować; [instrument] stroić/nastroić • **in tune** czysto; **out of tune** fałszywie.

tunic ['tjuːnɪk] *n* tunika *f*.

tuxedo

Tunisia [tjuː'nɪzɪə] *n* Tunezja *f.*

tunnel ['tʌnl] *n* tunel *m.*

turban ['tɜːbən] *n* turban *m.*

turbo ['tɜːbəʊ] (*pl* -s) *n* [car] turbo *n.*

turbulence ['tɜːbjʊləns] *n* [when flying] turbulencja *f.*

turf [tɜːf] *n* [grass] darń *f.*

Turk [tɜːk] *n* Turek *m*, Turczynka *f.*

turkey (*pl* -s) *n* indyk *m.*

Turkey *n* Turcja *f.*

Turkish ['tɜːkɪʃ] <> *adj* turecki. <> *n* [language] turecki *m.* <> *npl* : **the Turkish** Turcy *mpl.*

Turkish delight *n* rachatłukum *n.*

turn [tɜːn] <> *n* [in road] skręt *m*; [of knob, key, switch] obrót *m*; [go, chance] kolej *f.* <> *vt* odwracać/ odwrócić; [car] obróć/obracać; [knob, key, switch] obracać/obró- cić; [corner, bend] : **to turn a corner** skręcić za róg; [become] stawać/stać się; [cause to become] : **the soot turned her face black** sadza poczerniła jej twarz; **her comment turned him red with anger** jej komentarz sprawił, że poczerwieniał na twarzy. <> *vi* [person] odwracać/odwrócić się; [car] wykręcać/wykręcić; [rotate] obracać/obrócić się; [milk] psuć/ zepsuć się • **to turn into sthg** [become] zamienić się w coś; **to turn sthg into sthg** zamienić coś w coś; **to turn left/right** skręcić w lewo/w prawo; **it's your turn** twoja kolej; **at the turn of the century** na przełomie wieków; **to take it in turns to do sthg** robić coś na zmianę; **to turn sthg inside out** wywrócić coś na lewą stronę. ◆ **turn back** <> *vt sep & vi* [person, car] za- wracać/zawrócić. ◆ **turn**

down <> *vt sep* [radio] przy- ciszać/przyciszyć; [volume, heat- ing] zmniejszać/zmniejszyć; [of- fer, request] odrzucać/odrzucić. ◆ **turn off** <> *vt sep* [light, TV, engine] wyłączać/wyłączyć; [water, gas, tap] zakręcać/zakrę- cić. <> *vi* [leave road] zjeżdżać/ zjechać. ◆ **turn on** <> *vt sep* [light, TV, engine] włączać/włą- czyć; [water, gas, tap] odkręcać/ odkręcić. ◆ **turn out** <> *vt sep* [light, fire] wyłączać/wyłą- czyć. <> *vi* [be in the end] wychodzić/wyjść; [come, attend] przybywać/przybyć • **to turn to be sthg** okazać się być czymś. ◆ **turn over** <> *vi* [in bed] przewracać/przewrócić się na drugi bok; *UK* [change channels] przełączać/przełączyć. <> *vt sep* [page, card, omelette] prze- wracać/przewrócić. ◆ **turn round** <> *vt sep* [car] zawra- cać/zawrócić; [table] obracać/ob- rócić. <> *vi* [person] odwracać/ odwrócić się. ◆ **turn up** <> *vt sep* [radio] podgłaśniać/ podgłośnić; [volume, heating] pod- kręcać/podkręcić. <> *vi* [come, attend] przybywać/przybyć.

turning ['tɜːnɪŋ] *n* [off road] skręt *m.*

turnip ['tɜːnɪp] *n* rzepa *f.*

turn-up *n UK* [on trousers] man- kiet *m.*

turps [tɜːps] *n UK inf* terpentyna *f.*

turquoise ['tɜːkwɪz] *adj* turku- sowy.

turtle ['tɜːtl] *n* żółw *m* morski.

turtleneck ['tɜːtlnek] *n* [jumper] golf *m.*

tutor ['tjuːtə^r] *n* [private teacher] korepetytor *m*, -ka *f.*

tuxedo [tʌk'siːdəʊ] (*pl* -s) *n US* smoking *m.*

TV *n* telewizja *f*; [television set] telewizor *m* • **on TV** w telewizji.

TV movie *n* film *m* telewizyjny.

tweed [twi:d] *n* tweed *m*.

tweezers ['twi:zəz] *npl* pinceta *f*.

twelfth [twelfθ] *num* dwunasty ▷ sixth.

twelve [twelv] *num* dwanaście ▷ six.

twentieth ['twentɪəθ] *num* dwudziesty • **the twentieth century** dwudziesty wiek.

twenty ['twentɪ] *num* dwadzieścia ▷ six.

twice [twaɪs] *adv* dwa razy • **it's twice as good** to jest dwa razy lepsze.

twig [twɪg] *n* gałązka *f*.

twilight ['twaɪlaɪt] *n* zmierzch *m*.

twin [twɪn] *n* [person] bliźniak *m*, bliźniaczka *f*.

twin beds *npl* dwa pojedyncze łóżka *npl (w pokoju hotelowym)*.

twine [twaɪn] *n* sznurek *m*.

twin room *n* pokój *m* hotelowy z dwoma łóżkami.

twist [twɪst] *vt* [wire, thread, rope] skręcać/skręcić; [hair] kręcić/pokręcić; [injure] wykręcać/wykręcić; [bottle top, lid, knob] odkręcać/odkręcić.

twisting *adj* [road, river] kręty.

two [tu:] *num* dwa ▷ six.

two-piece *adj* [swimsuit, suit] dwuczęściowy.

tying *cont* ▷ tie.

type [taɪp] ◇ *n* [kind] typ *m*. ◇ *vt & vi* [on typewriter, computer] pisać/napisać.

typewriter ['taɪp'raɪtə'] *n* maszyna *f* do pisania.

typhoid ['taɪfɪd] *n* tyfus *m*.

typical ['tɪpɪkl] *adj* typowy.

typist ['taɪpɪst] *n* osoba *f* pisząca na maszynie.

tyre *n UK* opona *f*.

U [ju:] *adj UK* [film] b.o.

UCAS ['ju:kæs] (*abbr of* Universities and Colleges Admissions Service) *n UK* brytyjska organizacja nadzorująca warunki przyjmowania na uczelnie wyższe.

UFO ['ju:ef'əʊ, 'ju:fəʊ] *n* (*abbr of* unidentified flying object) UFO *n*.

ugly ['ʌglɪ] *adj* brzydki.

UHT *adj* (*abbr of* ultra heat treated) UHT.

UK *n* : **the UK** Zjednoczone Królestwo *n*.

ulcer ['ʌlsə'] *n* wrzód *m*.

ultimate ['ʌltɪmət] *adj* [final] ostateczny; [best, greatest] maksymalny.

ultraviolet ['ʌltrə'vaɪələt] *adj* ultrafioletowy.

umbrella [ʌm'brelə] *n* parasol *m*.

umpire ['ʌmpaɪə'] *n* sędzia *m*.

UN *n* (*abbr of* United Nations) : **the UN** ONZ.

unable [ʌn'eɪbl] *adj* : **to be unable to do sthg** nie być w stanie czegoś zrobić.

unacceptable ['ʌnək'septəbl] *adj* nie do przyjęcia.

unaccustomed ['ʌnə'kʌstəmd]

adj : **to be unaccustomed to sthg** być nieprzyzwyczajonym do czegoś.

unanimous [juː'nænɪməs] *adj* [people] jednomyślny; [decision] jednogłośny.

unattended [ˌʌnə'tendɪd] *adj* [baggage] bez opieki.

unattractive [ˌʌnə'træktɪv] *adj* [person, place] nieatrakcyjny; [idea] nieciekawy.

unauthorized [ˌʌn'ɔːθəraɪzd] *adj* nieautoryzowany.

unavailable [ˌʌnə'veɪləbl] *adj* nieosiągalny.

unavoidable [ˌʌnə'vɔɪdəbl] *adj* nieunikniony.

unaware [ˌʌnə'weər] *adj* nieświadomy • **to be unaware of sthg** być nieświadomym czegoś.

unbearable [ʌn'beərəbl] *adj* nie do wytrzymania.

unbelievable [ˌʌnbɪ'liːvəbl] *adj* niewiarygodny.

unbutton [ʌn'bʌtn] *vt* rozpinać/ rozpiąć.

uncertain [ʌn'sɜːtn] *adj* niepewny.

uncertainty [ʌn'sɜːtntɪ] *n* niepewność *f*.

uncle [ˈʌŋkl] *n* [mother's brother] wujek *m*; [father's brother] stryj *m*.

unclean [ʌn'kliːn] *adj* [dirty] zanieczyszczony.

unclear [ʌn'klɪər] *adj* niejasny; [not sure] niepewny.

uncomfortable [ʌn'kʌmftəbl] *adj* [person, chair, bed] niewygodny; *fig* [awkward] nieswój.

uncommon [ʌn'kɒmən] *adj* [rare] niezwykły.

unconscious [ʌn'kɒnʃəs] *adj* [after accident] nieprzytomny; [unaware] nieświadomy.

unconvincing [ˌʌnkən'vɪnsɪŋ] *adj* nieprzekonujący.

uncooperative [ˌʌnkəʊ'ɒpərətɪv] *adj* niechcący współpracować.

uncork [ˌʌn'kɔːk] *vt* odkorkowywać/odkorkować.

uncouth [ʌn'kuːθ] *adj* nieokrzesany.

uncover [ʌn'kʌvər] *vt* [discover] ujawniać/ujawnić; [car] składać/ złożyć dach; [swimming pool *etc*] odkrywać/odkryć.

under [ˈʌndər] *prep* [beneath] pod; [less than] poniżej; [according to] według; [in classification] pod • **children under ten** dzieci poniżej dziesiątego roku życia; **under the circumstances** w tych okolicznościach; **to be under pressure** być pod presją.

underage [ˌʌndər'eɪdʒ] *adj* nieletni.

undercarriage [ˈʌndə'kærɪdʒ] *n* podwozie *n*.

underdone [ˌʌndə'dʌn] *adj* [boiled food] niedogotowany; [fried food] niedosmażony; [baked food] niedopieczony.

underestimate *vt* [ˌʌndər'estɪmeɪt] [cost, size, importance] zbyt nisko oszacować; [person] nie doceniać/docenić.

underexposed *adj* [photograph] niedoświetlony.

undergo [ˈʌndə'gəʊ] (*pt* **underwent**, *pp* **undergone**) *vt* przechodzić/przejść.

undergraduate [ˈʌndə'grædʒʊət] *n* student *m*, -ka *f (przed uzyskaniem stopnia licencjata)*.

underground ◇ *adj* [ˈʌndəgraʊnd] podziemny. ◇ *n* [ˈʌndəgraʊnd] *UK* [railway] metro *n*.

undergrowth ['ʌndəgrəʊθ] *n* podszycie *n* leśne.

underline ['ʌndə'laɪn] *vt* podkreślać/podkreślić.

underneath ['ʌndə'niːθ] <> *prep* poniżej. <> *adv* pod spodem. <> *n* spód *m*.

underpants ['ʌndəpænts] *npl* slipy *pl*.

underpass ['ʌndəpɑːs] *n* [for pedestrians] przejście *n* podziemne; [for cars] przejazd *m* podziemny.

undershirt ['ʌndəʃɜːt] *n* US podkoszulek *m*.

underskirt ['ʌndəskɜːt] *n* półhalka *f*.

understand ['ʌndə'stænd] (*pt & pp* **understood** [-'stʊd]) *vt & vi* [know meaning of] rozumieć/zrozumieć • **I don't understand** nie rozumiem; **to make o.s. understood** porozumieć się.

understanding ['ʌndə'stændɪŋ] <> *adj* wyrozumiały. <> *n* [agreement] porozumienie *n*; [knowledge, sympathy] zrozumienie *n*; [interpretation] rozumienie *n*.

understatement ['ʌndə'steɪtmənt] *n* : **that's an understatement** to mało powiedziane.

understood [-'stʊd] *pt & pp* ⊳ **understand**.

undertake ['ʌndə'teɪk] (*pt* **undertook**, *pp* **undertaken**) *vt* podejmować/podjąć się • **to undertake to do sthg** zobowiązać się do zrobienia czegoś.

undertaker ['ʌndə'teɪkəʳ] *n* przedsiębiorca *m* pogrzebowy.

undertaking ['ʌndə'teɪkɪŋ] *n* [promise] zobowiązanie *n*; [task] przedsięwzięcie *n*.

undertook [-'tʊk] *pt* ⊳ **undertake**.

underwater ['ʌndə'wɔːtəʳ] <> *adj* podwodny. <> *adv* pod wodą.

underwear ['ʌndəweəʳ] *n* bielizna *f*.

underwent [-'went] *pt* ⊳ **undergo**.

undesirable ['ʌndɪ'zaɪərəbl] *adj* niepożądany.

undo ['ʌn'duː] (*pt* **undid**, *pp* **undone**) *vt* [coat, shirt] rozpinać/rozpiąć; [shoelaces] rozwiązywać/rozwiązać; [parcel] rozpakowywać/rozpakować.

undone [-'dʌn] *adj* [coat, shirt] rozpięty; [tie, shoelaces] rozwiązany.

undress ['ʌn'dres] <> *vi* rozbierać/rozebrać się. <> *vt* rozbierać/rozebrać.

undressed ['ʌn'drest] *adj* rozebrany • **to get undressed** rozebrać się.

uneasy [ʌn'iːzɪ] *adj* niespokojny.

uneducated ['ʌn'edjʊkeɪtɪd] *adj* niewykształcony.

unemployed ['ʌnɪm'plɔɪd] <> *adj* bezrobotny. <> *npl* : **the unemployed** bezrobotni *mpl*.

unemployment ['ʌnɪm'plɔɪmənt] *n* bezrobocie *n*.

unemployment benefit *n* zasiłek *m* dla bezrobotnych.

unequal ['ʌn'iːkwəl] *adj* nierówny.

uneven ['ʌn'iːvn] *adj* nierówny; [speed] nierównomierny.

uneventful ['ʌnɪ'ventfʊl] *adj* spokojny.

unexpected ['ʌnɪk'spektɪd] *adj* nieoczekiwany.

unexpectedly ['ʌnɪk'spektɪdlɪ] *adv* nieoczekiwanie.

unfair [ˈʌnˈfeəʳ] *adj* niesprawiedliwy.

unfairly [ˈʌnˈfeəlɪ] *adv* niesprawiedliwie.

unfaithful [ˈʌnˈfeɪθfʊl] *adj* [sexually] niewierny.

unfamiliar [ˈʌnfəˈmɪljəʳ] *adj* nieznany • **to be unfamiliar with** nie znać.

unfashionable [ˈʌnˈfæʃnəbl] *adj* niemodny.

unfasten [ˈʌnˈfɑːsn] *vt* rozpinać/rozpiąć.

unfavourable *adj* niekorzystny.

unfinished [ˈʌnˈfɪnɪʃt] *adj* niedokończony.

unfit [ˈʌnˈfɪt] *adj* [not healthy] w słabej kondycji • **to be unfit for sthg** [not suitable] być niezdatnym do czegoś.

unfold [ʌnˈfəʊld] *vt* [map, sheet] rozkładać/rozłożyć.

unforgettable [ˈʌnfəˈgetəbl] *adj* niezapomniany.

unforgivable [ˈʌnfəˈgɪvəbl] *adj* niewybaczalny.

unfortunate [ʌnˈfɔːtʃnət] *adj* [unlucky] pechowy; [regrettable] nieszczęśliwy.

unfortunately [ʌnˈfɔːtʃnətlɪ] *adv* niestety.

unfriendly [ˈʌnˈfrendlɪ] *adj* nieprzyjazny.

unfurnished [ˈʌnˈfɜːnɪʃt] *adj* nieumeblowany.

ungrateful [ʌnˈgreɪtfʊl] *adj* niewdzięczny.

unhappy [ʌnˈhæpɪ] *adj* [sad] nieszczęśliwy; [not pleased] niezadowolony • **to be unhappy about sthg** być niezadowolonym z czegoś.

unharmed [ˈʌnˈhɑːmd] *adj* bez szwanku.

unhealthy [ʌnˈhelθɪ] *adj* niezdrowy.

unhelpful [ˈʌnˈhelpfʊl] *adj* [person] nieskory do pomocy; [advice] nieprzydatny.

unhurt [ˈʌnˈhɜːt] *adj* bez szwanku.

unhygienic [ˈʌnhaɪˈdʒiːnɪk] *adj* niehigieniczny.

unification [ˈjuːnɪfɪˈkeɪʃn] *n* zjednoczenie *n*.

uniform [ˈjuːnɪfɔːm] *n* mundur *m*.

unimportant [ˈʌnɪmˈpɔːtənt] *adj* nieważny.

unintelligent [ˈʌnɪnˈtelɪdʒənt] *adj* nieinteligentny.

unintentional [ˈʌnɪnˈtenʃənl] *adj* niezamierzony.

uninterested [ˈʌnˈɪntrəstɪd] *adj* niezainteresowany.

uninteresting [ˈʌnˈɪntrəstɪŋ] *adj* nieinteresujący.

union [ˈjuːnjən] *n* [of workers] związek *m*.

Union Jack *n* : **the Union Jack** flaga *f* brytyjska.

unique [juːˈniːk] *adj* [exceptional] unikalny; [very special] wyjątkowy • **to be unique to** być wyłączną cechą.

unisex [ˈjuːnɪseks] *adj* [clothes] uniseks; [hairdresser] damsko-męski.

unit [ˈjuːnɪt] *n* [measurement, group] jednostka *f*; [department] oddział *m*; [building] budynek *m*; [piece of furniture] szafka *f*; [machine] urządzenie *n*.

unite [juːˈnaɪt] ⟨⟩ *vt* jednoczyć/zjednoczyć. ⟨⟩ *vi* jednoczyć/zjednoczyć się.

United Kingdom *n* : **the United Kingdom** Zjednoczone Królestwo *n*.

United Nations *npl* : the United Nations Narody *mpl* Zjednoczone.

United States (of America) *npl* : the United States (of America) Stany *mpl* Zjednoczone (Ameryki).

unity ['juːnətɪ] *n* jedność *f*.

universal ['juːnɪ'vɜːsl] *adj* uniwersalny.

universe ['juːnɪvɜːs] *n* wszechświat *m*.

university ['juːnɪ'vɜːsətɪ] *n* uniwersytet *m*.

unjust ['ʌn'dʒʌst] *adj* niesprawiedliwy.

unkind [ʌn'kaɪnd] *adj* [person, remark] nieprzyjemny.

unknown ['ʌn'nəʊn] *adj* nieznany.

unleaded ['ʌn'ledɪd] *adj* bezołowiowy.

unleaded (petrol) *n* benzyna *f* bezołowiowa.

unless [ən'les] *conj* chyba że; [at beginning of sentence] jeśli nie.

unlike ['ʌn'laɪk] *prep* [different to] różny od; [in contrast to] w odróżnieniu od; [not typical of] niepodobny do

unlikely [ʌn'laɪklɪ] *adj* nieprawdopodobny • **she's unlikely to do it** mało prawdopodobne, by to zrobiła.

unlimited [ʌn'lɪmɪtɪd] *adj* nieograniczony • **unlimited mileage** bez ograniczenia kilometrażu.

unlisted [ʌn'lɪstɪd] *adj US* [phone number] zastrzeżony.

unload ['ʌn'ləʊd] *vt* [goods, vehicle] rozładowywać/rozładować.

unlock ['ʌn'lɒk] *vt* otwierać/otworzyć *(kluczem)*.

unlucky [ʌn'lʌkɪ] *adj* [unfortunate] nieszczęśliwy; [bringing bad luck] pechowy.

unmarried ['ʌn'mærɪd] *adj* [man] nieżonaty; [woman] niezamężna.

unnatural [ʌn'nætʃrəl] *adj* nienaturalny.

unnecessary [ʌn'nesəsərɪ] *adj* niepotrzebny.

unobtainable ['ʌnəb'teɪnəbl] *adj* [product] nieosiągalny; [phone number] niedostępny.

unoccupied ['ʌn'ɒkjʊpaɪd] *adj* [place, seat] wolny.

unofficial ['ʌnə'fɪʃl] *adj* nieoficjalny.

unpack ['ʌn'pæk] <> *vt* rozpakowywać/rozpakować. <> *vi* rozpakowywać/rozpakować się.

unpleasant [ʌn'pleznt] *adj* nieprzyjemny.

unplug [ʌn'plʌg] *vt* wyłączać/wyłączyć z sieci.

unpopular ['ʌn'pɒpjʊləʳ] *adj* niepopularny.

unpredictable ['ʌnprɪ'dɪktəbl] *adj* nieprzewidywalny.

unprepared ['ʌnprɪ'peəd] *adj* nieprzygotowany.

unprotected ['ʌnprə'tektɪd] *adj* niechroniony.

unqualified ['ʌn'kwɒlɪfaɪd] *adj* [person] niewykwalifikowany.

unreal ['ʌn'rɪəl] *adj* nieprawdziwy.

unreasonable [ʌn'riːznəbl] *adj* [unfair] nierozsądny; [excessive] wygórowany.

unrecognizable *adj* nie do poznania.

unreliable ['ʌnrɪ'laɪəbl] *adj* [person] niesolidny; [car] zawodny.

unrest ['ʌn'rest] *n* rozruchy *pl*.

unroll ['ʌn'rəʊl] *vt* rozwijać/rozwinąć.

unsafe ['ʌn'seɪf] *adj* [dangerous] niebezpieczny; [in danger] zagrożony.

unsatisfactory ['ʌn'sætɪs'fæktərɪ] *adj* niewystarczający.

unscrew ['ʌn'skru:] *vt* [lid, top] odkręcać/odkręcić.

unsightly [ʌn'saɪtlɪ] *adj* szpetny.

unskilled ['ʌn'skɪld] *adj* [worker] niewykwalifikowany.

unsociable [ʌn'səʊʃəbl] *adj* nietowarzyski.

unsound ['ʌn'saʊnd] *adj* [building, structure] niesolidny; [argument, method] błędny.

unspoiled ['ʌn'spɔɪld] *adj* [place, beach] nieskażony.

unsteady ['ʌn'stedɪ] *adj* [pile, structure] niestabilny; [person] niepewny; [hand] drżący.

unstuck ['ʌn'stʌk] *adj* : **to come unstuck** [label, poster *etc*] odkleić się.

unsuccessful ['ʌnsək'sesfʊl] *adj* [person] pechowy; [attempt] nieudany.

unsuitable ['ʌn'su:təbl] *adj* nieodpowiedni.

unsure ['ʌn'ʃɔ:'] *adj* : **to be unsure (about)** być niepewnym.

unsweetened ['ʌn'swi:tnd] *adj* niesłodzony.

untidy [ʌn'taɪdɪ] *adj* [person] nieporządny; [room, desk] niesprzątany.

untie ['ʌn'taɪ] (*cont* **untying**) *vt* rozwiązywać.

until [ən'tɪl] ◇ *prep* aż do. ◇ *conj* aż.

untrue ['ʌn'tru:] *adj* [false] nieprawdziwy.

untrustworthy ['ʌn'trʌst'wɜːðɪ] *adj* niegodny zaufania.

untying *cont* ⊳ untie.

unusual [ʌn'ju:ʒl] *adj* niezwykły.

unusually [ʌn'ju:ʒəlɪ] *adv* [more than usual] niezwykle.

unwell ['ʌn'wel] *adj* niezdrowy • **to feel unwell** źle się czuć.

unwilling ['ʌn'wɪlɪŋ] *adj* : **to be unwilling to do sthg** nie chcieć czegoś zrobić.

unwind ['ʌn'waɪnd] (*pt & pp* **unwound** ['ʌn'waʊnd]) ◇ *vt* rozwijać/rozwinąć. ◇ *vi* [relax] odprężać/odprężyć się.

unwrap ['ʌn'ræp] *vt* odwijać/odwinąć.

unzip ['ʌn'zɪp] *vt* rozpinać/rozpiąć zamek.

up [ʌp] ◇ *adv* -1. [towards higher position] do góry ; **we walked up to the top** weszliśmy na samą górę; **to pick sthg up** podnieść coś. -2. [in higher position] : **she's up in her bedroom** jest u siebie na górze; **up there** tam w górze. -3. [into upright position] prosto : **to stand up** wstać; **to sit up** [from lying position] podnieść się; [sit straight] siedzieć prosto. -4. [to increased level] : **unemployment is up again** bezrobocie znowu wzrosło; **prices are going up** ceny idą w górę. -5. [northwards] na północ, na północy. -6. [in phrases] : **to walk up and down** chodzić tam i z powrotem; **to jump up and down** dawać susy; **up to six weeks** do sześciu tygodni; **up to ten people** do dziesięciu osób; **are you up to travelling?** czujesz się na siłach, by podróżować?; **what are you up to?** co knujesz?; **it's up to you** to zależy od ciebie; **up until ten o'clock** do dziesiątej. ◇ *prep*

-1. [towards higher position] w górę ; **to walk up a hill** wspiąć się na wzgórze; **I went up the stairs** wszedłem po schodach. **-2.** [in higher position] wyżej ; **up a hill** na szczycie wzgórza; **up a ladder** na górze drabiny. **-3.** [at end of] : **they live up the road from us** mieszkają na końcu naszej ulicy. <> *adj* **-1.** [out of bed] na nogach ; **I was up at six today** wstałem dziś o szóstej. **-2.** [at an end] dobiegający końca ; **time's up** czas minął. **-3.** [rising] : **the up escalator** schody w górę *(ruchome).* <> *n* : **ups and downs** wzloty i upadki.

update *vt* ['ʌp'deɪt] uaktualniać/uaktualnić.

uphill ['ʌp'hɪl] *adv* pod górę.

upholstery [ʌp'həʊlstərɪ] *n* tapicerka *f.*

upkeep ['ʌpkiːp] *n* utrzymanie *n.*

up-market *adj* ekskluzywny.

upon [ə'pɒn] *prep fml* [on] na • **upon hearing the news ...** usłyszawszy wieści.

upper ['ʌpəʳ] <> *adj* górny. <> *n* [of shoe] cholewka *f.*

upper class *n* klasa *f* wyższa.

uppermost ['ʌpəməʊst] *adj* [highest] najwyższy.

upper sixth *n UK* SCH *drugi rok nieobowiązkowego kursu przygotowującego 18-latków do zdawania egzaminów końcowych na poziomie wyższym, dającym prawo wstępu na uczelnie (A-level).*

upright ['ʌpraɪt] <> *adj* [person] prawy; [object] pionowy. <> *adv* prosto.

upset (*pt & pp* **upset**) <> *adj* [ʌp'set] [distressed] zmartwiony. <> *vt* [ʌp'set] [distress] martwić/zmartwić; [cause to go wrong] psuć/popsuć; [knock over] wy-

wracać/wywrócić • **to have an upset stomach** mieć rozstrój żołądka.

upside down *adj & adv* do góry nogami.

upstairs ['ʌp'steəz] *adj & adv* na górze • **to go upstairs** iść na górę.

up-to-date *adj* [modern] aktualny; [well-informed] dobrze poinformowany.

upwards ['ʌpwədz] *adv* [to a higher place] do góry; [to a higher level] w górę • **upwards of 100 people** ponad sto osób.

urban ['ɜːbən] *adj* miejski.

urban clearway *n UK* droga *f* szybkiego ruchu.

Urdu ['ʊəduː] *n* [language] urdu *m.*

urge [ɜːdʒ] *vt* : **to urge sb to do sthg** zachęcać kogoś do zrobienia czegoś.

urgent ['ɜːdʒənt] *adj* pilny.

urgently ['ɜːdʒəntlɪ] *adv* [immediately] pilnie.

urinal ['jʊərɪnl] *n* [place] toaleta *f* męska; [bowl] pisuar *m.*

urinate ['jʊərɪneɪt] *vi fml* oddawać/oddać mocz.

urine ['jʊərɪn] *n* mocz *m.*

URL (*abbr of* **uniform resource locator**) *n* COMPUT URL *m.*

us [ʌs] *pron* nas, nam • **they know us** oni nas znają; **it's us** to my; **send it to us** przyślij nam to; **tell us** powiedz nam; **they're worse than us** oni są gorsi od nas.

US [ʌs] *n* (*abbr of* **United States**) : **the US** USA *pl.*

USA *n* (*abbr of* **United States of America**) : **the USA** USA *pl.*

usable ['juːzəbl] *adj* przydatny.

use <> *n* [using] wykorzystanie *n*; [purpose] zastosowanie *n.*

⋄ *vt* [make use of] używać/ użyć; [exploit] wykorzystywać/ wykorzystać; [run on] wymagać • **to be of use** przydać się; **to have the use of sthg** korzystać z czegoś; **to make use of sthg** skorzystać z czegoś; **'out of use'** nie działać; **to be in use** być w użyciu; **it's no use** nie ma sensu; **what's the use?** po coś; **can I useyour phone?** korzystać z; **to use sthg as sthg** użyć czegoś jako czegoś; **'use before ...'** [food, drink] należy spożyć przed. ➡ **use up** ⋄ *vt sep* zużywać/zużyć.

used ⋄ *adj* używany. ⋄ *aux vb* • **I used to live near here** mieszkałem kiedyś w pobliżu; **I used to go there every day** zwykłem tam chodzić codziennie • **to be used to sthg** być przyzwyczajonym do czegoś; **to get used to sthg** przyzwyczaić się do czegoś.

useful ['juːsfʊl] *adj* przydatny.

useless ['juːslɪs] *adj* [not useful] bezużyteczny; [pointless] bezcelowy; *inf* [very bad] beznadziejny.

user ['juːzəᵣ] *n* użytkownik *m*.

usher ['ʌʃəᵣ] *n* [at cinema, theatre] *osoba usadzająca widzów na miejscach (mężczyzna)*.

usherette ['ʌʃə'ret] *n osoba usadzająca widzów na miejscach (kobieta)*.

USSR *n* : **the (former) USSR** (były) Związek *m* Socjalistycznych Republik Radzieckich.

usual ['juːʒəl] *adj* zwykły • **as usual** jak zwykle.

usually ['juːʒəlɪ] *adv* zwykle.

utilize ['juːtɪlaɪz] *vt fml* wykorzystywać/wykorzystać.

utmost ['ʌtməʊst] ⋄ *adj* najwyższy. ⋄ *n* : **to do one's utmost** zrobić wszystko, co w czyjejś mocy.

utter ['ʌtəᵣ] ⋄ *adj* zupełny. ⋄ *vt* wypowiadać/wypowiedzieć.

utterly ['ʌtəlɪ] *adv* zupełnie.

U-turn *n* [in vehicle] zawracanie *n*.

vacancy ['veɪkənsɪ] *n* [job] wakat *m* • **'vacancies'** wolne pokoje; **'no vacancies'** brak wolnych pokoi.

vacant ['veɪkənt] *adj* [room, seat] wolny • **'vacant'** [on toilet door] wolne.

vacate [və'keɪt] *vt fml* [room, house] zwalniać/zwolnić.

vacation [və'keɪʃn] ⋄ *n US* [holiday] wakacje *pl*. ⋄ *vi US* mieć wakacje • **to go on vacation** jechać na wakacje.

vacationer [və'keɪʃənəᵣ] *n US* wczasowicz *m*, -ka *f*.

vaccination ['væksɪ'neɪʃn] *n* szczepienie *n*.

vaccine *n* szczepionka *f*.

vacuum ['vækjʊəm] *vt* odkurzać/ odkurzyć *(odkurzaczem)*.

vacuum cleaner *n* odkurzacz *m*.

vague [veɪg] *adj* [plan, letter, idea] niejasny; [memory] mglisty; [shape, outline] niewyraźny; [person] mało konkretny.

vain [veɪn] *adj pej* [conceited] próżny • **in vain** na próżno.

Valentine card *n* walentynka *f*.

Valentine's Day n dzień m św. Walentego *(święto zakochanych, 14.02)*.

valet n ['vælɪt, 'væleɪ] [in hotel] pokojowy m, pokojowa f.

valet service n [in hotel] usługi fpl hotelowe; [for car] sprzątanie n w samochodzie.

valid ['vælɪd] adj [ticket, passport] ważny.

validate ['vælɪdeɪt] vt [ticket] nadawać/nadać ważność.

Valium® ['vælɪəm] n valium n.

valley ['vælɪ] n dolina f.

valuable ['væljʊəbl] adj [jewellery, object] drogocenny; [advice, help] cenny. ➡ **valuables** npl kosztowności pl.

value ['vælju:] n [financial] wartość f; [usefulness] znaczenie n • a value pack duże opakowanie; **to be good value (for money)** być opłacalnym. ➡ **values** npl [principles] wartości fpl.

valve [vælv] n zawór m.

van [væn] n półciężarówka f, furgonetka f.

vandal ['vændl] n wandal m.

vandalize ['vændəlaɪz] vt dewastować/zdewastować.

vanilla [və'nɪlə] n [flavour] wanilia f.

vanish ['vænɪʃ] vi znikać/zniknąć.

vapor ['veɪpəʳ] US = vapour.

vapour n opary pl.

variable ['veərɪəbl] adj zmienny.

varicose veins npl żylaki mpl.

varied ['veərɪd] adj zróżnicowany.

variety [və'raɪətɪ] n [collection] różnorodność f; [type] odmiana f.

various ['veərɪəs] adj [different] różny; [diverse] rozmaity.

varnish ['vɑːnɪʃ] <> n [for wood]

pokost m. <> vt [wood] pokostować.

vary ['veərɪ] <> vi różnić się. <> vt zmieniać • **to vary from sthg to sthg** wahać się od do; 'prices vary' ceny mogą ulegać zmianom.

vase [UK vɑːz, US veɪz] n wazon m.

Vaseline® ['væsəliːn] n wazelina f.

vast [vɑːst] adj rozległy.

vat n kadź f.

VAT n (abbr of value added tax) VAT m.

vault [vɔːlt] n [in bank] skarbiec m; [in church] sklepienie n.

VCR n (abbr of video cassette recorder) wideo n.

VDU n (abbr of visual display unit) monitor m komputera.

veal [viːl] n cielęcina f.

veg [vedʒ] = vegetable.

vegan ['viːgən] <> adj wegański. <> n weganin m, weganka f.

vegetable ['vedʒtəbl] n warzywo n.

vegetable oil n olej m roślinny.

vegetarian ['vedʒɪ'teərɪən] <> adj wegetariański. <> n wegetarianin m, wegetarianka f.

vegetation ['vedʒɪ'teɪʃn] n wegetacja f.

vehicle ['viːɪkl] n pojazd m.

veil [veɪl] n [worn by woman] welon m.

vein [veɪn] n [in body] żyła f.

Velcro® ['velkrəʊ] n rzep m *(zapięcie)*.

velvet ['velvɪt] n aksamit m.

vending machine n automat m.

venetian blind n żaluzja f.

venison ['venɪzn] n dziczyzna f.

vent [vent] *n* [for air, smoke *etc*] otwór *m* wentylacyjny.

ventilation ['ventɪ'leɪʃn] *n* wentylacja *f*.

ventilator ['ventɪleɪtəʳ] *n* [fan] wentylator *m*.

venture ['ventʃəʳ] <> *n* przedsięwzięcie *n*. <> *vi* [go] odważyć się pójść.

venue ['venjuː] *n* miejsce *n* *(konferencji, spotkania etc)*.

veranda *n* weranda *f*.

verb [vɜːb] *n* czasownik *m*.

verdict ['vɜːdɪkt] *n* LAW wyrok *m*; [opinion] zdanie *n*.

verge [vɜːdʒ] *n* [of road, lawn, path] skraj *m* • **'soft verges'** nieutwardzone pobocze.

verify ['verɪfaɪ] *vt* weryfikować/ zweryfikować.

vermin ['vɜːmɪn] *n* [rats, mice *etc*] szkodnik *m*.

vermouth ['vɜːməθ] *n* wermut *m*.

versa ▷ vice versa.

versatile ['vɜːsətaɪl] *adj* [person] wszechstronny; [machine, food] uniwersalny.

verse [vɜːs] *n* [of song, poem] wers *m*; [poetry] poezja *f*.

version ['vɜːʃn] *n* wersja *f*.

versus ['vɜːsəs] *prep* kontra.

vertical ['vɜːtɪkl] *adj* wertykalny, pionowy.

vertigo ['vɜːtɪgəʊ] *n* zawroty *mpl* głowy.

very ['verɪ] <> *adv* bardzo. <> *adj* : **the very person** ta sama osoba; **very much** bardzo; **not very** nie bardzo; **my very own room** mój własny pokój.

vessel ['vesl] *n* fml [ship] statek *m*.

vest [vest] *n* UK [underwear] podkoszulek *m*; US [waistcoat] kamizelka *f*.

vet [vet] *n* UK weterynarz *m*.

veteran ['vetrən] *n* [of war] weteran *m*.

veterinarian ['vetərɪ'neərɪən] US = vet.

veterinary surgeon UK fml = vet.

VHF *n* (abbr of very high frequency) bardzo wielka częstotliwość *f* *(zakres fal metrowych)*.

VHS *n* (abbr of video home system) VHS *m*.

via ['vaɪə] *prep* przez.

viaduct ['vaɪədʌkt] *n* wiadukt *m*.

vibrate [vaɪ'breɪt] *vi* wibrować/ zawibrować.

vibration [vaɪ'breɪʃn] *n* wibracja *f*.

vicar ['vɪkəʳ] *n* pastor *m*.

vicarage ['vɪkərɪdʒ] *n* plebania *f*.

vice *n* [vaɪs] [moral fault] przywara *f*; [crime] występek *m*; UK [tool] imadło *n*.

vice-president *n* wiceprezydent *m*.

vice versa ['vaɪsɪ'vɜːsə] *adv* vice versa.

vicinity [vɪ'sɪnətɪ] *n* : **in the vicinity** w pobliżu.

vicious ['vɪʃəs] *adj* [attack, animal] wściekły; [comment] złośliwy.

victim ['vɪktɪm] *n* ofiara *f*.

Victorian [vɪk'tɔːrɪən] *adj* [age, architecture, clothes] wiktoriański.

victory ['vɪktərɪ] *n* zwycięstwo *n*.

video ['vɪdɪəʊ] (*pl* -s) <> *n* [video recording] film *m* wideo; [videotape] kaseta *f* wideo; [video recorder] magnetowid *m*. <> *vt* [using video recorder] nagrywać/ nagrać na wideo; [using camera] filmować/sfilmować kamerą wideo • **on video** na wideo.

video camera *n* kamera *f* wideo.

video game *n* gra *f* wideo.

video recorder *n* magnetowid *m*.

video shop *n* wypożyczalnia *f* i sklep *m* wideo.

videotape ['vɪdɪəʊteɪp] *n* taśma *f* wideo.

Vietnam [*UK* 'vjet'næm, *US* 'vjet'-nɑːm] *n* Wietnam *m*.

view [vjuː] ⋄ *n* widok *m*; [opinion] pogląd *m*; [attitude] zapatrywanie *n*; [perspective] spojrzenie *n*. ⋄ *vt* [look at] oglądać/obejrzeć • **in my view** w moim mniemaniu; **in view of** [considering] zważywszy na; **to come into view** pojawić się w polu widzenia.

viewer ['vjuːəʳ] *n* [of TV] telewidz *m*.

viewfinder ['vjuːˌfaɪndəʳ] *n* wizjer *m*.

viewpoint ['vjuːpɔɪnt] *n* [opinion] punkt *m* widzenia; [place] punkt *m* widokowy.

vigilant ['vɪdʒɪlənt] *adj fml* czujny.

villa ['vɪlə] *n* [in countryside, by sea] dacza *f*; *UK* [in town] willa *f*.

village ['vɪlɪdʒ] *n* wieś *f*.

villager ['vɪlɪdʒəʳ] *n* mieszkaniec *m* mieszkanka *f* wsi.

villain ['vɪlən] *n* [of book, film] czarny charakter *m*; [criminal] łotr *m*.

vinaigrette ['vɪnɪ'gret] *n* sos *m* winegret.

vine [vaɪn] *n* [grapevine] winorośl *f*; [climbing plant] pnącze *n*.

vinegar ['vɪnɪgəʳ] *n* ocet *m*.

vineyard ['vɪnjəd] *n* winnica *f*.

vintage ['vɪntɪdʒ] ⋄ *adj* [wine] z dobrego rocznika. ⋄ *n* [year] rocznik *m*.

vinyl ['vaɪnɪl] *n* winyl *m*.

viola [vɪ'əʊlə] *n* altówka *f*.

violence ['vaɪələns] *n* [violent behaviour] przemoc *f*.

violent ['vaɪələnt] *adj* gwałtowny.

violet ['vaɪələt] ⋄ *adj* fioletowy. ⋄ *n* [flower] fiołek *m*.

violin ['vaɪə'lɪn] *n* skrzypce *pl*.

VIP *n* (*abbr of* very important person) VIP *m*.

virgin ['vɜːdʒɪn] *n* dziewica *f*.

Virgo ['vɜːgəʊ] (*pl* -s) *n* Panna *f*.

virtually ['vɜːtʃʊəlɪ] *adv* praktycznie.

virtual reality *n* rzeczywistość *f* wirtualna.

virus ['vaɪrəs] *n* MED wirus *m*.

visa ['viːzə] *n* wiza *f*.

viscose ['vɪskəʊs] *n* wiskoza *f*.

visibility ['vɪzɪ'bɪlətɪ] *n* widoczność *f*.

visible ['vɪzəbl] *adj* widoczny.

visit ['vɪzɪt] ⋄ *vt* [person] odwiedzać/odwiedzić; [place] zwiedzać/zwiedzić. ⋄ *n* [to person] wizyta *f*; [to place] pobyt *m*.

visiting hours *npl* godziny *fpl* odwiedzin.

visitor ['vɪzɪtəʳ] *n* [to person] gość *m*; [to place] osoba *f* zwiedzająca.

visitor centre *n UK* [at tourist attraction] informacja *f* turystyczna.

visitors' book *n* księga *f* gości.

visitor's passport *n UK* karnet *m* do muzeów i galerii.

visor *n* [of hat] daszek *m*; [of helmet] wizjer *m*.

vital ['vaɪtl] *adj* [essential] niezbędny.

vitamin [*UK* 'vɪtəmɪn, *US* 'vaɪtəmɪn] *n* witamina *f*.

vivid ['vɪvɪd] *adj* [colour] żywy; [description, memory] barwny.

V-neck *n* [design] dekolt *m* w szpic.

vocabulary [və'kæbjʊlərɪ] *n* słownictwo *n*.

vodka ['vɒdkə] *n* wódka *f*.

voice [vɔɪs] *n* głos *m*.

voice mail *n* poczta *f* głosowa ; **to check one's voice mail** sprawdzić pocztę głosową.

volcano [vɒl'keɪnəʊ] (*pl* -es OR *pl* -s) *n* wulkan *m*.

volleyball ['vɒlɪbɔːl] *n* siatkówka *f*.

volt [vəʊlt] *n* wolt *m*.

voltage ['vəʊltɪdʒ] *n* napięcie *n*.

volume ['vɒljuːm] *n* [sound level] głośność *n*; [space occupied] objętość *f*; [amount] pojemność *f*; [book] tom *m*.

voluntary ['vɒləntrɪ] *adj* [unforced] dobrowolny; [unpaid] ochotniczy.

volunteer [vɒlən'tɪəʳ] <> *n* ochotnik *m*, ochotniczka *f*. <> *vt* : **to volunteer to do sthg** zgłosić się na ochotnika do zrobienia czegoś.

vomit ['vɒmɪt] <> *n* wymiociny *pl*. <> *vi* wymiotować/zwymiotować.

vote [vəʊt] <> *n* [choice] głos *m*; [process] głosowanie *n*; [number of votes] głosy *mpl*. <> *vi* : **to vote (for)** głosować (za).

voter ['vəʊtəʳ] *n* wyborca *m*.

voucher ['vaʊtʃəʳ] *n* kupon *m*.

vowel ['vaʊəl] *n* samogłoska *f*.

voyage ['vɔɪdʒ] *n* [by sea] rejs *m*; [space] lot *m*.

vulgar ['vʌlgəʳ] *adj* [rude] wulgarny; [in bad taste] ordynarny.

vulture ['vʌltʃəʳ] *n* [bird] sęp *m*.

W ['dʌbljuː] (*abbr of* **west**) *zachód*.

wad [wɒd] *n* [of paper, banknotes] plik *m*; [of cotton] wacik *m*.

waddle ['wɒdl] *vi* dreptać/przydreptać.

wade [weɪd] *vi* brodzić.

wading pool *n* US brodzik *m*.

wafer ['weɪfəʳ] *n* [biscuit] wafel *m*.

waffle ['wɒfl] <> *n* [pancake] gofr *m*. <> *vi* inf [speaking] ględzić/pogędzić; [writing] rozpisać/rozpisywać się.

wag [wæg] *vt* [finger] kiwać/pokiwać; [tail] merdać/zamerdać.

wage [weɪdʒ] *n* płaca *f*. ➤ **wages** *npl* zarobki *mpl*.

wagon ['wægən] *n* [vehicle] wóz *m*; UK [of train] wagon *m*.

waist [weɪst] *n* [of person] talia *f*; [of garment] pas *m*.

waistcoat ['weɪskəʊt] *n* kamizelka *f*.

wait [weɪt] <> *n* oczekiwanie *n*. <> *vi* czekać/poczekać • **to wait for sb to do sthg** poczekać aż ktoś coś zrobi; **I can't wait!** nie mogę się doczekać! ➤ **wait for** <> *vt insep* czekać/poczekać na.

waiter ['weɪtəʳ] *n* kelner *m*.

waiting room *n* poczekalnia *f*.

waitress ['weɪtrɪs] *n* kelnerka *f*.

wake [weɪk] (*pt* woke, *pp* woken) <> *vt* budzić/obudzić. <> *vi* budzić/obudzić się. ➤ **wake up** <> *vt sep* budzić/obudzić. <> *vi* [wake] budzić/obudzić się.

Waldorf salad [ˈwɔːldɔːf-] *n* sałatka *f* Waldorf.

Wales [weɪlz] *n* Walia *f*.

walk [wɔːk] <> *n* [journey on foot] spacer *m*; [path] trasa *f*. <> *vi* [move on foot] iść/pójść; [as hobby] spacerować. <> *vt* [distance] przechodzić/przejść; [dog] wyprowadzać/wyprowadzić • **to go for a walk** pójść na spacer; **it's a short walk** to parę kroków stąd; **to take the dog for a walk** wyprowadzić psa na spacer; 'walk' *US* ≃ zielone światło dla pieszych; 'don't walk' *US* ≃ czerwone światło dla pieszych. ◆ **walk away** <> *vi* [leave] odchodzić/odejść. ◆ **walk in** <> *vi* [enter] wchodzić/wejść. ◆ **walk out** <> *vi* [leave angrily] wychodzić/wyjść.

walker [ˈwɔːkəʳ] *n* [for pleasure] spacerowicz *m*, -ka *f*; [for exercise] piechur *m*, -ka *f*.

walking boots *npl* buty *mpl* turystyczne.

walking stick *n* laska *f*.

Walkman® [ˈwɔːkmən] *n* walkman® *m*.

wall [wɔːl] *n* [of building, room] ściana *f*, [in garden, countryside, street] mur *m*.

wallet [ˈwɒlɪt] *n* [for money] portfel *m*.

wallpaper [ˈwɔːlˌpeɪpəʳ] *n* tapeta *f*.

Wall Street *n* Wall Street.

wally [ˈwɒlɪ] *n UK inf* tuman *m*.

walnut [ˈwɔːlnʌt] *n* [nut] orzech *m* włoski.

waltz [wɔːls] *n* walc *m*.

wander [ˈwɒndəʳ] *vi* wędrować/powędrować.

want [wɒnt] *vt* [desire] chcieć; [need] wymagać • **to want to do sthg** chcieć coś zrobić; **to want sb to do sthg** chcieć aby ktoś coś zrobił.

war [wɔːʳ] *n* wojna *f*.

ward [wɔːd] *n* [in hospital] oddział *m*.

warden [ˈwɔːdn] *n* [of park] strażnik *m*, strażniczka *f*; [of youth hostel] kierownik *m*, kierowniczka *f*.

wardrobe [ˈwɔːdrəʊb] *n* szafa *f*.

warehouse [ˈweəhaʊs, (pl -haʊzɪz)] *n* hurtownia *f*.

warm [wɔːm] <> *adj* ciepły; [friendly] serdeczny. <> *vt* ogrzewać/ogrzać. ◆ **warm up** <> *vt sep* podgrzewać/podgrzać. <> *vi* [get warmer] ogrzewać/ogrzać się; [do exercises] rozgrzewać/rozgrzać się; [machine, engine] nagrzewać/nagrzać się.

war memorial *n* pomnik *m* poległych.

warmth [wɔːmθ] *n* ciepło *n*.

warn [wɔːn] *vt* ostrzegać/ostrzec • **to warn sb about sthg** ostrzegać kogoś przed czymś; **to warn sb not to do sthg** ostrzegać kogoś, żeby czegoś nie robił.

warning [ˈwɔːnɪŋ] *n* ostrzeżenie *n*.

warranty [ˈwɒrəntɪ] *n fml* gwarancja *f*.

warship [ˈwɔːʃɪp] *n* okręt *m* wojenny.

wart [wɔːt] *n* kurzajka *f*.

was [(weak form) wəz, (strong form) wɒz] *pt* ▷ **be**.

wash [wɒʃ] <> *vt* [face, hands, car] myć/umyć; [dishes] zmywać/pozmywać; [clothes] prać/uprać. <> *vi* [clean o.s.] myć/umyć się. <> *n* : **to give sthg a wash**

umyć coś; **to have a wash** umyć się • **to wash one's hands** umyć ręce. **➡ wash up** ◇ *vi UK* [do washing-up] zmywać/pozmywać; *US* [clean o.s.] myć/umyć się.

washable ['wɒʃəbl] *adj* nadający się do prania.

washbasin ['wɒʃ'beɪsn] *n* umywalka *f*.

washbowl ['wɒʃbəʊl] *n US* umywalka *f*.

washer ['wɒʃəʳ] *n* [ring] uszczelka *f*.

washing ['wɒʃɪŋ] *n* pranie *n*.

washing line *n* sznur *m* do bielizny.

washing machine *n* pralka *f*.

washing powder *n* proszek *m* do prania.

washing-up *n UK* : **to do the washing-up** pozmywać naczynia.

washing-up bowl *n UK* miska *f* (*do płukania*).

washing-up liquid *n UK* płyn *m* do mycia naczyń.

washroom ['wɒʃrʊm] *n US* toaleta *f*.

wasn't [wɒznt] = **was not**.

wasp *n* osa *f*.

waste [weɪst] ◇ *n* [rubbish] odpady *pl*. ◇ *vt* marnować/zmarnować • **a waste of money** strata pieniędzy; **a waste of time** strata czasu.

wastebin *n* kubeł *m* na śmieci.

waste ground *n* nieużytki *mpl*.

wastepaper basket ['weɪst-'peɪpəʳ-] *n* kosz *m* na śmieci.

watch [wɒtʃ] ◇ *n* [wristwatch] zegarek *m*. ◇ *vt* [observe] oglądać/obejrzeć; [spy on] obserwować; [be careful with] uważać na.

➡ watch out ◇ *vi* [be careful] uważać • **to watch out for** [look for] wypatrywać.

watchstrap ['wɒtʃstræp] *n* pasek *m* do zegarka.

water ['wɔːtəʳ] ◇ *n* woda *f*. ◇ *vt* [plants, garden] podlewać/podlać. ◇ *vi* [eyes] łzawić; [mouth] ślinić się.

water bottle *n* [for cyclist] bidon *m*.

watercolour *n* [picture] akwarela *f*.

watercress *n* rzeżucha *f*.

waterfall ['wɔːtəfɔːl] *n* wodospad *m*.

watering can *n* konewka *f*.

watermelon ['wɔːtə'melən] *n* arbuz *m*.

waterproof ['wɔːtəpruːf] *adj* nieprzemakalny.

water purification tablets *npl* tabletki *fpl* odkażające wodę.

water skiing *n* narciarstwo *n* wodne.

water sports *npl* sporty *mpl* wodne.

water tank *n* zbiornik *m* wody.

watertight ['wɔːtətaɪt] *adj* wodoszczelny.

watt [wɒt] *n* wat *m* • **a 60-watt bulb** żarówka 60 watowa.

wave [weɪv] ◇ *n* fala *f*. ◇ *vt* [hand, flag] machać/pomachać. ◇ *vi* [move hand] machać/pomachać.

wavelength ['weɪvleŋθ] *n* długość *f* fali.

wavy ['weɪvɪ] *adj* [hair] falisty.

wax [wæks] *n* [for candles] wosk *m*; [in ears] woskowina *f*.

way [weɪ] *n* [manner, means] sposób *m*; [route, distance travelled] droga *f*; [direction] kierunek

m • **which way is the station?**
którędy do stacji?; **the town is
out of our way** to miasto jest
nam nie po drodze; **to be in the
way** stać na drodze; **to be on the
way** [coming] w drodze; **to get
out of the way** zejść z drogi; **to
get under way** rozpocząć się; **a
long way** daleko; **a long way
away** daleko; **to lose one's way**
zgubić drogę; **on the way back** z
powrotem; **on the way there** po
drodze; **that way** [like that] w ten
sposób; [in that direction] tamtędy; **this way** [like this] w taki
sposób; [in this direction] tędy;
'**give way**' ustąp pierwszeństwa
przejazdu; '**way in**' wejście; '**way
out**' wyjście; **no way!** *inf* ani mi
się śni!

WC *n* (*abbr of* **water closet**) WC *n*.

we [wi:] *pron* my.

weak [wi:k] *adj* słaby.

weaken ['wi:kn] *vt* osłabiać/osła-
bić.

weakness ['wi:knɪs] *n* słabość *f*.

wealth [welθ] *n* bogactwo *n*.

wealthy ['welθɪ] *adj* bogaty.

weapon ['wepən] *n* broń *f*.

wear [weəʳ] (*pt* **wore**, *pp* **worn**)
◇ *vt* nosić. ◇ *n* [clothes]
odzież *f* • **wear and tear** zużycie. ◆ **wear off** ◇ *vi* [lose
effect] słabnąć/osłabnąć; [lose
intensity]   ustępować/ustąpić.
◆ **wear out** ◇ *vi* zdzierać/
zedrzeć się.

weary ['wɪərɪ] *adj* zmęczony.

weasel ['wɪ:zl] *n* łasica *f*.

weather ['weðəʳ] *n* pogoda *f*
• **what's the weather like?** jaka
jest pogoda?; **to be under the
weather** *inf* czuć się kiepsko.

weather forecast *n* prognoza *f*
pogody.

weather forecaster *n* meteoro-
log *m*.

weather report *n* [on radio, TV,
in newspaper] komunikat *m* po-
godowy.

weather vane *n* wiatrowskaz *m*.

weave [wi:v] (*pt* **wove**, *pp* **woven**) *vt* tkać/utkać.

web [web] *n* COMPUT : **the web**
Internet *m*; **on the web** w
internecie.

web site *n* COMPUT strona *f*
internetowa.

Wed. (*abbr of* **Wednesday**) *środa*.

wedding ['wedɪŋ] *n* ślub *m*.

wedding anniversary *n* rocznica *f* ślubu.

wedding dress *n* suknia *f*
ślubna.

wedding ring *n* obrączka *f*.

wedge [wedʒ] *n* [of cake] kawałek
m; [of wood *etc*] klin *m*.

Wednesday ['wenzdɪ] *n* środa *f*
see also **Saturday**.

wee [wi:] ◇ *adj Scot* maleńki.
◇ *n inf* : **have a wee** robić siku.

weed [wi:d] *n* [plant] chwast *m*.

week [wi:k] *n* tydzień *m* • **a week
today** od dziś za tydzień; **in a
week's time** za tydzień.

weekday ['wi:kdeɪ] *n* dzień *m*
powszedni.

weekend ['wi:kend] *n* weekend
m.

weekly ['wi:klɪ] ◇ *adj* cotygod-
niowy. ◇ *adv* raz w tygodniu.
◇ *n* tygodnik *m*.

weep [wi:p] (*pt & pp* **wept** [wept])
vi płakać/zapłakać.

weigh [weɪ] ◇ *vi* [be in weight]
ważyć. ◇ *vt* [find weight of]
ważyć/zważyć • **how much
does it weigh?** ile to waży?

weight [weɪt] *n* [heaviness] waga

f; [heavy object] ciężar *m* • **to lose weight** schudnąć; **to put on weight** przytyć. ➤ **weights** *npl* [for weight training] sztangi *fpl*.

weightlifting ['weɪt'lɪftɪŋ] *n* podnoszenie *n* ciężarów.

weight training *n* trening *m* siłowy.

weir [wɪəʳ] *n* grobla *f*.

weird [wɪəd] *adj* dziwaczny.

welcome ['welkəm] ◇ *adj* [guest] mile widziany; [appreciated] pożądany. ◇ *n* powitanie *n*. ◇ *vt* [greet] witać/powitać; [be grateful for] przyjmować/przyjąć z zadowoleniem. ◇ *excl* witam! • **to make sb feel welcome** życzliwie kogoś przyjmować; **to be welcome to use sthg** mieć coś do swojej dyspozycji; **to be welcome to do sthg** móc coś zrobić; **you're welcome!** nie ma za co!

weld [weld] *vt* spawać/zespawać.

welfare ['welfeəʳ] *n* [happiness, comfort] dobro *n*; *US* [money] zasiłek *m*.

well (*compar* **better**, *superl* **best**) ◇ *adj* [healthy] zdrowy. ◇ *adv* dobrze; [a lot] dużo. ◇ *n* [for water] studnia *f* • **to get well** wrócić do zdrowia; **to go well** pójść dobrze; **well done!** dobra robota!; **it may well happen** łatwo może się wydarzyć; **it's well worth it** jest w pełni tego warte; **as well** [in addition] również; **as well as** [in addition to] jak również.

we'll [wiːl] = **we shall**, **we will**.

well behaved *adj* dobrze wychowany.

well built *adj* dobrze zbudowany.

well done *adj* [fried meat] dobrze wysmażony.

well dressed *adj* dobrze ubrany.

wellington (boot) *n* kalosz *m*.

well known *adj* dobrze znany.

well off *adj* [rich] dobrze sytuowany.

well paid *adj* dobrze płatny.

welly ['welɪ] *n UK inf* gumiak *m*.

Welsh ◇ *adj* walijski. ◇ *n* [language] walijski *m*. ◇ *npl* : **the Welsh** Walijczycy *mpl*.

Welshman ['welʃmən] (*pl* -men [-mən]) *n* Walijczyk *m*.

Welsh rarebit *n* zapiekanka *f* z serem.

Welshwoman ['welʃwʊmən] (*pl* -women [-wɪmɪn]) *n* Walijka *f*.

went [went] *pt* ⊳ **go**.

wept [wept] *pt & pp* ⊳ **weep**.

were [wɜːʳ] *pt* ⊳ **be**.

we're [wɪəʳ] = **we are**.

weren't [wɜːnt] = **were not**.

west [west] ◇ *n* zachód *m*. ◇ *adj* zachodni. ◇ *adv* [fly, walk, be situated] na zachód • **in the west of England** w zachodniej Anglii.

westbound ['westbaʊnd] *adj* w kierunku zachodnim.

West Country *n* : **the West Country** południowo-zachodnia Anglia.

West End *n* : **the West End** [of London] West End.

western ['westən] ◇ *adj* zachodni. ◇ *n* [film] western *m*.

West Indies *npl* Indie *pl* Zachodnie.

Westminster ['westmɪnstəʳ] *n* Westminster.

Westminster Abbey *n* Opactwo *n* Westminster.

westwards ['westwədz] *adv* na zachód.

wet [wet] (*pt & pp* **wet** OR *pt & pp* **wetted**) <> *adj* [soaked, damp] mokry; [rainy] deszczowy. <> *vt* moczyć/zamoczyć • **to get wet** zmoknąć; **'wet paint'** świeżo malowane.

wet suit *n* kombinezon *m* piankowy.

we've [wi:v] = we have.

whale [weɪl] *n* wieloryb *m*.

wharf [wɔ:f] (*pl* -s OR *pl* **wharves** [wɔ:vz]) *n* nabrzeże *n*.

what [wɒt] <> *adj* -1. [in questions] jaki ; **what colour is it?** jakiego jest koloru⸮; **he asked me what colour it was** zapytał mnie, jaki to jest kolor. -2. [in exclamations] co za ; **what a surprise!** co za niespodzianka!; **what a beautiful day!** co za piękny dzień!. <> *pron* -1. [in direct questions, subject, object, after prep] co ; **what is going on?** co się dzieje⸮; **what are they doing?** co oni robią⸮; **what is that?** co to jest⸮; **what's your name?** jak się nazywasz⸮; **what's the price?** po ile⸮; **what are they talking about?** o czym oni rozmawiają⸮; **what is it for?** do czego to służy⸮ -2. [in indirect questions, subject, object, after prep] co ; **she asked me what had happened** zapytała mnie, co się stało; **she asked me what I had seen** zapyała mnie, co widziałem; **she asked me what I was thinking about** zapytała mnie, o czym myślałem. -3. [introducing relative clauses, subject, object] : **I didn't see what happened** nie widziałem tego, co się stało; **you can't have what you want** nie możesz mieć tego, czego chcesz. -4. [in phrases] : **what for?** po co⸮; **what about going out for a meal?** a może wyszlibyśmy coś zjeść⸮ <> *excl* co⸮!

whatever [wɒt'evə'] *pron* : **take whatever you want** weź cokolwiek chcesz; **whatever I do, I'll lose** cokolwiek zrobię i tak przegram; **whatever that may be** cokolwiek to jest.

wheat [wi:t] *n* pszenica *f*.

wheel [wi:l] *n* [of car, bicycle *etc*] koło *n*; [steering wheel] kierownica *f*.

wheelbarrow ['wi:l'bærəʊ] *n* taczka *f*.

wheelchair ['wi:l'tʃeə'] *n* wózek *m* inwalidzki.

wheel clamp *n* blokada *f* na koło.

wheezy ['wi:zɪ] *adj* świszczący.

when [wen] <> *adv* kiedy. <> *conj* kiedy.

whenever [wen'evə'] *conj* kiedykolwiek.

where [weə'] <> *adv* gdzie. <> *conj* gdzie.

whereabouts <> *adv* ['weərə'baʊts] w którym miejscu. <> *npl* ['weərəbaʊts] : **his/her/its whereabouts are unknown** nie wiadomo, gdzie się znajduje.

whereas [weər'æz] *conj* podczas gdy.

wherever [weər'evə'] *conj* gdziekolwiek • **wherever that may be** gdziekolwiek to jest.

whether ['weðə'] *conj* czy.

which [wɪtʃ] <> *adj* [in direct, indirect questions] który ; **which room do you want?** który chcesz pokój⸮; **which one?** który⸮; **she asked me which room I wanted** spytała mnie, który chcę pokój. <> *pron* -1. [in direct,

indirect questions] który ; **which is the cheapest?** który jest najtań-szy $\textrm{?}$; **which do you prefer?** który wolisz $\textrm{?}$; **he asked me which was the best** spytała mnie, który jest najlepszy; **he asked me which I preferred** spytał mnie, który wolę; **he asked me which I was talking about** spytał mnie, o którym mówiłem. **-2.** [introducing relative clause] który ; **the house which is on the corner** dom, który znajduje się na rogu; **the television which I bought** telewizor, który kupiłem; **the settee on which I'm sitting** sofa, na której siedzę. **-3.** [referring back] co ; **he's late, which annoys me** on się spóźnia, co mnie irytuje; **he's always late, which I don't like** on się zawsze spóźnia, czego ja nie lubię.

whichever [wɪtʃ'evə^r] *adj & pron* którykolwiek.

while [waɪl] $\Leftrightarrow$ *conj* [during the time that] podczas gdy; [although] chociaż. $\Leftrightarrow$ *n* : **a while** chwila • **for a while** na chwilę; **in a while** za chwilę.

whim [wɪm] *n* zachcianka *f*.

whine [waɪn] *vi* [make noise] skomleć/zaskomleć; [complain] jęczeć/zajęczeć.

whip [wɪp] $\Leftrightarrow$ *n* bat *m*. $\Leftrightarrow$ *vt* [with whip] chłostać/wychłostać.

whipped cream *n* bita śmietana *f*.

whirlpool ['wɜːlpuːl] *n* [Jacuzzi] jacuzzi *n*.

whisk [wɪsk] $\Leftrightarrow$ *n* [utensil] trze-paczka *f* do ubijania. $\Leftrightarrow$ *vt* [eggs, cream] ubijać/ubić.

whiskers *npl* [of animal] wąsy *mpl*.

whiskey (*pl* -s) *n* whisky *f*.

whisky *n* whisky *f*.

whisper ['wɪspə^r] *vt & vi* szeptać/wyszeptać.

whistle ['wɪsl] $\Leftrightarrow$ *n* [instrument] gwizdek *m*; [sound] gwizd *m*. $\Leftrightarrow$ *vi* gwizdać/zagwizdać.

white [waɪt] $\Leftrightarrow$ *adj* biały; [coffee, tea] z mlekiem. $\Leftrightarrow$ *n* [colour] biały *m*; [of egg] białko *n*; [person] biały *m*, biała *f*.

white bread *n* białe pieczywo *n*.

White House *n* : **the White House** Biały Dom *m*.

white sauce *n* sos *m* biały.

white spirit *n* benzyna *f* lakowa.

white wine *n* białe wino *n*.

Whitsun *n* [day] Zielone Świątki *pl*.

who [huː] *pron* kto; [in relative clauses: subj] kto, który; [in relative clauses: obj] który • **who are you?** kim jesteś $\textrm{?}$; **she asked me who I'd seen** zapytała mnie, kogo widziałem; **do you know anyone who can help** znasz kogoś, kto może pomóc $\textrm{?}$

whoever [huː'evə^r] *pron* [which-ever person] ktokolwiek • **who-ever it is** ktokolwiek to jest.

whole [həʊl] $\Leftrightarrow$ *adj* [entire] cały; [undamaged] nienaruszony. $\Leftrightarrow$ *n* : **the whole of** cały • **on the whole** na ogół.

wholefoods *npl* zdrowa żyw-ność *f*.

wholemeal bread *n* UK chleb *m* razowy.

wholesale ['həʊlseɪl] *adv* COMM hurtowo.

wholewheat bread US = who-lemeal bread.

whom [huːm] *pron fml* [in ques-tions] : **to whom did you give it?** komu to dałeś $\textrm{?}$; **I'd like to know whom you saw** chcę wiedzieć

kogo widziałeś; [in relative clauses] : **that's the man whom I saw** to mężczyzna, którego widziałem; **a woman to whom he had written a letter** kobieta, do której napisał list.

whooping cough ['hu:pɪŋ-] *n* koklusz *m*.

whose [hu:z] <> *adj* [in questions] czyj; [in relative clauses] którego. <> *pron* [in questions] czyj.

why [waɪ] *adv* & *conj* dlaczego • **why not?** [in suggestions] może byś...?; [all right] czemu nie?

wick [wɪk] *n* [of candle, lighter] knot *m*.

wicked ['wɪkɪd] *adj* [evil] podły; [mischievous] figlarny.

wicker ['wɪkəʳ] *adj* wiklinowy.

wide [waɪd] <> *adj* szeroki; [difference, gap] rozległy. <> *adv* : **to open sthg wide** otworzyć coś szeroko • **how wide is the road?** jaka jest szerokość drogi?; **it's 12 metres wide** ma 12 metrów szerokości; **wide open** szeroko otwarty.

widely ['waɪdlɪ] *adv* [known, found] szeroko; [travel] dużo.

widen ['waɪdn] <> *vt* [make broader] poszerzać/poszerzyć. <> *vi* [gap, difference] powiększać/powiększyć się.

wide screen *n* TV & CIN szeroki ekran *m*. ➡ **wide-screen** *adj* szerokoekranowy.

widespread ['waɪdspred] *adj* rozpowszechniony.

widow ['wɪdəʊ] *n* wdowa *f*.

widower ['wɪdəʊəʳ] *n* wdowiec *m*.

width [wɪdθ] *n* szerokość *f*.

wife [waɪf] (*pl* **wives**[waɪvz]) *n* żona *f*.

wig [wɪg] *n* peruka *f*.

wild [waɪld] *adj* dziki; [uncontrolled] nieokiełznany; [crazy] szalony • **to be wild about** *inf* mieć bzika na punkcie.

wild flower *n* polny kwiat *m*.

wildlife ['waɪldlaɪf] *n* dzikie zwierzęta *npl*.

will *aux vb* -**1.** [expressing future tense] : **I will see you next week** zobaczę cię w przyszłym tygodniu; **will you be here next Friday?** czy będziesz tu w następny piątek?; **yes I will** tak, będę; **no I won't** nie, nie będę. -**2.** [expressing willingness] : **I won't do it** nie zrobię tego; **no one will do it** nikt nie chce tego zrobić. -**3.** [expressing polite question] : **will you have some more tea?** chciałby Pan jeszcze jeszcze herbaty? -**4.** [in commands, requests] : **will you please be quiet!** Będziesz ty cicho!; **close that window, will you?** zamknij okno, dobrze?

will *n* [document] testament *m* • **against one's will** wbrew swojej woli.

willing ['wɪlɪŋ] *adj* : **to be willing (to do sthg)** być chętnym (by coś zrobić).

willingly ['wɪlɪŋlɪ] *adv* chętnie.

willow ['wɪləʊ] *n* wierzba *f*.

win [wɪn] (*pt* & *pp* **won** [wʌn]) <> *n* wygrana *f*. <> *vt* [race, match, competition] wygrywać/wygrać; [support, approval, friends] zdobywać/zdobyć. <> *vi* wygrywać/wygrać.

wind[1] *n* [air current] wiatr *m*; [in stomach] wzdęcie *n*.

wind[2] (*pt* & *pp* **wound**[waʊnd]) <> *vi* [road, river] wić się. <> *vt* : **to wind sthg round sthg** owijać coś wokół czegoś.

wind up ⟨⟩ *vt sep UK inf*
[annoy] wnerwiać/wnerwić; [car
window] zakręcać/zakręcić; [clock,
watch] nakręcać/nakręcić.

windbreak ['wɪndbreɪk] *n* wia-
trochron *m*.

windmill ['wɪndmɪl] *n* wiatrak *m*.

window ['wɪndəʊ] *n* okno *n*.

window box *n* skrzynka *f* na
kwiaty.

window cleaner *n* czyściciel *m*,
-ka *f* okien.

windowpane ['wɪndəʊpeɪn] *n*
szyba *f* okienna.

window seat *n* [on plane] miejsce *n* przy oknie.

window-shopping *n* oglądanie
n wystaw sklepowych.

windowsill ['wɪndəʊsɪl] *n* parapet *m*.

windscreen ['wɪndskriːn] *n UK*
przednia szyba *f*.

windscreen wipers *npl UK*
wycieraczki *fpl*.

windshield ['wɪndʃiːld] *n US*
przednia szyba *f*.

Windsor Castle *n* Zamek *m*
Windsor.

windsurfing ['wɪnd'sɜːfɪŋ] *n*
windsurfing *m* • **to go windsurfing** wybrać się na windsurfing.

windy ['wɪndɪ] *adj* [day, weather]
wietrzny • **it's windy** jest duży
wiatr.

wine [waɪn] *n* wino *n*.

wine bar *n UK* winiarnia *f*.

wineglass ['waɪnglɑːs] *n* kieliszek
m do wina.

wine list *n* karta *f* win.

wine tasting [-'teɪstɪŋ] *n* degustacja *f* win.

wine waiter *n* kelner *m* podający
wino, kelnerka *f* podająca wino.

wing [wɪŋ] *n* skrzydło *n*; [food]
skrzydełko *n*; *UK* [of car] błotnik
m. **wings** *npl* : **the wing** [in
theatre] kulisy *fpl*.

wink [wɪŋk] *vi* [person] mrugać/
mrugnąć.

winner ['wɪnəʳ] *n* zwycięzca *m*,
zwyciężczyni *f*.

winning ['wɪnɪŋ] *adj* [person,
team] zwycięski; [ticket, number]
wygrywający.

winter ['wɪntəʳ] *n* zima *f* • **in
(the) winter** zimą.

wintertime ['wɪntətaɪm] *n* zima
f.

wipe [waɪp] *vt* wycierać/wytrzeć
• **to wipe one's hands/feet** wytrzeć ręce/nogi. **wipe up** *vt
sep* [liquid, dirt] wycierać/wy-
trzeć. ⟨⟩ *vi* [dry the dishes]
wycierać/wytrzeć naczynia.

wiper ['waɪpəʳ] *n* [windscreen wi-
per] wycieraczka *f* samochodowa.

wire ['waɪəʳ] ⟨⟩ *n* [thin piece of
metal] drut *m*; [electrical wire]
przewód *m*. ⟨⟩ *vt* [plug] podłą-
czać/podłączyć.

wireless ['waɪəlɪs] *n* radio *n*.

wiring ['waɪərɪŋ] *n* instalacja *f*
elektryczna.

wisdom tooth *n* ząb *m* mądrości.

wise [waɪz] *adj* mądry.

wish [wɪʃ] ⟨⟩ *n* [desire] życzenie
n. ⟨⟩ *vt* życzyć/zażyczyć sobie
• **I wish I was younger** chciałbym być młodszy; **I wish you'd
told me earlier** szkoda, że mi
wcześniej nie powiedziałeś; **best
wishes** najlepsze życzenia; **to
wish for sthg** pragnąć czegoś;
to wish to do sthg *fml* pragnąć
coś zrobić; **to wish sb luck/
happy birthday** życzyć komuś
szczęścia/wszystkiego najlepsze-

go z okazji urodzin; **if you wish**
fml jeśli sobie życzysz.

witch [wɪtʃ] *n* [with broomstick]
czarownica *f*; [practitioner of
witchcraft] wiedźma *f*; [enchan-
tress] czarodziejka *f*.

with [wɪð] *prep* **-1.** [in company of]
z ; **come with me** chodź ze mną.
-2. [at house of] u ; **we stayed
with friends** zostaliśmy u przyjaciół. **-3.** [in descriptions] z ; **a
man with a beard** mężczyzna z
brodą; **a room with a bathroom**
pokój z łazienką. **-4.** [indicating
means, covering, contents] : **I
washed it with detergent** umy-
łem to detergentem; **to fill sthg
with sthg** napełniać coś czymś;
topped with cream polane
śmietaną. **-5.** [indicating emotion,
manner, opposition] z ; **to tremble
with fear** drżeć ze strachu; **they
won with ease** wygrali z łatwością; **to argue with sb** kłócić
się z kimś. **-6.** [regarding] z ; **be
careful with that!** ostrożnie z
tym!

withdraw [wɪð'drɔː] (*pt* **withdrew**, *pp* **withdrawn**) <> *vt* [take
out] wyjmować/wyjąć; [money]
wypłacać/wypłacić. <> *vi* [from
race, contest] wycofywać/wyco-
fać się.

withdrawal [wɪð'drɔːəl] *n* [from
bank account] wypłata *f*.

withdrawn [wɪð'drɔːn] *pp*
▷ withdraw.

withdrew [wɪð'druː] *pt*
▷ withdraw.

wither ['wɪðəʳ] *vi* [plant] więdnąć/
zwiędnąć.

within [wɪ'ðɪn] <> *prep* [inside]
wewnątrz; [not exceeding] w
obrębie. <> *adv* w środku • **it's
within walking distance** można
tam dojść pieszo; **within 10
miles of ...** w odległości 10 mil

od...; **it arrived within a week**
nadeszło w ciągu tygodnia;
within the next week w ciągu
następnego tygodnia.

without [wɪ'ðaʊt] *prep* bez
• **without doing sthg** nie robiąc
czegoś.

withstand [wɪð'stænd] (*pt & pp*
withstood [-'stʊd]) *vt* [force,
weather] wytrzymywać/wytrzy-
mać; [challenge, attack] stawiać/
stawić czoło.

witness ['wɪtnɪs] <> *n* świadek
m. <> *vt* [see] być świadkiem.

witty ['wɪtɪ] *adj* dowcipny.

wives [waɪvz] *pl* ▷ wife.

wobbly ['wɒblɪ] *adj* [table, chair]
chybotliwy.

wok [wɒk] *n* wok *m*.

woke [wəʊk] *pt* ▷ wake.

woken ['wəʊkn] *pp* ▷ wake.

wolf [wʊlf] (*pl* **wolves** [wʊlvz]) *n*
wilk *m*.

woman ['wʊmən] (*pl* **women**
['wɪmɪn]) *n* kobieta *f*.

womb [wuːm] *n* macica *f*.

women ['wɪmɪn] *pl* ▷ woman.

won [wʌn] *pt & pp* ▷ win.

wonder ['wʌndəʳ] <> *vi* [ask o.s.]
zastanawiać/zastanowić się.
<> *n* [amazement] zdumienie *n*
• **to wonder if** [speculate] zastanawiać się czy; **I wonder if I
could ask you a favour?** czy
mógłbym poprosić cię o przysługę?

wonderful ['wʌndəfʊl] *adj* cudowny.

won't [wəʊnt] = will not.

wood [wʊd] *n* [substance] drewno
n; [small forest] las *m*; [golf club]
kij *m* typu wood.

wooden ['wʊdn] *adj* drewniany.

woodland ['wʊdlənd] *n* lasy *mpl*.

woodpecker ['wʊd'pekə'] *n* dzięcioł *m*.

woodwork ['wʊdwɜːk] *n* SCH stolarka *f*.

wool [wʊl] *n* wełna *f*.

woolen ['wʊlən] *US* = **woollen**.

woollen *adj UK* wełniany.

woolly ['wʊlɪ] *adj* wełniany.

wooly ['wʊlɪ] *US* = **woolly**.

Worcester sauce ['wʊstə-] *n* sos *m* Worcester.

word [wɜːd] *n* słowo *n*; [written] wyraz *m* • **in other words** innymi słowy; **to have a word with sb** zamienić z kimś słowo.

wording ['wɜːdɪŋ] *n* sformułowanie *n*.

word processing *n* edycja *f* tekstu.

word processor *n* edytor *m* tekstu.

wore [wɔː'] *pt* ⊳ **wear**.

work [wɜːk] ◇ *n* praca *f*; [novel, artwork *etc*] dzieło *n*; [piece of music] utwór *m*. ◇ *vi* pracować; [function] działać/zadziałać. ◇ *vt* [machine, controls] obsługiwać • **out of work** bez pracy; **to be at work** [at workplace] być w pracy; [working] pracować; **to be off work** być na zwolnieniu; **the works** *inf* [everything] wszystko; **how does it work?** jak to działa?; **it's not working** to nie działa. ◆ **work out** ◇ *vt sep* [price, total] obliczać/obliczyć; [reason] pojmować/pojąć; [solution] znajdować/znaleźć; [method, plan] opracowywać/opracować; [understand] rozumieć/zrozumieć. ◇ *vi* [result, turn out] powieść się; [be successful] udawać/udać się; [do exercise] trenować • **it works out at £20 each** [bill, total] wychodzi po 20 funtów każdy.

worker ['wɜːkə'] *n* [employee] pracownik *m*, pracownica *f*.

working class *n* : **the working class** klasa *f* pracująca.

working hours *npl* godziny *fpl* pracy.

workman ['wɜːkmən] (*pl* -**men** [-mən]) *n* robotnik *m*.

work of art *n* [painting, sculpture] dzieło *n* sztuki.

workout ['wɜːkaʊt] *n* trening *m*.

work permit [-'pɜːmɪt] *n* pozwolenie *n* na pracę.

workplace ['wɜːkpleɪs] *n* miejsce *n* pracy.

workshop ['wɜːkʃɒp] *n* [for repairs] warsztat *m*.

work surface *n* blat *m* kuchenny.

world [wɜːld] ◇ *n* świat *m*. ◇ *adj* światowy • **the best in the world** najlepszy na świecie.

World Series *n* : **the World Series** *rozgrywki pierwszoligowe w baseballu*.

worldwide ['wɜːldwaɪd] *adv* na całym świecie.

World Wide Web *n* COMPUT : **the World Wide Web** globalny system *m* stron internetowych.

worm [wɜːm] *n* robak *m*.

worn [wɔːn] ◇ *pp* ⊳ **wear**. ◇ *adj* [clothes, carpet] wytarty.

worn-out *adj* [clothes, shoes *etc*] znoszony; [tired] wyczerpany.

worried ['wʌrɪd] *adj* zmartwiony.

worry ['wʌrɪ] ◇ *n* zmartwienie *n*. ◇ *vt* martwić/zmartwić. ◇ *vi* : **to worry (about)** martwić się (o).

worrying ['wʌrɪɪŋ] *adj* niepokojący.

worse [wɜːs] ◇ *adj* gorszy; [more ill] : **is she feeling worse?**

czy ona czuje się gorzej? <> *adv*
gorzej • **to get worse** pogorszyć
się; [more ill] poczuć się gorzej;
worse off [in worse position] w
gorszym położeniu; [poorer] gorzej sytuowany.

worsen ['wɜːsn] *vi* pogarszać/
pogorszyć się.

worship ['wɜːʃɪp] <> *n* [church
service] nabożeństwo *n*. <> *vt*
[god] czcić; *fig* [person] uwiel-
biać/uwielbić.

worst [wɜːst] <> *adj* najgorszy.
<> *adv* najgorzej. <> *n* : the
worst najgorszy.

worth [wɜːθ] *prep* : **how much is
it worth?** ile to jest warte?; **it's
worth £50** jest warte 50 funtów; **it's worth seeing** warto to
obejrzeć; **it's not worth it** to nie
jest tego warte; **£50 worth of
traveller's cheques** czeki podróżne o wartości 50 funtów.

worthless ['wɜːθlɪs] *adj* bezwartościowy.

worthwhile ['wɜːθ'waɪl] *adj* wart
zachodu.

worthy ['wɜːðɪ] *adj* [winner] godny; [cause] szlachetny • **to be
worthy of sthg** być wartym
czegoś.

would [wʊd] *aux vb* -1. [in re-
ported speech] : **she said she
would come** powiedziała, że
przyjdzie. -2. [indicating condition]
: **what would you do? co byś
zrobił?; what would you have
done? co byś zrobił?; I would be
most grateful** byłbym bardzo
zobowiązany. -3. [indicating will-
ingness] : **she wouldn't go** nie
chciała iść; **he would do anything for her** wszystko by dla
niej zrobił. -4. [in polite questions]
: **would you like a drink?** napijesz się czegoś?; **would you
mind closing the window?** czy

mógłbyś zamknąć okno?. -5.
[indicating inevitability] : **he would
say that** to cały on. -6. [giving
advice] : **I would report it if I
were you** na twoim miejscu
zgłosiłbym to. -7. [expressing opi-
nions] : **I would prefer** wolałbym; **I would have thought
(that) ...** pomyślałbym, (że)...

wound[1] <> *n* rana *f*. <> *vt*
[injure] ranić/zranić.

wound[2] *pt* & *pp* ▷ **wind**[2].

wove [wəʊv] *pt* ▷ **weave**.

woven ['wəʊvn] *pp* ▷ **weave**.

wrap [ræp] *vt* [package] pakować/
zapakować • **to wrap sthg
round sthg** owijać coś wokół
czegoś. ▬ **wrap up** *vt sep*
[package] pakować/zapakować.
vi [dress warmly] ubierać/ubrać
się ciepło.

wrapper ['ræpə'] *n* [of sweet,
chocolate] papierek *m*; [of book]
obwoluta *f*.

wrapping ['ræpɪŋ] *n* [material]
opakowanie *n*.

wrapping paper *n* [strong] papier *m* pakowy; [decorative] papier *m* do pakowania.

wreath [riːθ] *n* [for grave] wieniec
m.

wreck [rek] <> *n* wrak *m*. <> *vt*
[destroy] niszczyć/zniszczyć;
[spoil] psuć/zepsuć • **to be
wrecked** [ship] być rozbitym.

wreckage ['rekɪdʒ] *n* [of plane,
car] szczątki *pl*; [of building] ruiny
fpl.

wrench [rentʃ] *n UK* [monkey
wrench] klucz *m* szwedzki; *US*
[spanner] klucz *m*.

wrestler ['reslə'] *n* zapaśnik *m*,
zapaśniczka *f*.

wrestling ['reslɪŋ] *n* zapasy *pl*.

wretched ['retʃɪd] *adj* [miserable] okropny; [very bad] żałosny.

wring [rɪŋ] (*pt & pp* **wrung** [rʌŋ]) *vt* [clothes, cloth] wyżymać/wyżąć.

wrinkle ['rɪŋkl] *n* zmarszczka *f*.

wrist [rɪst] *n* nadgarstek *m*.

wristwatch ['rɪstwɒtʃ] *n* zegarek *m*.

write [raɪt] (*pt* **wrote**, *pp* **written**) ◇ *vt* pisać/napisać; [cheque, prescription] wypisywać/wypisać; *US* [send letter to] pisać/ napisać do. ◇ *vi* [produce writing] pisać; [send letter] : **to write (to sb)** *UK* pisać (do kogoś). ➤ **write back** ◇ *vi* odpisywać/odpisać. ➤ **write down** ◇ *vt sep* zapisywać/zapisać. ➤ **write off** ◇ *vt sep UK inf* [car] kasować/skasować. ◇ *vi* : **to write for sthg** prosić listownie o coś. ➤ **write out** ◇ *vt sep* wypisywać/wypisać.

write-off *n* [vehicle] samochód *m* do kasacji.

writer ['raɪtəʳ] *n* [author] pisarz *m*, pisarka *f*.

writing ['raɪtɪŋ] *n* [handwriting, written words] pismo *n*; [activity] pisanie *n*.

writing desk *n* biurko *n*.

writing pad *n* notatnik *m*.

writing paper *n* papier *m* listowy.

written ['rɪtn] ◇ *pp* ▷ **write**. ◇ *adj* pisemny.

wrong [rɒŋ] ◇ *adj* [incorrect] zły; [unsatisfactory] nie w porządku; [unsuitable] niewłaściwy; [bad, immoral] zły. ◇ *adv* [incorrectly] źle • **what's wrong?** co się stało?; **something's wrong with the car** coś jest nie w porządku z jej samochodem; **she was wrong to ask him** źle zrobiła, że go zapytała; **it was wrong of you to laugh** nie powinieneś się śmiać; **to be in the wrong** zawinić; **to be wrong** mylić się; **to get sthg wrong** mylić się co do czegoś; **to go wrong** [machine] popsuć się; '**wrong way**' *US* ≃ zakaz wjazdu.

wrongly ['rɒŋlɪ] *adv* źle.

wrong number *n* pomyłka *f*.

wrote [rəʊt] *pt* ▷ **write**.

wrought iron *n* kute żelazo *n*.

wrung [rʌŋ] *pt & pp* ▷ **wring**.

WWW (*abbr of* World Wide Web) *n* COMPUT WWW.

xing *US* (*abbr of* crossing) : '**ped xing**' przejście *n* dla pieszych.

XL (*abbr of* extra-large) XL.

Xmas *n inf* Boże Narodzenie *n*.

X-ray ◇ *n* [picture] zdjęcie *n* rentgenowskie. ◇ *vt* robić/zrobić prześwietlenie • **to have an X-ray** zrobić sobie prześwietlenie.

yacht [jɒt] *n* jacht *m*.

Yankee ['jæŋkɪ] *n* Jankes *m*, -ka *f*.

yard [jɑːd] *n* [unit of measurement]

jard *m*; [enclosed area] podwórko *n*; *US* [behind house] ogródek *m*.

yard sale *n US* wyprzedaż *f* rzeczy używanych.

yarn [jɑːn] *n* [thread] przędza *f*.

yawn [jɔːn] *vi* [person] ziewać/ziewnąć.

yd = yard.

yeah [jeə] *adv inf* tak.

year [jɪəᵊ] *n* rok *m* • **next year** następnego roku; **this year** w tym roku; **I'm 15 years old** mam 15 lat; **I haven't seen her for years** *inf* nie widziałem jej kupę lat.

yearly [ˈjɪəlɪ] *adj* [once a year] doroczny; [every year] coroczny.

yeast [jiːst] *n* drożdże *pl*.

yell [jel] *vi* wrzeszczeć/wrzasnąć.

yellow [ˈjeləʊ] <> *adj* żółty. <> *n* żółty *m*.

yellow lines *npl* żółte linie *fpl*.

Yellow Pages® *n* : the Yellow Pages żółte strony *fpl*.

yes [jes] *adv* tak • **to say yes** powiedzieć „tak".

yesterday [ˈjestədɪ] *n & adv* wczoraj • **the day before yesterday** przedwczoraj; **yesterday afternoon** wczoraj po południu; **yesterday morning** wczoraj rano.

yet [jet] <> *adv* jeszcze; [up to now] do tej pory. <> *conj* mimo to • **not yet** jeszcze nie; **I've yet to do it** mam to jeszcze to zrobienia; **yet again** znowu; **yet another delay** jeszcze jedno opóźnienie.

yew [juː] *n* cis *m*.

yield [jiːld] <> *vt* [profit, interest] przynosić/przynieść. <> *vi* [break] nie wytrzymywać/wytrzymać; [give way] ustępować/ustąpić • **'yield'** *US* AUT ustąp pierwszeństwa przejazdu.

YMCA *n* YMCA *f*.

yob [jɒb] *n UK inf* chuligan *m*.

yoga [ˈjəʊgə] *n* joga *f*.

yoghurt [*UK* ˈjɒgət, *US* ˈjəʊgərt] *n* jogurt *m*.

yolk [jəʊk] *n* żółtko *n*.

York Minster *n* katedra *f* w Yorku.

Yorkshire pudding *n rodzaj ciasta z jaj, mleka i mąki podawanego tradycyjnie z pieczenią wołową.*

you [juː] *pron* -1. [subject: singular] ty; [subject: polite form] pan *m*, -i *f*; [subject: plural] państwo ; **you French** wy Francuzi. -2. [direct object: singular] cię; [direct object: polite form] pana *m*, panią *f*; [direct object: plural] was. -3. [indirect object: singular] ci; [indirect object: polite form] panu *m*, pani *f*; [indirect object: plural] wam. -4. [after prep: singular] ciebie; [after prep: polite form] panem *m*, panią *f*; [after prep: plural] was ; **I'm shorter than you** jestem niższy od ciebie. -5. [indefinite use: object] : **you never know** nigdy nie wiadomo.

young [jʌŋ] <> *adj* młody. <> *npl* : the young młodzież *f*.

younger *adj* młodszy.

youngest *adj* najmłodszy.

youngster [ˈjʌŋstəᵊ] *n* chłopak *m*.

your [jɔːᵊ] *adj* -1. [singular subject] twój; [polite form – male] pański [polite form – female] pani; [plural subject] wasz; [polite form] państwa; **your dog** twój/wasz/pański/pani pies; **your house** twój/wasz/pański/pani dom; **your children** twoje/wasze/pańskie/pani dzieci; **your mother** twoja/wasza/pańska/pani matka. -2. [indefinite subject] : **it's good for your health** to dobre dla zdrowia.

yours [jɔ:z] *pron* [singular subject] twój *m*, twoja *f*; [plural subject] twoi *mpl*, twoje *fpl*; [polite form] pana *m*, pani *f*, państwa *pl* • **a friend of yours** twój znajomy.

yourself [jɔ:'self] (*pl* **-selves** [-'selvz]) *pron* **-1.** [reflexive] się. **-2.** [after prep: singular, plural, polite form] : **look at yourself** spójrz na siebie; **tell me about yourselves** opowiedzcie mi o sobie; **you should take better care of yourself** powinna pani lepiej o siebie dbać • **did you do it yourself?** [singular] sam to zrobiłeś ; [polite form] czy pan to sam zrobił; **did you do it yourselves?** czy sami to zrobiliście

youth [ju:θ] *n* młodość *f*; [young man] młodzieniec *m*.

youth club *n* klub *m* młodzieżowy.

youth hostel *n* schronisko *n* młodzieżowe.

Yugoslavia ['ju:ɡəʊ'slɑ:vɪə] *n* Jugosławia *f*.

yuppie *n* yuppie *m*.

YWCA *n* YWCA *f*.

zest [zest] *n* [of lemon, orange] skórka *f*.

zigzag ['zɪɡzæɡ] *vi* poruszać się zygzakiem.

zinc [zɪŋk] *n* cynk *m*.

zip [zɪp] ⬦ *n UK* zamek *m* błyskawiczny. ⬦ *vt* zapinać/zapiąć na zamek. ➡ **zip up** ⬦ *vt sep* [dress, coat] zapinać/zapiąć na zamek.

zip code *n US* kod *m* pocztowy.

zipper ['zɪpə'] *n US* zamek *m* błyskawiczny.

zit [zɪt] *n inf* pryszcz *m*.

zodiac ['zəʊdɪæk] *n* zodiak *m*.

zone [zəʊn] *n* strefa *f*.

zoo [zu:] (*pl* -s) *n* zoo *n*.

zoom (lens) *n* teleobiektyw *m*.

zucchini [zu:'ki:nɪ] (*pl* **zucchini**) *n US* cukinia *f*.

Z

zebra [*UK* 'zebrə, *US* 'zi:brə] *n* zebra *f*.

zebra crossing *n UK* przejście *n* dla pieszych.

zero [*UK* 'zɪərəʊ, *US* 'zi:rəʊ] (*pl* -es) *n* [number] zero *n* • **five degrees below zero** pięć stopni poniżej zera.

English Irregular Verbs

Angielskie czasowniki nieregularne

English Irregular Verbs

Infinitive	Past Tense	Past Participle	Infinitive	Past Tense	Past Participle
arise	arose	arisen	fight	fought	fought
awake	awoke	awoken	find	found	found
be	was/were	been	fling	flung	flung
bear	bore	born(e)	fly	flew	flown
beat	beat	beaten	forbid	forbade/forbad	forbidden
become	became	become			
begin	began	begun	forget	forgot	forgotten
bend	bent	bent	freeze	froze	frozen
bet	bet/betted	bet/betted	get	got	got (US gotten)
bid	bid	bid	give	gave	given
bind	bound	bound	go	went	gone
bite	bit	bitten	grind	ground	ground
bleed	bled	bled	grow	grew	grown
blow	blew	blown	hang	hung/hanged	hung/hanged
break	broke	broken			
breed	bred	bred	have	had	had
bring	brought	brought	hear	heard	heard
build	built	built	hide	hid	hidden
burn	burnt/burned	burnt/burned	hit	hit	hit
			hold	held	held
burst	burst	burst	hurt	hurt	hurt
buy	bought	bought	keep	kept	kept
choose	chose	chosen	kneel	knelt/kneeled	knelt/kneeled
can	could	-			
come	came	come	know	knew	known
cost	cost	cost	lay	laid	laid
creep	crept	crept	lead	led	led
cut	cut	cut	lean	leant/leaned	leant/leaned
deal	dealt	dealt			
dig	dug	dug	leap	leapt/leaped	leapt/leaped
do	did	done			
draw	drew	drawn	learn	learnt/learned	learnt/learned
dream	dreamed/dreamt	dreamed/dreamt			
			leave	left	left
			lend	lent	lent
drink	drank	drunk	let	let	let
drive	drove	driven	lie	lay	lain
eat	ate	eaten	light	lit/lighted	lit/lighted
fall	fell	fallen	lose	lost	lost
feed	fed	fed	make	made	made
feel	felt	felt	may	might	-

				powinien
tryb oznajmujący	czas teraźniejszy	ja	m	powinienem
			ż	powinnam
			n	
		ty	m	powinieneś
			ż	powinnaś
			n	-
		on		powinien
		ona		powinna
		ono		powinno
		my	mos	powinniśmy
			nmos	powinnyśmy
		wy	mos	powinniście
			nmos	powinnyście
		oni		powinni
		one		powinny
	czas przeszły	ja	m	powinienem był
			ż	powinnam była
			n	-
		ty	m	powinieneś był
			ż	powinnaś była
			n	-
		on		powinien był
		ona		powinna była
		ono		powinno było
		my	mos	powinniśmy byli
			nmos	powinnyśmy były
		wy	mos	powinniście byli
			nmos	powinnyście były
		oni		powinni byli
		one		powinny były
tryb przypuszczający		ja	m	powinien bym
			ż	powinna bym
			n	powinno bym
		ty	m	powinien byś
			ż	powinna byś
			n	powinno byś
		on		powinien by
		ona		powinna by
		ono		powinno by
		my	mos	powinni byśmy
			nmos	powinny byśmy
		wy	mos	powinni byście
			nmos	powinny byście
		oni		powinni by
		one		powinny by

czasownik niewłaściwy		można	trzeba	widać
tryb oznajmujący	czas teraźniejszy	można	trzeba	widać
	czas przeszły	było można	było trzeba	było widać
	czas przyszły	będzie można	będzie trzeba	będzie widać
tryb rozkazujący		niech będzie można	niech będzie trzeba	niech będzie widać
tryb przypuszczający	czas teraźniejszy	można by	trzeba by	widać by
	czas przeszły	byłoby można	byłoby trzeba	byłoby widać

1	śmiać się	tańczyć	widzieć	wiedzieć
2	imperf	imperf	imperf	imperf
3	zaśmiać się	zatańczyć	zobaczyć	-
4	śmieję się	tańczę	widzę	wiem
5	śmiejesz się	tańczysz	widzisz	wiesz
6	śmieje się	tańczy	widzi	wie
7	śmiejemy się	tańczymy	widzimy	wiemy
8	śmiejecie się	tańczycie	widzicie	wiecie
9	śmieją się	tańczą	widzą	wiedzą
10	śmiałem się	tańczyłem	widziałem	wiedziałem
11	śmiałam się	tańczyłam	widziałam	wiedziałam
12	śmiałeś się	tańczyłeś	widziałeś	wiedziałeś
13	śmiałaś się	tańczyłaś	widziałaś	wiedziałaś
14	śmiał się	tańczył	widział	wiedział
15	śmiała się	tańczyła	widziała	wiedziała
16	śmiało się	tańczyło	widziało	wiedziało
17	śmialiśmy się	tańczyliśmy	widzieliśmy	wiedzieliśmy
18	śmiałyśmy się	tańczyłyśmy	widziałyśmy	wiedziałyśmy
19	śmialiście się	tańczyliście	widzieliście	wiedzieliście
20	śmiałyście się	tańczyłyście	widziałyście	wiedziałyście
21	śmiali się	tańczyli	widzieli	wiedzieli
22	śmiały się	tańczyły	widziały	wiedziały
23	zaśmieję się	zatańczę	zobaczę	-
24	zaśmiejesz się	zatańczysz	zobaczysz	-
25	zaśmieje się	zatańczy	zobaczy	-
26	zaśmiejemy się	zatańczymy	zobaczymy	-
27	zaśmiejecie się	zatańczycie	zobaczycie	-
28	zaśmieją się	zatańczą	zobaczą	-
29	śmiej się	tańcz	widz	wiedz
30	niech śmieje się	niech tańczy	niech widzi	niech wie
31	śmiejmy się	tańczmy	widźmy	wiedzmy
32	śmiejcie się	tańczcie	widźcie	wiedzcie
33	niech śmieją się	niech tańczą	niech widzą	niech wiedzą
34	śmiałbym się	tańczyłbym	widziałbym	wiedziałbym
35	śmiałabym się	tańczyłabym	widziałabym	wiedziałabym
36	śmiałbyś się	tańczyłbyś	widziałbyś	wiedziałbyś
37	śmiałabyś się	tańczyłabyś	widziałabyś	wiedziałabyś
38	śmiałby się	tańczyłby	widziałby	wiedziałby
39	śmiałaby się	tańczyłaby	widziałaby	wiedziałaby
40	śmiałoby się	tańczyłoby	widziałoby	wiedziałoby
41	śmialibyśmy się	tańczylibyśmy	widzielibyśmy	wiedzielibyśmy
42	śmiałybyśmy się	tańczyłybyśmy	widziałybyśmy	wiedziałybyśmy
43	śmialibyście się	tańczylibyście	widzielibyście	wiedzielibyście
44	śmiałybyście się	tańczyłybyście	widziałybyście	wiedziałybyście
45	śmialiby się	tańczyliby	widzieliby	wiedzieliby
46	śmiałyby się	tańczyłyby	widziałyby	wiedziałyby
47	-	tańczony	widziany	-
48	-	tańczona	widziana	-
49	-	tańczone	widziane	-
50	-	-	widziani	-
51	-	tańczone	widziane	-

VII

bezokolicznik			1	rozumieć	słyszeć	spać
aspekt			2	imperf	imperf	imperf
para aspektowa			3	zrozumieć	usłyszeć	
tryb oznajmujący	czas teraźniejszy	ja	4	rozumiem	słyszę	śpię
		ty	5	rozumiesz	słyszysz	śpisz
		on, ona, ono	6	rozumie	słyszy	śpi
		my	7	rozumiemy	słyszymy	śpimy
		wy	8	rozumiecie	słyszycie	śpicie
		oni, one	9	rozumieją	słyszą	śpią
	czas przeszły	ja m	10	rozumiałem	słyszałem	spałem
		ja ż	11	rozumiałam	słyszałam	spałam
		ty m	12	rozumiałeś	słyszałeś	spałeś
		ty ż	13	rozumiałaś	słyszałaś	spałaś
		on m	14	rozumiał	słyszał	spał
		ona ż	15	rozumiała	słyszała	spała
		ono n	16	rozumiało	słyszało	spało
		my mos	17	rozumieliśmy	słyszeliśmy	spaliśmy
		my nmos	18	rozumiałyśmy	słyszałyśmy	spałyśmy
		wy mos	19	rozumieliście	słyszeliście	spaliście
		wy nmos	20	rozumiałyście	słyszałyście	spałyście
		oni mos	21	rozumieli	słyszeli	spali
		one nmos	22	rozumiały	słyszały	spały
	czas przyszły prosty	ja	23	zrozumiem	usłyszę	-
		ty	24	zrozumiesz	usłyszysz	-
		on, ona, ono	25	zrozumie	usłyszy	-
		my	26	zrozumiemy	usłyszymy	-
		wy	27	zrozumiecie	usłyszycie	-
		oni, one	28	zrozumieją	usłyszą	-
tryb rozkazujący		ty	29	rozumiej	słysz	śpij
		on, ona, ono	30	niech rozumie	niech słyszy	niech śpi
		my	31	rozumiejmy	słyszmy	śpijmy
		wy	32	rozumiejcie	słyszcie	śpijcie
		oni, one	33	niech rozumieją	niech słyszą	niech śpią
tryb przypuszczający		ja m	34	rozumiałbym	słyszałbym	spałbym
		ja ż	35	rozumiałabym	słyszałabym	spałabym
		ty m	36	rozumiałbyś	słyszałbyś	spałbyś
		ty ż	37	rozumiałabyś	słyszałabyś	spałabyś
		on m	38	rozumiałby	słyszałby	spałby
		ona ż	39	rozumiałaby	słyszałaby	spałaby
		ono n	40	rozumiałoby	słyszałoby	spałoby
		my mos	41	rozumielibyśmy	słyszelibyśmy	spalibyśmy
		my nmos	42	rozumiałybyśmy	słyszałybyśmy	spałybyśmy
		wy mos	43	rozumielibyście	słyszelibyście	spalibyście
		wy nmos	44	rozumiałybyście	słyszałybyście	spałybyście
		oni mos	45	rozumieliby	słyszeliby	spaliby
		one nmos	46	rozumiałyby	słyszałyby	spałyby
imiesłów przymiotnikowy bierny służący do tworzenia strony biernej	lp.	m	47	rozumiany	słyszany	-
		ż	48	rozumiana	słyszana	-
		n	49	rozumiane	słyszane	-
	lm.	mos	50	rozumiani	słyszani	-
		nmos	51	rozumiane	słyszane	-

1	piec	pisać	płynąć	robić
2	imperf	imperf	imperf	imperf
3	upiec	napisać	popłynąć	zrobić
4	piekę	piszę	płynę	robię
5	pieczesz	piszesz	płyniesz	robisz
6	piecze	pisze	płynie	robi
7	pieczemy	piszemy	płyniemy	robimy
8	pieczecie	piszecie	płyniecie	robicie
9	pieką	piszą	płyną	robią
10	piekłem	pisałem	płynąłem	robiłem
11	piekłam	pisałam	płynęłam	robiłam
12	piekłeś	pisałeś	płynąłeś	robiłeś
13	piekłaś	pisałaś	płynęłaś	robiłaś
14	piekł	pisał	płynął	robił
15	piekła	pisała	płynęła	robiła
16	piekło	pisało	płynęło	robiło
17	piekliśmy	pisaliśmy	płynęliśmy	robiliśmy
18	piekłyśmy	pisałyśmy	płynęłyśmy	robiłyśmy
19	piekliście	pisaliście	płynęliście	robiliście
20	piekłyście	pisałyście	płynęłyście	robiłyście
21	piekli	pisali	płynęli	robili
22	piekły	pisały	płynęły	robiły
23	upiekę	napiszę	popłynę	zrobię
24	upieczesz	napiszesz	popłyniesz	zrobisz
25	upiecze	napisze	popłynie	zrobi
26	upieczemy	napiszemy	popłyniemy	zrobimy
27	upieczecie	napiszecie	popłyniecie	zrobicie
28	upieką	napiszą	popłyną	zrobią
29	piecz	pisz	płyń	rób
30	niech piecze	niech pisze	niech płynie	niech robi
31	pieczmy	piszmy	płyńmy	róbmy
32	pieczcie	piszcie	płyńcie	róbcie
33	niech pieką	niech piszą	niech płyną	niech robią
34	piekłbym	pisałbym	płynąłbym	robiłbym
35	piekłabym	pisałabym	płynęłabym	robiłabym
36	piekłbyś	pisałbyś	płynąłbyś	robiłbyś
37	piekłabyś	pisałabyś	płynęłabyś	robiłabyś
38	piekłby	pisałby	płynąłby	robiłby
39	piekłaby	pisałaby	płynęłaby	robiłaby
40	piekłoby	pisałoby	płynęłoby	robiłoby
41	pieklibyśmy	pisalibyśmy	płynęlibyśmy	robilibyśmy
42	piekłybyśmy	pisałybyśmy	płynęłybyśmy	robiłybyśmy
43	pieklibyście	pisalibyście	płynęlibyście	robilibyście
44	piekłybyście	pisałybyście	płynęłybyście	robiłybyście
45	piekliby	pisaliby	płynęliby	robiliby
46	piekłyby	pisałyby	płynęłyby	robiłyby
47	pieczony	pisany	-	robiony
48	pieczona	pisana	-	robiona
49	pieczone	pisane	-	robione
50	pieczeni	-	-	robieni
51	pieczone	pisane	-	robione

V

bezokolicznik			1	myć	nieść	pić
aspekt			2	imperf	imperf	imperf
para aspektowa			3	umyć	przenieść	wypić
tryb oznajmujący	czas teraźniejszy	ja	4	myję	niosę	piję
		ty	5	myjesz	niesiesz	pijesz
		on, ona, ono	6	myje	niesie	pije
		my	7	myjemy	niesiemy	pijemy
		wy	8	myjecie	niesiecie	pijecie
		oni, one	9	myją	niosą	piją
	czas przeszły	ja m	10	myłem	niosłem	piłem
		ja ż	11	myłam	niosłam	piłam
		ty m	12	myłeś	niosłeś	piłeś
		ty ż	13	myłaś	niosłaś	piłaś
		on m	14	mył	niósł	pił
		ona ż	15	myła	niosła	piła
		ono n	16	myło	niosło	piło
		my mos	17	myliśmy	nieśliśmy	piliśmy
		my nmos	18	myłyśmy	niosłyśmy	piłyśmy
		wy mos	19	myliście	nieśliście	piliście
		wy nmos	20	myłyście	niosłyście	piłyście
		oni mos	21	myli	nieśli	pili
		one nmos	22	myły	niosły	piły
	czas przyszły prosty	ja	23	umyję	przeniosę	wypiję
		ty	24	umyjesz	przeniesiesz	wypijesz
		on, ona, ono	25	umyje	przeniesie	wypije
		my	26	umyjemy	przeniesiemy	wypijemy
		wy	27	umyjecie	przeniesiecie	wypijecie
		oni, one	28	umyją	przeniosą	wypiją
tryb rozkazujący		ty	29	myj	nieś	pij
		on, ona, ono	30	niech myje	niech niesie	niech pije
		my	31	myjmy	nieśmy	pijmy
		wy	32	myjcie	nieście	pijcie
		oni, one	33	niech myją	niech niosą	niech piją
tryb przypuszczający		ja m	34	myłbym	niósłbym	piłbym
		ja ż	35	myłabym	niosłabym	piłabym
		ty m	36	myłbyś	niósłbyś	piłbyś
		ty ż	37	myłabyś	niosłabyś	piłabyś
		on m	38	myłby	niósłby	piłby
		ona ż	39	myłaby	niosłaby	piłaby
		ono n	40	myłoby	niosłoby	piłoby
		my mos	41	mylibyśmy	nieślibyśmy	pilibyśmy
		my nmos	42	myłybyśmy	niosłybyśmy	piłybyśmy
		wy mos	43	mylibyście	nieślibyście	pilibyście
		wy nmos	44	myłybyście	niosłybyście	piłybyście
		oni mos	45	myliby	nieśliby	piliby
		one nmos	46	myłyby	niosłyby	piłyby
imiesłów przymiotnikowy bierny służący do tworzenia strony biernej	lp.	m	47	myty	niesiony	pity
		ż	48	myta	niesiona	pita
		n	49	myte	niesione	pite
	lm.	mos	50	myci	niesieni	-
		nmos	51	myte	niesione	pite

1	łamać	mieć	mnożyć	mówić
2	imperf	imperf	imperf	imperf
3	złamać	-	pomnożyć	powiedzieć
4	łamię	mam	mnożę	mówię
5	łamiesz	masz	mnożysz	mówisz
6	łamie	ma	mnoży	mówi
7	łamiemy	mamy	mnożymy	mówimy
8	łamiecie	macie	mnożycie	mówicie
9	łamią	mają	mnożą	mówią
10	łamałem	miałem	mnożyłem	mówiłem
11	łamałam	miałam	mnożyłam	mówiłam
12	łamałeś	miałeś	mnożyłeś	mówiłeś
13	łamałaś	miałaś	mnożyłaś	mówiłaś
14	łamał	miał	mnożył	mówił
15	łamała	miała	mnożyła	mówiła
16	łamało	miało	mnożyło	mówiło
17	łamaliśmy	mieliśmy	mnożyliśmy	mówiliśmy
18	łamałyśmy	miałyśmy	mnożyłyśmy	mówiłyśmy
19	łamaliście	mieliście	mnożyliście	mówiliście
20	łamałyście	miałyście	mnożyłyście	mówiłyście
21	łamali	mieli	mnożyli	mówili
22	łamały	miały	mnożyły	mówiły
23	złamię	-	pomnożę	powiem
24	złamiesz	-	pomnożysz	powiesz
25	złamie	-	pomnoży	powie
26	złamiemy	-	pomnożymy	powiemy
27	złamiecie	-	pomnożycie	powiecie
28	złamią	-	pomnożą	powiedzą
29	łam	miej	mnóż	mów
30	niech łamie	niech ma	niech mnoży	niech mówi
31	łammy	miejmy	mnóżmy	mówmy
32	łamcie	miejcie	mnóżcie	mówcie
33	niech łamią	niech mają	niech mnożą	niech mówią
34	łamałbym	miałbym	mnożyłbym	mówiłbym
35	łamałabym	miałabym	mnożyłabym	mówiłabym
36	łamałbyś	miałbyś	mnożyłbyś	mówiłbyś
37	łamałabyś	miałabyś	mnożyłabyś	mówiłabyś
38	łamałby	miałby	mnożyłby	mówiłby
39	łamałaby	miałaby	mnożyłaby	mówiłaby
40	łamałoby	miałoby	mnożyłoby	mówiłoby
41	łamalibyśmy	mielibyśmy	mnożylibyśmy	mówilibyśmy
42	łamałybyśmy	miałybyśmy	mnożyłybyśmy	mówiłybyśmy
43	łamalibyście	mielibyście	mnożylibyście	mówilibyście
44	łamałybyście	miałybyście	mnożyłybyście	mówiłybyście
45	łamaliby	mieliby	mnożyliby	mówiliby
46	łamałyby	miałyby	mnożyłyby	mówiłyby
47	łamany	-	mnożony	mówiony
48	łamana	-	mnożona	mówiona
49	łamane	-	mnożone	mówione
50	łamani	-	-	-
51	łamane	-	mnożone	mówione

III

bezokolicznik			1	jechać	jeść	lecieć
aspekt			2	imperf	imperf	imperf
para aspektowa			3	pojechać	zjeść	polecieć
tryb oznajmujący	czas teraźniejszy	ja	4	jadę	jem	lecę
		ty	5	jedziesz	jesz	lecisz
		on, ona, ono	6	jedzie	je	leci
		my	7	jedziemy	jemy	lecimy
		wy	8	jedziecie	jecie	lecicie
		oni, one	9	jadą	jedzą	lecą
	czas przeszły	ja m	10	jechałem	jadłem	leciałem
		ja ż	11	jechałam	jadłam	leciałam
		ty m	12	jechałeś	jadłeś	leciałeś
		ty ż	13	jechałaś	jadłaś	leciałaś
		on m	14	jechał	jadł	leciał
		ona ż	15	jechała	jadła	leciała
		ono n	16	jechało	jadło	leciało
		my mos	17	jechaliśmy	jedliśmy	lecieliśmy
		my nmos	18	jechałyśmy	jadłyśmy	leciałyśmy
		wy mos	19	jechaliście	jedliście	lecieliście
		wy nmos	20	jechałyście	jadłyście	leciałyście
		oni mos	21	jechali	jedli	lecieli
		one nmos	22	jechały	jadły	leciały
	czas przyszły prosty	ja	23	pojadę	zjem	polecę
		ty	24	pojedziesz	zjesz	polecisz
		on, ona, ono	25	pojedzie	zje	poleci
		my	26	pojedziemy	zjemy	polecimy
		wy	27	pojedziecie	zjecie	polecicie
		oni, one	28	pojadą	zjedzą	polecą
tryb rozkazujący		ty	29	jedź	jedz	leć
		on, ona, ono	30	niech jedzie	niech je	niech leci
		my	31	jedźmy	jedzmy	lećmy
		wy	32	jedźcie	jedzcie	lećcie
		oni, one	33	niech jadą	niech jedzą	niech lecą
tryb przypuszczający		ja m	34	jechałbym	jadłbym	leciałbym
		ja ż	35	jechałabym	jadłabym	leciałabym
		ty m	36	jechałbyś	jadłbyś	leciałbyś
		ty ż	37	jechałabyś	jadłabyś	leciałabyś
		on m	38	jechałby	jadłby	leciałby
		ona ż	39	jechałaby	jadłaby	leciałaby
		ono n	40	jechałoby	jadłoby	leciałoby
		my mos	41	jechalibyśmy	jedlibyśmy	lecielibyśmy
		my nmos	42	jechałybyśmy	jadłybyśmy	leciałybyśmy
		wy mos	43	jechalibyście	jedlibyście	lecielibyście
		wy nmos	44	jechałybyście	jadłybyście	leciałybyście
		oni mos	45	jechaliby	jedliby	lecieliby
		one nmos	46	jechałyby	jadłyby	leciałyby
imiesłów przymiotnikowy bierny służący do tworzenia strony biernej	lp.	m	47	-	jedzony	-
		ż	48	-	jedzona	-
		n	49	-	jedzone	-
	lm.	mos	50	-	jedzeni	-
		nmos	51	-	jedzone	-

1	ciągnąć	czytać	dawać	iść
2	imperf	imperf	imperf	imperf
3	pociągnąć	przeczytać	dać	pójść
4	ciągnę	czytam	daję	idę
5	ciągniesz	czytasz	dajesz	idziesz
6	ciągnie	czyta	daje	idzie
7	ciągniemy	czytamy	dajemy	idziemy
8	ciągniecie	czytacie	dajecie	idziecie
9	ciągną	czytają	dają	idą
10	ciągnąłem	czytałem	dawałem	szedłem
11	ciągnęłam	czytałam	dawałam	szłam
12	ciągnąłeś	czytałeś	dawałeś	szedłeś
13	ciągnęłaś	czytałaś	dawałaś	szłaś
14	ciągnął	czytał	dawał	szedł
15	ciągnęła	czytała	dawała	szła
16	ciągnęło	czytało	dawało	szło
17	ciągnęliśmy	czytaliśmy	dawaliśmy	szliśmy
18	ciągnęłyśmy	czytałyśmy	dawałyśmy	szłyśmy
19	ciągnęliście	czytaliście	dawaliście	szliście
20	ciągnęłyście	czytałyście	dawałyście	szłyście
21	ciągnęli	czytali	dawali	szli
22	ciągnęły	czytały	dawały	szły
23	pociągnę	przeczytam	dam	pójdę
24	pociągniesz	przeczytasz	dasz	pójdziesz
25	pociągnie	przeczyta	da	pójdzie
26	pociągniemy	przeczytamy	damy	pójdziemy
27	pociągniecie	przeczytacie	dacie	pójdziecie
28	pociągną	przeczytają	dadzą	pójdą
29	ciągnij	czytaj	dawaj	idź
30	niech ciągnie	niech czyta	niech daje	niech idzie
31	ciągnijmy	czytajmy	dawajmy	idźmy
32	ciągnijcie	czytajcie	dawajcie	idźcie
33	niech ciągną	niech czytają	niech dają	niech idą
34	ciągnąłbym	czytałbym	dawałbym	szedłbym
35	ciągnęłabym	czytałabym	dawałabym	szłabym
36	ciągnąłbyś	czytałbyś	dawałbyś	szedłbyś
37	ciągnęłabyś	czytałabyś	dawałabyś	szłabyś
38	ciągnąłby	czytałby	dawałby	szedłby
39	ciągnęłaby	czytałaby	dawałaby	szłaby
40	ciągnęłoby	czytałoby	dawałoby	szłoby
41	ciągnęlibyśmy	czytalibyśmy	dawalibyśmy	szlibyśmy
42	ciągnęłybyśmy	czytałybyśmy	dawałybyśmy	szłybyśmy
43	ciągnęlibyście	czytalibyście	dawalibyście	szlibyście
44	ciągnęłybyście	czytałybyście	dawałybyście	szłybyście
45	ciągnęliby	czytaliby	dawaliby	szliby
46	ciągnęłyby	czytałyby	dawałyby	szłyby
47	ciągnięty	czytany	dawany	-
48	ciągnięta	czytana	dawana	-
49	ciągnięte	czytane	dawane	-
50	ciągnięci	czytani	-	-
51	ciągnięte	czytane	dawane	-

I

bezokolicznik			1	bać się	być	chcieć
aspekt			2	imperf	imperf	imperf
para aspektowa			3	-	-	zechcieć
tryb oznajmujący	czas teraźniejszy	ja	4	boję się	jestem	chcę
		ty	5	boisz się	jesteś	chcesz
		on, ona, ono	6	boi się	jest	chce
		my	7	boimy się	jesteśmy	chcemy
		wy	8	boicie się	jesteście	chcecie
		oni, one	9	boją się	są	chcą
	czas przeszły	ja m	10	bałem się	byłem	chciałem
		ja ż	11	bałam się	byłam	chciałam
		ty m	12	bałeś się	byłeś	chciałeś
		ty ż	13	bałaś się	byłaś	chciałaś
		on m	14	bał się	był	chciał
		ona ż	15	bała się	była	chciała
		ono n	16	bało się	było	chciało
		my mos	17	baliśmy się	byliśmy	chcieliśmy
		my nmos	18	bałyśmy się	byłyśmy	chciałyśmy
		wy mos	19	baliście się	byliście	chcieliście
		wy nmos	20	bałyście się	byłyście	chciałyście
		oni mos	21	bali się	byli	chcieli
		one nmos	22	bały się	były	chciały
	czas przyszły prosty	ja	23	-	będę	zechcę
		ty	24	-	będziesz	zechcesz
		on, ona, ono	25	-	będzie	zechce
		my	26	-	będziemy	zechcemy
		wy	27	-	będziecie	zechcecie
		oni, one	28	-	będą	zechcą
tryb rozkazujący		ty	29	bój się	bądź	chciej
		on, ona, ono	30	niech boi się	niech będzie	niech chce
		my	31	bójmy się	bądźmy	chciejmy
		wy	32	bójcie się	bądźcie	chciejcie
		oni, one	33	niech boją się	niech będą	niech chcą
tryb przypuszczający		ja m	34	bałbym się	byłbym	chciałbym
		ja ż	35	bałabym się	byłabym	chciałabym
		ty m	36	bałbyś się	byłbyś	chciałbyś
		ty ż	37	bałabyś się	byłabyś	chciałabyś
		on m	38	bałby się	byłby	chciałby
		ona ż	39	bałaby się	byłaby	chciałaby
		ono n	40	bałoby się	byłoby	chciałoby
		my mos	41	balibyśmy się	bylibyśmy	chcielibyśmy
		my nmos	42	bałybyśmy się	byłybyśmy	chciałybyśmy
		wy mos	43	balibyście się	bylibyście	chcielibyście
		wy nmos	44	bałybyście się	byłybyście	chciałybyście
		oni mos	45	baliby się	byliby	chcieliby
		one nmos	46	bałyby się	byłyby	chciałyby
imiesłów przymiotnikowy bierny służący do tworzenia strony biernej	lp.	m	47	-	-	chciany
		ż	48	-	-	chciana
		n	49	-	-	chciane
	lm.	mos	50	-	-	chciani
		nmos	51	-	-	chciane

Polish Verbs

Czasowniki
polskie

Infinitive	Past Tense	Past Participle	Infinitive	Past Tense	Past Participle
mean	meant	meant	spend	spent	spent
meet	met	met	spill	spilt/spilled	spilt/spilled
mow	mowed	mown/mowed			
			spin	spun	spun
mistake	mistook	mistaken	spit	spat	spat
pay	paid	paid	split	split	split
put	put	put	spoil	spoiled/spoilt	spoiled/spoilt
read	read	read			
rid	rid	rid	spread	spread	spread
ride	rode	ridden	spring	sprang	sprung
ring	rang	rung	stand	stood	stood
rise	rose	risen	steal	stole	stolen
run	ran	run	stick	stuck	stuck
saw	sawed	sawn	sting	stung	stung
say	said	said	stink	stank	stunk
see	saw	seen	strike	struck	struck/stricken
seek	sought	sought			
sell	sold	sold	swear	swore	sworn
send	sent	sent	sweep	swept	swept
set	set	set	swell	swelled	swollen/swelled
shake	shook	shaken			
shall	should	-	swim	swam	swum
shed	shed	shed	swing	swung	swung
shine	shone	shone	take	took	taken
shoot	shot	shot	teach	taught	taught
show	showed	shown	tear	tore	torn
shrink	shrank	shrunk	tell	told	told
shut	shut	shut	think	thought	thought
sing	sang	sung	throw	threw	thrown
sink	sank	sunk	tread	trod	trodden
sit	sat	sat	wake	woke/waked	woken/waked
sleep	slept	slept			
slide	slid	slid	wear	wore	worn
sling	slung	slung	weave	wove/weaved	woven/weaved
smell	smelt/smelled	smelt/smelled			
			weep	wept	wept
sow	sowed	sown/sowed	wed	wedded	wedded
			win	won	won
speak	spoke	spoken	wind	wound	wound
speed	sped/speeded	sped/speeded	wring	wrung	wrung
			write	wrote	written
spell	spelt/spelled	spelt/spelled			

LARO

Pocket
DICTIONARY

POLISH
ENGLISH

ENGLISH
POLISH

LAROUSSE